EXCEL

Excel 会计与财务管理日常工作应用大全

第2版

一线文化◎编著

中国铁道出版社有限公司
CHINA RAILWAY PUBLISHING HOUSE CO., LTD.

内 容 简 介

本书以 Excel 2016 为平台，从财会人员的工作需求出发，配合大量典型实例，全面系统地讲解了 Excel 在会计和财务管理工作中的应用。全书共 16 章，分为两大部分。第 1 部分包括第 1～5 章，主要讲解财务表格的基本操作、财务数据的输入与编辑、财务数据的范围与条件限定、财务数据的统计分析等内容。第 2 部分包括第 6～16 章，通过大量翔实的案例，详细介绍 Excel 的各种功能在财会工作中的应用，包括制作常见财务单据和统计表、制作 Excel 会计表单、登记会计账簿、期末对账与结账、往来账款分析、制作进销存管理表单、固定资产管理、公司日常费用管理、工资数据管理、三大财务报表的管理与分析、财务指标分析的相关内容。

为达到"学以致用"的目的，书中不仅选择了有代表性的实例方便读者直接使用，还通过"温馨小提示"、"专家会诊台"、"提升效率——实用操作技巧"等栏目介绍了大量实用性极强的工作技巧及财会专业知识，力求帮助读者拓展知识面、提高综合应用能力。

本书既适合基础薄弱又想快速掌握 Excel 进行财会办公的读者进行学习和实践，也可作为广大职业院校、电脑培训班的教学参考用书。

图书在版编目（CIP）数据

Excel 会计与财务管理日常工作应用大全/一线文化编著.—2 版.—北京：中国铁道出版社，2019.5

ISBN 978-7-113-25398-1

Ⅰ. ①E… Ⅱ. ①一… Ⅲ. ①表处理软件－应用－会计②表处理软件－应用－财务管理 Ⅳ. ①F232 ②F275-39

中国版本图书馆 CIP 数据核字（2019）第 005321 号

书　　名：Excel 会计与财务管理日常工作应用大全（第 2 版）
作　　者：一线文化　编著

责任编辑：于先军　　**读者热线电话**：010-63560056
责任印制：赵星辰　　**封面设计**：MXK DESIGN STUDIO

出版发行：中国铁道出版社有限公司（100054，北京市西城区右安门西街 8 号）
印　　刷：三河燕山印刷有限公司
版　　次：2017 年 1 月第 1 版　2019 年 5 月第 2 版　2019 年 5 月第 1 次印刷
开　　本：787mm×1092mm　1/16　**印张**：32　**字数**：759 千
书　　号：ISBN 978-7-113-25398-1
定　　价：79.80 元

配套资源下载地址：
http://www.crphdm.com/2016/1021/13002.shtml
服务热线：4278268@qq.com

前言 Preface

如何从成千上万条数据中提炼信息，把需要的数据报表快速呈现给客户和领导?

如何通过大量的财务数据快速分析公司资产状况、营运能力和发展潜力?

项目预算执行情况到底如何? 成本费用是否超支? 销售收入、成本、费用是否正常?

…………

诸如此类的问题还有很多，面对客户的需求及公司领导的工作要求，你是否每天都是起早贪黑地忙碌工作?

大多数财会人员都在用 Excel 软件，但并非人人都会用 Excel。对于想用 Excel 提高财会工作效率、远离加班的朋友，这本书将是你的正确选择！

通过本书，既能够快速学会 Excel 办公软件，又能够掌握 Excel 在财会工作中的应用，实现"早做完，不加班"的梦想，因为这本书至少包含以下几个内容：

第一，软件功能操作不可少！(这是让你掌握 Excel 的必备知识和基础。)

第二，实用操作技巧不可少！(这是让你快速获取经验和技巧的一条捷径。)

第三，财务实战应用不可少！(这是让你身临其境、活学活用的演武场。)

享受 Excel，远离加班，享受更多生活。跟着本书前行，所有 Excel 疑难，所有阻挡你的财务数据、表格问题都将得到解决。

对于财会人员来说，Excel 是不可或缺的得力助手。在它的帮助下，财会人员不仅可以准确、高效地输入数据，快速制作出规范、美观的财务报表，大大提升工作效率，还能对数据进行管理、统计和分析，从中挖掘出更多宝贵信息，为企业的经营和管理决策提供有力支持。

因此，为了让读者快速掌握 Excel 2016 的在财会办公中的实际应用，我们精心策划并编写了本书，旨在让读者朋友轻松实现“早做完，不加班”的梦想。

这本书能带给我们的不仅仅是技术，更加让我们了解了分享知识的乐趣。因为本书既能有效帮助财会新人提升职场竞争力；也能帮助财务经理、数据分析师、会计、出纳等专业人员解决实际问题。

本书特色与特点

(1) 重点突出、内容常用实用。全书内容安排上，遵循“常用、实用”的原则，以微软 Excel 2016 版本为平台，结合日常财务办公应用的实际需求，系统并全面地在 Excel 2016 软件中讲解财务数据的输入和编辑，财务表单的创建，会计账套的制作、财务数据的管理与统计分析等相关应用。

（2）图解写作、一看即懂，一学就会。为了让读者更易学习和理解，本书采用“步骤引导+图解操作”的写作方式进行讲解。而且，在步骤讲述中以“❶、❷、❸……”的方式分解出操作小步骤，并在图上进行对应标识，非常方便读者学习掌握。只要按照书中讲述的步骤方法去操作练习，就可以做出与书同步的效果来，真正做到简单明了、一看即会、易学易懂的效果。

（3）技能操作+实用技巧+办公实战＝应用大全

本书充分考虑到读者“学以致用”的原则，在全书内容安排上，精心策划了两部分内容。**第 1 部分为软件技能操作篇（第 1 章~第 5 章）**，这部分内容主要针对初学读者，从零开始，系统并全面地讲解 Excel 软件功能操作与应用知识，让不懂的读者快速入门；**第 2 部分内容为财会办公实战篇（第 6 章~第 16 章）**，这部分每章都列举多个典型的财会案例，系统地讲解财会办公中的一般流程和在实际财务管理中的综合应用，其目的是让读者学习到办公实战经验。

丰富的教学资源，物超所值，学习更轻松

为了方便读者快速学习，本书还超值赠送了丰富的学习资源，花一本书的钱，得到多本书的学习内容。教学资源内容包括：

❶素材文件。指本书中所有章节实例的素材文件。全部收录在配套资源的“\素材文件\第*章\”文件夹中。读者在学习时，可以参考图书讲解内容，打开对应的素材文件进行同步操作练习。

❷结果文件。指本书中所有章节实例的最终效果文件。全部收录在配套资源的“\结果文件\第*章\”文件夹中。读者在学习时，可以打开结果文件，查看其实例效果，为自己在学习中的练习操作提供帮助。

❸视频教学文件。本书提供了长达 600 分钟的与书同步的视频教程。读者可以通过相关的视频播放软件（Windows Media Player、暴风影音等）打开每章中的视频文件进行学习，就像看电视一样轻松学会。

❹赠送：1000 个实用的 Excel 商务办公应用模板。读者可以在日常商务办公中借鉴参考使用，高效处理和解决工作上的问题。让你不加班，早下班！共 14 讲 160 分钟的《电脑系统安装、重装、备份与还原》的视频教程。通过学习可以让你掌握电脑系统安装、重装与备份还原的技能，解除系统崩溃、不会安装系统的忧愁。328 分钟超长 Office 软件操作教学视频；370 分钟商务办公综合案例视频讲解；1244 个常用办公实用模板；591 个精选 PPT 图示结构；823 个高效办公必知的快捷键；1600 多张精美商务图片素材；6700 多个国标词库中的汉字 86 版和 98 版五笔拆分方法及编码

查询字典；价值 58 元，1370 个常见办公疑难问题的解决技巧电子书。

配套资源下载地址：http://www.crphdm.com/2016/1021/13002.shtml

你是否适合本书

本书可作为需要使用 Excel 处理、分析财会数据的财务总监、财务经理、财务分析员、财务报表编制员、会计、出纳等专业人员的案头参考，也可以作为大、中专职业院校、计算机培训班相关专业的教材。

真诚感谢读者购买本书。您的支持是我们最大的动力，我们将不断努力，为读者奉献更多、更优秀的图书！由于计算机技术发展迅速，编者水平及时间有限，错误之处在所难免，敬请广大读者和同行批评指正。

编　者

2019 年 3 月

配套资源下载地址：
http://www.crphdm.com/2016/1021/13002.shtml
服务热线：4278268@qq.com

目录 CONTENTS

第 1 章　财务表格的基本操作

↘本章导读

使用 Excel 处理会计数据之前，首先要学会财务报表的基本操作，包括新建与保存工作簿、工作表的基本操作、单元格的基本操作等内容。本章以新建与保存日常账务处理工作簿、记账工作表的基本操作和记账工作表中单元格的操作为例，介绍 Excel 的基本操作。

↘知识要点

- ❖ 新建工作簿
- ❖ 保存工作簿
- ❖ 重命名工作表
- ❖ 插入和删除工作表
- ❖ 移动和复制工作表
- ❖ 设置工作表标签颜色
- ❖ 隐藏和显示工作表
- ❖ 保护工作表
- ❖ 插入单元格、行或列
- ❖ 删除单元格、行或列
- ❖ 合并单元格
- ❖ 调整行高和列宽
- ❖ 隐藏行与列

↘案例展示

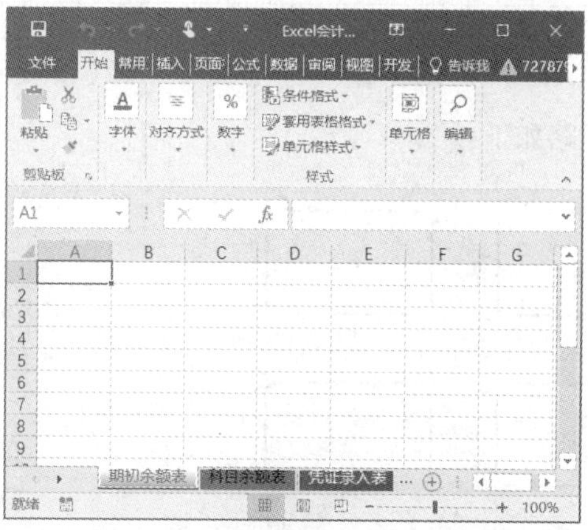

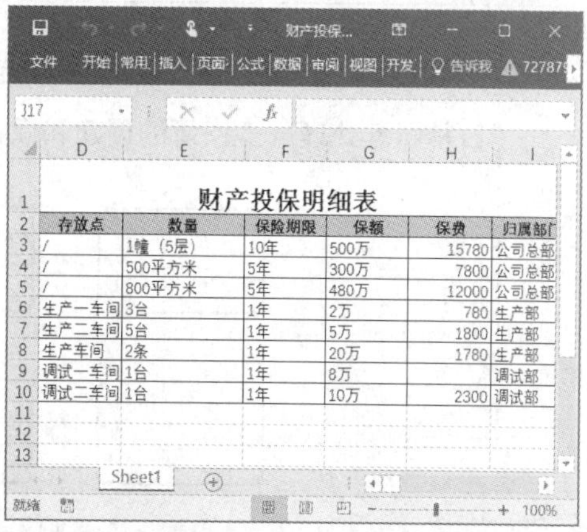

1.1 新建与保存日常账务处理工作簿

案例概述

工作簿是 Excel 工作区中一个或多个工作表的集合。本节以新建与保存日常账务处理工作簿为例，介绍创建和保存 Excel 2016 工作簿的基本方法，主要包括新建空白工作簿、将工作部重命名为“日常账务处理”、保存操作中的工作簿、另存工作簿、设置工作簿的字段保存时间间隔等内容。

案例效果

在本案例中主要介绍工作簿的创建和保存方法，包括新建空白工作簿、重命名工作簿和保存工作簿等相关知识。

“日常账务处理”工作簿创建完成后的效果如下图所示。

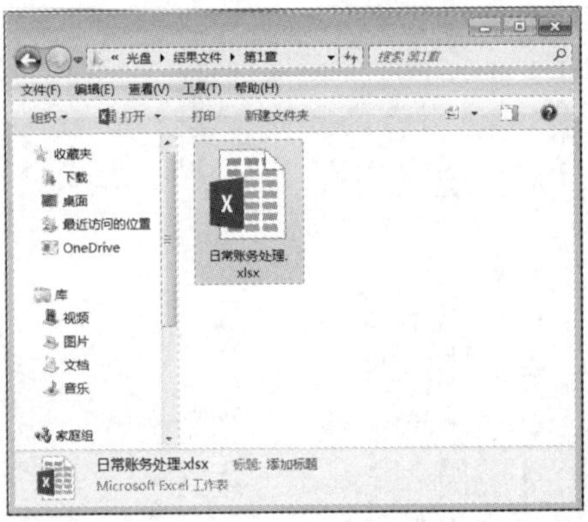

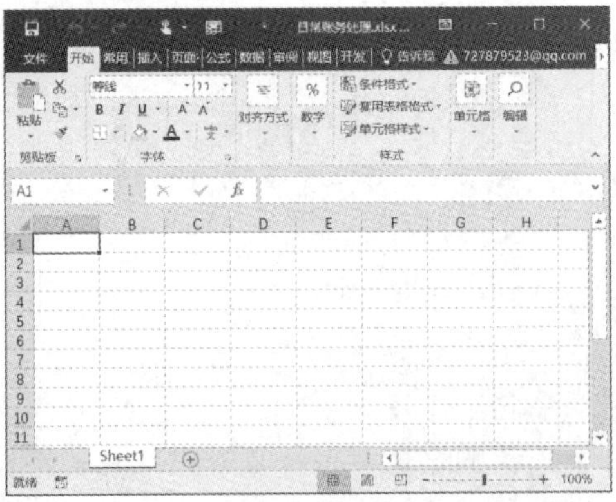

同步文件

原始文件： 无

结果文件： 结果文件\第 1 章\日常账务处理.xlsx

同步视频文件： 同步教学文件\第 1 章\日常账务处理\1.1.1.mp4～1.1.2.mp4

制作思路

“日常账务处理”工作簿的创建和保存思路如下：

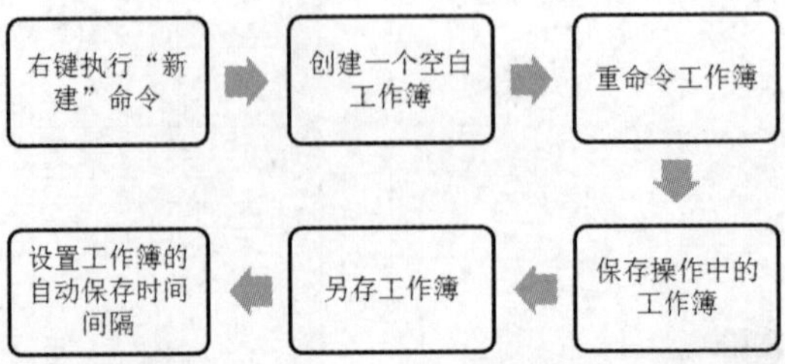

1.1.1 新建工作簿

在 Excel 中，用于保存数据信息的文件称为工作簿。接下来使用 Excel 2016 创建日常账务处理工作簿，具体操作方法如下。

1. 新建空白工作簿

通常，启动 Excel 2016 软件后，软件将自动创建一个空白工作簿，用户可直接在该工作簿中输入内容，此外，也可以通过右键菜单新建空白工作簿，具体操作方法如下。

第 1 步：执行新建命令

在桌面空白处右击，❶在弹出的下拉菜单中选择“新建”菜单项；❷在其下拉列表菜单中选择“Microsoft Excel 工作表”命令，如下图所示。

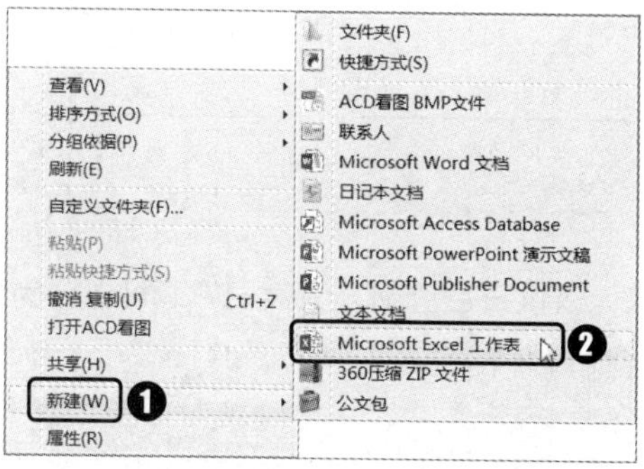

第 2 步：查看新建的工作簿

此时即可在操作位置创建一个名为“新建 Microsoft Excel 工作表”的空白工作簿，如下图所示。

> **温馨小提示**
>
> 在打开的工作簿中，可以使用快捷键“Ctrl+N”命令，快速创建一个新的空白工作簿。此外，也可以在“文件”菜单中执行“新建”命令，根据 Excel 系统提供的随机模板创建工作簿，联机模板主要包括业务、个人、日历、列表、预算、小型企业、其他类别等内容。

2. 将工作簿命名为“日常账务处理”

空白工作簿创建完成后，接下来将工作簿重命名为“日常账务处理”，具体操作如下。

第 1 步：执行重命名命令

❶在新建的工作簿图标上右击；❷在弹出的下拉列表中选择“重命名”命令，如右图所示。

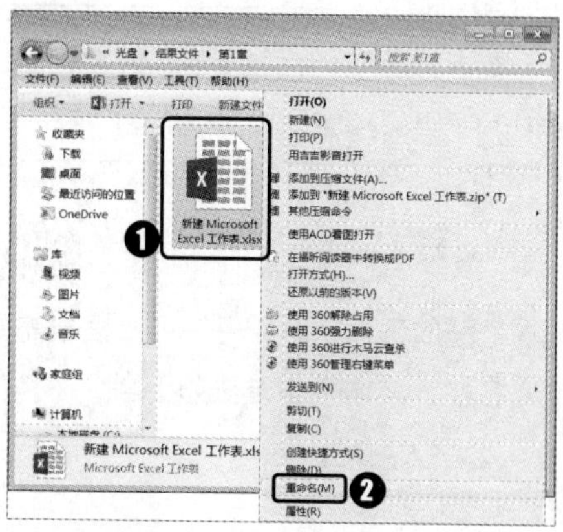

第 2 步：执行保存文档操作

此时工作簿名称进入可编辑状态，直接将工作簿名称修改为“日常账务处理”即可，然后单击任意空白处，即可完成工作簿的重命名，如右图所示。

> **温馨小提示**
>
> 除以上方法可以重命名工作簿外，还可以在保存工作簿时，在“另存为”对话框中修改文件名称，重新输入工作簿名称或选择工作簿的类型。

1.1.2 保存工作簿

创建或编辑工作簿后，用户可以将其保存起来，以供日后查阅，保存工作簿可以分为保存操作中的工作簿、另存工作簿和设置自动保存工作簿 3 种情况。

1. 保存操作中的工作簿

保存操作中的工作簿的具体操作方法如下。

在打开的工作簿中，单击“保存”按钮，即可完成工作簿的保存，如右图所示。

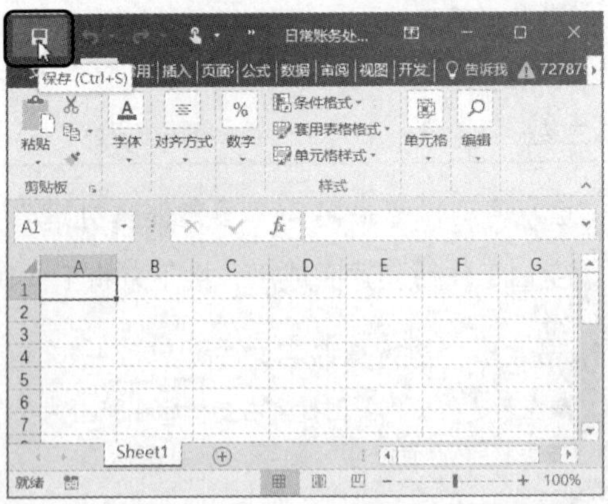

> **温馨小提示**
>
> 为保证 Excel 操作的安全性，防止操作内容遗失，应当及时保存正在编辑的工作簿。

2. 另存工作簿

在打开的工作簿中，用户可以根据需要将工作簿另存到一个新的保存位置，并设置新的工作簿名称，具体操作方法如下。

第 1 步：执行另存为命令

❶执行“文件”命令，选择“另存为”选项；❷在弹出的“另存为”界面中选择“浏览”命令，如下图所示。

第 2 步：设置另存位置和名称

弹出“另存为”对话框，根据需要设置另存位置、文件名称和文件类型即可，此处不做实际修改，如下图所示。

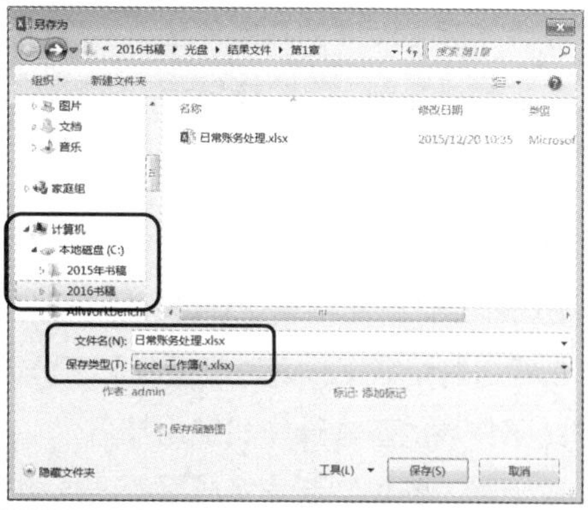

专家会诊台

Q：另存工作簿时，如果保存位置存在同名工作簿，应该如何进行保存设置呢？

A：如果保存位置存在同名工作簿，会弹出“另存为”对话框，并提示用户同名的工作簿已经存在，是否替换，如果替换原有同名文件，单击“是”按钮即可；如果不替换原有同名文件，重新选择保存位置，或修改文件名称，或修改文件类型即可。

3. 设置工作簿的自动保存时间间隔

Excel 具有自动保存功能，默认情况下，每隔 10 分钟自动保存一次，可以在断电或死机的情况下最大限度地减小损失。设置工作簿的自动保存时间间隔的具体操作方法如下。

第 1 步：执行插入分页符的命令

在“文件”界面中单击“选项”选项卡，如下图所示。

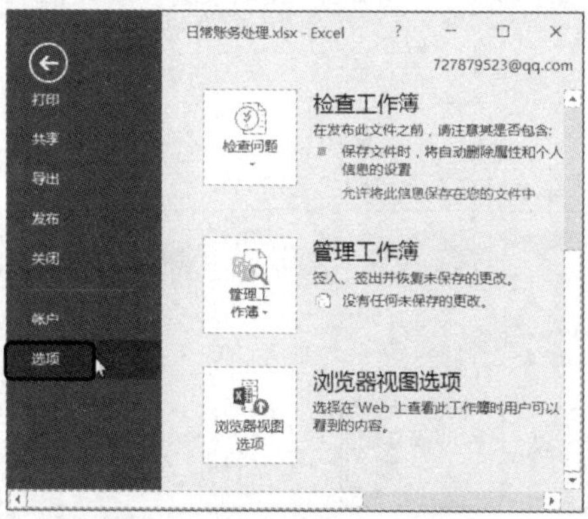

第 2 步：显示分页符的效果

弹出“Excel 选项”对话框，❶单击“保存”选项卡；❷在“保存工作簿”组合框中将“保存自动恢复信息时间间隔”复选框右侧的数值改为“15”；❸单击“确定”按钮，如下图所示。

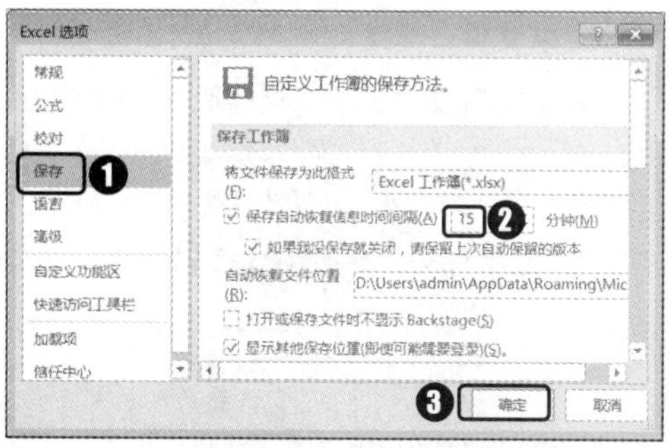

温馨小提示

在工作簿编辑过程中，Excel 会根据设置的间隔时间保存当前工作簿的副本。单击“文件”按钮，在弹出的下拉菜单中选择“信息”命令，在“版本”项中可以看到自动保存的副本信息。

1.2 记账工作表的基本操作

案例概述

工作表是 Excel 的基本单位，用户可以对其进行重命名、设置工作表标签颜色、插入或删除、移动或复制、隐藏或显示，以及保护工作表等基本操作。本节以创建记账类工作表为例，为读者详细介绍工作表的基本操作。

案例效果

Excel 会计账套中通常包含多个记账工作表，如期初余额表、凭证录入表、科目余额表等，创建这些记账工作表时需要用到工作表的基本操作，接下来结合工作表的创建过程归纳和总结工作表的基本操作和实用技巧。

“记账工作表”制作完成后的效果如下图所示。

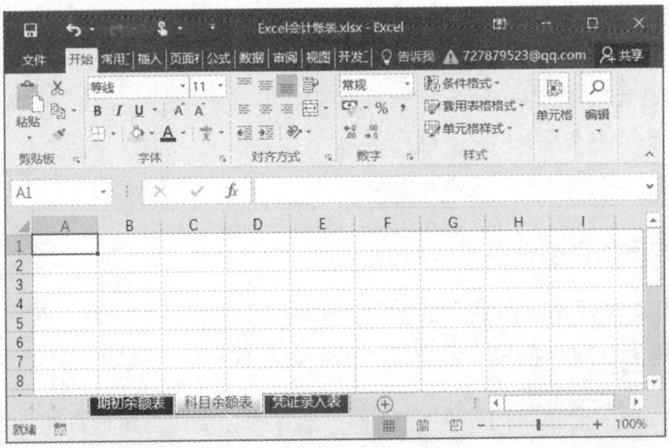

同步文件

原始文件： 素材文件\第 1 章\Excel 会计账表.xlsx

结果文件： 结果文件\第 1 章\Excel 会计账表.xlsx

同步视频文件： 同步教学文件\第 1 章\Excel 会计账表\1.2.1.mp4~1.2.6.mp4

制作思路

“记账工作表”的创建思路如下：

1.2.1 重命名工作表

默认情况下，工作簿中的工作表名称为 Sheet1、Sheet2 等。在日常办公中，用户可以根据实际需要为工作表重命名。重命名工作表的具体操作方法如下。

第 1 步：打开工作簿

打开本实例的素材文件“Excel 会计账表.xlsx”，使用 Excel 创建工作簿后，自动创建名为“Sheet1”的工作表，如下图所示。

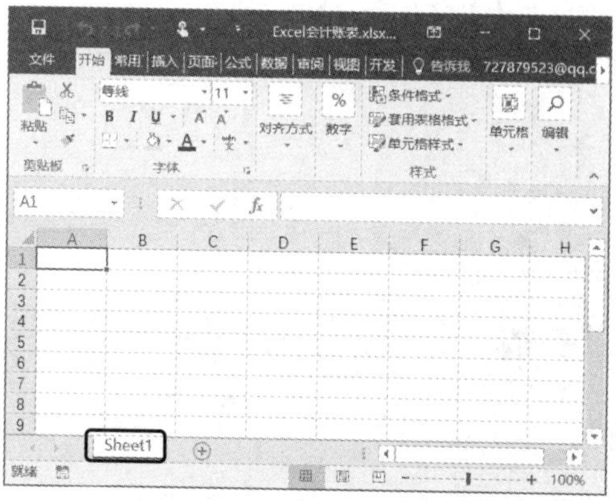

第 2 步：执行重命名命令

❶选中工作表标签“Sheet1”；❷右击，然后在弹出的快捷菜单中选择“重命名”命令，如下图所示。

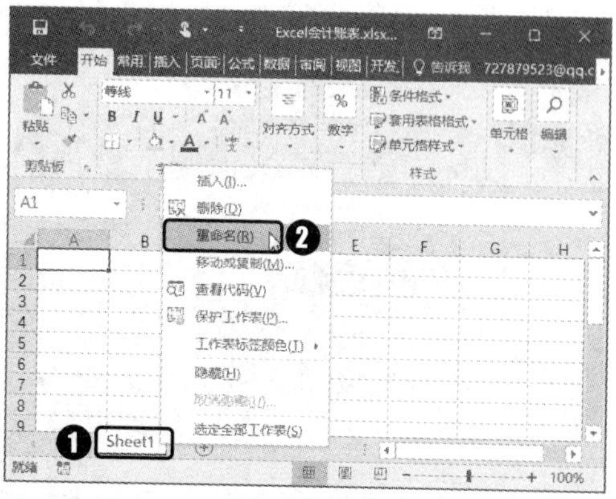

第 3 步：工作表标签进入可编辑状态

此时工作表标签处于可编辑状态，如下图所示。

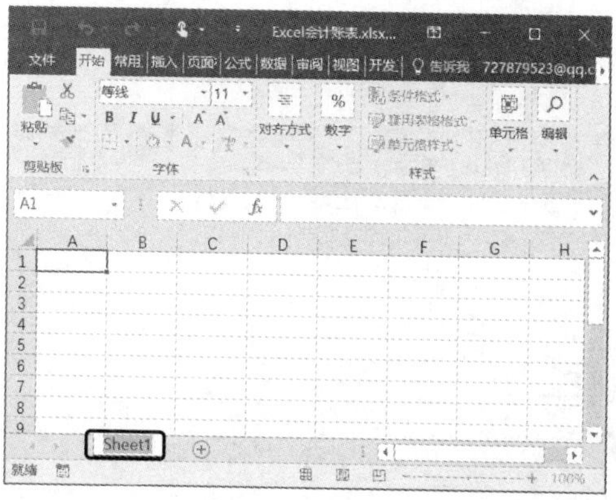

第 4 步：输入工作表名

将工作表名修改为“期初余额表”，按回车键即可，如下图所示。

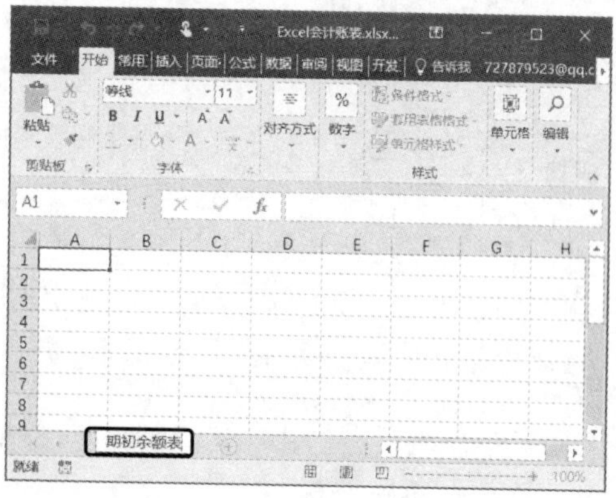

温馨小提示

除了在工作表标签上右击，然后在弹出的快捷菜单中选择“重命名”命令，来执行工作表重命名操作以外，最简单而快捷的方法是双击工作表标签，然后输入一个新的名称，为工作表进行重命名。

1.2.2 插入或删除工作表

工作表是工作簿的组成部分。与之前的版本不同，Excel 2016 默认只有一个工作表，即“Sheet1”。用户可以根据工作需要插入或删除工作表，具体操作方法如下。

1. 插入工作表

在工作簿中插入工作表的具体操作方法如下。

第 1 步：执行插入工作表命令

❶选中工作表标签“期初余额表”；❷右击，然后在弹出的快捷菜单中选择“插入”命令，如下图所示。

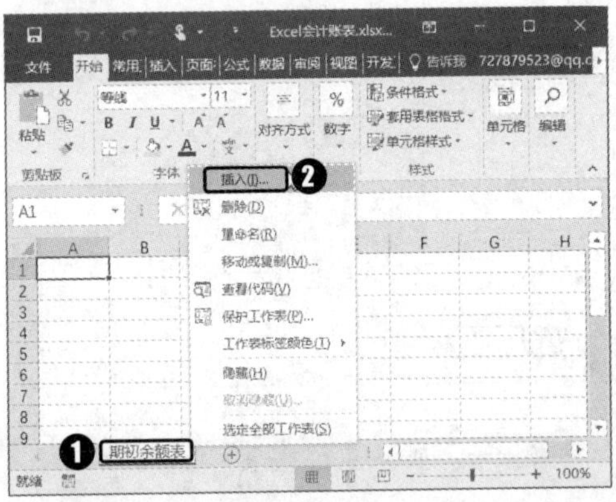

第 2 步：选择工作表类型

弹出“插入”对话框，❶在“常用”选项卡中选择“工作表”选项；❷单击“确定”按钮，如下图所示。

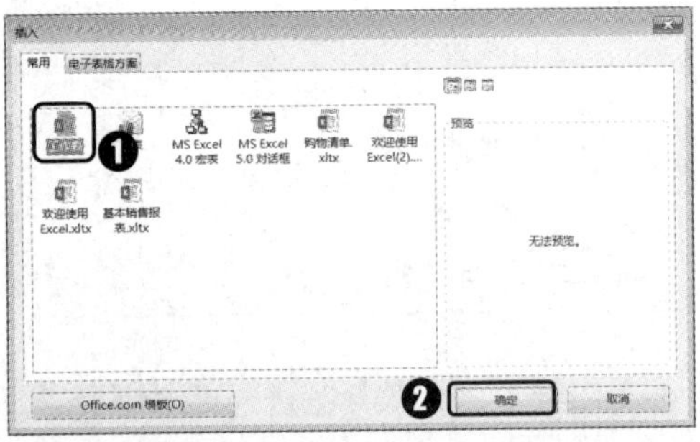

第 3 步：查看插入的工作表

此时即可在工作表“期初余额表”的左侧插入一个工作表“Sheet1”，如下图所示。

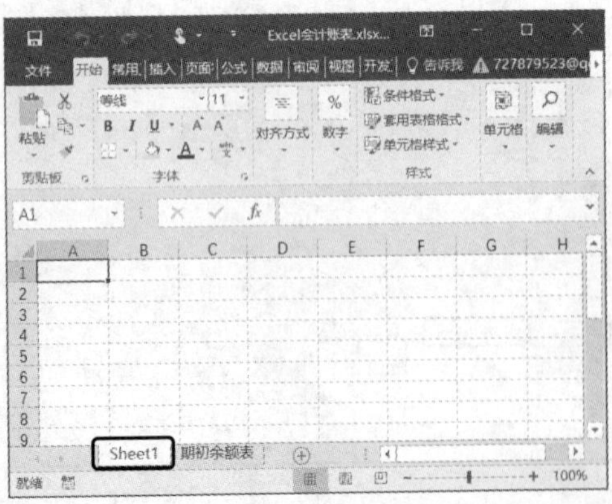

第 4 步：重命名工作表

将插入的工作表“Sheet1”重命名为“凭证录入表”按钮，如下图所示。

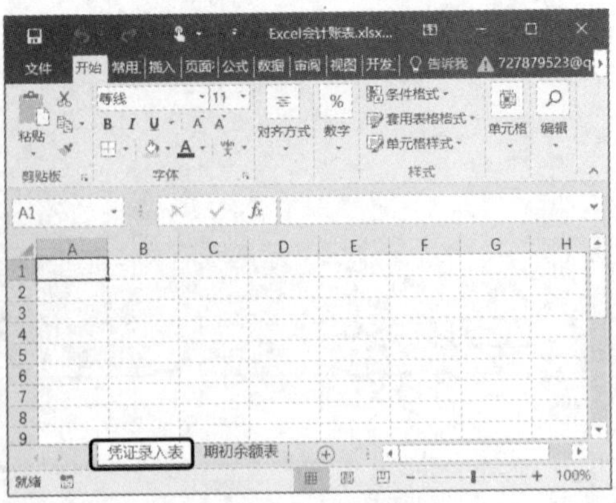

第 5 步：单击“新工作表”按钮

在工作表标签的右侧单击“新工作表”按钮，如下图所示。

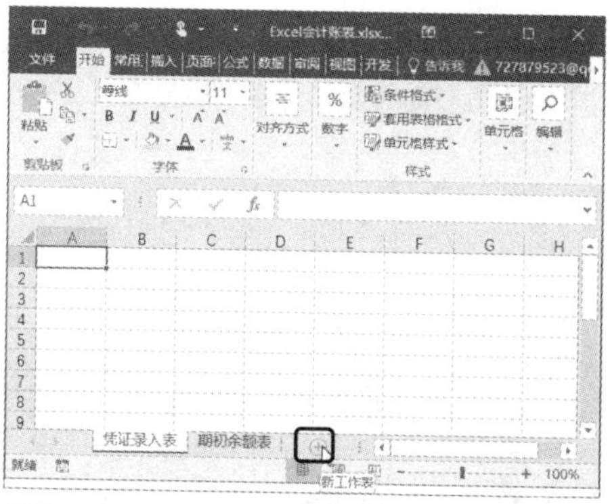

第 6 步：重命名工作表

此时即可再创建一个新工作表，然后将其重命名为“科目余额表”，如下图所示。

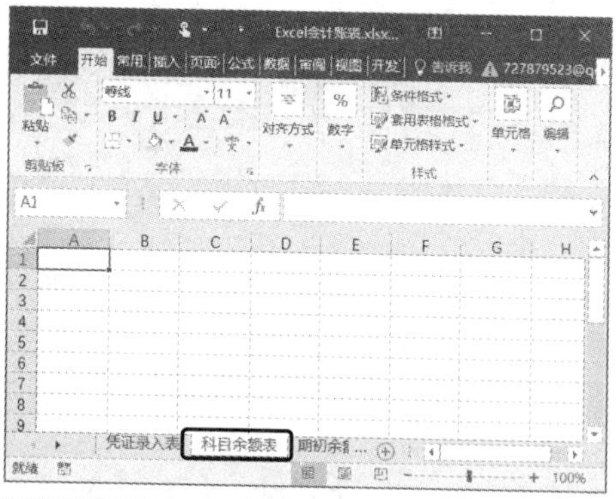

2. 删除工作表

删除工作表的操作非常简单，❶选中要删除的工作表标签，然后右击；❷在弹出的快捷菜单中选择“删除”命令即可，如下图所示。

1.2.3 移动或复制工作表

移动或复制工作表是日常办公中常用的操作。用户既可以在同一工作簿中移动或复制工作表，也可以在不同工作簿中移动或复制工作表。移动或复制工作表的具体操作方法如下。

第 1 步：执行移动或复制命令

❶选中工作表标签“凭证录入表”；❷右击，从弹出的快捷菜单中选择“移动或复制”命令，如下图所示。

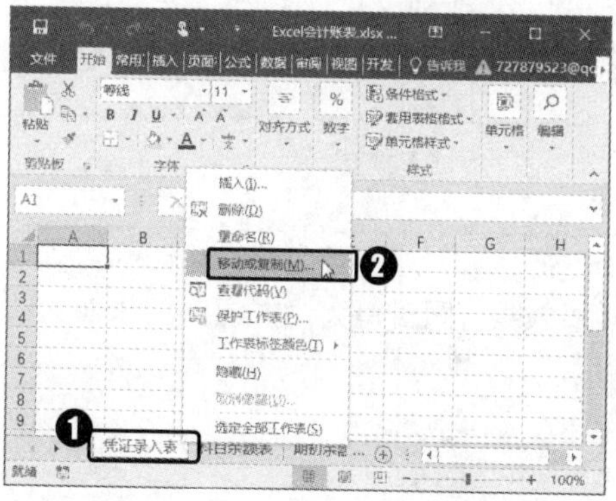

第 2 步：设置目标位置

弹出“移动或复制工作表”对话框，❶在“下列选定工作表之前”列表框中选择“移至最后”选项；❷单击“确定”按钮，如下图所示。

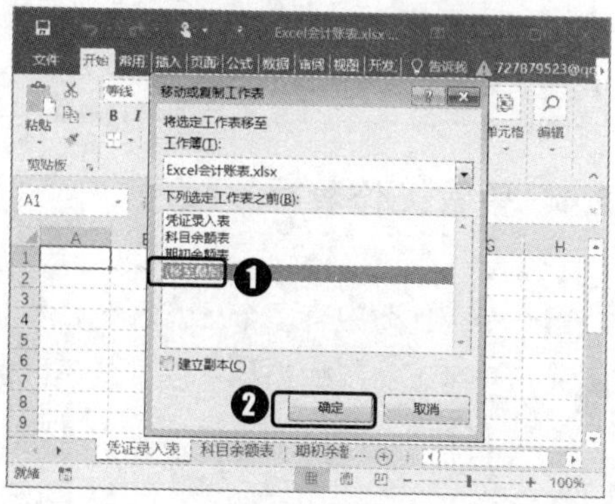

第 3 步：查看移动效果

此时工作表“凭证录入表”移动到工作簿的最后，如下图所示。

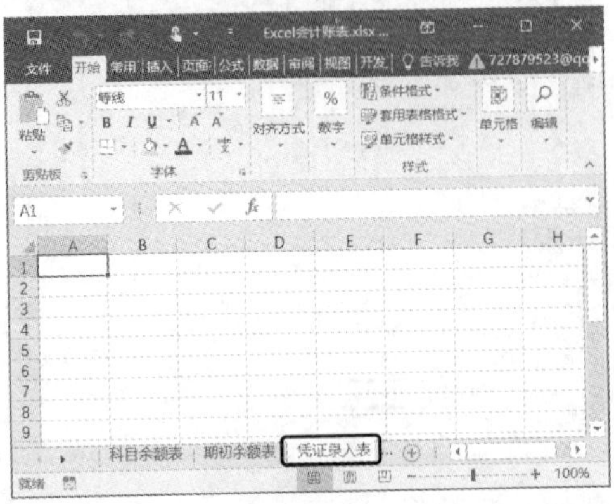

第 4 步：按住工作表标签

单击工作表标签“科目余额表”，此时标签左端显示一个黑色下三角形，如下图所示。

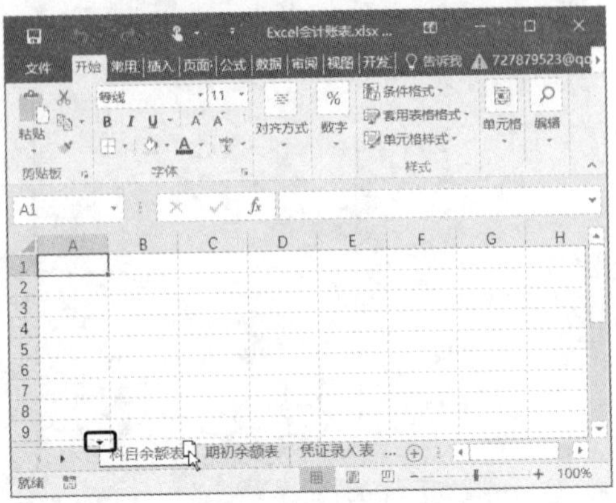

第 5 步：移动鼠标

按住鼠标左键不放，拖动工作表标签，将其移至目标位置，如下图所示。

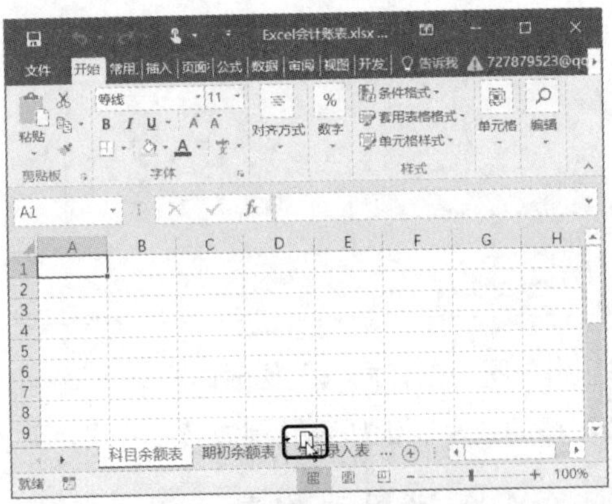

第 6 步：释放鼠标

释放鼠标即可，此时黑色三角形处的位置即为工作表的目标位置，如下图所示。

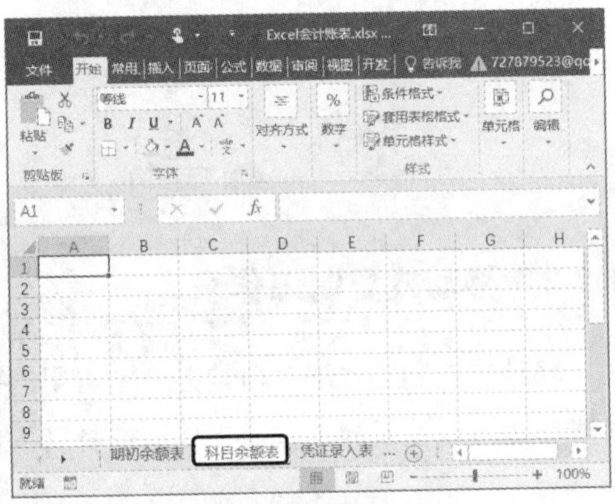

温馨小提示

在“移动或复制工作表”对话框，在“工作簿”下拉列表中选择已经打开的其他活动工作簿，即可将工作表移动或复制到其他工作簿；勾选“建立副本”复选框即可重新生成一个内容和格式相同的工作表副本，原工作表依然存在，且位置不变。

1.2.4 设置工作表标签颜色

当一个工作簿中有多个工作表时，为了提高观看效果，同时也为了方便对工作表的快速浏览，用户可以将工作表标签设置成不同的颜色。

第 1 步：执行工作表标签命令

❶选中工作表标签“期初余额表”；❷右击，在弹出的快捷菜单中选择“工作表标签颜色→红色”选项，即可将工作表标签的颜色设置为红色，如下图所示。

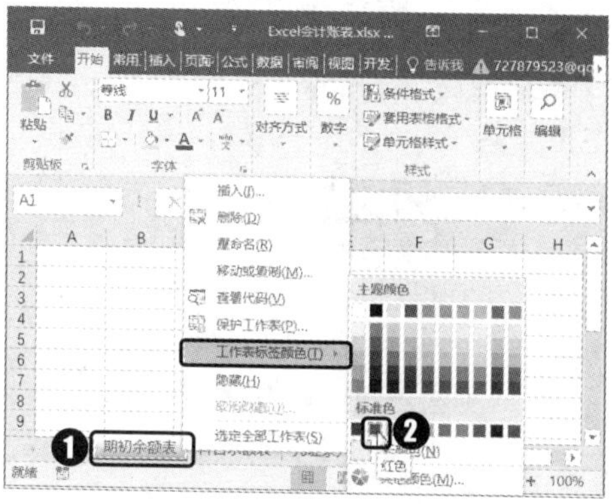

第 2 步：查看设置效果

使用同样的方法设置其他工作表标签颜色即可，如下图所示。

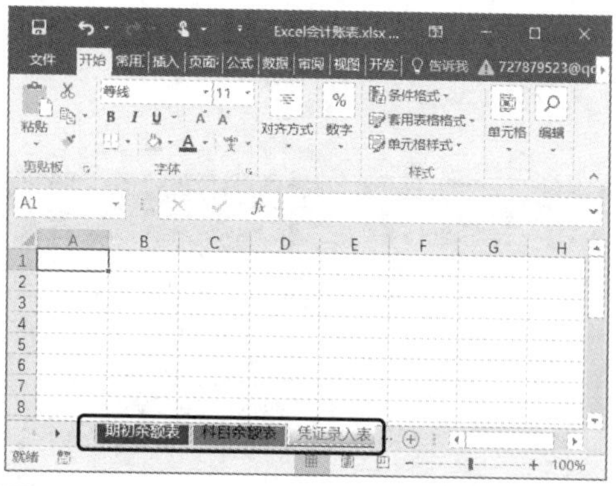

1.2.5 隐藏和显示工作表

为了防止别人查看工作表中的数据，用户可以将工作表隐藏起来，当需要时再将其显示出来。

1. 隐藏工作表

隐藏工作表的具体操作方法如下。

第 1 步：执行插入工作表命令

❶选中工作表标签“期初余额表”；❷右击，在弹出的快捷菜单中选择“隐藏”命令，如下图所示。

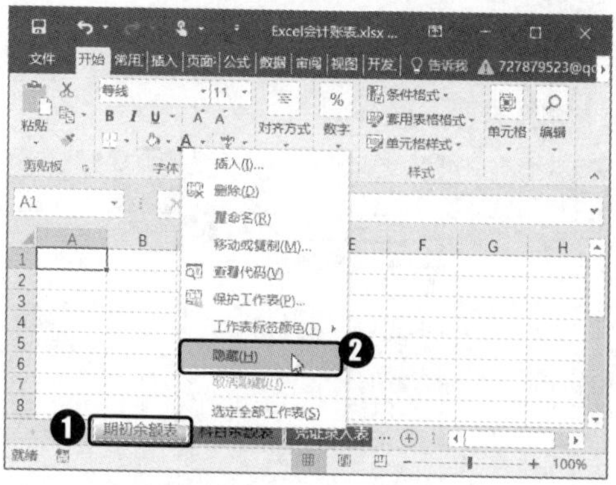

第 2 步：选择工作表类型

此时即可将工作表“期初余额表”隐藏，如下图所示。

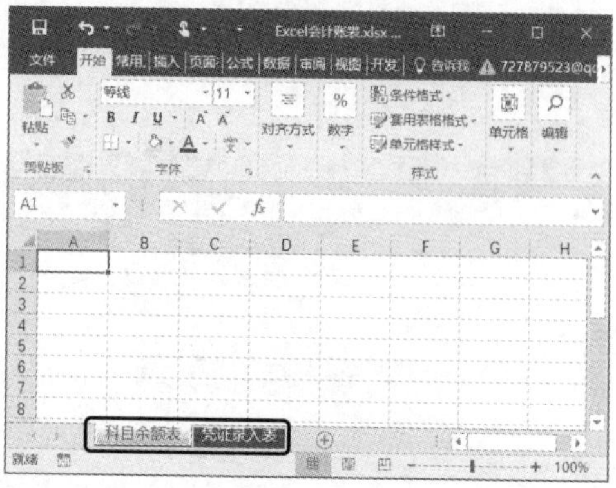

温馨小提示

在 Excel 软件制表中，对暂时不使用或者带有隐私信息的工作表，可以将工作表标签进行隐藏，以备后期使用，被隐藏的工作表依然存在，下次需要使用时，将工作表标签取消隐藏即可。

2. 显示工作表

如果要将隐藏的工作表显示出来，具体操作方法如下。

第 1 步：执行取消隐藏命令

❶在任意一个工作表标签上右击；❷在弹出的快捷菜单中选择“取消隐藏”命令，如下图所示。

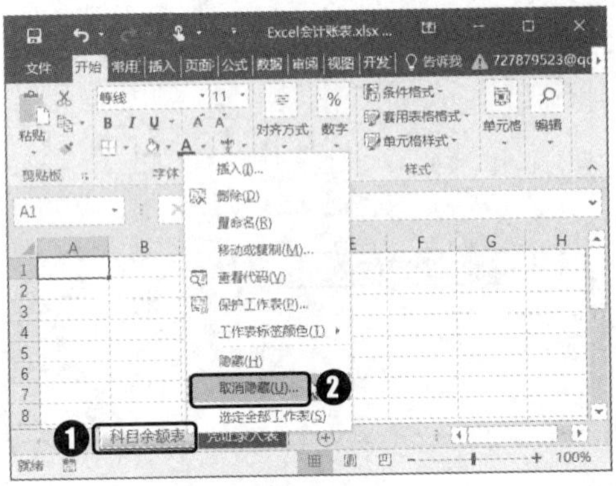

第 2 步：选择取消隐藏的工作表

弹出“取消隐藏”对话框表，❶在“取消隐藏工作表”列表中选中“期初余额表”；❷单击“确定”按钮，即可重新显示工作表“期初余额表”，如下图所示。

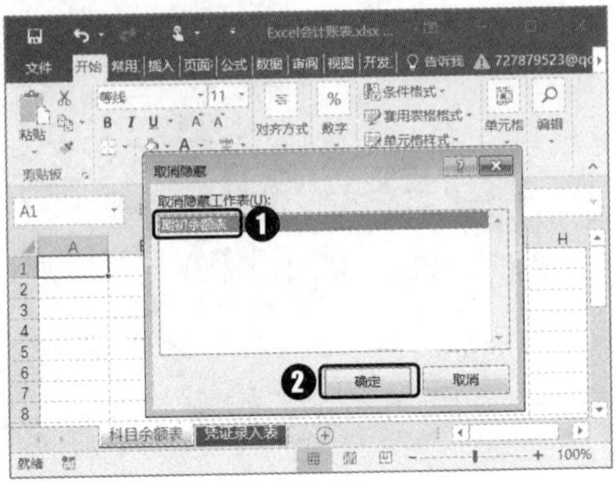

1.2.6 保护工作表

为了防止他人随意更改工作表，用户也可以对工作表设置密码保护。使用密码保护工作簿的具体操作方法如下。

第 1 步：执行保护工作表命令

在“期初余额表”中，❶单击“审阅”选项卡；❷在“更改”功能组中单击“保护工作表”按钮，如下图所示。

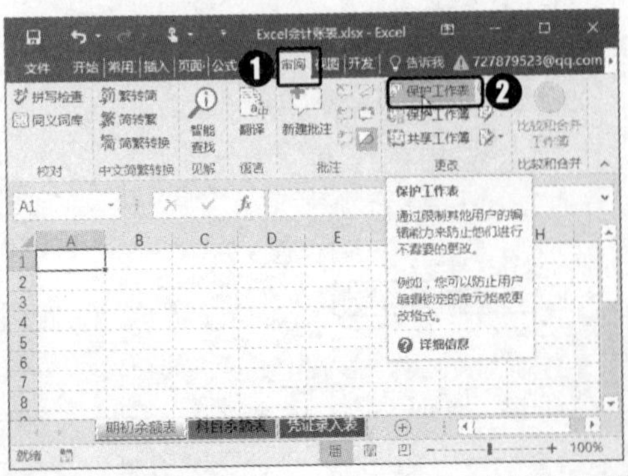

第 2 步：设置保护选项和密码

弹出“保护工作表”对话框，❶选中“保护工作表及锁定的单元格内容”复选框；❷在“密码”文本框中输入密码“123”；❸单击“确定”按钮，如下图所示。

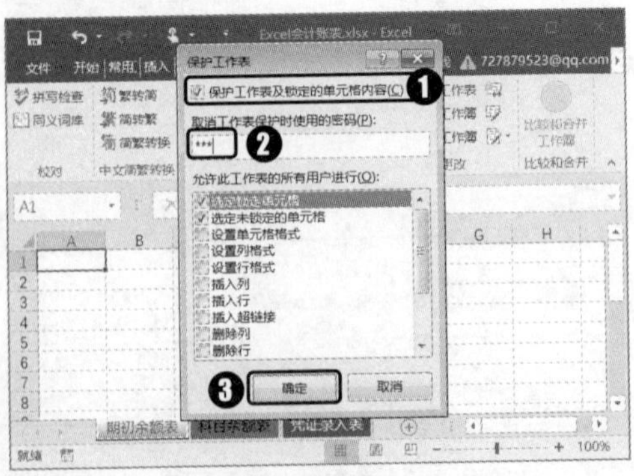

第 3 步：输入确认密码

弹出“确认密码”对话框，❶在“重新输入密码”文本框中输入密码“123”；❸单击“确定”按钮，如下图所示。

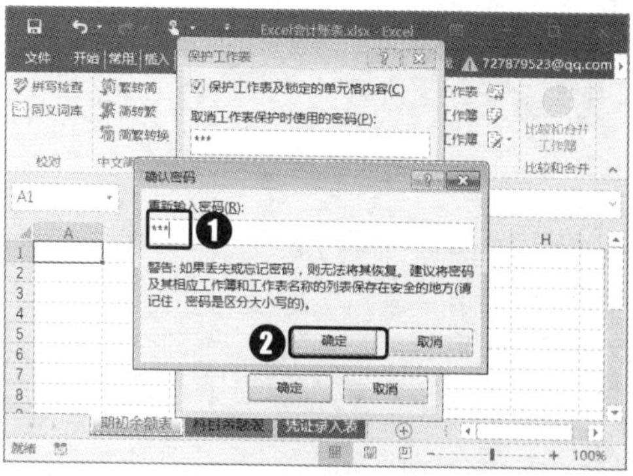

第 4 步：单击“确定”按钮

此时就为工作表设置了密码保护，如果要修改某个单元格中的内容，则会弹出“Microsoft Excel”对话框，直接单击“确定”按钮即可，如下图所示。

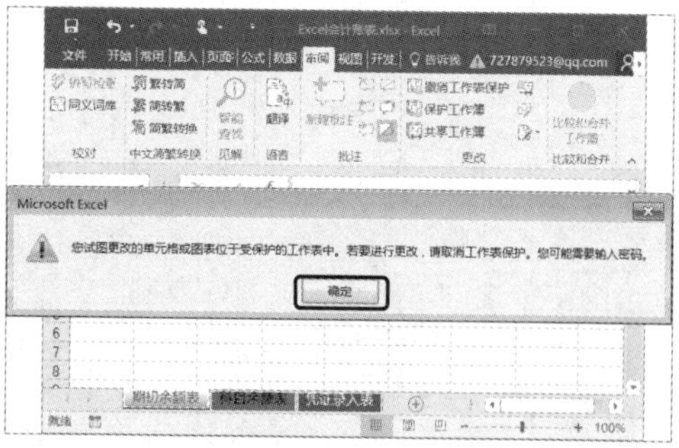

第 5 步：单击“撤销工作表保护”按钮

如果要取消工作表的保护，❶单击“审阅”选项卡；❷在“更改”功能组中单击“撤销工作表保护”按钮，如下图所示。

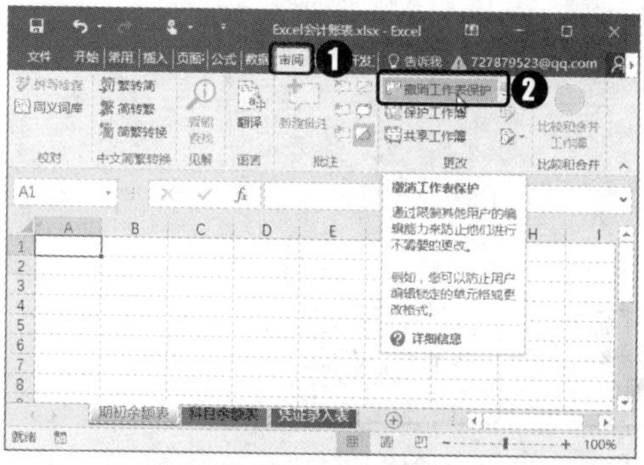

第 6 步：输入密码

弹出“撤销工作表保护”对话框表，❶在“密码”文本框中输入密码“123”；❷单击“确定”按钮即可撤销工作表保护，如下图所示。

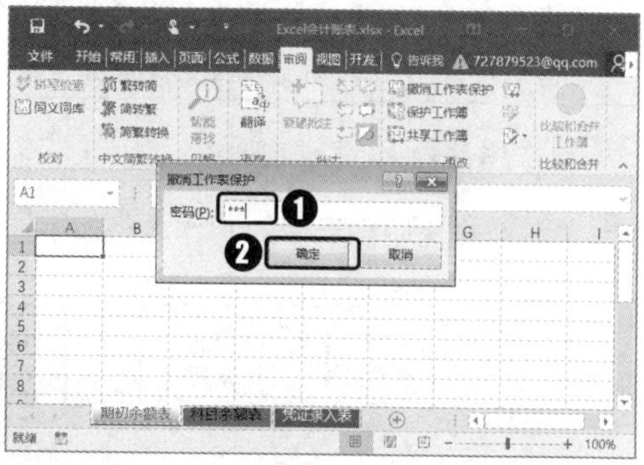

1.3 记账工作表中单元格的操作

案例概述

财产投保明细表是记录企业财产投保状况的明细表单，通常包含财产编号、保单号、被保险财产名称、存放点、数量、保险期限、保额、保费、归属部门、抵押情形和备注等内容。本节将以财产投保明细表的编辑过程为例，介绍 Excel 记账工作表中单元格的操作，掌握插入单元格、行或列，删除单元格、行或列，合并单元格，调整行高和列宽，以及隐藏含有重要数据的行或列的操作技巧。

案例效果

财产投保明细表是重要的财务表单之一。接下来结合财产投保明细表的制作过程，详细介绍单元格的基本操作，归纳和总结单元格操作的基本要点。

“财产投保明细表”制作完成后的效果如下图所示。

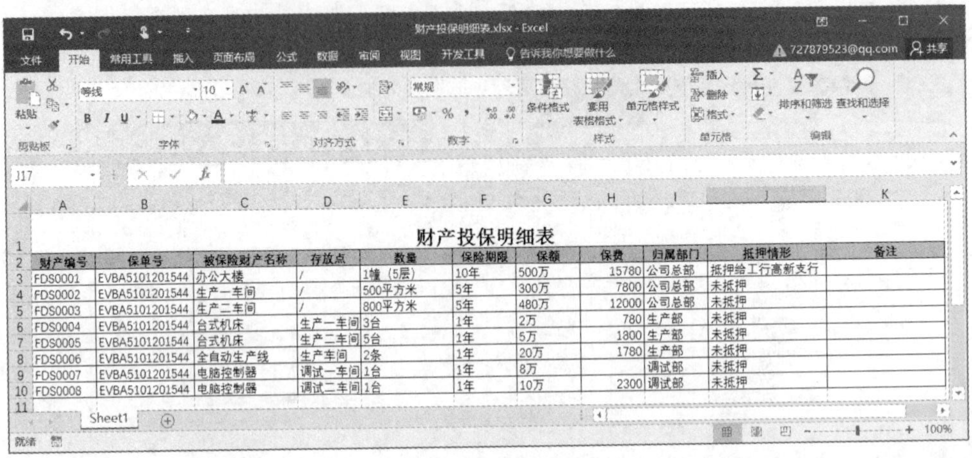

同步文件

原始文件：素材文件\第 1 章\财产投保明细表.xlsx

结果文件：结果文件\第 1 章\财产投保明细表.xlsx

同步视频文件：同步教学文件\第 1 章\财产投保明细表\1.3.1.mp4 ~ 1.3.5.mp4

制作思路

“财产投保明细表”的制作思路如下：

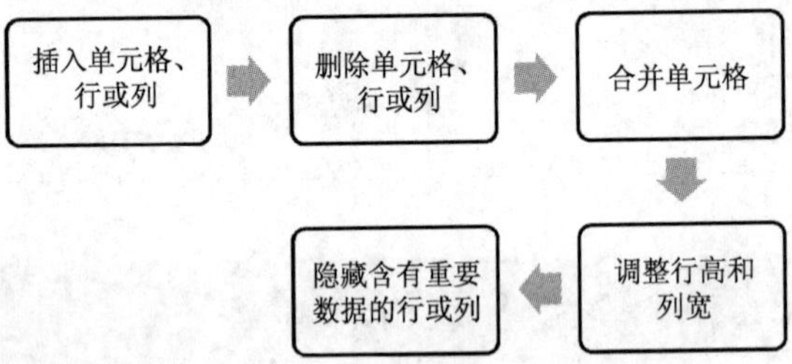

1.3.1 插入单元格、行或列

在编辑完成的工作表中，有时需要进行后期编辑或修改，例如，插入某个单元格，在某行或某列前面插入几行或几列，下面进行详细介绍。

1. 插入单元格

在工作表中插入单元格，会出现单元格的移动情况，包括活动单元格右移和活动单元格下移两种情况，其中，活动单元格右移表示在选中单元格的左侧插入一个单元格；活动单元格下移表示在选中单元格上方插入一个单元格。插入单元格的具体操作方法如下。

第 1 步：选择“插入”命令

打开本实例的素材文件“财产投保明细表”，❶选中 C5 单元格；❷右击，在弹出的快捷菜单中选择“插入”命令，如下图所示。

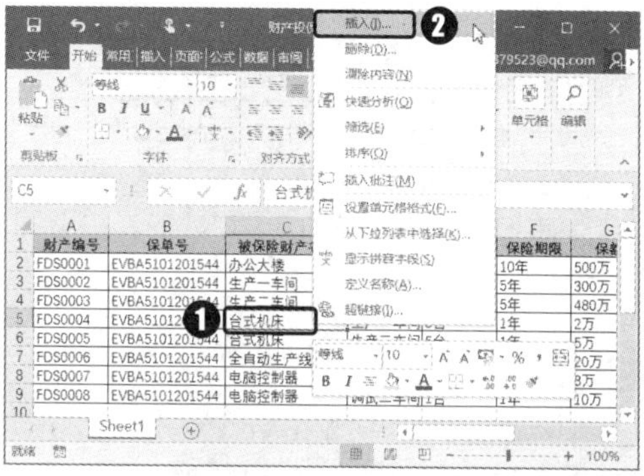

第 2 步：选择“活动单元格下移”单选按钮

弹出“插入”对话框，❶选中“活动单元格下移”单选按钮；❷单击“确定”按钮，如下图所示。

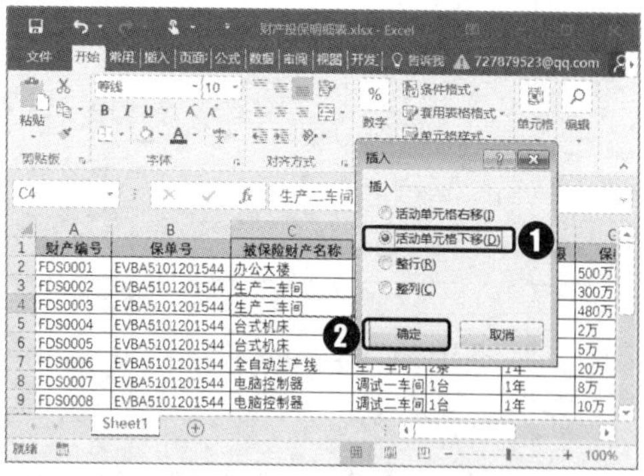

第 3 步：查看插入单元格的效果

此时即可在活动单元格的上方插入一个空白单元格，活动单元格及其下方单元格区域自动下移，如右图所示。

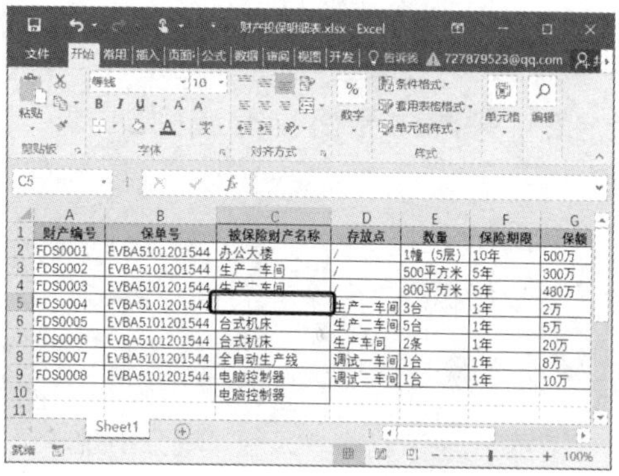

温馨小提示

如果选中“活动单元格右移”单选按钮，即可在活动单元格的左侧插入一个空白单元格，活动单元格及其右侧单元格区域自动右移。

2. 插入行或列

在工作表中插入行或列，是指在选中单元格的上方或左侧插入整行或整列，其中，整行表示在选中单元格的上方插入一行；整列表示在选中单元格的左侧插入一列，插入行或列的具体操作方法如下。

第 1 步：执行“插入”命令

❶选中 C5 单元格；❷右击，在弹出的快捷菜单中选择“插入”命令，如下图所示。

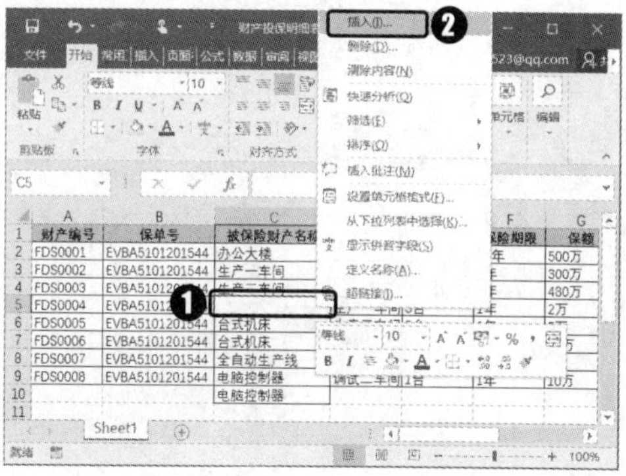

第 2 步：选中“整行”单选按钮

弹出“插入”对话框，❶选中“整行”单选按钮；❷单击“确定”按钮，如下图所示。

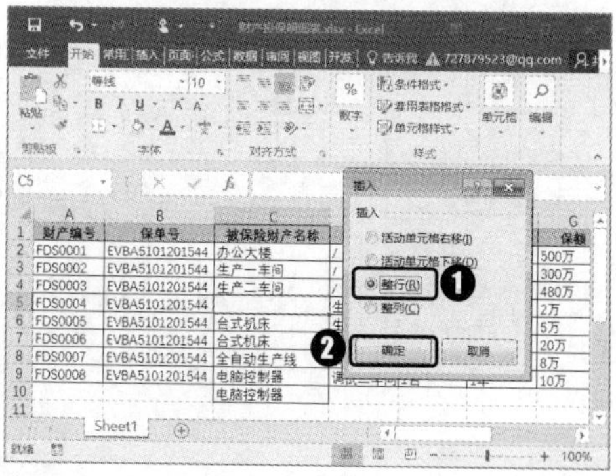

第 3 步：查看插入行的效果

此时即可在活动单元格的上方插入一个空行，活动单元格所在行及其下方行自动下移，如右图所示。

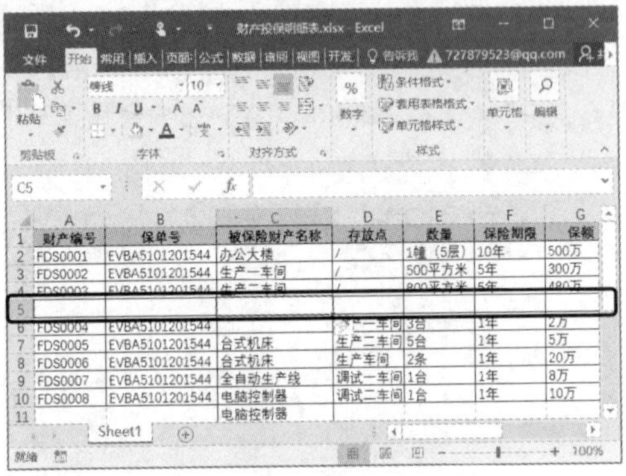

温馨小提示

如果选中“整列”单选按钮，即可在活动单元格的左侧插入一个空白列，活动单元格所在列及其右侧列自动右移。

专家会诊台

Q：在插入行或列时，有没有不用选中插入类型，直接就可以插入行或列的方法？

A：有的！在插入行或列之前，首先选中工作表中的行标或列标，然后执行插入命令，即可直接在选中行标的上方，或选中列标的左侧插入空白行或空白列。

1.3.2 删除单元格、行或列

在编辑工作表单元格时，如果存在多余单元格、行或列，以及单元格位置错位的情况，用户可以根据需要删除单元格、行或列。

1. 删除单元格

在工作表中删除单元格，就会出现单元格的移动情况，包括活动单元格右移和活动单元格下移两种情况，其中，活动单元格右移表示在选中单元格的左侧插入一个单元格；活动单元格下移表示在选中单元格上方插入一个单元格。插入单元格的具体操作方法如下。

第 1 步：执行“删除”命令

❶选中 C6 单元格；❷右击，在弹出的快捷菜单中选择“删除”命令，如下图所示。

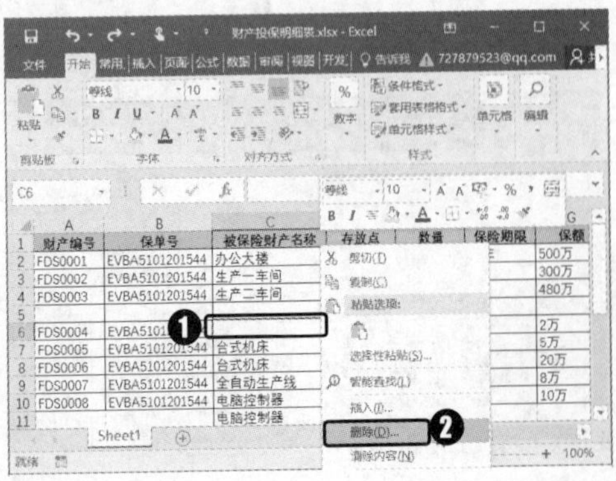

第 2 步：选中“下方单元格上移”单选按钮

弹出“删除”对话框，❶选中“下方单元格上移”单选按钮；❷单击“确定”按钮，如下图所示。

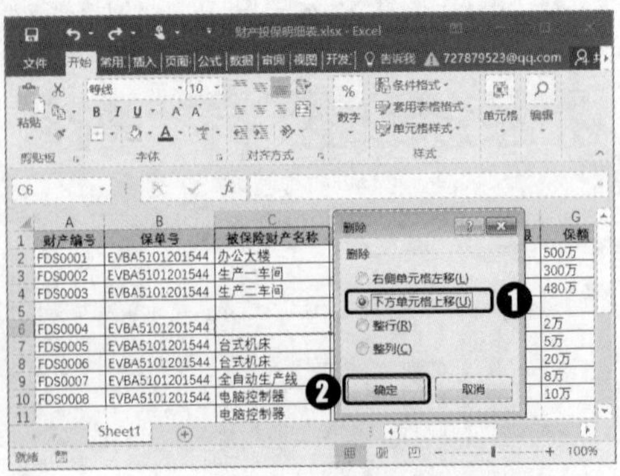

第 3 步：查看删除单元格的效果

此时即可将选中的单元格删除，且下方单元格上移，如右图所示。

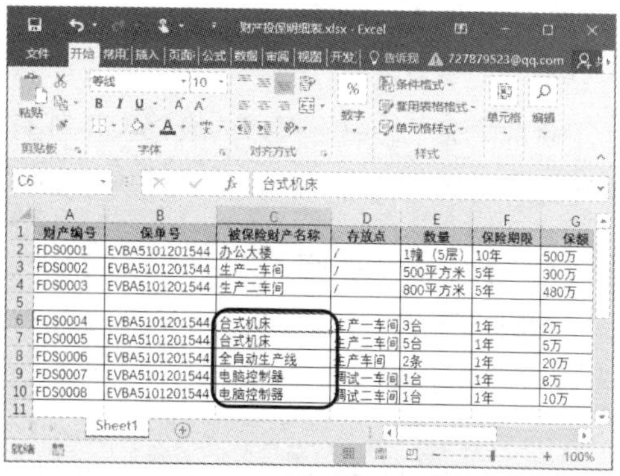

温馨小提示

如果选中“右侧单元格左移”单选按钮，即可将选中的单元格删除，且右侧单元格左移。

2. 删除行或列

在编辑工作表时，如果存在多余的行与列，可以将其删除，删除行或列的具体操作方法如下。

第 1 步：执行删除命令

❶选中空行中的任意一个单元格，如选中 B5 单元格；❷右击，在弹出的快捷菜单中选择“删除”命令，如下图所示。

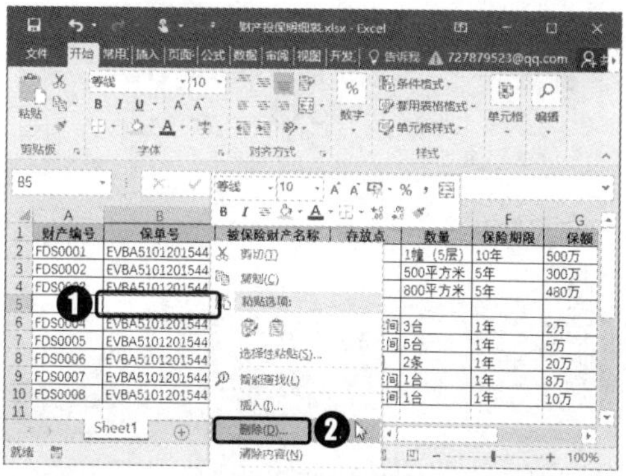

第 2 步：选中“整行”单选按钮

弹出“删除”对话框，❶选中“整行”单选按钮；❷单击“确定”按钮，如下图所示。

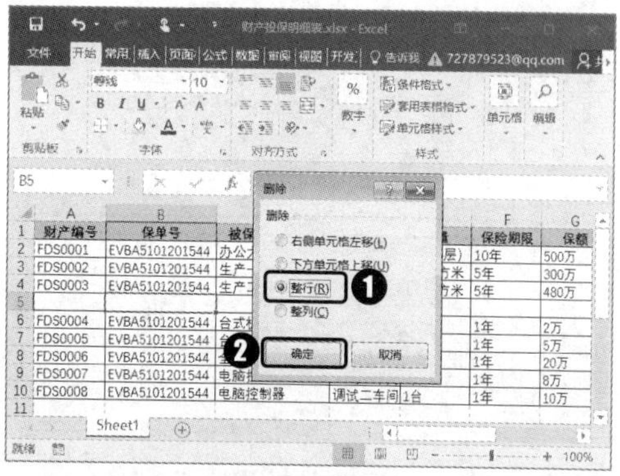

第 3 步：查看删除行的效果

此时即可删除选中单元格所在的整行，如右图所示。

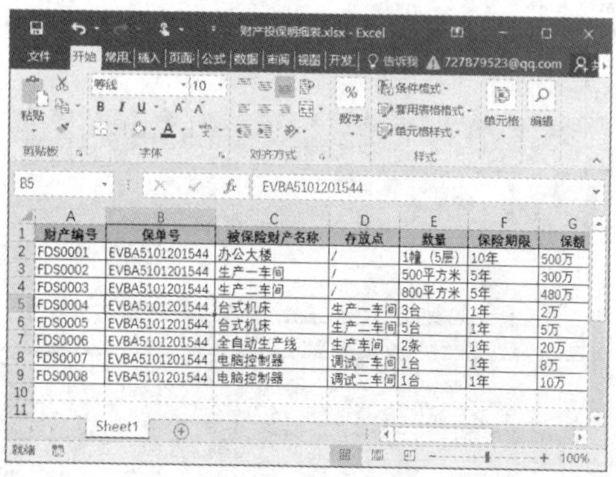

温馨小提示

如果选中“整列”单选按钮，即可删除选中单元格所在的整列。

1.3.3 合并单元格

通常情况下，用于打印的表格文件都有表格标题，此时可以使用合并单元格功能，将标题行的单元格进行合并，具体操作方法如下。

第 1 步：选中整行

将鼠标指针移动到第 1 行的行标“1”上单击，即可选中整行，如下图所示。

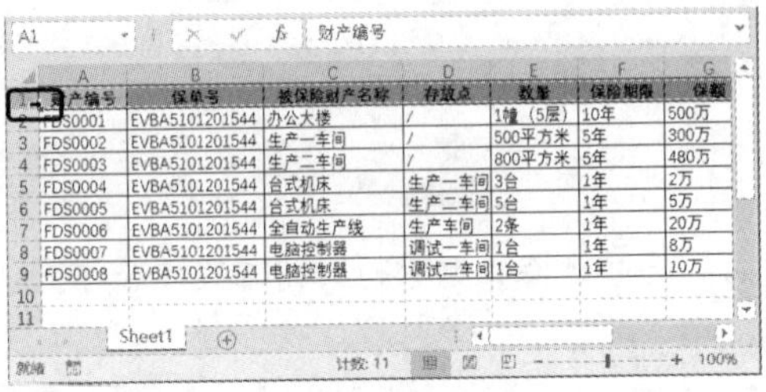

第 2 步：执行“插入”命令

在行标“1”上右击，在弹出的快捷菜单中选择“插入”命令，如下图所示。

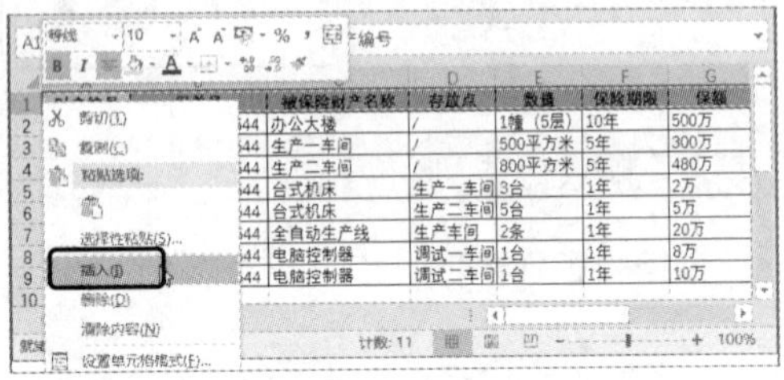

第 3 步：查看插入的空行

此时即可在首行位置插入一个空白行，如下图所示。

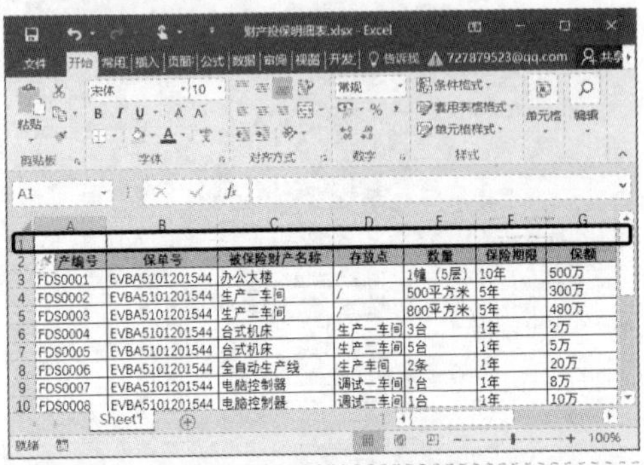

第 4 步：单击“合并后居中”按钮

选中单元格区域 A1:K1，❶单击“开始”选项卡；❷在“对齐方式”功能组中单击“合并后居中”按钮，如下图所示。

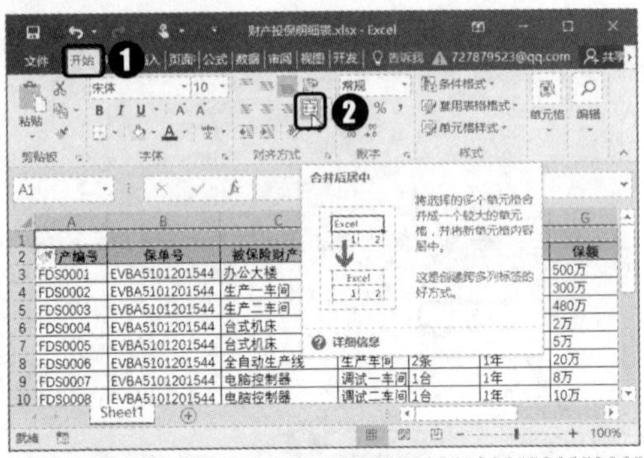

第 5 步：查看合并效果

此时即可将选中的单元格区域合并为一个单元格，如下图所示。

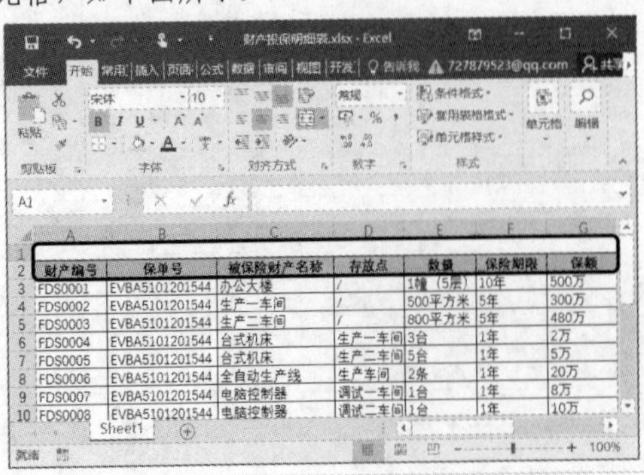

第 6 步：输入标题文字

在合并后的单元格中输入标题文字“财产投保明细表”，并设置字体格式，效果如下图所示。

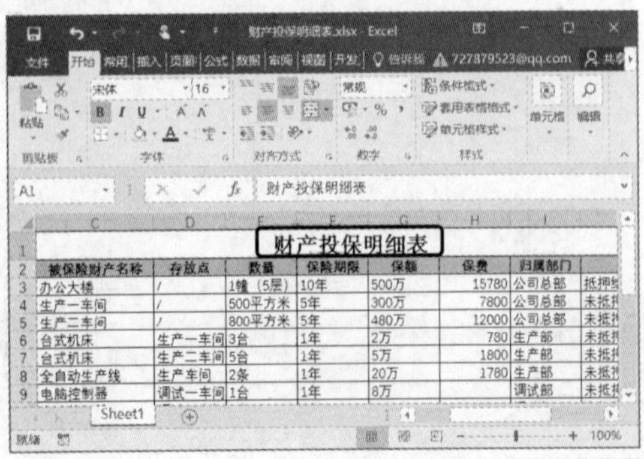

1.3.4 调整行高和列宽

在编辑工作表时，常常会碰到单元格中的文字过多造成内容显示不全，或者文字过少造成多余空白，后者行高不足造成显示不全等问题，这时候我们就需要将行高或列宽调整到合适的尺寸。在行标或列标上拖动鼠标可以快速调整行高和列宽。具体的操作方法如下。

第 1 步：拖动鼠标调整行高

将鼠标定位在第 1 行行标的下边线位置，此时鼠标指针变成双箭头，按住鼠标左键不放，向下拖动鼠标即可拉大第 1 行的高度，如下图所示。

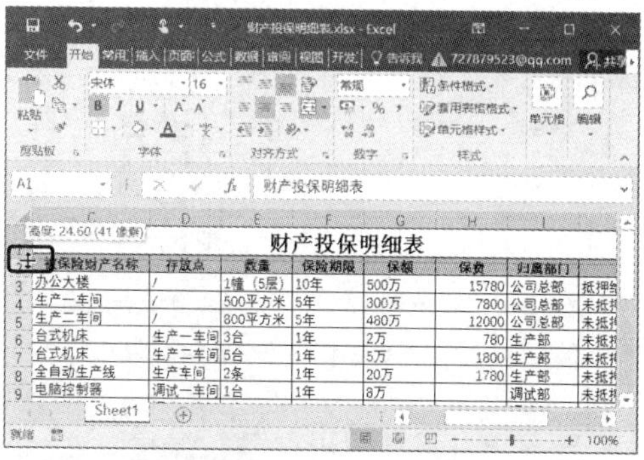

第 2 步：查看行高变化

调整完毕，释放鼠标，即可看到第 1 行行高的变化，如下图所示。

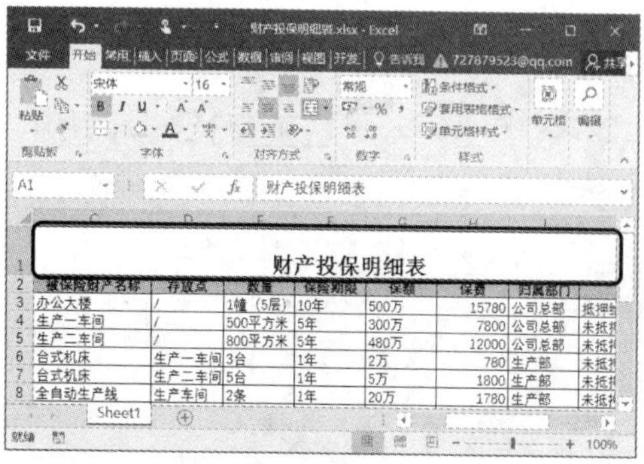

第 3 步：拖动鼠标调整列宽

将鼠标定位到列标 E 与列标 F 之间，此时鼠标指针变成双箭头，按住鼠标左键不放，向右拖动鼠标即可拉大列的宽度，如下图所示。

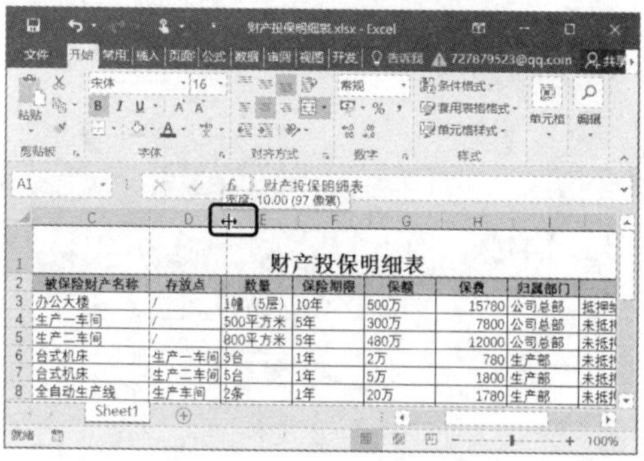

第 4 步：查看列宽变化

调整完毕，释放鼠标，即可看到 E 列列宽的变化，如下图所示。

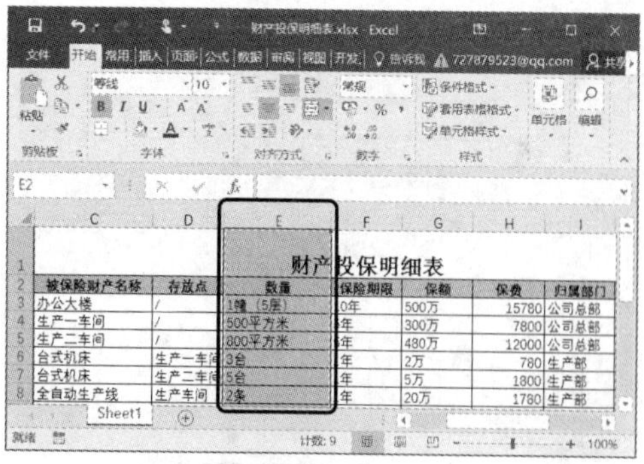

温馨小提示

除了拖动鼠标直接调整行高和列宽以外，也可以单击“开始”选项卡，在“单元格”功能组中单击“格式”按钮，打开“行高”或“列宽”对话框，使用磅值来精确调整行高和列宽。

1.3.5 隐藏含有重要数据的行或列

对于工作表中含有重要数据的行或列，如果不希望其他人看到，用户可以将其隐藏起来，保护该行或列的安全。下面以隐藏工作表中的某列为例，具体的操作方法如下。

第 1 步：执行隐藏命令

❶选中 G 列的列标，此时即可选中整个 G 列；❷右击，在弹出的快捷菜单中选择“隐藏”命令，如下图所示。

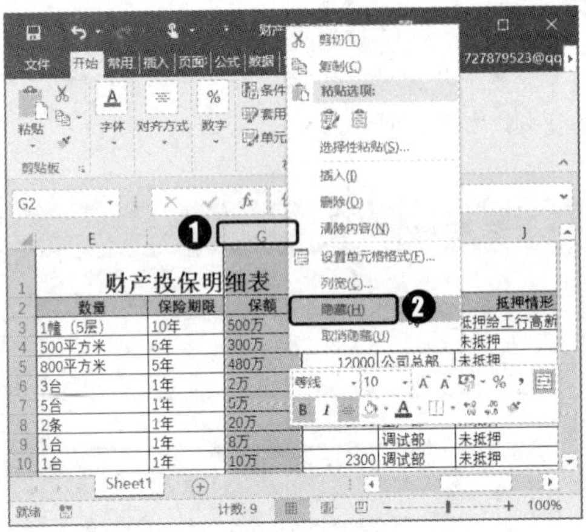

第 2 步：查看行高变化

此时即可隐藏选中的 G 列，并出现隐藏线，如下图所示。

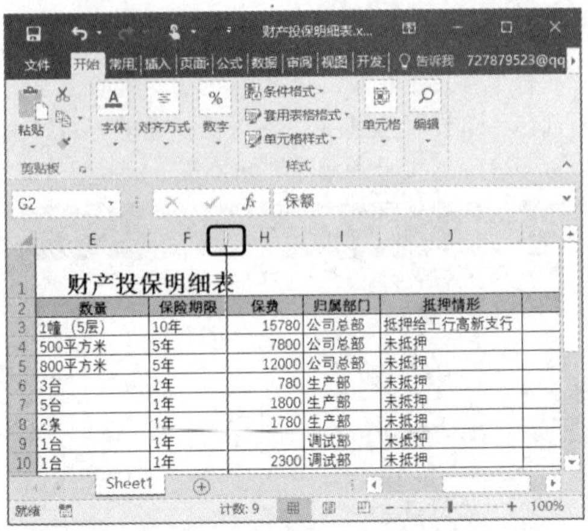

第 3 步：执行取消隐藏命令

❶拖动鼠标在列标上选中 G 列前后的 F～H 列；❷右击，在弹出的快捷菜单中选择“取消隐藏”命令，如下图所示。

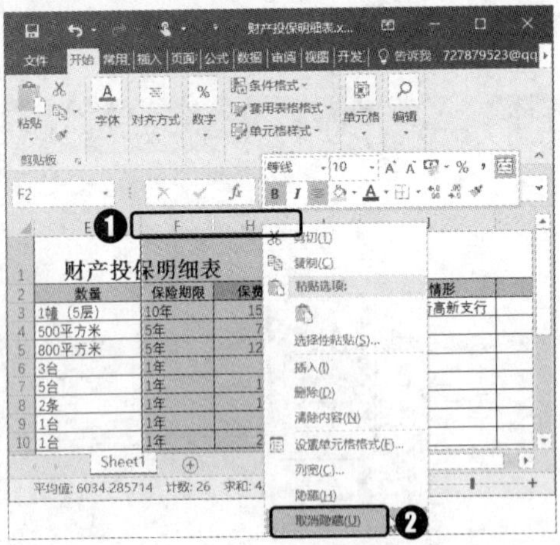

第 4 步：查看显示效果

此时即可重新显示之前隐藏的 G 列，如下图所示。

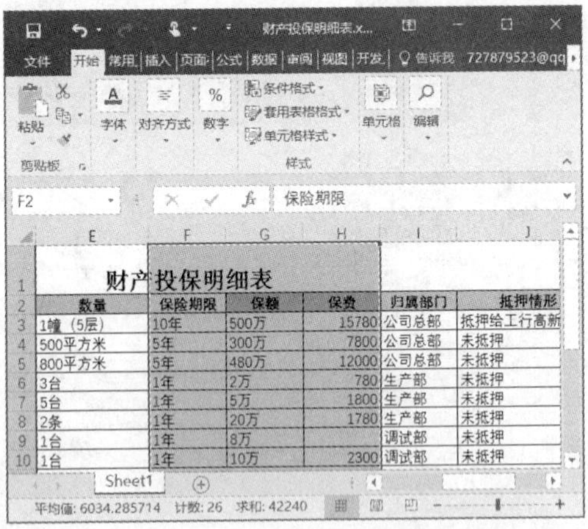

温馨小提示

如果想要隐藏多个不连续的行或列，首先按住“Ctrl”键不放，然后依次单击行标或列标，选中要隐藏的不连续的行或列，然后右击，执行隐藏命令即可。隐藏后的行和列依然存在，并没有删除，下次使用时，取消隐藏即可。

1.4 提升效率——实用操作技巧

通过前面知识的学习，相信读者朋友已经掌握工作簿和工作表的相关基础知识。下面结合本节内容，给大家介绍一些实用技巧。

同步文件

原始文件：素材文件\第 1 章\提升效率\

结果文件：结果文件\第 1 章\提升效率\

同步视频文件：同步教学文件\第 1 章\提升效率.mp4

1. 快速选中全部记账工作表

使用 Excel 制作和编辑表格时，经常遇到同时使用多个工作表的情况，例如，查找、替换、合并计算等工作，下面教大家如何在 Excel 中快速选定全部的工作表，具体操作方法如下。

第 1 步：执行选定全部工作表命令

打开“素材文件\第 1 章\提升效率\会计报表.xlsx”文件，❶在任意一个工作表标签上右击；❷在弹出的快捷菜单中选择“选定全部工作表”选项，如下图所示。

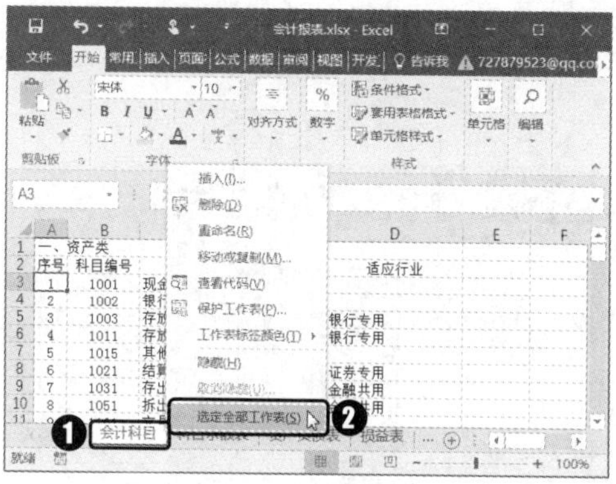

第 2 步：组成工作组

此时，选定的全部工作表就组成了工作表组，并在标题栏中显示“[工作组]”，此时即可对全部的工作表进行操作，如下图所示。

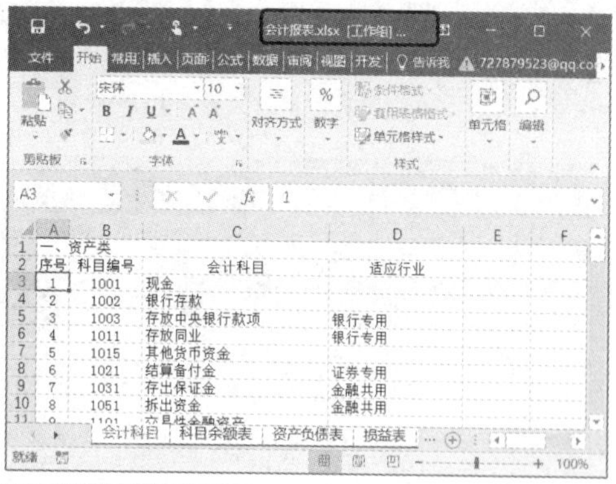

温馨小提示

工作组是同一个工作簿里的多个工作表的组合。如果工作组是不连续的，选择需要组合的第一个工作表标签，按住“Ctrl”键，再选择第二个、第三个……即可组成工作组；如果工作表是连续的，也可以选择第一个工作表后按住“Shift”键，再选最后一个工作表，也可以组成工作组。

通常情况下，如果这些工作表的格式是相同的，在成组的工作表里，任意修改或编辑其中一个工作表的内容及格式，其余的工作表都会做同样的改变。

2. 快速选定不连续单元格

在 Excel 工作表中，经常需要选定不连续单元格来进行一些统计和计算等操作，下面为大家介绍快速选定不连续单元格的技巧，具体操作方法如下。

第 1 步：设置下标的输入方式

在任意一个工作表中，首先选中任意单元格，如下图所示。

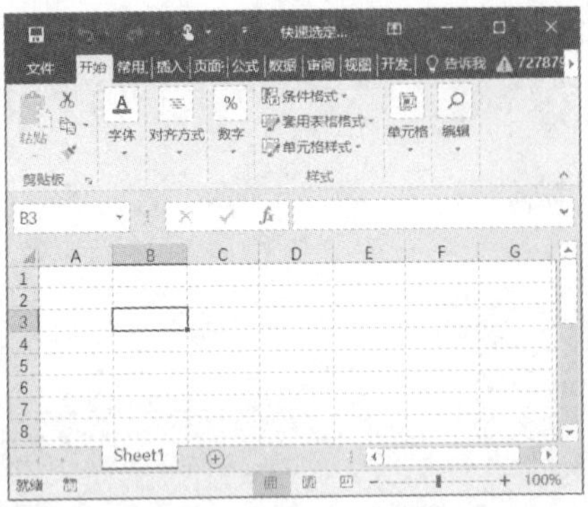

第 2 步：设置上标的输入方式

按“Ctrl”键，然后移动鼠标选中其他不连续的单元格即可，如下图所示。

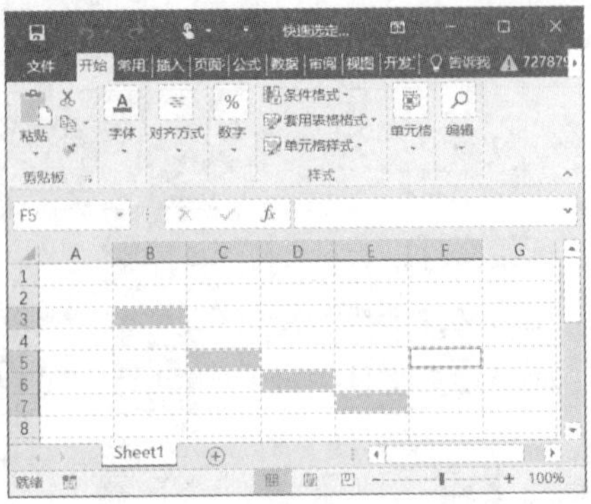

3. 快速选定 Excel 数据区域

使用“Ctrl+Shift+方向键”可以快速选取批量数据区域，例如，选中首行数据，然后按“Ctrl+Shift+↓”即可选中表格中的所有数据记录。接下来分别介绍“Ctrl+Shift”组合键，与上、下、左、右各方向键之间的应用，具体操作方法如下。

第 1 步：向上选取数据

打开“素材文件\第 1 章\提升效率\供应商缴费明细.xlsx”文件，选中数据区域中的一个单元格，例如，选中 C6 单元格，按“Ctrl+Shift+↑”组合键，即可选中该单元格及其以上的数据区域，如下图所示。

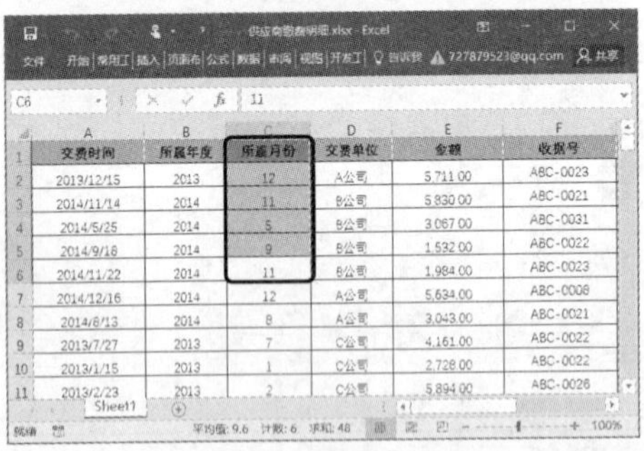

第 2 步：向下选取数据

按“Ctrl+Shift+↓”组合键，即可选中该单元格及其以下的数据区域，如下图所示。

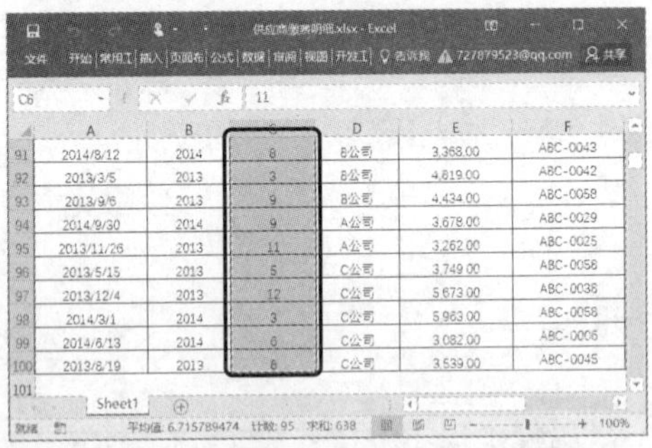

第 3 步：向右选取数据

按“Ctrl+Shift+←”组合键，即可选中该单元格及其以上的数据区域，如右图所示。

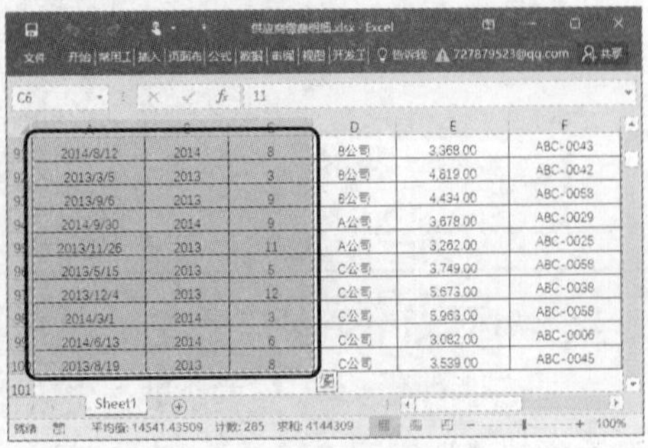

第 4 步：向左选取数据

按“Ctrl+Shift+→”组合键，即可选中该单元格及其以上的数据区域，如右图所示。

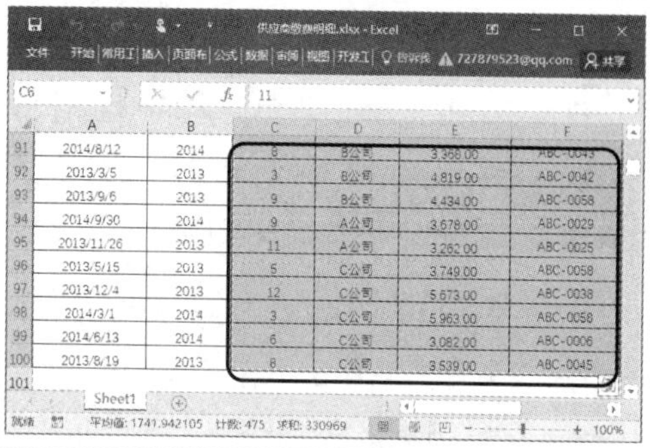

4．快速选定 Excel 中的空单元格

在 Excel 工作表中，有时会出现一些具有相同特质的空单元格，如单元格中没有数据等，通过“定位条件”功能，可以快速选中这些空单元格，然后快速替换这些空单元格，如替换成“0”值等，具体操作方法如下。

第 1 步：执行“定位条件”命令

打开“素材文件\第 1 章\提升效率\差旅费统计.xlsx”文件，❶单击“开始”按钮；❷在“编辑”功能组中单击“查找和选择”按钮；❸在弹出的下拉列表中选择“定位条件”选项，如下图所示。

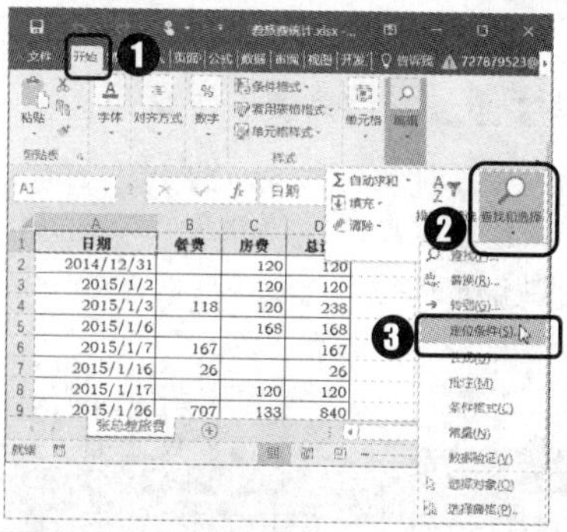

第 2 步：选中“空值”单选按钮

弹出“定位条件”对话框，❶选中“空值”单选按钮；❷单击“确定”按钮，如下图所示。

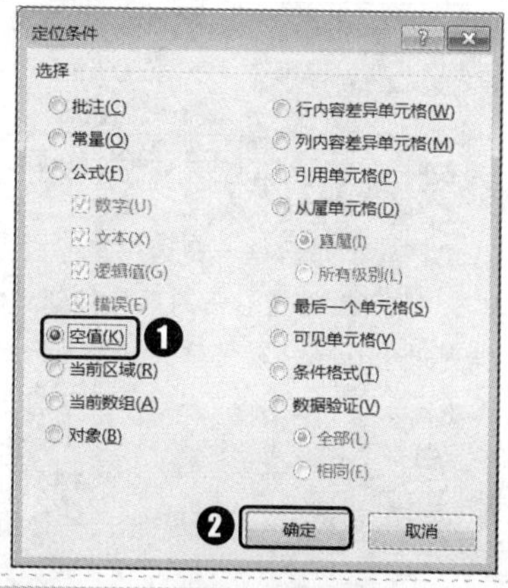

第 3 步：定位全部空单元格

此时即可定位数据区域中的全部空单元格，如下图所示。

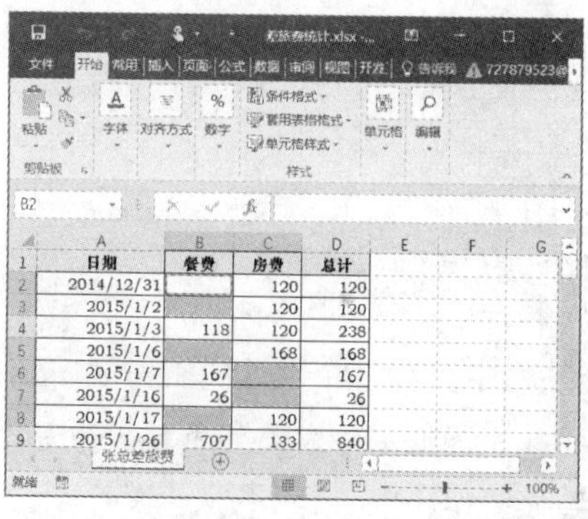

第 4 步：替换成 0 值

在编辑栏中输入数值“0”，然后按“Ctrl+Enter”组合键，此时即可在选中的空单元格中批量输入 0 值，如下图所示。

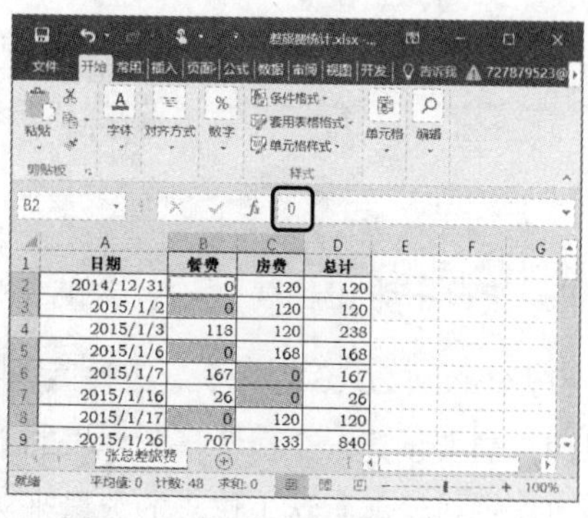

5. 以只读的方式打开工作簿

日常工作中，为了避免无意间对工作簿造成错误的修改，可以用只读方式打开工作簿。还可以在保存工作簿时，设置“建议只读”选项，当用户打开工作簿时，系统自动提醒是否用只读方式打开。设置以只读的方式打开工作簿的具体操作方法如下。

第 1 步：单击“文件”按钮

打开“素材文件\第 1 章\提升效率\销售统计表.xlsx”文件，单击“文件”按钮，如下图所示。

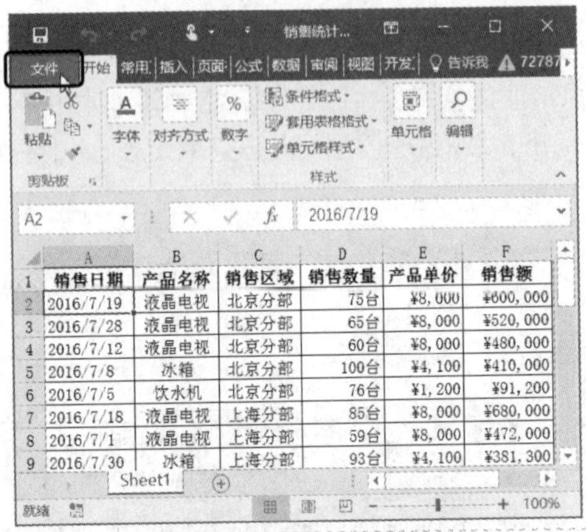

第 2 步：单击“浏览”按钮

进入“文件”界面，❶单击“打开”选项卡；❷单击“浏览”按钮，如下图所示。

第 3 步：设置打开方式

弹出“打开”对话框，❶选中要打开的工作簿；❷单击“打开”按钮右侧的下拉按钮；❸在弹出的下拉列表中选择“以只读方式打开”选项，如下图所示。

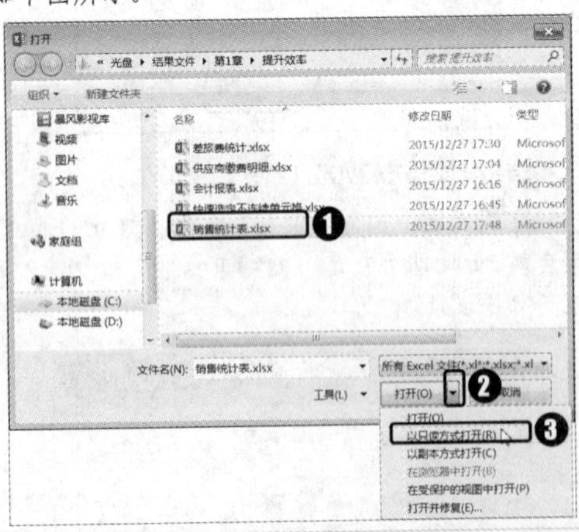

第 4 步：查看只读工作簿

此时即可打开选中的工作簿，并在标题栏中显示“只读”字样，以只读方式打开工作簿后，如果对工作簿进行了更改，可以将工作簿保存在其他位置，如下图所示。

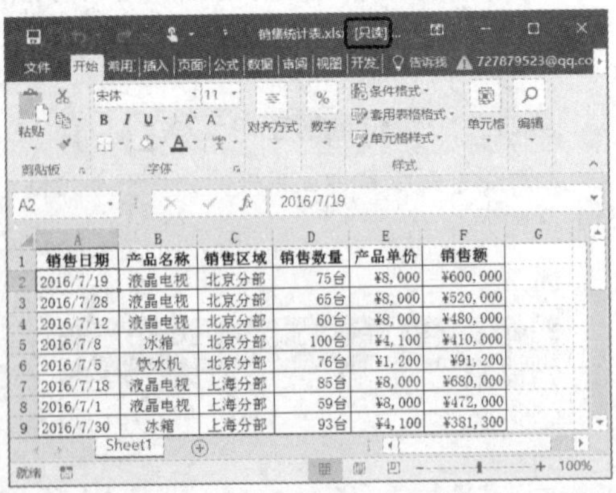

6. 更改一张工作簿默认包含的工作表数量

打开 Excel 2016 的一个新工作簿，在工作表标签栏中只有 1 个默认的工作表 Sheet1，如果用户想要创建一个包含多工作表的工作簿，就要逐一添加工作表，为了减少重复操作，用户可以通过设置默认工作表的数量来实现，具体操作方法如下。

第 1 步：单击文件按钮

打开任意工作簿，单击“文件”按钮，如下图所示。

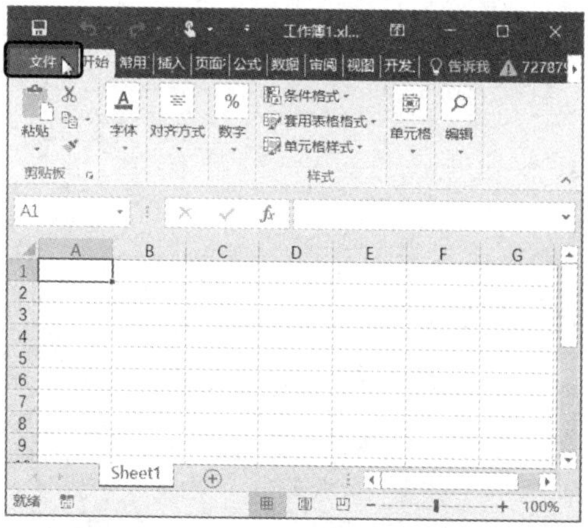

第 2 步：单击选项菜单

进入“文件”界面，单击“选项”菜单，如下图所示。

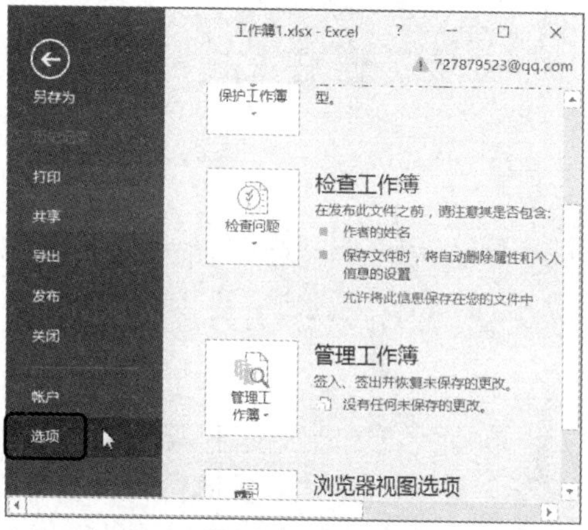

第 3 步：设置默认工作表数量

弹出“Excel 选项”对话框，❶单击“常规”选项卡；❷在“新建工作簿时”组合框的“包含的工作表数”微调框中将工作表数设置为“5”；❸单击“确定”按钮，如下图所示。

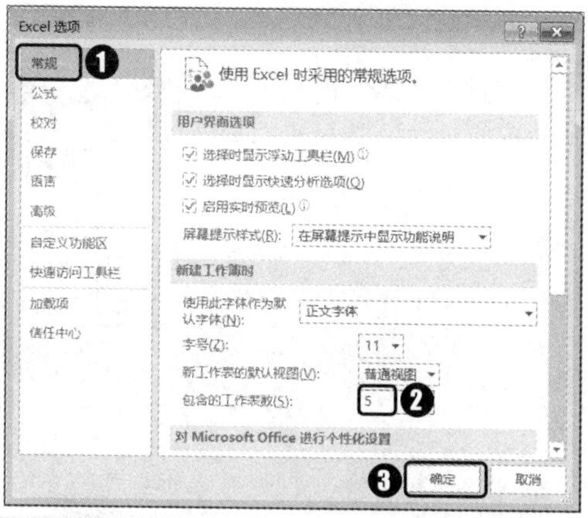

第 4 步：查看设置效果

再次新建一个工作簿，此时默认打开 5 个空白工作表，如下图所示。

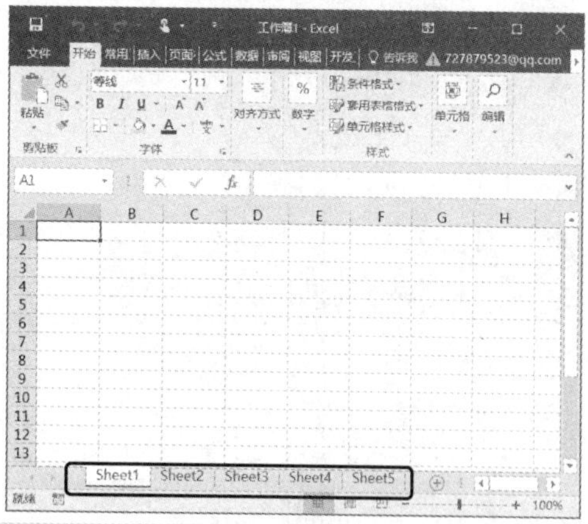

第 2 章 财务数据的输入与编辑

本章导读

创建 Excel 工作簿后，就可以录入和编辑数据了。本章主要从不同类型数据的输入方法、数据的批量输入技巧、数据的修改及清除、数据的移动及复制、数据的查找或替换等方面，详细介绍数据的输入与编辑技巧，以财务数据的输入与编辑为例介绍 Excel 的基本操作。

知识要点

- 输入文本数据
- 输入日期数据
- 输入金额数据
- 显示百分比数值
- 使用公式输入数据
- 有规则数据的填充输入
- 记忆式输入数据
- 从下拉列表中输入数据
- 数据的修改和清除
- 在报表中移动及复制数据
- 使用选择性粘贴功能
- 数据查找
- 数据替换

案例展示

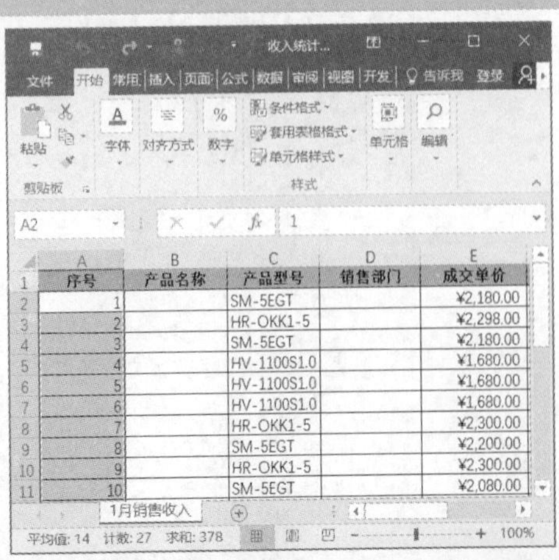

2.1 费用记录表中的数据输入

案例概述

费用记录表是记录和统计企业日常费用的重要表单。费用记录表主要包括日期、姓名、部门、项目、实用金额、报销系数和报销金额等内容。本节以创建费用记录表为例，详细介绍工作表中数据的输入，如文本数据的输入、金额数据的输入、日期数据的输入和百分比数据的输入等内容。

案例效果

在本案例中主要介绍单元格中常用数据的输入方法，包括文本数据的输入、金额数据的输入、日期数据的输入和百分比数据的输入等内容。

“费用记录表”数据输入完成后的效果如下图所示。

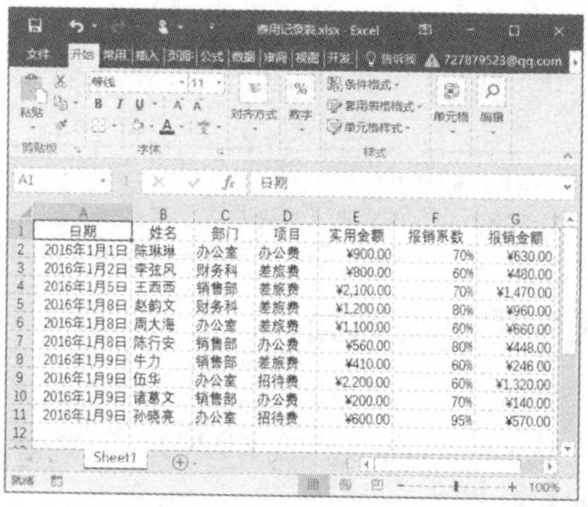

同步文件

原始文件：素材文件\第 2 章\费用记录表.xlsx、费用记录表.txt

结果文件：结果文件\第 2 章\费用记录表.xlsx

同步视频文件：同步教学文件\第 2 章\日常费用记录表\2.1.1.mp4~2.1.5.mp4

制作思路

在“费用记录表”中输入数据的思路如下：

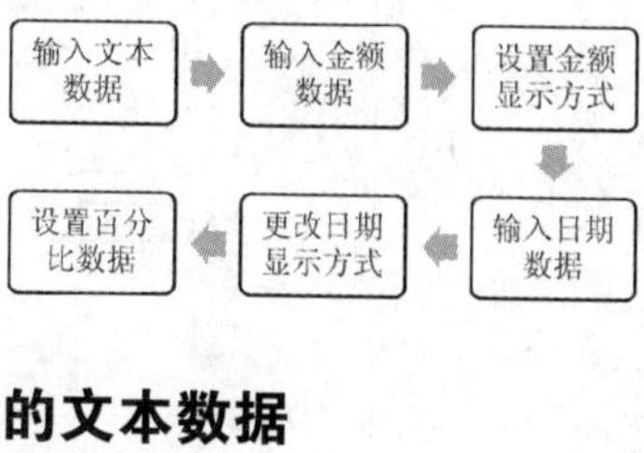

2.1.1 输入费用记录表中的文本数据

文本型数据是最常见的数据类型，输入方法最简单，直接单击单元格输入即可。字符文本应逐字输入。输入文本的具体操作方法如下。

第 1 步：在正文输入法下敲击键盘

打开本实例的原始文件“费用记录表.xlsx”，选择合适的中文输入法，❶选中 G1 单元格；❷在键盘上敲击拼音字母“bao’xiao’jin’e”，如下图所示。

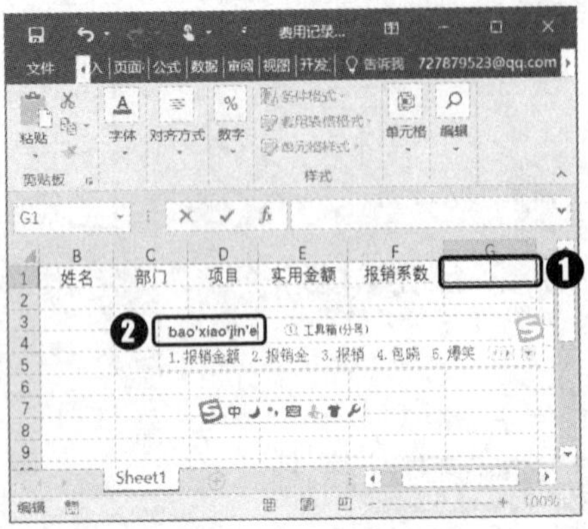

第 2 步：选择文本选项

在键盘中拼音字母的上方，按数字键，选择正确的词组即可输入想要的文本，例如按“1”键，即可输入文本“报销金额”，文本自动左对齐，如下图所示。

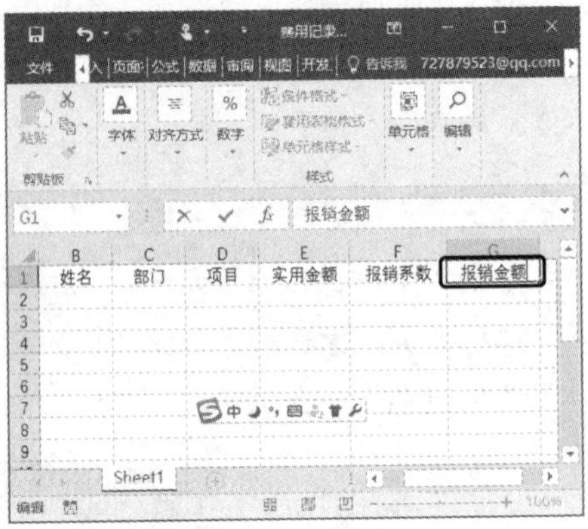

> **温馨小提示**
>
> 除了直接在单元格中输入数据外，还可以在“编辑栏”中输入各种数据，按“Enter”键确认即可。

2.1.2 输入费用记录表中的日期数据

在 Excel 中，通常以 YY-MM-DD 形式，或 MM-DD 形式输入日期，也可以采用“/”作为连接符，即 YY/MM/DD 或 MM/DD 形式。无论采用哪种形式输入日期，默认以 YY/MM/DD 或 MM/DD 形式显示日期。可以通过设置单元格格式更改日期的显示方式。

输入日期并更改显示方式的具体操作方法如下。

第 1 步：输入日期

选中 A2 单元格，输入日期“2016-1-1”，如下图所示。

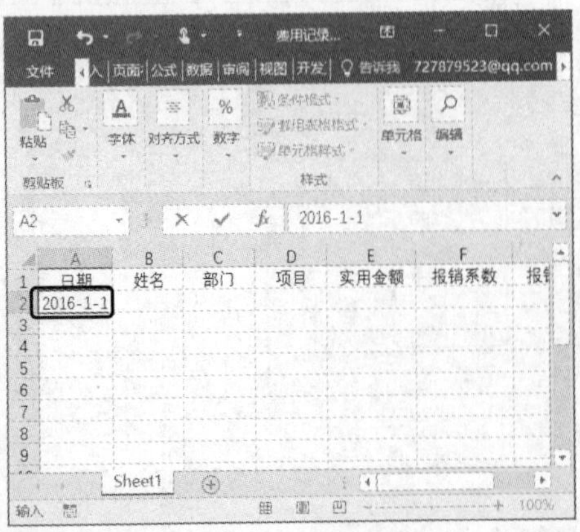

第 2 步：按“Enter”键

按“Enter”键即可完成日期输入，日期显示为“2016/1/1”，如下图所示。

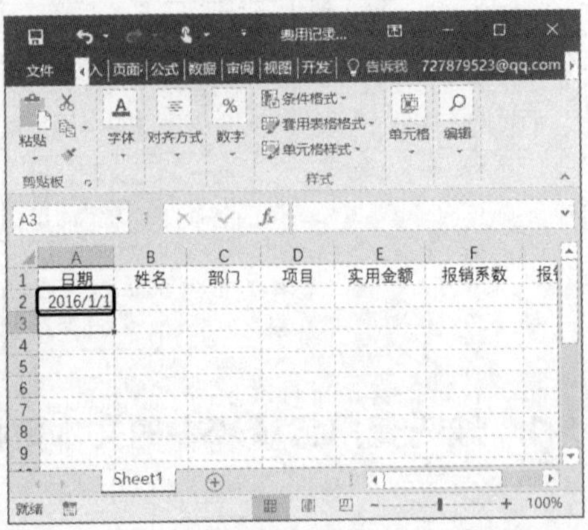

第 3 步：单击“对话框启动器”按钮

选中 A2 单元格，❶单击“开始”选项卡；❷在“数字”功能组中单击“对话框启动器”按钮，如下图所示。

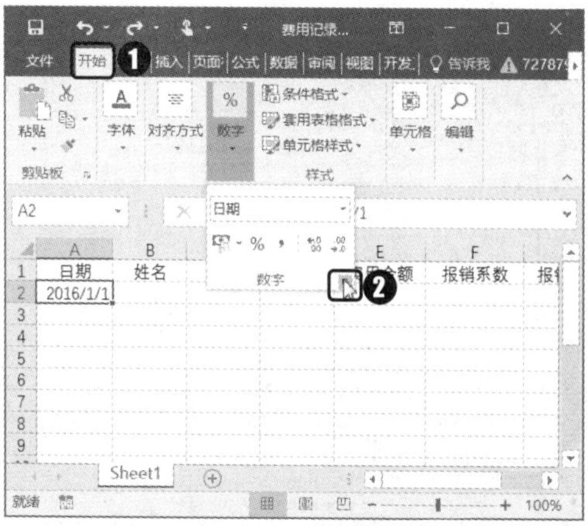

第 4 步：选择日期类型

弹出“设置单元格格式”对话框，❶在“分类”列表框中选择“日期”选项；❷在“类型”列表框中选择“*2012 年 3 月 14”选项；❸单击“确定”按钮，如下图所示。

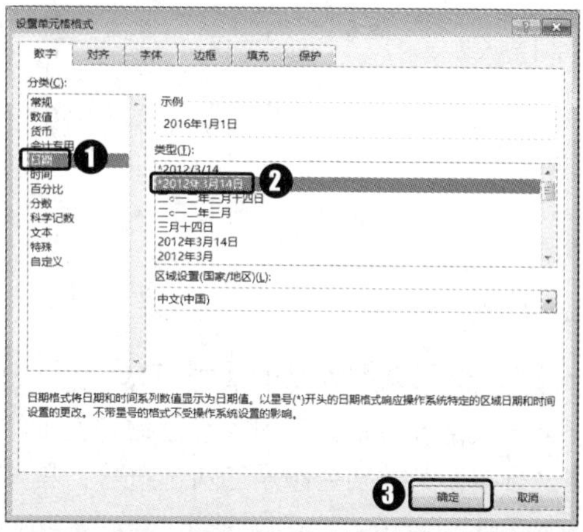

第 5 步：查看日期更改效果

返回工作表中，日期的显示方式变成了“2016 年 1 月 1 日”，如右图所示。

> **温馨小提示**
>
> 在单元格中，日期的默认对齐方式是左侧对齐；在单元格内输入公式“=today()”，按“Enter”键，可以得到动态的日期。

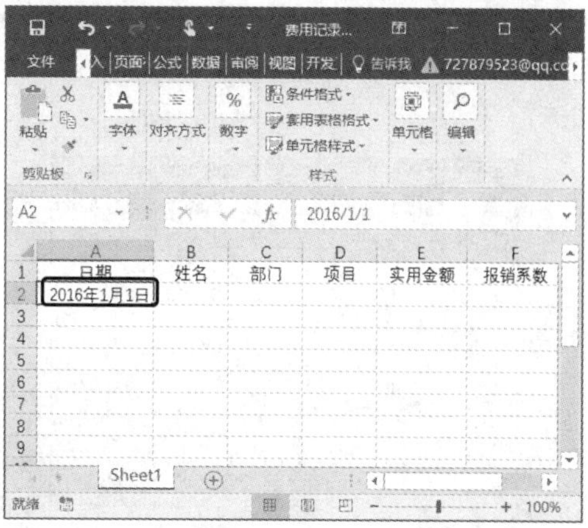

2.1.3 输入费用记录表中的金额数据

金额数据，通常是指货币金额，是 Excel 中使用最为广泛的数据之一。默认情况下，工作表中的金额数据不带货币符号，也就是普通的数字格式，用户可以根据需要更改金额数据的显示方式，为其添加货币符号。

1. 输入普通数字金额

输入金额数据的具体操作方法如下。

第 1 步：输入数字金额

选中 E2 单元格，在数字键盘上输入“900”，如下图所示。

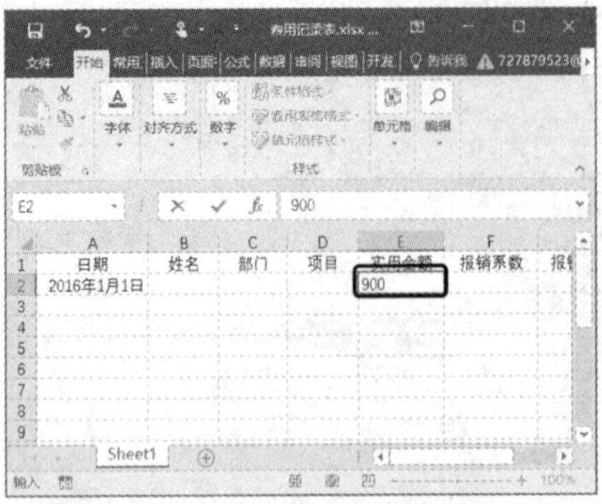

第 2 步：按“Enter”键

按“Enter”键即可完成普通数字金额的输入，数字自动右对齐，如下图所示。

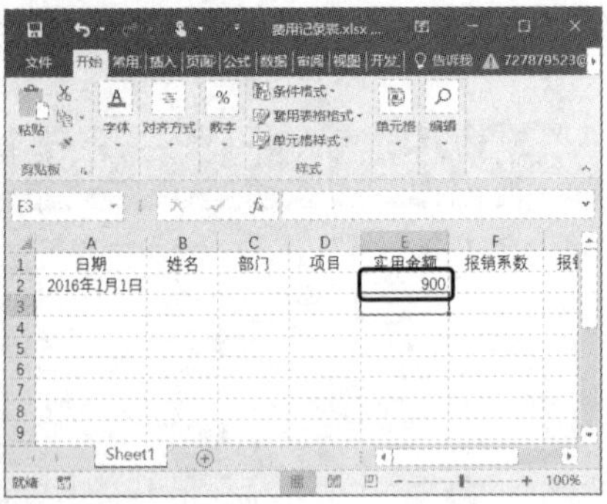

2. 更改货币金额的显示方式

一般情况下，大家习惯在金额前面加个人民币符号“¥”，在单元格中，可以直接通过格式设置，为数字金额添加货币符号，具体操作方法如下。

第 1 步：选择“设置单元格格式”命令

❶选中 E2 单元格，右击；❷在弹出的快捷菜单中选择“设置单元格格式”命令，如下图所示。

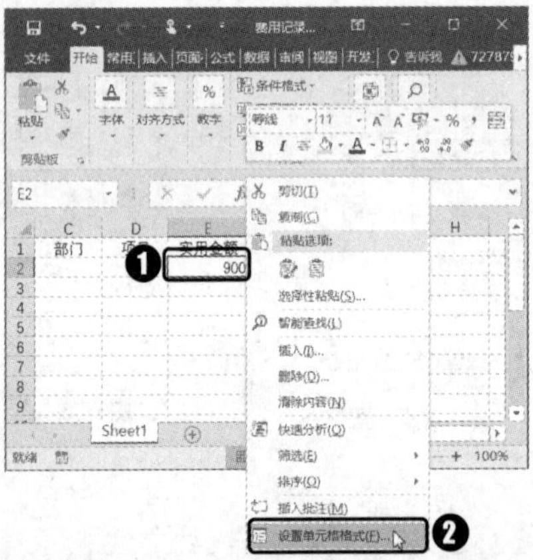

第 2 步：设置货币格式

弹出“设置单元格格式”对话框，❶在“分类”列表框中选择“货币”选项；❷在“小数位数”微调框中将小数位数设置为“2”，在“货币符号（国家/地区）”下拉列表中选择人民币符号“¥”；❸单击“确定”按钮，如下图所示。

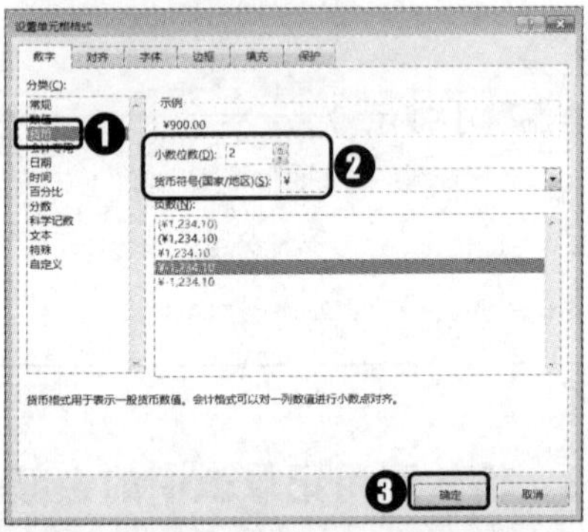

第 3 步：查看设置效果

设置完毕，E2 单元格中的数字金额“900”变成货币金额“¥900.00”，如右图所示。

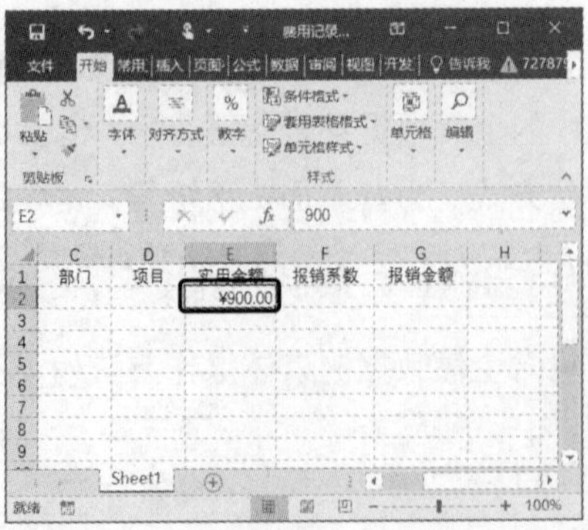

温馨小提示

此外，单击“开始”选项卡，在“数字”功能组中的“数字格式”下拉列表中选择“货币”选项，可直接将数字设置为货币格式。

2.1.4 正确显示费用报销率（百分比值）

在 Excel 中输入数据时，经常会用到百分比数据，如果每次都输入百分比符号，显然非常麻烦，此时，可以先输入小数，然后将小数格式更改为百分比即可。

第 1 步：输入小数

选中 F2 单元格，输入小数“0.7”，如下图所示。

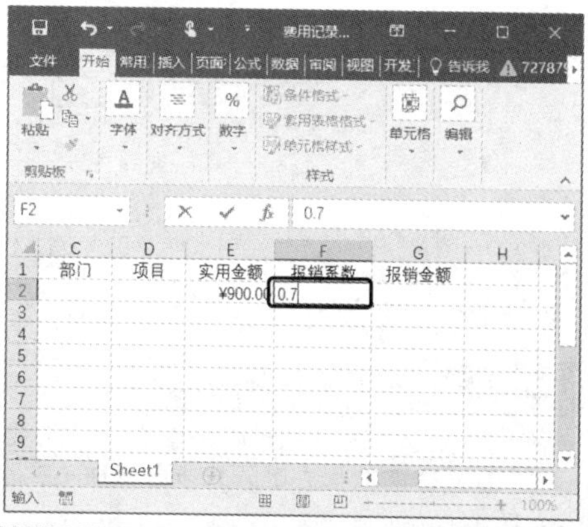

第 2 步：按“Enter”键

按“Enter”键即可完成小数输入，小数默认右对齐，如下图所示。

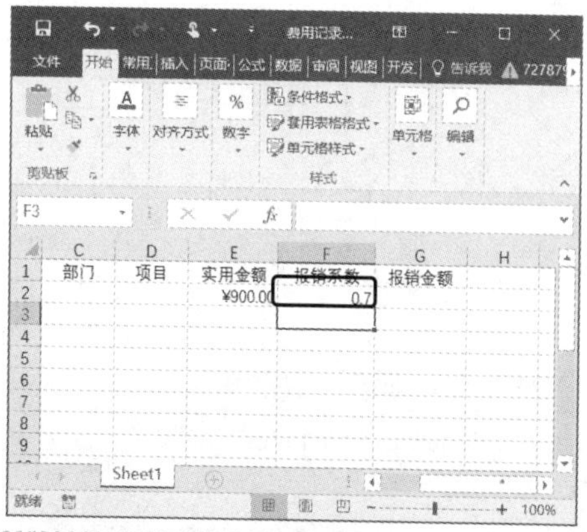

第 3 步：应用百分比样式

选中 F2 单元格，❶单击“开始”选项卡；❷在“数字”功能组中单击“百分比样式”按钮，或按快捷键“Ctrl+Shift+%”，如下图所示。

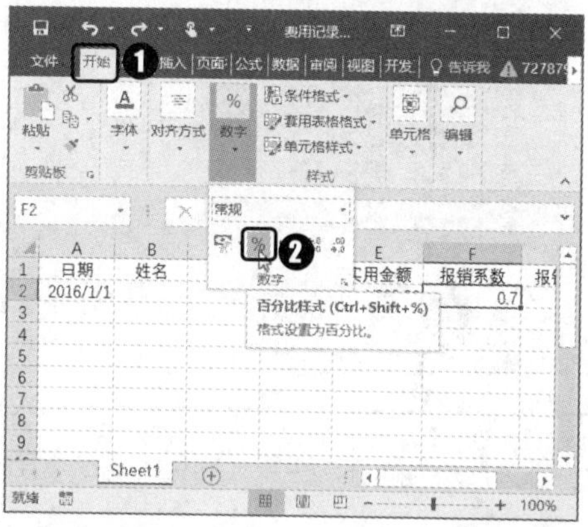

第 4 步：查看设置效果

此时即可将小数格式转换为百分比，如下图所示。

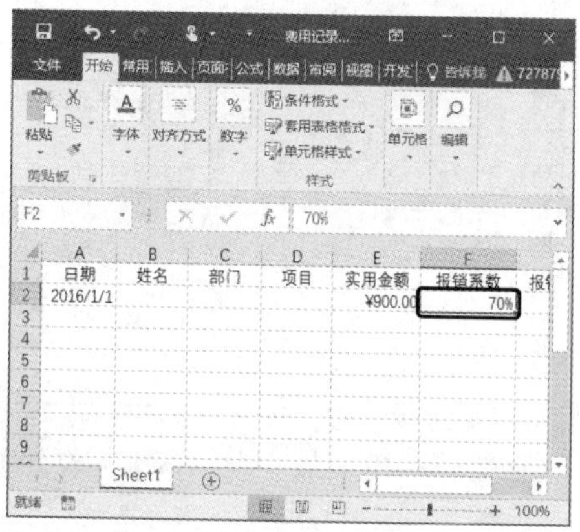

温馨小提示

如果要设置百分比数值的小数位数，打开“设置单元格格式”对话框，在“分类”列表框中选择“数值”选项；在“小数位数”微调框中调整百分比的小数位数即可。

2.1.5 使用公式输入数据

公式是 Excel 工作表中进行数值计算和分析的等式。使用公式也可以快速输入数据，具体操作步骤如下。

第 1 步：输入等号

选中 G2 单元格，首先输入 “=” 号，如下图所示。

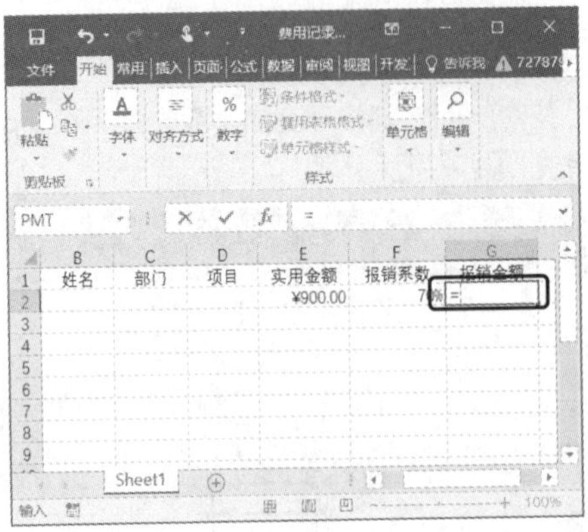

第 2 步：补齐公式元素

依次输入公式元素 “=E2*F2”，如下图所示。

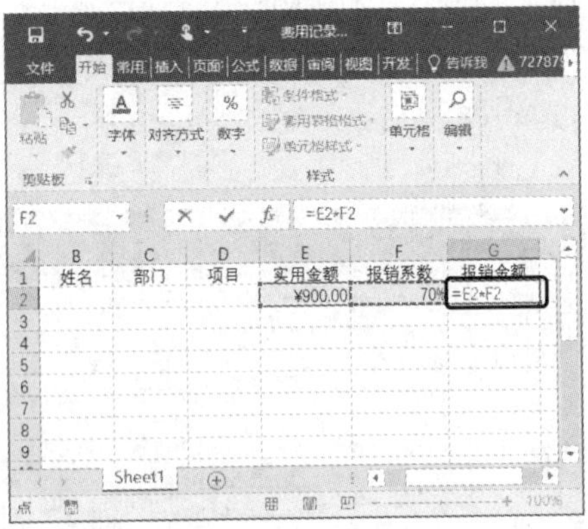

第 3 步：查看公式结果

输入公式后，按 “Enter” 键即可得到计算结果，如下图所示。

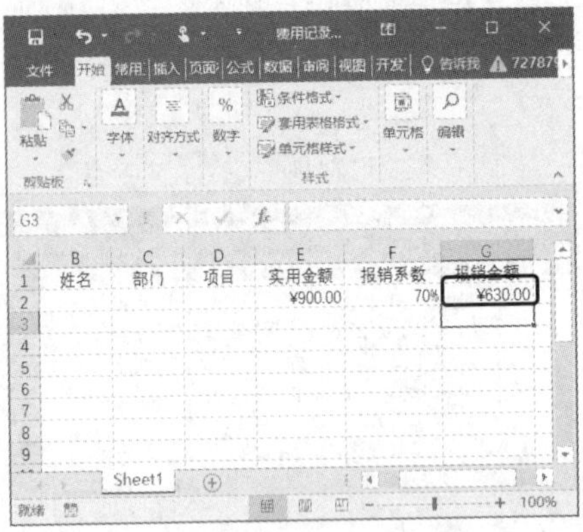

第 4 步：输入其他数据

使用上述方法，根据文本文件 “费用记录表.txt”，输入费用记录表中的其他数据即可，最终效果如下图所示。

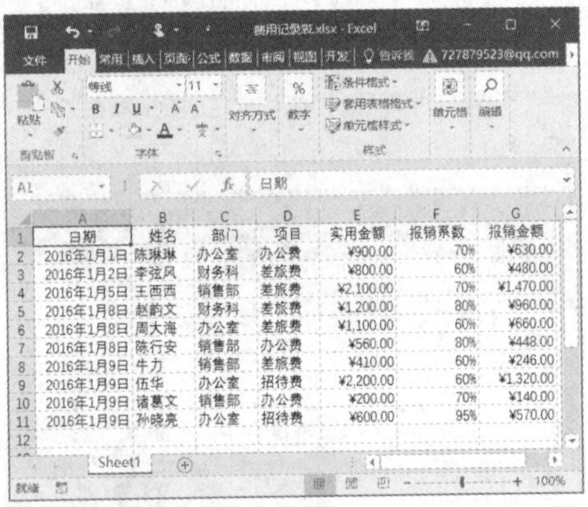

温馨小提示

在单元格中输入的公式会自动显示在公式编辑栏中，因此也可以在选中要返回值的目标单元格之后，在公式编辑栏中单击进入编辑状态，然后直接输入公式。

2.2 收入统计表中数据的批量录入

案例概述

收入统计表是统计一定时期销售收入的常用账表之一，是反映企业日常经营状况的重要表单。Excel 提供了一些数据的批量录入方法，接下来在收入统计表中详细介绍数据的批量录入方法和常用技巧。

案例效果

收入统计表通常包含序号、产品名称、产品类型、销售部门、成交单价、销售数量、销售额等内容。接下来使用数据填充功能、记忆式键入功能和下拉列表功能快速输入收入统计表中的各种数据。

"收入统计表"中数据录入完成后的效果如下图所示。

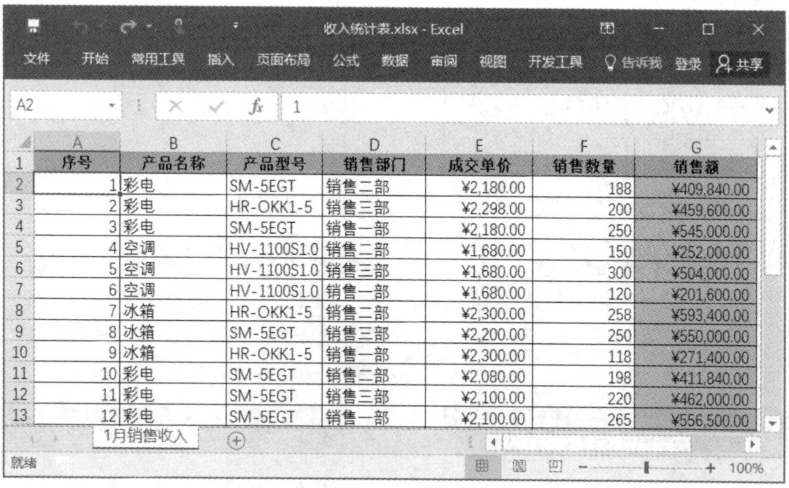

序号	产品名称	产品型号	销售部门	成交单价	销售数量	销售额
1	彩电	SM-5EGT	销售二部	¥2,180.00	188	¥409,840.00
2	彩电	HR-OKK1-5	销售三部	¥2,298.00	200	¥459,600.00
3	彩电	SM-5EGT	销售一部	¥2,180.00	250	¥545,000.00
4	空调	HV-1100S1.0	销售二部	¥1,680.00	150	¥252,000.00
5	空调	HV-1100S1.0	销售三部	¥1,680.00	300	¥504,000.00
6	空调	HV-1100S1.0	销售一部	¥1,680.00	120	¥201,600.00
7	冰箱	HR-OKK1-5	销售二部	¥2,300.00	258	¥593,400.00
8	冰箱	SM-5EGT	销售三部	¥2,200.00	250	¥550,000.00
9	冰箱	HR-OKK1-5	销售一部	¥2,300.00	118	¥271,400.00
10	彩电	SM-5EGT	销售二部	¥2,080.00	198	¥411,840.00
11	彩电	SM-5EGT	销售三部	¥2,100.00	220	¥462,000.00
12	彩电	SM-5EGT	销售一部	¥2,100.00	265	¥556,500.00

同步文件

原始文件：素材文件\第 2 章\收入统计表.xlsx、收入统计表.txt

结果文件：结果文件\第 2 章\收入统计表.xlsx

同步视频文件：同步教学文件\第 2 章\收入统计表\2.2.1.mp4~2.2.3.mp4

制作思路

在"收入统计表"中批量录入数据的具体思路如下：

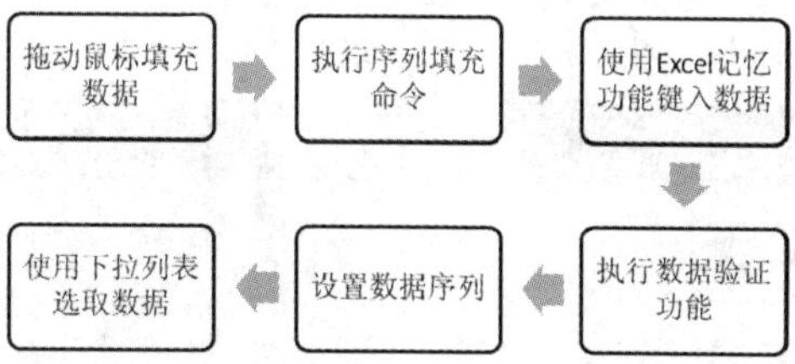

2.2.1 有规则数据的填充输入

日常工作中经常用到序号或连续编号的输入，如"1，2，3"等。可以使用"填充序列"功能实现序号或编号的输入。输入数字编号的具体操作方法如下。

第 1 步：输入一个数字“1”

打开素材文件“收入统计表.xlsx”，在单元格 A2 中输入一个数字“1”，如下图所示。

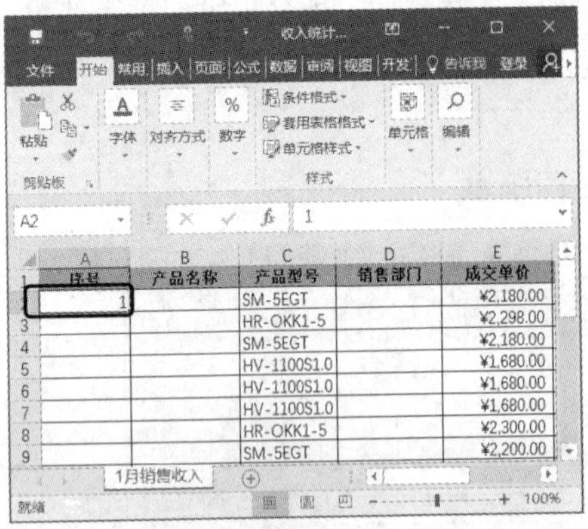

第 2 步：定位鼠标位置

将鼠标指针移动到单元格的右下角，出现一个十字按钮，如下图所示。

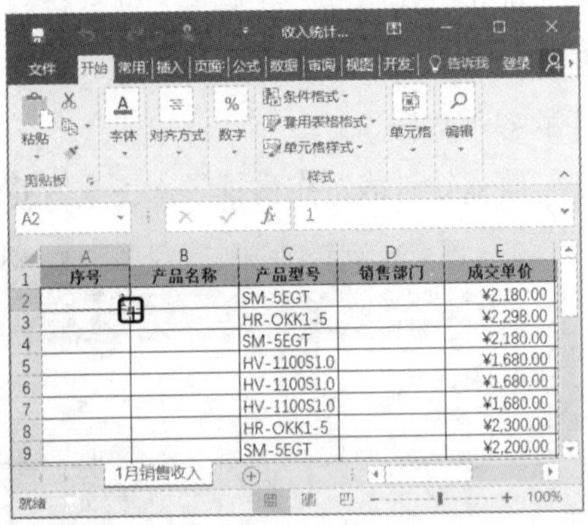

第 3 步：向下拖动数据

按住十字按钮不放，向下拖动到 A28 单元格，如下图所示。

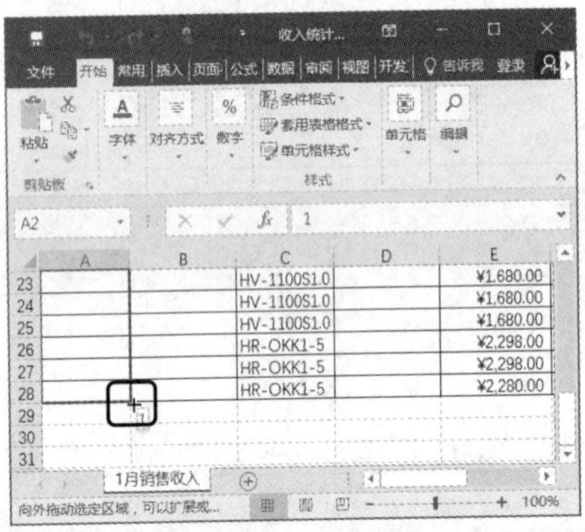

第 4 步：释放鼠标

释放鼠标，此时选中的单元格区域就会全部填充为数字“1”，且在 A28 单元格的右下角出现一个“自动填充选项”按钮，如下图所示。

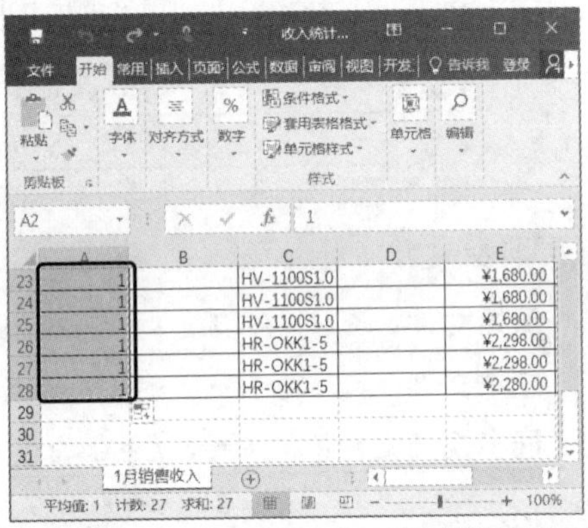

第 5 步：执行“填充序列”命令

单击“自动填充选项”按钮，在弹出的下拉菜单中选择“填充序列”命令，如下图所示。

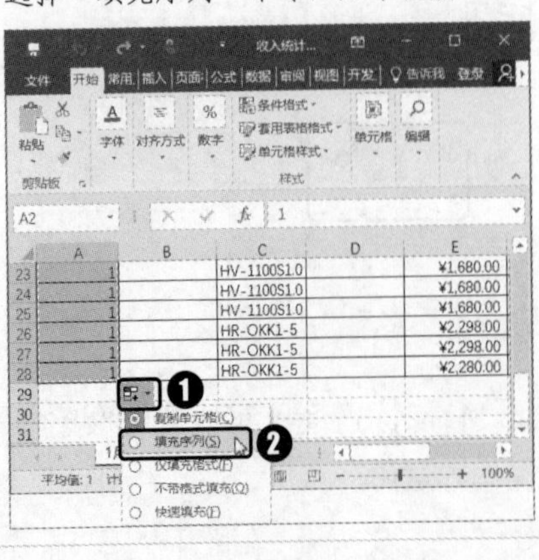

第 6 步：查看数据变化

此时即可在选中的单元格区域中填充上连续编号“1，2，3……”，如下图所示。

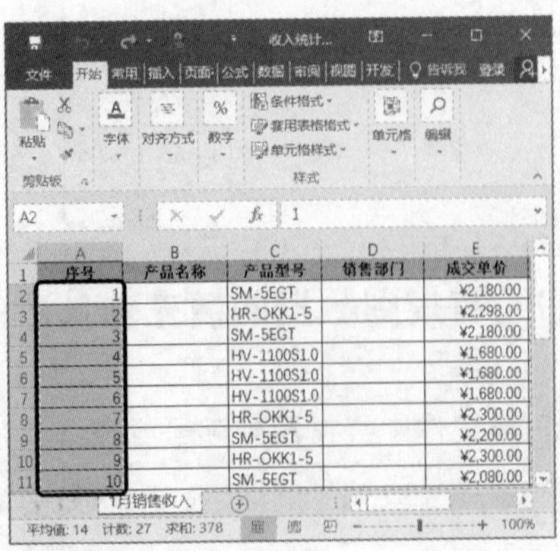

温馨小提示

执行“序列填充”命令时，默认填充步长是“1”，如果要设置具体的填充选项，单击“开始”选项卡；在“编辑”功能组中单击“填充”按钮，在弹出的下拉列表中选择“序列”命令，然后在弹出的“序列”对话框中设置填充选择即可。

2.2.2 记忆式键入数据

默认情况下，Excel 自动开启“为单元格值启动记忆式键入”功能，将输入过的数据记录下来，在其下方单元格中再次输入相同的数据时，只需输入第一个汉字或第一个字符即可自动弹出之前输入的数据。使用记忆式键入功能输入数据的具体操作方法如下。

第 1 步：输入词组“彩电”

在 B2 单元格中输入词组“彩电”，如下图所示。

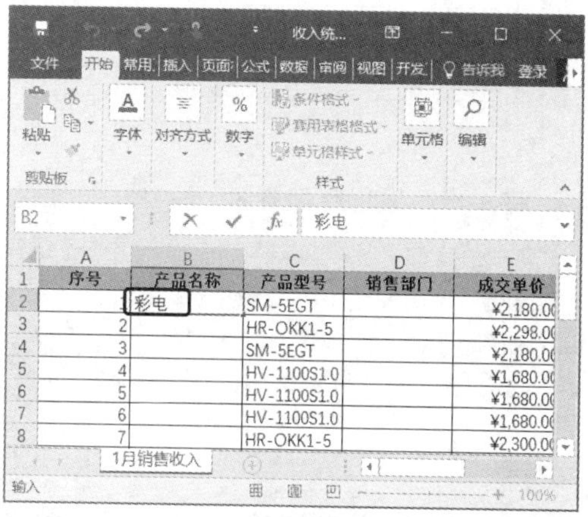

第 2 步：输入文字“彩”

在其下方的 B3 单元格中输入文字“彩”，如下图所示。

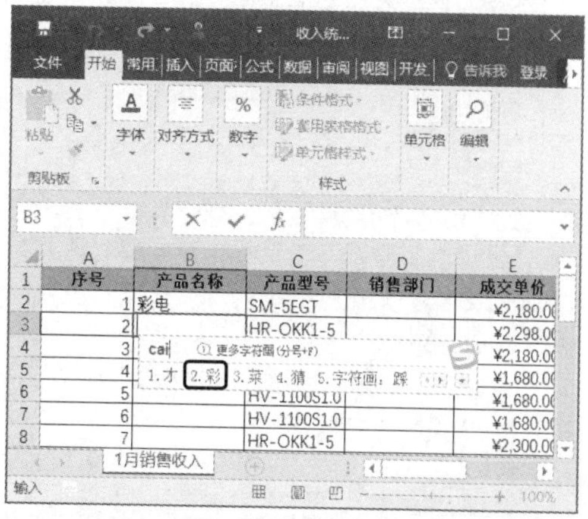

第 3 步：查看记忆式输入效果

此时，B3 单元格中就会显示之前输入的词组“彩电”，按“Enter”键即可输入该词组，如下图所示。

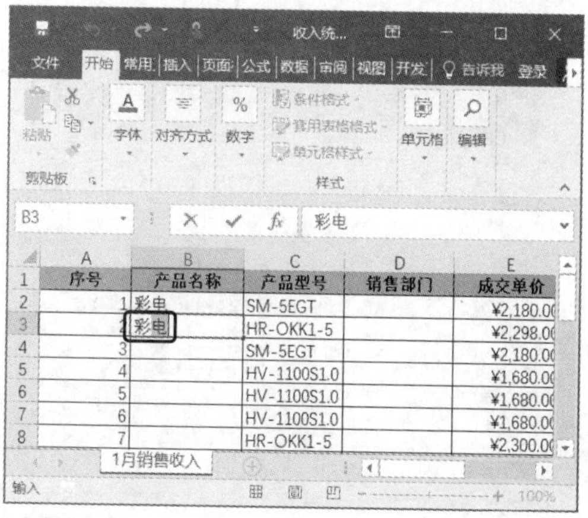

第 4 步：输入其他产品名称

根据“收入统计表.txt”中的内容，记忆式输入功能，依次输入其他单元格中的产品名称，如下图所示。

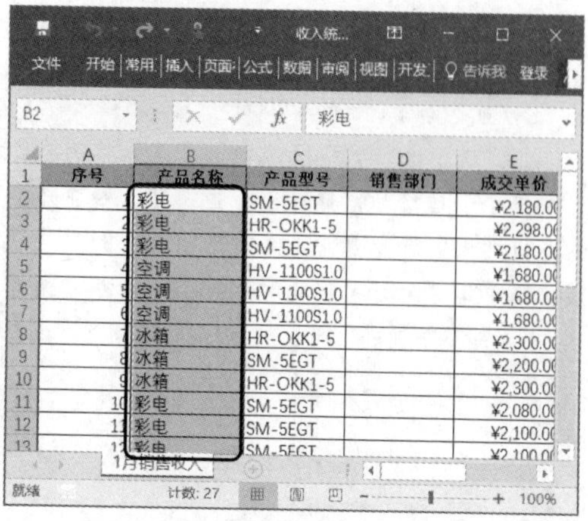

2.2.3 从下拉列表中输入数据

Excel 中的单元格具有“序列”功能，可以通过设置数据来源把常用数据选项组成下拉列表，在下拉列表中选择数据记录完成输入。使用下拉列表输入数据的具体操作方法如下。

第 1 步：选中单元格区域

拖动鼠标，选中单元格区域 D2:D28，如下图所示。

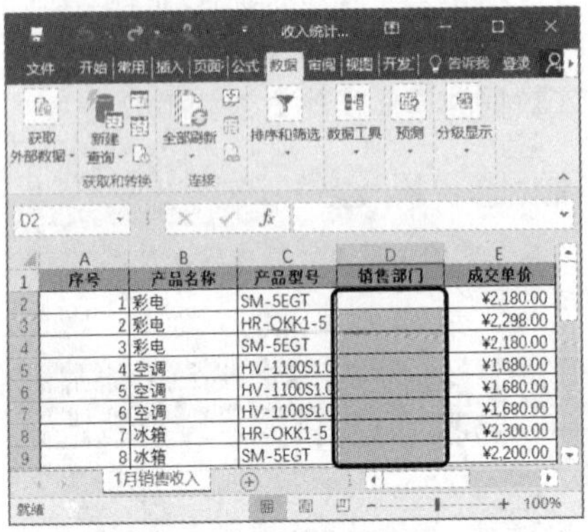

第 2 步：执行数据验证功能

❶单击“数据”选项卡；❷在“数据工具”功能组中单击“数据验证”按钮；❸在弹出的下拉列表中选择“数据验证”选项，如下图所示。

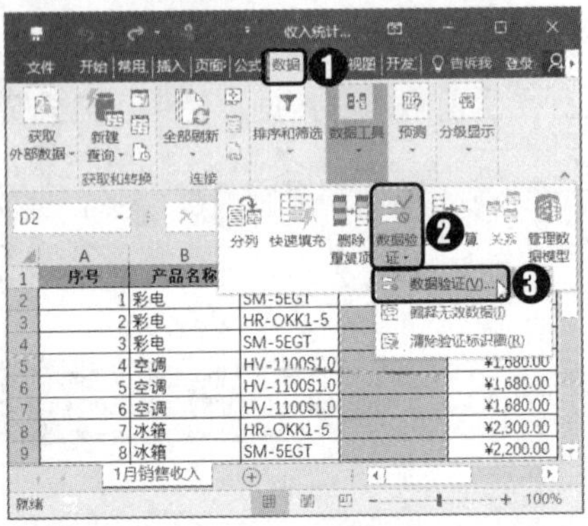

第 3 步：选择“序列”选项

弹出“数据验证”对话框，❶单击“设置”选项卡；❷在“允许”下拉列表中选择“序列”选项，如下图所示。

第 4 步：设置序列来源

❶在下方的“来源”文本框中输入文本“销售一部,销售二部,销售三部”；❷单击“确定”按钮，如下图所示。

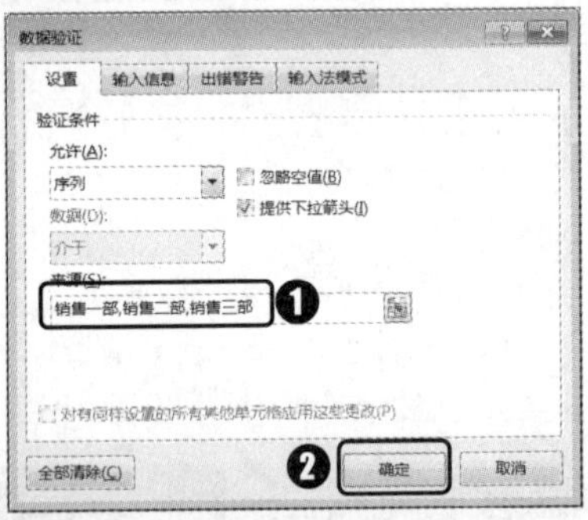

第 5 步：查看设置效果

此时选中的单元格区域中每个单元格的右侧出现一个下拉按钮，❶单击下拉按钮；❷在弹出的下拉列表中选择要输入的数据即可，例如，选择“销售二部”选项，此时即可输入文本“销售二部”，如右图所示。

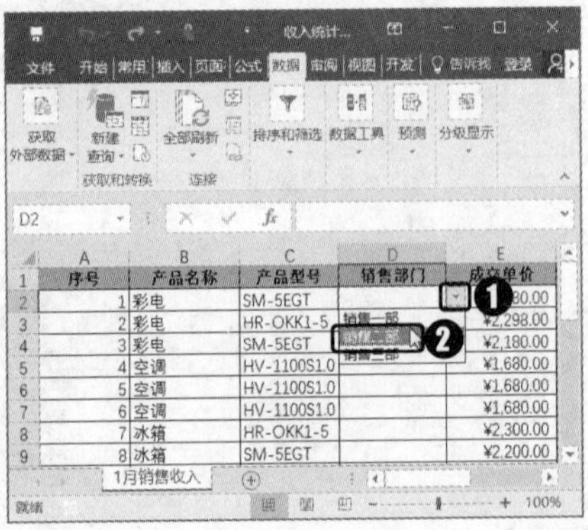

第 6 步：输入全部销售部门名称

根据文本文件“收入统计表.txt”中提供的数据，使用下拉列表功能，输入全部的销售部门名称即可，如右图所示。

温馨小提示

设置下拉列表的数据来源时，不但可以直接输入数据选项，还可以单击“来源”文本框右侧的“折叠”按钮，在工作表中拖动鼠标选取“数据列”作为数据来源。

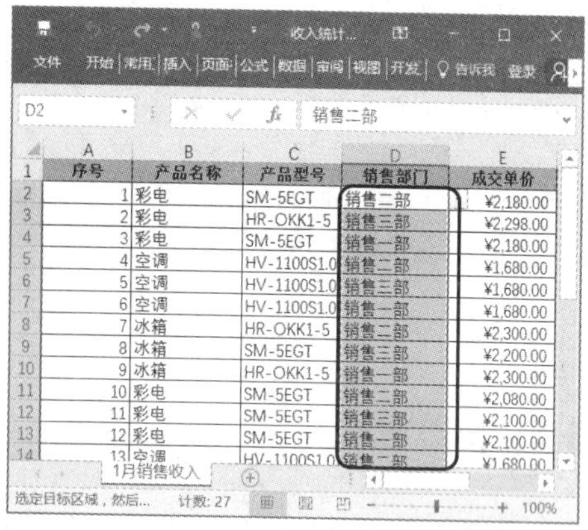

2.3 应收账款清单中数据的修改及清除

案例概述

应收账款清单是反映企业一定时期内债权状况的表单，记录每个客户各项赊销、还款明细。制作合理的应收账款清单，可以清晰地展现企业债权状况，及时安排应收账款催缴工作。本节以应收账款清单为例，介绍工作表中数据的修改、清除和恢复操作。

案例效果

应收账款清单主要包括月份、客户、应收账款、已收款项、余额等内容。在 Excel 表格中编辑数据时，应当掌握一定的编辑技巧，如“修改单元格数据”、“清除单元格”，“撤销与恢复”等。接下来对应收账款清单中的数据进行修改、清除和撤销与恢复操作。

“应收账款清单”数据修改及清除完成后的效果如下图所示。

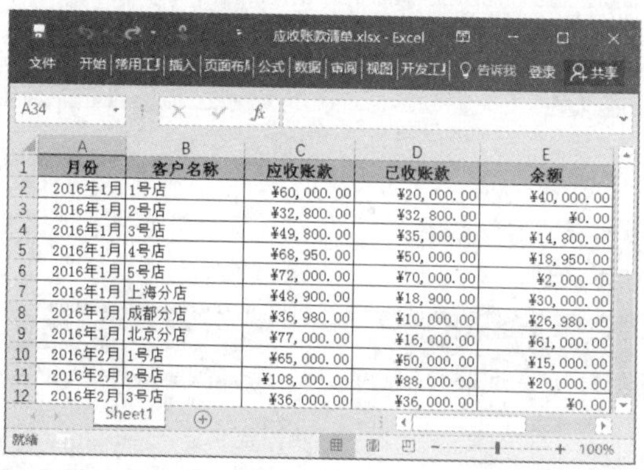

同步文件

原始文件：素材文件\第 2 章\应收账款清单.xlsx

结果文件：结果文件\第 2 章\应收账款清单.xlsx

同步视频文件：同步教学文件\第 2 章\应收账款清单\2.3.1.mp4~2.3.3.mp4

制作思路

在“应收账款清单”中修改、清除和恢复数据的制作思路如下：

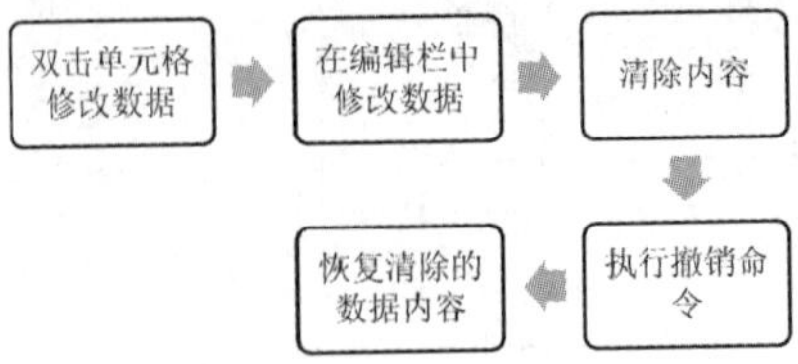

2.3.1 修改数据

修改单元格数据的方法主要有两种：一是双击单元格进行修改；二是在编辑栏中修改。

1．双击单元格修改

双击单元格修改数据的具体操作方法如下。

第 1 步：选中单元格

打开本实例的原始文件“应收账款清单.xlsx”，选中 B7 单元格，如下图所示。

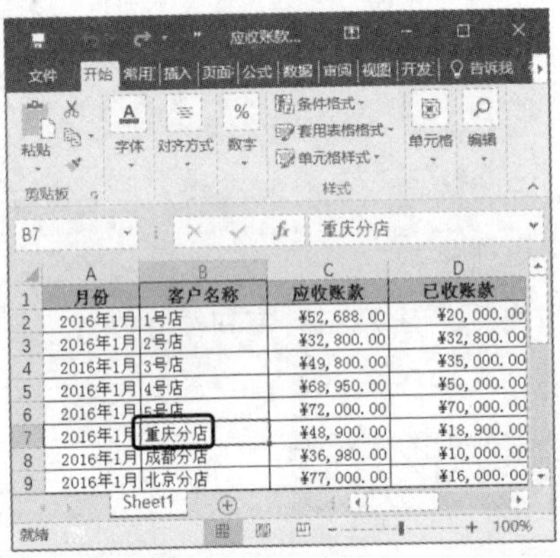

第 2 步：双击鼠标左键

在 B7 单元格上双击，此时单元格进入编辑状态，并显示闪动的光标，如下图所示。

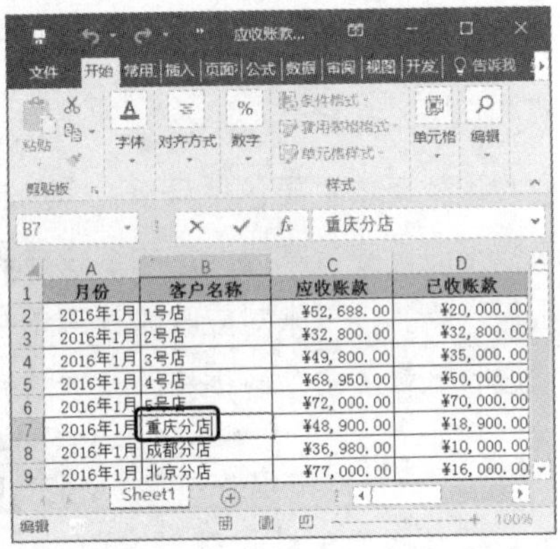

第 3 步：选中文本

在 B7 单元格中拖动鼠标选中要修改的文本，例如，选中文本“重庆”，如下图所示。

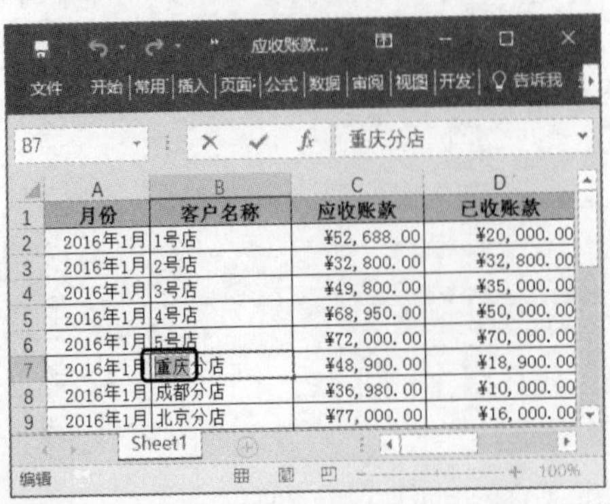

第 4 步：输入文本

直接输入文本“上海”，此时选中的文本“重庆”就修改成“上海”，如下图所示。

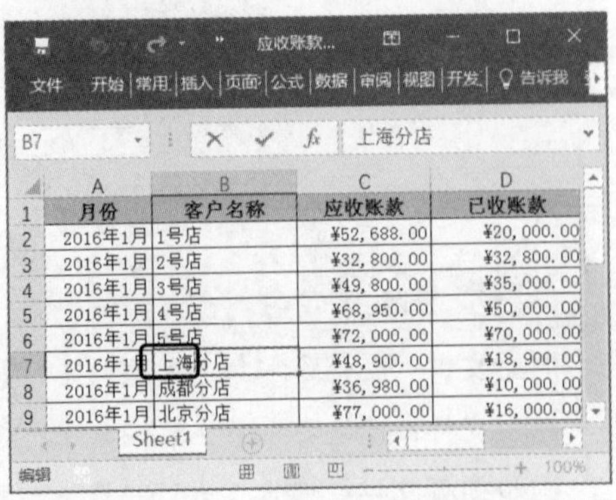

2. 在编辑栏修改

在编辑栏中修改数据的具体操作方法如下。

第 1 步：编辑栏中选择要修改的数字

选中 C2 单元格，在编辑栏中选择要更改的数字或文本，例如，选择数字“52 688”，如下图所示。

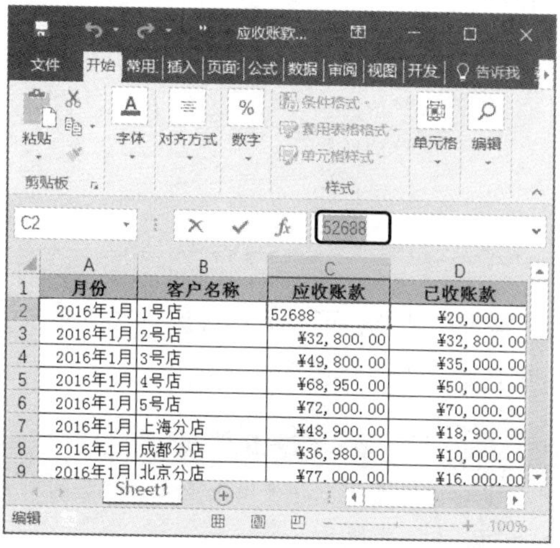

第 2 步：直接输入数字

直接输入数字“60 000”，此时选中的数字“52 688”就被修改成“60 000”，如下图所示。

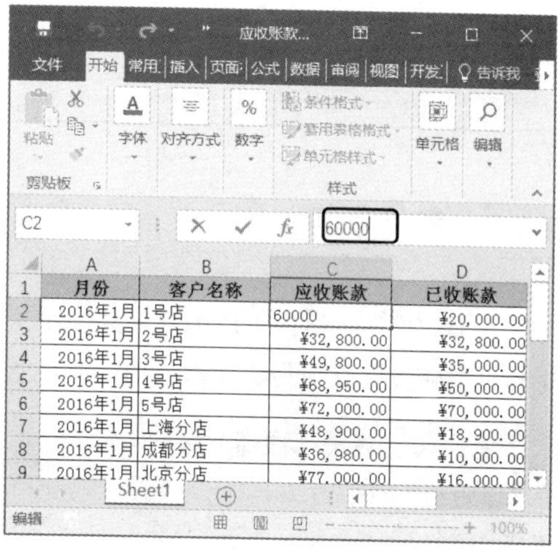

2.3.2 清除数据

Excel 具有“清除”功能，可以删除单元格中的所有内容，或者仅删除格式、内容、批注、超链接等。清除单元格内容的具体操作方法如下。

第 1 步：选中数据区域

选中单元格区域 A12:E14，如下图所示。

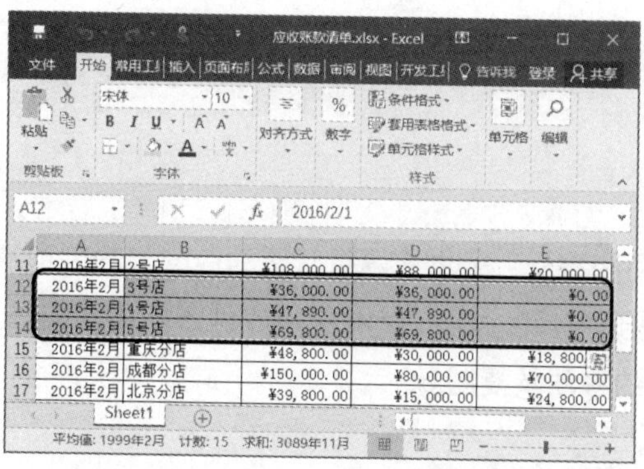

第 2 步：选择“清除内容”选项

❶单击“开始”选项卡；❷在“编辑”功能组中单击“清除”按钮；❸在弹出的下拉列表中选择“清除内容”选项，如下图所示。

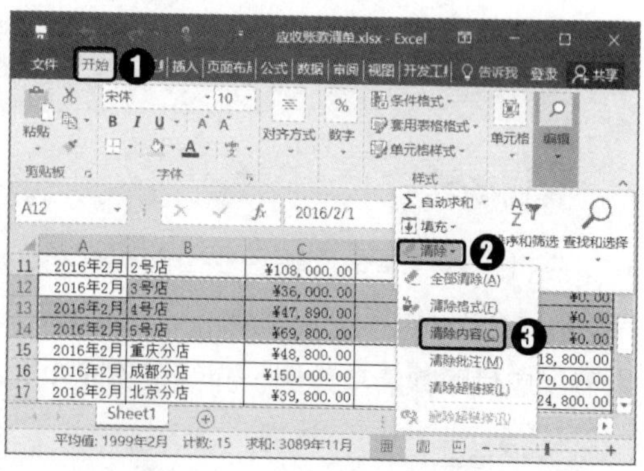

第 3 步：查看删除单元格的效果

此时即可清除选中单元格区域中的数据，如右图所示。

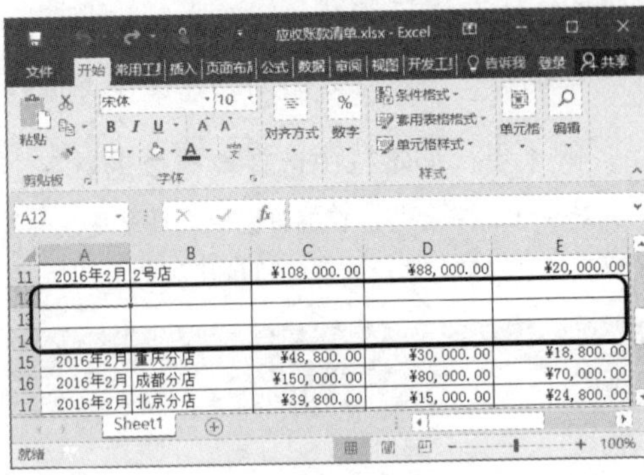

温馨小提示

用户也可以选中三个整行，执行删除命令，直接删除行，这样不仅删除整行，还可以同时删除其中的内容和格式。

2.3.3 恢复数据

在 Excel 中，提供了撤销与恢复操作，利用“撤销”功能，可以撤销最近一次或多步的操作，而恢复到在执行该项操作前的系统状态。恢复数据的具体操作方法如下。

第 1 步：单击“撤销”按钮

单击“快速访问工具栏”中的“撤销”按钮，或按“Ctrl+Z”组合键，如下图所示。

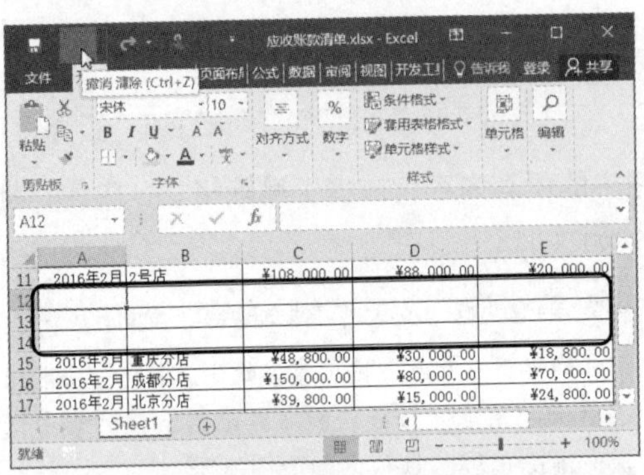

第 2 步：查看恢复的数据

此时即可撤销上一步操作，恢复清除的单元格内容，如下图所示。

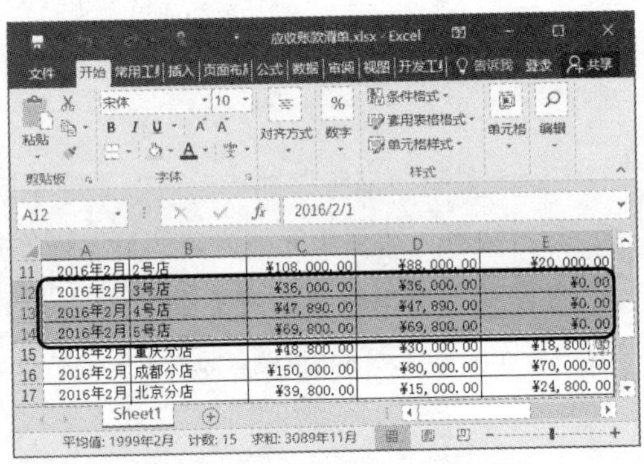

2.4 应付账款清单中数据的移动及复制

案例概述

应付账款清单是反映企业因购买材料、商品和接受劳务供应等经营活动应支付的款项清单。制作合理的应付账款清单，可以清晰地展现企业债务状况，及时安排应付账款还款工作。本节以应付账款清单为例，介绍工作表中数据的移动及复制。

案例效果

应付账款清单主要包括业务日期、对方单位、应付账款数额、已付金额、未付金额、请款期限等内容。在 Excel 表格中编辑数据时，应当掌握一定的移动及复制技巧，如“在报表中移动及复制数据”、“使用选择性粘贴功能复制及移动数据”，“方便快捷的粘贴选项功能”等。接下来对应付账款清单中的数据进行数据的移动及复制操作。

“应付账款清单”数据移动及复制完成后的效果如下图所示。

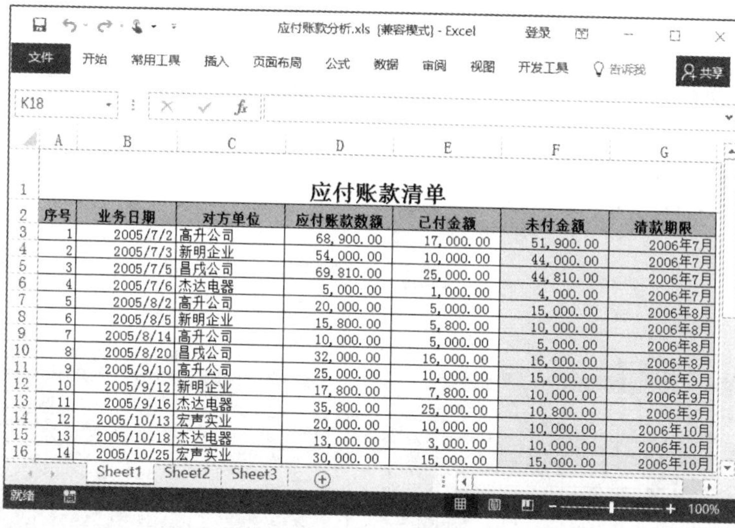

应付账款清单

序号	业务日期	对方单位	应付账款数额	已付金额	未付金额	清款期限
1	2005/7/2	高升公司	68,900.00	17,000.00	51,900.00	2006年7月
2	2005/7/3	新明企业	54,000.00	10,000.00	44,000.00	2006年7月
3	2005/7/5	昌戌公司	69,810.00	25,000.00	44,810.00	2006年7月
4	2005/7/6	杰达电器	5,000.00	1,000.00	4,000.00	2006年7月
5	2005/8/2	高升公司	20,000.00	5,000.00	15,000.00	2006年8月
6	2005/8/5	新明企业	15,800.00	5,800.00	10,000.00	2006年8月
7	2005/8/14	高升公司	10,000.00	5,000.00	5,000.00	2006年8月
8	2005/8/20	昌戌公司	32,000.00	16,000.00	16,000.00	2006年8月
9	2005/9/10	高升公司	25,000.00	10,000.00	15,000.00	2006年9月
10	2005/9/12	新明企业	17,800.00	7,800.00	10,000.00	2006年9月
11	2005/9/16	杰达电器	35,800.00	25,000.00	10,800.00	2006年9月
12	2005/10/13	宏声实业	20,000.00	10,000.00	10,000.00	2006年10月
13	2005/10/18	杰达电器	13,000.00	3,000.00	10,000.00	2006年10月
14	2005/10/25	宏声实业	30,000.00	15,000.00	15,000.00	2006年10月

同步文件

原始文件：素材文件\第 2 章\应付账款清单.xlsx

结果文件：结果文件\第 2 章\应付账款清单.xlsx

同步视频文件：同步教学文件\第 2 章\应付账款清单\2.4.1.mp4~2.4.2.mp4

制作思路

“应付账款清单”数据的移动及复制思路如下：

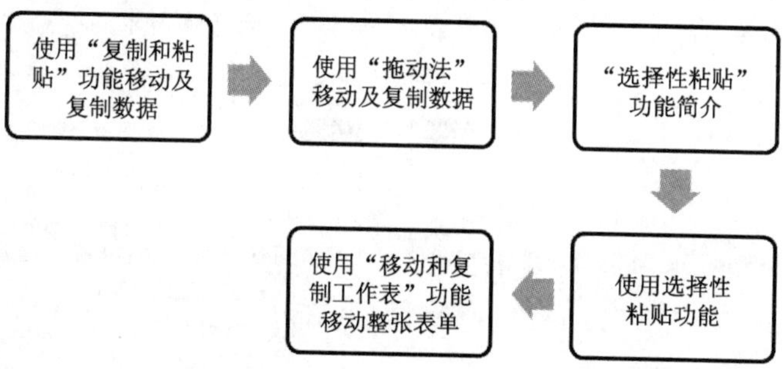

2.4.1 在报表中移动及复制数据

在报表中移动及复制数据的方法主要有两种，一是使用“复制和粘贴”功能移动及复制数据；二是使用拖动法复制与移动数据。

1. 使用“复制和粘贴”功能

“复制和粘贴”是 Office 办公软件的基本功能之一。复制的快捷键是“Ctrl + C”；粘贴的快捷键是“Ctrl + V”。使用“复制和粘贴”功能，可以快速复制及移动数据，具体操作方法如下。

第 1 步：执行复制命令

打开本实例的素材文件“应付账款清单.xlsx”，选中 G3 单元格，按快捷键“Ctrl + C”，即可复制单元格中的数据和格式，如下图所示。

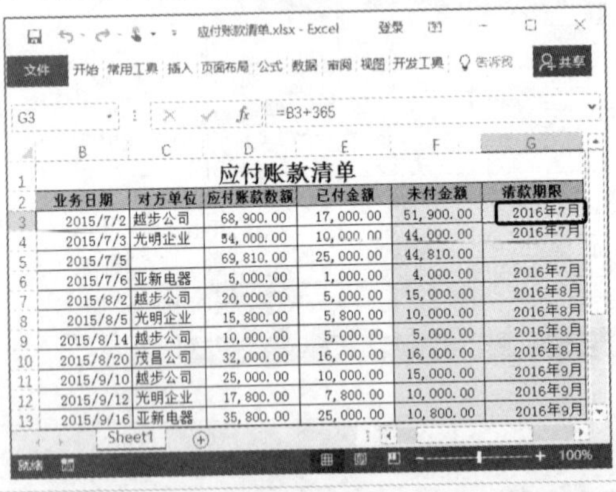

第 2 步：执行粘贴命令

选中 G5 单元格，按快捷键“Ctrl + V”，即可将复制的数据和格式粘贴到选中的 G5 单元格中，如下图所示。

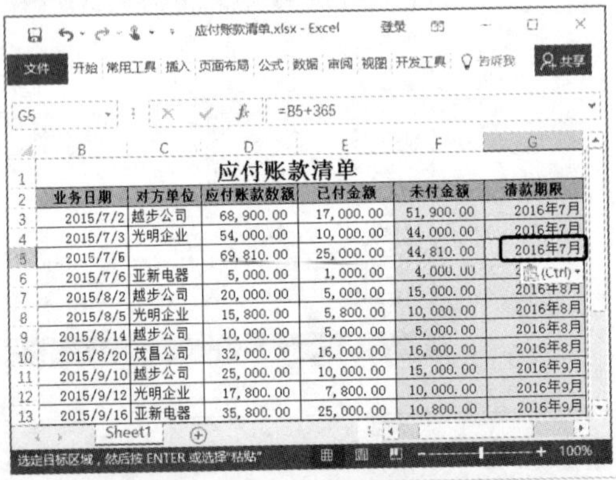

2. 使用拖动法

在 Excel 表格中，还可以使用鼠标拖动法来移动或复制单元格内容。要移动单元格内容，应首先单击要移动的单元格或选定单元格区域，然后将光标移至单元格区域边缘，当光标变为箭头形状后，拖动光标到指定位置并释放鼠标即可。具体操作方法如下。

第 1 步：移动光标

选中要移动的 C18 单元格，然后将光标移至单元格区域边缘，光标变为箭头形状，如下图所示。

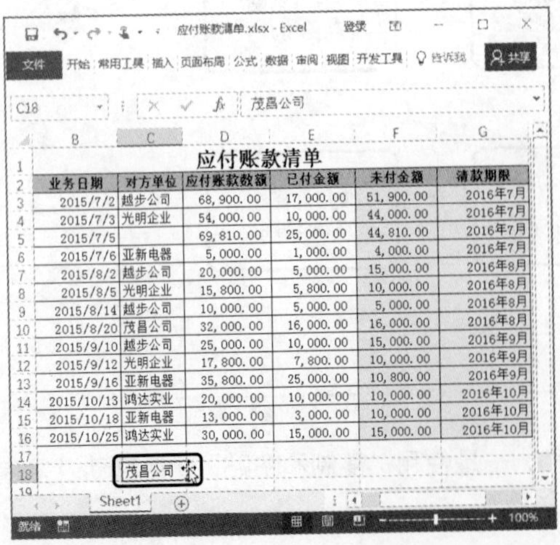

第 2 步：拖动光标

按住鼠标左键不动，拖动光标到指定的 C5 单元格中，如下图所示。

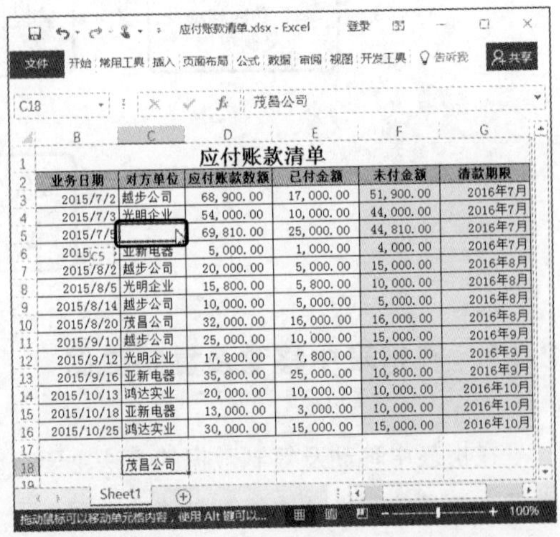

第 3 步：查看移动和复制效果

释放鼠标，此时即可将 C18 单元格中的数据和格式移动到 C5 单元格中，如右图所示。

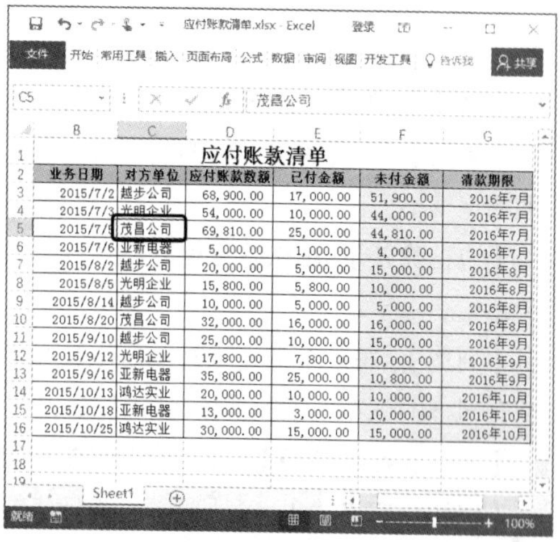

业务日期	对方单位	应付账款数额	已付金额	未付金额	清款期限
2015/7/2	越步公司	68,900.00	17,000.00	51,900.00	2016年7月
2015/7/3	光明企业	54,000.00	10,000.00	44,000.00	2016年7月
2015/7/5	茂昌公司	69,810.00	25,000.00	44,810.00	2016年7月
2015/7/6	亚新电器	5,000.00	1,000.00	4,000.00	2016年7月
2015/8/2	越步公司	20,000.00	5,000.00	15,000.00	2016年8月
2015/8/5	光明企业	15,800.00	5,800.00	10,000.00	2016年8月
2015/8/14	越步公司	10,000.00	5,000.00	5,000.00	2016年8月
2015/8/20	茂昌公司	32,000.00	16,000.00	16,000.00	2016年8月
2015/9/10	越步公司	25,000.00	10,000.00	15,000.00	2016年9月
2015/9/12	光明企业	17,800.00	7,800.00	10,000.00	2016年9月
2015/9/16	亚新电器	35,800.00	25,000.00	10,800.00	2016年9月
2015/10/13	鸿达实业	20,000.00	10,000.00	10,000.00	2016年10月
2015/10/18	亚新电器	13,000.00	3,000.00	10,000.00	2016年10月
2015/10/25	鸿达实业	30,000.00	15,000.00	15,000.00	2016年10月

温馨小提示

使用鼠标拖动法来移动或复制单元格内容，原来的单元格内容就消失不见了。

2.4.2 使用“选择性粘贴”功能

“选择性粘贴”是 Office 软件的一项粘贴性功能，通过使用“选择性粘贴”能够将复制的内容过滤掉格式和样式，粘贴为不同于内容源的格式，能够在日常办公中起到非常大的作用和帮助。接下来对 Excel 2016 表格中的“选择性粘贴”功能进行详细介绍。

1. “选择性粘贴”功能简介

“选择性粘贴”具有多种粘贴选项和运算方式，包括全部、公式、数值、格式、批注等，使用选择性粘贴，可以方便用户进行快速复制和粘贴数据。

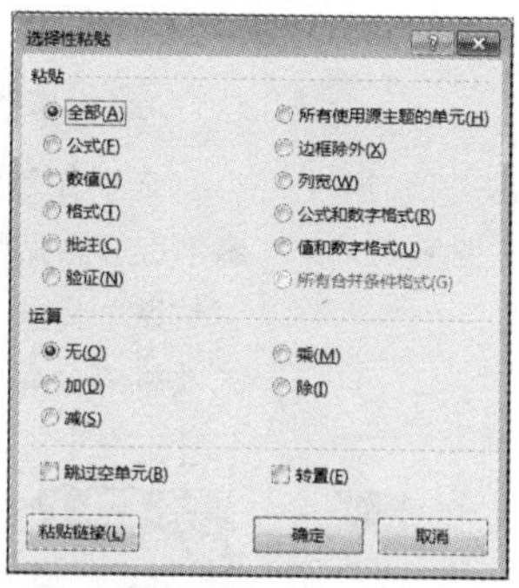

主要粘贴方式及其含义如下。

【全部】：包括内容和格式等，其效果等于直接粘贴。

【公式】：只粘贴文本和公式，不粘贴字体、格式（字体、对齐、文字方向、数字格式、底纹等）、边框、注释、内容校验等。当复制公式时，单元格引用将根据所用引用类型而变化。如要使单元格引用保证不变，请使用绝对引用。

【数值】：只粘贴文本，单元格的内容是计算公式的话只粘贴计算结果，这两项不改变目标单元格的格式。

【格式】：仅粘贴源单元格格式，但不能粘贴单元格的有效性，粘贴格式，包括字体，对齐，文字方向，边框，底纹等，不改变目标单元格的文字内容（功能相当于格式刷）。

【批注】：把源单元格的批注内容复制过来，不改变目标单元格的内容和格式。

【验证】：将复制单元格的数据有效性规则粘贴到粘贴区域，只粘贴有效性验证内容，其他的保持不变。

【边框除外】：粘贴除边框外的所有内容和格式，保持目标单元格和源单元格相同的内容和格式。

【列宽】：将某个列宽或列的区域粘贴到另一个列或列的区域，使目标单元格和源单元格拥有同样的列宽，不改变内容和格式。

【公式和数字格式】：仅从选中的单元格粘贴公式和所有数字格式选项。

【值和数字格式】：仅从选中的单元格粘贴值和所有数字格式选项。

几种运算方式及其说明如下所示。

【无】：对源区域，不参与运算，按所选择的粘贴方式粘贴。

【加】：把源区域内的值，与新区域相加，得到相加后的结果。

【减】：把源区域内的值，与新区域相减，得到相减后的结果。

【乘】：把源区域内的值，与新区域相乘，得到相加乘的结果。

【除】：把源区域内的值，与新区域相除，得到相除后的结果（此时如果源区域是 0，那么结果就会显示#DIV/0!错误）。

2. 使用“选择性粘贴”功能移动或复制数据

接下来使用“选择性粘贴”功能中的“粘贴、值和数字格式、格式”三个选项，移动或复制财务数据，具体操作方法如下。

第 1 步：执行复制命令

选中 F3 单元格，按快捷键“Ctrl + C”，即可对 F3 单元格执行“复制”命令，如下图所示。

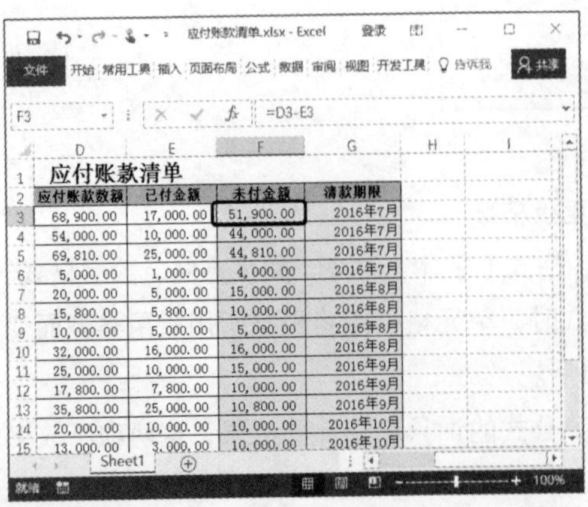

第 2 步：选中“粘贴”选项

选中任意空单元格，❶单击“开始”选项卡；❷单击“粘贴”按钮；❸在弹出的下拉列表中选择“粘贴”选项，即可将原单元格中的所有数据、公式及格式全部粘贴到目标单元格中，如下图所示。

第 3 步：选中“值和数字格式”选项

再次复制 F3 单元格，选中任意空单元格，❶单击“开始”选项卡；❷单击“粘贴”按钮；❸在弹出的下拉列表中选择“值和数字格式”选项，即可将原单元格中的数据值和数字格式粘贴到目标单元格中，如下图所示。

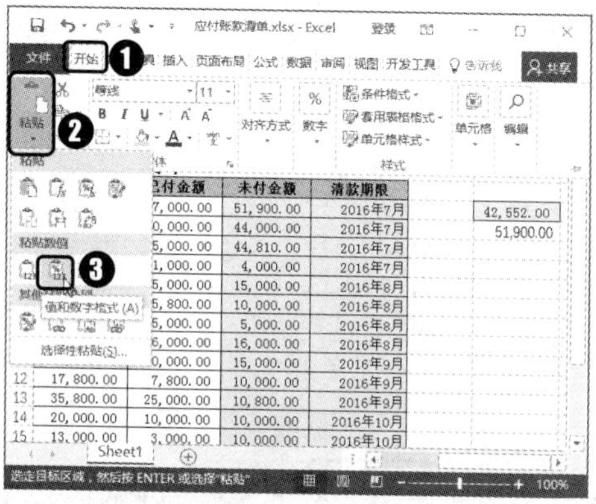

第 4 步：选中“格式”选项

再次复制 F3 单元格，选中任意空白单元格，❶单击“开始”选项卡；❷单击“粘贴”按钮；❸在弹出的下拉列表中选择“格式”选项，即可将原单元格中的单元格格式粘贴到目标单元格中，如下图所示。

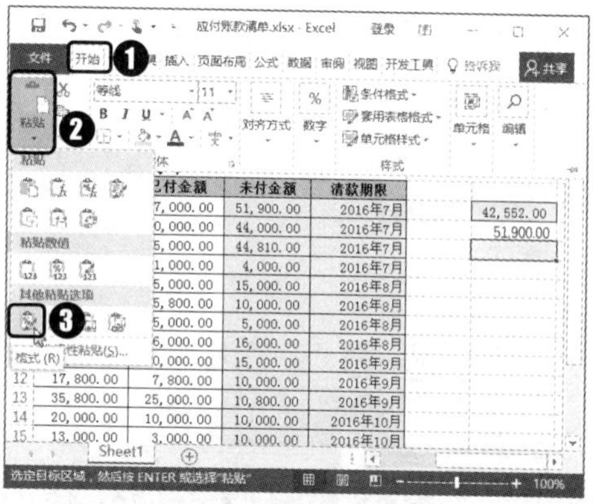

专家会诊台

Q：在选择性粘贴选项中有个“粘贴连接”功能，“粘贴链接”和“粘贴—数值”的区别是什么？

A：使用粘贴链接的好处就是复制后的数据能随原数据自动更新。

“粘贴链接”：其实就是指粘贴原数据地址到 Excel 中，当原数据发生变化时，Excel 中的数据也会随之发生变化，这时候就会自动更新。

“粘贴—数值”：是粘贴入 Excel 中的数值与数值源的数据没有任何关系；而粘贴链接是保持数据的同步更新。

3．移动或复制整张工作表

移动或复制工作表是日常办公中常用的操作。用户既可以在同一工作簿中移动或复制工作表，也可以在不同工作簿中移动或复制工作表。接下来在同一工作簿中移动或复制整张工作表，具体操作方法如下。

第 1 步：选择“移动或复制”命令

❶选中工作表标签“Sheet1”；❷右击，在弹出的快捷菜单中选择“移动或复制”命令，如右图所示。

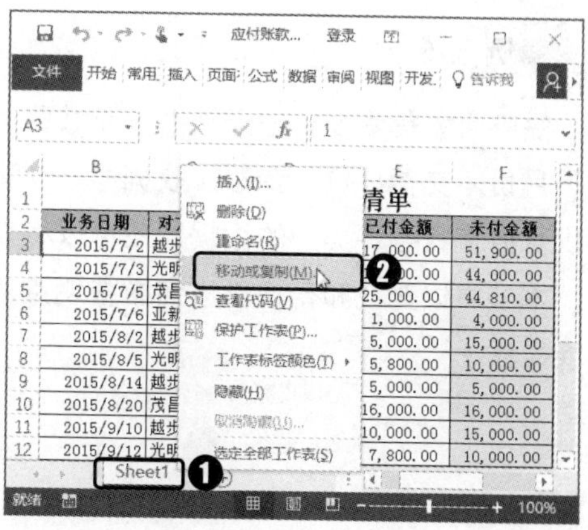

第 2 步：设置“移动或复制”选项

弹出“移动或复制工作表”对话框，❶在“下列选定工作表之前”选择“移至最后”选项；❷选中“建立副本”复选框；❸单击“确定”按钮，如下图所示。

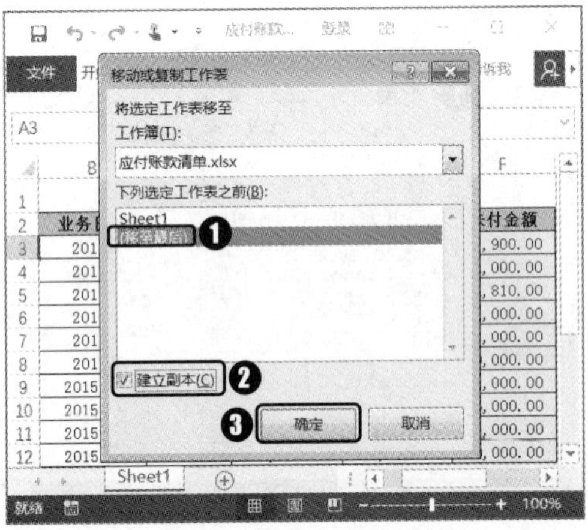

第 3 步：查看移动或复制效果

工作表“Sheet1”就被复制到最后，并建立了副本“Sheet1（2）”，此时就完成整张工作表数据的移动和复制，如下图所示。

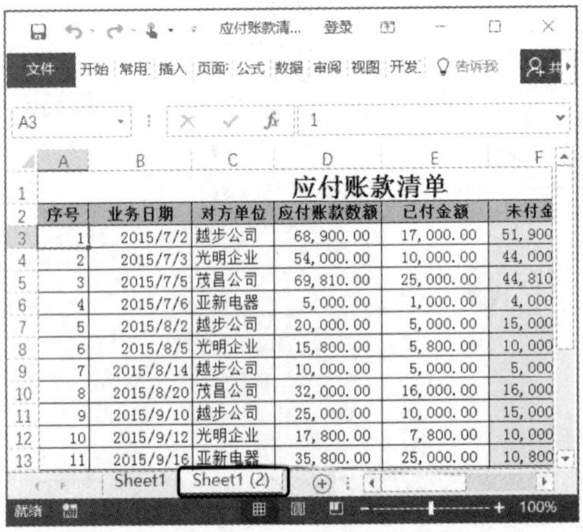

温馨小提示

（1）选中“建立副本”复选框后，即可实现工作表移动和复制功能，原工作表依然存在。移动或复制工作表后得到的工作表内容与原工作表相同。

（2）移动或复制的工作表前，首先要选择所需的一个或多个工作表。

单击工作表标签，即可选中一张工作表；如果看不到所需标签，单击标签滚动按钮以显示所需标签即可；单击第一张工作表的标签，然后在按住“Shift”键的同时，单击要选择的最后一张工作表的标签，即可选中两张或多张相邻的工作表；单击第一张工作表的标签，然后在按住“Ctrl”键的同时，单击要选择的其他工作表的标签，即可两张或多张不相邻的工作表。

2.5 供应商缴费明细表中数据的查找和替换

案例概述

供应商缴费明细表是记录供应商缴费情况的明细表单，通常包括交费时间、所属年度、所属月份、交费单位、金额、收据号、交款人等内容。Excel 具有“查找和替换”功能，不仅可以查找各种类型的数据，还可以将查找的内容替换为所需的数据，大大提高工作效率。本节将以查找和替换供应商缴费明细表中的数据为例，介绍 Excel 表格数据的查找和替换操作。

案例效果

供应商缴费明细表是反应供应商资金实力和商业信誉的重要表单之一。接下来使用查找和替换功能，在供应商缴费明细表中查找和替换供应商缴费数据，例如，查找某公司的缴费情况，查询某年度、某月份的缴费情况等。

“供应商缴费明细表”数据查找和替换完成后的效果如下图所示。

交费时间	所属年度	所属月份	交费单位	金额	收据号	交款人
2013/12/15	2013	12	A公司	5711.00	ABC-0023	章三
2014/11/14	2014	11	B公司	5830.00	ABC-0021	李四
2014/5/25	2014	5	B公司	3067.00	ABC-0031	李四
2014/9/18	2014	9	B公司	1532.00	ABC-0022	李四
2014/11/22	2014	11	B公司	1984.00	ABC-0023	李四
2014/12/16	2014	12	A公司	5634.00	ABC-0008	章三
2014/8/13	2014	8	A公司	3043.00	ABC-0021	章三
2013/7/27	2013	7	C公司	4161.00	ABC-0022	王五
2013/1/15	2013	1	C公司	2728.00	ABC-0022	王五
2013/2/23	2013	2	C公司	5894.00	ABC-0026	王五
2013/11/3	2013	11	C公司	2926.00	ABC-0008	王五
2013/1/19	2013	1	C公司	4739.00	ABC-0021	王五
2014/3/22	2014	3	B公司	4296.00	ABC-0037	李四
2014/10/17	2014	10	B公司	4250.00	ABC-0008	李四

同步文件

原始文件：素材文件\第 2 章\供应商缴费明细表.xlsx

结果文件：结果文件\第 2 章\供应商缴费明细表.xlsx

同步视频文件：同步教学文件\第 2 章\供应商缴费明细表\2.5.1.mp4~2.5.2.mp4

制作思路

“供应商缴费明细表”数据的查找和替换思路如下：

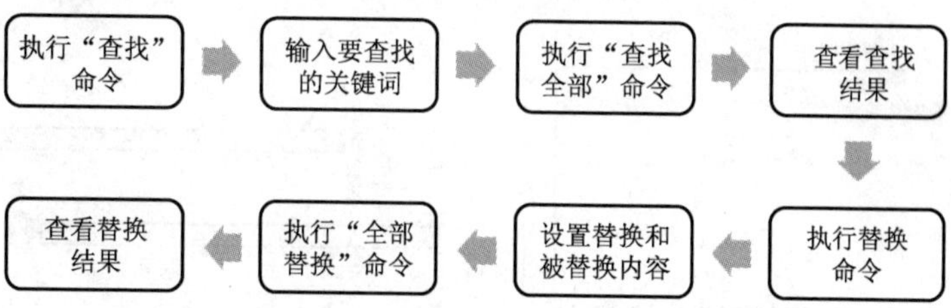

2.5.1 数据查找

在 Excel 表格中，可以通过搜索关键词库快速查找数据，如搜索姓名、年度、月份、公司名称等。本节根据关键词“A 公司”，查找 A 公司的缴费明细，具体操作方法如下。

第 1 步：选择“查找”选项

打开本实例的原始文件“供应商缴费明细表.xlsx”，❶单击“开始”选项卡；❷在“编辑”功能组中单击“查找和选择”按钮；❸在弹出的下拉列表中选择“查找”选项，如下图所示。

第 2 步：输入关键词

弹出“查找和替换”对话框，❶单击“查找”选项卡；❷在“查找内容”文本框中输入“A 公司”；❸单击“查找全部”按钮，如下图所示。

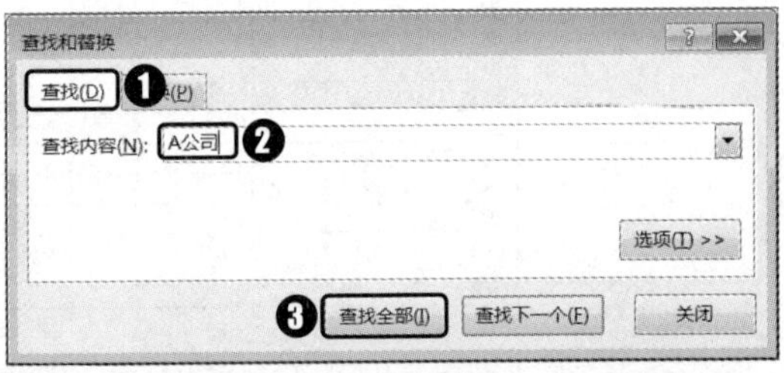

第 3 步：查看查找结果

此时即可在“查找和替换”对话框的下方查找出所有关键词为“A 公司”的数据记录，如下图所示。

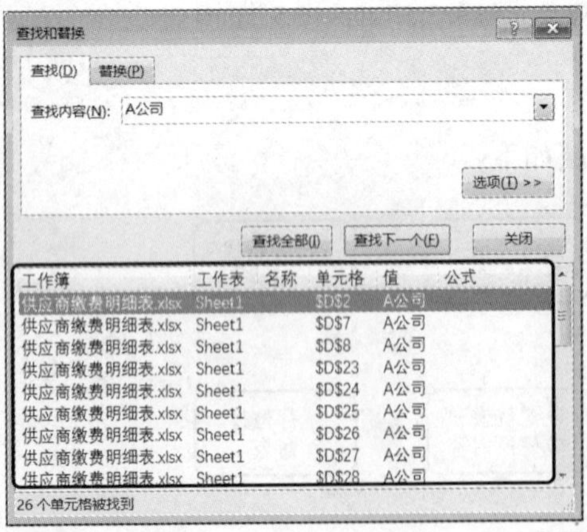

第 4 步：定位数据位置

在“查找和替换”对话框中，❶单击要查看的数据记录；❷此时即可在工作表中定位到相应的数据记录；❸查找完毕，单击“关闭”按钮，如下图所示。

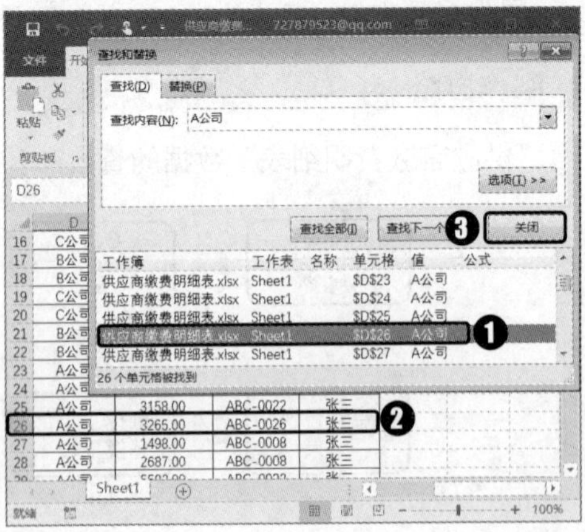

2.5.2 数据替换

在编辑工作表时，如果发生数据输入错误，且数量较多，可以使用替换功能，将错误数据替换成正确数据，例如，将交款人“张三”替换成“章三”，具体操作方法如下。

第 1 步：选择“替换”选项

❶单击“开始”选项卡；❷在“编辑”功能组中单击“查找和选择”按钮；❸在弹出的下拉列表中选择“替换”选项，如下图所示。

第 2 步：输入替换内容

弹出“查找和替换”对话框，❶在“查找内容”文本框中输入“张三”，在“替换为”文本框中输入“章三”；❷单击“全部替换”按钮，如下图所示。

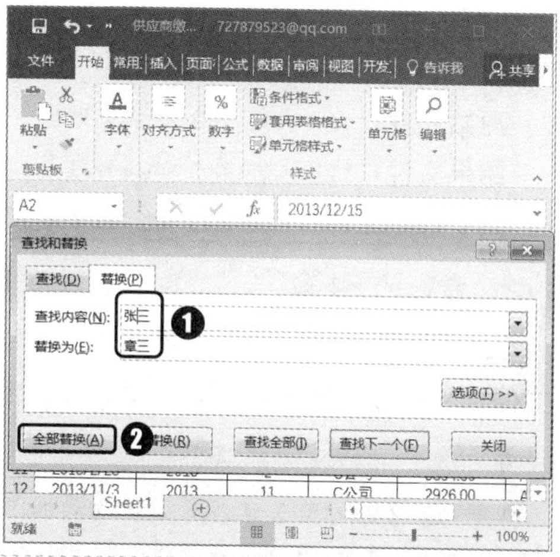

第 3 步：查看替换数量

弹出“Microsoft Excel”对话框，提示用户“替换完成，共完成 26 处替换”，❶单击“确定”按钮；❷然后单击“关闭”按钮，如下图所示。

第 4 步：查看替换效果

返回工作表，此时工作表中的交款人“张三”就全部替换成“章三”，替换效果如下图所示。

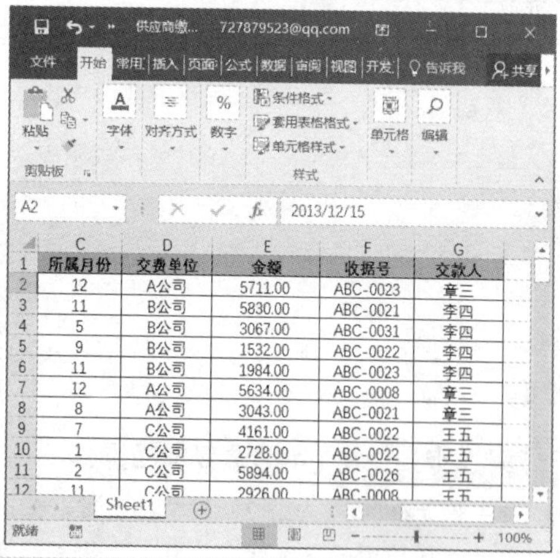

> **温馨小提示**
>
> （1）如果要对多个工作表执行查找或替换工作，可以先将它们选定为工作表组，再执行相应的操作。
>
> （2）查找数据时，也可以单击“查找下一个”按钮，Excel 在找到数据后，会将单元格指针指向所找到的单元格，这时再单击“替换”按钮来替换目标字符串，若不想替换找到的字符串，可直接再单击“查找下一个”按钮即可。

2.6 提升效率——实用操作技巧

通过前面知识的学习，相信读者朋友已经掌握财务数据的输入与编辑的相关基础知识。下面结合本章内容，给大家介绍一些实用技巧。

同步文件

原始文件：素材文件\第 2 章\提升效率\

结果文件：结果文件\第 2 章\提升效率\

同步视频文件：同步教学文件\第 2 章\提升效率.mp4

1. 奇特的 F4 键

“F4”键是 Excel 中一个重要的“重复键”，在输入和编辑数据时用于重复上次操作，既方便，又快捷。接下来使用“F4”键，重复进行字体加粗操作，具体操作方法如下。

第 1 步：执行字体加粗命令

打开“素材文件\第 2 章\提升效率\奇特的 F4 键.xlsx”文件，选中 A1 单元格，❶单击“开始”选项卡；❷在“字体”功能组中单击“加粗”按钮，如下图所示。

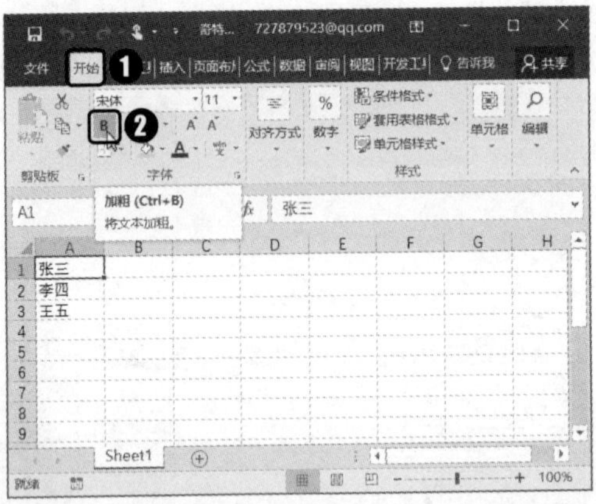

第 2 步：查看字体加粗效果

此时，A1 单元格中的文字就执行了加粗操作，如下图所示。

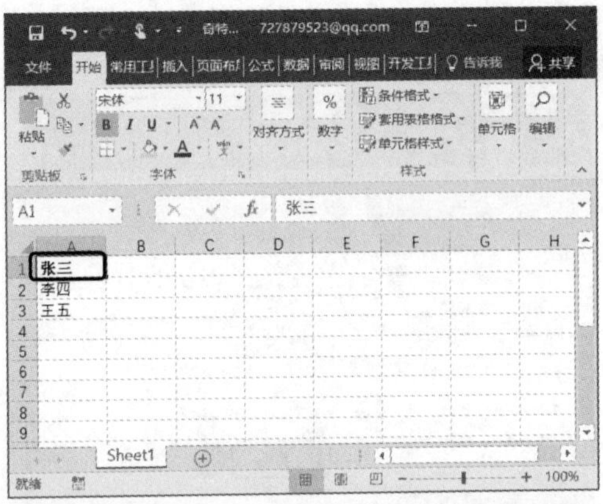

第 3 步：使用 F4 键重复加粗操作

选中单元格区域 A2:A3，按“F4”键，此时选中单元格区域中的文字就会重复上次的加粗操作，加粗效果如右图所示。

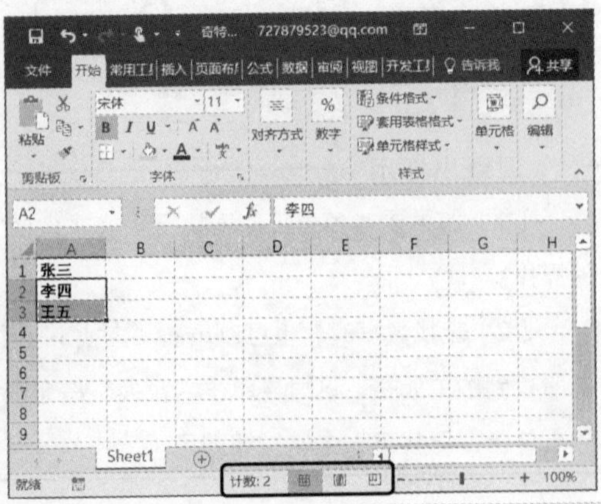

温馨小提示

“F4”键除了可以重复上次操作外，还可以转换公式中的单元格及区域的引用方式，即相对引用、绝对引用和混合引用之间的转换。

2. 快速输入有序文本

在输入和编辑表格时，经常用到有序文本，如序号（1、2……），日期（1 日、2 日……）等，使用 Excel 的填充功能，可以快速输入这些有序文本，具体操作方法如下。

第 1 步：输入前两个有序文本

打开“素材文件\第 2 章\提升效率\快速输入有序文本.xlsx”文件，在 A2 单元格，A3 单元格中分别输入数据“2016/9/1 和 2016/9/2”，如下图所示。

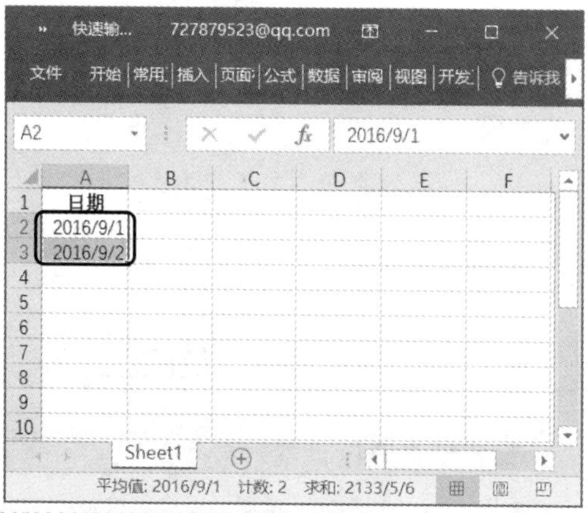

第 2 步：定位鼠标指针

选中单元格区域 A2:A3，将鼠标指针移动到单元格 A3 的右下角，出现指针变成十字形状，如下图所示。

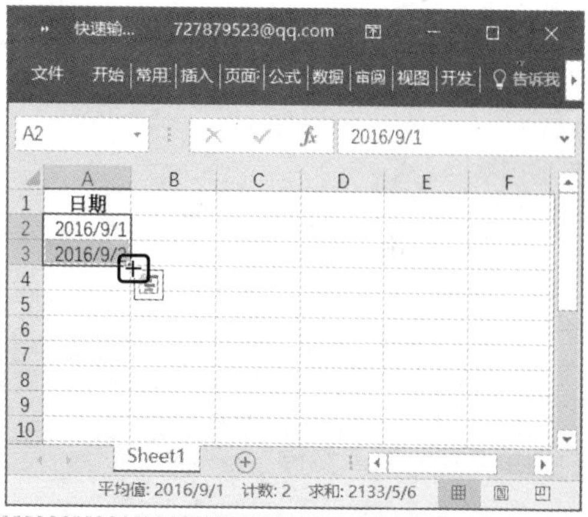

第 3 步：拖动鼠标

按住鼠标左键不动，向下拖动鼠标，拖至单元格 A31，如下图所示。

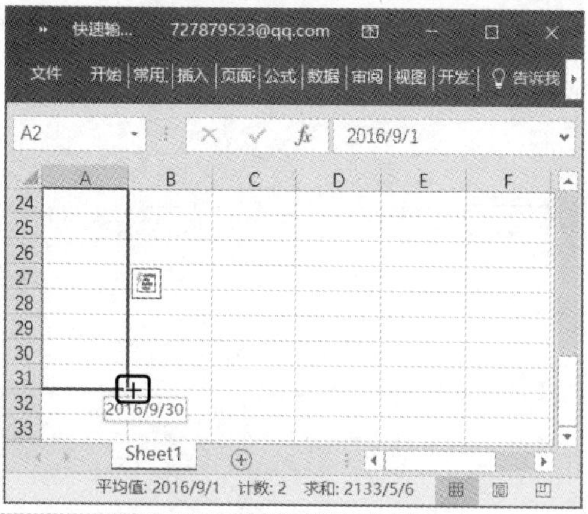

第 4 步：查看数据填充效果

释放鼠标，此时即可输入 9 月份连续的日期，如下图所示。

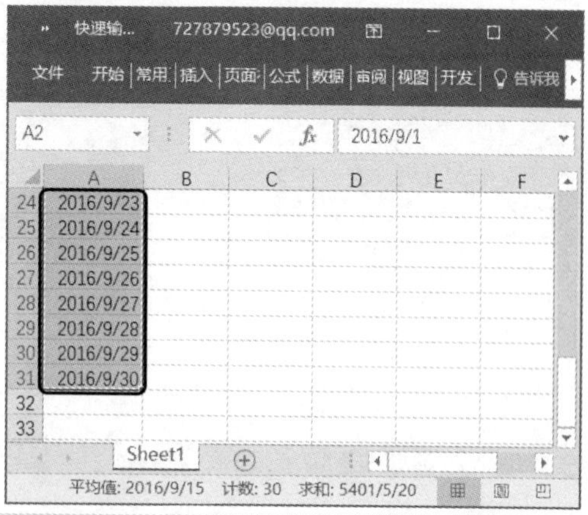

3. 输入“0”开头的数字编号

在 Excel 表格中输入以“0”开头的数字，系统会自动将“0”过滤掉，例如，输入“0001”，则会自动显示成“1”。那么如何输入以“0”开头的数字呢？通过设置单元格格式，自定义数字类型，即可解决这个问题，具体操作方法如下。

第 1 步：打开对话框启动器

打开“素材文件\第 2 章\提升效率\输入“0”开头的数字编号.xlsx”文件，❶选中要输入编号的 A2 单元格；❷单击“开始”选项卡；❸在“数字”功能组中单击“对话框启动器”按钮，如下图所示。

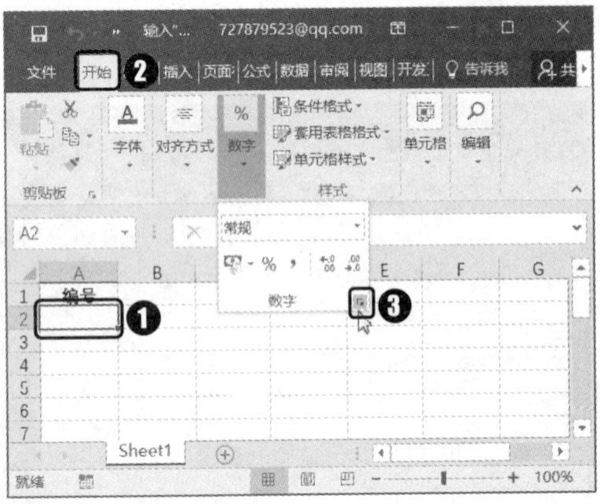

第 2 步：自定义数字格式

弹出“设置单元格格式”对话框，❶单击“数字”选项卡；❷在“分类”列表框中选择“自定义”选项；❸在“类型”文本框中输入“0000”；❹单击“确定”按钮，如下图所示。

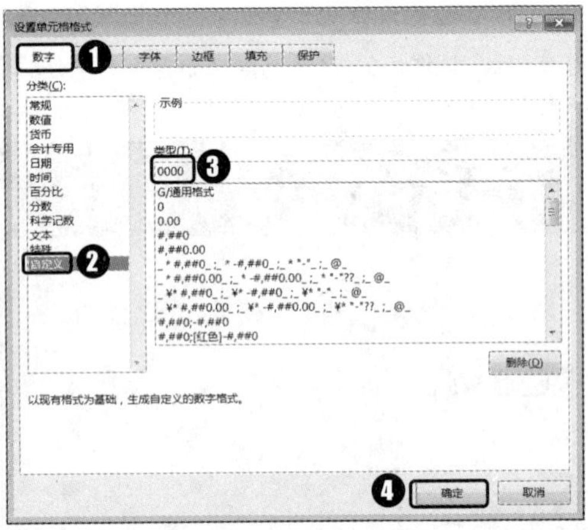

第 3 步：输入编号

在 A2 单元格中输入“1”，如下图所示。

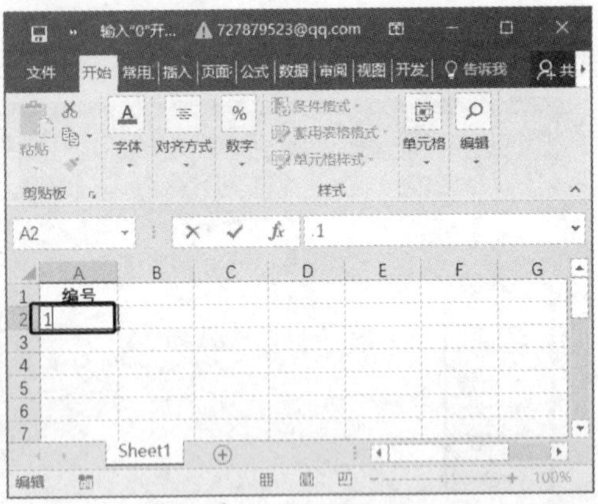

第 4 步：查看设置效果

按回车键，此时即可看到 A2 单元格显示数字“0001”，如下图所示。

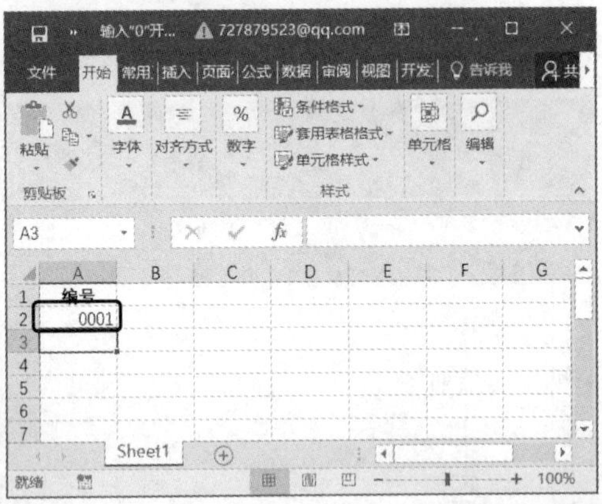

4. 设置货币的“万元”单位

在使用 Excel 的记录金额的时候，如果金额较大，使用万元等来显示金额就会更直观明了，通过设置单元格格式，自定义数字类型，可以轻松实现以“万元”为单位来显示金额。接下来将金额设置为以“万元”为单位来显示，并保留两位小数，具体操作方法如下。

第 1 步：打开对话框启动器

打开“素材文件\第 2 章\提升效率\设置货币的“万元”单位.xlsx”文件，选中单元格区域 B3:E7，❶单击“开始”选项卡；❷在“数字”功能组中单击“对话框启动器”按钮，如下图所示。

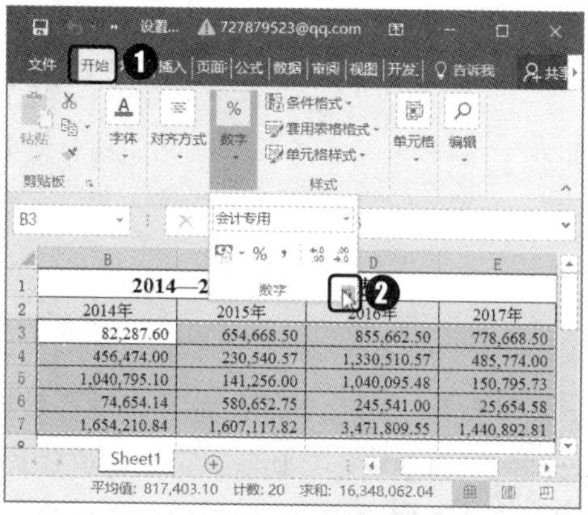

第 2 步：自定义货币格式

弹出“设置单元格格式”对话框，❶单击“数字”选项卡；❷在“分类”列表框中选择“自定义”选项；❸在“类型”文本框中输入“0.00,万元”或“0!.00,万元”；❹单击“确定”按钮，如下图所示。

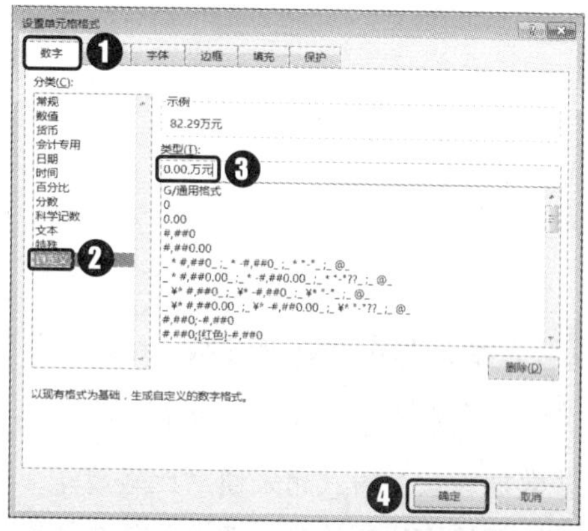

第 3 步：查看设置效果

返回工作表，此时选中区域的金额就变成以“万元”为单位近些年显示，如右图所示。

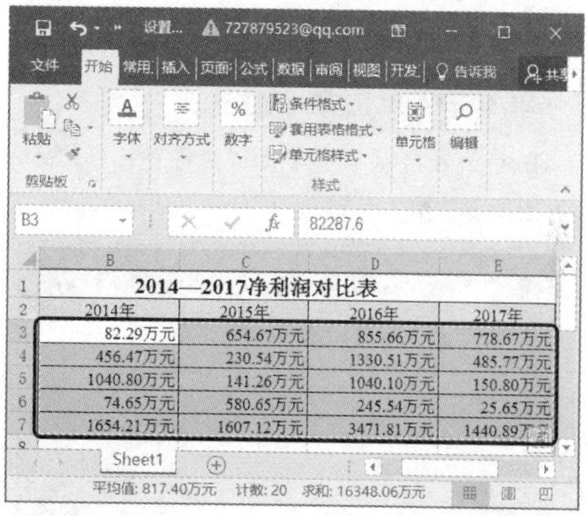

温馨小提示

如何要以“万”为单位显示金额，并保留一位小数，此时将数据类型自定义为“#"."#,"万""”即可。

5．把“0”值设置成小横线

在编辑电子表格时，尤其在财务报表中，经常会出现“0”值，使用千位分隔符按钮“,”，可以一键将“0”值显示成小横线“-”，具体操作方法如下。

第 1 步：使用千万分隔符命令

打开“素材文件\第 2 章\提升效率\把“0”值设置成小横线.xlsx”文件，选中单元格区域 B3:E7，❶单击“开始”选项卡；❷在“数字”功能组中单击“千位分隔样式”按钮，如右图所示。

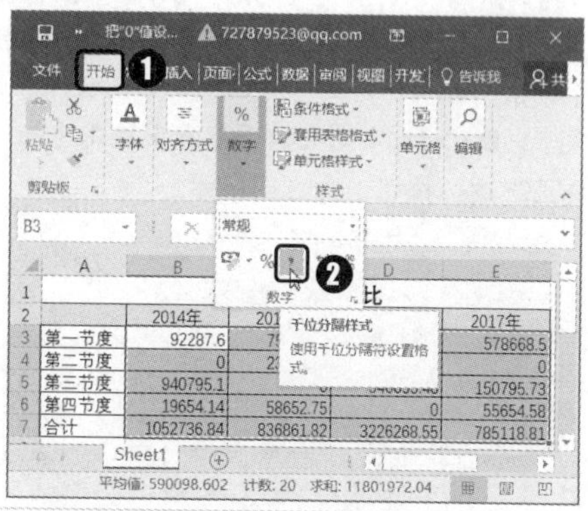

第 2 步：查看设置效果

此时选中区域中的 0 就变成小横线“-”，如右图所示。

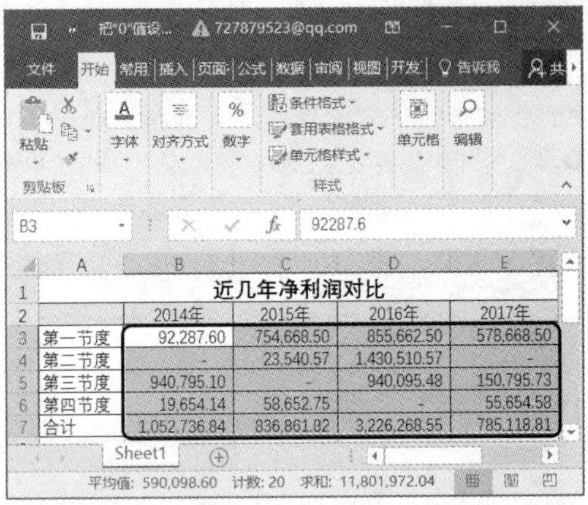

6. 使用自动更正功能输入长文本

在编辑电子表格时，经常用到一些产品名称、公司全名、地址、邮箱、联系电话等数据，这些数据较长，输入起来通常比较麻烦。使用 Excel 的“自动更正”功能，可以将这些长文本替换为简短的字符或代码，只需在单元格中输入替换的字符或代码，即可快速实现长文本的录入，具体操作方法如下。

第 1 步：单击文件按钮

在电子表格窗口中单击“文件”按钮 文件 ，如下图所示。

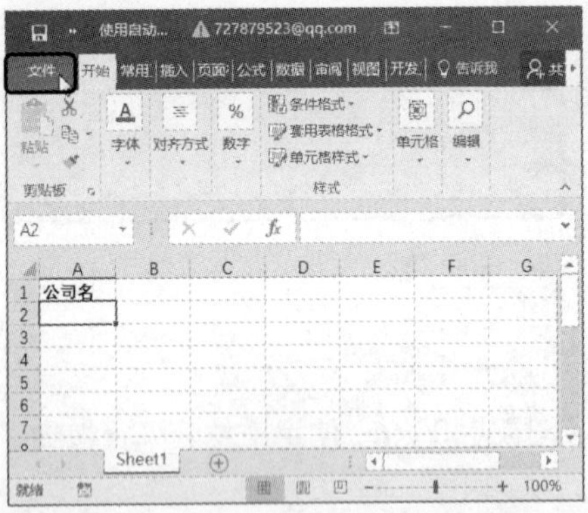

第 2 步：单击选项菜单

进入“文件界面”，选择“选项”命令，如下图所示。

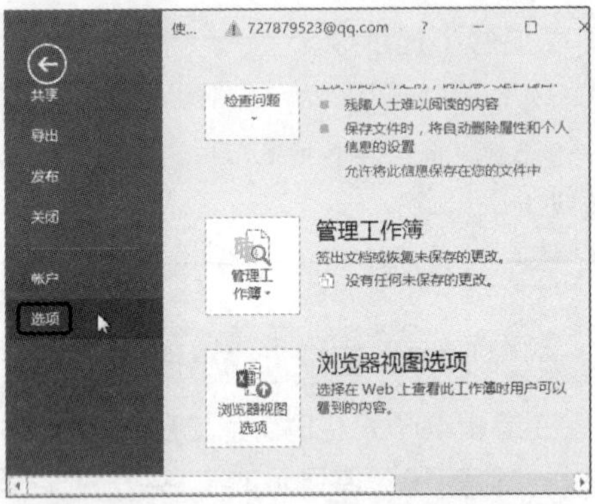

第 3 步：单击自动更正选项按钮

弹出“Excel 选项”对话框，❶单击“校对”选项卡；❷在“自动更正选项”选项组中单击“自动更正选项”按钮，如右图所示。

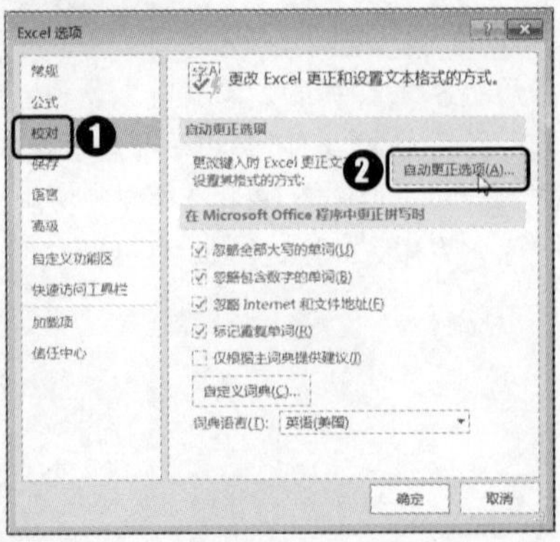

第 4 步：设置并添加替换选项

弹出“自动更正”对话框，❶在“替换”文本框中输入“gsm”；❷在“为”文本框中输入“北京某某科技有限公司”；❸单击“添加”按钮，如下图所示。

第 5 步：单击确定按钮

此时即可将这一设置保存到下方的列表中，然后单击“确定”按钮，如下图所示。

第 6 步：输入设置的替换字母

返回工作表，在任意单元格中输入“gsm”，如下图所示。

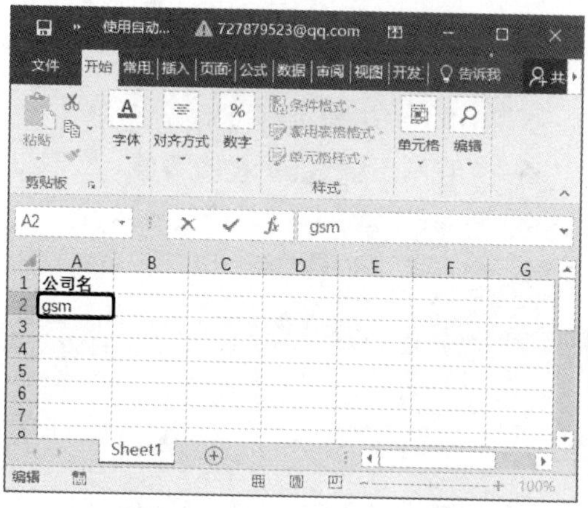

第 7 步：查看输入结果

按“Enter”键，即可快速输入长文本“北京某某科技有限公司”，如下图所示。

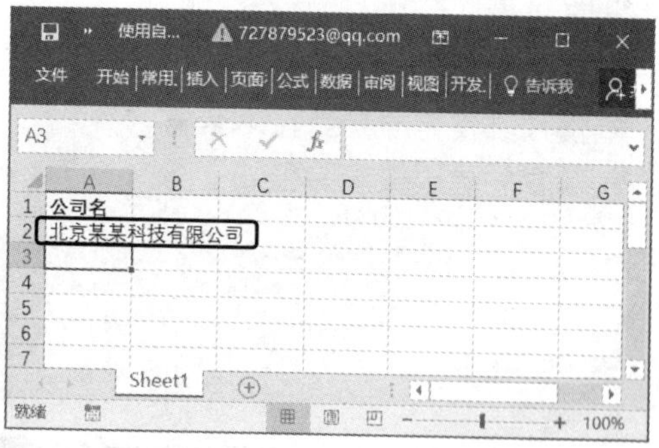

温馨小提示

使用简单的拼音字母来代替常用的特定文本，可以准确、统一、快速地输入这些特定文本。

第 3 章　财务数据的公式计算

➘本章导读

公式和函数是 Excel 的两大利器，在数据计算和数据分析中发挥着极其重要的作用。本章主要介绍公式和函数的计算方法和技巧，包括 Excel 中公式和函数的用法、销售数据统计表中的公式计算、数组公式的应用、财务函数的应用等内容。

➘知识要点

- ❖ 公式的输入原则
- ❖ 公式中常用的运算符
- ❖ 函数的使用方法
- ❖ 直接输入公式
- ❖ 使用鼠标输入公式元素
- ❖ 使用其他符号开头输入公式
- ❖ 编辑、更改或删除公式
- ❖ 复制公式完成批量计算
- ❖ 使用数组公式
- ❖ 修改或删除数组公式
- ❖ 使用 PV()函数进行投资分析
- ❖ 使用 FV()函数计算投资终值
- ❖ 使用 PMT()函数计算房贷还款额
- ❖ NPV()和 IRR()函数综合应用

➘案例展示

品名	第一季度	第二季度	第三季度	第四季度	年度合计
家电	578568.5	84558.09	574272.6	4458704	5696103.2
食品	5025580	125878.4	4472249	335530.6	9959238.4
服装	330500	15583895	7177645	447837.5	23539878
化妆品	425800	789878.4	7852339	54050.09	9122067.4
日常百货	174500	525420.2	88025.2	55758146	56546091
家具	101800.6	4225878	543384.7	47467522	52338585
小家电	234100	13052898	197444.2	510445.28	13994888
电脑	450200	102578.4	117603.8	278667.34	949049.45
季度合计	7321050	34490984	21022964	109310903	172145900

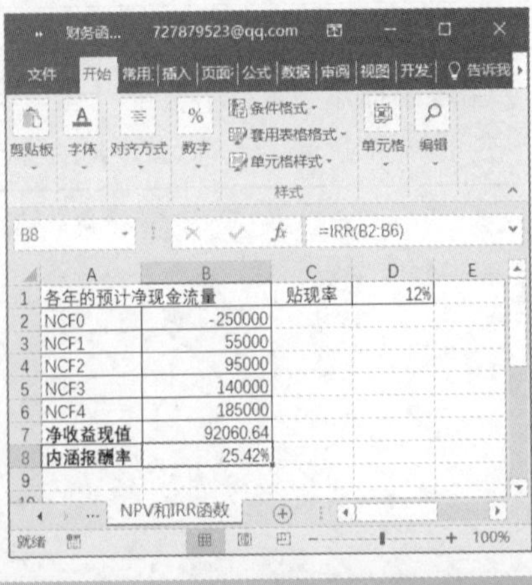

各年的预计净现金流量		贴现率	12%
NCF0	-250000		
NCF1	55000		
NCF2	95000		
NCF3	140000		
NCF4	185000		
净收益现值	92060.64		
内涵报酬率	25.42%		

3.1 Excel 中的公式和函数的用法

案例概述

公式是 Excel 工作表中进行数值计算和分析的等式。公式输入是以“=”开始的。简单的公式有加、减、乘、除等；复杂的公式可能包含函数、引用、运算符和常量等。本节主要讲述公式和函数的基本用法，包括公式的输入原则，公式中常用的运算符，以及函数的基本用法等内容。

案例效果

本案例中主要介绍 Excel 中公式的基本用法，包括公式的输入原则、公式中常用运算符、函数的使用方法等内容。

Excel 工作表中公式和函数界面效果如下图所示。

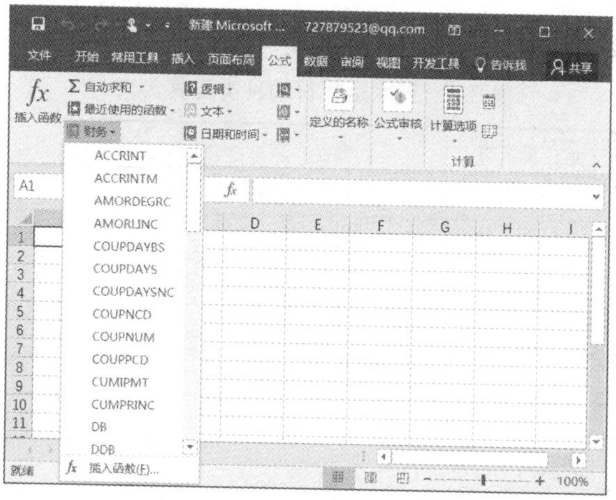

同步文件

原始文件： 无

结果文件： 无

同步视频文件： 同步教学文件\第 3 章\公式和函数的用法\3.1.1.mp4~3.1.3.mp4

制作思路

了解公式和函数用法的思路如下：

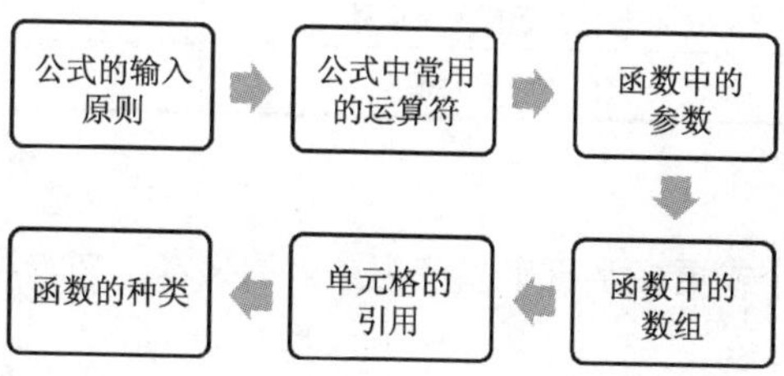

3.1.1 公式的输入原则

Excel 中的公式必须遵循规定的语法。

（1）所有公式通常以等号“=”开始，等号“=”后跟要计算的元素。

（2）参加计算单元格的地址表示方法：列标+行号，例如，A3，E10 等。

（2）参加计算单元格区域的地址表示方法：左上角的单元格地址:右下角的单元格地址，例如，A2:F7，B1:G8，C1:G20 等。

3.1.2 公式中常用的运算符

运算符是公式的基本元素，也是必不可少的元素，每一个运算符代表一种运算。在 Excel 2013 中有 4 种运算符类型，分别是算术运算符、比较运算符、文本运算符和引用运算符。

（1）算术运算符

用于完成基本的数学运算，算术运算符的主要种类和含义如表 3-1 所示。

表 3-1 算术运算符的种类及其含义

运算符类型	运 算 符	含 义	示 例
算术运算符	+	加法运算	A1＋B1
	–	减号运算	A1－B1 或－C1
	*	乘法运算	A1*B1
	/	除法运算	A1/B1
	%	百分比运算	15%
	^	乘方运算	10^3（与 10*10*10）

（2）比较运算符

用于比较两个值。当用操作符比较两个值时，结果是一个逻辑值，为 TRUE 或 FALSE，其中 TRUE 表示“真”，FALSE 表示“假”。比较运算符的主要种类和含义如表 3-2 所示。

表 3-2 比较运算符的种类及其含义

运算符类型	运 算 符	含 义	示 例
比较运算符	=	等于运算	A1=B1
	>	大于运算	A1>B1
	<	小于运算	A1<B1
	>=	大于或等于运算	A1>=B1
	<=	大于或等于运算	A1>=B1
	<>	不等于运算	A1<>B1

（3）文本运算符

使用和号(&)连接一个或更多字符串以产生更大的文本，文本运算符的主要种类和含义如表 3-3 所示。

表 3-3　文本运算符的种类及其含义

运算符类型	运　算　符	含　　义	示　　例
文本运算符	&	用于连接多个单元格中的文本字符串，产生一个文本字符串	A1&B1

（4）引用运算符

用于标明工作表中的单元格或单元格区域，引用运算符的主要种类和含义如表 3-4 所示。

表 3-4　引用运算符的种类及其含义

运算符类型	运　算　符	含　　义	示　　例
引用运算符	:（冒号）	区域运算符，对两个引用之间，包括两个引用在内的所有单元格进行引用	B5:B15
	,（逗号）	联合操作符，将多个引用合并为一个引用	SUM(B5:B15,D5:D15)
	（空格）	交叉运算，即对两个引用区域中共有的单元格进行运算	A1:B8 B1:D8

（5）公式中运算符的优先顺序

公式中众多的运算符在进行运算时很显然有着不同的优先顺序，正如最初接触数学运算时就知道“*”、“/”运算符优于“+”、“-”运算符一样，只有这样它们才能默契合作实现各类复杂的运算，公式中运算符的优先顺序如表 3-5 所示。

表 3-5　运算符的优先顺序

优先顺序	运　算　符	说　　明
1	:（冒号） ,（逗号） （空格）	引用运算符
2	–	作为负号使用（如：–8）
3	%	百分比运算
4	^	乘幂运算
5	* 和 /	乘和除运算
6	+ 和 –	加和减运算
7	&	连接两个文本字符串
8	=、<、>、<=、>=、<>	比较运算符

3.1.3　函数的使用方法

Excel 是一款重要的办公自动化软件。Excel 中的函数就是一些预定义的公式，结合一些参数的特定数值按特定的顺序或结构进行计算。用户可以直接使用函数对某个数据区域内的数值进行一系列的函数运算，如统计和计算销售数据、确定房贷支付额、计算求和或平均值、排序显示和运算文本数据，分析和处理日期值和时间值等等。例如，使用 SUM 函数可以对单元格或单元格区域进行加法运算。

1. 函数中的参数

函数中的参数可以是数字、文本、形如 TRUE 或 FALSE 的逻辑值、数组、形如#N/A

的错误值或单元格引用。给定的参数必须能产生有效的值。参数可以是常量、公式或其他函数，也可以是数组、单元格引用等。例如，SUM()函数公式“=SUM(D2:D4)”中的参数就是单元格相对引用区域 D2:D4。

2．函数中的数组

引用了数组，并在编辑栏可以看到以“{}”括起来的公式就是数组公式。而数组公式的作用就是对一组或多组数据进行处理，然后得到想要的结果。按下快捷键“Ctrl+Shift+Enter”，即可实现公式到数组公式的转变。

3．单元格的引用

单元格的引用方法包括相对引用、绝对引用、和混合引用 3 种。

单元格的相对引用是基于包含公式和引用的单元格的相对位置而言的。如果公式所在单元格的位置改变，引用也将随之改变，如果多行或多列地复制公式，引用会自动调整。默认情况下，新公式使用相对引用。

单元格中的绝对引用则总是在指定位置引用单元格（例如$A$1）。如果公式所在单元格的位置改变，绝对引用的单元格也始终保持不变，如果多行或多列地复制公式，绝对引用将不做调整。

混合引用包括绝对列和相对行（例如$A1），或是绝对行和相对列（例如 A$1）两种形式。如果公式所在单元格的位置改变，则相对引用改变，而绝对引用不变。如果多行或多列地复制公式，相对引用自动调整，而绝对引用不做调整。

4．函数的种类

Excel 函数一共有 12 类，分别是财务、逻辑、文本、日期与时间、查询和引用、数学和三角、统计、工程、多维数据集、信息、兼容性，以及 Web()函数。

其中常用的财务函数大体上可分为四类：投资计算函数、折旧计算函数、偿还率计算函数、债券及其他金融函数等。使用财务函数，可以进行一般的财务计算，如确定贷款的支付额、投资的未来值或净现值，以及债券或息票的价值等。

（1）常用的投资计算函数（见表 3-6）

表 3-6　常用的投资计算函数及其含义

函数名称	功能和含义
EFFECT()	计算实际年利息率
FV()	计算投资的未来值
FVSCHEDULE()	计算原始本金经一系列复利率计算之后的未来值
IPMT()	计算某投资在给定期间内的支付利息
NOMINAL()	计算名义年利率
NPER()	计算投资的周期数
NPV()	在已知定期现金流量和贴现率的条件下计算某项投资的净现值
PMT()	计算某项年金每期支付金额

续表

函 数 名 称	功能和含义
PPMT()	计算某项投资在给定期间里应支付的本金金额
PV()	计算某项投资的净现值
XIRR()	计算某一组不定期现金流量的内部报酬率
XNPV()	计算某一组不定期现金流量的净现值

（2）常用的折旧计算函数（见表 3-7）

表 3-7　常用的折旧计算函数及其含义

函 数 名 称	功能和含义
AMORDEGRC()	计算每个会计期间的折旧值
DB()	计算用固定余额递减法得出的指定期间内资产折旧值
DDB()	计算用双倍余额递减或其他方法得出的指定期间内资产折旧值
SLN()	计算一个期间内某项资产的直线折旧值
SYD()	计算一个指定期间内某项资产按年数合计法计算的折旧值
VDB()	计算用余额递减法得出的指定或部分期间内的资产折旧值

（3）常用的偿还率计算函数（见表 3-8）

表 3-8　常用的偿还率计算函数及其含义

函 数 名 称	功能和含义
IRR()	计算某一连续现金流量的内部报酬率
MIRR()	计算内部报酬率。此外正、负现金流量以不同利率供给资金计算
RATE()	计算某项年金每个期间的利率

（4）常用的偿还率计算函数（见表 3-9）

表 3-9　常用的债券及其他金融函数及其含义

函 数 名 称	功能和含义
ACCRINTM()	计算到期付息证券的应计利息
COUPDAYB()	计算从付息期间开始到结算日期的天数
COUPDAYS()	计算包括结算日期的付息期间的天数
COUPDAYSNC()	计算从结算日期到下一个付息日期的天数
COUPNCD()	计算结算日期后的下一个付息日期
COUPNUM()	计算从结算日期至到期日期之间的可支付息票数
COUPPCD()	计算结算日期前的上一个付息日期
CUMIPMT()	计算两期之间所支付的累计利息
CUMPRINC()	计算两期之间偿还的累计本金
DISC()	计算证券的贴现率
DOLLARDE()	转换分数形式表示的货币为十进制表示的数值
DOLLARFR()	转换十进制形式表示的货币分数表示的数值

续表

函数名称	功能和含义
DURATION()	计算定期付息证券的收现平均期间
INTRATE()	计算定期付息证券的利率
ODDFPRICE()	计算第一个不完整期间面值$100 的证券价格
ODDFYIELD()	计算第一个不完整期间证券的收益率
ODDLPRICE()	计算最后一个不完整期间面值$100 的证券价格
ODDLYIELD()	计算最后一个不完整期间证券的收益率
PRICE()	计算面值$100 定期付息证券的单价
PRICEDISC()	计算面值$100 的贴现证券的单价
PRICEMAT()	计算面值$100 的到期付息证券的单价
PECEIVED()	计算全投资证券到期时可收回的金额
TBILLPRICE()	计算面值$100 的国库债券的单价
TBILLYIELD()	计算国库债券的收益率
YIELD()	计算定期付息证券的收益率
YIELDDISC()	计算贴现证券的年收益额
YIELDMAT()	计算到期付息证券的年收益率

在财务函数中有两个常用的变量：f 和 b，其中 f 为年付息次数，如果按年支付，则 f=1；按半年期支付，则 f=2；按季支付，则 f=4。b 为日计数基准类型，如果日计数基准为“US（NASD）30/360”，则 b=0 或省略；如果日计数基准为“实际天数/实际天数”，则 b=1；如果日计数基准为“实际天数/360”，则 b=2；如果日计数基准为“实际天数/365”，则 b=3 如果日计数基准为“欧洲 30/360”，则 b=4。

3.2 销售数据统计表中的公式计算

案例概述

使用公式进行数据计算是 Excel 的一项重要功能。本节结合实例“年度销售统计表”中的数据计算，介绍 Excel 中公式的用法、输入和编辑公式的方法以及复制公式的方法。

案例效果

公式是 Excel 工作表中进行数值计算和分析的等式。公式输入是以“=”开始的。简单的公式有加、减、乘、除等，复杂的公式可能包含函数、引用、运算符和常量等。

“年度销售统计表”中的数据计算结果如右图所示。

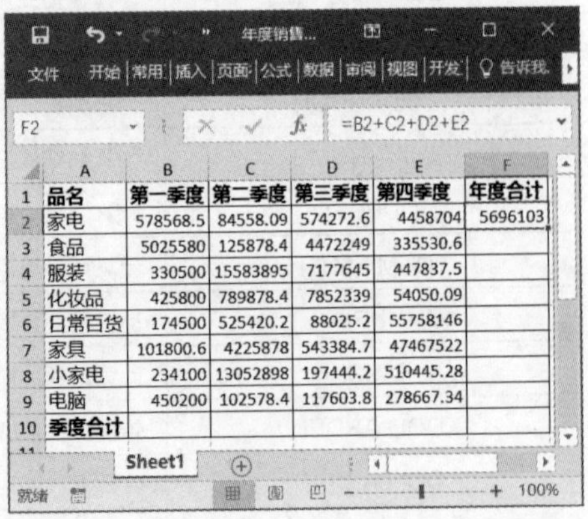

同步文件

原始文件： 素材文件\第 3 章\年度销售统计表.xlsx

结果文件： 结果文件\第 3 章\年度销售统计表.xlsx

同步视频文件： 同步教学文件\第 3 章\年度销售统计表\3.3.1.mp4~3.3.5.mp4

制作思路

在“年度销售统计表”中使用公式进行数据计算的具体思路如下：

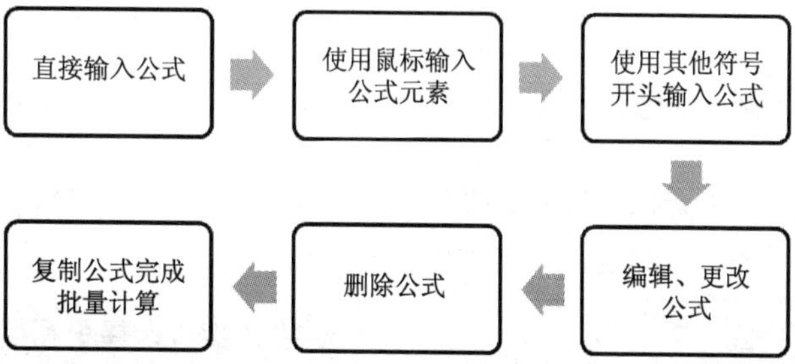

3.2.1 直接输入公式

公式通常以“=”号开始，如果直接输入公式，而不加起始符号，Excel 会自动将输入的内容作为数据。直接输入公式的具体操作方法如下。

第 1 步：输入等号

打开本实例的素材文件，选中 F2 单元格，首先输入“=”号，如下图所示。

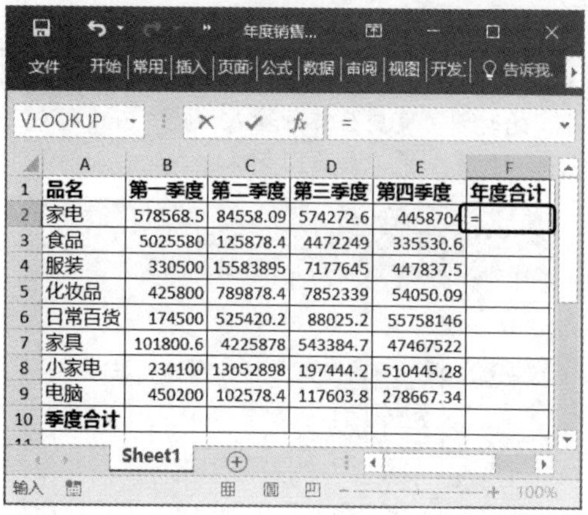

第 2 步：输入公式元素

依次输入公式元素“B2+C2+D2+E2”，如下图所示。

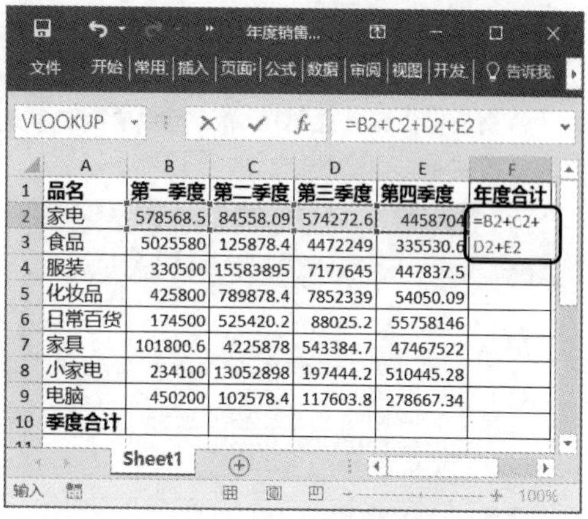

第 3 步：查看计算结果

输入公式后，按“Enter”键即可得到计算结果，如右图所示。

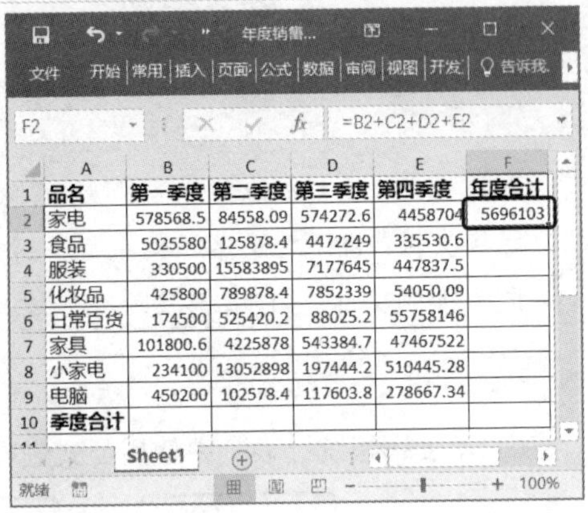

温馨小提示

在单元格中输入的公式会自动显示在公式编辑栏中，因此也可以在选中要返回值的目标单元格之后，在公式编辑栏中单击进入编辑状态，然后直接输入公式。

3.2.2 使用鼠标输入公式元素

如果公式中引用了单元格，除了采用手工方法直接输入公式之外，还可以用鼠标选择单元格或单元格区域配合公式的输入，具体操作方法如下。

第 1 步：输入公式元素

选中 B10 单元格，输入“=”公式起始符号，再输入“sum（）”，如下图所示。

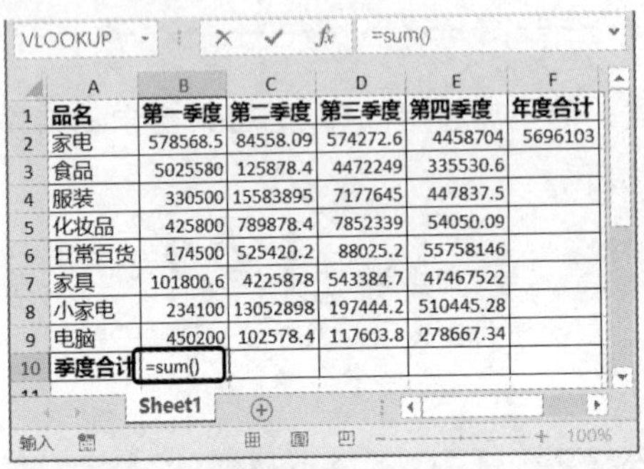

第 2 步：选择引用区域

将光标定位在公式中的括号内，拖动鼠标选中单元格区域 B2:B9，如下图所示。

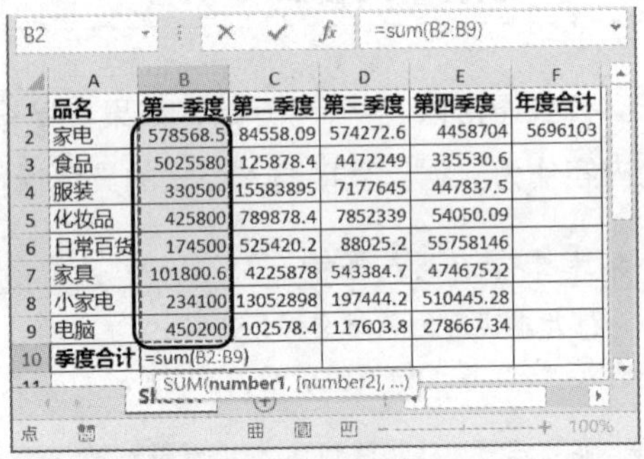

第 3 步：查看完整公式

释放鼠标，即可在 B10 单元格中看到完整的求和公式“sum（B2:B9）”，如下图所示。

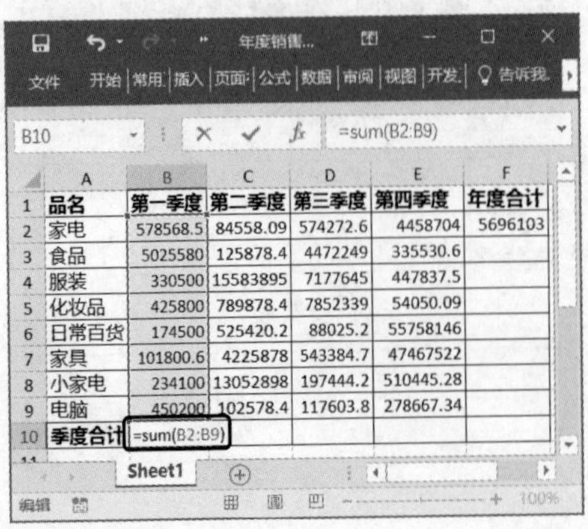

第 4 步：查看计算结果

此时即可完成公式的输入，按“Enter”键即可得到计算结果，如下图所示。

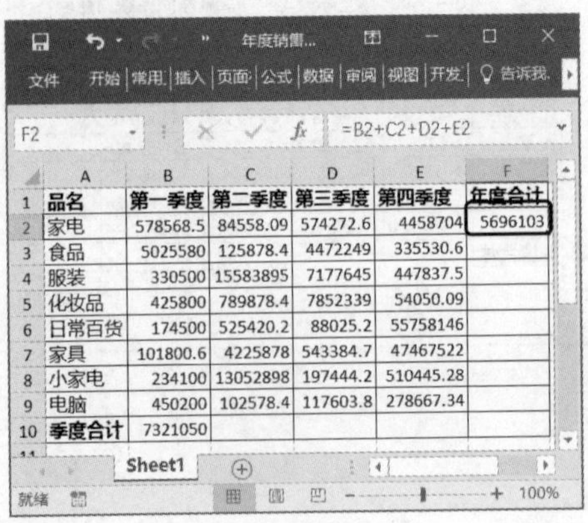

3.2.3 使用其他符号开头输入公式

公式的输入一般以等号“=”为起始符号，除此之外，还可以使用“+”和“-”两种符号来开头，系统会自动在“+”和“-”两种符号的前方加入等号“=”。使用其他符号开头输入公式的具体操作方法如下。

第 1 步：使用加号输入公式

选中 F3 单元格，首先输入“+”符号，再输入公式的后面部分，输入完成后按“Enter”键，程序会自动在公式前面加上“=”符号，如下图所示。

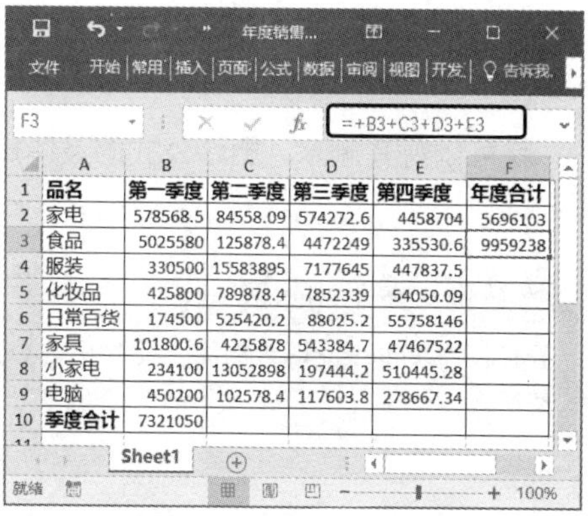

第 2 步：使用减号输入公式

选中 G1 单元格，首先输入“-”符号，再输入公式的后面部分，输入完成后按“Enter”键，程序会自动在公式前面加上“=”符号，并将第一个数据源当作负值来计算，如下图所示。

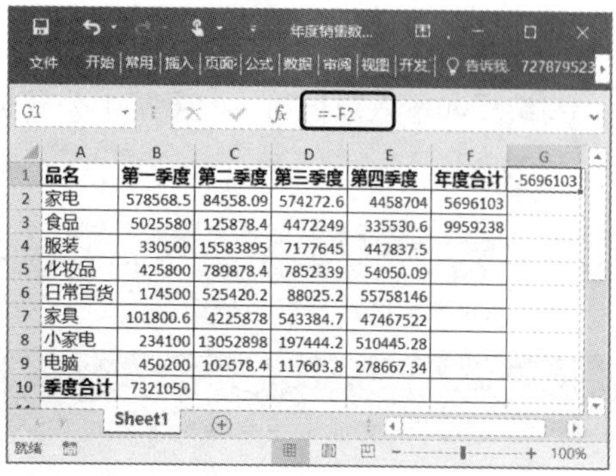

3.2.4 编辑、更改或删除公式

输入公式后，如果需要对公式进行更改或是发现有错误需要更改，可以利用下面的方法来重新对公式进行编辑、修改或删除操作。

1. 编辑或更改公式

编辑公式的方法主要有以下两种。

方法 1：双击法。在输入了公式且需要重新编辑公式的单元格中双击鼠标，此时即可进入公式编辑状态，直接重新编辑公式或对公式进行局部修改即可。

方法 2：按“F2”功能键。选中需要重新编辑公式的单元格，按“F2”键，即可对公式进行编辑。

第 1 步：双击单元格

双击 F3 单元格，单元格中的公式进入编辑状态，如右图所示。

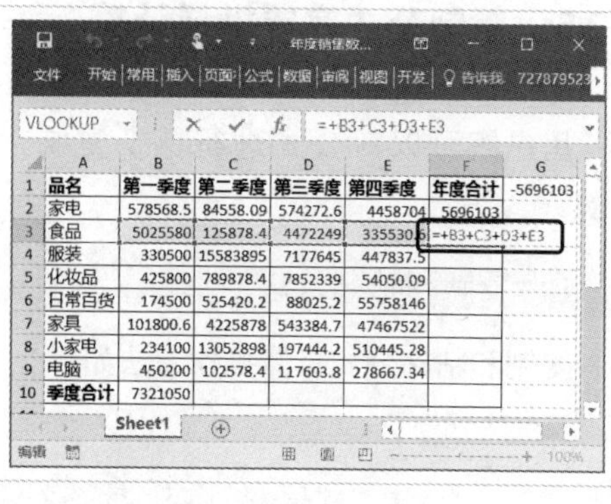

第 2 步：更改公式

在公式中删除“=”符号右侧的第一个“+”符号，然后按“Enter”键即可完成公式的编辑和修改，如右图所示。

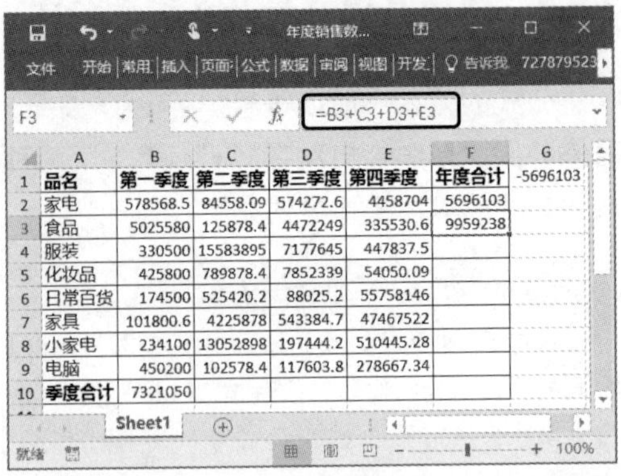

2. 删除公式

在编辑和输入数据时，如果某个公式是多余的，就可以将其删除，删除公式的具体操作方法如下。

第 1 步：选中单元格

选中 G1 单元格，如下图所示。

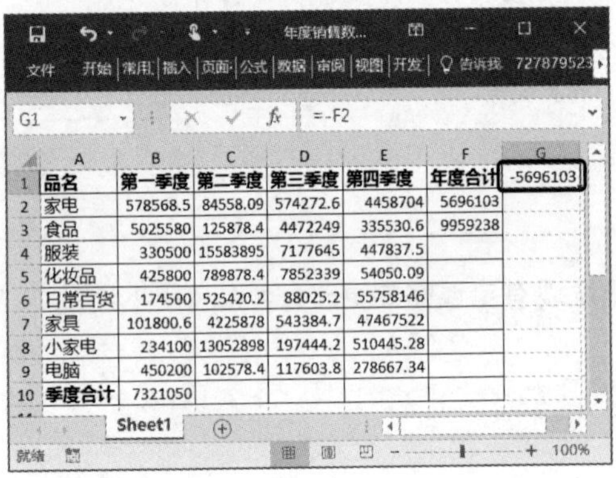

第 2 步：按下删除键

直接按“Delete”键即可删除单元格中的公式，如下图所示。

温馨小提示

选中需要修改公式的单元格，在 Excel 表格数据区域上方的编辑栏中也可以进行公式修改。若表格部分或全部被保护，需要先取消保护方能进行公式修改。

3.2.5 复制公式完成批量计算

用户既可以对公式进行单个复制，还可以进行快速填充，从而完成数据的批量计算。

1. 复制和粘贴公式

复制和粘贴公式具体操作方法如下。

第 1 步：复制公式

选中要复制公式的 F3 单元格，然后按"Ctrl+C"组合键，此时单元格的四周出现绿色虚线边框，说明单元格处于复制状态，如下图所示。

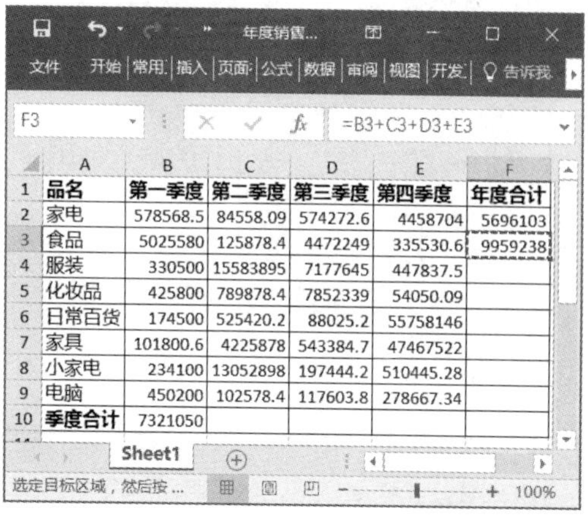

F3 =B3+C3+D3+E3

	A	B	C	D	E	F
1	品名	第一季度	第二季度	第三季度	第四季度	年度合计
2	家电	578568.5	84558.09	574272.6	4458704	5696103
3	食品	5025580	125878.4	4472249	335530.6	9959238
4	服装	330500	15583895	7177645	447837.5	
5	化妆品	425800	789878.4	7852339	54050.09	
6	日常百货	174500	525420.2	88025.2	55758146	
7	家具	101800.6	4225878	543384.7	47467522	
8	小家电	234100	13052898	197444.2	510445.28	
9	电脑	450200	102578.4	117603.8	278667.34	
10	季度合计	7321050				

第 2 步：粘贴公式

选中要粘贴公式的 F4 单元格，然后按"Ctrl+V"组合键，此时即可将 F3 单元格中的公式复制到 F4 单元格中，并自动根据行列的变化调整公式，得出计算结果，如下图所示。

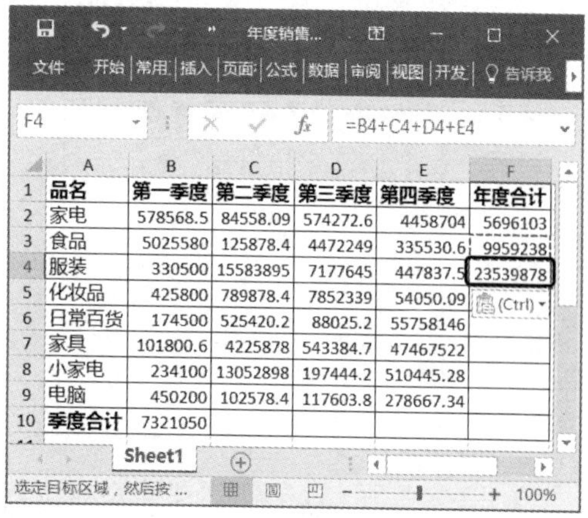

F4 =B4+C4+D4+E4

	A	B	C	D	E	F
1	品名	第一季度	第二季度	第三季度	第四季度	年度合计
2	家电	578568.5	84558.09	574272.6	4458704	5696103
3	食品	5025580	125878.4	4472249	335530.6	9959238
4	服装	330500	15583895	7177645	447837.5	23539878
5	化妆品	425800	789878.4	7852339	54050.09	
6	日常百货	174500	525420.2	88025.2	55758146	
7	家具	101800.6	4225878	543384.7	47467522	
8	小家电	234100	13052898	197444.2	510445.28	
9	电脑	450200	102578.4	117603.8	278667.34	
10	季度合计	7321050				

专家会诊台

Q：复制或自动填充公式时，公式是如何发生变化的？

A：在复制或自动填充公式时，如果公式中有单元格的引用，则自动填充的公式会根据单元格引用的情况产生不同的列数和行数变化。

2. 填充公式

填充公式具体操作方法如下。

第 1 步：定位鼠标

选中要填充公式的 F4 单元格，然后将鼠标移动到单元格的右下角，此时鼠标指针变成十字形状，如下图所示。

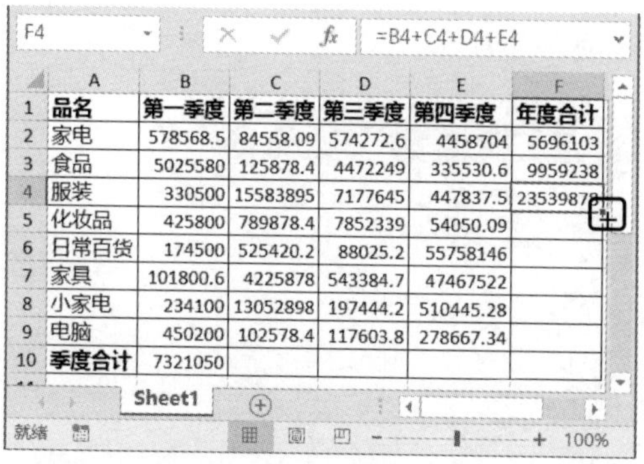

F4 =B4+C4+D4+E4

	A	B	C	D	E	F
1	品名	第一季度	第二季度	第三季度	第四季度	年度合计
2	家电	578568.5	84558.09	574272.6	4458704	5696103
3	食品	5025580	125878.4	4472249	335530.6	9959238
4	服装	330500	15583895	7177645	447837.5	23539878
5	化妆品	425800	789878.4	7852339	54050.09	
6	日常百货	174500	525420.2	88025.2	55758146	
7	家具	101800.6	4225878	543384.7	47467522	
8	小家电	234100	13052898	197444.2	510445.28	
9	电脑	450200	102578.4	117603.8	278667.34	
10	季度合计	7321050				

第 2 步：向下拖动鼠标

双击，即可将公式填充到 F9 单元格，如下图所示。

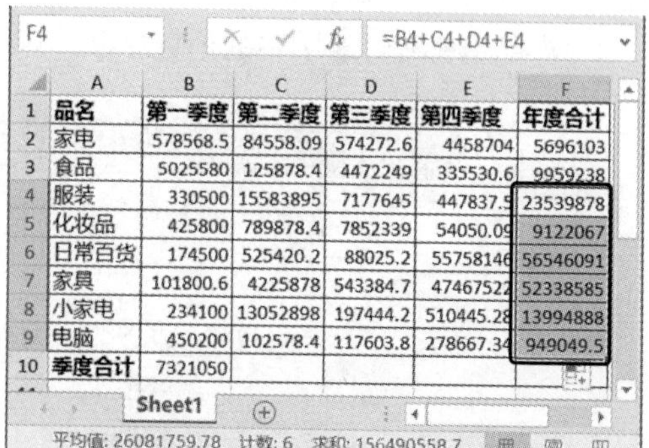

F4 =B4+C4+D4+E4

	A	B	C	D	E	F
1	品名	第一季度	第二季度	第三季度	第四季度	年度合计
2	家电	578568.5	84558.09	574272.6	4458704	5696103
3	食品	5025580	125878.4	4472249	335530.6	9959238
4	服装	330500	15583895	7177645	447837.5	23539878
5	化妆品	425800	789878.4	7852339	54050.09	9122067
6	日常百货	174500	525420.2	88025.2	55758146	56546091
7	家具	101800.6	4225878	543384.7	47467522	52338585
8	小家电	234100	13052898	197444.2	510445.28	13994888
9	电脑	450200	102578.4	117603.8	278667.34	949049.5
10	季度合计	7321050				

平均值: 26081759.78 计数: 6 求和: 156490558.7

第 3 步：定位鼠标

选中要填充公式的 B10 单元格，然后将鼠标移动到单元格的右下角，此时鼠标指针变成十字形状，如下图所示。

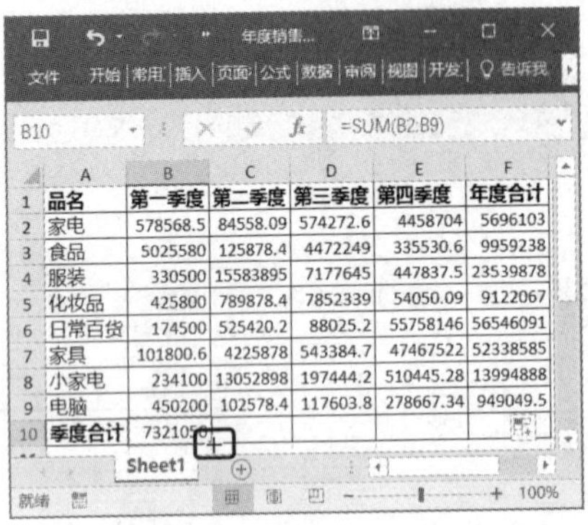

第 4 步：向左拖动鼠标

按住鼠标左键不放，向右拖动到 F10 单元格，释放左键，此时公式就填充到选中的单元格区域，如下图所示。

> **温馨小提示**
>
> 除了直接拖动鼠标来完成公式填充以外，选中已经填写好公式的单元格，然后将鼠标移动到单元格的右下角，此时鼠标指针变成十字形状，双击，即可完成该列的自动填充。

3.3 使用数组公式批量计算销售总额

案例概述

数组公式是指可以在数组的一项或多项上执行多个计算的公式。数组公式不同于一般的公式，它是功能上具有高度“浓缩”的特性。如果能够灵活运用数组公式，将会在数据统计工作中达到事倍功半的效果。

案例效果

本实例以计算 3 种产品的“总销售额”为例，来说明如何在单个单元格中输入数组公式，产生一个计算结果；以计算不同订单的“销售额”为例，来说明如何在单元格区域中输入数组公式，得到多个计算结果。

“产品销售统计表”中的销售总额计算结果数如下图所示。

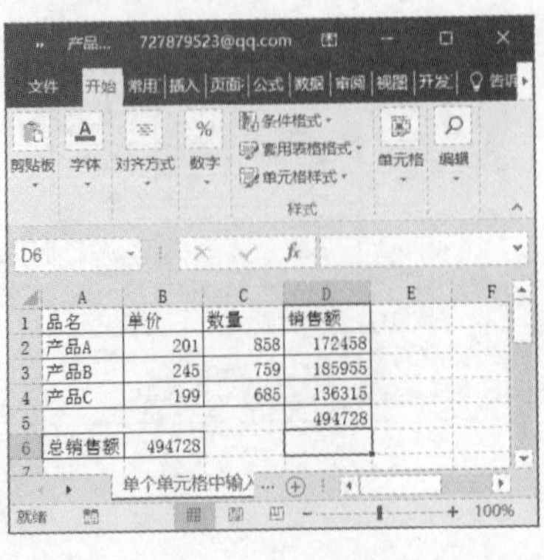

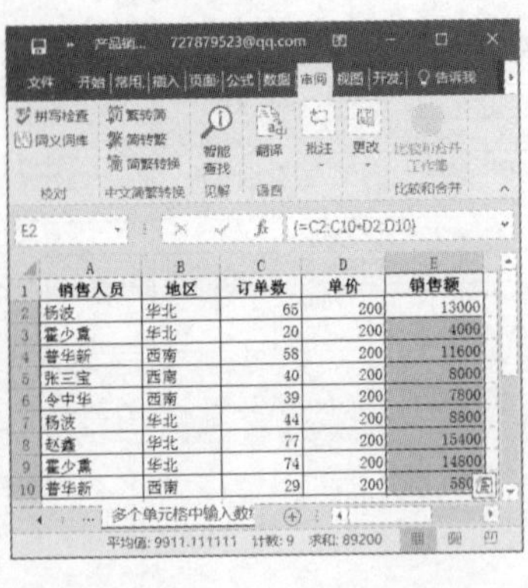

同步文件

原始文件：素材文件\第 3 章\产品销售统计表.xlsx

结果文件：结果文件\第 3 章\产品销售统计表.xlsx

同步视频文件：同步教学文件\第 3 章\产品销售统计表\3.3.1.mp4~3.3.2.mp4

制作思路

在“产品销售统计表”中使用数组公式计算销售总额的制作思路如下：

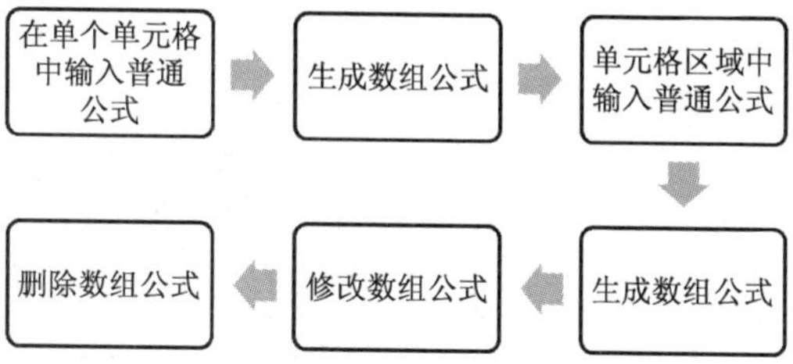

3.3.1 使用数组公式

引用了数组，并在编辑栏可以看到以“{}”括起来的公式就是数组公式。而数组公式的作用就是对一组或多组数据进行处理，然后得到想要的结果。

1. 单个单元格中输入数组公式

在单个单元格输入数组公式的方法如下：

（1）在编辑栏输入完整的公式，并使编辑栏仍处在编辑状态。

（2）按快捷键“Ctrl+Shift+Enter”。

经过以上两步操作以后，编辑栏会自动脱离编辑状态，并且选中单元格后，在编辑栏可以看到公式的两端有“{}”符号标记，而双击进入公式的编辑状态时，可以发现“{}”符号是不存在的。

接下来使以计算 3 种产品的“总销售额”为例，来说明如何在单个单元格中输入数组公式，产生一个计算结果，具体操作方法如下。

第 1 步：输入公式框架

打开本实例的素材文件“产品销售统计表.xlsx”，在“单个单元格中输入数组公式”工作表中，选中 B6 单元格，输入公式“=sum()”，此时相对引用了公式中的 C3 单元格和 D3 单元格，如右图所示。

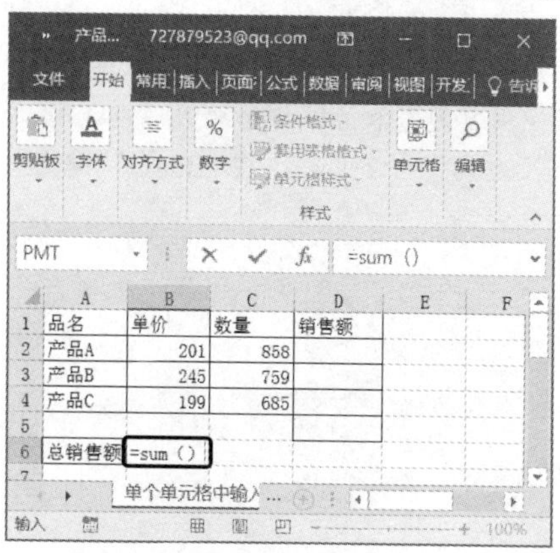

第 2 步：选中单元格区域

将光标定位在公式中的括号中，拖动鼠标选中单元格区域 B2:B4，如下图所示。

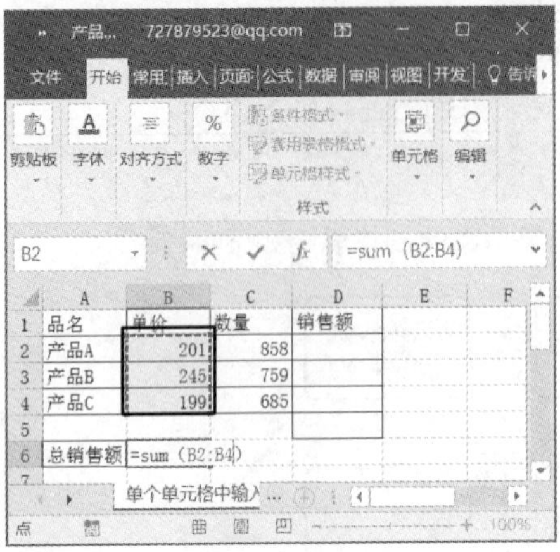

第 3 步：输入乘号

继续输入乘号 “*”，如下图所示。

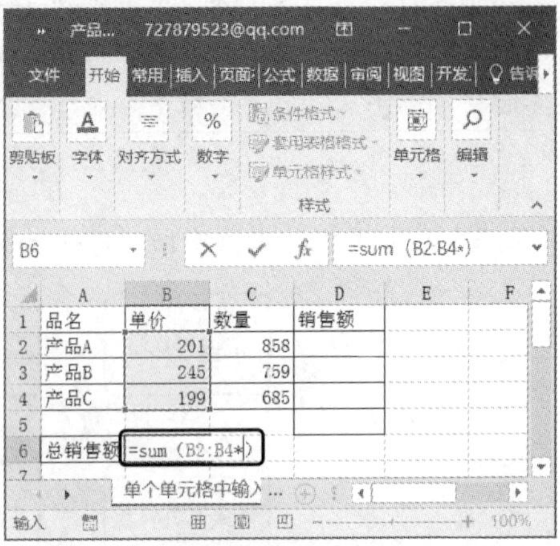

第 4 步：再次选中单元格区域

拖动鼠标选中单元格区域 C2:C4，如下图所示。

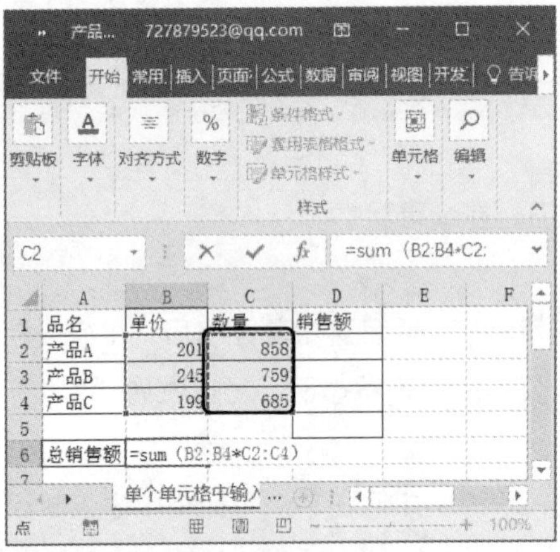

第 5 步：添加大括号

按快捷键 “Ctrl+Shift+Enter”，此时即可在输入的公式前后加上了大括号 “{}”，变成数组公式 “{=SUM(B2:B4*C2:C4)}”，如下图所示。

第 6 步：输入公式

如果不确定数组公式计算结果正确与否，可以使用常规求和方法进行验证。在 D2 单元格中输入公式 “=B2*C2”，按 “Enter” 键，如右图所示。

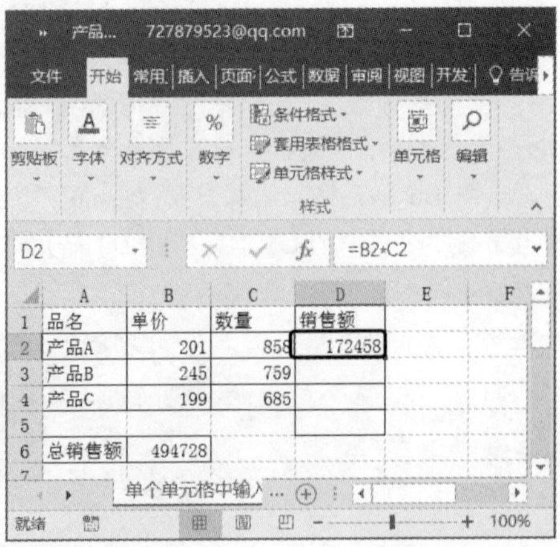

第 7 步：填充公式

选中 D2 单元格，将公式填充到 D4 单元格，如下图所示。

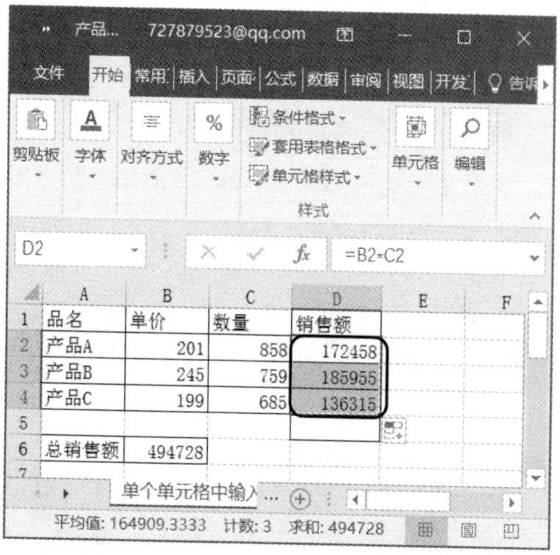

第 8 步：输入求和公式

在 D5 单元格中输入求和公式“=SUM(D2:D4)”，如下图所示。

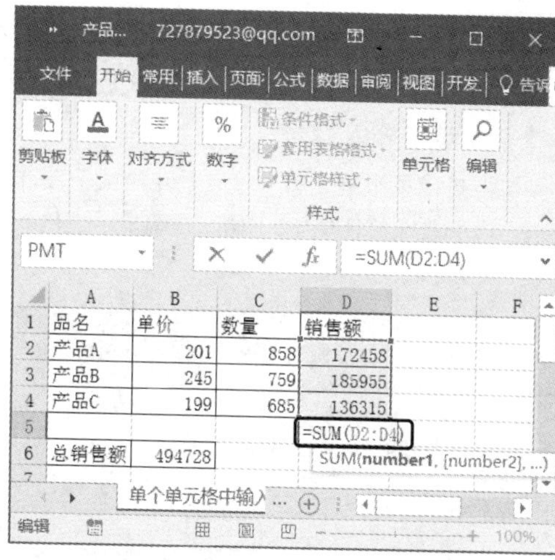

第 9 步：对比计算结果

按“Enter”键，即可得出计算结果，可以看出，使用数组公式进行计算不但准确，而且快捷，如右图所示。

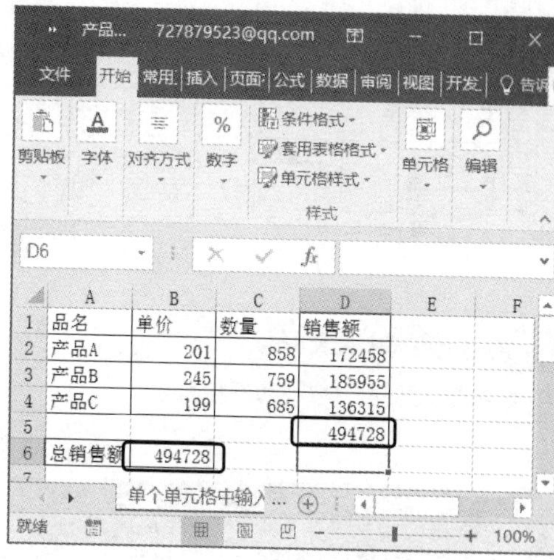

温馨小提示

本实例中的公式“{=SUM(B2:B4*C2:C4)}”，便是一个典型的数组公式的应用，此公式的作用就是计算 B2*C2、B3*C3 及 B4*C4 的和。而 B2:B4*C2:C4)便是一个数组，其中包含三个元素，各元素的值就分别是各项的乘积。

专家会诊台

Q：使用数组公式有哪些注意事项呢？

A：按快捷键“Ctrl+Shift+Enter”，即可实现公式到数组公式的转变；输入数组公式后，数组中任意单元格中的公式都是相同的。

2. 单元格区域中输入数组公式

不但可以在单个单元格中使用数组公式，也可以将数组公式应用到单元格区域中，用于计算多个结果，也就是将数组公式输入与数组参数中所用相同的列数和行数的单元格区域中执行计算操作。

在多个单元格输入数组公式的方法如下：

（1）选中需要输入数组公式的单元格区域，输入要使用的公式。

（2）按快捷键“Ctrl+Shift+Enter”，Excel 会自动在公式两旁插入 {}（一对左右大括号）。

接下来使以计算不同订单的“销售额”为例，来说明如何在单元格区域中输入数组公式，得到多个计算结果，具体操作方法如下。

第 1 步：输入等号

切换到“多个单元格中输入数组公式”工作表中，选中单元格区域 E2:E10，在编辑栏中输入等号“=”，如下图所示。

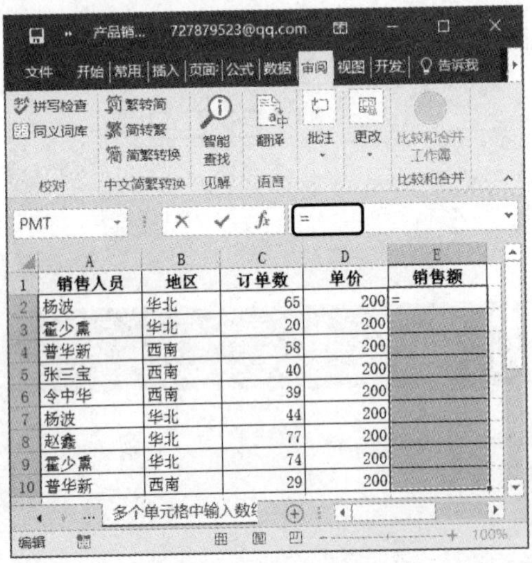

第 2 步：选中单元格区域

拖动鼠标选中单元格区域 C2:C10，如下图所示。

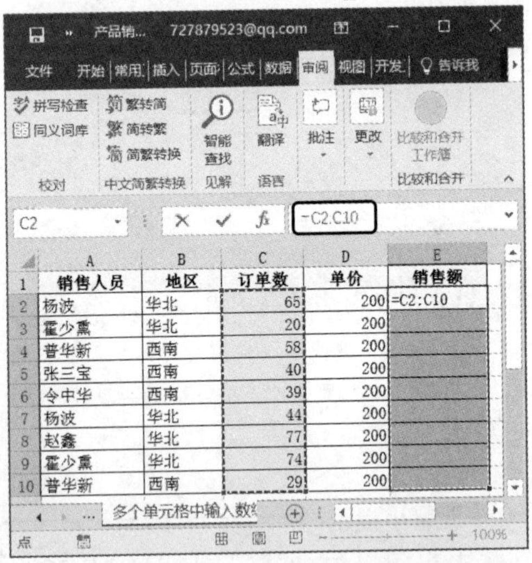

第 3 步：输入乘号

继续输入乘号“*”，如下图所示。

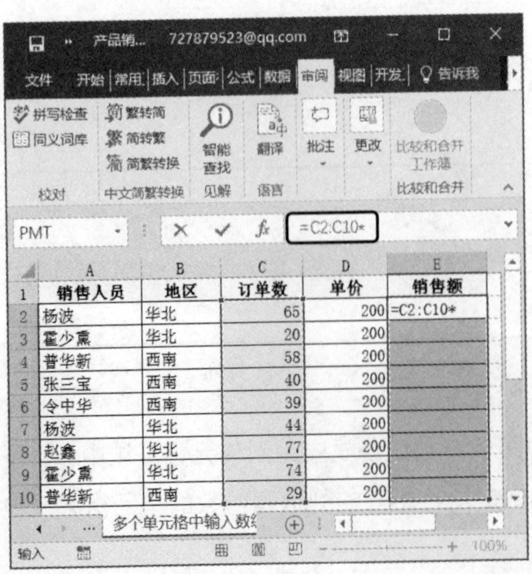

第 4 步：再次选中单元格区域

拖动鼠标选中单元格区域 D2:D10，如下图所示。

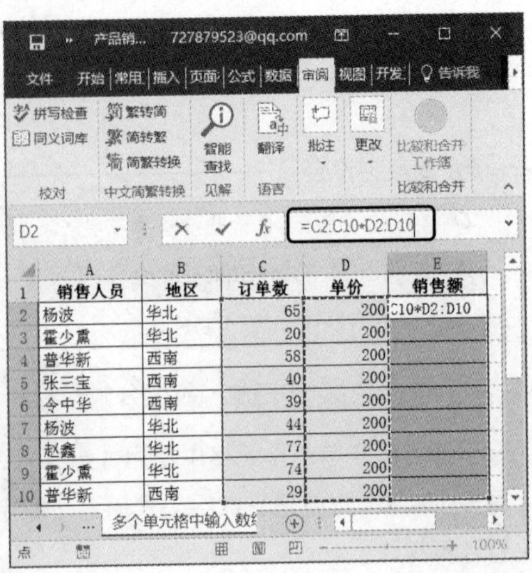

第 5 步：添加大括号

按快捷键“Ctrl+Shift+Enter”，此时即可在输入的公式前后加上了大括号“{}”，变成数组公式“{=C2:C10*D2:D10}”，并得出计算结果，如右图所示。

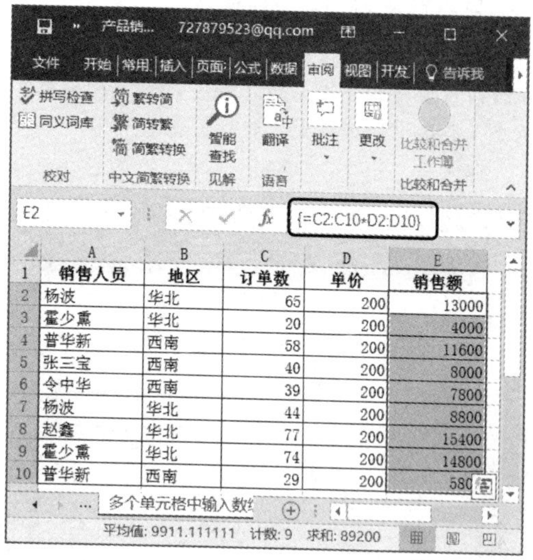

温馨小提示

本实例中的所有选中的单元格中都输入了相同的数组公式“{=C2:C10*D2:D10}”，此公式的作用就是计算“销售额”所在单元格左侧的“订单数”与“单价”的乘积。

3.3.2 修改或删除数组公式

在多个单元格中设置了数组公式后，如果要修改删除数组公式，系统提示“不能修改数组的一部分”。那么如何修改或删除数组公式呢?

1. 修改数组公式

如果要修改数组公式，双击所在的单元格，进行修改状态，修改完毕后，按“Ctrl+Shift+Enter”结束，Excel 会自动修改数组公式。

在 Excel 中，提供了撤销与恢复操作，利用“撤销”功能，可以撤销最近一次或多步的操作，而恢复到在执行该项操作前的系统状态。

修改数组公式的具体操作方法如下。

第 1 步：选中单元格

如果要修改单个单元格中的数组公式，切换到“单个单元格中输入数组公式”工作表中，选中 B6 单元格，如下图所示。

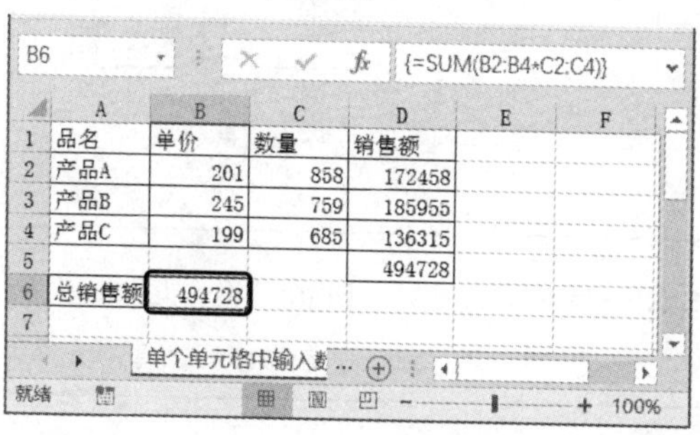

第 2 步：双击鼠标左键

双击，此时公式进入修改状态，并且大括号{}消失，如下图所示。

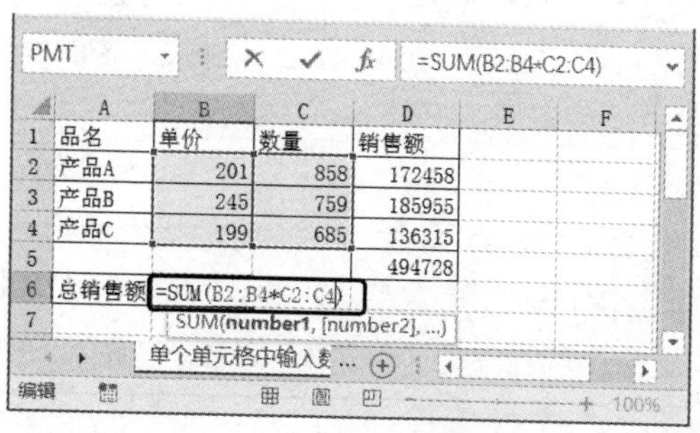

第 3 步：再次添加大括号

修改完毕后，按快捷键“Ctrl+Shift+Enter”，此时即可重新为公式添加大括号“{}”，变成数组公式，并得出计算结果，如下图所示。

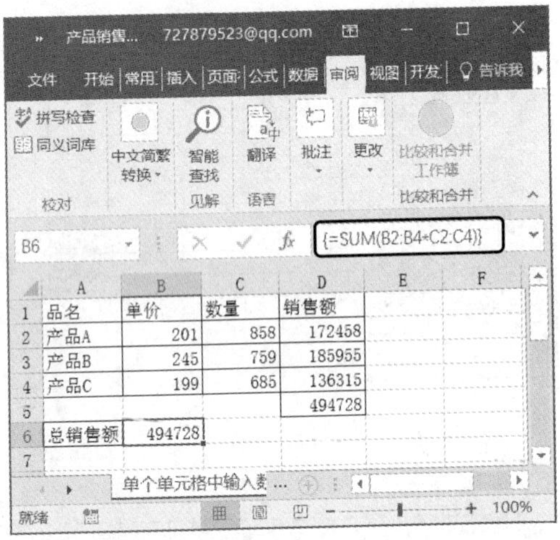

第 4 步：选中单元格区域

如果要修改单元格区域中的数组公式，切换到“多个单元格中输入数组公式”工作表中，选中单元格区域 E2:E10，如下图所示。

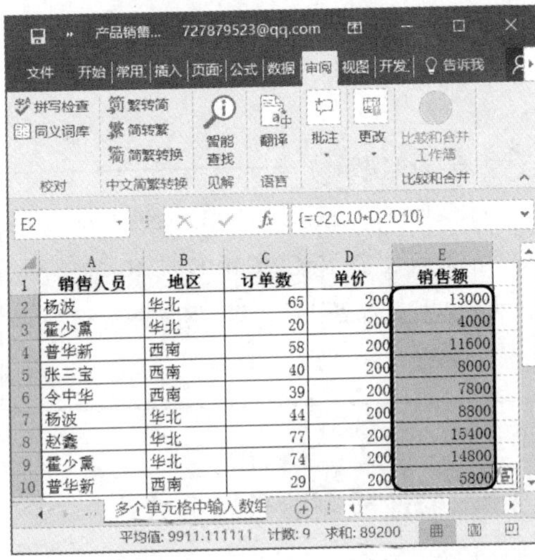

第 5 步：在编辑栏中单击鼠标

在编辑栏中单击，即可进入编辑状态，如下图所示。

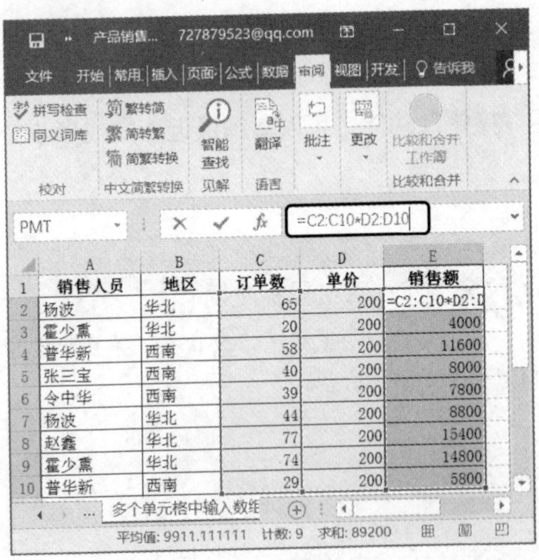

第 6 步：添加大括号

修改完毕后，按快捷键“Ctrl+Shift+Enter”，此时即可重新为公式添加大括号“{}”，变成数组公式，并得出计算结果，如下图所示。

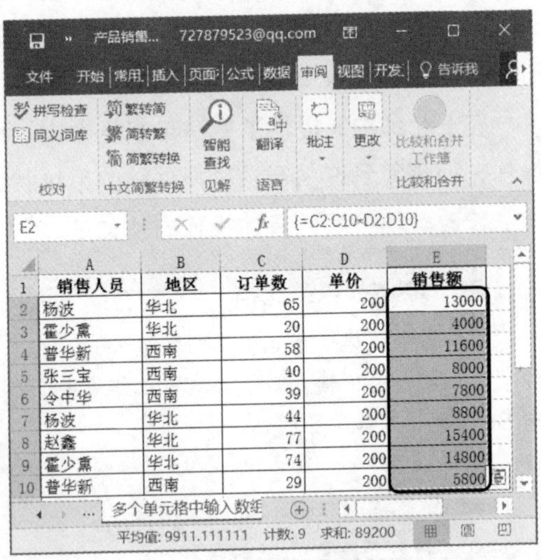

温馨小提示

数组公式修改完毕，如果没有按快捷键“Ctrl+Shift+Enter”，而是按“Enter”键，此时公式就变成了普通公式，计算结果可能显示“#VALUE!”，表示公式中引用了错误的参数或者数值。

2. 删除数组公式

如果要删除数组公式，必须选择数组公式所覆盖的单元格或整个单元格区域，然后按“Delete”键进行删除。如果不能确定该数组公式的范围，具体的删除方法如下。

第 1 步：选中单元格

在“多个单元格中输入数组公式”工作表中，首先选择某个包含数组公式的 E5 单元格，如下图所示。

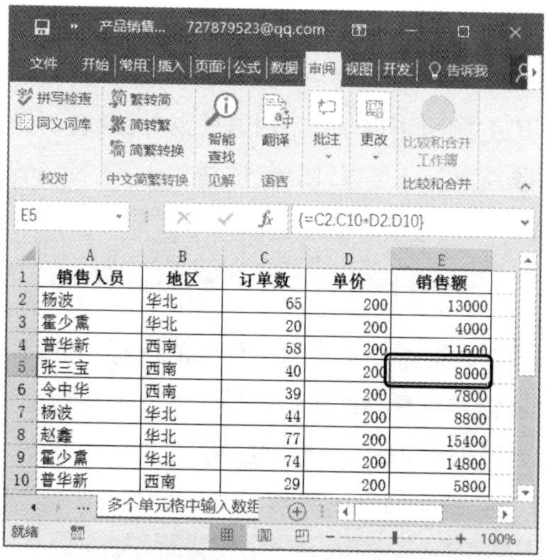

第 2 步：打开定位对话框

按“F5”键，打开“定位”对话框，单击“定位条件”按钮，如下图所示。

第 3 步：定位到当前数组

弹出“定位条件”对话框，❶选中“当前数组”单选按钮；❷单击“确定”按钮，如下图所示。

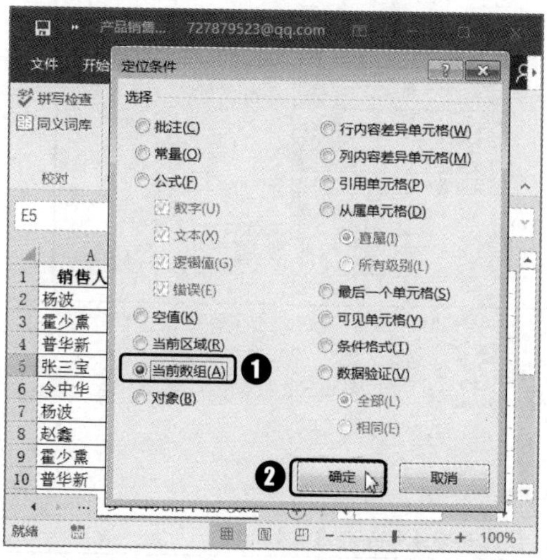

第 4 步：按“Delete”键

返回工作表，此时 Excel 会自动选择多单元格数组公式所覆盖的区域，然后按“Delete”键，执行删除操作即可，如下图所示。

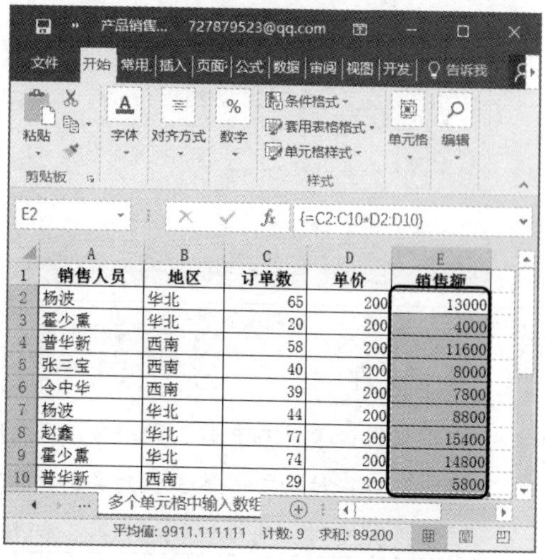

温馨小提示

选中数组公式中的其中某一个单元格，然后按“Delete”键，Excel 会弹出提示框，提示“不能更改数组的某部分”的操作错误。因为 Excel 把存储着数组或数组公式的区域当作一个整体来对待，所以无法单独修改或删除其中一个单元格的内容，也不能在这个区域内添加（或删除）单元格（或行或列）。

3.4 用财务函数进行财务分析

案例概述

常用的财务函数有 PV()、FV()、PMT()、NPV()和 IRR()等，使用这些财务函数，可以计算某项投资业务的现值、终值、净现值和内部收益率，还可以计算某项贷款业务的每期还款金额，为投资或贷款决策提供有力的数据支持。

案例效果

Excel 提供了许多财务函数，使用这些函数可以为财务分析提供了极大的便利。例如，确定贷款的支付额、投资的未来值或净现值，以及债券或息票的价值等等。本节主要从投资和贷款两个方面，介绍有 PV()、FV()、PMT()、NPV()和 IRR()函数的应用。

使用财务函数对投资和贷款业务进行财务分析的结果如下图所示。

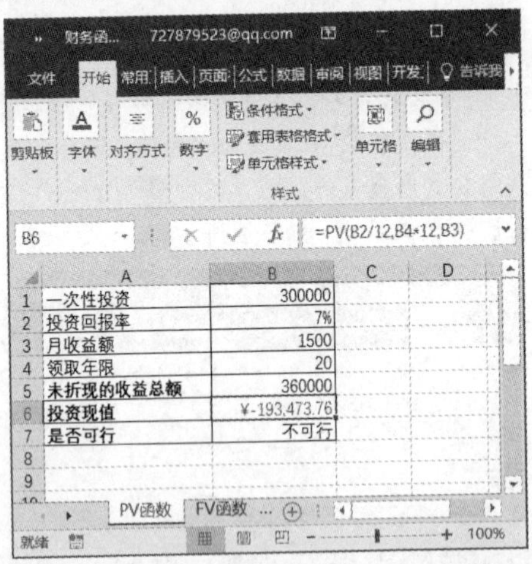

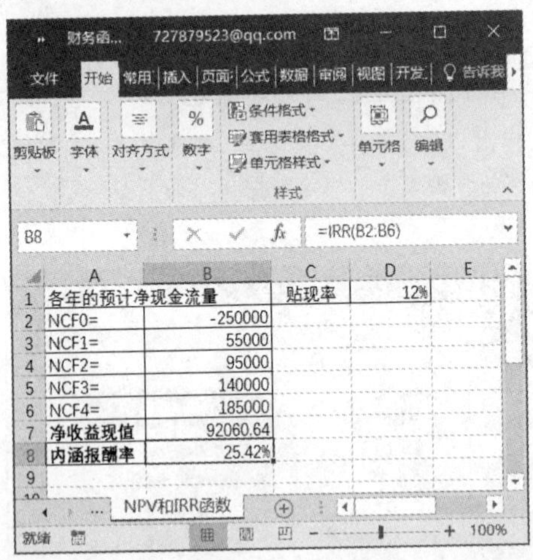

同步文件

原始文件： 素材文件\第 3 章\财务函数应用.xlsx

结果文件： 结果文件\第 3 章\财务函数应用.xlsx

同步视频文件： 同步教学文件\第 3 章\财务函数应用\3.4.1.mp4~3.4.4.mp4

制作思路

使用财务函数对投资和贷款业务进行财务分析的思路如下：

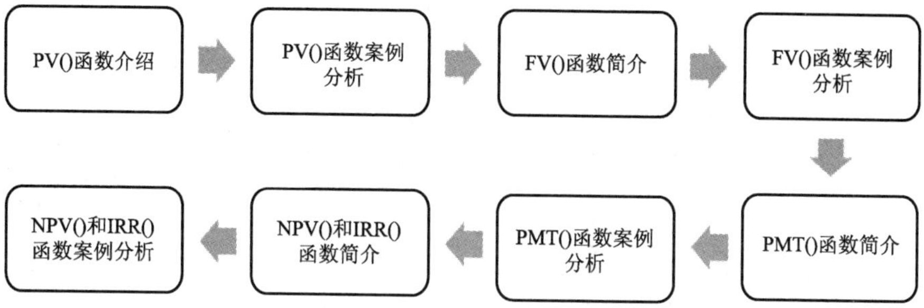

3.4.1 使用 PV 函数进行投资分析

PV()函数用于返回投资的现值。PV()函数在实际生活中应用非常广泛，例如，计算房贷，每月固定还款多少，还款期多少年；又如，购买保险理财产品，一次固定投入多少钱，每月返还多少，共返还多少年，都是现值函数在实际生活中应用。

1. PV()函数简介

PV()函数的功能是计算某项投资的净现值。

PV()函数：PV(rate，nper，pmt，fv，type)

rate：各期利率。

nper：总投资期（或贷款期）即该项投资或贷款的付款总数。

pmt：各期所应支付的金额，其数值在整个年金期间保持不变。

fv：未来值，或在最后一次支付后希望得到的现金金额。

type：数字 0 或 1，用以指定各期的付款时间是在期初还是在期末，“0”或省略表示期末，“1”表示期初。

2. PV()函数案例分析

实例：某公司计划购买一份保险理财产品，一次性投资 30 万元，投资回报率 7%（年回报率），购买该理财产品后，每月返还 1 500 元，返还期数为 20 年，试问该投资可行性为何?

表面上看，每年获利 1 500 元，20 年共计获利 36 万元（1500×12×20=36 万元），大于投资本金 30 万元，项目可行。

但考虑到资金时间价值，需要将该固定的每月等额获利 1 500 元，按照每月回报率（7%/12），折现期 20×12 月，进行折现，看其现值是否大于初始投资额，如果大于初始投资额，该投资可行，否则不可行。

使用 PV()函数对此次投资计划进行分析的具体操作方法如下：

第 1 步：打开素材文件

打开本实例的素材文件“财务函数应用.xlsx”，在工作表“PV 函数”中，实例中的相关数据如下图所示。

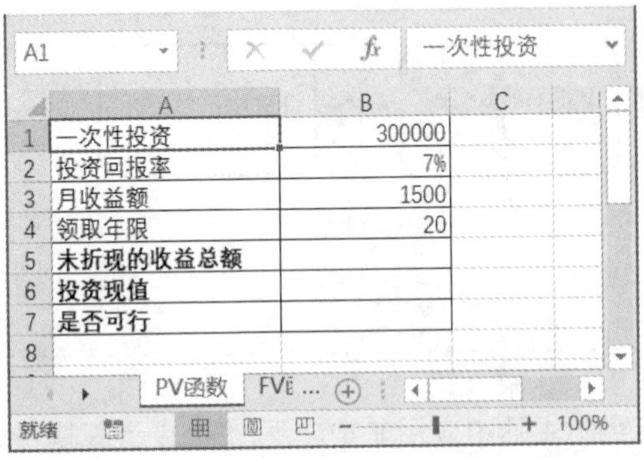

第 2 步：计算未折现收益总额

选中 B5 单元格，输入公式“=B3*B4* 12”，按 Enter 键，即可计算出未折现的收益总额，如下图所示。

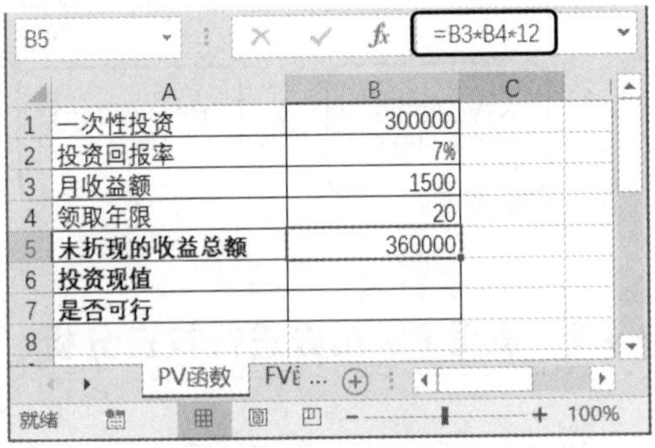

第 3 步：计算投资现值

选中 B6 单元格，输入公式“=PV(B2/12, B4*12,B3)”，按“Enter”键，即可计算出投资现值，如下图所示。

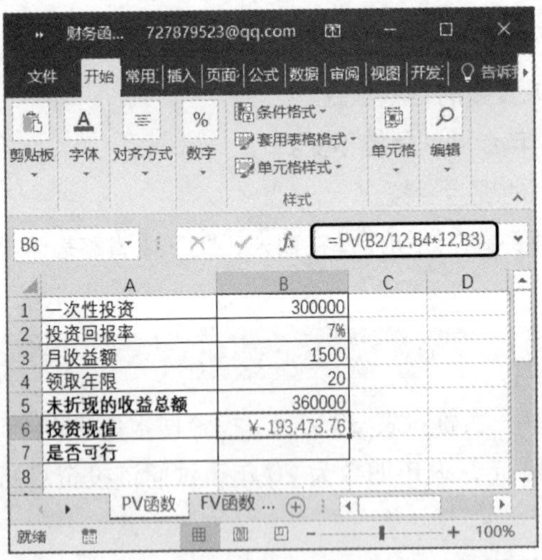

第 4 步：判断投资是否可行

选中 B7 单元格，输入公式“=IF(ABS (B6)>B5,"可行","不可行")”，按“Enter”键，公式中投现值小于未折现的收益总额，所以该项投资不可行，如下图所示。

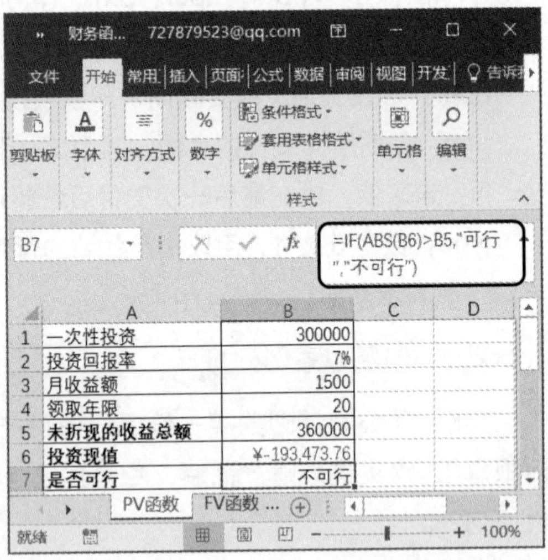

3.4.2 使用 FV()函数计算投资终值

FV()函数是重要的财务函数之一，能根据基础的固定利率，计算一项投资在未来的价值。例如计算“零存整取”方式下的储蓄所得的未来值；又比如，计算“整存整取”方式下的储蓄所得的终值，从而决定选择哪种储蓄方式。

1. FV()函数简介

FV 函数的功能是基于固定利率及等额分期付款方式，返回某项投资的未来值。

FV(rate，nper，pmt，pv，type)

rate：各期利率。

nper：即该项投资(或贷款)的付款期总数。

pmt：为各期所应支付的金额，其数值在整个年金期间保持不变。通常 pmt 包括本金和利息，但不包括其他费用及税款。如果忽略 pmt，则必须包含 pv 参数。

pv：为现值，即从该项投资开始计算时已经入账的款项，或一系列未来付款的当前值的累积和，也称为本金。如果省略 PV，则假设其值为零，并且必须包括 pmt 参数。

type：数字 0 或 1，用以指定各期的付款时间是在期初还是期末，“0”或省略表示期末，“1”表示期初。

2. FV()函数案例分析

实例：张先生有 10 000 元的闲置资金，计划到银行办理储蓄业务，目前有“零存整取”和“整存整取”两种储蓄方式，对比两种储蓄方式的最终受益额，帮助张先生选择一种投资方案。

方案一：如果每年年初存入 1 000 元，某银行的现行利率为 10%（年利率），10 年后到期能收回多少钱?

方案二：现在将 10 000 元全部存入银行，银行利率为 10%，10 年后能收回多少钱?

接下来使用 FV()函数，计算 10 年后两种投资方案的投资所得，具体操作方法如下。

第 1 步：打开相关数据

在工作表“FV()函数”中，实例中两种方案的相关数据如下图所示。

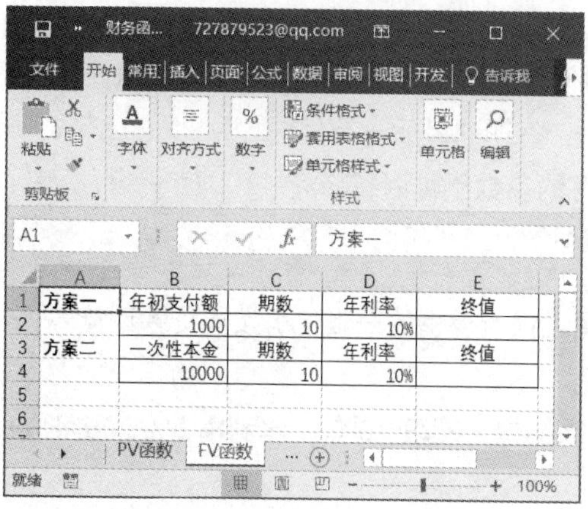

第 2 步：计算方案一的终值

选中 E2 单元格，输入公式“=FV(D2,C2,-B2,,1)”，按“Enter”键，即可计算出方案一的终值，如下图所示。

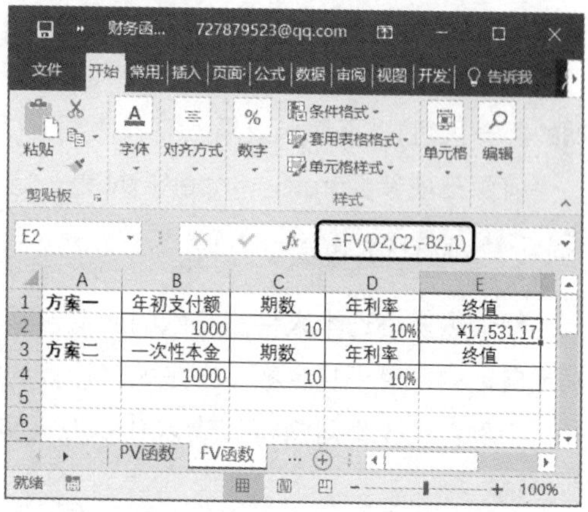

第 3 步：计算方案二的终值

选中 E4 单元格，输入公式“=FV(D4, C4,,-B4)”，按“Enter”键，即可计算出方案二的终值，如右图所示。

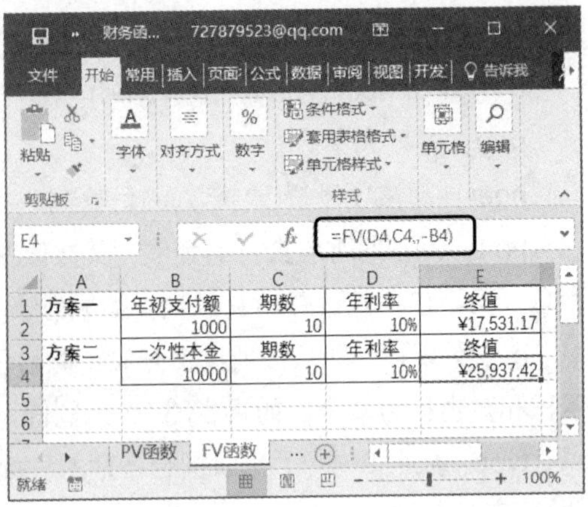

温馨小提示

计算时应注意 rate 和 nper 单位的一致性。例如，10 年期年利率为 8%的贷款，如果按月支付，rate 应为 8%/12，nper 应为 10*12；如果按年支付，rate 应为 8%，nper 为 10。

3.4.3 使用 PMT()函数计算房贷还款额

PMT()函数是重要的按揭计算函数，用于计算在固定利率情况下，贷款的等额分期偿还额。例如，计算房贷的每期还款额是多少等。

1. PMT()函数简介

PMT()也称年金函数，基于固定利率及等额分期付款方式，返回贷款的每期付款额。

PMT(rate，nper，pv，fv，type)。

rate：贷款利率(期利率)。

nper：该项贷款的付款总期数(总年数或还租期数)。

pv：现值(租赁本金)，或一系列未来付款的当前值的累积和，也称为本金。

fv：为未来值(余值)，或在最后一次付款后希望得到的现金余额，如果省略 fv，则假设其值为零，也就是一笔贷款的未来值为零。

type：数字 0 或 1，用以指定各期的付款时间是在期初还是期末。1 代表期初(先付：每期的第一天付)，不输入或输入 0 代表期末(后付：每期的最后一天付)。

前面三项参数 rate、 nper、pv 是一定要有的参数不可以省略。

2. PMT()函数案例分析

相信很多办理个人住房贷款的朋友，都是通过银行提供的一张住房按揭贷款计算表，来确定自己的每月还贷金额。它是如何计算的呢?

实例：李先生向银行贷款 200 000 元购买商品房，期限 10 年，年利率 8%，每月应付多少钱?

使用 PMT()函数计算没每月还款额的具体操作方法如下。

第 1 步：打开相关数据

在工作表“PMT 函数”中，实例中的相关数据如下图所示。

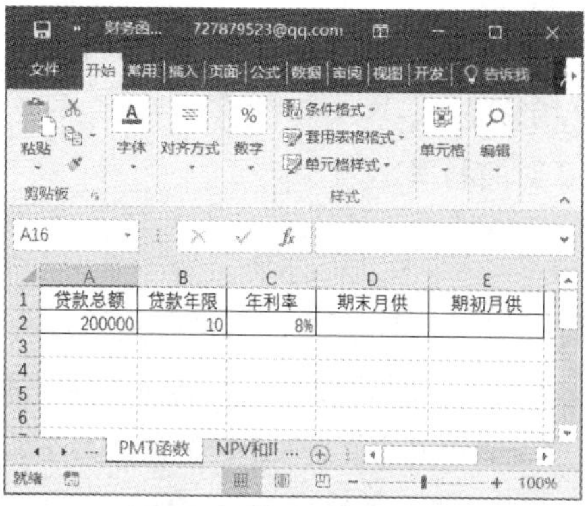

第 2 步：计算期末支付的月供金额

选中 D2 单元格，输入公式“=PMT(C2/12,B2*12,A2)”，按“Enter”键，即可计算出期末支付的月供金额，如下图所示。

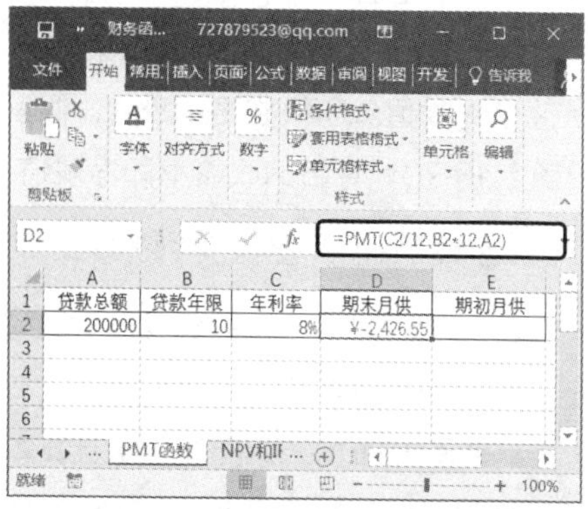

第 3 步：计算期初支付月供金额

选中 E2 单元格，输入公式“=PMT(C2/12,B2*12,A2,,1)”，按“Enter”键，即可计算出期初支付的月供金额，如右图所示。

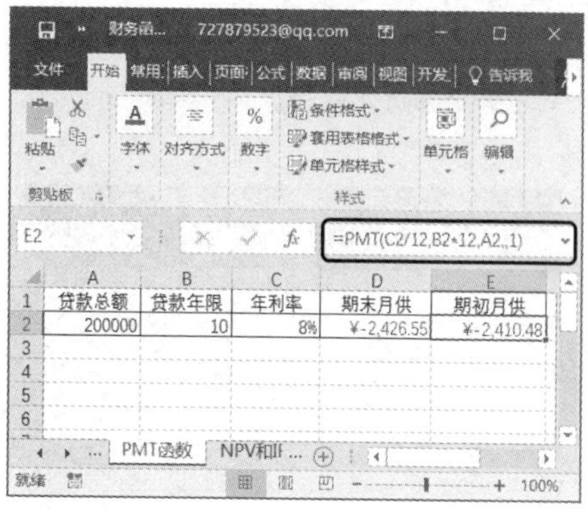

温馨小提示

住房贷款的月供实际上是普通年金或即付年金的一个概念，一般是按照普通年金现值或即付年金现值来计算的。

3.4.4 NPV()和 IRR()函数综合应用

NPV()是净现值函数，IRR()函数是内部收益率函数，函数 IRR()与函数 NPV()的关系十分密切，函数 IRR()计算出的收益率即净现值为 0 时的利率。接下来结合案例详细介绍这两种函数的应用。

1. NPV()和 IRR()函数简介

NPV()函数是计算净现值的函数，通过使用贴现率以及一系列未来支出（负值）和收入（正值），返回一项投资的净现值。

NPV(rate，value1，value2，...)

rate：为某一期间的贴现率，是一固定值。

value1，value2，...：代表支出及收入的 1～254 个参数。value1，value2，...在时间上必须具有相等间隔，并且都发生在期末。

IRR 函数是返回由数值代表的一组现金流的内部收益率。这些现金流不必为均衡的，但作为年金，它们必须按固定的间隔产生，如按月或按年。

IRR(values，guess)

values：为数组或单元格的引用，包含用来计算返回的内部收益率的数字。values 必须包含至少一个正值和一个负值，以计算返回的内部收益率。

guess：为对函数 IRR 计算结果的估计值。在大多数情况下，并不需要为函数 IRR 的计算提供 guess 值。如果省略 guess，假设它为 0.1(10%)。

函数 IRR()计算出的收益率即净现值 NPV()为 0 时的利率。

2. NPV 和 IRR 函数案例分析

例如，公司进行一项投资，投资总额为 25 万元，第二年开始逐年回收的现金流量为 5.5 万元，9.5 万元，14 万元，18.5 万元，计算在贴现率为 12%的净收益现值和内涵报酬率。

接下来使用 NPV()和 IRR()函数计算本次投资的净现值和内部收益率，具体操作方法如下。

第 1 步：打开相关数据

在工作表“NPV 和 IRR 函数”中，实例中的相关数据如下图所示。

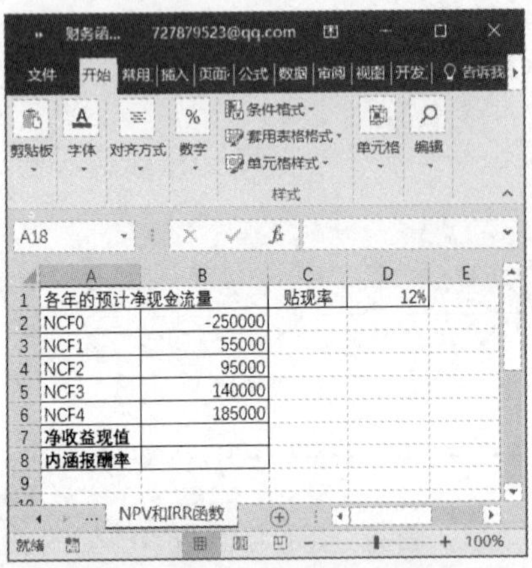

第 2 步：计算净收益现值

选中单元格 B7，输入公式“=NPV(D1, B3:B6)+B2”，按“Enter”键，即可计算出净收益现值，如下图所示。

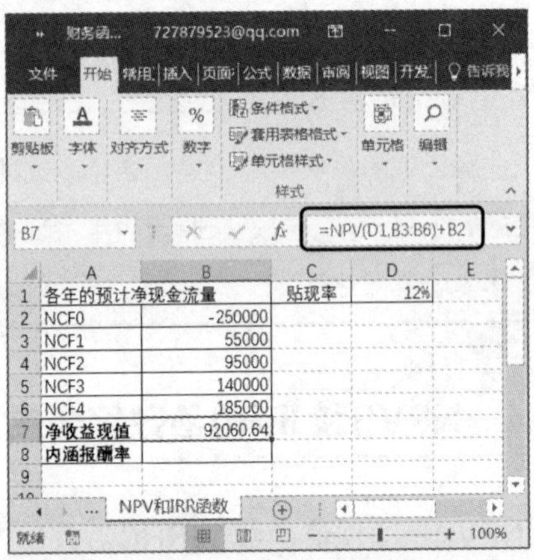

第 3 步：计算内涵报酬率

选中单元格 B8，输入公式“=IRR(B2: B6)”，按“Enter”键，即可计算出内涵报酬率，如右图所示。

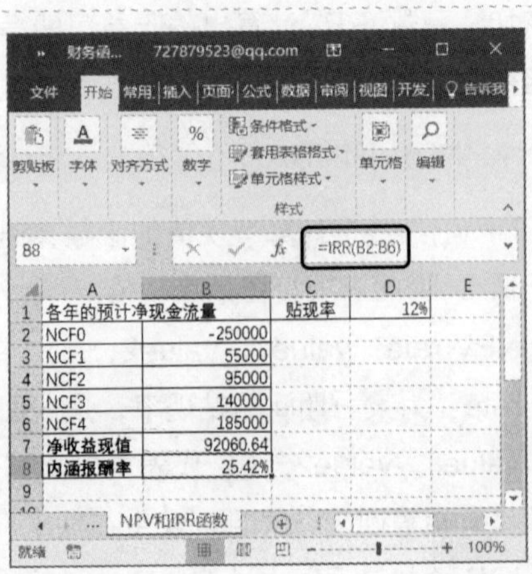

温馨小提示

内含报酬率法是根据方案本身内含报酬率来评价方案优劣的一种方法。内含报酬率大于资金成本率则方案可行，且内含报酬率越高方案越优。

3.5 提升效率——实用操作技巧

通过前面知识的学习，相信读者朋友已经掌握公式与函数的相关基础知识。下面结合本章内容，给大家介绍一些实用技巧。

同步文件

原始文件： 素材文件\第 3 章\提升效率\

结果文件： 结果文件\第 3 章\提升效率\

同步视频文件： 同步教学文件\第 3 章\提升效率.mp4

1. 批量查看公式

在工作表中，当单元格数据变化时，引用该单元格数据的单元格的值也会随之改变。在较大的工作表中，要查看这种变化是很不容易的。Excel 2016 中提供了一个“监视窗口”，使用“监视窗口”功能，可以批量查看公式。使用“监视窗口”批量查看公式的具体操作方法如下。

第 1 步：执行监视窗口命令

打开“素材文件\第 3 章\提升效率\考评成绩表.xlsx”文件，❶单击“公式”选项卡；❷在“公式审核”组中单击“监视窗口”按钮，如下图所示。

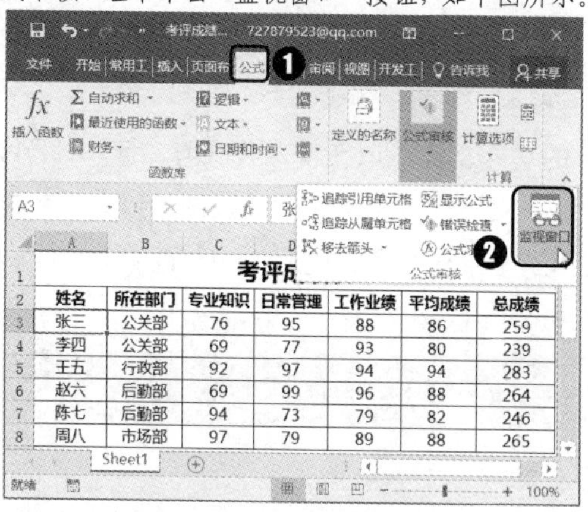

第 2 步：弹出监视窗口

此时，即可弹出监视窗口，如下图所示。

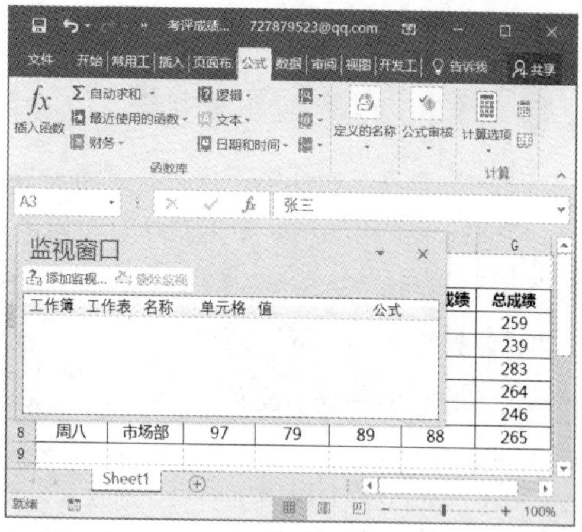

第 3 步：单击添加监视按钮

❶在工作表中选中单元格区域 G3:G8；❷在“监视窗口”中单击“添加监视”按钮，如下图所示。

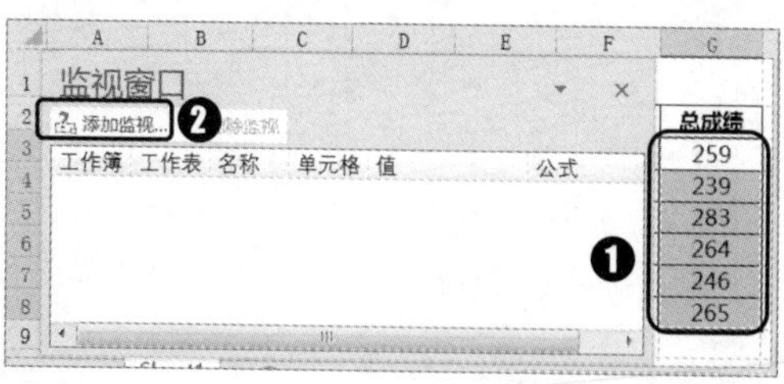

第 4 步：单击添加按钮

弹出“添加监视点”对话框，并显示要添加监视的单元格或单元格区域，然后单击“添加”按钮即可，如下图所示。

第 5 步：使用 F4 键重复加粗操作

此时即可将选中单元格区域纳入“监视窗口”，用户可以随时查看单元格中公式数值的变化以及单元格中使用的公式和地址等信息，如下图所示。

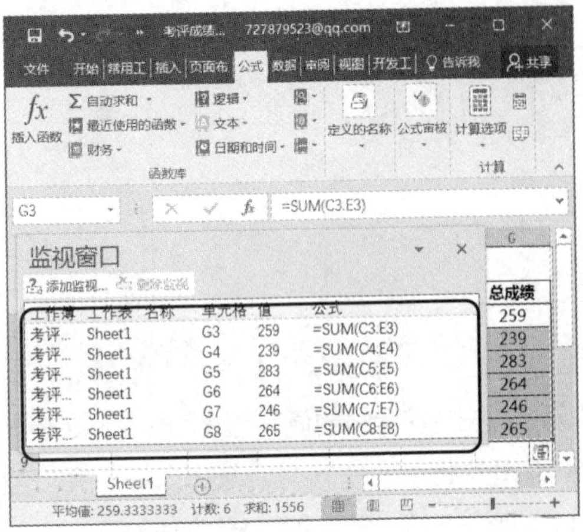

第 6 步：关闭监视窗口

如果要退出“监视窗口”，在“监视窗口”的右上角，单击“关闭”按钮即可，如下图所示。

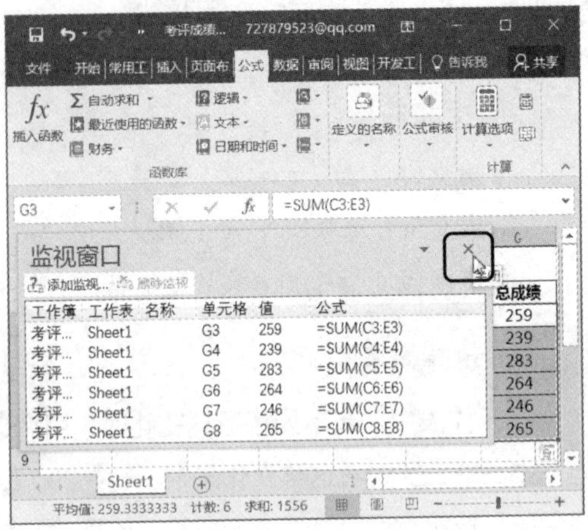

温馨小提示

“监视窗口”是一个浮动窗口，可以浮动在屏幕上的任何位置，不会对工作表的操作产生任何影响，但在该窗口中却能够随时查看单元格中公式数值的变化，以及单元格中使用的公式和地址等信息，即使这个单元格在当前的视图范围内看不到。

2．使用 F4 键快速更改引用

“F4”键在 Excel 中不仅具有“重复操作”的功能，还可以在输入公式时，使用“F4”键，快速对单元格的相对引用和绝对引用进行切换。接下来计算员工考核成绩的排名，其中需要决绝对引用“总成绩”的全部数据，此时就用到了绝对引用，使用“F4”键快速更改引用的具体操作方法如下。

第 1 步：打开素材文件

打开“素材文件\第 3 章\提升效率\计算成绩排名.xlsx”文件，在 H3 单元格中分别输入公式“=RANK(G3,G3:G8)”，按“Enter”键就可计算出第一名员工的成绩排名，如右图所示。

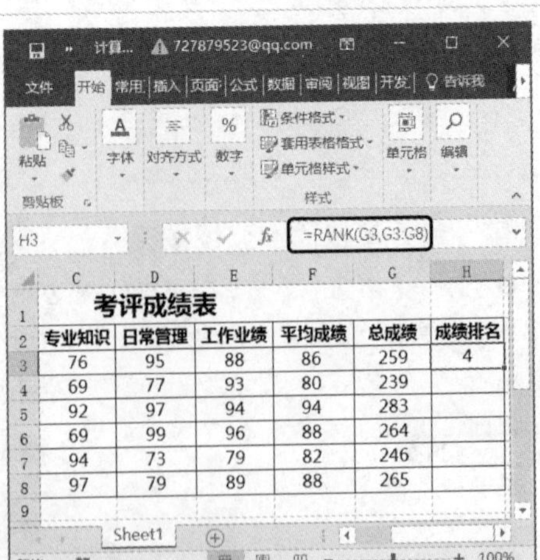

第 2 步：选中公式中的数据区域

此时是相对引用单元格区域 G3:G8，如果要完成公式填充，计算全部员工的成绩排名，必须绝对引用单元格区域 G3:G8，首先，选中 H3 单元格，在编辑栏中，拖动鼠标选中公式中的单元格区域 G3:G8，如下图所示。

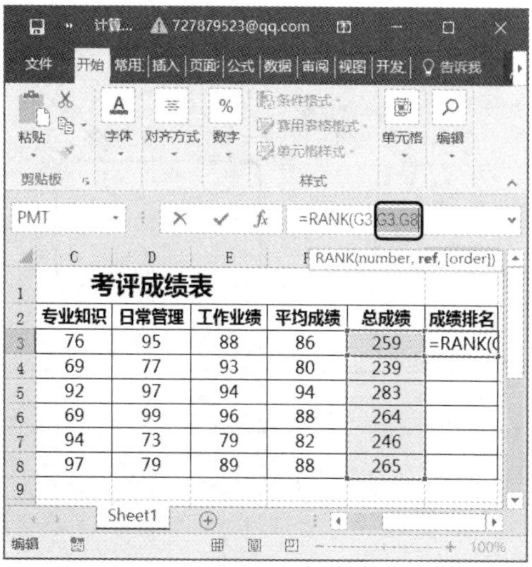

第 3 步：按下 F4 键

按“F4”键，此时即可绝对引用单元格区域 G3:G8，单元格 H3 中的公式变成“=RANK(G3,$G$3:$G$8)”，如下图所示。

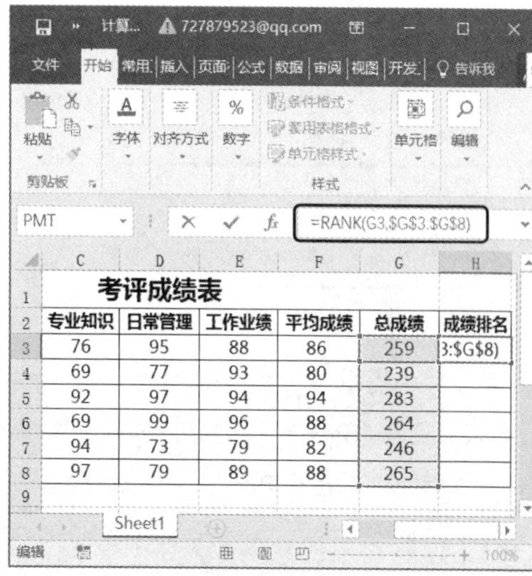

第 4 步：查看数据填充效果

将计算公式向下填充，即可计算出其他员工的成绩排名，如右图所示。

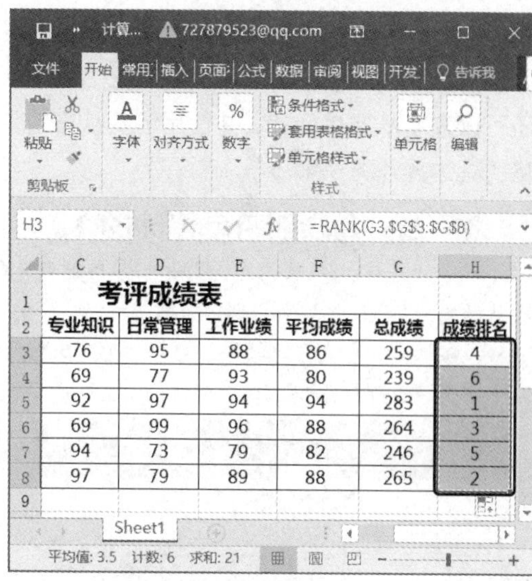

3. 公式与结果切换

在 Excel 的单元格中，执行公式后就会显示计算结果，按“Ctrl+ ` ”组合键（`位于键盘左上角），可使公式在显示公式内容与显示公式结果之间切换，方便了公式编辑和计算结果查看。使用“Ctrl+ ` ”组合键，完成公式与结果切换的具体操作方法如下。

第 1 步：显示公式

打开“素材文件\第 3 章\提升效率\公式与结果切换.xlsx”文件，按下“Ctrl+ ` ”组合键，此时即可显示工作表中的公式，如下图所示。

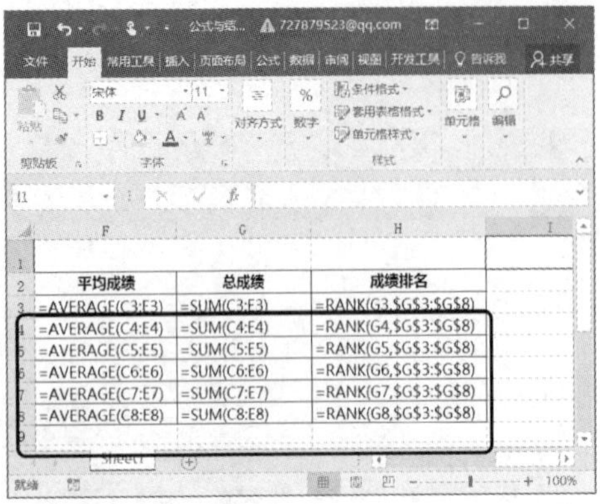

第 2 步：显示计算结果

再次按“Ctrl+ ` ”组合键，此时即可将公式转化为计算结果，如下图所示。

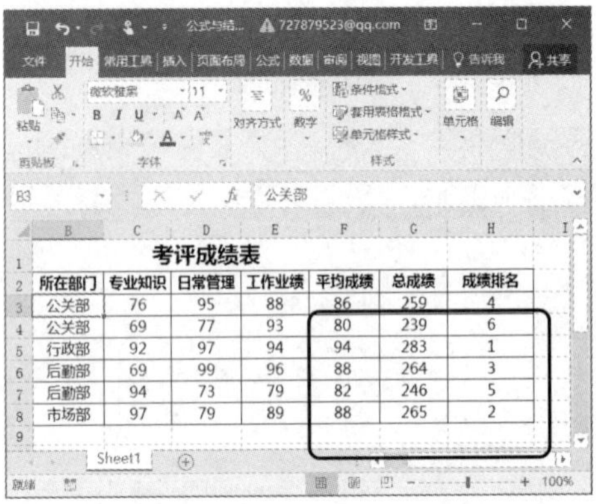

温馨小提示

除了使用“Ctrl+ ` ”组合键完成公式与计算结果之间的切换外，还可以单击“公式”选项卡；在“公式审核”功能组中单击“显示公式”按钮，来完成公式与结果之间的切换。

4．追踪引用或从属单元格

大部分公式中都会涉及单元格的引用，如何单元格引用出错，就会引起很多公式出现问题，为此，可以使用 Excel 提供的“追踪引用”功能来追踪和查看公式中引用了哪些单元格，并使用箭头由这些单元格指向包含公式的单元格。此外，可以使用“追踪从属单元格”命令，还可以查看从属单元格，并使用箭头从当前单元格指向其从属单元格。追踪引用或从属单元格的具体操作方法如下。

第 1 步：执行追踪引用单元格命令

打开“素材文件\第 3 章\提升效率\追踪引用或从属单元格.xlsx”文件，选中含有公式的 H3 单元格，❶单击“公式”选项卡；❷在“公式审核”组中单击“追踪引用单元格”按钮，如下图所示。

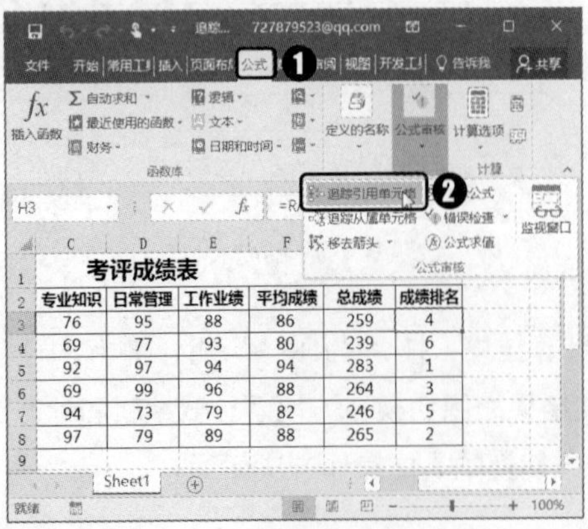

第 2 步：查看追踪结果

此时即可追踪到 H3 单元格中公式引用的单元格，并显示引用指示箭头如下图所示。

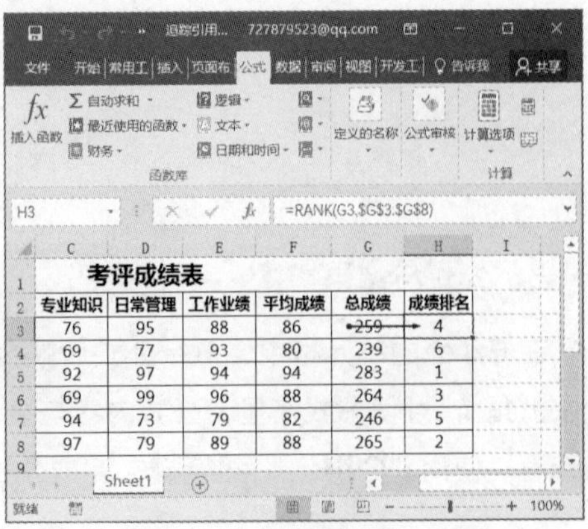

第 3 步：执行追踪从属单元格命令

选中含有公式的 E5 单元格，❶单击“公式”选项卡；❷在“公式审核”功能组中单击“追踪从属单元格”按钮，如下图所示。

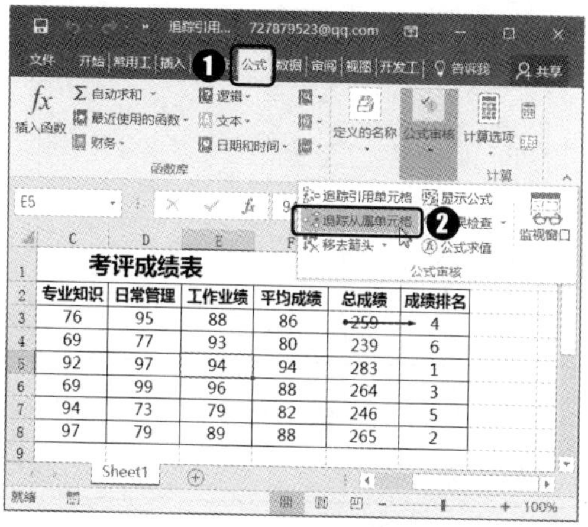

第 4 步：查看追踪结果

此时即可追踪到 E5 单元格中公式从属的单元格，并显示从属指示箭头，如下图所示。

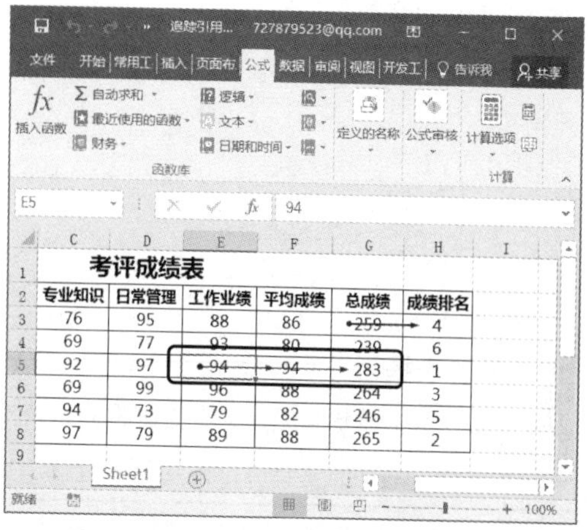

温馨小提示

如果要隐藏指示箭头，单击“公式”选项卡，在“公式审核”功能组中单击“移去箭头”按钮即可。此外，如果单元格中的公式出现错误会显示错误检查选项按钮，并在单元格左上角标记为绿色三角形。

5. 使用 SLN()函数计算固定资产折旧

SLN()函数的作用是基于直线折旧法返回某项固定资产在一个期间中的线性折旧值。

语法：SLN(cost，salvage，life)

参数：cost 为资产原值；salvage 为资产在折旧期末的价值(也称为资产残值)；life 为折旧期限(有时也称作资产的使用寿命)。

例如，某项固定资产的原值为 12 000 元，估计使用年限 8 年，预计残值 1 200 元，该公司采用直线法计算固定资产折旧额，求每年计提的折旧额是多少?

接下来采用直线法计算每年固定资产折旧额，具体操作方法如下。

第 1 步：打开相关数据

打开“素材文件\第 3 章\提升效率\使用 SLN 函数计算固定资产折旧.xlsx”文件，实例中的相关数据如右图所示。

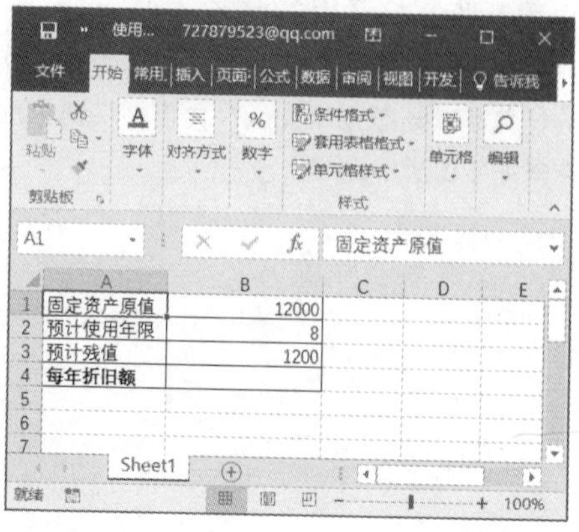

第 2 步：计算年折旧额

选中 B4 单元格，输入公式“=SLN(B1,B3,B2)”，按“Enter”键，即可计算出直线法下固定资产的折旧额，如右图所示。

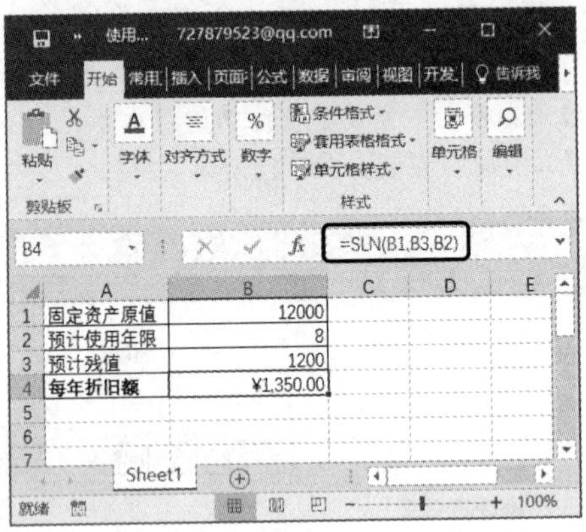

温馨小提示

直线法即为平均年限法，它是根据固定资产的原值、预计净残值、预计使用年限平均计算折旧的一种方法，这种方法计算出的每年固定资产折旧额是相等的。

6. 使用 NPER()函数计算贷款还款期限

NPER()函数的作业是基于固定利率及等额分期付款方式，返回某项投资或贷款的总期数。

语法：NPER(rate, pmt, pv, fv, type)

rate：各期利率。

pmt：各期所应支付的金额，其数值在整个年金期间保持不变。

fv：未来值，或在最后一次支付后希望得到的现金金额。

pv：某项投资或贷款的净现值。

type：数字 0 或 1，用以指定各期的付款时间是在期初还是在期末，“0”或省略表示期末，“1”表示期初。

例如，某公司向银行申请了一笔贷款，每月支付 2000 元偿还金，年利率为 8%，贷款额 20 万元，计算付清这笔贷款的还款期数是多少？折合成几年？

接下来使用 NPER()函数计算该项贷款的还款期限，具体操作方法如下。

第 1 步：打开相关数据

打开“素材文件\第 3 章\提升效率\使用 NPER 函数计算贷款还款期限.xlsx”文件，实例中的相关数据如右图所示。

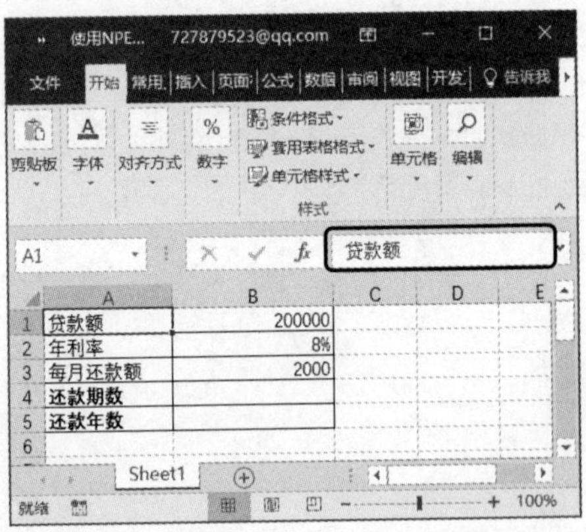

第 2 步：计算还款期数

选中 B4 单元格，输入公式“=NPER(B2/12,-B3,B1)”，按“Enter”键，即可计算出该项贷款的还款期数，如下图所示。

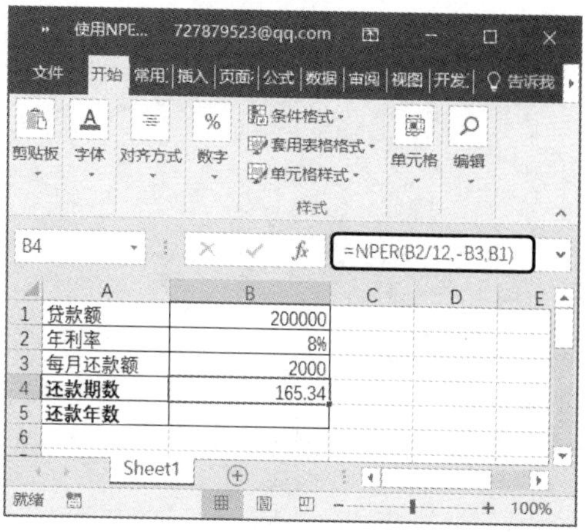

第 3 步：计算还款年数

选中 B4 单元格，输入“B4/12”“=NPER(B2/12,-B3,B1)”，按“Enter”键，即可计算出该项贷款的还款年数，如下图所示。

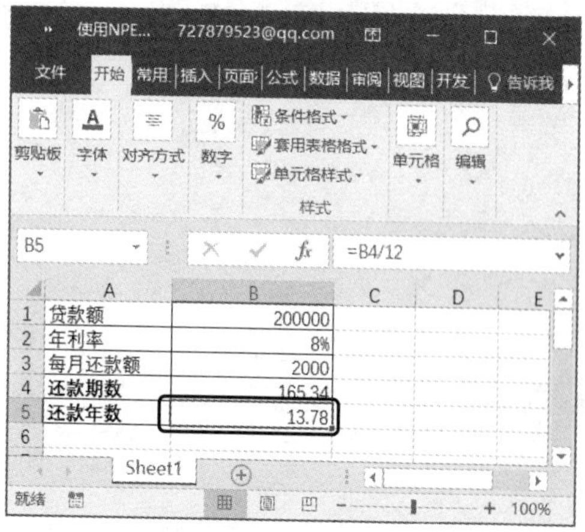

温馨小提示

使用 NPER()函数时，参数 rate，pv，fv 为必要项，缺一不可；参数 pmt 和 type 为可选项，可有可无。

第 4 章 财务数据的范围与条件限定

本章导读

Excel 提供了数据验证和条件格式两大功能，使用数据验证功能，可以限定数据录入范围，避免非法数据的录入；使用条件格式功能，可以为满足特定条件的数据设置底纹、字体、填充颜色等格式。接下来，本章结合实例“商品基本信息表”和“入库明细表”进行详细介绍。

知识要点

- 指定数值区间
- 设置下拉列表
- 控制商品编号的输入
- 复制与清除数据验证
- 突出显示单元格
- 选取前 10 项数据
- 数据条、色阶和图标集的应用
- 管理条件格式规则
- 新建条件格式规则
- 清除条件格式规则

案例展示

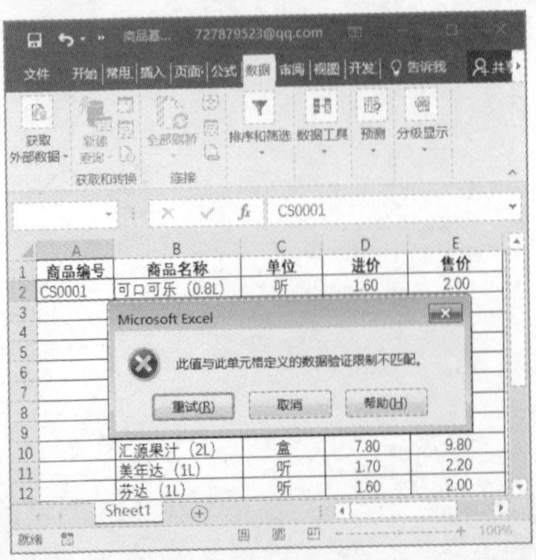

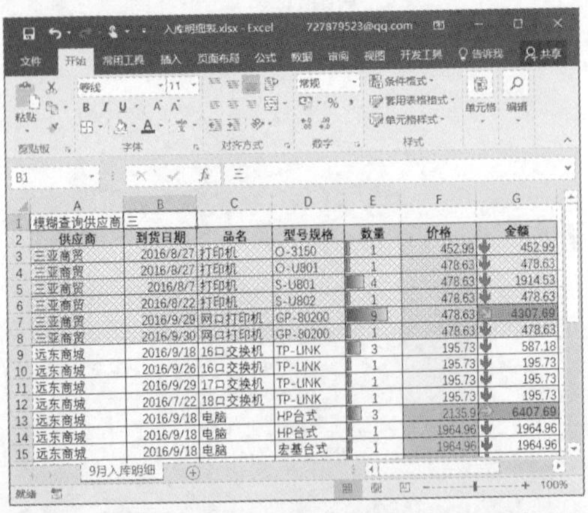

4.1 使用数据验证设置商品基本信息表

案例概述

Excel 2016 提供了功能强大的数据验证功能，可以帮助用户快速、准确地录入数据，并验证数据的有效性，避免非法数据的录入。数据验证功能主要包括制定数值区间、设置下拉列表、空值字符输入、复制与清除数据验证等内容，本节结合商品基本信息表的信息录入介绍数据验证功能的实际应用。

案例效果

本案例结合商品基本信息表主要介绍数值区间的控制，下拉列表的设置，商品编号的控制和数据验证的复制和清除等内容。

使用数据验证功能设置商品基本信息表的效果如下图所示。

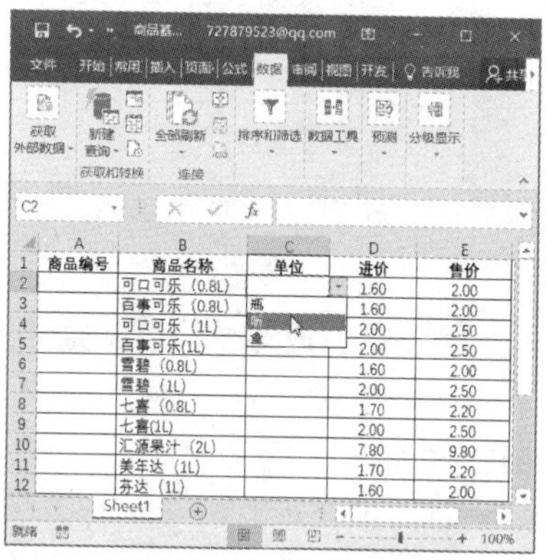

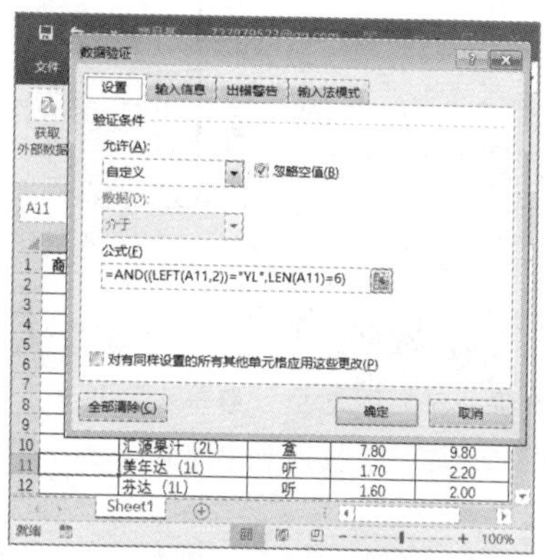

同步文件

原始文件： 素材文件\第 4 章\商品基本信息表.xlsx、商品基本信息表.txt

结果文件： 结果文件\第 4 章\商品基本信息表.xlsx

同步视频文件： 同步教学文件\第 4 章\商品基本信息表\4.1.1.mp4~4.1.4.mp4

制作思路

使用数据验证功能设置商品基本信息表的思路如下：

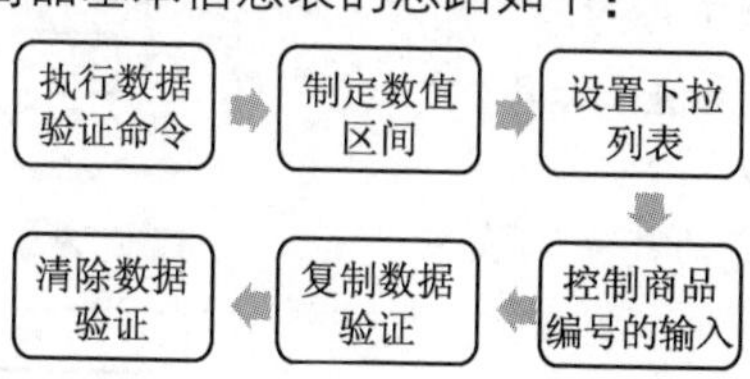

4.1.1 指定数值区间

在编辑电子表格时，经常遇到一些特殊的数值，例如，编号、比例、分数等，此时可以为单元格指定数值区间，根据数值验证规则，来检验数值的有效性，并设置出错警告，避免数据录入错误。指定数值区间的具体操作方法如下。

第 1 步：选中单元格区域

打开“素材文件\第 4 章\商品基本信息表.xlsx”文件，选中单元格区域 E2:E12，如下图所示。

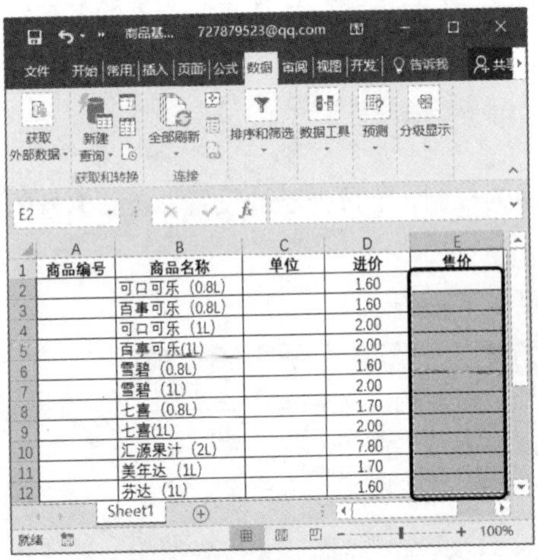

第 2 步：执行数据验证命令

❶单击“数据”选项卡；❷在“数据工具”功能组中单击“数据验证”按钮；❸在弹出的下拉列表中选择“数据验证”选项，如下图所示。

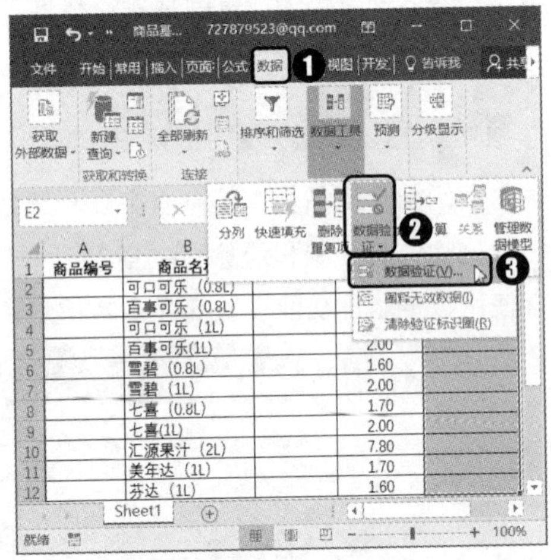

第 3 步：选择数据类型

弹出“数据验证”对话框，❶单击“设置”选项卡；❷在“允许”下拉列表中选择“小数”选项，如下图所示。

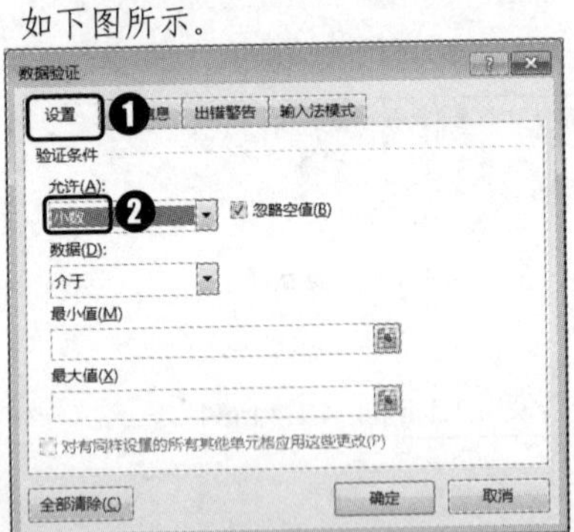

第 4 步：设置数值控制条件

❶在“数据”下拉列表中选择“大于”选项；❷在“最小值”文本框中输入“1.6”；❸单击“确定”按钮，如下图所示。

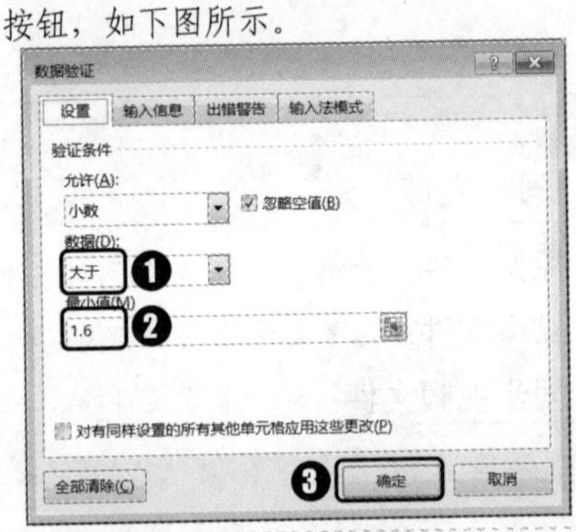

第 5 步：设置输入信息提示

❶单击“输入信息”选项卡；❷在“标题”文本框中输入文字“输入提示”；❸在“输入信息”文本框中输入文字“输入大于 1.6 的数值”，如右图所示。

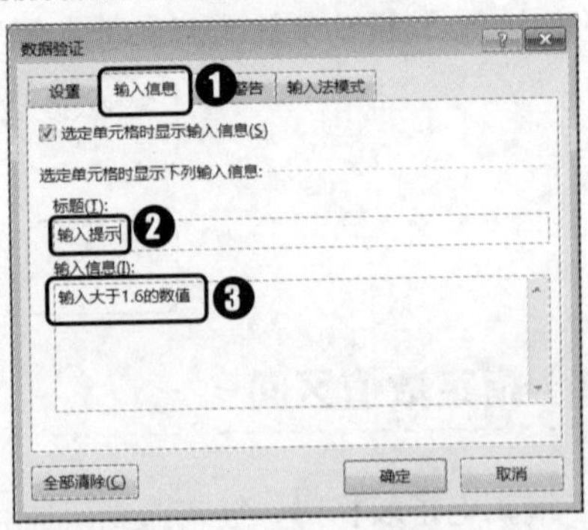

第 6 步：设置出错警告

❶单击“出错警告”选项卡；❷在“标题”文本框中输入文字“输入有误”；❸在“错误信息”文本框中输入文字“请输入大于 1.6 的数值”；❹单击“确定”按钮，如下图所示。

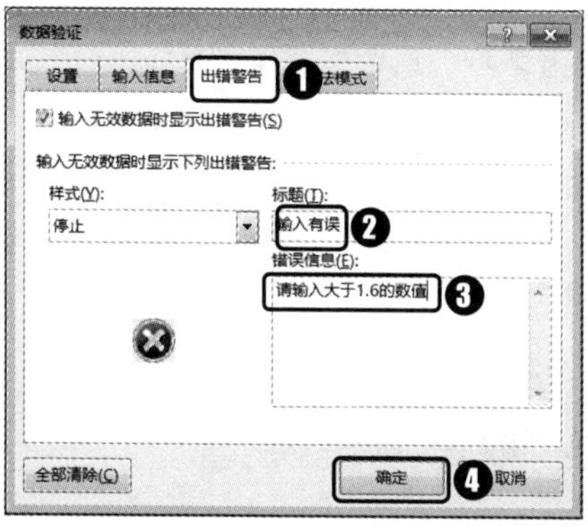

第 7 步：查看输入提示

此时设置的单元格中就会显示输入提示“输入大于 1.6 的数值”，如下图所示。

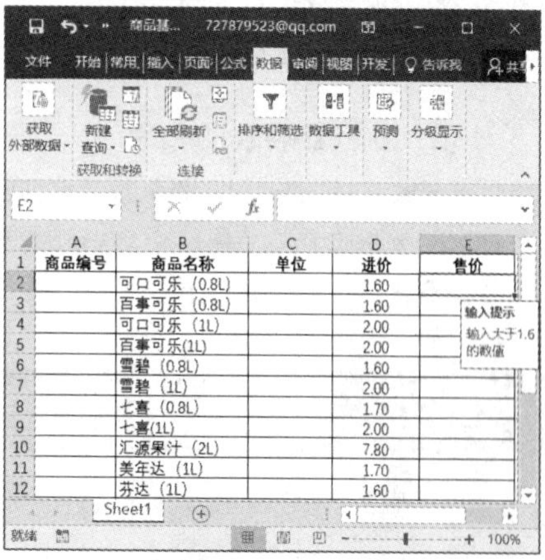

第 8 步：输入不合法数据

在 E2 单元格中输入数据“1.6”，如下图所示。

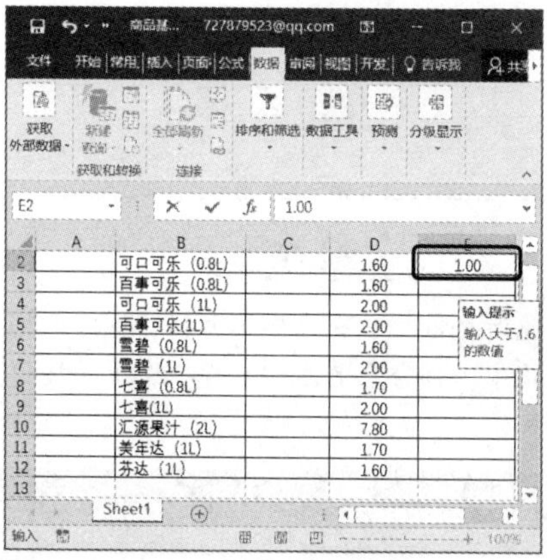

第 9 步：查看输入提示

弹出“输入有误”对话框，提示用户输入错误，“请输入大于 1.6 的数值”，单击“重试”按钮，如下图所示。

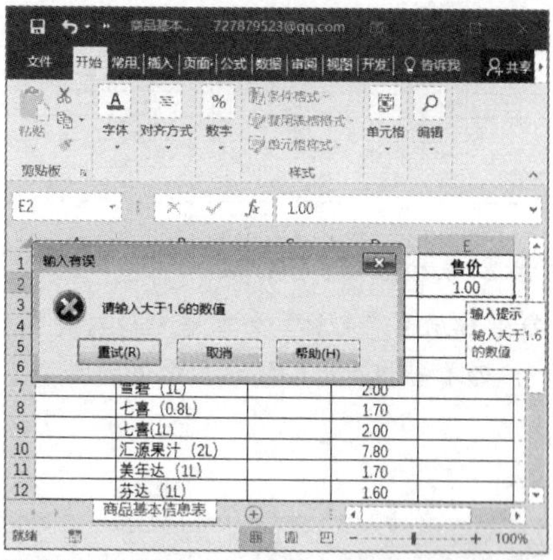

第 10 步：输入全部商品售价

根据素材文件“商品基本信息表.txt”，重新输入所有商品的售价即可，如右图所示。

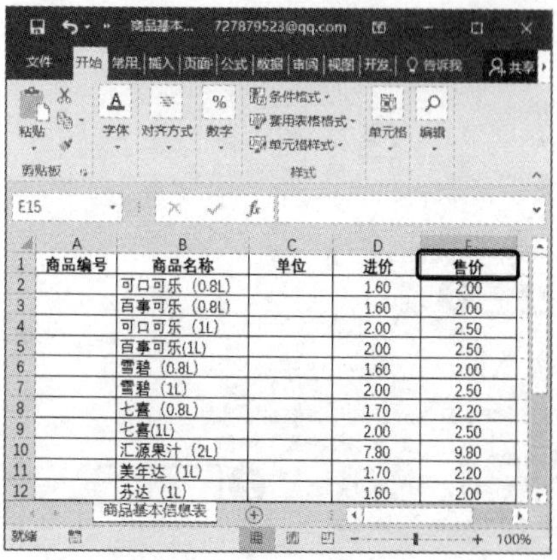

4.1.2 设置下拉列表

Excel 提供了“序列”功能，可以通过设置数据来源，把常用数据选项组成下拉列表，在下拉列表中选择数据记录完成输入。接下来将商品的单位“瓶,听,盒”设置成下拉列表，然后输入商品单位，具体操作方法如下。

第 1 步：执行数据验证命令

选中单元格区域 C2:C12，❶单击“数据”选项卡；❷在“数据工具”功能组中单击“数据验证”按钮；❸在弹出的下拉列表中选择“数据验证”选项，如下图所示。

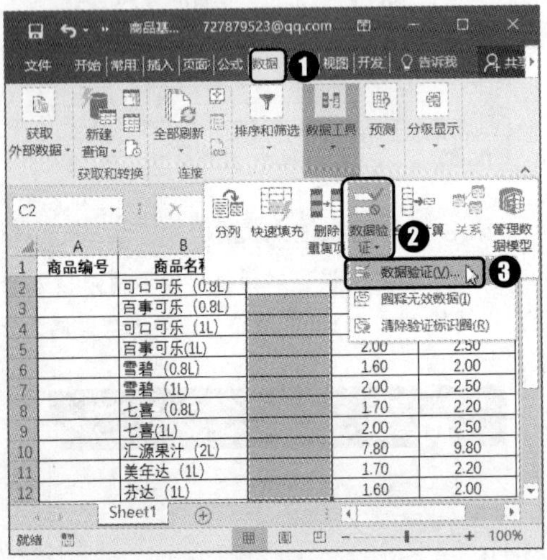

第 2 步：选中数据类型

弹出“数据验证”对话框，❶单击“设置”选项卡；❷在“允许”下拉列表中选择“序列”选项，如下图所示。

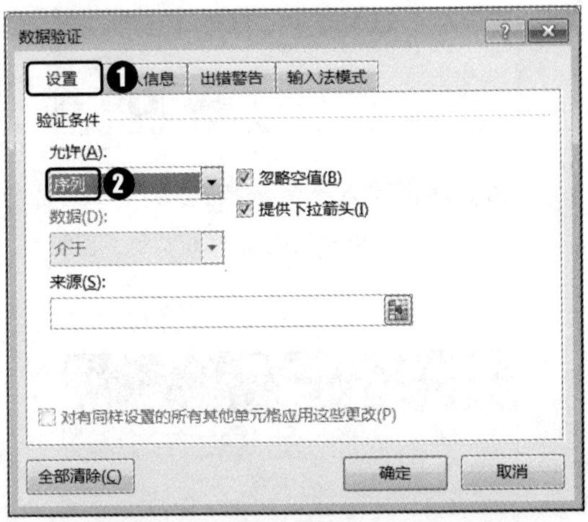

第 3 步：设置数据来源

❶在下方的“来源”文本框中输入文本“瓶,听,盒”；❷单击“确定”按钮，如下图所示。

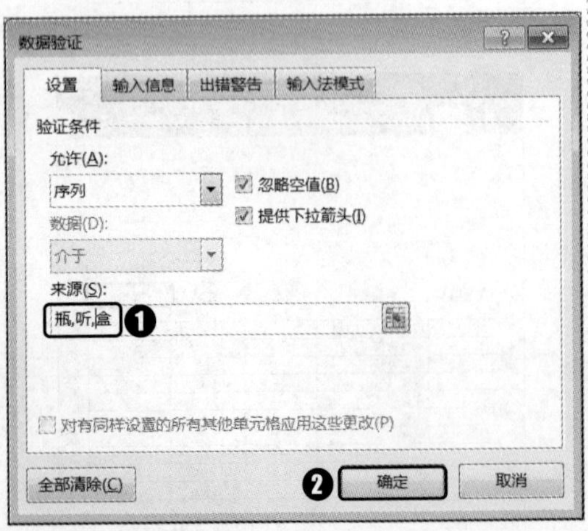

第 4 步：查看设置结果

此时将鼠标放在选中单元格区域的任意一个单元格中，都会在其右侧出现一个下拉按钮，如下图所示。

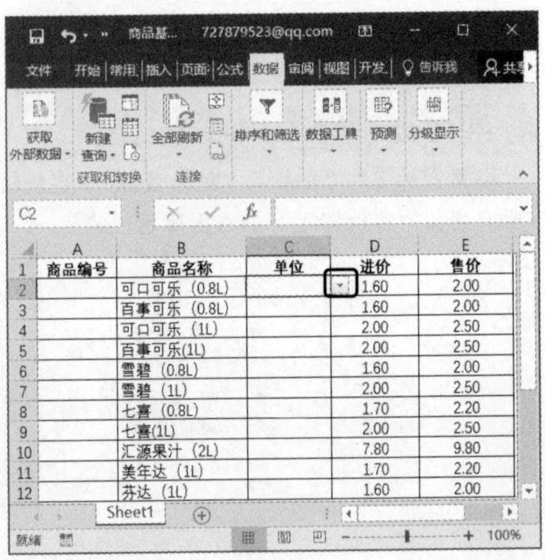

第 5 步：从下拉列表中选择数据

❶单击 C2 单元格右侧的下拉按钮；❷在弹出的下拉列表中选择要输入的数据单位即可，例如，选择“听”选项，如下图所示。

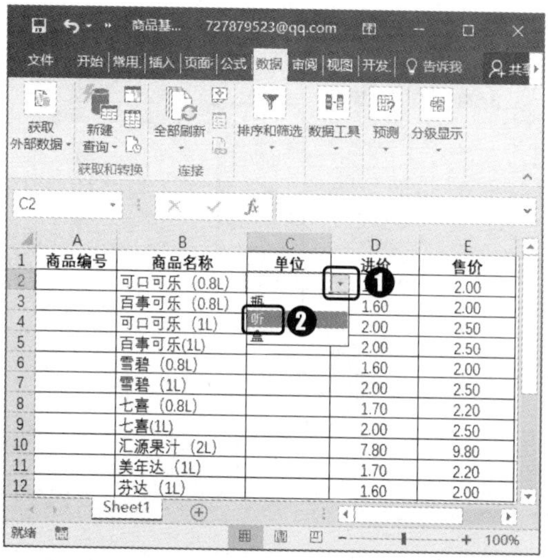

第 6 步：查看输入结果

此时即可输入商品单位“听”，如下图所示。

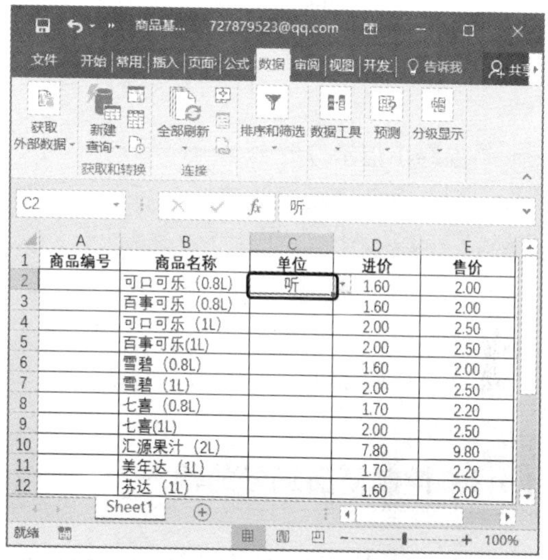

第 7 步：输入错误的商品单位

在 C3 单元格中输入商品单位“个”，如下图所示。

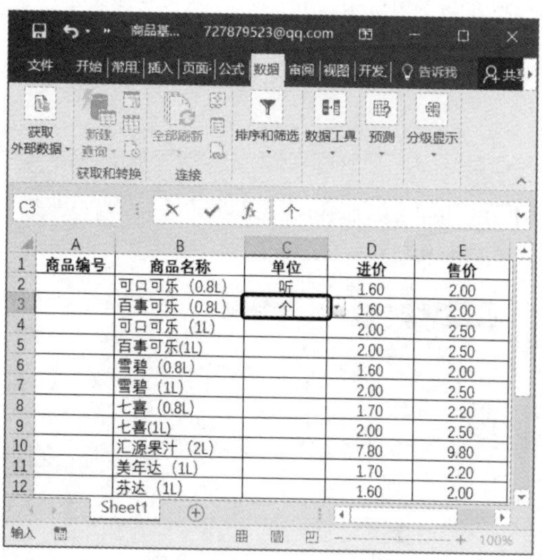

第 8 步：弹出提示窗口

按“Enter”键，弹出“Microsoft Excel”对话框，提示用户“此值与此单元格定义的数据验证限制不匹配”，直接单击“重试”按钮，如下图所示。

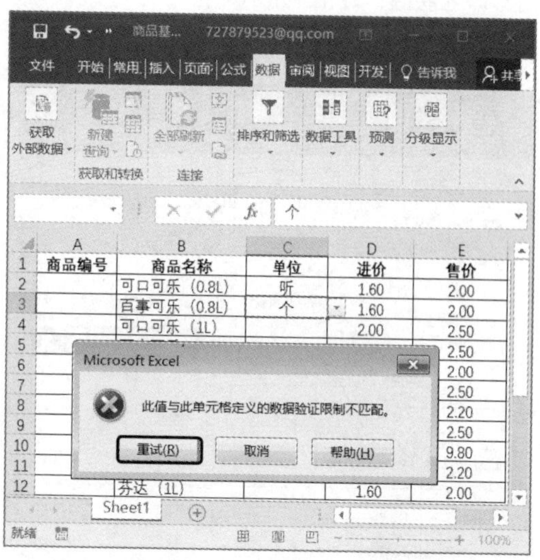

第 9 步：查看计算结果

根据素材文件“商品基本信息表.txt”，重新输入所有商品的单位即可，如右图所示。

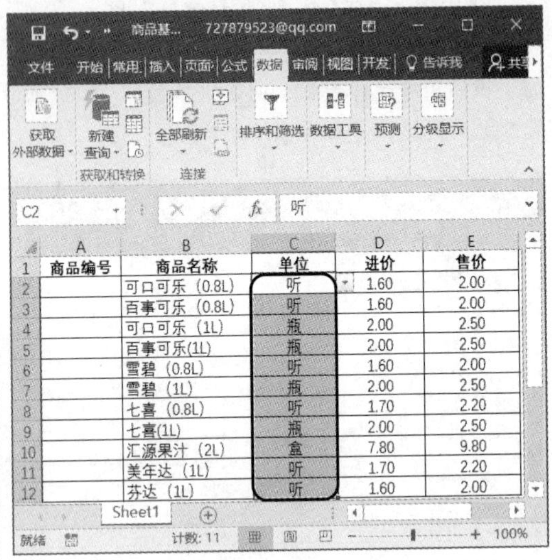

> **温馨小提示**
>
> 设置下拉列表的数据来源时，不但可以直接输入数据选项，还可以单击“来源”文本框右侧的“折叠”按钮，在工作表中拖动鼠标选取“数据列”作为数据来源。

4.1.3 控制商品编号的输入

为了统一商品编号的输入，要求录入者只能输入 6 位的字母“YL”开头的编号，同样也可以通过“数据验证”来进行控制，控制商品编号的输入的操作方法如下。

第 1 步：执行数据验证命令

选中单元格区域 C2:C12，❶单击“数据”选项卡；❷在“数据工具”功能组中单击“数据验证”下拉按钮；❸在弹出的下拉列表中选择“数据验证”选项，如下图所示。

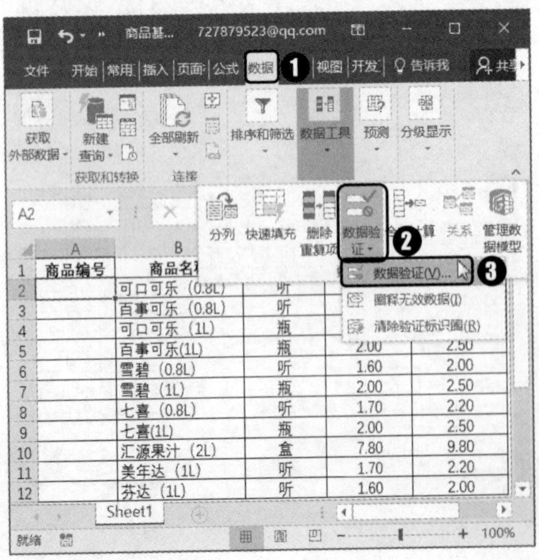

第 2 步：设置数据类型

弹出“数据验证”对话框，❶单击“设置”选项卡；❷在“允许”下拉列表中选择“自定义”选项，如下图所示。

第 3 步：自定义公式

❶在下方的“公式”文本框中输入公式“=AND((LEFT(A2,2))="YL",LEN(A2)=6)”；❷单击“确定”按钮，如下图所示。

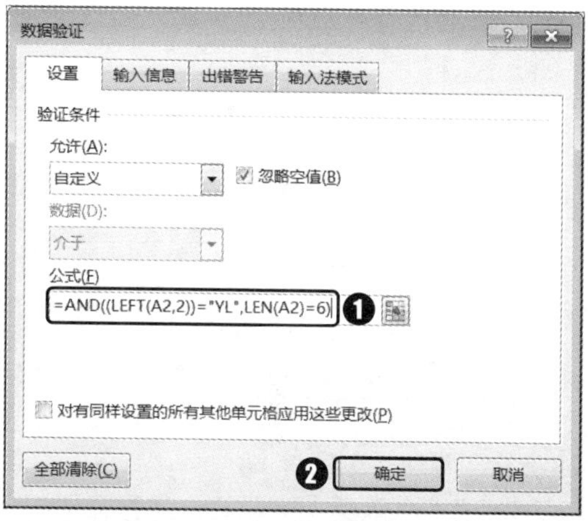

第 4 步：输入不合法的商品编号

在 A2 单元格中输入商品编号“CS0001”，如下图所示。

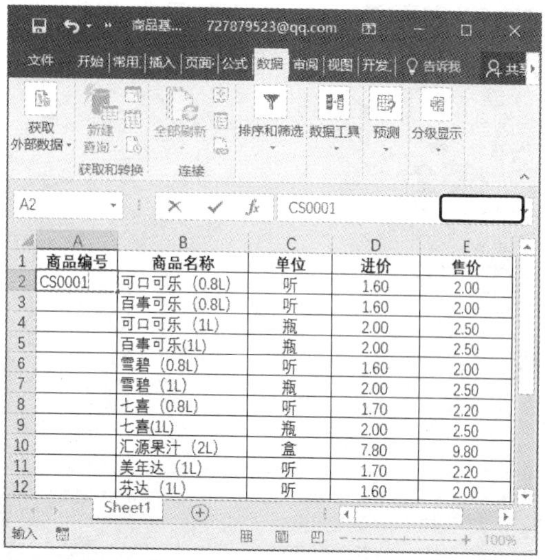

第 5 步：弹出错误提示

按“Enter”键，弹出“Microsoft Excel”对话框，提示用户“此值与此单元格定义的数据验证限制不匹配”，直接单击“重试”按钮，如右图所示。

> **温馨小提示**
>
> 实例中自定义的输入公式“=AND((LEFT(A2,2))="YL",LEN(A2)=6)”的表示只能输入 6 位的字母“YL”开头的商品编号。

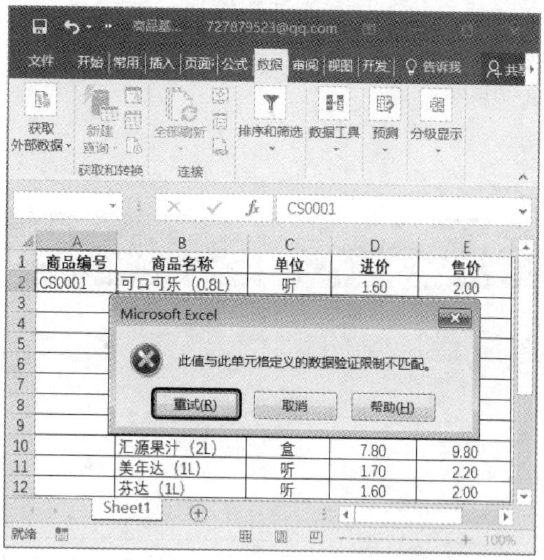

4.1.4 复制与清除数据验证

数据验证设置完成后，可以用填充单元格的方式填充数据验证；如果不再需要数据验证，可以将其删除。

1. 复制数据验证

设置了数据验证以后，可以采用填充数据的方式，将数据验证复制到其他单元格或单元格区域，复制数据验证的具体操作方法如下。

第 1 步：选中单元格

选中 A2 单元格，如下图所示。

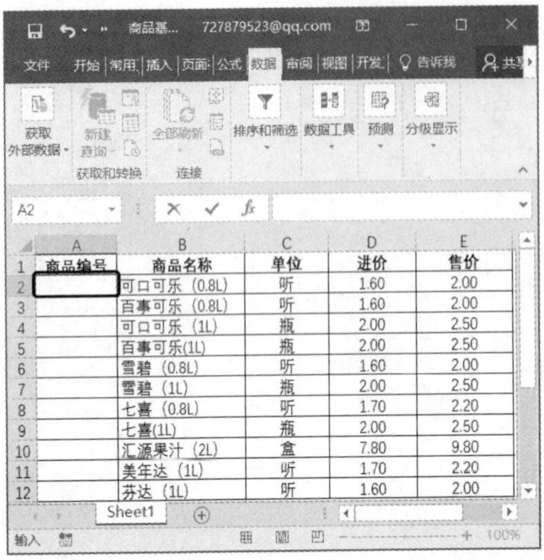

第 2 步：定位鼠标指针

将鼠标定位在 A2 单元格的右下角，此时鼠标指针变成十字形状，如下图所示。

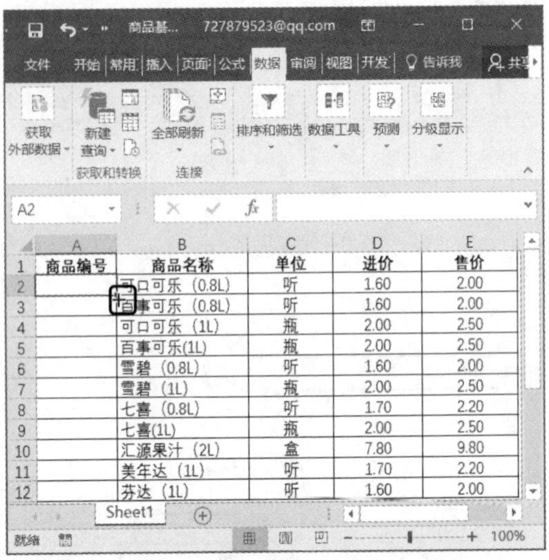

第 3 步：填充单元格区域

按住鼠标左键，向下拖动到单元格 A12，如下图所示。

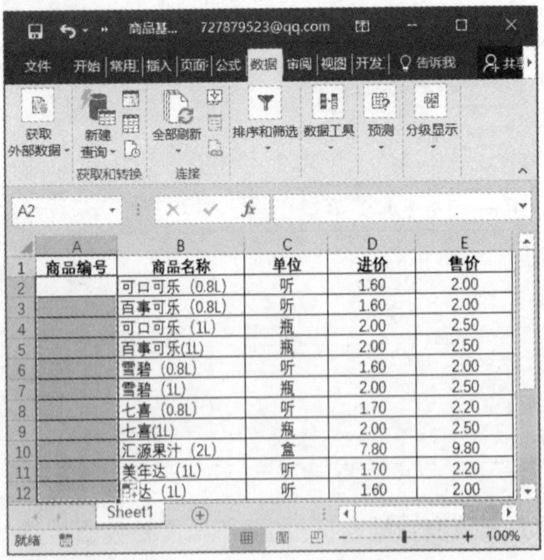

第 4 步：查看数据验证的复制效果

此时即可将数据验证功能复制到选中的单元格区域 A3：A12，选中其中的任意单元格，例如，选中 A11 单元格，打开“数据验证”对话框，即可看到复制后的公式限制条件，如下图所示。

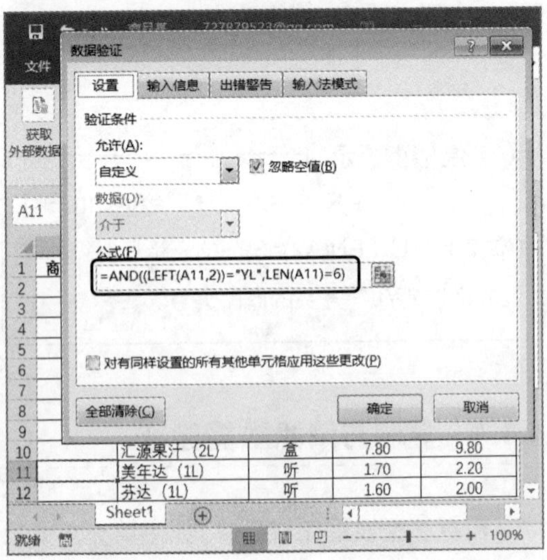

第 5 步：查看素材文件

打开素材文件“商品基本信息表.txt”，如下图所示。

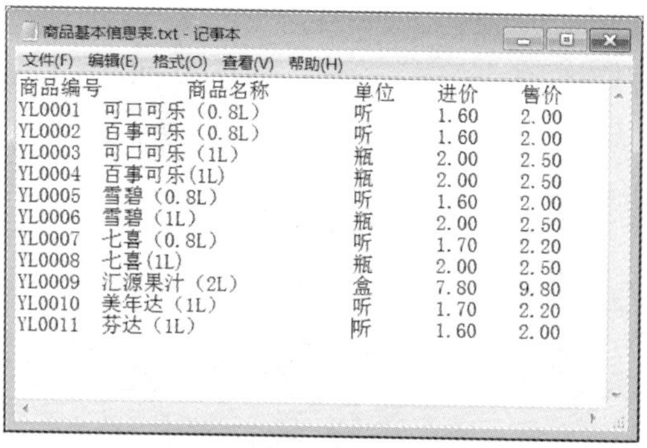

第 6 步：输入全部的商品编号

根据素材文件“商品基本信息表.txt”，输入所有商品的编号即可，如下图所示。

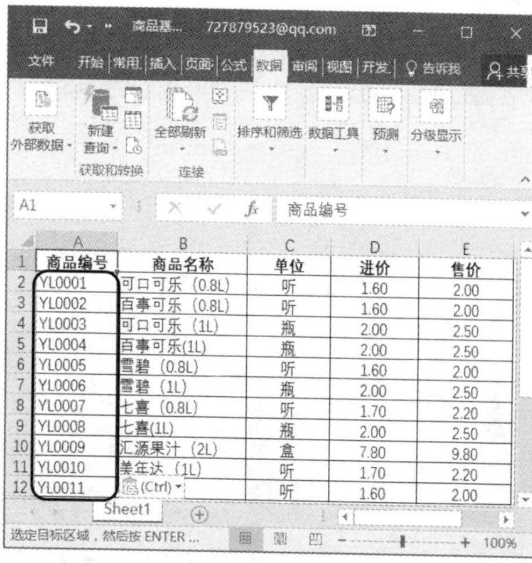

2. 清除数据验证

如果要清除数据验证。首先定位带有数据验证的单元格，然后清除数据验证即可，具体操作方法如下。

第 1 步：调出“定位”对话框，

按“F5”键，弹出“定位”对话框，单击“定位条件”按钮，如下图所示。

第 2 步：设置定位条件

弹出“定位条件”对话框，❶选中“数据验证”单选按钮，默认选中“全部”单选按钮；❷单击“确定”按钮，如下图所示。

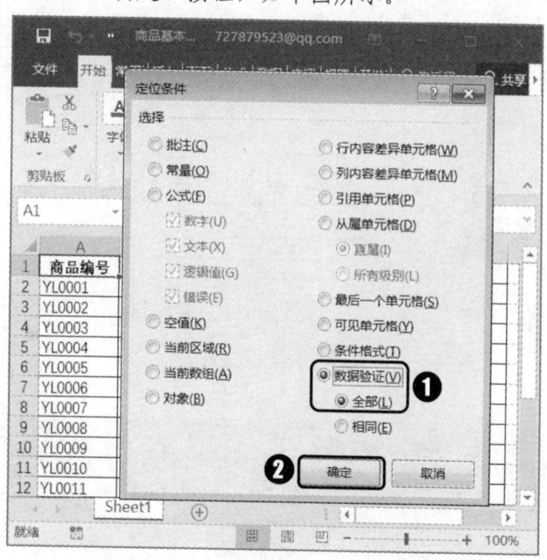

第 3 步：查看定位结果

此时工作表中设置数据验证的全部数据区域都被定位并选取出来，如下图所示。

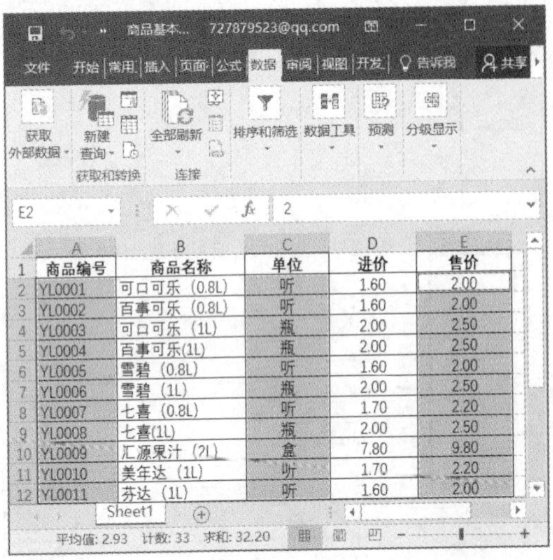

第 4 步：再次执行数据验证命令

❶单击“数据”选项卡；❷在“数据工具”功能组中单击“数据验证”下拉按钮；❸在弹出的下拉列表中选择“数据验证”选项，如下图所示。

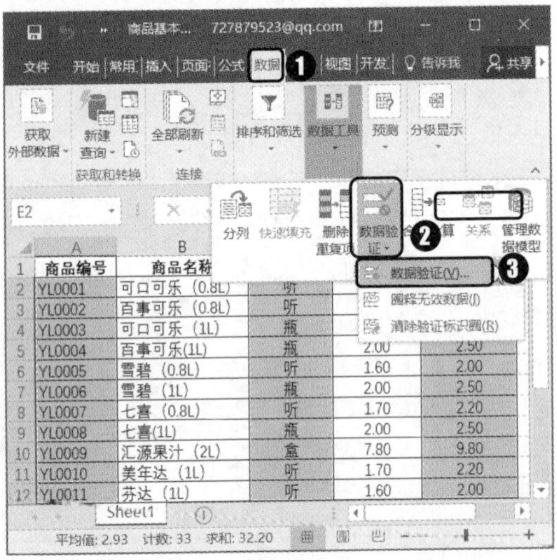

第 5 步：单击确定按钮

弹出“Microsoft Excel”对话框，提示用户“是否清除当前设置并继续?”，直接单击“确定”按钮，如下图所示。

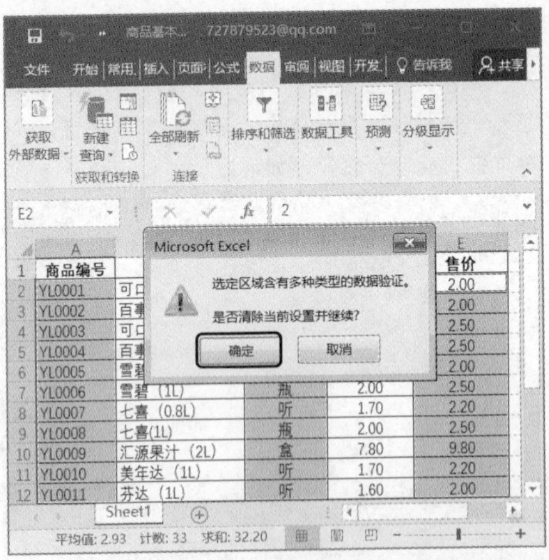

第 6 步：执行全部删除命令

弹出“数据验证”对话框，单击“设置”选项卡；单击“全部删除”按钮即可删除设置的数据验证，如下图所示。

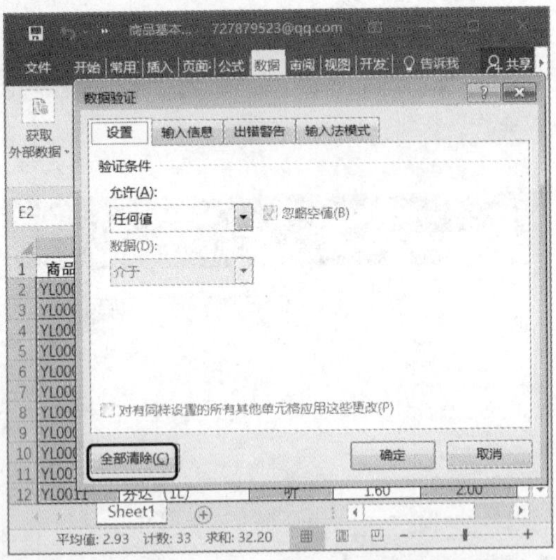

4.2 突出显示满足条件的入库记录

案例概述

条件格式是 Excel 的一项重要功能，如果指定的单元格满足了特定条件，Excel 就会将底纹、字体、颜色等格式应用到该单元格中，一般会突出显示满足条件的数据。本节结合实例“入库记录表”中的数据，介绍 Excel 中条件格式的用法，包括突出显示单元格、选取前 10 项数据、数据条、色阶和图标集的应用、管理条件格式规则、新建条件格式规则和清除条件格式规则等内容。

案例效果

对“入库明细表”中的数据设置条件格式，可以突出显示满足条件的数据，可以根据单元格内容有选择地自动应用格式，它为 Excel 增色不少的同时，还为办公人员的日常工作带来很多方便。

“入库明细表”设置条件格式的效果如下图所示。

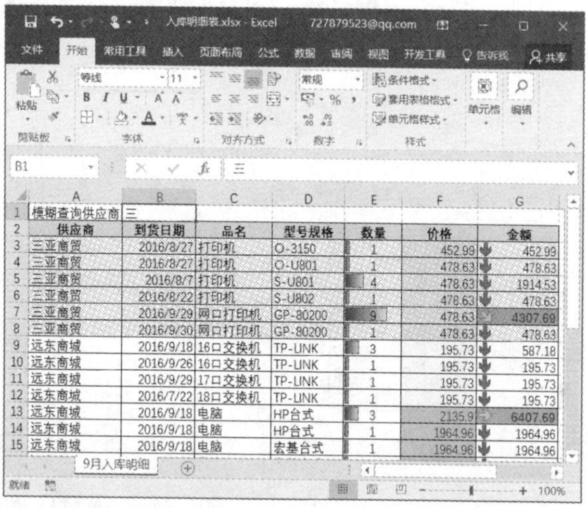

同步文件

原始文件： 素材文件\第 4 章\入库明细表.xlsx

结果文件： 结果文件\第 4 章\入库明细表.xlsx

同步视频文件： 同步教学文件\第 4 章\入库明细表\4.2.1.mp4~4.2.6.mp4

制作思路

在“入库明细表”中突出显示入库记录的具体思路如下：

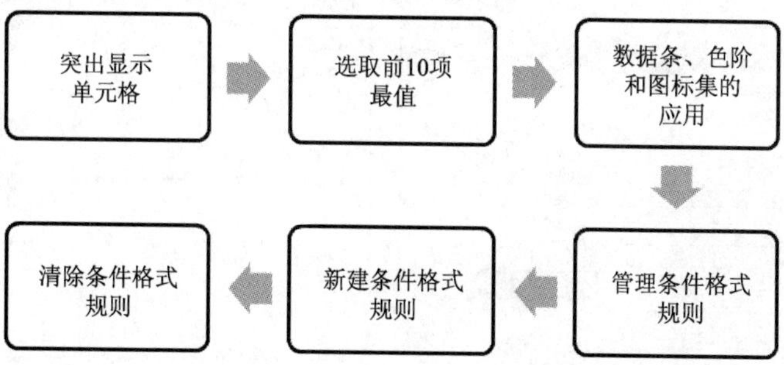

4.2.1 突出显示单元格

在编辑数据表格的过程中，使用突出显示单元格功能，可以快速显示特定数值区间的特定数据，接下来在“入库明细表”中突出显示“金额”大于 4 000 元的数据记录，具体操作方法如下。

第 1 步：选中数据区域

打开“素材文件\第 4 章\提升效率\入库明细表.xlsx”文件，选中单元格区域 G2:G29，如下图所示。

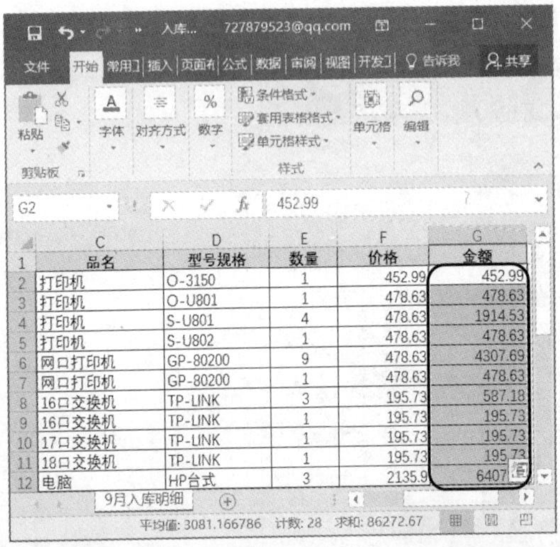

第 2 步：执行突出显示单元格规则命令

❶单击“开始”选项卡；❷在“样式”组中单击“条件格式”按钮；❸在弹出的下拉列表中选择“突出显示单元格规则→大于”选项，如下图所示。

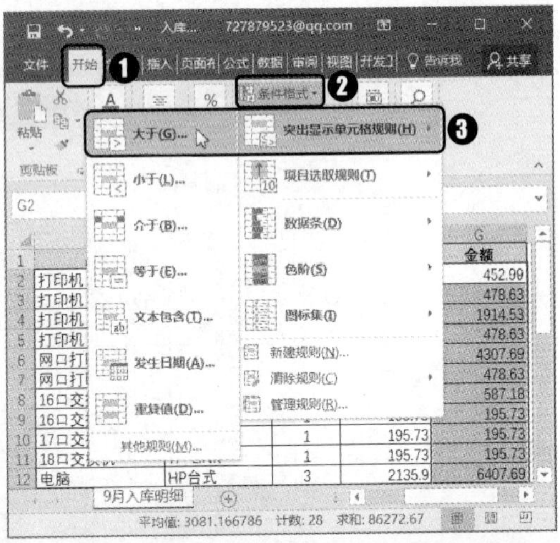

第 3 步：设置规则内容

弹出“大于”对话框，❶在“为大于以下值的单元格设置格式”文本框中输入值“4000”；❷在“设置为”下拉列表中选择“自定义格式”选项，如下图所示。

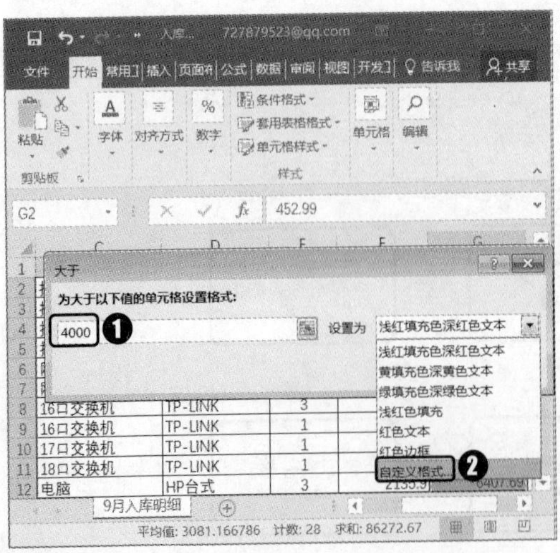

第 4 步：设置字体格式

弹出“设置单元格格式”对话框，❶切换到“字体”选项卡；❷在“字形”列表框中选择“加粗”选项；❸在“颜色”下拉列表中选择“红色”选项，如下图所示。

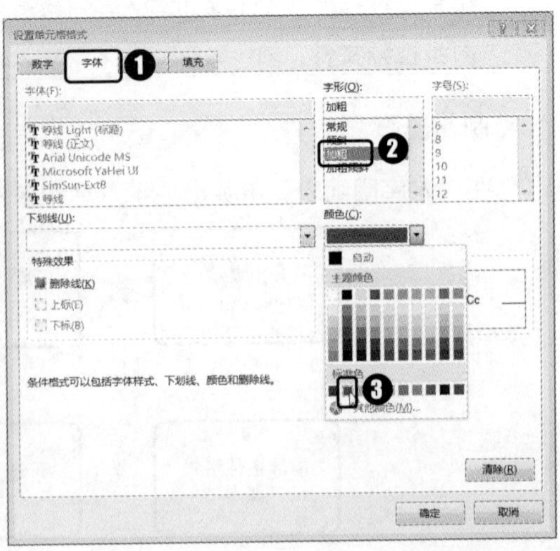

第 5 步：设置填充格式

❶切换到“填充”选项卡；❷在“背景色”列表框中选择“浅绿”选项；❸单击“确定”按钮，如下图所示。

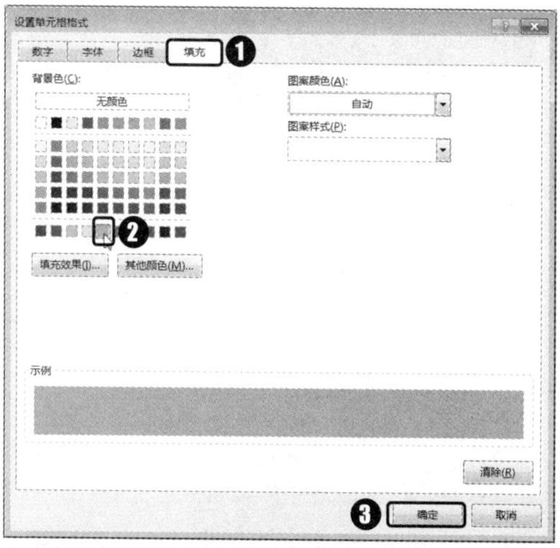

第 6 步：单击确定按钮

返回“大于”对话框，再次单击“确定”按钮，如下图所示。

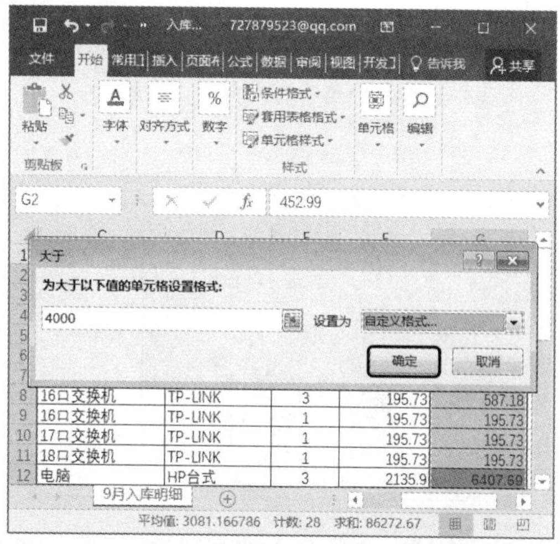

第 7 步：查看设置结果

返回工作表，此时“金额”大于 4 000 元的数据记录就突出显示出来，如右图所示。

> **温馨小提示**
>
> 突出显示单元格规则，可以通过改变颜色、字形、特殊效果等改变格式的方法使得某一类具有共性的单元格突出显示。

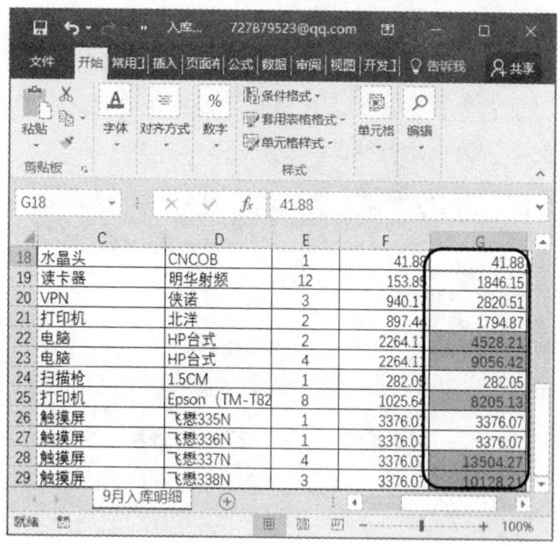

4.2.2 选取前 10 项数据

使用“项目选取规则”可以突出显示选定区域中的最大几项，最小几项，以及其百分数或数字所指定的数据所在的单元格，还可以指定大于或小于平均值的单元格。接下来通过“项目选取规则”的设置来突出显示“入库明细表”中“价格”的最大 10 项数据所在的单元格，具体操作方法如下。

第 1 步：选中数据区域

选中单元格区域 F2:F29，如下图所示。

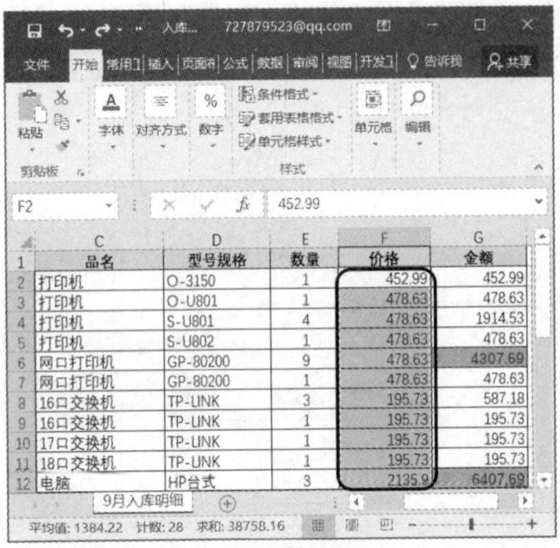

第 2 步：执行项目选取规则命令

❶单击“开始”选项卡；❷在“样式”组中单击“条件格式”按钮；❸在弹出的下拉列表中选择“项目选取规则→前 10 项”选项，如下图所示。

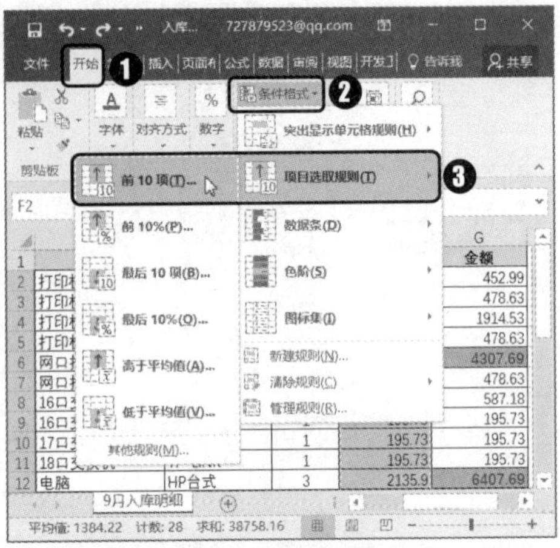

第 3 步：设置单元格格式

弹出“前 10 项”对话框，❶在“为值最大的那些单元格设置格式”微调框中输入“10”；❷在“设置为”下拉列表中选择“浅红填充色深红色文本”选项；❸单击“确定”按钮，如下图所示。

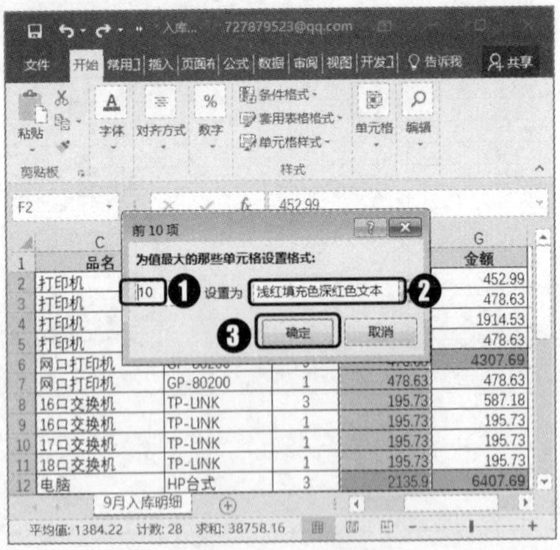

第 4 步：查看设置结果

此时即可突出显示出价格的最大 10 项数据，如下图所示。

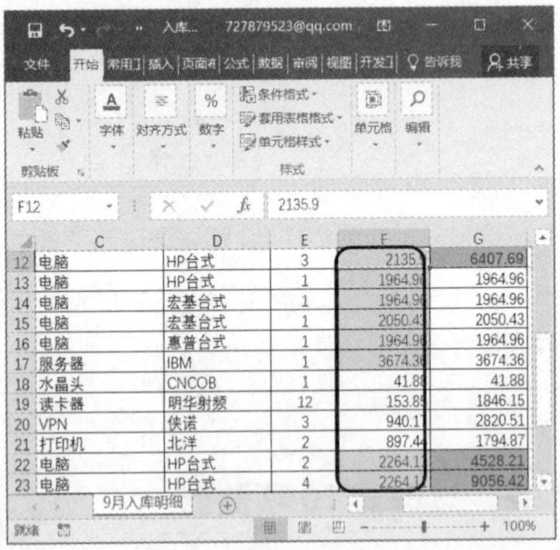

温馨小提示

“项目选取规则”主要包括以下几种：

（1）值最大的 10 项——可以要求值最大的 10 项，值最大的 20 项，或者任何数目的项。

（2）值最大的 10%项——如果 20%的记录占了 80%的收入，可以突出显示值最大的 20%项或者任何其他的百分数。

（3）值最小的 10 项——为了突出显示表现不好的记录，可以选择值最小的 10 项。

（4）值最小的 10%项——为了突出显示最小的 5%记录，可以选择值最小的 10%项。

（5）高于平均值——可以突出显示高于平均值的记录。和其他规则一样，当区域内的数字发生变化，平均值被重新计算。

（6）低于平均值——可以突出显示低于平均值的记录。

4.2.3 数据条、色阶和图标集的应用

使用“条件格式”功能，用户可以根据条件使用数据条、色阶和图标集，以突出显示相关单元格，强调异常值，实现数据的可视化效果。

第 1 步：选中数据区域

选中单元格区域 E2:E29，如下图所示。

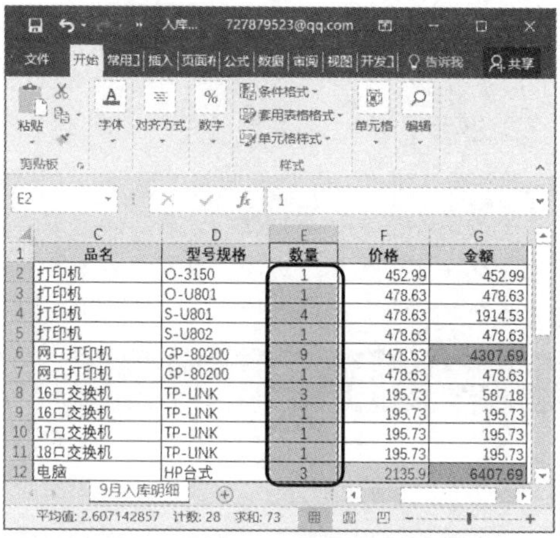

第 2 步：执行数据条命令

❶单击“开始”选项卡；❷在“样式”功能组中单击“条件格式”下拉按钮；❸在弹出的下拉列表中选择“数据条”选项；❹在“渐变数据条”列表中选择“紫色数据条”，如下图所示。

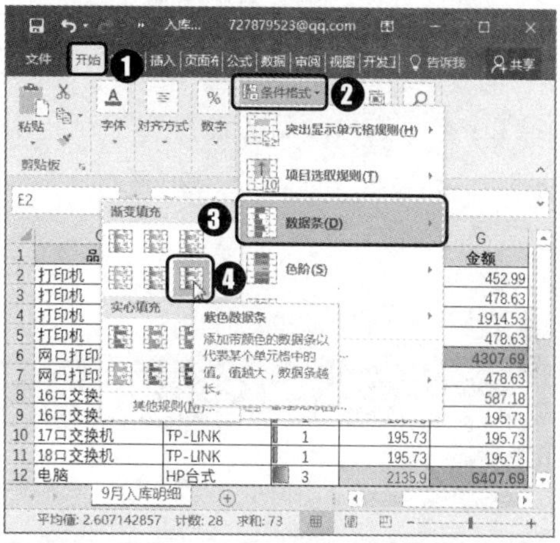

第 3 步：查看数据条设置结果

此时即可为选中的单元格区域添加数据条，如下图所示。

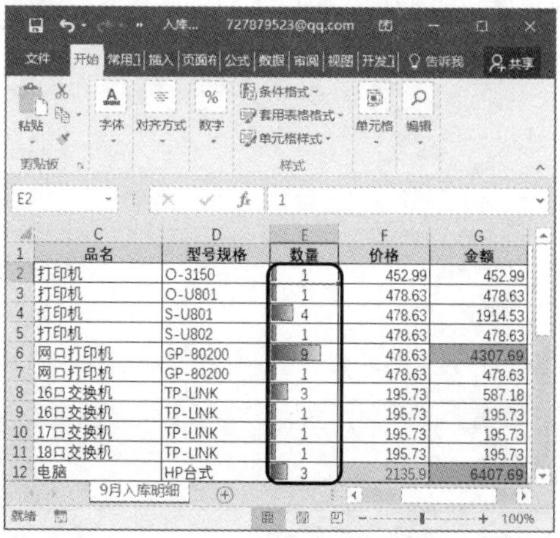

第 4 步：选中数据区域

选中单元格区域 F2:F29，如下图所示。

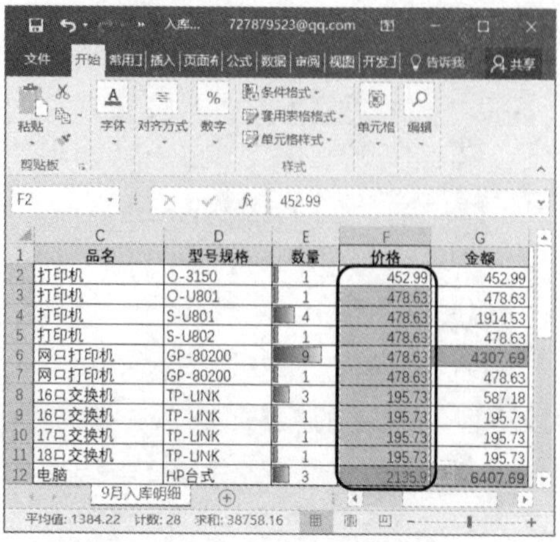

第 5 步：执行色阶命令

❶单击“开始”选项卡；❷在“样式”功能组中单击“条件格式”下拉按钮；❸在弹出的下拉列表中选择“色阶→绿-白色阶”选项，如下图所示。

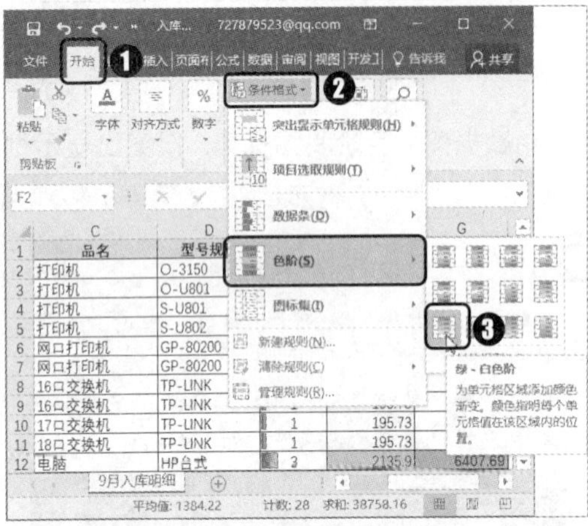

第 6 步：查看色阶设置结果

此时即可为选中的单元格区域添加色阶，如下图所示。

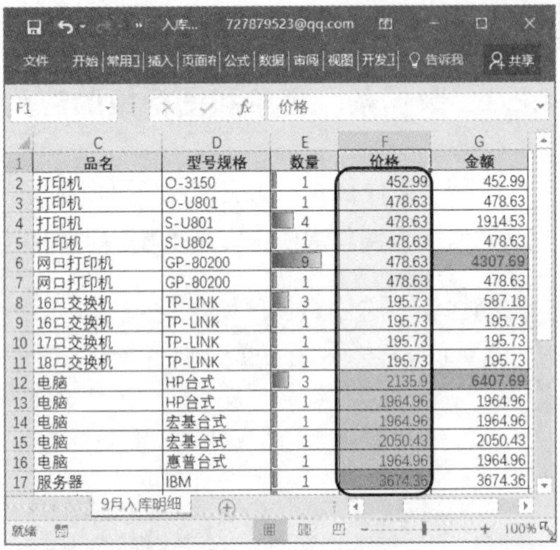

第 7 步：选中数据区域

选中单元格区域 G2:G29，如下图所示。

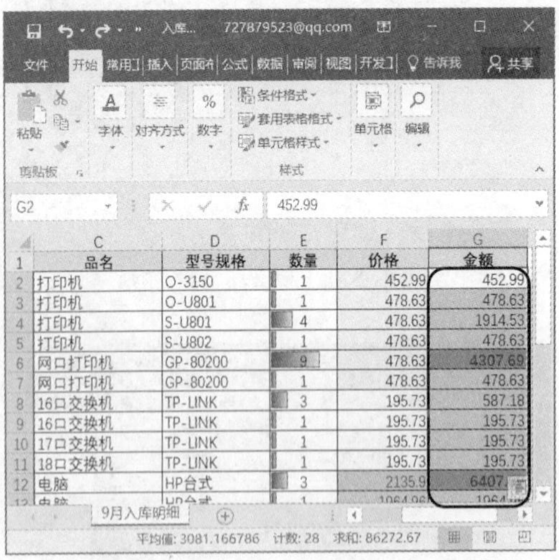

第 8 步：执行图标集命令

❶单击“开始”选项卡；❷在“样式”功能组中单击“条件格式”下拉按钮；❸在弹出的下拉列表中选择“图标集”选项；❹在“方向”列表中选择“五向箭头（彩色）”选项，如下图所示。

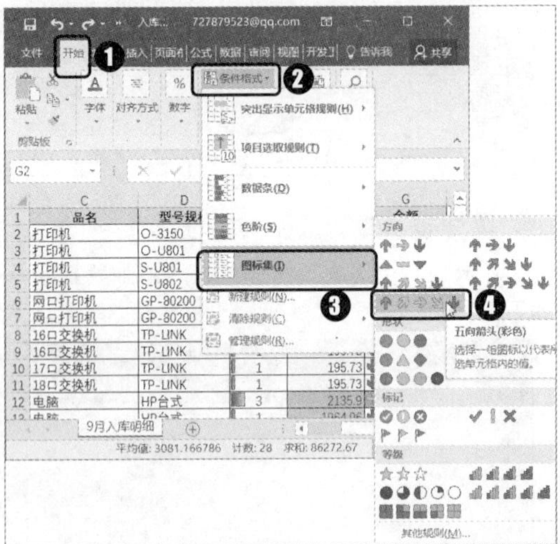

温馨小提示

数据条可以快速为数组插入底纹颜色，并根据数值自动调整颜色的长度；色阶可以快速为数组插入色阶，以颜色的亮度强弱和渐变程度来显示不同的数值，如双色渐变、三色渐变；图标集可以快速为数组插入图标，并根据数值自动调整图标的类型和方向。

第 9 步：查看图标集设置结果

此时即可为选中的单元格区域添加图标集，如右图所示。

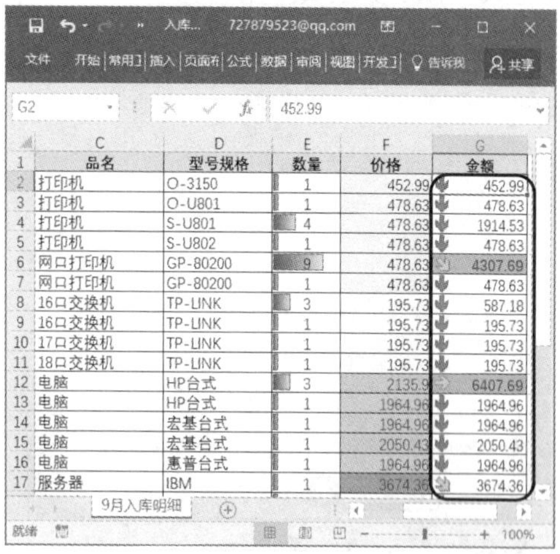

4.2.4 管理条件格式规则

通过“条件格式规则管理器”可以对设置的条件格式进行设置和管理，包括创建、编辑、删除和查看所有的条件格式规则等。管理条件格式规则的具体操作方法如下。

第 1 步：选中数据区域

选中单元格区域 E2:G29，如下图所示。

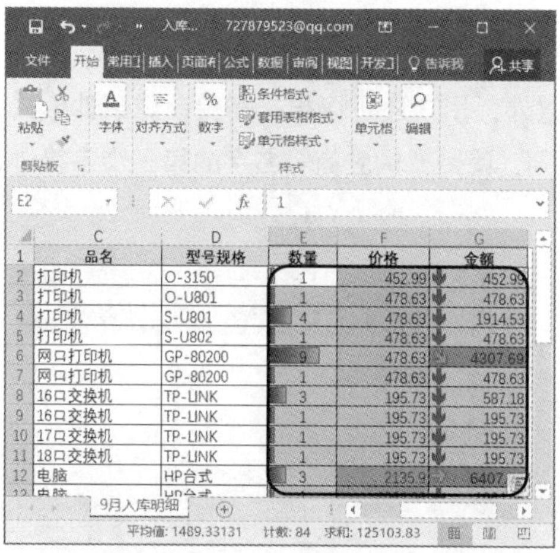

第 2 步：执行管理规则命令

❶单击“开始”选项卡；❷在“样式”功能组中单击“条件格式”下拉按钮；❸在弹出的下拉列表中选择“管理规则”选项，如下图所示。

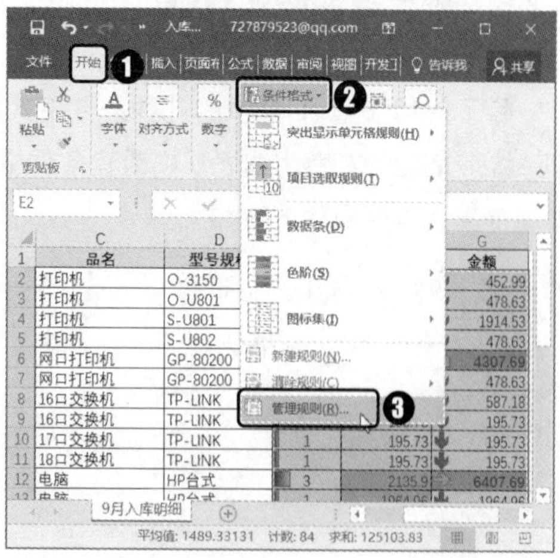

第 3 步：查看条件格式规则

弹出“条件格式规则管理器”对话框，此时即可看到选中数据区域中设置的几种条件规则，如右图所示。

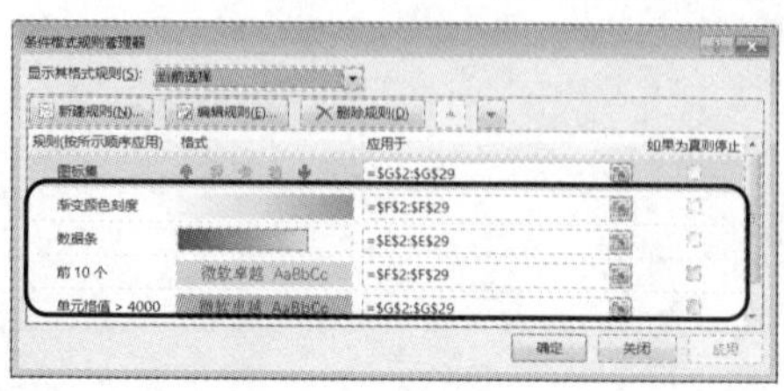

第 4 步：单击编辑规则命令

❶选中任意一个条件规则；❷单击“编辑规则”按钮，如下图所示。

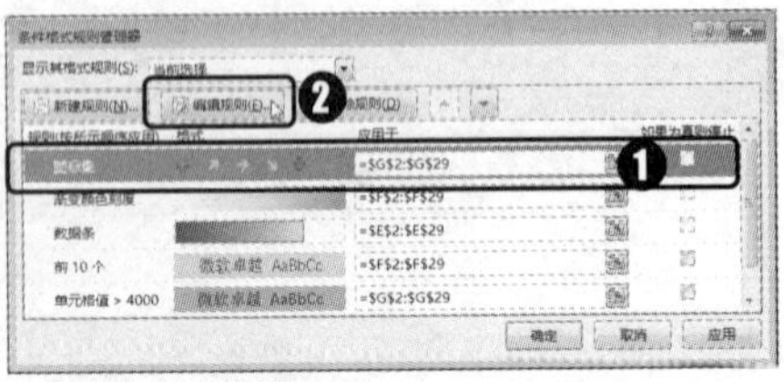

第 5 步：编辑条件规则

弹出“编辑格式规则”对话框，此时就可以根据需要修改和编辑格式规则，编辑完成后单击“确定”按钮即可，如下图所示。

第 6 步：删除条件格式规则

如果要删除条件格式规则，❶选中任意一个条件规则；❷单击“删除规则”按钮，如右图所示。

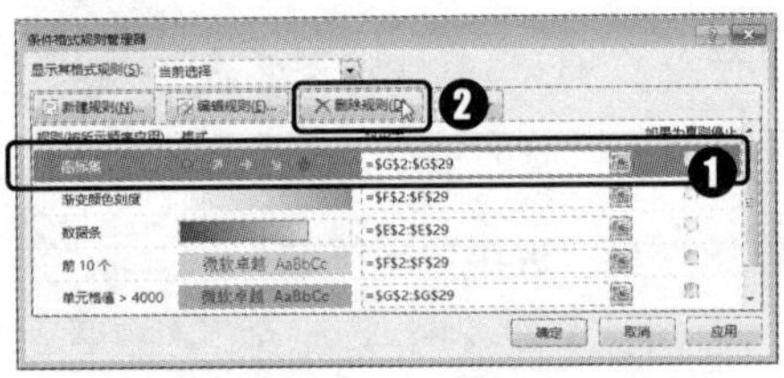

4.2.5　新建条件格式规则

除了使用 Excel 提供的几种条件格式规则以外，用户还可以根据需要新建条件格式规则。接下来在“入库明细表”中新建条件格式规则，使用“供应商”名字的第一个字符进行模糊查询，具体操作方法如下。

第 1 步：执行插入行命令

❶选中行标“1”；❷右击，在弹出的快捷菜单中选择“插入”命令，如右图所示。

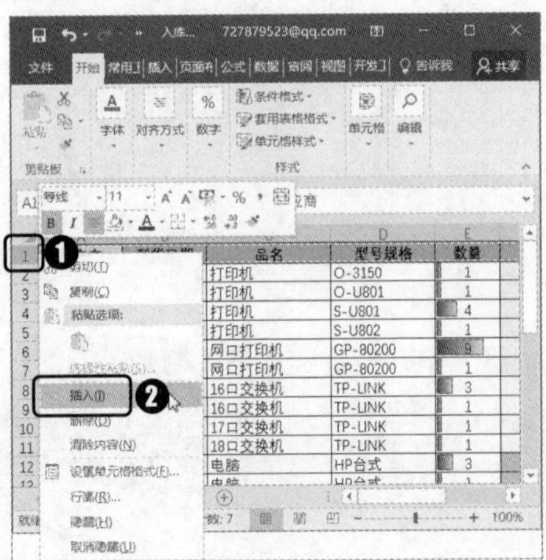

第 2 步：输入文字

此时，即可在首行位置插入一个空白行，然后在 A1 单元格中输入文字“模糊查询供应商”，如下图所示。

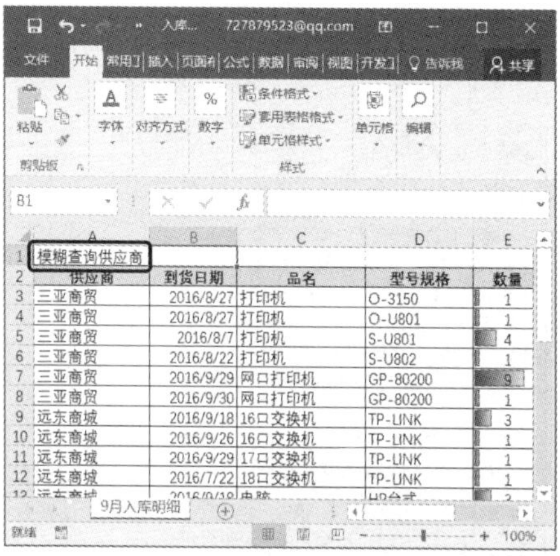

第 3 步：选中单元格区域

选中单元格区域 A3:G30，如下图所示。

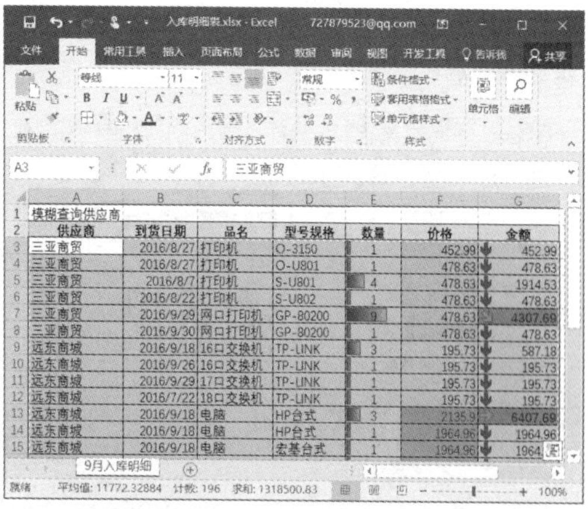

第 4 步：执行新建规则命令

❶单击“开始”选项卡；❷在“样式”功能组中单击“条件格式”下拉按钮；❸在弹出的下拉列表中选择“新建规则”选项，如下图所示。

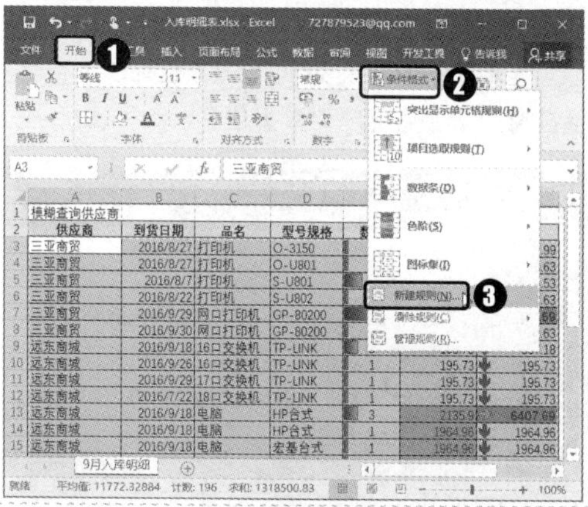

第 5 步：选择规则类型

弹出“新建格式规则”对话框，在“选择规则类型”列表框中选择“使用公式确定要设置格式的单元格”选项，如下图所示。

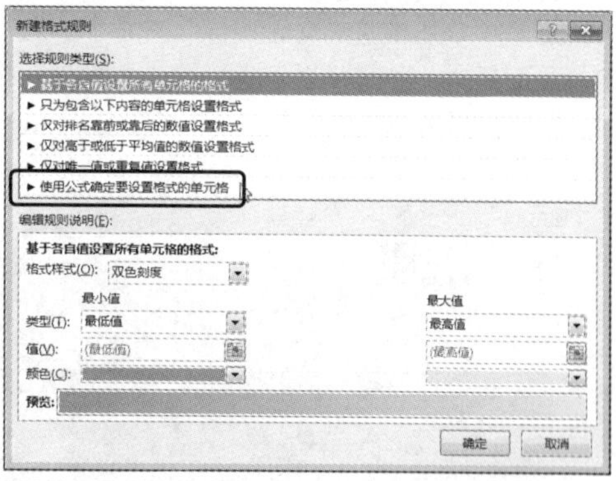

第 6 步：设置公式

弹出“新建格式规则”对话框，❶在“编辑规则说明”组合框中将条件格式设置为公式“=LEFT($A3,1)=$B$1”；❷单击“格式”按钮，如右图所示。

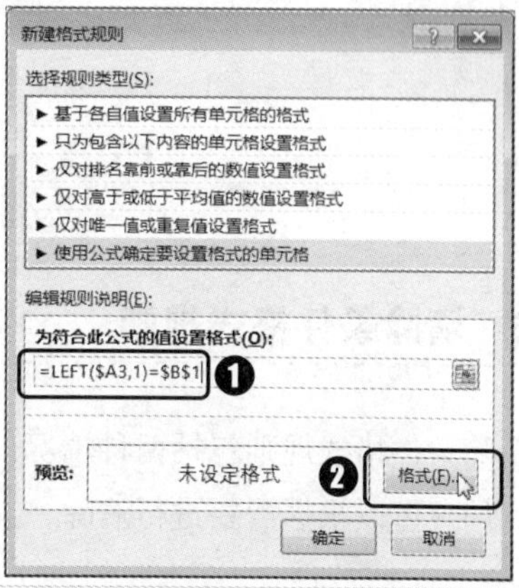

第 7 步：设置填充效果

弹出“设置单元格格式”对话框，❶切换到“填充”选项卡，在“图案颜色”下拉列表中选择“红色”选项；❷在“图案样式”下拉列表中选择“12.5%，灰色”选项；❸单击“确定”按钮，如下图所示。

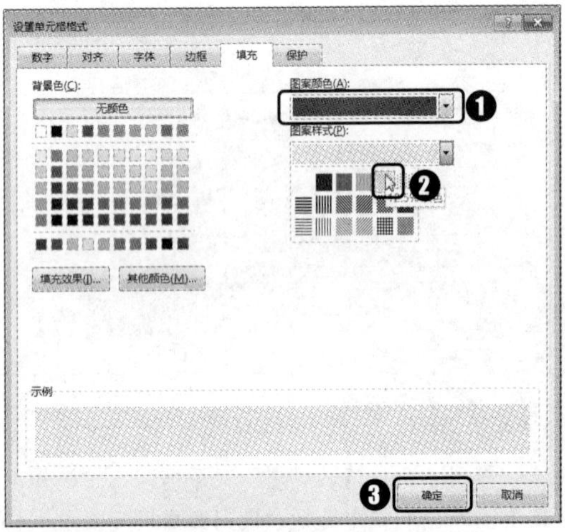

第 8 步：返回编辑格式规则对话框

返回“编辑格式规则”对话框，直接单击“确定”按钮，如下图所示。

第 9 步：返回条件格式规则管理器

返回“条件格式规则管理器”对话框，此时即可看到新建的格式规则，直接单击“确定”按钮，如下图所示。

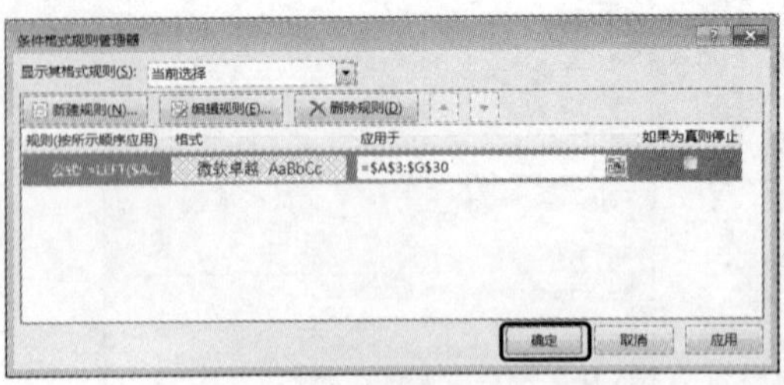

第 10 步：查看模糊查询结果

在单元格中输入文字“三”，此时即可查看出供应商“三亚商贸”的数据信息，如下图所示。

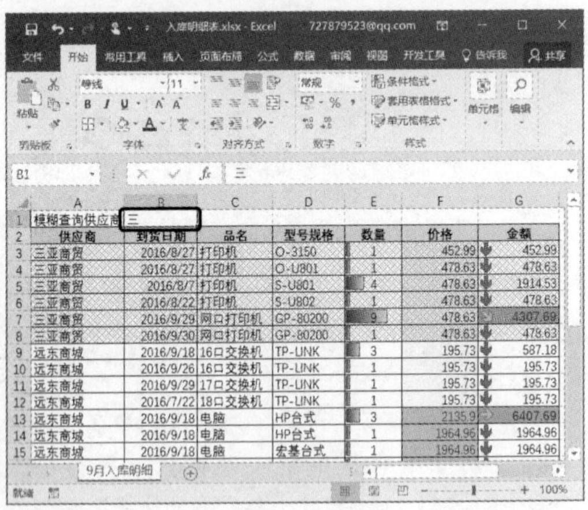

4.2.6 清除条件格式规则

清除条件格式规则包括两种情况，一是清除所选单元格的规则；二是清除整个工作表的规则。用户可以根据需要进行清除，具体操作方法如下。

第 1 步：清除所选单元格的规则

选中带有格式条件的任意一个单元格，❶单击“开始”选项卡；❷在“样式”功能组中单击“条件格式”下拉按钮；❸在弹出的下拉列表中选择“清除规则→清除所选单元格的规则”选项，即可清除选中单元格设置的格式规则，如下图所示。

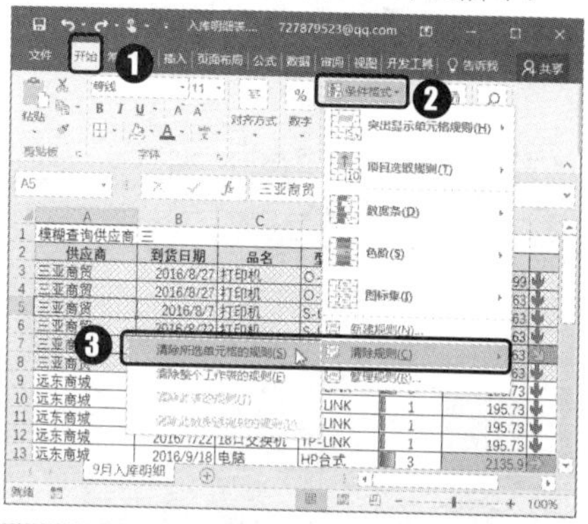

第 2 步：清除整个工作表的规则

❶单击“开始”选项卡；❷在“样式”功能组中单击“条件格式”下拉按钮；❸在弹出的下拉列表中选择“清除规则→清除整个工作表的规则”选项，即可清除整个工作表中的所有格式规则，如下图所示。

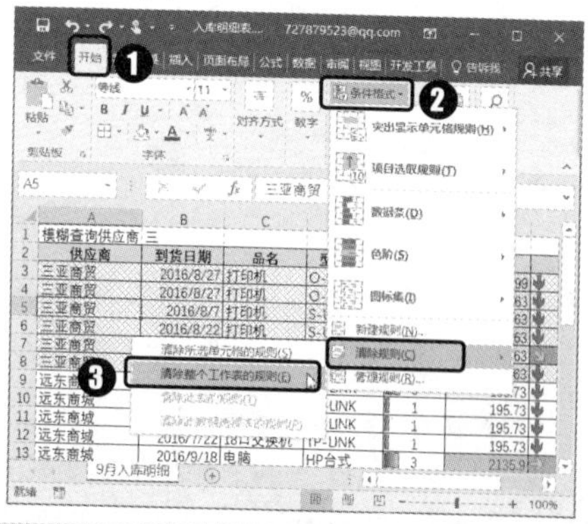

4.3 提升效率——实用操作技巧

通过前面知识的学习，相信读者朋友已经掌握了数据验证和条件格式的相关基础知识。下面结合本章内容，给大家介绍一些实用技巧。

同步文件

原始文件：素材文件\第 4 章\提升效率\

结果文件：结果文件\第 4 章\提升效率\

同步视频文件：同步教学文件\第 4 章\提升效率.mp4

1. 隐藏数据验证序列中的下拉箭头

默认情况下，在 Excel 的单元格中设置序列，同时会在单元格的右侧生成一个下拉箭头，供用户选择序列选项。如果不喜欢这个下拉箭头，可以将其隐藏，具体操作方法如下。

第 1 步：执行数据验证命令

打开“素材文件\第 4 章\提升效率\隐藏序列中的下拉箭头.xlsx”文件，选中单元格区域 C2:C12，❶单击“数据”选项卡；❷在“数据工具”功能组中单击“数据验证”下拉按钮；❸在弹出的下拉列表中选择“数据验证”选项，如右图所示。

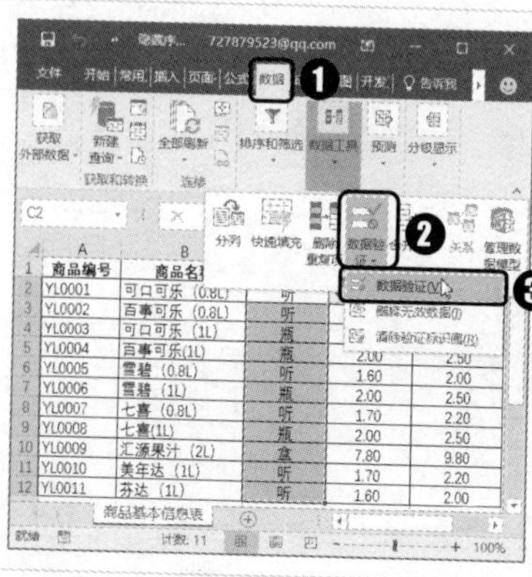

第 2 步：取消下拉箭头设置

弹出“数据验证”对话框，❶在“设置”选项卡中取消选中“提供下拉箭头”复选框；❷单击“确定”按钮，如下图所示。

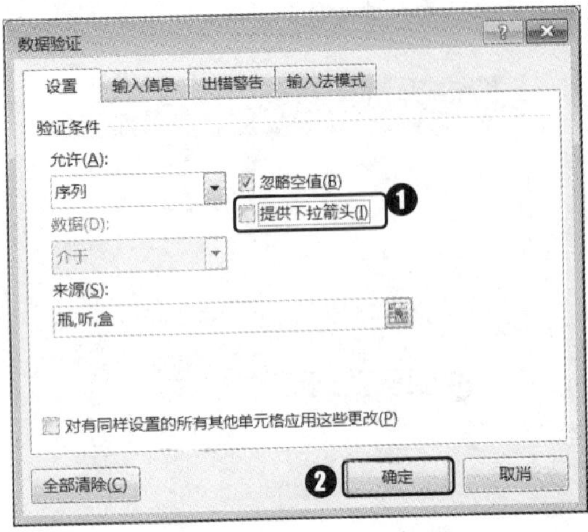

第 3 步：查看隐藏效果

此时选中的单元格区域 C2:C12 中单元格右侧的下拉箭头就隐藏起来了，如下图所示。

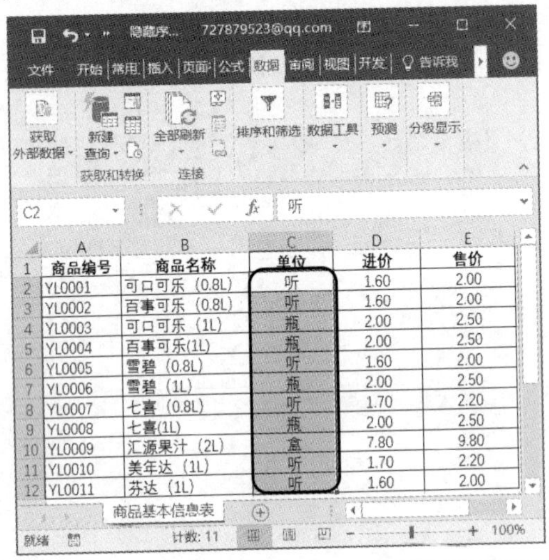

> **温馨小提示**
>
> 采用“数据验证”功能设置下拉列表中的序列时，设置的选项之间用英文半角逗号“,”隔开。

2．拖动鼠标引用数据源

利用 Excel 的数据验证功能，可以自定义下拉列表，通过拖动鼠标的方式引用数据源，大大提高输入效率。拖动鼠标引用数据源的具体操作方法如下。

第 1 步：选中单元格

打开“素材文件\第 4 章\提升效率\拖动鼠标引用数据源.xlsx”文件，选中 C2 单元格，如下图所示。

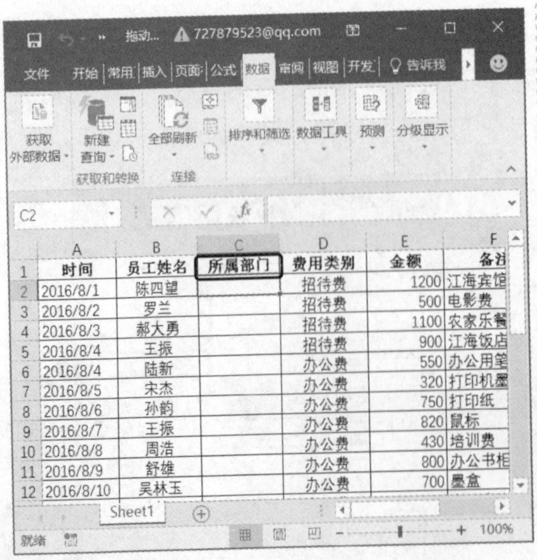

第 2 步：向下选中全部单元格区域

按“Ctrl + Shift + ↓”组合键，即可向下选中所有单元格区域，如下图所示。

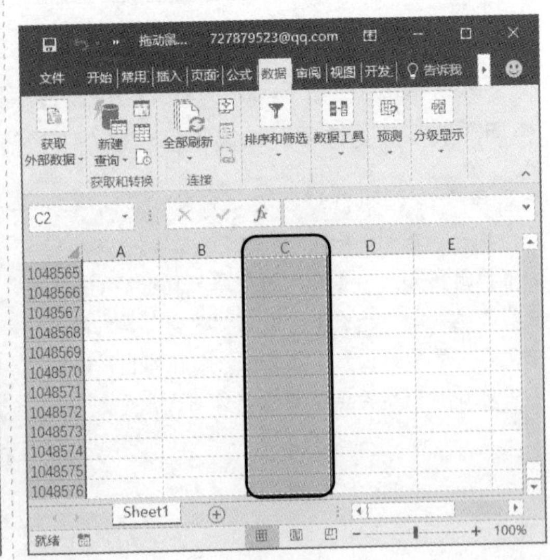

第 3 步：执行数据验证命令

❶单击“数据”选项卡；❷在“数据工具”功能组中单击“数据验证”下拉按钮；❸在弹出的下拉列表中选择“数据验证”选项，如下图所示。

第 4 步：设置序列选项

弹出“数据验证”对话框，❶在“允许”下拉列表中选择“序列”选项；❷在“来源”文本框中单击“折叠”按钮，如下图所示。

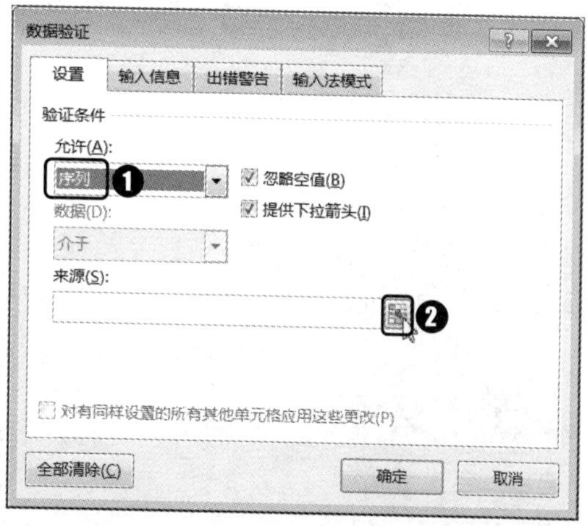

第 5 步：选取数据来源

拖动数据，在当前工作表中选中单元格区域H2:H5，单击“展开”按钮，如下图所示。

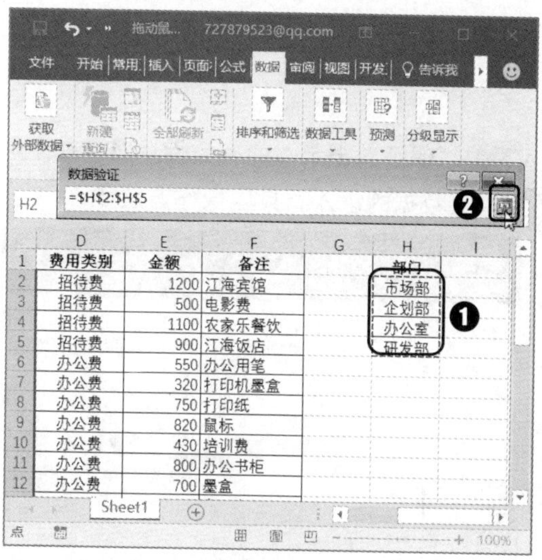

第 6 步：查看选中的数据来源

打开“数据验证”对话框，❶此时即可在“来源”文本框中看到选取的数据来源“=$H$2:$H$5”；❷单击“确定”按钮，如下图所示。

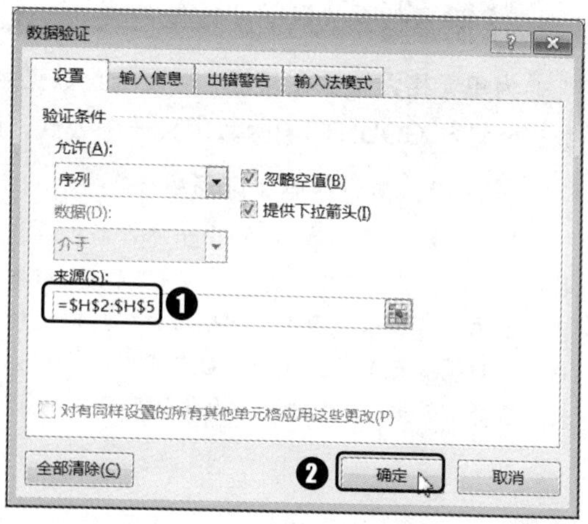

第 7 步：查看下拉箭头

此时选中的单元格区域中任意一个单元格右侧都会出现一个下拉按钮，如下图所示。

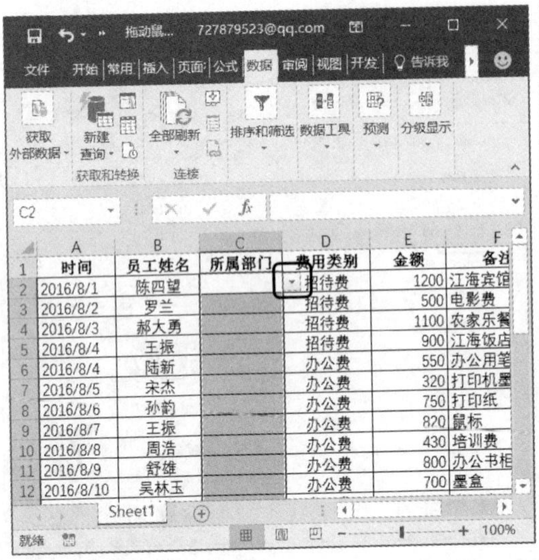

第 8 步：打开下拉列表

❶单击单元格 C2 右侧的下拉按钮；❷此时就弹出了设置的下拉列表，用户根据需要选中要输入的部门即可，例如，选择“市场部”选项，如下图所示。

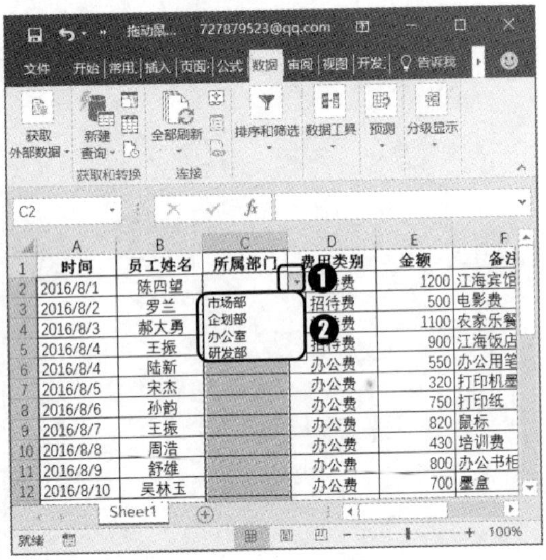

温馨小提示

拖动鼠标不仅可以引用当前工作表中的数据源，还可以跨工作表引用数据源，例如，要引用工作表 Sheet 2 中的单元格区域 A1:A10，那么单击工作表 Sheet 2，然后拖动鼠标在工作表 Sheet 2 中选取单元格区域 A1:A10，这样即可引用 Sheet 2 中的数据源。

3．设置数据验证防止重复数据

为单元格设置数据验证，可以防止数据录入重复，保证数据录入的有效性。接下来使用数据验证和 COUNTIF()函数定义一个公式，防止重复数据的录入，具体操作方法如下。

第 1 步：执行数据验证命令

打开“素材文件\第 4 章\提升效率\防止重复数据.xlsx”文件，选中单元格区域 C2:C10，❶单击“数据”选项卡；❷在“数据工具”功能组中单击“数据验证”下拉按钮；❸在弹出的下拉列表中选择“数据验证”选项，如右图所示。

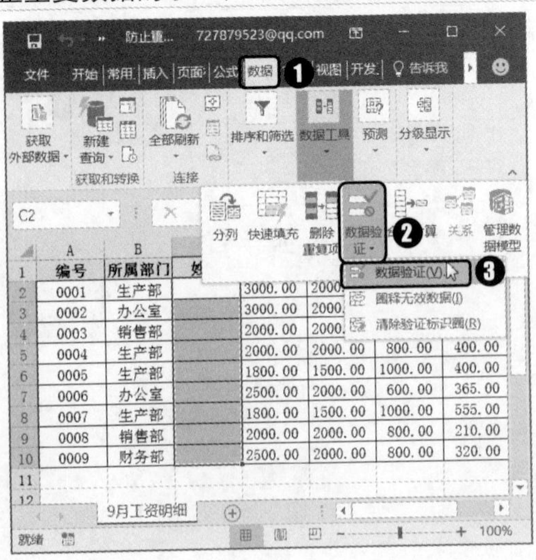

第 2 步：显示计算结果

弹出“数据验证”对话框，❶单击“设置”选项卡；❷在“允许”下拉列表中选择“自定义”选项；❸在下方的“公式”文本框中输入公式“=COUNTIF($C$2:$C$10, C2)=1”，如下图所示。

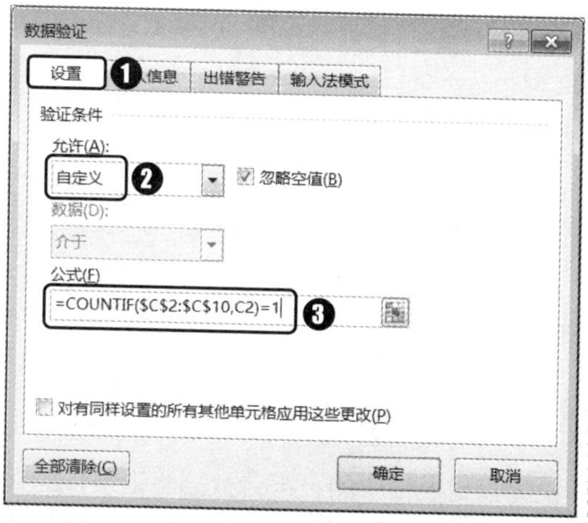

第 3 步：设置出错警告

❶单击“出错警告”选项卡；❷“样式”下拉列表中选择“警告”选项；❸在“标题”文本框中输入文字“出错警告”，在“错误信息”文本框中输入文字“姓名不得重复”；❹单击“确定”按钮，如下图所示。

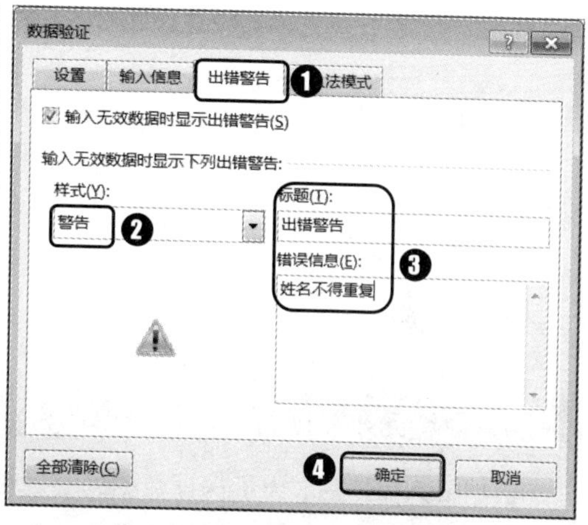

第 4 步：输入重复数据

返回工作表，在 C2 单元格中输入“张三”，然后在 C4 单元格中也输入“张三”，按“Enter”键，如下图所示。

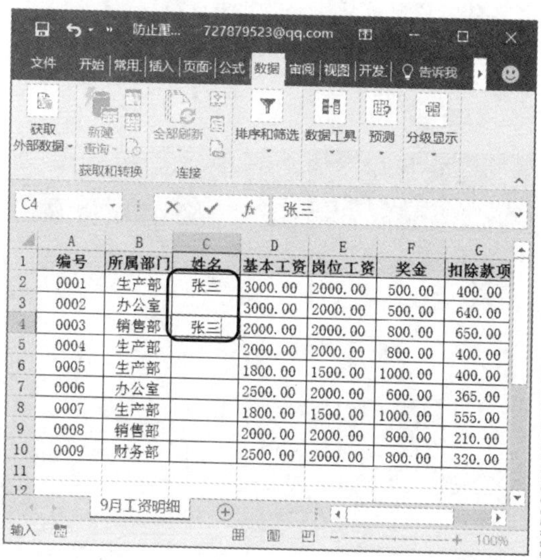

第 5 步：查看错误警告

此时就会弹出“出错警告”对话框，提示用户“姓名不得重复，是否继续”，单击“否”按钮，如下图所示。

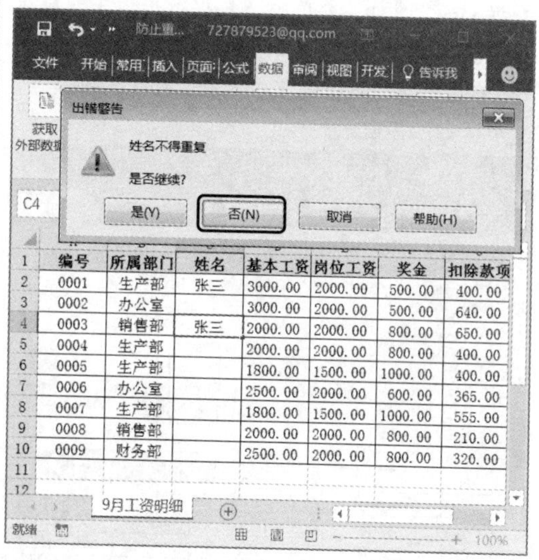

第 6 步：修改重复数据

将 C4 单元格中的重复数据修改为不重复的姓名即可，例如，修改为“李四”，如右图所示。

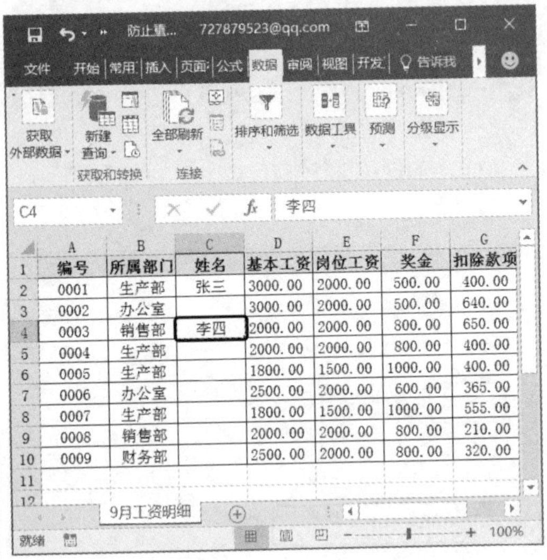

4．圈释无效数据

数据输入完毕后，为了保证数据的准确性，快速找到表格中的不符合数据验证条件的数据，可以通过 Excel 中的圈释无效数据功能，实现数据的快速检测和修改，圈释无效数据的具体操作方法如下。

第 1 步：执行圈释无效数据命令

打开“素材文件\第 4 章\提升效率\圈释无效数据.xlsx”文件，❶单击“数据”选项卡；❷在“数据工具”功能组中单击“数据验证”下拉按钮；❸在弹出的下拉列表中选择“圈释无效数据”选项，如下图所示。

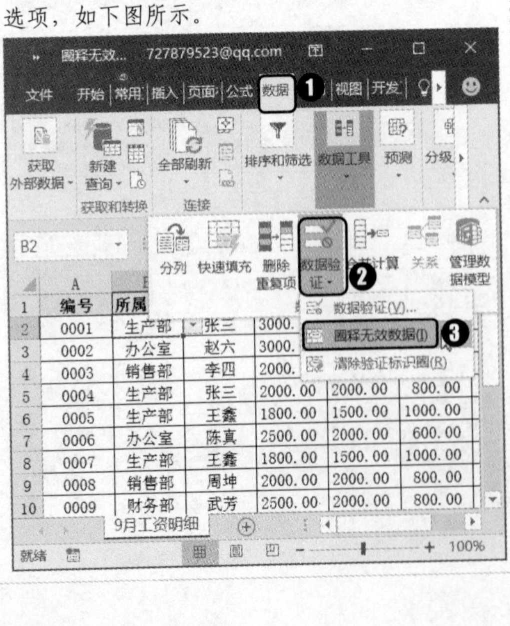

第 2 步：查看圈释结果

工作表中设置了“姓名不得重复”的数据验证条件，此时重复的无效数据就被红色的椭圆醒目地圈释出来，如下图所示。

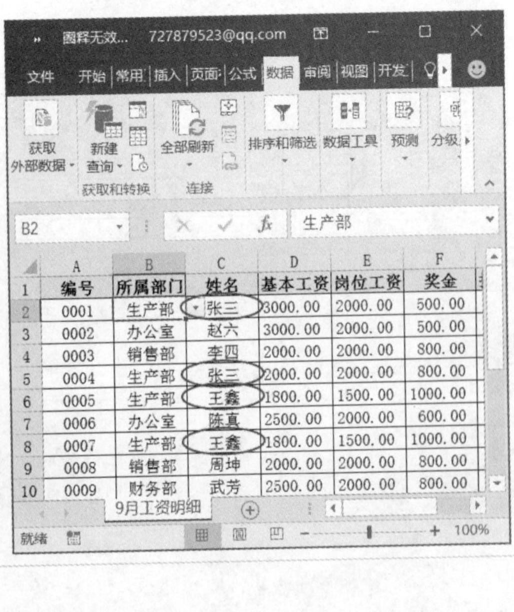

第 3 步：修改错误数据

将重复数据进行检查并修改即可，修改完毕如右图所示。

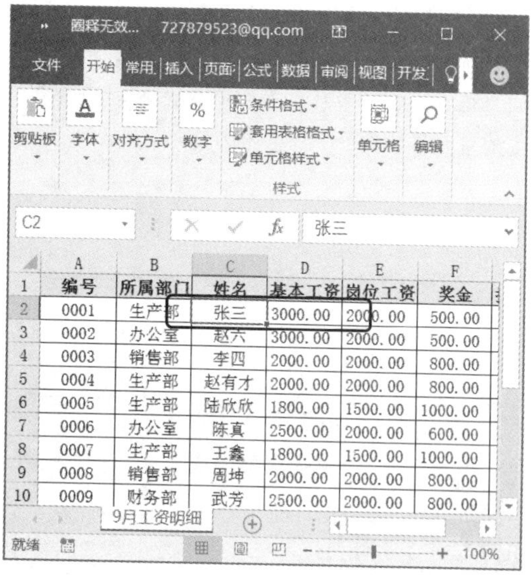

温馨小提示

如果要取消圈释，在“数据工具”功能组中单击“数据验证”下拉按钮，然后在弹出的下拉列表中选择“清除验证标识圈”选项，即可删除验证标识圈。

5. 使用条件格式设置隔行换色

使用条件格式功能，结合 MOD()函数，可以设置隔行换色，这里的隔行换色既包括换单元格底色，又包括换字体颜色，具体操作方法如下。

第 1 步：选中单元格区域

打开“素材文件\第 4 章\提升效率\设置隔行换色.xlsx”文件，选中单元格区域 A1:G29，如下图所示。

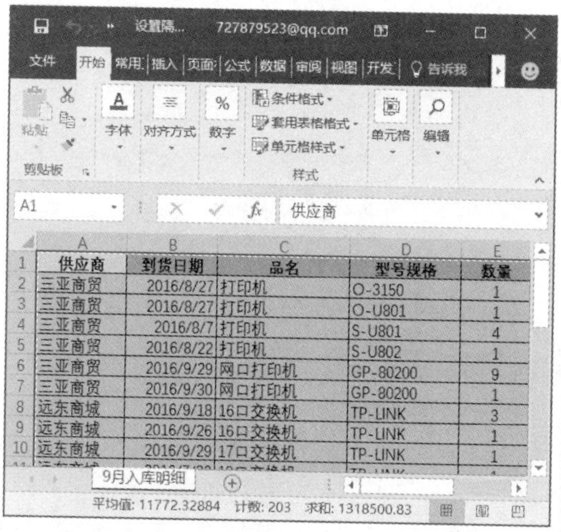

第 2 步：执行新建规则命令

❶单击“开始”选项卡；❷在“样式”功能组中单击“条件格式”下拉按钮；❸在弹出的下拉列表中选择“新建规则”选项，如下图所示。

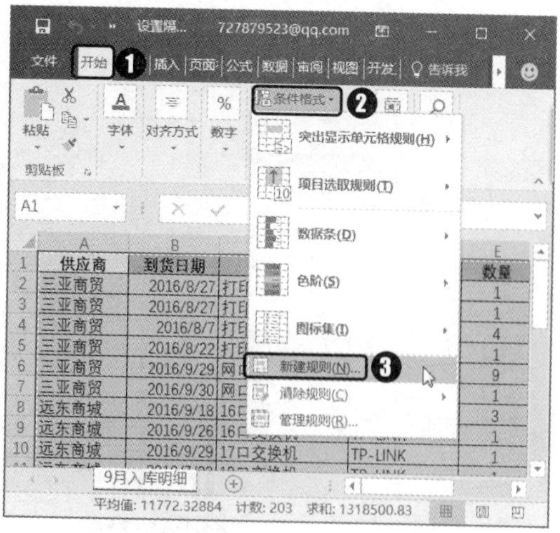

第 3 步：选择规则类型

弹出“新建格式规则”对话框，在“选择规则类型”列表框中选择“使用公式确定要设置格式的单元格”选项，如下图所示。

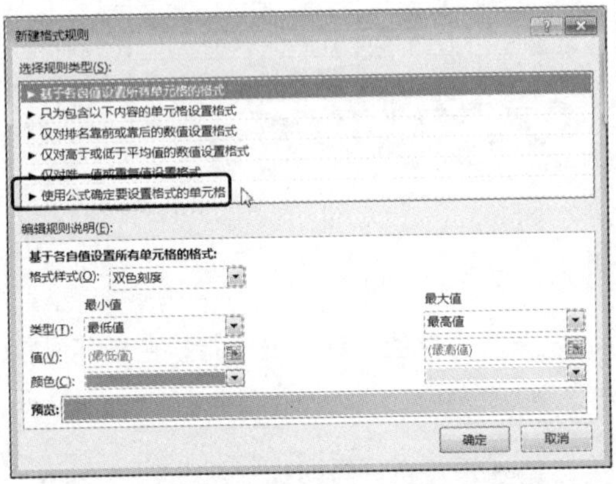

第 4 步：设置公式

弹出“新建格式规则”对话框，❶在“编辑规则说明”组合框中将条件格式设置为公式“=MOD(ROW(A1),2)=0”；❷单击“格式”按钮，如下图所示。

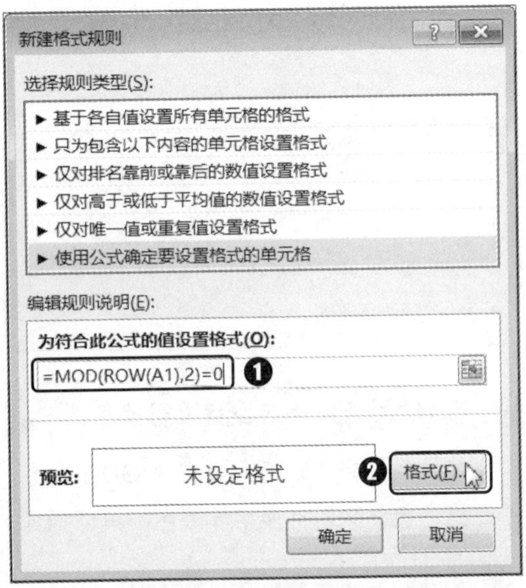

第 5 步：设置填充效果

弹出“设置单元格格式”对话框，❶切换到“字体”选项卡，在“字体颜色”下拉列表中选择“红色”选项，如下图所示。

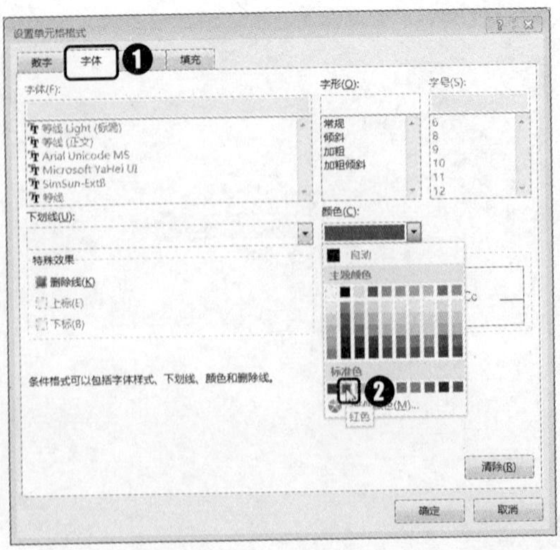

第 6 步：返回编辑格式规则对话框

弹出“设置单元格格式”对话框，❶切换到“填充”选项卡，❷在“图案颜色”下拉列表中选择“金色，个性色 4，淡色 80%”选项；❸单击“确定”按钮，如下图所示。

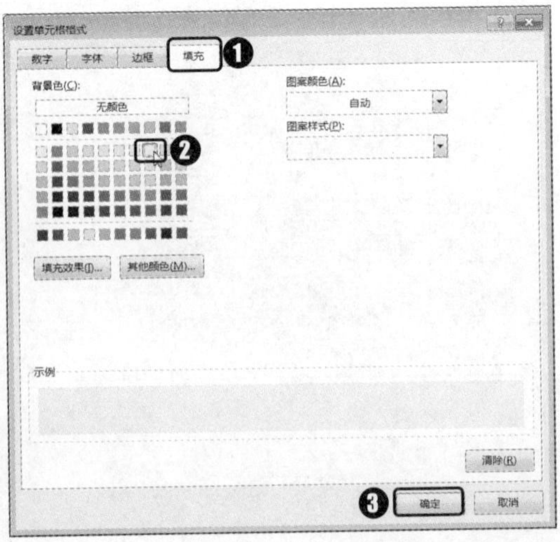

第 7 步：返回新建格式规则对话框

返回“新建格式规则”对话框，此时即可看到新建的格式规则，直接单击“确定”按钮，如下图所示。

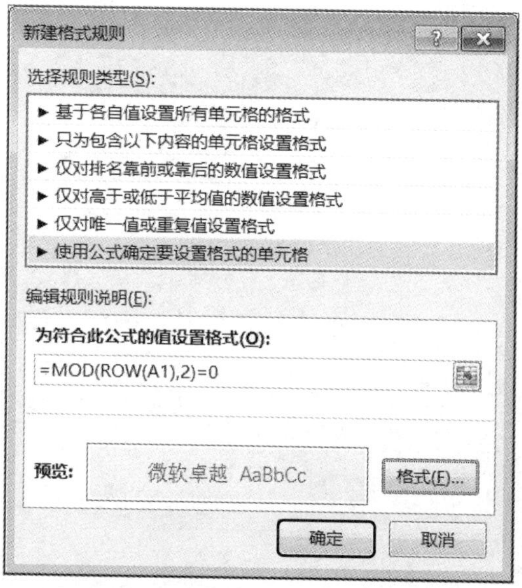

第 8 步：查看隔行换色效果

此时即可看到选中的单元格区域实现了隔行显示不同字体颜色和单元格底色，如下图所示。

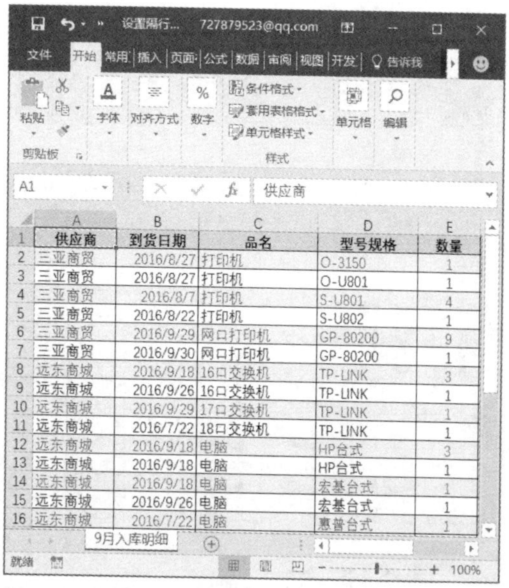

温馨小提示

MOD()函数的作用是返回一个除法运算后的余数。其格式为：MOD(number,divisor)。参数 number 是被除数；divisor 是除数。例如，MOD(10,4)=2，2 便是由 10 除以 4 所得出的余数。如果 number 正好被 divisor 除尽，则函数的结果等于 0。

ROW()函数的功能是返回当前单元格所在行的行号，ROW(A1)返回 A1 单元格的行号 1。MOD(ROW( ),2)表示所有被 2 除尽（也就是结果等于 0）的行号的行，也就是对符合这种要求的行设置格式，即可实现隔行设置字体颜色或单元格底色。

6. 让不同类型数据用不同颜色显示

在工资表中，使用“条件格式”功能，可以让大于等于 5 000 元的“实发工资”以“浅红填充色深红色文本”显示，大于等于 4 000 元，小于等于 5 000 元的“实发工资”以“蓝色”显示，低于 4 000 元的“实发工资”以“黄填充色深黄色文本”显示，其他以“黑色”显示，具体操作方法如下。

第 1 步：选中数据区域

打开“素材文件\第 4 章\提升效率\让不同类型数据用不同颜色显示.xlsx”文件，选中单元格区域 H2:H10，如下图所示。

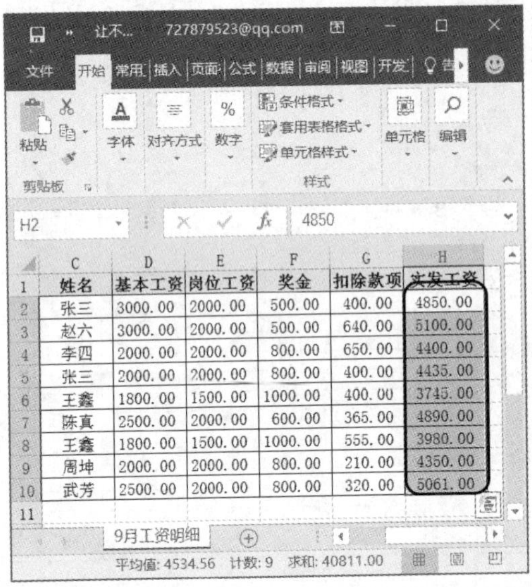

第 2 步：执行大于命令

❶单击“开始”选项卡；❷在“样式”功能组中单击“条件格式”下拉按钮；❸在弹出的下拉列表中选择“突出显示单元格规则→大于”选项，如下图所示。

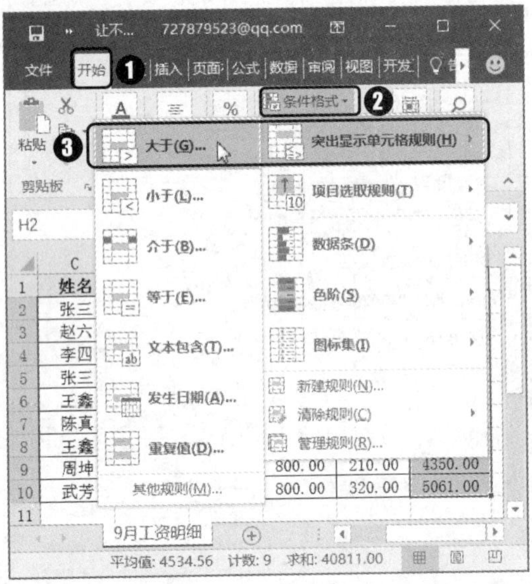

第 3 步：设置大于 5 000 的格式

弹出“大于”对话框，❶在“为大于以下值的单元格设置格式”文本框中输入值“5000”；❷在“设置为”下拉列表中选择“浅红填充色深红色文本”选项；❸单击“确定”按钮，如下图所示。

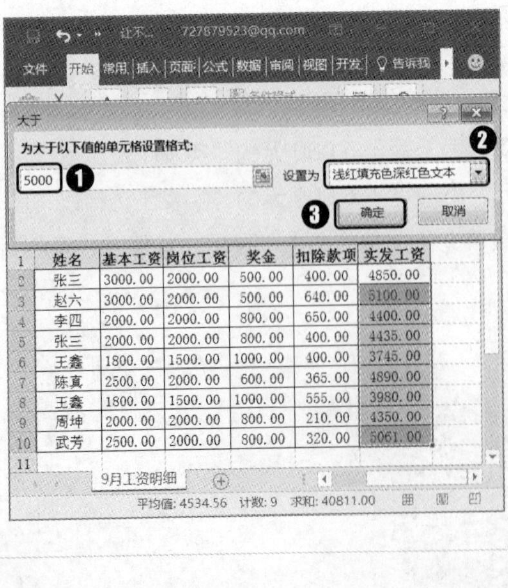

第 4 步：执行小于命令

❶单击“开始”选项卡；❷在“样式”功能组中单击“条件格式”下拉按钮；❸在弹出的下拉列表中选择“突出显示单元格规则→小于”选项，如下图所示。

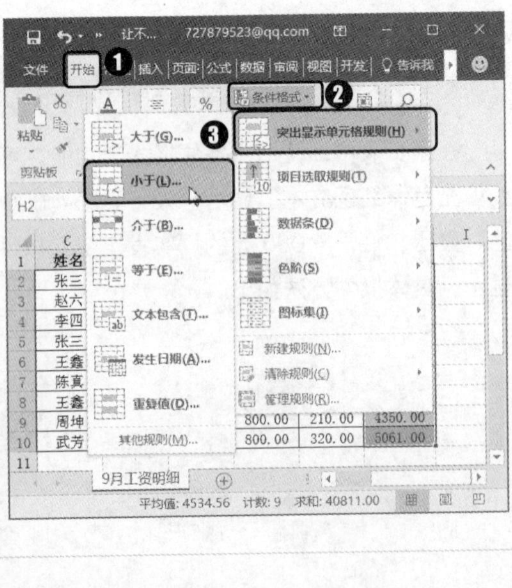

第 5 步：设置小于 4 000 的格式

弹出“小于”对话框，❶在“为小于以下值的单元格设置格式”文本框中输入值“5 000”；❷在“设置为”下拉列表中选择“黄填充色深黄色文本”选项；❸单击“确定”按钮，如下图所示。

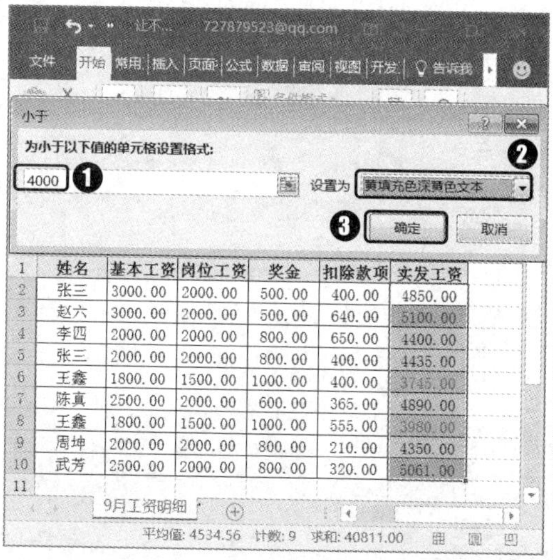

第 6 步：执行介于命令

❶单击“开始”选项卡；❷在“样式”功能组中单击“条件格式”下拉按钮；❸在弹出的下拉列表中选择“突出显示单元格规则→介于”选项，如下图所示。

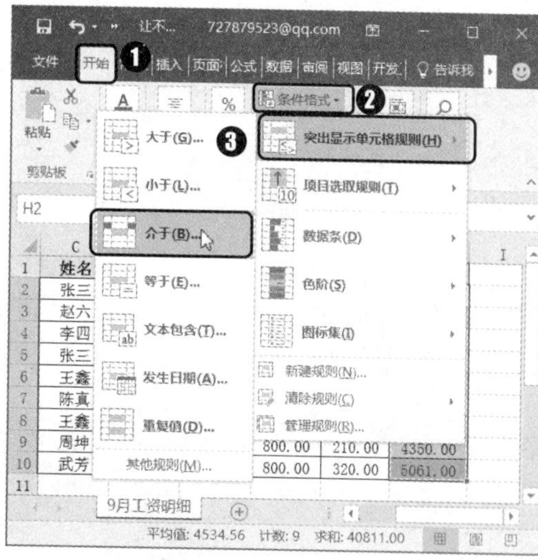

第 7 步：设置介于 4 000 到 5 000 的格式

弹出“介于”对话框，❶在“为介于以下值的单元格设置格式”文本框中将数值区间设置为“4 000 到 5 000”；❷在“设置为”下拉列表中选择“绿填充色深绿色文本”选项；❸单击“确定”按钮，如下图所示。

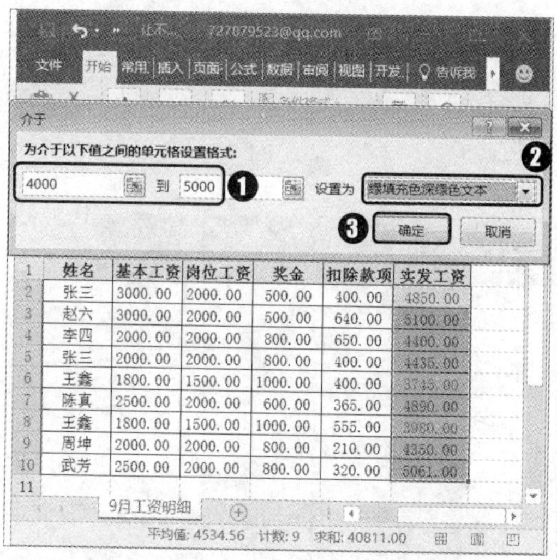

第 8 步：查看设置结果

设置完毕，员工的“实发工资”就会按照设置的数值区间和格式设置显示，如下图所示。

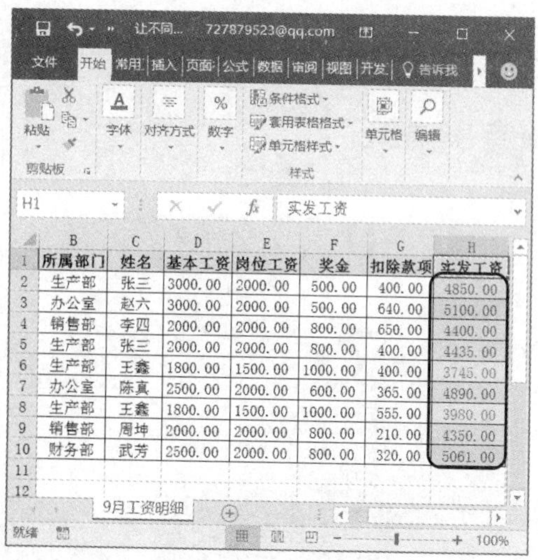

第 5 章　财务数据的统计分析

本章导读

排序、筛选和分类汇总是重要的数据统计和分析工具。本章结合固定资产清单、应付账款清单、应收账款清单、工资计算表等财务案例，介绍排序、筛选、分类汇总和数据透视功能在数据统计与分析工作中的操作技巧。

知识要点

- 使用“升序”或“降序”按钮
- 使用“排序”对话框
- 进行复杂排序
- 进行自定义排序
- 简单筛选
- 自定义筛选
- 高级筛选的运用
- 简单分类汇总
- 嵌套分类汇总
- 创建工资数据透视表
- 创建工资数据透视图

案例展示

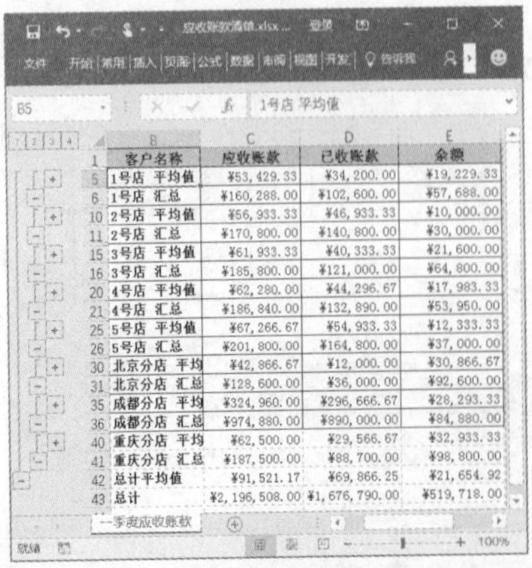

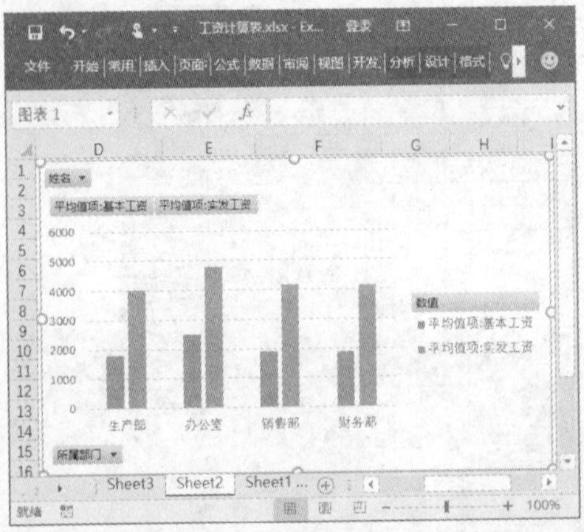

5.1 固定资产清单中的数据排序

案例概述

为了方便查看表格中的数据，可以按照一定的顺序对工作表中的数据进行重新排序。数据排序方法主要包括简单排序、复杂排序和自定义排序。本节以排序固定资产清单为例，介绍 3 种排序方法的具体操作方法。

案例效果

本节主要讲解排序的常用操作和技巧，结合实例固定资产清单，介绍按购买日期或资产原值进行简单排序的方法，按类别分类和固定资产原值进行多条件排序的方法，以及按使用部门为固定资产自定义排序等内容。

对固定资产清单进行排序的效果如下图所示。

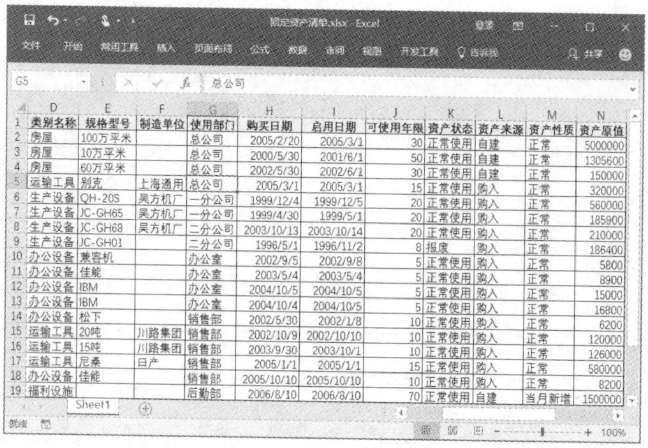

类别名称	规格型号	制造单位	使用部门	购买日期	启用日期	可使用年限	资产状态	资产来源	资产性质	资产原值
房屋	100万平米		总公司	2005/2/20	2005/3/1	30	正常使用	自建	正常	5000000
房屋	10万平米		总公司	2000/5/30	2001/6/1	50	正常使用	自建	正常	1305600
房屋	60万平米		总公司	2002/5/30	2002/6/1	30	正常使用	自建	正常	150000
运输工具	别克	上海通用	总公司	2005/3/1	2005/3/1	15	正常使用	购入	正常	320000
生产设备	QH-20S	吴方机厂	一分公司	1999/12/4	1999/12/5	20	正常使用	购入	正常	560000
生产设备	JC-GH65	吴方机厂	一分公司	1999/4/30	1999/5/1	20	正常使用	购入	正常	185900
生产设备	JC-GH68	吴方机厂	二分公司	2003/10/13	2003/10/14	20	正常使用	购入	正常	210000
生产设备	JC-GH01		二分公司	1996/5/1	1996/11/2	8	报废	购入	正常	186400
办公设备	兼容机		办公室	2002/9/5	2002/9/8	5	正常使用	购入	正常	5800
办公设备	佳能		办公室	2003/5/4	2003/5/4	5	正常使用	购入	正常	8900
办公设备	IBM		办公室	2004/10/5	2004/10/5	5	正常使用	购入	正常	15000
办公设备	IBM		办公室	2004/10/4	2004/10/5	5	正常使用	购入	正常	16800
办公设备	松下		销售部	2002/5/30	2002/1/8	10	正常使用	购入	正常	6200
运输工具	20吨	川路集团	销售部	2002/10/9	2002/10/10	10	正常使用	购入	正常	120000
运输工具	15吨	川路集团	销售部	2003/9/30	2003/10/1	10	正常使用	购入	正常	126000
运输工具	尼桑	日产	销售部	2005/1/1	2005/1/1	15	正常使用	购入	正常	580000
办公设备	佳能		销售部	2005/10/10	2005/10/10	10	正常使用	购入	正常	8200
福利设施			后勤部	2006/8/10	2006/8/10	70	正常使用	自建	当月新增	1500000

同步文件

原始文件：素材文件\第 5 章\固定资产清单.xlsx

结果文件：结果文件\第 5 章\固定资产清单.xlsx

同步视频文件：同步教学文件\第 5 章\固定资产清单.xlsx\5.1.1.mp4~5.1.3.mp4

制作思路

对“固定资产清单”进行排序的思路如下：

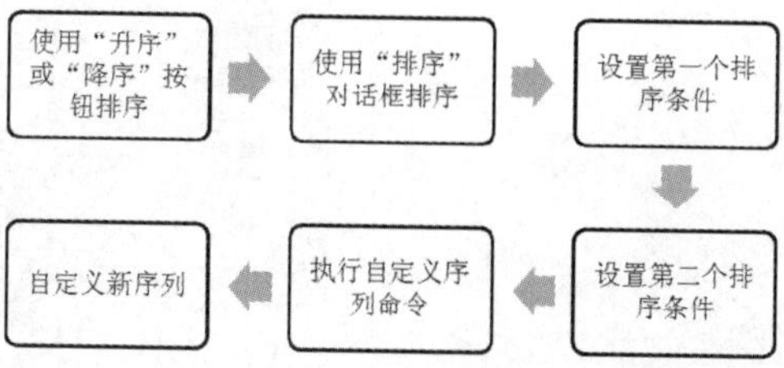

5.1.1 按购买日期或资产原值进行简单排序

对数据清单进行排序时，如果按照单列的内容进行简单排序，既可以直接使用“升序”或“降序”按钮来完成，也可以通过“排序”对话框来完成。

1. 使用“升序”或“降序”按钮

接下来使用“升序”按钮按“购买日期”对固定资产清单进行简单排序，具体操作方法如下。

第 1 步：单击升序按钮

打开“素材文件\第 4 章\提升效率\固定资产清单.xlsx”文件，❶选中“购买日期”列中的任意单元格；❷单击“数据”选项卡；❸在“数据和筛选”功能组中单击“升序”按钮，如下图所示。

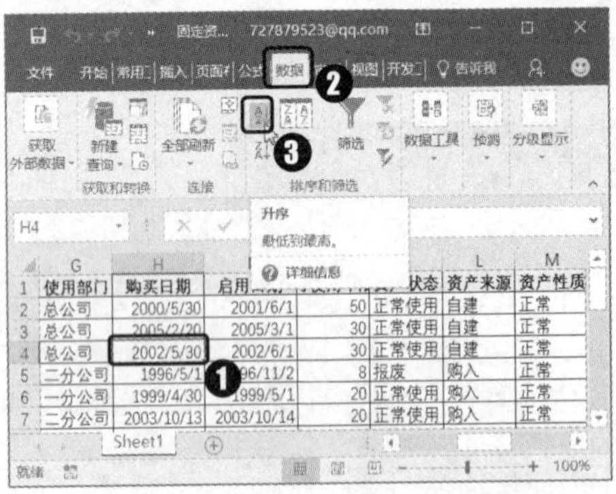

第 2 步：查看排序结果

此时，固定资产清单就会按照“购买日期”进行升序排序，如下图所示。

专家会诊台

Q：默认的 Excel 的数据排序是按行排序和按字母排序，能不能按列排序或按笔画排序呢？

A：当然可以。打开“排序”对话框，单击“选项”按钮，弹出“选项”对话框，然后再选择“按列排序”和“按笔画排序”选项即可。

2. 使用“排序”对话框

接下来使用“排序”对话框，设置一个排序条件，按“资产原值”对固定资产清单进行降序排序，具体操作方法如下。

第 1 步：执行排序命令

选中数据区域中的任意单元格，❶单击“数据”选项卡；❷在“数据和筛选”功能组中单击“排序”按钮，如右图所示。

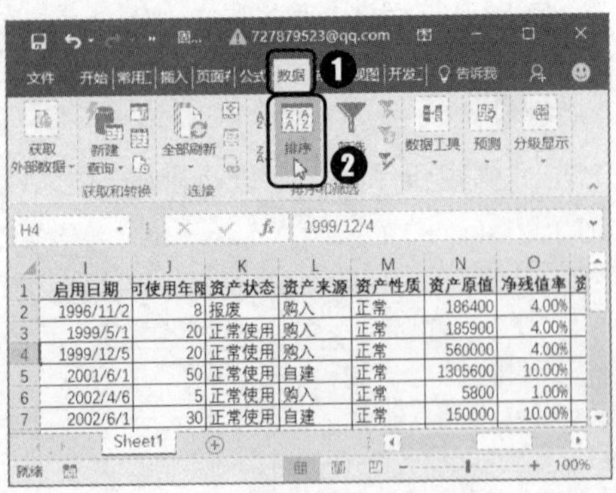

第 2 步：设置排序条件

弹出“排序”对话框，❶在“主要关键字”下拉列表中选择“资产原值”选项；❷在“次序”下拉列表中选择“降序”选项；❸单击“确定”按钮，如下图所示。

第 3 步：查看排序结果

此时，固定资产清单就会按照“资产原值”进行降序排序，如下图所示。

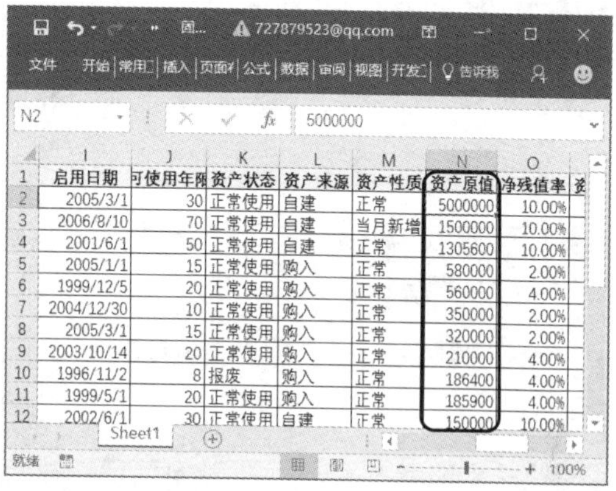

> **温馨小提示**
>
> Excel 数据的排序依据有多种，主要包括数值、单元格颜色、字体颜色和单元格图标，按照数值进行排序，是最常用的一种排序方法。

5.1.2 按类别名称和月折旧额进行复杂排序

如果在排序字段里出现相同的内容，会保持着它们的原始次序。如果用户还要对这些相同内容按照一定条件进行排序，就用到多个关键字的复杂排序。接下来，在按照“类别名称”对固定资产清单进行升序排列的基础上，按照“月折旧额”进行降序排列，具体的操作方法如下。

第 1 步：执行排序命令

选中数据区域中的任意单元格，❶单击“数据”选项卡；❷在“数据和筛选”功能组中单击“排序”按钮，如下图所示。

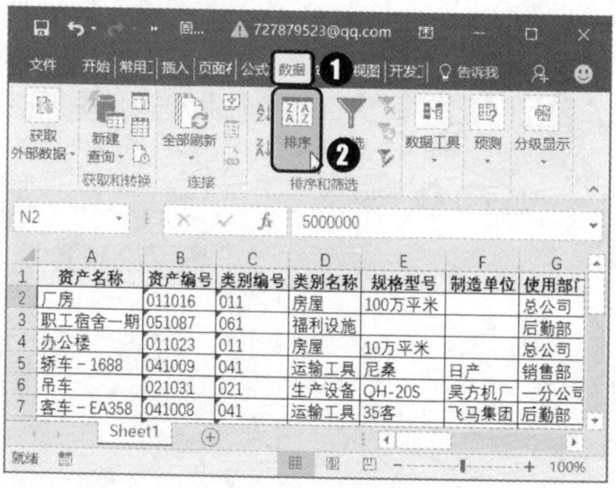

第 2 步：设置第一个排序条件

弹出“排序”对话框，❶在“主要关键字”下拉列表中选择“类别名称”选项；❷在“次序”下拉列表中选择“升序”选项；❸单击“添加条件”按钮，如下图所示。

第 3 步：设置第二个排序条件

此时即可添加一组新的排序条件，❶在“次要关键字”下拉列表中选择“月折旧额”选项，❷在“次序”下拉列表中选择“降序”选项，❸单击“确定”按钮，如下图所示。

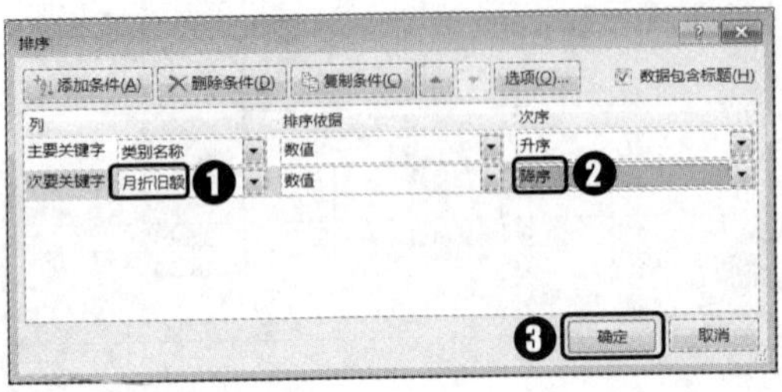

第 4 步：查看排序结果

此时固定资产清单在根据“类别名称”进行升序排列的基础上，按照“月折旧额”进行了降序排列，排序结果如下图所示。

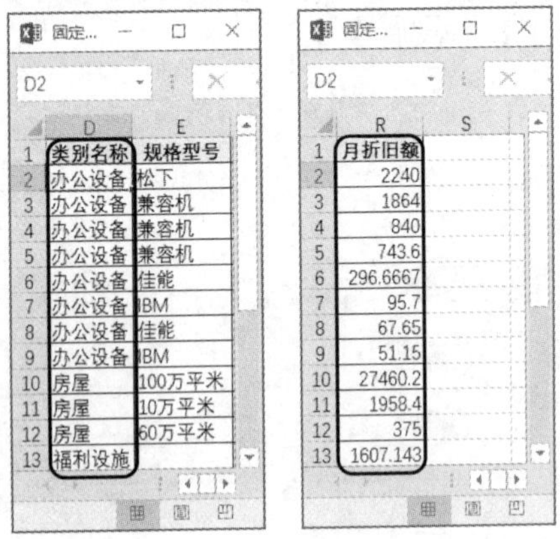

5.1.3 按使用部门为固定资产进行自定义排序

数据的排序方式除了可以按照数字大小和拼音字母顺序外，还会涉及一些没有明显顺序特征的项目，如“使用部门”、“类别名称”、“业务员”等，此时，可以按照自定义的序列对这些数据进行排序。接下来将固定资产清单的序列顺序定义为“总公司，一分公司，二分公司，办公室，销售部，后勤部”，然后进行排序，具体的操作方法如下。

第 1 步：执行排序命令

选中数据区域中的任意单元格，❶单击“数据”选项卡；❷单击“排序和筛选”功能组中的“排序”按钮，如下图所示。

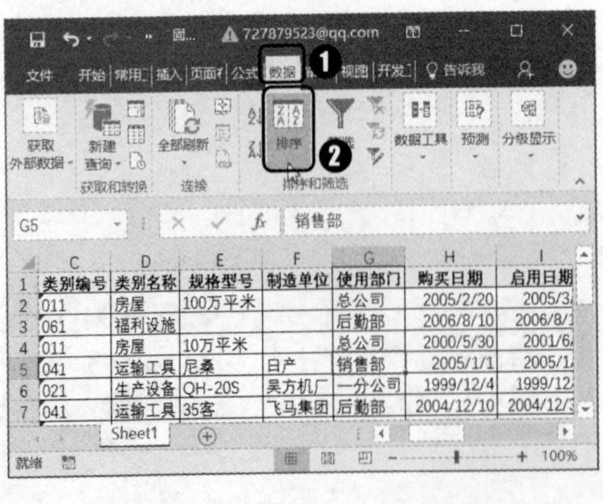

第 2 步：执行自定义序列命令

弹出“排序”对话框，❶在“主要关键字”下拉列表中选择“使用部门”选项；❷在“次序”下拉列表中选择“自定义序列”选项，如下图所示。

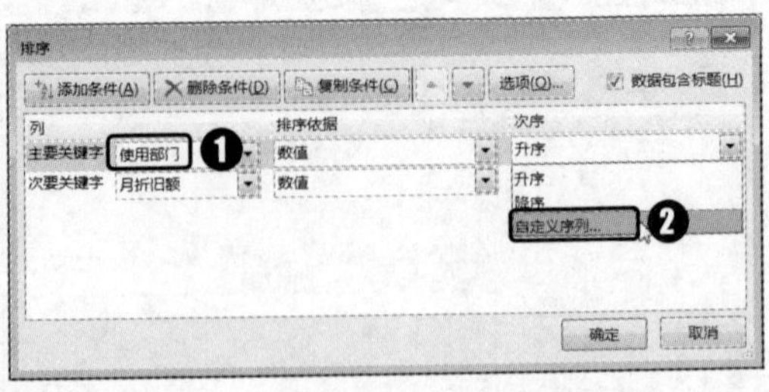

第 3 步：自定义排序

弹出“自定义排序”对话框，❶在“自定义序列”列表框中选择“新序列”选项；❷在“输入序列”文本框中输入“总公司,一分公司,二分公司,办公室,销售部,后勤部”，中间用英文半角状态下的逗号隔开；❸单击“添加”按钮，如下图所示。

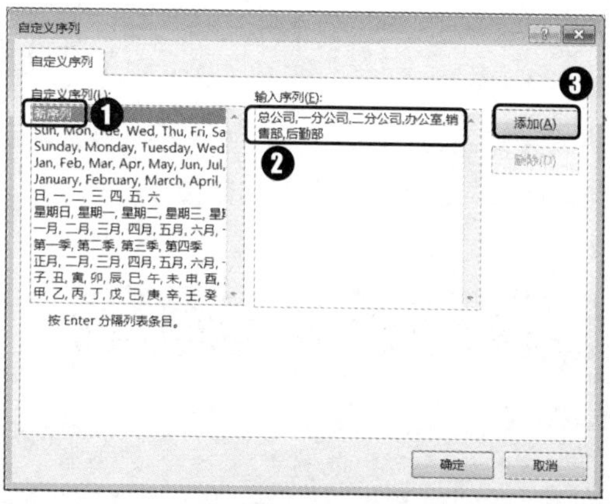

第 4 步：查看添加结果

❶此时，新定义的序列“总公司,一分公司,二分公司,办公室,销售部,后勤部”就添加到“自定义序列“列表框中；❷然后单击“确定”按钮，如下图所示。

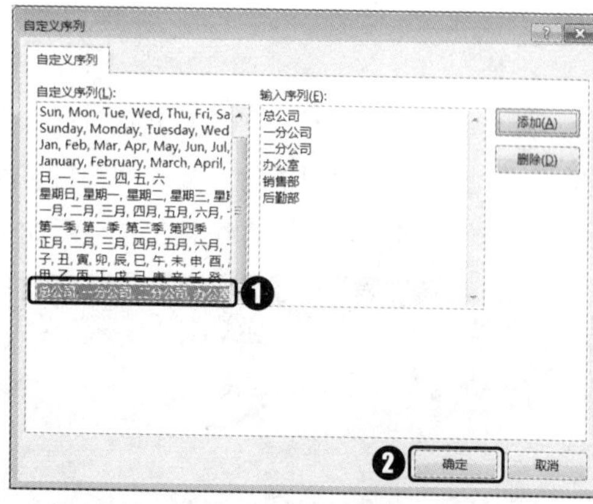

第 5 步：选择次序

返回“排序”对话框，此时，❶在“主要关键字”中的“次序”下拉列表中自动选择“总公司，一分公司，二分公司，后勤部”选项；❷单击“确定”按钮，如下图所示。

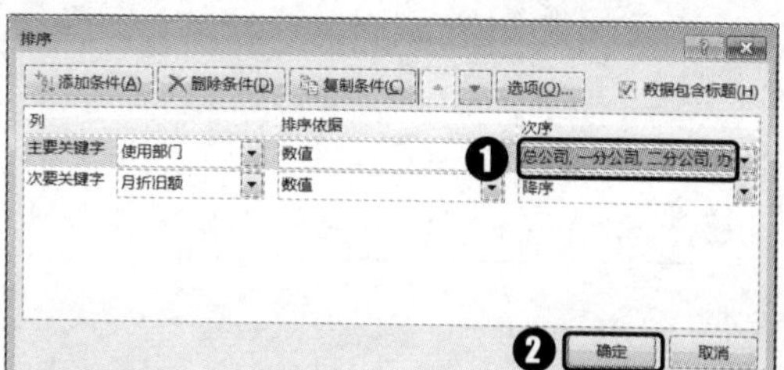

第 6 步：查看自定义排序结果

此时，表格中的数据按照自定义序列的“总公司,一分公司,二分公司,办公室,销售部,后勤部”序列进行排序，如下图所示。

温馨小提示

有时我们要对“折旧额、销售额、工资”等字段进行排序，又不希望打乱表格原有数据的顺序，而只需要得到一个排列名次，这该怎么办呢？对于这类问题，我们可以用 RANK()函数来实现次序的排列。

5.2 应付账款清单中的数据筛选

案例概述

如果要在成千上万条数据记录中查询需要的数据，此时就用到 Excel 的筛选功能。Excel 提供了 3 种数据的筛选操作，即“自动筛选”、“自定义筛选”和“高级筛选”。本节主要介绍使用 Excel 的筛选功能，对应付账款清单中数据按条件进行筛选和分析。

案例效果

公式是 Excel 工作表中进行数值计算和分析的等式。公式输入是以“=”开始的。简单的公式有加、减、乘、除等，复杂的公式可能包含函数、引用、运算符和常量等。

“应付账款清单”中的数据筛选结果如下图所示。

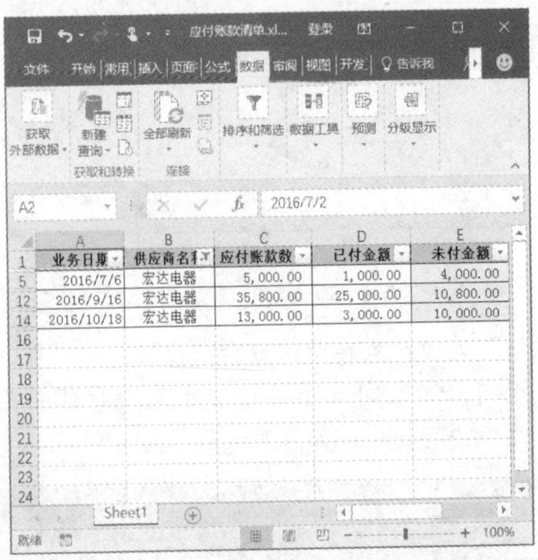

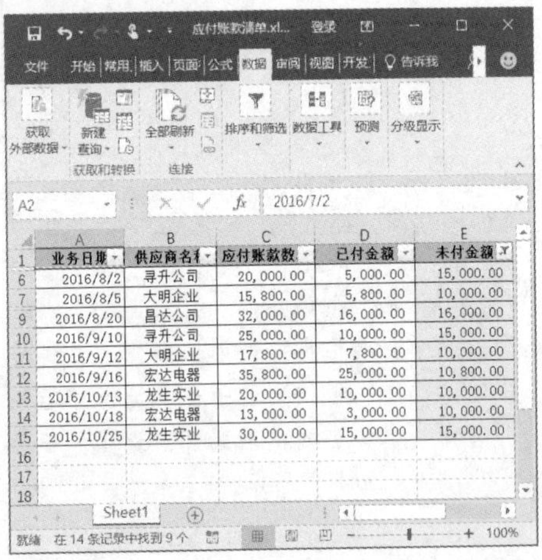

同步文件

原始文件：素材文件\第 5 章\应付账款清单.xlsx

结果文件：结果文件\第 5 章\应付账款清单.xlsx

同步视频文件：同步教学文件\第 5 章\应付账款清单\5.2.1.mp4~5.2.3.mp4

制作思路

在“应付账款清单”中进行数据排序的具体思路如下：

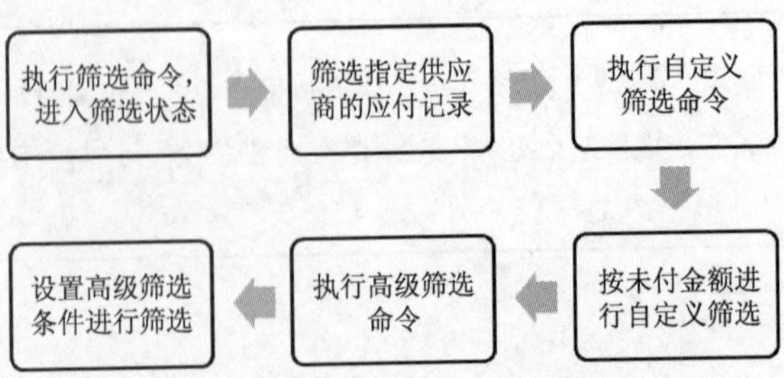

5.2.1 筛选指定供应商的应付记录

自动筛选是 Excel 的一个易于操作，且经常使用的实用技巧。自动筛选通常是按简单的条件进行筛选，筛选时将不满足条件的数据暂时隐藏起来，只显示符合条件的数据。接下来，在应付账款清单中筛选供应商名称为“宏达电器”的应付账款记录，具体操作方法如下。

第 1 步：执行筛选命令

打开“素材文件\第 5 章\应付账款清单.xlsx”文件，将光标定位在数据区域的任意单元格中，❶单击“数据”选项卡；❷单击“排序和筛选”功能组中的“筛选”按钮，如下图所示。

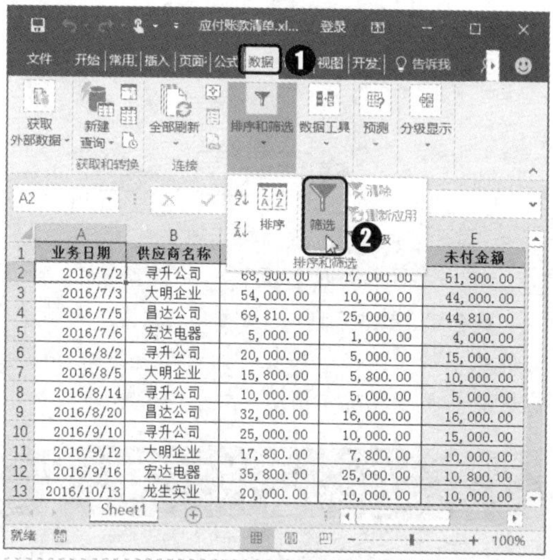

第 2 步：进入筛选状态

此时，工作表进入筛选状态，各标题字段的右侧出现一个下拉按钮，如下图所示。

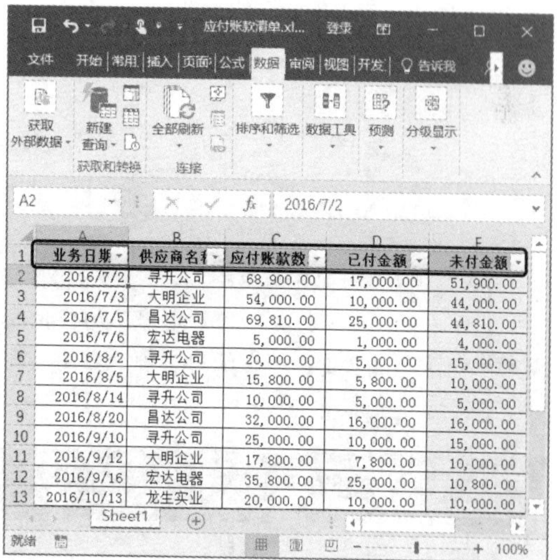

第 3 步：单击下拉按钮

单击“供应商名称”右侧的下拉按钮，如下图所示。

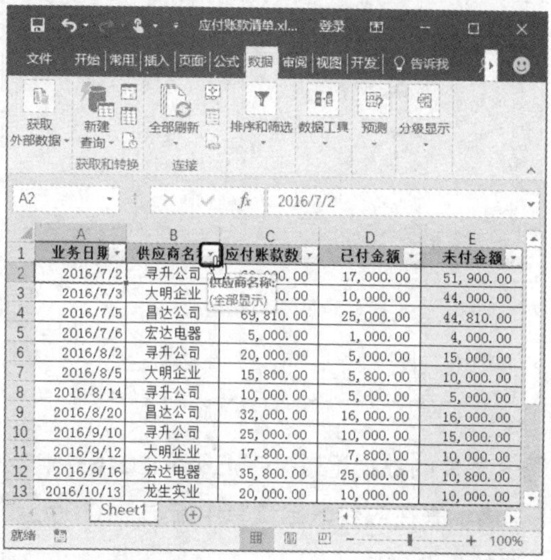

第 4 步：弹出筛选列表

弹出一个筛选列表，此时，所有的供应商名称都处于选中状态，如下图所示。

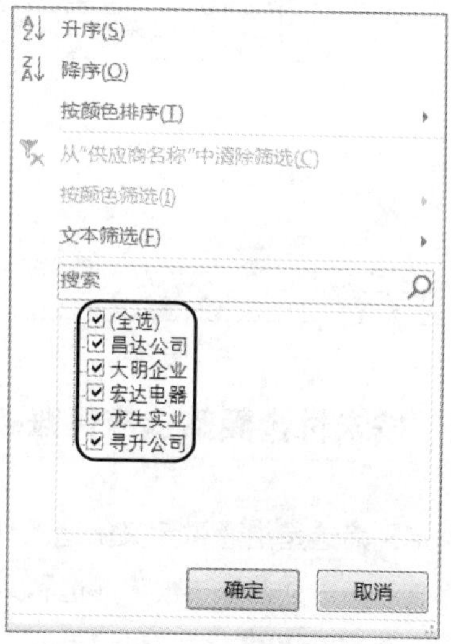

第 5 步：取消全选

取消选中“全选”复选框，此时就取消了所有供应商名称的复选框，如下图所示。

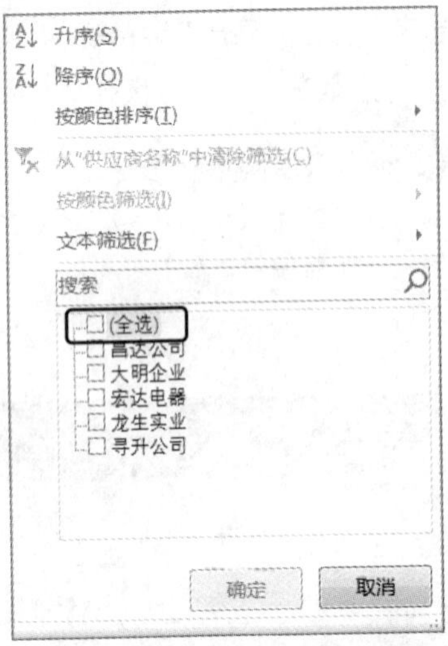

第 6 步：选择选项

❶选中“宏达电器”复选框；❷单击“确定”按钮，如下图所示。

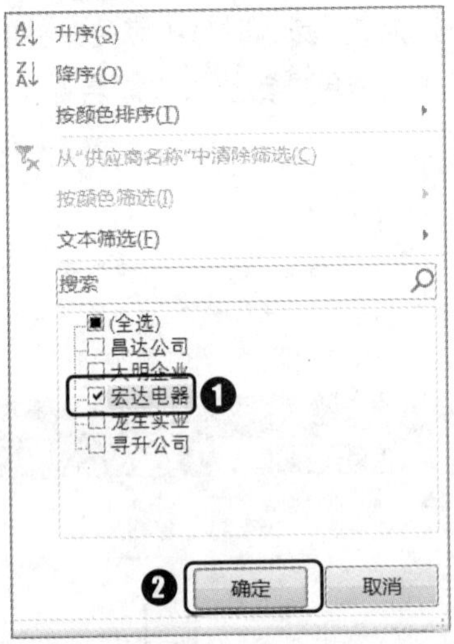

第 7 步：查看筛选结果

此时，供应商名称为“宏达电器”的应付账款记录就筛选出来了，并在筛选字段的右侧出现一个“筛选”按钮，如下图所示。

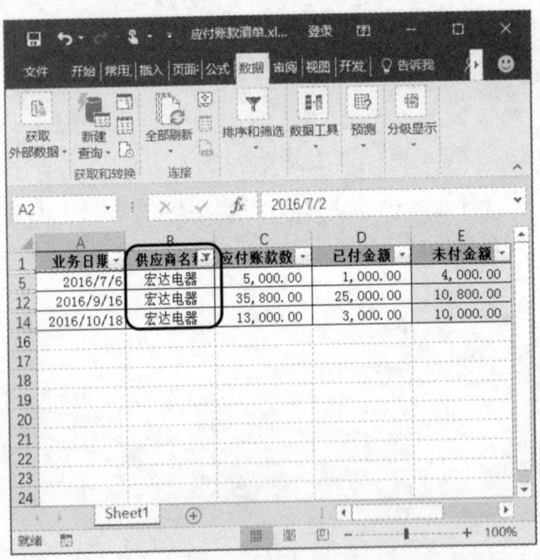

第 8 步：清除筛选

❶单击“数据”选项卡；❷单击“排序和筛选”功能组中的“清除”按钮，此时即可清除当前数据区域的筛选和排序状态，如下图所示。

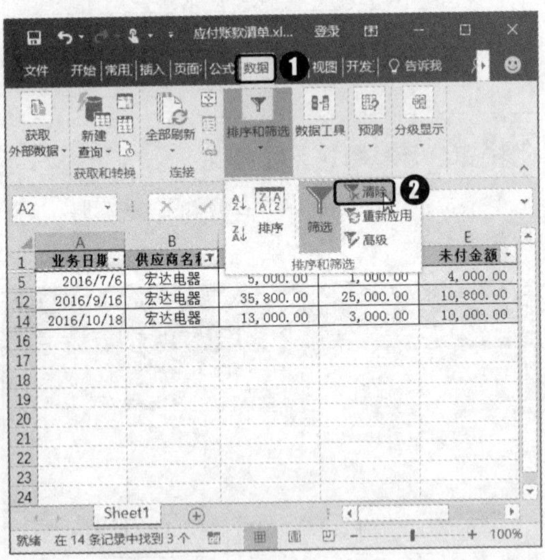

5.2.2 按未付金额筛选应付账款记录

自定义筛选是指通过定义筛选条件，查询符合条件的数据记录。在 Excel 2016 中，自定义筛选包括日期筛选、数字筛选和文本筛选等。接下来在应付账款清单中筛选“10 000 ≤ 未付金额 ≤ 20 000”的应付记录，具体操作方法如下。

第 1 步：单击下拉按钮

进入筛选状态，单击“未付金额”右侧的下拉按钮，如下图所示。

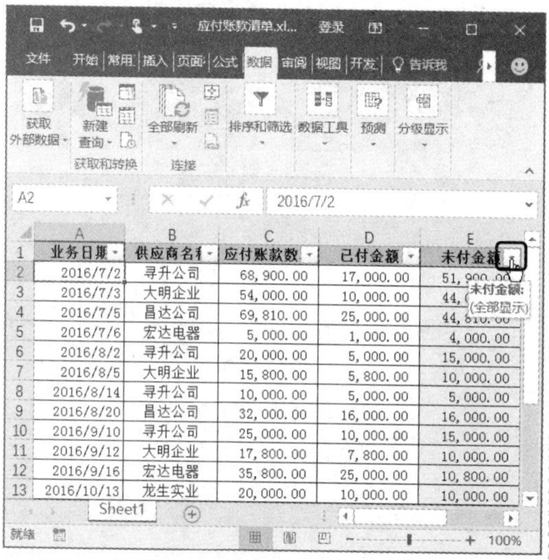

第 2 步：选择数字筛选

❶在弹出的筛选列表中选择“数字筛选”选项；❷然后在其下级列表中选择“自定义筛选”选项，如下图所示。

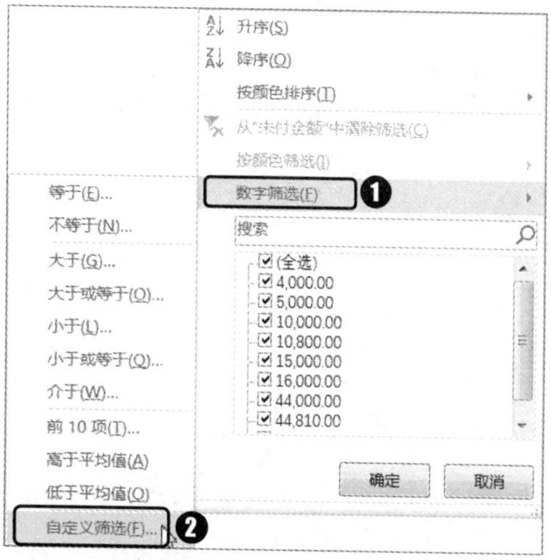

第 3 步：自定义筛选条件

弹出“自定义自动筛选方式”对话框，❶将筛选条件设置为“未付金额大于或等于 10 000 与小于或等于 20 000”；❷单击“确定”按钮，如下图所示。

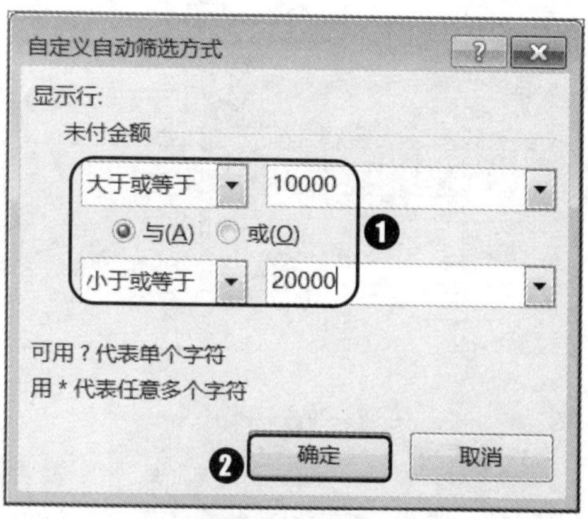

第 4 步：查看筛选结果

此时，未付金额在 10 000 元至 20 000 元之间的应付记录就筛选出来了，如下图所示。

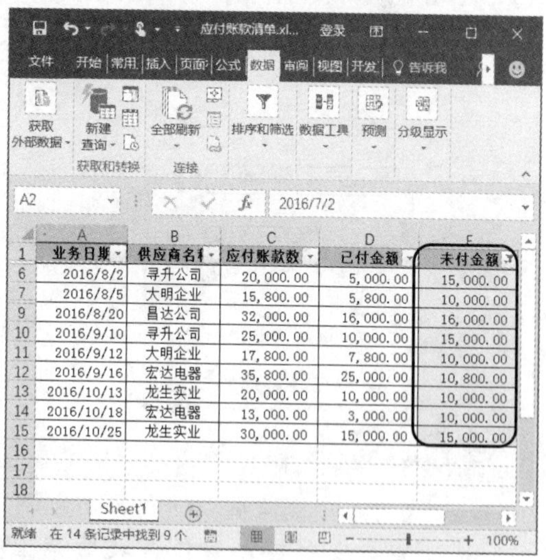

5.2.3 高级筛选的运用

在数据筛选过程中，可能会遇到许多复杂的筛选条件，此时，就用到 Excel 的高级筛选功能。接下来，在应付账款清单中筛选“大明企业”的未付金额“大于 20 000 元”的应付记录，具体操作方法如下。

第 1 步：设置筛选条件

清除筛选结果，恢复到筛选前的状态，在 G2 单元格中输入“供应商名称”，在 G3 单元格中输入“大明企业”，在 H2 单元格中输入“未付金额”，在 H3 单元格中输入“>20000”，如下图所示。

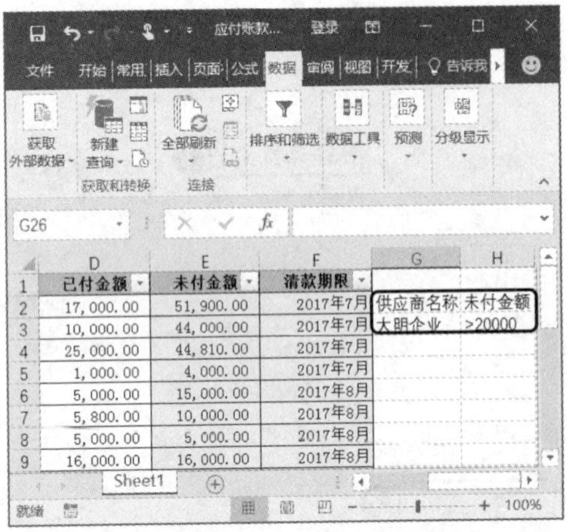

第 2 步：执行高级筛选命令

将光标定位在数据区域的任意单元格中，❶单击“数据”选项卡；❷单击“排序和筛选”功能组中的“高级”按钮，如下图所示。

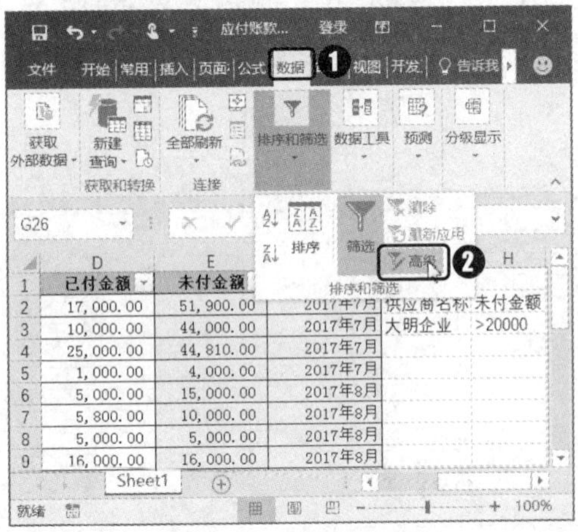

第 3 步：单击折叠按钮

弹出“高级筛选”对话框，❶选中“在原有区域显示筛选结果”单选按钮；❷在“列表区域”文本框右侧显示当前数据区域“$A$1:$F$15”；❸在“条件区域”文本框右侧单击“折叠”按钮，如下图所示。

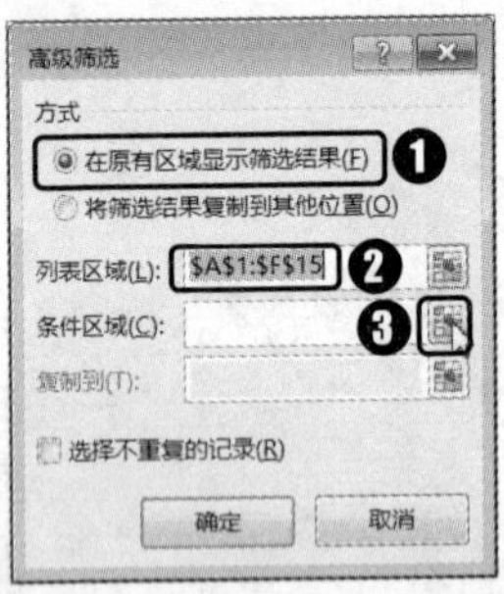

第 4 步：设置条件区域

弹出“高级筛选-列表区域:”对话框，❶在工作表中选择单元格区域 G2:H3；❷单击“高级筛选-条件区域:”对话框中的“展开”按钮，如下图所示。

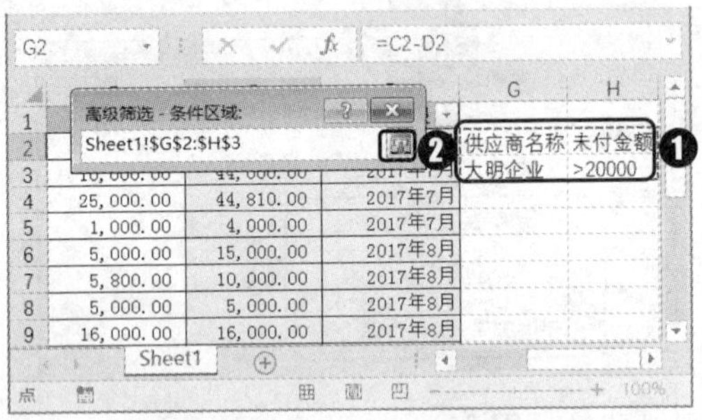

第 5 步：确认条件区域

返回“高级筛选”对话框，❶此时即可在“条件区域”文本框中显示条件区域的范围“Sheet1!$G$2:$H$3”；❷单击“确定”按钮，如右图所示。

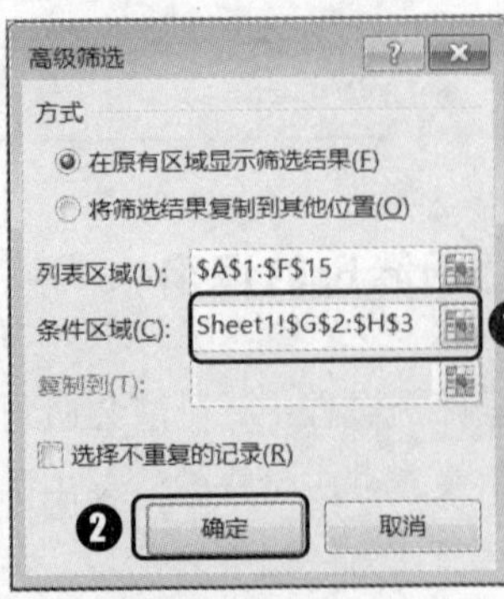

第 6 步：查看筛选结果

此时，“大明企业”的未付金额“大于 20 000 元”的应付记录就筛选出来了，如右图所示。

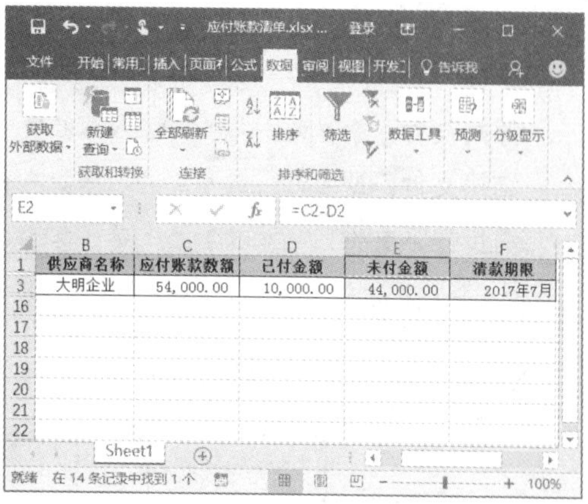

温馨小提示

高级筛选包括逻辑运算，数据区域和条件区域三个部分。条件区域就是要筛选的条件所在的数据区域，条件区域的第一行一般与数据区域的列标题一致。

5.3 应收账款清单中数据的分类汇总

案例概述

Excel 提供有“分类汇总”功能，使用该功能可以按照各种汇总条件对数据进行分类汇总。例如，按某个字段进行分类，进行求和、平均值、计数等汇总运算。在 Excel 中，分类汇总分为简单汇总和嵌套汇总两种方法。简单汇总是对数据表格的一个字段仅统一做一种方式的汇总；嵌套汇总是对同一字段进行多种方式的汇总。

案例效果

本实例以“应收账款清单”为例，使用简单汇总和嵌套汇总两种方法，分别统计不同客户的还款合计和还款平均值。

对“应收账款清单”中的数据进行分类汇总的结果如下图所示。

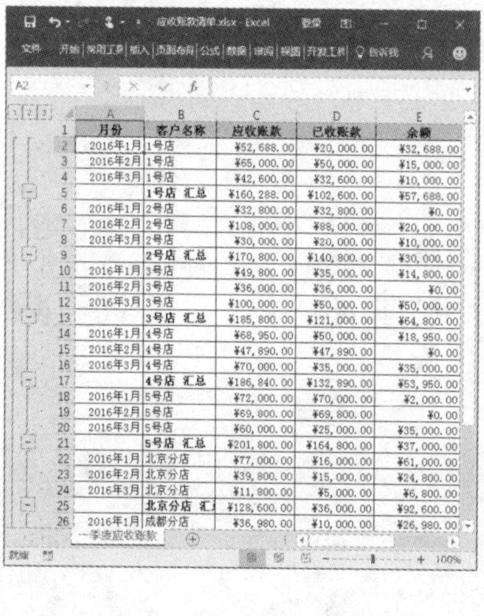

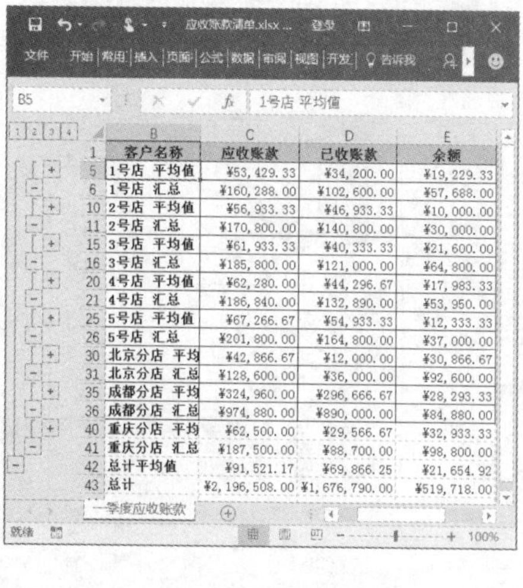

同步文件

原始文件：素材文件\第 5 章\应收账款清单.xlsx

结果文件：结果文件\第 5 章\应收账款清单.xlsx

同步视频文件：同步教学文件\第 5 章\应收账款清单\5.3.1.mp4~5.3.2.mp4

制作思路

对“应收账款清单”中的数据进行分类汇总的制作思路如下：

5.3.1 统计不同客户的还款合计

本节按照“客户名称”应收账款清单中的数据进行分类汇总，统计不同客户的还款合计。创建分类汇总之前，首先要按照所属部门对工作表中的数据进行排序，然后进行汇总，具体操作方法如下。

第 1 步：单击“排序”按钮

打开“素材文件\第 4 章\提升效率\应收账款清单.xlsx”文件，将鼠标定位在数据区域的任意单元格中，❶单击“数据”选项卡；❷单击“排序和筛选”功能组中的“排序”按钮，如下图所示。

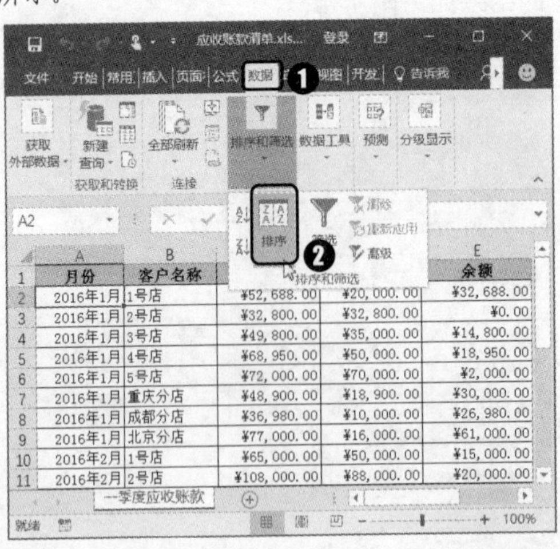

第 2 步：设置排序条件

弹出“排序”对话框，❶在“主要关键字”下拉列表中选择“客户名称”选项；❷在“次序”下拉列表中选择“升序”选项；❸单击“确定”按钮，如下图所示。

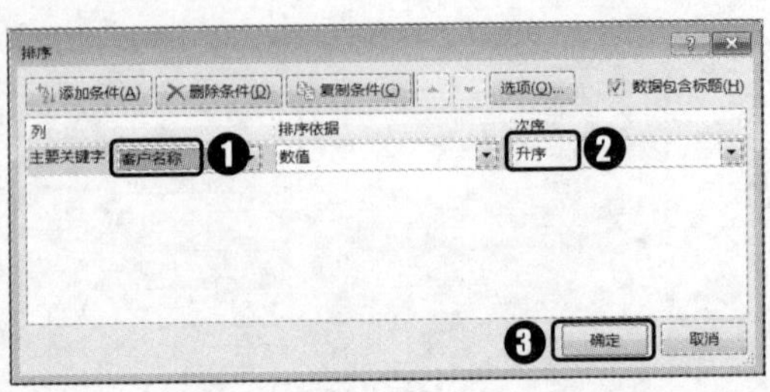

第 3 步：查看排序结果

此时，表格中的数据就会根据“客户名称”的拼音首字母进行升序排列，如下图所示。

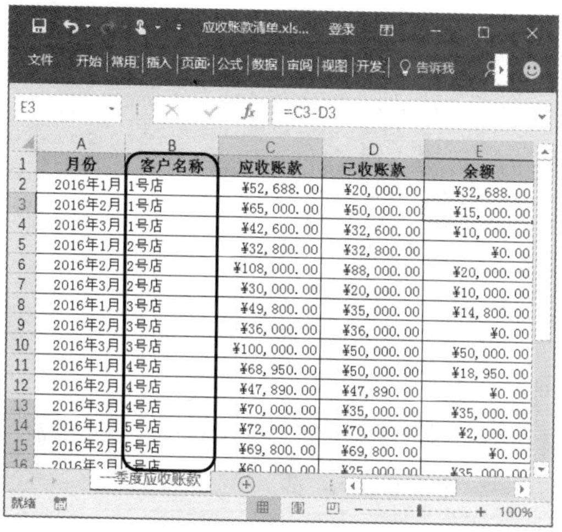

第 4 步：执行分类汇总命令

❶单击“数据”选项卡；❷单击“分类显示”功能组中的“分类汇总”按钮，如下图所示。

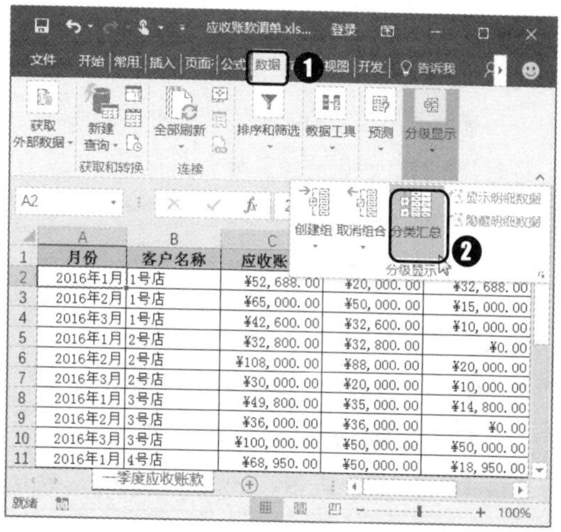

第 5 步：设置汇总选项

弹出“分类汇总”对话框，❶在“分类字段”下拉列表中选择“客户名称”选项，在“汇总方式”下拉列表中选择“求和”选项，❷在“选定汇总项”列表框中选中“应收金额”、“已收金额”和“余额”复选框，❸选中“替换当前分类汇总”和“汇总结果显示在数据下方”复选框；❹单击“确定”按钮，如下图所示。

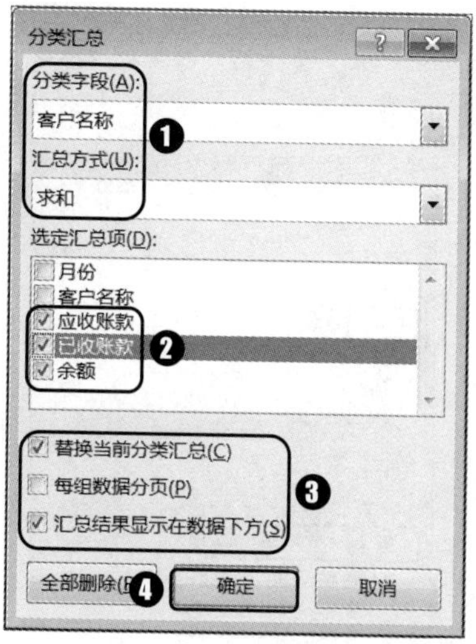

第 6 步：查看汇总结果

此时即可看到按照“客户名称”对应收账款清单进行汇总，并显示第 3 级汇总结果，如下图所示。

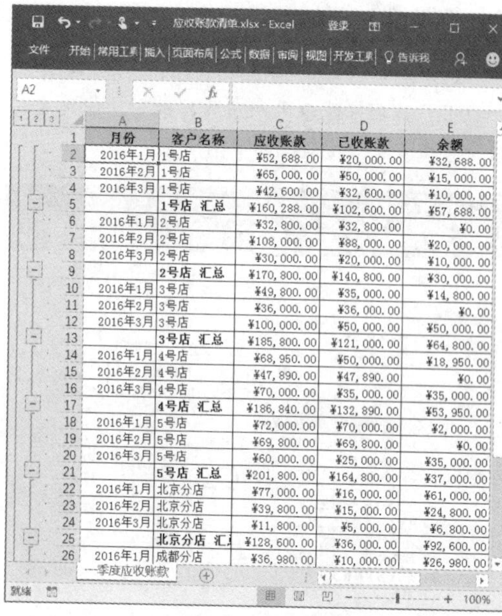

第 7 步：单击加号按钮

单击汇总区域左上角的数字按钮“2”，此时即可查看第 2 级汇总结果，如右图所示。

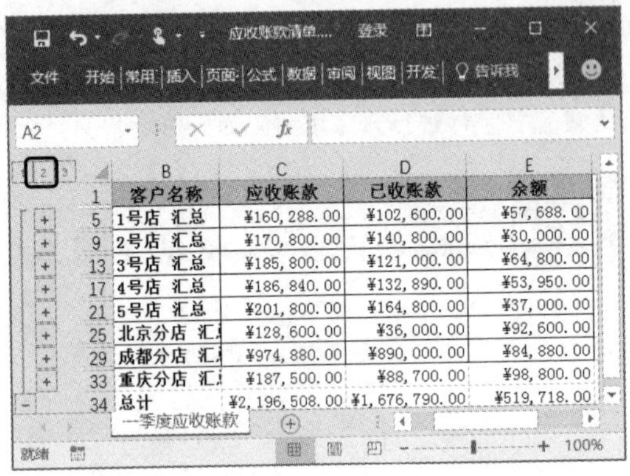

温馨小提示

在分类汇总之前，首先必须对要分类的字段进行排序，否则分类无意义。而且，排序的字段与后面分类汇总的字段必须一致。

专家会诊台

Q：执行分类汇总时，对数据有什么特殊要求吗?

A：有的！日常工作中，我们通常对 Excel 二维数据表格进行对进行分类汇总，在进行分类汇总前，需保证数据区域的第一行为标题行，数据区域中没有空行和空列，数据区域四周是空行和空列。

5.3.2 统计不同客户的还款平均值

除了进行简单汇总以外，还可以对数据进行嵌套汇总。接下来在按照“客户名称”汇总还款合计的基础上，再次按照“客户名称”对汇总不同客户的还款平均值，具体操作方法如下。

第 1 步：执行分类汇总命令

选中数据区域中的任意一个单元格，❶单击“数据”选项卡；❷在“分级显示”功能组中单击“分类汇总”按钮，如下图所示。

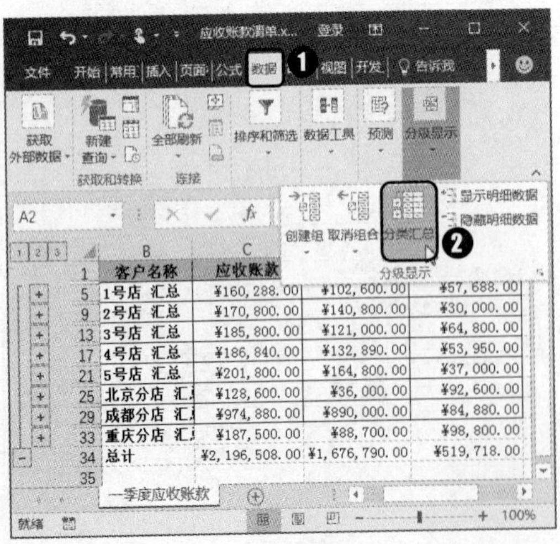

第 2 步：设置汇总条件

弹出“分类汇总”对话框，❶在“汇总方式”下拉列表中选择“平均值”选项；❷取消选中“替换当前分类汇总”复选框；❸单击“确定”按钮，如下图所示。

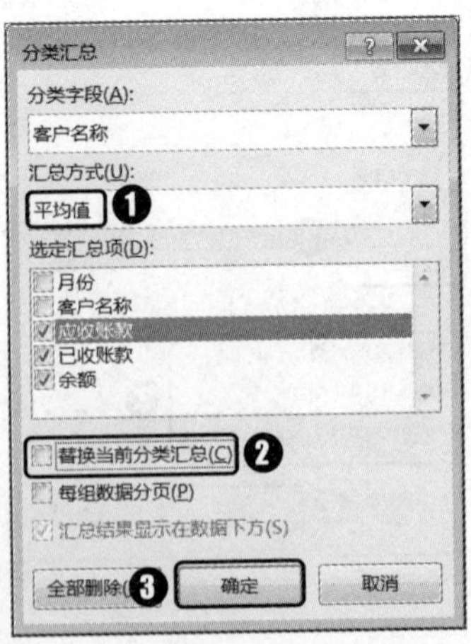

第 3 步：查看汇总结果

返回工作表，即可查看分类汇总后的数据结果。

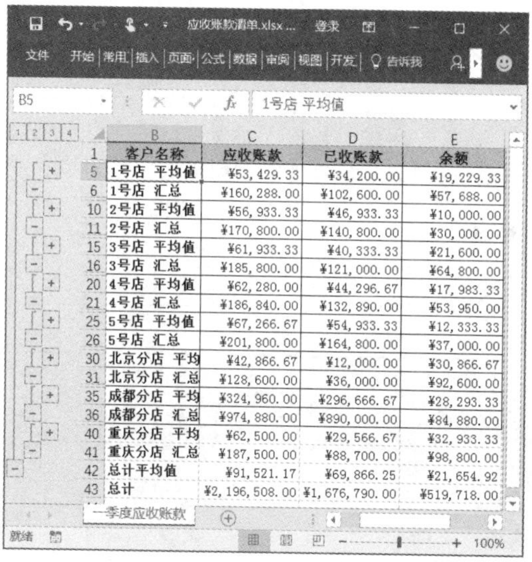

第 4 步：删除分类汇总

如果要删除分类汇总结果，再次执行“分类汇总”命令，直接单击“全部删除”按钮，即可删除之前的分类汇总，如下图所示。

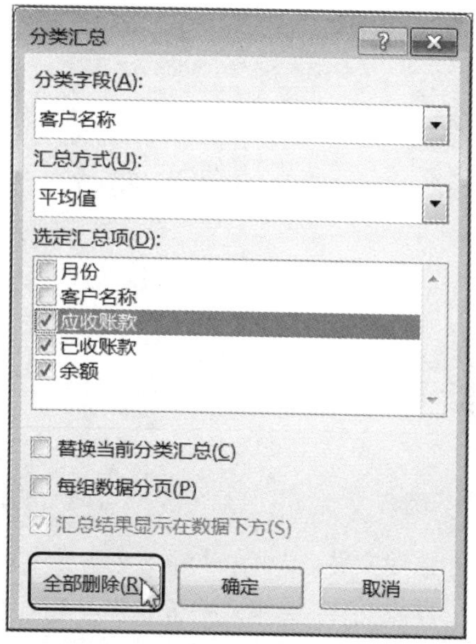

专家会诊台

Q：打印分类汇总结果时，是否可以按照汇总字段进行分页打印？

A：当然可以！例如，我们经常要在分类汇总后按照“月份”分开打印数据，这时就可以在“分类汇总”对话框中，选中“每组数据分页”复选框，就可以按组打印了。

5.4 工资数据的透视分析

案例概述

Excel 提供有“数据透视表”和“数据透视图”功能，它不仅能够直观地反映数据的对比关系，而且具有很强的数据筛选和汇总功能。本节根据工作计算表创建数据透视表和数据透视图，按部门对工资数据进行统计和分析。

案例效果

使用数据透视表和数据透视图功能，可以快速汇总工资数据，并生成图表来分析各部门工资状况。按照“所属部门”和“实发工资”字段制作数据透视表和数据透视图，分析各部门工资情况。

使用数据透视功能对工资数据进行统计和分析的结果如下图所示。

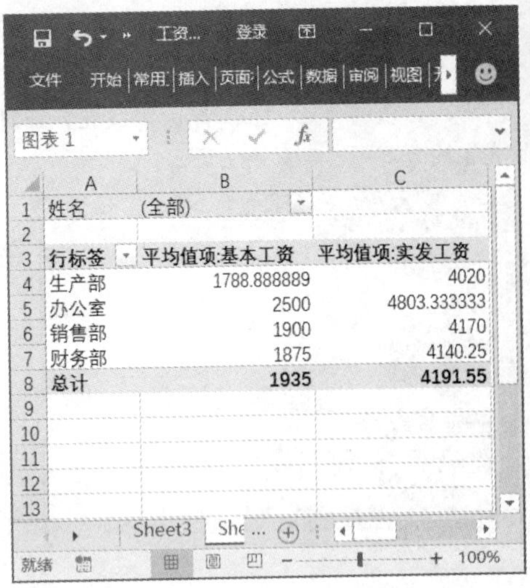

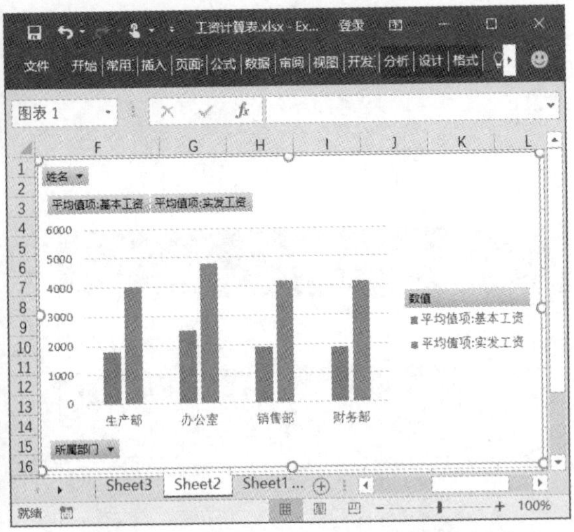

同步文件

原始文件：素材文件\第 5 章\工资计算表.xlsx

结果文件：结果文件\第 5 章\工资计算表.xlsx

同步视频文件：同步教学文件\第 5 章\工作计算表\5.4.1.mp4~5.4.2.mp4

制作思路

使用数据透视功能对工资数据进行统计和分析的思路如下：

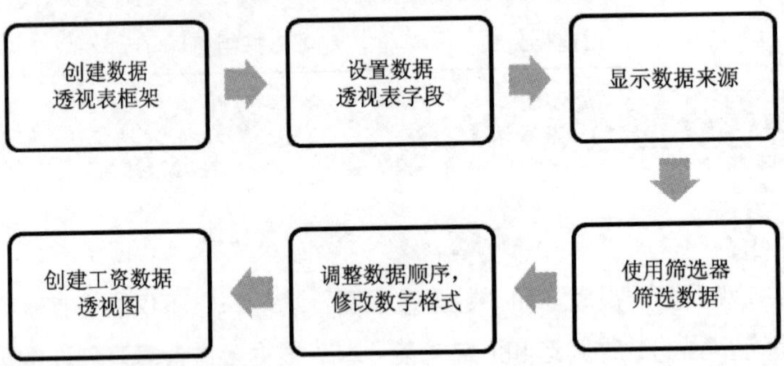

5.4.1 创建工资数据透视表

Excel 提供了“数据透视表”功能，可以快速从大量的基础数据中快速生成分类汇总表。

1. 创建数据透视表框架

创建数据透视表框架的具体操作方法如下。

第 1 步：执行插入数据透视表命令

打开“素材文件\第 5 章\工资计算表.xlsx”文件，将鼠标定位在数据区域的任意单元格中，❶单击“插入”选项卡；❷单击“表格”功能组中的“数据透视表”按钮，如下图所示。

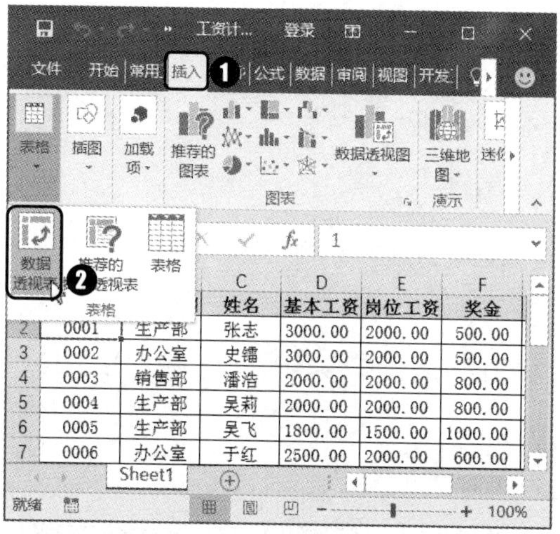

第 2 步：创建数据透视表

弹出“创建数据透视表”对话框，❶此时即可在“表/区域”文本框中显示当前表格的数据区域“Sheet1！$A$1:$H$21”；❷选中“新工作表”单选按钮；❸单击“确定”按钮，如下图所示。

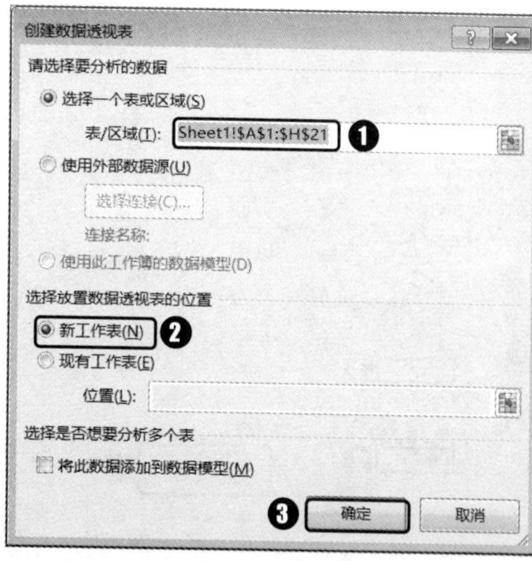

第 3 步：生成数据透视表框架

此时，系统会自动地在新的工作表中创建一个数据透视表的基本框架，如右图所示。

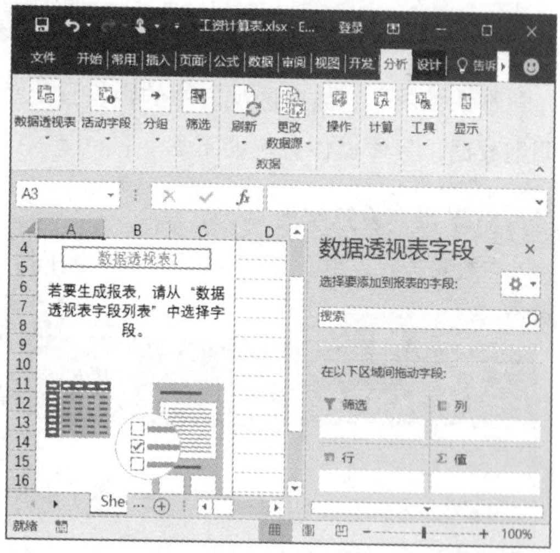

温馨小提示

在“创建数据透视表”对话框中，选中“现有工作表”单选按钮，然后设置工作表位置，即可将数据透视表的位置设置当前工作表中。

2. 设置数据透视表字段

插入数据透视表框架后，在弹出的“数据透视表字段列表”中，可以根据需要拖动选择相应的字段，来设置“筛选器、列、行和值”等选项；也可以对值字段的显示方式进行设置。

设置数据透视表字段的具体操作方法如下。

第 1 步：设置字段

在“数据透视表字段”窗口中，❶将“姓名”复选框拖动到“筛选器”组合框中；❷将“所属部门”复选框拖动到“行”组合框中；❸将“基本工资”和“实发工资”复选框拖动到“值”组合框中，如下图所示。

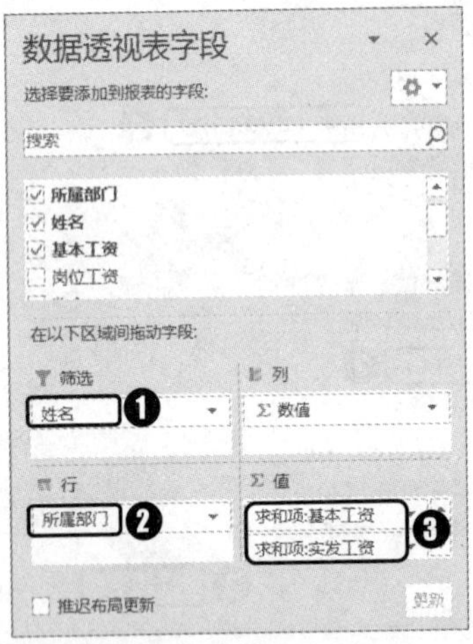

第 2 步：查看数据透视表

此时，即可根据选中的字段生成数据透视表，如下图所示。

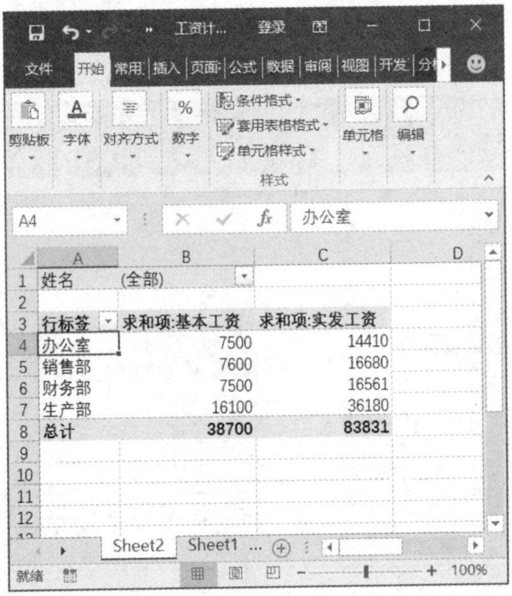

3．显示数据来源

默认情况下，数据透视表中的数据是汇总数据，用户可以在汇总数据上双击，即可显示明细数据，具体操作方法如下。

第 1 步：设置字段

在数据透视表中，双击 B4 单元格，如下图所示。

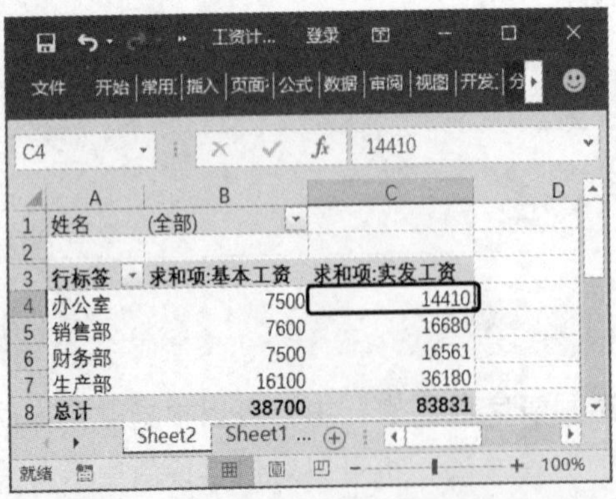

第 2 步：查看数据透视表

此时，即可根据选中的汇总数据生成其隐藏的数据明细表，如下图所示。

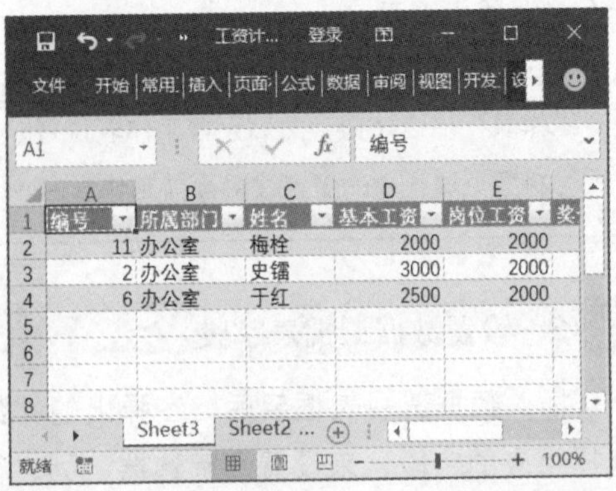

4．使用筛选器筛选数据

如果在筛选器中设置了字段，就可以根据设置的筛选字段快速筛选数据，例如，筛选销售人员“陈东”经手订单的汇总数据，具体操作方法如下。

第 1 步：单击筛选按钮

在数据透视表中，❶单击筛选字段所在的 B1 单元格右侧的下拉按钮；❷在弹出的下拉列表中选中“选择多项”复选框，如下图所示。

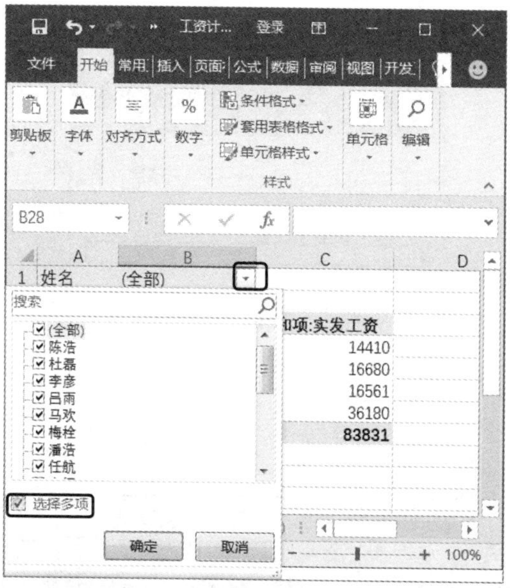

第 2 步：选中筛选项

❶取消选中“全部”复选框；❷选中“李彦”复选框；❸单击“确定”按钮，如下图所示。

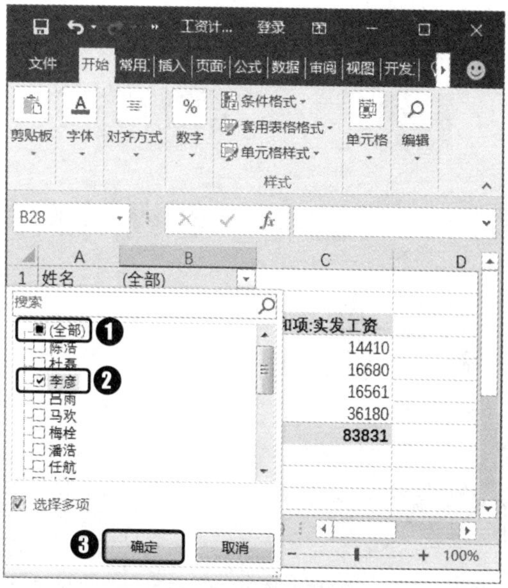

第 3 步：查看筛选结果

此时即可筛选出销售人员“李彦”经手订单的汇总数据，并在 B1 单元格的右侧出现一个筛选按钮，如下图所示。

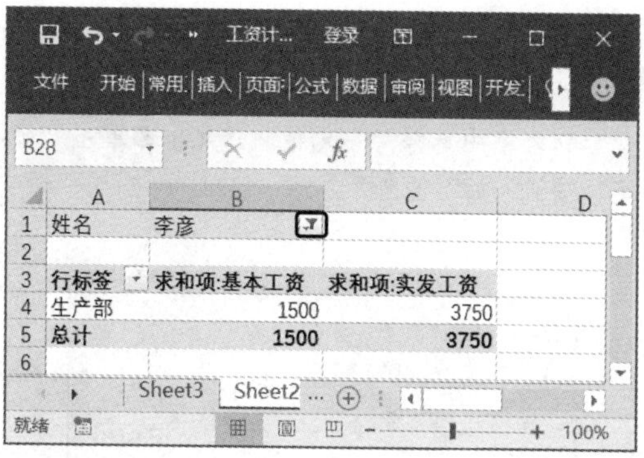

第 4 步：选中全部筛选项

若要恢复全部汇总数据，❶单击筛选字段所在的 B1 单元格右侧的下拉按钮；❷在弹出的下拉列表中选中“全部”复选框；❸单击“确定”按钮即可，如下图所示。

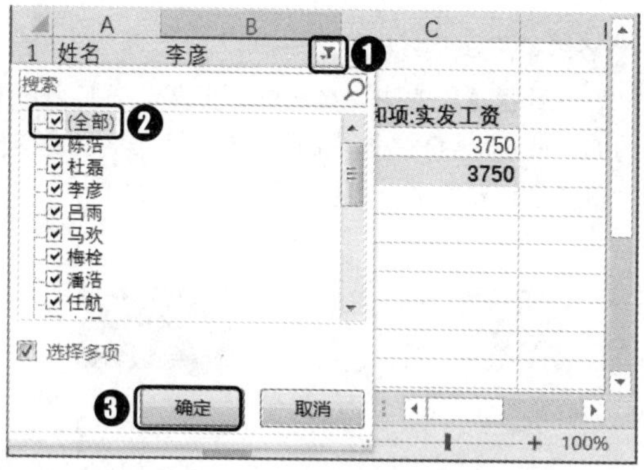

5. 调整数据顺序

生成数据透视表以后，如果用户对数据顺序不满意，可以根据需要调整数据顺序，具体操作方法如下。

第 1 步：执行移动命令

在数据透视表中，❶选中 A7 单元格；❷右击，在弹出的快捷菜单中选择“移动→将“生产部”移动至开头”命令，如下图所示。

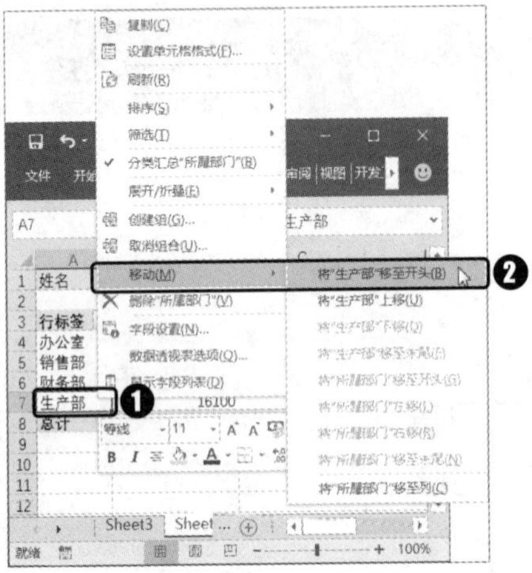

第 2 步：查看移动结果

此时即可将“生产部”的工资汇总数据移动到开头，如下图所示。

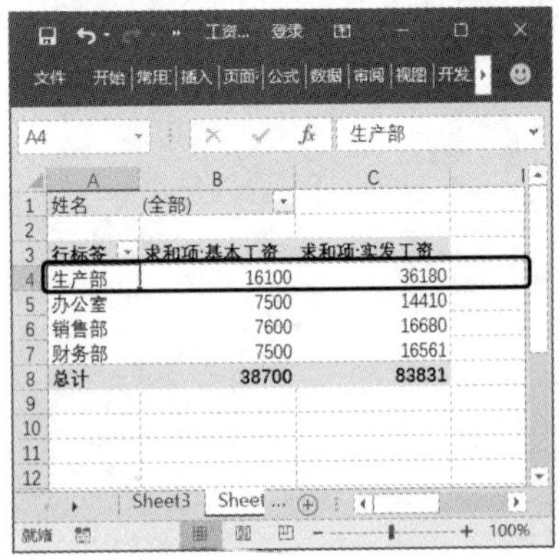

温馨小提示

数据透视表自动创建的顺序有时并不是用户满意的，此时用户可以通过移动数据的方式来调整数据透视表中的数据顺序。用户可以根据需要将数据记录进行上移、下移、移到开头、移到结尾、左移和右移等。

6. 修改数字格式

数据透视表中的数字格式有多种，包括求和、计数、平均值等。接下来将“实发工资”和“基本工资”的数字格式设置为平均数，具体操作方法如下。

第 1 步：选择“值字段设置”命令

在数据透视表中，❶选中“实发工资”列中的 C7 单元格；❷右击，在弹出的快捷菜单中选择“值字段设置”命令，如下图所示。

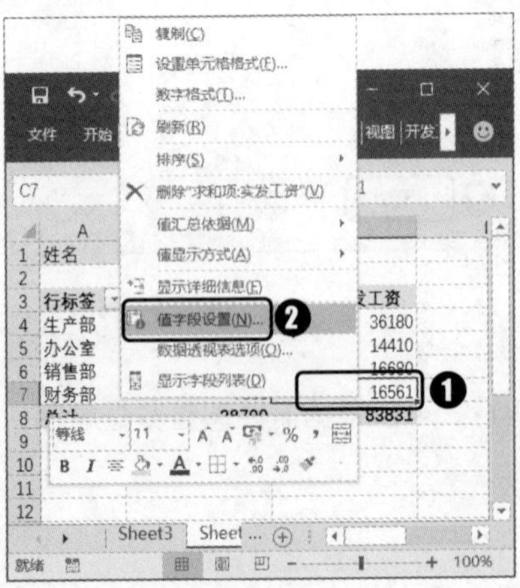

第 2 步：设置平均值

弹出“值字段设置”对话框，❶在“计算类型”列表框中选择“平均值”选项；❷单击“确定”按钮，如下图所示。

第 3 步：查看设置结果

此时“实发工资”的数字格式就显示了计数格式，如下图所示。

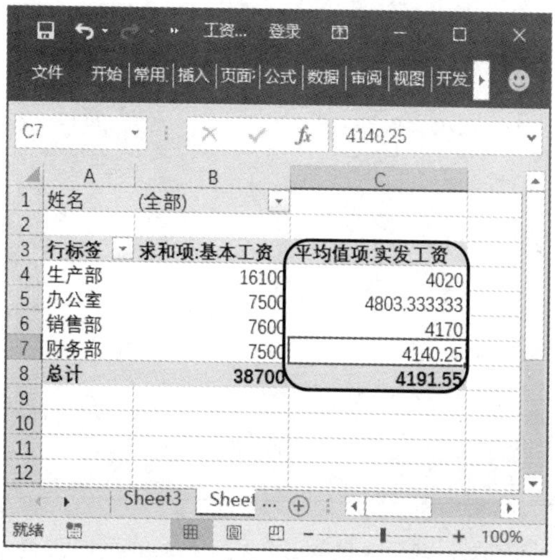

第 4 步：显示基本工资的平均值

选中“基本工资”列中的任意数据，再次打开“值字段设置”对话框，❶在“计算类型”列表框中选择“平均值”选项；❷单击“确定”按钮，即可将“基本工资”的值设置为平均值，如下图所示。

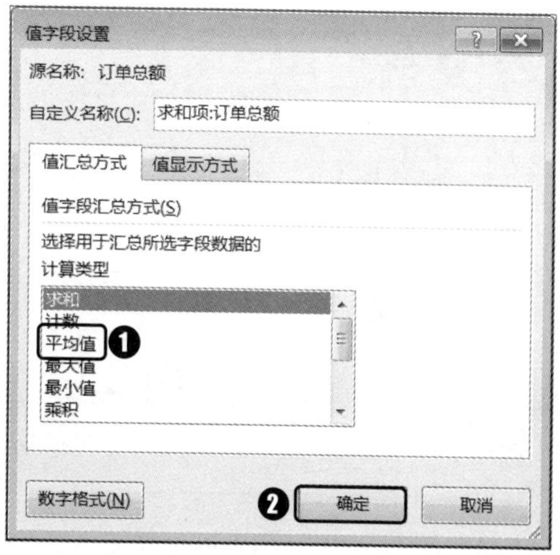

5.4.2 创建工资数据透视图

数据透视图能够更加直观地反映数据间的对比关系，而且具有很强的数据筛选和汇总功能。接下来使用 Excel 数据透视图功能，制作各部门工资数据透视图，分析不同部门之间工资数据的对比情况，具体操作方法如下。

第 1 步：执行插入数据透视图命令

打开本实例的原始文件，将鼠标定位在数据区域的任意单元格中，❶在“数据透视表工具”栏中单击“分析”选项卡；❷在“工具”功能组中单击“数据透视图”按钮，如右图所示。

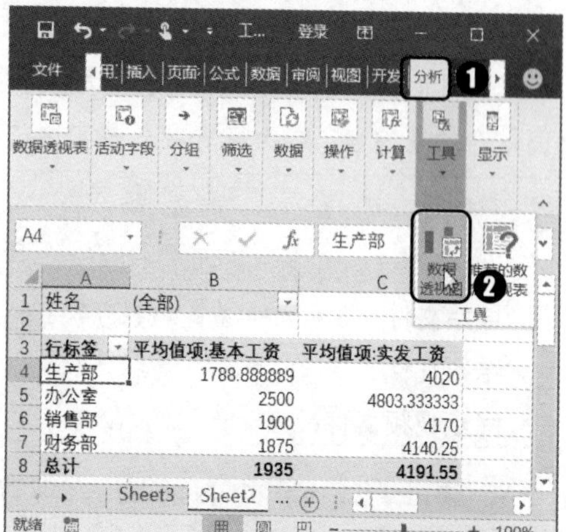

第 2 步：创建数据透视图

弹出“插入图表”对话框，❶单击“柱形图”选项卡；❷选择“簇状柱形图”选项；❸单击“确定”按钮，如下图所示。

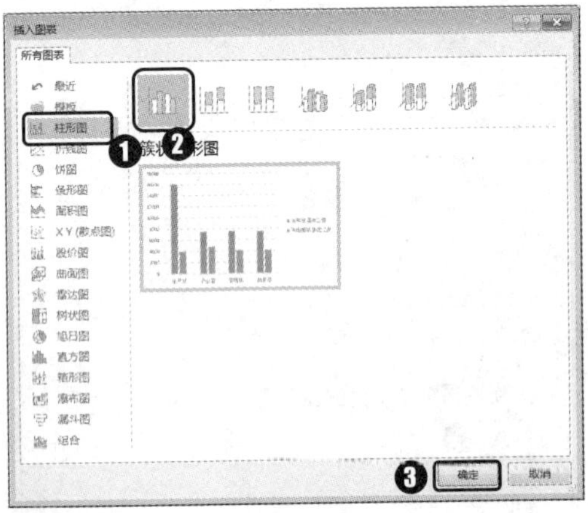

第 3 步：查看数据透视图框架

此时，即可根据数据透视表生成簇状柱形图，如下图所示。

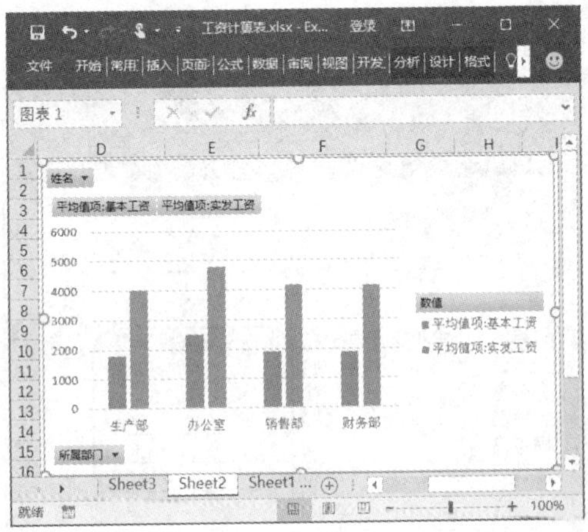

温馨小提示

从数据透视图中可以清晰地看出“办公室”员工的平均工资最高，“生产部”的平均工资最低。

专家会诊台

Q：如果当前图表不满意，如何更改图表类型呢？

A：选中任意数据系列，右击，在弹出的快捷菜单中选择“更改系列图表类型”命令，打开“更改图表类型”对话框，选择喜欢的图表类型即可。

5.5 提升效率——实用操作技巧

通过前面知识的学习，相信读者朋友已经掌握了财务数据的统计分析方法和基本操作。下面结合本章内容，给大家介绍一些实用技巧。

同步文件

原始文件： 素材文件\第 5 章\提升效率\

结果文件： 结果文件\第 5 章\提升效率\

同步视频文件： 同步教学文件\第 5 章\提升效率.mp4

1. 使用“Ctrl+Shift+方向键”选取数据

使用“Ctrl+Shift+方向键”可以快速选取批量数据，例如，选中首行数据，然后按“Ctrl+Shift+↓”即可选中表格中的所有数据记录。接下来分别介绍“Ctrl+Shift”组合键，与上、下、左、右各方向键之间的应用，具体操作如下。

第 1 步：向上选取数据

打开“素材文件\第 5 章\提升效率\使用“Ctrl+Shift+方向键”选取数据.xlsx”文件，选中数据区域中的一个单元格，例如，选中 C6 单元格，按“Ctrl+Shift+↑”组合键，即可选中该单元格及其以上的数据区域，如下图所示。

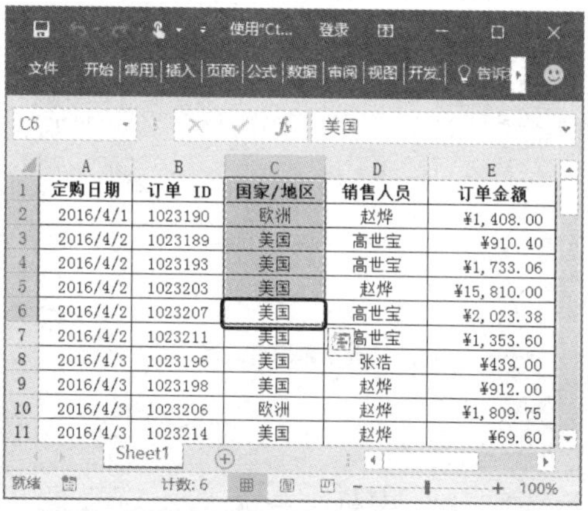

第 2 步：向下选取数据

按“Ctrl+Shift+↓”组合键，即可选中该单元格及其以下的数据区域，如下图所示。

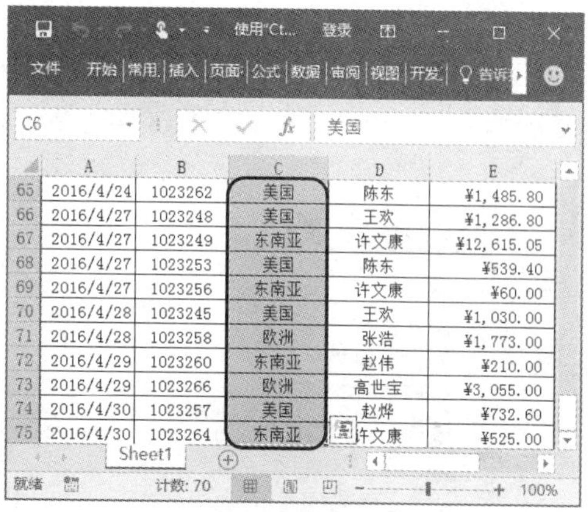

第 3 步：向右选取数据

按“Ctrl+Shift+←”组合键，即可选中该单元格及其以左的数据区域，如下图所示。

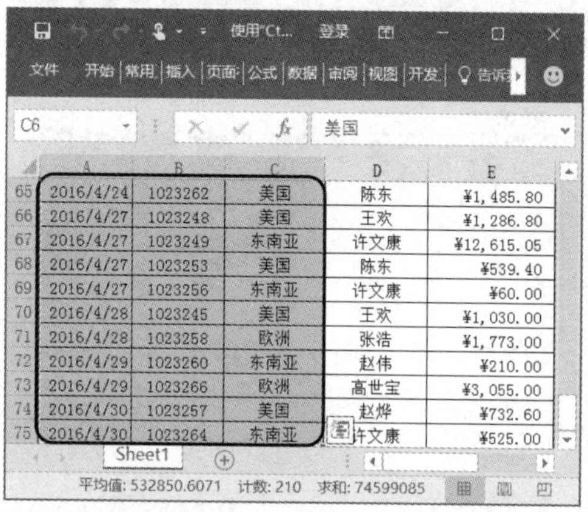

第 4 步：向左选取数据

按下“Ctrl+Shift+→”组合键，即可选中该单元格及其以右的数据区域，如下图所示。

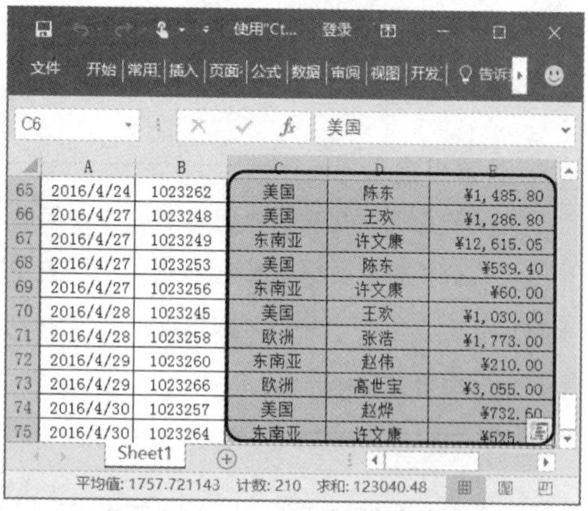

2. 创建组分析各月数据

在数据透视表中，Excel 提供有“创建组”功能，对日期或时间创建组，可以根据“年、季度、月、日、时、分、秒”等步长来显示数据。接下来按月份来统计和分析各部门发生的办公费用，具体操作方法如下。

第 1 步：执行创建组命令

打开“素材文件\第 5 章\提升效率\创建组分析数据.xlsx”文件，❶将鼠标定位在任意日期上，右击；❷在弹出的快捷菜单中选择“创建组”命令，如下图所示。

第 2 步：设置组合选项

弹出“组合”对话框，❶在“步长”列表中选择“月”选项；❷单击“确定”按钮，如下图所示。

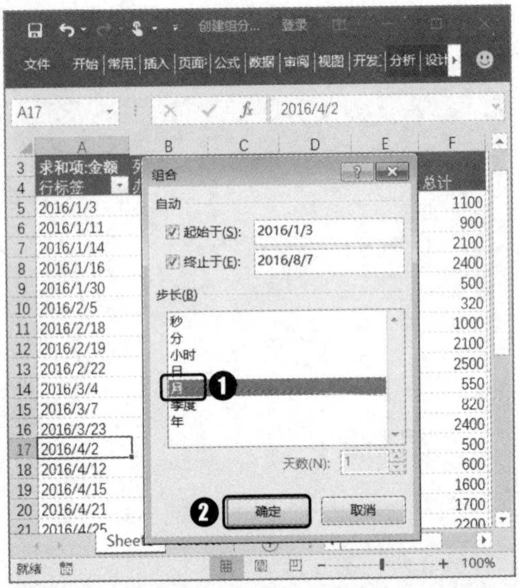

第 3 步：查看设置效果

此时即可按月份汇总出各部门的办公费用，如右图所示。

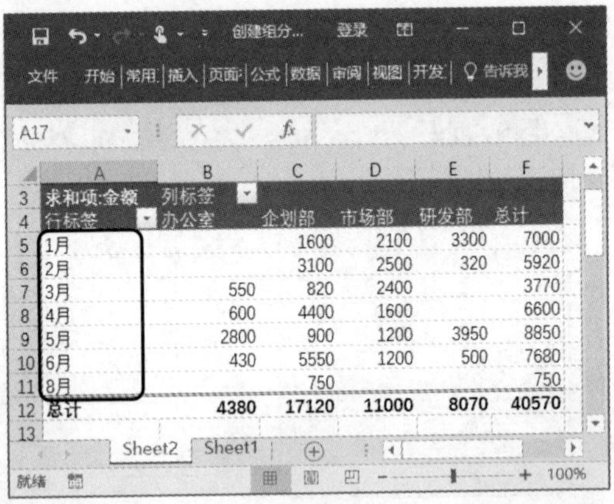

温馨小提示

大多数企业都是按照月份、季度或者年份来统计和分析相关数据。基于这种需求，Excel 提供了“创建组”功能，可以直接从日期中提取月份、季度或者年份。

3．如何刷新汇总表中的结果数据

数据透视表是由基础表格“变”出来的，如果基础表格中的数据发生了变化，汇总表中的数据不会马上发生变化，需要执行“刷新”命令，通过刷新基础表格中的源数据，获取最新的汇总数据。具体的操作方法有以下两种。

第 1 步：执行刷新命令

打开“素材文件\第 5 章\提升效率\刷新结果数据.xlsx”文件，在“数据透视表工具”栏中，❶单击“分析”选项卡；❷单击“数据”功能组中的“刷新”按钮，就可以完成数据更新，如下图所示。

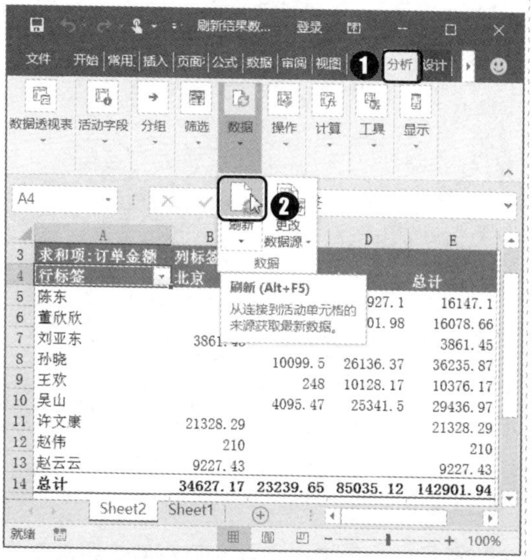

第 2 步：使用快捷键

按“Ctrl+F5”组合键，也可以完成数据刷新，如下图所示。

温馨小提示

用户也可以通过 VBA 代码更新结果数据。在数据透视表中右击，在弹出的快捷菜单中选择“查看代码”命令，输入以下代码：

```
Private Sub Worksheet_Activate()
ActiveSheet.PivotTables("Sheet2").PivotCache.Refresh
End Sub
```

其中，“Sheet2”是要刷新的数据透视表的名称。

4. 设置倒序排列

在日常工作中，当我们拿到一份报表时，突然发现报表的整体顺序颠倒了，此时如果重新制作报表，无疑是非常麻烦的。我们可以通过添加带编号的辅助列，通过对辅助列中的编号进行降序排列，来实现数据记录的倒排。具体操作方法如下。

第 1 步：添加辅助列

打开“素材文件\第 5 章\提升效率\设置倒序排列.xlsx”文件，首先在表格中添加一个辅助列，并输入 1 ~ 8 的连续数字，如下图所示。

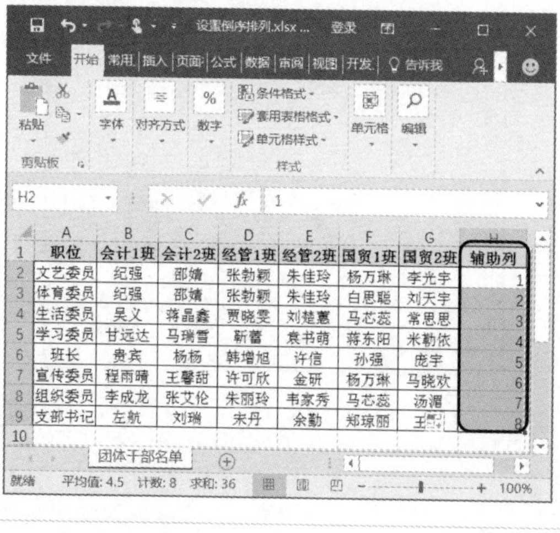

第 2 步：按辅助列进行降序排序

打开“排序”对话框，❶在“主要关键字”中选择“辅助列”选项；❷在“次序”下拉列表中选择“降序”选项；❸单击“确定”按钮，如下图所示。

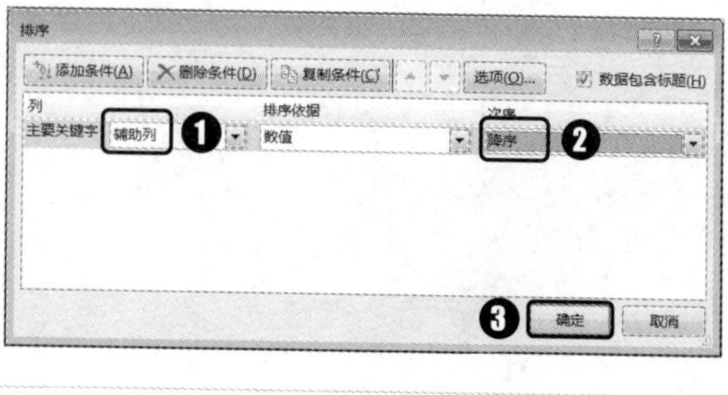

第 3 步：查看排序结果

此时即可将数据区域中的记录按照“辅助列”进行“降序”排列，同时也就将整个数据记录颠倒过来了，如下图所示。

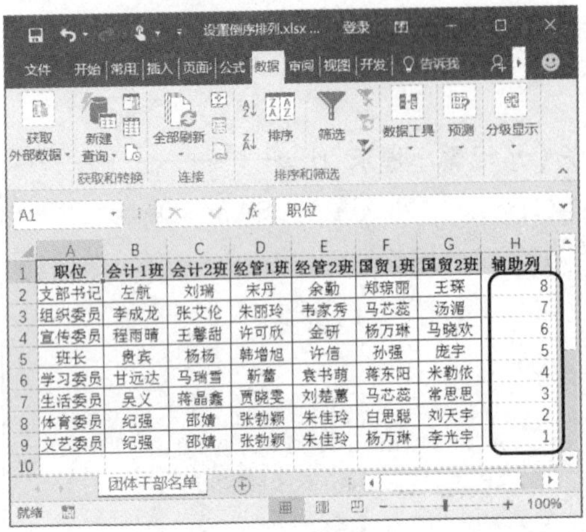

第 4 步：删除辅助列

数据记录的顺序调整完毕，删除辅助列即可，如下图所示。

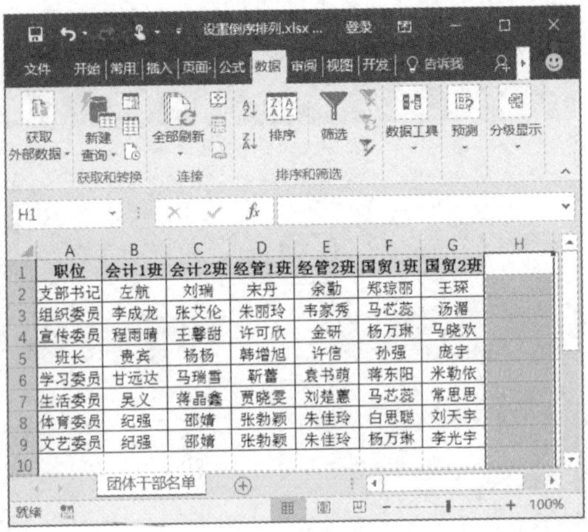

5. 把汇总项复制粘贴到另一张表

数据分类汇总后，如果要将汇总项复制、粘贴到另一个表中，通常会连带着二级和三级数据。此时可以通过定位可见单元格复制数据，然后只粘贴数值即可剥离二级和三级数据。只复制和粘贴汇总项的具体操作方法如下。

第 1 步：打开素材文件

打开“素材文件\第 5 章\提升效率\复制汇总项.xlsx”文件，分类汇总后的 2 级数据，如下图所示。

第 2 步：打开“定位”对话框

按“Ctrl+G”组合键，打开“定位”对话框，单击“定位条件”按钮，如下图所示。

第 3 步：定位可见单元格

打开“定位条件”对话框，❶选中“可见单元格”单选按钮；❷单击“确定”按钮，如下图所示。

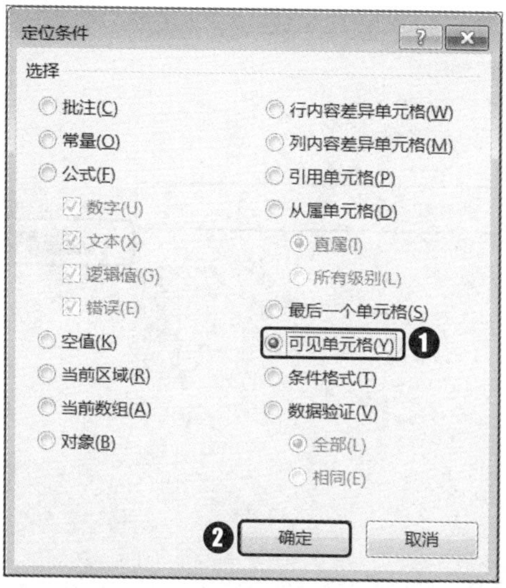

第 4 步：复制数据

此时即可选中所有可见单元格，按“Ctrl + C”组合键，执行“复制”命令，如下图所示。

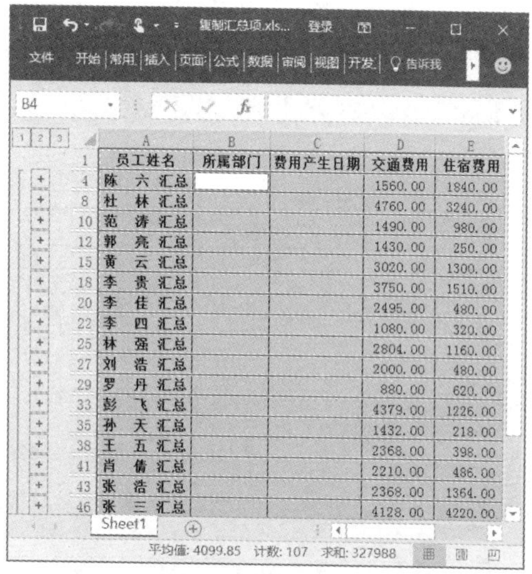

第 5 步：粘贴数据

此时选中的可见单元格就进入复制状态，四周显示虚线框，如下图所示。

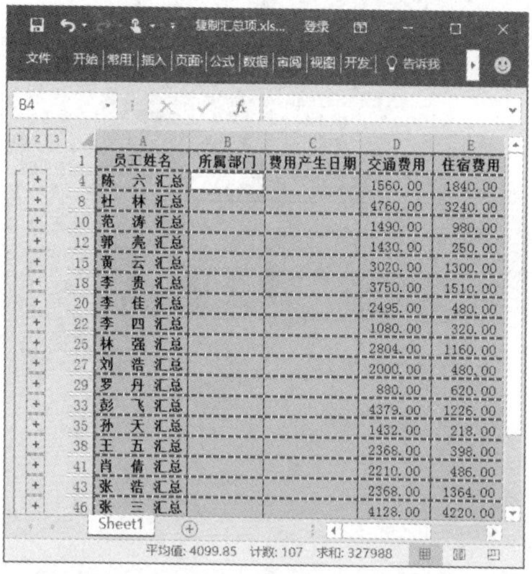

第 6 步：查看粘贴结果

打开一个新的工作表，按“Ctrl + V”组合键，执行“粘贴”命令即可将汇总数据复制到该工作表，如下图所示。

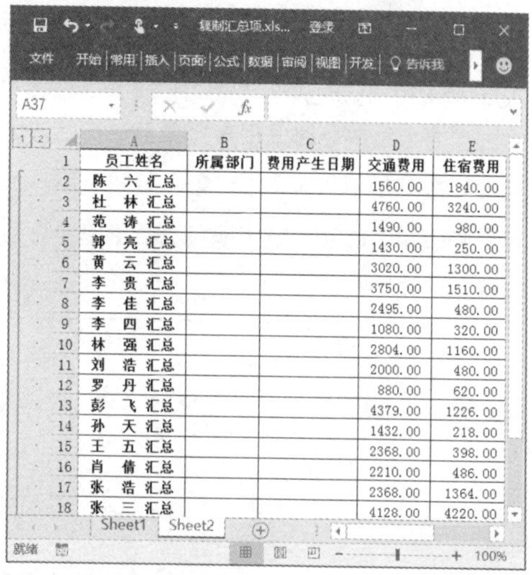

6. 筛选不同颜色的数据

自动筛选功能不仅能够根据文本内容、数字、日期进行筛选，还可以根据数据的颜色进行筛选。根据颜色筛选数据的具体操作方法如下。

第 1 步：单击下拉按钮

打开“素材文件\第 5 章\提升效率\按颜色筛选数据.xlsx”文件，进入筛选状态，单击“产品名称”右侧的下拉按钮，如下图所示。

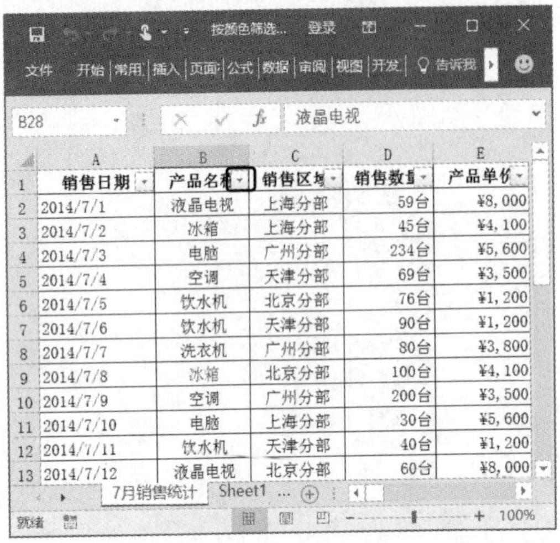

第 2 步：选择筛选选项

在弹出的筛选列表中选择“按颜色筛选→红色”选项，如下图所示。

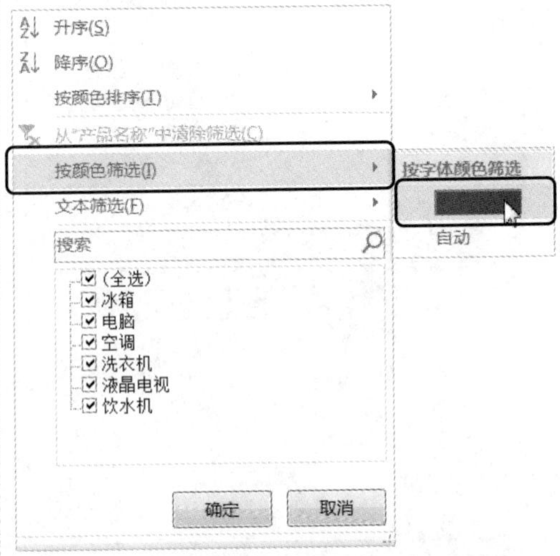

第 3 步：查看筛选结果

此时，所有“产品名称”是红色字体的数据记录就筛选出来了，如右图所示。

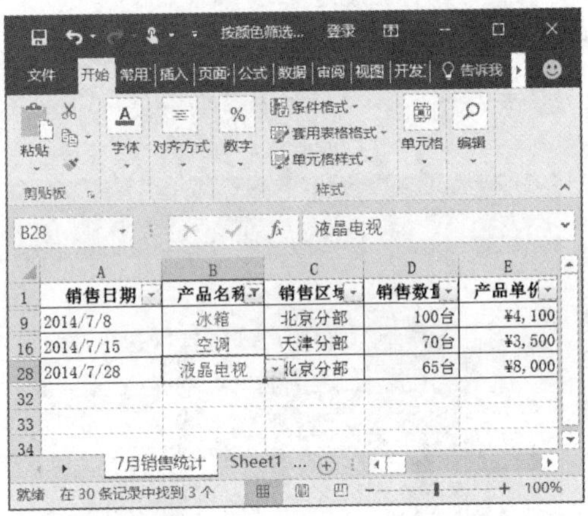

温馨小提示

拥有大量数据时使用按照颜色进行筛选比较好，数据量不大时，通过条件格式可以看出需要的结果。此外，按照颜色进行排序也可达到筛选的效果。

第 6 章 制作常见财务单据和统计表

本章导读

在日常财务工作中，经常用到差旅费报销单、内部借款单、费用报销单、报销单据粘贴单、收款收据等财务单据。本章通过制作这些财务表单，介绍 Excel 2016 的基本操作，包括调整行高和列宽、合并单元格、设置字体格式、设置自动换行、设置竖排文字、添加边框、添加下画线、设置对其方式、调整页边距、打印预览等内容。

知识要点

- ❖创建银行借款登记卡框架
- ❖设置单元格格式
- ❖创建往来客户一览表框架
- ❖设置单元格格式
- ❖录入往来客户信息
- ❖创建差旅费报销单
- ❖美化差旅费报销单
- ❖打印差旅费报销单

案例展示

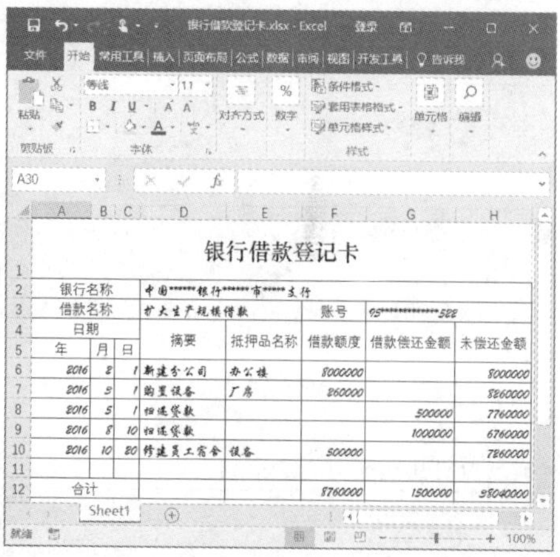

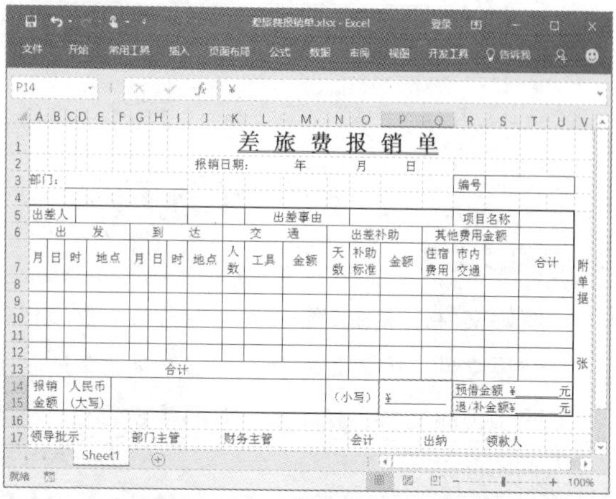

6.1 制作银行借款登记卡

案例概述

银行借款登记卡是反映企业银行借款明细和还款情况的主要财务表单。通常情况下，银行借款登记卡包括，银行名称、借款名称、账号、日期、摘要、抵押品名称、借款额度、借款偿还金额、未偿还金额、合计等项目。本节以制作银行借款登记卡为例，介绍财务表单的制作方法。

案例效果

本节以制作银行借款登记卡为例，讲解使用 Excel 制作财务表单的基本方法，包括创建银行借款登记卡框架，设置单元格格式等内容。

银行借款登记卡的制作效果如下图所示。

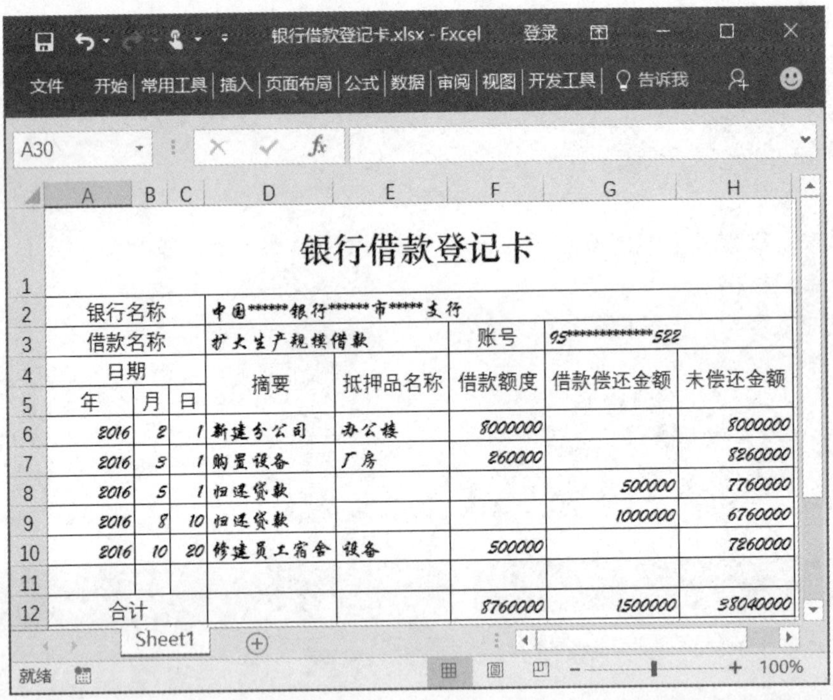

银行借款登记卡

银行名称			中国******银行******市*****支行				
借款名称			扩大生产规模借款		账号	95*************522	
日期			摘要	抵押品名称	借款额度	借款偿还金额	未偿还金额
年	月	日					
2016	2	1	新建分公司	办公楼	8000000		8000000
2016	3	1	购置设备	厂房	260000		8260000
2016	5	1	归还贷款			500000	7760000
2016	8	10	归还贷款			1000000	6760000
2016	10	20	修建员工宿舍	设备	500000		7260000
合计					8760000	1500000	38040000

同步文件

原始文件：素材文件\第 6 章\银行借款登记卡.xlsx

结果文件：结果文件\第 6 章\银行借款登记卡.xlsx

同步视频文件：同步教学文件\第 6 章\银行借款登记卡\6.1.1.mp4~6.1.2.mp4

制作思路

制作“银行借款登记卡”的具体思路如下：

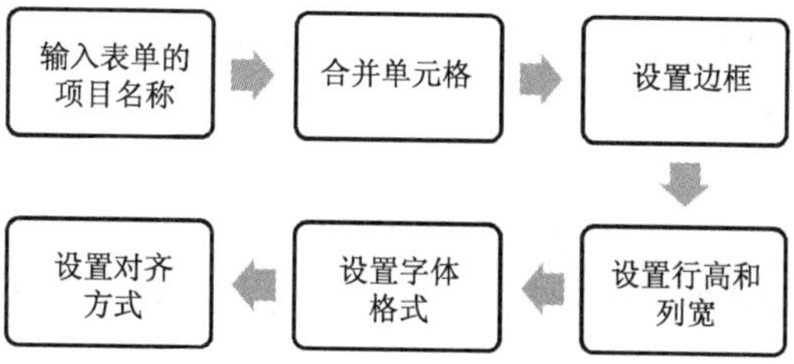

6.1.1 创建银行借款登记卡框架

创建银行借款登记卡，首先要创建银行借款登记卡框架。在工作表中输入银行借款登记卡的基本项目，如表单标题、银行名称、账号、借款名称、借款额度、偿还金额、合计等项目名称，然后使用合并单元格和边框功能，设置银行借款登记卡的基本框架，具体操作方法如下。

第 1 步：输入基本项目

打开“素材文件\第 6 章\提升效率\银行借款登记卡.xlsx”文件，输入银行借款登记卡的项目名称，如下图所示。

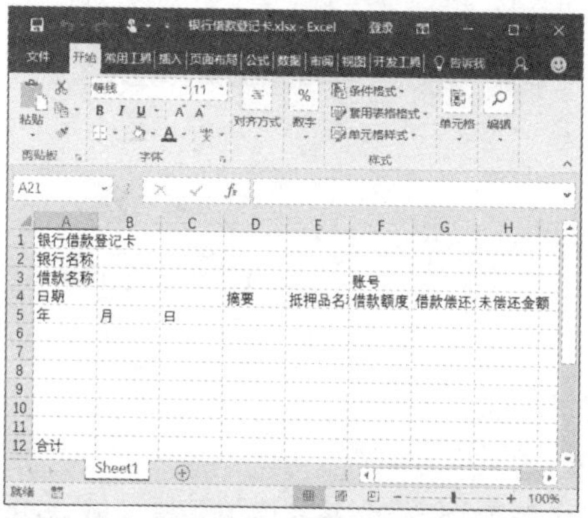

第 2 步：选中单元格区域

选中单元格区域 A1:H1，如下图所示。

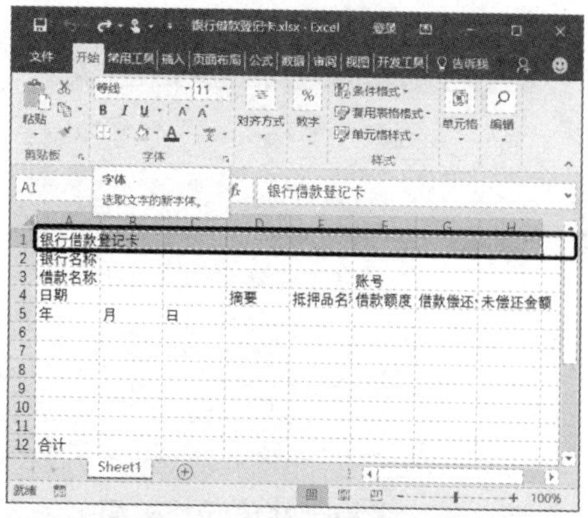

第 3 步：执行合并后居中命令

❶单击“开始”选项卡；❷在“对齐方式”功能组中单击“合并后居中”按钮，如下图所示。

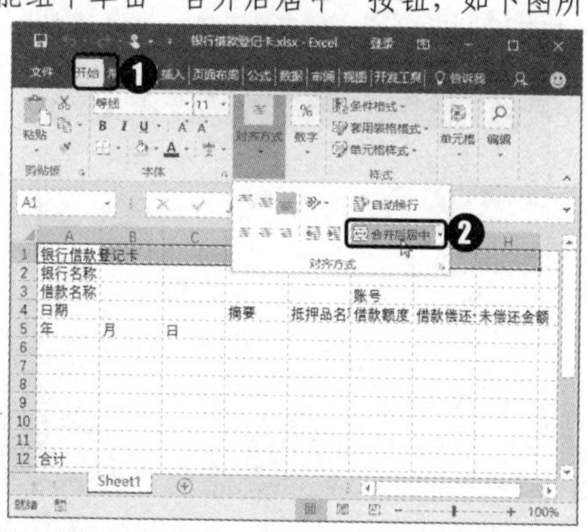

第 4 步：查看合并后居中效果

此时，选中的单元格区域 A1:H1 就合并成一个单元格，且文字居中显示，如下图所示。

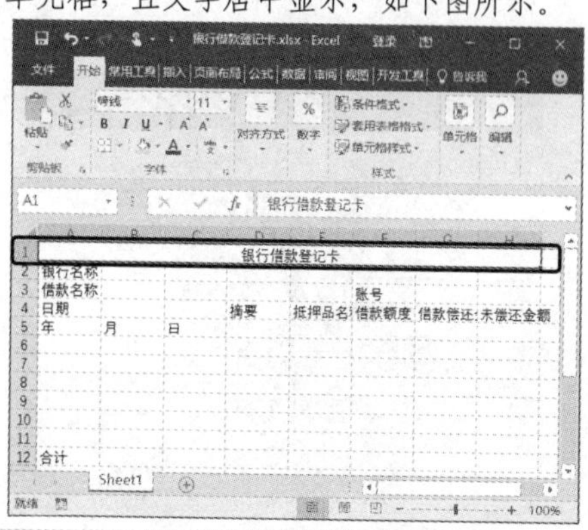

第 5 步：选中单元格区域

选中单元格区域 A2:H12，如下图所示。

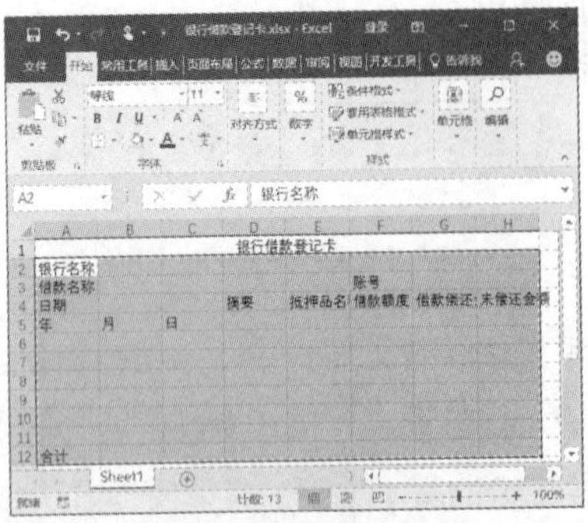

第 6 步：添加框线

❶单击“开始”选项卡；❷在“字体”功能组中单击“框线”下拉按钮；❸在弹出的下拉列表中选择“所有框线”选项，如下图所示。

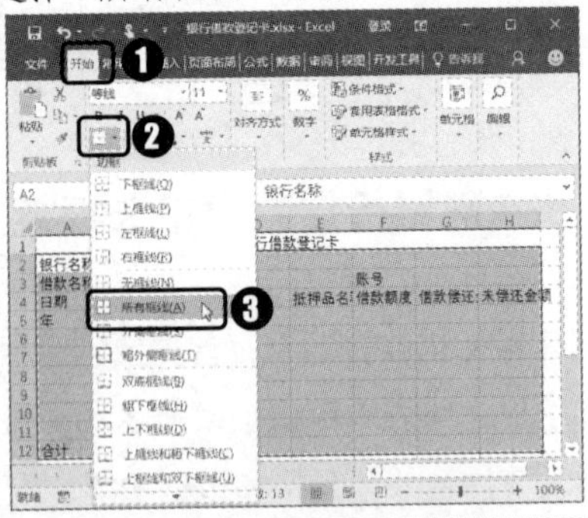

第 7 步：查看边框效果

此时即可为选中的单元格区域 A2:H12 添加边框，如下图所示。

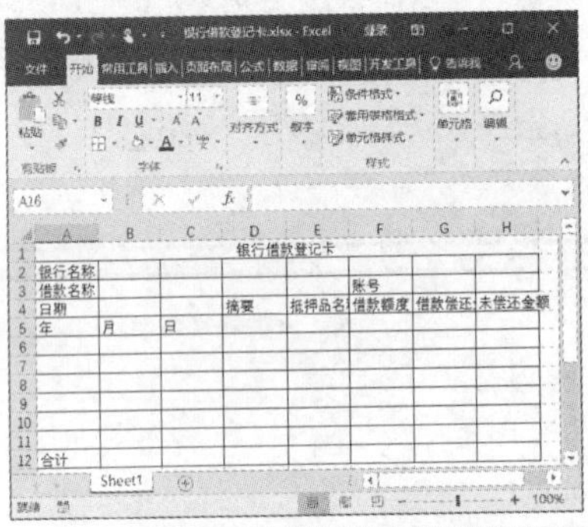

第 8 步：执行合并单元格命令

选中单元格区域 A2:C2，❶单击“开始”选项卡；❷在“对齐方式”功能组中单击“合并后居中”按钮右侧的下拉按钮；❸在弹出的下拉列表中选择“合并单元格”选项，如下图所示。

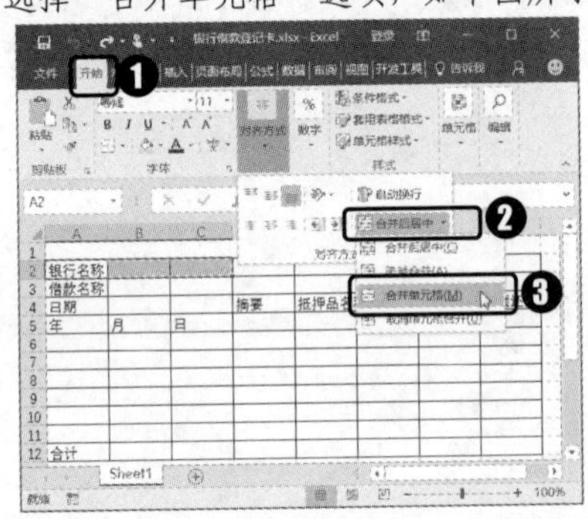

第 9 步：查看合并单元格效果

此时，选中的单元格区域 A2:C2 就合并成一个单元格，单元格中文字的对齐方式不变，如下图所示。

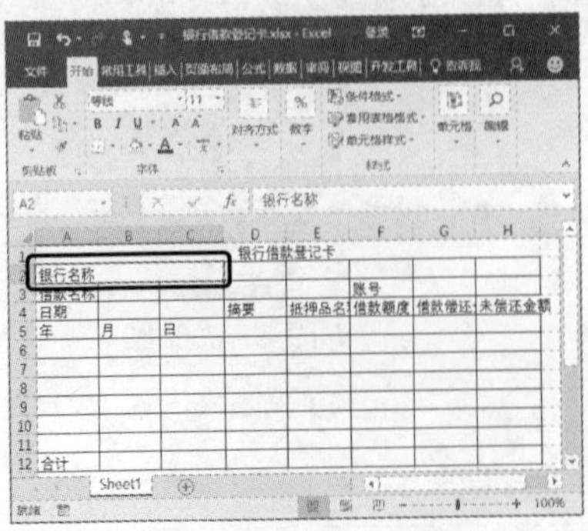

第 10 步：合并其他单元格区域

采用合并单元格功能，分别将单元格区域 D2:H2、A3:C3、D3:E3、G3:H3、A4:C4、D4:D5、E4:E5、F4:F5、G4:G5、H4:H5 和 A12:C12 进行合并，就形成银行借款登记卡的基本框架，如下图所示。

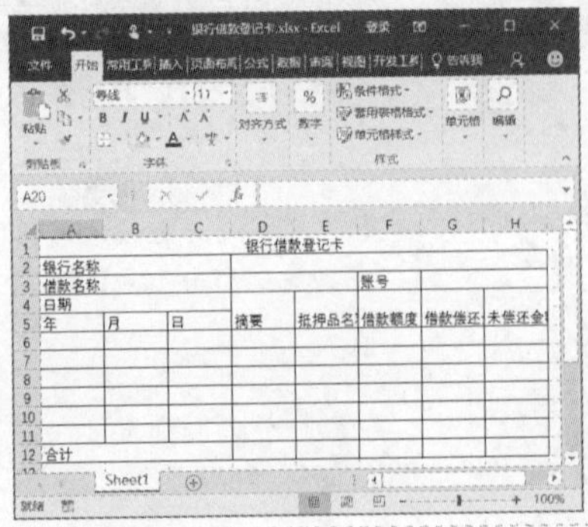

温馨小提示

设置表格的边框时，不仅可以在“文字”组中单击“边框”按钮，也可以选中相应的单元格区域，右击，打开“设置单元格格式对话框”进行设置。

6.1.2　设置单元格格式

银行借款登记卡的基本框架创建完成后，接下来就可以设置单元格格式，包括设置行高和列宽，设置字体格式，设置对齐方式等内容。

1．设置行高和列宽

输入内容后，有时需要根据标题要求或文本长度调整行高和列宽。在单元格的边线上拖动鼠标，可以快速调整行高和列宽，具体操作方法如下。

第 1 步：定位鼠标指针

将鼠标移动到行标 1 和 2 之间，此时鼠标指针变成十字形状，如下图所示。

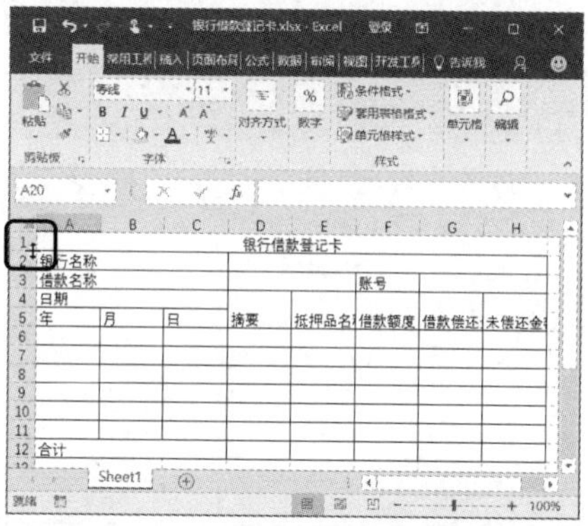

第 2 步：拖动鼠标

按住鼠标左键，向下拖动鼠标，如下图所示。

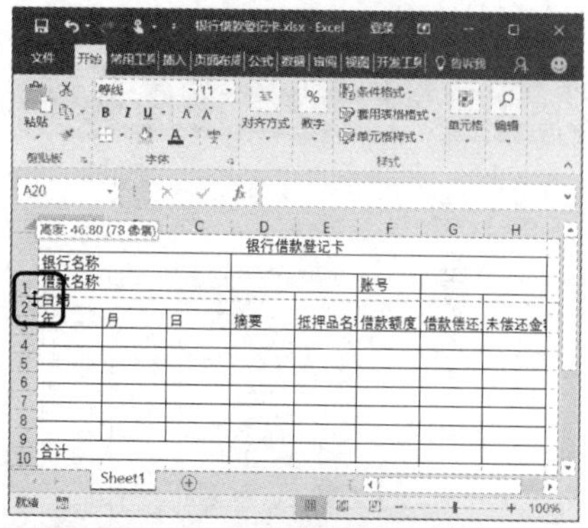

第 3 步：查看行高的调整效果

释放鼠标，此时即可将增加行高，如下图所示。

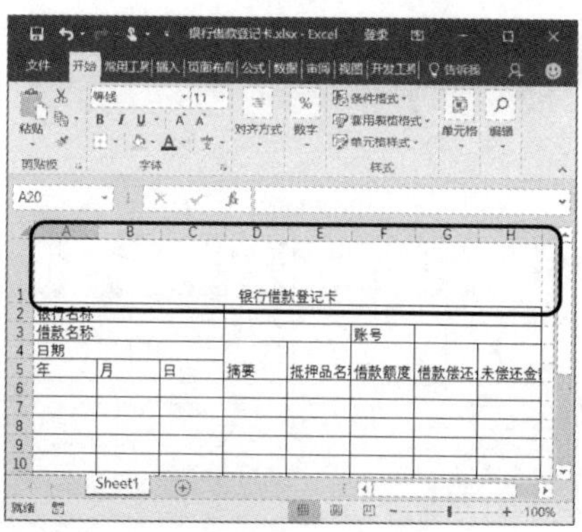

第 4 步：执行调整行高命令

在行标上选中第 2 行至第 12 行，❶单击“开始”选项卡；❷在“单元格”功能组中单击“格式”下拉按钮；❸在弹出的下拉列表中选择“行高”选项，如下图所示。

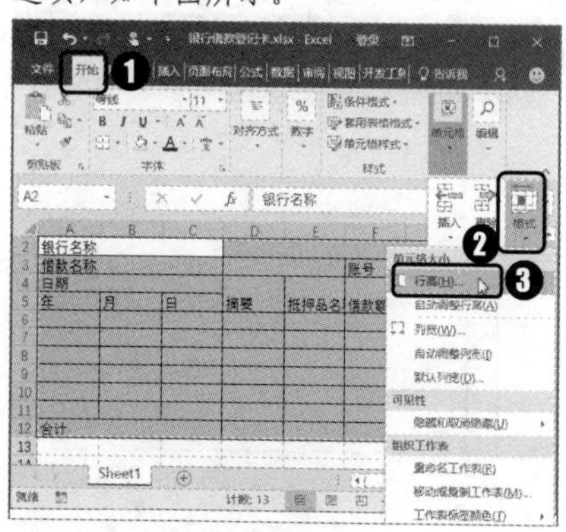

第 5 步：设置行高

弹出“行高”对话框，❶在“行高”下拉列表中输入“16”；❷单击“确定”按钮，如下图所示。

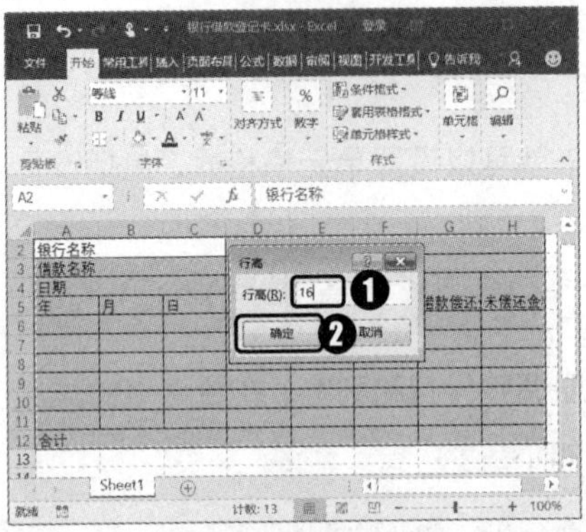

第 6 步：查看行高设置结果

此时，选中的第 2 行至第 12 行的行高就设置成 16，如下图所示。

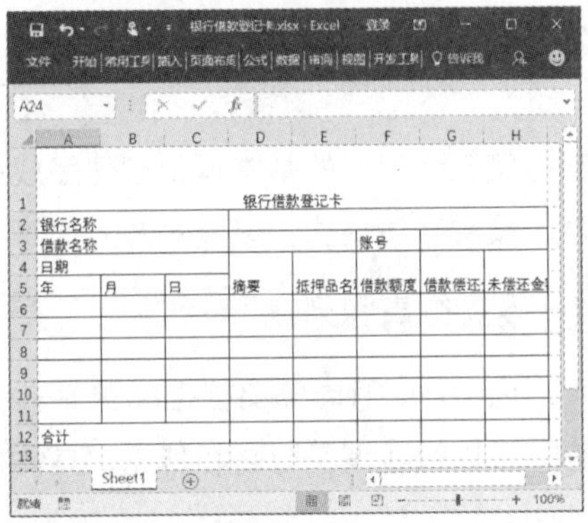

第 7 步：定位鼠标指针

将鼠标移动到列标 B 和 C 之间，此时鼠标指针变成十字形状，如下图所示。

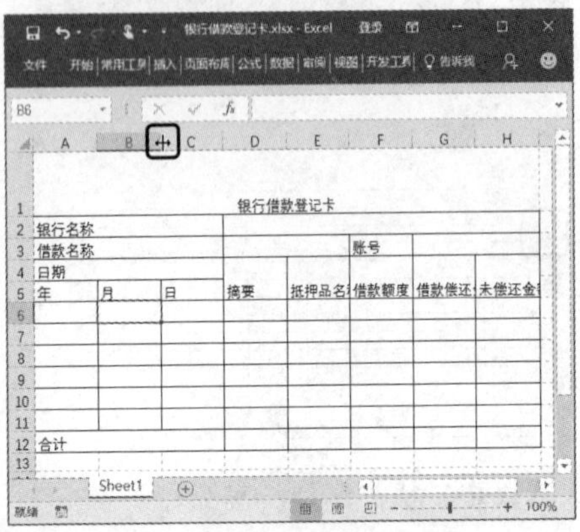

第 8 步：拖动鼠标

按住鼠标左键，向左拖动鼠标，如下图所示。

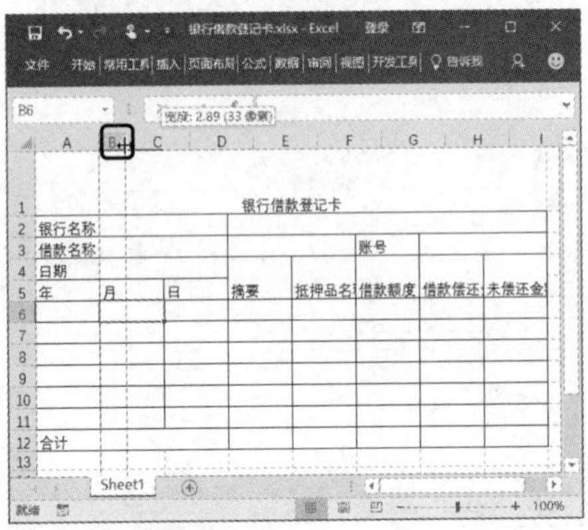

第 9 步：查看列宽调整效果

释放鼠标，此时即可缩小 B 列的列宽，如下图所示。

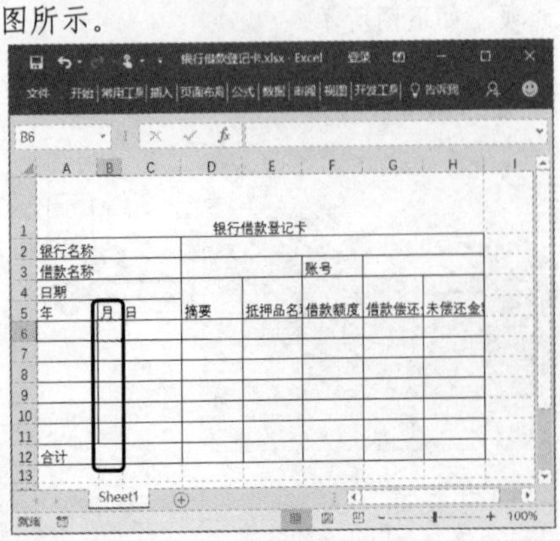

第 10 步：调整其他列的列宽

使用同样的方法，调整其他列的列宽即可，如下图所示。

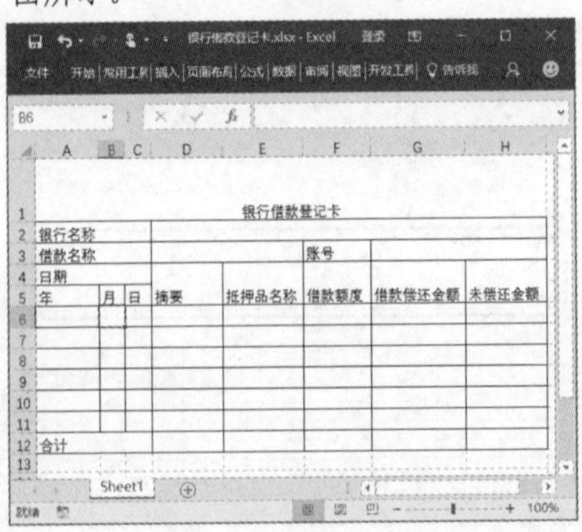

2. 设置字体格式

设置字体格式的具体操作方法如下。

第 1 步：设置标题的字体格式

选中单元格 A1，❶单击“开始”选项卡；❷在“字体”功能组的“字体”下拉列表中选择“华文中宋”；在“字号”下拉列表中选择“18”，如下图所示。

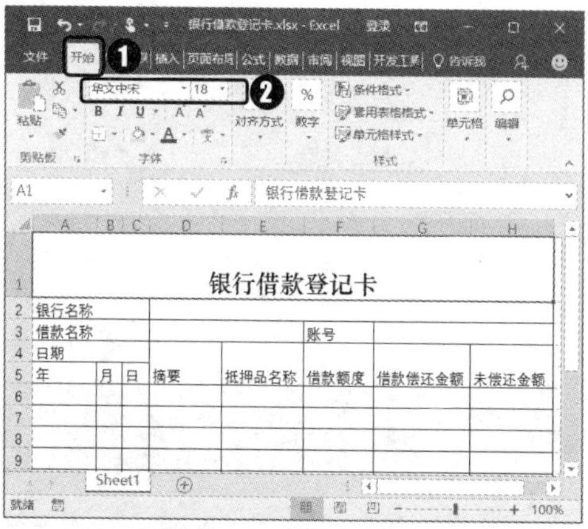

第 2 步：设置填写部分的字体格式

按“Ctrl”键，选中所有用于填写内容的单元格区域，❶单击“开始”选项卡；❷在“字体”功能组的“字体”下拉列表中选择“华文行楷”，如下图所示。

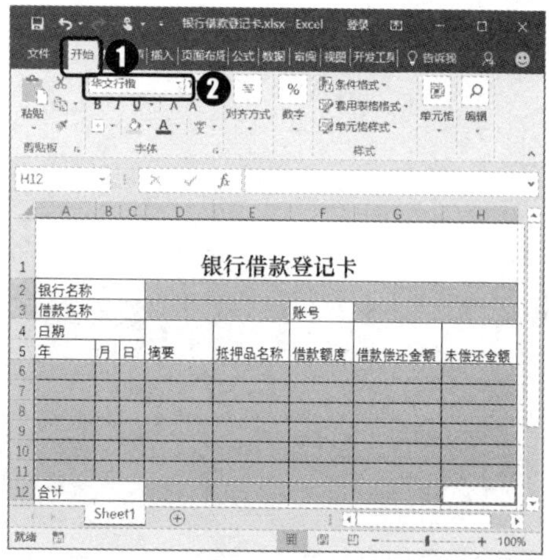

3. 设置对齐方式

Excel 提供了 6 种单元格的对齐方式，分别是顶端对齐、底端对齐、文本左对齐、文本右对齐、居中、垂直居中。接下来设置单元格的对齐方式，具体操作方法如下。

第 1 步：设置标题的对齐方式

选中 A1 单元格，❶单击“开始”选项卡；❷单击“对齐方式”功能组中的“垂直居中”按钮，即可将字体格式设置为垂直居中，如下图所示。

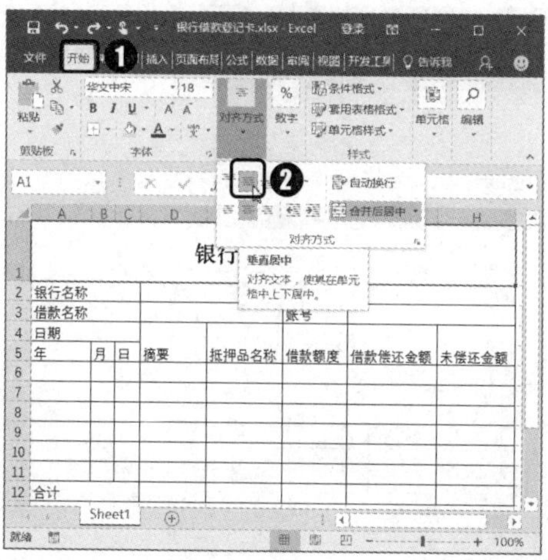

第 2 步：查看项目名称的对齐方式

选中各项目名称所在的单元格或单元格区域，❶单击“开始”选项卡；❷单击“对齐方式”功能组中的“居中”按钮，即可将各项目名称的字体格式设置为水平居中，如下图所示。

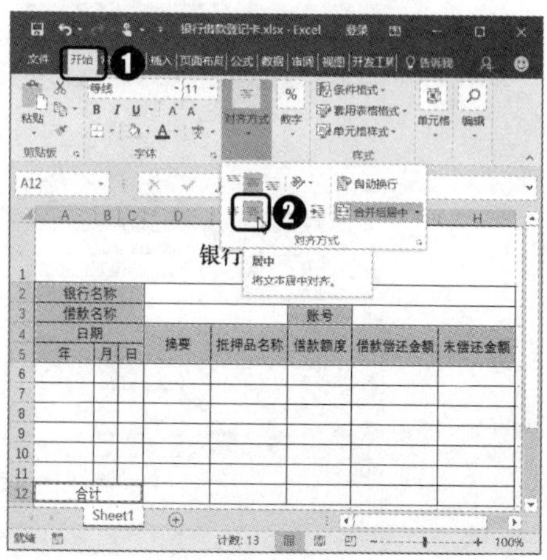

第 3 步：查看表格设置效果

到这里银行借款登记卡就创建完成了，设置效果如下图所示。

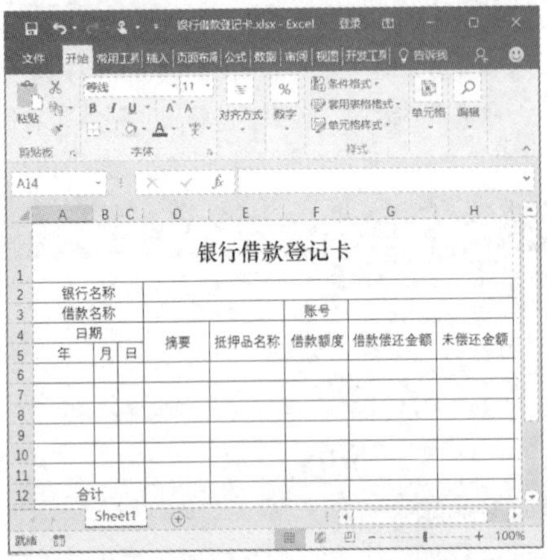

第 4 步：填写银行借款登记卡

表单设置完成后，接下来填写银行借款登记卡，最终效果如下图所示。

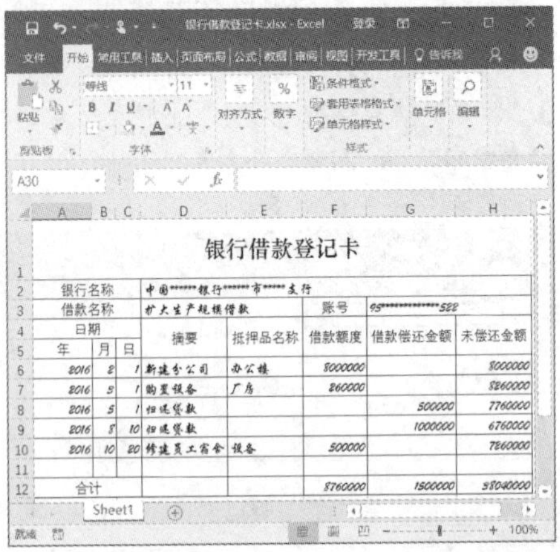

6.2 制作往来客户一览表

案例概述

往来客户一览表是记录往来客户信息的重要表单。采用 Excel 的合并单元格、添加边框、设置填充颜色和字体格式、使用下拉列表录入数据等功能，可以快速设置往来客户一览表。本节结合实例“往来客户一览表”的制作过程，主要介绍表单的设计方法和单元格格式的设置技巧。

案例效果

客户一览表通常包括表单名称、客户编号、地区、联系人、公司名称、公司地址、联系电话、经营范围、合作信誉等内容等。

“往来客户一览表”的制作效果如下图所示。

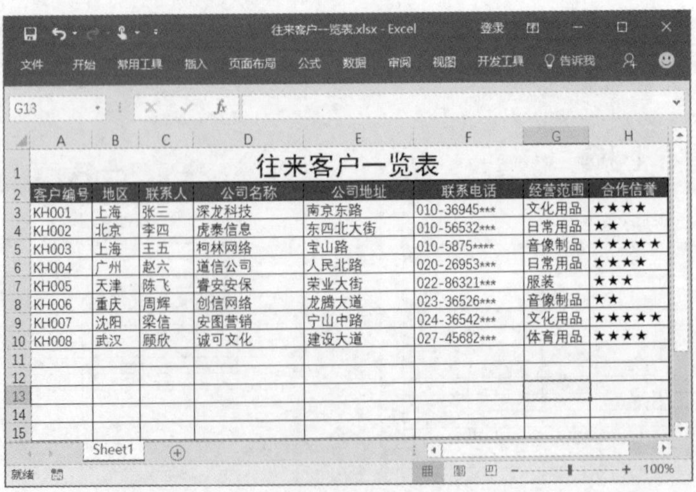

同步文件

原始文件： 素材文件\第 6 章\往来客户一览表.xlsx

结果文件： 结果文件\第 6 章\往来客户一览表.xlsx

同步视频文件： 同步教学文件\第 6 章\往来客户一览表\6.2.1.mp4~6.2.3.mp4

制作思路

制作“往来客户一览表”的具体思路如下：

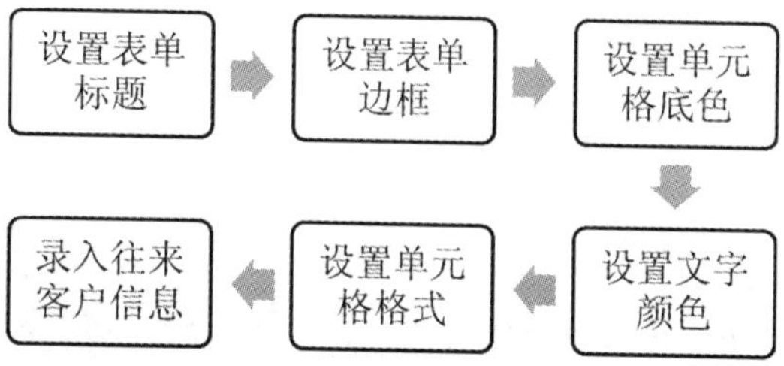

6.2.1 创建往来客户一览表框架

制作往来客户一览表之前，首先创建往来客户一览表框架。接下来使用合并单元格、设置单元格底色、设置字体格式、添加边框等操作技巧，来设置往来客户一览表的基本框架，具体操作方法如下。

第 1 步：录入项目名称

打开“素材文件\第 6 章\往来客户一览表.xlsx”文件，输入往来客户一览表的项目名称，如下图所示。

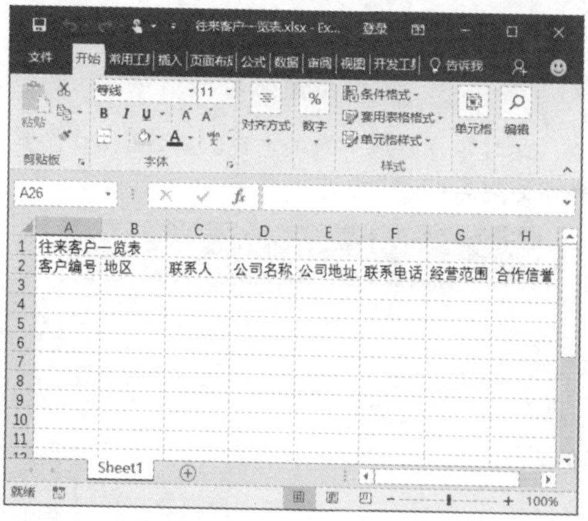

第 2 步：合并单元格

选中单元格区域 A1:H1，❶单击“开始”选项卡；❷在“对齐方式”功能组中单击“合并后居中”按钮，如下图所示。

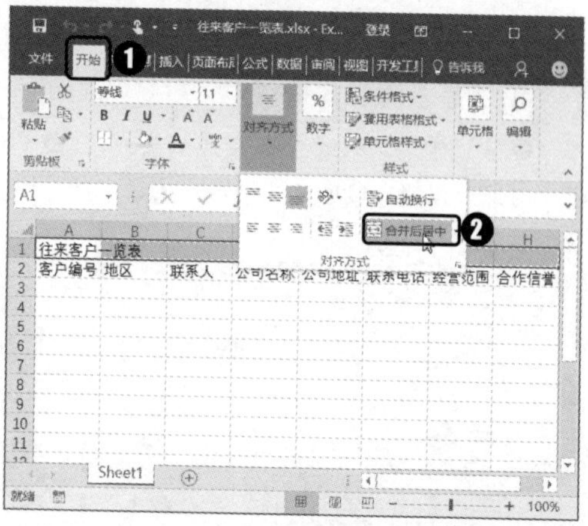

第 3 步：查看合并单元格效果

此时，选中的单元格区域 A1:H1 就合并成一个单元格，且文字居中显示，如下图所示。

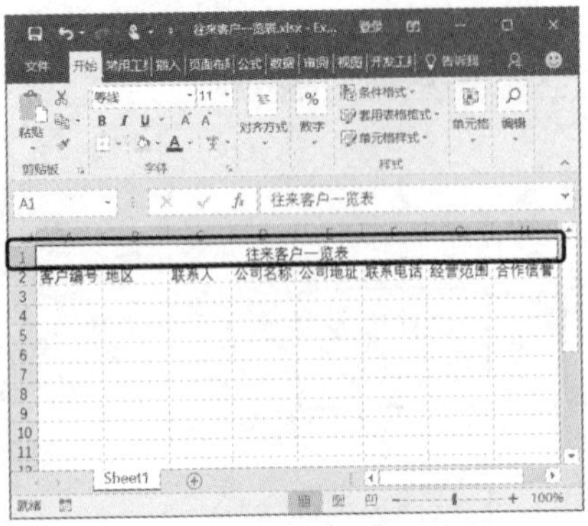

第 4 步：设置字体格式

选中单元格 A1，❶单击“开始”选项卡；❷在“字体”功能组中的“字体”下拉列表中选择“黑体”；在“字号”下拉列表中选择“20”，如下图所示。

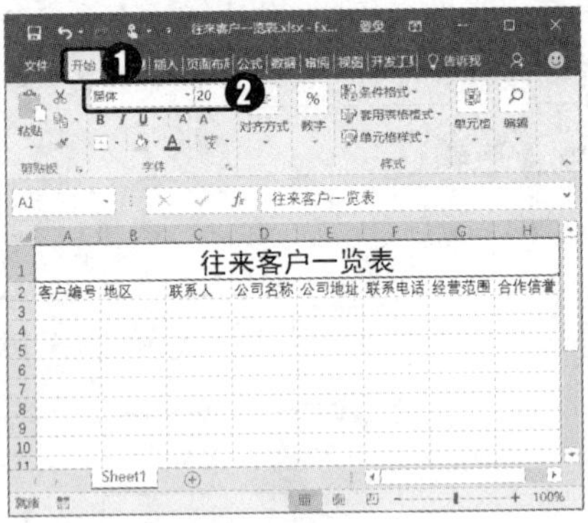

第 5 步：执行设置单元格格式命令

选中单元格区域 A2:H20，右击，在弹出的快捷菜单中选择“设置单元格格式”命令，如下图所示。

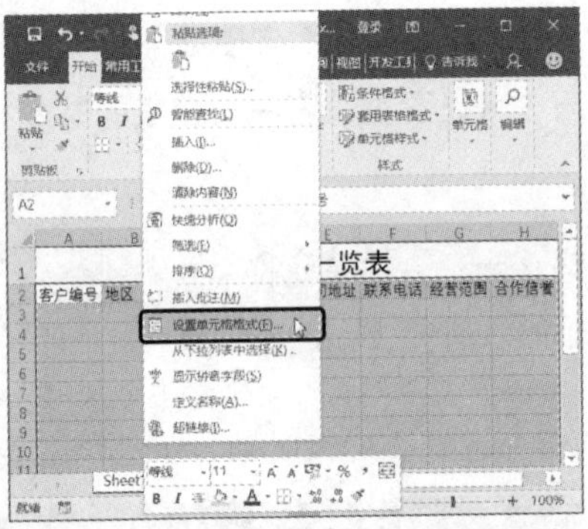

第 6 步：添加外框线

弹出“设置单元格格式”对话框，❶单击“边框”选项卡；❷在“样式”列表中选择“粗实线”；❸单击“外边框”按钮，如下图所示。

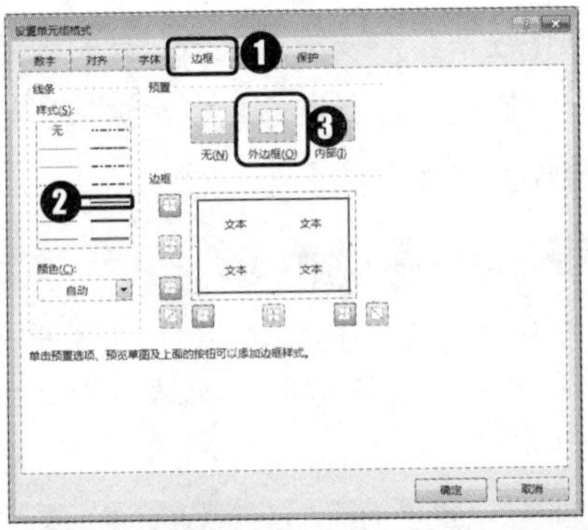

第 7 步：添加内框线

❶在“样式”列表中选择“细实线”；❷单击“内部”按钮；❸单击“确定”按钮，如下图所示。

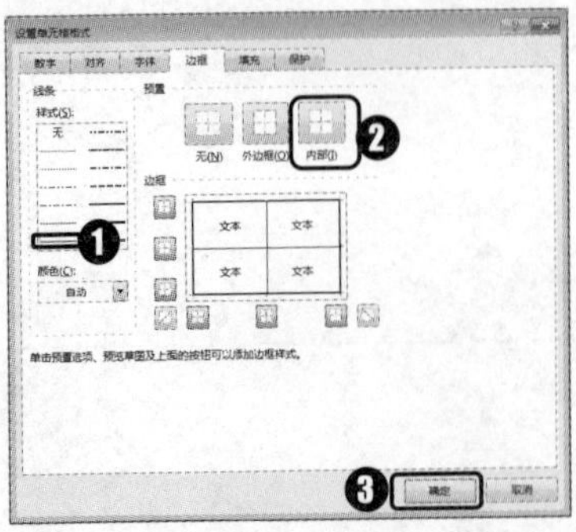

第 8 步：查看表单的基本框架

此时即可为选中的单元格区域 A2:H20 设置外粗内细的框线，如下图所示。

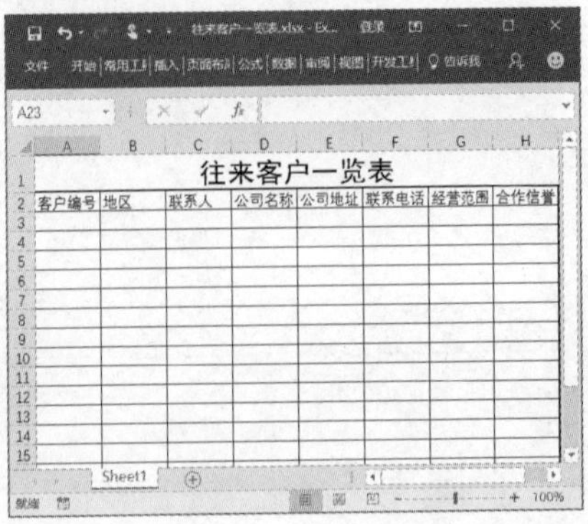

6.2.2 设置单元格格式

往来客户一览表创建完成后，接下来设置单元格格式，美化往来客户一览表，具体操作方法如下。

第 1 步：执行居中命令

选中单元格区域 A2:H2，❶单击“开始”选项卡；❷在“对齐方式”功能组中单击“居中”按钮，如下图所示。

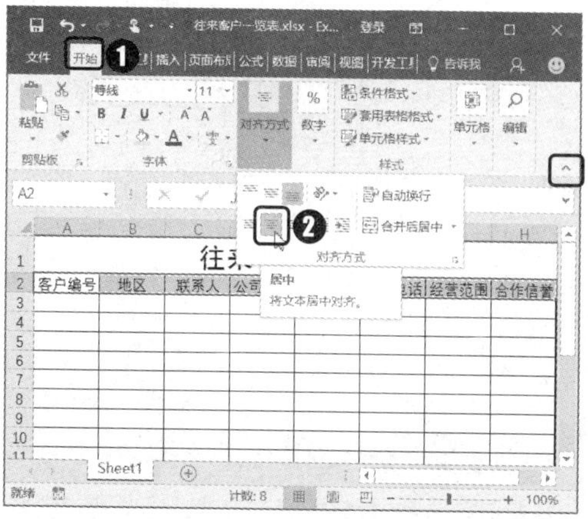

第 2 步：添加单元格底色

❶单击“开始”选项卡；❷在“字体”功能组中单击“填充颜色”下拉按钮；❸在弹出的下拉列表中选择“深红”选项，如下图所示。

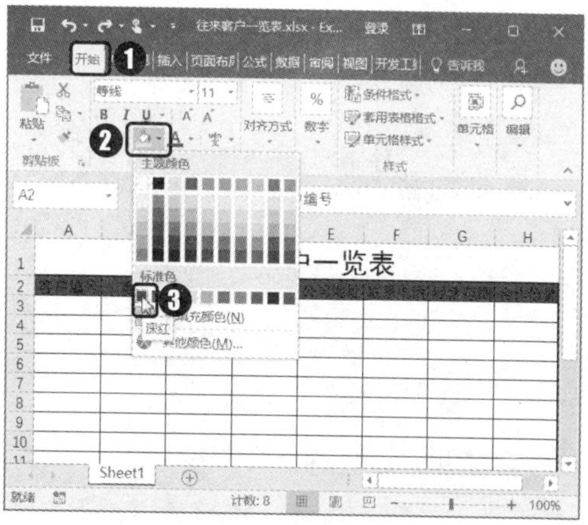

第 3 步：设置文字颜色

❶单击“开始”选项卡；❷在“字体”功能组中单击“字体颜色”下拉按钮；❸在弹出的下拉列表中选择“白色，背景 1”选项，如下图所示。

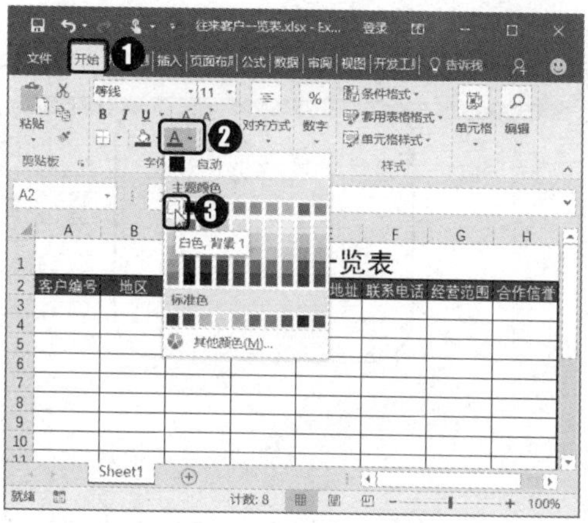

第 4 步：查看设置结果

设置完成后，表单项目名称的设置效果如下图所示。

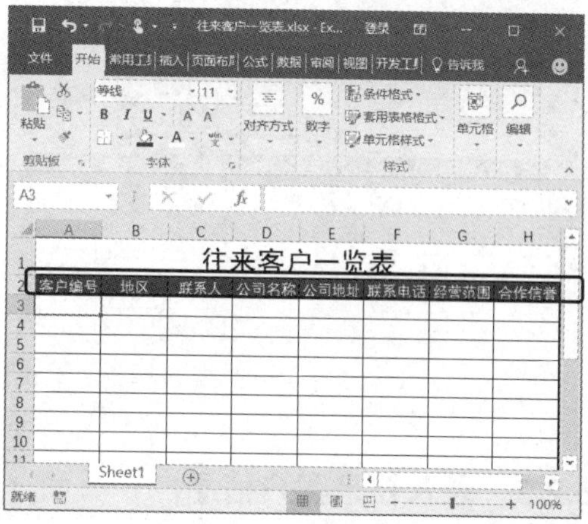

第 5 步：选中连续列

选中 D 列至 F 列，如下图所示。

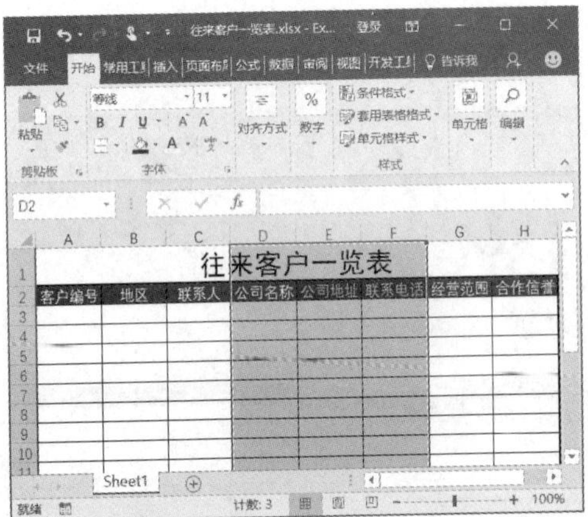

第 6 步：执行设置列宽命令

❶单击“开始”选项卡；❷在“单元格”功能组中单击“格式”下拉按钮；❸在弹出的下拉列表中选择“列宽”选项，如下图所示。

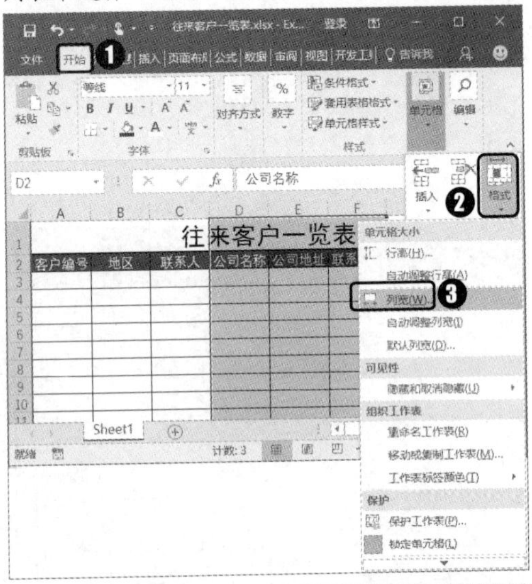

第 7 步：设置列宽

弹出“列宽”对话框，❶在“列宽”下拉列表中输入“15”；❷单击“确定”按钮，如下图所示。

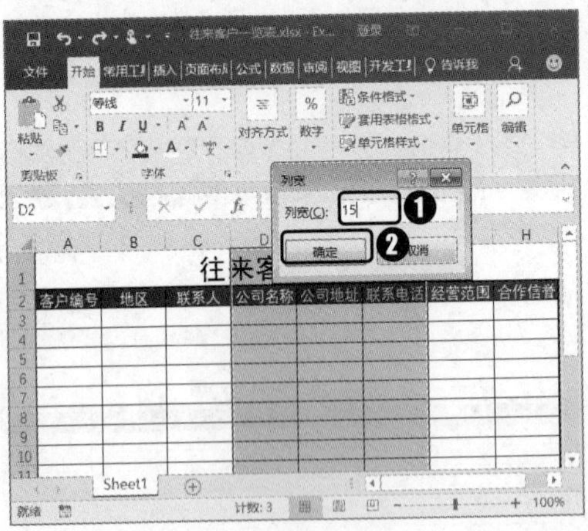

第 8 步：查看设置结果

此时，选中的 D 列至 F 列的列宽就设置成 15，如下图所示。

6.2.3 录入往来客户信息

录入数据信息时，可以采用数据填充功能和下拉列表功能，快速录入数据信息，具体操作方法如下。

第 1 步：录入第一个客户编号

在 A3 单元格中输入第一个客户编号“KH001”，将鼠标指针移动到 A3 单元格的右下角，鼠标指针变成十字形状，如下图所示。

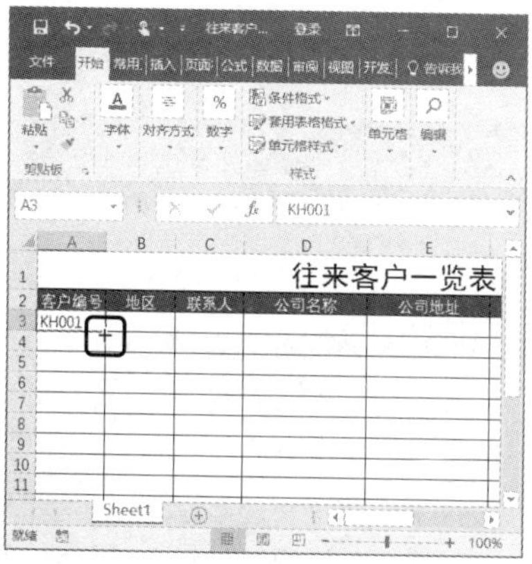

第 2 步：填充其他客户编号

按住鼠标左键，向下拖动鼠标即可向下填充连续的客户编号，如下图所示。

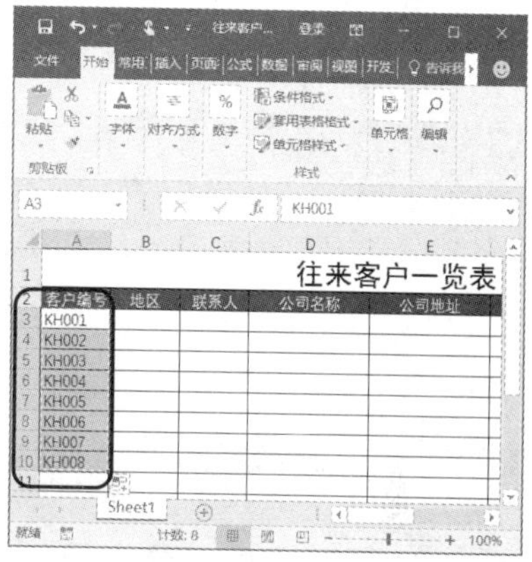

第 3 步：录入客户信息

录入客户的基本信息，如下图所示。

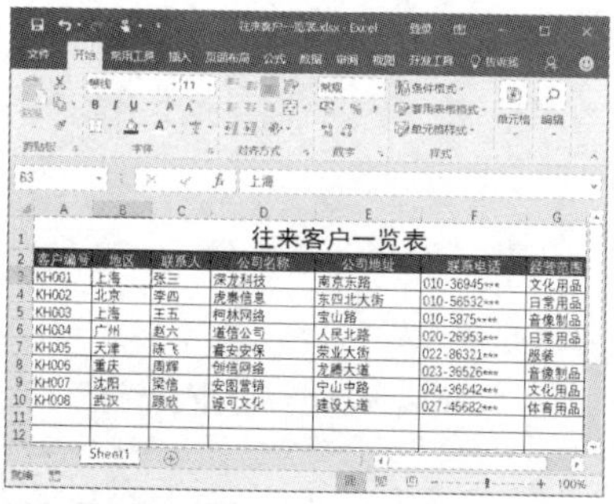

第 4 步：执行“数据验证“命令

选中 H3:H6 单元格区域，❶单击“数据”选项卡；❷在“数据工具”功能组中单击“数据验证”下拉按钮；❸在弹出的下拉列表中选择“数据验证”选项，如下图所示。

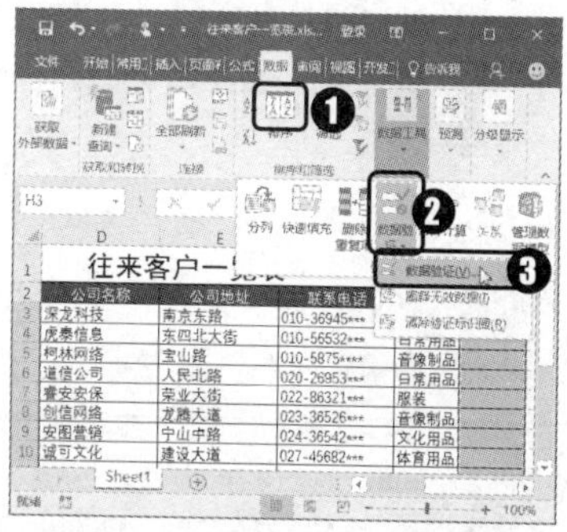

第 5 步：选中序列选项

弹出“数据验证”对话框，❶单击“设置”选项卡；❷在“允许”下拉列表中选择“序列”选项，如下图所示。

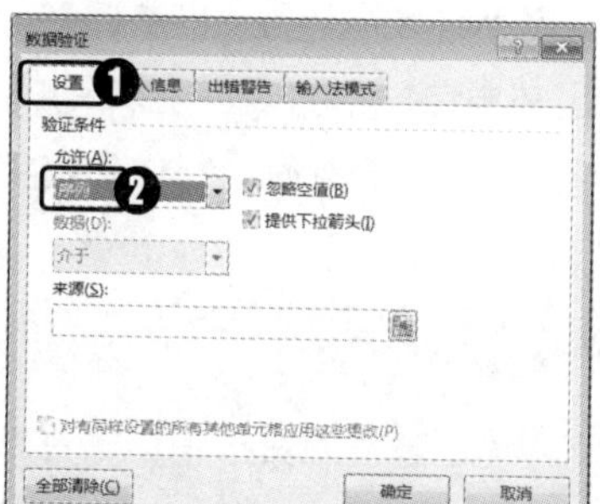

第 6 步：设置数据来源

❶在下方的“来源”文本框中输入文本“★,★★,★★★,★★★★,★★★★★”；❷单击“确定”按钮，如下图所示。

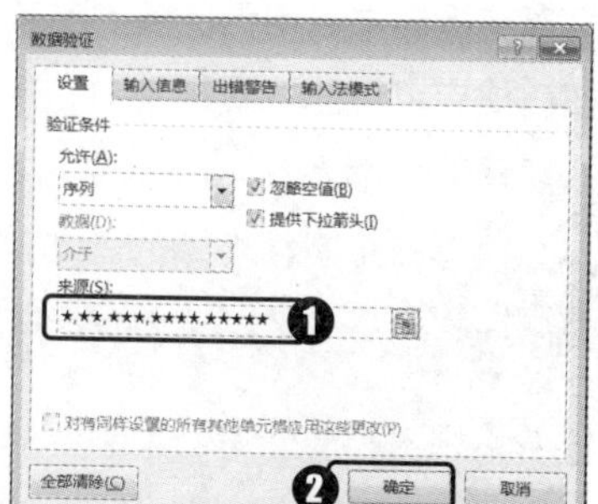

第 7 步：选取数据

此时选中的单元格区域中每个单元格的右侧出现一个下拉按钮，❶单击 H3 单元格右侧的下拉按钮；❷在弹出的下拉列表中选择要输入的数据即可，例如，选择“★★★★”选项，此时即可输入信誉等级“★★★★”，如下图所示。

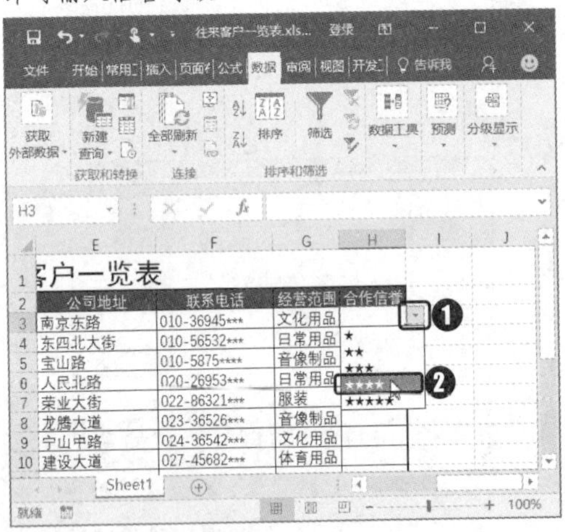

第 8 步：查看最终效果

使用下拉列表输入其他客户的信誉顶级即可，输入完成如下图所示。

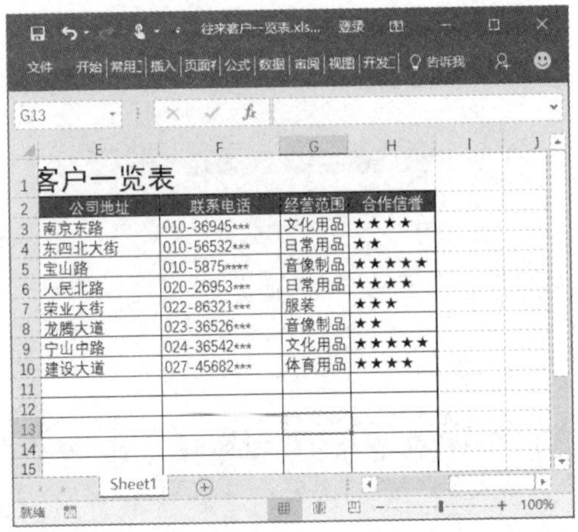

专家会诊台

Q：在 Excel 中录入数据时，有哪些常用技巧？

A：在 Excel 中录入数据时，怎么样简单快捷而准确的输入单元格的内容关系到我们工作的效率，接下来总结几条常用小技巧。

（1）录入信息前，想好录入数据方向，是向下录入，还是向右录入。

（2）按“Enter”键一直向下输入；按“Tab”键一直向右输入。

（3）输入身份证时，在英文方式下输入一个单引号；按“Ctrl+；”组合键输入当前日期。

6.3 制作差旅费报销单

案例概述

差旅费，是指出差期间因办理公务而产生的交通费、住宿费和公杂费等各项费用。员工出差必须事前提出书面申请，填制出差申请单，经其直属上级批准。员工出差归来，报销时按财务部门规定填制差旅费报销单，附原始票据(包括出差申请、机票(明折明扣票)、火车票、汽车票、船票、住宿发票、会议通知、过路费、过桥费)等。本节将通过制作差旅费报销单的过程，为读者介绍制作表格的基本操作。

案例效果

差旅费报销单，是公司使用频率较高的一种财务表单。创建差旅费报销单相对来说比较烦琐，首先需要输入相关的报销项目，然后采用合并单元格、设置字体格式、调整行高和列宽等方法美化表格，另外，还可以为相关项目添加批注，进行补充说明。

“差旅费报销单”制作完成后的效果如下图所示。

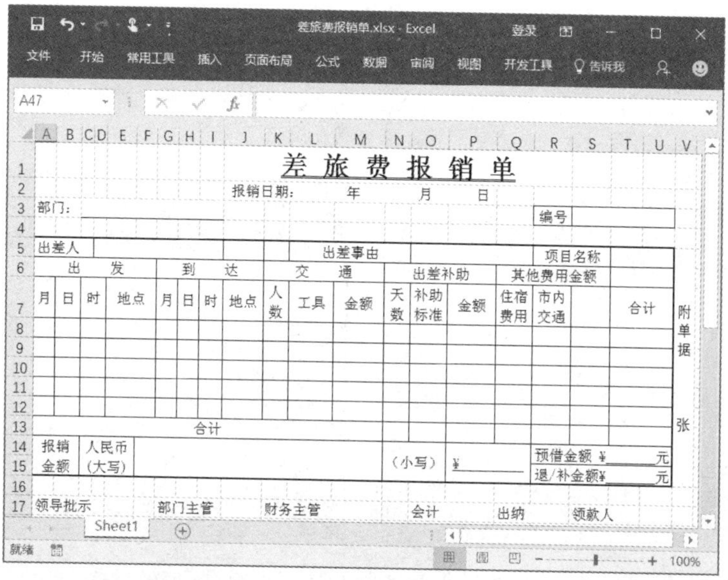

同步文件

原始文件：素材文件\第 6 章\差旅费报销单.xlsx

结果文件：结果文件\第 6 章\差旅费报销单.xlsx

同步视频文件：同步教学文件\第 6 章\差旅费报销单\6.3.1.mp4~6.3.3.mp4

制作思路

“差旅费报销单”文档的制作思路如下：

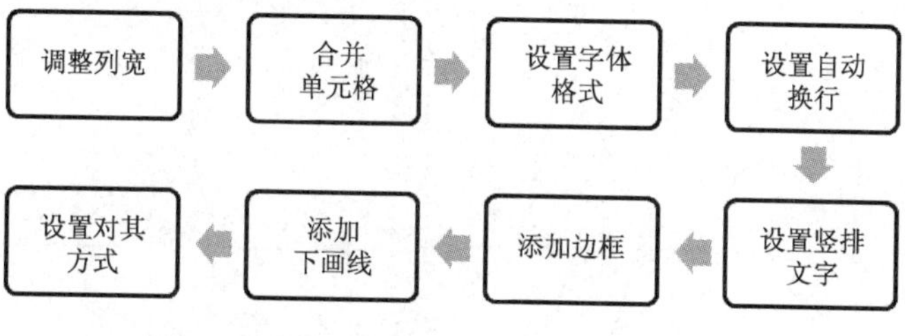

6.3.1 创建差旅费报销单

差旅费报销单主要包括公司员工姓名、单位名称、报销日期、费用种类、出差补贴及报销金额等内容。下面将逐一介绍如何利用 Excel 建立差旅费报销单表格。

1. 调整列宽

输入内容后，有时需要对内容较短或内容较长的单元格调整列宽，具体操作方法如下。

第1步：定位鼠标指针

将鼠标移动到“列标签A”的右侧边线上，按住鼠标左键不放，鼠标指针变成十字形状，并显示单元格的宽度，如下图所示。

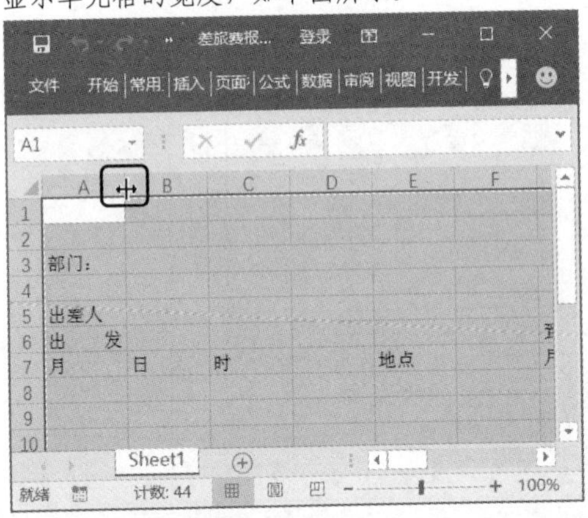

第2步：拖动调整列宽

向左拖动鼠标，此时即可调整单元格的宽度，如下图所示。

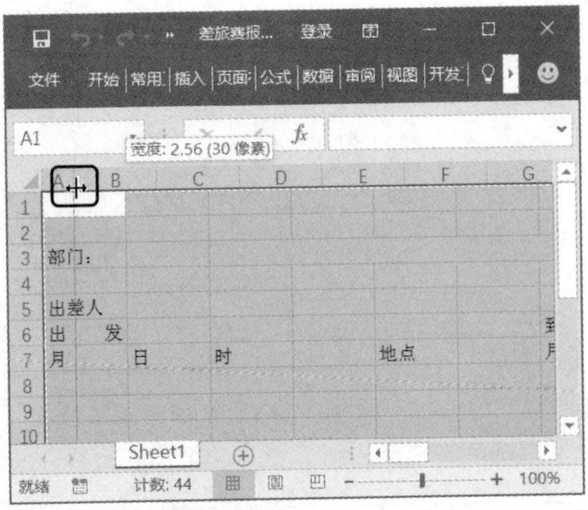

第3步：查看调整效果

将鼠标拖动到合适的位置，然后释放鼠标，效果如下图所示。

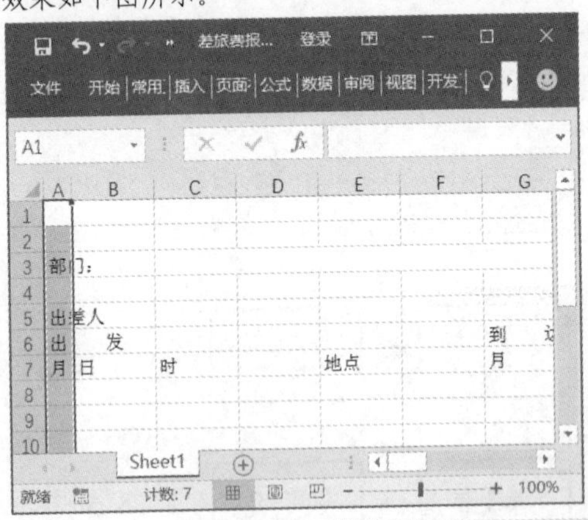

第4步：调整其他列

使用同样的方法，调整其他列的列宽即可，调整完毕，效果如下图所示。

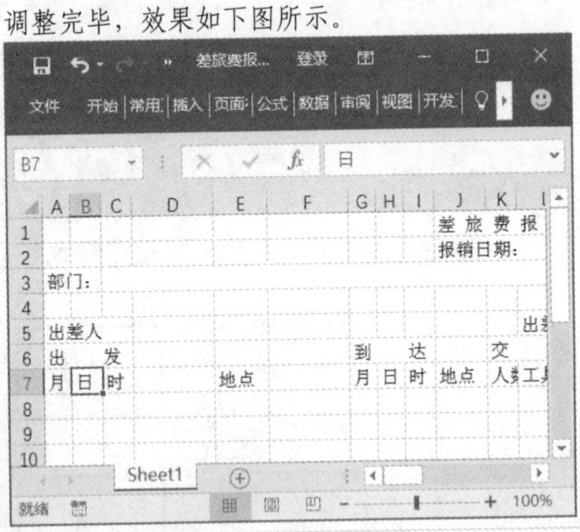

专家会诊台

Q：除了手动调整列宽外，还有其他调整列宽的方法吗？

A：有的，还可以通过执行“格式”命令，精确调整列宽或行高。在工作表中，选中要调整的单元格，单击“开始”选项卡“单元格”组中的“格式”按钮，在弹出的下拉列表中选择“列宽”选项，弹出“列宽”对话框，输入列宽数值，然后单击“确定”按钮即可。

2．合并单元格

输入内容后，可以看到输入的项目比较混乱，此时可以进行单元格合并，使其看起来更加清晰、明了，具体操作方法如下。

第 1 步：执行合并单元格命令

选中单元格区域“J1:R1”，❶单击“开始”选项卡；❷单击“对齐方式”功能组中的“合并后居中”按钮，如下图所示。

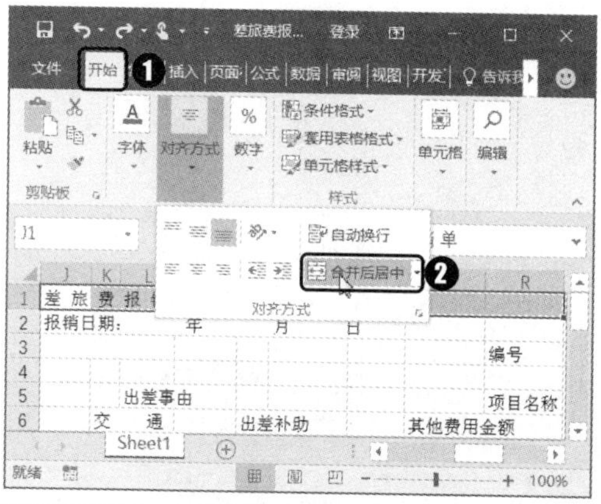

第 2 步：查看设置效果

此时，选中的单单元格区域就合并成一个单元格，并将文字居中显示，如下图所示。

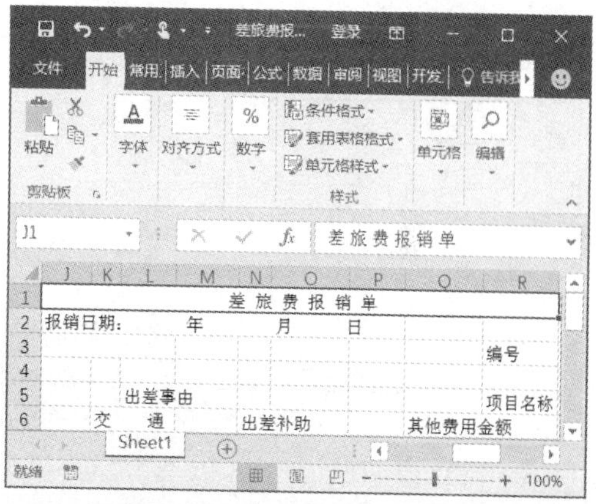

第 3 步：合并其他单元格

使用同样的方法，将需要合并的单元格区域合并到一起，效果如右图所示。

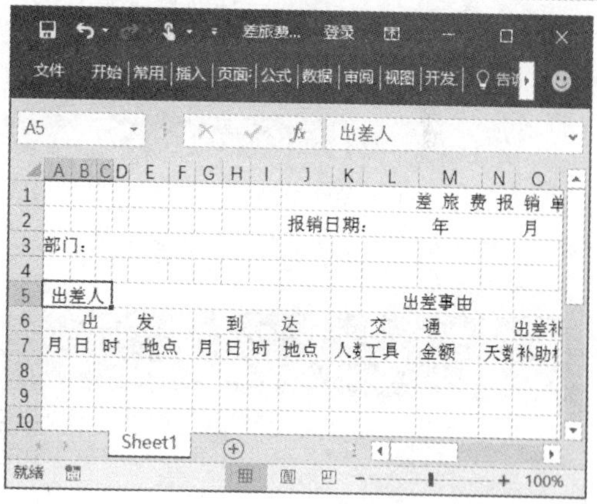

温馨小提示

单元格是工作表中的最小单位，不能进行拆分。但是，合并后的单元格可以进行的拆分，单击“对齐方式”功能组中的“合并后居中”按钮右侧的下拉按钮，在弹出的下拉列表中选择“取消单元格合并”选项即可。

6.3.2　美化差旅费报销单

差旅费报销单的基本项目创建完成后，通常需要对表格进行美化，接下来通过设置单元格格式，美化差旅费报销单。包括：

1．设置字体格式

通常情况下，可以通过设置字体、字号和加粗等方式突出显示单元格的内容。接下来，对差旅费报销单的标题进行字体设置，具体操作方法如下。

第 1 步：设置标题字体格式

选中 J1 单元格，❶单击“开始”选项卡；❷在“字体”功能组中将“字体”设置为“宋体”，将“字号”设置为“20”，❸然后单击“加粗”按钮，如下图所示。

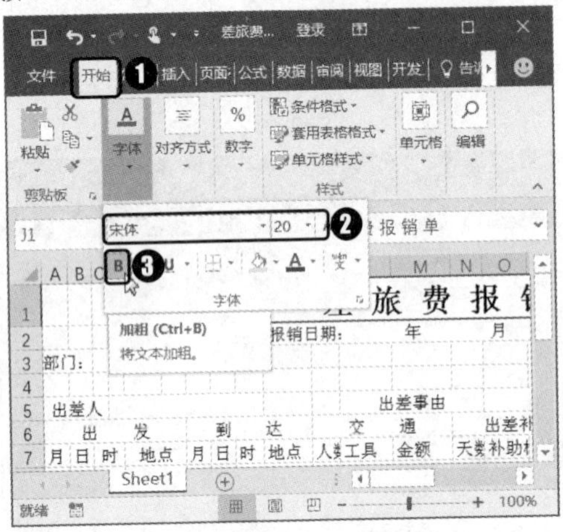

第 2 步：设置其他单元格的字体格式

使用同样的方法，设置其他项目的字体格式即可，设置完毕，如下图所示。

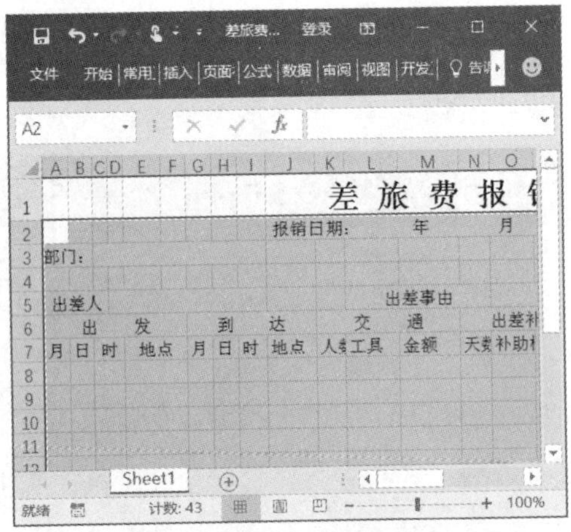

2．设置自动换行

输入内容后，有的单元格中的内容过长，此时可以通过自动换行功能，将其变为两行或多行，具体操作方法如下。

第 1 步：执行自动换行命令

选中 A14 单元格，❶单击“开始”选项卡；❷在“对齐方式”功能组中单击“自动换行”按钮，如下图所示。

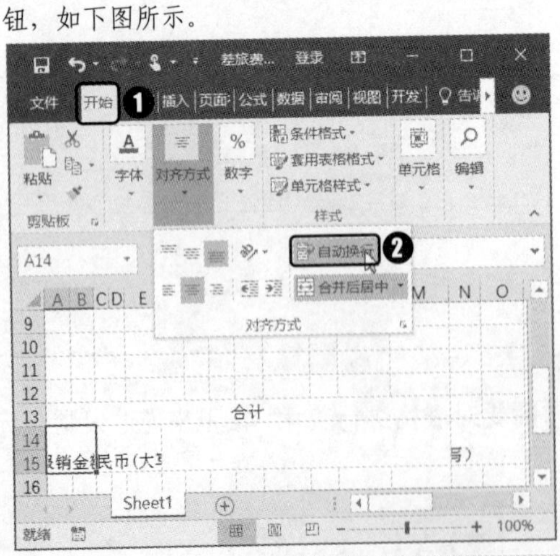

第 2 步：查看设置效果

自动换行后的效果，如下图所示。

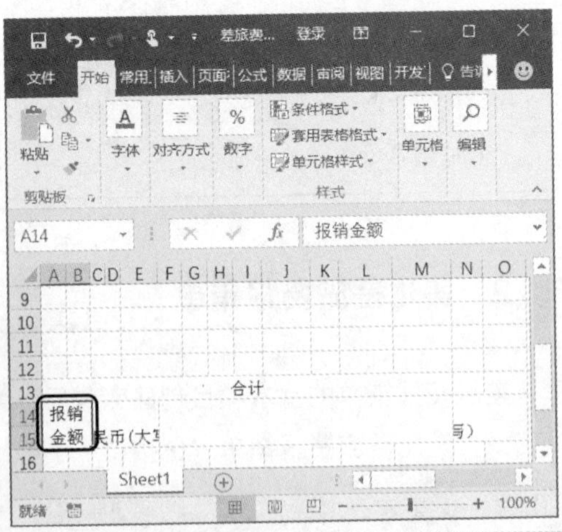

第 3 步：设置其他项目

使用同样的方法，将需要自动换行的单元格进行设置，效果如右图所示。

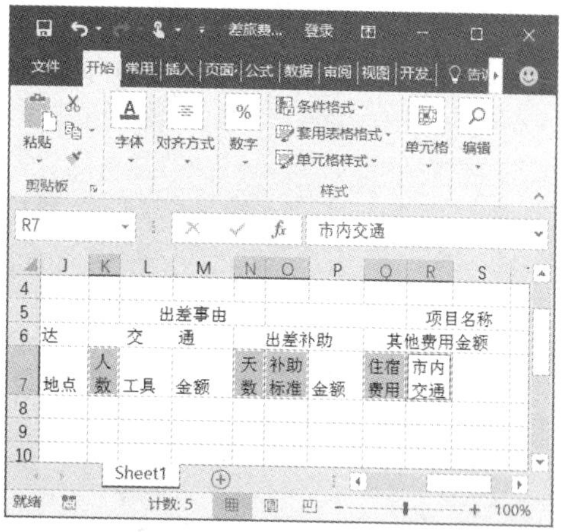

温馨小提示

在单元格中输入较长的文字时，单元格经常放不下这些文本，此时就用到“自动换行”。如果执行“自动换行”命令，文字仍然显示不全，此时拖动行之间的标签，调整行高即可。

3．设置竖排文字

在制作表格时，经常遇到设置竖排文字的情况，如一些竖排的大项目、附带的单据张数等，此时就用到 Excel 的竖排文字功能，具体操作方法如下。

第 1 步：选择“竖排文字”命令

选中 V5 单元格，❶单击“开始”选项卡；❷在“对齐方式”功能组中单击“方向”下拉按钮；❸在弹出的下拉列表中选择“竖排文字”命令，如下图所示。

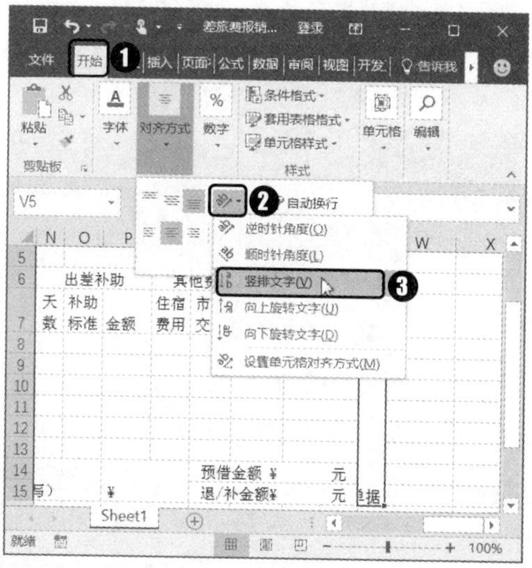

第 2 步：查看设置效果

设置完毕，效果如下图所示。

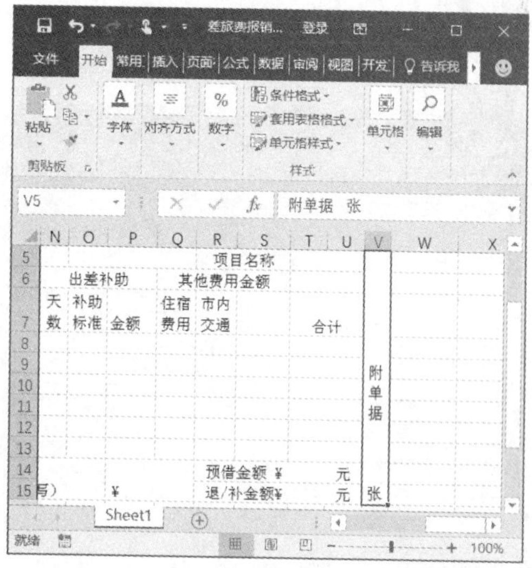

4．添加边框

为了使制作的表格更加直观，可以对表格进行边框设置，具体操作方法如下。

第1步：执行对话框启动器命令

选中单元格区域 R3:S3 和 A5:U15，❶单击“开始”选项卡；❷在“对齐方式”功能组中单击“对话框启动器”按钮，如下图所示。

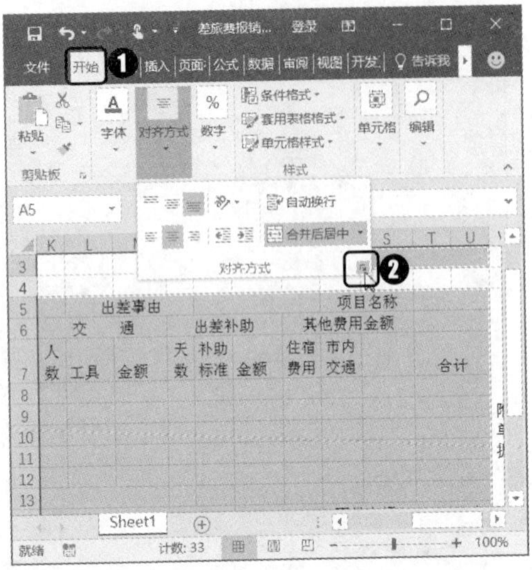

第2步：设置边框格式

弹出“设置单元格格式”对话框，❶单击“边框”选项卡；❷在“样式”组合框中选择“细实线”；❸单击“预置”组合框中的“外边框”和“内部”按钮；❹单击“确定”按钮，如下图所示。

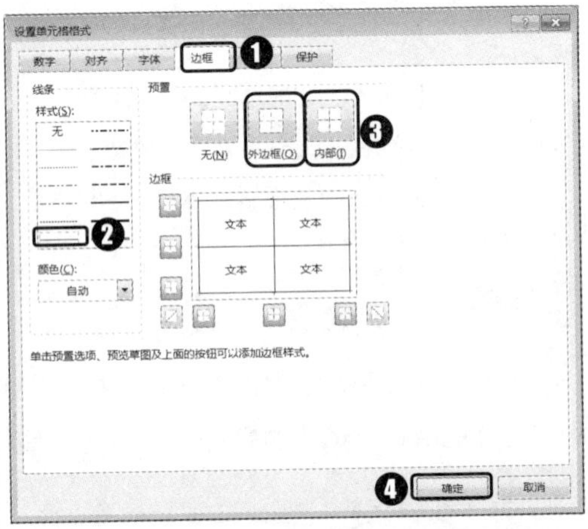

第3步：查看设置效果

返回工作表，此时选中的单元格区域就添加了边框，如下图所示。

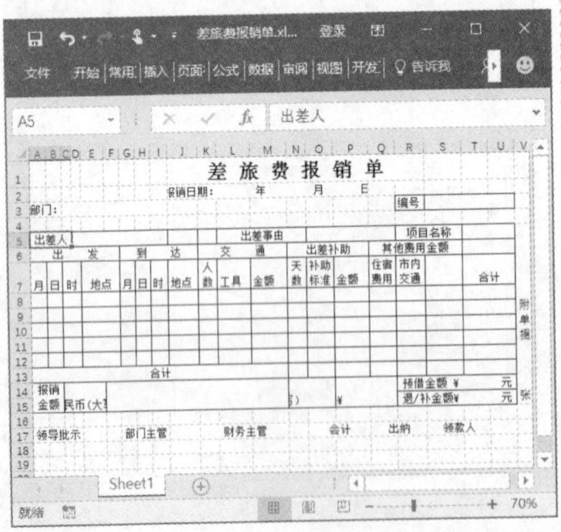

第4步：执行设置单元格格式命令

外边框通常线条较粗，接下来设置粗边框。选中单元格区域 A5:U15，右击，在弹出的快捷菜单中选择“设置单元格格式”命令，如下图所示。

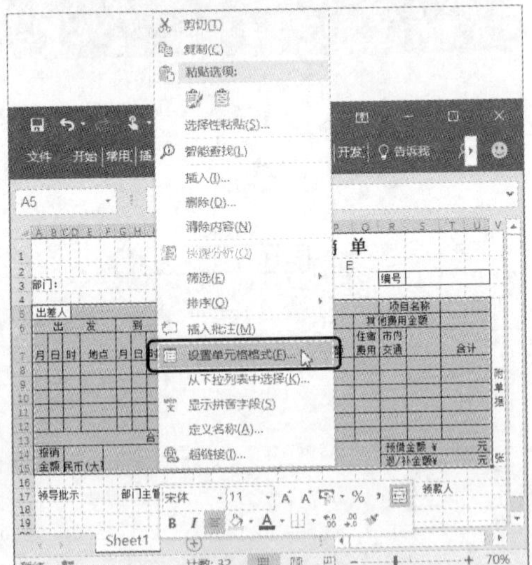

第 5 步：设置粗边框

弹出“设置单元格格式”对话框，❶单击“边框”选项卡；❷在“样式”组合框中选择“较粗实线”；❸单击“预置”组合框中的“外边框”，❹单击“确定”按钮，如下图所示。

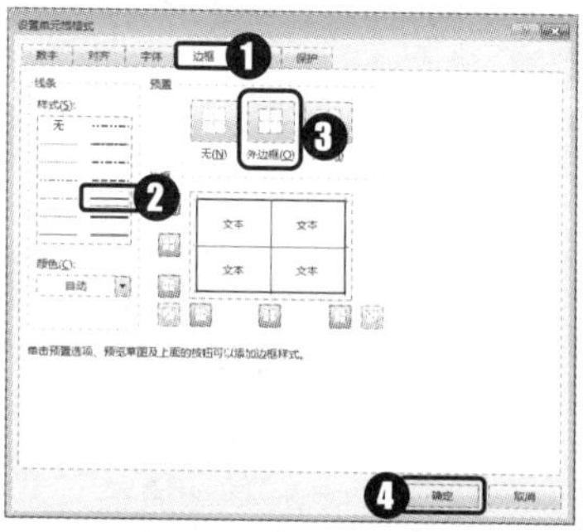

第 6 步：查看设置效果

返回工作表，此时选中的单元格区域的外边框变成粗线，如下图所示。

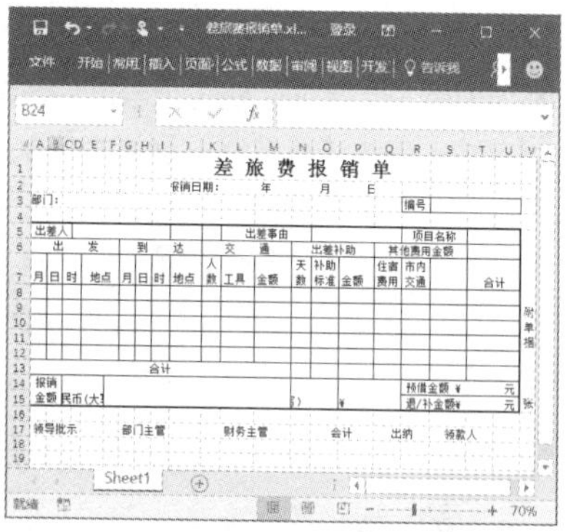

第 7 步：添加双下画线

选中 J1 单元格，❶单击“开始”选项卡；❷在“字体”功能组中单击“下画线”按钮右侧的下拉按钮；❸在弹出的下拉列表中选择“双下画线”命令，如下图所示。

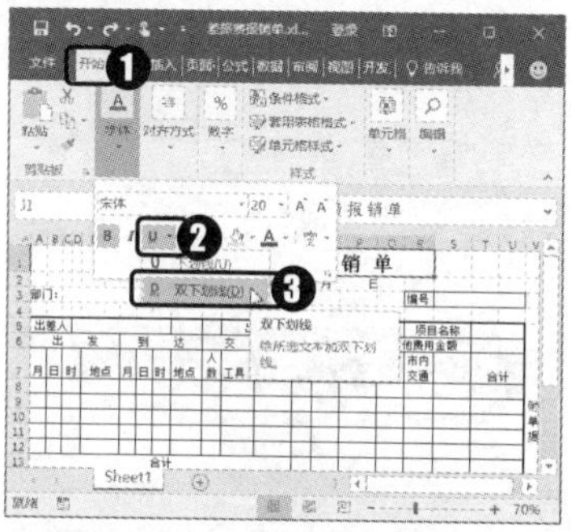

第 8 步：查看设置效果

添加双底框线后的效果，如下图所示。

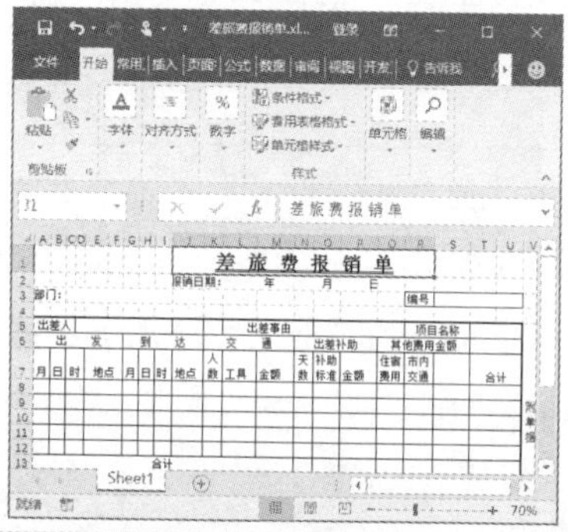

第 9 步：添加下框线

选中 C3 单元格，❶单击“开始”选项卡；❷在“字体”功能组中单击“边框”按钮右侧的下拉按钮；❸在弹出的下拉列表中选择“下框线”命令，如下图所示。

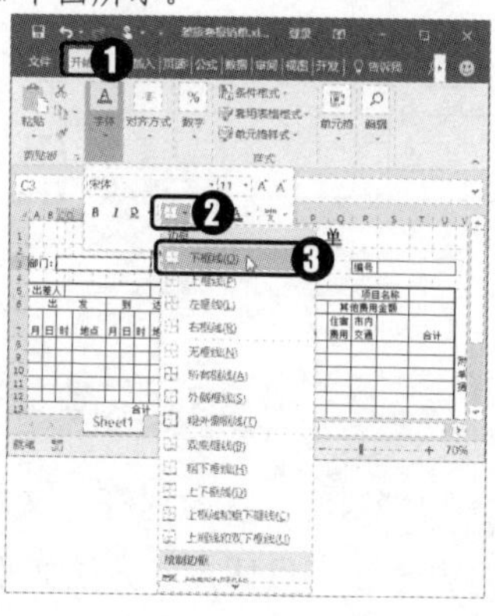

第 10 步：查看设置效果

添加下框线后的效果，如下图所示。

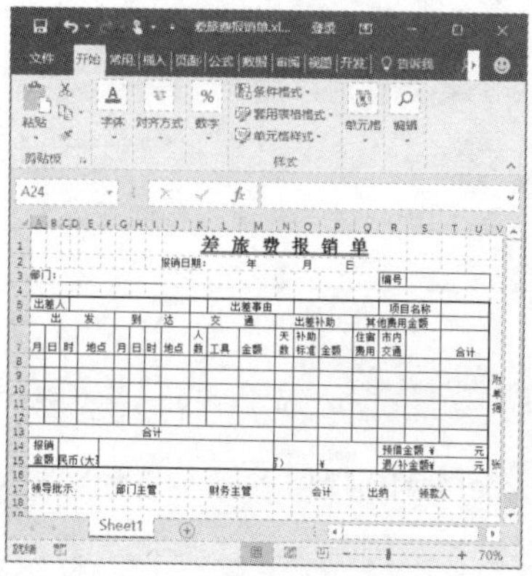

5. 添加下画线

财务表单中小写金额通常带有下画线，接下来为小写金额设置下画线，具体操作方法如下。

第 1 步：执行设置下画线命令

选中单元格 P14 中要设置下画线的内容，❶单击“开始”选项卡；❷在“字体”功能组中单击“下划线”按钮右侧的下拉按钮，❸在弹出的下拉列表中选择“下划线”命令，如下图所示。

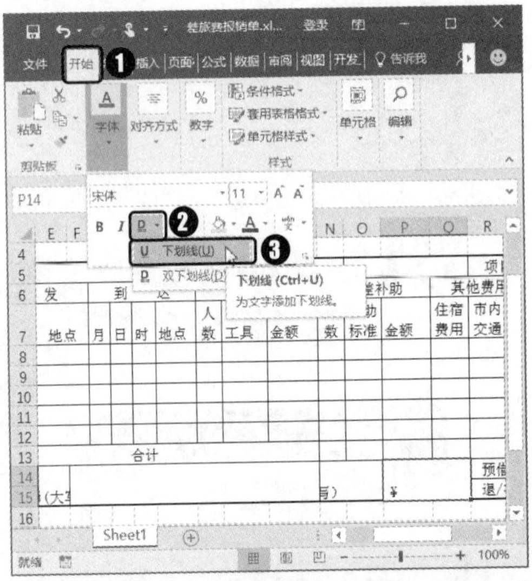

第 2 步：查看设置效果

此时选中的内容的下方就添加了一条下画线，如下图所示。

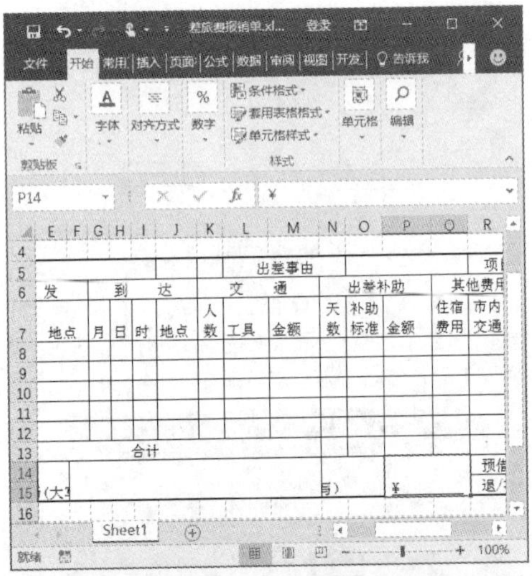

第 3 步：为其他内容添加下画线

使用同样的方法，为其他需要添加下画线的内容添加下画线，效果如右图所示。

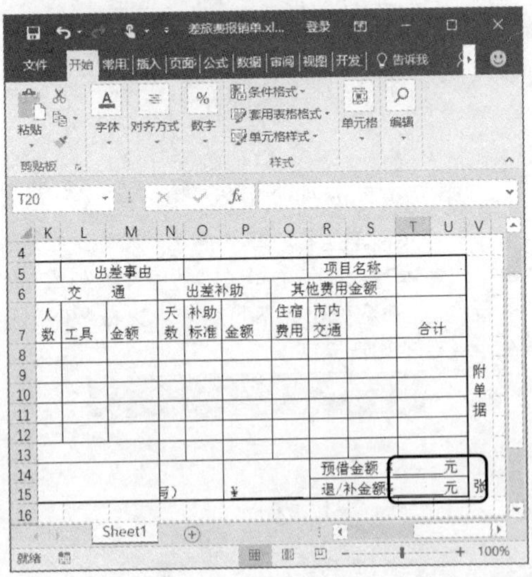

温馨小提示

合理使用快捷键的确可以提高工作效率。使用快捷键“Ctrl + U”，可以快速为单元格中的内容添加下画线。默认情况下，下画线颜色和文字的颜色是同时改变的。打开“设置单元格格式”对话框，切换到“字体”选项卡，根据需要为文字和下画线单独设置颜色即可。

6. 设置对齐方式

Excel 2010 提供了 6 种单元格的对齐方式，分别是顶端对齐、底端对齐、文本左对齐、文本右对齐、居中、垂直居中。接下来设置单元格的对齐方式，具体操作方法如下。

第 1 步：执行居中对齐命令

按“Ctrl+A”组合键，选中工作表中的所有单元格，❶单击“开始”选项卡；❷在“对齐方式”功能组中依次单击“居中”按钮和“垂直居中”按钮，如下图所示。

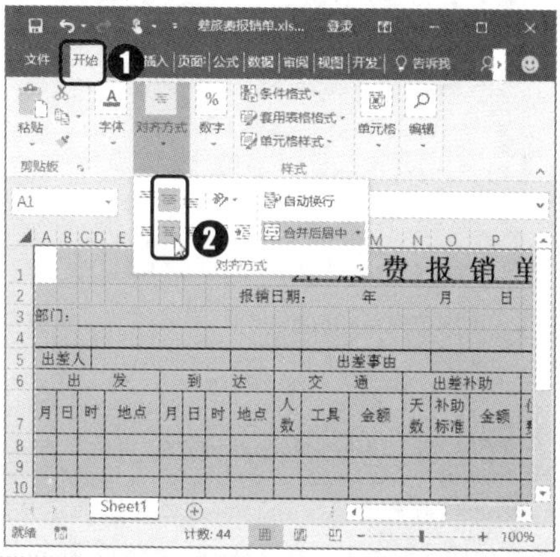

第 2 步：查看设置效果

此时工作表中的内容都居中显示，效果如下图所示。

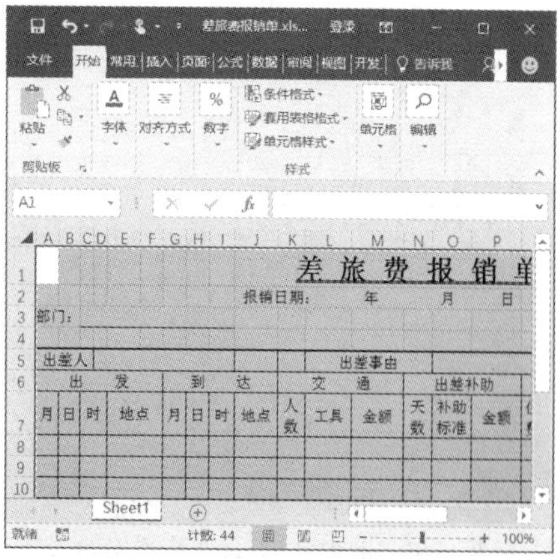

第 3 步：执行文本左对齐命令

按住“Ctrl”键不放，依次选中不连续的单元格 A5、A17、G17、K17、O17、Q17、S17，❶单击“开始”选项卡；❷在“对齐方式”功能组中依次单击“文本左对齐”按钮，如下图所示。

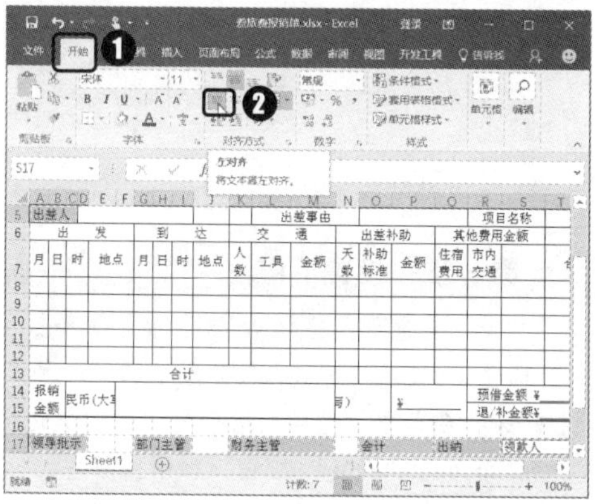

第 4 步：查看最终效果

到这里，差旅费报销单就制作完成了，最终效果如下图所示。

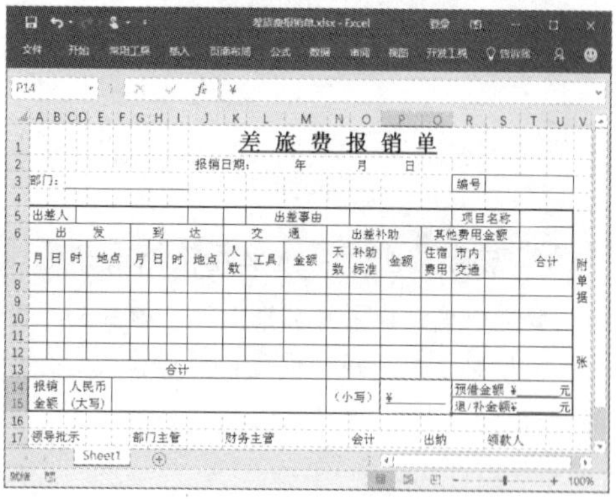

6.3.3 打印差旅费报销单

差旅费报销单制作完成以后，即可对其进行打印。在预览打印文件时，可能会遇到页面偏移的问题，接下来介绍两种调整页边距的方法，偏向哪边，就增加哪边的页边距。

1. 精确调整页边距

首先填充表单和插入分割线设置打印页面，然后使用页面设置功能，精确调整页边距，具体操作方法如下。

第 1 步：定位鼠标

选择单元格区域 A1:V17，将鼠标移动到单元格区域的右下角，此时鼠标指针变成十字形状，如下图所示。

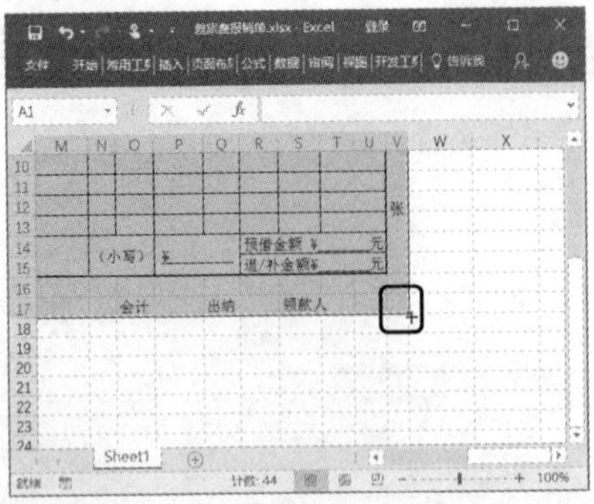

第 2 步：填充表单

按住鼠标左键，向下拖动至 V34 单元格，如下图所示。

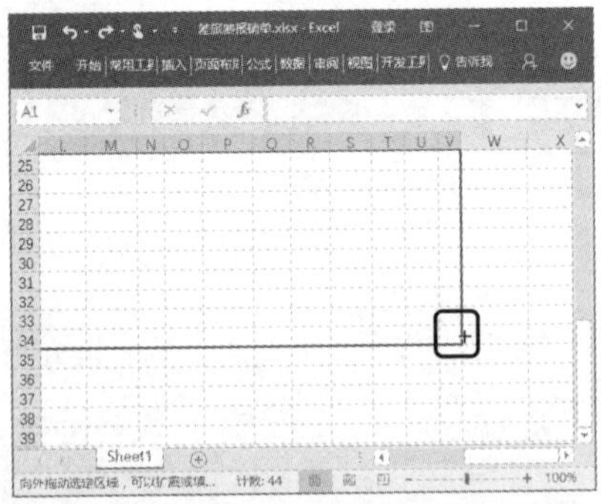

第 3 步：释放鼠标

释放鼠标，此时即可生成差旅费报销单，如下图所示。

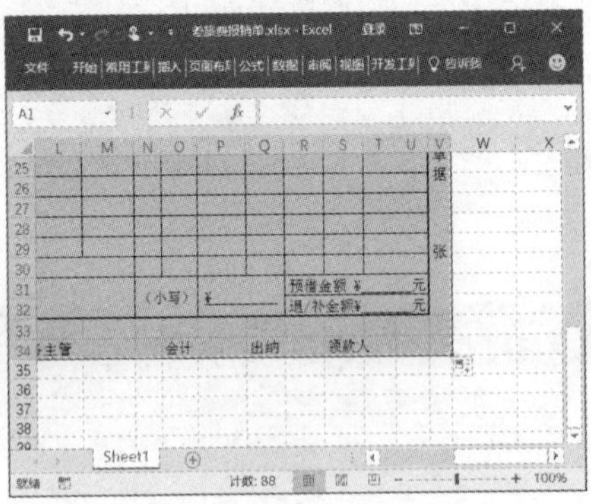

第 4 步：执行插入行命令

选中“行标签 18”，右击，在弹出的快捷菜单中选择“插入”命令，即可在该行的上方插入一行，可以根据需要调整行高，如下图所示。

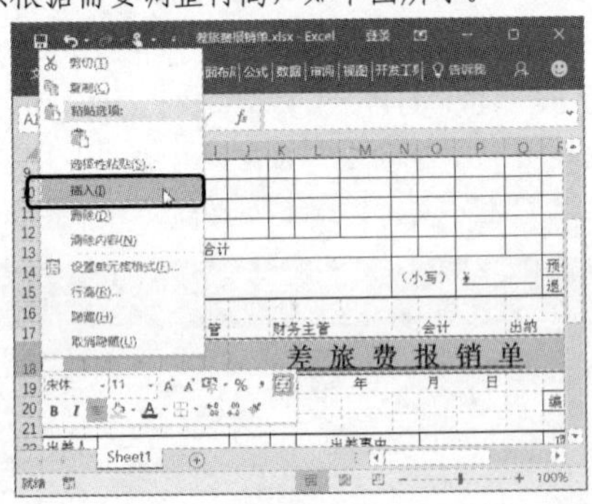

第 5 步：执行设置单元格格式命令

❶选中单元格区域 A18:V18；❷右击，在弹出的快捷菜单中选择“设置单元格格式”命令，如下图所示。

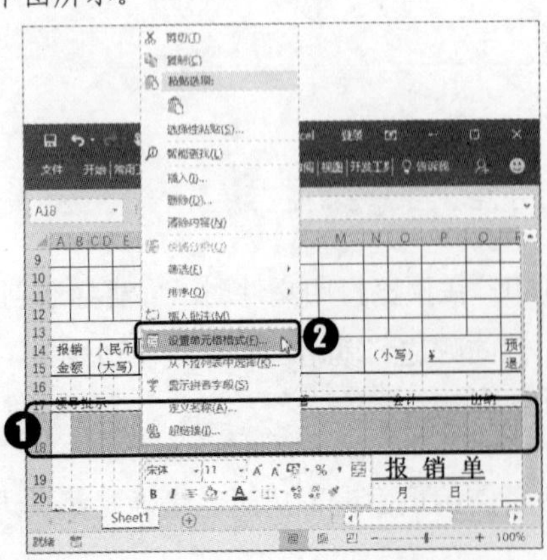

第 6 步：设置下框线

弹出“设置单元格格式”对话框，❶单击“边框”选项卡；❷在“样式”组合框中选择一种“较粗虚线”；❸单击“边框”组合框中的“下边框”按钮；❹单击“确定”按钮，如下图所示。

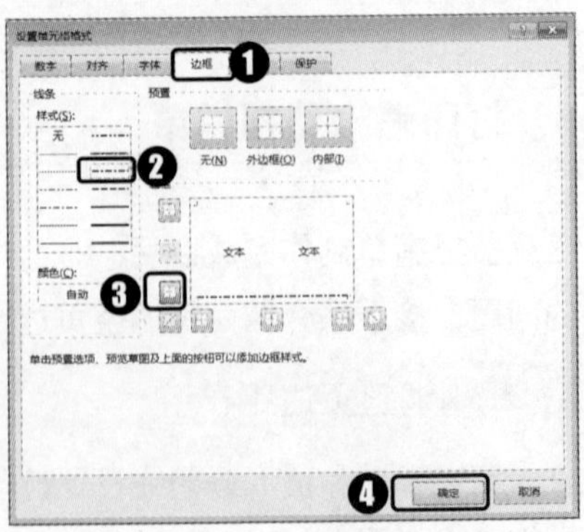

第 7 步：查看设置效果

此时，即可看到选定区域的下边线，这条虚线就是表单的分割线，效果如下图所示。

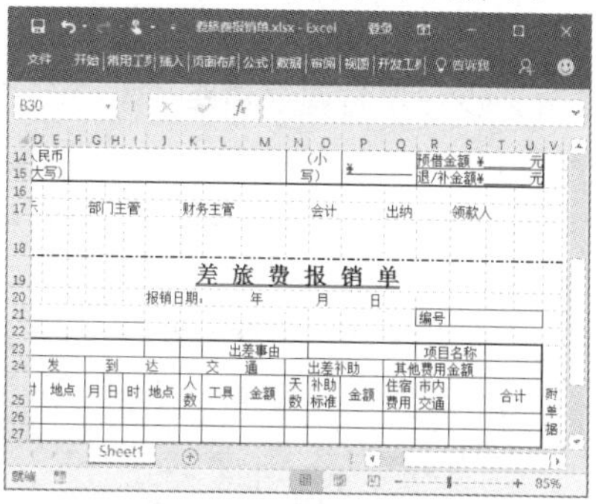

第 8 步：执行打印命令

切换到工作表“工资条”，选择“文件”选项卡，选择“打印”命令，如下图所示。

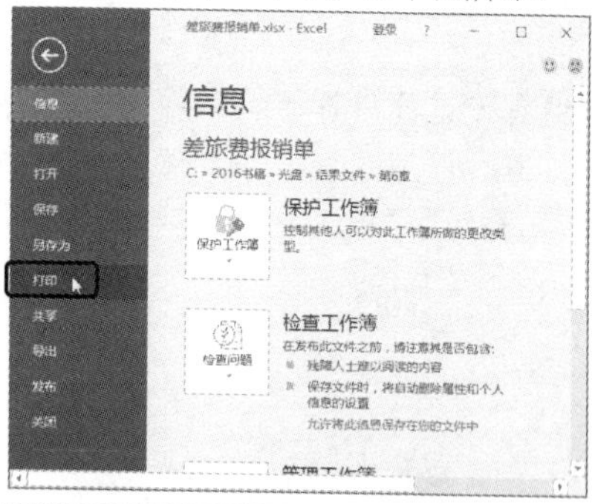

第 9 步：打印设置

此时进入打印窗口，并在右侧的窗口中显示打印预览效果，然后设置打印份数、打印机、打印区域、纸张方向等内容，设置完毕，单击“打印”按钮即可，如下图所示。

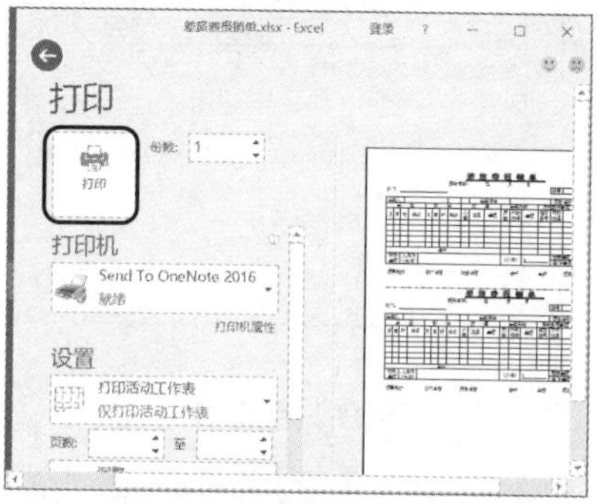

第 10 步：执行页面设置命令

如果要精确调整页边距，❶单击“页面布局”选项卡；❷单击“页面设置”功能组中的“对话框启动器”按钮，如下图所示。

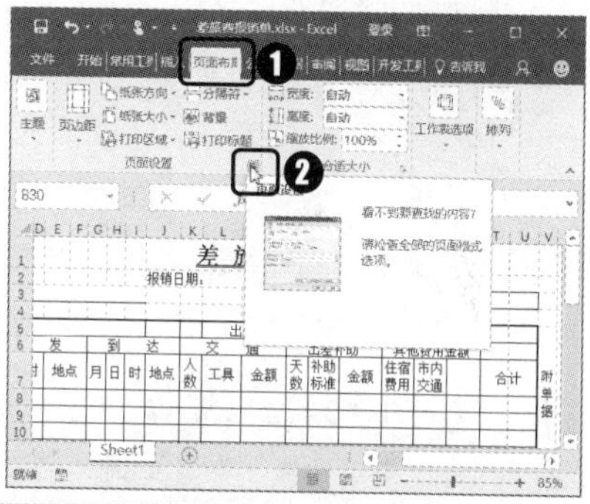

第 11 步：设置页边距

弹出“页面设置”对话框，❶单击“页边距”选项卡；❷将左边距调整为“1.9”；❸设置完毕，单击“打印预览”按钮，如下图所示。

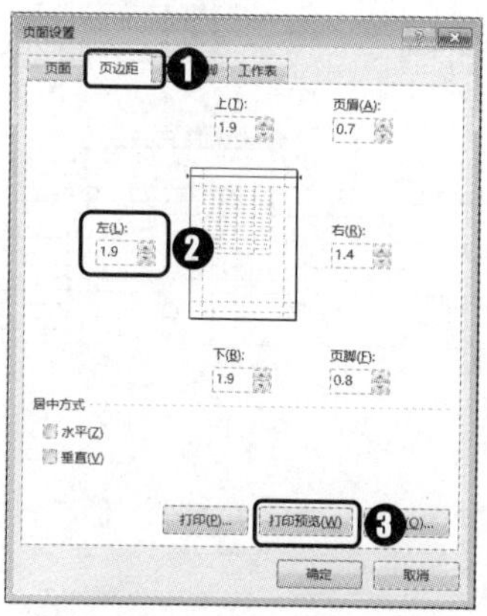

第 12 步：查看设置效果

此时，即可看到页面边距的设置效果，如下图所示。

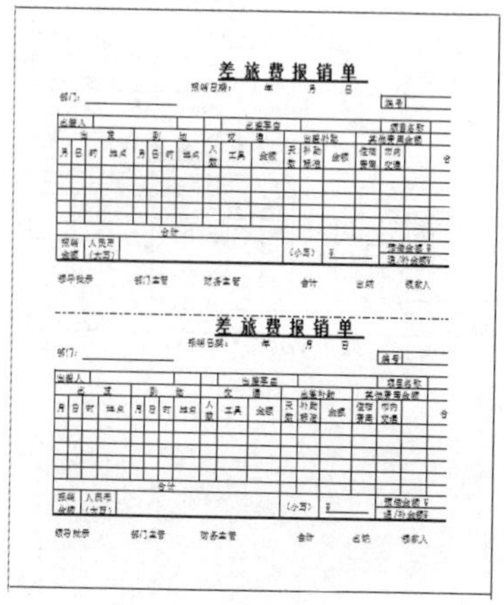

2．手动调整页边距

除了使用页面设置，精确调整页边距外，还可以通过拖动打印浏览区域的边线，快速调整页边距，具体操作方法如下。

第 1 步：执行显示边距命令

在打印浏览窗口中，单击“显示边距”按钮，此时即可看到页面的上下、左右分别出现相应的边线，如下图所示。

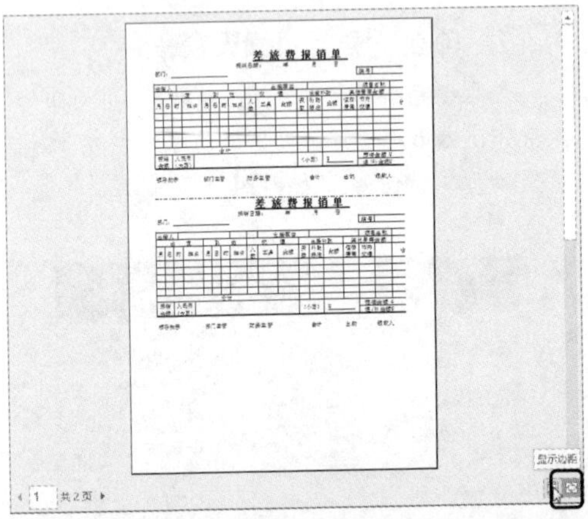

第 2 步：左右调整边距

将鼠标移动到左侧的竖向边线上，此时鼠标指针变成十字形状，按住鼠标左键不放，此时即可向左或向右调整页边距。

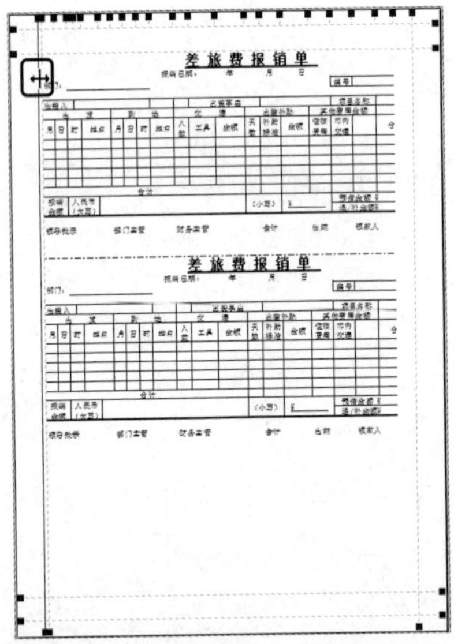

第 3 步：上下调整页边距

同样，按住横线边线不放，此时即可向上或向下调整页边距，如下图所示。

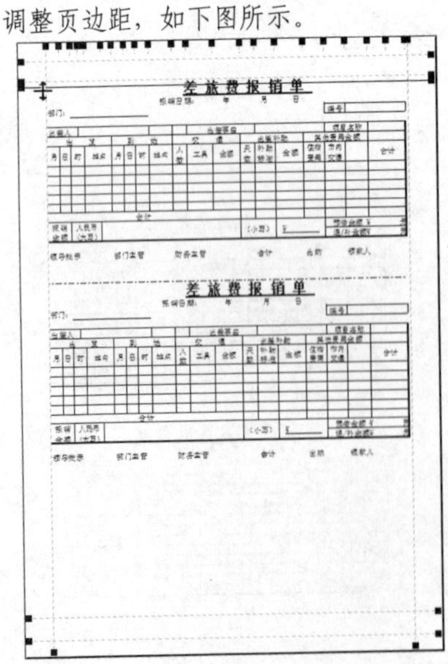

第 4 步：查看调整效果

调整完毕，效果如下图所示。

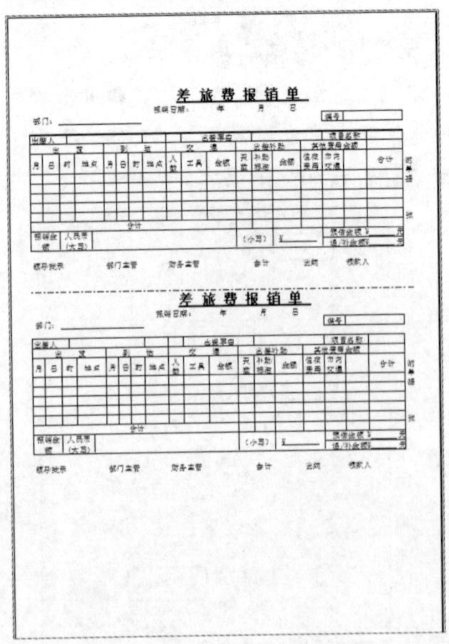

温馨小提示

进入打印预览窗口，单击“页边距”按钮，页面四周就会出现虚线，这些就是页边距、页眉页脚的边线。把鼠标箭头移到虚线上，变为左右方向或上下方向的箭头，左右或上下拖动就可以改变页边距、页眉页脚距离的大小。

6.4 提升效率——实用操作技巧

通过前面知识的学习，相信读者朋友已经掌握了会计单据和统计表的制作方法。下面结合本章内容，给大家介绍一些实用技巧。

同步文件

原始文件：素材文件\第 6 章\提升效率\

结果文件：结果文件\第 6 章\提升效率\

同步视频文件：同步教学文件\第 6 章\提升效率.mp4

1. 在单元格中输入人民币符号“￥”

在财务表单中，常常遇到人民币符号的输入问题。在中文输入状态下，按住“shift”键，然后同时按键盘中“E”“R”键上面的“4”键，可以快速输入人民币符号“￥”，此外，还有通过插入特殊符号，插入人民币符号“￥”。具体操作方法如下。

第 1 步：打开素材文件

打开“素材文件\第 6 章\提升效率\输入人民币符号.xlsx”文件，这是一张收款“收据”，基本格式如下图所示。

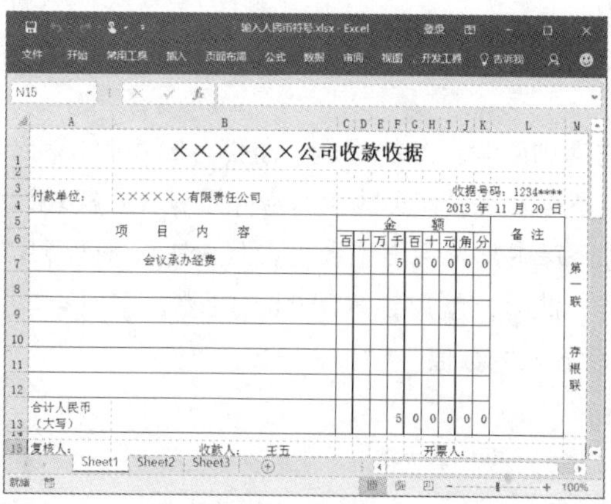

第 2 步：使用组合键输入人民币符号

选中 E13 单元格，按住“Shift”键，在中文输入状态下，然后同时按键盘中“E”“R”键上面的“4”键，此时，即可输入人民币符号“￥”，如下图所示。

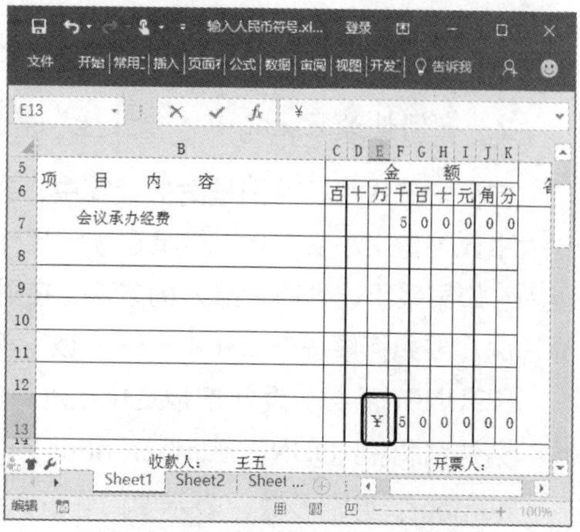

第 3 步：执行插入特殊符号命令

此外，还可以通过插入特殊符号命令，插入人民币符号。❶单击“插入”选项卡；❷单击“符号”功能组中的“符号”按钮，如下图所示。

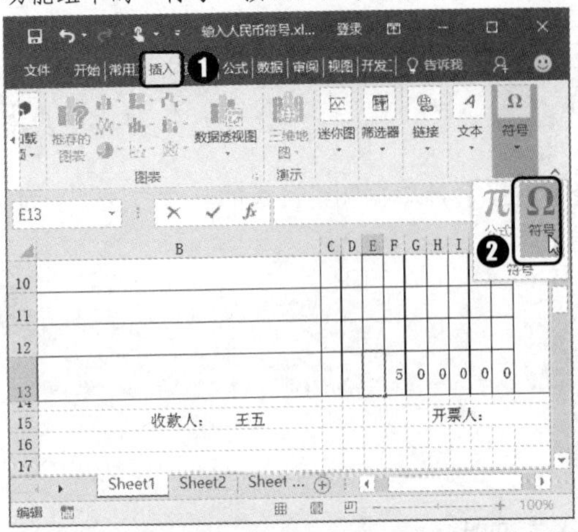

第 4 步：分析计算差异

弹出“符号”对话框，❶在“字体”下拉列表中选择“普通文本”选项，在“子集”下拉列表中选择“半角及全角字符”选项，❷在下方的列表框中选择人民币符号“¥”，❸单击“插入”按钮，如下图所示。

第 5 步：查看输入效果

单击“关闭”按钮，如下图所示。

第 6 步：查看输入效果

返回工作表，输入效果如下图所示。

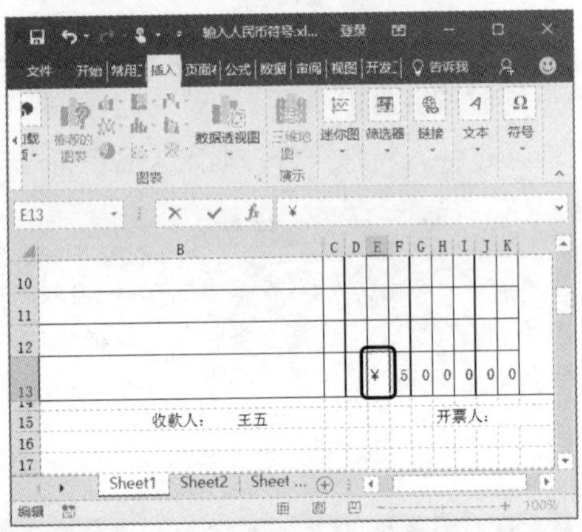

2. 如何处理 Excel 中“一分钱”差异

在日常工作中，特别是财务计算中，常常遇到四舍五入的问题。虽然，Excel 的单元格格式中允许定义小数位数，但是在实际操作中不难发现，其实数字本身并没有真正实现四舍五入。如果采用这种四舍五入的方法，在财务运算中常常会出现误差，而这是财务运算所不允许的。要如何解决 Excel 中“一分钱”差异，此时，就用到 ROUND()函数。

ROUND()函数：返回按指定位数进行四舍五入的数值。

语法结构：ROUND(number, num_digits)

number：必需参数，表示要四舍五入的数字。

num_digits：必需参数，表示位数，按此位数对 number 参数进行四舍五入。

接下来介绍，如何使用 ROUND()函数处理 Excel 中“一分钱”的差异，具体操作方法如下。

第 1 步：打开素材文件

打开“素材文件\第 6 章\提升效率\输入人民币符号.xlsx”文件，其中单元格区域 B3:B6 是原始数据，如下图所示。

第 2 步：设置单元格格式

单元格区域 C3:C6 是通过设置单元格格式，对其保留 2 位小数的结果，如下图所示。

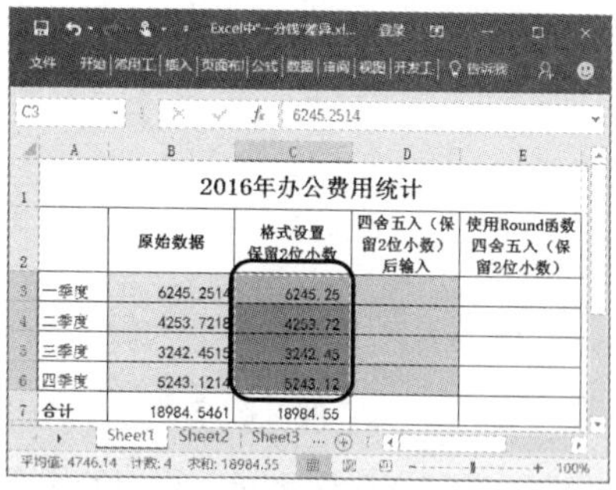

第 3 步：手动输入数据

单元格区域 D3:D6 是把 B3:B6 的原始数据先四舍五入后，再手动输入的数据，如下图所示。

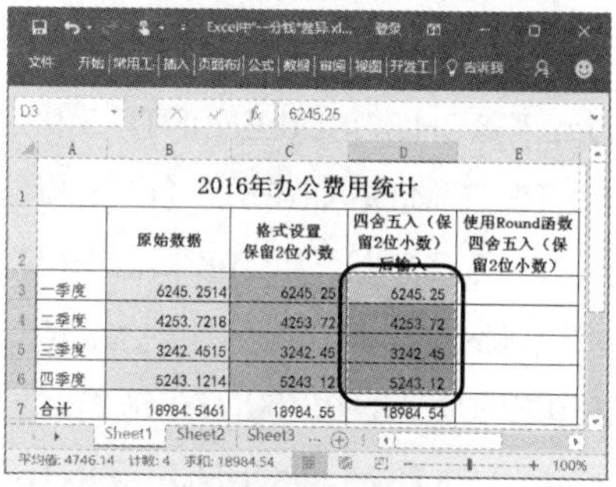

第 4 步：分析计算差异

B7、C7、D7 单元格是分别对上述三列数据“求和”的结果。此时，先看 C 列和 D 列，同样的数据，求和后居然得出了不同的结果。再观察 B 列和 C 列，不难发现这两列的结果是一致的，也就是说 C 列并没有真正实现四舍五入，只是把小数位数隐藏了，如下图所示。

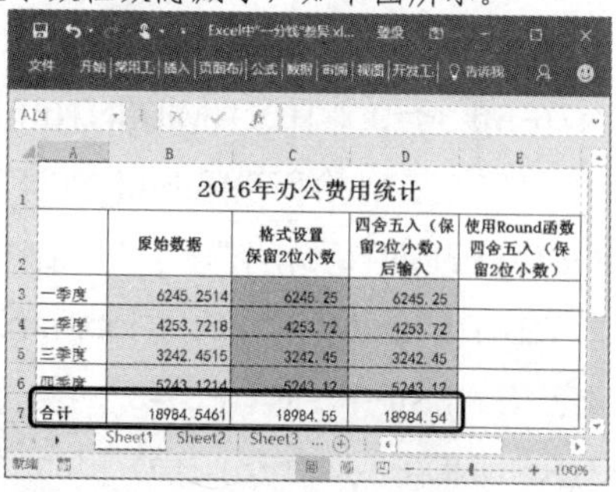

第 5 步：输入函数公式

在 E3 单元格中输入“=ROUND(B3,2)”，即对 B3 单元格的数据进行四舍五入后保留两位小数的操作，然后按回车键即可，如下图所示。

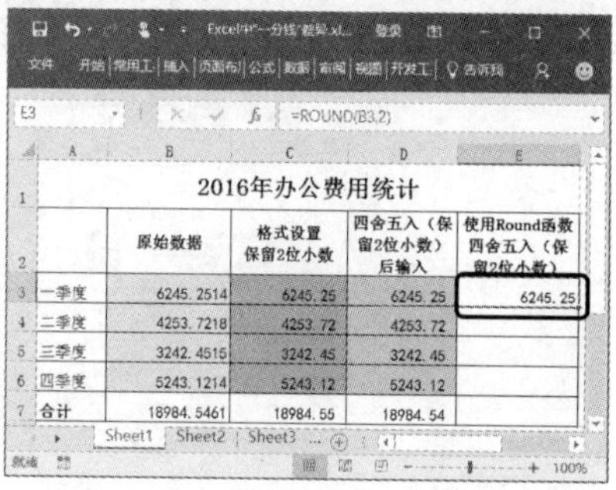

第 6 步：填充公式

选中 E3 单元格，拖动右下角的填充柄按钮至 E6 单元格，即可实现公式填充，如下图所示。

第 7：输入函数公式

在 E7 单元格中输入“=SUM(E3:E6)”，然后按回车键，对单元格区域 E3:E6 进行求和，此时 E7 单元格中的求和结果和 D7 单元格中的求和结果相同，说明真正实现了四舍五入。解决了“一分钱的差异”，如右图所示。

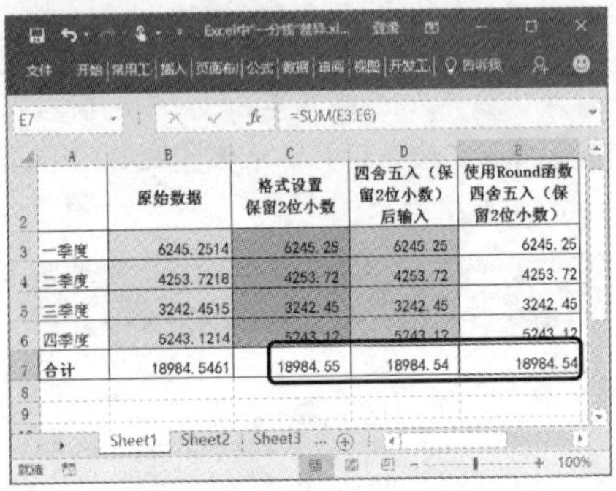

	原始数据	格式设置保留2位小数	四舍五入（保留2位小数）后输入	使用Round函数四舍五入（保留2位小数）
一季度	6245.2514	6245.25	6245.25	6245.25
二季度	4253.7218	4253.72	4253.72	4253.72
三季度	3242.4515	3242.45	3242.45	3242.45
四季度	5243.1214	5243.12	5243.12	5243.12
合计	18984.5461	18984.55	18984.54	18984.54

3. 使用公式进行金额的大小写转换

通常情况下，为了保证财务数据的准确性。财务单据在填写小写金额的同时，还要填写大写金额。避免手动输入金额出错，可以使用 Excel 的函数功能，根据小写金额直接生产大写金额。

公式一：=IF(OR(F5="",F5=0),"",TEXT(INT(F5),"[dbnum2]G/通用格式圆;负[dbnum2]G/通用格式圆;;")&TEXT(--RIGHT(INT(F5*10)),"[dbnum2]#角;;;")&TEXT(--RIGHT(INT(F5*100)),"[dbnum2]#分;;整;"))

公式二：=TEXT(MID(INT(F5),1,1),"[dbnum2]")&CHOOSE(LEN(INT(F5)),"圆","拾","佰","仟","万","拾万")&IF(LEN(INT(F5))-1<=0,"",TEXT(MID(INT(F5),2,1),"[dbnum2]")&CHOOSE(LEN (INT(F5))-1,"圆","拾","佰","仟","万","拾万"))&IF(LEN(INT(F5))-2<=0,"",TEXT(MID(INT(F5),3,1),"[dbnum2]")&CHOOSE(LEN(INT(F5))-2,"圆","拾","佰","仟","万","拾万"))&IF(LEN(INT(F5))-3<=0,"",TEXT(MID(INT(F5),4,1),"[dbnum2]")&CHOOSE(LEN(INT(F5))-3,"圆","拾","佰","仟","万","拾万"))&IF(LEN(INT(F5))-4<=0,"",TEXT(MID(INT(F5),5,1), "[dbnum2]")&CHOOSE(LEN(INT(F5))-4,"圆","拾","佰","仟","万","拾万"))&IF(LEN(INT(F5))-5<=0,"",TEXT(MID(INT(F5),6,1),"[dbnum2]")&CHOOSE(LEN(INT(F5))-5,"圆","拾","佰","仟","万","拾万"))&IF(F5-INT(F5)=0,"零角零分",IF(LEN(ROUND(F5-INT(F5),2))=3,TEXT(RIGHT(ROUND(F5-INT(F5),2),1),"[dbnum2]")&"角零分",TEXT(MID(ROUND(F5-INT(F5),2),3,1),"[dbnum2]")&"角"&TEXT(RIGHT(ROUND(F5-INT(F5),2),1),"[dbnum2]")&"分"))

接下来使用公式和函数在 C5 单元格中返回用 F5 单元格中数值表示的货币金额的中文格式，具体操作方法如下。

第 1 步：打开素材文件

打开“素材文件\第 6 章\提升效率\输入人民币符号.xlsx”文件，这是一张员工内部借款单，F5 单元格中的小写金额为“2845.21”，如右图所示。

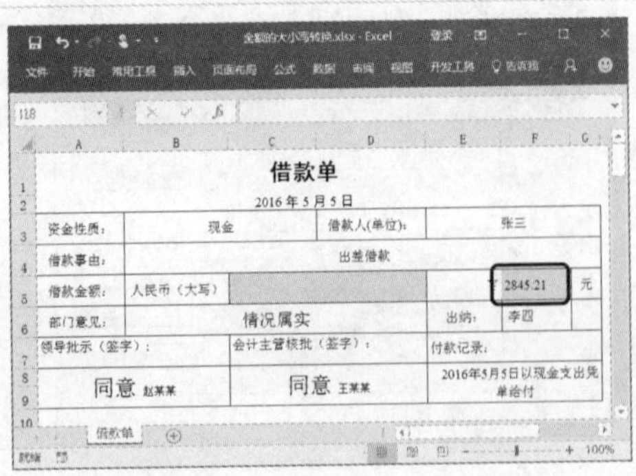

第 2 步：输入函数公式一

在 C5 单元格中输入“公式一”，然后按“Enter”键即可得到大写金额“贰仟捌佰肆拾伍圆贰角壹分”，如下图所示。

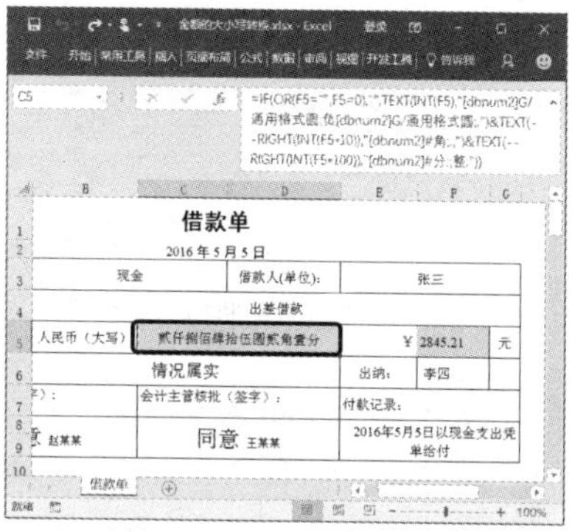

第 3 步：输入函数公式二

如果在 C5 单元格中输入“公式二”，然后按“Enter”键，同样可以得到大写金额“贰仟捌佰肆拾伍圆贰角壹分”，如下图所示。

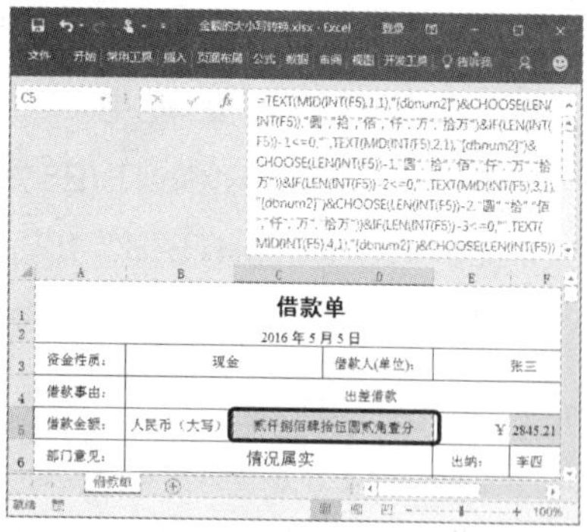

4. 用 SUM()函数汇总缴款金额

在常用的财务表单中经常出现许多财务数据，需要进行汇总并得出合计数额，此时可以使用 SUM()函数进行数据汇总，具体操作方法如下。

第 1 步：打开素材文件

打开“素材文件\第 6 章\提升效率\SUM 函数汇总缴款金额.xlsx”文件，单元格区域 C9:C12 和 F9:F12 中是需要合计的数据，如下图所示。

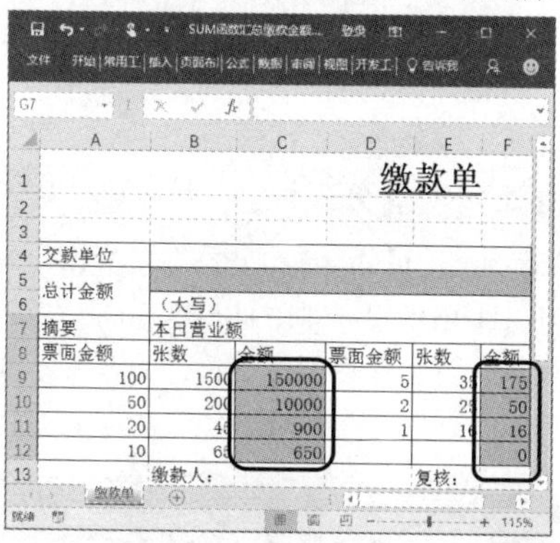

第 2 步：输入计算公式

在 B5 单元格中输入函数公式“=SUM(C9:C12,F9:F12)”，按“Enter”键即可计算出合计金额，如下图所示。

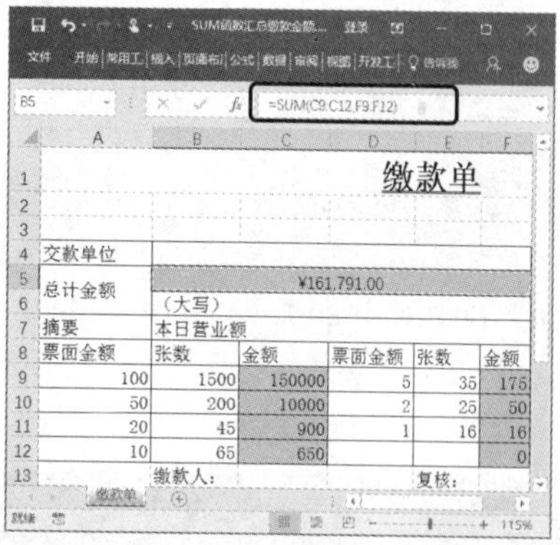

5. 把小写金额分别输入相应的数位分栏内

在 Excel 中的一个单元格内输入小写人民币后，有时需要将小写金额数字分别输入到千万、百万、十万、万、千、百、十、元、角、分等数位分栏中，此时可以使用 IF()函数实现这一目标。假设小写数字金额位于单元格 B5 中，那么相应数位的拆分公式为：

亿= IF(B5>=100000000,MID(RIGHTB(B52*100,11),1,1),IF(B5>10000000,"￥",""))

千万= IF(B5>=10000000,MID(RIGHTB(B5*100,10),1,1),IF(B5>1000000,"￥",""))

百万= IF(B5>=1000000,MID(RIGHTB(B5*100,9),1,1),IF(B5>100000,"￥",""))

十万= IF(B5>=100000,MID(RIGHTB(B5*100,8),1,1),IF(B5>10000,"￥",""))

万= IF(B5>=10000,MID(RIGHTB(B5*100,7),1,1),IF(B5>1000,"￥",""))

千= IF(B5>=1000,MID(RIGHTB(B5*100,6),1,1),IF(B5>100,"￥",""))

百= IF(B5>=100,MID(RIGHTB(B5*100,5),1,1),IF(B5>10,"￥",""))

十= IF(B5>=10,MID(RIGHTB(B5*100,4),1,1),IF(B5>1,"￥",""))

元= IF(B5>=1,MID(RIGHTB(B5*100,3),1,1),IF(B5>=0.1,"￥",""))

角= IF(B5>=0.1,MID(RIGHTB(B5*100,2),1,1),IF(B5>=0.01,"￥",""))

分= IF(B5>=0.01,RIGHTB(B5*100,1),0)

接下来把缴款单中的小写金额分别输入相应的数位分栏内，具体操作方法如下。

第 1 步：拆分百万位

打开“素材文件\第 6 章\提升效率\拆分小写金额.xlsx”文件，在 G6 单元格中输入公式“=IF(B5>=1000000,MID(RIGHTB (B5*100,9),1,1),IF (B5>100000,"￥",""))”，按“Enter”键即可计算出百万位上的数字或符号，如下图所示。

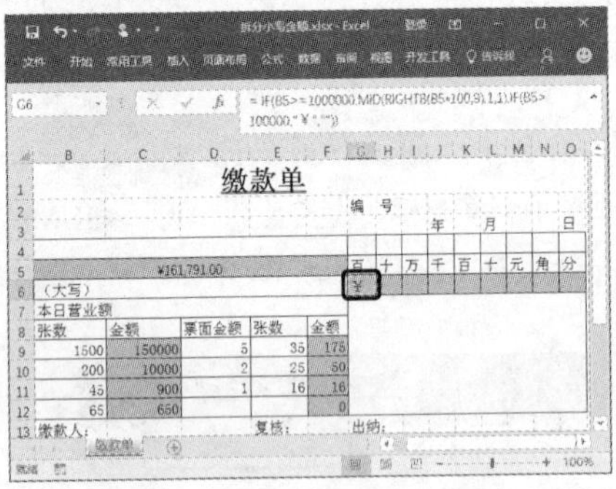

第 2 步：拆分十万位

在 H6 单元格中输入公式“=IF(B5>= 100000,MID(RIGHTB(B5*100,8),1,1),IF(B5>10000,"￥",""))”，按“Enter”键即可计算出十万位上的数字，如下图所示。

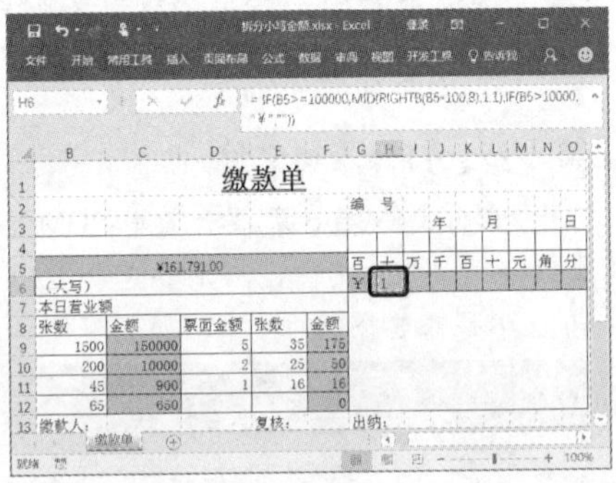

第 3 步：拆分万位

在单元格 I6 中输入公式“=IF(B5>=10000,MID(RIGHTB(B5*100,7),1,1),IF(B5>1000,"￥",""))”，按“Enter”键即可计算出万位上的数字，如下图所示。

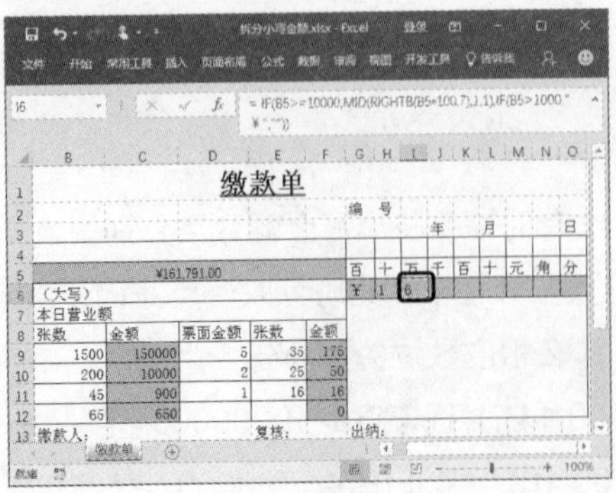

第 4 步：拆分千位

在单元格 J6 中输入公式“= IF(B5>=1000,MID(RIGHTB(B5*100,6),1,1),IF(B5>100,"￥",""))”，按“Enter”键即可计算出千位上的数字，如下图所示。

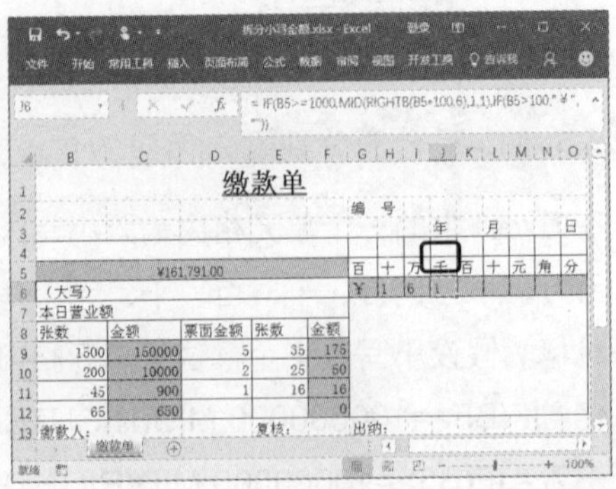

第 5 步：拆分百位

在 K6 单元格中输入公式"= IF(B5>=100,MID(RIGHTB(B5*100,5),1,1),IF(B5>10,"￥",""))"，按"Enter"键即可计算出百位上的数字，如下图所示。

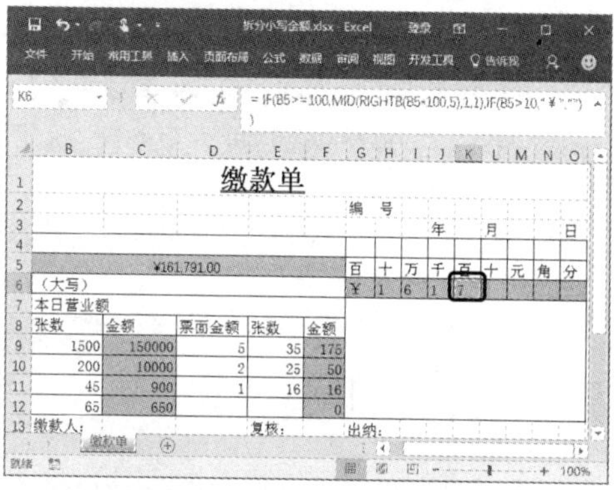

第 6 步：拆分十位

在 L6 单元格中输入公式"=IF(B5>=1000000,MID(RIGHTB(B5*100,9),1,1),IF(B5>100000,"￥",""))"，按"Enter"键即可计算出十位上的数字，如下图所示。

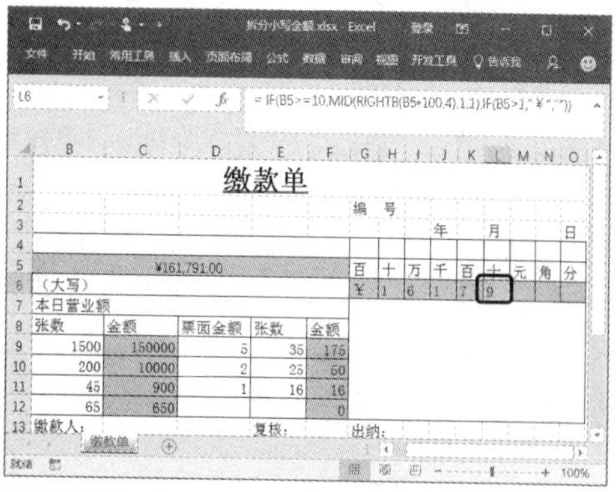

第 7 步：拆分元位

在 M6 单元格中输入公式"= IF(B5>=1, MID(RIGHTB(B5*100,3),1,1),IF(B5>=0.1," ￥",""))"，按"Enter"键即可计算出元位上的数字，如下图所示。

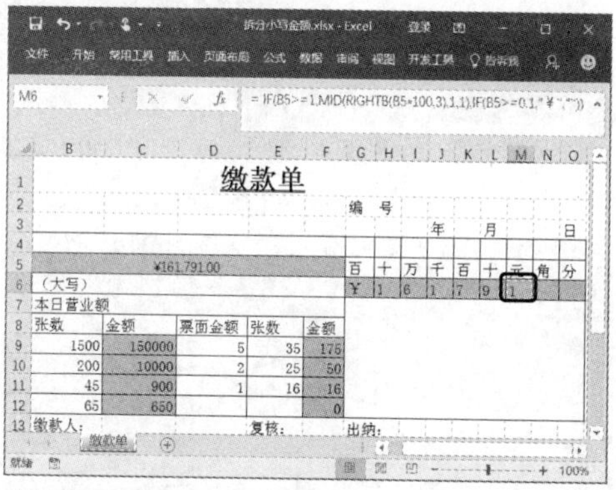

第 8 步：拆分角位

在单元格 N6 中输入公式"=IF(B5>=0.1,MID(RIGHTB(B5*100,2),1,1),IF(B5>=0.01," ￥",""))"，按"Enter"键即可计算出角位上的数字，如下图所示。

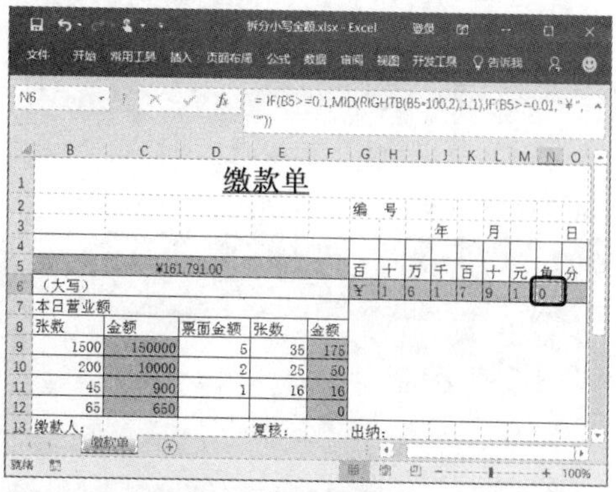

第 9 步：拆分分位

在 O6 单元格中输入公式"=IF(B5>=0.01,RIGHTB(B5*100,1),0)"，按"Enter"键即可计算出分位上的数字，如右图所示。

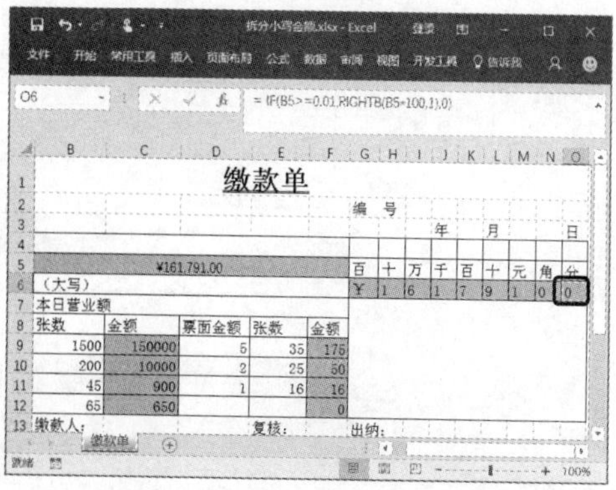

6. 设置手机号码的格式

在 Excel 表格中可以将手机号码显示的指定格式，例如，使用“自定义”单元格功能，可以将手机号码设置为“000-0000-0000”形式，具体操作方法如下。

第 1 步：单击“对话框启动器”按钮

打开“素材文件\第 6 章\提升效率\设置手机号码的格式.xlsx”文件，选中单元格区域 D2:D8，❶单击“开始”选项卡；❷在“数字”功能组中单击“对话框启动器”按钮，如下图所示。

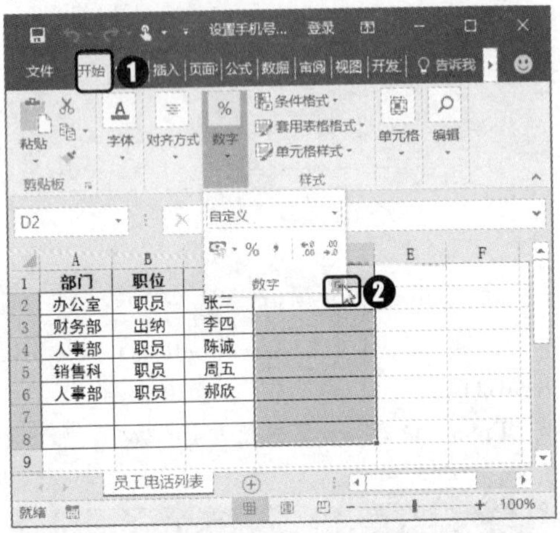

第 2 步：自定义单元格格式

弹出“设置单元格格式”对话框，❶在“分类”列表框中选择“自定义”选项；❷在“类型”文本框中输入“000-0000- 0000”；❸单击“确定”按钮，如下图所示。

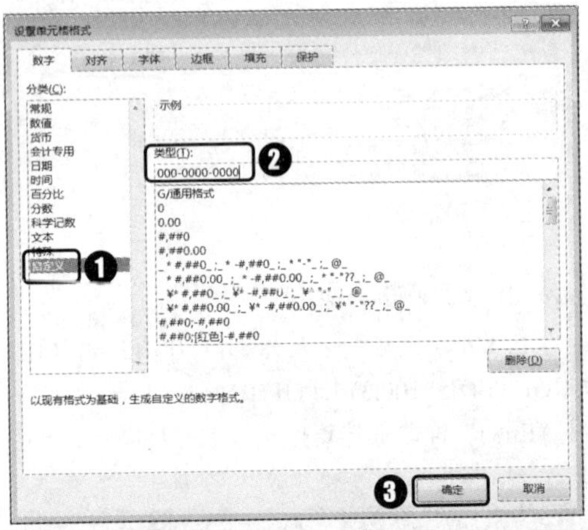

第 3 步：输入数字

返回工作表，在单元格中输入数字“13512345678”，如下图所示。

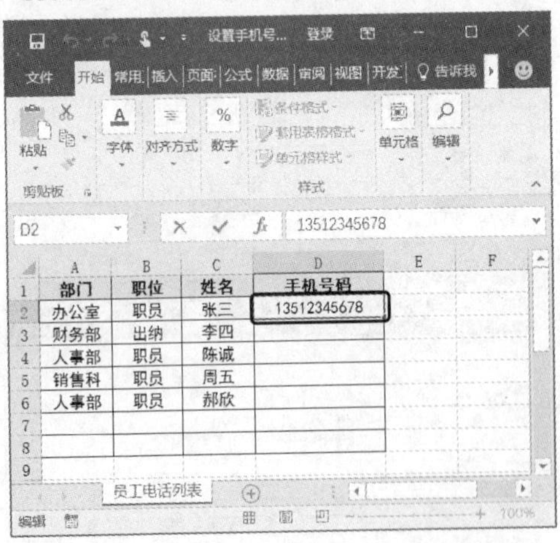

第 4 步：查看显示结果

此时输入的手机号码就变成“000-0000-0000”形式的分段显示，如下图所示。

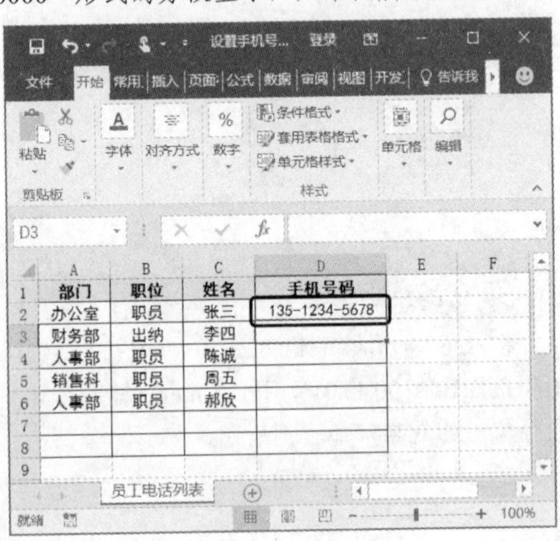

第 7 章 制作 Excel 会计表单

本章导读

在日常财务工作中，常见的会计表单有会计科目表、记账凭证表、现金日记账和银行存款日记账等。本章结合 Excel 的制表功能和数据计算功能，制作经典实用的会计记账系统，实现批量凭证录入和自动化账表生成。主要包括制作会计科目表、制作记账凭证录入表和创建日记账表单等内容。

知识要点

- ❖会计科目设置背景
- ❖设置会计科目表
- ❖初始化信息
- ❖定义名称
- ❖设置下拉菜单
- ❖设置下拉菜单
- ❖引用会计科目
- ❖设置单元格格式
- ❖录入凭证信息
- ❖生成现金日记账
- ❖生成银行存款日记账

案例展示

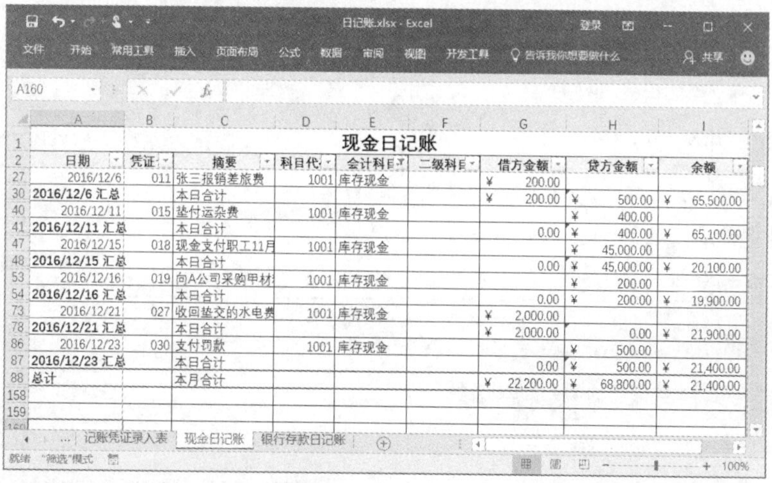

7.1 制作会计科目表

案例概述

会计科目，是按照经济业务的内容和经济管理的要求，对会计要素的具体内容进行分类核算的科目。本节以制作小企业的会计科目表为例，依据《小企业会计准则》中确认和计量的规定制定相应的会计科目，涵盖各类小企业的交易和事项。对于明细科目，可以比照小企业附录中的规定自行设置。

案例效果

根据本企业的业务事项和会计核算的需要，制定科学合理的会计科目体系，有利于实现 Excel 会计办公自动化。创建会计科目表的方法比较简单，首先需要输入相关的会计项目，然后采用合并单元格、设置字体格式、添加下画线、添加底纹、调整行高和列宽等方法美化表格即可。

“会计科目表”制作完成后的效果如下图所示。

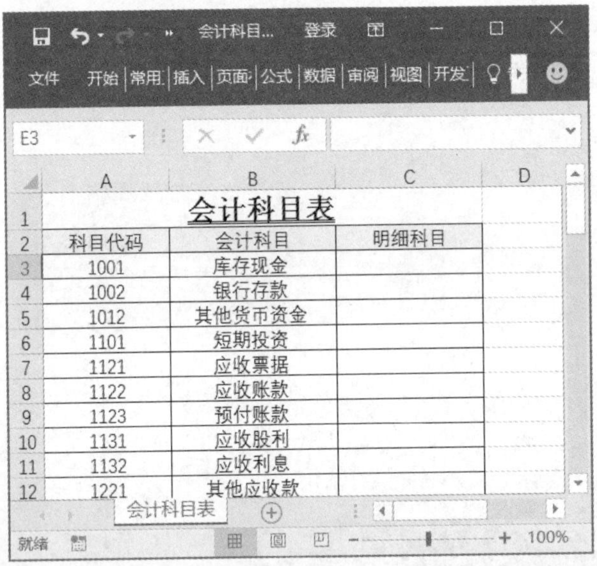

同步文件

原始文件： 素材文件\第 7 章\会计科目表.xlsx

结果文件： 结果文件\第 7 章\会计科目表.xlsx

同步视频文件： 同步教学文件\第 7 章\会计科目表\7.1.1.mp4~7.1.2.mp4

制作思路

制作“会计科目表”的具体思路如下：

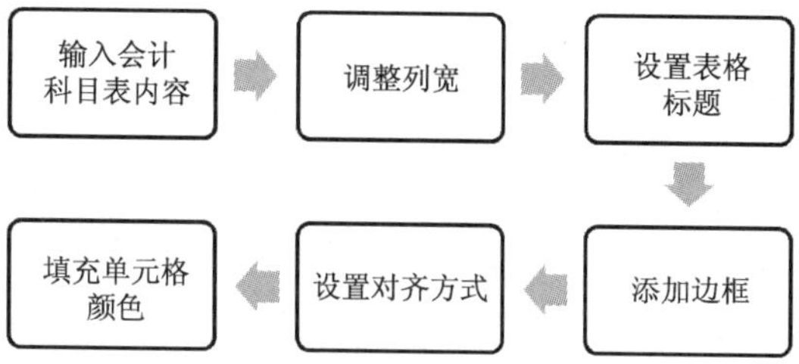

7.1.1　会计科目设置背景

在我国，企业会计准则和会计制度并驾齐驱，让人不知如何取舍。

企业会计准则是原则为导向的，企业会计制度是以规则导向的。原则导向就是以原则为准，会计处理规定的不那么死板，涉及的会计专业判断多，符合里面的原则就行；规则导向就是以规则为准，会计处理规定得很死板，一个经济业务一个经济业务规定，碰到新的经济业务就不知道怎么处理了。

作为小企业而言，应当是以目前最新会计准则为核心，以企业会计制度与小企业会计制度为主要补充形式，以行业核算办法为具体执行标准。

小企业制度与准则之间的科目转换如表 7-1 所示。

表 7-1　小企业制度与准则之间的科目转换

小企业会计制度会计科目			小企业会计准则会计科目		
顺序号	编号	会计科目名称	顺序号	编号	会计科目名称
		一、资产类			一、资产类
1	1001	现金	1	1001	库存现金
2	1002	银行存款	2	1002	银行存款
3	1009	其他货币资金	3	1012	其他货币资金
4	1101	短期投资	4	1101	短期投资
5	1102	短期投资跌价准备			
6	1111	应收票据	5	1121	应收票据
7	1121	应收股息	8	1131	应收股利
			9	1132	应收利息
8	1131	应收账款	6	1122	应收账款
			7	1123	预付账款
9	1133	其他应收款	10	1221	其他应收款
10	1141	坏账准备			
			11	1401	材料采购
11	1201	在途物资	12	1402	在途物资
12	1211	材料	13	1403	原材料

续表

小企业会计制度会计科目			小企业会计准则会计科目		
顺序号	编号	会计科目名称	顺序号	编号	会计科目名称
			14	1404	材料成本差异
13	1231	低值易耗品	18	1411	周转材料
14	1243	库存商品	15	1405	库存商品
15	1244	商品进销差价	16	1407	商品进销差价
16	1251	委托加工物资	17	1408	委托加工物资
17	1261	委托代销商品			
18	1281	存货跌价准备			
19	1301	待摊费用			
			19	1421	消耗性生物资产
20	1401	长期股权投资	21	1511	长期股权投资
21	1402	长期债权投资	20	1501	长期债券投资
22	1501	固定资产	22	1601	固定资产
23	1502	累计折旧	23	1602	累计折旧
25	1603	在建工程	24	1604	在建工程
24	1601	工程物资	25	1605	工程物资
26	1701	固定资产清理	26	1606	固定资产清理
			27	1621	生产性生物资产
			28	1622	生产性生物资产累计折旧
27	1801	无形资产	29	1701	无形资产
			30	1702	累计摊销
28	1901	长期待摊费用	31	1801	长期待摊费用
			32	1901	待处理财产损溢
		二、负债类			二、负债类
29	2101	短期借款	33	2001	短期借款
30	2111	应付票据	34	2201	应付票据
31	2121	应付账款	35	2202	应付账款
			36	2203	预收账款
32	2151	应付工资	37	2211	应付职工薪酬
33	2153	应付福利费			
34	2161	应付利润	40	2232	应付利润
35	2171	应交税金	38	2221	应交税费
36	2176	其他应交款			

续表

小企业会计制度会计科目			小企业会计准则会计科目		
顺序号	编号	会计科目名称	顺序号	编号	会计科目名称
			39	2231	应付利息
37	2181	其他应付款	41	2241	其他应付款
38	2191	预提费用			
39	2201	待转资产价值			
			42	2401	递延收益
40	2301	长期借款	43	2501	长期借款
41	2321	长期应付款	44	2701	长期应付款
		三、所有者权益类			三、所有者权益类
42	3101	实收资本	45	3001	实收资本
43	3111	资本公积	46	3002	资本公积
44	3121	盈余公积	47	3101	盈余公积
45	3131	本年利润	48	3103	本年利润
46	3141	利润分配	49	3104	利润分配
		四、成本类			四、成本类
47	4101	生产成本	50	4001	生产成本
48	4105	制造费用	51	4101	制造费用
			52	4301	研发支出
			53	4401	工程施工
			54	4403	机械作业
		五、损益类			五、损益类
49	5101	主营业务收入	55	5001	主营业务收入
50	5102	其他业务收入	56	5051	其他业务收入
51	5201	投资收益	57	5111	投资收益
52	5301	营业外收入	58	5301	营业外收入
53	5401	主营业务成本	59	5401	主营业务成本
54	5402	主营业务税金及附加	61	5403	营业税金及附加
55	5405	其他业务支出	60	5402	其他业务成本
56	5501	营业费用	62	5601	销售费用
57	5502	管理费用	63	5602	管理费用
58	5503	财务费用	64	5603	财务费用
59	5601	营业外支出	65	5711	营业外支出
60	5701	所得税	66	5801	所得税费用

专家会诊台

Q：小企业应当依据《企业会计制度》、《小企业会计制度》、《企业会计准则》、《小企业会计准则》中的哪个会计制度或准则建账？

A：执行小企业会计准则的小企业，应根据《小企业会计准则》规定的会计科目设置账簿，进行会计核算。小企业在不违反会计准则中确认、计量和报告规定的前提下，可以根据本企业的实际情况自行增设、分拆、合并会计科目。小企业不存在的交易或者事项，可不设置相关会计科目。对于明细科目，小企业可以比照本附录中的规定自行设置。

7.1.2 设置会计科目表

会计科目表主要包括科目代码、会计科目、明细科目等内容。下面将在 Excel 工作表中输入相关项目，然后进行格式设置。

1. 输入会计科目表内容

创建一个空白工作簿，将其重命名为“会计科目表”，将“Sheet1”重命名为“会计科目表”，直接在其中输入会计科目表的内容。

打开“素材文件\第 7 章\会计科目表.xlsx”文件，在工作表“会计科目表”中输入如右图所示的会计科目表的内容。

温馨小提示

为提高数据录入与表格制作的工作效率，通常可先将所有表格内容录入之后，再统一进行格式设置。

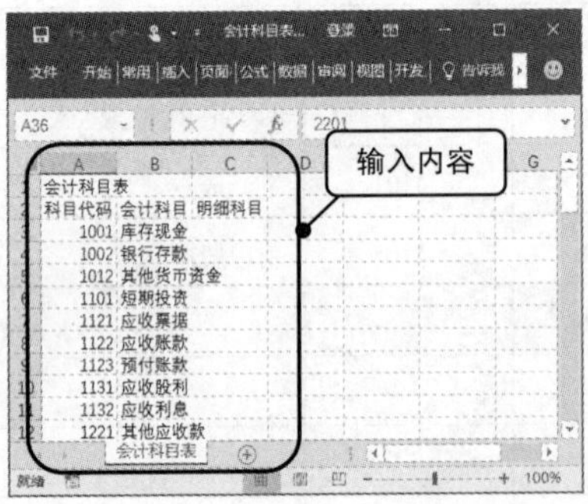

2. 调整列宽

输入内容后，有时需要对内容较短或内容较长的单元格调整列宽，具体操作方法如下。

第 1 步：定位鼠标指针

将鼠标移动到“列标签 B”的右侧边线上，然后按住鼠标左键不放，此时鼠标指针变成十字形状，并显示单元格的宽度，如下图所示。

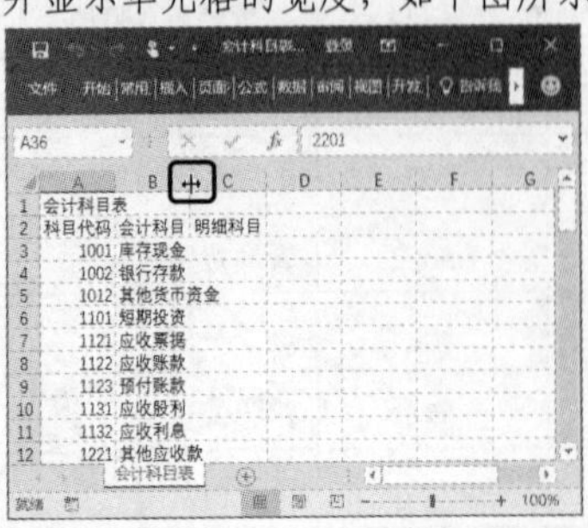

第 2 步：拖动调整列宽

向左拖动鼠标，此时即可调整单元格的宽度，如下图所示。

第 3 步：查看调整效果

将鼠标拖动到合适的位置，然后释放鼠标，效果如下图所示。

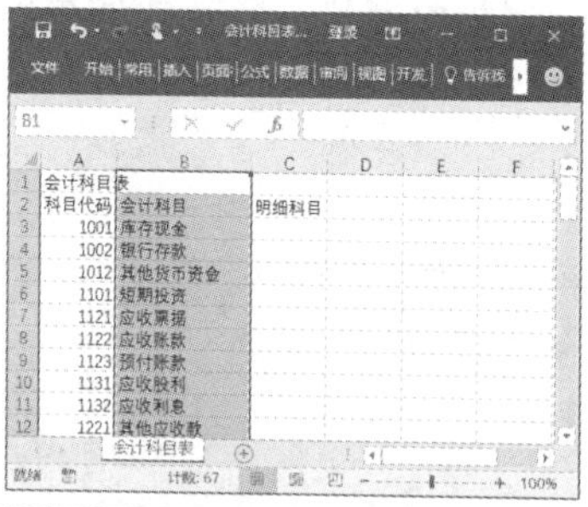

第 4 步：调整其他列

使用同样的方法，调整其他列的列宽即可，调整完毕，效果如下图所示。

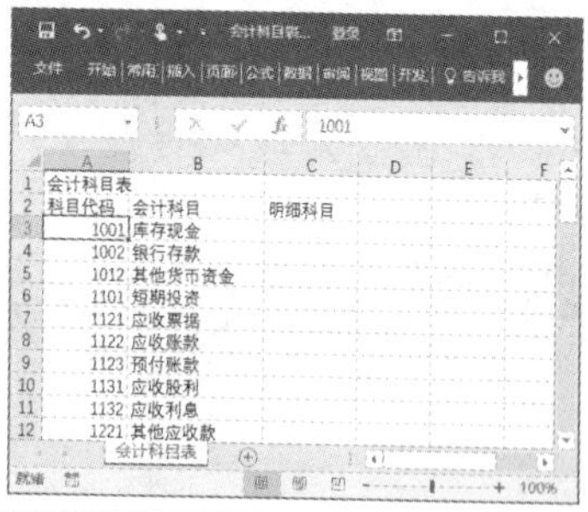

3．设置表格标题

输入内容后，可以通过合并单元格、设置字号、加粗以及添加下画线，设置标题的格式，具体操作方法如下。

第 1 步：执行合并单元格命令

选中单元格区域“A1:C1”，❶单击“开始”选项卡；❷单击“对齐方式”功能组中的“合并后居中”按钮，如下图所示。

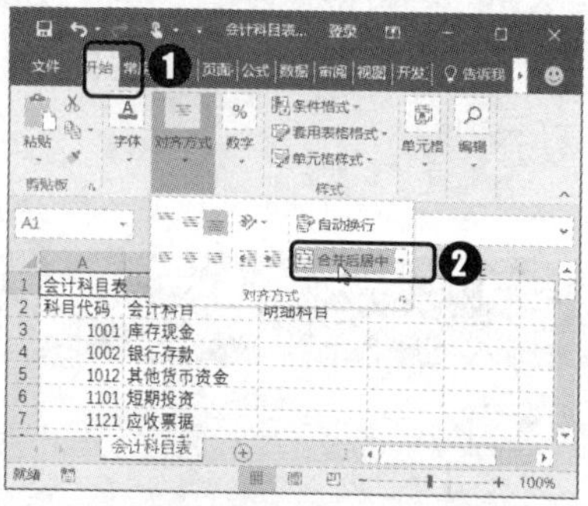

第 2 步：查看设置效果

此时，选中的单单元格区域就合并成一个单元格，并将文字居中显示，如下图所示。

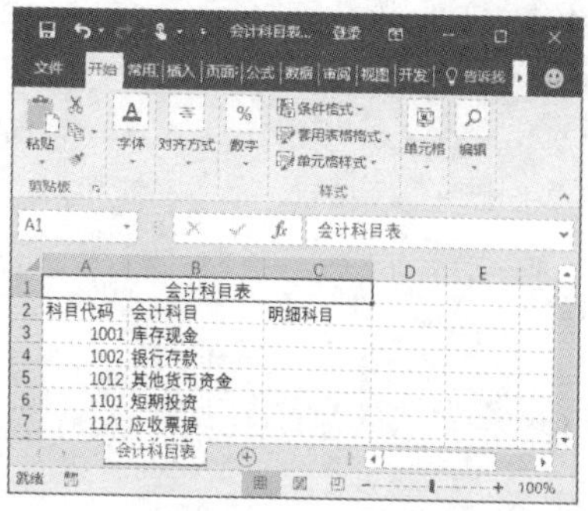

第 3 步：设置标题字体格式

选中单元格 A1，❶单击“开始”选项卡；❷在“字体”功能组中将“字体”设置为“宋体”，将“字号”设置为“16”；❸单击“加粗”按钮，如下图所示。

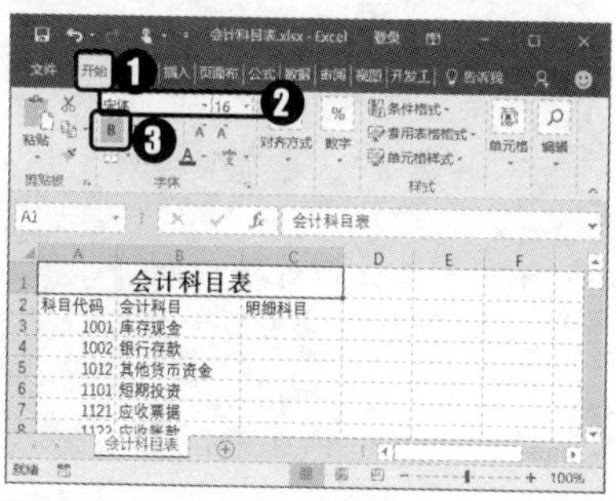

第 4 步：执行设置下画线命令

选中 A1 单元格中要设置下画线的内容，❶单击“开始”选项卡；❷在“字体”功能组中单击“下画线”按钮右侧的下拉按钮；❸在弹出的下拉列表中选择“双下画线”命令，如下图所示。

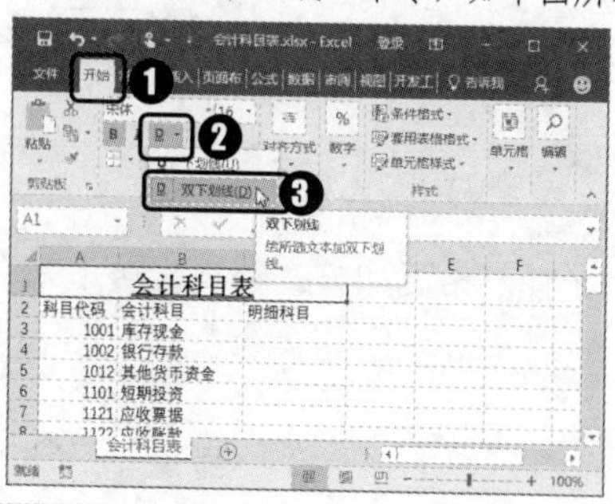

4. 添加边框

为了使制作的表格更加直观，可以对表格进行边框设置，具体操作方法如下。

第 1 步：单击“对话框启动器”按钮

选中单元格区域 A2:C68，❶单击“开始”选项卡；❷在“对齐方式”功能组中单击“对话框启动器”按钮，如下图所示。

第 2 步：切换到“边框”选项卡

弹出“设置单元格格式”对话框，单击“边框”选项卡，如下图所示。

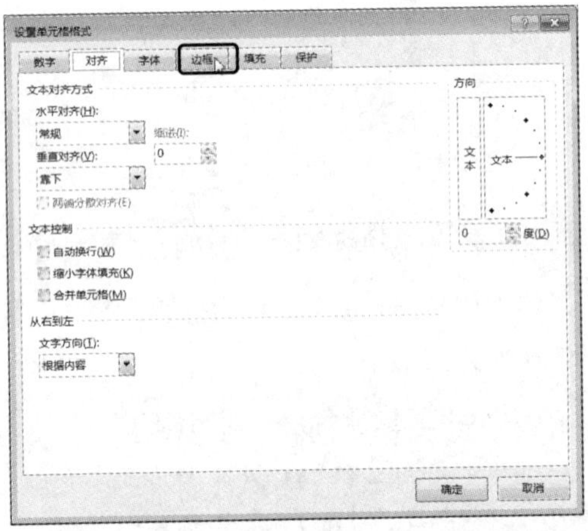

第 3 步：设置边框格式

❶在“样式”组合框中选择“细实线”；❷单击“预置”组合框中的“外边框”和“内部”按钮；❸单击“确定”按钮，如下图所示。

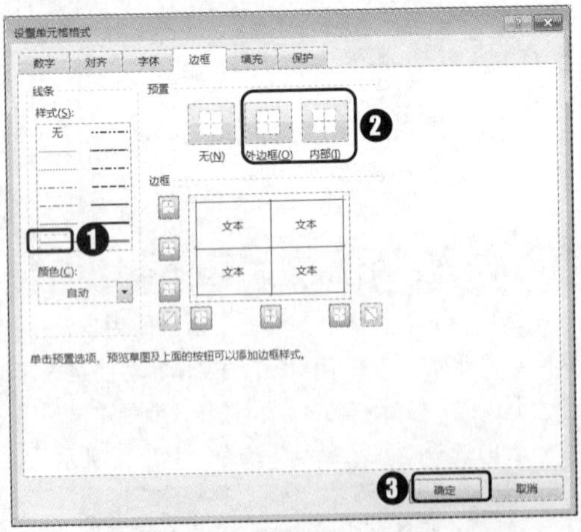

第 4 步：查看设置效果

返回工作表，此时选中的单元格区域添加了边框，如下图所示。

5. 设置对齐方式

为了使表格更加整齐美观，接下来设置表格的对齐方式，具体操作方法如下。

第 1 步：执行居中对齐命令

按“Ctrl+A”组合键，选中工作表中的所有单元格，❶单击“开始”选项卡；❷在“对齐方式”功能组中依次单击“居中”按钮和“垂直居中”按钮，如下图所示。

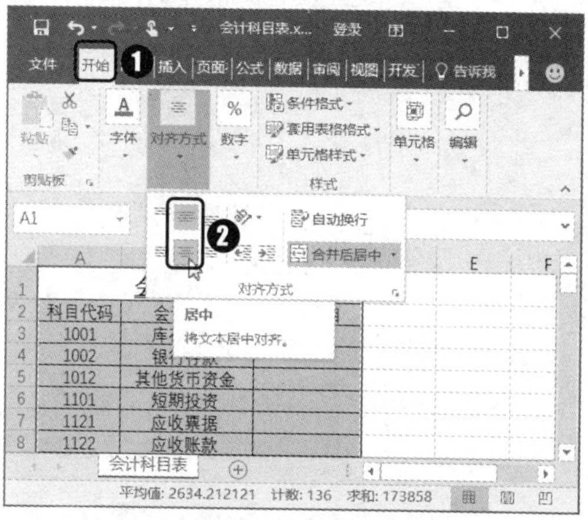

第 2 步：查看设置效果

此时工作表中的内容都居中显示，效果如下图所示。

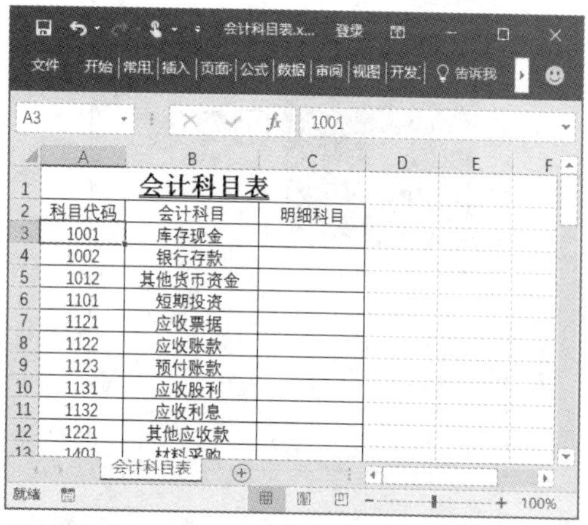

6. 填充单元格颜色

为了使表格中的字段名称更加醒目，可以为单元格填充颜色，具体操作方法如下。

第 1 步：执行填充颜色命令

选中单元格区域 A2:C2，❶单击“开始”选项卡；❷在“字体”功能组中依次单击“填充颜色”按钮右侧的下拉按钮，❸在弹出的下拉列表选择“其他颜色”选项，如下图所示。

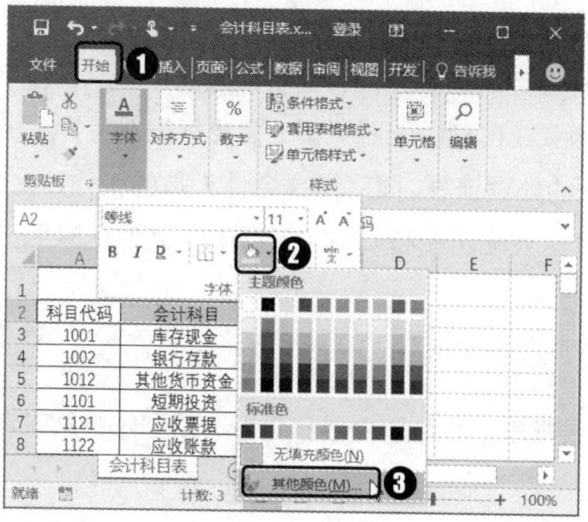

第 2 步：选择填充颜色

弹出“颜色”对话框，❶单击“标准”选项卡；❷在“颜色”色板中选择合适的颜色，此处选择“淡黄色”，如下图所示。

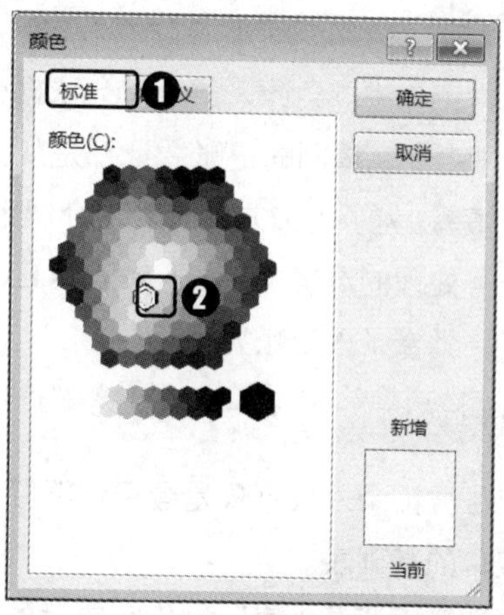

第 3 步：自定义颜色深浅

❶单击“自定义”选项卡；❷在“颜色”色板中上下拖动鼠标指针调整颜色深浅，此处选择“淡黄色”；❸单击“确定”按钮，如下图所示。

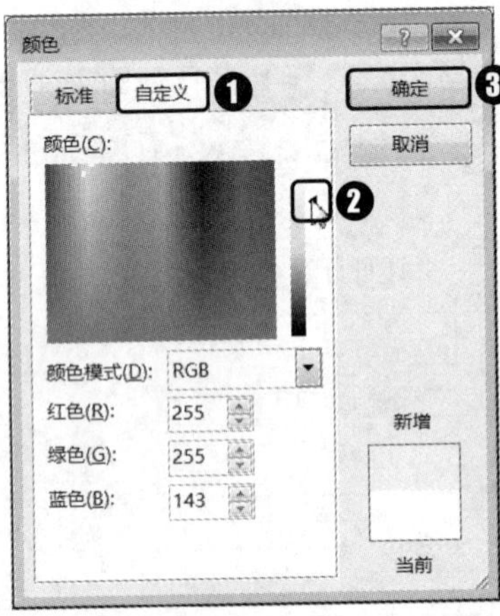

第 4 步：查看设置效果

此时选中的单元格区域填充了淡黄色底色，效果如下图所示。

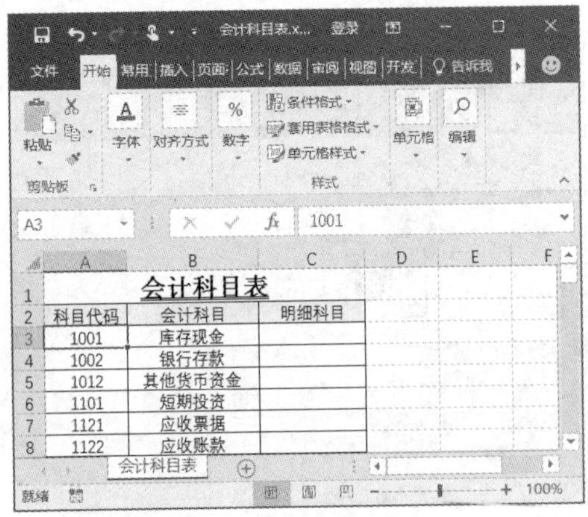

> **温馨小提示**
>
> 在 Excel 中，为了突出某一部分数据，可以为单元格设置背景色。例如，对行标或列标单元格设置不同的背景颜色，而对数据也设置不同的背景颜色等。用户也可以自定义单元格的背景颜色，如设置 RGB 颜色和 HSL 颜色。

7.2 制作记账凭证录入表

案例概述

日常工作中，会计人员通常会依据相关经济业务的原始凭证，填制相应的记账凭证。手工会计业务中，填制的记账凭证都是从文具店购买或自制的记账凭证，需要根据业务需要一张一张填写。为了更加方便直观地介绍记账凭证的处理流程，同时提高会计人员的工作效率，保证账务处理的准确性，接下来使用 Excel 的数据验证功能和 Lookup()函数，制作记账凭证录入表，批量录入记账凭证。

案例效果

记账凭证录入表不仅是登记记账凭证的流水账表，而且是生成日记账、明细账、总账等会计表单的基础表。

“记账凭证录入表”制作完成后的效果如下图所示。

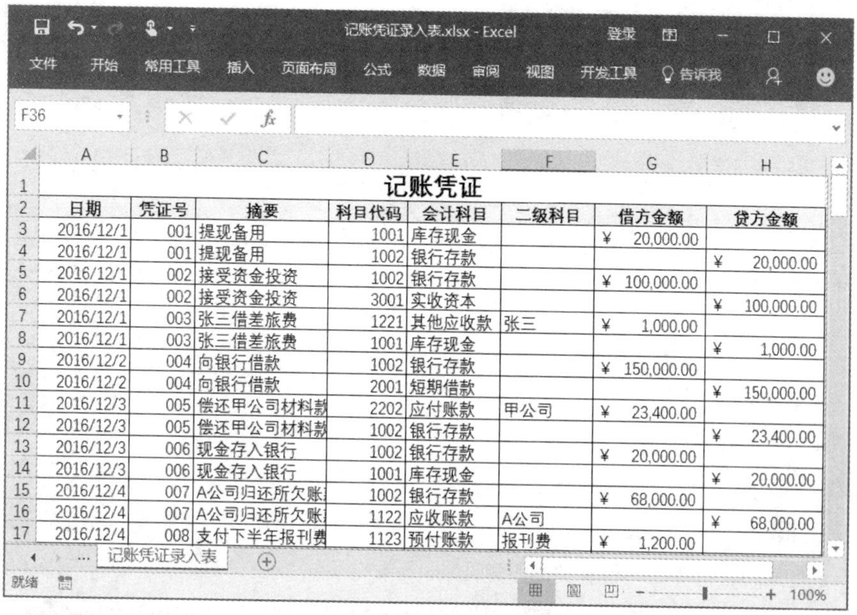

日期	凭证号	摘要	科目代码	会计科目	二级科目	借方金额	贷方金额
2016/12/1	001	提现备用	1001	库存现金		¥ 20,000.00	
2016/12/1	001	提现备用	1002	银行存款			¥ 20,000.00
2016/12/1	002	接受资金投资	1002	银行存款		¥ 100,000.00	
2016/12/1	002	接受资金投资	3001	实收资本			¥ 100,000.00
2016/12/1	003	张三借差旅费	1221	其他应收款	张三	¥ 1,000.00	
2016/12/1	003	张三借差旅费	1001	库存现金			¥ 1,000.00
2016/12/2	004	向银行借款	1002	银行存款		¥ 150,000.00	
2016/12/2	004	向银行借款	2001	短期借款			¥ 150,000.00
2016/12/3	005	偿还甲公司材料款	2202	应付账款	甲公司	¥ 23,400.00	
2016/12/3	005	偿还甲公司材料款	1002	银行存款			¥ 23,400.00
2016/12/3	006	现金存入银行	1002	银行存款		¥ 20,000.00	
2016/12/3	006	现金存入银行	1001	库存现金			¥ 20,000.00
2016/12/4	007	A公司归还所欠账	1002	银行存款		¥ 68,000.00	
2016/12/4	007	A公司归还所欠账	1122	应收账款	A公司		¥ 68,000.00
2016/12/4	008	支付下半年报刊费	1123	预付账款	报刊费	¥ 1,200.00	

同步文件

原始文件： 素材文件\第 7 章\记账凭证录入表.xlsx \

结果文件： 结果文件\第 7 章\记账凭证录入表.xlsx \

同步视频文件： 同步教学文件\第 7 章\记账凭证录入表\7.2.1.mp4~7.2.6.mp4

制作思路

制作“记账凭证录入表”的具体思路如下：

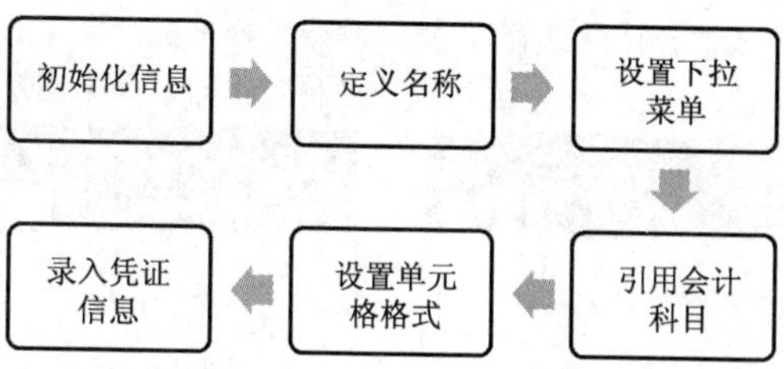

7.2.1 初始化信息

记账凭证录入表通常包括日期、凭证号、摘要、科目代码、会计科目、二级科目、借方金额及贷方金额等项目。

为提高数据录入与表格制作的工作效率，通常可先将所有表格内容录入之后，再统一进行格式设置。打开本实例的原始文件，“记账凭证录入表”的初始化信息的效果如下图所示。

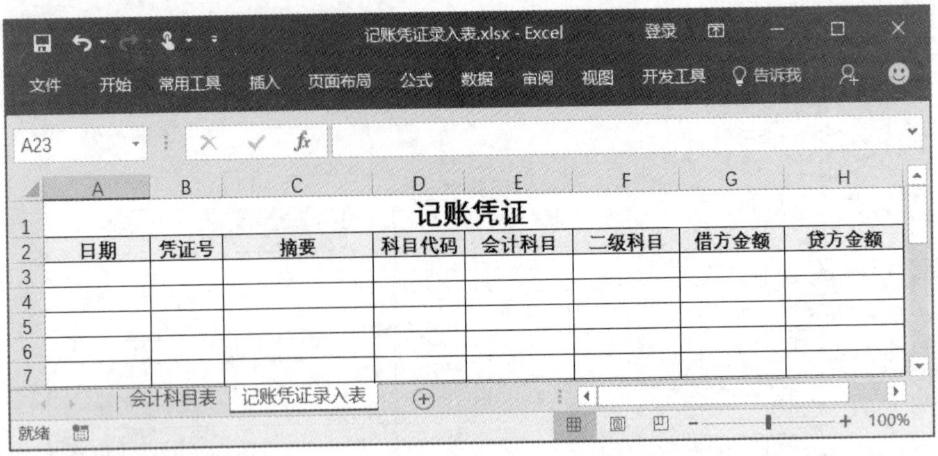

温馨小提示

本节中的记账凭证录入表要从会计科目表中引用会计科目，所以，在制作记账凭证录入表时，为了便于数据处理，将会计科目表和记账凭证录入表做在同一张工作簿中。同理，在以后的章节会讲到日记账、明细账、总账等会计账表的制作方法，这些会计账表都是依据会计科目表和记账凭证录入表生成的，也要做在同一张工作簿中。

7.2.2 定义名称

定义名称就是给单元格或单元格区域命名，利用名称可以实现很多功能，例如，名称可以带入公式计算，名称可以快速地定位到你想找到的数据行。

第 1 步：打开素材文件

打开“素材文件\第 7 章\记账凭证录入表.xlsx”文件，切换到工作表“会计科目表”，如下图所示。

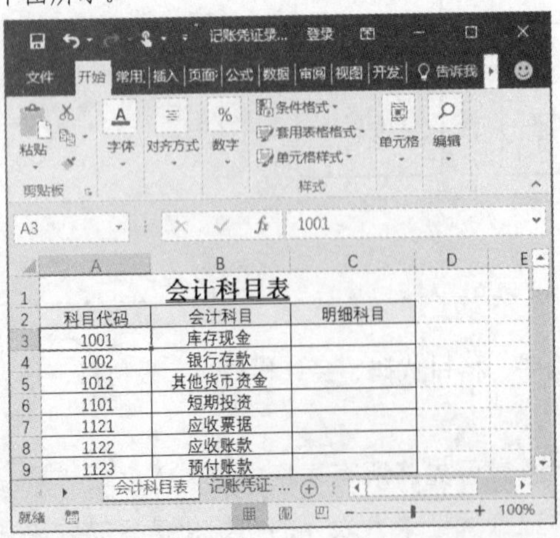

第 2 步：执行定义名称命令

选中单元格区域 A3:A68，❶单击“公式”选项卡；❷单击“定义的名称”功能组中的“定义名称”按钮，如下图所示。

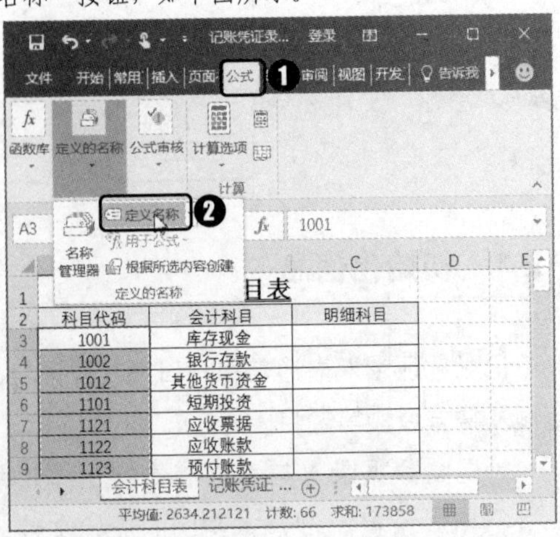

第3步：输入名称

弹出“新建名称”对话框，❶在“名称”文本框中自动显示“科目代码”，在“范围”下拉列表中选择“工作簿”选项，在“引用位置”文本框中显示当前定义名称的数据区域“=会计科目表!$A$3:$A$68”；❷单击“确定”按钮即可，如下图所示。

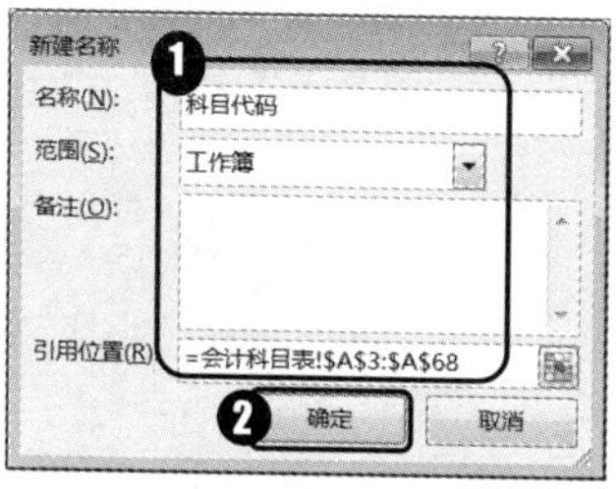

第4步：查看设置效果

此时，选择单元格区域 A3:A68 就定义成“科目代码”，如下图所示。

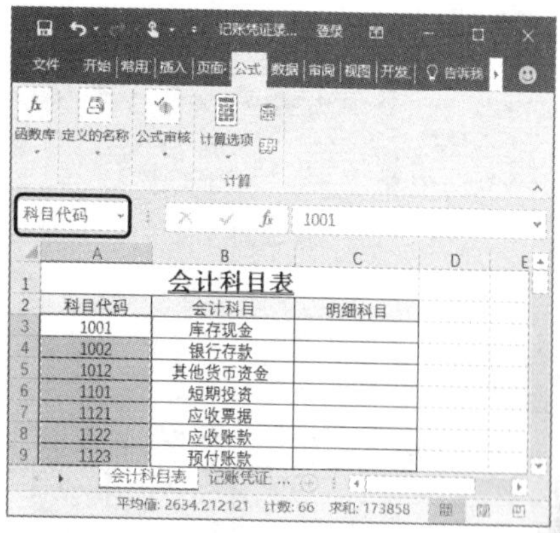

专家会诊台

Q：如果工作表中有上千行数据，如何快速选中这些数据区域呢？

A：通常情况下，如果数据区域行数较少，直接拖动鼠标选择即可；如果数据区域有几百行、几千行，上万行甚至更多，此时，可以首先拖动鼠标选择第一行数据，然后按“Ctrl+Shift+↓”，即可选中所有的数据行。另外，也可以选择任意一行数据，按“Ctrl+Shift”组合键的同时，按任意方向键，向不同的方向选择数据行或数据列。

7.2.3 设置下拉菜单

Excel 下拉菜单，是指不用手动输入数据，只需单击鼠标就可以选择一些内容输入单元格，主要是通过数据验证功能来实现的！接下来为记账凭证录入表中的科目代码设置下拉菜单，具体操作方法如下。

第1步：执行数据验证命令

切换到工作表“记账凭证录入表”，选择 D3 单元格，❶单击“数据”选项卡；❷单击“数据工具”功能组中的“数据验证”按钮，如下图所示。

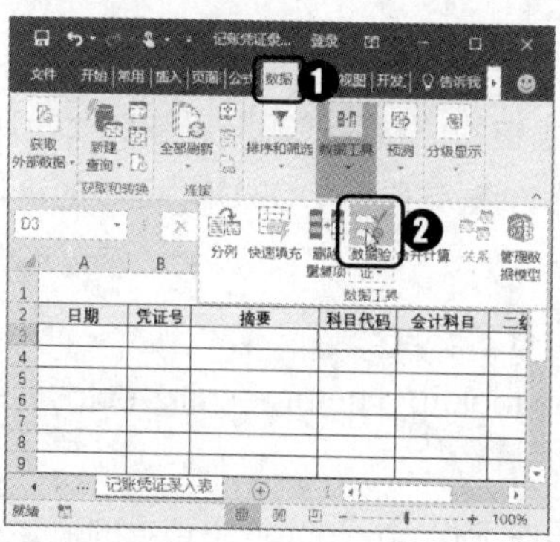

第2步：设置下拉菜单

弹出“数据验证”对话框，默认切换到“设置”选项卡，❶在“允许”下拉列表中选择“序列”选项；❷在“来源”文本框中输入已经定义的名称“=科目代码”，其他选项保持默认；❸单击“确定”按钮，如下图所示。

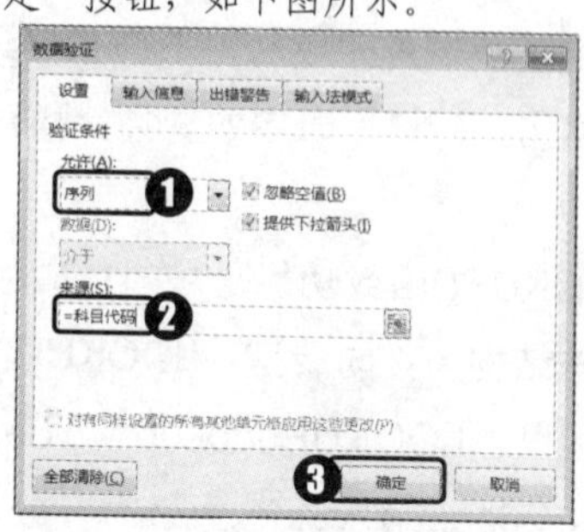

第 3 步：查看下拉菜单

此时，D3 单元格的右侧会出现一个下拉按钮，可以单击下拉按钮，选择所需要的科目代码，如下图所示。

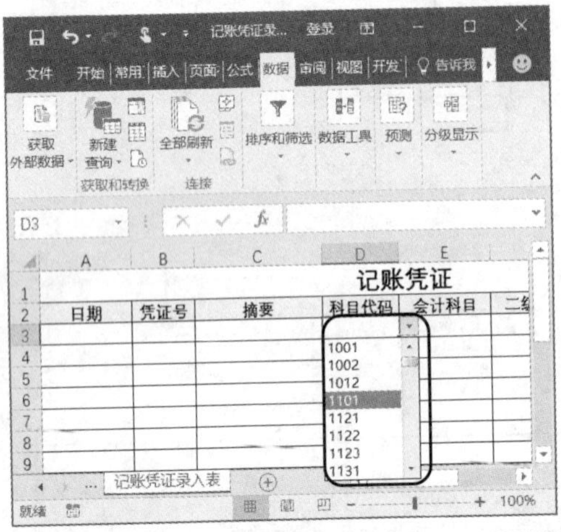

第 4 步：填充下拉菜单

选中 D3 单元格，将鼠标指针移至 D3 单元格的右下方，当鼠标指针变为形状时，按住鼠标左键向下拖选，根据需要拖到合适的行即可，例如拖选至第 200 行，如下图所示。

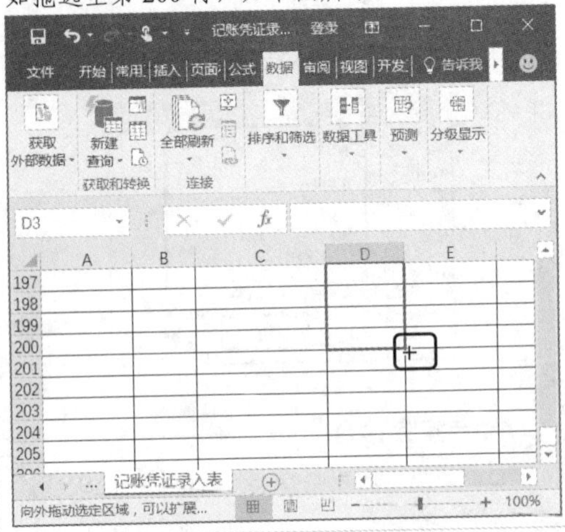

第 5 步：查看填充效果

此时，拖选区域中的任意单元格都会应用数据验证，在右侧出现一个下拉按钮，单击下拉按钮，即可科目代码，如右图所示。

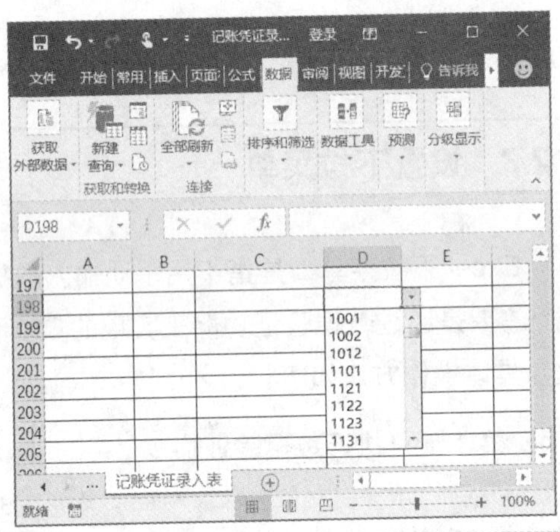

温馨小提示

设置数据来源时，可以在“来源”文本框中输入定义的名称，名称前加“=”；或在“来源”文本框中直接输入数据，用英文半角的逗号隔开；也可以单击“来源”文本框右侧的按钮，在工作中选择数据区域。

7.2.4 引用会计科目

下拉菜单设置完成后，下面根据记账凭证录入表中的“科目代码”，结合 LOOKUP() 函数，引用会计科目表中的“会计科目”，具体操作方法如下。LOOKUP()函数的语法及参数介绍如下。

LOOKUP()函数功能是从向量或数组中查找一个符合条件的数值。

语法结构为：向量型：LOOKUP（lookup_value,lookup_vector,result_vector）

数组型：LOOKUP(lookup_value,array)

其中，lookup_value 为必需参数，LOOKUP 要在 lookup_vector 中查找的值，可以是

数字、文本、逻辑值，也可以是包含名称的数值或引用。

lookup_vector 为必需参数，指定的单行或单列的查找区域。其数值必须按升序排列，文本不区分大小写。

result_vector 为必需参数，指定的函数返回值的单元格区域。其大小必须与 lookup_vector 相同，如果 Lookup_value 小于 lookup_vector 中的最小值，函数 LOOKUP 则返回错误值#N/A。

array 为必需参数，包含文本、数字或逻辑值的单元格区域或数组，它的值用于与 lookup_value 进行比较。

第 1 步：执行插入函数命令

在“记账凭证录入表”中，选择 E3 单元格，❶单击“公式”选项卡；❷单击“函数库”功能组中的“插入函数”按钮，如下图所示。

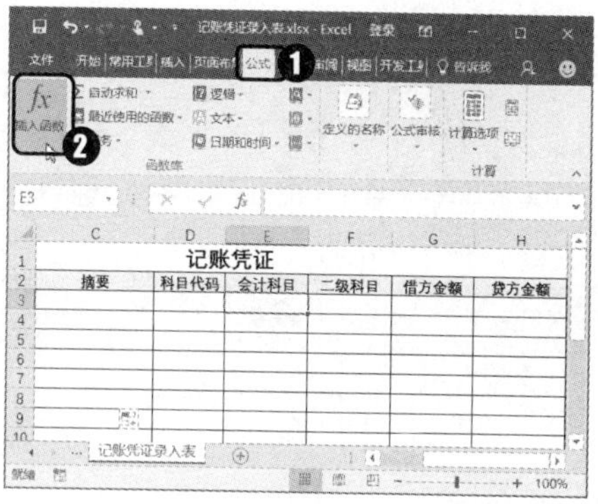

第 2 步：选择 LOOKUP()函数

弹出“插入函数”对话框，❶在“或选择类别”下拉列表中选择“查找与引用”选项；❷在“选择函数”列表框中选择“LOOKUP”函数；❸单击“确定”按钮，如下图所示。

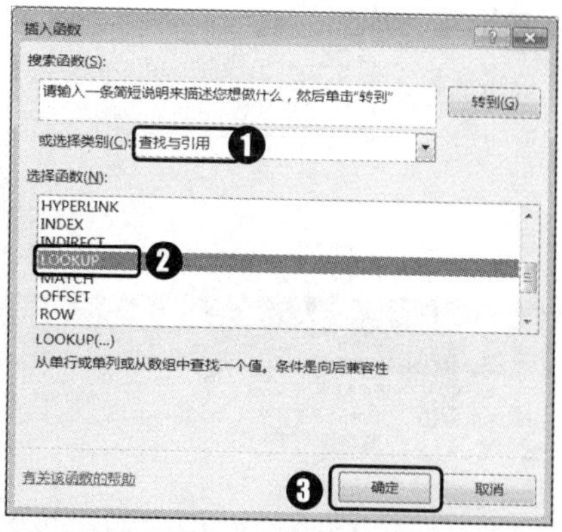

第 3 步：选定参数

弹出“选定参数”对话框，❶在“参数”列表框中选择向量型参数“lookup_value，lookup_vector，result_vector”；❷单击“确定”按钮，如下图所示。

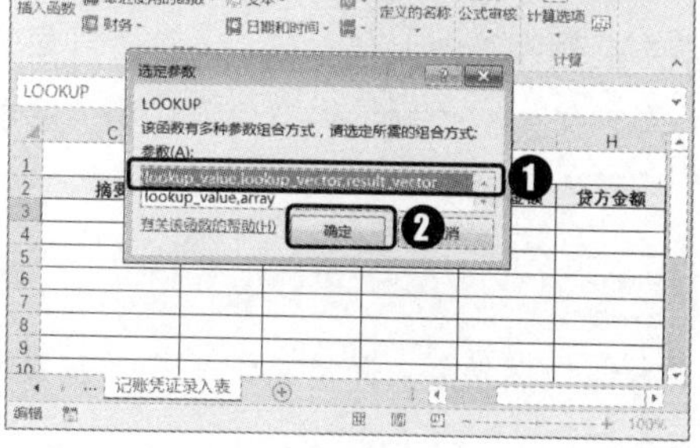

第 4 步：设置函数参数

弹出“函数参数”对话框，❶在“Lookup_value”文本框中输入“D3”，在“Lookup_vector”文本框中输入定义的名称“科目代码”，在“Result_vector”文本框中输入引用区域“会计科目表!$B$3:$B$68”；❷单击“确定”按钮，如下图所示。

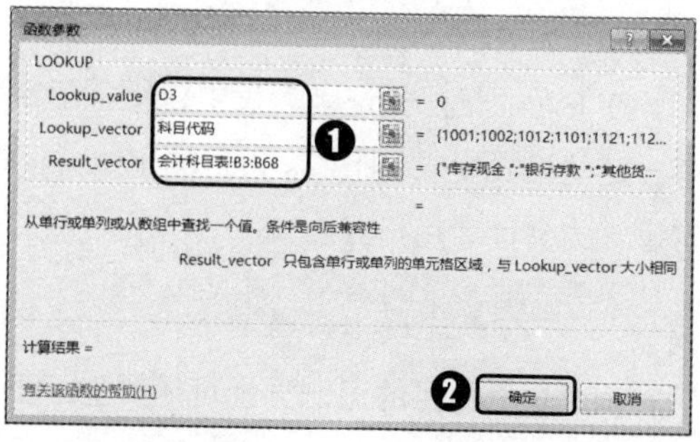

第 5 步：查看公式

此时，在选中的 E3 单元格中插入了如下公式“=LOOKUP(D3,科目代码,会计科目表!$B$3:$B$68)”，如下图所示。

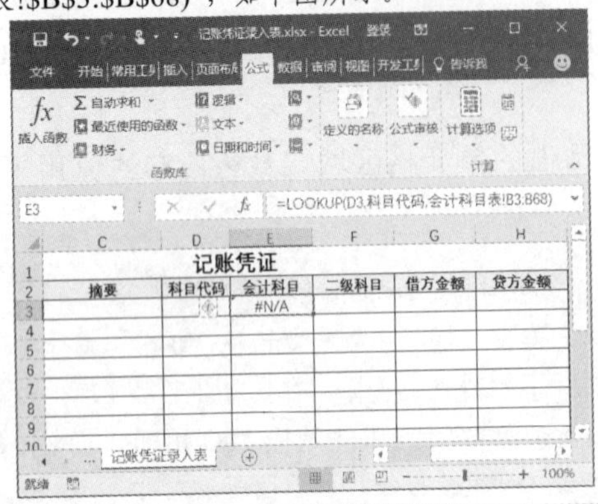

第 6 步：定位鼠标

选中 E3 单元格，将鼠标指针移动到单元格的右下角，此时鼠标指针变成十字形状，如下图所示。

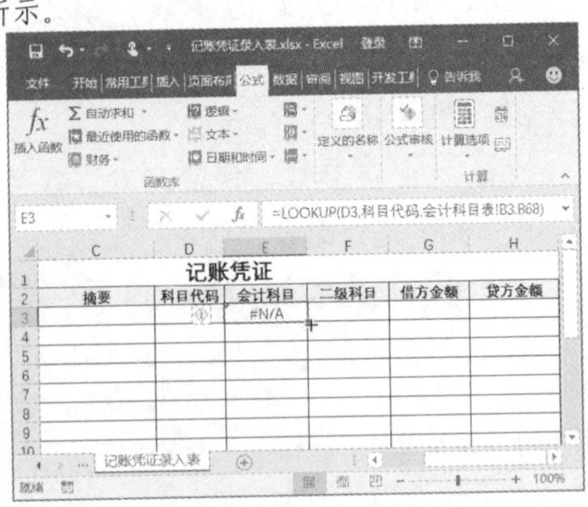

第 7 步：填充公式

按住鼠标左键不放，向下托选到 E68 单元格，此时，即可完成公式的填充，如下图所示。

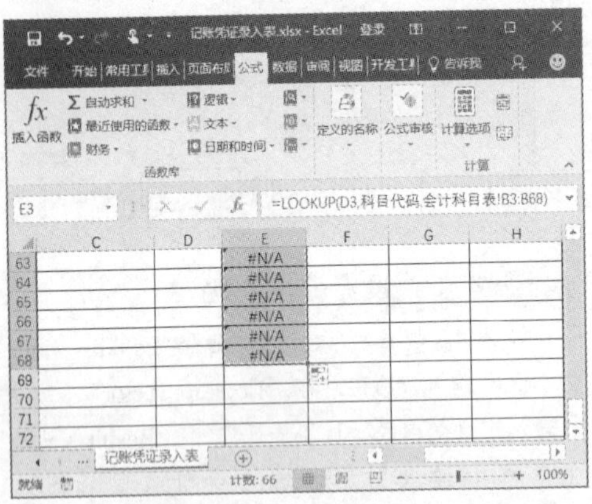

第 8 步：查看引用效果

此时，在“科目代码”列中的下拉菜单中选择科目代码，“会计科目”就会自动显示，不必再次输入。例如，在 D3 下拉菜单中选择科目代码“1001”，单元格 E3 中自动显示会计科目“库存现金”，如下图所示。

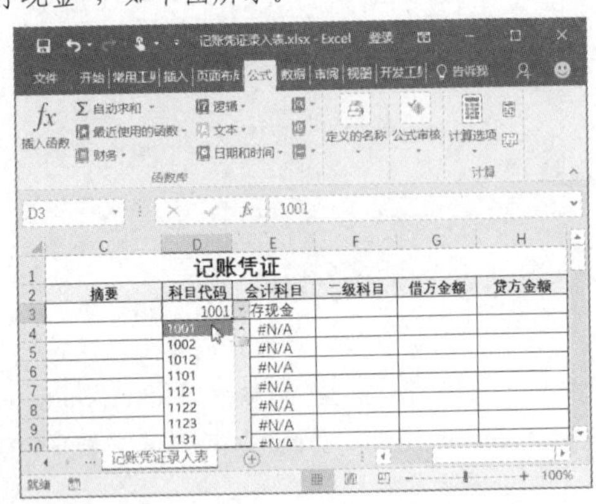

7.2.5 设置单元格格式

在 Excel 记账凭证录入表中包括凭证编号、借方金额和贷方金额等项目。这些项目通常有一定的格式要求，比如，每月的记账凭证编号通常定义为三位数，借方金额和贷方金额通常设置为会计专用格式。

1. 自定义编号

一个企业每月的记账凭证可能有上百张，为了方便数据录入，通常将编号格式定义为三位数，如“001、002、003……”，具体操作方法如下。

第 1 步：选中单元格区域

在“记账凭证录入表”中，选择 B3 单元格，按“Ctrl+Shift+↓”组合键，选中 B3 单元格下方的单元格区域，如下图所示。

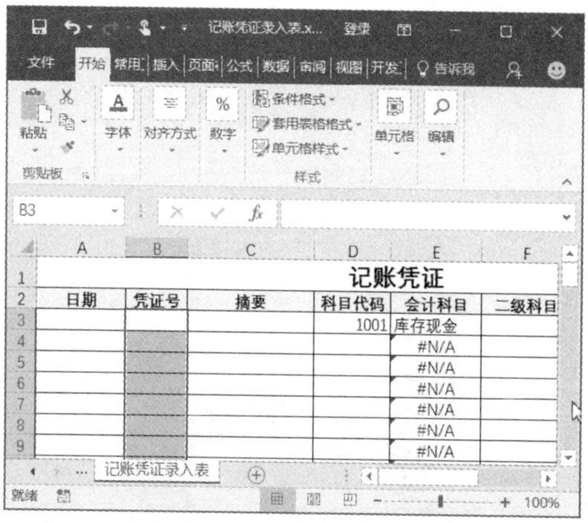

第 2 步：单击“对话框启动器”按钮

❶单击“开始”选项卡；❷单击“数字”功能组中的“对话框启动器”按钮，如下图所示。

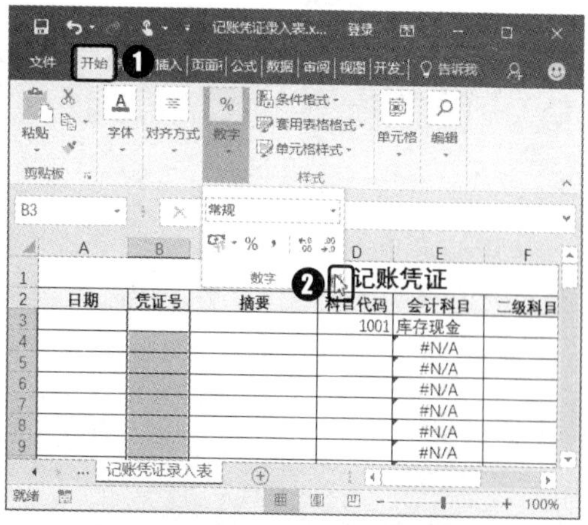

第 3 步：选定参数

弹出“设置单元格格式”对话框，❶单击“数字”选项卡；❷在“分类”列表框中选择“自定义”选项；❸在“类型”文本框中输入“000”；❹单击“确定”按钮，如下图所示。

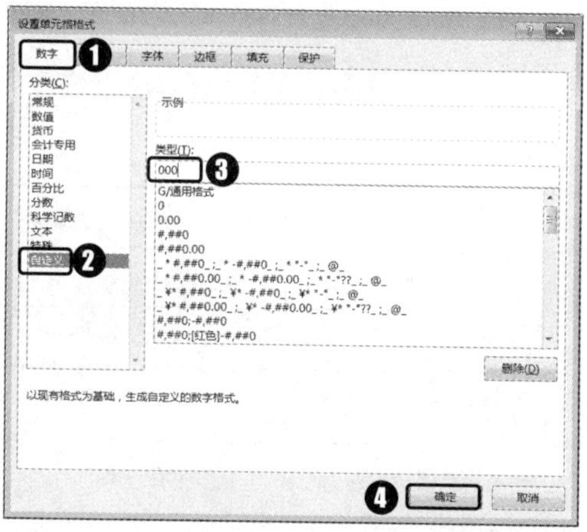

第 4 步：输入编号

在 B3 单元格中输入编号“001”，以 0 开头的编号也能正常显示，如下图所示。

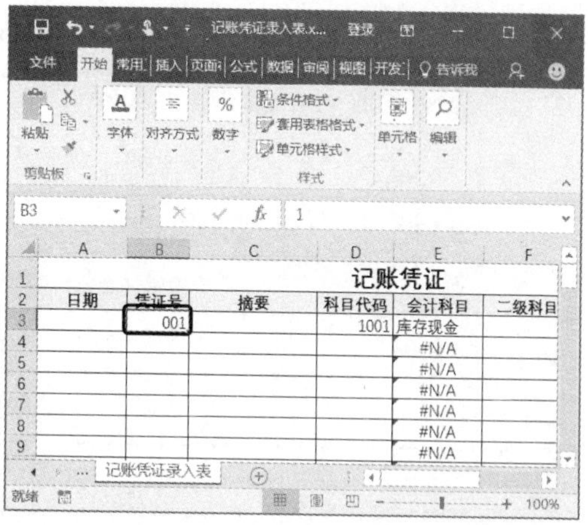

2．设置金额格式

在 Excel 中，对会计上的金额有专门的格式，通常金额前带有人民币符号“¥”，保留 2 位小数，带有千位分隔，如“¥ 10,000.00”，具体操作方法如下。

第 1 步：选中单元格区域

在“记账凭证录入表”中，选择单元格区域 G3：H3，按“Ctrl+Shift+↓”组合键，选中单元格区域 G3：H3 下方的所有单元格区域，如下图所示。

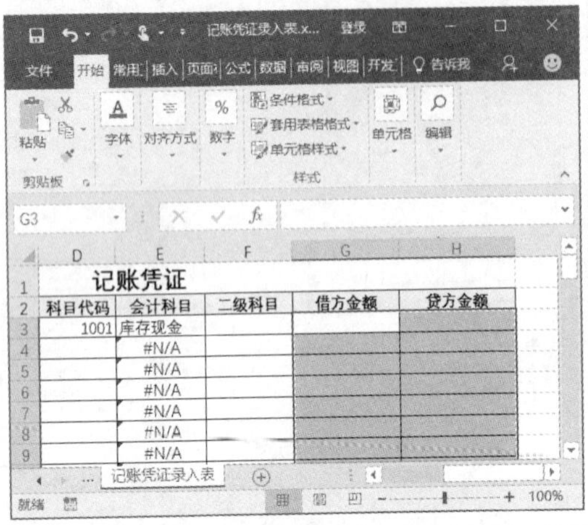

第 2 步：单击“对话框启动器”按钮

❶单击“开始”选项卡；❷单击“数字”功能组的“数字格式”下拉按钮；❸在弹出的下拉菜单中选择“会计专用”选项，如下图所示。

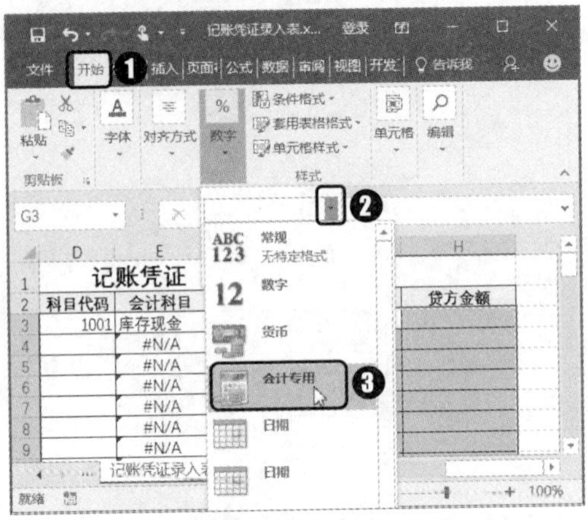

7.2.6 录入凭证信息

一项经济业务发生以后，会计人员应该根据获得的审核无误的原始凭证，填制记账凭证，此处，为了便于数据计算，统一在“记账凭证录入表”中录入记账凭证。

1. 案例企业简介

企业基本信息明细

单位名称：	北京三彩家具厂	单位地址：	北京市××区××路××号
企业性质：	有限责任制公司	企业类型：	小企业
主要产品：	A 产品、B 产品	联系电话：	010-88×××123

会计核算方法明细

会计准则：	小企业会计准则	固定资产值折旧：	年限平均法
存货核算：	月末一次加权平均法	辅助生产成本分配：	直接分配法
材料核算：	计划成本法	账务处理程序	科目汇总表账务处理程序

部门设置明细

管理部门：	办公室、销售科、财务科	基本生产车间：	第一车间、第二车间
仓库设置：	原材料库、成品库	辅助生产车间：	机修车间、配电车间

财务岗位明细

岗位设置	姓名	岗位职责
单位负责人	张三	对本单位会计工作和会计资料的真实性,完整性负责
财务负责人：	曹飞	负责财务科全面工作
会计员：	王晓丽	负责编制记账凭证的编制
会计员：	赵奇	负责审核记账凭证、登记账簿及编制报表工作
出纳员：	孙祥	负责现金收付和银行结算，登记现金和银行存款日记账

税务信息明细

纳税人类型：	增值税一般纳税人	税务登记号：	6012××××789
税收征收机关：	北京市税务局××分局	注册类型：	生产企业
增值税率：	17%	营业税率：	5%
所得税税率：	25%	城市维护建设税率	7%
收款国库：	××区支金库。	教育附加税率	3%
开户银行：	工行××支行	账号：	123456789

2. 录入记账凭证

例如，业务 1：2016 年 12 月 1 日，出纳员取现备用 20 000 元。取得 2 张原始凭证，其中 1 张是银行存款支款凭证，1 张是现金支票存根。

银行存款支款凭证

2016 年 12 月 1 日

计划项目	请（借）款理由	厂领导批示：
	提取现金备用	同意提取 张三 2016 年 12 月 1 日
大写金额：贰万元正 转(现)支票号码：020131201	小写金额：¥20 000.00	财务意见：补充库存 曹飞 2016 年 12 月 1 日

单位主管： 会计： 出纳：孙祥 收款人：

中国工商银行
现金支票存根
NO 020131201
科　目：
对方科目：
出票日期 2016 年 12 月 1 日
收款人：北京三彩家具厂
金　额：¥20 000.00
用　途：备用金
单位主管 会计

注：“支款凭证”是单位向所开户银行要求从账户中提取资金的一种凭证。

根据原始凭证编制会计分录如下：

借：库存现金 20 000

贷：银行存款 20 000

对于现金和银行存款之间以及各种银行存款之间相互划转业务的，一般只填制一张付款凭证。如从银行取出现金备用，根据该项经济业务的原始凭证，只填制一张银行存款付款凭证。记账时，根据该凭证同时记入“库存现金”和“银行存款”账户。这种方法不仅可以减少记账凭证的编制，而且可以避免重复记账。

根据原始凭证和会计分录，录入记账凭证，具体操作方法如下。

第 1 步：录入日期

在 A3 单元格中输入“2016-12-1”，按“Enter”键，日期格式变为“2016/12/1”，如下图所示。

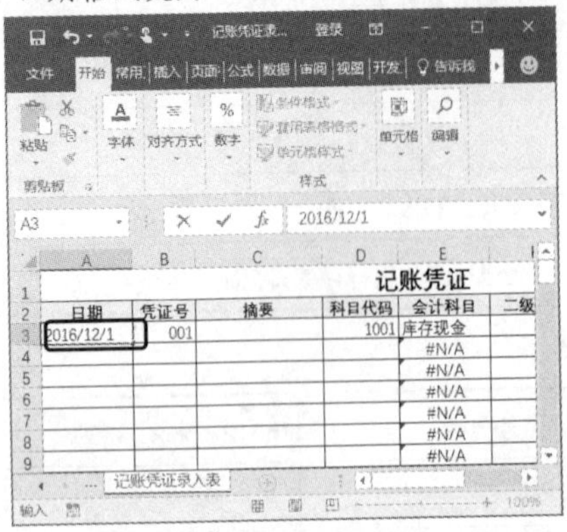

第 2 步：录入凭证号

在 B3 单元格中输入“1”，按“Enter”键，凭证号格式变为“001”，如下图所示。

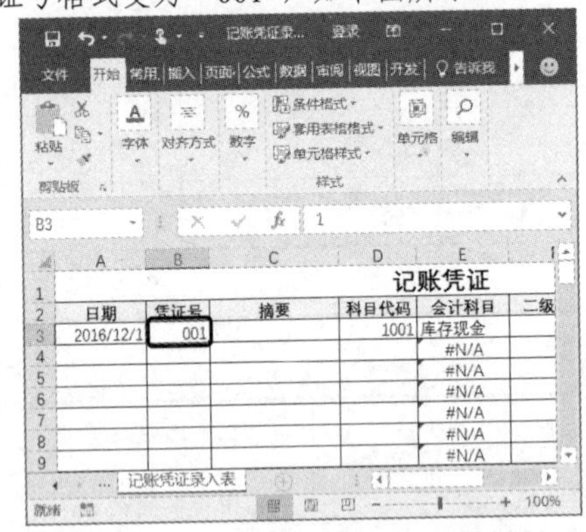

第 3 步：录入摘要

在 C3 单元格中输入摘要“提现备用”，按“Enter”键，如下图所示。

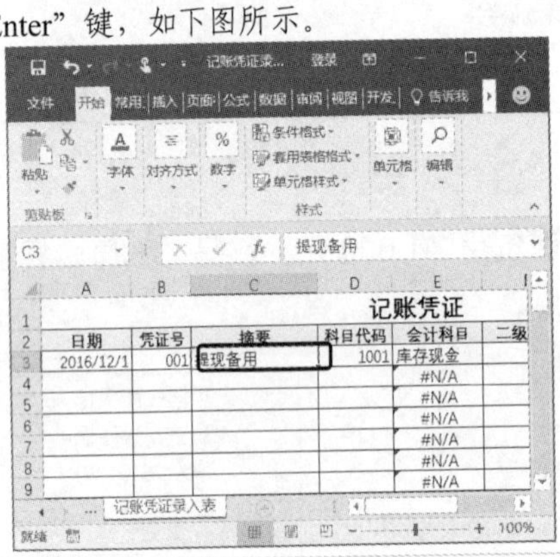

第 4 步：选择科目代码

选中 D3 单元格，❶单击右侧的下拉按钮；❷在弹出的下拉菜单中选择“1001”选项，如下图所示。

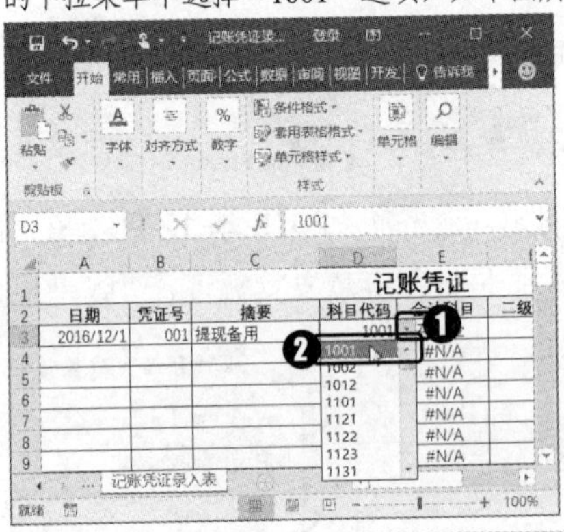

第 5 步：引用会计科目

此时，E3 单元格自动根据 D3 单元格的值，在工作表“会计科目表”中引用会计科目，如下图所示。

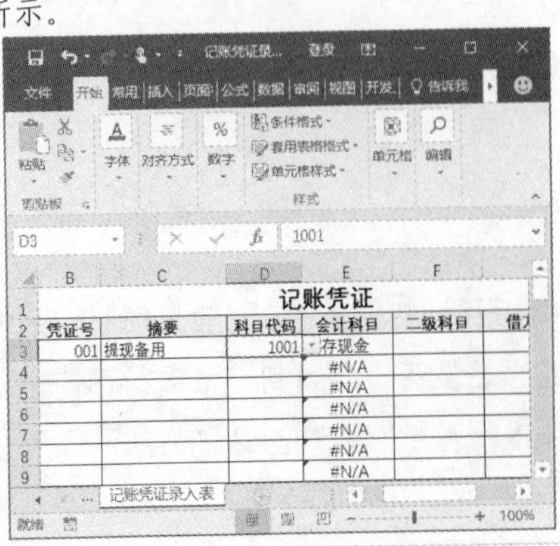

第 6 步：录入借方金额

选中 G3 单元格，录入借方金额“20 000”，按“Enter”键，金额格式变为“¥ 20,000.00”如下图所示。

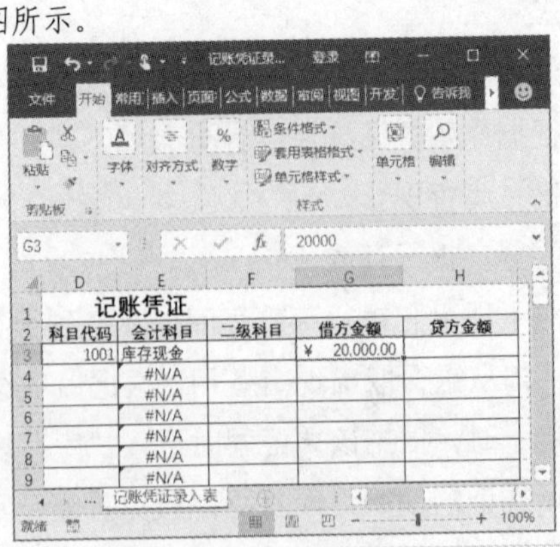

第 7 步：录入贷方项目

使用同样的方法，依次录入贷方的相关项目，如下图所示。

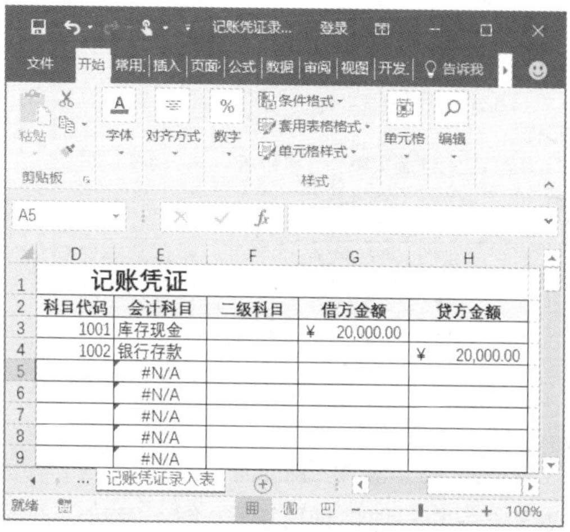

第 8 步：录入贷方项目

根据素材文件“2016 年 12 月份经济业务.docx”，依次录入记账凭证，最终效果如下图所示。

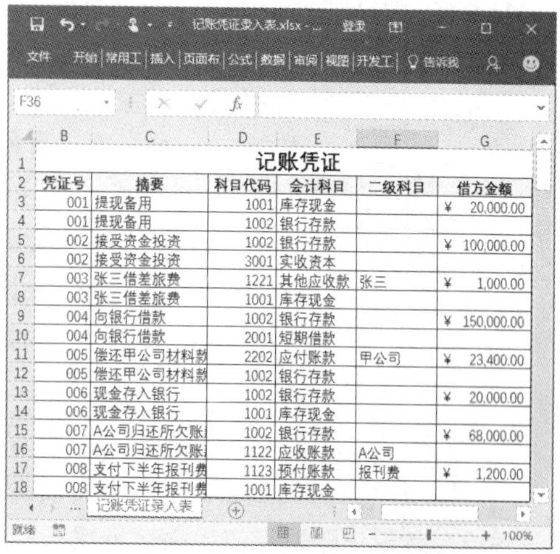

温馨小提示

（1）本节中，为了便于讲解，对经济业务有专门的文字描述。在实际工作中，是没有文字描述的，只有取得的原始凭证。

（2）本节中，为了便于讲解经济业务，编写了会计分录。在实际工作中，会计人员不必编写会计分录，直接根据取得的审核无误的原始凭证填制记账凭证即可。

7.3 制作日记账表单

案例概述

日记账是指按照经济业务发生时间的先后顺序逐日连续记载的账簿，常用的日记账包括现金日记账和银行存款日记账。本节使用 Excel 移动或复制工作表功能和分类汇总功能，通过记账凭证录入表直接生成现金日记账和银行存款日记账。

案例效果

现金日记账是用来逐日反映库存现金的收入、付出及结余情况的特种日记账。它是由单位出纳人员根据审核无误的现金收、付款凭证和从银行提现的银付凭证逐笔进行登记的。

“现金日记账”创建完成后的效果如下图所示。

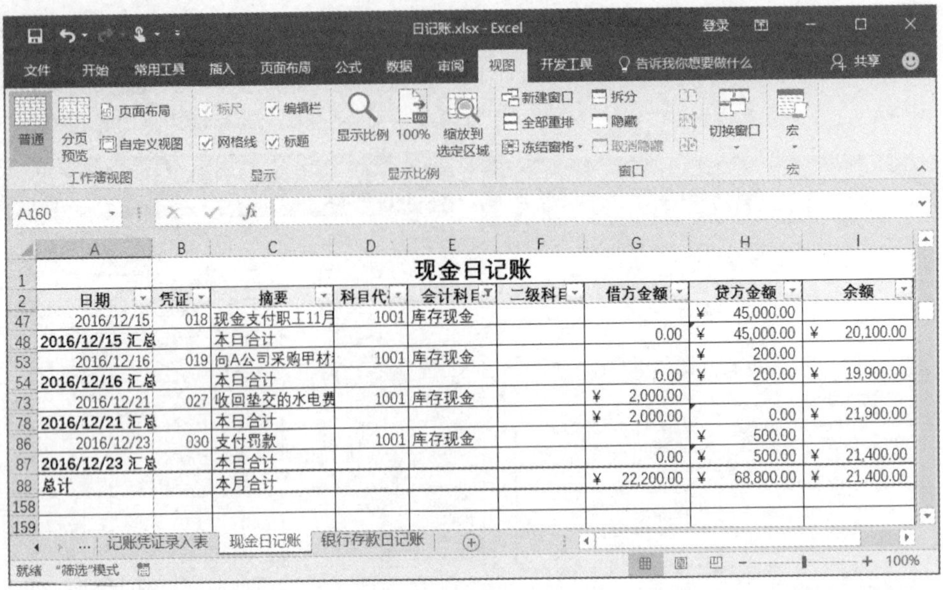

银行存款日记账是专门用来记录银行存款收支业务的一种特种日记账。银行存款收入数额应根据有关的付款凭证登记。每日业务终了时，应计算、登记当日的银行存款收入合计数、银行存款支出合计数，以及账面结余额。

“银行存款日记账”创建完成后的效果如下图所示。

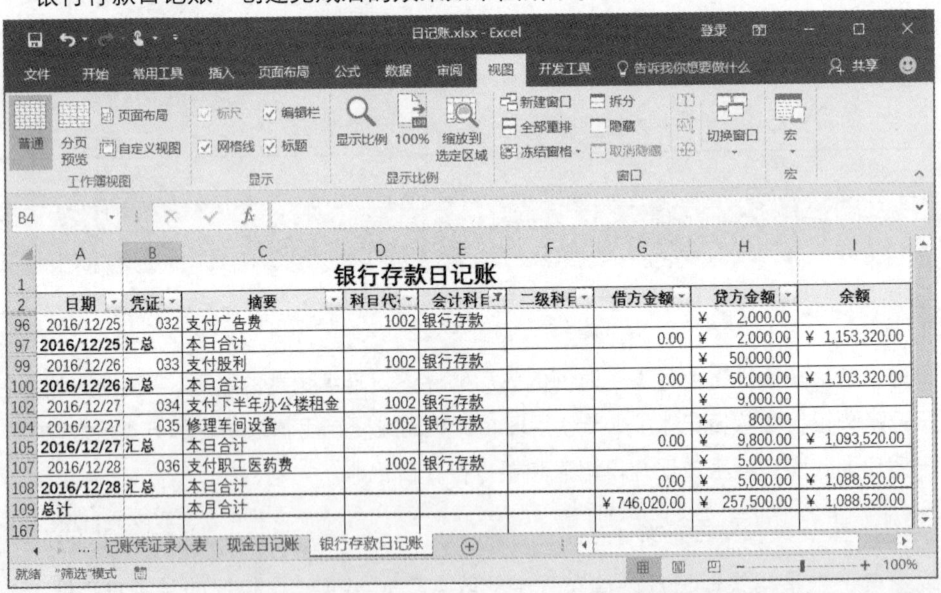

同步文件

原始文件：素材文件\第 7 章\日记账.xlsx

结果文件：结果文件\第 7 章\日记账.xlsx

同步视频文件：同步教学文件\第 7 章\日记账\7.3.1.mp4~7.3.2.mp4

制作思路

“日记账”表单的制作思路如下：

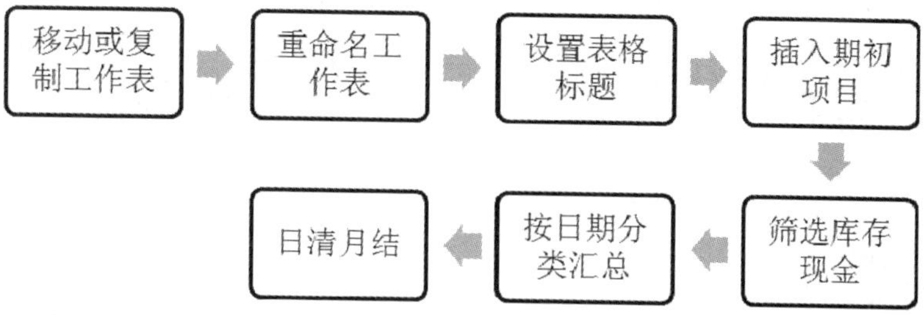

7.3.1 生成现金日记账

现金日记账一般采用“收入”（借方）、“支出”（贷方）和“余额”三栏式。接下来使用 Excel 移动或复制工作表、筛选和分类汇总功能，通过记账凭证录入表直接生成现金日记账。

1. 创建表格项目

接下来使用 Excel 的移动或复制工作表、重命名工作表、插入行等功能，创建现金日记账的基本项目，具体操作方法如下。

第 1 步：移动或复制工作表

打开“素材文件\第 7 章\日记账. xlsx”文件，选中工作表标签“记账凭证录入表”；❶右击；❷在弹出的快捷菜单中选择“移动或复制”命令，如下图所示。

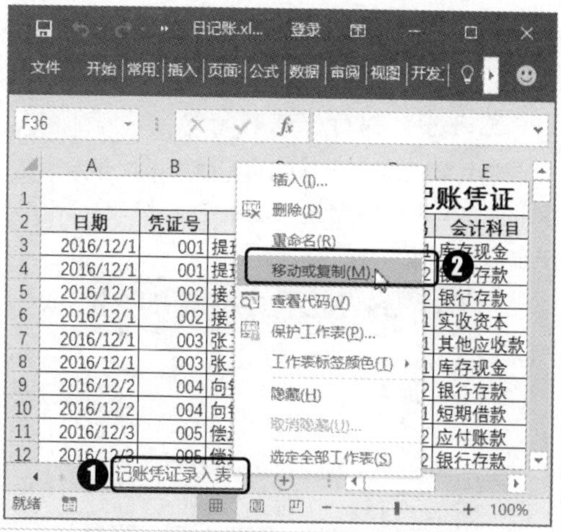

第 2 步：设置移动或复制选项

弹出“移动或复制工作表”对话框，❶在“下列选定工作表之前”列表框中选择“(移至最后)”选项；❷选中“建立副本”复选框；❸单击“确定”按钮，如下图所示。

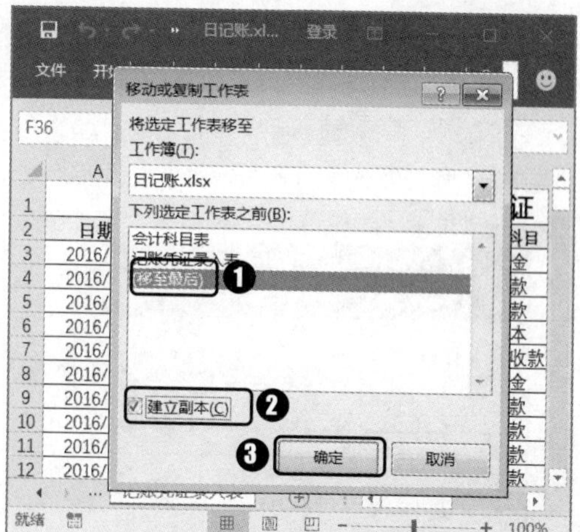

第 3 步：查看移动或复制工作表效果

此时，即可在工作簿的最后插入一个名为“记账凭证录入表（2）”新的工作表，如下图所示。

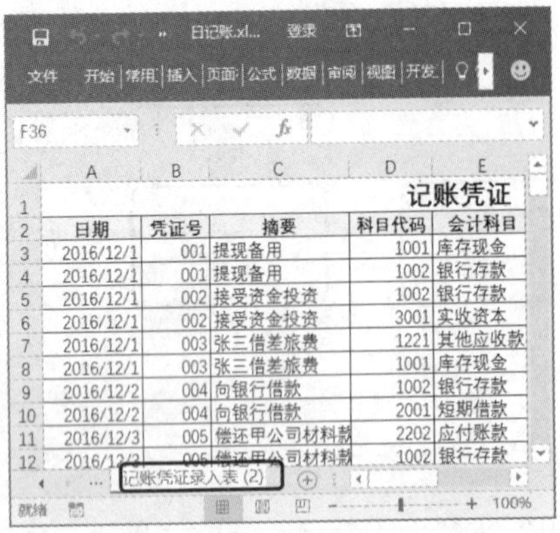

第 4 步：重命名工作表

将工作表“记账凭证录入表（2）”重命名为“现金日记账”，如下图所示。

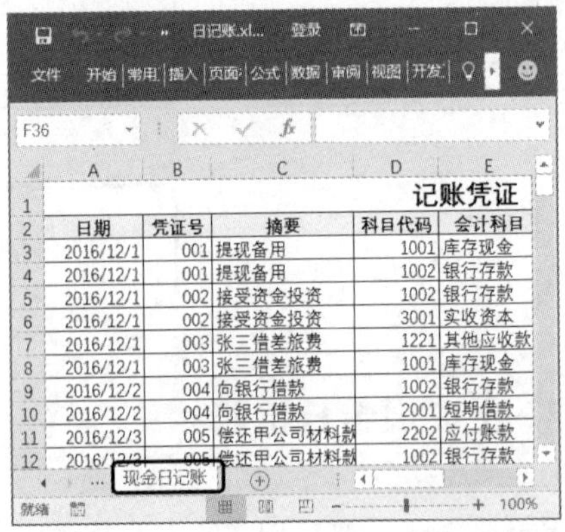

第 5 步：修改表格标题

将表格标题修改为“现金日记账”，如下图所示。

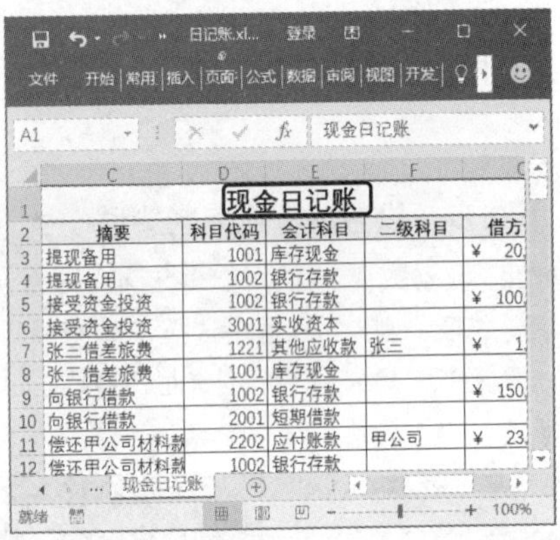

第 6 步：插入行

选中第 3 行的行标签，❶右击；❷在弹出的快捷菜单选择“插入行”命令，如下图所示。

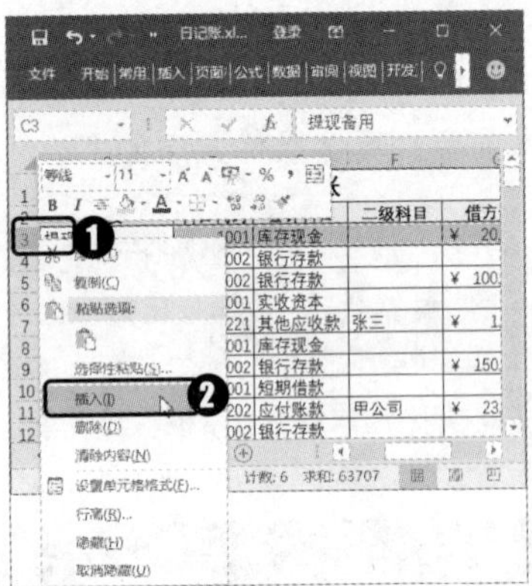

第 7 步：查看插入的行

此时，即可在选中的第 3 行的上方插入新的一行，并应用上一行的单元格格式，如下图所示。

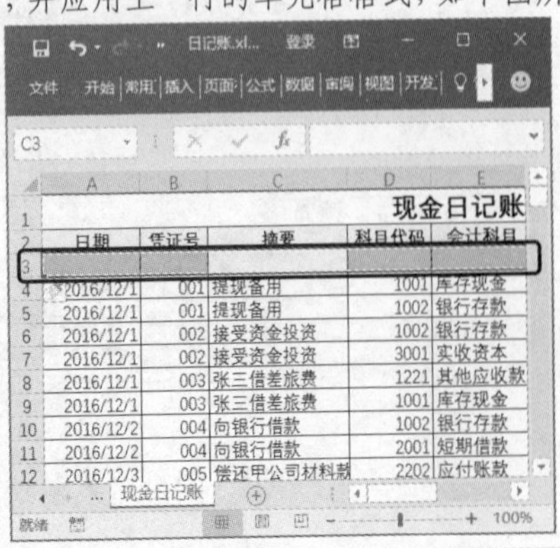

第 8 步：执行格式刷命令

选中单元格区域 A4:H4，❶单击“开始”选项卡；❷单击“剪贴板”功能组中的“格式刷”按钮，如下图所示。

第9步：刷新单元格区域

按住鼠标左键，拖选单元格 A3:H3，此时即可将下一行的单元格格式应用到选中的单元格区域，如下图所示。

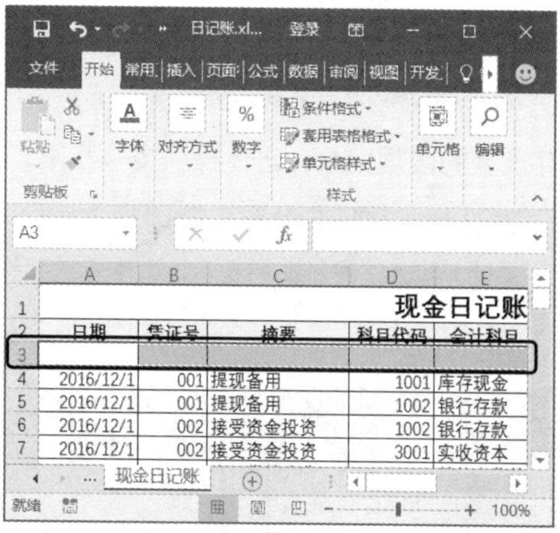

第10步：调整行高

将鼠标指针移动到第 3 行行标签的下边线上，此时鼠标指针变成十字形状，按住鼠标左键不放，上下拖动即可调整行高，将行高调整为合适的高度，然后释放鼠标即可，如下图所示。

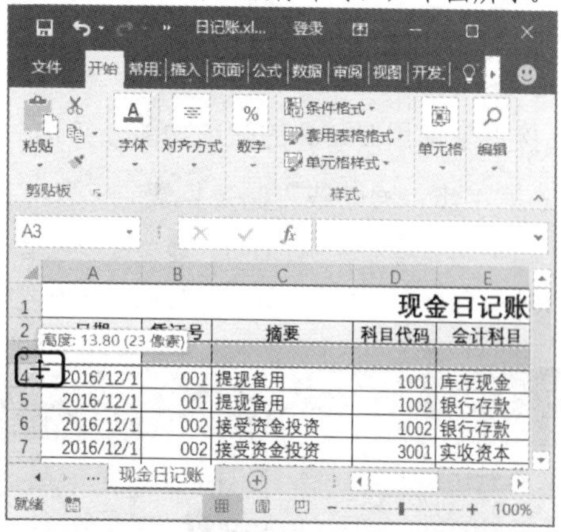

第11步：增加余额项

在 I2 单元格中输入“余额”，然后设置该列的单元格格式，如下图所示。

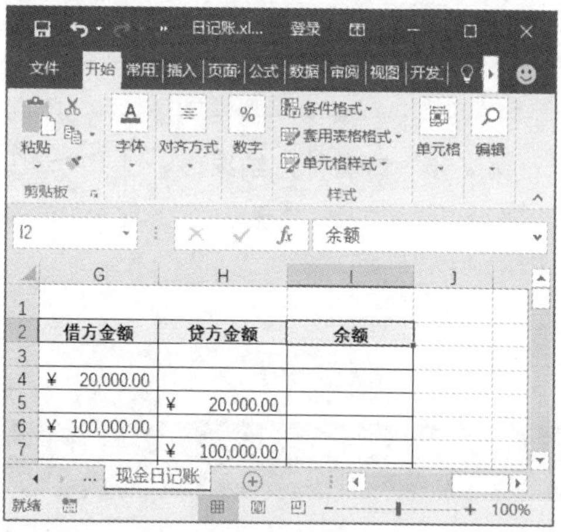

第12步：输入期初日期和摘要

在 A3 单元格中输入“2016/12/1”，在单元格 C3 中输入“期初余额”，如下图所示。

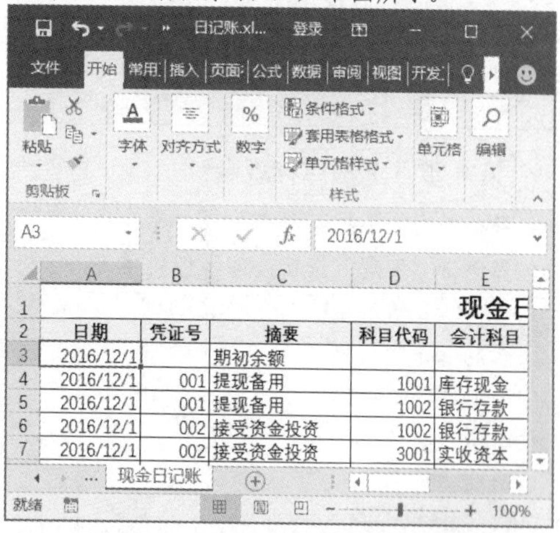

第13步：输入起初余额

假设库存现金的期初余额是 68 000 元，在 I3 单元格中输入“68 000”，然后按“Enter”键，金额前自动添加人民币符号，并应用千字符格式，如右图所示。

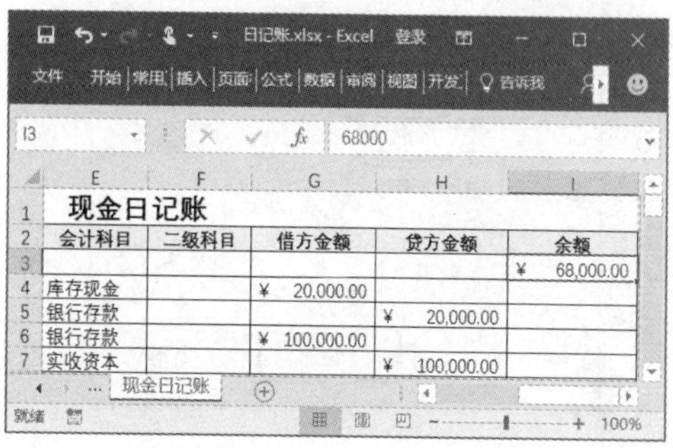

温馨小提示

正常情况下，库存现金不允许出现贷方余额，因此，现金日记账余额栏前未印有借贷方向，其余额方向默认为借方。若在登记现金日记账过程中，由于入账顺序等特殊原因出现了贷方余额，则在余额栏用红字登记，表示贷方余额。

2. 筛选库存现金

接下来使用 Excel 的筛选功能，筛选关于库存现金的数据记录，具体操作方法如下。

第 1 步：移动或复制工作表

选中单元格区域 A2:I147，❶单击“数据”选项卡，❷单击“排序和筛选”功能组中的“筛选”按钮，如下图所示。

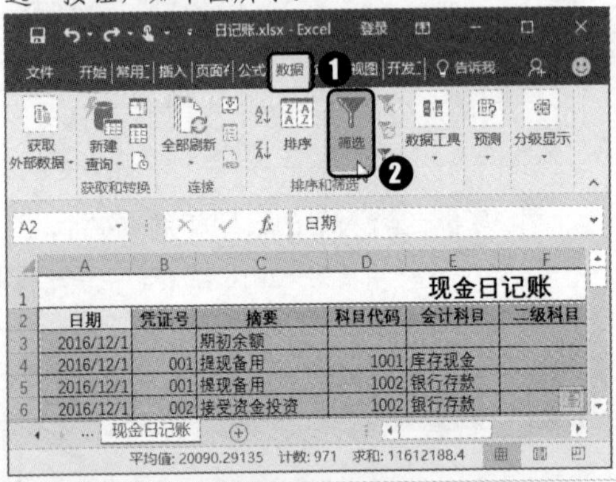

第 2 步：执行会计科目筛选

此时“筛选”按钮高亮显示，工作表进入筛选状态，单击 E3 单元格右侧的下拉按钮，如下图所示。

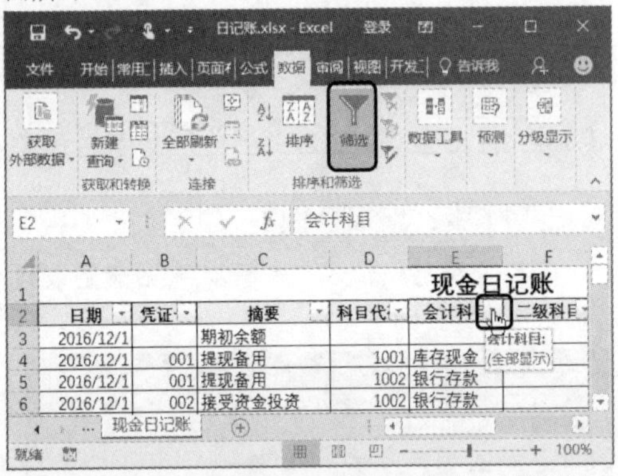

第 3 步：选择库存现金

❶在弹出的下拉菜单中选择“库存现金”科目；❷单击“确定”按钮，如下图所示。

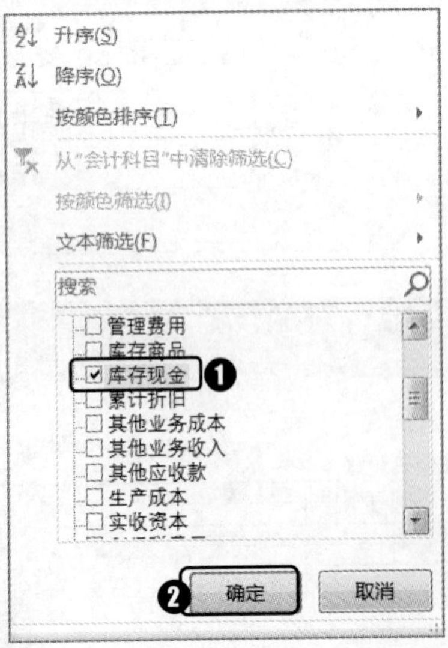

第 4 步：查看筛选结果

此时，所有有关库存现金的数据记录就筛选出来，如下图所示。

3．按日期汇总

现金日记账需结出每日借、贷方发生额，接下来使用 Excel 的分类汇总功能，结出现金日记账的每日借方发生额和贷方发生额，具体操作方法如下。

第 1 步：执行分类汇总命令

选中单元格区域 A2:I147，❶单击“数据”选项卡；❷单击“分级显示”功能组中的“分类汇总”按钮，如下图所示。

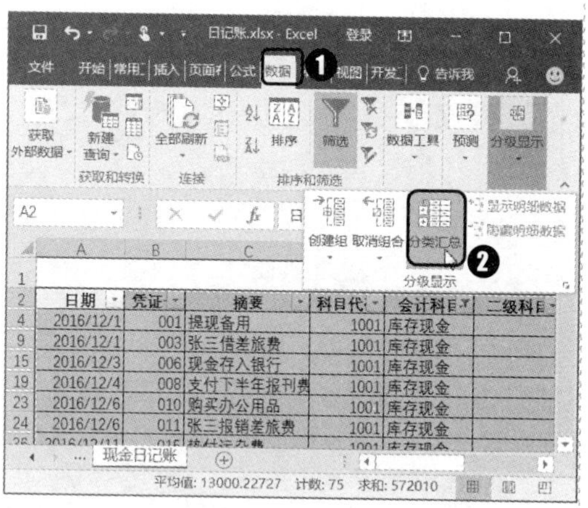

第 2 步：设置汇总项目

弹出“分类汇总”对话框，❶在“分类字段”下拉列表中选择“日期”选项，在“汇总方式”下拉列表中选择“求和”选项；❷在“选定汇总项”列表框中分别选中“借方金额”和“贷方金额”复选框；❸选中“替换当前分类汇总”和“汇总结果显示在数据下方”复选框；❹单击“确定”按钮，如下图所示。

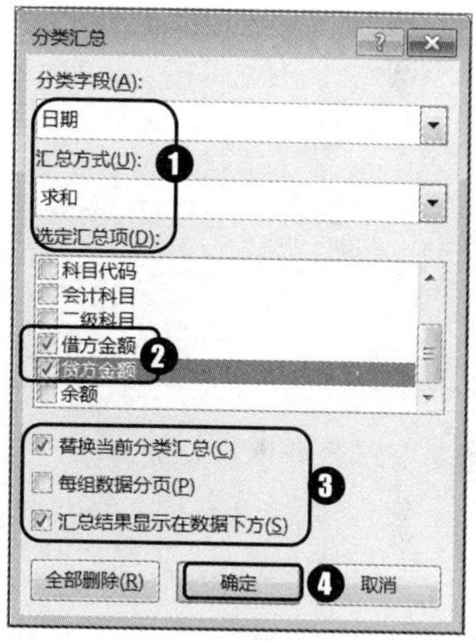

第 3 步：查看汇总结果

此时所有的数据记录按照日期进行了分类汇总，如下图所示。

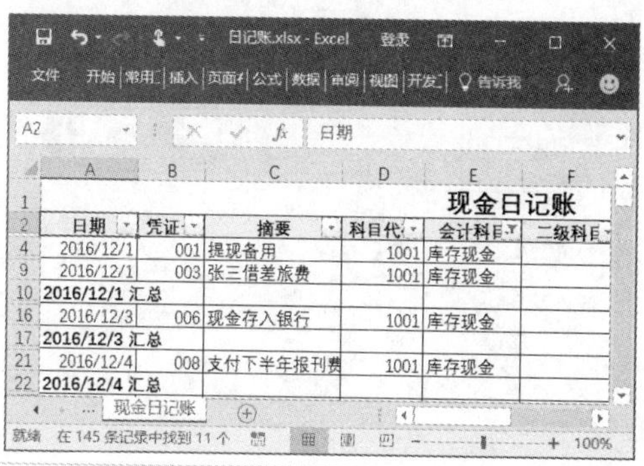

第 4 步：输入本日合计

按“Ctrl”键不放，选中“摘要”列中所有要输入内容的单元格，在编辑栏中输入文字“本日合计”，如下图所示。

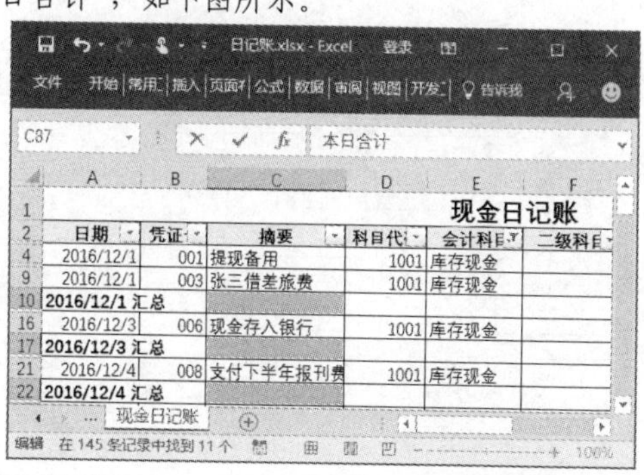

第 5 步：查看输入效果

按“Ctrl+Enter”组合键，此时所有选中的单元格中都输入文字“本日合计”，如下图所示。

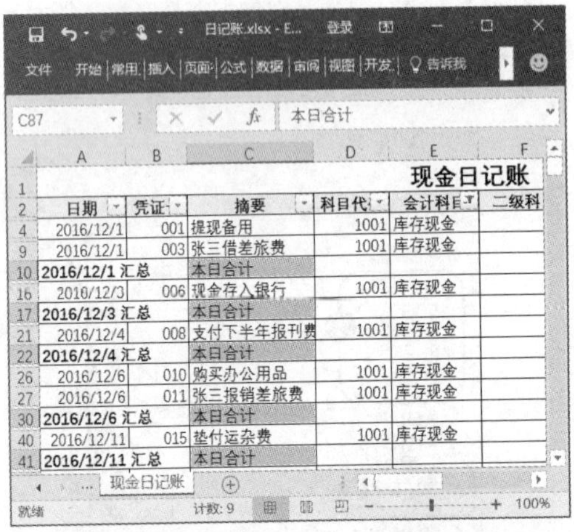

第 6 步：设置 0 值的显示方式

按住“Ctrl”键，选中所有每日合计中的 0 金额，❶单击“开始”选项卡；❷单击“数字”功能组中的“数字格式”下拉按钮；❸在弹出的下拉菜单中选择“数字”选项，如下图所示。

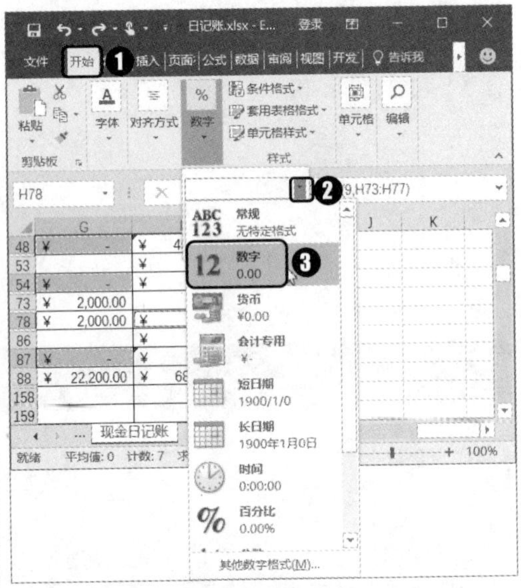

第 7 步：查看设置效果

此时，所有选中单元格中的 0 值显示为“0.00”，如下图所示。

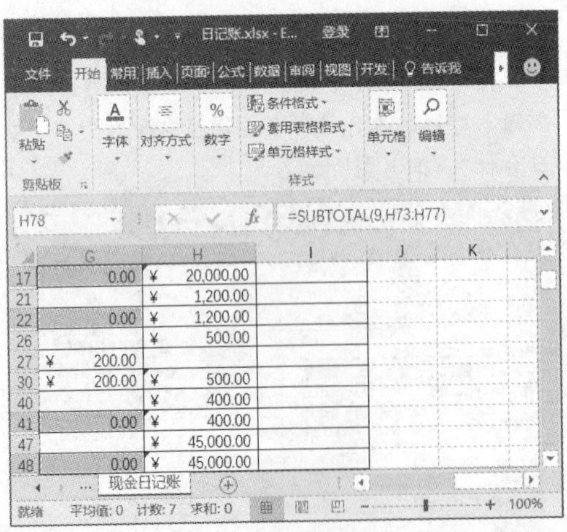

第 8 步：单击“冻结窗格”按钮

选中 B3 单元格，❶单击“视图”选项卡；❷单击“窗口”功能组中的“冻结窗格”下拉按钮；❸在弹出的下拉菜单中选择“冻结拆分窗格”选项，如下图所示。

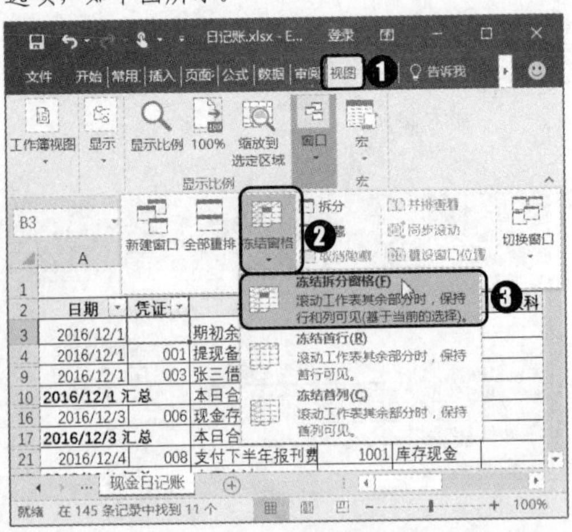

第 9 步：查看水平冻结效果

此时，在 B3 单元格的左侧出现一条分割线，拖动水平滚动条可以浏览表格内容，并保持 A 列不动，如下图所示。

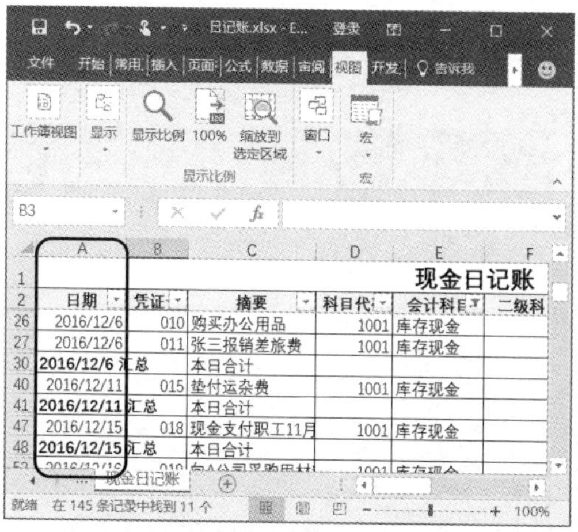

第 10 步：查看垂直冻结

此时，在 B3 单元格的上方出现一条分割线，拖动垂直滚动条可以浏览表格内容，并保持前 2 行不动，如下图所示。

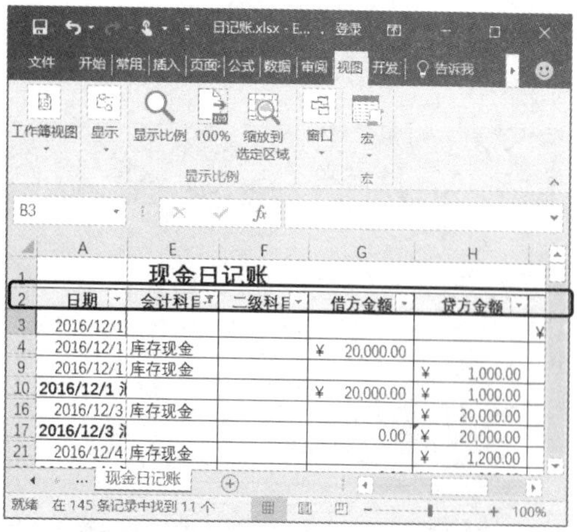

4. 日清月结

日清月结是出纳员办理现金出纳工作的基本原则和要求，也是避免出现长款、短款的重要措施。现金日记账需结出每日余额，月末，在最后一笔经济业务记录下面通栏划单红线，结出本月发生额和余额，在摘要栏内注明本月合计字样，在下面再通栏划单红线。接下来在 Excel 中根据公式“本日余额=上日余额+本日借方发生额-本日贷方发生额”，计算本日余额，并结出本月合计具体操作方法如下。

第 1 步：输入公式

选中 I10 单元格，输入公式“=I3+G10-H10”，然后按“Enter”键即可计算出本日余额，如下图所示。

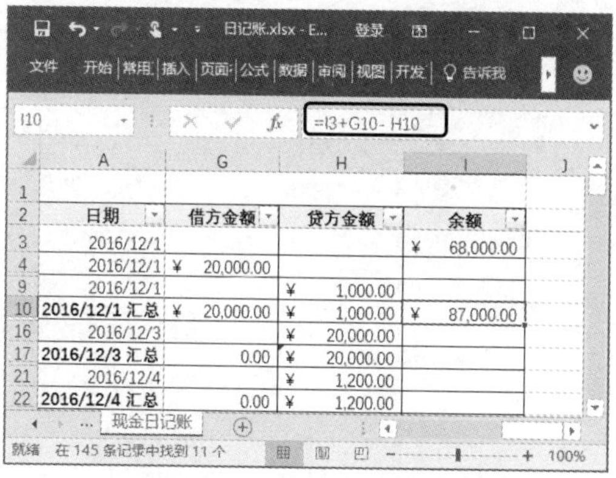

第 2 步：计算其他日期的本日余额

使用同样的方法，计算其他日期的本日余额，如下图所示。

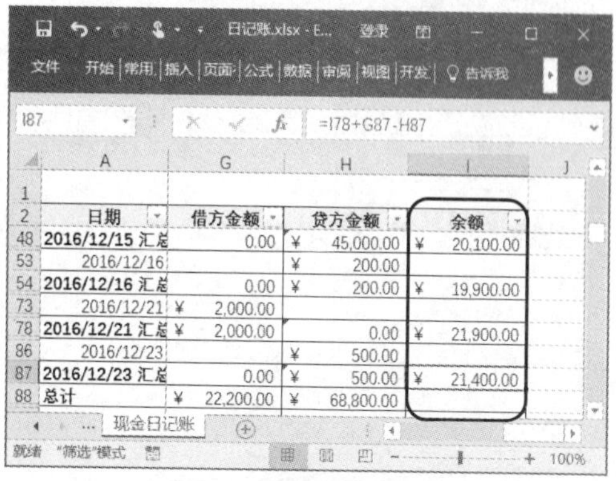

第 3 步：输入本月合计

在 C88 单元格中输入“本月合计”，如下图所示。

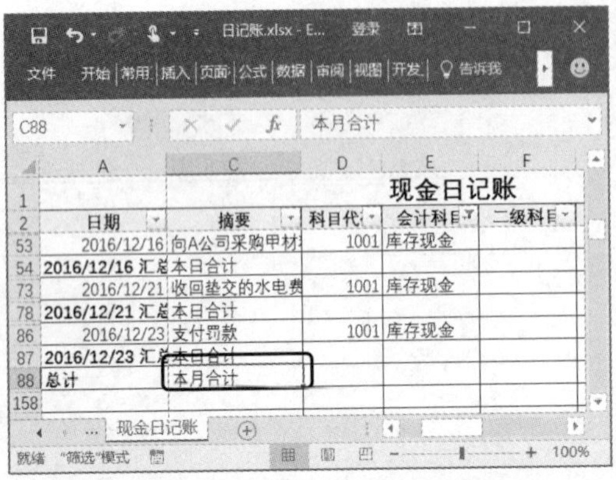

第 4 步：结出本月余额

按照公式“本月余额=月初余额+本月借方发生额-本月贷方发生额”，选中单元格 I88，输入公式“=I3+G88-H88”，然后按“Enter”键即可计算出本月余额，如下图所示。

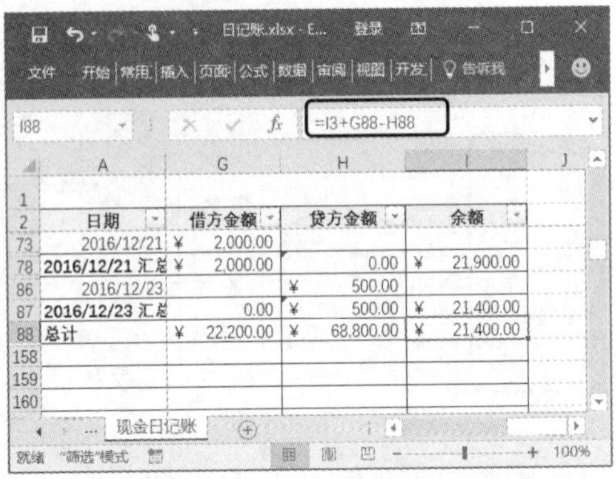

第 5 步：执行对话框启动器命令

选中单元格区域 A88:I88，❶单击“开始”选项卡；❷单击“对齐方式”功能组中的“对话框启动器”按钮，如下图所示。

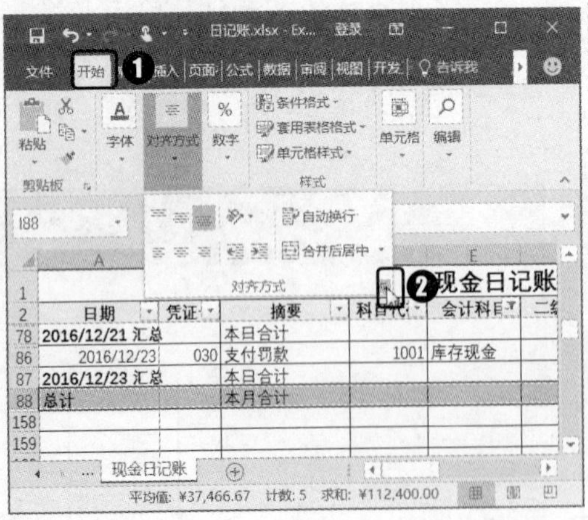

第 6 步：设置通栏红线

弹出“设置单元格式”对话框，切换到“边框”选项卡，❶在“样式”列表框中选择“较粗实线”；❷在“颜色”下拉列表中选择“红色”；❸在“边框”组合框中单击“上边框”按钮和“下边框”按钮；❹单击“确定”按钮，如下图所示。

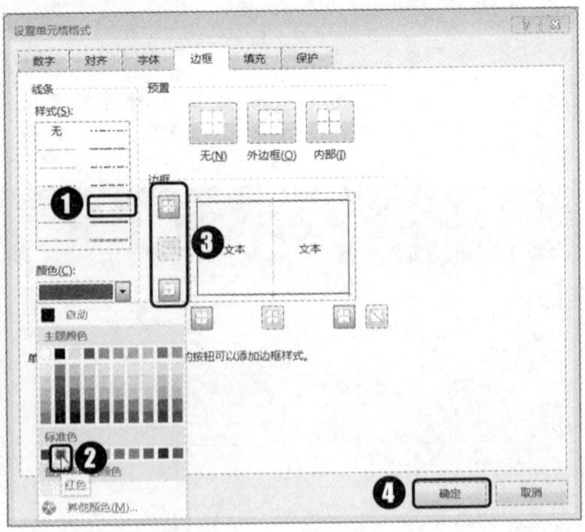

第 7 步：查看设置效果

此时，即可看到，在本月最后一笔经济业务记录下面通栏划单红线，结出了本月发生额和余额，在摘要栏内注明本月合计字样，并在下面再通栏划单红线，如下图所示。

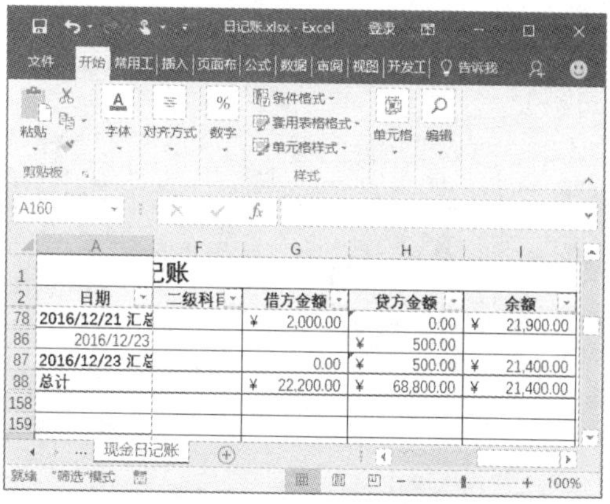

第 8 步：查看最终效果

现金日记账生产完成后，最终效果如下图所示。

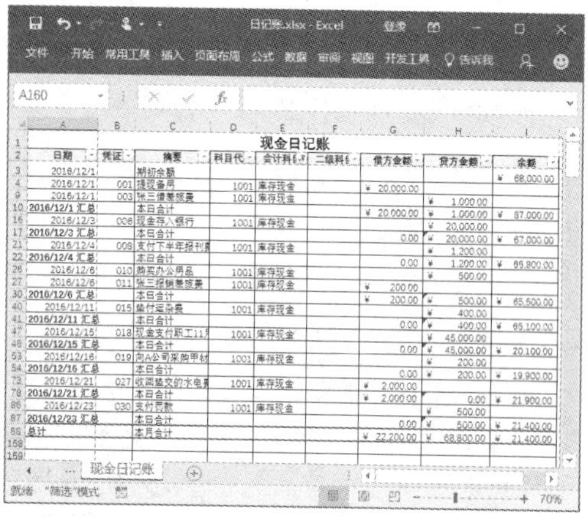

7.3.2 生成银行存款日记账

银行存款日记账的账页格式一般采用“收入”（借方）、“支出”（贷方）和“余额”三栏式。银行存款日记账的制作方法与现金日记账相同，此处就不再赘述。

银行存款日记账生成后的效果，如下图所示。

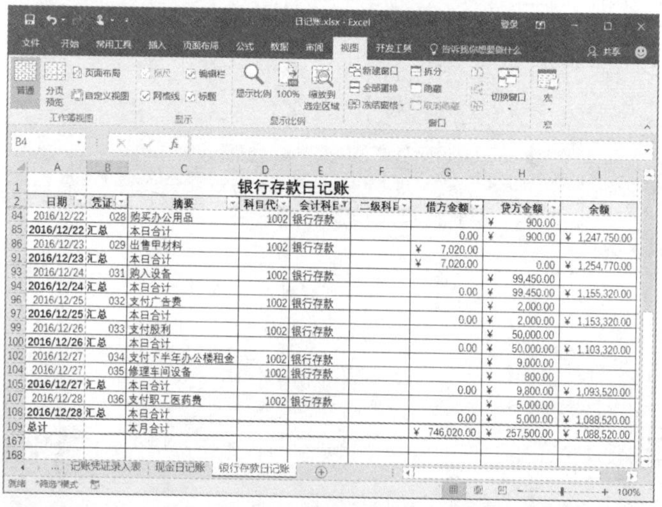

7.4 提升效率——实用操作技巧

通过前面知识的学习，相信读者朋友已经掌握了制作 Excel 会计表单的相关基础知识。下面结合本章内容，给大家介绍一些实用技巧。

同步文件

原始文件： 素材文件\第 7 章\提升效率\

结果文件： 结果文件\第 7 章\提升效率\

同步视频文件： 同步教学文件\第 7 章\提升效率.mp4

1．使用通配符筛选会计科目

筛选是重要的数据统计和分析工具。在筛选文本时，可以使用通配符“?”和“*”，方便筛选出想要的文本数据。其中，“?”表示单个字符，“*”表示任意多个字符。接下来，在记账凭证录入表中，使用通配符筛选往来款项和收入类科目的数据明细，具体操作方法如下。

第 1 步：执行筛选命令

打开“素材文件\第 7 章\提升效率\使用通配符筛选会计科目.xlsx”文件，❶单击“数据”选项卡；❷单击“排序和筛选”功能组中的“筛选”按钮，随机，工作表进入筛选状态，如下图所示。

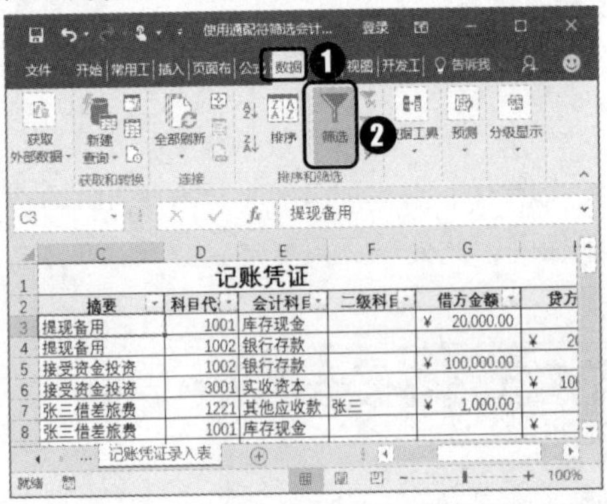

第 2 步：单击下拉按钮

单击 E2 单元格右侧的下拉按钮，如下图所示。

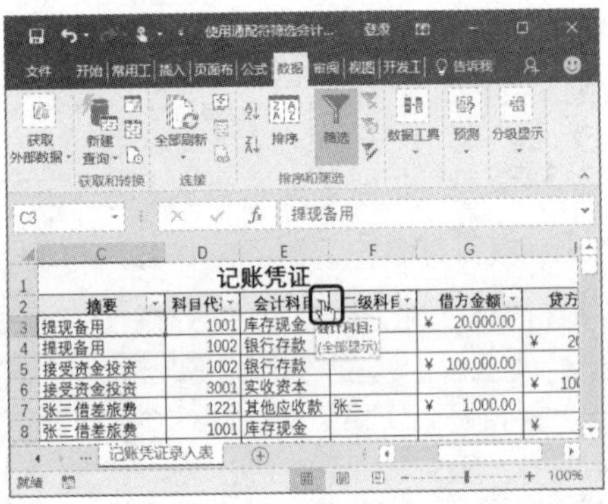

第 3 步：选择筛选类型

在弹出的下拉菜单中选择“文本筛选→包含”命令，如下图所示。

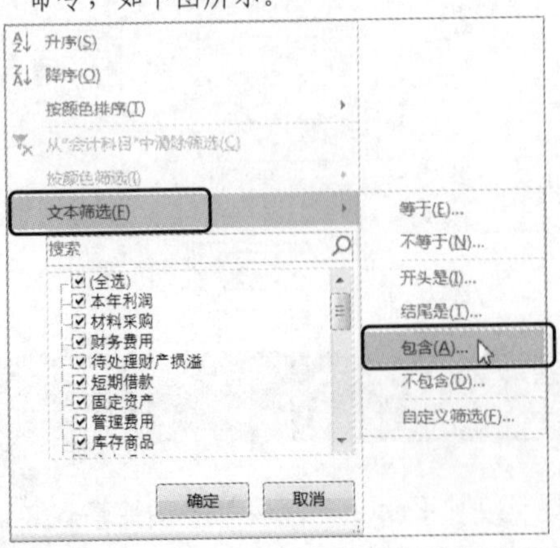

第 4 步：自定义筛选方式

弹出“自定义自动筛选方式”对话框，❶在“包含”右侧的文本框输入“*账款*”；❷单击“确定”按钮，如下图所示。

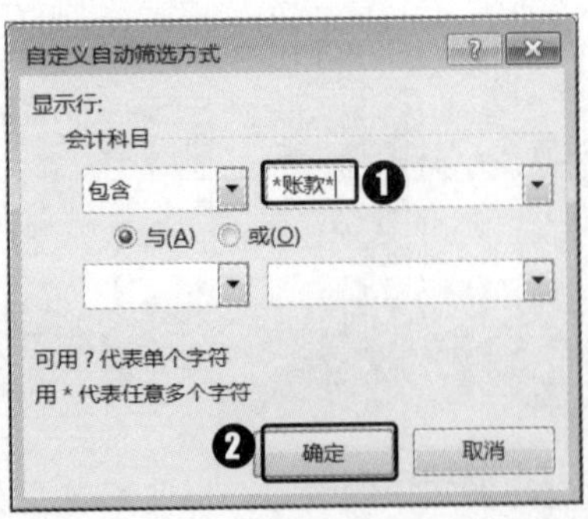

温馨小提示

注意：输入用通配符“?”和“*”时，要在英文半角输入法下进行。

第 5 步：查看筛选结果

此时，所有有关往来款项的数据记录就筛选出来了，如下图所示。

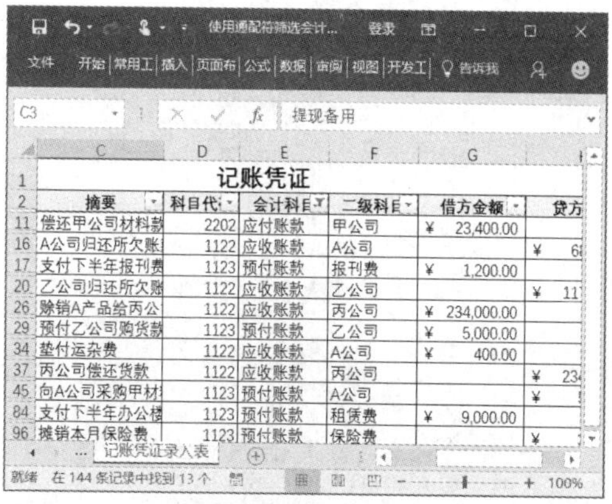

第 6 步：再次执行筛选命令

返回未筛选状态，再次执行筛选命令，单击 E2 单元格右侧的下拉按钮，在弹出的下拉菜单中选择“文本筛选→包含”命令，打开“自定义自动筛选方式”对话框，❶在“包含”右侧的文本框输入“??收入”；❷单击“确定”按钮，如下图所示。

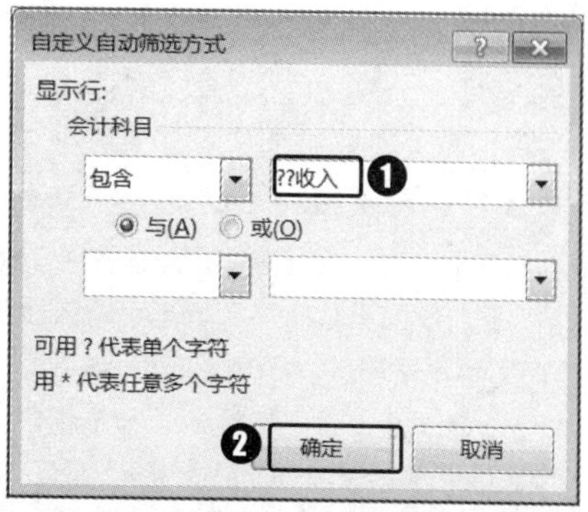

第 7：查看筛选结果

此时，所有有关收入类科目的数据记录就筛选出来，如右图所示。

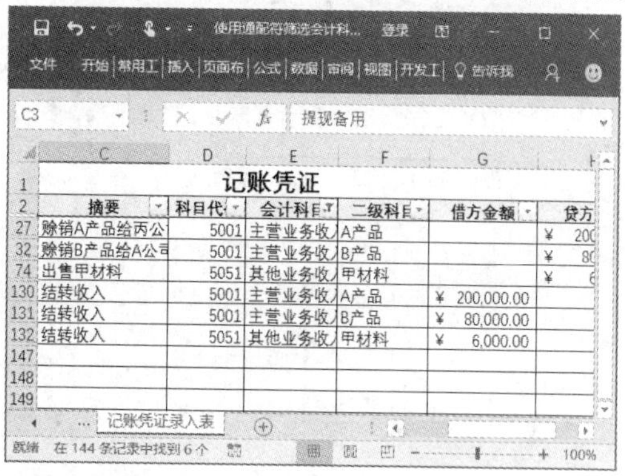

温馨小提示

通配符包括星号"*"和问号"?"星号表示匹配的数量不受限制，而后者的匹配字符数则受到限制。

2. 使用“自动更正”快速输入文本

在 Excel 中，经常输入某些固定的文本，如常用摘要等，如果每次都手工录入，耗时耗力。此时，可以使用“自动更正”功能，采用简单的字母代替冗长的文本，实现文本的快速录入。

使用“自动更正”快速输入文本的具体操作方法如下。

第 1 步：执行选项命令

打开“素材文件\第 7 章\提升效率\使用“自动更正”快速输入文本.xlsx”文件，单击“文件”选项卡，在弹出的下拉菜单中选择“选项”命令，如下图所示。

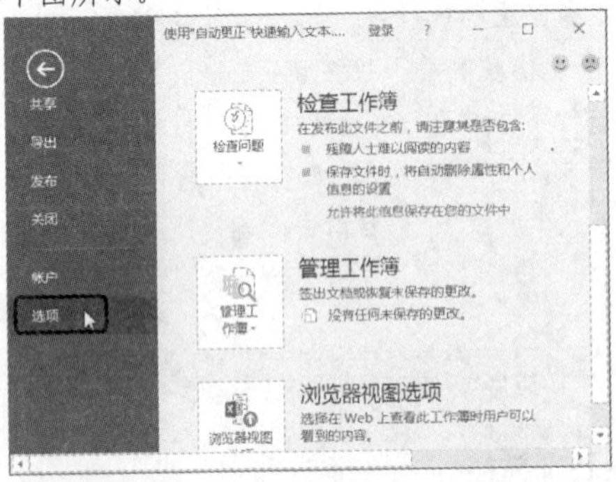

第 2 步：执行自动更正选项命令

弹出“Excel 选项”对话框，❶单击“校对”选项卡；❷在“自动更正选项”选项组中单击“自动更正选项”按钮，❸单击“确定”按钮，如下图所示。

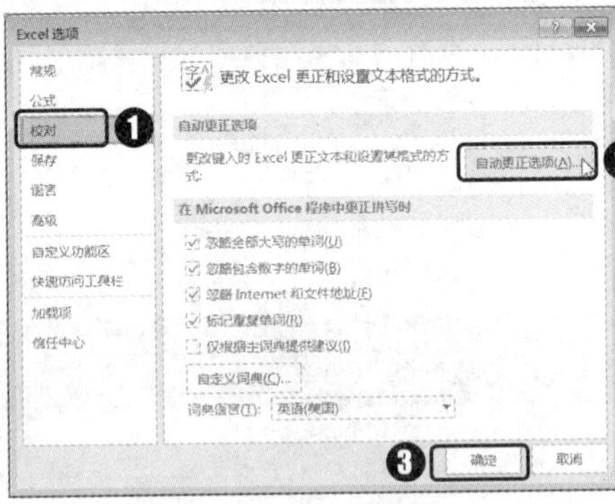

第 3 步：设置自动更正

弹出“自动更正”对话框，❶单击“自动更正”选项卡；❷在“替换”文本框中输入“tb”，在“为”文本框中输入“提现备用”；❸单击“添加”按钮，❹单击“确定”按钮，如下图所示。

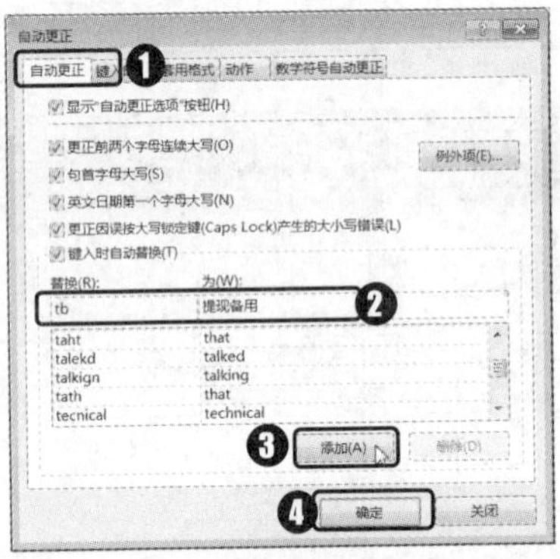

第 4 步：输入字母

设置完毕，单击“确定”按钮，如下图所示。

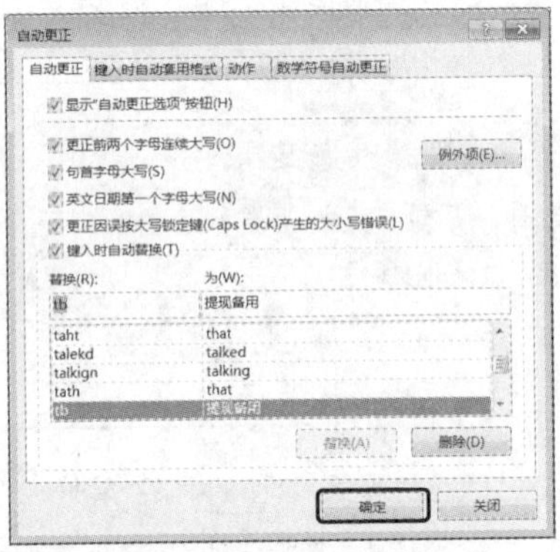

第 5 步：输入字母

返回工作表，在单元格 C3 中输入字母“tb”，如下图所示。

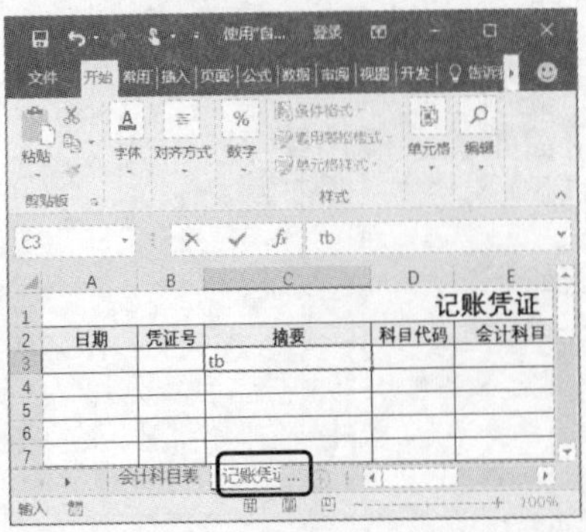

第 6 步：查看输入效果

按回车键，此时输入的字体“tb”就被替换为“提现备用”，如下图所示。

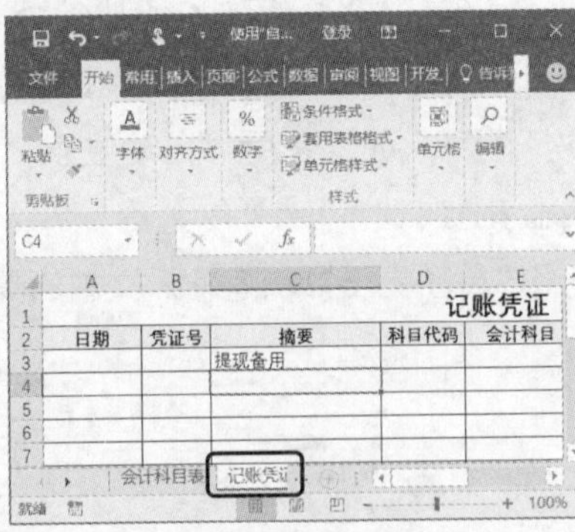

3. 使用连字符“&”合并会计科目

在 Excel 中，使用连字符“&”来合并会计科目和明细科目，同时，还可以在会计科目和明细科目之间添加连接符“——”。使用连字符“&”来合并会计科目的具体操作方法如下。

第 1 步：输入公式

打开“素材文件\第 7 章\提升效率\使用连字符“&”合并会计科目.xlsx”文件，在 D4 单元格中输入公式“=B4&C4”，如下图所示。

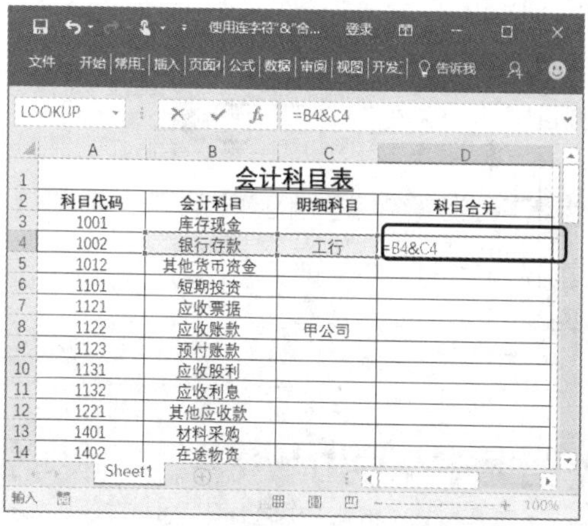

第 2 步：查看合并效果

按“Enter”键，此时即可将会计科目和明细科目合并在一起，如下图所示。

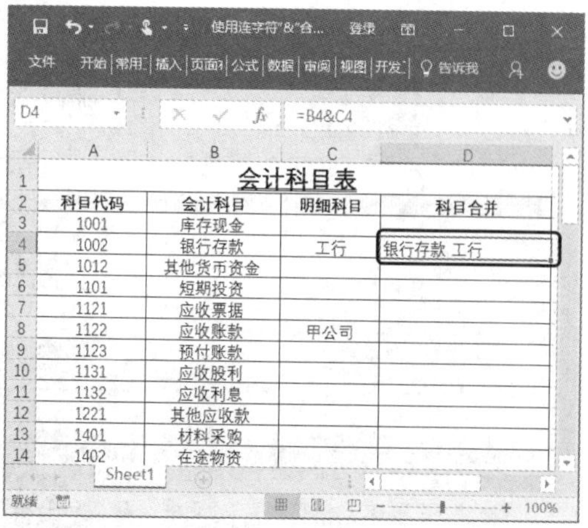

第 3 步：输入公式

在 D8 单元格中输入公式“=B8&"——"&C8”，如下图所示。

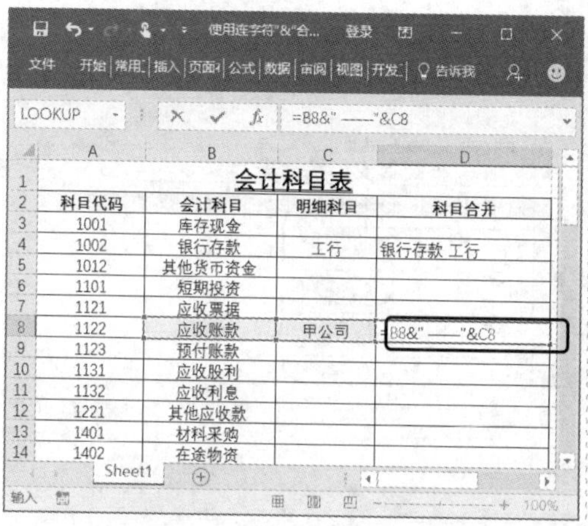

第 4 步：查看合并效果

按“Enter”键，此时即可将会计科目和明细科目合并在一起，中间用连接符“——”连接起来，如下图所示。

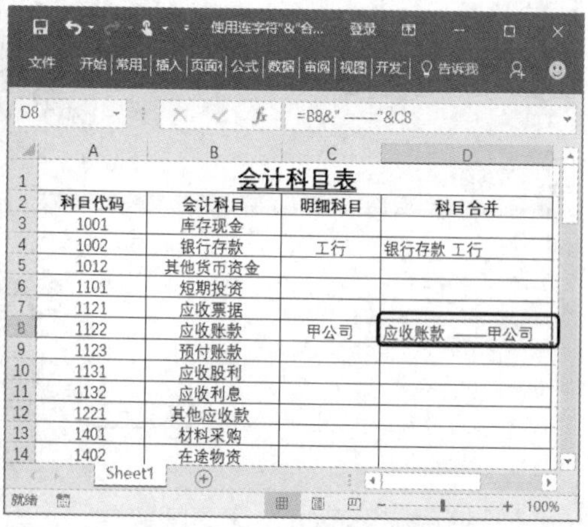

4. 使用通配符实现小数点对齐

如果要实现单元格中数据的小数点对齐。那么就要使用通配符“?”，将该数据所在单元格数值格式进行自定义设置，具体操作方法如下。

第 1 步：打开素材文件

打开“素材文件\第 7 章\提升效率\使用通配符实现小数点对齐.xlsx”文件，此时工作表中的数值默认右对齐显示，如下图所示。

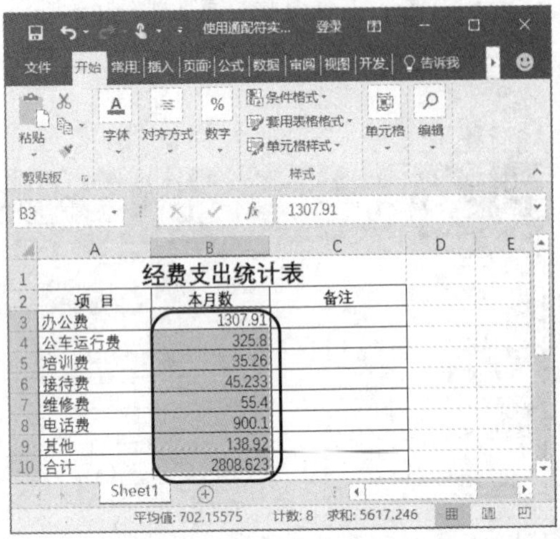

第 2 步：输入计算公式

❶单击“开始”选项卡；❷单击“数字”功能组中的“对话框启动器”按钮，如下图所示。

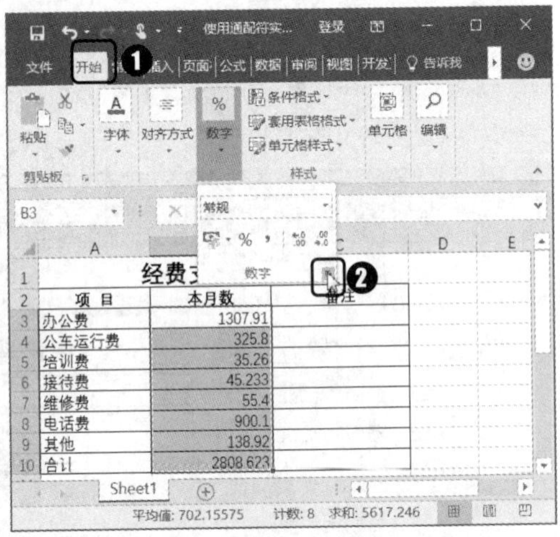

第 3 步：自定义数据格式

弹出“设置单元格格式”对话框，❶在“分类”列表框中选择“自定义”选项；❷在“类型”文本框中输入“?????”；❸单击“确定”按钮，如下图所示。

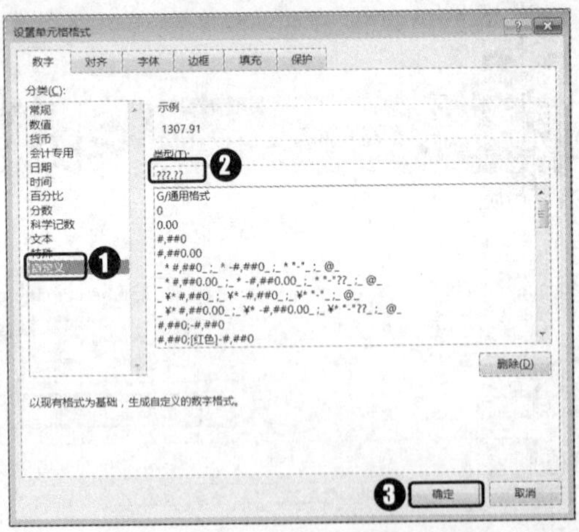

第 4 步：查看设置效果

设置完毕，此时工作表中的数值就会按照小数点进行对齐显示，如下图所示。

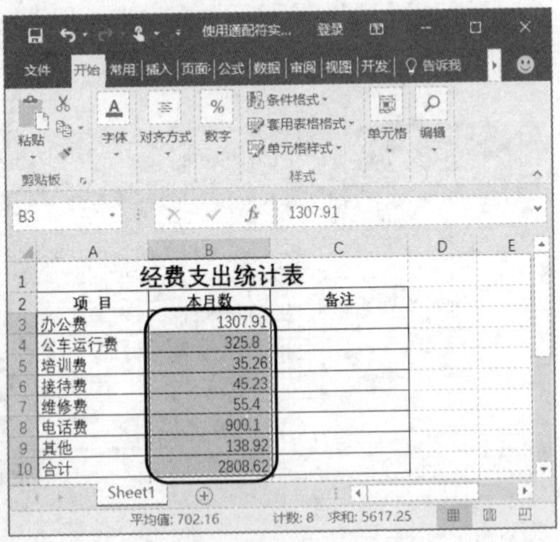

5. 使用冻结窗格快速浏览数据

Excel 提供了“冻结窗格”功能，在工作表中浏览大量数据时，为查看方便，可以使用“冻结窗格”功能，冻结一部分内容，具体操作方法如下。

第 1 步：执行冻结窗格命令

打开“素材文件\第 7 章\提升效率\使用冻结窗格快速浏览数据.xlsx”文件，选中 D5 单元格，❶单击“视图”选项卡；❷单击“窗口”工具组中的“冻结窗格”按钮右侧的下拉按钮；❸在弹出的下拉菜单中选择“冻结拆分窗格”选项，如下图所示。

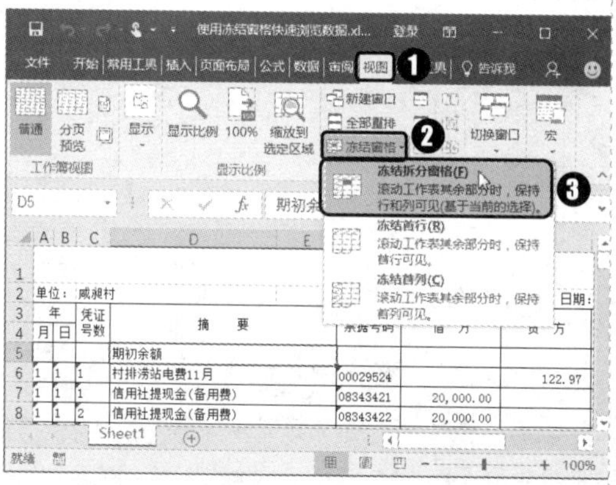

第 2 步：查看冻结线

此时，在 D5 单元格的左侧和上方分别出现一条分割线，如下图所示。

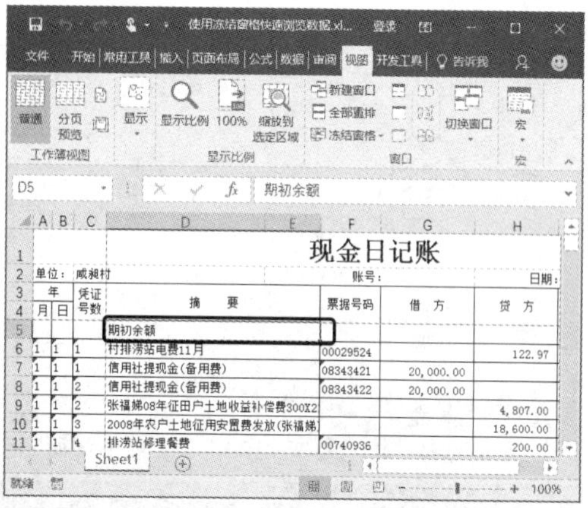

第 3 步：拆分万位

拖动垂直滚动条可以浏览表格内容，并保持首行开始的前 4 行不动，如下图所示。

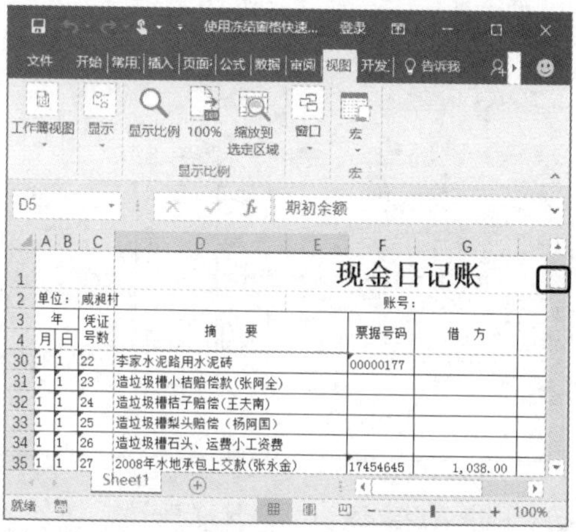

第 4 步：拆分千位

拖动水平滚动条可以上下浏览表格内容，并保持 A、B、C 前 3 列不动，如下图所示。

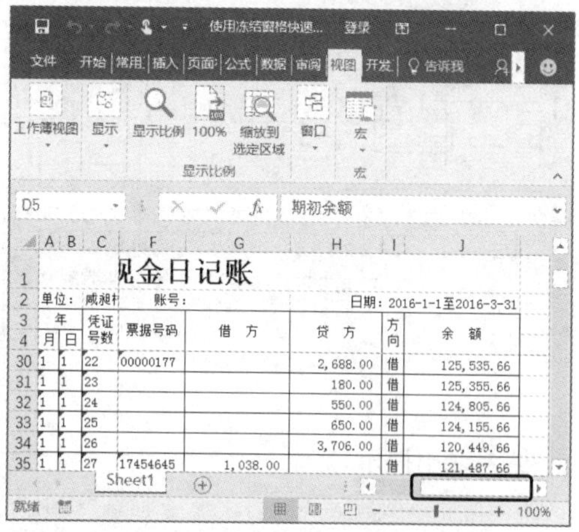

6. 输入分数形式的凭证编号

如果由于使用的会计科目较多，一张空白记账凭证填写不下，需要使用两张空白记账凭证连接起来填写。此时就用到分数，如第 100 号，再用分数的形式（1/2 和 2/2）表示两张凭证的连接关系及其先后顺序，即凭证编号为 100 1/2，100 2/2。输入分数形式的凭证编号的具体操作方法如下。

第 1 步：输入整数

打开“素材文件\第 7 章\提升效率\输入分数形式的凭证编号.xlsx”文件，选中 B3 单元格，输入整数“100”，如下图所示。

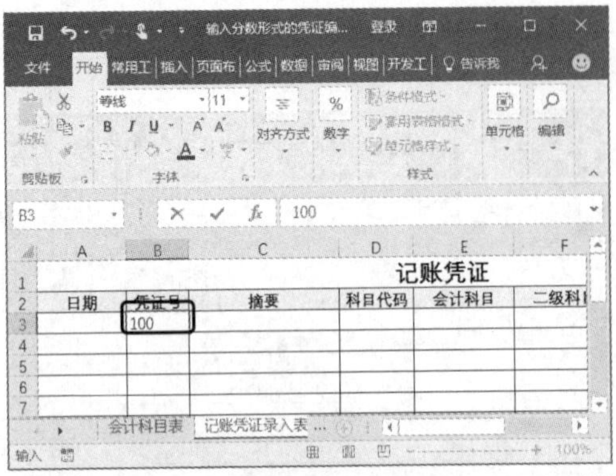

第 2 步：输入空格

按空格键，输入一个空格，如下图所示。

第 3 步：输入分数 1/2

在单元格中输入数字“100 1/2”，如下图所示。

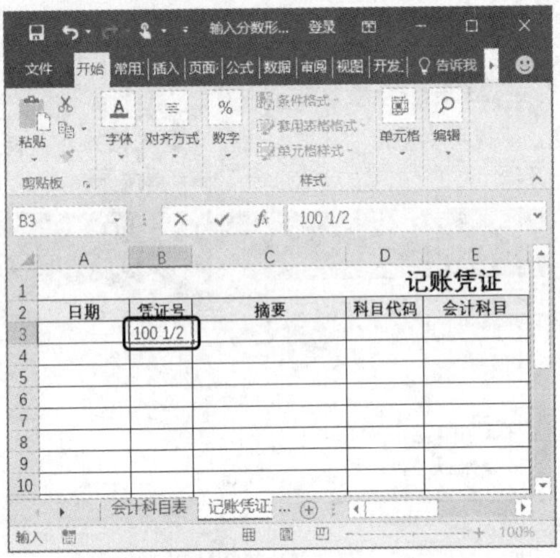

第 4 步：查看输入结果

此时即可输入带分号的凭证编号“100 1/2”，如下图所示。

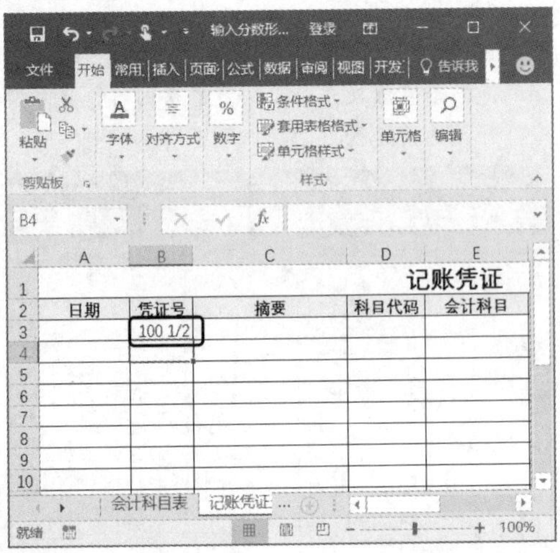

温馨小提示

在单元格中输入分数时，如果只输入真分数部分，则需要用数字“0”来代替带分数前面的整数部分。例如，要输入分数 1/2，首先要输入数字 0，然后输入空格，最好输入分数 1/2。

第 8 章 登记会计账簿

本章导读

登记账簿是日常会计核算工作的重要内容之一。从原始凭证到记账凭证，按照一定的会计科目和复式记账法，大量经济信息转化为会计信息记录在记账凭证上，再通过登记账簿，将分散在会计凭证上的数据和资料进行分类记录，并逐步加工汇总成相关的会计信息，为编制会计报表提供依据。

知识要点

- ❖设置下拉列表
- ❖引用会计科目
- ❖设置单元格格式
- ❖录入明细账数据
- ❖制作科目汇总表
- ❖录入总账数据
- ❖账务核对与平衡检验

案例展示

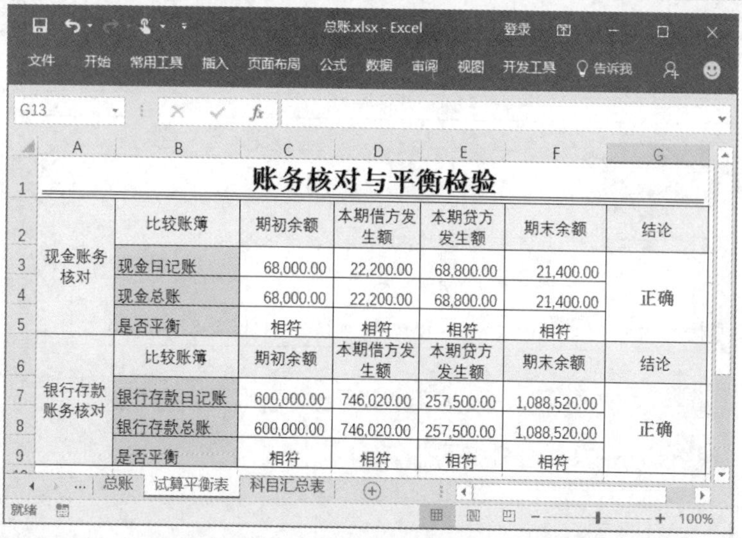

账务核对与平衡检验

	比较账簿	期初余额	本期借方发生额	本期贷方发生额	期末余额	结论
现金账务核对	现金日记账	68,000.00	22,200.00	68,800.00	21,400.00	正确
	现金总账	68,000.00	22,200.00	68,800.00	21,400.00	
	是否平衡	相符	相符	相符	相符	
银行存款账务核对	比较账簿	期初余额	本期借方发生额	本期贷方发生额	期末余额	结论
	银行存款日记账	600,000.00	746,020.00	257,500.00	1,088,520.00	正确
	银行存款总账	600,000.00	746,020.00	257,500.00	1,088,520.00	
	是否平衡	相符	相符	相符	相符	

8.1 创建明细账

案例概述

通过“记账凭证录入表”可以生成现金日记账和银行存款日记账。同样，使用 SUMIF() 函数可以从“记账凭证录入表”中统计出各会计科目的本期发生额，从而创建明细账。接下来，在 Excel 中，创建三栏式明细账。

案例效果

三栏式明细账的标题项目一般包括科目代码、会计科目、月初余额、本期发生额和月末余额等。

“三栏式明细账”创建完成后，效果如下图所示。

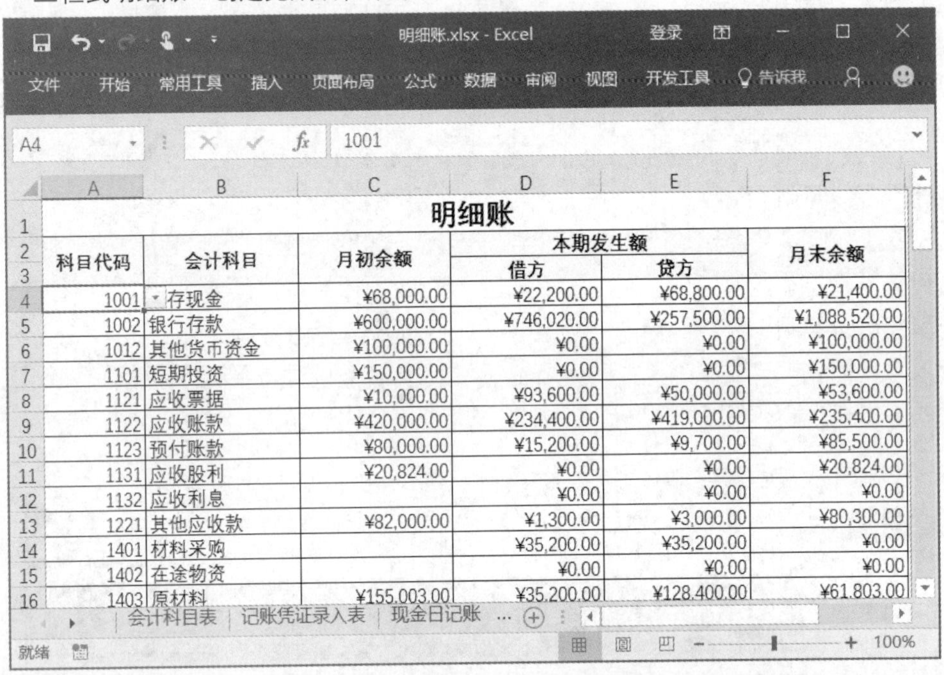

明细账

科目代码	会计科目	月初余额	本期发生额		月末余额
			借方	贷方	
1001	库存现金	¥68,000.00	¥22,200.00	¥68,800.00	¥21,400.00
1002	银行存款	¥600,000.00	¥746,020.00	¥257,500.00	¥1,088,520.00
1012	其他货币资金	¥100,000.00	¥0.00	¥0.00	¥100,000.00
1101	短期投资	¥150,000.00	¥0.00	¥0.00	¥150,000.00
1121	应收票据	¥10,000.00	¥93,600.00	¥50,000.00	¥53,600.00
1122	应收账款	¥420,000.00	¥234,400.00	¥419,000.00	¥235,400.00
1123	预付账款	¥80,000.00	¥15,200.00	¥9,700.00	¥85,500.00
1131	应收股利	¥20,824.00	¥0.00	¥0.00	¥20,824.00
1132	应收利息		¥0.00	¥0.00	¥0.00
1221	其他应收款	¥82,000.00	¥1,300.00	¥3,000.00	¥80,300.00
1401	材料采购		¥35,200.00	¥35,200.00	¥0.00
1402	在途物资		¥0.00	¥0.00	¥0.00
1403	原材料	¥155,003.00	¥35,200.00	¥128,400.00	¥61,803.00

同步文件

原始文件：素材文件\第 8 章\明细账.xlsx

结果文件：结果文件\第 8 章\明细账.xlsx

同步视频文件：同步教学文件\第 8 章\明细账\8.1.1.mp4~8.1.4.mp4

制作思路

制作“明细账”的具体思路如下：

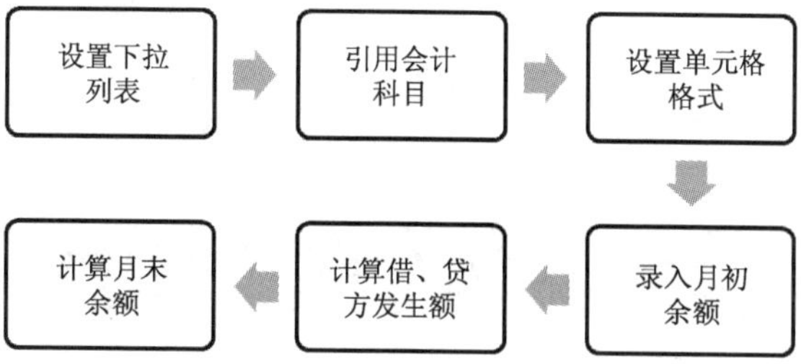

8.1.1 设置下拉列表

接下来为明细账中的“会计科目”设置下拉列表，具体操作方法如下。

第 1 步：打开素材文件

打开“素材文件\第 8 章\明细账. xlsx”文件，选三栏式明细账的格式，如下图所示。

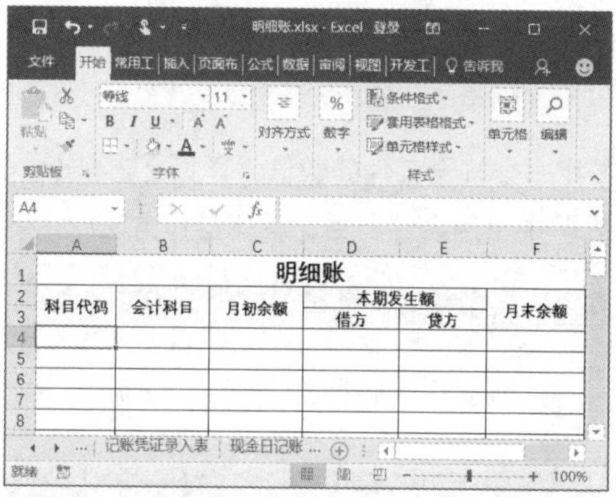

第 2 步：执行对话框启动器命令

选中 A4 单元格，❶单击“数据”选项卡；❷单击“数据工具”功能组中的“数据验证”按钮，如下图所示。

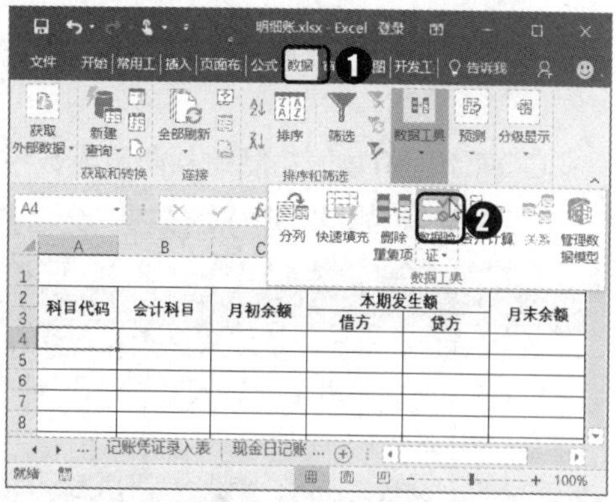

第 3 步：设置数据序列

弹出“数据验证”对话框，切换到“设置”选项卡，❶在“允许”下拉列表中选择“序列”选项；❷在“来源”折叠框中输入已经设置好的定义名称“=科目代码”；❸单击“确定”按钮，如下图所示。

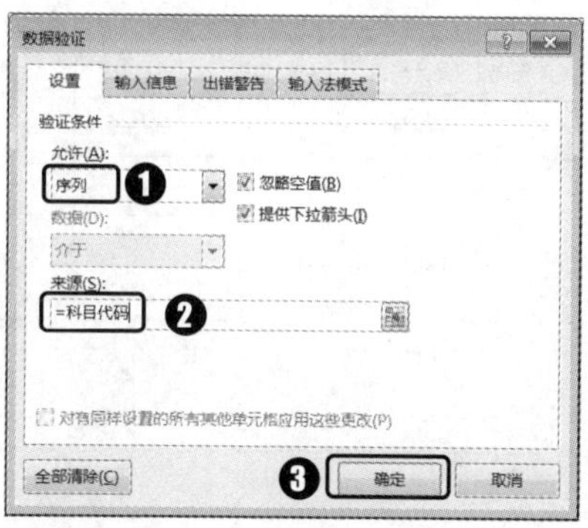

第 4 步：查看设置效果

此时，A4 单元格右侧出现一个下拉按钮，如下图所示。

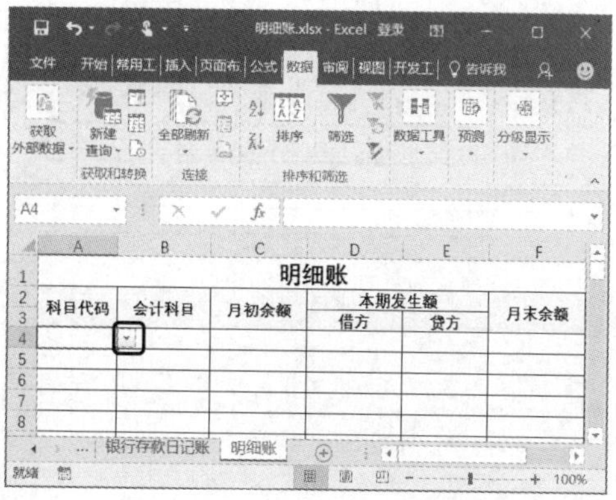

第 5 步：定位鼠标

将鼠标移动到 A4 单元格的右下角，此时鼠标指针变成十字形状“+”，如下图所示。

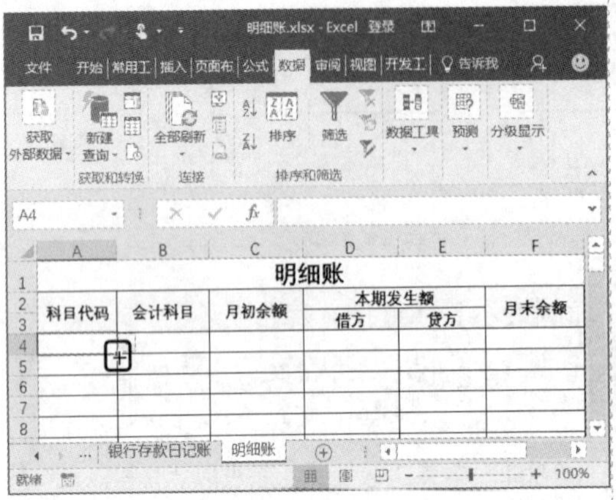

第 6 步：填充下拉列表

按住鼠标左键，向下拖动到 A69 单元格，此时即可将设置的验证条件应用到拖选的单元格区域，如下图所示。

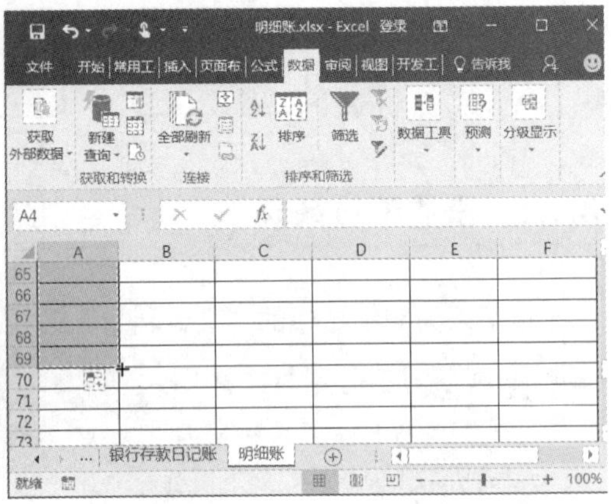

8.1.2 引用会计科目

LOOKUP()函数的功能是从向量或数组中查找一个符合条件的数值，详见 2.2.4 节。接下来使用 LOOKUP()函数在“会计科目表”中引用会计科目，具体操作方法如下。

第 1 步：输入公式

选中 B4 单元格，然后从中输入函数公式“=LOOKUP(A4,科目代码,会计科目表!$B$3:$B$68)”，如下图所示。

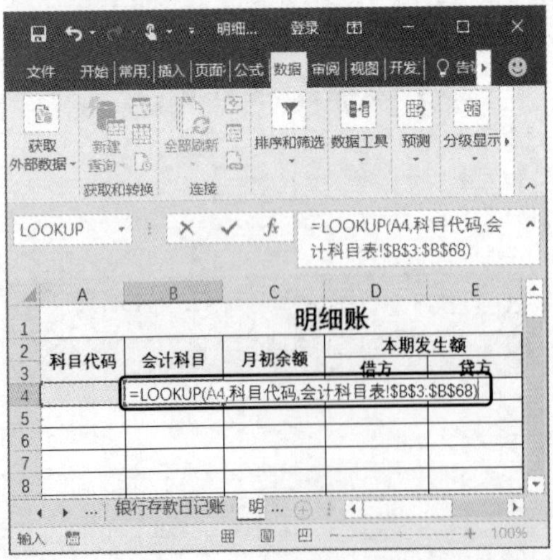

第 2 步：查看引用结果

按“Enter”键，此时因为 A4 单元格为空，所以 B4 单元格中显示引用结果“#N/A”，如下图所示。

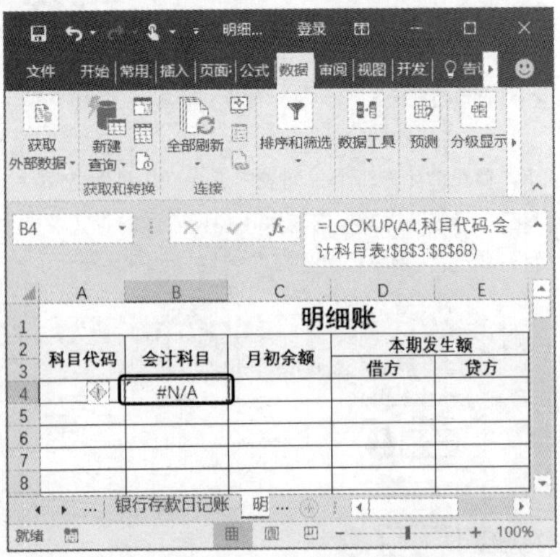

第 3 步：定位鼠标

将鼠标移动到 B4 单元格的右下角，此时鼠标指针变成十字形状“+”，如下图所示。

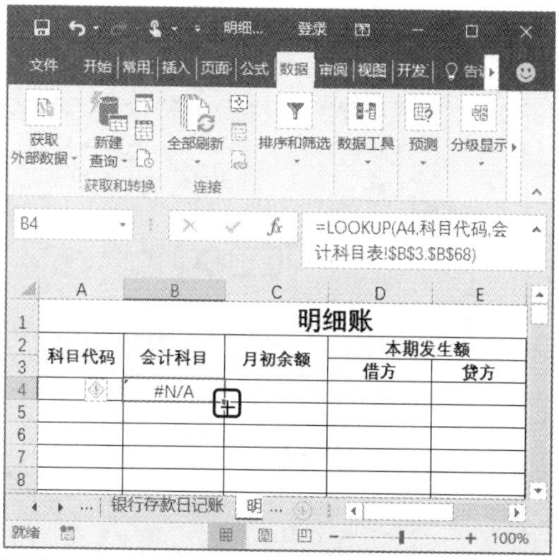

第 4 步：填充公式

按住鼠标左键，向下拖动到 B69 单元格，此时即可将公式填充到拖选的单元格区域中，如下图所示。

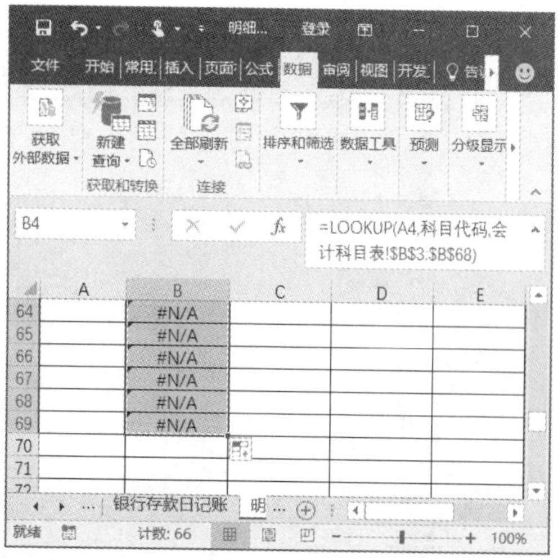

8.1.3 设置单元格格式

账簿中的“余额”通常是以货币格式显示的，接下来通过设置单元格格式，设置“金额”的货币格式，具体操作方法如下。

第 1 步：选中单元格区域

拖动鼠标，选中单元格区域 C4:F4，如下图所示。

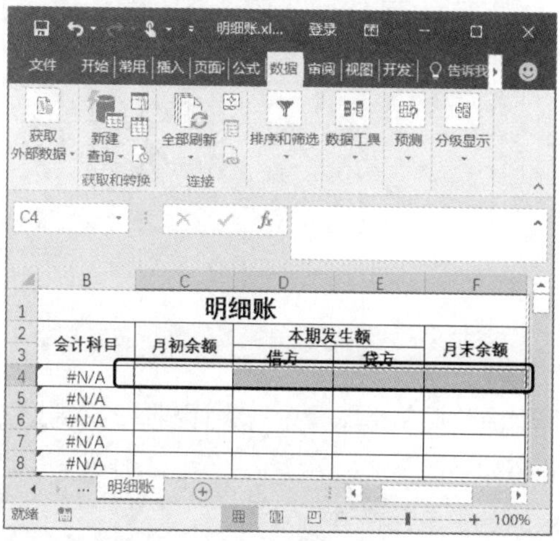

第 2 步：向下选择区域

按“Ctrl+Shift”组合键的同时，按“下方向键”，向下选中下方的所有单元格区域，如下图所示。

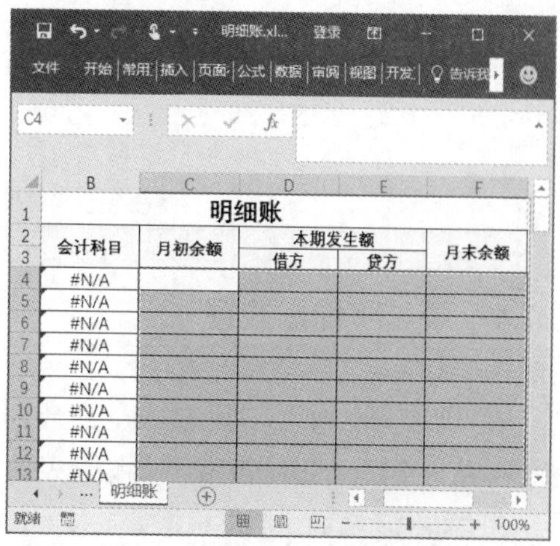

第 3 步：执行对话框启动器命令

❶单击“开始”选项卡；❷在“数字”功能组中单击“对话框启动器”按钮，如下图所示。

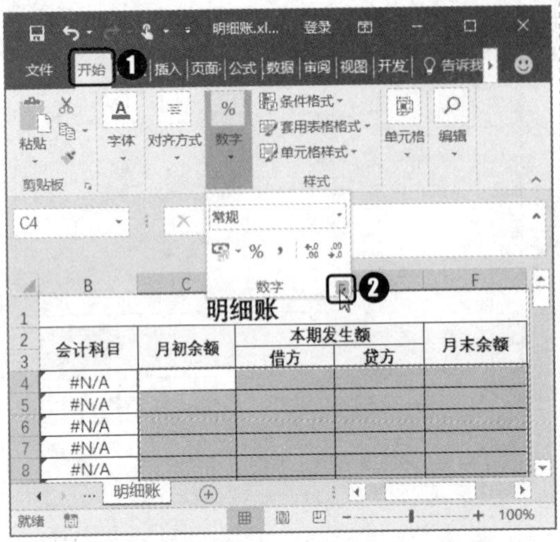

第 4 步：执行对话框启动器命令

弹出“设置单元格格式”对话框，❶在“分类”列表框中选择“货币”选项；❷在右侧的“小数位数”微调框中输入“2”；❸在“货币符号（国家/地区）”下拉列表中选择“¥”选项，如下图所示。

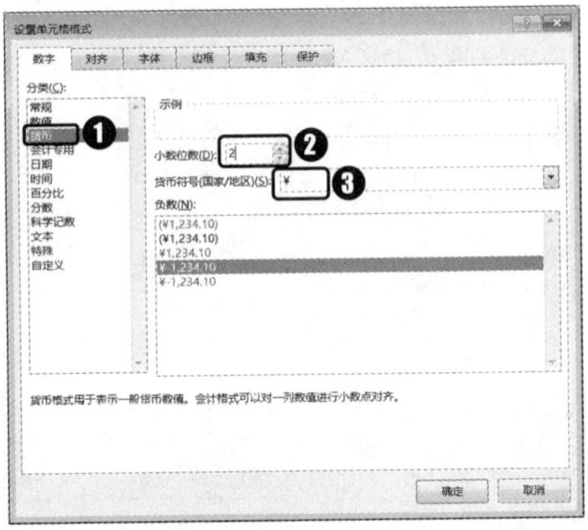

第 5 步：设置货币格式

❶在“负数”列表框中选择红色的“¥-1234.10”选项；❷单击“确定”按钮，如下图所示。

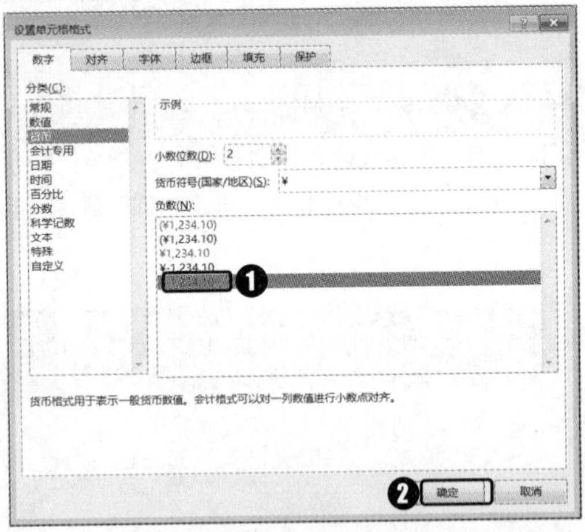

第 6 步：执行对话框启动器命令

设置完毕，返回工作表中，如下图所示。

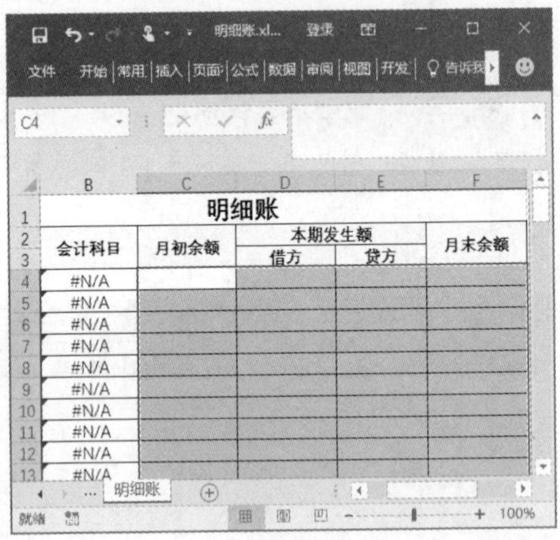

8.1.4 录入明细账数据

在“明细账”中录入期初数据，结合 SUMIF()函数汇总出账簿中各会计科目的本期发生额，并结出余额。SUMIF()函数的语法及参数介绍如下。

SUMIF()函数的功能是根据指定条件对指定的若干单元格进行求和。

其语法结构：SUMIF(range,criteria,sum_range)

range 是必要参数，选定的用于条件判断的单元格区域。

criteria 是必要参数，在指定的单元格区域内检索符合条件的单元格，其形式可以是数字、表达式或文本。直接在单元格或编辑栏中输入检索条件时，需要加双引号。

sum_range 是必要参数，选定的需要求和的单元格区域。该参数忽略求和的单元格区域内包含的空白单元格、逻辑值或文本。

使用 SUMIF()函数录入明细账数据的具体操作方法如下。

第 1 步：选择科目代码

单击 A4 单元格右侧的下拉菜单，在弹出的下拉列表中选择“1001”，此时即可在右侧的单元格中引用会计科目“库存现金”，如下图所示。

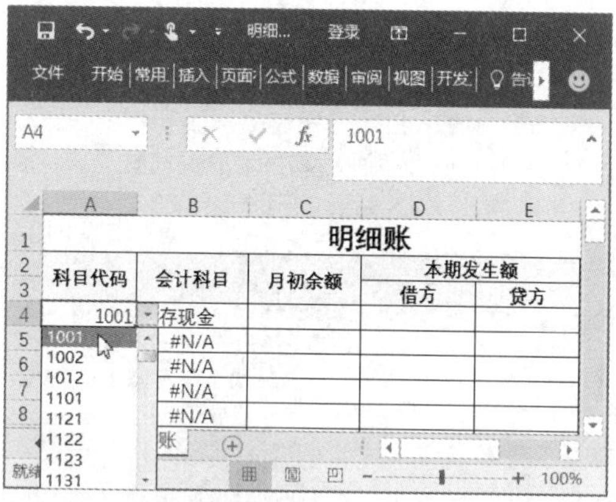

第 2 步：查看输入结果

使用同样的方法，依次选择相应的科目代码，即可输入引用相应的会计科目，如下图所示。

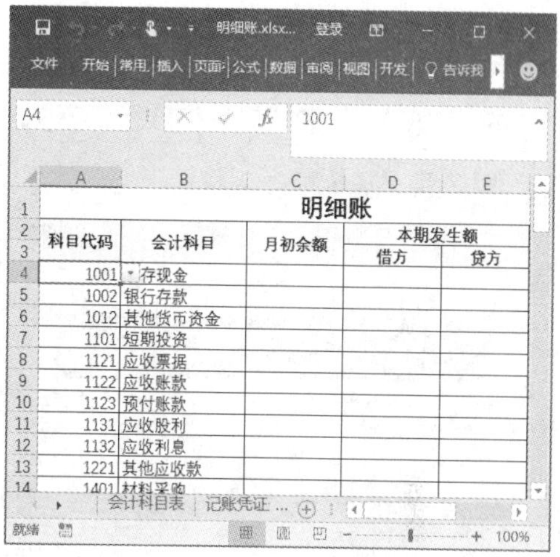

第 3 步：查看 12 月月初余额

打开素材文件“2016 年 12 月份月初余额表.docx”文档，此时即可查看查看 12 月份月初余额，如下图所示。

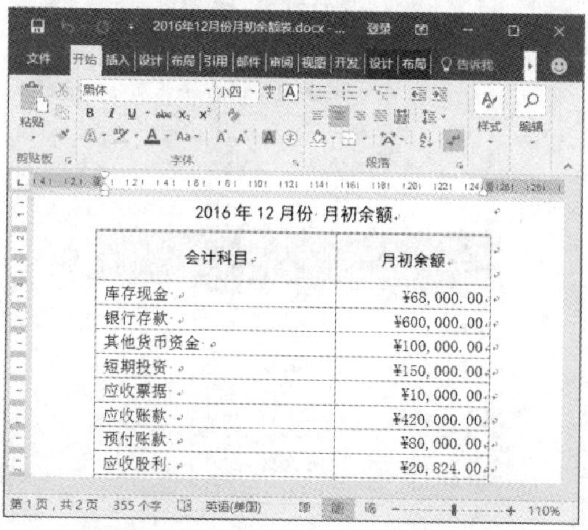

第 4 步：输入月初余额

在“明细账”工作表中，根据“2016 年 12 月份月初余额表”文档，依次录入各会计科目的“月初余额”，如下图所示。

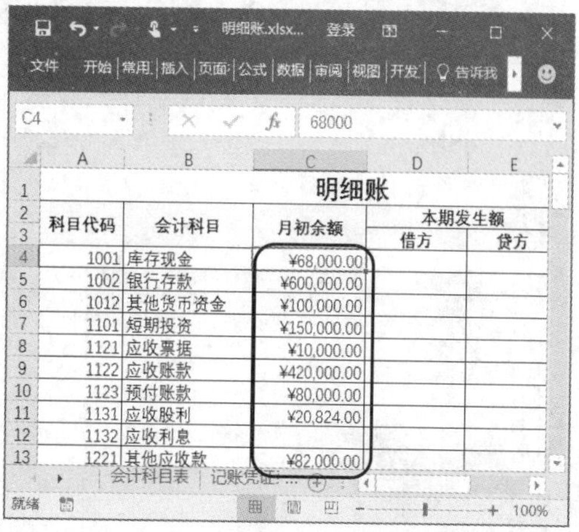

第 5 步：计算借方发生额

在 D4 单元格中输入如下公式“= SUMIF(记账凭证录入表!$D$3:$D$146, A4,记账凭证录入表!$G$3:$G$146)”，如下图所示。

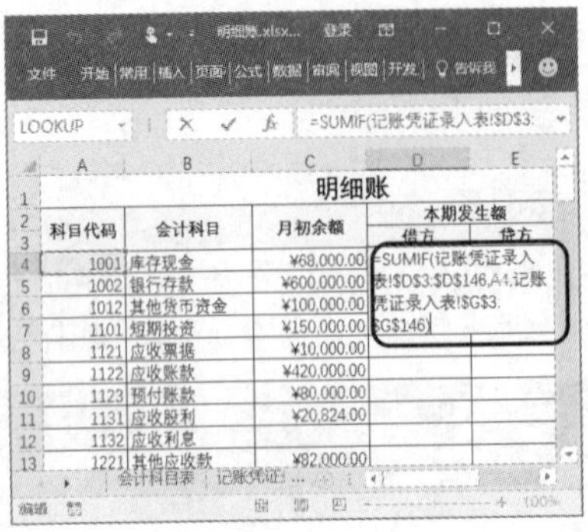

第 6 步：确认公式

按“Enter”键确认公式，此时即可统计出会计科目“库存现金”的“借方发生额”，如下图所示。

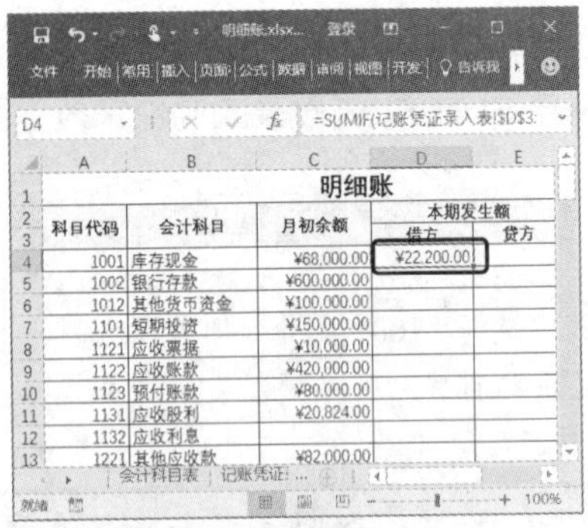

第 7 步：定位鼠标指针

将鼠标移动到 D4 单元格的右下角，此时鼠标指针变成十字形状“+”，如下图所示。

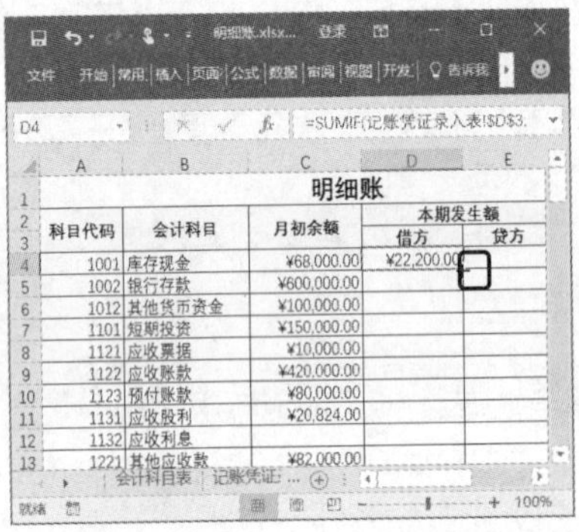

第 8 步：填充公式

双击，此时即可计算出所有会计科目的“借方发生额”，如下图所示。

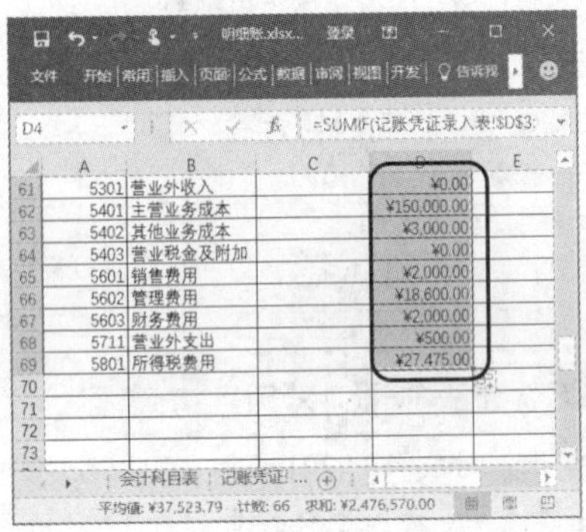

第 9 步：计算贷方发生额

在 E4 单元格中输入如下公式“=SUMIF (记账凭证录入表!$D$3:$D$146,A4,记账凭证录入表!$H$3:$H$146)”，按“Enter”键确认公式，此时即可统计出会计科目“库存现金”的“贷方发生额”，如下图所示。

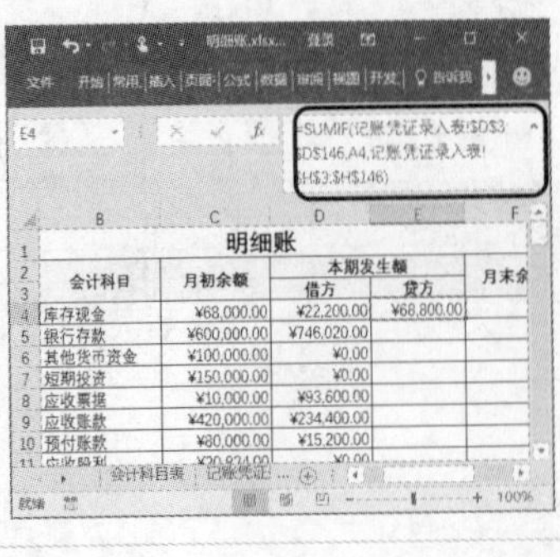

第 10 步：填充公式

将鼠标移动到 E4 单元格的右下角，此时鼠标指针变成十字形状“+”，双击，此时即可计算出所有会计科目的“贷方发生额”，如下图所示。

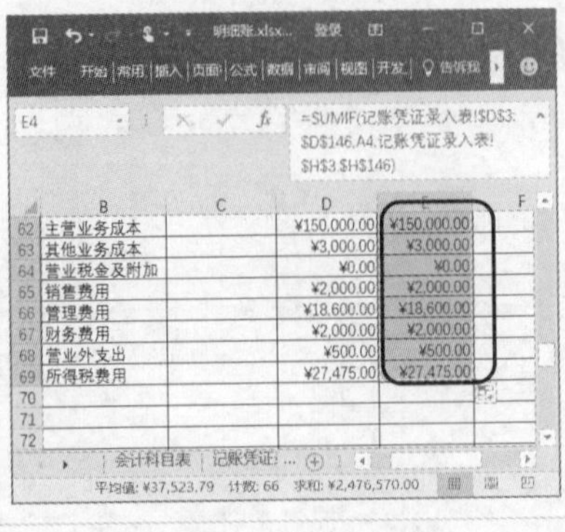

第 11 步：计算月末余额

根据公式“月末余额”=“月初余额”+“借方发生额”-“贷方发生额”，在 F4 单元格中输入公式“=C4+D4-E4”，如下图所示。

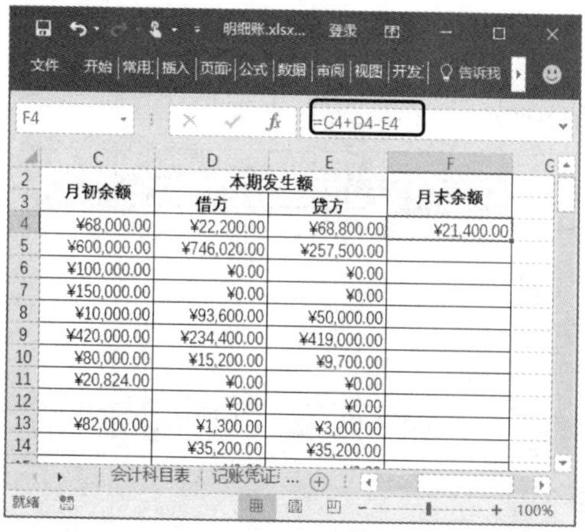

第 12 步：填充公式

按“Enter”键确认输入，确认公式录入，然后双击填充公式，计算出所有会计科目的“月末余额”，如下图所示。

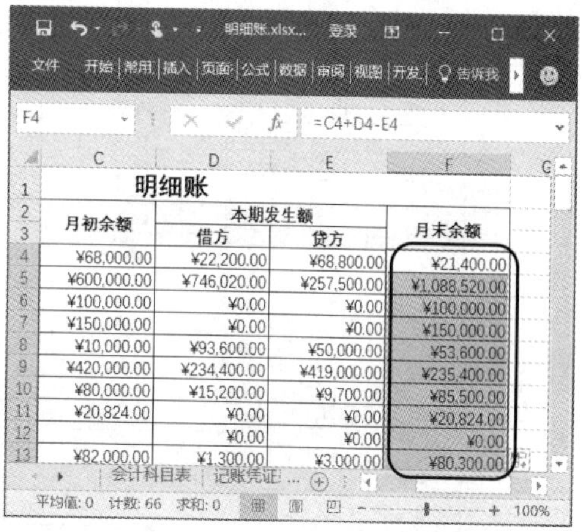

温馨小提示

在 Excel 中，为了便于数据计算，将资产递减类会计科目、负债和权益类会计科目的期初余额用红字负数表示，在计算期末余额时，使用公式“月末余额”=“月初余额”+“借方发生额”-“贷方发生额”。

8.2 创建总账

案例概述

在会计实务中，为了总账与明细账之间保持统驭与补充的关系，便于账户核对，并确保核算资料的正确和完整，必须采用平行登记的方法，同时在总账及其所属明细账中进行记录。接下来，使用 Excel 的“分类汇总”功能对“记账凭证录入表”中的各会计科目的本月发生额分别进行分类汇总，并编制科目汇总表，然后根据科目汇总表登记总分类账，并编制试算平衡表。

案例效果

总分类账一般为三栏式账簿，包括“借方”、“贷方”、“余额”等项目。

“三栏式总账”创建完成后，效果如下图所示。

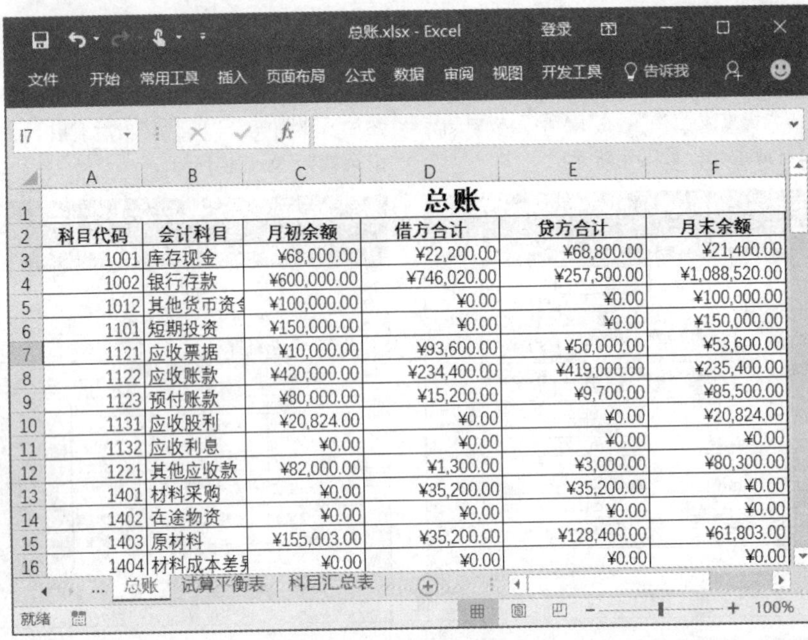

总账

科目代码	会计科目	月初余额	借方合计	贷方合计	月末余额
1001	库存现金	¥68,000.00	¥22,200.00	¥68,800.00	¥21,400.00
1002	银行存款	¥600,000.00	¥746,020.00	¥257,500.00	¥1,088,520.00
1012	其他货币资金	¥100,000.00	¥0.00	¥0.00	¥100,000.00
1101	短期投资	¥150,000.00	¥0.00	¥0.00	¥150,000.00
1121	应收票据	¥10,000.00	¥93,600.00	¥50,000.00	¥53,600.00
1122	应收账款	¥420,000.00	¥234,400.00	¥419,000.00	¥235,400.00
1123	预付账款	¥80,000.00	¥15,200.00	¥9,700.00	¥85,500.00
1131	应收股利	¥20,824.00	¥0.00	¥0.00	¥20,824.00
1132	应收利息	¥0.00	¥0.00	¥0.00	¥0.00
1221	其他应收款	¥82,000.00	¥1,300.00	¥3,000.00	¥80,300.00
1401	材料采购	¥0.00	¥35,200.00	¥35,200.00	¥0.00
1402	在途物资	¥0.00	¥0.00	¥0.00	¥0.00
1403	原材料	¥155,003.00	¥35,200.00	¥128,400.00	¥61,803.00
1404	材料成本差异	¥0.00	¥0.00	¥0.00	¥0.00

同步文件

原始文件：素材文件\第 8 章\总账.xlsx

结果文件：结果文件\第 8 章\总账.xlsx

同步视频文件：同步教学文件\第 8 章\总账\8.2.1.mp4~8.2.3.mp4

制作思路

“三栏式总账”的制作思路如下：

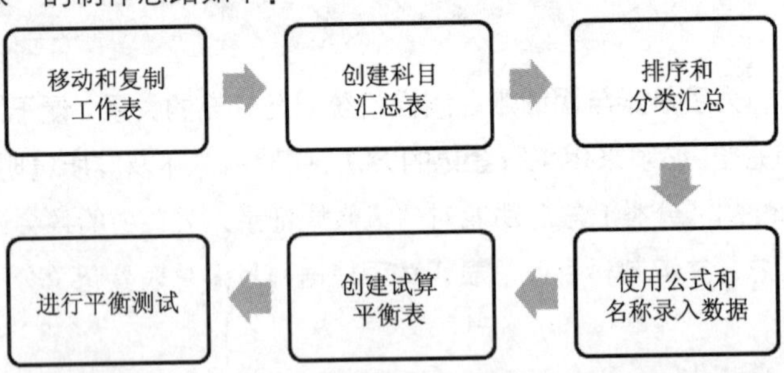

8.2.1 制作科目汇总表

总分类账的登记依据和方法，主要取决于所采用的会计核算形式。它可以直接根据各种记账凭证逐笔登记，也可以先把记账凭证按照一定方式进行汇总，编制成科目汇总表或汇总记账凭证等，再根据科目汇总表或汇总记账凭证登记总账，登记的发生额及余额应该与明细账一致。接下来根据“记账凭证录入表”中的所以凭证信息，汇总各会计科目的本期发生额，具体操作方法如下。

第 1 步：执行移动或复制命令

打开“素材文件\第 8 章\总账.xlsx”文件，❶右击工作表标签“记账凭证录入表”；❷在弹出的快捷菜单中选择“移动或复制”命令，如下图所示。

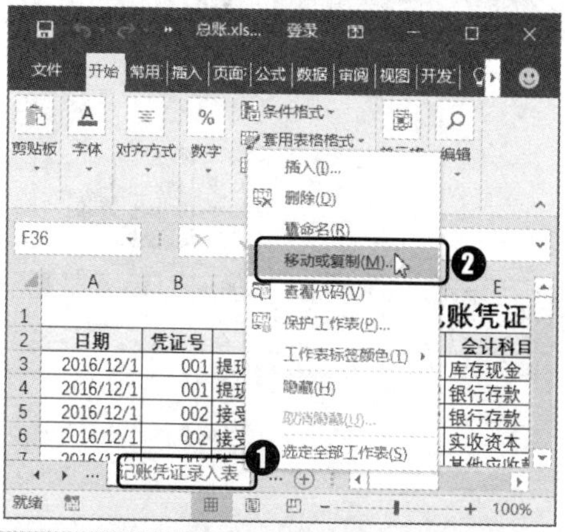

第 2 步：设置移动或复制选项

弹出“移动或复制工作表”对话框，❶在“下列选定工作表之前”列表框中选择“移至最后”选项；❷选中“建立副本”复选框；❸单击“确定”按钮，如下图所示。

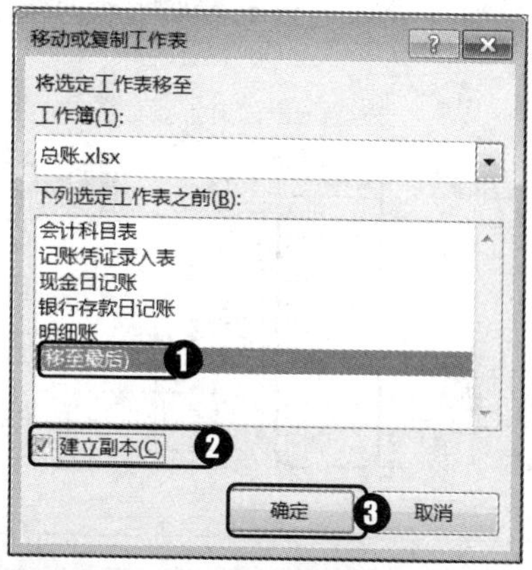

第 3 步：查看移动或复制效果

返回工作表，此时即可在工作表“总账”之前生成一个名为“记账凭证录入表（2）”，如下图所示。

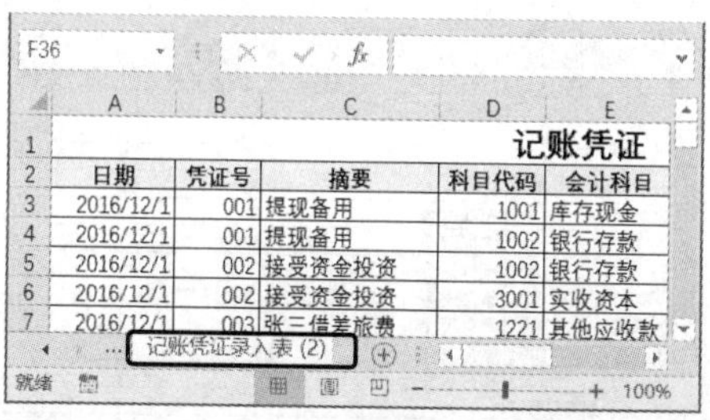

第 4 步：重命名工作表

将工作表名称和标题名称修改为“科目汇总表”，如下图所示。

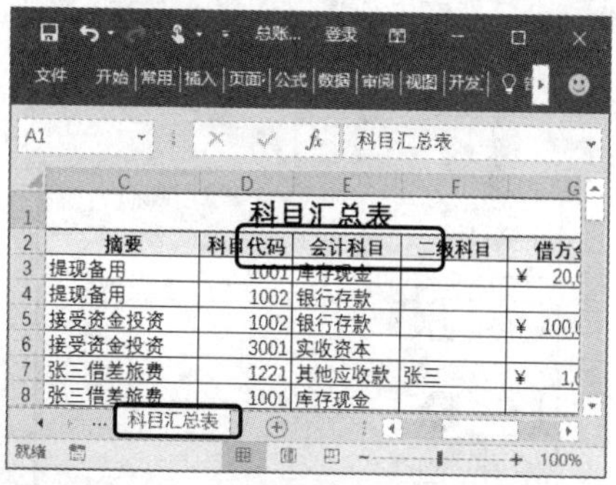

第 5 步：执行排序命令

❶单击“数据”选项卡；❷在“排序和筛选”功能组中单击“排序”按钮，如下图所示。

第 6 步：设置排序选项

弹出“排序”对话框，❶在“主要关键字”下拉列表中选择“科目代码”选项，在“排序依据”下拉列表中选择“数值”选项，然后在“次序”下拉列表中选择“升序”选项；❷单击“确定”按钮，如下图所示。

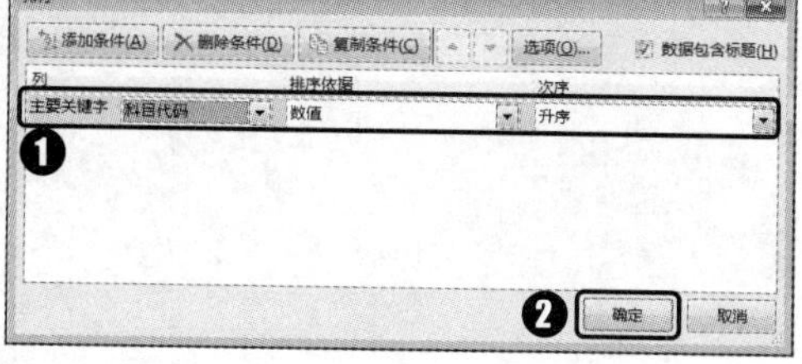

第 7 步：查看排序结果

返回工作表中，即可看到所有数据记录都按照“科目代码”进行升序排序，如下图所示。

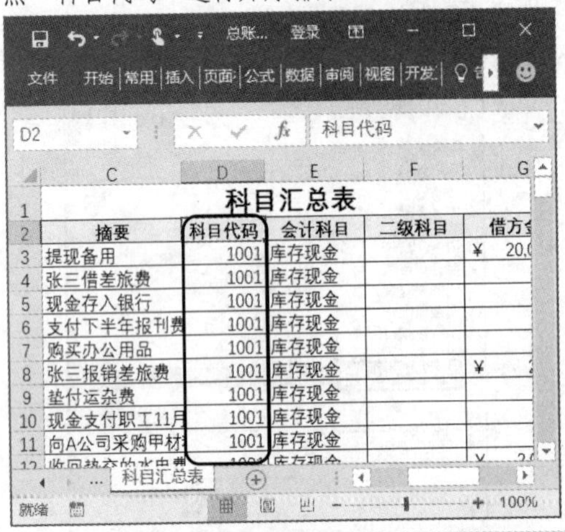

第 8 步：执行分类汇总命令

❶单击“数据”选项卡；❷在“分类显示”功能组中单击“分类汇总”按钮，如下图所示。

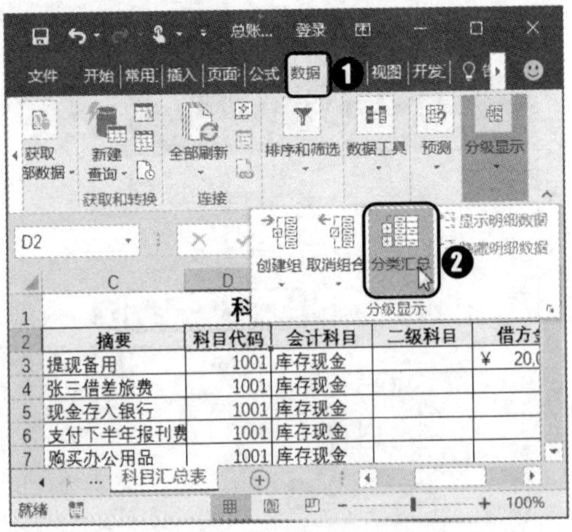

第 9 步：设置分类汇总选项

弹出“分类汇总”对话框，❶在“分类字段”下拉列表中选择“科目代码”选项；❷在“汇总方式”下拉列表中选择“求和”选项；❸在“选定汇总项”列表框中分别选中“借方金额”和“贷方金额”复选框；❹单击“确定”按钮，如下图所示。

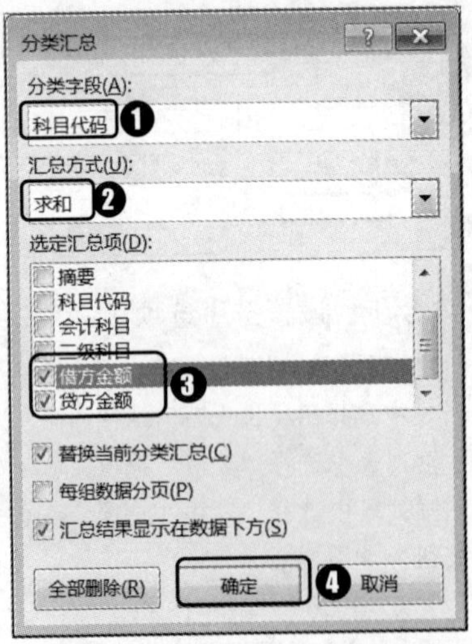

第 10 步：查看分类汇总结果

返回工作表，此时即可看到分类汇总的三级数据，如下图所示。

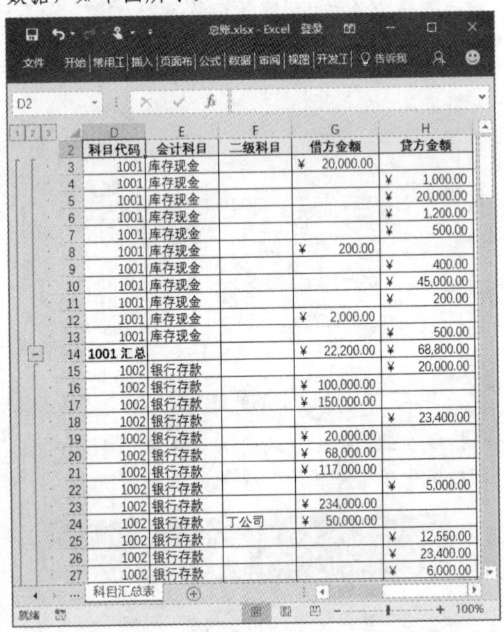

第 11 步：执行二级数据命令

单击分类汇总界面左上角的数字按钮“2”，如下图所示。

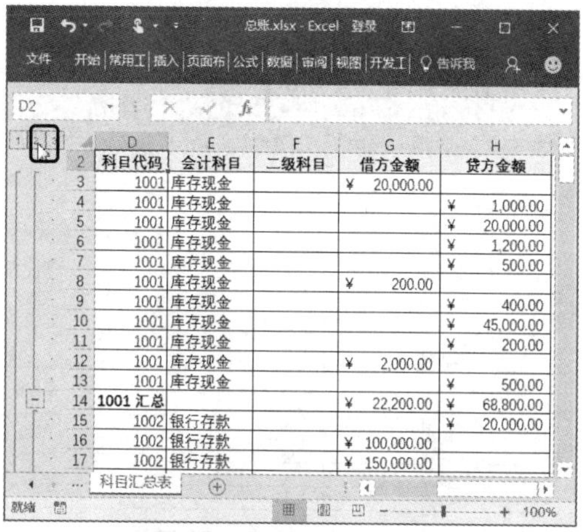

第 12 步：查看二级数据

此时即可查看二级数据，操作到这里。会计科目表制作完成，如下图所示。

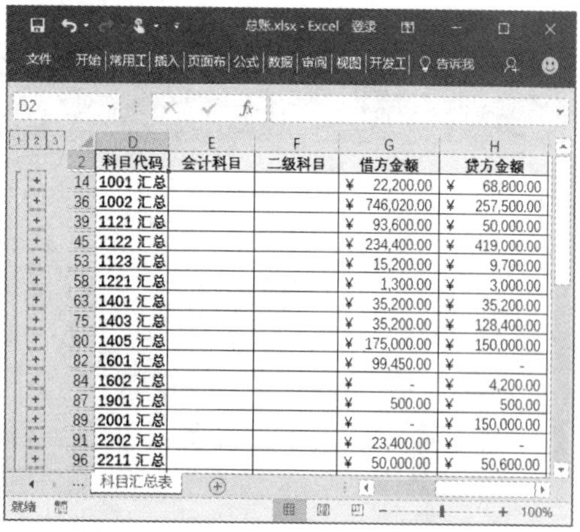

8.2.2 录入总账数据

科目汇总表制作完成后，就可以根据“科目汇总表”录入总账数据，具体操作方法如下。

第 1 步：应用名称

切换到“总账”工作表中，选中 A3 单元格，❶单击“公式”选项卡；❷在“定义的名称”功能组中单击“用于公式”下拉按钮；❸在弹出的下拉列表中选择“科目代码”选项，如下图所示。

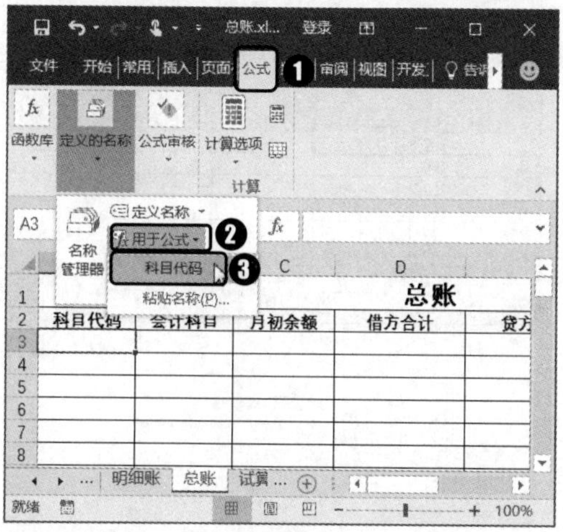

第 2 步：显示公式

此时，即在 A3 单元格中显示当前公式“=科目代码”，如下图所示。

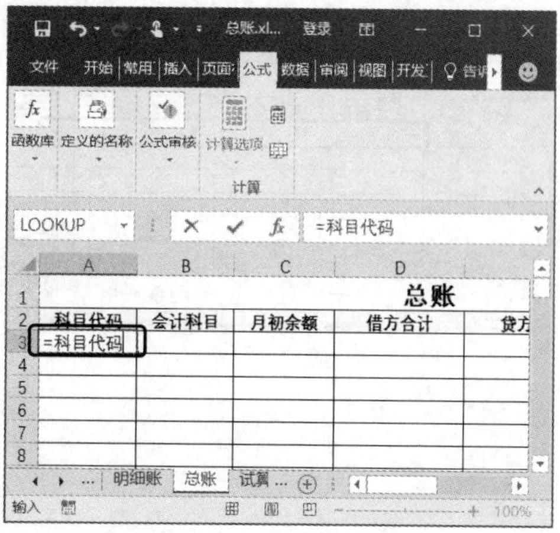

第 3 步：确认公式

按“Enter”键，确认公式，此时即可看到录入的科目代码“1001”将鼠标移动到 A4 单元格的右下角，此时鼠标指针变成十字形状“十”，如下图所示。

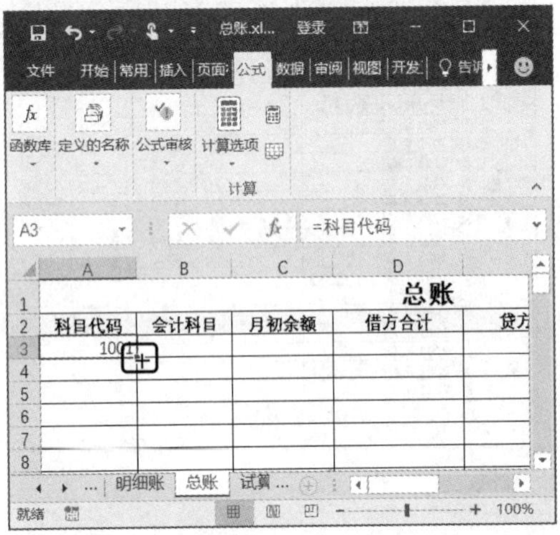

第 4 步：填充公式

按住鼠标左键，向下拖动到 A68 单元格，此时即可录入所以所有的科目代码，如下图所示。

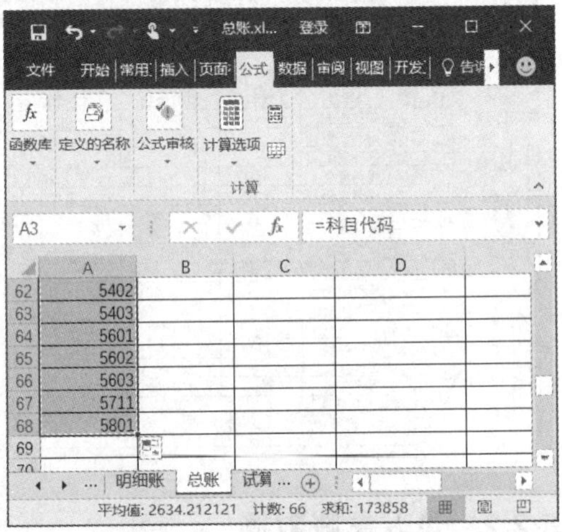

第 5 步：输入公式

选 B3 中单元格，然后从中输入函数公式“=LOOKUP(A3,科目代码,会计科目表!$B$3:$B$68)”，如下图所示。

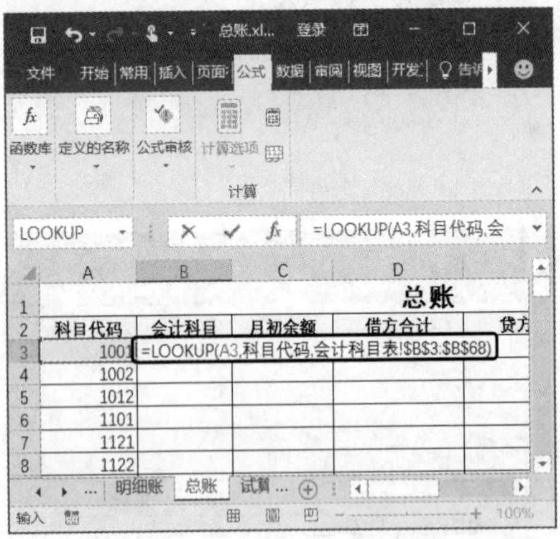

第 6 步：确认公式

按“Enter”键，确认公式，此时即可根据科目代码“1001”从“会计科目表”中引用会计科目“库存现金”，如下图所示。

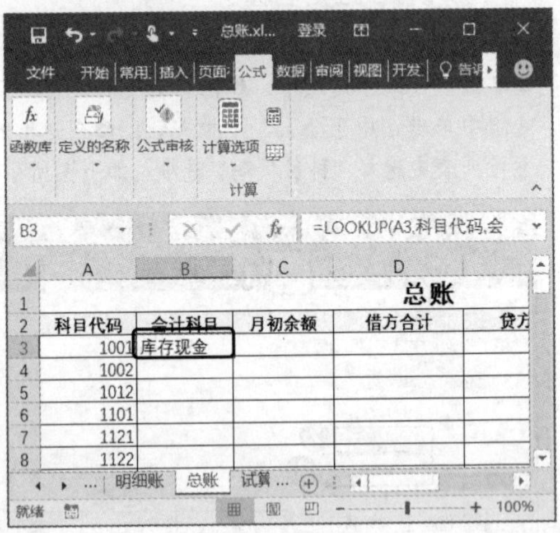

第 7 步：定位鼠标

将鼠标移动到 B3 单元格的右下角，此时鼠标指针变成十字形状，如下图所示。

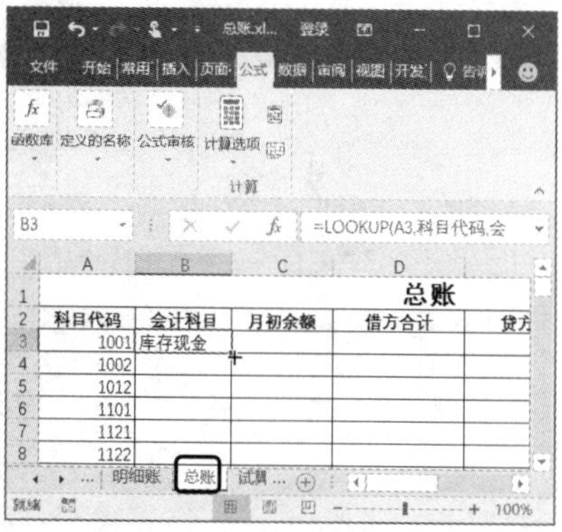

第 8 步：填充公式

按住鼠标左键不放，双击即可完成公式的填充，如下图所示。

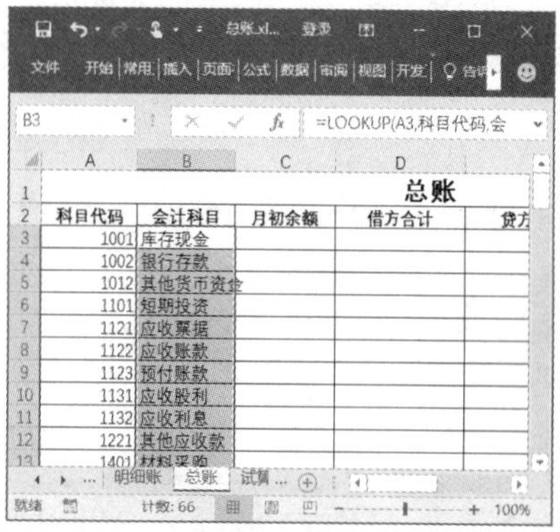

第 9 步：录入月初余额

根据素材文件“2016 年 12 月份月初余额表.docx”，依次录入各会计科目的“月初余额”，如下图所示。

第 10 步：录入借贷方合计金额

根据“科目汇总表”依次录入各会计科目的借贷方合计金额，如下图所示。

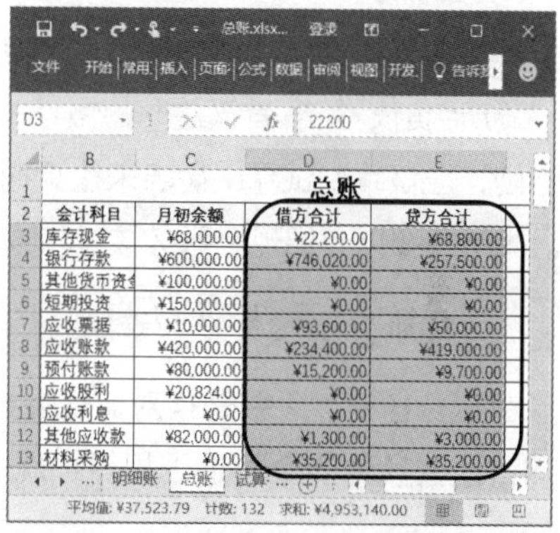

第 11 步：录入公式

选中 F3 单元格，然后输入函数公式“=C3+D3-E3”，如下图所示。

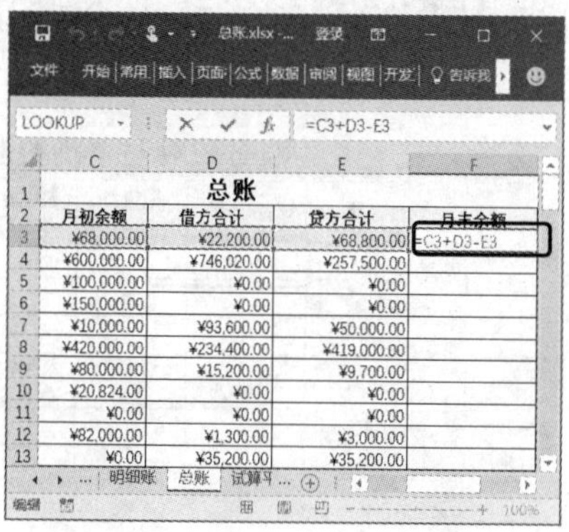

第 12 步：确认公式

按“Enter”键，确认公式，此时即可根据计算出“库存现金”的月末余额，如下图所示。

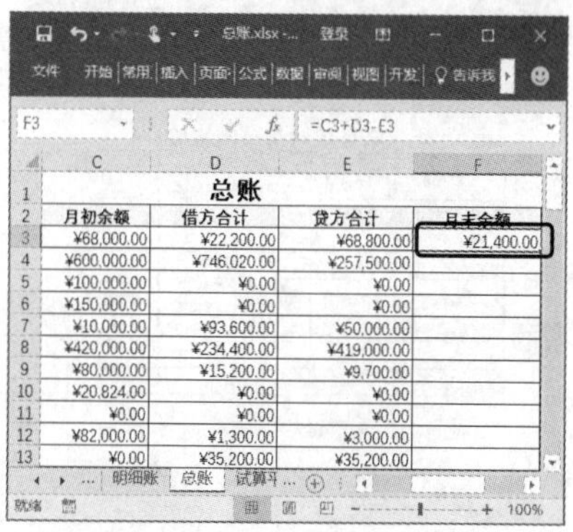

第 13 步：定位鼠标

将鼠标移动到单元格 F3 的右下角，此时鼠标指针变成十字形状，如下图所示。

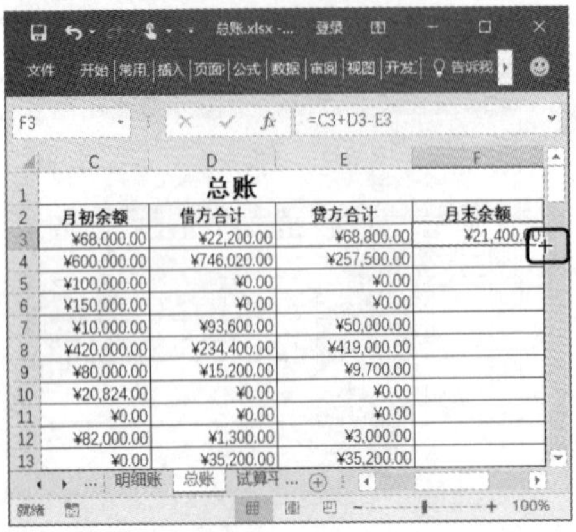

第 14 步：填充公式

按住鼠标左键不放，双击，即可计算出所有会计科目的月末余额，如下图所示。

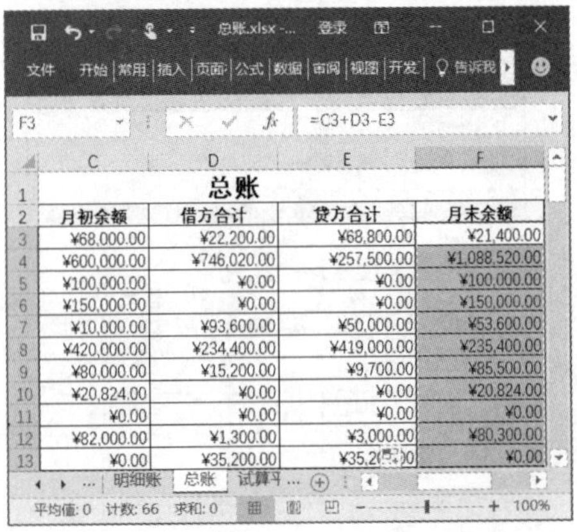

8.2.3 账务核对与平衡检验

试算平衡表是测试账簿数据借、贷方金额是否相等的重要会计表格。总账登记完成之后，根据“资产=负债+所有者权益”的恒等关系，以及借贷记账法“有借必有贷，借贷必相等”的记账原则，应该编制试算平衡表来检验期初余额、本月发生额和月末余额的借、贷方合计是否相等。本节主要以介绍现金账务核对和银行存款账务核对为例，介绍试算平衡的检测方法。

1. 现金账务核对与平衡检验

现金账务核对，主要是指对比现金日记账和现金总账的期初余额、本期发生额和期末余额，测试这些项目的金额是否相等。现金账务核对于平衡检验的具体操作方法如下。

第 1 步：打开试算平衡表

切换到工作表“试算平衡表”中，即可查看试算平衡表的基本格式，如下图所示。

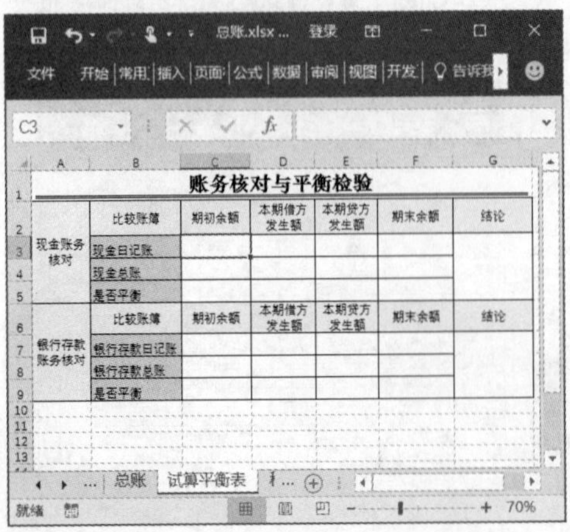

第 2 步：调取现金日记账的期初余额

选中 C3 单元格，然后输入函数公式“=现金日记账!I3”，如下图所示。

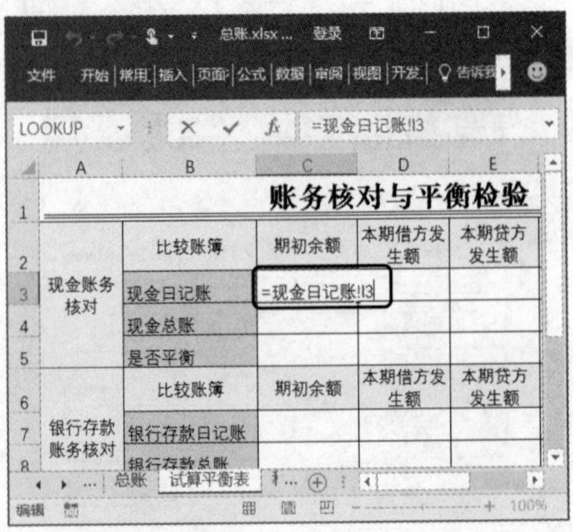

第 3 步：查看调取结果

按“Enter”键确认公式，此时即可调取现金日记账的“月初金额”，如下图所示。

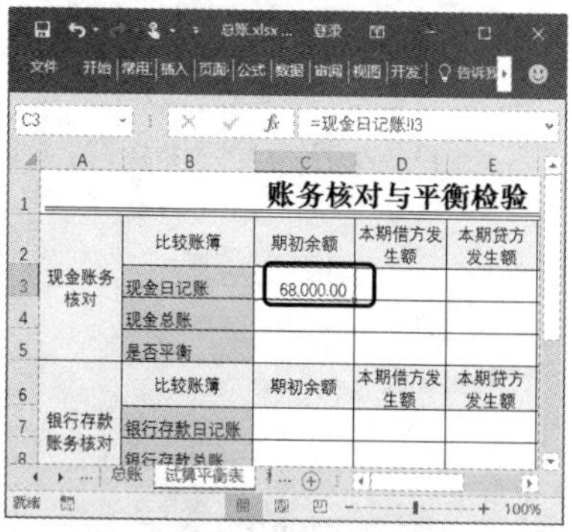

第 4 步：调取现金日记账的借方发生额

选中 D3 单元格，输入公式“=现金日记账!G88”，按“Enter”键，即可调取现金日记账的“本期借方发生额”，如下图所示。

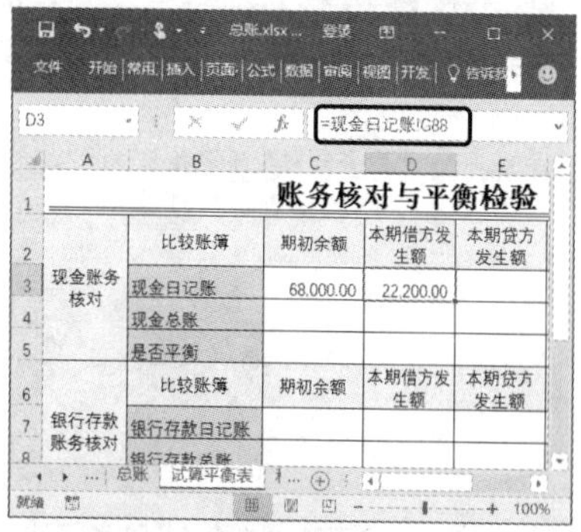

第 5 步：调取现金日记账的贷方发生额

在 E3 单元格中输入公式“=现金日记账!H88”，按“Enter”键，即可调取现金日记账的“本期贷方发生额”，如下图所示。

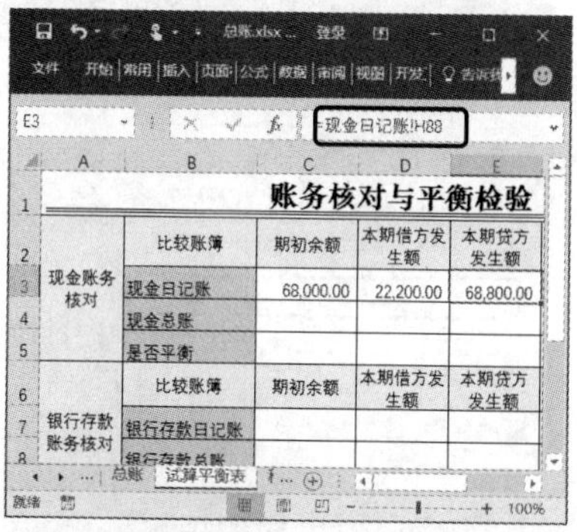

第 6 步：计算现金日记账的期末余额

选中 F3 单元格，输入公式“=C3+D3-E3”，按“Enter”键，即可计算出现金日记账的“期末余额”，如下图所示。

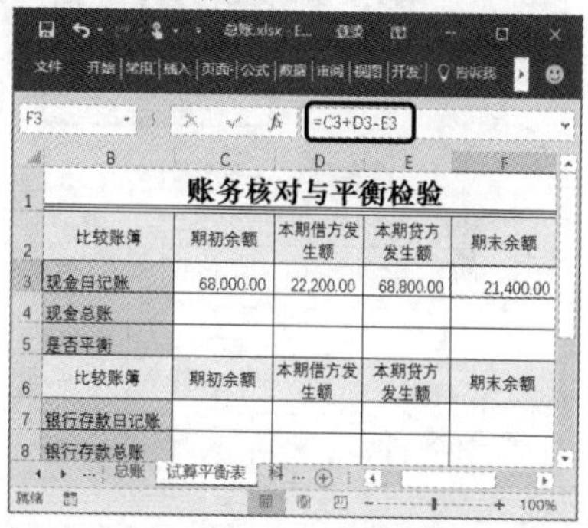

第 7 步：调取现金总账的期初余额

选中 C4 单元格，输入公式“=总账!C3”，按“Enter”键，即可调取现金总账的“期初余额”，如下图所示。

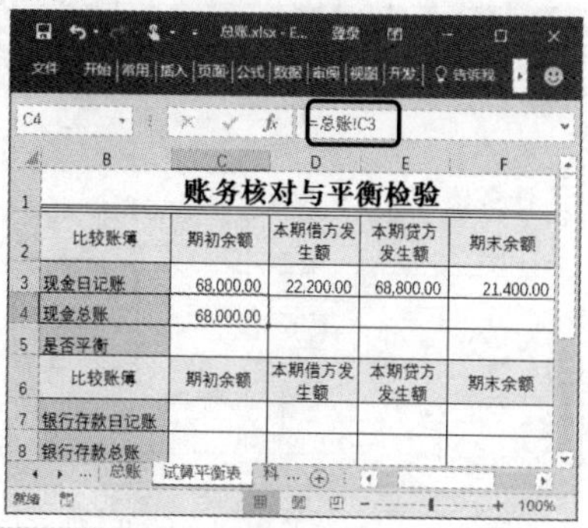

第 8 步：调取现金总账的借方发生额

选中 D4 单元格，输入公式“=总账!D3”，按“Enter”键，即可调取现金总账的“本期借方发生额”，如下图所示。

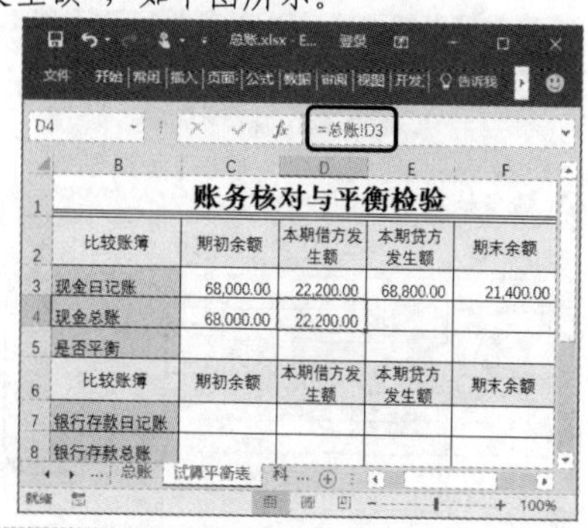

第 9 步：调取现金总账的贷方发生额

选中 E4 单元格，输入公式“=总账!E3”，按“Enter”键，即可调取现金总账的“本期贷方发生额”，如下图所示。

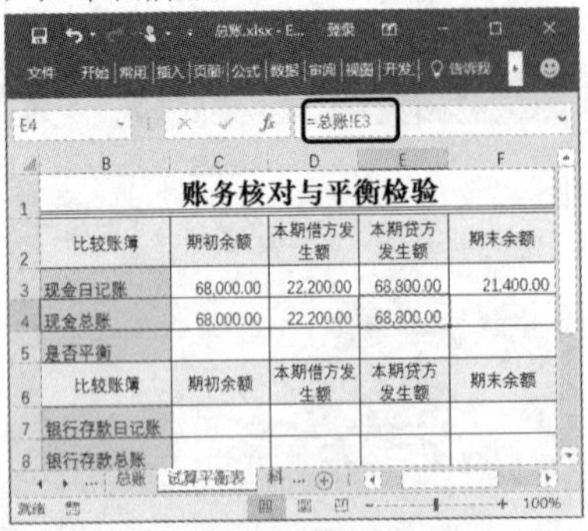

第 10 步：计算现金总账的期末余额

选中 F4 单元格，输入公式“=C4+D4-E4”，按“Enter”键，即可计算出现金总账的“期末余额”，如下图所示。

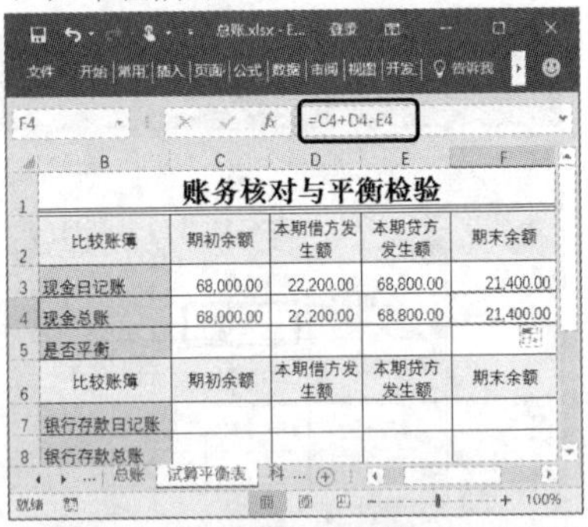

第 11 步：检测期初余额是否平衡

在 C5 单元格中输入如下公式“=IF(C3= C4,"相符","不相符")”，按下“Enter”键，此时即可测试出现金日记账和现金总账的月初余额是否平衡，如下图所示。

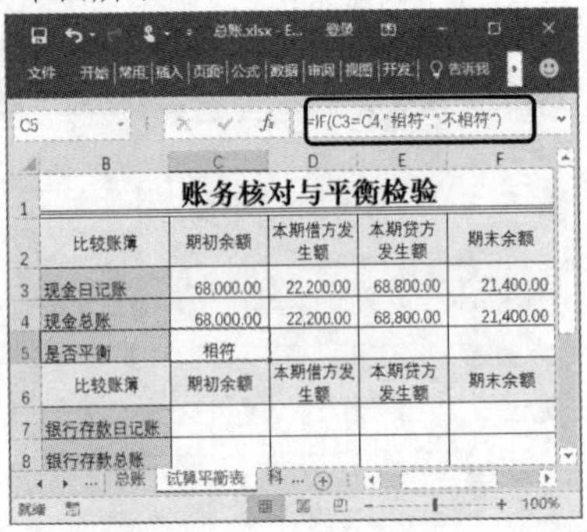

第 12 步：填充检测公式

将鼠标移动到 C5 单元格的右下角，此时鼠标指针变成十字形状，按住鼠标左键，向右拖动到 F5 单元格，此时即可将测试公式填充到拖选的单元格区域中，如下图所示。

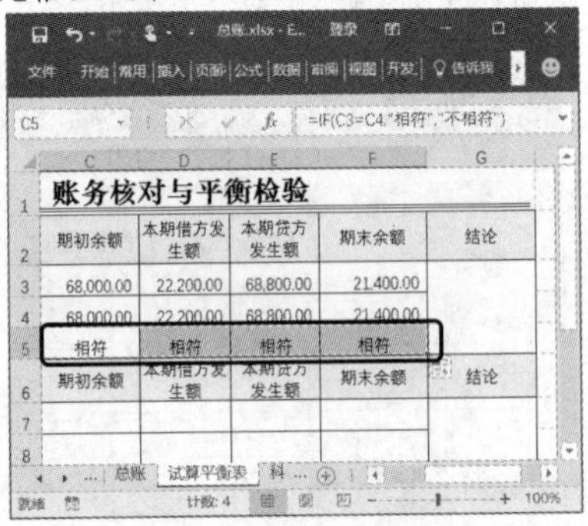

第 13 步：录入公式

在 G3 单元格中输入公式“=IF(C5="相符",IF(D5="相符",IF(E5="相符",IF (F5="相符","正确","错误"),"错误"),"错误"),"错误")”，如下图所示。

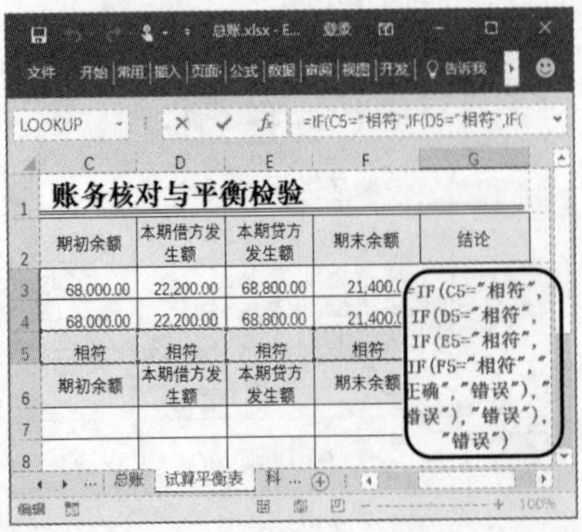

第 14 步：得出检测结论

按“Enter”键，此时即可根据现金日记账和现金总账的期初余额、本期发生额和期末余额的平衡情况，得出对账簿平衡检测的结论，如下图所示。

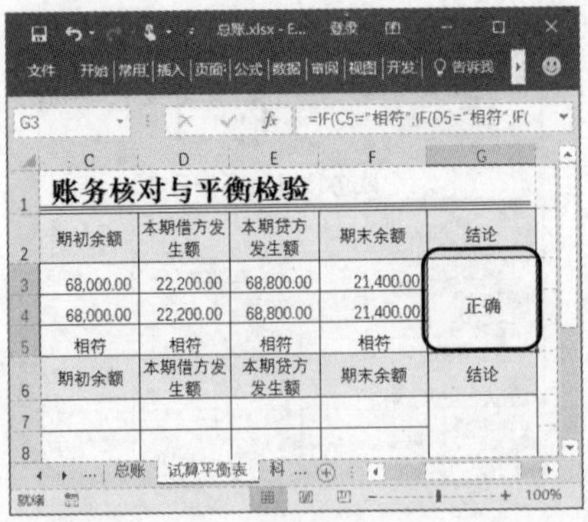

2. 银行存款账务核对与平衡检验

银行存款账务核对，主要是指对比银行存款日记账和银行存款总账的期初余额、本期发生额和期末余额，测试这些项目的金额是否相等。银行存款账务核对于平衡检验的具体操作方法如下。

第 1 步：调取银行存款日记账的借方发生额

选中 C7 单元格，然后从中输入函数公式“=银行存款日记账!I4”按“Enter”键确认公式，此时即可调取银行存款日记账的“月初金额”，如下图所示。

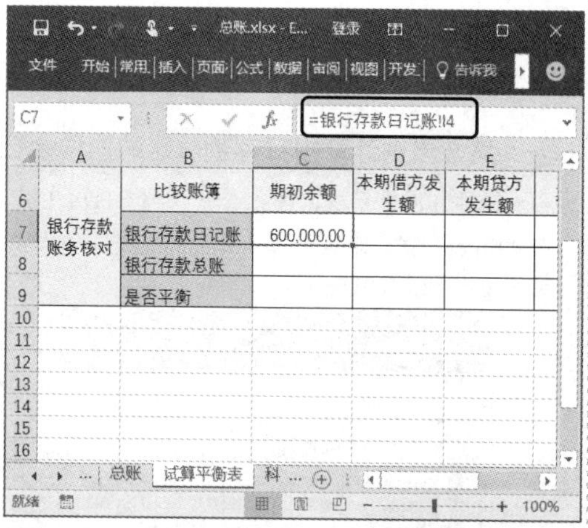

第 2 步：调取银行存款日记账的借方发生额

选中 D7 单元格，输入公式“=银行存款日记账!G109”，按“Enter”键，即可调取银行存款日记账的“本期借方发生额”，如下图所示。

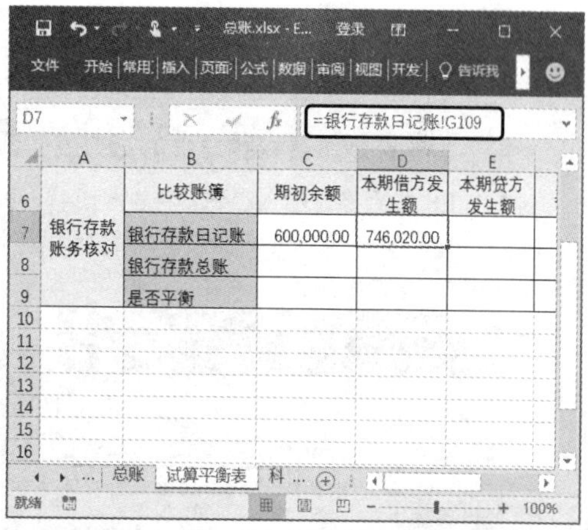

第 3 步：调取银行存款日记账的贷方发生额

在 E7 单元格中输入公式“=银行存款日记账!H109”，按“Enter”键，即可调取银行存款日记账的“本期贷方发生额”，如下图所示。

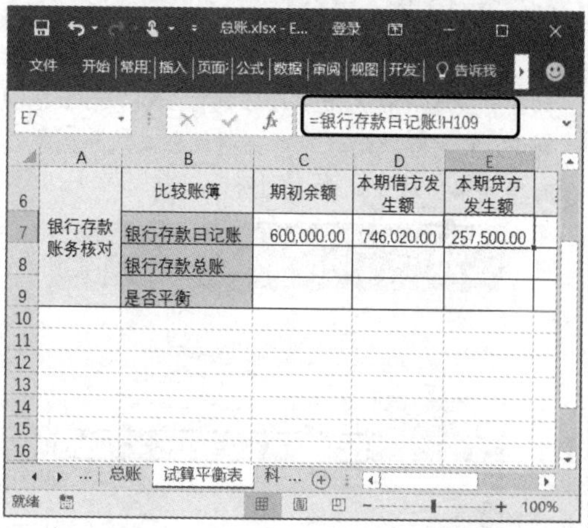

第 4 步：计算银行存款日记账的期末余额

选中 F7 单元格，输入公式“=C7+D7−E7”，按“Enter”键，即可计算出银行存款日记账的“期末余额”，如下图所示。

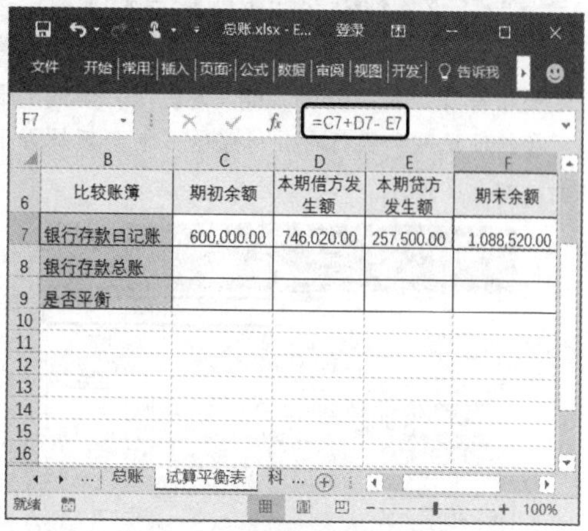

第 5 步：调取银行存款总账的期初余额

选中 C8 单元格，输入公式“=总账!C4”，按“Enter”键，即可调取银行存款总账的“期初余额”，如下图所示。

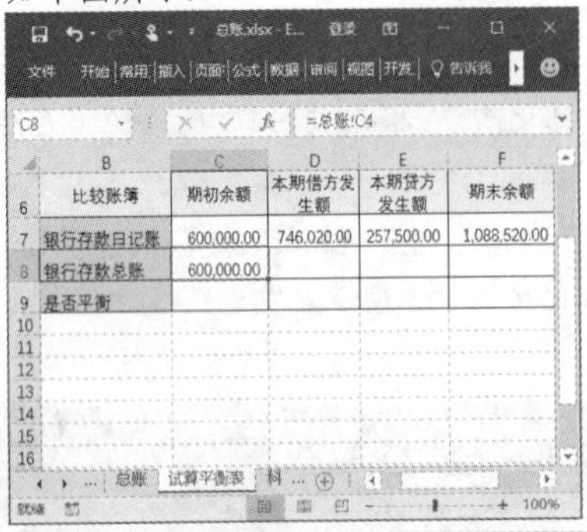

第 6 步：调取银行存款总账的借方发生额

选中 D8 单元格，输入公式“=总账!D4”，按“Enter”键，即可调取银行存款总账的“本期借方发生额”，如下图所示。

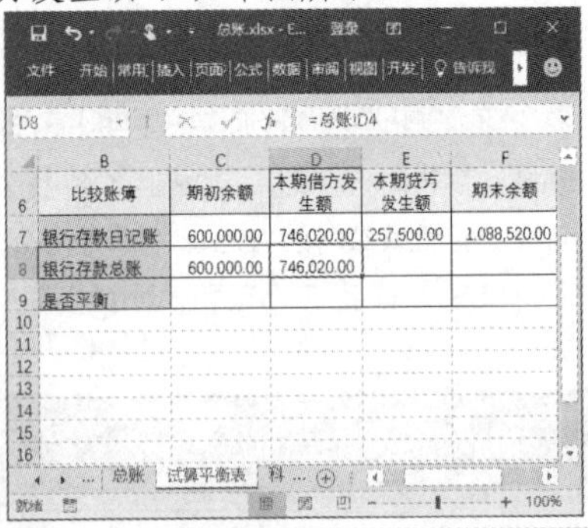

第 7 步：调取银行存款总账的贷方发生额

选中 E8 单元格，输入公式“=总账!E4”，按“Enter”键，即可调取银行存款总账的“本期贷方发生额”，如下图所示。

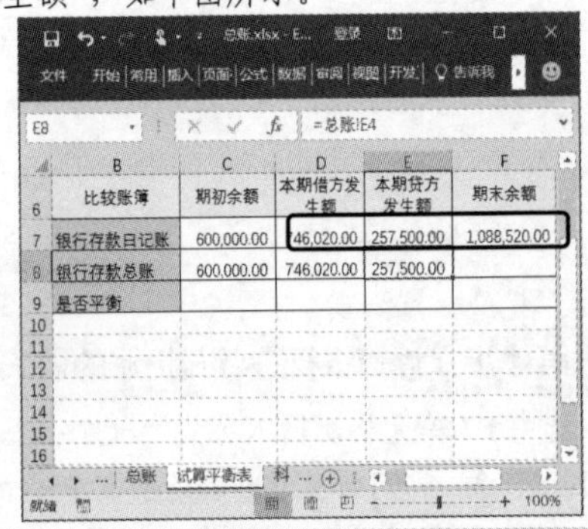

第 8 步：计算银行存款总账的期末余额

选中 F8 单元格，输入公式“=C8+D8−E8”，按“Enter”键，即可计算出银行存款总账的“期末余额”，如下图所示。

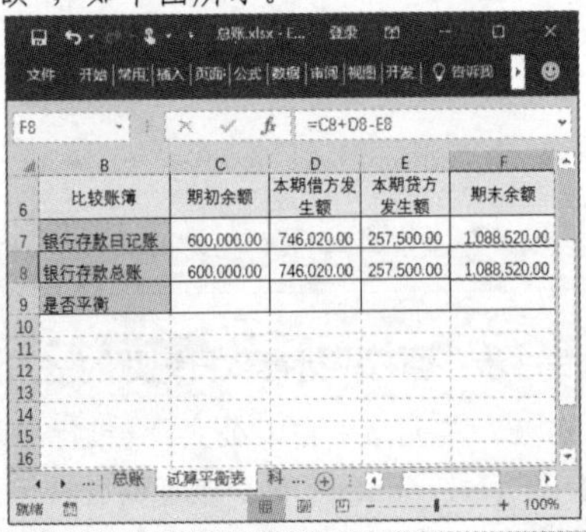

第 9 步：检测期初余额是否平衡

在 C9 单元格中输入公式“=IF(C7= C8,"相符","不相符")”，按“Enter”键，此时即可测试出银行存款日记账和银行存款总账的月初余额是否平衡，如下图所示。

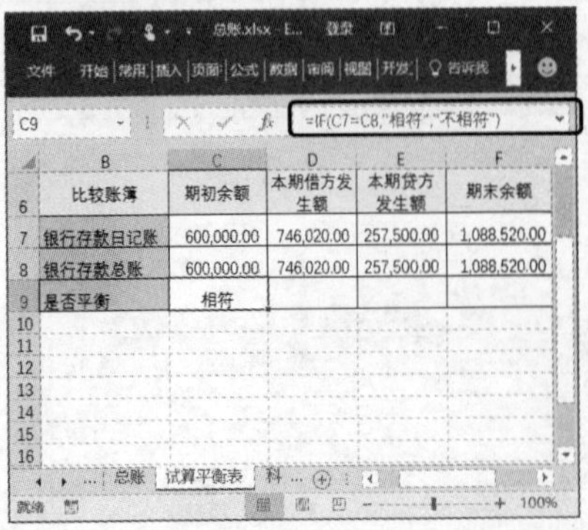

第 10 步：填充检测公式

将鼠标移动到 C9 单元格的右下角，此时鼠标指针变成十字形状，按住鼠标左键，向右拖动到 F9 单元格，此时即可将测试公式填充到拖选的单元格区域中，如下图所示。

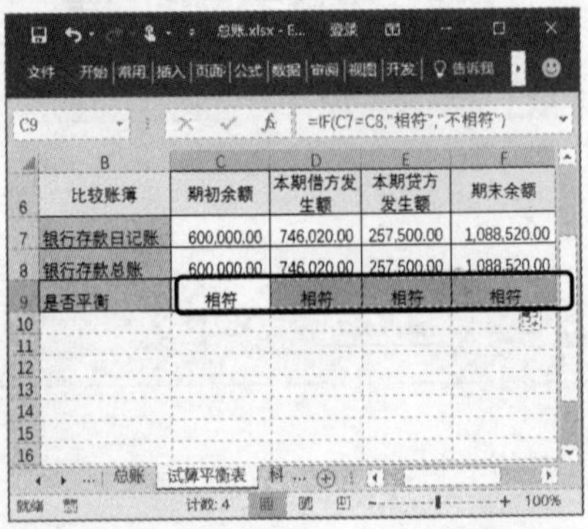

第 11 步：录入公式

在 G7 单元格中输入公式“=IF(C9="不相符","错误",IF(D9="不相符","错误",IF(E9="不相符","错误",IF(F9="不相符","错误","正确"))))”，如下图所示。

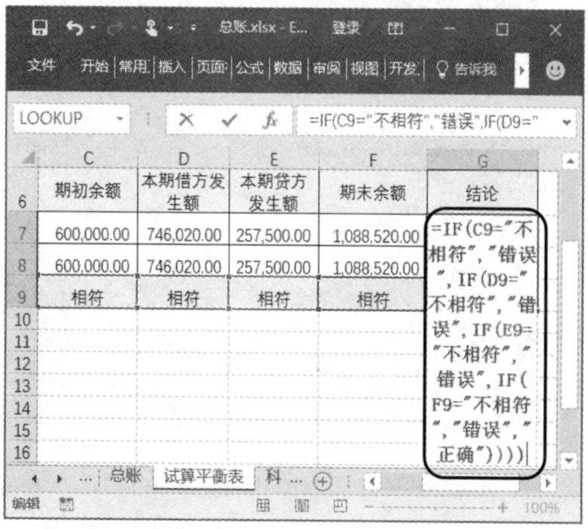

第 12 步：得出检测结论

按“Enter”键，此时即可根据银行存款日记账和银行存款总账的期初余额、本期发生额和期末余额的平衡情况，得出对账簿平衡检测的结论，如下图所示。

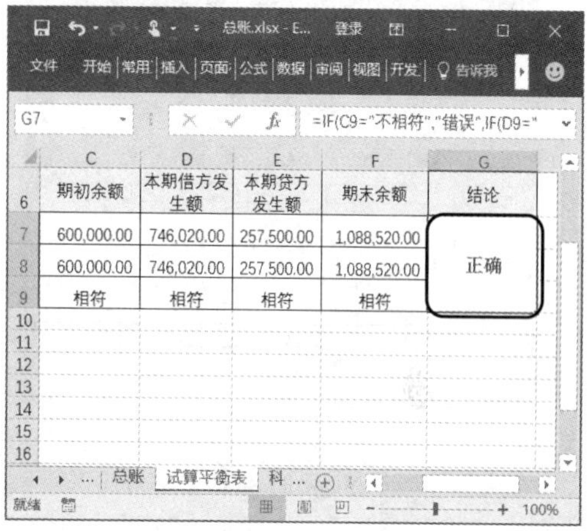

温馨小提示

通过试算平衡表来检查账簿记录是否正确，如果借贷不平衡，就可以肯定账户的记录或者计算有错误，但是如果借贷平衡，也不能肯定账户记录没有错误，因为有些错误并不影响借贷双方的平衡关系。如果在有关账户中重记或漏记某项经济业务，或者将经济业务的借贷方向记反，就要通过除 2 法等查找账簿错误。

8.3 提升效率——实用操作技巧

通过前面知识的学习，相信读者朋友已经掌握了登记会计账簿的相关知识。下面结合本章内容，给大家介绍一些实用技巧。

同步文件

原始文件：素材文件\第 8 章\提升效率\

结果文件：结果文件\第 8 章\提升效率\

同步视频文件：同步教学文件\第 8 章\提升效率.mp4

1. 隐藏多余的行与列

在 Excel 中制作财务表单时，通过隐藏多余的行与列，可以更加直观地突出显示表格。隐藏多余的行与列的具体操作方法如下。

第 1 步：选中行

打开“素材文件\第 8 章\提升效率\隐藏行与列.xlsx”文件，单击行标“14”，即可选中第 14 行，如下图所示。

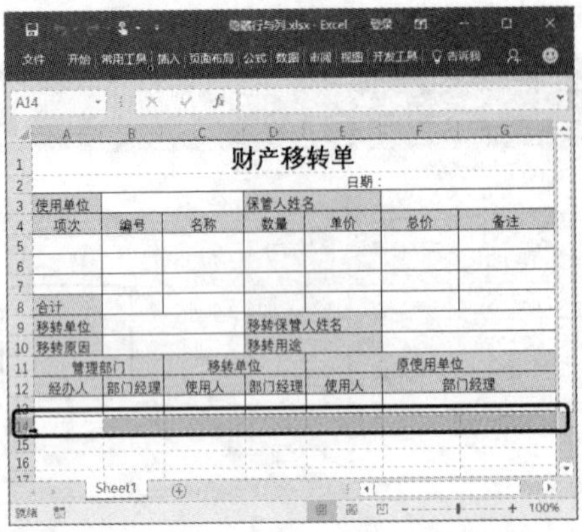

第 2 步：向下选取区域

按“Ctrl + Shift +↓”组合键，即可选中第 14 行及其下方所有行，如下图所示。

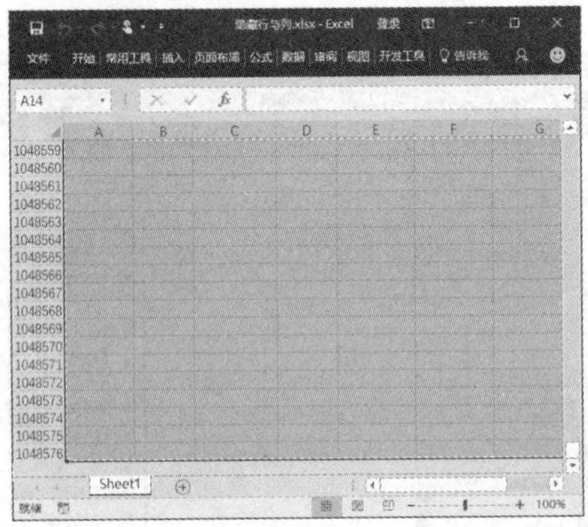

第 3 步：执行隐藏命令

右击，在弹出的快捷菜单中选择“隐藏”命令，如下图所示。

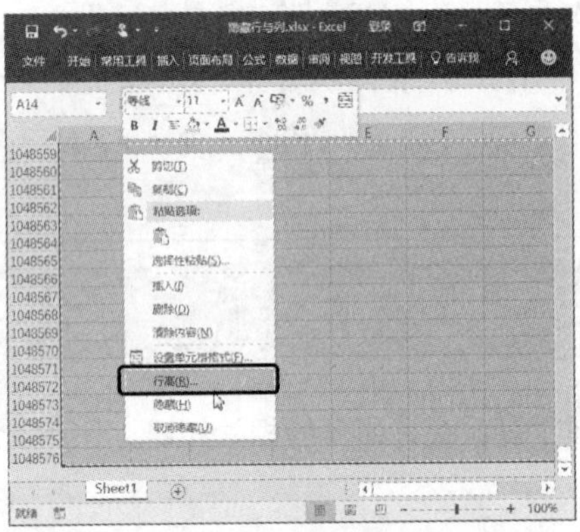

第 4 步：查看行的隐藏效果

此时即可隐藏选中的第 14 行及其下方所有行，如下图所示。

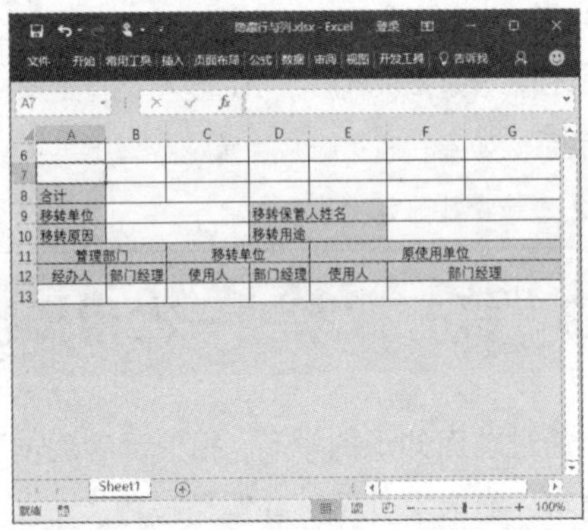

第 5 步：选中列

单击列标“H”，即可选中 H 列，如下图所示。

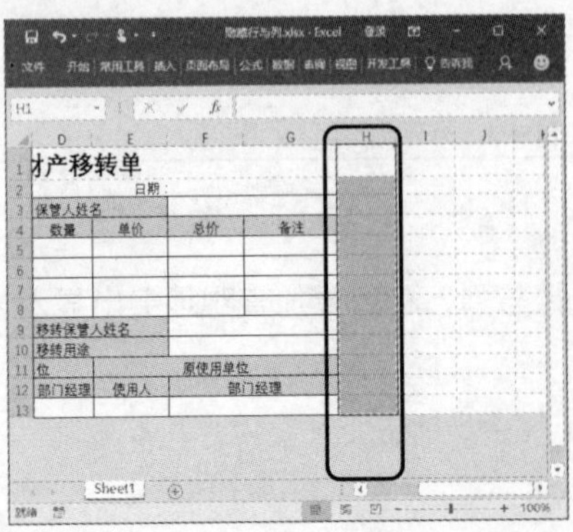

第 6 步：向右选取数据

按“Ctrl + Shift +→”组合键，即可选中 H 列及其右侧所有列，如下图所示。

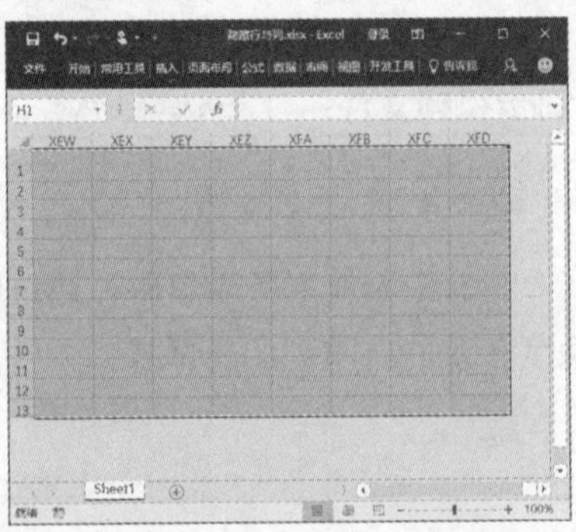

第 7 步：再次执行隐藏命令

右击，在弹出的快捷菜单中选择“隐藏”命令，如下图所示。

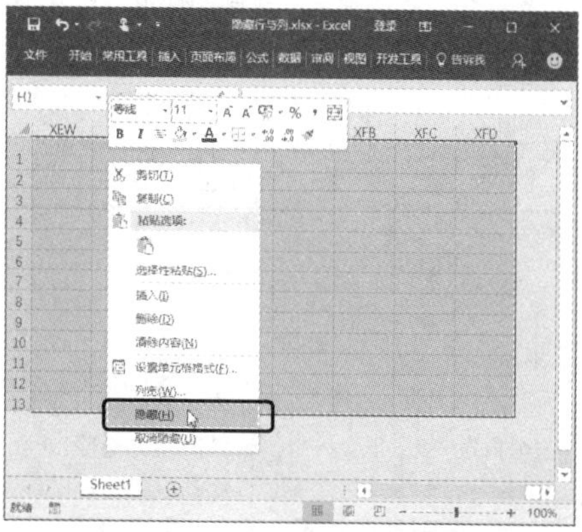

第 8 步：查看列的隐藏效果

此时即可隐藏选中的 H 列及其右侧所有列，如下图所示。

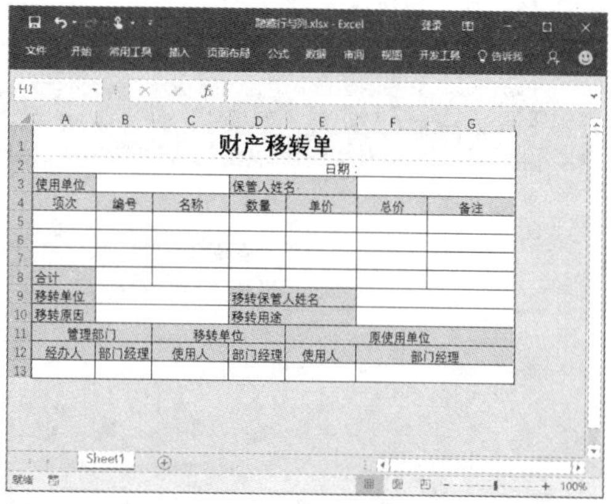

2. 查询会计账表中的明细数据

在 Excel 中，用户可以使用数据透视表功能查询会计账表中的明细数据，接下来通过插入数据透视表，在“记账凭证录入”中查询本月“管理费用”的二级科目及借贷方明细数据，具体操作方法如下。

第 1 步：执行数据透视表命令

打开“素材文件\第 8 章\提升效率\隐藏行与列.xlsx”文件，切换到“凭证录入表”中，将鼠标定位数据区域的任意单元格中，❶单击“插入”选项卡；❷单击“表格”功能组中的“数据透视表”按钮，如下图所示。

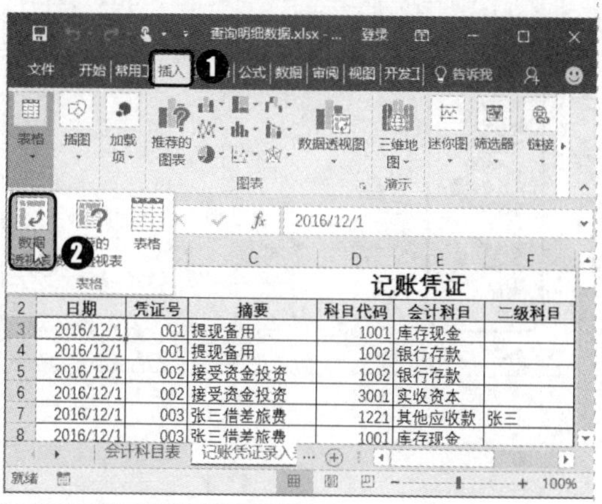

第 2 步：创建数据透视表

弹出“创建数据透视表”对话框，单击“确定”按钮，如下图所示。

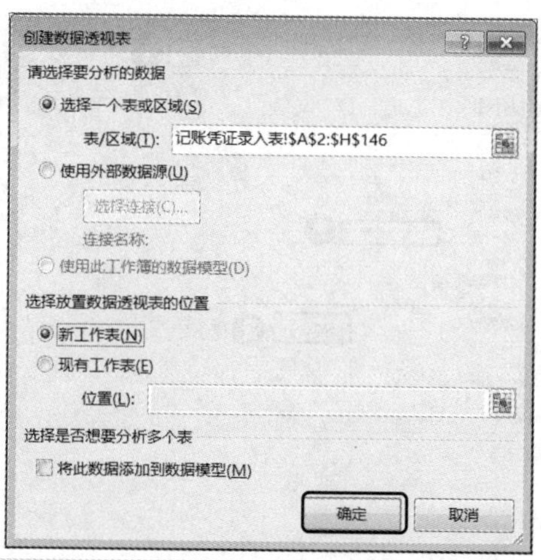

第 3 步：生成数据透视表

返回工作表，即可创建名为“Sheet1”的数据透视表，同时弹出“数据透视表字段列表”任务窗格，如下图所示。

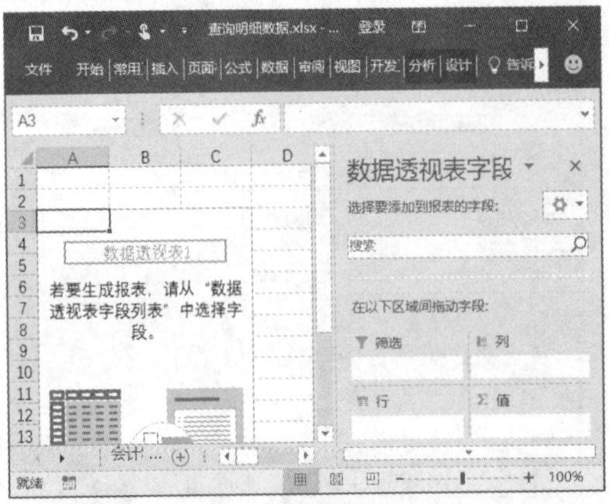

第 4 步：设置字段

将“会计科目”拖到“报表筛选”列表框中，将“二级科目”拖到“行标签”列表框中，将“借方金额”和“贷方金额”拖到“数值”列表框中，如下图所示。

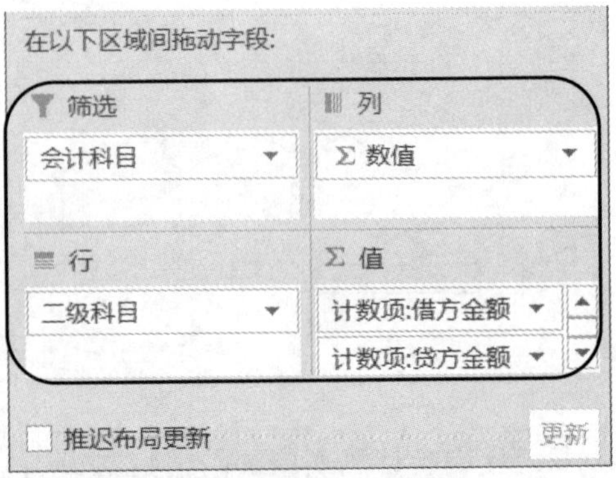

第 5 步：选择会计科目

此时在工作表“Sheet1”中生成表格数据，在工作表中，❶单击“(全部)”单元格右侧的下拉按钮；❷在弹出的下拉列表中选中“管理费用”复选框；❸然后单击“确定”按钮，如下图所示。

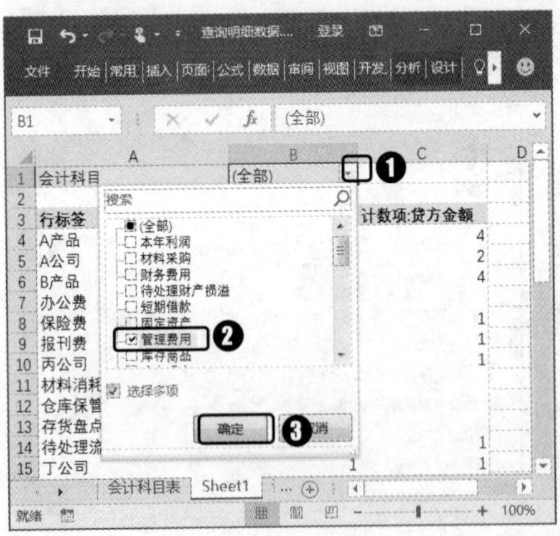

第 6 步：查看筛选结果

此时即可筛选出会计科目“管理费用”的二级科目，如下图所示。

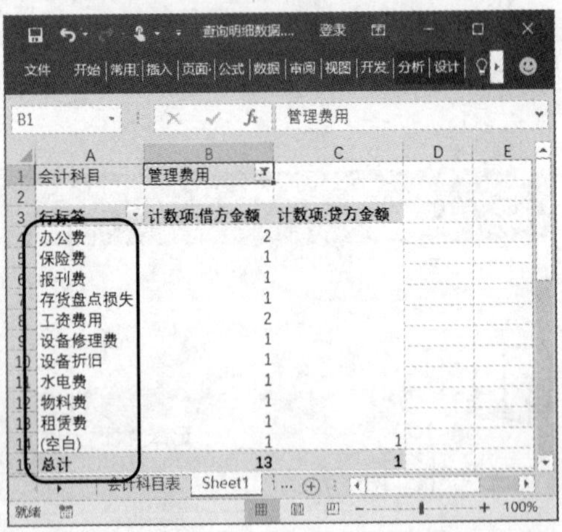

第 7 步：执行“值字段设置”命令

在工作表中，❶选中任意借方数据，右击；❷在弹出的快捷菜单中选择“值字段设置”命令，如下图所示。

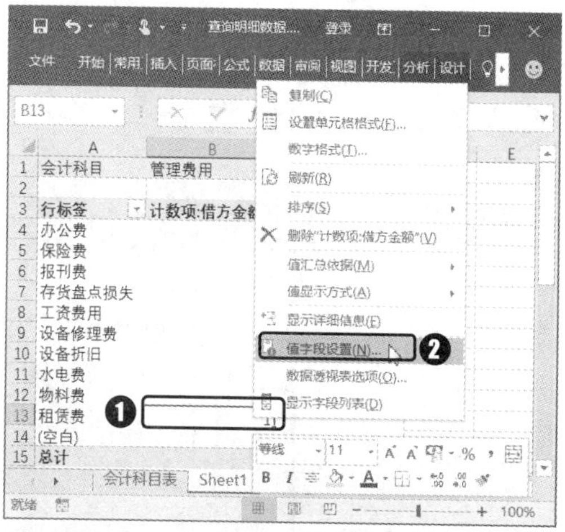

第 8 步：设置借方数据格式

弹出“值字段设置”对话框，❶单击“值汇总方式”选项卡；❷在“计算类型”列表框中选择“求和”选项；❸单击“确定”按钮，如下图所示。

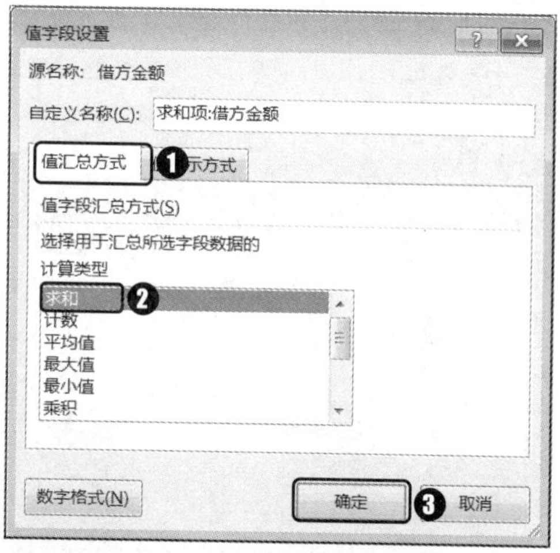

第 9 步：查看数值变化

此时透视表中借方金额的显示方式变成求和，如下图所示。

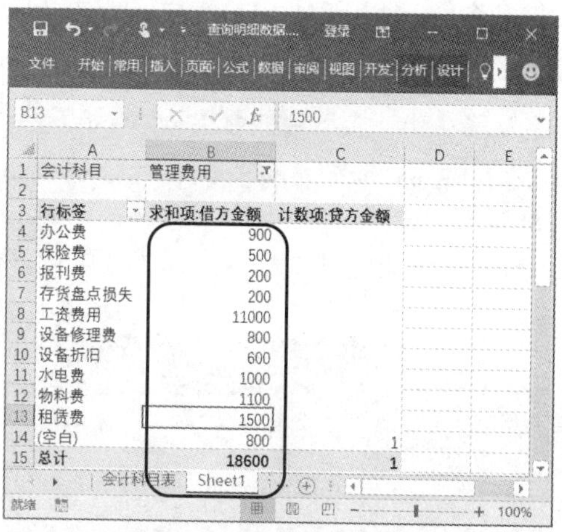

第 10 步：设置贷方数据格式

使用同样的方法，设置贷方金额的数值格式即可，操作到这里，本月“管理费用”的二级科目及借、贷方明细数据就查询出来了，如下图所示。

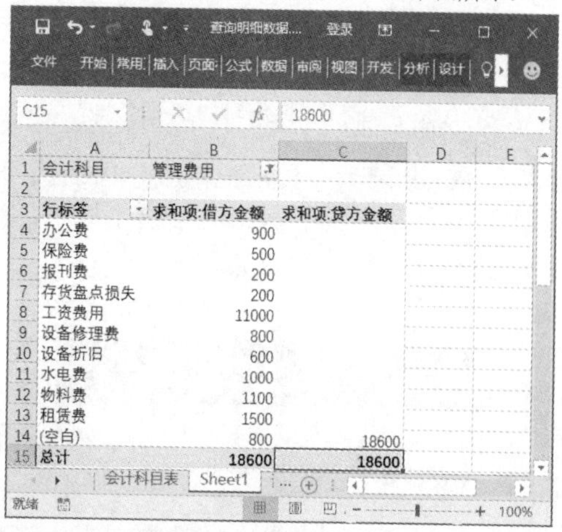

3. 设置会计凭证的自动编号

通常情况下，会计凭证应当根据不同的凭证种类进行连续编号，银收 1 号、银收 2 号、银收 3 号等，现付 1、现付 2、现付 3 等。

COUNTIF()函数的功能是对指定区域中符合指定条件的单元格进行计数。

其语法规则为 COUNTIF(range，criteria)；

参数 range 表示要计算其中非空单元格数目的区域。

参数 criteria 表示以数字、表达式或文本形式定义的条件。

在 Excel 中，使用 COUNTIF()函数，可以根据不同的凭证种类设置自动编号，具体操作方法如下。

第 1 步：打开素材文件

打开“素材文件\第 8 章\提升效率\设置会计凭证的自动编号.xlsx”文件，在单元格 E5 中输入公式“=COUNTIF($D$5: D5,D5)”，按“Enter”键，如下图所示。

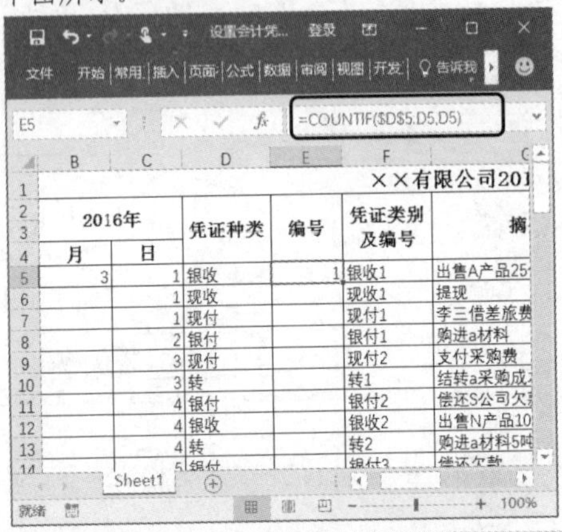

第 2 步：输入计算公式

将鼠标移动到 E5 单元格的右下角，此时鼠标指针变成十字形状，双击，此时即可将公式填充到下方的数据区域，如下图所示。

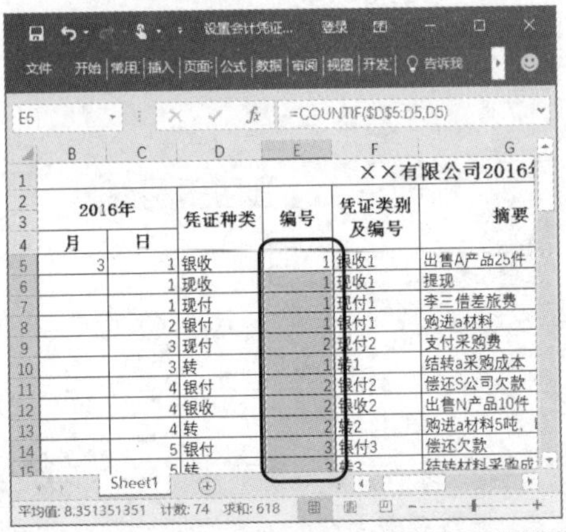

4. 在会计科目中测试期初试算平衡

通常情况下，会计科目中会列示会计科目的期初余额，使用 SUMIF()函数可以快速汇总会计科目的借、贷方合计，以此在判断期初金额是否试算平衡，具体操作方法如下。

第 1 步：输入公式

打开“素材文件\第 8 章\提升效率\测试期初试算平衡.xlsx”文件，会计科目表中列示了会计科目的期初余额，如下图所示。

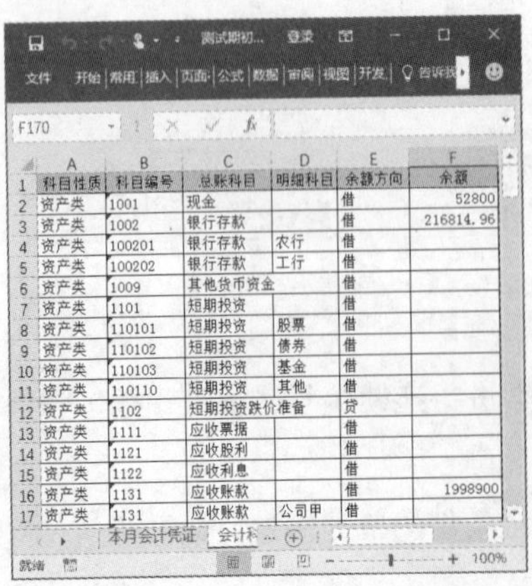

第 2 步：查看合并效果

在 F165 单元格中输入公式“=SUMIF($E$2:$E$162,E165,$F$2:$F$162)”，按“Enter”键确认公式，此时即可统计出各会计科目期初余额的借方合计，如下图所示。

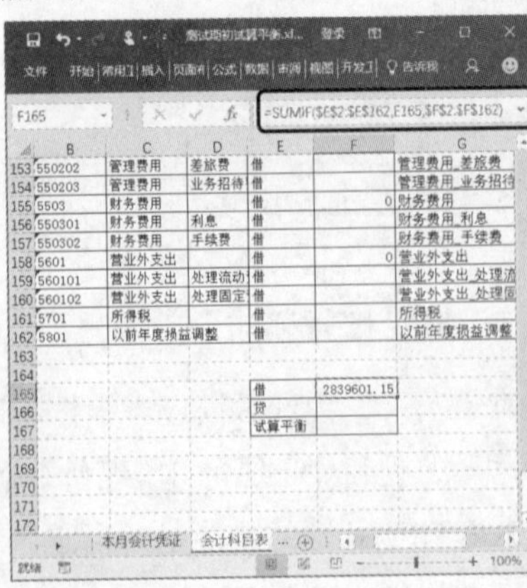

第3步：输入公式

在F166单元格中输入公式“=SUMIF ($E$2:$E$162,E166,$F$2:$F$162)”，按“Enter”键确认公式，此时即可统计出各会计科目期初余额的贷方合计，如下图所示。

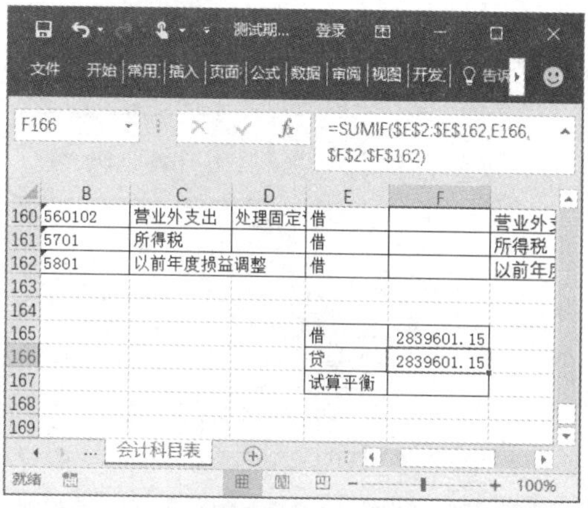

第4步：查看合并效果

在F167单元格中输入公式“=F165-F166”，按“Enter”键得出计算几个“0”，说明借贷平衡，如下图所示。

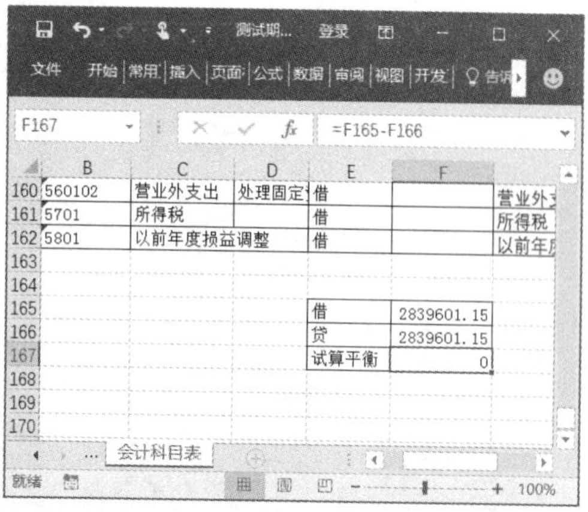

5. 使用SUMIF()函数制作科目汇总表

除了使用分类汇总功能生成科目汇总表以外，还可以直接使用SUMIF()函数计算各会计科目的借贷方发生额，从而得到科目汇总数据。使用SUMIF()函数制作科目汇总表的具体操作方法如下。

第1步：打开素材文件

打开“素材文件\第8章\提升效率\用SUMIF制作科目汇总表.xlsx”文件，科目汇总表的基本格式如下图所示。

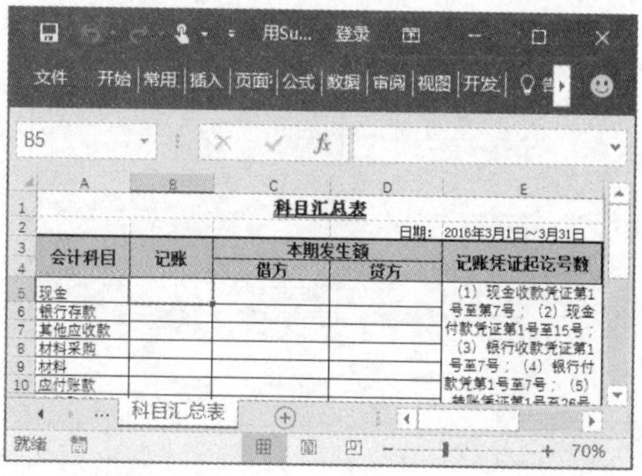

第2步：计算现金的借方发生额

在C5单元格中输入公式“=SUMIF(本月会计凭证!$H$5:$H$78,科目汇总表!A5,本月会计凭证!$I$5:$I$78)”，按“Enter”键，此时即可得出现金的借方发生额合计，如下图所示。

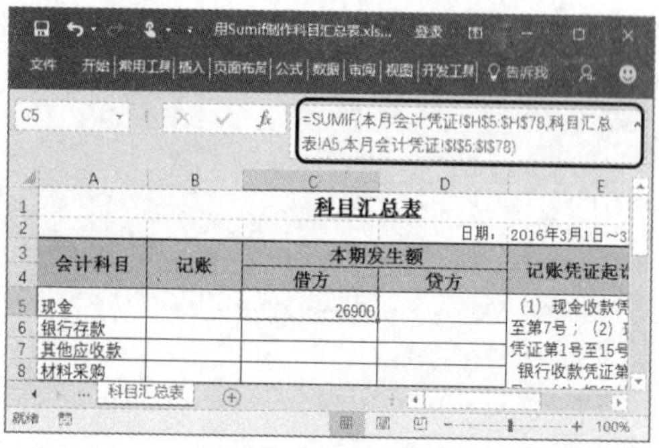

第 3 步：填充数据

将鼠标移动到 C5 单元格的右下角，此时鼠标指针变成十字形状，按住鼠标左键，向下拖动到 C25 单元格，即可计算出其他科目的借方发生额，如下图所示。

第 4 步：计算现金的贷方发生额

在 D5 单元格中输入公式 "=SUMIF(本月会计凭证!$J$5:$J$78,科目汇总表!A5,本月会计凭证!$K$5:$K$78)"，按 "Enter" 键，此时即可得出现金的贷方发生额合计，如下图所示。

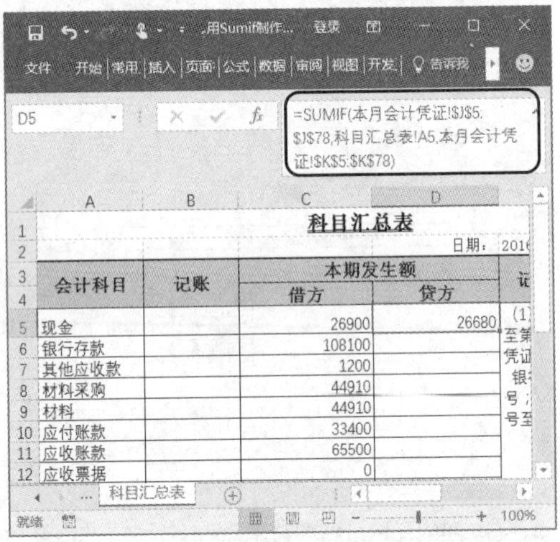

第 5 步：填充数据

将鼠标移动到 D5 单元格的右下角，此时鼠标指针变成十字形状，按住鼠标左键，向下拖动到 D25 单元格，即可计算出其他科目的贷方发生额，如下图所示。

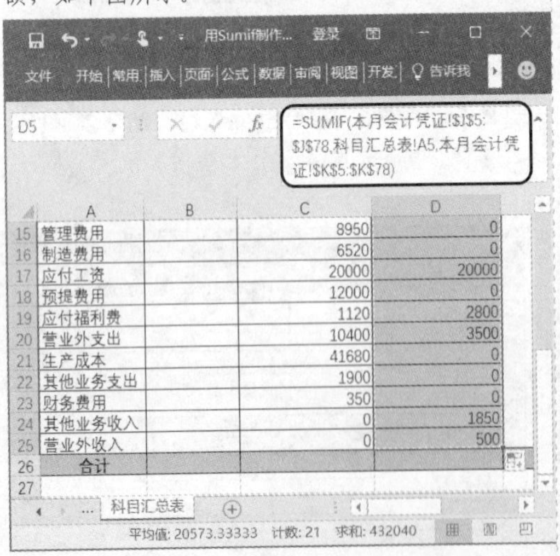

第 6 步：计算借方发生额合计

在 C26 单元格中输入公式 "=SUM(C5:C25)"，按 "Enter" 键，此时即可得出所有会计科目的借方发生额合计，如下图所示。

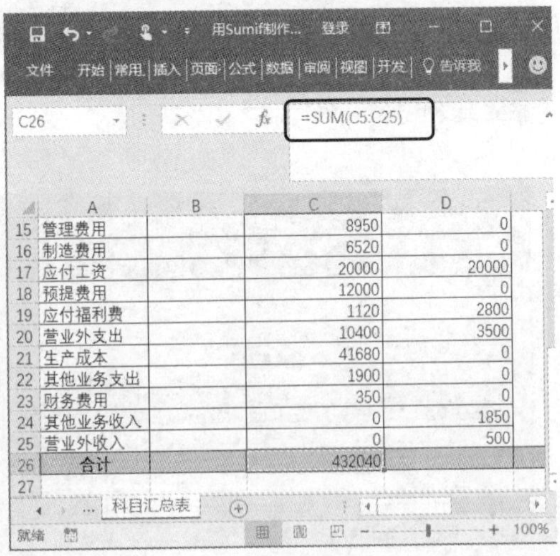

第 7 步：计算贷方发生额合计

在 D26 单元格中输入公式“=SUM(D5:D25)”，按“Enter”键即可计算出贷方发生额合计，如下图所示。

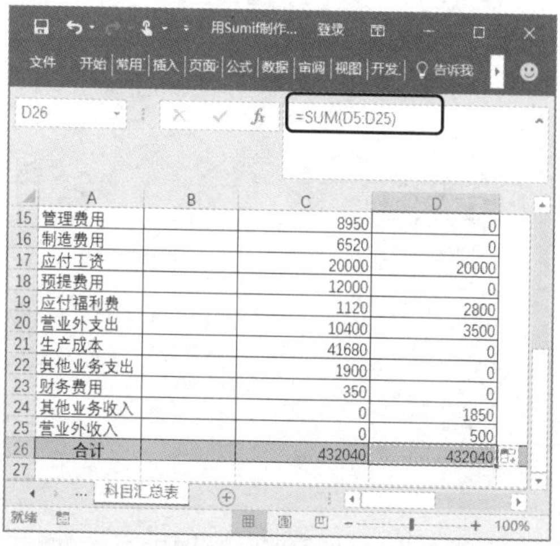

第 8 步：判断是否试算平衡

在 E26 单元格中输入公式“=IF(C26= D26,"试算平衡","试算不平衡")”，按“Enter”键即可判断出本期发生额的借贷方是否试算平衡，如下图所示。

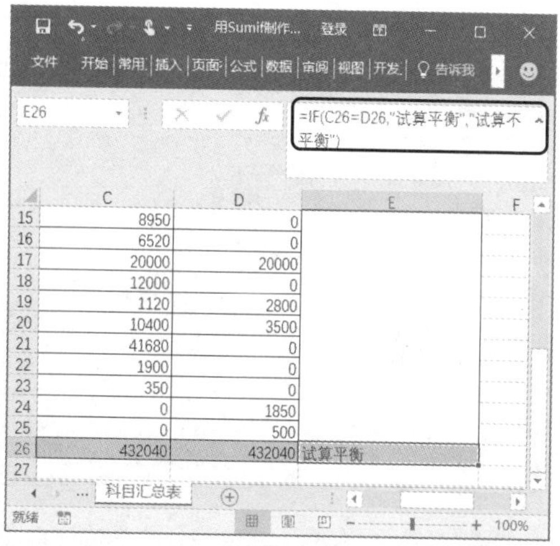

6. 制作简易总账

使用 Excel 的“数据验证”功能，设置下拉列表，再使用 VLOOKUP()函数从会计科目表或科目汇总表中调取数据，也可生成简易总分类账，具体操作方法如下。

第 1 步：执行冻结窗格命令

打开“素材文件\第 8 章\提升效率\制作简易总账.xlsx”文件，简易总分类账簿的基本格式如下图所示。

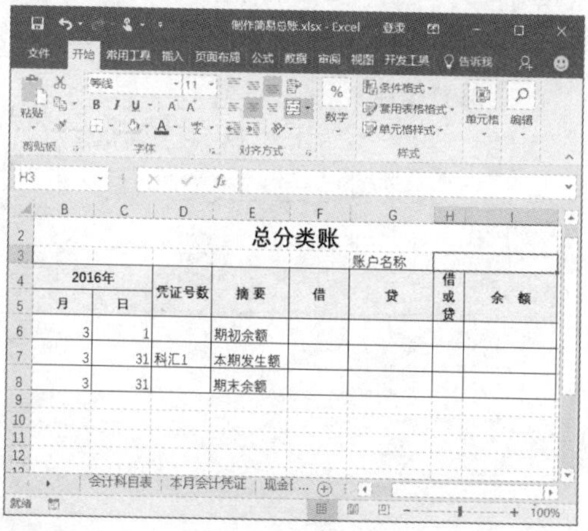

第 2 步：查看冻结线

选中 H3 单元格，❶单击“数据”选项卡；❷单击“数据工具”功能组中的“数据验证”按钮，如下图所示。

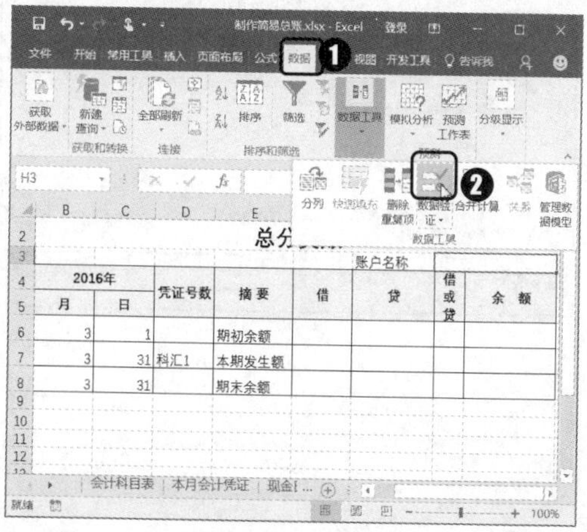

第 3 步：拆分万位

弹出“数据验证”对话框，❶在“允许”下拉列表中选择“序列”选项；❷单击“来源”文本框中的“折叠”按钮，如下图所示。

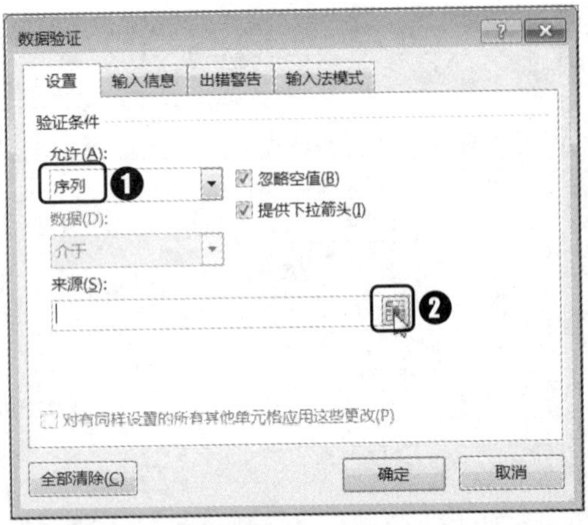

第 4 步：拆分千位

❶拖动鼠标在工作表“科目汇总表”中选取数据源“A5:A25”；❷单击“来源”文本框中的“展开”按钮，如下图所示。

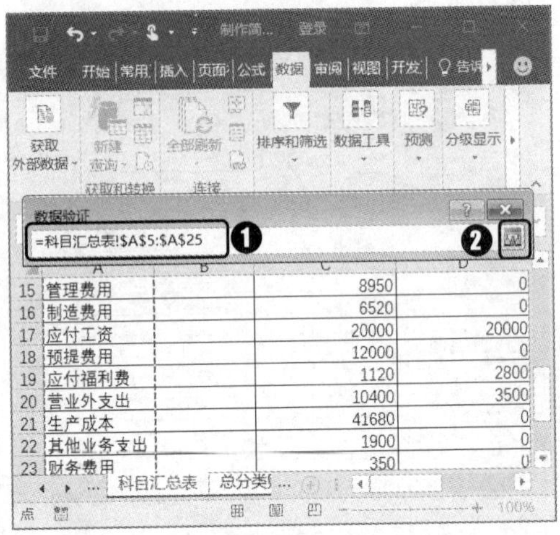

第 5 步：填充数据

弹出“数据验证”对话框，然后单击“确定”按钮，如下图所示。

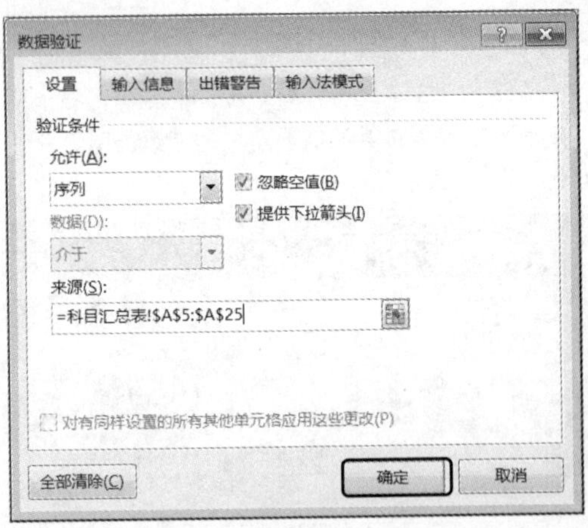

第 6 步：计算借方发生额合计

此时，H3 单元格右侧出现一个下拉按钮，❶单击此下拉按钮；❷在弹出的下拉列表中选择“现金”选项，如下图所示。

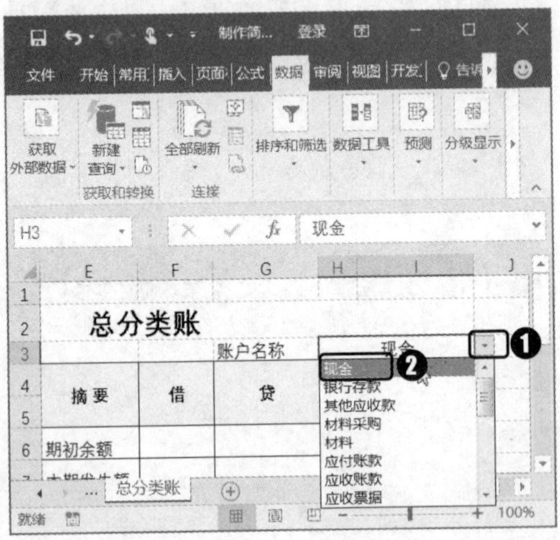

第 7 步：提取现金的期初余额

在 I6 单元格中输入公式"=VLOOKUP ($H$3,会计科目表!$C$2:$F$162,4, FALSE)"，按"Enter"键即可从会计科目表中提取现金的期初余额，如下图所示。

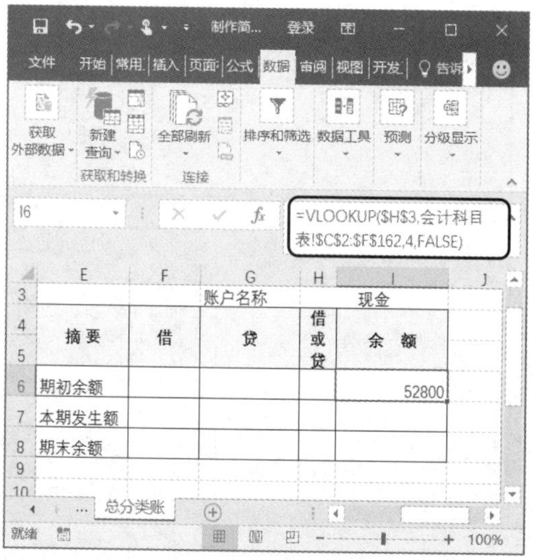

第 8 步：提取现金的借方发生额

在 F7 单元格中输入公式"=VLOOKUP ($H$3,科目汇总表!$A$5:$D$25,3,FALSE)"，按"Enter"键即可从科目汇总表中提取现金的借方发生额，如下图所示。

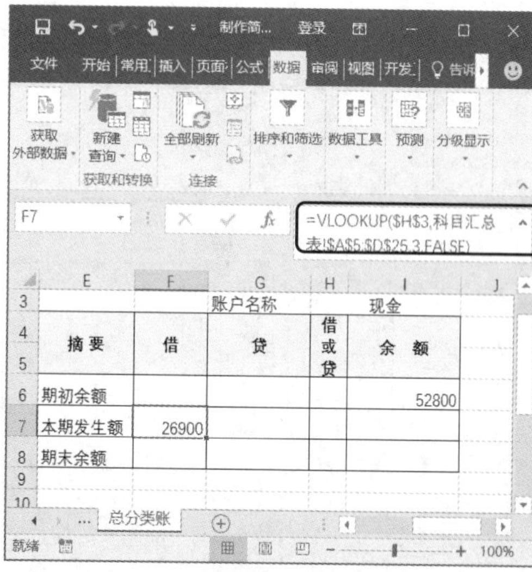

第 9 步：提取现金的贷方发生额

在 C7 单元格中输入公式"=VLOOKUP ($H$3,科目汇总表!$A$5:$D$25,4,FALSE)"，按"Enter"键即可从科目汇总表中提取现金的贷方发生额，如下图所示。

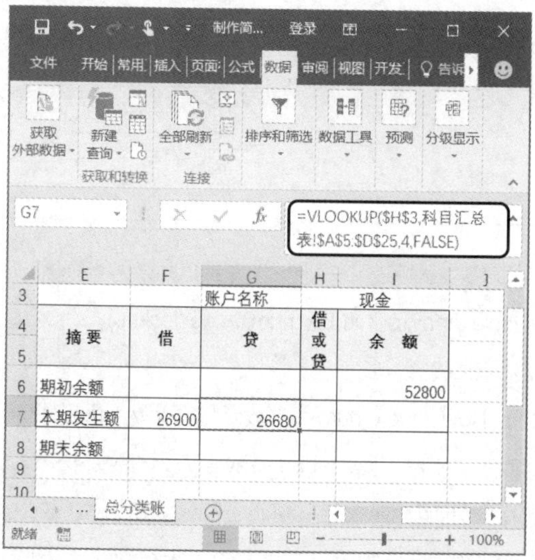

第 10 步：计算现金的期末余额

在 I8 单元格中输入公式"=I6+F7−G7"，按"Enter"键即可计算初现金的期末余额，如下图所示。

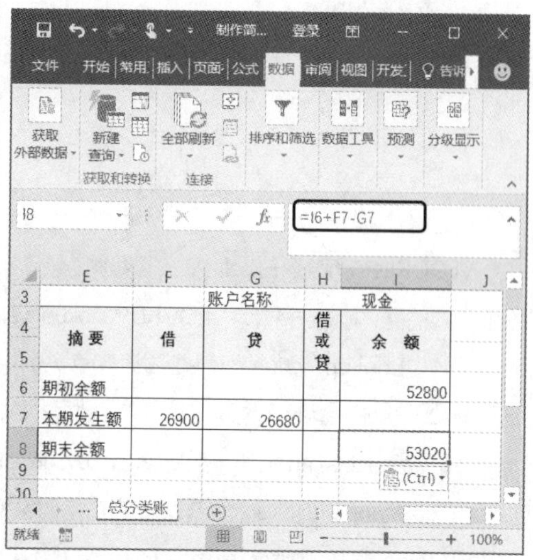

第 11 步：提取期初余额借贷方向

在 H6 单元格中输入公式“=VLOOKUP($H$3,会计科目表!$C$2:$F$162,3,FALSE)”，按“Enter”键即可从会计科目表中提取期初余额借贷方向，如下图所示。

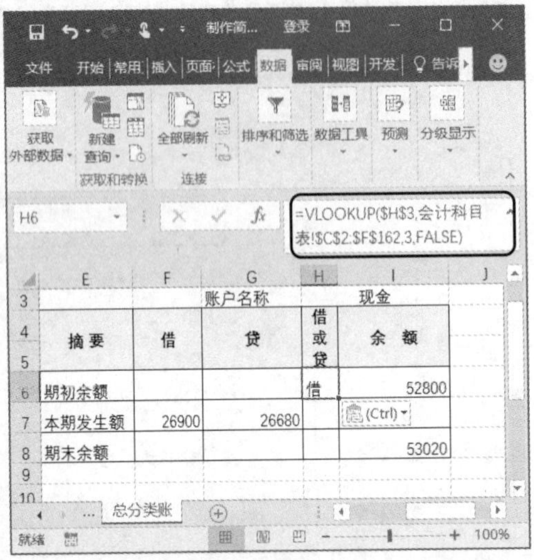

第 12 步：提取期末余额借贷方向

在 H8 单元格中输入公式“=H6”，按“Enter”键，即可提取期末余额借贷方向，如下图所示。

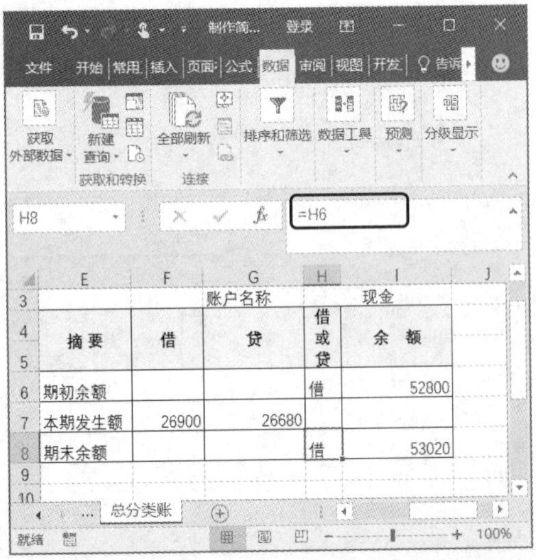

第 13 步：提取其他会计科目的总账数据

单击 H3 单元格右侧的下拉按钮，在弹出的下拉列表中选中“应付账款”选项，此时即可得到应付账款的总账数据，如右图所示。

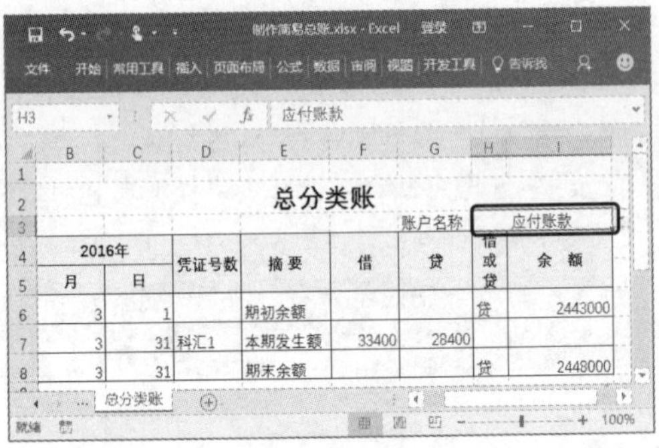

温馨小提示

VLOOKUP()函数是 Excel 中的一个纵向查找函数，即对数据区域进行按列查找，最终返回该列所需查询列序所对应的值。其语法格式为 VLOOKUP(lookup_value,table_array,row_index_num,range_lookup)。

（1）Lookup_value 为需在数据表第一列中进行查找的数值。

（2）Table_array 为需要在其中查找数据的数据表；Row_index_num 为参数说明，Row_index_ num 为 1 时，返回 table_array 第一列的数值，row_index_num 为 2 时，返回 table_array 第二列的数值……

（3）Range_lookup 为一逻辑值，指明函数 VLOOKUP 查找时是精确匹配，还是近似匹配。如果为 false 或 0，则返回精确匹配，如果找不到，则返回错误值#N/A。如果 range_lookup 为 TRUE 或 1，函数 VLOOKUP()将查找近似匹配值，即如果找不到精确匹配值，则返回小于 lookup_value 的最大数值。

第 9 章 期末对账与结账

本章导读

登记会计账簿后，接下来的工作就是期末账务处理。期末账务处理主要包括对账和结账，即对各类会计账簿数据进行核对，然后结算出本期发生额和期末余额。期末对账与结账是编制会计报表的前提，会计人员必须认真做好期末的对账和结账工作，这样才能保证财务报表的正确性和可靠性。

知识要点

- ❖账证核对
- ❖账账核对
- ❖账实核对
- ❖月结
- ❖季结
- ❖年结
- ❖保护工作簿
- ❖保护工作表

案例展示

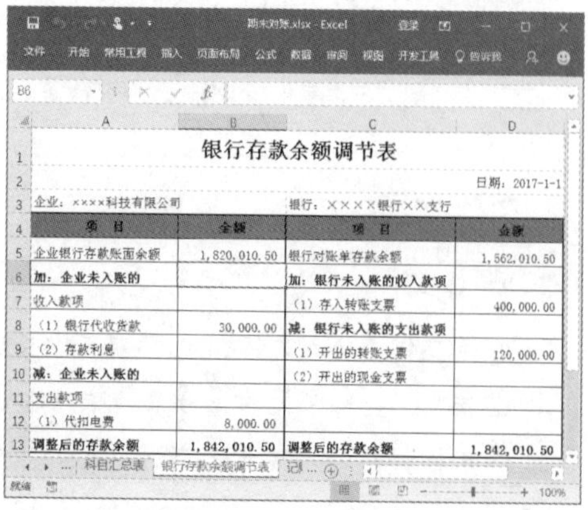

9.1 期末对账

案例概述

对账，是指核对账目。即对账簿和账户所记录的有关数据加以检查和核对，从而保证会计记录真实可靠、正确无误。会计人员要按照各种账簿记录情况的不同，分别进行经常和定期的对账。

案例效果

对账就是在结账前，将账簿记录和会计凭证核对，各种账簿之间的数字核对，账簿记录和实物及货币资金的实存数核对。纠正记账错误，以保证账簿记录正确无误，为编制会计报表提供真实可靠的会计核算资料。主要包括账证核对、账账核对、账实核对三种。

对账后的总账效果如下图所示。

总账

科目代码	会计科目	月初余额	对账	借方合计	对账	贷方合计	对账	月末余额	对账
1001	库存现金	¥68,000.00	√	¥22,200.00	√	¥68,800.00	√	¥21,400.00	√
1002	银行存款	¥600,000.00	√	¥746,020.00	√	¥257,500.00	√	¥1,088,520.00	√
1012	其他货币资	¥100,000.00	√	¥0.00	√	¥0.00	√	¥100,000.00	√
1101	短期投资	¥150,000.00	√	¥0.00	√	¥0.00	√	¥150,000.00	√
1121	应收票据	¥10,000.00	√	¥93,600.00	√	¥50,000.00	√	¥53,600.00	√
1122	应收账款	¥420,000.00	√	¥234,400.00	√	¥419,000.00	√	¥235,400.00	√
1123	预付账款	¥80,000.00	√	¥15,200.00	√	¥9,700.00	√	¥85,500.00	√
1131	应收股利	¥20,824.00	√	¥0.00	√	¥0.00	√	¥20,824.00	√
1132	应收利息	¥0.00	√	¥0.00	√	¥0.00	√	¥0.00	√
1221	其他应收款	¥82,000.00	√	¥1,300.00	√	¥3,000.00	√	¥80,300.00	√
1401	材料采购	¥0.00	√	¥35,200.00	√	¥35,200.00	√	¥0.00	√
1402	在途物资	¥0.00	√	¥0.00	√	¥0.00	√	¥0.00	√
1403	原材料	¥155,003.00	√	¥35,200.00	√	¥128,400.00	√	¥61,803.00	√
1404	材料成本差异	¥0.00	√	¥0.00	√	¥0.00	√	¥0.00	√
1405	库存商品	¥1,021,245.00	√	¥175,000.00	√	¥150,000.00	√	¥1,046,245.00	√
1407	商品进销差价	¥0.00	√	¥0.00	√	¥0.00	√	¥0.00	√
1408	委托加工物资	¥0.00	√	¥0.00	√	¥0.00	√	¥0.00	√

同步文件

原始文件：素材文件\第 9 章\期末对账.xlsx

结果文件：结果文件\第 9 章\期末对账.xlsx

同步视频文件：同步教学文件\第 9 章\期末对账\9.1.1.mp4~9.1.3.mp4

制作思路

“对账”的具体思路如下：

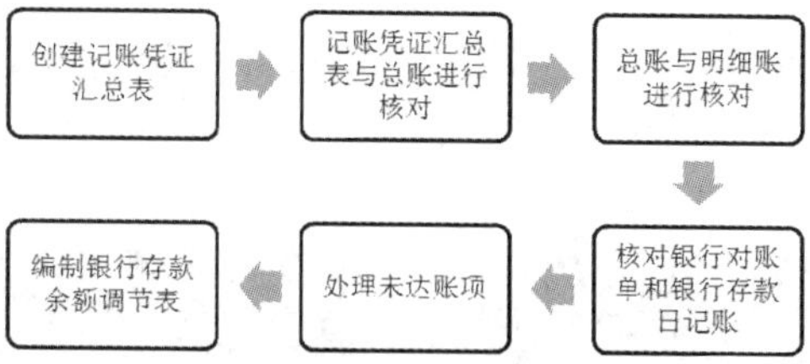

9.1.1 账证核对

账证核对，指会计账簿记录与会计凭证有关内容核对相符。保证账证相符，也是会计核算的基本要求。

核对方法主要是对会计账簿记录与原始凭证、记账凭证、凭证字号、内容、金额是否一致，记账方向是否相符。核对的方法一般采用抽查法，倘若发现差错，则要逐步核对，直到查出错误的原因为止。

接下来在 Excel 中，编制记账凭证汇总表，然后与总账进行核对，具体操作方法如下。

第 1 步：打开素材文件

切换到工作表“记账凭证录入表”中，如下图所示。

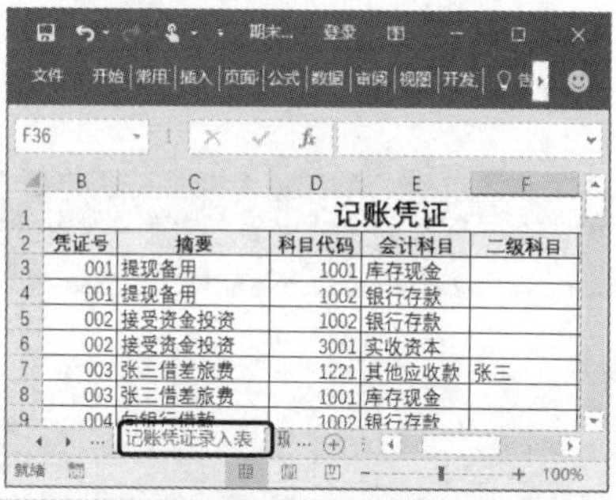

第 2 步：移动或复制工作表

移动或复制工作表“记账凭证录入表”，并将其重命名为“记账凭证汇总表”。然后将标题修改为“记账凭证汇总表”，效果如下图所示。

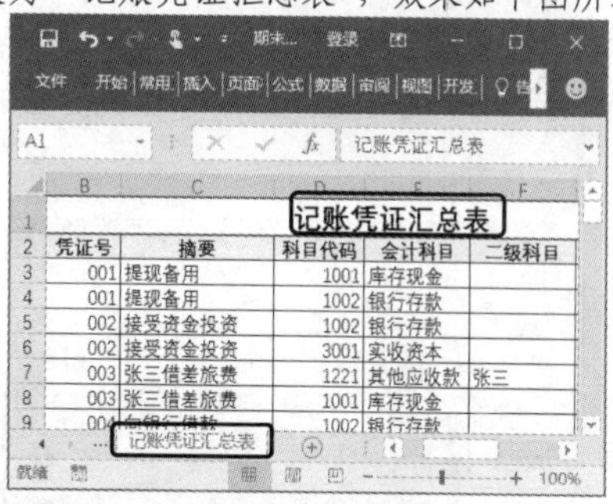

第 3 步：执行排序命令

❶单击“数据”选项卡；❷在“排序和筛选”功能组中单击“排序”按钮，如下图所示。

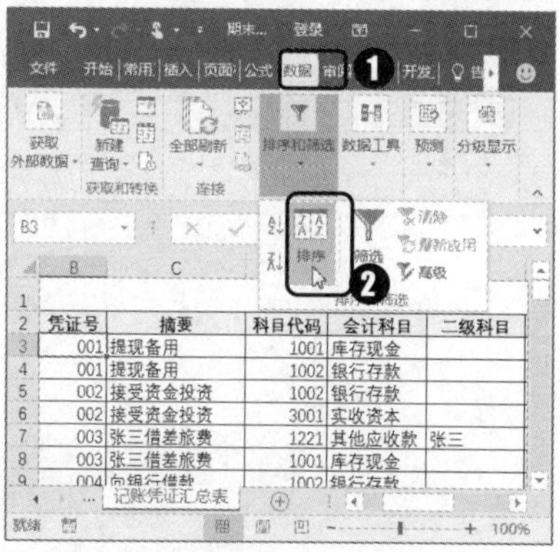

第 4 步：设置排序条件

弹出“排序”对话框，❶在“主要关键字”下拉列表中选择“科目代码”选项，其他选项默认；❷单击“确定”按钮，如下图所示。

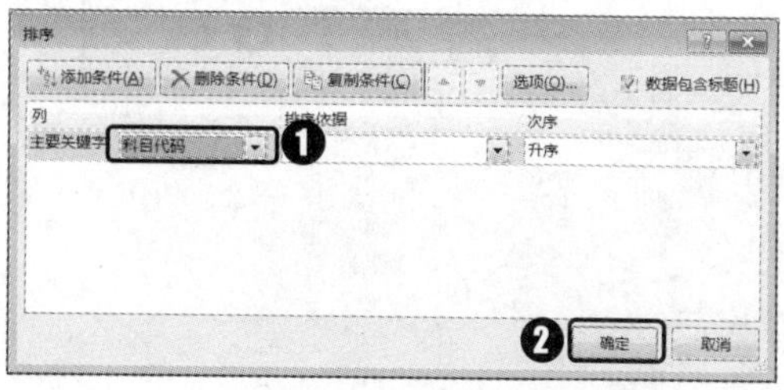

第 5 步：查看排序结果

返回工作表，此时即可看到按照“科目代码”排序的结果，如下图所示。

第 6 步：执行分类汇总命令

❶单击“数据”选项卡；❷在“分级显示”功能组中单击“分类汇总”按钮，如下图所示。

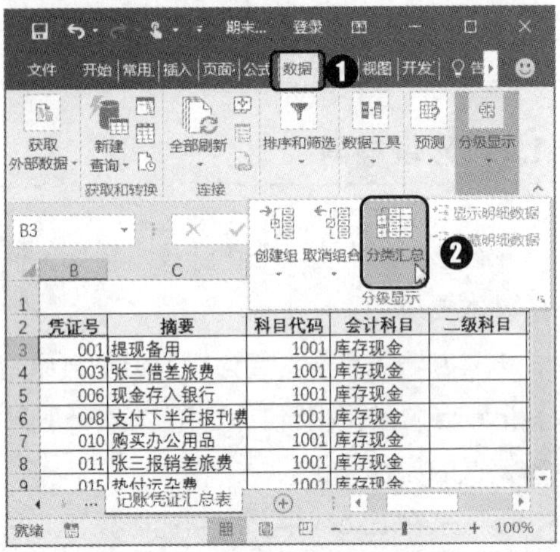

第 7 步：设置汇总条件

弹出“分类汇总”对话框，在❶“分类字段”下拉列表中选择“会计科目”选项；❷在“汇总方式”下拉列表中选择“求和”选项；❸在“选定汇总项”列表框中勾选“借方金额”和“贷方金额”复选框；❹单击“确定”按钮，如下图所示。

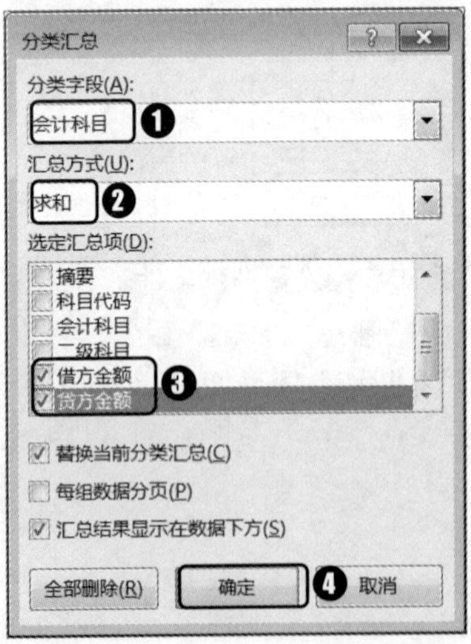

第 8 步：单击二级数据按钮

返回工作表，单击工作表左上角的数字按钮“2”，如下图所示。

第 9 步：查看二级数据

返回工作表，此时即可看到二级汇总数据，如下图所示。

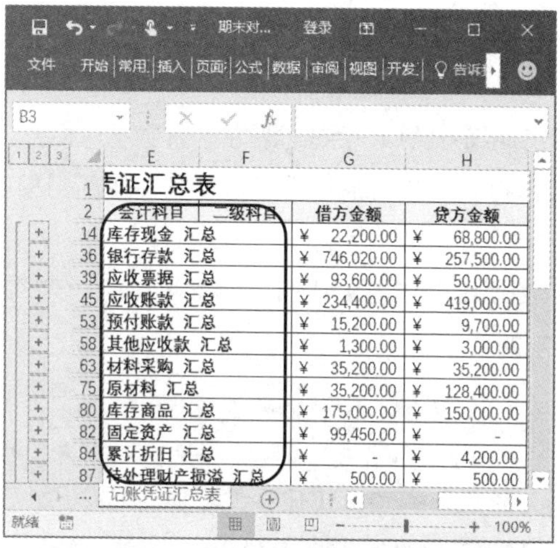

第 10 步：增加对账列

在“借方金额”和“贷方金额”列右侧分别插入“对账”列，如下图所示。

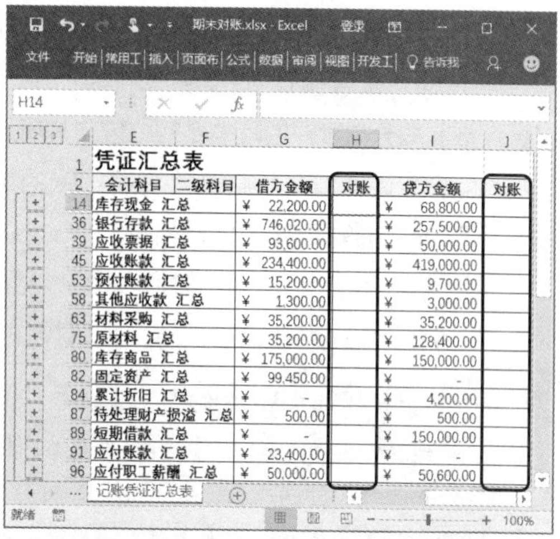

第 11 步：核对借方发生额合计

在 H14 单元格中输入公式“=IF(G14=总账!E3,"✓","不相等")”。按“Enter”键确认输入，效果如下图所示。

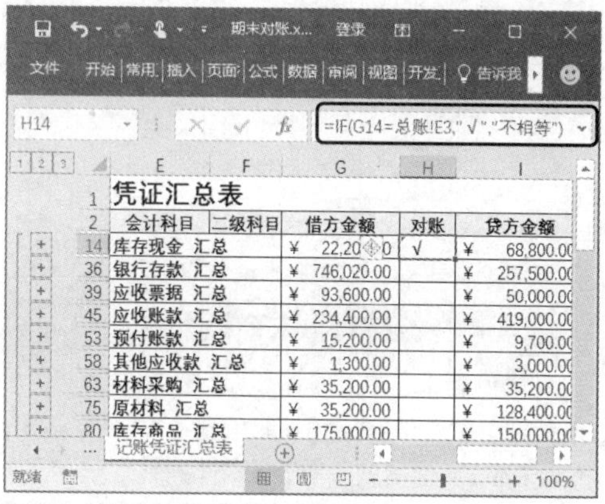

第 12 步：核对贷方发生额合计

在 J14 单元格中输入公式“=IF(I14=总账!G3,"✓","不相等")”。按“Enter”键确认输入，效果如下图所示。

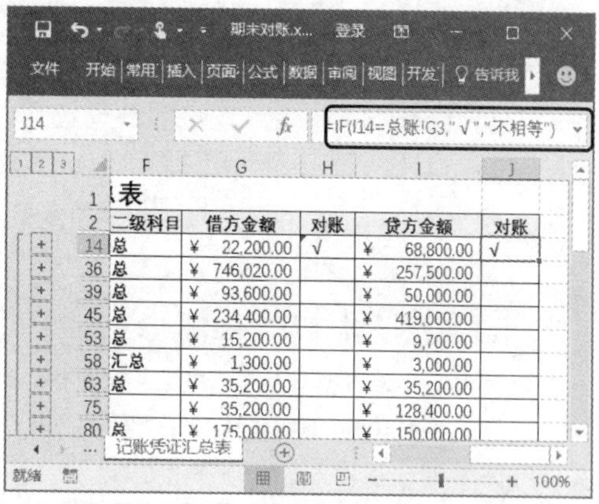

温馨小提示

由于“记账凭证汇总表”中的数据是由分类汇总生成，所以 H14 单元格和 J14 单元格中的公式不能向下填充，需要会计人员依据会计科目与总账中本期借贷方发生额进行逐一核对。

9.1.2 账账核对

账簿之间有关数据的核对工作主要包括总账有关账户的余额核对、总账与明细账核对、总账与日记账核对、会计部门的财产物资明细账与财产物资保管和使用部门的有关明细账核对等。

账簿之间有关数据的核对工作具体包括：

（1）总分类账簿中全部账户的借方发生额合计与贷方发生额合计、期末借方余额合计与贷方余额合计分别核对相符。

（2）现金日记账和银行存款日记账的期末余额，应与总分类账中“现金”和“银行存款”账户的期末余额核对相符。

（3）总分类账户的月末余额，应与其所属的各明细分类账户月末余额的合计数核对相符。

（4）会计部门有关财产物资明细账的期末结存数，应与财产物资保管和使用部门相应的保管账（卡）的结存数核对相符。

接下来利用 Excel 的数据处理功能，对总账和明细账中各会计科目的月初余额、借贷方发生额、月末余额进行账账核对，具体操作方法如下。

第 1 步：核对期初余额

切换到工作表“总账”，选中 D3 单元格，输入函数公式“=IF(C3=明细账!C4,"✓","不相等")”，按“Enter”键确认输入，如下图所示。

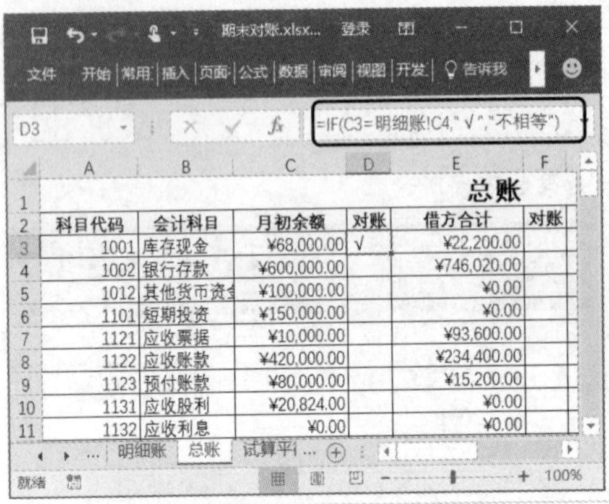

第 2 步：核对借方发生额

切换到工作表“总账”，选中 F3 单元格，输入函数公式“=IF(E3=明细账!D4,"✓","不相等")”，按“Enter”键确认输入，如下图所示。

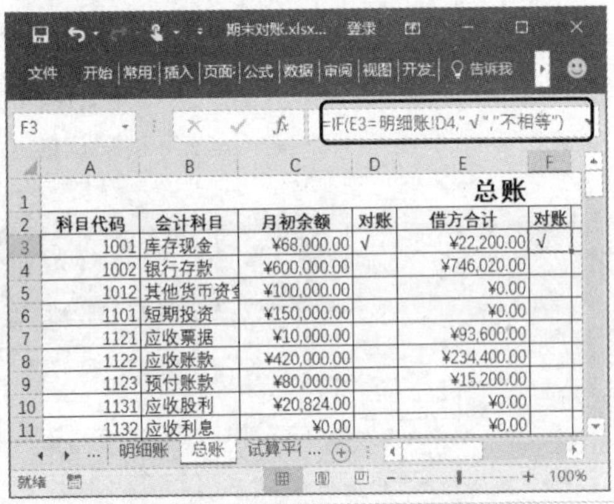

第 3 步：核对贷方发生额

切换到工作表“总账”，选中 H3 单元格，输入函数公式“=IF(G3=明细账!E4,"✓","不相等")”，按“Enter”键确认输入，如下图所示。

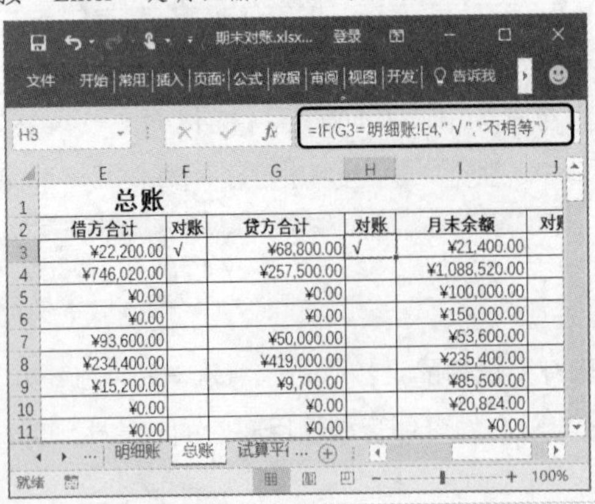

第 4 步：核对月末余额

切换到工作表“总账”，选中 J3 单元格，输入函数公式“=IF(I3=明细账!F4,"✓","不相等")”，按“Enter”键确认输入，如下图所示。

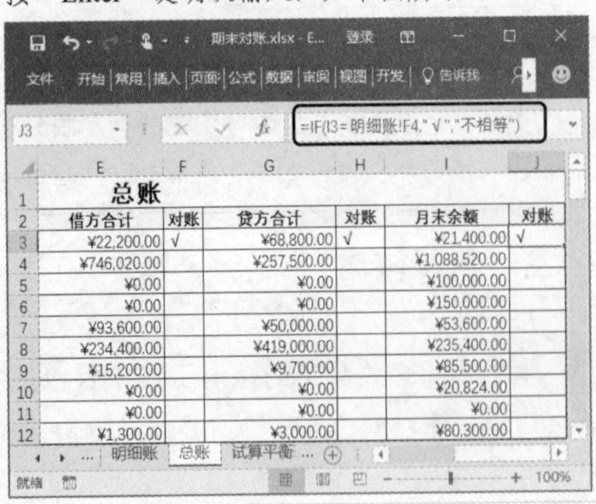

第 5 步：定位鼠标

将鼠标移动到 D3 单元格的右下角，此时鼠标指针变成十字形状，如下图所示。

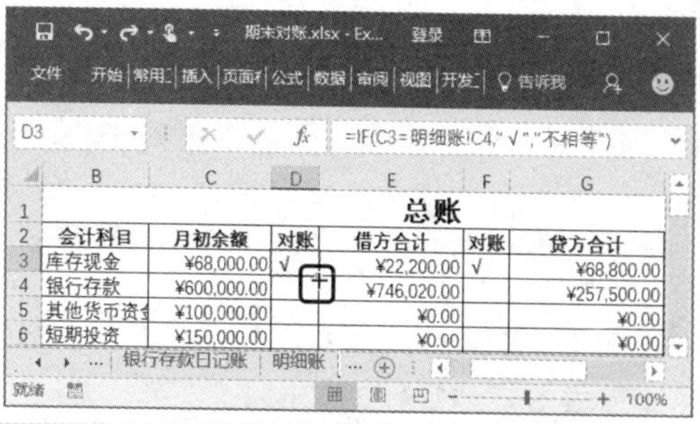

第 6 步：填充公式

按住鼠标左键不放，双击。即可完成公式填充，如下图所示。

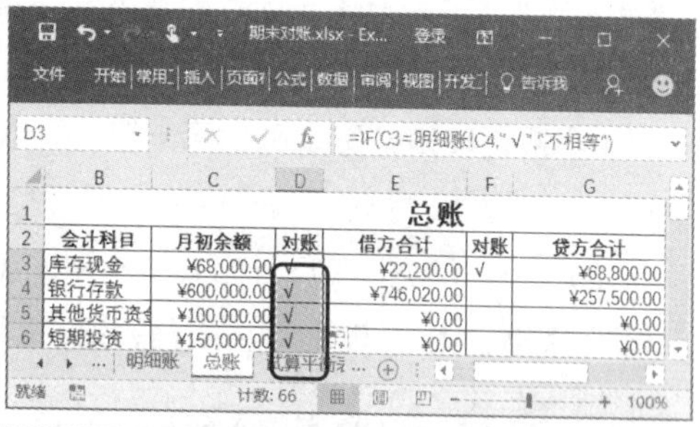

第 7 步：查看最终效果

使用同样的方法，完成其他公式的填写，操作到这里，总账与明细账之间的核对工作就完成了，最终效果如右图所示。

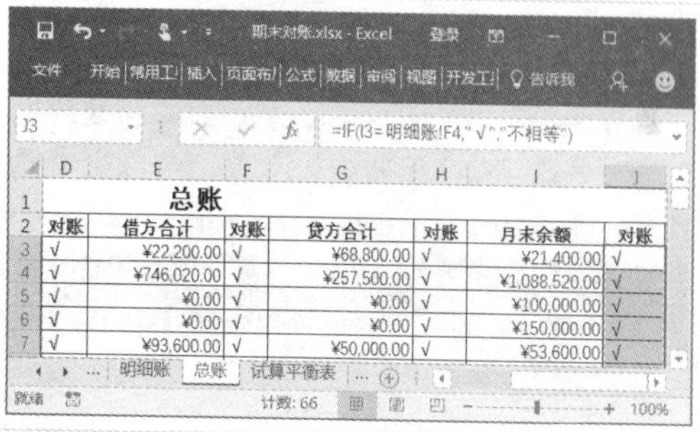

9.1.3 账实核对

账实核对，指账簿记录与实物、款项实有数核对相符。

具体包括：

（1）现金日记账的账面余额与库存现金实存数核对相符。

（2）银行存款日记账的账面记录与银行对账单核对相符。

（3）财产物资明细账的结存数与财产物资实存数核对相符。

（4）各种应收款项、应付款项的明细分类账的账面余额，与有关往来单位核对相符。

在实际工作中，由于可能存在未达账项，经常出现银行存款日记账的账面记录与银行对账单上的金额不符的现象。未达账项是企业单位与银行之间，对同一项经济业务由于凭证传递上的时间差所形成的一方已登记入账，而另一方因未收到相关凭证，尚未登记入账的事项。

出现未达账项，只需做银行余额调节表，不需要调账。银行存款余额调节表只是用来调整银行对账单和企业银行存款日记账的，并不能作为记账依据。

银行存款余额调节表是在银行对账单余额与企业账面余额的基础上，各自加上对方已收、本单位未收账项数额，减去对方已付、本单位未付账项数额，以调整双方余额使其一致的一种调节方法。

企业银行存款日记账账面余额+银行已收入账企业尚未入账金额-银行已付入账企业尚

未入账金额=银行对账单余额+企业已收入账银行尚未入账金额-企业已付入账银行尚未入账金额。

例如：2016 年 12 月 31 日，某企业银行存款日记账账面余额为 1 820 010.5 元，银行对账单余额为 1 562 010.5 元，经查对以下 4 个未达账项。

（1）银行收到托收的销货款 30 000 元，银行已经入账，企业尚未入账。

（2）银行代扣电费 8 000 元，银行已入账，账单尚未到达企业，企业尚未入账。

（3）企业 12 月 31 日收到银行的转账支票一张计 400 000 元，银行尚未入账。

（4）企业 12 月 31 日开出转账支票一张计 120 000 元，银行未入账。

接下来结合上述实例，对银行存款日记账账面余额与银行对账单进行核对，并在 Excel 中编制银行存款余额调节表。编制银行存款余额调节表的具体操作方法如下。

第 1 步：打开素材文件

打开本实例的素材文件“对账”，切换到工作表“银行存款余额调节表”，银行存款余额调节表的基本格式如下图所示。

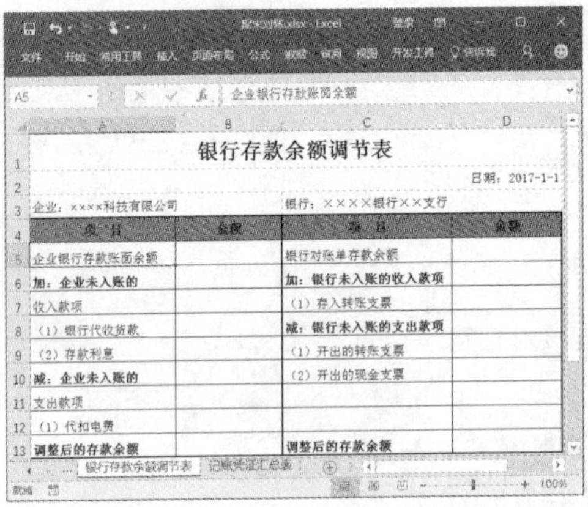

第 2 步：录入账面余额与对账单余额

在 B5 单元格和 D5 单元格中分别输入银行存款日记账账面余额与银行对账单余额，如下图所示。

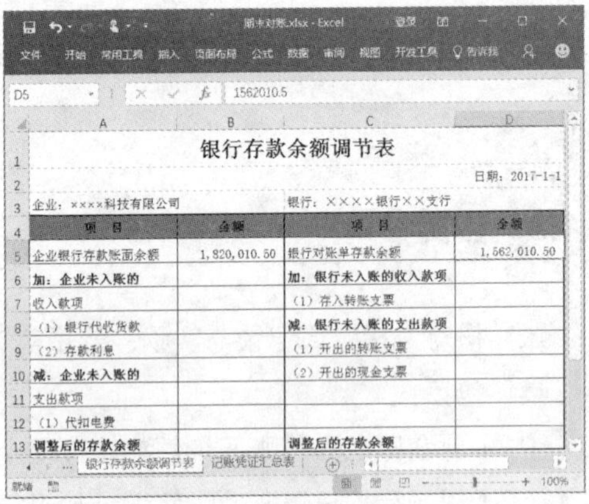

第 3 步：调整未达账项（1）

未达账项（1）属于企业未入账的收入款项，在 B8 单元格中输入数据“30 000”，如下图所示。

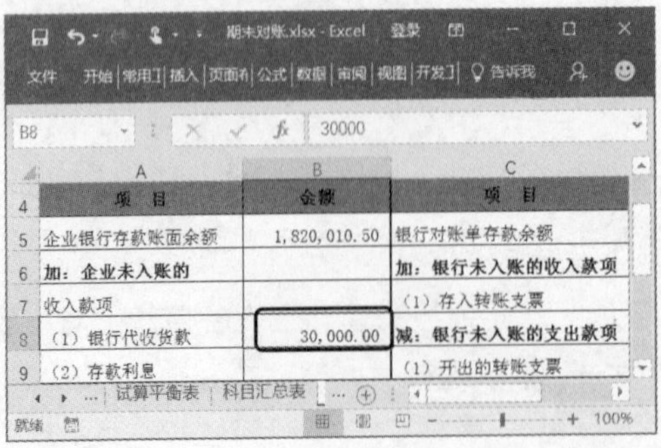

第 4 步：调整未达账项（2）

未达账项（2）属于企业未入账的支出款项，在 B12 单元格中输入数据“8 000”，如下图所示。

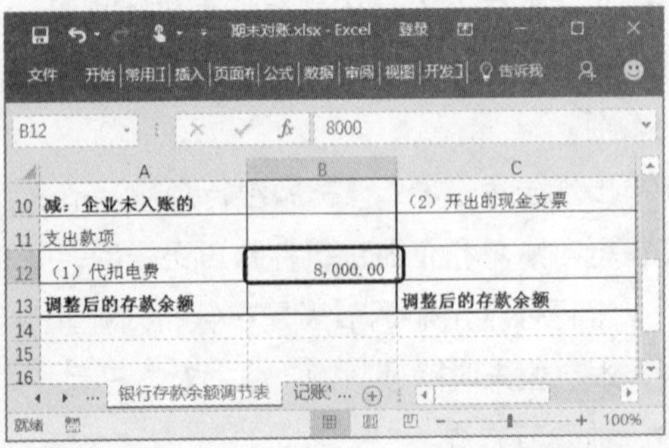

第 5 步：调整未达账项（3）

未达账项（3）属于银行未入账的收入款项，在 D7 单元格中输入数据“400 000”，如下图所示。

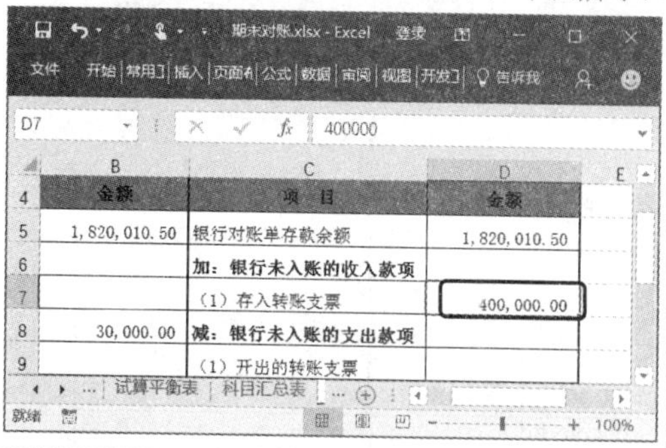

第 6 步：调整未达账项（4）

未达账项（4）属于银行未入账的支出款项，在 D9 单元格中输入数据“120 000”，如下图所示。

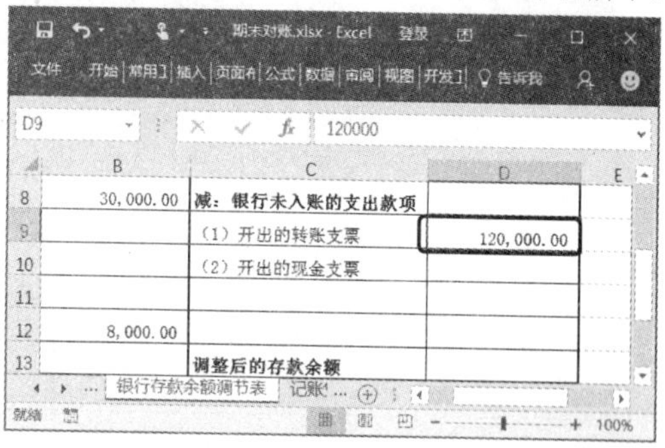

第 7 步：计算调整后账面余额

在 B13 单元格，输入公式“=B5+B8-B12”，按“Enter”键，即可计算出调整后账面余额，如下图所示。

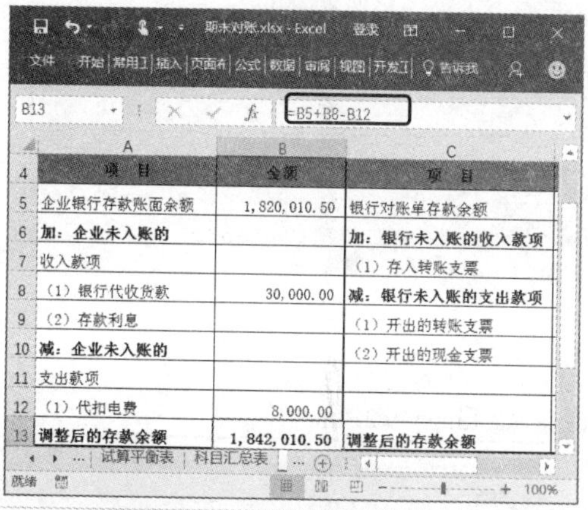

第 8 步：确认公式

在 D13 单元格，输入公式“=D5+D7-D9”，按“Enter”键，此时即可计算出调整后的银行对账单的余额。调整完毕，企业银行存款日记账的账面余额=银行对账单余额，如下图所示。

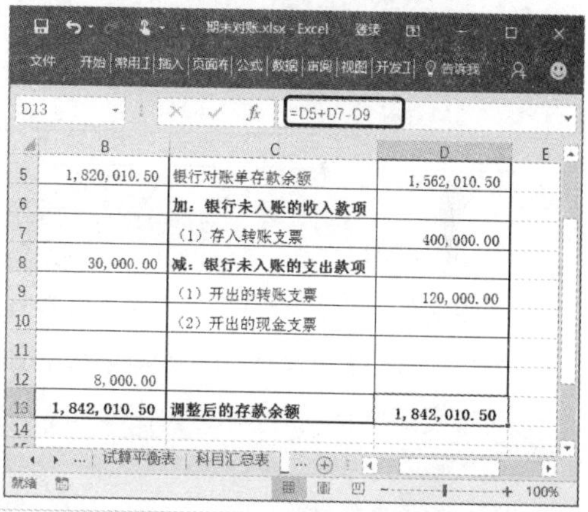

9.2 期末结账

案例概述

结账是在会计期末对一定时期内账簿记录所做的结束工作，主要是结算出每个账户的本期发生额和期末余额，并结转下一会计期间。会计期末，会计人员应将本期内所发生的各项经济业务和应有本期收益的收入、负担的费用全部登记入账。另外，还要将损益类科目转入“本年利润”，结平所有损益类科目，然后按照规定，对现金和银行存款日记账按日结账，对其他账簿按月、季、年结账。

案例效果

总分类账一般为三栏式账簿，包括“借方”、“贷方”、“余额”等项目。

"三栏式总账"创建完成后，效果如下图所示。

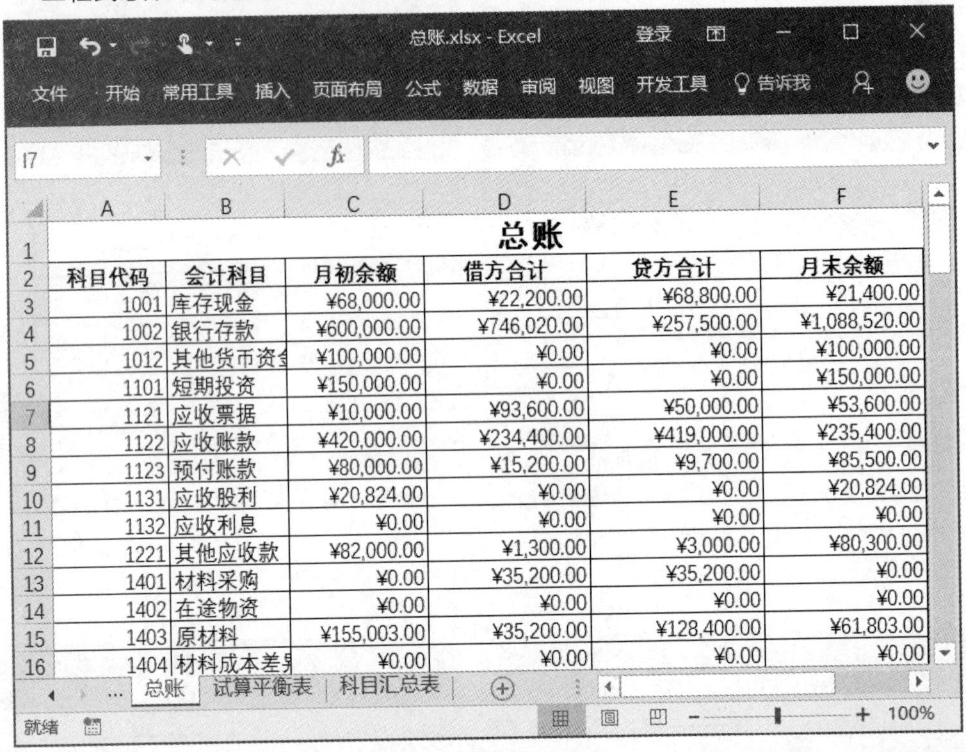

总账					
科目代码	会计科目	月初余额	借方合计	贷方合计	月末余额
1001	库存现金	¥68,000.00	¥22,200.00	¥68,800.00	¥21,400.00
1002	银行存款	¥600,000.00	¥746,020.00	¥257,500.00	¥1,088,520.00
1012	其他货币资金	¥100,000.00	¥0.00	¥0.00	¥100,000.00
1101	短期投资	¥150,000.00	¥0.00	¥0.00	¥150,000.00
1121	应收票据	¥10,000.00	¥93,600.00	¥50,000.00	¥53,600.00
1122	应收账款	¥420,000.00	¥234,400.00	¥419,000.00	¥235,400.00
1123	预付账款	¥80,000.00	¥15,200.00	¥9,700.00	¥85,500.00
1131	应收股利	¥20,824.00	¥0.00	¥0.00	¥20,824.00
1132	应收利息	¥0.00	¥0.00	¥0.00	¥0.00
1221	其他应收款	¥82,000.00	¥1,300.00	¥3,000.00	¥80,300.00
1401	材料采购	¥0.00	¥35,200.00	¥35,200.00	¥0.00
1402	在途物资	¥0.00	¥0.00	¥0.00	¥0.00
1403	原材料	¥155,003.00	¥35,200.00	¥128,400.00	¥61,803.00
1404	材料成本差异	¥0.00	¥0.00	¥0.00	¥0.00

同步文件

原始文件： 素材文件\第 9 章\期末结账.xlsx

结果文件： 结果文件\第 9 章\期末结账.xlsx

同步视频文件： 同步教学文件\第 9 章\期末结账\9.2.1.mp4~9.2.3.mp4

制作思路

"三栏式总账"的制作思路如下：

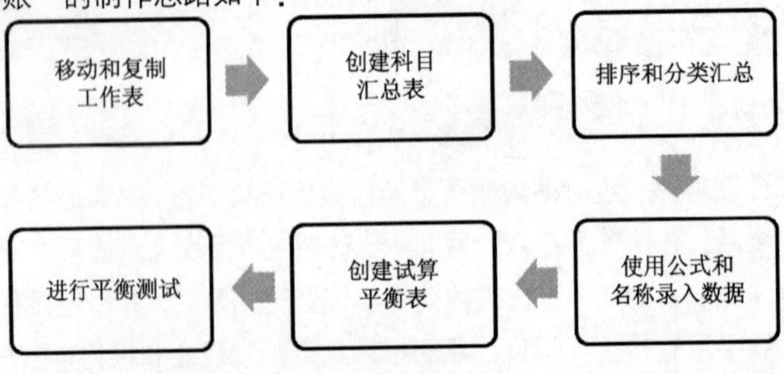

9.2.1 月结

月结——每月末时进行的结账，在本月最后一笔经济业务的下一行计算出本期发生额和余额，在“摘要”栏内注明“本月合计”，在其上下各划一条单红线，并将余额结转下月。

月结具体操作方法如下。

第 1 步：打开素材文件

打开“素材文件\第 9 章\期末结账.xlsx”文件，切换到工作表“月结”中，查看账簿记录情况，如下图所示。

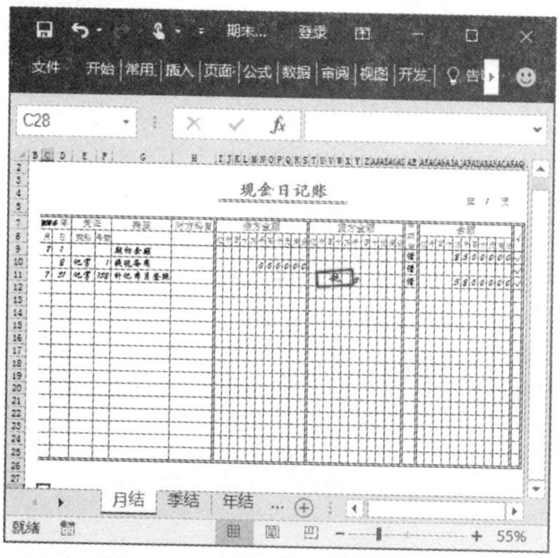

第 2 步：录入结转日期和摘要

在本月最后一笔经济业务的下一行输入结账日期“7 月 31 日”和摘要“本月合计”，效果如下图所示。

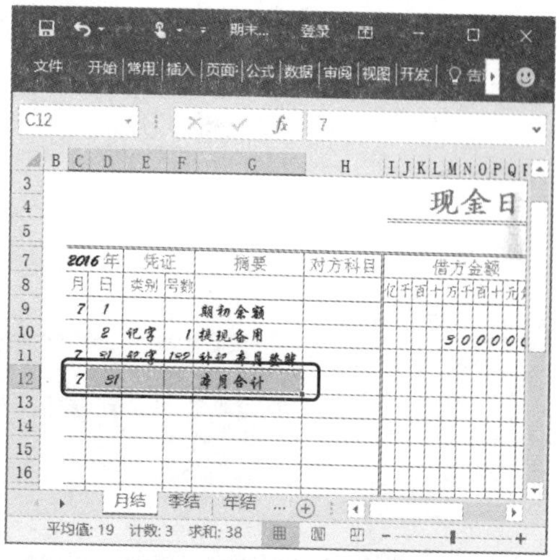

第 3 步：结算借方发生额

在借方发生额栏目中结出借方发生额，如下图所示。

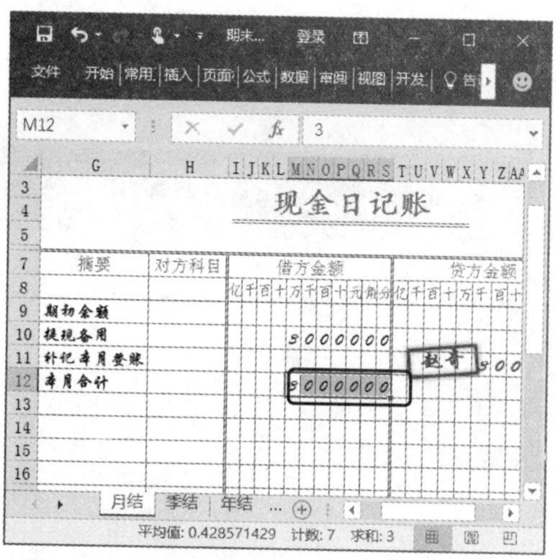

第 4 步：结算贷方发生额

在贷方发生额栏目中结出贷方发生额，如下图所示。

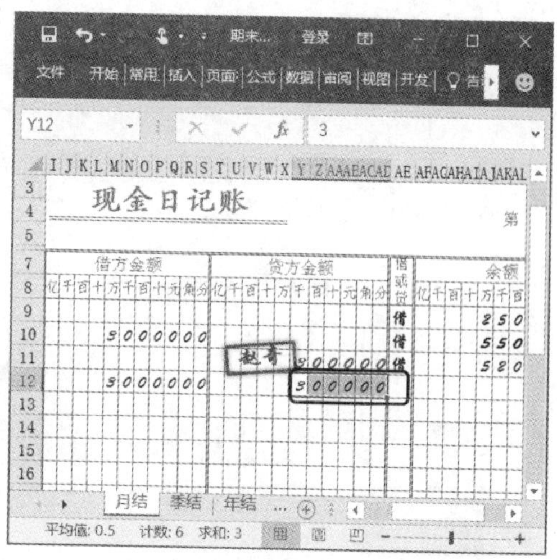

第 5 步：结期末余额和借贷方向

在余额栏目中结出月末余额并确定借贷方向，如下图所示。

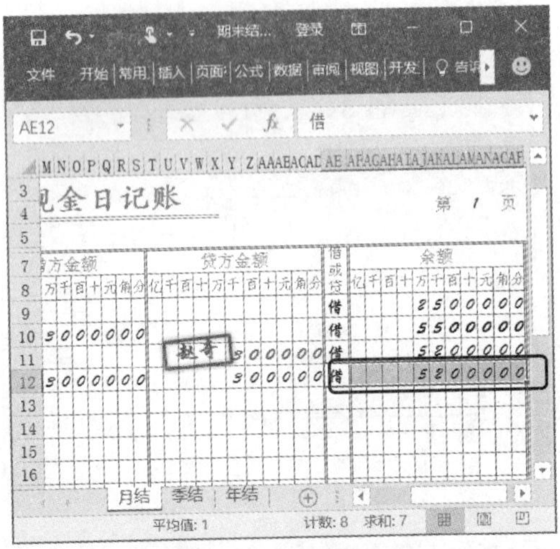

第 6 步：执行设置单元格格式命令

选中“本月合计”所在的行，右击，在弹出的快捷菜单中选择“设置单元格格式”命令，如下图所示。

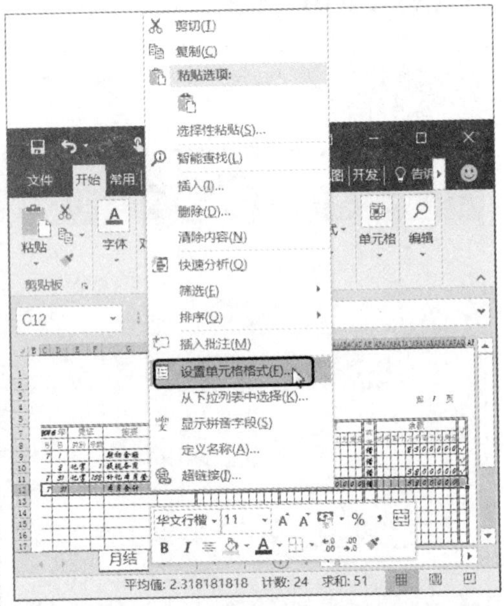

第 7 步：设置上下通栏红线

弹出“设置单元格式”对话框，切换到“边框”选项卡，❶在“样式”列表框中选择“较粗实线”；❷在“颜色”下拉列表中选择“红色”；❸在“边框”组合框中单击“上边框”按钮和“下边框”按钮；❹单击“确定”按钮，如下图所示。

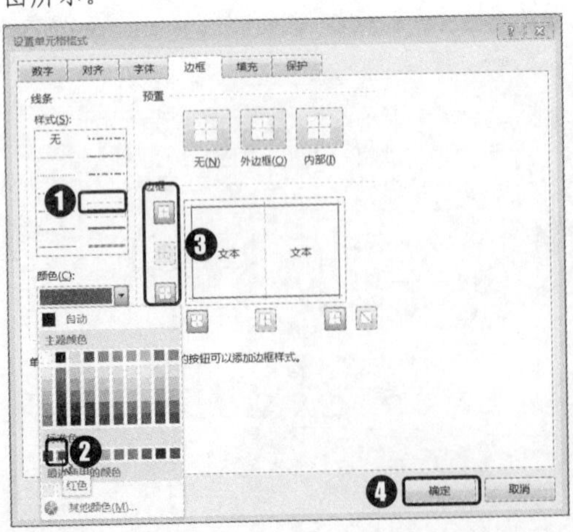

第 8 步：查看设置效果

此时即可在“本月合计”所在行的上下各划一条单红线，如下图所示。

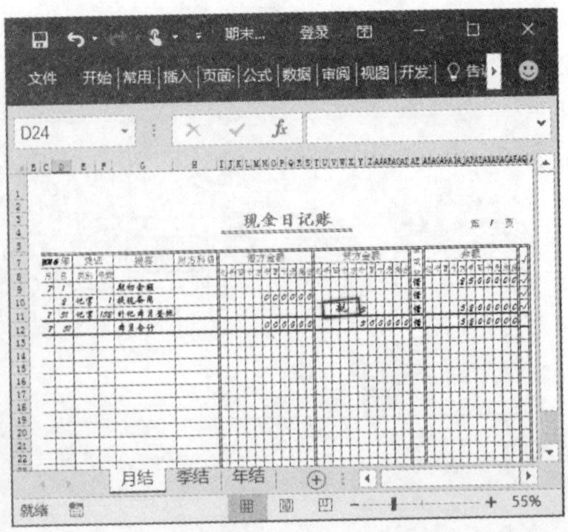

第 9 步：录入结转下月的日期和摘要

在“本月合计”的下一行录入结转日期和摘要“上月结转”，如下图所示。

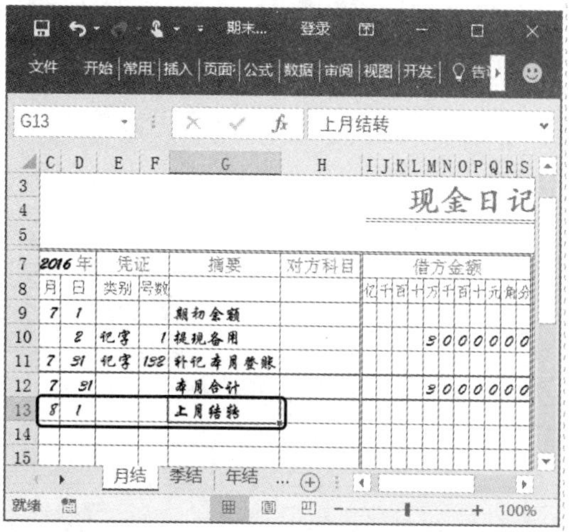

第 10 步：录入结转下月的金额

录入结转下月的金额和借贷方向，如下图所示。

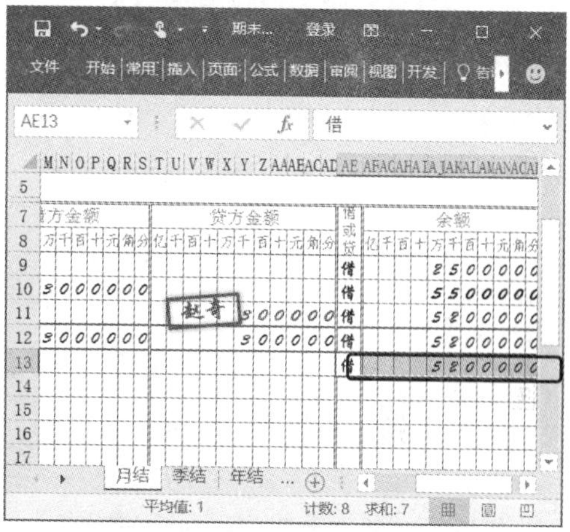

9.2.2 季结

季结——每季末时进行的结账，在本季最后一个月月结的下方计算出本季度发生额和余额，在“摘要”栏内注明“本季合计”，在其上下各划一条单红线。具体操作方法如下。

第 1 步：打开素材文件

切换到工作表“季结”中，查看账簿记录情况，如下图所示。

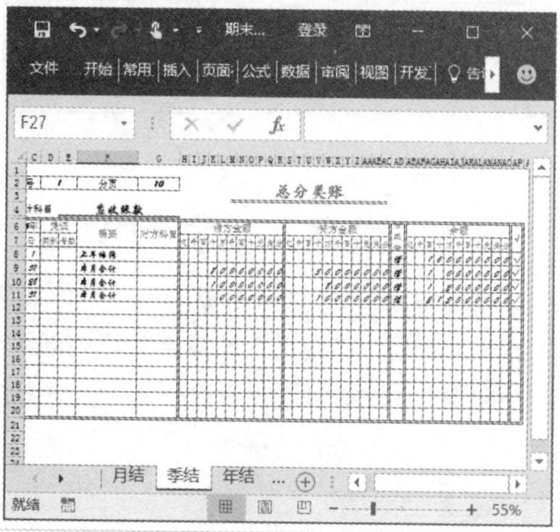

第 2 步：录入结转日期和摘要

在本季最后一个月月结的下方一行输入结账日期“3 月 31 日”和摘要“本季合计”，效果如下图所示。

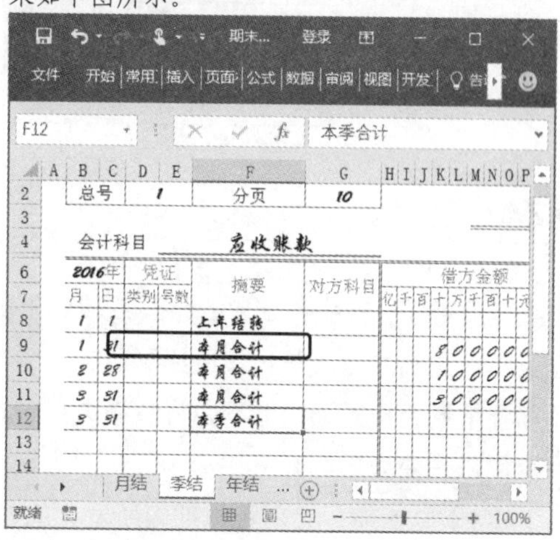

第 3 步：结算借方发生额

在借方发生额栏目中结出借方发生额，如下图所示。

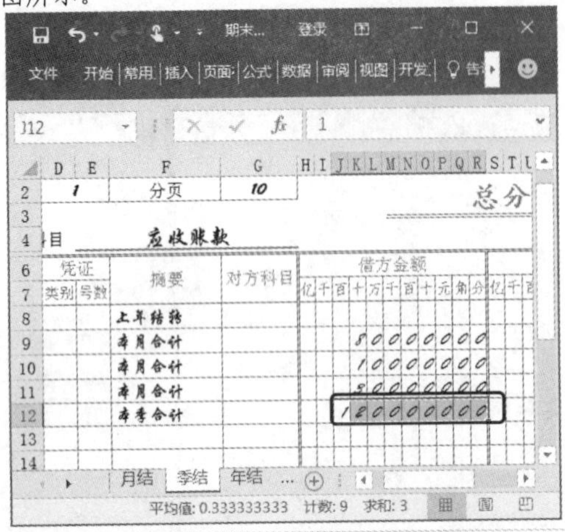

第 4 步：结算贷方发生额

在贷方发生额栏目中结出贷方发生额，如下图所示。

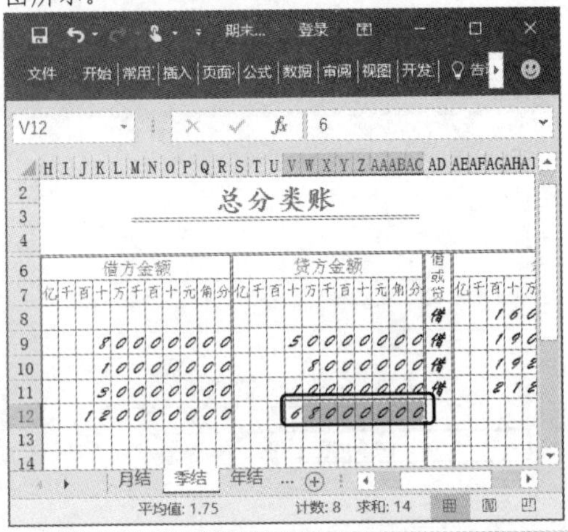

第 5 步：结出期末余额和借贷方向

在余额栏目中结出季末余额并确定借贷方向，如下图所示。

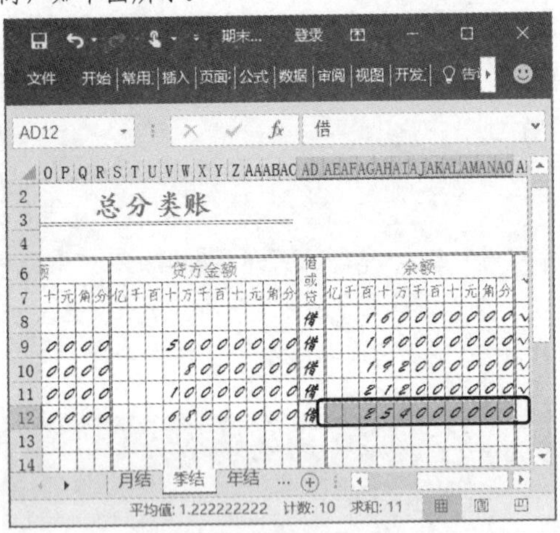

第 6 步：执行设置单元格格式命令

在“本季合计”所在行的上下各设置一条单红线，设置效果如下图所示。

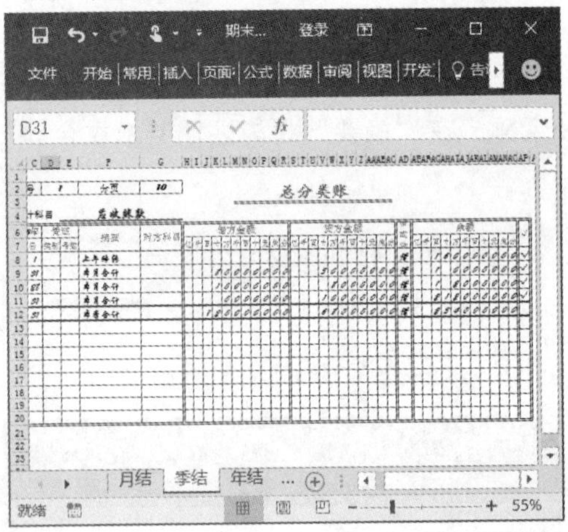

9.2.3 年结

年度终了，要将各账户的余额结转到下一会计年度，对于怎样把有余额的账户余额结转至下年，正确的方法是：年度终了时，有余额的账户的余额，直接记入新账余额栏内即可，不需要编制记账凭证，也不必将余额再记入本年账户的借方或贷方（收方或付方），使本年有余额账户变为零。

（1）结账前，必须将本期内所发生的各项经济业务全部登记入账。

（2）结账时，应当结出每个账户的期末余额。需要结出当月发生额的，应当在摘要栏内注明“本月合计”字样，并在下面通栏划单红线。需要结出本年累计发生额的，应当在摘要栏内注明“本年累计”字样，并在下面通栏划单红线，12 月末的“本年累计”就是全年累计发生额，全年累计发生额下应当通栏划双红线，年度终了结账时，所有总账账户都应当结出全年发生额和年末余额。

（3）年度终了，要把各账户的余额结转到下一会计年度，并在摘要栏注明“结转下年”字样，在“结转下年”字样下空格处，从右上角至左下角划一条斜线注销；在下一会计年度新建有关会计账簿的第一余额栏内填写上年结转的余额，并在摘要栏注明“上年结转”字样。

具体操作方法如下。

第 1 步：打开素材文件

切换到工作表“年结”中，查看账簿记录情况，结出本年累计发生额，并在摘要栏内注明“本年累计”字样，如下图所示。

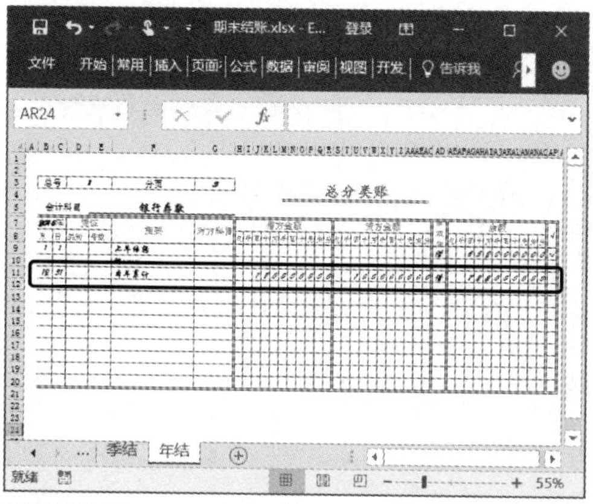

第 2 步：录入结转日期和摘要

在“本年累计”所在行的上方设置单红线，在其下方设置双红线，设置效果如下图所示。

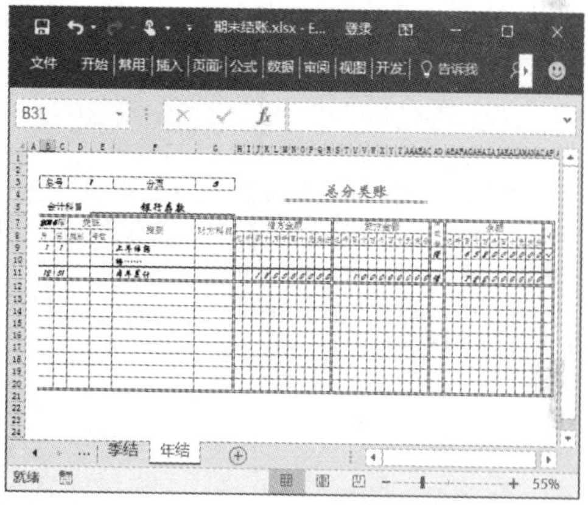

第 3 步：录入结转下年摘要

在“本年累计”的下一行录入摘要“结转下年”，如下图所示。

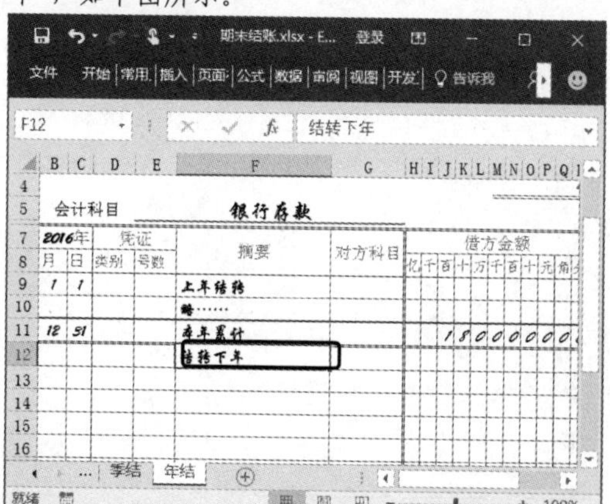

第 4 步：录入结转下年金额

录入结转下年的金额和借贷方向，如下图所示。

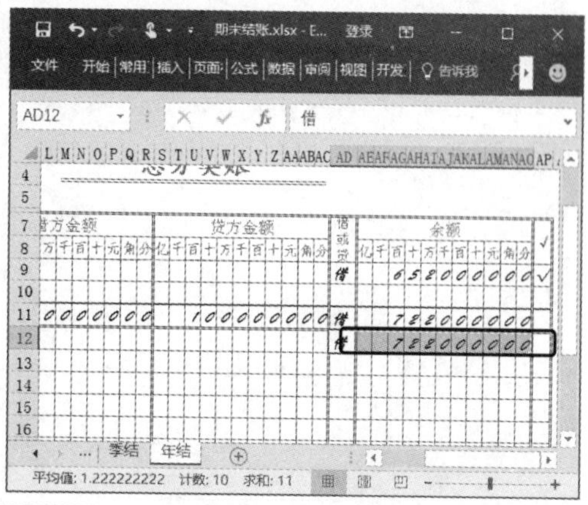

9.3 保护会计数据

案例概述

在 Excel 中制作会计账表，可以方便会计核算和数据统计。会计账表创建完成后，还可以通过保护工作簿和保护工作表等操作加强对会计数据的管理，保证会计数据的安全。

案例效果

通过保护工作簿和保护工作表，可以防止会计数据被他人随意修改，有利于加强财务数据的管理和安全。

对工作簿进行保护后，效果如下图所示。

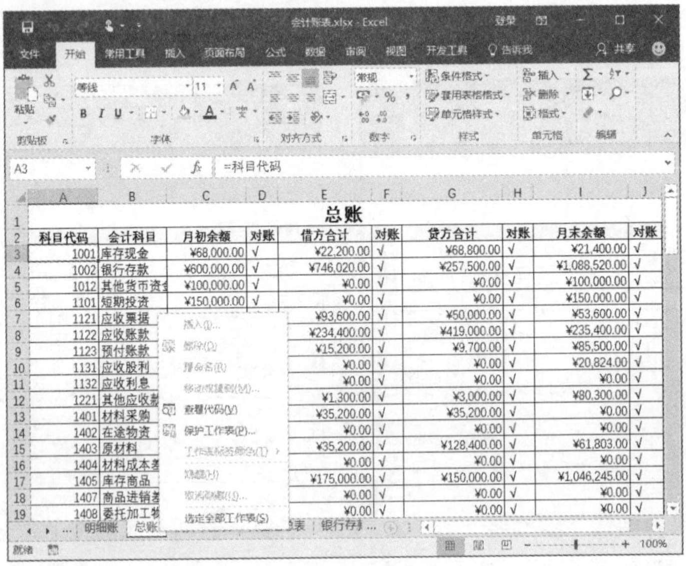

对工作表进行保护后，效果如下图所示。

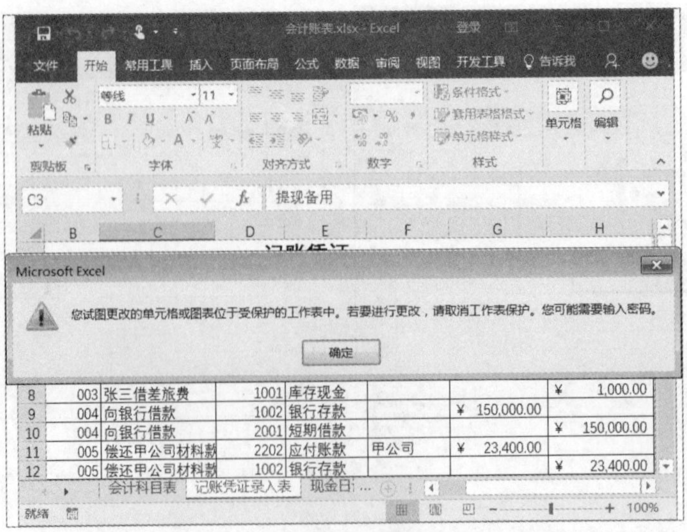

同步文件

原始文件：素材文件\第 9 章\会计账表.xlsx

结果文件：结果文件\第 9 章\会计账表.xlsx

同步视频文件：同步教学文件\第 9 章\会计账表\9.3.1.mp4~9.3.2.mp4

制作思路

对“会计账表”添加保护的思路如下：

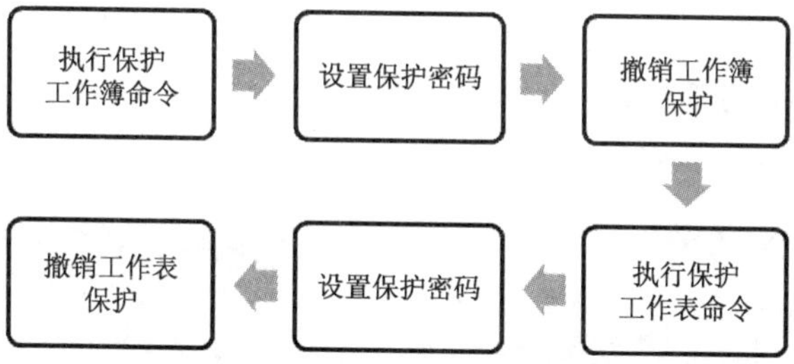

9.3.1 保护工作簿

保护工作簿是对工作簿的结构和窗口大小进行保护。如果一个工作簿的“结构”被设置了保护，就不能对该工作簿内的工作表进行插入、删除、移动、隐藏、取消隐藏和重命名操作。接下来为工作簿“会计账表”添加保护，具体操作方法如下。

第 1 步：执行保护工作簿命令

打开“素材文件\第 9 章\期末结账. xlsx”文件，❶单击“审阅”选项卡；❷在“更改”功能组中单击“保护工作簿”按钮，如下图所示。

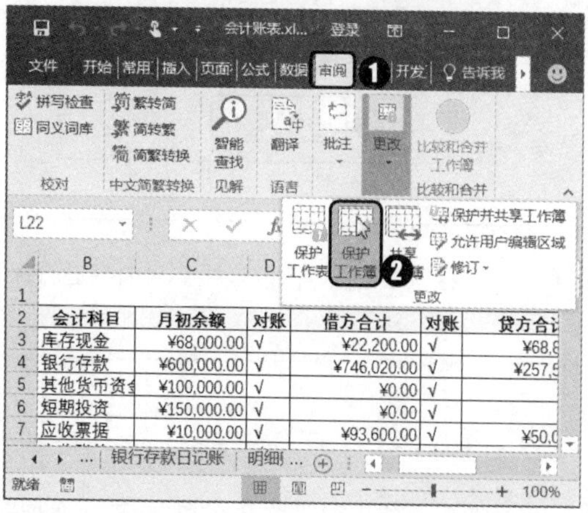

第 2 步：设置保护选项

弹出“保护结构和窗口”对话框，❶勾选“结构”复选框，其他选项默认；❷在“输入密码”文本框中输入密码，例如，输入“123”；❸单击“确定”按钮，如下图所示。

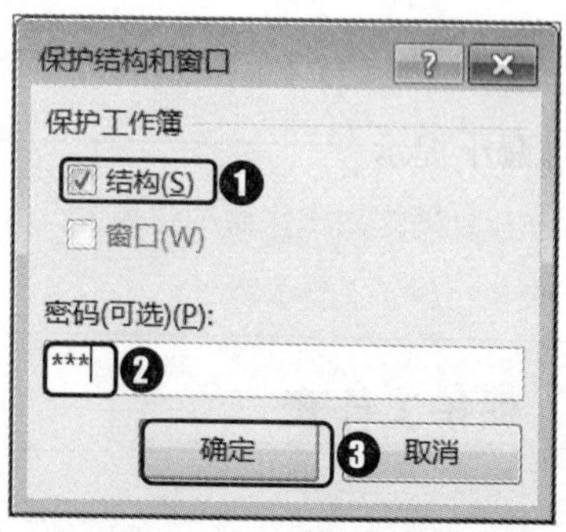

第 3 步：确认密码

弹出“确认密码”对话框，❶在“重新输入密码”文本框中输入密码“123”；❷单击“确定”按钮，如下图所示。

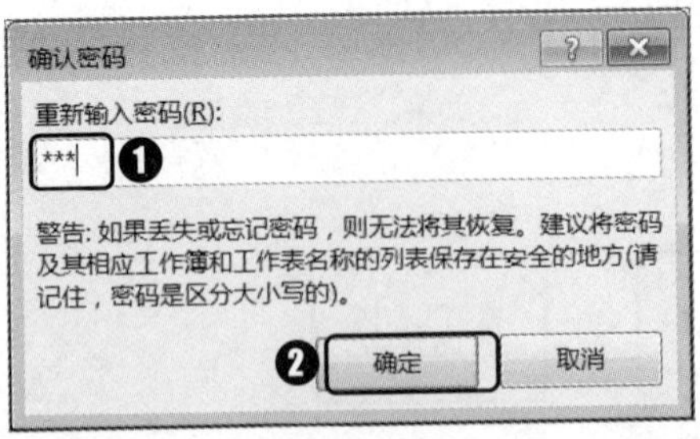

第 4 步：保存设置

单击工作簿左上角的“保存”按钮，如下图所示。

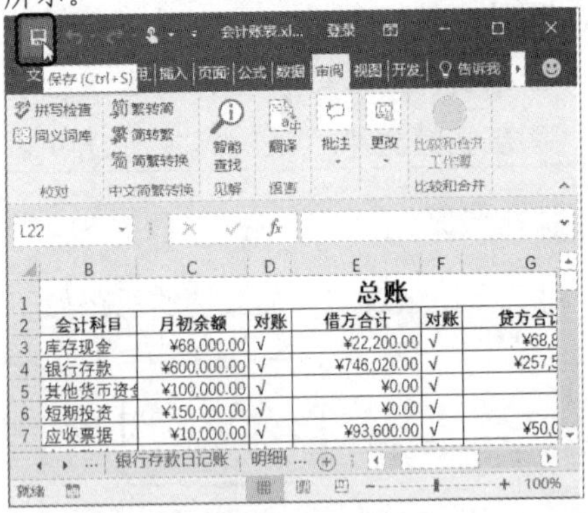

第 5 步：查看设置效果

此时工作簿的“结构”被设置了保护，就不能对该工作簿内的工作表进行插入、删除、移动、隐藏、取消隐藏和重命名操作，如下图所示。

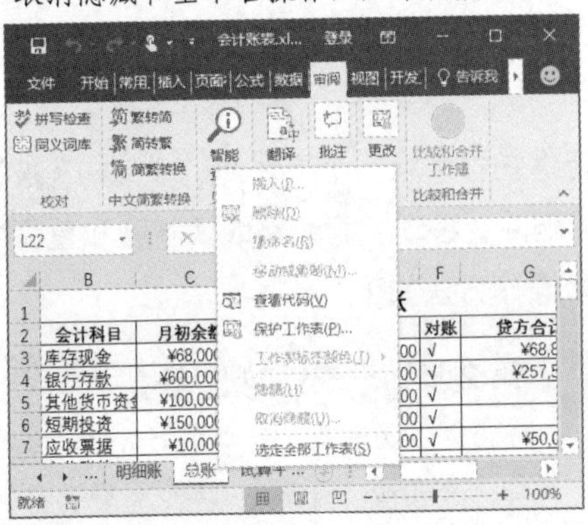

第 6 步：撤销工作簿保护

如果要撤销工作簿的保护，❶单击“审阅”选项卡；❷在“更改”功能组中单击“保护工作簿”按钮，如下图所示。

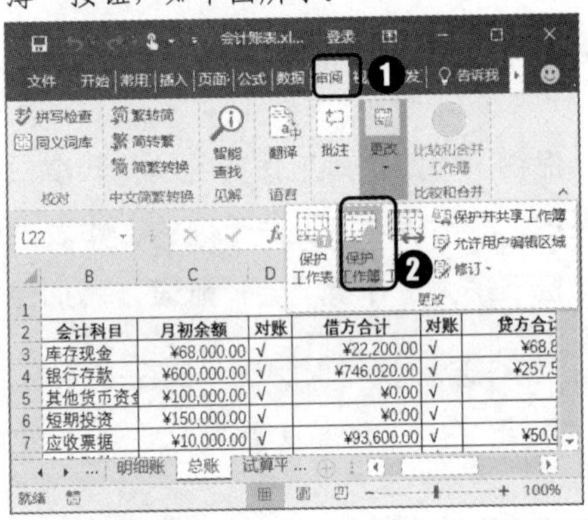

第 7 步：撤销工作簿保护

弹出“撤销工作簿保护”对话框，❶在“密码”文本框中输入密码“123”，❷单击“确定”按钮，如下图所示。

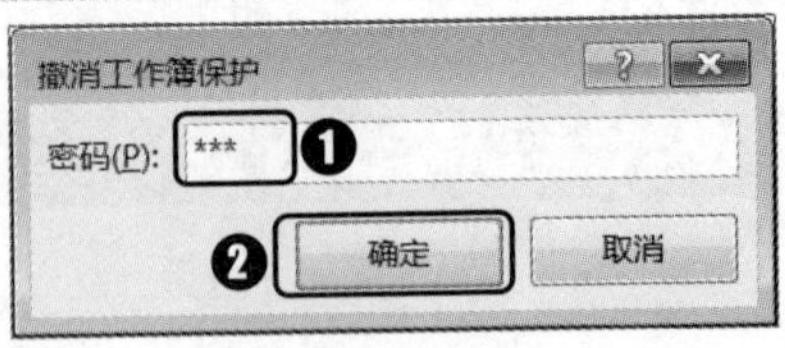

温馨小提示

保护工作簿是对工作簿的结构进行保护，工作簿中的内容仍可进行修改。如果要对内容进行保护，需要执行保护工作表操作。

9.3.2 保护工作表

保护工作表是指通过制定可以更改的信息，设置密码，防止对工作表的数据进行不需要的更改。接下来为工作表“记账凭证录入表”添加保护，具体操作方法如下。

第 1 步：执行保护工作簿命令

切换到工作表“记账凭证录入表”，❶单击“审阅”选项卡；❷在“更改”功能组中单击“保护工作表”按钮，如下图所示。

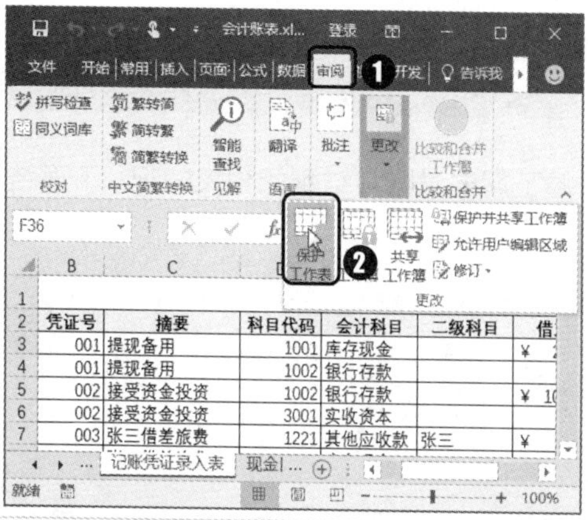

第 2 步：设置保护选项

弹出“保护工作表”对话框，❶选中“保护工作表及锁定的单元格内容”复选框；❷在“取消工作表保护时使用的密码”文本框中输入密码“123”；❸选中“选定锁定单元格”和“选定未锁定的单元格”复选框；❹单击“确定”按钮，如下图所示。

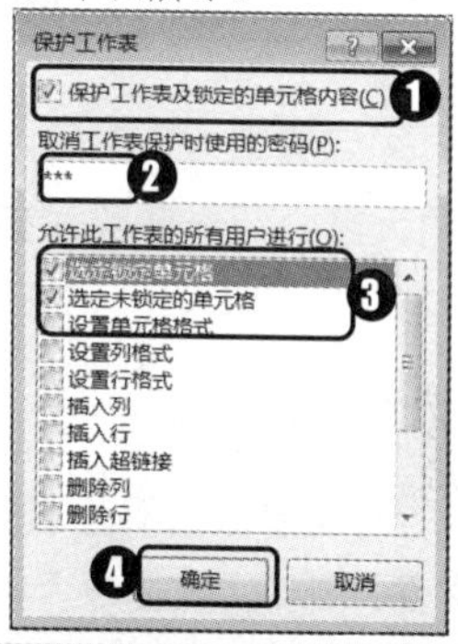

第 3 步：确认密码

弹出“确认密码”对话框，❶在“重新输入密码”文本框中输入密码“123”；❷单击“确定”按钮，如下图所示。

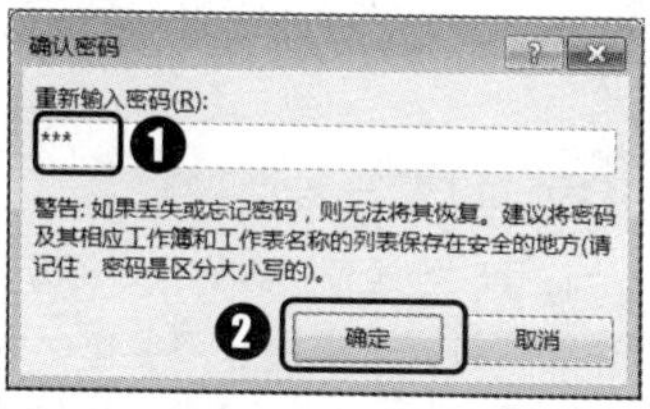

第 4 步：保存设置

单击工作簿左上角的“保存”按钮，如下图所示。

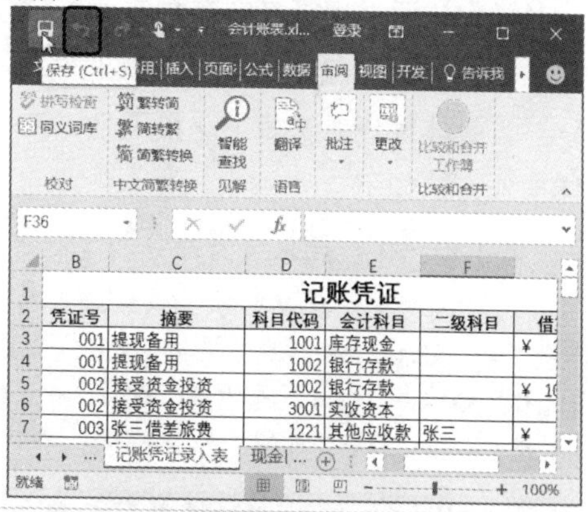

第 5 步：修改工作表

此时如果要修改工作表“记账凭证录入表”中的数据，就会弹出“Microsoft Excel”警告对话框，并提示用户工作表受保护，如下图所示。

第 6 步：撤销工作表保护

如果要撤销工作表的保护，❶单击“审阅”选项卡；❷在“更改”功能组中单击“撤销工作表保护”按钮，如下图所示。

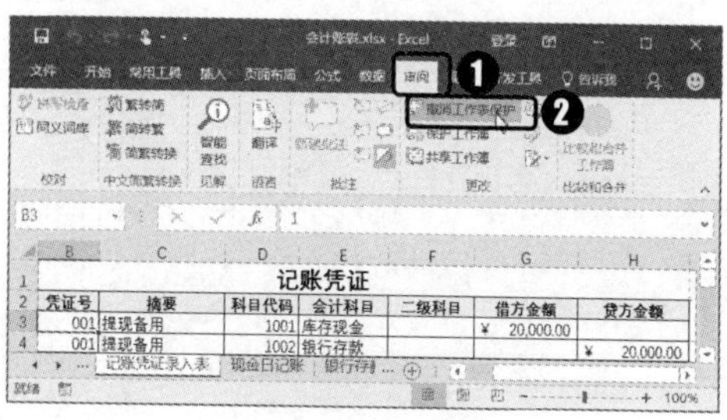

第 7 步：输入密码

弹出“撤销工作表保护”对话框，❶在“密码”文本框中输入密码“123”，❷单击“确定”按钮，如右图所示。

9.4 提升效率——实用操作技巧

通过前面知识的学习，相信读者朋友已经掌握了期末对账与结账的相关知识。下面结合本章内容，给大家介绍一些实用技巧。

> **同步文件**
>
> **原始文件：**素材文件\第 9 章\提升效率\
>
> **结果文件：**结果文件\第 9 章\提升效率\
>
> **同步视频文件：**同步教学文件\第 9 章\提升效率.mp4

1．如何输入对账符号“√”

对账完毕后，相符者应在数字后画“√”；不相符者，要及时更正、调整。在 Excel 表单中，可以通过输入特殊符号快速输入“√”，也可以使用“Alt+41420”组合键输入“√”。具体操作方法如下。接下来，在“原材料总账”工作表中输入对账符号“√”，具体操作方法如下。

第 1 步：执行插入符号命令

打开“素材文件\第 9 章\提升效率\输入对账符号“√”.xlsx”文件，选中要输入对号的 AP9 单元格，❶单击“插入”选项卡；❷在“符号”功能组中单击“符号”按钮，如下图所示。

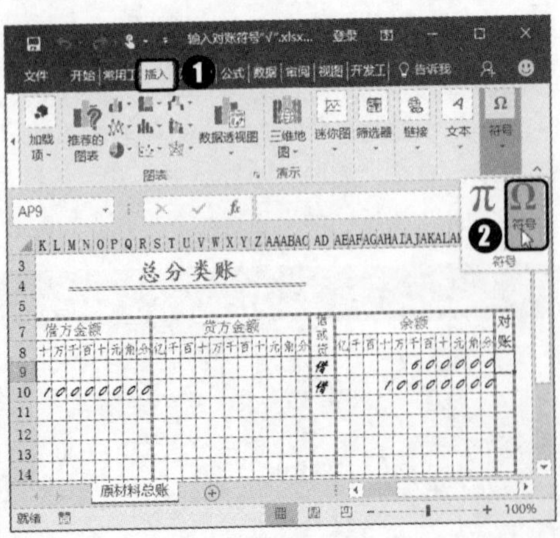

第 2 步：设置符号选项

弹出“符号”对话框，❶单击“符号”选项卡；❷在“字体”下拉列表中选择“普通文本”选项，在“子集”下拉列表中选择“数字运算符”选项；❸在下方的列表框中选择“√”；❹依次单击“插入”按钮和“取消”按钮，如下图所示。

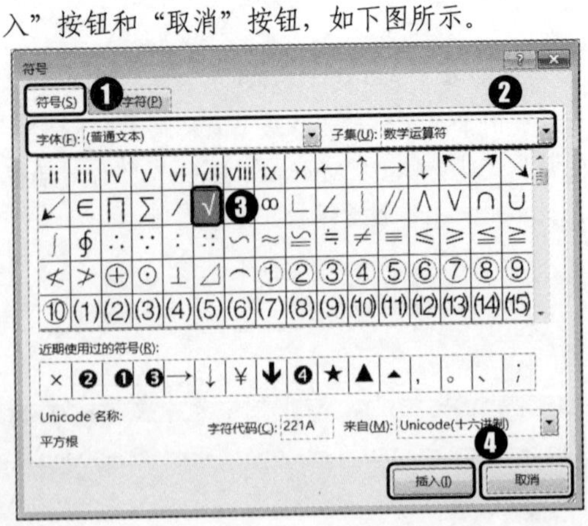

第 3 步：查看插入的符号

返回工作表，此时即可看到插入的对账符号“√”，然后按“Enter”键确认即可，如下图所示。

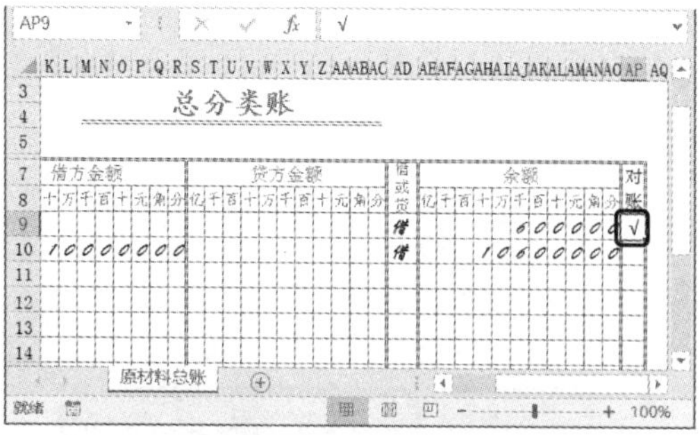

第 4 步：使用快捷键输入

选中要输入对号的 AP10 单元格，按住“Alt”键不放，输入数字 41 420，然后释放“Alt”键，此时即可输入对账符号“√”，然后按“Enter”键确认即可，如下图所示。

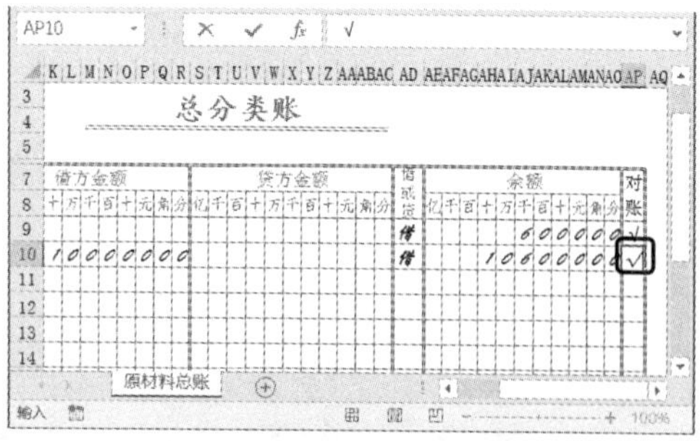

2．用“超链接”快速跳转到其他账表

在 Excel 会计账表中，经常会用到工作表的切换。如果工作簿中的工作表数量较多，拖动水平滚动条，然后在切换工作表，操作起来比较麻烦，此时可以使用“超链接”功能快速跳转到其他账表。具体操作方法如下。使用超链接快速跳转到其他账表的具体操作方法如下。

第 1 步：执行超链接命令

打开“素材文件\第 9 章\提升效率\使用超链接跳转账表.xlsx”文件，在工作表“明细账”中，❶选中 B2 单元格，右击；❷在弹出的快捷菜单中选中“超链接”命令，如下图所示。

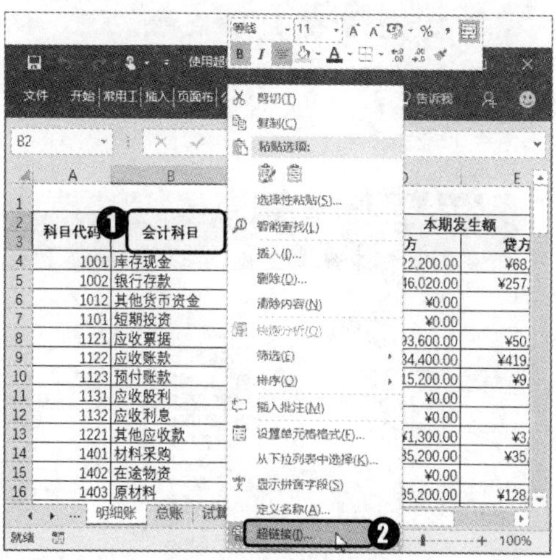

第 2 步：设置超链接

弹出“插入超链接”对话框，❶在“连接到”列表框中选择“本文档中的位置”选项；❷在“请键入单元格引用”文本框中输入“A1”；❸在“或在此文档中选择一个位置”列表框中选择“会计科目表”选项；❹单击“确定”按钮，如下图所示。

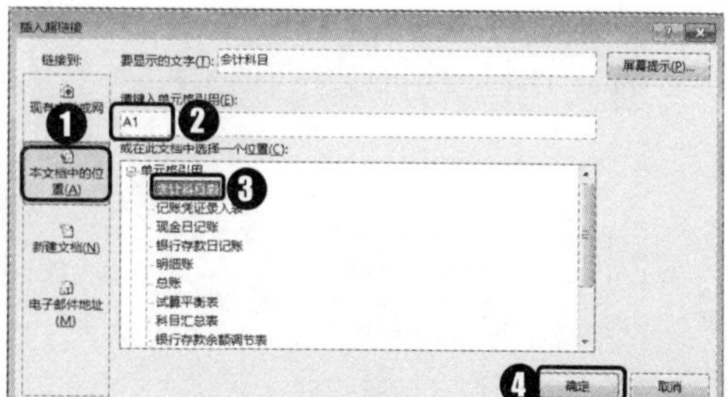

第 3 步：查看超链接

返回工作表，此时即可在 B2 单元格中生成超链接，超链接的文字变成蓝色并带有下画线，如下图所示。

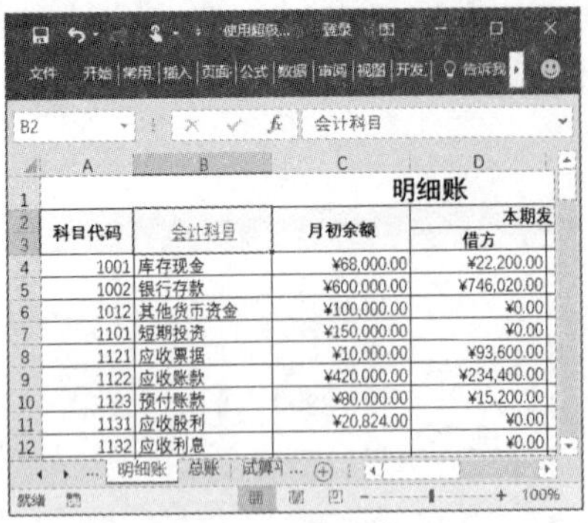

第 4 步：单击超链接

将鼠标移动到带有超链接的文字上单击，如下图所示。

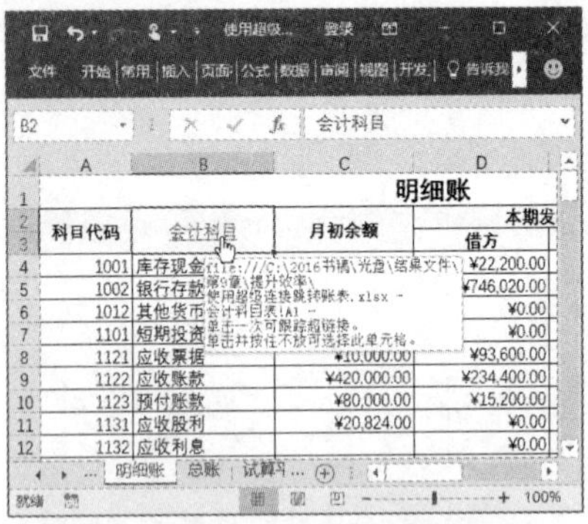

第 5 步：跳转工作表

此时即可快速跳转到工作表“会计科目表”中，如右图所示。

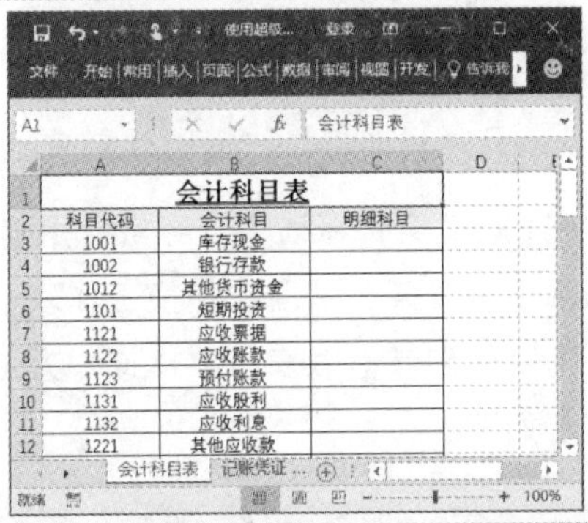

> **温馨小提示**
>
> 在设置超连接时，不仅可以在“本文档中的位置”设置超链接，还可以根据管理需要，在现有文档、新建文档及电子邮件中进行超链接。

3. 如何隐藏工作表

Excel 表单制作完成后，有时候我们的工作表暂时不使用或者有隐私不想被别人看到，此时可以把工作表先隐藏起来，显示或隐藏具体操作方法如下。

第 1 步：执行隐藏命令

打开“素材文件\第 9 章\提升效率\隐藏工作表.xlsx”文件，❶选中工作表标签“会计科目表”，右击；❷在弹出的快捷菜单中选择“隐藏”命令，如下图所示。

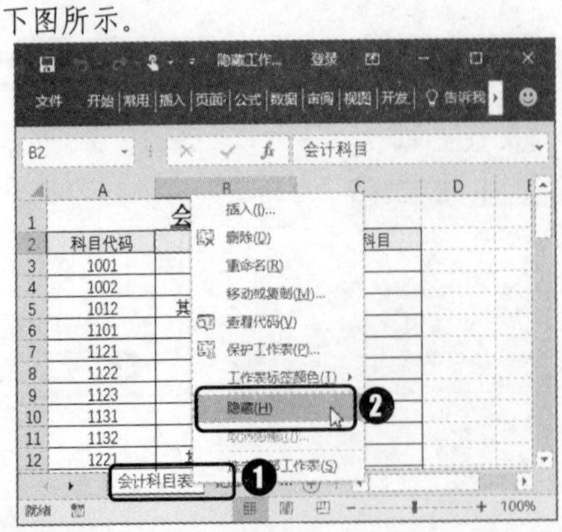

第 2 步：查看工作表隐藏情况

此时工作表“会计科目表”就被隐藏起来，如下图所示。

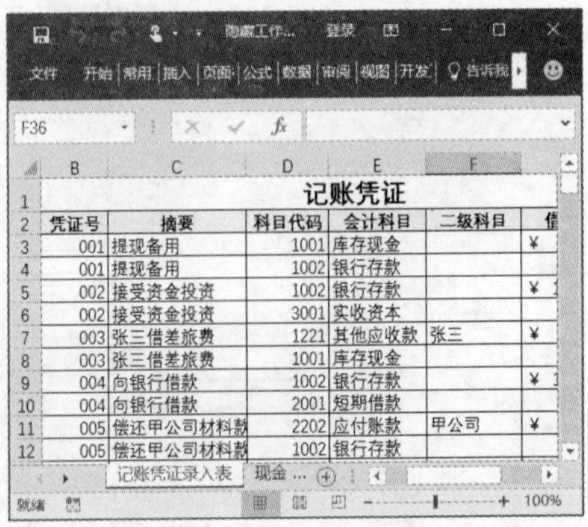

第 3 步：执行取消隐藏操作

如何要再次显示隐藏的工作表，❶在工作簿中选中任意工作表标签，右击；❷在弹出的快捷菜单中选择“取消隐藏”命令，如下图所示。

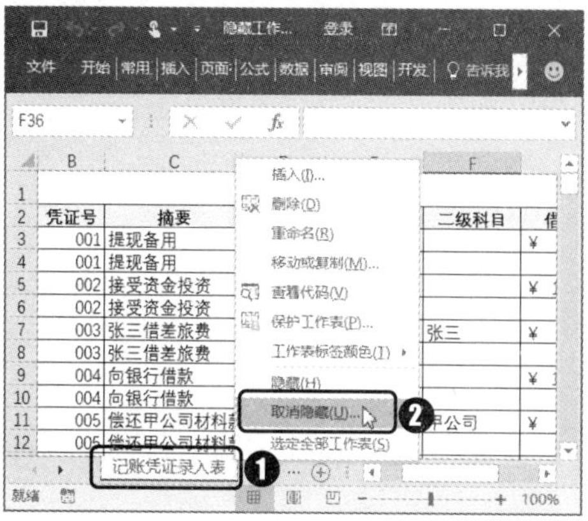

第 4 步：输入计算公式

弹出“取消隐藏”对话框，❶在“取消隐藏工作表”列表框中选中“会计科目表”选项；❷单击“确定”按钮，如下图所示。

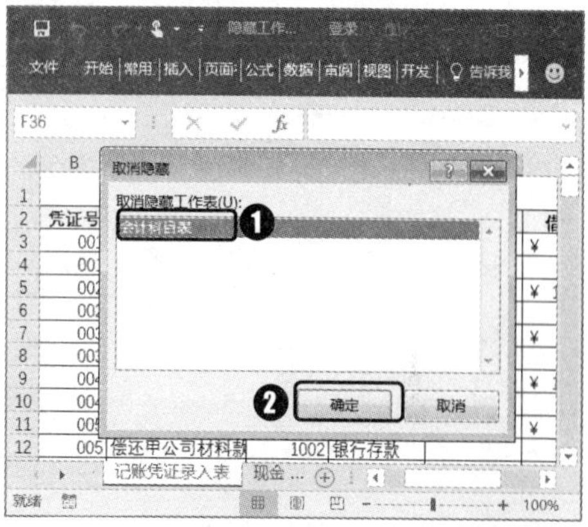

4．快速清除会计数据

会计账表制作完成后，如果某些数据不再需要，可以将其内容清除，或将内容、格式等全部清除，具体操作方法如下。

第 1 步：执行清除内容命令

打开“素材文件\第 9 章\提升效率\清除会计数据.xlsx”文件，选中要清除的数据，❶单击“开始”选项卡；❷在“编辑”功能组中单击“清除”按钮；❸在弹出的下拉列表中选择“清除内容”选项，如下图所示。

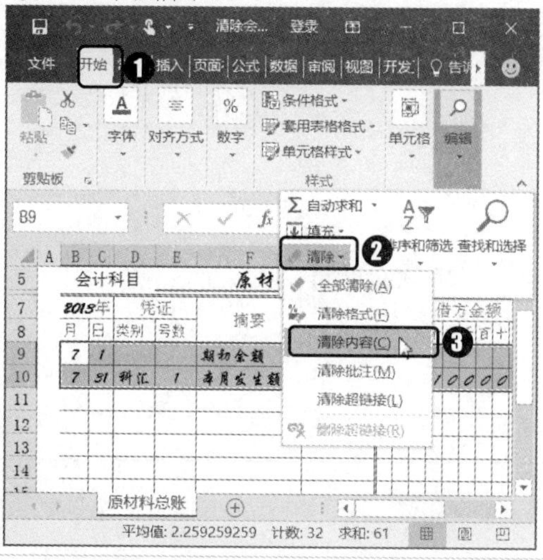

第 2 步：查看清除内容效果

此时即可清除选中单元格区域的全部内容，如下图所示。

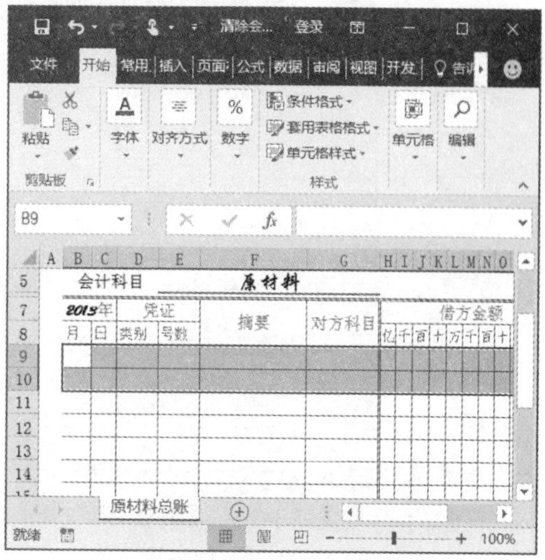

第 3 步：执行全部清除命令

按“Ctrl+A”组合键，选中整张工作表，❶单击“开始”选项卡；❷在“编辑”功能组中单击“清除”按钮；❸在弹出的下拉列表中选择“全部清除”选项，如下图所示。

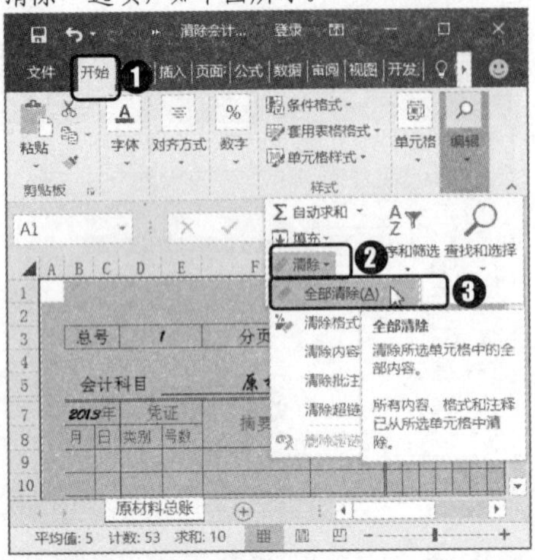

第 4 步：查看全部清除效果

此时即可清除工作表中所有内容，包括内容、格式和注释等全部内容，如下图所示。

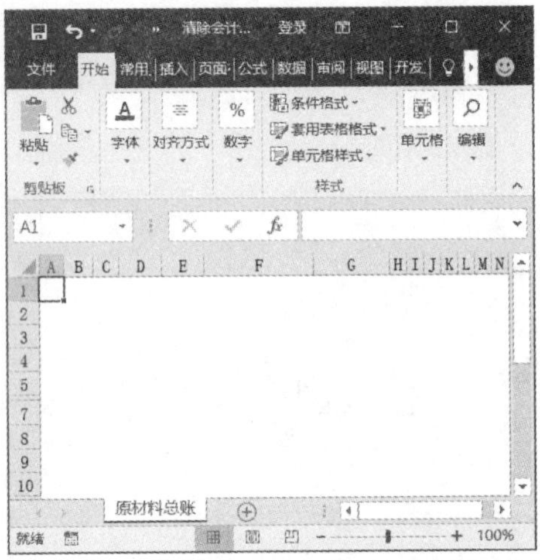

5. 使用划线更正法更改账簿记录

在登记账簿的过程中，如果发现文字或数字记错时，可以使用划线更正法更改账簿记录。划线更正法，又称红线更正，当发现账簿记录有错误时，而其所依据的记账凭证没有错误，则将错误的文字或数字用一条红线注销，再在同一行上方用蓝字或黑字填写上正确的文字或数字。

例如：记账人员在登账时，把 117 000.00 误记为 110 000.00，使用划线更正法进行更正的效果如下图所示。

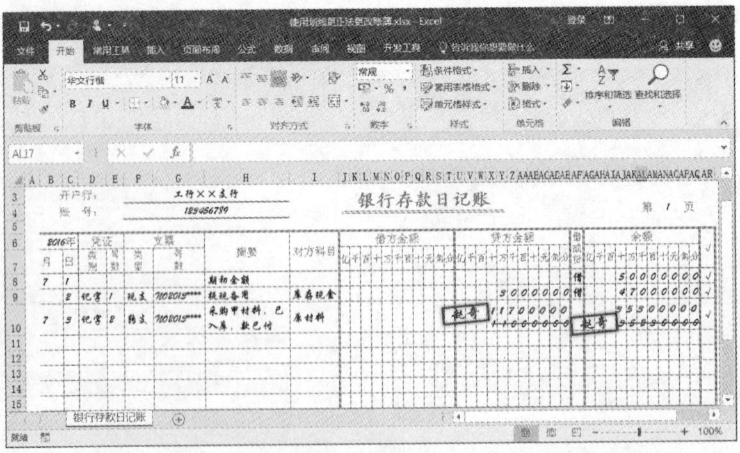

温馨小提示

使用划线更正法更改账簿错误，在划线时如果是文字错误，可只划销错误部分；如果是数字上错误，应将全部数字划销，不得只划销错误数字。划销时必须注意使原来的错误字迹仍可辨认。更正后，经办人应在划线的一端盖章，以示负责。

6. 使用红字更正法更改账簿记录

当发现账簿记录有错误时，先用红字金额填制一张与原凭证完全相同的记账凭证，并据以用红字登记入账，以冲销原错误的记账，然后再用蓝字做一张正确的凭证，据以用蓝字登记入账。

例如：2016 年 6 月 20 日，企业以银行存款支付广告费用 2 000 元，根据当月填制的记字 51 号凭证，将广告费错计入了“管理费用”。在 2016 年 7 月 31 日，发现错误，账簿更正如下。

用红字填写一张与原内容相同的记账凭证，在摘要栏注明“注销 6 月 20 日记字 51 号凭证”字样，如下图所示。

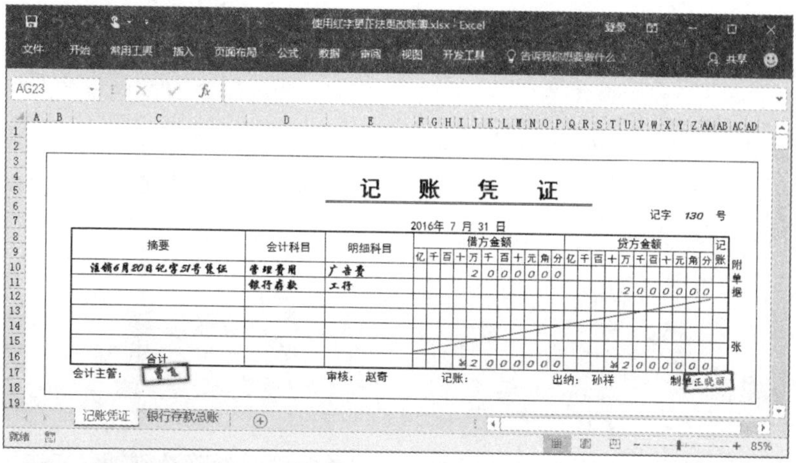

根据红字凭证登记账簿，如下图所示。

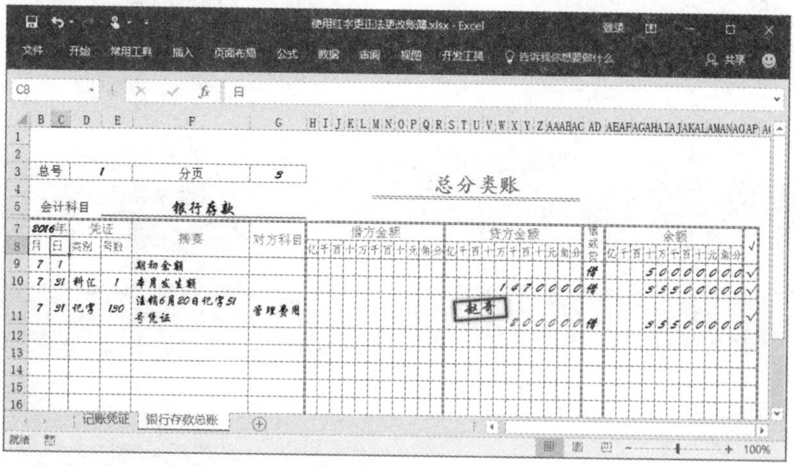

温馨小提示

红字更正法一般情况下适用以下两种情况：

一是如果记账以后，因为记账凭证中的会计科目或记账方向有误而引起账簿记录的错误；

二是记账以后，发现记账凭证和账簿记录金额大于应计的正确金额，而会计科目无误，应用红字更正法进行更正。

第 10 章 往来账款分析

本章导读

往来账款是企业流动资产中的一个重要的组成部分。企业往来账款主要包括应收账款和应付账款。如何才能使往来账款的管理更加合理呢？本章将重点介绍 Excel 在处理往来账款管理中所发挥的作用。

知识要点

- ❖逾期应收账款分析
- ❖应收账款账龄分析
- ❖应收账款业务的账务处理
- ❖制作应付账款到期提示表
- ❖制作应付账款付款方案
- ❖应付账款业务的账务处理

案例展示

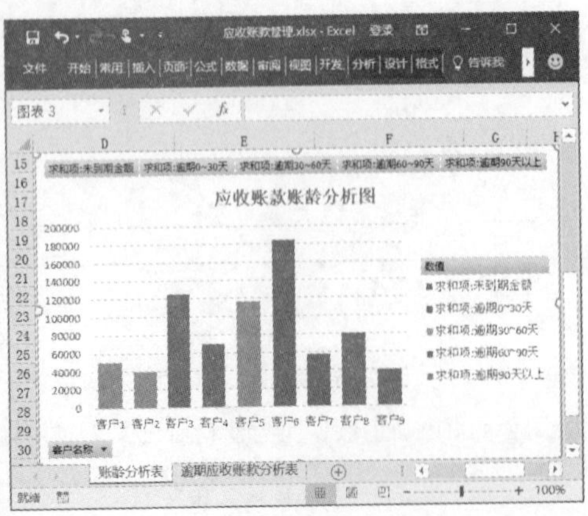

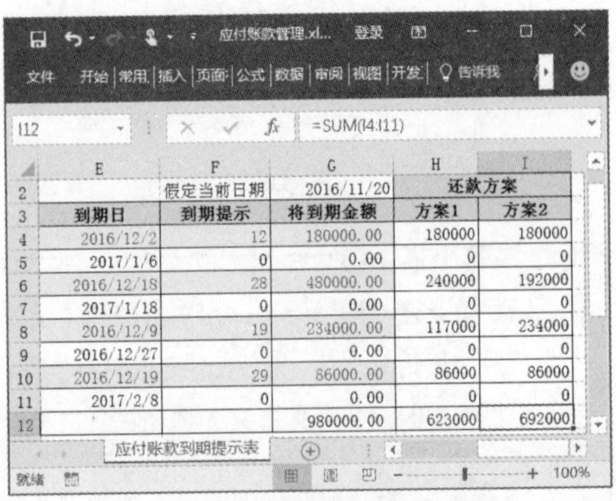

10.1 应收账款管理

案例概述

应收账款管理主要包括逾期应收账款分析和应收账款账龄分析。本节则将主要介绍如何利用 Excel 中的功能和技巧对其进行分析。当应收账款的数据信息非常多时，如果想要对应收账款是否到期以及逾期的天数进行查询和分析，则非常麻烦。但利用 IF()函数却可以方便地找出哪些账款已经到期，哪些账款已经逾期。此外，还可以利用高级筛选功能，从大量的数据中迅速筛选出符合条件的逾期应收账款。

案例效果

利用 Excel 的数据处理功能，用户可以对应收账款进行透视分析和账龄分析，及时编制催款单，进行多渠道催款，提高应收账款的回收率。

“逾期应收账款分析表”和“账龄分析表”制作完成后，效果如下图所示。

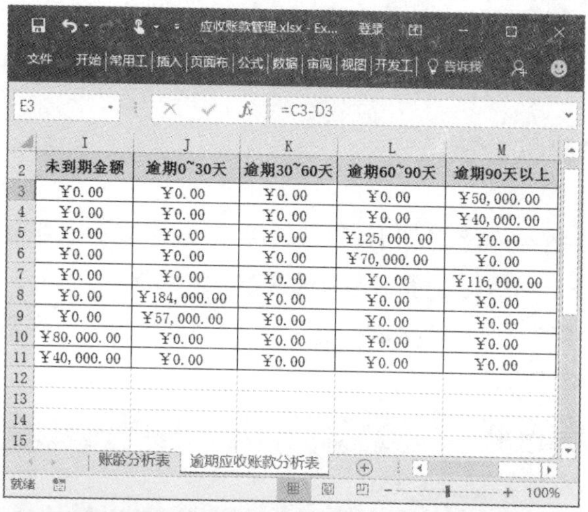

未到期金额	逾期0~30天	逾期30~60天	逾期60~90天	逾期90天以上
¥0.00	¥0.00	¥0.00	¥0.00	¥50,000.00
¥0.00	¥0.00	¥0.00	¥0.00	¥40,000.00
¥0.00	¥0.00	¥0.00	¥125,000.00	¥0.00
¥0.00	¥0.00	¥0.00	¥70,000.00	¥0.00
¥0.00	¥0.00	¥0.00	¥0.00	¥116,000.00
¥0.00	¥184,000.00	¥0.00	¥0.00	¥0.00
¥0.00	¥57,000.00	¥0.00	¥0.00	¥0.00
¥80,000.00	¥0.00	¥0.00	¥0.00	¥0.00
¥40,000.00	¥0.00	¥0.00	¥0.00	¥0.00

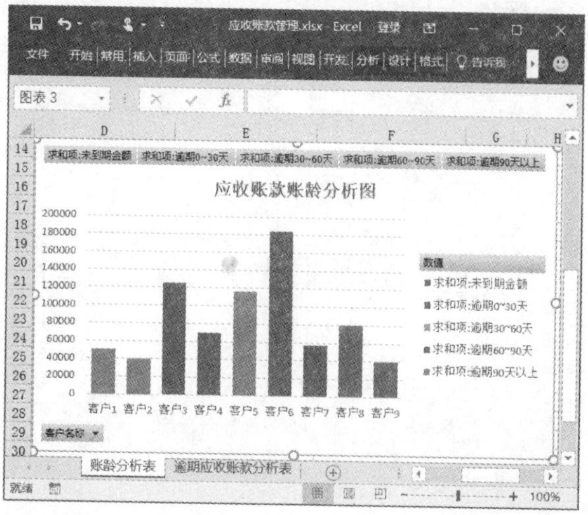

同步文件

原始文件： 素材文件\第 10 章\应收账款管理.xlsx

结果文件： 结果文件\第 10 章\应收账款管理.xlsx

同步视频文件： 同步教学文件\第 10 章\应收账款管理\10.1.1.mp4~10.1.3.mp4

制作思路

“逾期应收账款分析表”和“账龄分析表”的制作思路如下：

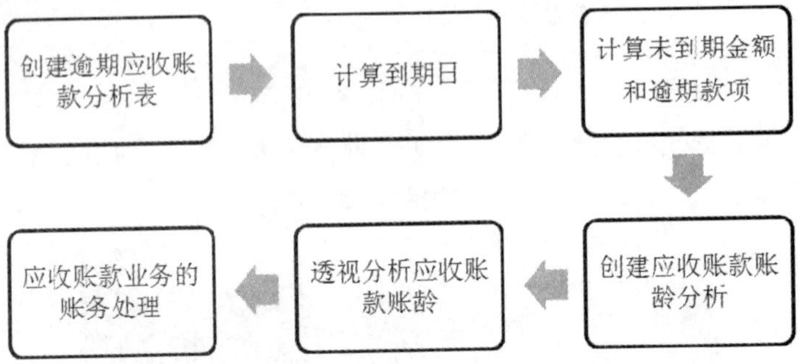

10.1.1 逾期应收账款分析

当企业发生的赊销业务较多时，用户可以利用 Excel 的函数功能对应收账款是否到期及逾期天数进行判断分析，帮助企业及时地掌握应收账款的信息。

接下来在 Excel 中创建逾期应收账款分析表，并计算本月“未到期金额”和逾期款项等项目，具体操作方法如下。

第 1 步：打开素材文件

打开“素材文件\第 9 章\应收账款管理.xlsx”文件，逾期应收账款分析表的基本格式，如下图所示。

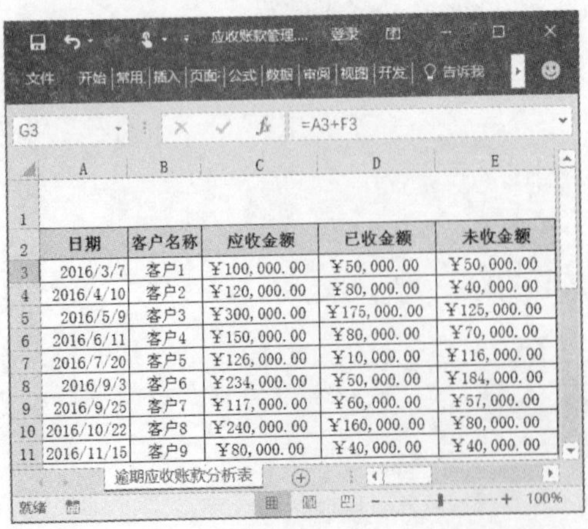

第 2 步：计算到期日

选中 G3 单元格，输入公式“=A3+F3”，按“Enter”键确认输入，如下图所示。

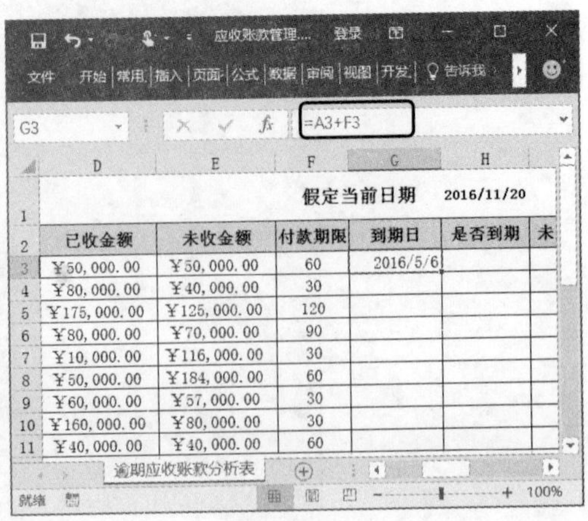

第 3 步：填充公式

将鼠标定位在 G3 单元格的右下角，此时鼠标变成十字形状“+”，双击，此时皆可计算出所有应收账款的到期日，如下图所示。

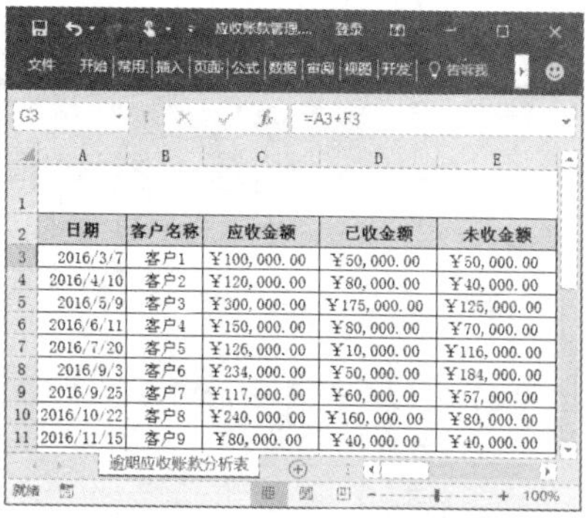

第 4 步：计算是否到期

选中 H3 单元格，输入公式“=IF(G3 <$H$1,"已到期","未到期")”，按“Enter”键确认输入，如下图所示。

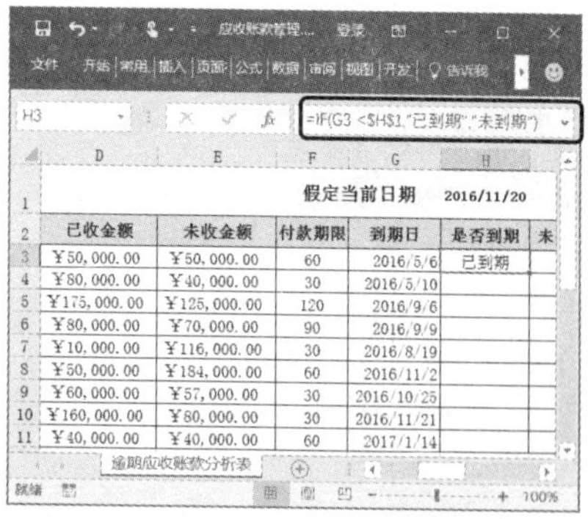

第 5 步：填充公式

将鼠标定位在 H3 单元格的右下角，此时鼠标变成十字形状，双击，此时皆可计算出所有应收账款的是否到期，如下图所示。

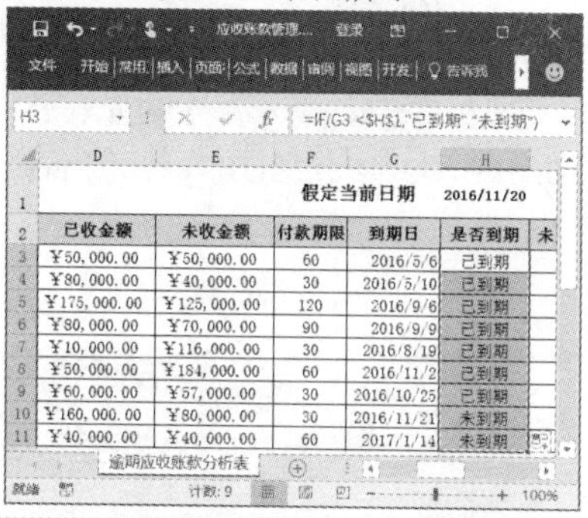

第 6 步：计算未到期金额

选中 I3 单元格，输入公式“=IF(H3 ="未到期",E3,0)”，按“Enter”键确认输入，如下图所示。

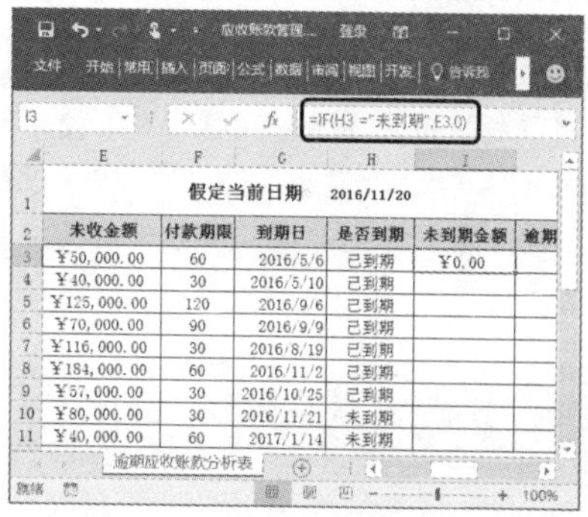

第 7 步：填充公式

将鼠标定位在 I3 单元格的右下角，此时鼠标变成十字形状“+”，双击，此时即可根据应收账款是否到期计算出未到期金额，如下图所示。

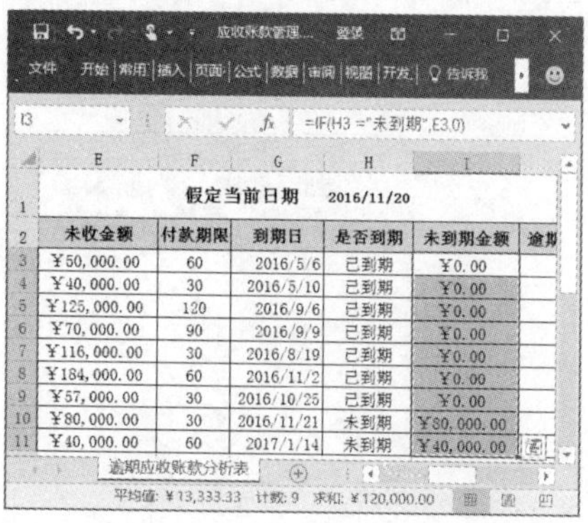

第 8 步：计算逾期 0～30 天的款项

选中 J3 单元格，输入公式“=IF(AND ($H$1-G3>0,$H$1-G3<=30),E3,0)”，按“Enter”键确认输入，如下图所示。

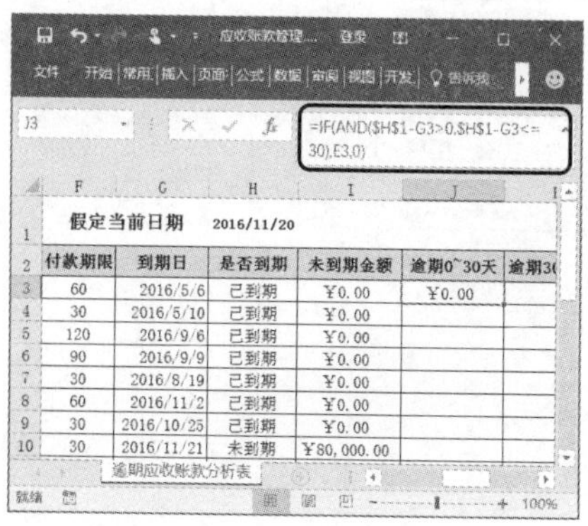

第 9 步：填充公式

将鼠标定位在 J3 单元格的右下角，此时鼠标变成十字形状，双击，此时即可根据应收账款是否到期计算出逾期 0~30 天的逾期金额，如下图所示。

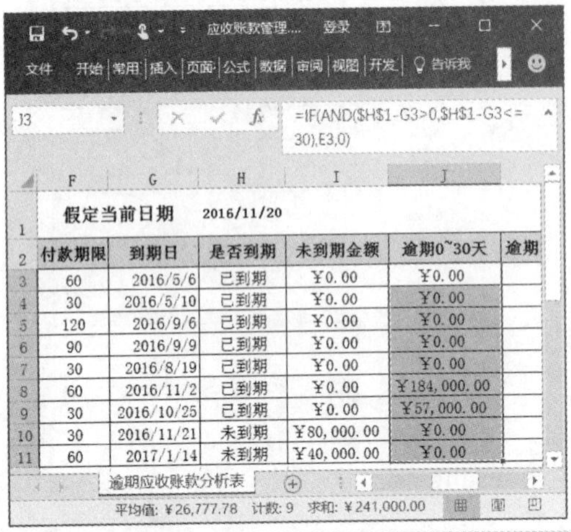

第 10 步：计算逾期 30 ~ 60 天的款项

选中 K3 单元格，输入公式“=IF(AND ($H$1-G3>30,$H$1-G3<=60),E3,0)”，按“Enter”键确认输入，如下图所示。

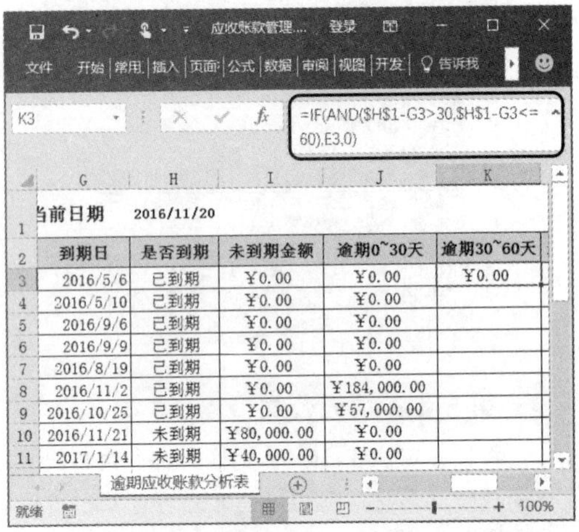

第 11 步：填充公式

将鼠标定位在 K3 单元格的右下角，此时鼠标变成十字形状“十”，双击，此时即可根据应收账款是否到期计算出逾期 30~60 天的逾期金额，如下图所示。

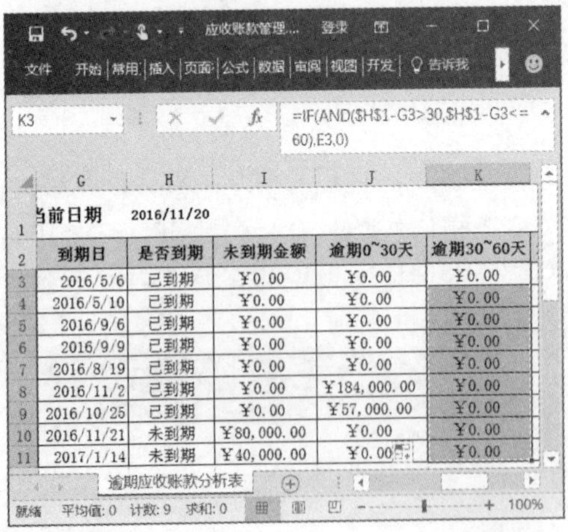

第 12 步：计算逾期 60 ~ 90 天的款项

选中 L3 单元格，输入公式“=IF(AND ($H$1-G3>60,$H$1-G3<=90),E3,0)”，按“Enter”键确认输入，如下图所示。

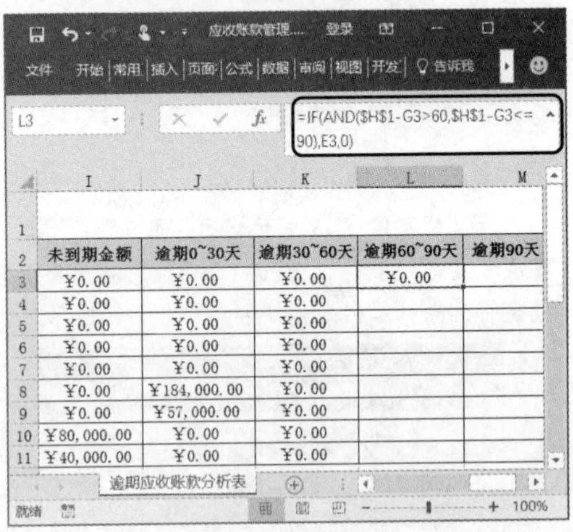

第 13 步：填充公式

将鼠标定位在 L3 单元格的右下角，此时鼠标变成十字形状，双击，即可根据应收账款是否到期计算出逾期 60~90 天的逾期金额，如下图所示。

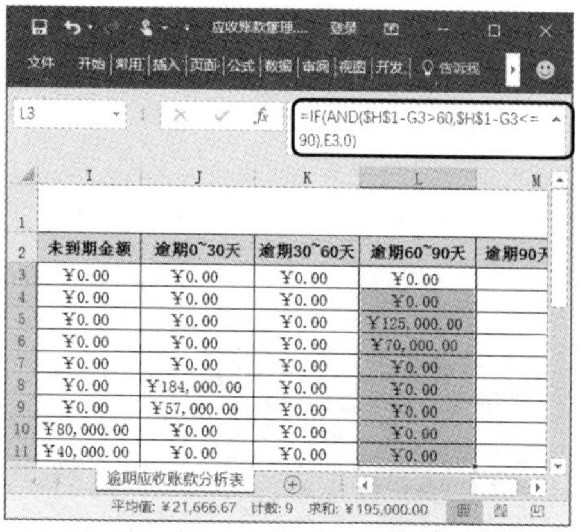

第 14 步：计算逾期 90 天以上的款项

选中 M3 单元格，输入公式“=IF($H$1-G3>90,E3,0)”，按“Enter”键确认输入，将鼠标定位在 M3 单元格的右下角，此时鼠标变成十字形状“+”，双击，此时即可根据应收账款是否到期计算出逾期 90 天的逾期金额，效果如下图所示。

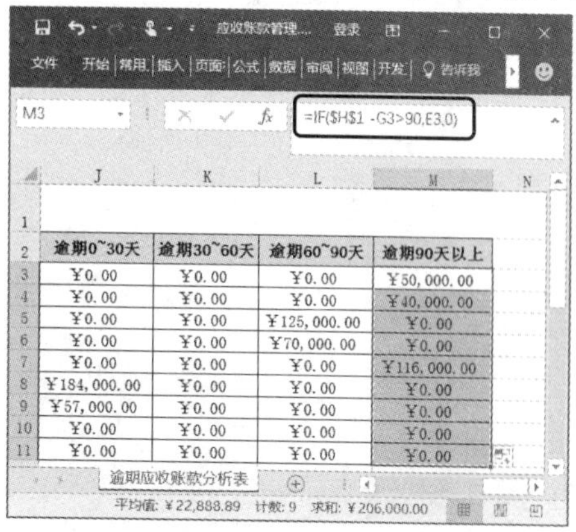

10.1.2 应收账款账龄分析

账龄分析法是根据应收账款拖欠时间的长短来估计坏账损失的方法。对应收账款的账龄进行合理分析，能够随时掌握各笔应收账款的账龄长短，对于应收账款的日常管理非常重要。为了更真实地反映企业实际的资金流动情况，对金额较大或逾期过长的款项进行重点催收，财务人员必须及时对应收账款的账龄进行分析，并提取坏账准备。

接下来通过 Excel 的数据透视功能创建应收账款账龄分析表和透视分析图，具体操作方法如下。

第 1 步：执行数据透视表命令

选中单元格区域 A2:M11，❶单击“插入”选项卡，❷在“表格”组中单击“数据透视表”按钮，如下图所示。

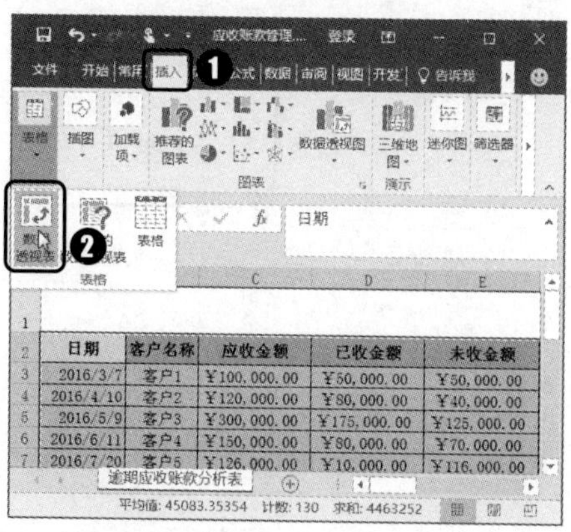

第 2 步：创建数据透视表

弹出“创建数据透视表”对话框，直接单击“确定”按钮，如下图所示。

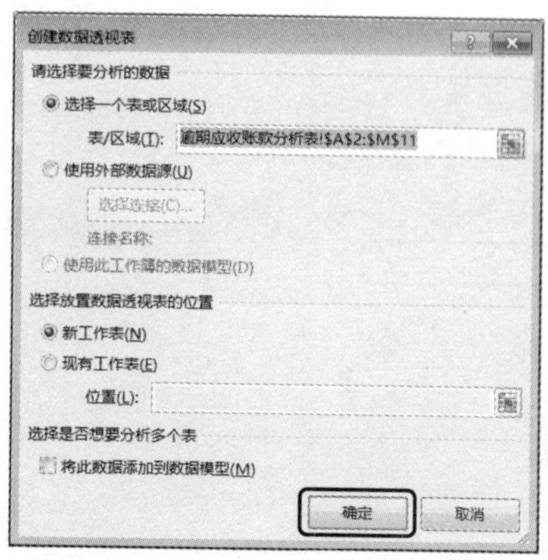

第 3 步：查看新建的数据透视表

此时创建一个名为“Sheet1”的工作表，数据透视表的框架如下图所示。

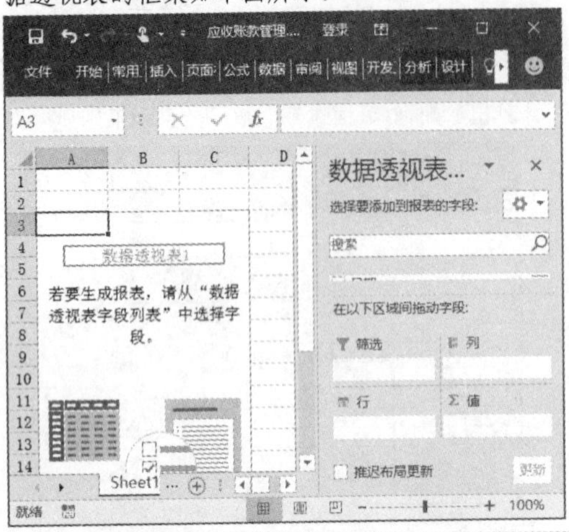

第 4 步：重命名工作表

将工作表“Sheet1”重命名为“账龄分析表”，如下图所示。

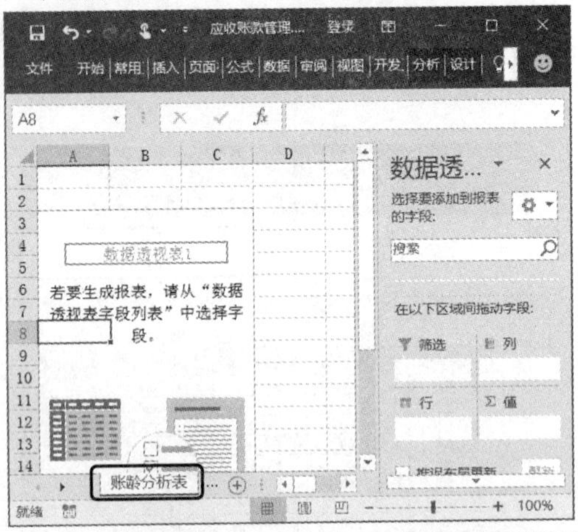

第 5 步：设置行标签

在“数据透视表字段列表”任务窗格中，将“选择要添加到报表的字段”列表框中的“客户名称”复选框拖至“行标签”列表框中，如下图所示。

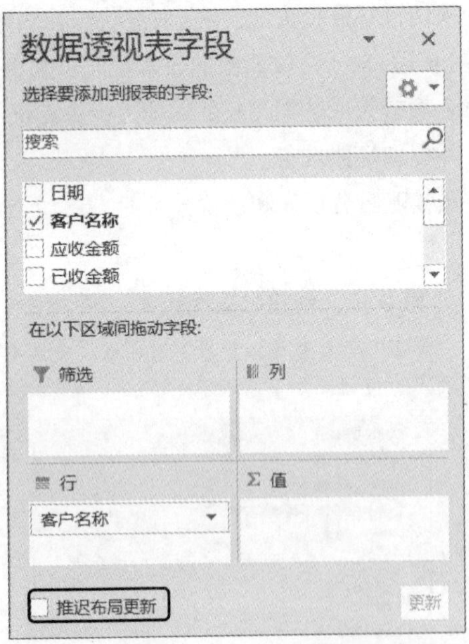

第 6 步：设置数值

依次勾选“未到期金额”、“0～30 天”、“30～60 天”、“60～90 天”和“90 天以上”复选框，此时选中的复选框自动添加到“数值”列表框中，如下图所示。

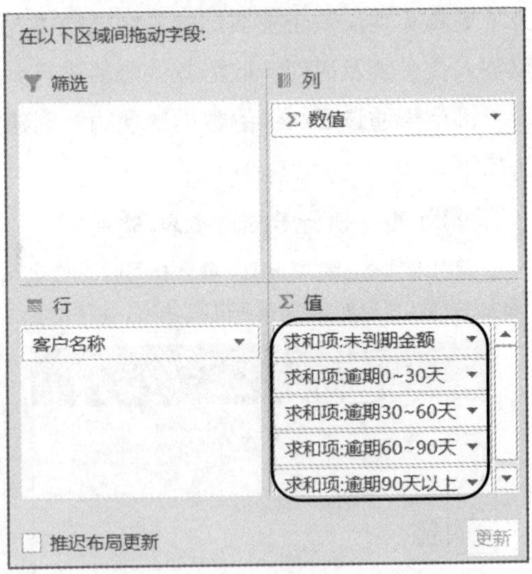

第 7 步：执行数据透视表样式命令

将鼠标定位在数据区域的任意单元格中，❶在“数据透视表工具”界面中，单击“设计”选项卡；❷在“数据透视表样式”功能组中单击“其他”按钮，如下图所示。

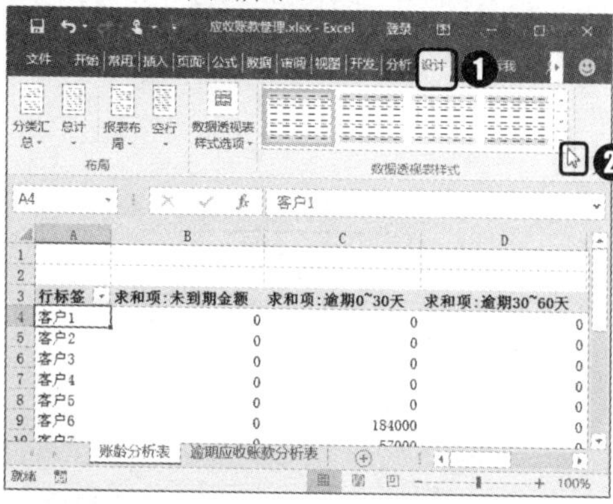

第 8 步：执行求和命令

在弹出的下拉列表中选择“数据透视表样式中等深浅 3”选项，如下图所示。

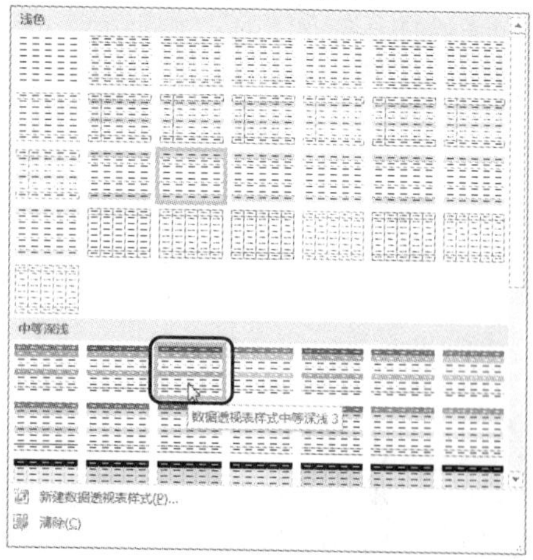

第 9 步：查看应用样式后的表格效果

此时，即可看到数据透视表应用样式后的效果，如下图所示。

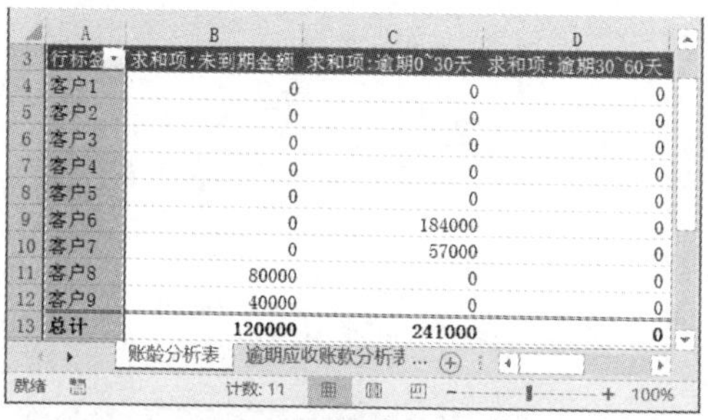

第 10 步：查看应用样式后的表格效果

❶在“数据透视表工具”界面中，单击“分析”选项卡；❷在“工具”功能组中单击“数据透视图”按钮，如下图所示。

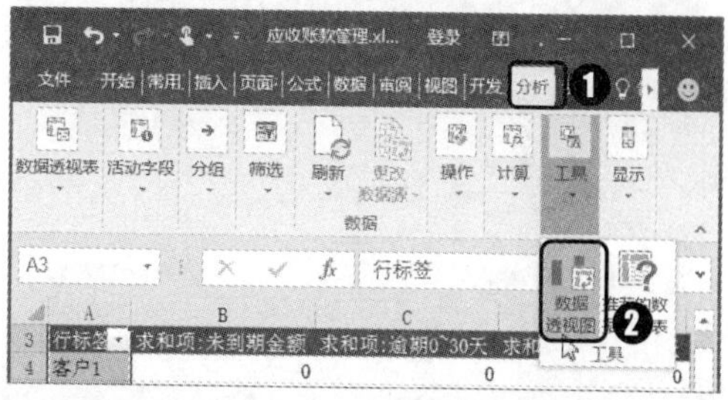

第 11 步：选择图表

弹出“插入图表”对话框，❶选择“三维柱形图”选项；❷单击“确定”按钮，如下图所示。

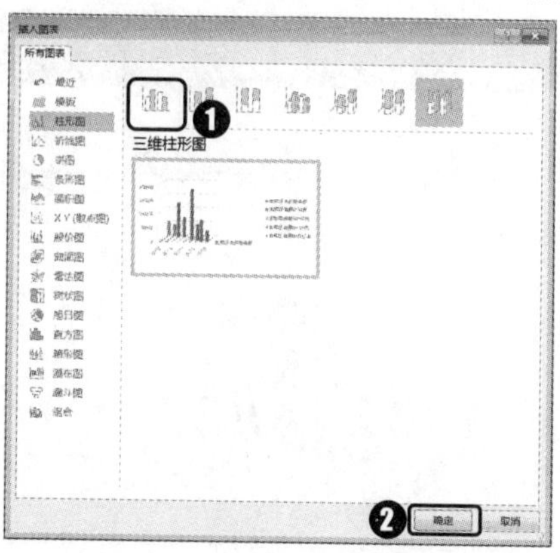

第 12 步：插入的图表

此时即可插入一个三维柱形图，如下图所示。

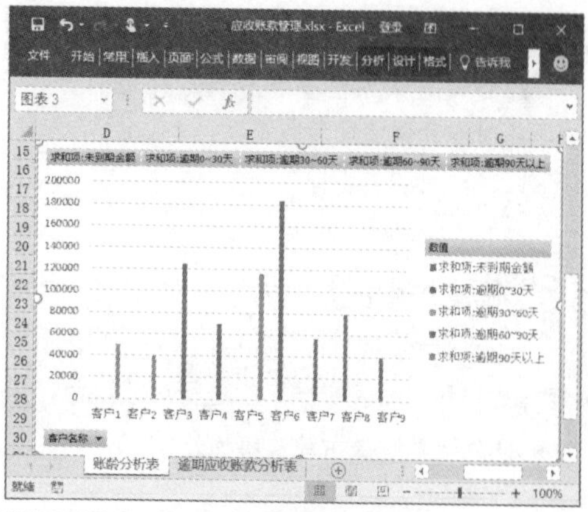

第 13 步：执行添加图表元素命令

❶单击“设计”选项卡，❷在“图表布局”功能组中单击“添加图表元素”下拉按钮；❸在弹出的下拉列表中选择“图表标题→图表上方”选项，如下图所示。

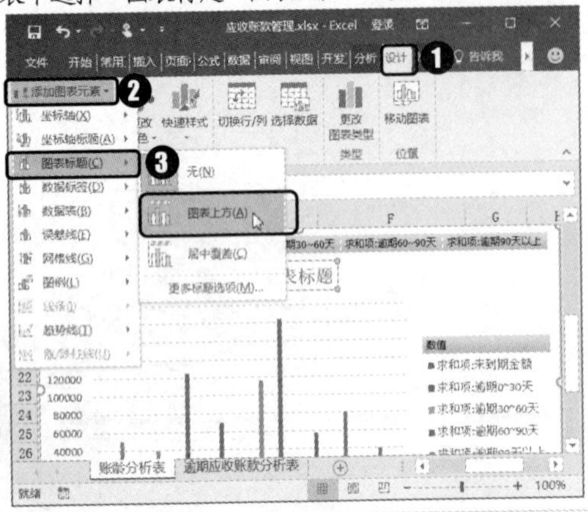

第 14 步：设置图表标题

此时即可为图表添加标题文本框，在标题文本框中输入文字“应收账款账龄分析图”，如下图所示。

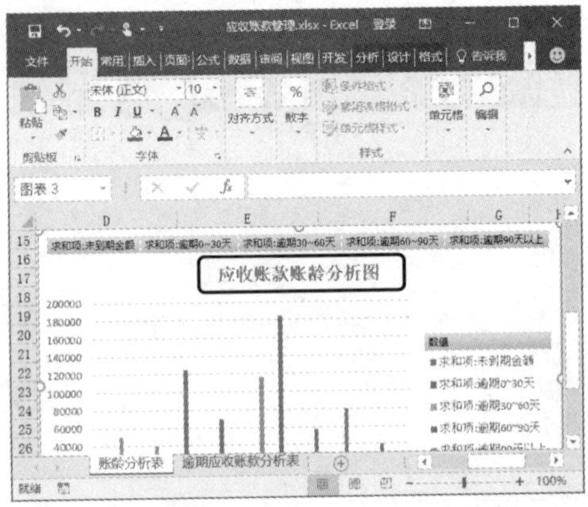

第 15 步：执行设置数据系列格式命令

选中图表中的任意数据系列，右击，在弹出的快捷菜单中选择“设置数据系列格式”命令，如下图所示。

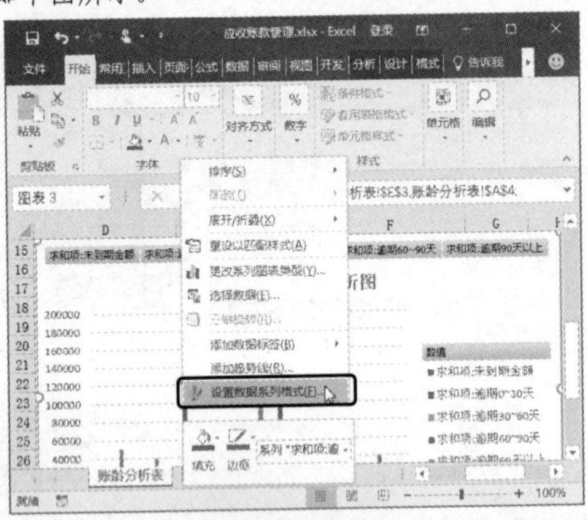

第 16 步：设置系列重叠和分类间距

弹出“设置数据系列格式”窗格，将“系列重叠”设置为“100%”；将“分类间距”设置为“50%”，如下图所示。

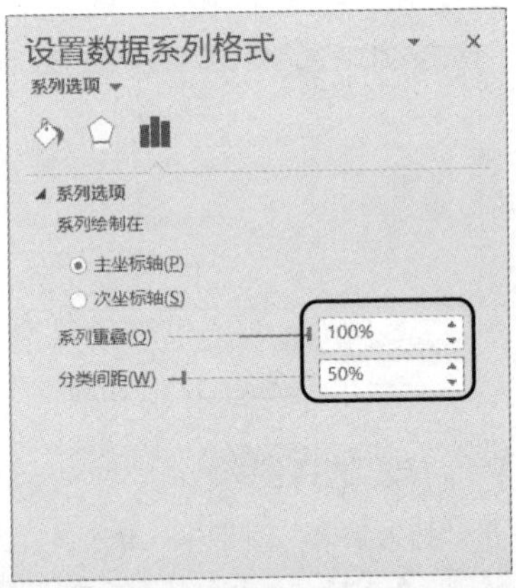

第 17 步：查看设置效果

通过设置系列重叠和分类间距的百分比数值，此时即可调整柱形的宽度，如右图所示。

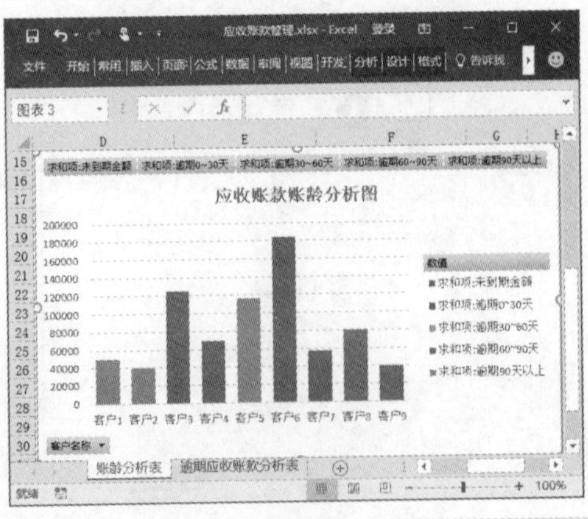

温馨小提示

此外，用户还可以在“设计”选项卡的“图表样式”和“图表布局”中进行更改颜色，应用快速样式和快速布局等操作。

10.1.3 应收账款业务的账务处理

1. 应收账款

“应收账款”科目核算小企业因销售商品、提供劳务等日常生产经营活动应收取的款项。本科目应按照对方单位（或个人）进行明细核算。

例如，某工业企业属于一般纳税人，向某商场销售布艺沙发 300 套，单价 3 000 元，税率 17%，货已发出，税票已开，款未收到。

该笔经济业务的会计分录如下：

借：应收账款——某商场　　1053 000

　贷：主营业务收入——布艺沙发　　900 000

　　应交税费——应交增值税（销项税额）153 000（900 000×17%）

小企业因销售商品或提供劳务形成应收账款，应当按照应收金额，借记本科目，按照税法规定应交纳的增值税销项税额，贷记“应交税费——应交增值税（销项税额）”科目，按照其差额，贷记“主营业务收入”或“其他业务收入”科目。

温馨小提示

假设本企业为小规格纳税人（工业企业增值税率 6%、商业企业增值税税率 4%），则会计分录如下：

借：应收账款——华福商场　　954 000

　贷：主营业务收入——布艺沙发　　900 000

　　应交税费——应交增值税 54 000（900 000×6%）

2. 预收账款

“预收账款”科目核算小企业按照合同规定预收的款项。包括：预收的购货款、工程款等。预收账款情况不多的，也可以不设置本科目，将预收的款项直接记入“应收账款”科目贷方。

例如，某工业企业属于一般纳税人，收到某商场预付明年布艺沙发的货款 20 万元，货款已存入银行。

该笔经济业务的会计分录如下：

借：应收账款——某商场　　200 000

　贷：银行存款　　200 000

3. 坏账的账务处理

坏账是指企业无法收回的应收账款。由于发生坏账而产生的损失，称为坏账损失。

（1）小企业的核算办法

小企业会计准则规定：“应收及预付款项的坏账损失应当于实际发生时计入营业外支出，同时冲减应收及预付款项。”不需计提坏账损失。

例如，某小型工业企业执行小企业会计准则，收到上月的一笔应收款 7 万元，全款为 10 元，其余款项因对方单位破产，无法收回，产生坏账损失 3 万元。

该笔经济业务的会计分录如下：

借：银行存款（可收回金额） 70 000

营业外支出（倒挤差额） 30 000

贷：应收账款（账面余额） 100 000

小企业会计准则下，不计提坏账准备。因此应收及预付款项的坏账损失采用的是直接转销法，而非备抵法。

（2）大中型企业的核算办法

现行企业会计制度规定："坏账损失实际发生时，应及时予以核销，避免坏账资产长期挂账，导致账面资产反映不实。坏账损失的核销，在会计上所有两种处理方法：直接转销法和备抵法。"

① 直接转销法

直接转销法是指当实际发生坏账时，把坏账损失直接计入管理费用或营业外支出，同时冲销应收账款。在直接转销法之下，无须设置"坏账准备"科目。

例如，某企业执行企业会计制度，2013 年 8 月发生一笔不可收回的坏账，金额 3 000 元，系某商场货款。该企业采用直接转销法处理坏账损失。

该笔经济业务的会计分录如下。

借：管理费用 3 000

贷：应收账款——某商场 3 000

② 备抵法

备抵法是指企业按期对各项应收账款计提坏账并计入当期费用，形成坏账准备。当实际发生坏账时，再根据金额冲减坏账准备，同时转销相应的应收账款。我国及世界各国主要采用备抵法来对坏账损失进行会计处理。

备抵法下，企业需设置"坏账准备"和"管理费用——坏账损失"两个科目。当企业计提坏账准备时，应当借记"管理费用——坏账损失"科目，贷记"坏账准备"科目。

当实际发生坏账时，应当借记"坏账准备"，贷记"应收账款"。如果已经确认的坏账以后又收回时，应当先借记"应收账款"，贷记"坏账准备"，将已经冲销的应收账款和坏账准备冲回，再借记"银行存款"，贷记"应收账款"。

10.2 应付账款管理

案例概述

应付账款是企业在赊购业务中由于取得物资与支付货款在时间上不一致而产生的负债。加强应付账款的管理，有利于企业及时了解债务信息，按期偿还欠款，避免因欠款逾期而造成的财务损失。有利于强化整个赊购环节的风险管理，加强企业的付款循环内部控制。

案例效果

应付账款是指企业因购买材料、商品或接受劳务等而应当支付给货物提供者或劳务提供者的款项，企业要避免财务危机、维护企业的信誉，就一定要加强对应付账款的管理。接下来本节将在 Excel 中创建应付账款到期提示表，并制作应付账款付款方案。

"应付账款到期提示表"和"应付账款付款方案"制作完成后，效果如下图所示。

	A	B	C	D	E	F	G	H	I
2						假定当前日期	2016/11/20	还款方案	
3	购货日期	供货单位	应付金额	还款期限（天）	到期日	到期提示	将到期金额	方案1	方案2
4	2016/9/3	供货商1	180000.00	90	2016/12/2	12	180000.00	180000	180000
5	2016/9/8	供货商2	200000.00	120	2017/1/6	0	0.00	0	0
6	2016/9/19	供货商3	480000.00	90	2016/12/18	28	480000.00	240000	192000
7	2016/9/20	供货商4	117000.00	120	2017/1/18	0	0.00	0	0
8	2016/10/10	供货商5	234000.00	60	2016/12/9	19	234000.00	117000	234000
9	2016/10/28	供货商6	100000.00	60	2016/12/27	0	0.00	0	0
10	2016/11/19	供货商7	86000.00	30	2016/12/19	29	86000.00	86000	86000
11	2016/11/10	供货商8	16800.00	90	2017/2/8	0	0.00	0	0
12	合计		1413800.00				980000.00	623000	692000

同步文件

原始文件：素材文件\第 10 章\应付账款管理.xlsx

结果文件：结果文件\第 10 章\应付账款管理.xlsx

同步视频文件：同步教学文件\第 10 章\应付账款管理\10.2.1.mp4~10.2.3.mp4

制作思路

"应付账款到期提示表"和"应付账款付款方案"的制作思路如下：

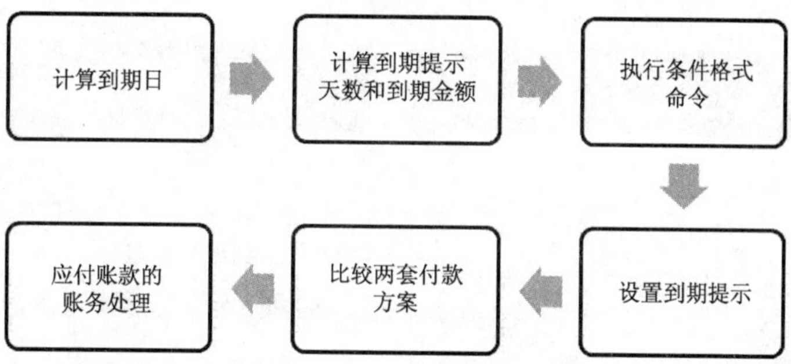

10.2.1 制作应付账款到期提示表

在实际工作中，如果企业发生的赊销业务较多，就会形成多笔应付款项。为了保证应付账款可以按期偿还，企业可以编制应付账款到期提示表，利用 Excel 函数功能设置应付账款到期提示，并计算将到期应付账款金额合计。

在制作应付账款到期提示表中使用 AND()函数计算应付账款“到期提示”天数和“将到期金额”。

通常情况下，企业可以按照给定日期，利用函数公式来标识一个月内到期的应付账款记录，并显示剩余天数。还可以计算将到期应付账款金额合计，以便企业按计划筹集资金，偿还欠款。

首先计算应付账款“到期提示”天数和“将到期金额”，然后通过 Excel 的条件格式功能，制作应付账款到期提示，具体操作方法如下。

第 1 步：打开素材文件

打开“素材文件\第 9 章\应付账款管理.xlsx”文件，应付账款到期提示表的基本框架，如下图所示。

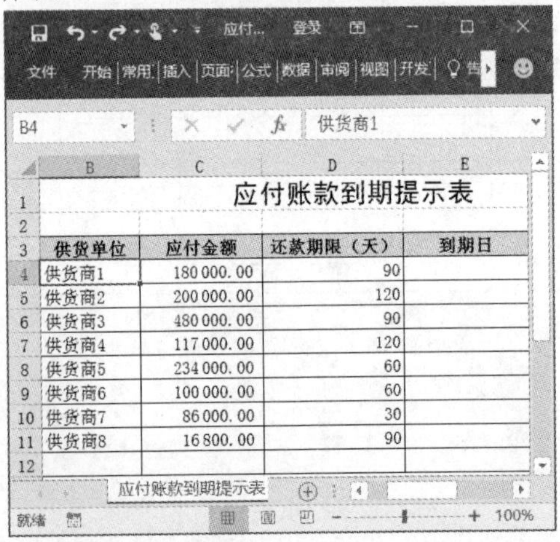

第 2 步：计算到期日

选中 E4 单元格，输入公式“=A4+D4”，按“Enter”键确认输入，如下图所示。

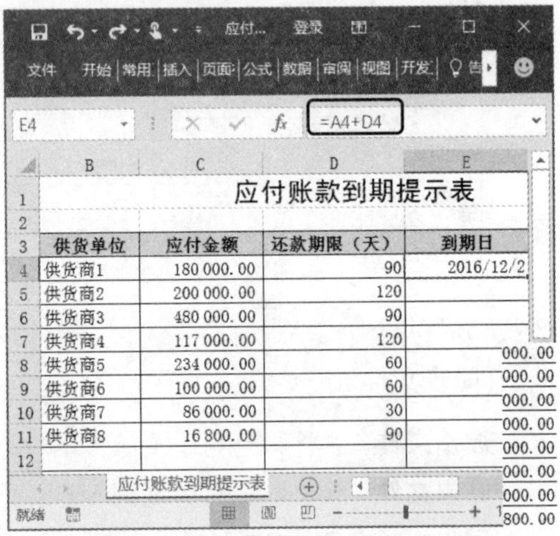

第 3 步：填充公式

将鼠标定位在 E4 单元格的右下角，此时鼠标变成十字形状，按住鼠标左键向下拖动到 E11 单元格，如下图所示。

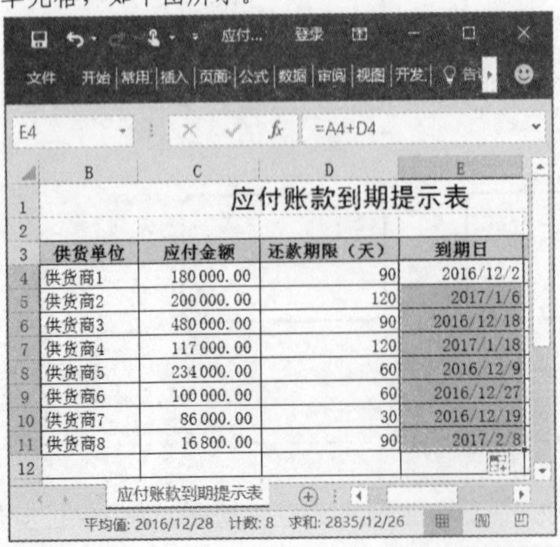

第 4 步：计算到期提示天数

选中 F4 单元格，输入公式“=IF(AND(E4-$G$2<=30,E4-$G$2>0),E4-$G$2,0)”，按“Enter”键确认输入，如下图所示。

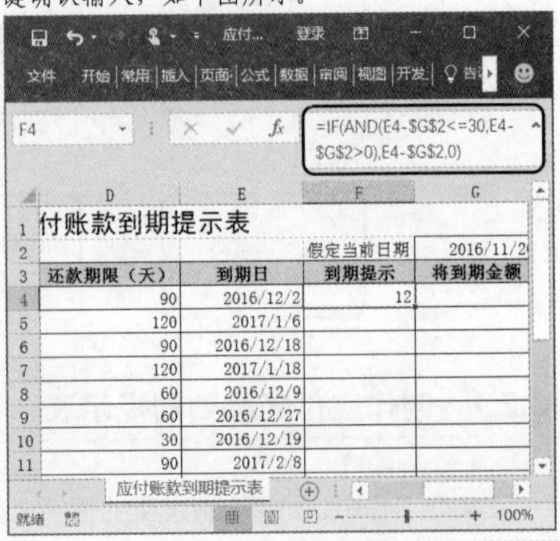

第 5 步：填充公式

将鼠标定位在 F4 单元格的右下角，此时鼠标变成十字形状，按住鼠标左键向下拖动到 F11 单元格，如下图所示。

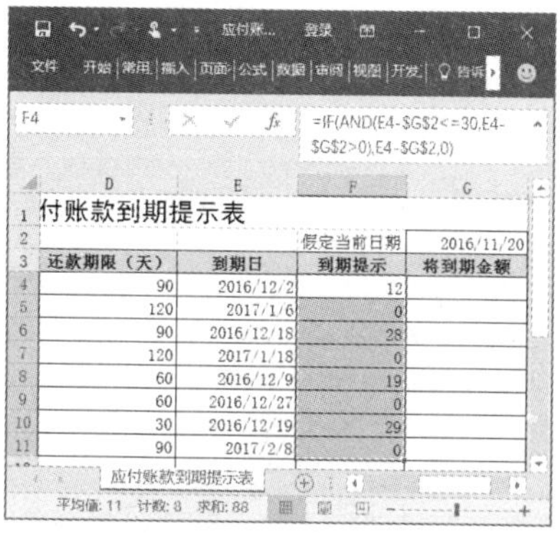

第 6 步：计算将到期金额

选中 G4 单元格，输入公式“=IF(AND(E4-$G$2<=30,E4-$G$2>0),C4,0)”，按“Enter”键确认输入，如下图所示。

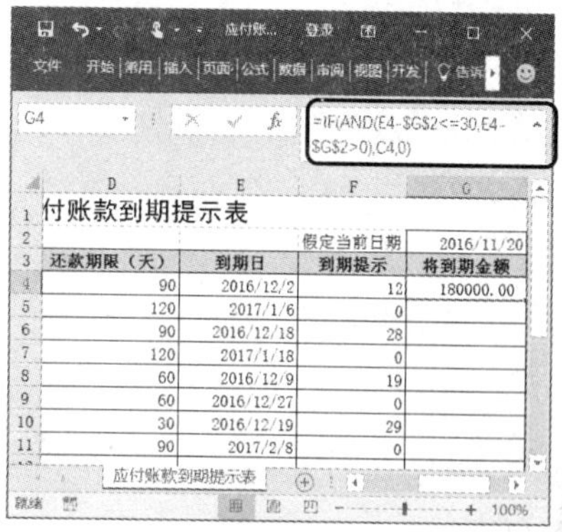

第 7 步：填充公式

将鼠标定位在 G4 单元格的右下角，此时鼠标变成十字形状“+”，按住鼠标左键向下拖动到 G11 单元格，如下图所示。

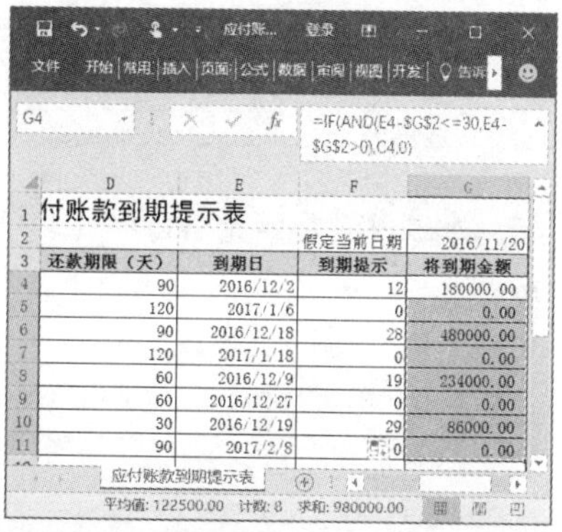

第 8 步：计算应付金额合计

选中 C12 单元格，输入公式“=SUM(C4:C11)”，按“Enter”键确认输入，如下图所示。

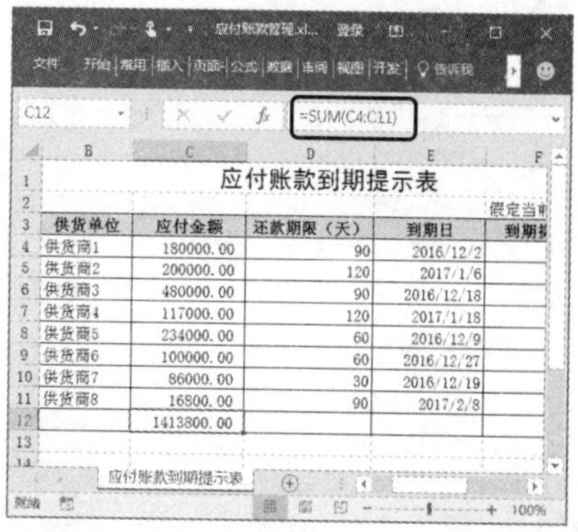

第 9 步：计算将到期金额合计

选中 G12 单元格，输入公式“=SUM(G4:G11)”，按“Enter”键确认输入，如下图所示。

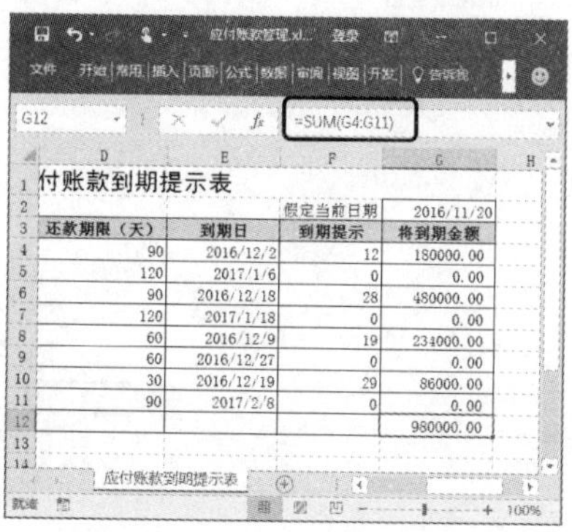

第 10 步：执行条件格式命令

选中单元格区域 B4:G4，❶单击“开始”选项卡，❷单击“样式”功能组中的“条件格式”下拉按钮，如下图所示。

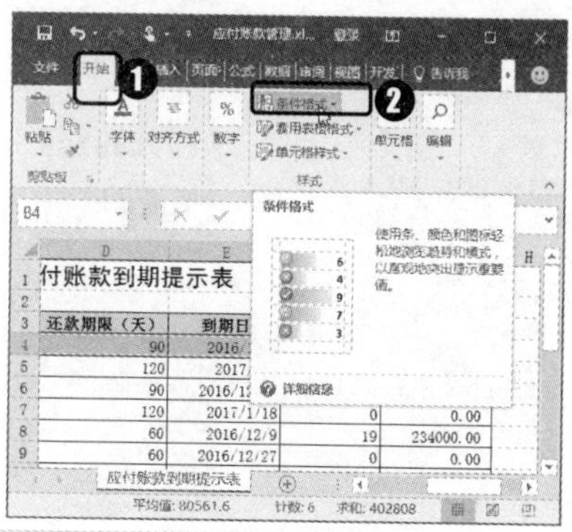

第 11 步：选择“新建规则”选项

在弹出的下拉列表中选择“新建规则”选项，如下图所示。

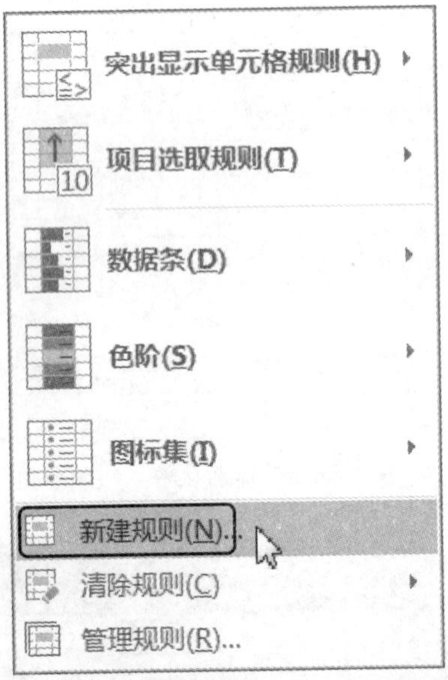

第 12 步：设置格式规则

弹出“新建格式规则”对话框，❶在“选择规则类型”列表框中选择“使用公式确定要设置格式的单元格”；❷在“为符合此公式的值设置格式”文本框中输入公式“=($E4-$G$2>0)*($E4-$G$2<=30)”；❸单击“格式”按钮，如下图所示。

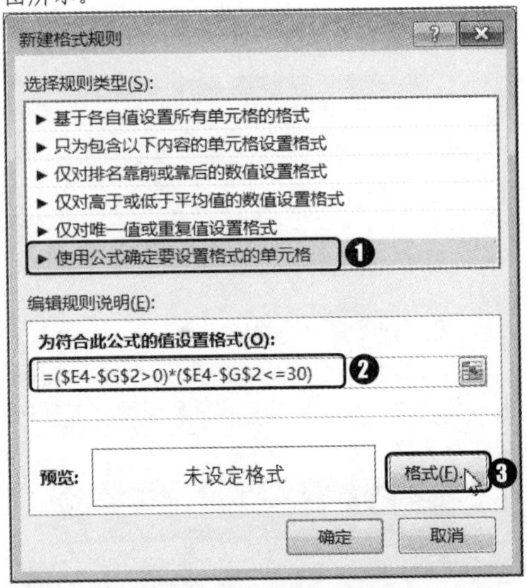

第 13 步：设置单元格格式

弹出“设置单元格格式”对话框，❶单击“字体”选项卡；❷在“颜色”下拉列表中选择“红色”，如下图所示。

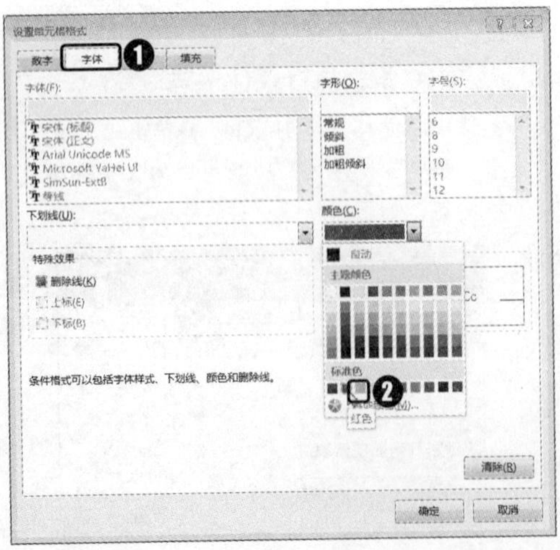

第 14 步：设置单元格背景

❶单击“填充”选项卡；❷在“背景色”面板中选择“橙色，强调文字颜色 6，淡色 80%”选项；❸单击“确定”按钮，如下图所示。

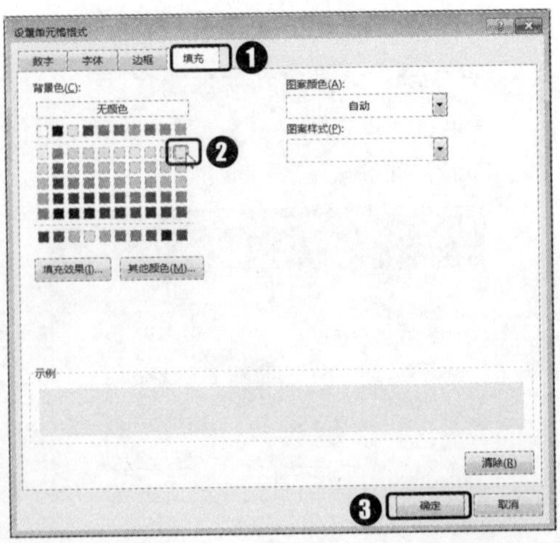

第 15 步：返回新建格式规则对话框

返回“新建格式规则”对话框，可在“预览”面板中查看设置效果，设置完毕，单击“确定”按钮，如下图所示。

第 16 步：填充公式

选中单元格区域 B4:G4，❶单击“开始”选项卡，❷单击“开始”功能组中的“格式刷”按钮，如下图所示。

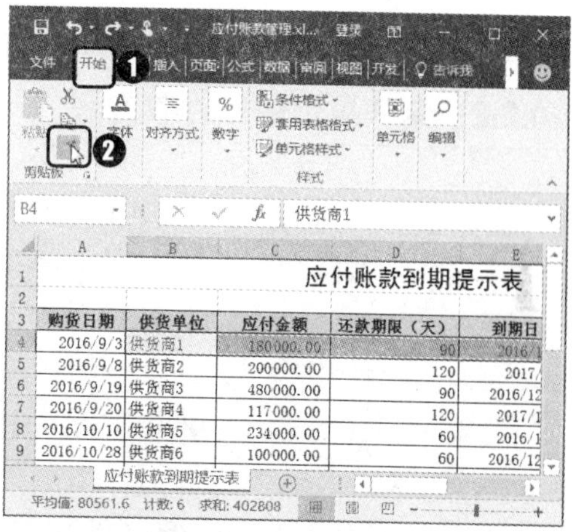

第 17 步：执行格式刷命令

此时，鼠标指针变为 形状，进入复制状态，如下图所示。

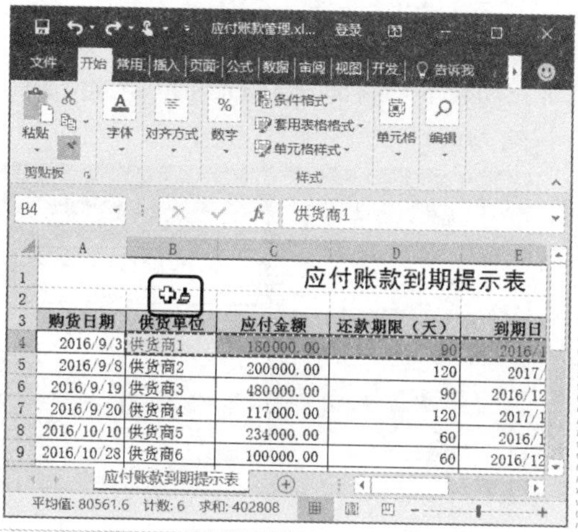

第 18 步：查看设置效果

按住“Shift”键不放，然后选中 G11 单元格，此时，即可将格式应用到单元格区域 B4:G11 中，所有在 1 个月内将到期的应付账款记录都会突出显示出来，如下图所示。

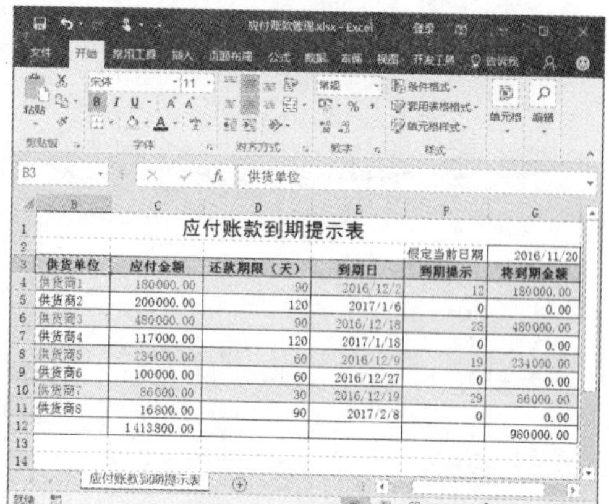

温馨小提示

AND()函数的功能是判断指定的多个条件是否全部成立。其语法结构为 AND(logical1,logical1...)。

参数 logical1,logical1...表示待判定的 1～30 个逻辑式，各逻辑式可以为 TRUE 或 FALSE；参数必须是逻辑值 TRUE 或 FALSE，或者包含逻辑值的数组或引用；如果数组或引用参数中包含文本或空白单元格，那么这些值将被忽略。如果指定的单元格区域内包含非逻辑值，则返回错误值#VALUE!。

10.2.2 制作应付账款付款方案

通过应付账款到期提示表，可以清楚地了解企业应付账款的提示付款信息。接下来就可以根据应付金额并利用 Excel 的函数功能来设计付款方案。合理的付款方案可以提高企业资金利用率，避免因欠款逾期而造成财务损失，提高企业的信誉度。

例如，企业财务部计划近期支付将到期的应付账款，制作了两套付款方案。

方案 1：应付账款大于 200 000 元的款项偿还应付金额的 50%，小于或等于 200 000 元的款项一次性付清。

方案 2：应付账款大于 250 000 元的款项偿还应付金额的 40%，小于或等于 250 000 元的款项一次性付清。

接下来，根据上述两套方案，分别计算将要支付的应付账款金额合计，具体的操作方法如下。

第 1 步：执行排序命令

在工作表“应付账款到期提示表”中，添加新的标题项目“方案 1”、“方案 2”，如下图所示。

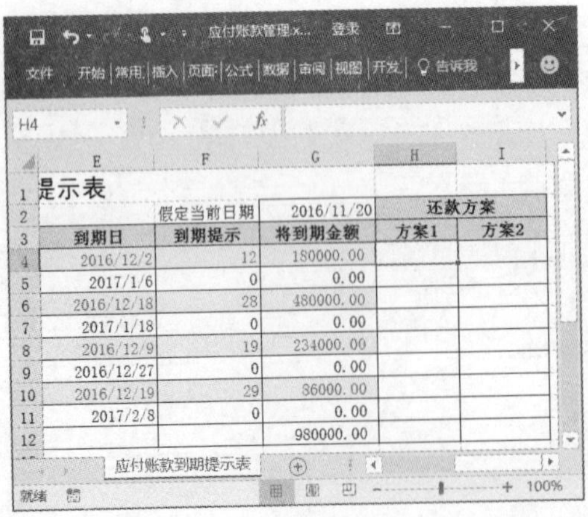

第 2 步：执行方案 1

根据方案 1，选中 H4 单元格，输入公式“=IF(G4<=200 000,G4,ROUND(G4*50%, 2))”，按“Enter”键确认输入，如下图所示。

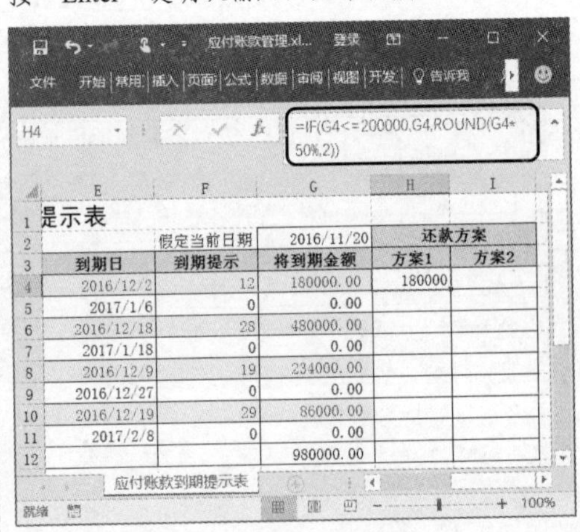

第 3 步：填充公式

将鼠标定位在 H4 单元格的右下角，此时鼠标变成十字形状“十”，按住鼠标左键向下拖动到 H11 单元格，如下图所示。

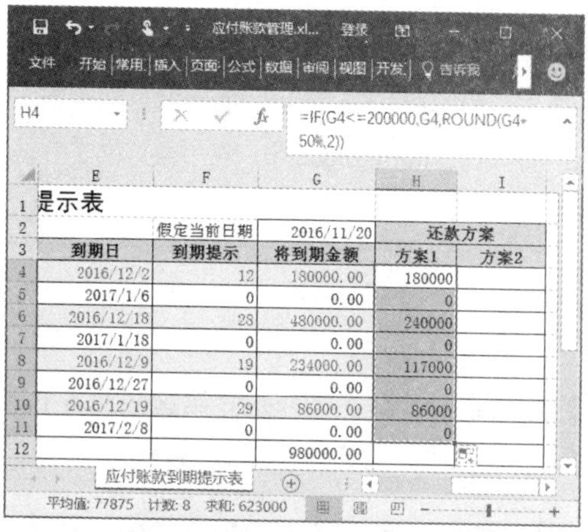

第 4 步：执行方案 2

根据方案 2，选中 I4 单元格，输入公式“=IF(G4<=250 000,G4,ROUND(G4* 40%, 2))”，按“Enter”键确认输入，如下图所示。

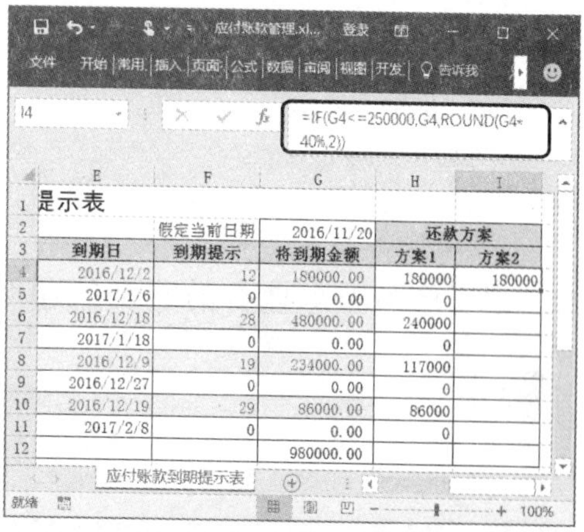

第 5 步：填充公式

将鼠标定位在 I4 单元格的右下角，此时鼠标变成十字形状“十”，按住鼠标左键向下拖动到 I11 单元格，如下图所示。

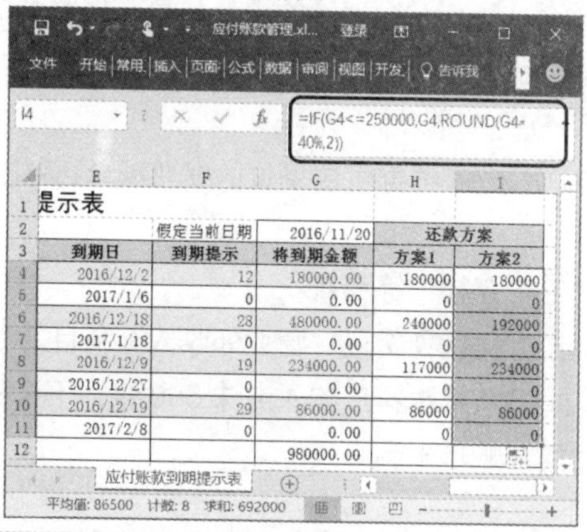

第 6 步：方案 1 应付合计

选中 H12 单元格，输入公式“=SUM(H4:H11)”，按“Enter”键确认输入，如下图所示。

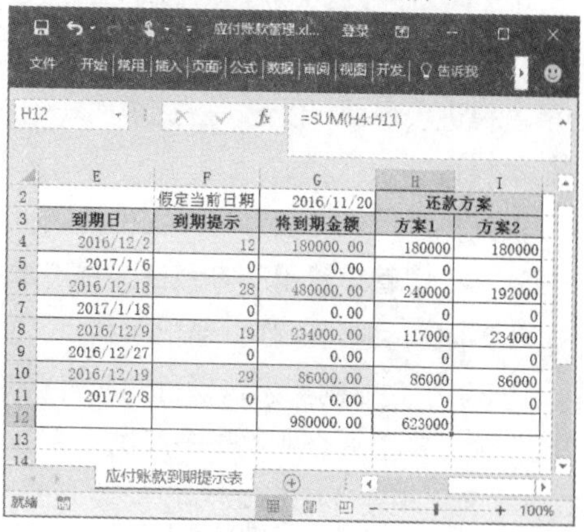

第 7 步：方案 2 应付合计

选中 J12 单元格，输入公式“=SUM(I4:I11)”，按“Enter”键确认输入，如右图所示。此时即可比较 2 套方案的计划付款金额，根据企业实际情况进行选择即可。

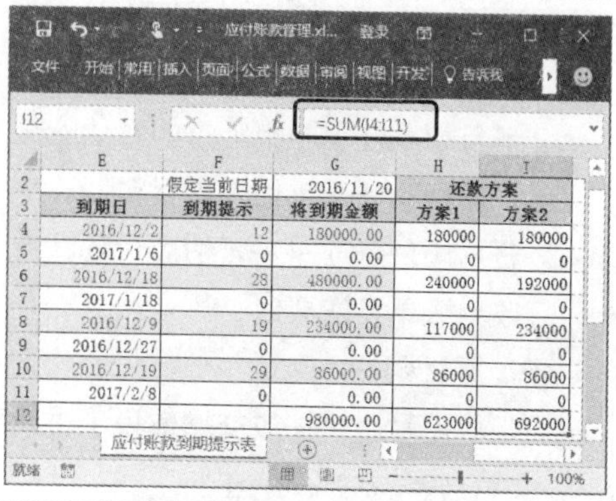

温馨小提示

在计算和比较 2 种应付账款付款方案时，用到 ROUND()函数。ROUND()函数的功能是按指定的位数对数值进行四舍五入。其语法结构为 ROUND(number,num_digits)

参数 number 指定用于进行四舍五入的数字，参数不能是一个单元格区域。如果参数是数值以外的文本，则返回错误值#VALUE!。

num_digits 指定的位数，按此位数进行四舍五入，位数不能省略。num_digits>0，四舍五入到指定的小数位；num_digits=0，四舍五入到最接近的整数位；num_digits<0，在小数点的左侧进行四舍五入。

10.2.3 应付账款业务的账务处理

销售业务主要包括销售商品、产品或报废的边角余料，接下来分别介绍这些业务的账务处理。

1. 应付账款

“应付账款”科目核算小企业因购买材料、商品和接受劳务等日常生产经营活动应支付的款项。本科目应按照对方单位（或个人）进行明细核算。

（1）小企业购入材料、商品等未验收入库，货款尚未支付，应当根据有关凭证（发票账单、随货同行发票上记载的实际价款或暂估价值），借记“在途物资”科目，按照可抵扣的增值税进项税额，借记“应交税费——应交增值税（进项税额）”科目，按照应付的价款，贷记本科目。

接受供应单位提供劳务而发生的应付未付款项，应当根据供应单位的发票账单，借记“生产成本”、“管理费用”等科目，贷记本科目。

（2）偿付应付账款，借记本科目，贷记“银行存款”等科目。

（3）小企业确实无法偿付的应付账款，借记本科目，贷记“营业外收入”科目。

例如，某工业企业属于一般纳税人，本月 21 日从某塑料厂购入泡沫 500 张，不含税价 65 000 元，税率 17%，材料已验收入库，但发票及账单未到。

①月末账务处理时暂估入账，会计分录如下：

借：原材料——暂估入库材料　　65 000

　贷：应付账款——暂估应付款　　65 000

②下月初，红字冲销上月的暂估入账材料，会计分录如下：

借：原材料——暂估入库材料　　65 000

　贷：应付账款——暂估应付款　　65 000

③收到账单及发票时，

借：原材料——泡沫　　65 000

　应交税金——应交增值税（进项税额）　11 050（65 000×17%）

　贷：银行存款——工行　　76 050

温馨小提示

月末，材料入库存但发票及账单未到，企业应暂估入账，目的保证账实相符。下月初，冲销上月的暂估入账材料（红字冲销，摘要*年*月*月*凭证号，金额用红字书写，其他与原凭证一样）

2. 预付账款

"预付账款"科目，用于核算小企业按照合同规定预付的款项。包括：根据合同规定预付的购货款、租金、工程款等。预付款项情况不多的小企业，也可以不设置本科目，将预付的款项直接记入"应付账款"科目借方。本科目应按照对方单位（或个人）进行明细核算。小企业进行在建工程预付的工程价款，也通过本科目核算。

例如，某工业企业属于一般纳税人，2013 年 6 月 1 日，因购入甲材料向某原料厂预付货款 10 000 元；6 月 5 日，收到材料 200kg，单价 600 元/kg，并用银行存款补交余款，收到增值税普通发票，材料已验收入库。

① 支付预付款时：

	借方	贷方
借：应付账款——某原料厂	10 000	
贷：银行存款		10 000

② 收到材料并补交货款时：

	借方	贷方
借：原材料——甲材料	120 000	
贷：应付账款——某原料厂		100 000
银行存款		20 000

一般纳税人只有取得增值税专用发票，才可以抵扣进项税。此处，取得的增值税普通发票不能做抵扣处理。

③ 如果收到增值税专用发票，会计分录如下：

	借方	贷方
借：原材料——甲材料	120 000	
应交税费—应交增值税（进项税额） 20 400（120 000×17%）		
贷：应付账款——某原料厂		100 000
银行存款		40 400

温馨小提示

"预付账款"科目是核算企业按照合同规定预付的款项。而预付款项情况不多的企业，可以不设置预付账款科目，可将预付的款项直接计入"应付账款"科目。

10.3 提升效率——实用操作技巧

通过前面知识的学习，相信读者朋友已经掌握了往来账款分析的相关知识。下面结合本章内容，给大家介绍一些实用技巧。

同步文件

原始文件：素材文件\第 10 章\提升效率\

结果文件：结果文件\第 10 章\提升效率\

同步视频文件：同步教学文件\第 10 章\提升效率.mp4

1. 使用记录单添加应付账款记录

在 Excel 中，向一个数据量较大的表单中插入一行新记录的过程中，有许多时间白白花费在来回切换行和列的位置上。而 Excel 的“记录单”可以帮助你在一个小窗口中完成输入数据的工作，不必在长长的表单中进行输入。

例如，某工业企业属于一般纳税人，2013 年 11 月 15 日，向供货商 2 购入乙材料一批，增值税发票上注明货款 10 000 元，增值税 1 700 元，材料已验收入库，款未付。

该笔经济业务的会计分录如下：

借：原材料——乙材料　　100 00

　　应交税费—应交增值税（进项税额）　1 700（10 000 × 17%）

　贷：应付账款——供货商 2　　117 00

接下来，结合上述实例，使用“记录单”功能在“应付账款明细表”中添加应付账款记录，具体操作方法如下。

第 1 步：打开素材文件

打开“素材文件\第 10 章\提升效率\使用记录单添加数据.xlsx”文件，应付账款明细表的格式框架，如下图所示。

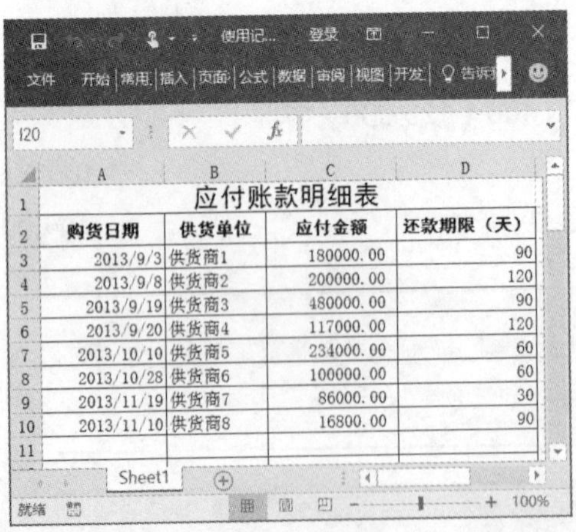

第 2 步：执行选项命令

进入“文件”界面，单击“选项”命令，如下图所示。

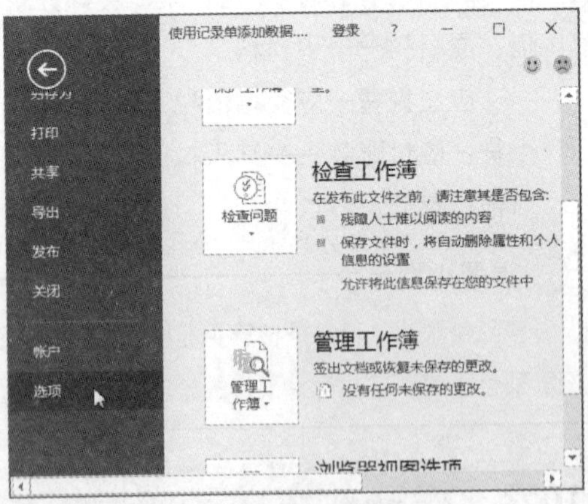

第 3 步：添加记录单命令

弹出“Excel 选项”对话框，❶单击“快速访问工具栏”选项卡；❷在“从下列位置选择命令”下拉列表中选择“不在功能区的命令”选项，在下方的列表框中选择“记录单”命令；❸单击“添加”按钮；❹单击“确定”按钮，如下图所示。

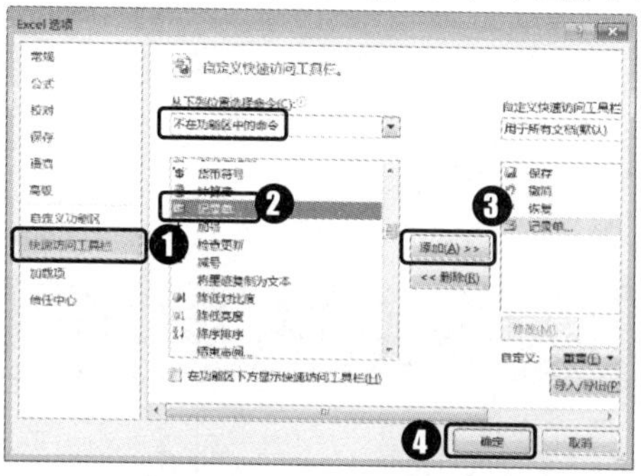

第 4 步：执行记录单命令

此时，记录单添加在“快速访问工具栏”中，将鼠标定位到数据区域中任意单元格中，然后在“快速访问工具栏”中单击“记录单”按钮，如下图所示。

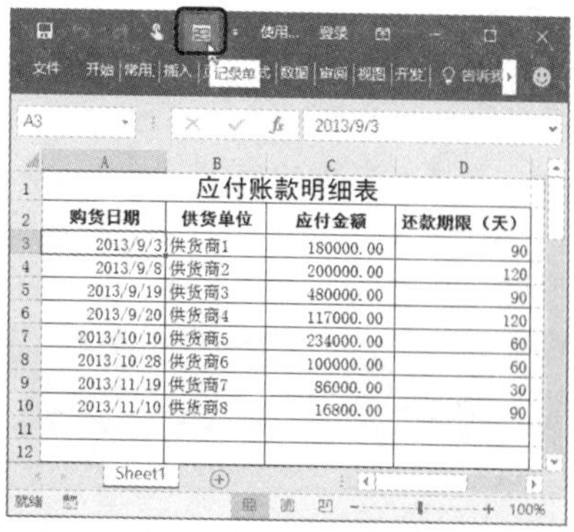

第 5 步：弹出记录单对话框

此时，弹出以所在工作表“Sheet1”命名的对话框，用户可以根据需要在各字段中输入数据，如下图所示。

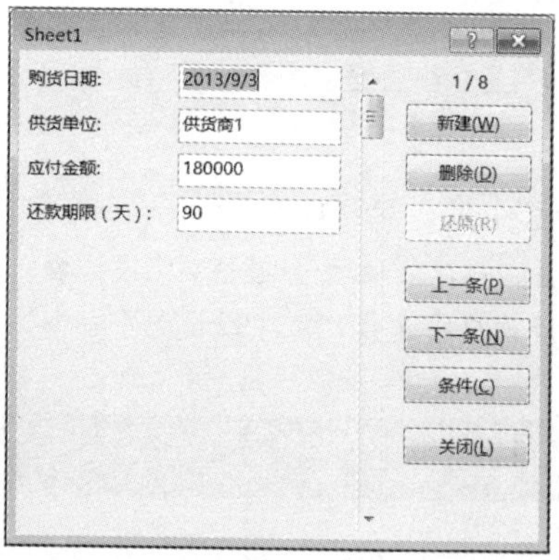

第 6 步：新建记录

❶单击“新建”按钮，❷在“购货日期”文本框中输“2013/11/15”；在“供货单位”文本框中输“供货商 3”；在“应付金额”文本框中输“11 700”；在“还款期限(天)”文本框中输“30”，❸单击“关闭”按钮，如下图所示。

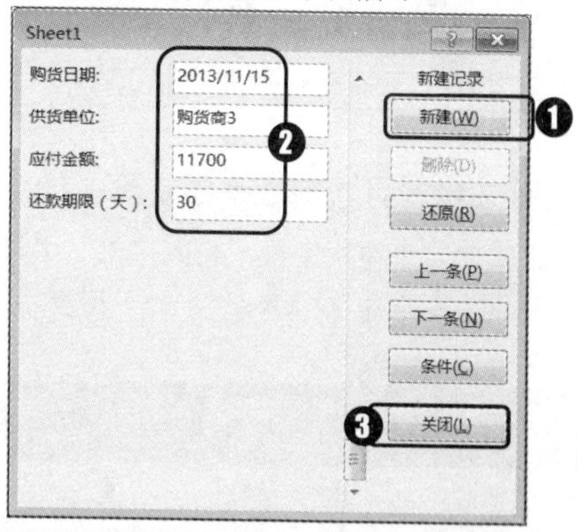

第 7 步：查看添加记录单效果

此时，即可在数据表的最后一行添加新的记录单，如右图所示。

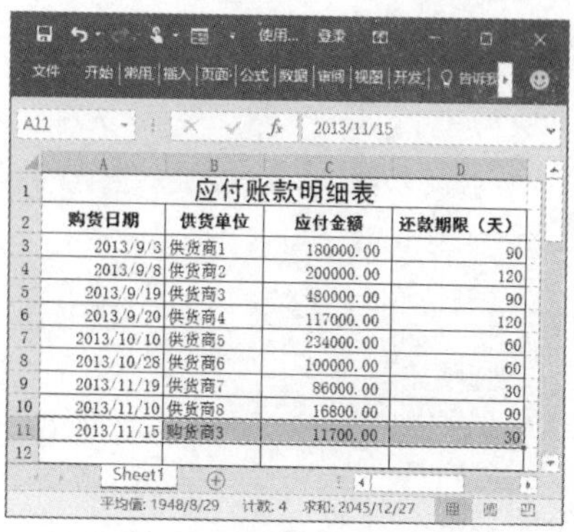

温馨小提示

使用“记录单”录入数据时，必须在打开的对话框中首先单击“新建”按钮，然后进行录入操作，录入完毕，单击“关闭”按钮，才能将数据正常录入工作表。

2. 如何设置总计的百分比

总计的百分比，就是将数据透视表中所有数据的总和显示为 100%，然后将每一个数据显示为占总和的百分比。以应收账款数据为例，可以在数据透视表中显示了每个客户的应收账款占所有应收账款的百分比。设置应收账款总计的百分比的具体操作方法如下。

第 1 步：打开素材文件

打开“素材文件\第 10 章\提升效率\设置总计的百分比.xlsx”文件，2016 年 1 季度应收账款的数据明细如下图所示。

第 2 步：制作数据透视表

制作数据透视表，统计不同客户的应收账款余额，如下图所示。

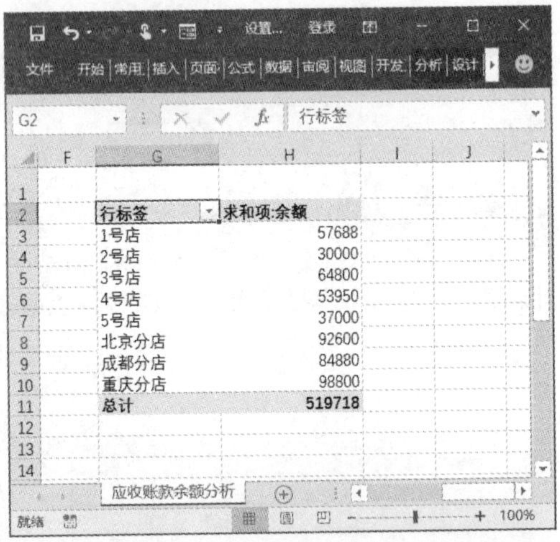

第 3 步：再次拖选余额字段

再次将“余额”字段，拖入“值”字段列表中，显示为“求和项:余额 2”，如下图所示。

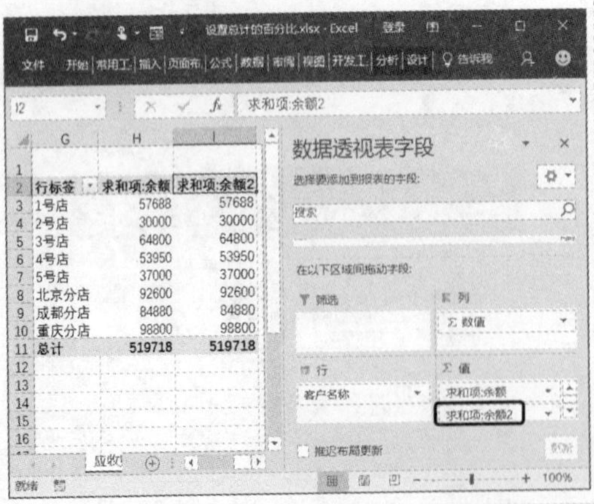

第 4 步：执行设置数据系列格式命令

❶单击“求和项:余额 2”字段；❷在弹出的快捷菜单中选择“值字段设置”命令，如下图所示。

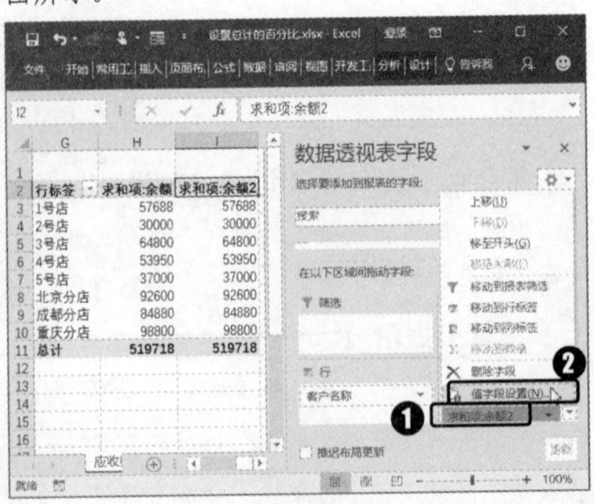

第 5 步：设置值显示方式

弹出“值字段设置”对话框，❶将“自定义名称”设置为“百分比”；❷单击“值显示方式”选项卡；❸在“值显示方式”下拉列表中选择“总计的百分比”选项卡；❹单击“确定”按钮，如下图所示。

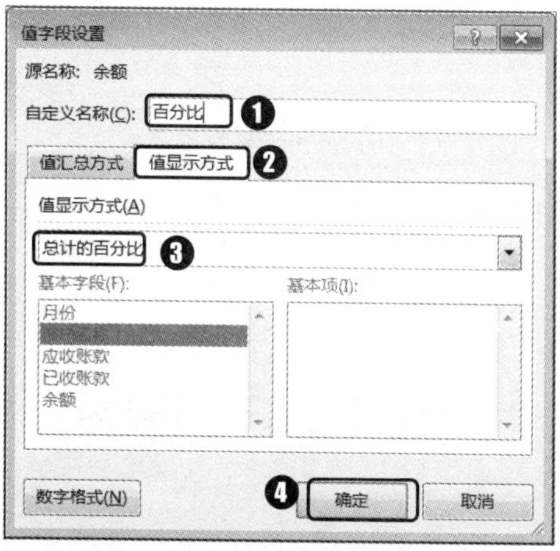

第 6 步：查看设置效果

返回工作表中，此时数据透视表中的“求和项:余额 2”字段就会显示为总计的百分比，如下图所示。

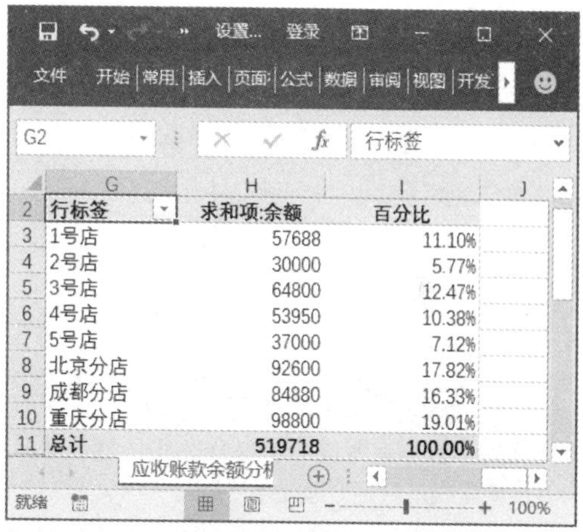

3. 如何设置账龄分区

在数据透视表中，Excel 提供了“创建组”功能，帮助用户为应收账款的账款数据设置账龄分区，具体操作方法如下。

第 1 步：打开素材文件

打开“素材文件\第 10 章\提升效率\设置账龄分区.xlsx”文件，应收账款的账龄分析数据如下图所示。

第 2 步：制作数据透视表

制作数据透视表，统计不同客户的应收账款的账龄清理，如下图所示。

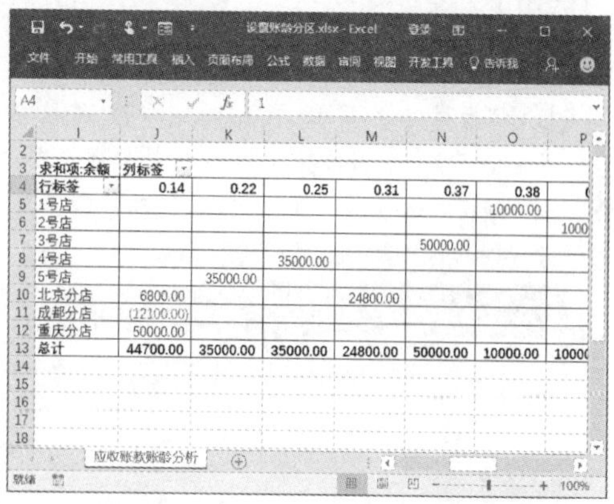

第 3 步：执行创建组命令

❶选中任意一个列标签；❷右击，在弹出的快捷菜单中选择“创建组”命令，如下图所示。

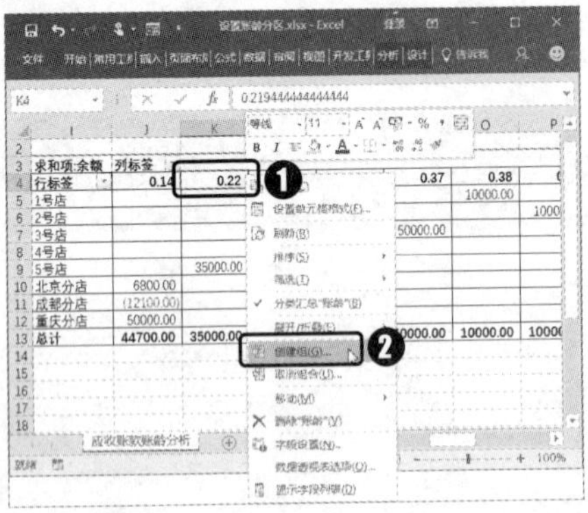

第 4 步：输入计算公式

弹出“组合”对话框，❶将“起始于”和“终止于”文本框中的数值分别设置为“0”和“2”，将“步长”的数值设置为“0.5”；❷单击“确定”按钮，如下图所示。

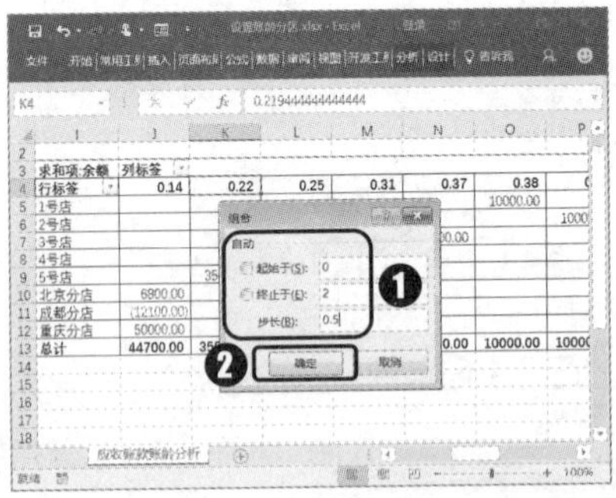

第 5 步：查看设置结果

此时即可形成账龄期间为 0~2 年，分区期间为 0.5 年的账龄区间，如右图所示。

温馨小提示

此处的设置的“起始于”、“终止于”和“步长”的数值是根据应收账款账龄的数值决定的，用户可以根据需要进行自定义设置。

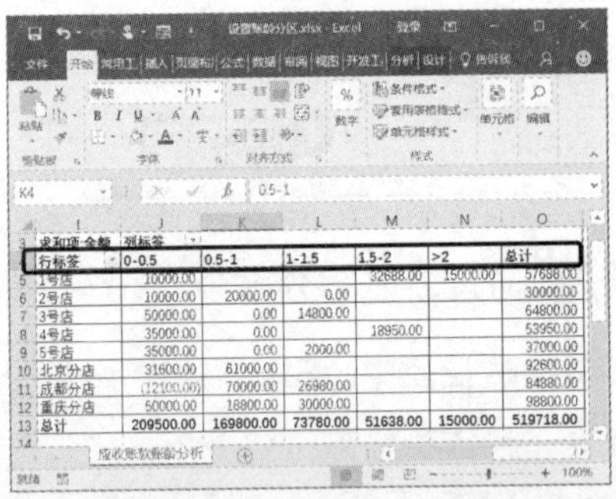

4．创建账龄分析图

对应收账款的账龄数据进行透视分析后，可以根据数据透视表创建账龄分析图，具体操作方法如下。

第 1 步：执行数据透视图命令

打开“素材文件\第 10 章\提升效率\创建账龄分析图.xlsx”文件，将鼠标定位在数据透视表中，❶单击“分析”选项卡，❷在“工具”功能组中单击“数据透视图”按钮，如下图所示。

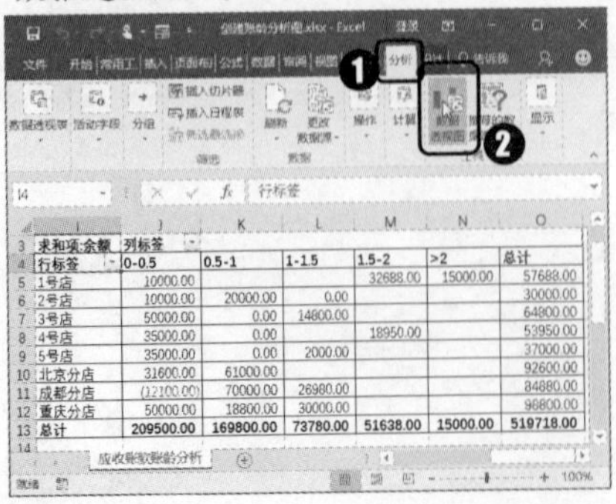

第 2 步：选择图表类型

弹出“插入图表”对话框，❶选择“堆积柱形图”选项；❷单击“确定”按钮，如下图所示。

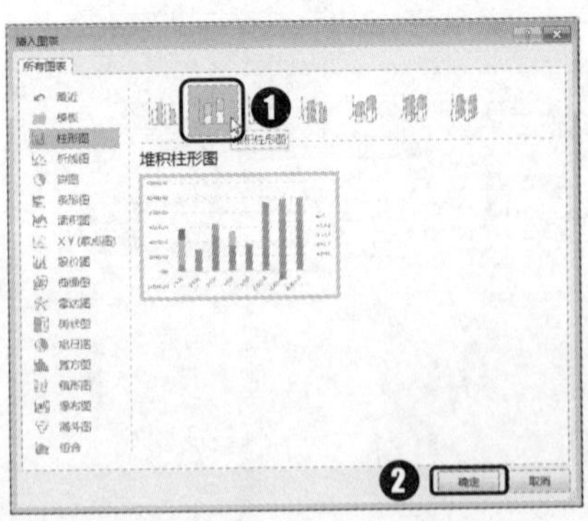

第 3 步：查看生成的图表

此时即可生成一个堆积柱形图，如下图所示。

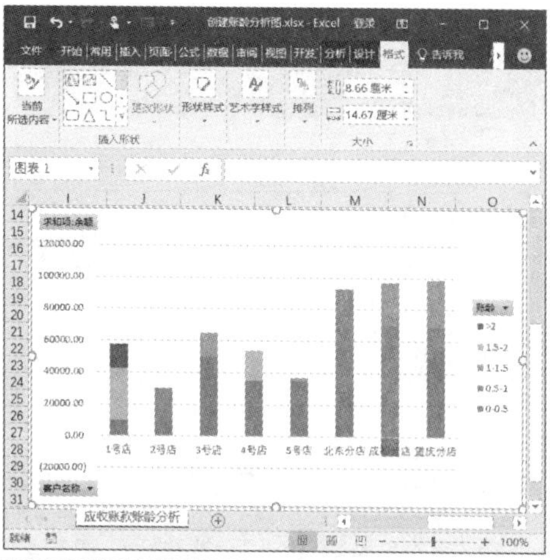

第 4 步：设置图表标题

为图表设置标题“应收账款账龄分析图”，如下图所示。

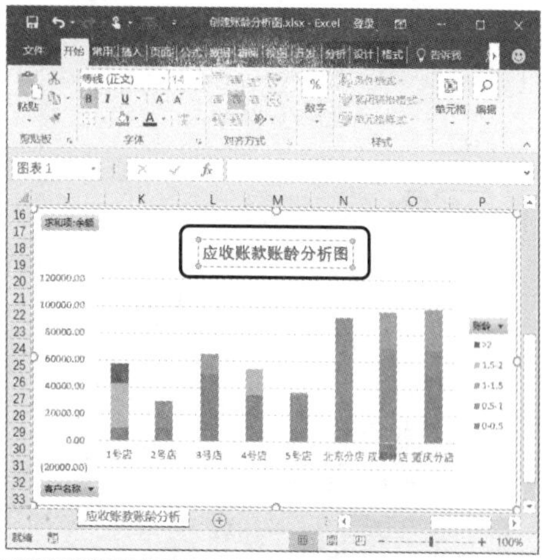

温馨小提示

应收账款的账龄是指负债人（客户）所欠账款的时间和期限。账龄时间越长，发生坏账损失的可能性就越大。进行账龄分析时，将不同账龄的应收账款进行分组，并根据前期坏账实际发生的有关资料，确定各账龄组的估计坏账损失百分比，再将各账龄组的应收账款金额乘以对应的估计坏账损失百分比数，计算出各组的估计坏账损失额之和，即为当期的坏账损失预计金额。

5. 制作简易催款单

根据应收账款的账龄情况，企业应当及时制作催款通知单，对已到期或将到期的应收款项进行催缴，接下来使用数据验证功能和 SUMIF 函数制作简易催款单，具体操作方法如下。

第 1 步：打开素材文件

打开“素材文件\第 10 章\提升效率\制作简易催款单.xlsx”文件，简易催款单的基本格式如下图所示。

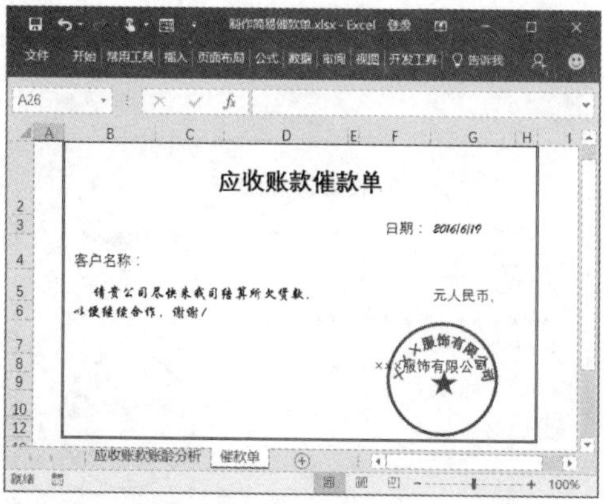

第 2 步：执行数据验证命令

选择 C4 单元格，❶单击“数据”选项卡；❷单击“数据工具”功能组中的“数据验证”按钮，如下图所示。

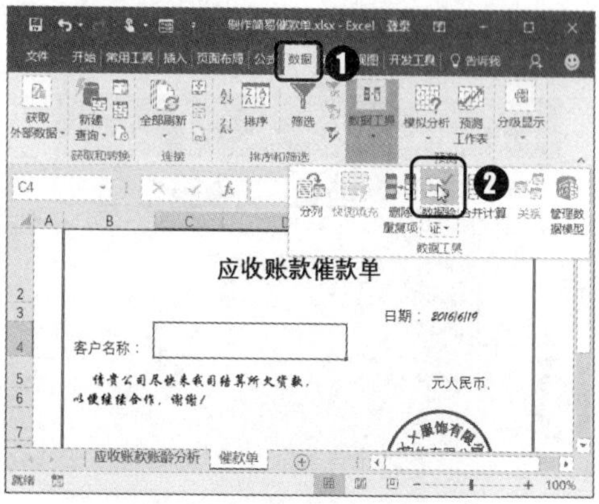

第 3 步：选择序列选项

弹出“数据验证”对话框，❶在“允许”下拉列表中选择“序列”选项；❷在“来源”文本框右侧单击“折叠”按钮，如下图所示。

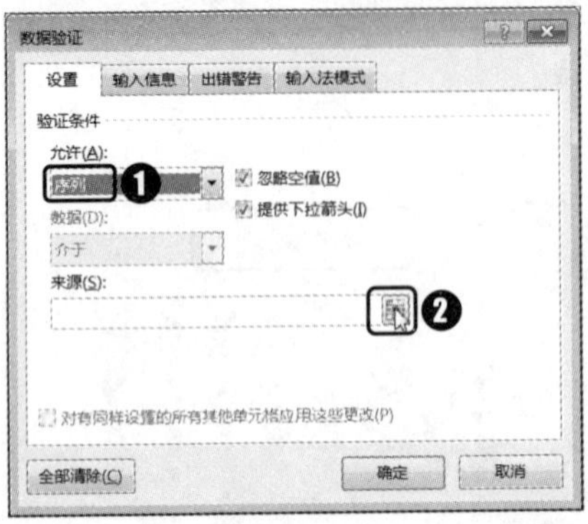

第 4 步：选择数据源

在当前工作表中，❶拖动鼠标选中单元格区域 A15:A22；❷单击“展开”按钮，如下图所示。

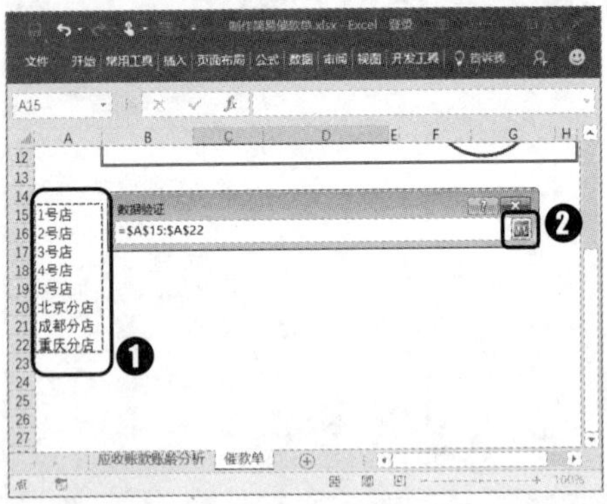

第 5 步：单击确定按钮

返回“数据验证”对话框，单击“确定”按钮，如下图所示。

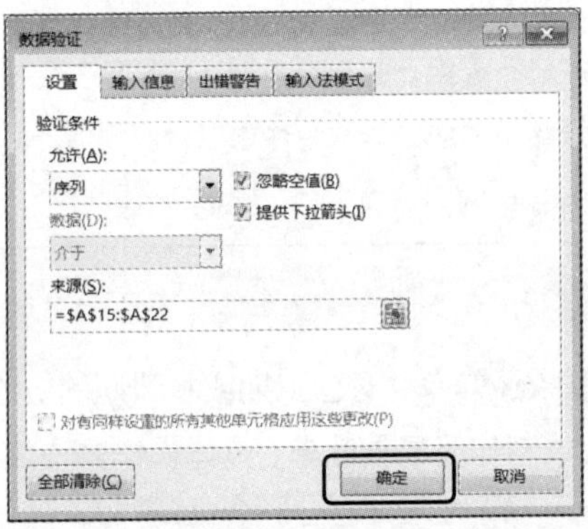

第 6 步：选择下拉选项

此时 C4 单元格右侧出现一个下拉按钮，单击下拉按钮，选择“3 号店”选项，如下图所示。

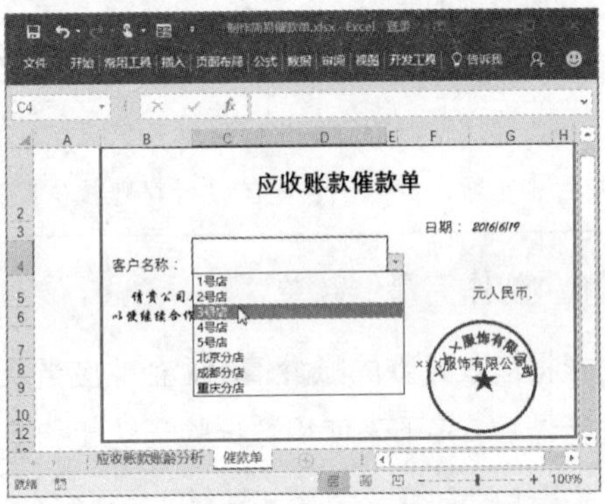

第 7 步：输入引用公式

在 E5 单元格中输入公式“=SUMIF(应收账款账龄分析!$C$4:$C$27,催款单! $C$4,应收账款账龄分析!$F$4:$F$27)”，按“Enter”键，即可调出 3 号店的欠款情况，如下图所示。

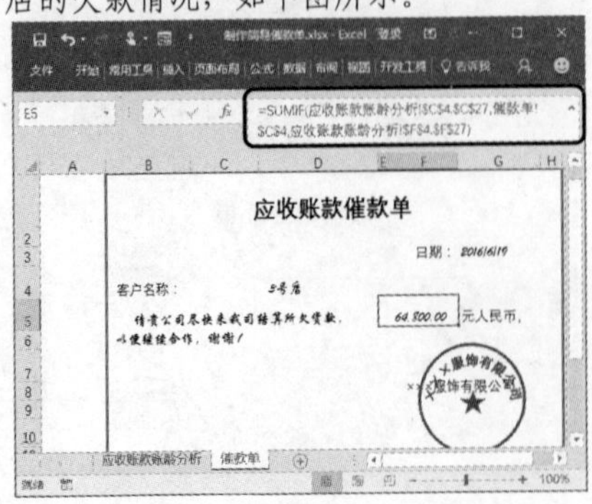

第 8 步：查看设置效果

设置完毕，应收账款催款单的最终效果如下图所示。

6. 提取坏账准备

结合应收账款账龄分析表中的数据，根据客户拖欠日期的长短（账龄长短），可以分别按不同的坏账率估计坏账损失，计提坏账准备。

例如，某企业按照不同的账龄区间设置计提比例，如半年以内暂不计提，半年到一年的计提 0.5%，一年到一年半的计提 1%，一年半以上的计提 2%。

接下来使用 IF 嵌套函数确定计提比例，然后计算坏账准备，具体操作方法如下。

第 1 步：计算计提比例

打开“素材文件\第 10 章\提升效率\计提坏账准备.xlsx”文件，选中单元格 E3，然后输入公式“=IF(D3<0.5,0,IF(D3<1, 0.005,IF(D3<1.5,0.01,0.02)))”，按“Enter”键，此时即可确定 1 号店的计提比例，如下图所示。

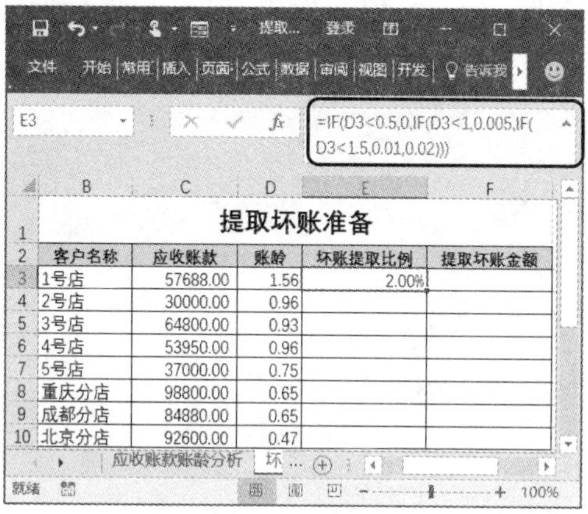

第 2 步：向下填充公式

将鼠标定位在 E3 单元格的右下角，此时鼠标变成十字形状，双击，此时即可计算出其他客户的计提比率，如下图所示。

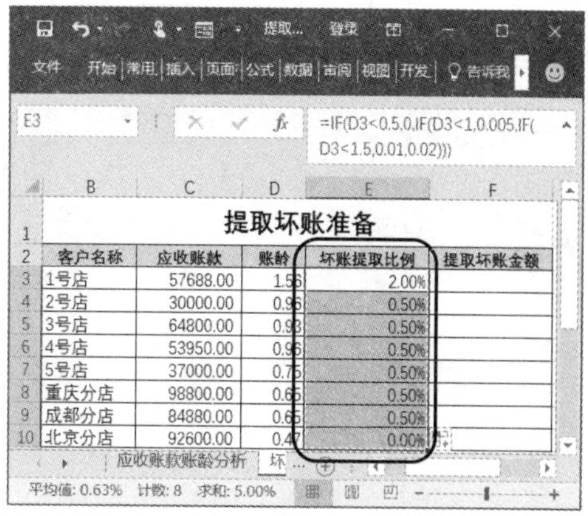

第 3 步：选择序列选项

选中 F3 单元格，然后输入公式“=C3* E3”，按“Enter”键，此时即可计算出 1 号店的坏账金额，如下图所示。

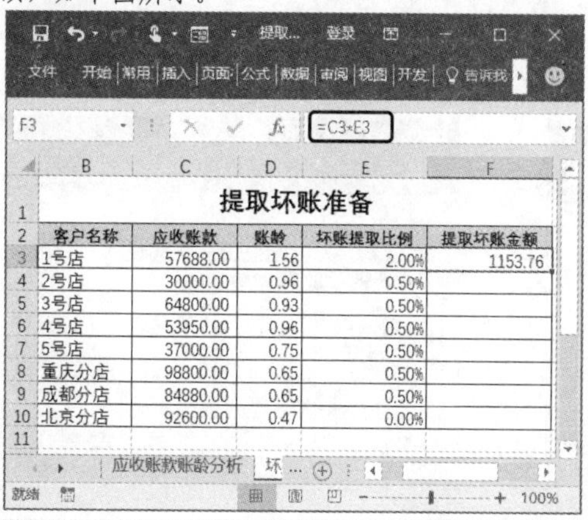

第 4 步：向下填充数据

将鼠标定位在 F3 单元格的右下角，此时鼠标变成十字形状，双击，此时即可计算出其他客户的坏账金额，如下图所示。

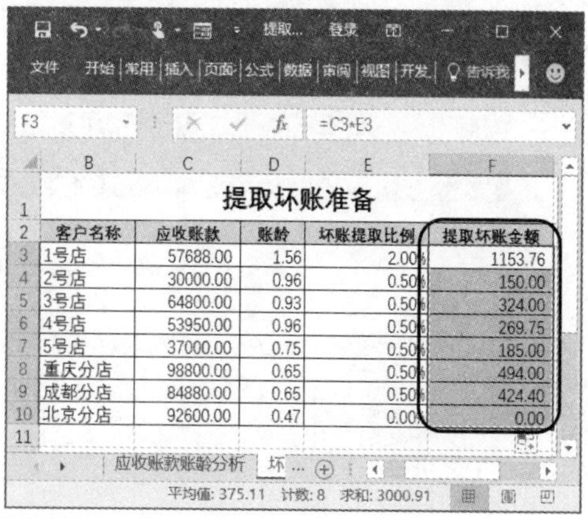

第 11 章 制作进销存管理表单

本章导读

采购、销售和库存是进销存管理的三个环节。采购就是将企业新购进的原材料、商品等货物入库，并登记备查；销售就是记录销售情况，汇总销售数据，然后对销售数据进行处理和分析；存货是企业会计核算和管理中的一个重要环节，存货管理的好坏和信息提供的准确与否，会直接影响到企业的采购、生产和销售业务的进行。

知识要点

- ❖ 制作请购单
- ❖ 制作采购明细表
- ❖ 采购业务的账务处理
- ❖ 制作销售明细表
- ❖ 销售收入汇总分析
- ❖ 销售业务的账务处理
- ❖ 相关函数
- ❖ 制作存货明细表
- ❖ 存货业务的账务处理
- ❖ 制作进销存分析表
- ❖ 存货紧缺预警

案例展示

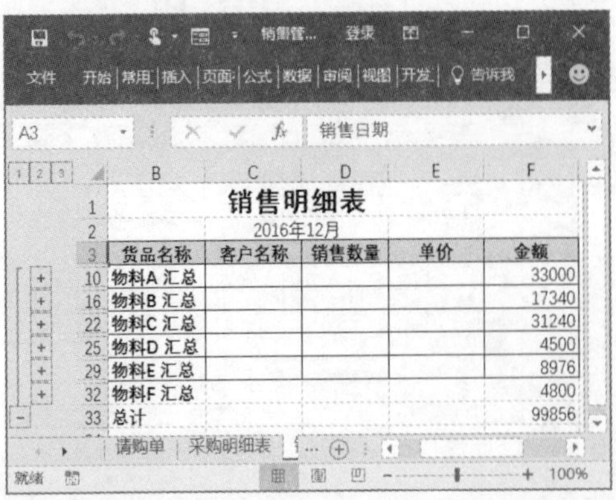

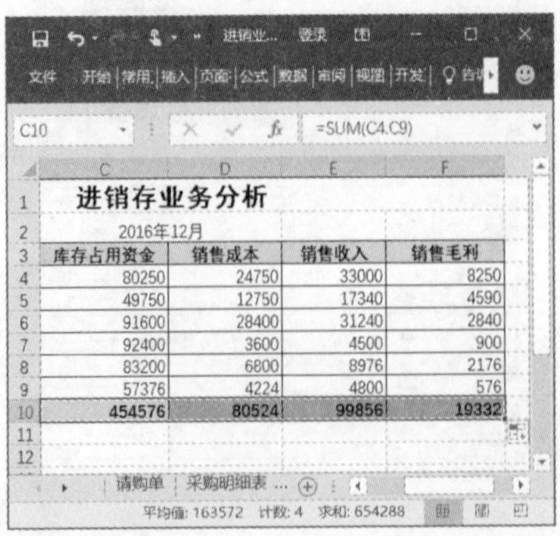

11.1 采购管理

案例概述

做好进销存的管理，首先要做好商品或材料的采购工作，保证企业生产经营活动的持续进行。通常情况下，在采购物料之前，各部门需要按照实际需要提出采购申请，经单位相关领导审批后，由采购部门进行统一预算和购买。

案例效果

采购是指企业在一定的条件下从供应市场获取产品或服务作为企业资源，以保证企业生产及经营活动正常开展的一项企业经营活动。采购业务中，企业一般需要根据物料需求时间计划，以采购订单的形式向供应方发出需求信息，并安排和跟踪整个物流过程，确保物料按时到达企业，以支持企业的正常运营的过程。

请购单和采购明细表制作完成后，效果如下图所示。

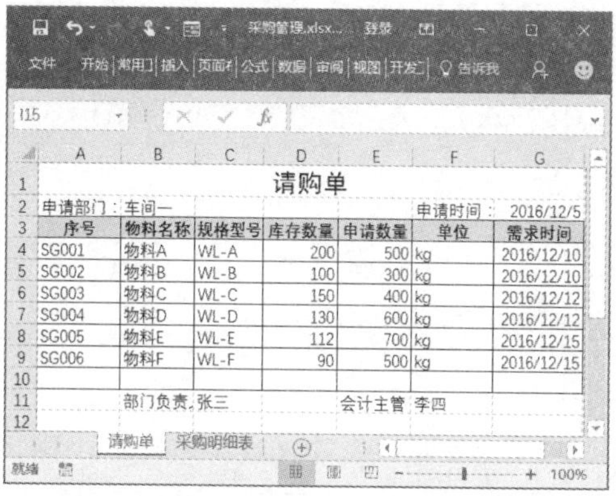

同步文件

原始文件：素材文件\第 11 章\采购管理.xlsx

结果文件：结果文件\第 11 章\采购管理.xlsx

同步视频文件：同步教学文件\第 11 章\采购管理\11.1.1.mp4~11.1.3.mp4

制作思路

采购管理表单的制作思路如下：

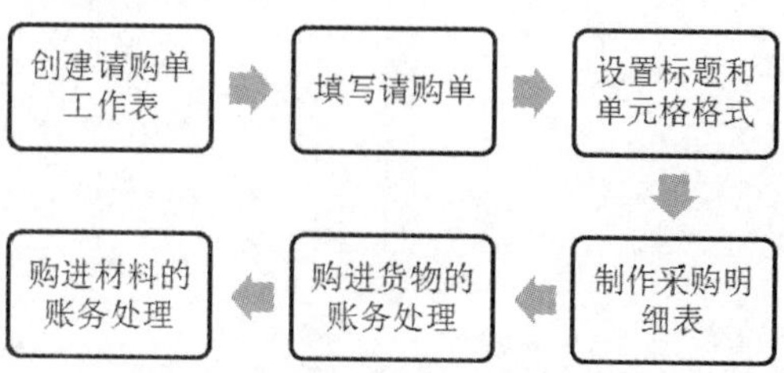

11.1.1 制作请购单

请购是指某人或者某部门根据生产需要确定一种或几种物料，并按照规定的格式填写一份要求，递交至公司的采购部以获得这些物料的单子的整个过程。所填的单据称为请购单。

请购单主要包括申请时间、申请部门、物料名称、规格型号、采购数量以及库存数量等信息。接下来利用电子表格制作请购单，具体操作方法如下。

第 1 步：录入基本内容

打开“素材文件\第 11 章\采购管理.xlsx”文件，在“请购单”工作表中，录入请购单的基本内容，如下图所示。

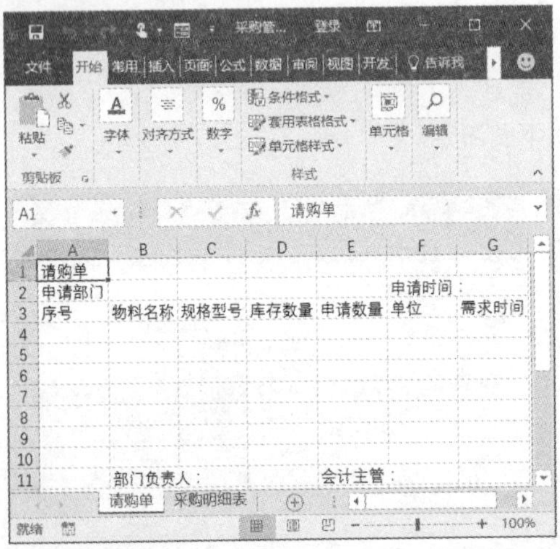

第 2 步：执行“合并后居中”命令

选中单元格区域“A1:G1”，❶单击“开始”选项卡；❷单击“对齐方式”功能组中的“合并后居中”按钮，如下图所示。

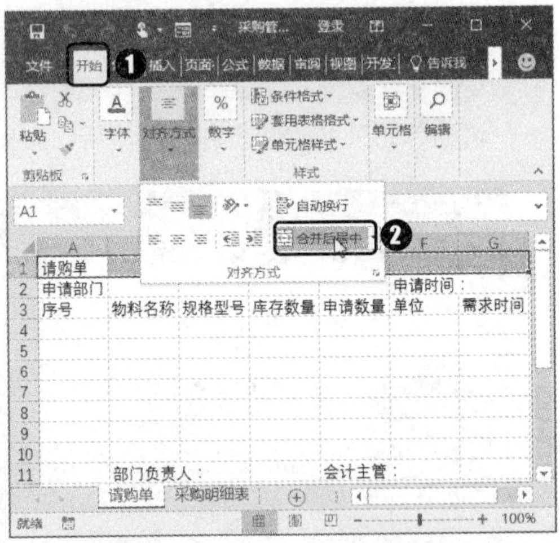

第 3 步：设置标题格式

选中 A1 单元格，❶单击“开始”选项卡；❷在“字体”功能组中将“字体”设置为“黑体”，将“字号”设置为“16”，如下图所示。

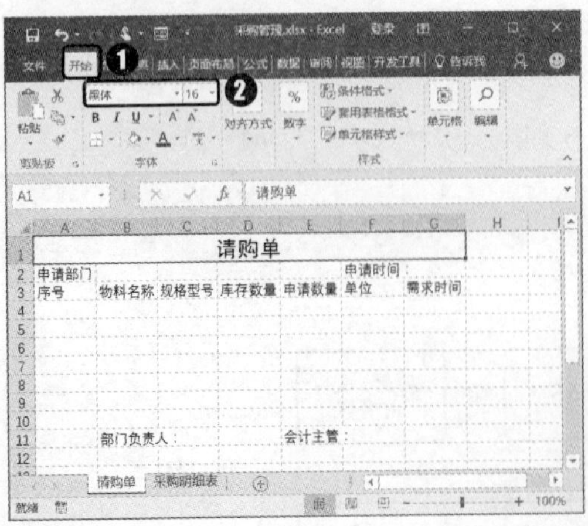

第 4 步：执行分类汇总命令

选中单元格区域 A3:G10，❶单击“开始”选项卡；❷在“对齐方式”功能组中单击“对话框启动器”按钮。

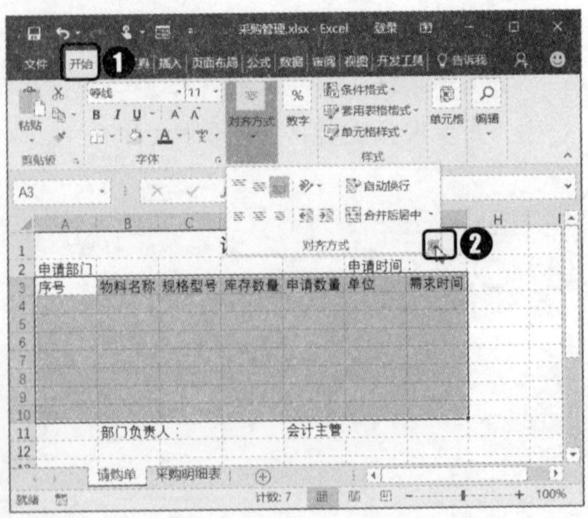

第 5 步：设置边框

弹出“设置单元格格式”对话框，❶单击“边框”选项卡；❷在“样式”组合框中选择“细实线”；❸单击“预置”组合框中的“外边框”和“内部”按钮；❹单击“确定”按钮，如下图所示。

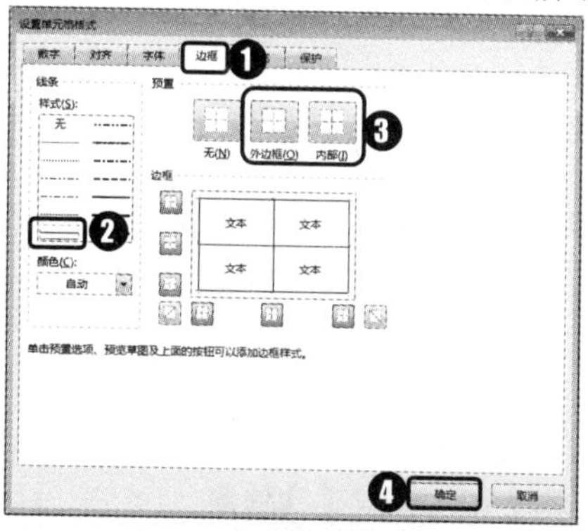

第 6 步：查看边框

返回工作表，此时选中的单元格区域就添加了边框，如下图所示。

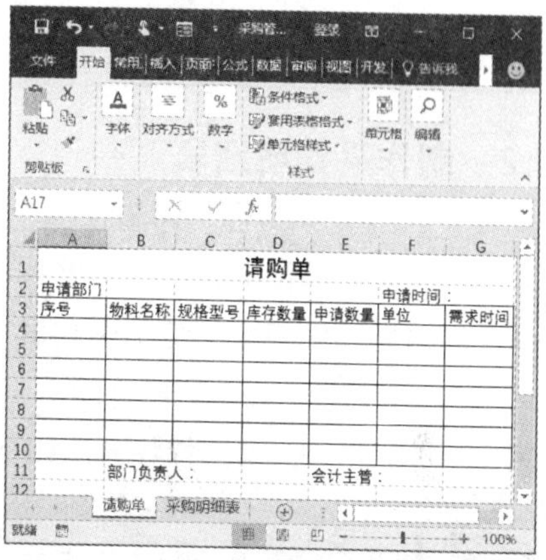

第 7 步：设置字段标题的格式

选中单元格区域 A3:G3，❶单击“开始”选项卡；❷在“字体”功能组中单击“加粗”按钮；❸在“对齐方式”功能组中单击“居中”按钮，如下图所示。

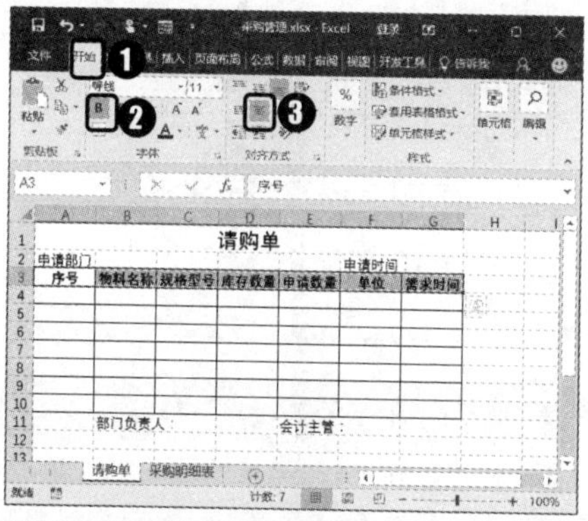

第 8 步：设置字段标题的底色

选中单元格区域 A3:G3，❶单击“开始”选项卡；❷在“字体”功能组中单击“填充颜色”按钮；❸在弹出的下拉列表中选择“白色，背景 1，深色 15%”选项，如下图所示。

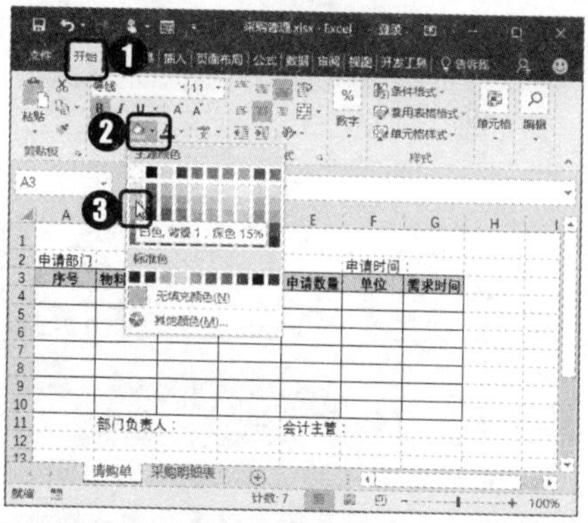

第 9 步：查看设置效果

操作到这里，请购单的基本框架就设置完成了，如下图所示。

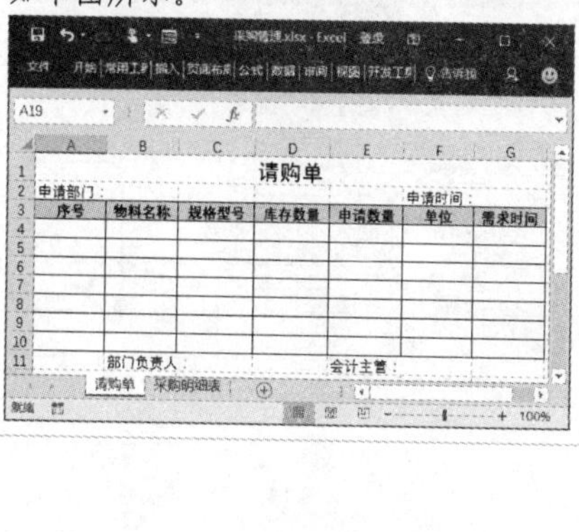

第 10 步：填写请购单

请购单制作完成后，就可以根据需要进行填写了，填写完毕，如下图所示。

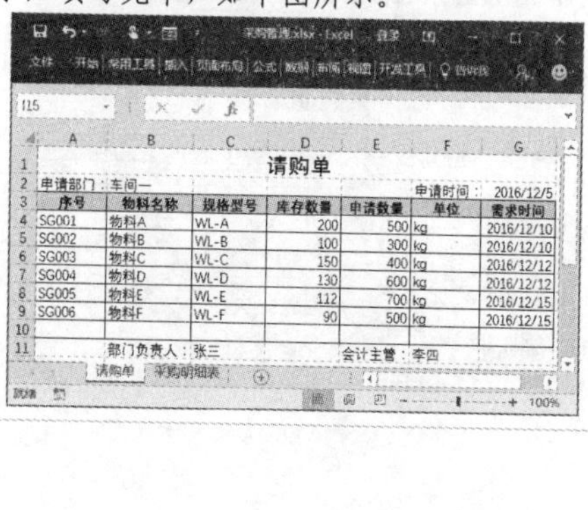

专家会诊台

Q：请购单与采购单有何区别?

A：两者都是公司根据所需采购的物品而列示的购物清单。不同的是，请购单需向上级申报，并得到批准方可进行采购的申请单；采购单可以充任请购单同等功能，也可是无须批准、自主采购的物品计划单。

11.1.2 制作采购明细表

采购申请单经单位相关领导审批后，由采购部门实施采购，然后根据采购信息制作采购明细表。采购明细表主要包括采购日期、物料名称、供应商、采购数量、单价和金额等内容。

制作采购明细表的具体操作方法如下。

第 1 步：切换工作表

切换到工作表“采购明细表”重命名为“采购明细表”，采购明细表的基本框架如下图所示。

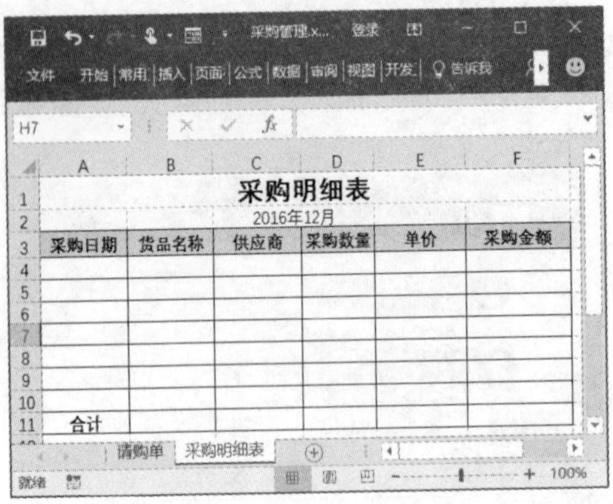

第 2 步：录入采购信息

录入采购信息，如下图所示。

第 3 步：计算采购金额

在 F4 单元格中输入公式“=D4*E4”，按“Enter”键，此时即可计算出第一笔采购业务的采购金额，如下图所示。

第 4 步：填充公式

将鼠标定位在 F4 单元格区域的右下角，此时鼠标指针变成十字形状，双击，此时即可将鼠标填充到本列的其他单元格中，如下图所示。

第 5 步：执行求和命令

选中 F11 单元格，❶单击“开始”选项卡；❷在“编辑”功能组中单击“自动求和”按钮；如下图所示。

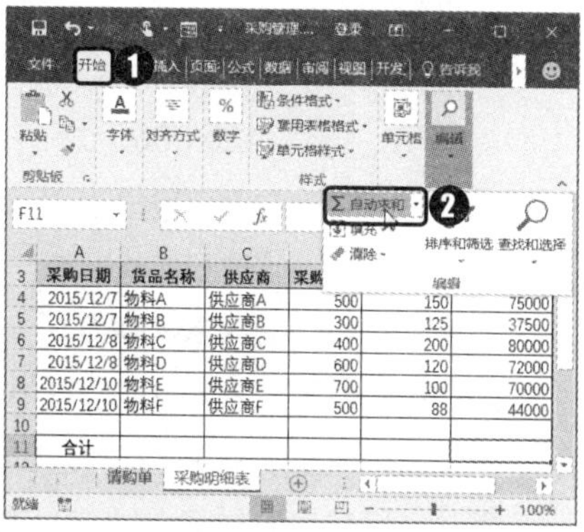

第 6 步：确认公式

此时，在 F11 单元格中显示求和公式“=SUM（F4:F10）”，按“Enter”键，此时即可计算出所有采购记录的采购金额合计，如下图所示。

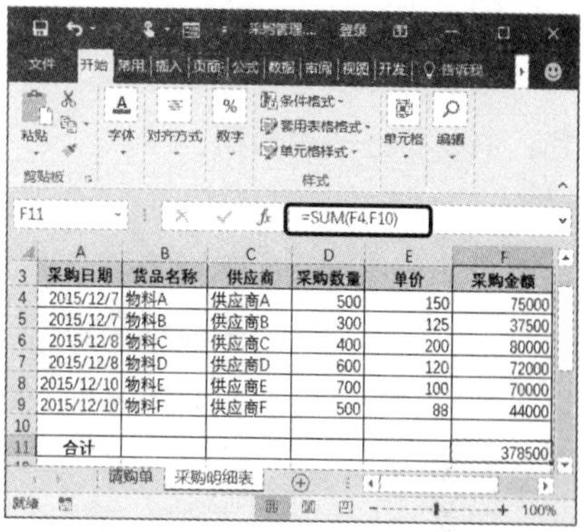

11.1.3 采购业务的账务处理

采购业务一般包括采购货物、原材料或低值易耗品等，接下来分别介绍这些采购业务的账务处理。

1. 购进货物

例如，某商业企业购进一批家具，发票价款(含税)是 26 000 元，其中写字台 9 000 元，办公椅 5 000 元，沙发 12 000 元。商品经过验收已经入库，货款通过银行支付。该商业企业为小规模纳税人。

该公司是小规模纳税人，不做进项税的抵扣，所以，厂家开的发票即使是增值税发票，也不能抵扣。

该笔业务的会计分录如下：

借：库存商品——写字台　　9 000
　　　　　　——办公椅　　5 000
　　　　　　——沙发　　12 000
　贷：银行存款　　26 000

这里的“写字台、办公椅、沙发”计入“库存商品”科目。假如上述购入商品暂未付款，或者根据合同延后支付，则“贷方”为“应付账款”科目。

商业企业购入的商品，在入库前发生的包装费、运杂费、运输费、装卸费、挑选整理等费用合理损耗等，为了简便核算直接计入销售费用，不摊到库存商品价值中。

专家会诊台

Q：什么是小规模纳税人？

A：按照现行税收政策规定，工业企业年销售额在 50 万元以下，商业企业年销售额在 80 万元以下界定为小规模纳税人。

2. 购进原料

例如，某工业企业向某原料加工厂购进原材料一批，不含增值税价款 200 000 元，增值税 34 000 元，其中：甲材料 120 000 元，乙材料 80 000 元，货款尚未支付，该工业企业属于一般纳税人。

该笔经济业务会计分录是：

借：原材料——甲材料　　120 000

　　　　　——乙材料　　80 000

　　应交税费——应交增值税（进项税额）　　34 000

　贷：应付账款——某原料加工厂　　234 000

这里“应交税费——应交增值税（进项税额）”是要在销售商品、产品的增值税中抵扣的税款，故记入“借方”，相当于“应交增值税”的减少。“应付账款”是往来性质的负债科目，一般按对方单位或者个人名称设置明细科目，以便于今后与对方结算。“应付账款”形成增加计入“贷方”，如果支付了材料款，则计入“借方”。

支付材料款时的会计分录如下：

借：应付账款——某原料加工　　234 000

　贷：银行存款　　234 000

另外，企业还有购进周转材料的业务。周转材料是指企业能够多次使用、逐渐转移其价值但仍保持原有形态且不确认为固定资产的材料，包括包装物、低值易耗品，建筑业的钢模板、木模板、脚手架等。周转材料购进的核算方法与原材料相同，只是要设置“周转材料”科目。

专家会诊台

Q：什么是一般规模纳税人？

A：按照现行税收政策规定，工业企业年销售额在 50 万元以上，商业企业年销售额在 80 万元以上，经当地税务机关批准认定为一般纳税人。一般纳税人可以对外开具增值税专用发票，购货取得的增值税专用发票中所列增值税款可以在销售商品、产品的增值税中抵扣。

11.2 销售管理

案例概述

销售业务是企业实现经营利润的关键环节。一般情况下，销售数据都是通过流水账的形式进行记录的。接下来创建销售明细表，通过销售明细表来管理销售数据，然后对销售数据进行处理和分析，以便查看并总结销售经验，同时对企业的销售状况进行合理的预测。

案例效果

销售业务指商品或材料从报价、销售到出库与收款的过程。日常的销售业务主要包括签订销售订单、填制销售发货单并开具销售发票、发出商品、收款结算与销售退回、计提与冲销坏账准备等，相应的核算主要为销售收入确认、结转销售成本、销售退回等。

销售管理表单制作完成后，效果如下图所示。

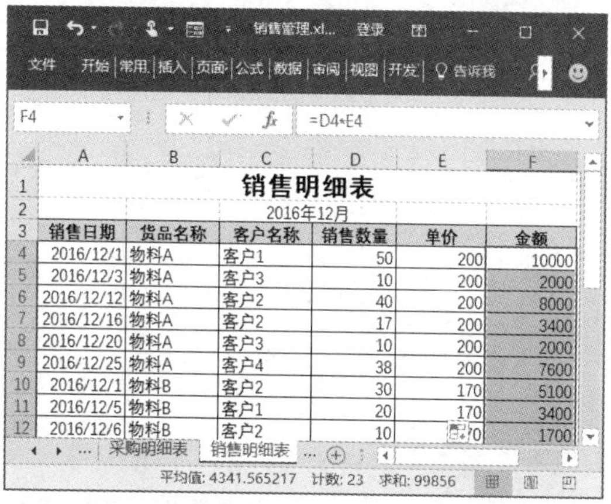

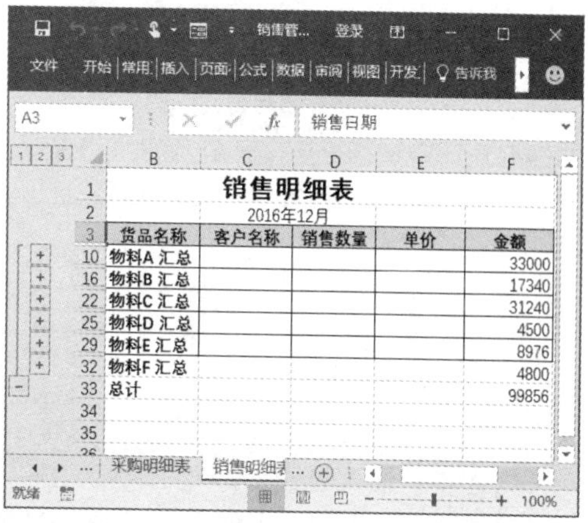

同步文件

原始文件：素材文件\第 11 章\销售管理.xlsx

结果文件：结果文件\第 11 章\销售管理.xlsx

同步视频文件：同步教学文件\第 11 章\销售管理\11.2.1.mp4~11.2.3.mp4

制作思路

“销售管理表单”的制作思路如下：

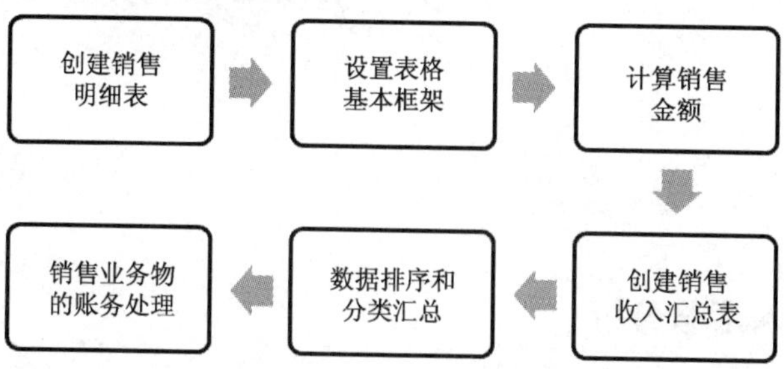

11.2.1　制作销售明细表

销售明细表一般包括销售日期、货品名称、客户、销售数量、单价及销售金额等。创建销售明细表的具体操作方法如下。

第 1 步：打开素材文件

打开“素材文件\第 11 章\销售管理.xlsx”文件，在“销售明细表”工作表中，销售明细表的基本框架如下图所示。

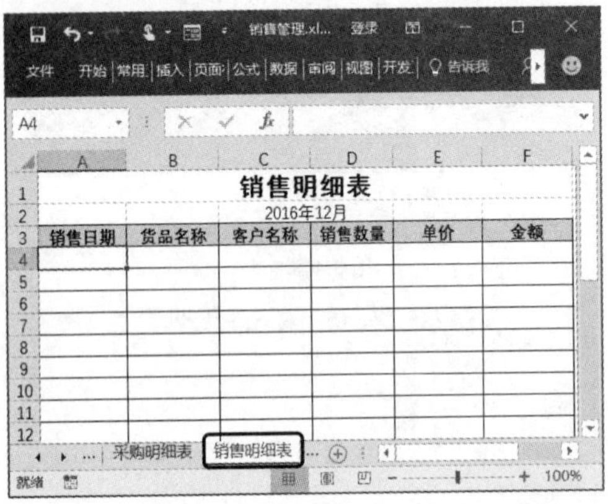

第 2 步：录入基本数据

录入销售明细表的基本内容，如下图所示。

第 3 步：输入公式

在 F4 单元格中输入公式“=D4*E4”，按“Enter”键，此时即可计算出第一笔销售业务的销售金额，如下图所示。

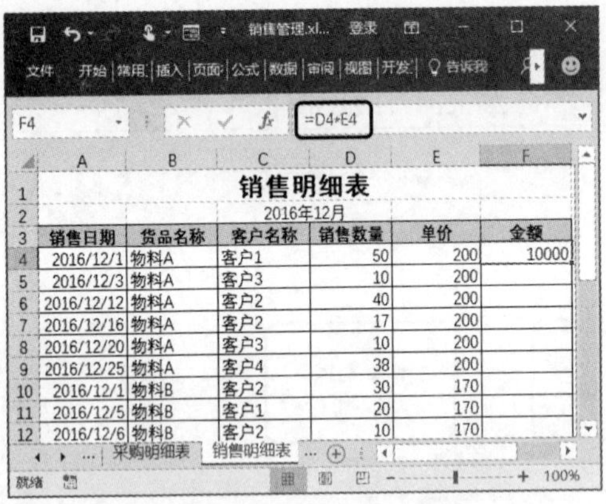

第 4 步：填充公式

将鼠标定位在 F4 单元格区域的右下角，此时鼠标指针变成十字形状，双击鼠标左键，即可完成公式填充，操作到这里。销售明细表就制作完成了，如下图所示。

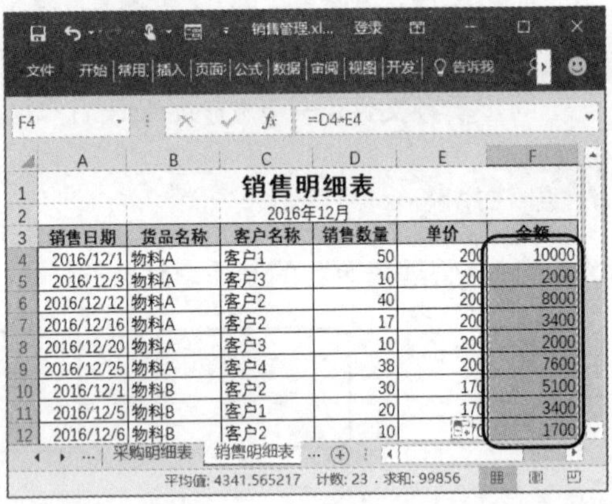

11.2.2 销售收入汇总分析

为了便于查看销售收入的来源，用户可以通过 Excel 的分类汇总对销售收入进行汇总分析。既可以按照货品名称汇总各种物料的销售数量，也可以统计出各种物料的销售金额合计。接下来按货品名称的不同对“销售明细表”进行汇总分析，具体的操作方法如下。

第 1 步：执行排序命令

在工作表“销售明细表”中，选中单元格区域 A3:F26，❶单击“数据”选项卡；❷在“排序和筛选”功能组中单击“排序”按钮，如下图所示。

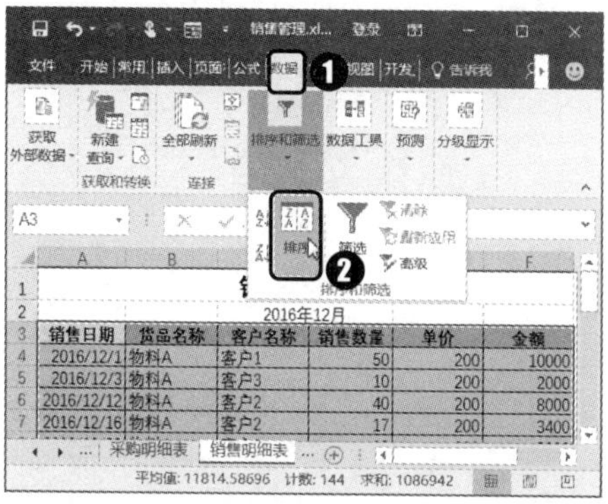

第 2 步：设置排序条件

弹出“排序”对话框，❶在“主要关键字”下拉列表中选择“货品名称”选项，在“排序依据”下拉列表中选择“数值”选项，然后在“次序”下拉列表中选择“升序”选项；❷单击“确定”按钮，如下图所示。

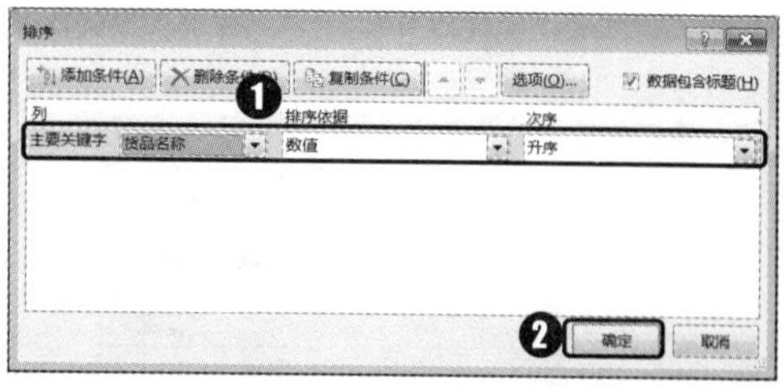

第 3 步：查看排序结果

返回工作表中，即可看到排序结果，如下图所示。

第 4 步：执行分类汇总命令

选中单元格区域 A3:F26，❶单击“数据”选项卡，❷在“分级显示”功能组中单击“分类汇总”按钮，如下图所示。

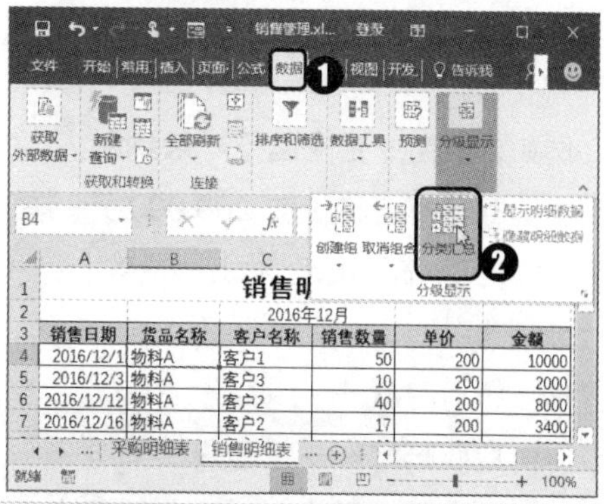

第 5 步：设置分类汇总条件

弹出“分类汇总”对话框，❶在“分类字段”下拉列表中选择“货品名称”选项；❷在“汇总方式”下拉列表中选择“求和”选项；❸在“选定汇总项”列表框中分别选中“销售数量”和“金额”复选框；❹单击“确定”按钮，如下图所示。

第 6 步：查看分类汇总结果

返回工作表，此时即可看到分类汇总的三级数据，如下图所示。

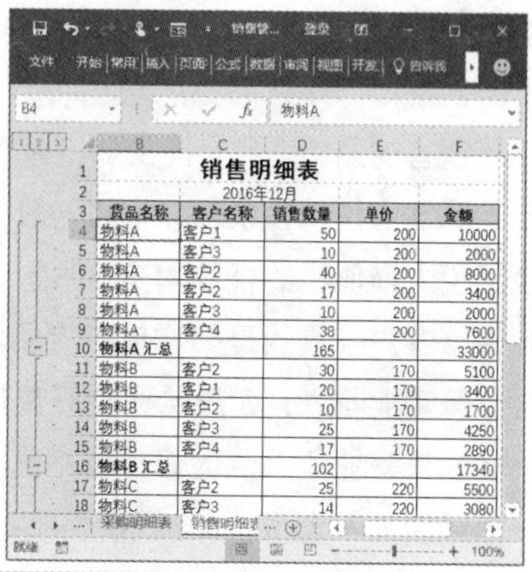

第 7 步：执行二级汇总命令

单击分类汇总界面左上角的数字按钮“2”，如下图所示。

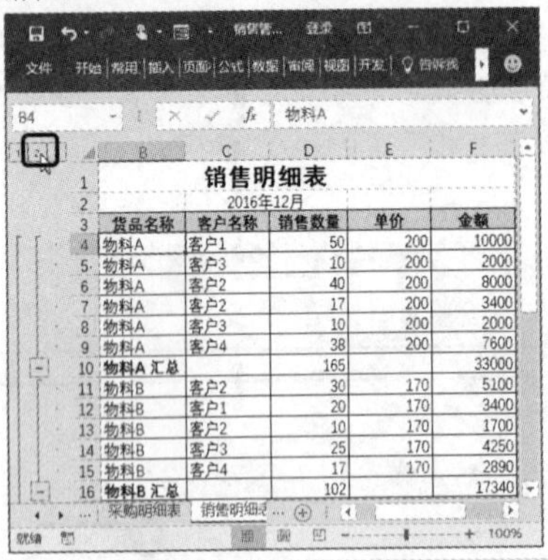

第 8 步：查看二级汇总数据

此时即可查看二级数据，操作到这里。销售明细表就制作完成了，如下图所示。

11.2.3 销售业务的账务处理

销售业务主要包括销售商品、产品或报废的边角余料，接下来分别介绍这些业务的账务处理。

1. 销售商品

例如，某商业企业属于一般纳税人，向某客户销售办公桌椅一批，给客户开具“增值税专用发票”，不含税价款 200 000 元，其中办公桌椅 140 000 元，沙发 60 000 元。增值税额 34 000 元。商品已经发出，货款收到 150 000 元，余下货款约定在下月初才能收到。其会计分录为：

借：银行存款　　150 000

　　应收账款——某客户　　84 000

　贷：主营业务收入——办公桌椅　　140 000

　　　　　　　　——沙发　　60 000

　　应交税费——应交增值税（销项税额）　　34 000

收到余款时，借记“银行存款”，贷记“应收账款”；期末结转成本时，借记“主营业务成本”，贷记“库存商品”。

凡是销售商品、产品，提供加工修理修配劳务都要计算增值税。一般纳税人按税法规定的税率计算增值税销项税额，（如一般税率 17%，优惠税率 13%，一般出口商品零税率），小规模纳税人增值税的征收率是 3%。

如果给客户开具的是“增值税专用发票”，那么发票上标明了不含税价款和增值税额，能直接计算营业收入；如果给客户开具的是“增值税普通发票”或者有些零售业务没有开发票，那么计算营业收入的时候，要把真正的不含税收入换算出来，公式如下：

一般纳税人不含税价=含税价格 /(1 + 税率)

小规模纳税人不含税价=含税价格 / (1 + 征收率)

专家会诊台

Q：增值税发票和普通发票的区别?

A：简单地说：增值税专用发票一般可以抵扣税金；增值税普通发票不能抵扣税金。

（1）增值税专用发票是对一般纳税人填开的，而增值税普通发票是对除一般纳税人以外的小规模纳税人、个体户及其他行业，比如，建筑、运输、房地产、服务业、交通企业等开具的。

（2）一般纳税人对上述这些企业或个体不能开具增值税专用发票，只允许开具增值税普通发票，便于销售企业记账及税额的计算。

（3）普通发票所有的增值税纳税人都可以使用，而专用发票只有一般纳税人可以使用。如果你的企业是一般纳税人，那么如果在进货时所取得的发票，属于增值税专用发票的可以用于抵口税款，而取得增值税普通发票则不能确认进项税额，也不能进行抵扣。

2. 销售余料

例如，某工业企业属于一般纳税人，向某个体户出售报废的边角余料，收入现金 2 000 元。其会计分录为：

借：库存现金　　2 000

　贷：其他业务收入——某个体户　　2 000

出售报废的边角余料获得的收入计入“其他业务收入”。“其他业务收入”主要用于核算企业从事副营业务活动所取得的各项收入，如工业企业销售原材、工业企业对外提供运输劳务、企业出租包装物或设备收取的租金。结转销售成本时计入“其他业务成本”。

专家会诊台

Q：一项销售业务在什么时候反映营业收入呢?

A：《小企业会计准则》规定：通常，小企业应当在发出商品且收到货款或取得收款权利时，确认销售商品收入。

（1）销售商品采用托收承付方式的，在办妥托收手续时确认收入。

（2）销售商品采取预收款方式的，在发出商品时确认收入。

（3）销售商品采用分期收款方式的，在合同约定的收款日期确认收入。

（4）销售商品需要安装和检验的，在购买方接受商品以及安装和检验完毕时确认收入。安装程序比较简单的，可在发出商品时确认收入。

（5）销售商品采用支付手续费方式委托代销的，在收到代销清单时确认收入。

（6）销售商品以旧换新的，销售的商品作为商品销售处理，回收的商品作为购进商品处理。

（7）采取产品分成方式取得的收入，在分得产品之日按照产品的市场价格或评估价值确定销售商品收入金额。简单地说，增值税专用发票一般可以抵扣税金；增值税普通发票不能抵扣税金。

11.3 存货管理

案例概述

存货管理是企业进销存管理中不可或缺的重要环节。无论是企业外购的商品还是本企业生产的产品，都要可以通过存货明细表进行核算和管理。

案例效果

存货主要包括各类材料、商品、在产品、半成品、产成品及包装物、低值易耗品、委托代销商品等。本节在电子表格中制作存货明细表，统计和分析存货的购入、销售和结存情况。

存货明细表制作完成后，效果如下图所示。

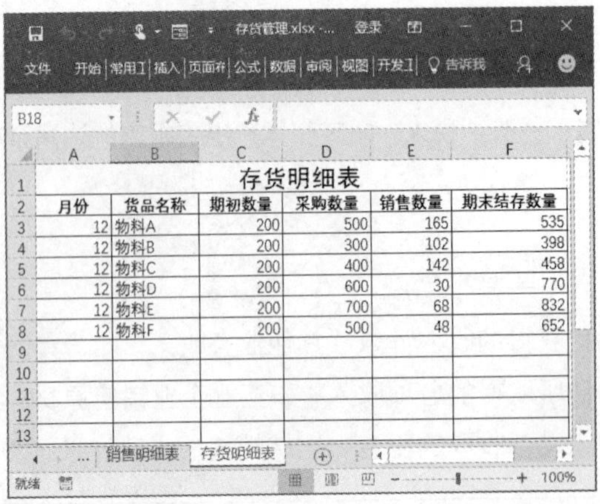

存货明细表

月份	货品名称	期初数量	采购数量	销售数量	期末结存数量
12	物料A	200	500	165	535
12	物料B	200	300	102	398
12	物料C	200	400	142	458
12	物料D	200	600	30	770
12	物料E	200	700	68	832
12	物料F	200	500	48	652

同步文件

原始文件：素材文件\第 11 章\存货管理.xlsx

结果文件：结果文件\第 11 章\存货管理.xlsx

同步视频文件：同步教学文件\第 11 章\存货管理\11.3.1.mp4 ~ 11.3.3.mp4

制作思路

“销售管理表单”的制作思路如下：

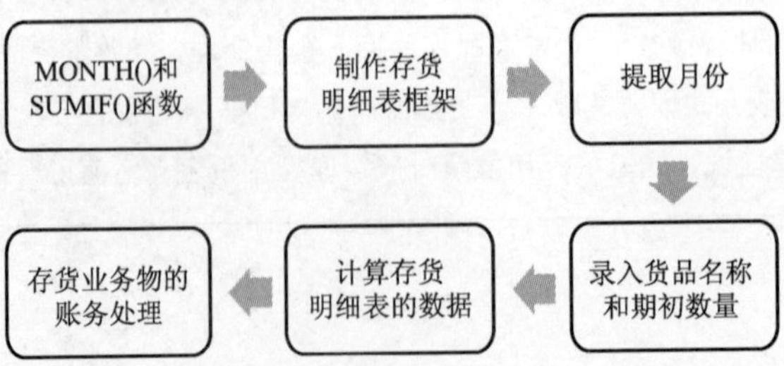

11.3.1 相关函数

在电子表格中，存货业务的处理常用的函数有 MONTH()函数和 SUMIF()函数。

1. MONTH()函数

MONTH()函数的功能是返回以序列号表示的日期中的月份。

语法结构为：MONTH(serial_number)

参数 serial_number 表示一个日期值，包括要查找的月份的日期。该函数还可以指定加双引号的表示日期的文本，例如，“2016 年 12 月 5 日”。如果该参数为日期以外的文本，则返回错误值“#VALUE！”

2. SUMIF()函数

SUMIF()函数的功能是根据指定条件对指定的若干单元格进行求和。

语法结构为：SUMIF(range,criteria,sum_range)

range 必要参数，选定的用于条件判断的单元格区域。

criteria 是必需的，在指定的单元格区域内检索符合条件的单元格，其形式可以是数字、表达式或文本。直接在单元格或编辑栏中输入检索条件时，需要加双引号。

sum_range 是必需的，选定的需要求和的单元格区域。该参数忽略求和的单元格区域内包含的空白单元格、逻辑值或文本。

11.3.2 制作存货明细表

存货明细表一般包括月份、货品名称、客户、期初数量、采购数量、销售数量以及期末结余数量等内容。创建存货明细表的具体操作方法如下。

第 1 步：打开素材文件

打开“素材文件\第 11 章\存货管理.xlsx”文件，在“存货明细表”工作表中，存货明细表的基本框架如下图所示。

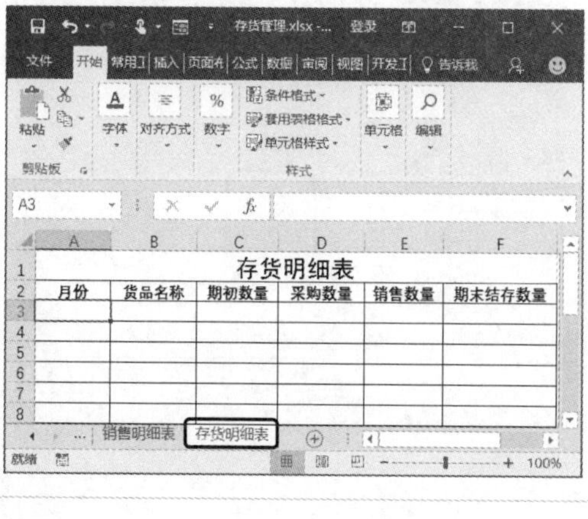

第 2 步：计算月份

在 A3 单元格中输入公式“=MONTH(采购明细表!A4)”，按“Enter”键，此时即可计算出月份，如下图所示。

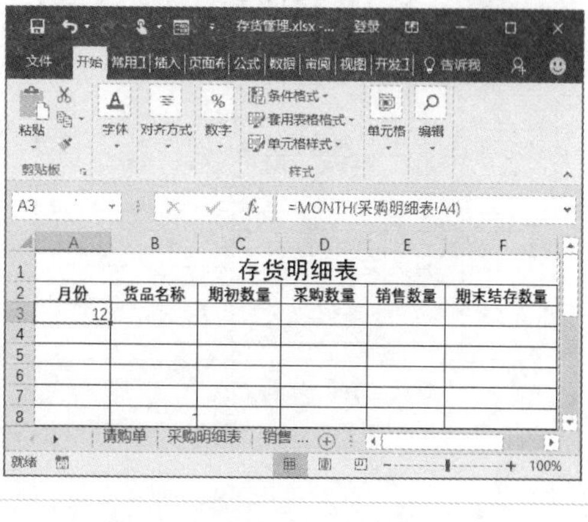

第 3 步：定位鼠标

将鼠标定位在 A3 单元格区域的右下角，此时鼠标指针变成十字形状，如下图所示。

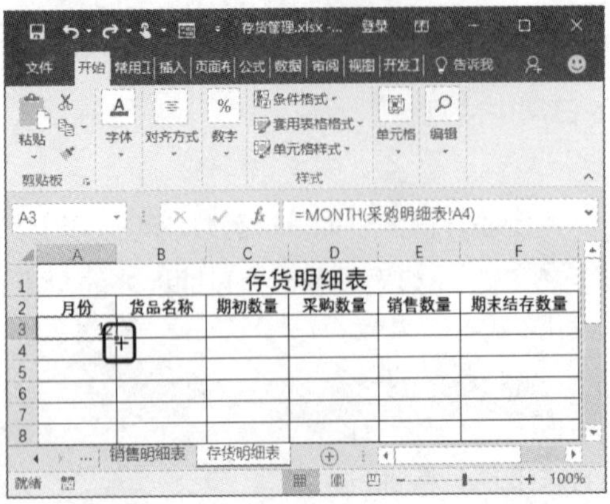

第 4 步：填充公式

按住鼠标左键不放，向下拖动到 A8 单元格，此时拖选的区域即可完成公式填充，如下图所示。

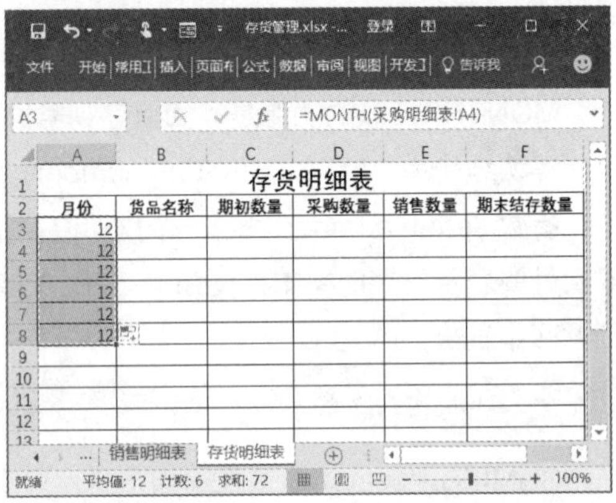

第 5 步：录入货品名称和期初数量

录入货品名称和期初数量，录入完毕，如下图所示。

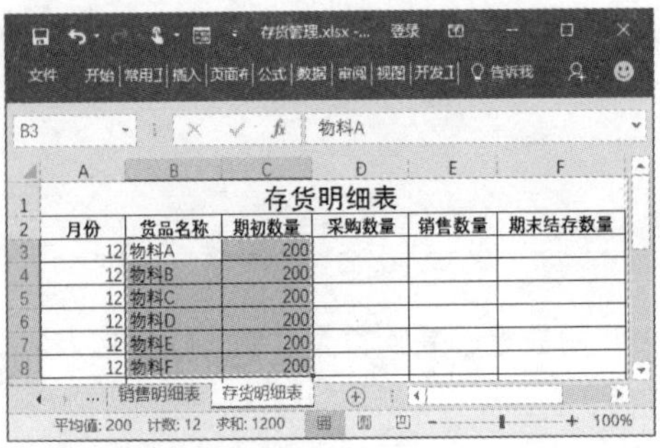

第 6 步：计算采购数量

选中 D3 单元格，输入公式“=SUMIF(采购明细表!$B$4:$B$10,B3,采购明细表! $D$4:$D$10)”，按“Enter”键，即可调取物料 A 的采购数量，如下图所示。

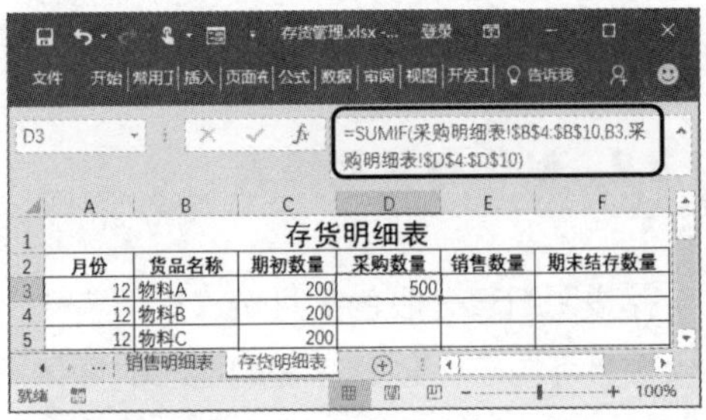

第 7 步：定位鼠标

将鼠标定位单元格区域 D3 的右下角，此时鼠标指针变成十字形状，如下图所示。

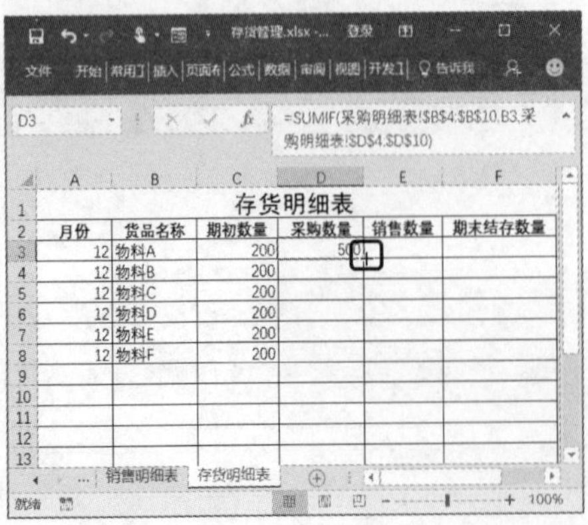

第 8 步：填充公式

按住鼠标左键不放，双击，此时即可计算本月所有货品的采购数量，如下图所示。

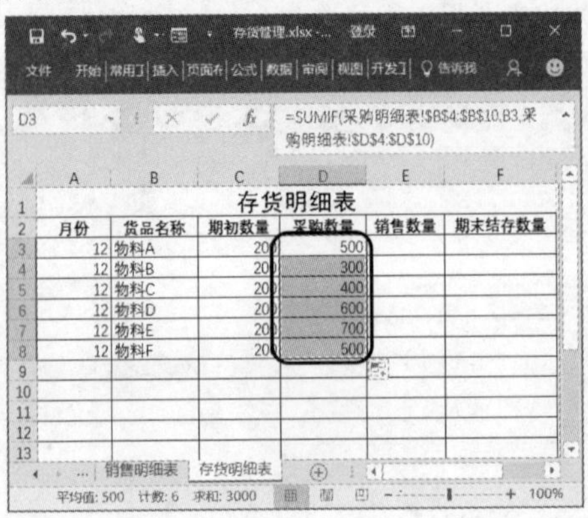

第 9 步：计算销售数量

选中 E3 单元格，输入公式“=SUMIF(销售明细表!$B$4:$B$26,B3,销售明细表! $D$4:$D$26)”，按“Enter”键，此时即可计算出物料 A 的销售数量，如下图所示。

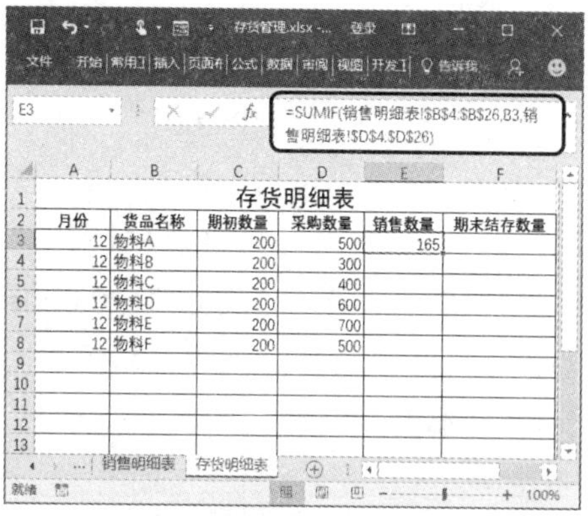

第 10 步：填充公式

将鼠标定位在 E3 单元格区域的右下角，此时鼠标指针变成十字形状，双击，此时即可计算本月所有货品的采购数量，如下图所示。

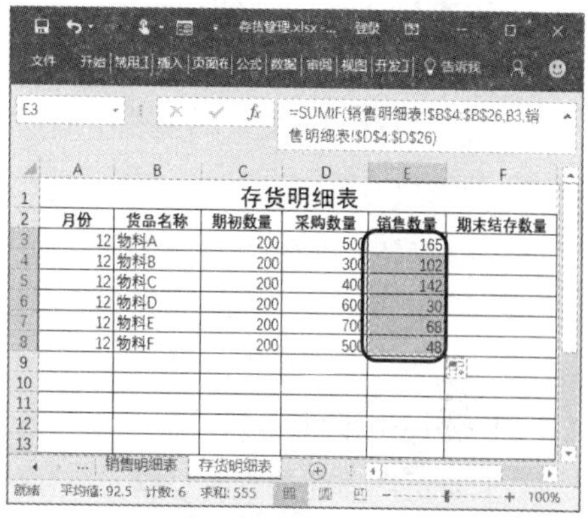

第 11 步：计算期末结存数量

选中 F3 单元格，输入公式“=C3+D3−E3”，按下“Enter”键如下图所示。

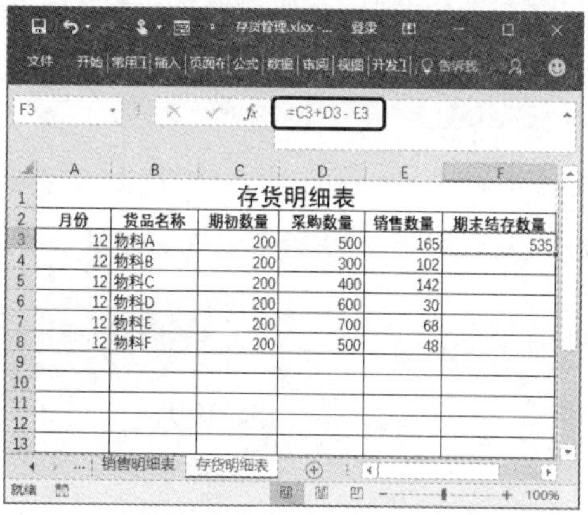

第 12 步：填充公式

将鼠标定位在 F3 单元格区域的右下角，此时鼠标指针变成十字形状，按住鼠标左键不放，双击，此时即可计算本月所有货品的期末结存数量，如下图所示。

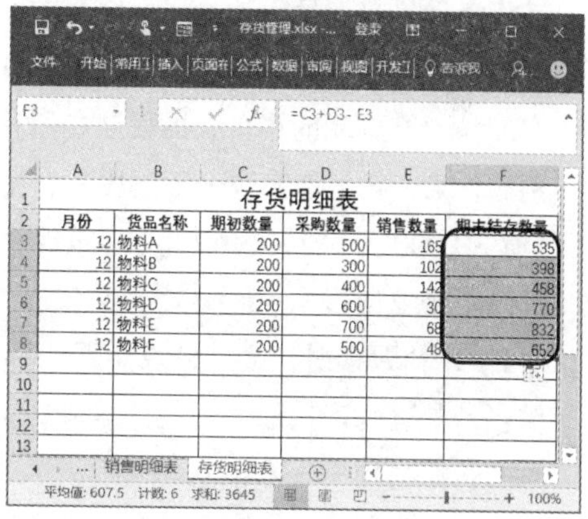

11.3.3 存货业务的账务处理

存货是指企业在日常活动中持有以备出售的产成品或商品、处在生产过程中的在产品、在生产过程或提供劳务过程中耗用的材料或物料等，包括各类材料、商品、在产品、半成品、产成品以及包装物、低值易耗品、委托代销商品等。存货应当按照成本进行初始计量。如果在财产清查中发现盘亏或盘盈，要根据规定及时进行处理。

1. 存货成本的确定

存货的采购成本，包括购买价款、相关税费、运输费、装卸费、保险费及其他可归属于存货采购成本的费用。

例如，某企业为增值税一般纳税人，购入材料一批，增值税专用发票上标明的价款为 250 000 元，增值税为 42 500 元，另外支付材料的保险费 20 000 元、包装物押金 20 000 元，材料已验收入库。

该笔经济业务的会计分录如下：

借：原材料　　270 000
　　应交税费——应交增值税（进项税额）　　42 500
　　其他应收款　　20 000
　　贷：银行存款　　332 500

该笔经济业务中的保险费计入材料的采购成本，材料的采购成本=250 000+20 000=270 000（元）；包装物押金 20 000 元计入其他应收款。

下列费用不应计入存货成本，而应在其发生时计入当期损益。

（1）非正常消耗的直接材料、直接人工和制造费用，应在发生时计入当期损益，不应计入存货成本。

（2）仓储费用，指企业在存货采购入库后发生的储存费用，应在发生时计入当期损益。但是，在生产过程中为达到下一个生产阶段所必需的仓储费用应计入存货成本。

2. 存货的盘亏

存货盘亏是盘点后存货的账面结存数大于实际结存数的情况。企业在生产经营过程中除正常损失外，因自然灾害、管理不善等原因造成货物的损毁，主要包括外购货物和自制半成品、在产品、产成品的短少，即税法中所称的“非正常损失”。

例如，某企业为增值税一般纳税人，在财产清查中发现，木材因火灾被毁损造成存货盘亏，价值 30 000 元，损失数量 30 方，报经领导批准后进行处理，保险公司已确认赔偿 23 400 元，其余由企业自行承担。

（1）木料毁损时，会计分录如下：

借：待处理财产损溢——待处理流动财产损溢　　35 100
　　贷：原材料——木料　　30 000
　　　　应交税金——应交增值税（进项税额转出）　　5 100

盘亏、毁损的各种材料、产成品、库存商品等存货，借记“待处理财产损溢”科目，贷记“原材料”、“库存商品”、“固定资产”等科目。材料、产成品、商品采用计划成本（或售价）核算的，还应同时结转成本差异。涉及增值税的，还应进行相应处理。

（2）报批批准后处理损毁木材，会计分录如下：

借：其他应收款——保险公司　　23 400
　　营业外支出——非常损失　　11 700
　　贷：待处理财产损溢——待处理流动财产损溢　　35 100

企业盘亏的存货，按管理权限报经批准后处理时，按残料价值，借记“原材料”等科目，按可收回的保险赔偿或过失人赔偿，借记“其他应收款”科目，按“待处理财产损溢”科目余额，贷记“待处理财产损溢”科目，按其借方差额，借记“管理费用”、“营业外支出”等科目。

3. 存货的盘盈

企业盘盈的各种材料、产成品、库存商品等存货，借记“原材料”、“库存商品”等科目，贷记“待处理财产损溢”科目。

例如，某企业在存货清查中，发现甲材料盘盈 50 千克，甲材料的单位成本分别为 10 元。经企业查实，盘盈甲材料是由于收发计量差错而造成，该企业所有存货适用的增值税税率均为 17%。

（1）发现盘盈时，会计分录如下

借：原材料——甲材料　　500（50×10）

　贷：待处理财产损益——待处理流动资产损益　　500

（2）批准处理时:

借：待处理财产损益——待处理流动资产损益　　500

　贷：管理费用　　500

盘盈的存货，通常是由企业日常收发计量或计算上的差错所造成的，即正常损失，其盘盈的存货，可冲减管理费用。

11.4 进销存业务分析

案例概述

进销存业务明细建立之后，会计人员可以制作进销存分析表，对各种业务信息进行加工、分析，便于企业管理层及时了解和掌握进销存的状况，从而做出正确的进销存管理决策。

案例效果

通过制作进销存分析表，可以计算或统计出本期“期末库存数量”、“库存占用资金”、“销售成本”、“销售收入”“销售毛利”的数据。另外，还可以使用 Excel 的条件格式功能制作“期末库存数量”不足时的预警。

“进销存业务分析表”制作完成后，效果如下图所示。

进销存业务分析

2016年12月

货品名称	期末库存数量	库存占用资金	销售成本	销售收入	销售毛利
物料A	535	80250	24750	33000	8250
物料B	398	49750	12750	17340	4590
物料C	458	91600	28400	31240	2840
物料D	770	92400	3600	4500	900
物料E	832	83200	6800	8976	2176
物料F	652	57376	4224	4800	576
合计		454576	80524	99856	19332

同步文件

原始文件：素材文件\第 11 章\进销存业务分析.xlsx

结果文件：结果文件\第 11 章\进销存业务分析.xlsx

同步视频文件：同步教学文件\第 6 章\进销存业务分析\11.4.1.mp4 ~ 11.4.2.mp4

制作思路

进销存业务分析表的制作思路如下：

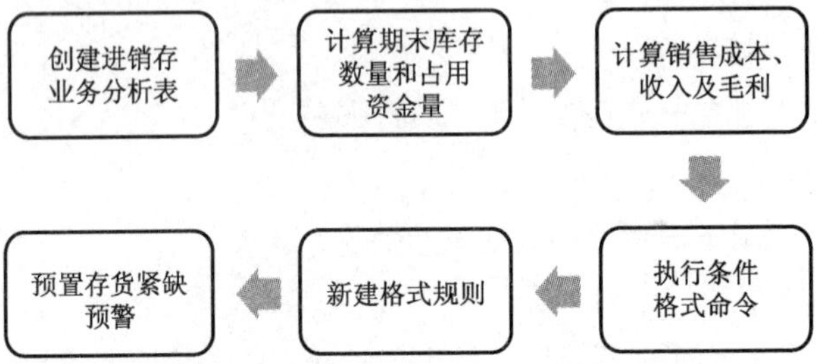

11.4.1 制作进销存分析表

进销存业务分析表的内容主要包括库存数量、存货占用资金、销售成本、销售收入以及销售毛利等。

在电子表格中创建进销存业务分析表，具体的操作方法如下。

第 1 步：打开素材文件

打开本实例的素材文件“进销存业务分析”，进销存业务分析表的基本框架，如下图所示。

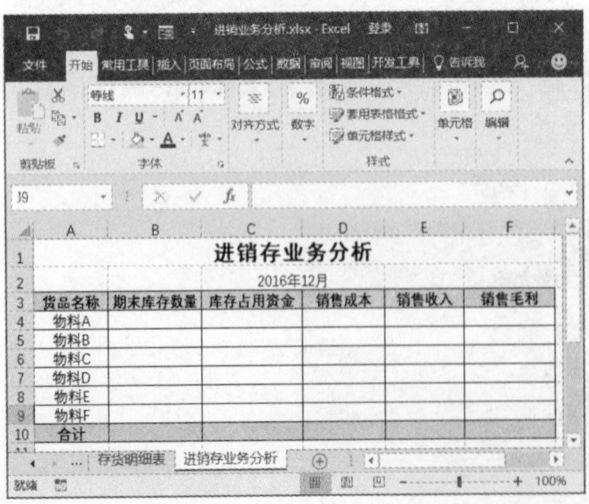

第 2 步：计算期末库存数量

选中 B4 单元格区域，输入公式“=存货明细表!F3”，按“Enter”键确认输入，如下图所示。

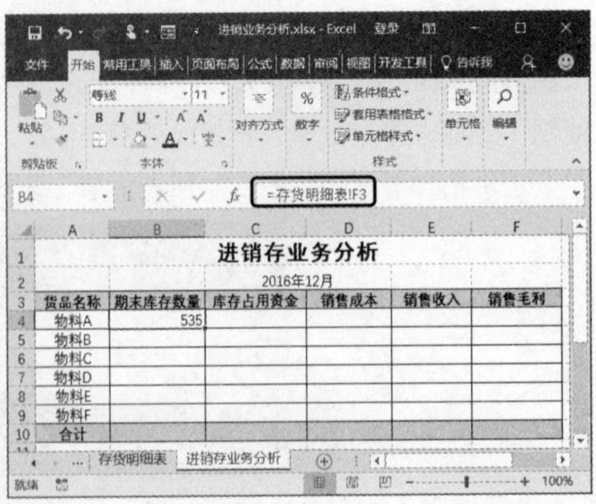

第 3 步：填充公式

将鼠标定位在 B4 单元格区域的右下角，此时鼠标指针变成十字形状，按住鼠标左键不放，向下拖动到 B9 单元格，此时即可计算本月所有货品的期末库存数量，如下图所示。

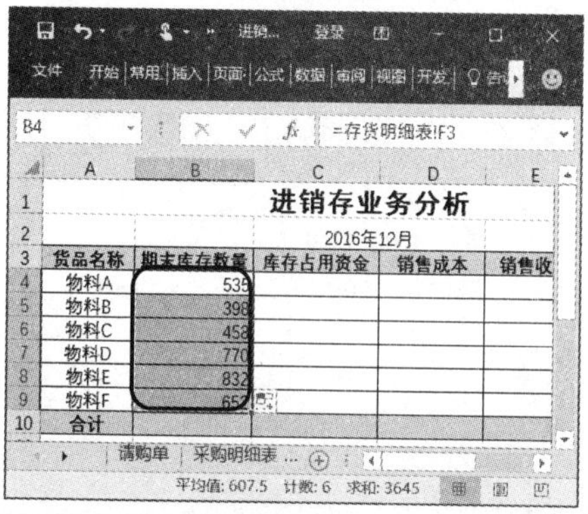

第 4 步：计算库存占用资金

库存占用资金=库存数量×采购价格（如果一种库存商品的类别在两个以上，要计算加权平均采购价格）。选中 C4 单元格，输入公式“=B4*采购明细表!E4”，按“Enter”键确认输入，如下图所示。

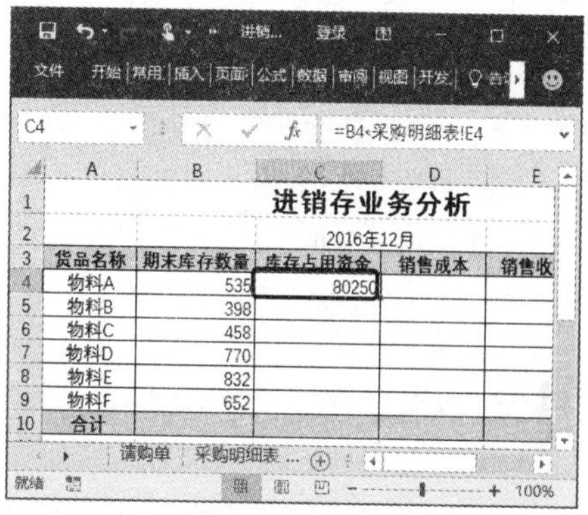

第 5 步：填充公式

将鼠标定位在 C4 单元格区域的右下角，此时鼠标指针变成十字形状，按住鼠标左键不放，向下拖动到 C9 单元格，此时即可计算本月所有货品的库存占用资金，如下图所示。

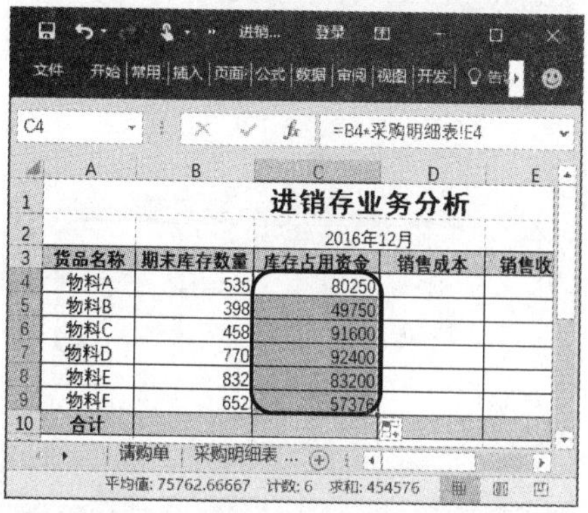

第 6 步：计算销售成本

销售成本=销售数量*采购价格（如果一种库存商品的类别在两个以上，要计算加权平均采购价格）。选中 D4 单元格，输入公式“=存货明细表!E3*采购明细表! E4”，按“Enter”键确认输入，如下图所示。

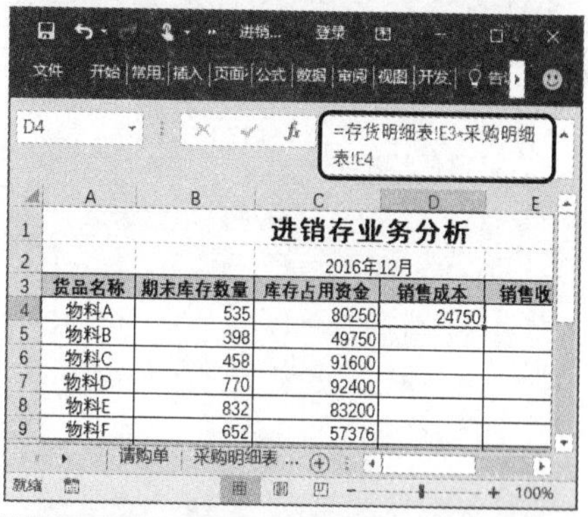

第 7 步：填充公式

将鼠标定位单元格区域 D4 的右下角，此时鼠标指针变成十字形状，按住鼠标左键不放，向下拖动到 D9 单元格，此时即可计算本月所有货品的销售成本，如右图所示。

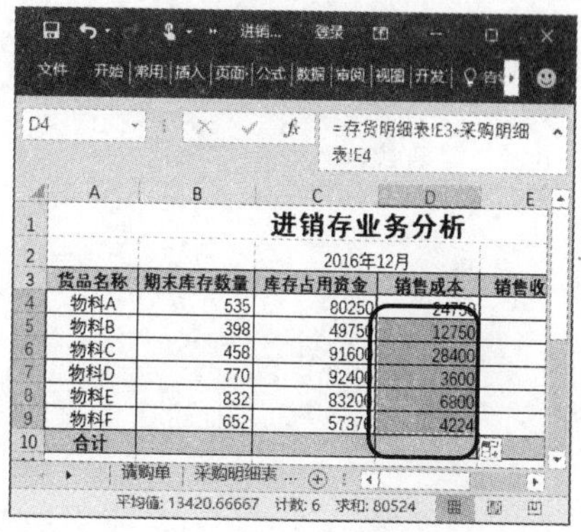

第 8 步：计算销售收入

选中 E4 单元格，输入公式“=SUMIF(销售明细表!$B$4:$B$26,A4,销售明细表! $F$4:$F$26)”，按“Enter”键确认输入，如下图所示。

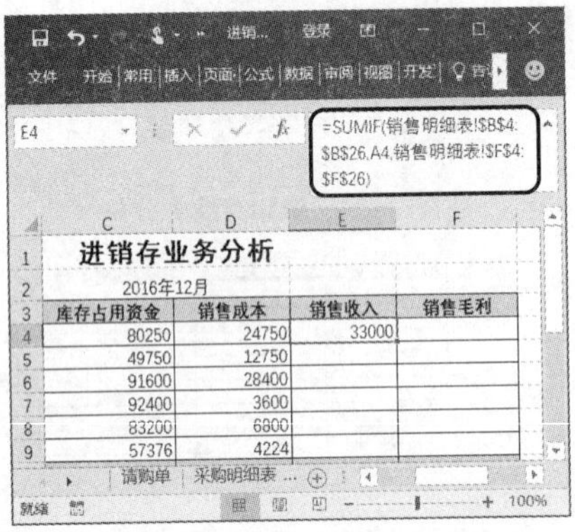

第 9 步：填充公式

将鼠标定位在 E4 单元格区域的右下角，此时鼠标指针变成十字形状，按住鼠标左键不放，向下拖动到 E9 单元格，此时即可计算本月所有货品的销售收入，如下图所示。

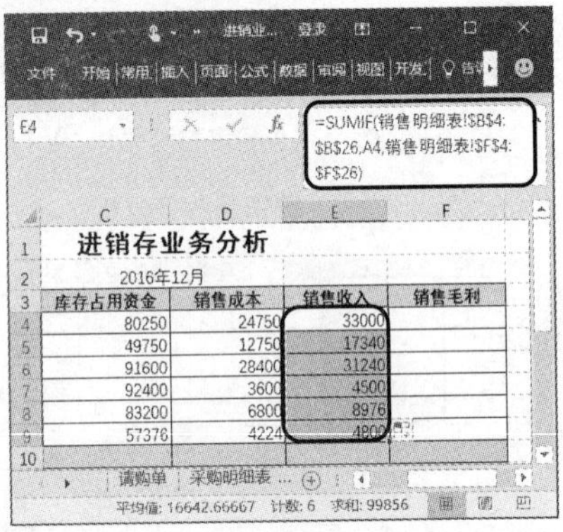

第 10 步：计算销售毛利

销售毛利=销售收入−销售成本。选中 F4 单元格区域，输入公式“=E4−D4”，按“Enter”键确认输入，如下图所示。

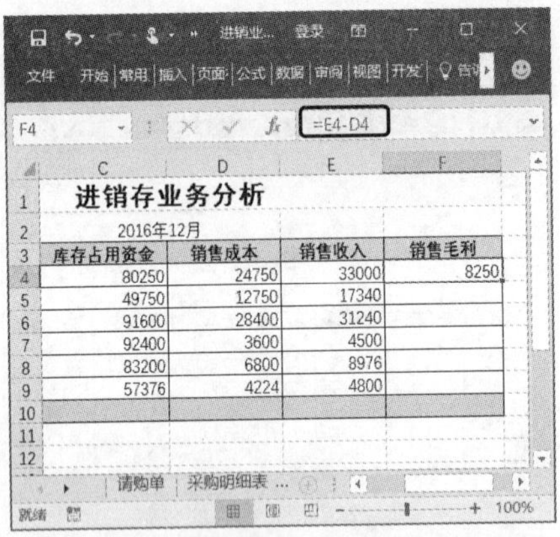

第 11 步：填充公式

将鼠标定位在 F4 单元格区域的右下角，此时鼠标指针变成十字形状，按住鼠标左键不放，向下拖动到 F9 单元格，此时即可计算本月所有货品的销售毛利，如下图所示。

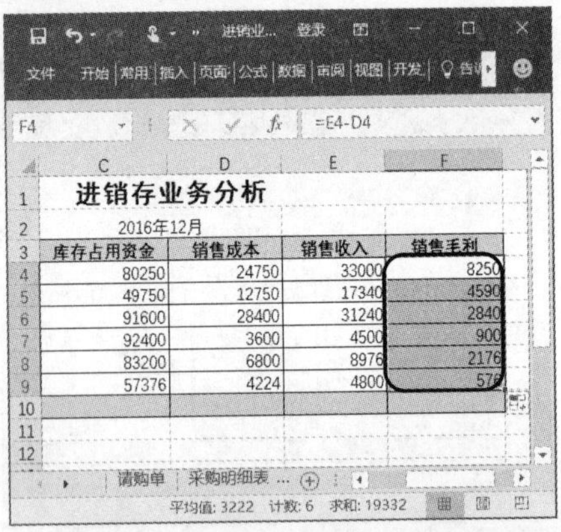

第 12 步：计算库存占用资金合计

选中 C10 单元格，输入公式“=SUM(C4: C9)”，按“Enter”键确认输入，如右图所示。

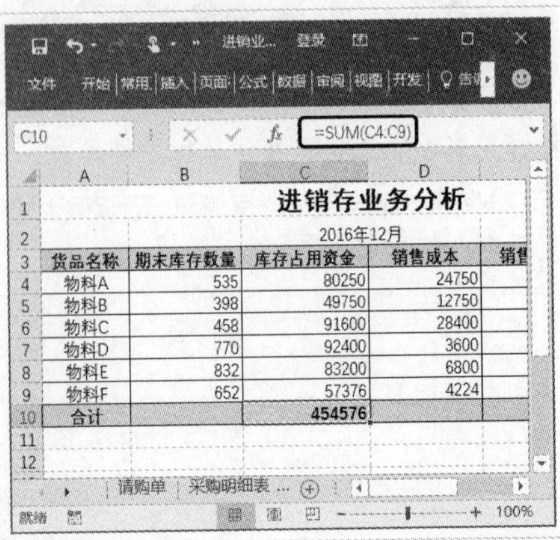

第 13 步：定位鼠标

选中 C10 单元格，将鼠标定位在 C10 单元格区域的右下角，此时鼠标指针变成十字形状，如下图所示。

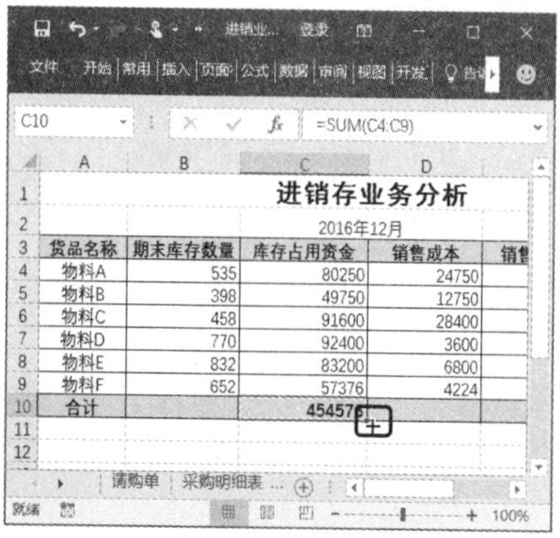

第 14 步：确认公式

按住鼠标左键不放，向右拖动到 F10 单元格，此时即可计算出本月“销售成本”、“销售收入”“销售毛利”的合计金额，如下图所示。

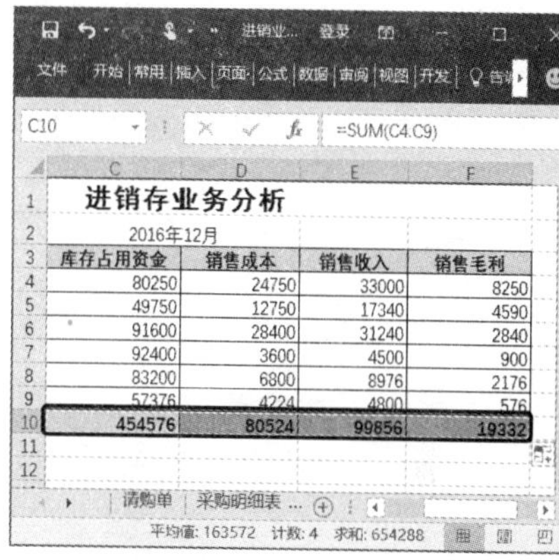

11.4.2 设置存货紧缺预警

在企业的生产经营过程中经常出现存货紧缺的现象，如果存货紧缺现象长时间得不到解决，就会影响企业的正常运转。如果设置了存货紧缺提示，当存货少于一定数量时，就会显示紧缺提示，企业管理层可以根据提示及时安排物资采购，保证企业生产经营活动的持续进行。设置存货紧缺提示的具体操作方法如下。

第 1 步：执行条件格式命令

选中单元格 B3:B9，❶单击“开始”选项卡；❷单击“样式”功能组中的“条件格式”按钮，如下图所示。

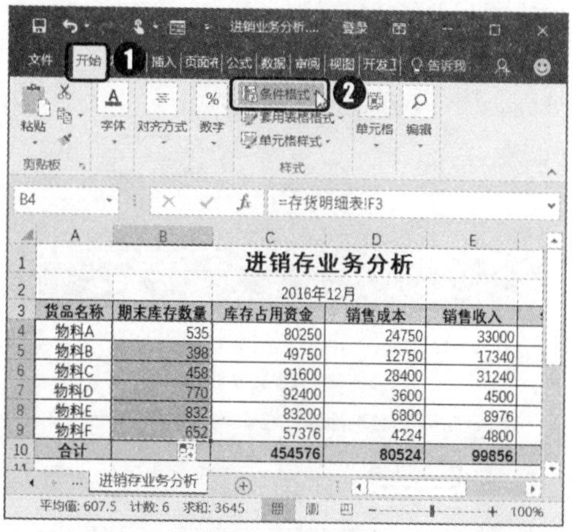

第 2 步：选择选项

在弹出的下拉列表中选择“新建规则”选项，如下图所示。

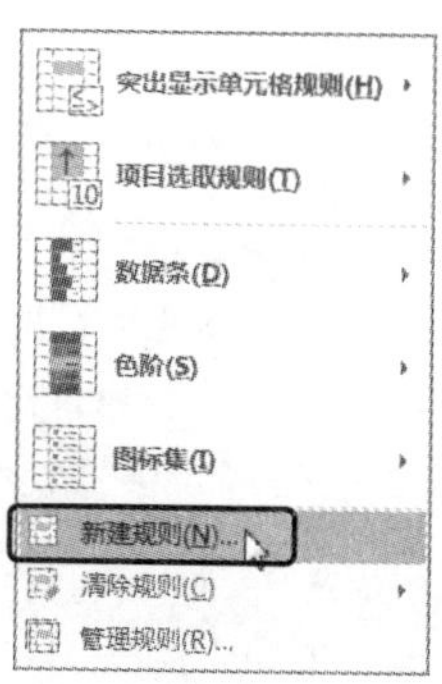

第 3 步：设置单元格值

弹出“新建格式规则”对话框，❶在“选择规则类型”列表框中选中“只为包含以下内容的单元格设置格式”复选框；❷在“编辑规则说明”组合框中将格式规则设置为“单元格值小于或等于 500”；❸单击“格式”按钮，如下图所示。

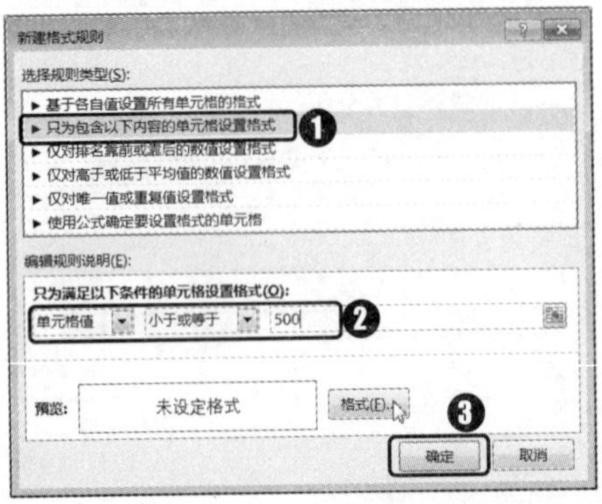

第 4 步：设置字体格式

弹出“设置单元格格式”对话框，❶在“字形”列表框中选择“加粗”选项，❷在“颜色”下拉列表中选择“红色”，如下图所示。

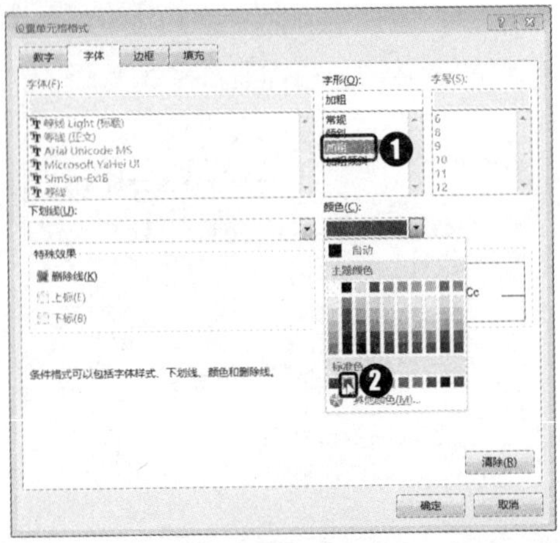

第 5 步：设置单元格背景

切换到“填充”选项卡，❶在“背景色”面板中选择“橙色”选项；❷单击“确定”按钮，如下图所示。

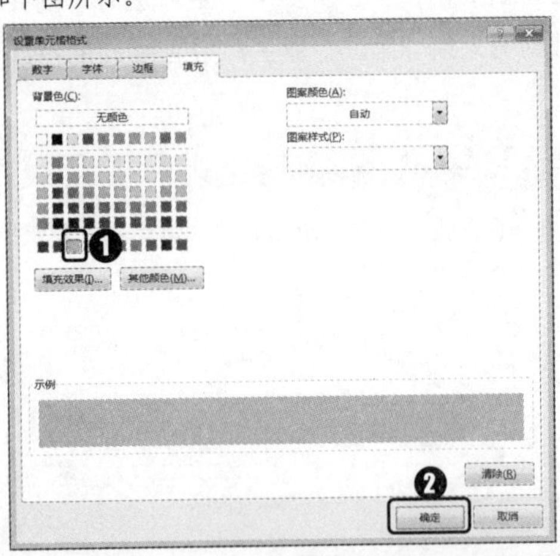

第 6 步：返回新建格式规则对话框

返回“新建格式规则”对话框，可在“预览”面板中查看设置效果，设置完毕，单击“确定”按钮，如下图所示。

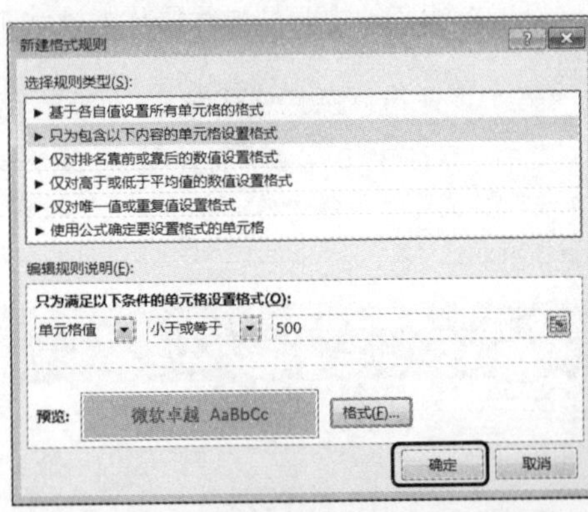

第 7 步：查看设置效率

返回工作表，当货品的期末库存数量小于或等于 500 时，库存数量所在的单元格就会显示橙色背景和加粗红色字体，如右图所示。

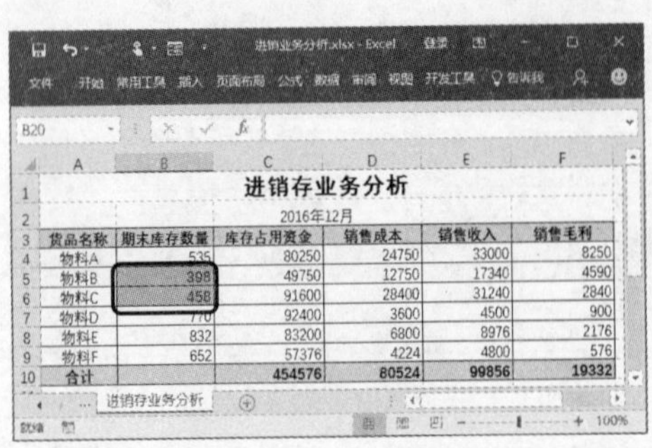

11.5 提升效率——实用操作技巧

通过前面知识的学习，相信读者朋友已经掌握了制作进销存管理表单的相关知识。下面结合本章内容，给大家介绍一些实用技巧。

同步文件

原始文件： 素材文件\第 11 章\提升效率\

结果文件： 结果文件\第 11 章\提升效率\

同步视频文件： 同步教学文件\第 11 章\提升效率.mp4

1. 如何筛选特定客户的销售记录

在日常工作中，一个月可能发生数百，甚至数千笔销售业务，面对销售明细表中的大量销售记录，如何查询特定客户的销售记录。此时，就用到了 Excel 的数据筛选功能。

在“销售明细表”中筛选“客户 A”的销售记录，具体操作方法如下。

第 1 步：执行筛选命令

打开“素材文件\第 11 章\提升效率\筛选数据.xlsx”文件，选中单元格区域 A3:F26，❶单击“数据”选项卡；❷在“排序和筛选”功能组中单击“筛选”按钮，如下图所示。

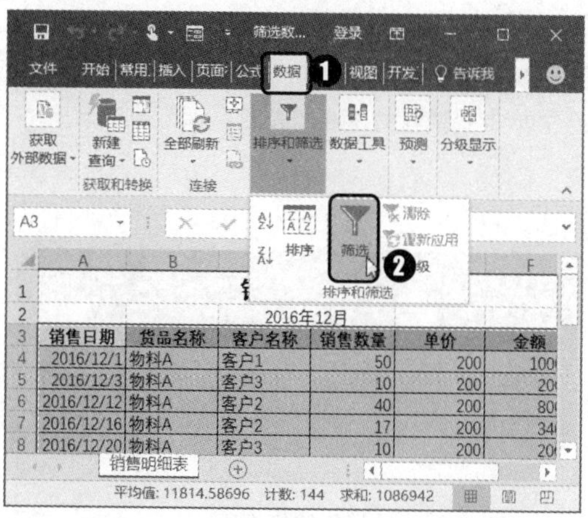

第 2 步：进入筛选状态

此时，工作表进入筛选状态，并在各字段的右侧出现一个下拉按钮，如下图所示。

第 3 步：单击下拉按钮

单击字段“客户名称”右侧的下拉按钮，如下图所示。

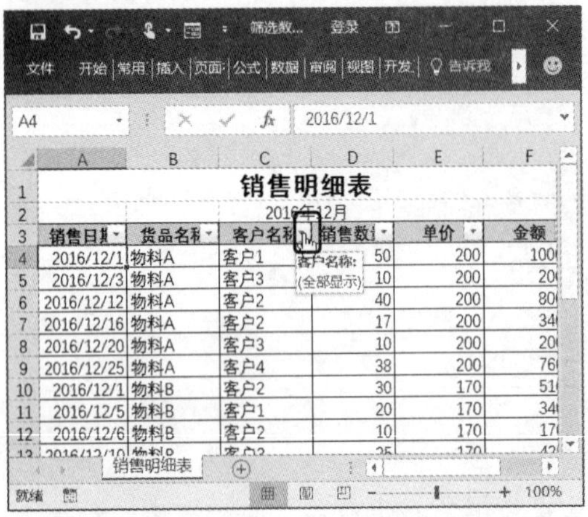

第 4 步：选择客户名称

❶在弹出的下拉列表中选中“客户 1”复选框；❷单击“确定”按钮，如下图所示。

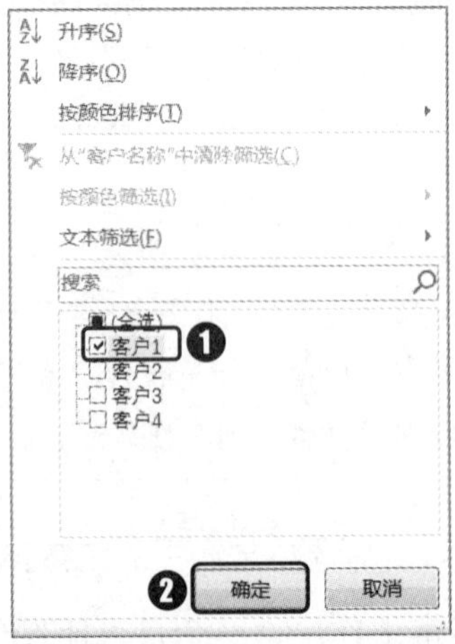

第 5 步：查看查询结果

此时，关于“客户 A”的销售记录就查询出来了，如右图所示。

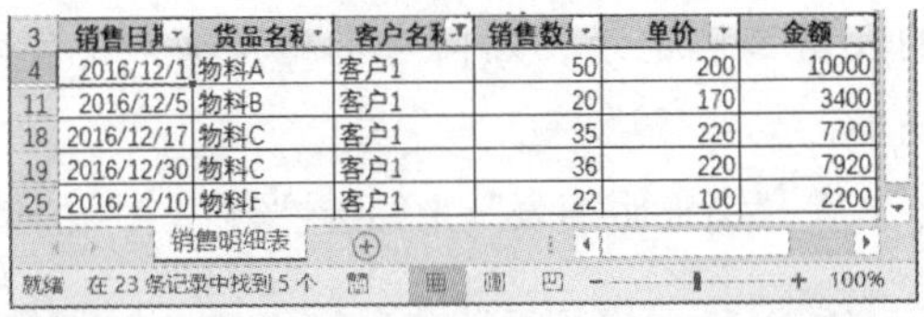

2. 使用推荐的图表展示销售数据

在 Excel 表格中，提供了“推荐的图表”功能，可以帮助大家快速选择合适图表。接下来使用“推荐的图表”功能来展示销售数据，具体操作方法如下。

第 1 步：选中单元格区域

打开“素材文件\第 11 章\提升效率\使用推荐的图表.xlsx”文件，在“销售明细表”工作表中，选中汇总后的单元格区域 B3:B32 和 F3:F32，如下图所示。

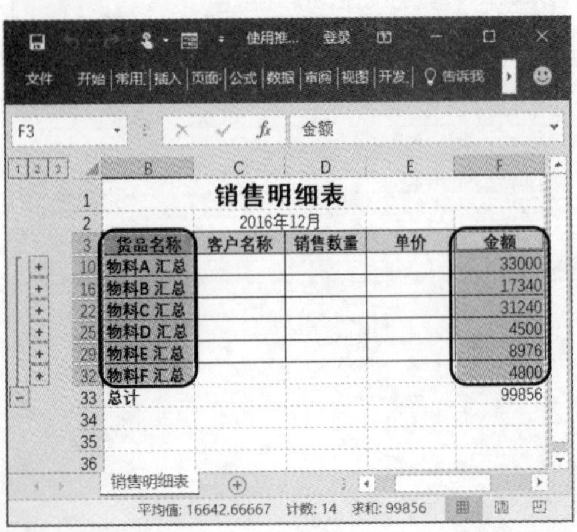

第 2 步：执行推荐的图表功能

❶单击“插入”选项卡；❷在“图表”功能组中单击“推荐的图表”按钮，如下图所示。

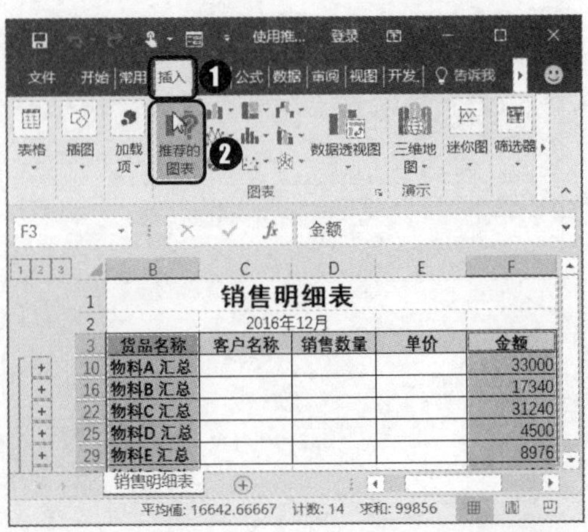

第 3 步：选择图表类型

弹出“插入图表”对话框，❶选中推荐的图表“簇状条形图”选项；❷单击“确定”按钮，如下图所示。

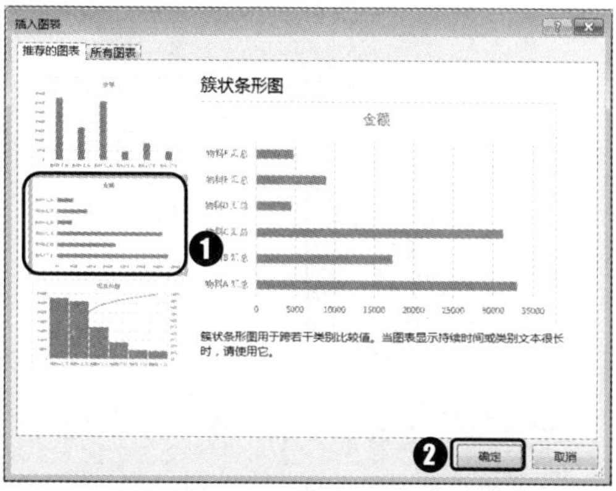

第 4 步：查看插入的图表

此时即可在工作表中插入一个簇状条形图，将图表标题设置为“物料销售统计图”，如下图所示。

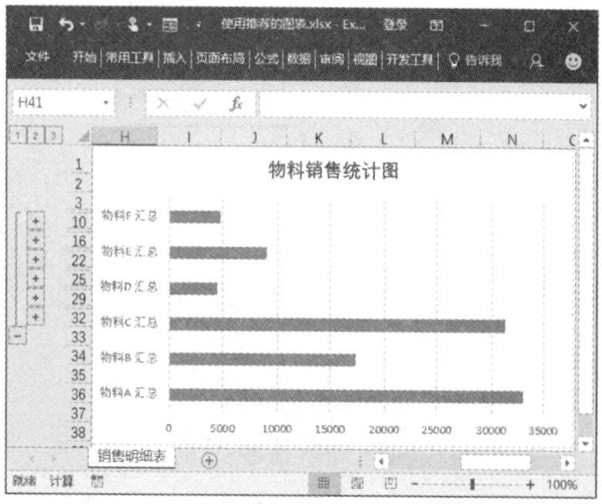

3. 日销量走势分析

使用折线图可以在图表中按日、周、月、季度等时间段展现销售走势。接下来创建日销量走势图，具体操作方法如下。

第 1 步：打开销售清单

打开“素材文件\第 11 章\提升效率\日销量走势分析.xlsx”文件，在“销售清单”工作表中，2016 年 1 月的销售记录如下图所示。

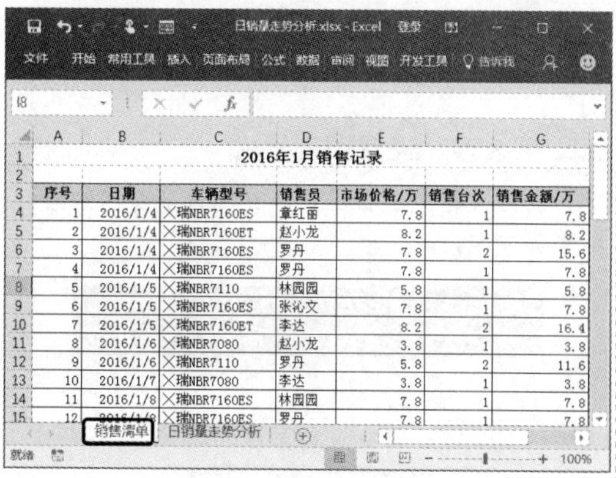

第 2 步：查看日销量走势分析的基本框架

切换到“日销量走势分析”工作表，日销量走势分析的基本框架如下图所示。

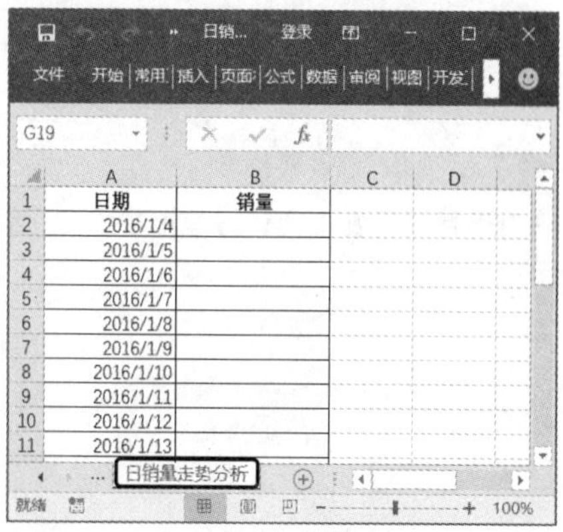

第 3 步：汇总每日销量

在 B2 单元格中输入公式“=SUMIF(销售清单!$B$4:$B$50,A2,销售清单!$F$4: $F$50)”，按“Enter”键即可汇总出日销量，如下图所示。

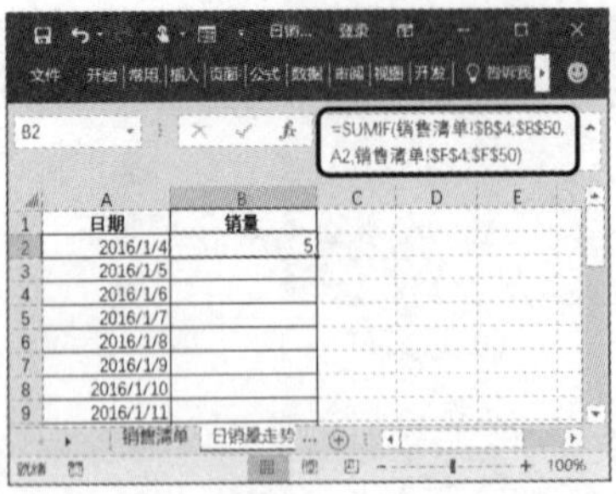

第 4 步：填充公式

将公式填充到下方的单元格中，汇总出每日销量，如下图所示。

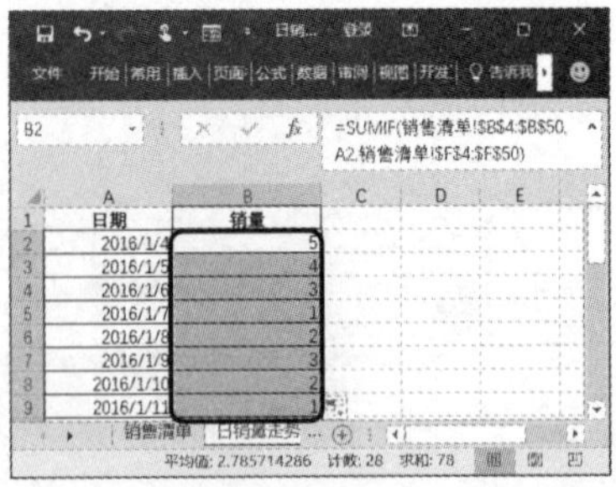

第 5 步：执行插入折线图命令

选中单元格区域 A2:B29，❶单击“插入”选项卡；❷在“图表”功能组中单击“折线图”按钮；❸在弹出的下拉列表中选择“折线图”选项，如下图所示。

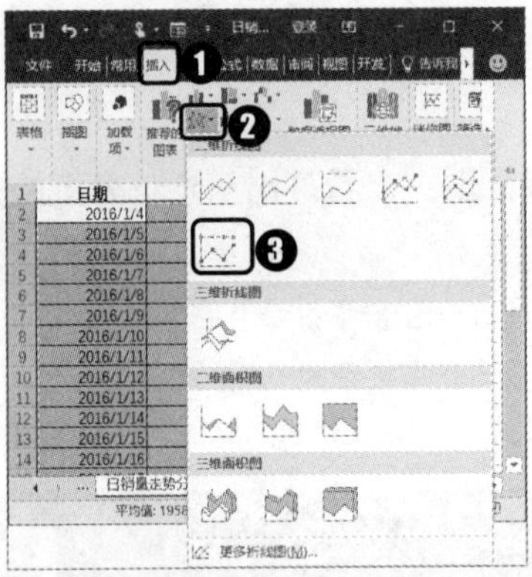

第 6 步：查看插入的图表

此时即可在图表中插入一个折线图，如下图所示。

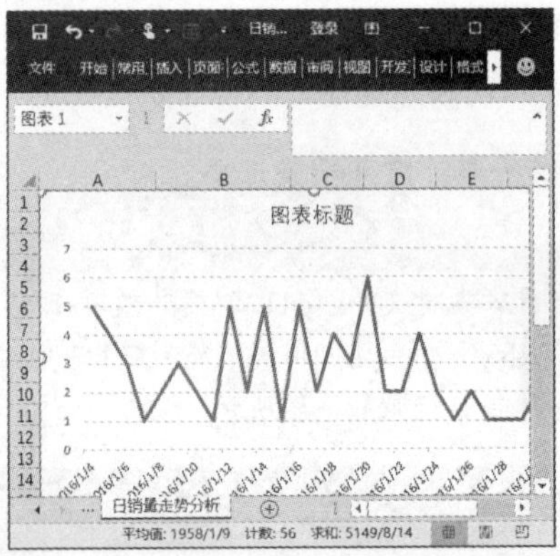

第 7 步：设置图表标题

将图表标题设置为“日销量走势图”，如下图所示。

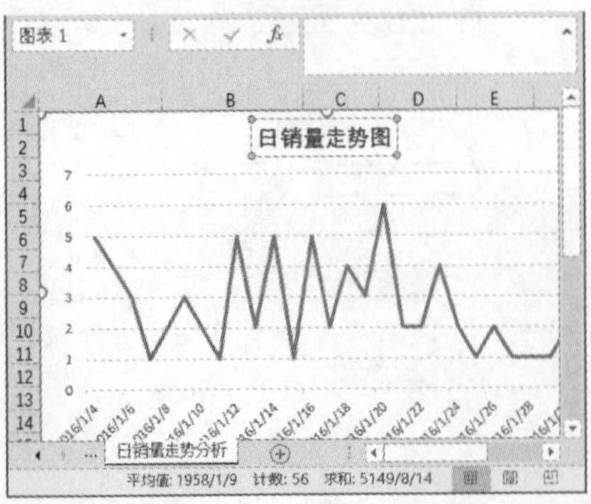

第 8 步：设置图表格式

对图表格式进行美化，日销量走势图的最终效果如下图所示。

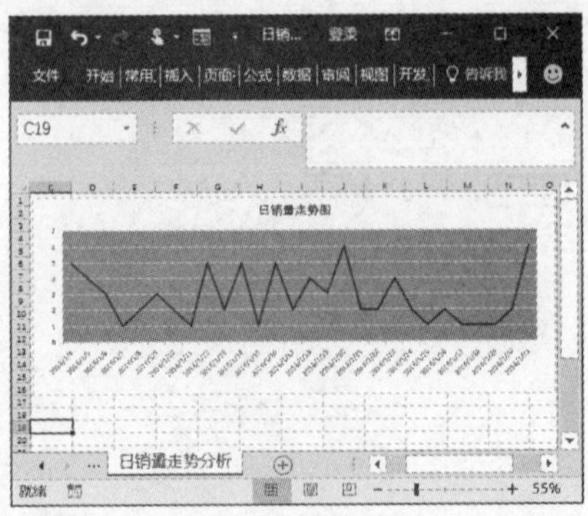

4. 各产品销量走势分析

除了按照日期分析产品的日销量走势以外，还可以根据时间段来分析各产品的销售走势。此时，就用到“创建组”功能，使用“创建组”功能对日期进行分段，分析不同时间段内各产品的销量走势，具体操作方法如下。

第 1 步：打开销售清单

打开“素材文件\第 11 章\提升效率\各产品销量走势分析.xlsx”文件，在“销售清单”工作表中，2016 年 1 月的销售记录如下图所示。

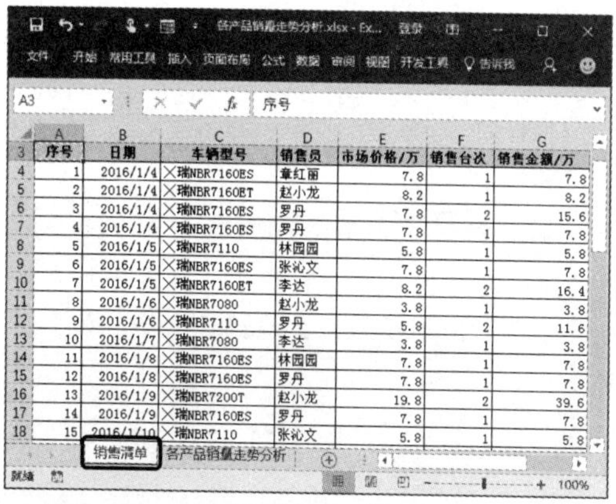

第 2 步：查看数据透视表

切换到“各产品销量走势分析”工作表，此时，按照不同日期生成的各产品销量透视表，如下图所示。

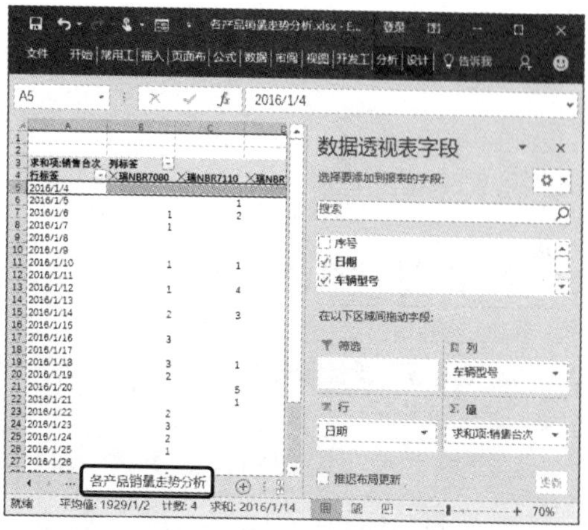

第 3 步：执行创建组命令

在数据透视表中，❶选中任意一个日期；❷右击，在弹出的快捷菜单中选择“创建组”命令，如下图所示。

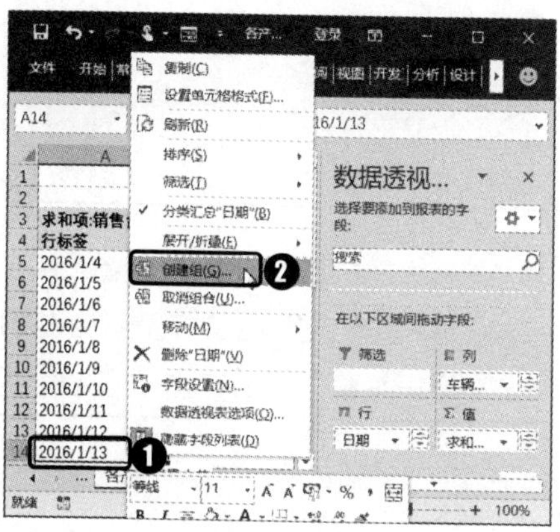

第 4 步：设置组合选项

弹出“组合”对话框，❶在“自动”列表框中的“起始于”日期设置为“2016/1/4”，将“终止于”日期设置为“2016/2/1”；❷在“步长”列表框中选择“日”选项；❸在“天数”文本框中将天数设置为“10”；❹单击“确定”按钮，如下图所示。

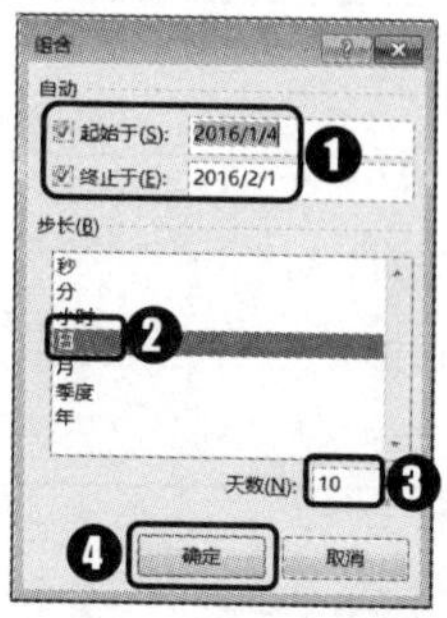

第 5 步：查看设置效果

此时即可将日期字段进行分段显示，设置效果如下图所示。

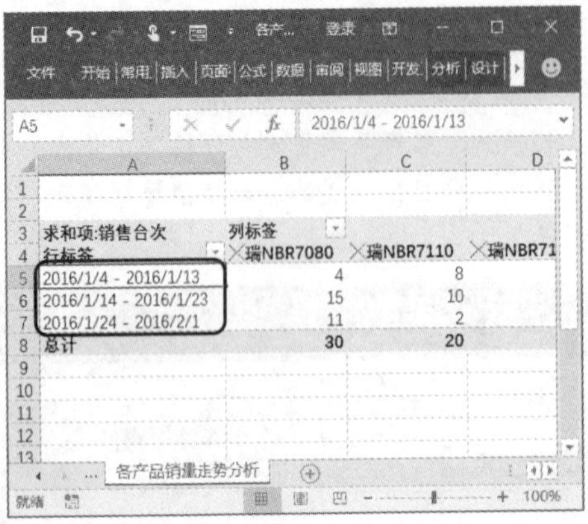

第 6 步：执行插入数据透视图命令

将鼠标定位数据透视表中，❶单击“分析”选项卡；❷单击“工具”功能组中的“数据透视图”按钮，如下图所示。

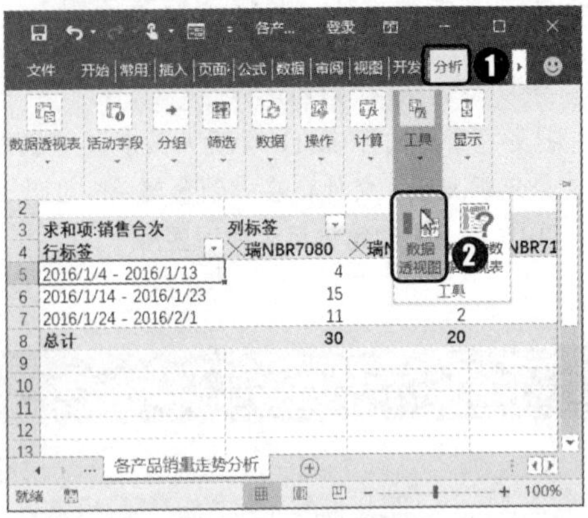

第 7 步：选择图表选项

弹出“插入图表”对话框，❶单击“折线图”选项卡；❷选择“折线图”选项；❸单击“确定”按钮，如下图所示。

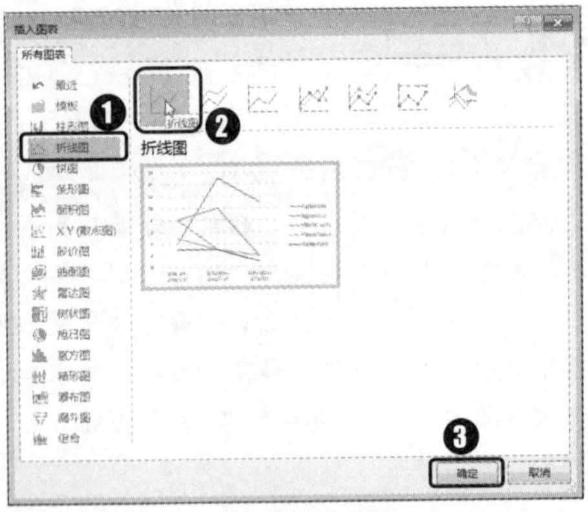

第 8 步：查看插入的图表

此时即可插入一个折线图，可以更加直观地展示不同时间段各产品的销量走势，如下图所示。

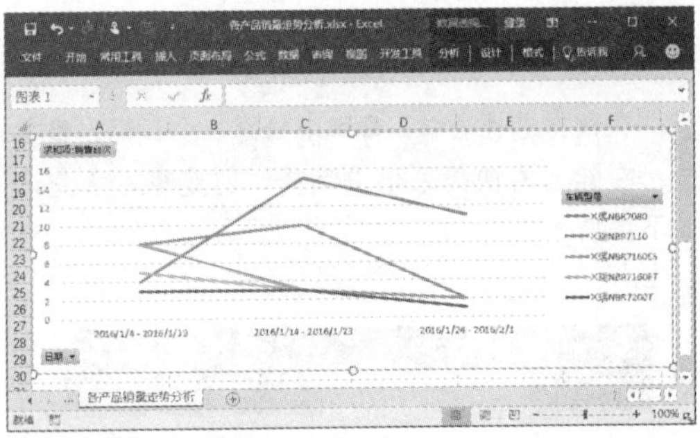

> **温馨小提示**
>
> 折线图是用直线段将各数据点连接起来而组成的图形，以折线方式显示数据的变化趋势。折线图可以显示随时间而变化的连续数据，因此非常适用于反映数据的变化趋势。这种类型的图表最适于表示大批分组的数据的变化趋势，例如，一段时间的产品销售走势等。

5. 各车型销售额比例分析

在 Excel 中，饼图能够更加直观地分析各项目的组成结构与比重。接下来根据销售清单汇总不同产品的销售总额，然后制作分离饼图，具体操作方法如下：

第 1 步：汇总第一种车型的销售额

打开“素材文件\第 11 章\提升效率\各车型销售额比例分析.xlsx”文件，选中 B2 单元格，输入公式“=SUMIF(销售清单!$C$4:$C$50,A2,销售清单!$G$4: $G$50)”，按“Enter”键，此时即可汇总出第一种车型的销售额，如下图所示。

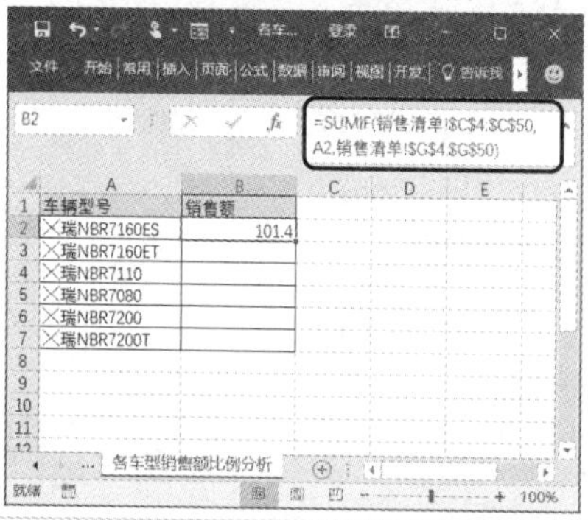

第 2 步：向下填充公式

将鼠标定位在 B2 单元格的右下角，此时鼠标指针变成十字形状，双击，此时即可汇总出其他车型的销售额，如下图所示。

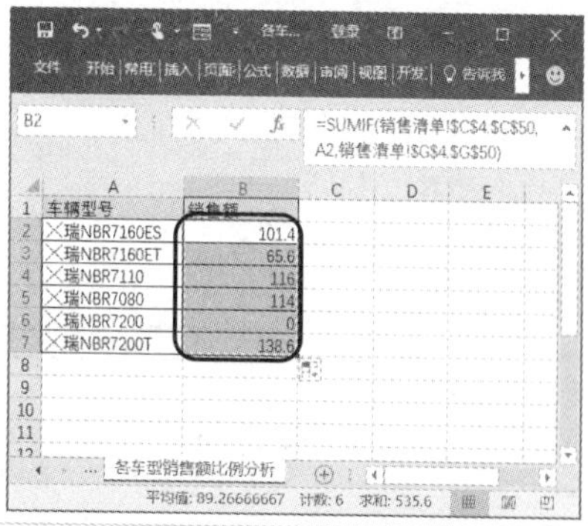

第 3 步：执行插入饼图命令

选中单元格区域 A2:B7，❶单击“插入”选项卡；❷在“图表”功能组中单击“饼图”按钮；❸在弹出的下拉列表中选择“三维饼图”选项，如下图所示。

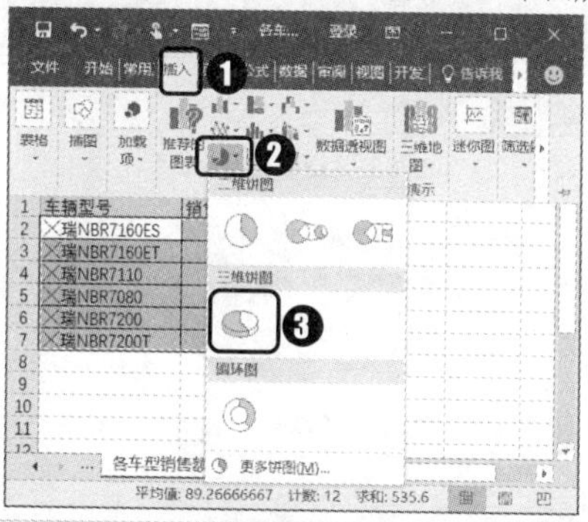

第 4 步：查看插入的饼图

此时即可插入一个三维饼图，将饼图的图表标题设置为“各车型销售额比例分析”，如下图所示。

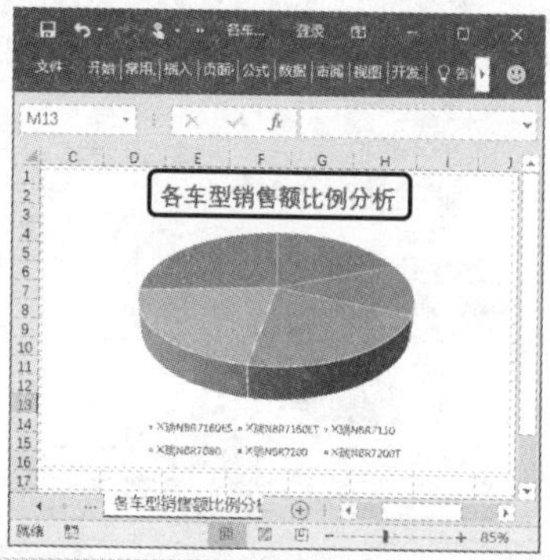

第 5 步：执行设置数据系列格式命令

选中图表数据系列，右击，在弹出的快捷菜单中选择“设置数据系列格式”命令，如下图所示。

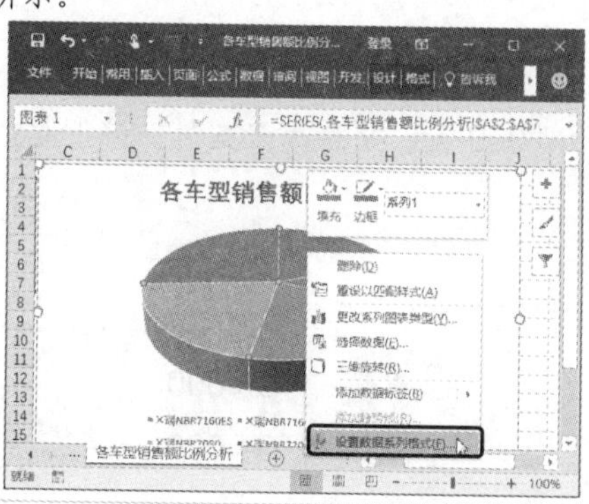

第 6 步：向下填充公式

弹出“设置数据系列格式”窗口，将“饼图分离程度”设置为“15%”，如下图所示。

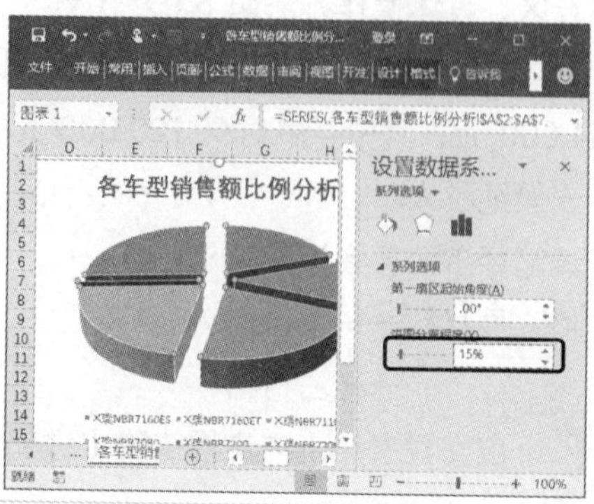

第 7 步：添加数据标签

选中图表数据系列，右击，在弹出的快捷菜单中选择“添加数据标签→添加数据标签”命令，如下图所示。

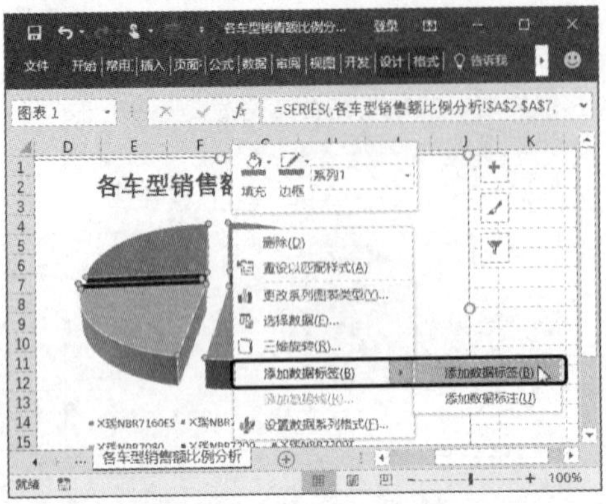

第 8 步：执行设置数据标签格式命令

选中数据标签，右击，在弹出的快捷菜单中选择“设置数据标签格式”命令，如下图所示。

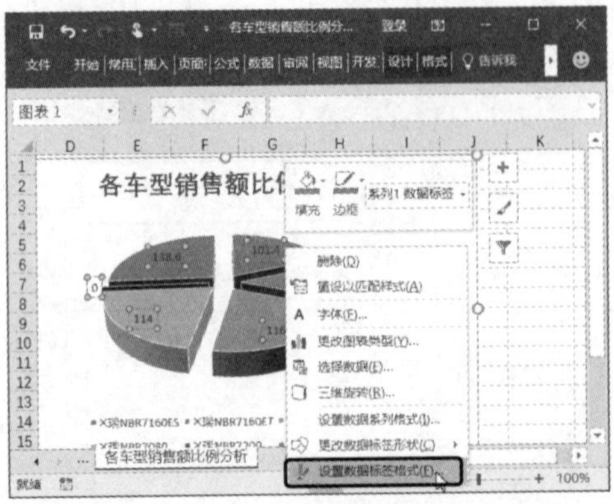

第 9 步：勾选百分比复选框

弹出“设置数据标签格式”窗口，在“标签选项”列表中选中“百分比”复选框，如下图所示。

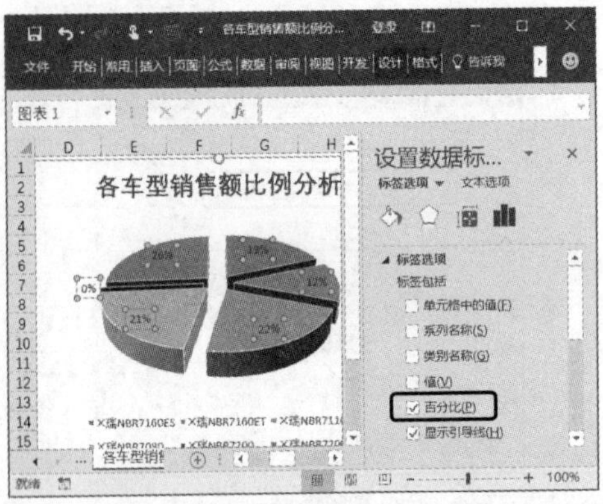

第 10 步：查看设置效果

操作到这里，分离饼图就设置完成了，并显示了各部分的比重，如下图所示。

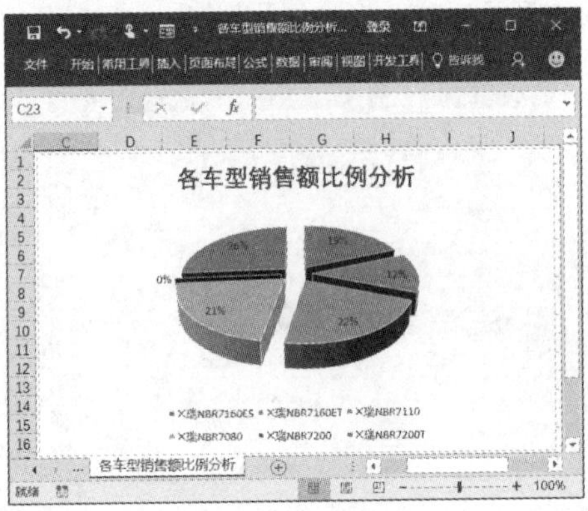

6. 采购业务中运费如何进行会计核算

在数据透视表中，Excel 提供了“创建组”功能，帮助用户为应收账款的账款数据设置账龄分区，具体操作方法如下。

例如，某工业企业向某原料加工厂购进原材料一批，不含增值税价款 200 000 元，增值税 34 000 元，其中：甲材料 120 000 元，乙材料 80 000 元，货款尚未支付，该工业企业属于一般纳税人。

该笔经济业务会计分录是：

借：原材料——甲材料	120 000
——乙材料	80 000
应交税费——应交增值税（进项税额）	34 000

贷：应付账款——某原料加工厂　　234 000

接上例，如果购进原材料时支付运费 2 000 元，怎样作会计分录呢?

按照现行税收政策规定，运费要计算税款扣除额，扣除率为 7%。应扣增值税=2 000×7%=140 元。按《小企业会计准则》规定，运费要摊入原材料成本中，可以按重量分摊，也可按购买价款分摊。上述要摊入原材料成本的运费是 2 000 元减去 140 元，等于 1 860 元。现在我们按价款分摊：

分摊要先计算分摊率，再计算分摊额。

分摊率=要分摊的运费/总价款=1 860/200 000=0.0098

分摊计入甲材料的运费=甲材料的价款*分摊率=120 000×0.0098=1 176(元)

分摊计入乙材料的运费=乙材料的价款*分摊率=80 000×0.0098=784(元)

支付运费时的会计分录如下:

借：原材料——甲材料　　1 176

　　　　——乙材料　　784

　应交税费——应交增值税（进项税额）　　140

贷：银行存款　　2 000

第 12 章 固定资产管理

本章导读

固定资产是企业进行生产经营活动的物质基础，在企业的资产总额中占有相当大的比重，正确地核算和计算固定资产对企业的生产经营具有重大的意义。本章将在 Excel 2010 中创建固定资产卡片对固定资产卡进行日常管理，分别介绍三种常用的固定资产折旧方法，计提固定资产折旧。

知识要点

- 编制固定资产卡片
- 固定资产的增加和减少
- 按固定资产名称查询
- 按部门名称查询
- 使用直线法计提折旧
- 使用双倍余额递减法计提折旧
- 使用年数总和法计提折旧
- 固定资产业务的账务处理

案例展示

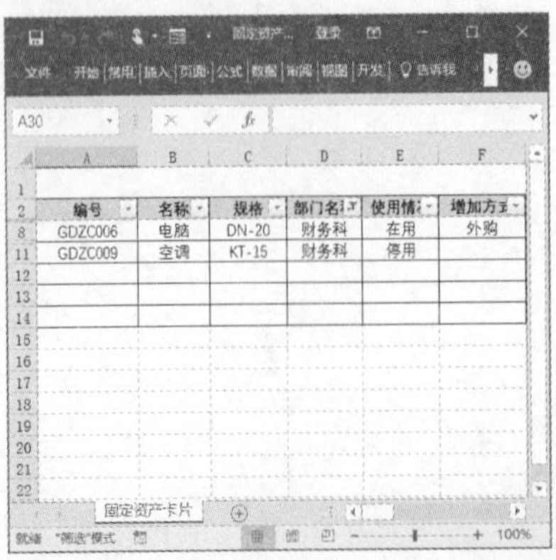

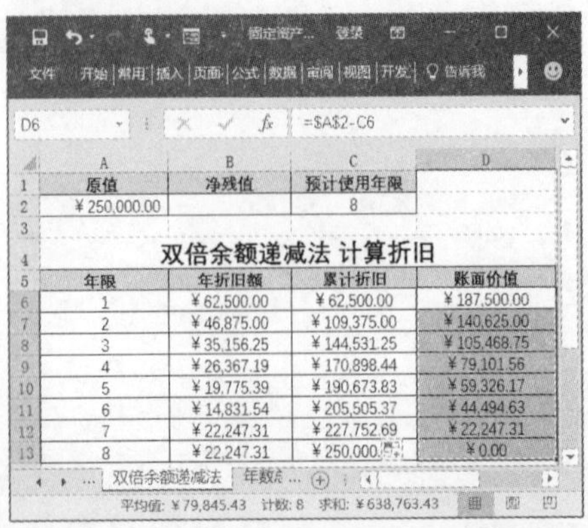

12.1 固定资产的日常管理

案例概述

每个企业都拥有一定的固定资产，如机器设备、厂房、交通工具等，这些固定资产在企业资产中一般都占有很大的比例，对企业具有非常重要的意义，因此必须严格有效地管理固定资产。接下来使用 Excel 编制固定资产卡片，通过固定资产卡片记录固定资产明细，管理固定资产的增加和减少。

案例效果

固定资产卡片是每一项固定资产的全部档案记录，即固定资产从进入企业开始到退出企业的整个生命周期所发生的全部情况，都要在卡片上予以记载。

固定资产卡片制作完成后，效果如下图所示。

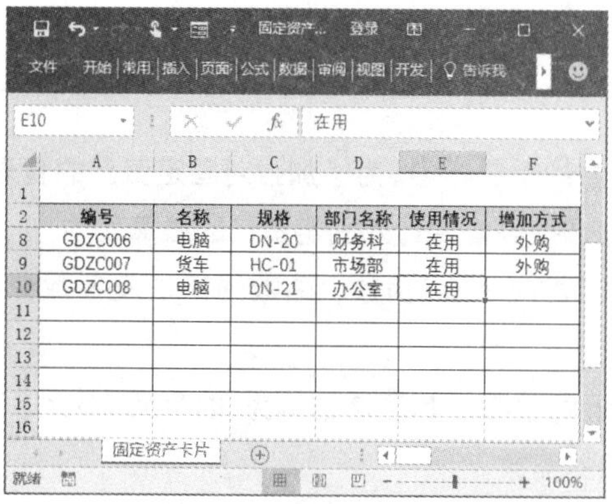

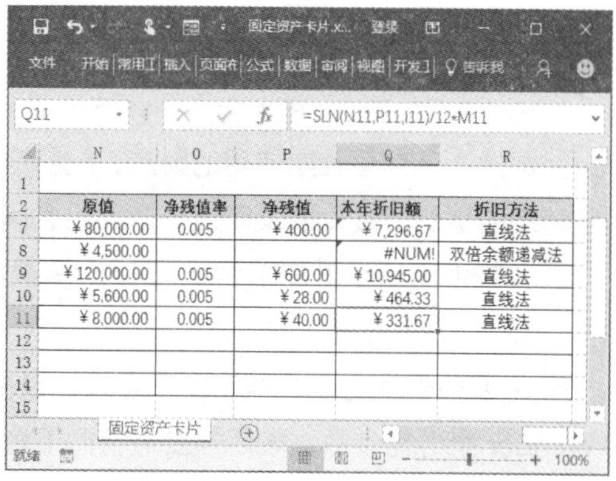

同步文件

原始文件：素材文件\第 12 章\固定资产卡片.xlsx

结果文件：结果文件\第 12 章\固定资产卡片.xlsx

同步视频文件：同步教学文件\第 12 章\固定资产卡片\12.1.1.mp4~12.1.2.mp4

制作思路

固定资产卡片的制作思路如下：

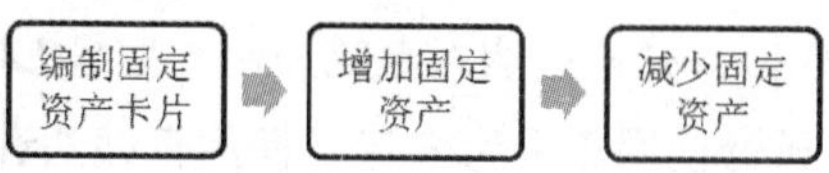

12.1.1 编制固定资产卡片

固定资产卡片上的栏目通常包括编号、名称、规格、部门名称、使用情况、增加方式、减少方式、开始使用日期、预计使用年限、当前日期、已提折旧月份、已提折旧年份、本年已提月份、原值、净残值率、净残值、本年折旧额、折旧方法等内容。

在 Excel 中制作固定资产卡片，然后录入内容，效果如下图所示。

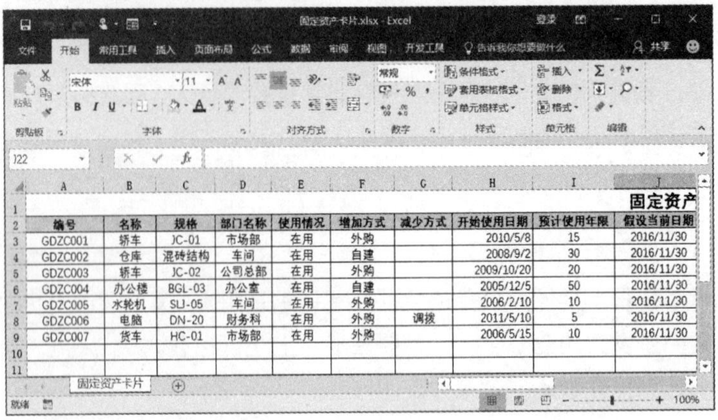

固定资产

编号	名称	规格	部门名称	使用情况	增加方式	减少方式	开始使用日期	预计使用年限	假设当前日期
GDZC001	轿车	JC-01	市场部	在用	外购		2010/5/8	15	2016/11/30
GDZC002	仓库	混砖结构	车间	在用	自建		2008/9/2	30	2016/11/30
GDZC003	轿车	JC-02	公司总部	在用	外购		2009/10/20	20	2016/11/30
GDZC004	办公楼	BGL-03	办公室	在用	自建		2005/12/5	50	2016/11/30
GDZC005	水轮机	SLJ-05	车间	在用	外购		2006/2/10	10	2016/11/30
GDZC006	电脑	DN-20	财务科	在用	外购	调拨	2011/5/10	5	2016/11/30
GDZC007	货车	HC-01	市场部	在用	外购		2006/5/15	10	2016/11/30

12.1.2 固定资产的增加和减少

固定资产是企业长期使用的财产，是生产能力的重要标志。为了加强对固定资产的管理，固定资产的增加、减少以及固定资产部门之间的调拨等都要计入固定资产的核算之中。

本小节中用到了 INT()函数、SLN()函数和 DAYS360()函数，函数的语法及参数介绍如下。

INT()函数的功能是将数字向下舍入到最接近的整数，其语法结构为 INT(number)，其中 number 是必需参数，表示需要进行向下舍入的实数。

SLN()函数功能是返回固定资产每期的线性折旧额，其语法结构为 SLN(cost,salvage,life)，其中参数 cost 是必需参数，表示固定资产原值；参数 salvage 是必需参数，表示固定资产在折旧期末的价值，即固定净残值；参数 life 是必需参数，表示固定资产的使用年限。

DAYS360()函数的功能是按照一年 360 天的算法，返回两日期间相差的天数，其语法结构为 DAYS360(start_date,end_date,method)，参数 start_date 是必需参数，表示起始日期；参数 end_date 是必需参数，表示终止日期；参数 method 是必需参数，表示规定了计算中是采用欧式方法还是美国方法：若为 FALSE 或者省略，则表示使用美国方法；若为 TRUE，则表示使用欧洲方法。

1. 增加固定资产

例如：2016 年 3 月 20 日，办公室购入电脑一台，型号 DN-21，购入价 5 600 元，该电脑的预计残值率为 5‰，预计使用年限为 8 年，使用直线法计提折旧。

结合上述实例，在固定资产卡片中登记新增的固定资产，具体操作方法如下。

第 1 步：录入编号、名称和规格

打开“素材文件\第 12 章\固定资产卡片.xlsx”文件，根据实例中的信息，录入编号、名称和规格，如下图所示。

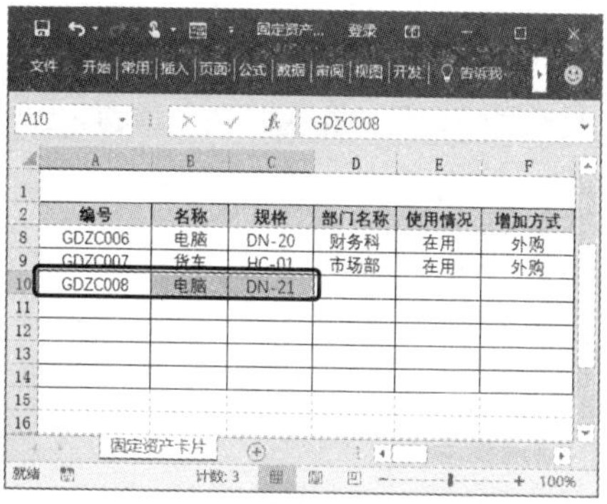

第 2 步：录入部门名称

在“部门名称”列中，使用数据验证功能设置了下拉菜单，单击 D10 单元格右侧的下拉按钮，在弹出的下拉列表中选择“办公室”选项，如下图所示。

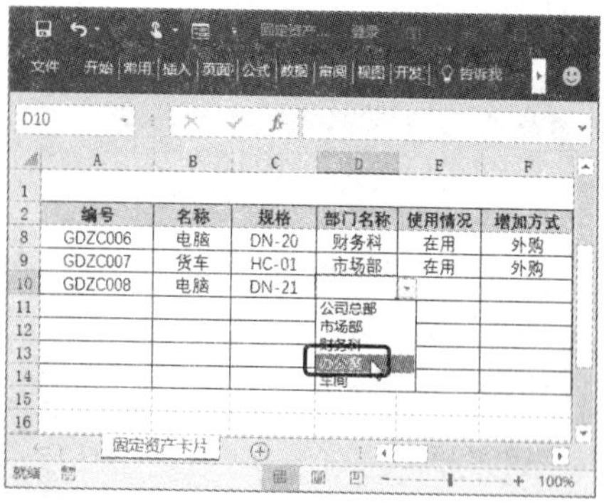

第 3 步：录入使用状况

在 E10 单元格中录入文字“在用”，如下图所示。

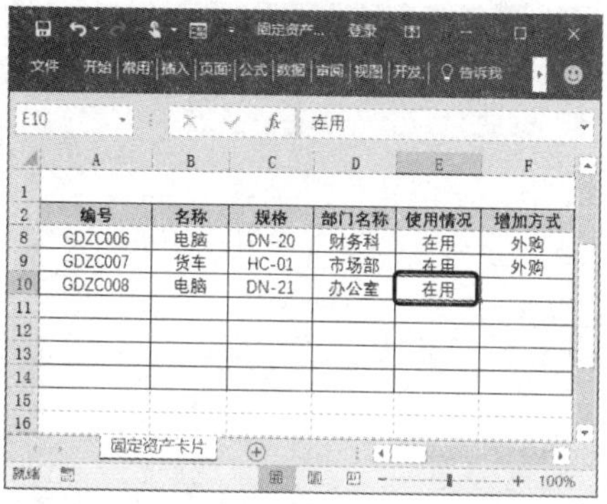

第 4 步：录入增加方式

在“增加方式”列中使用数据验证功能设置了下拉菜单。单击 F10 单元格右侧的下拉按钮，在弹出的下拉列表中选择“外购”选项，如下图所示。

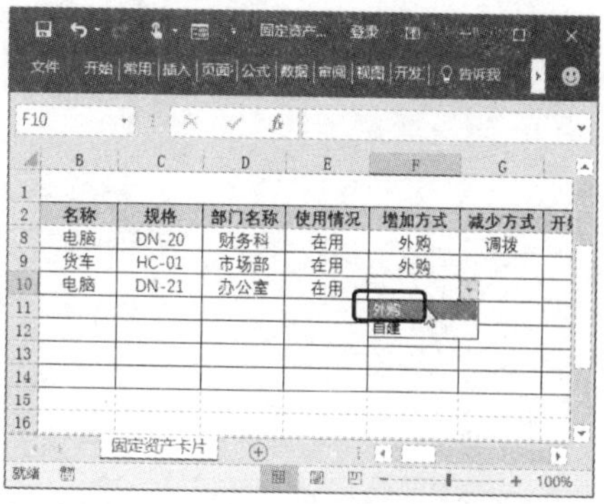

第 5 步：录入使用日期、使用年限和日期

根据实例中的信息，录入开始使用日期、预计使用年限和当前日期，如下图所示。

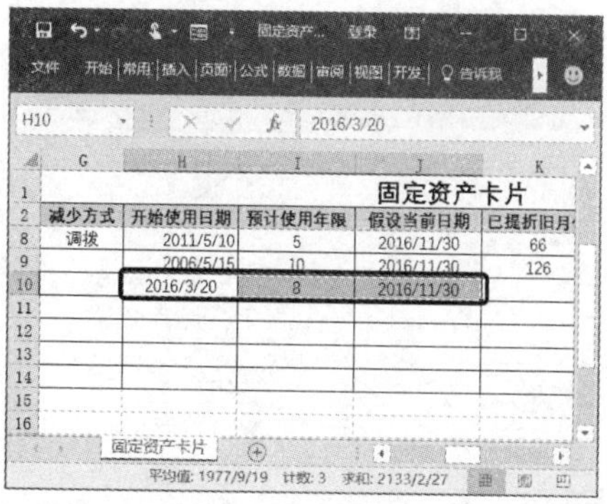

第 6 步：计算已提折旧月份

选中 K10 单元格，输入公式“=INT (DAYS360 (H10,J10)/30)”，按“Enter”键确认输入，如下图所示。

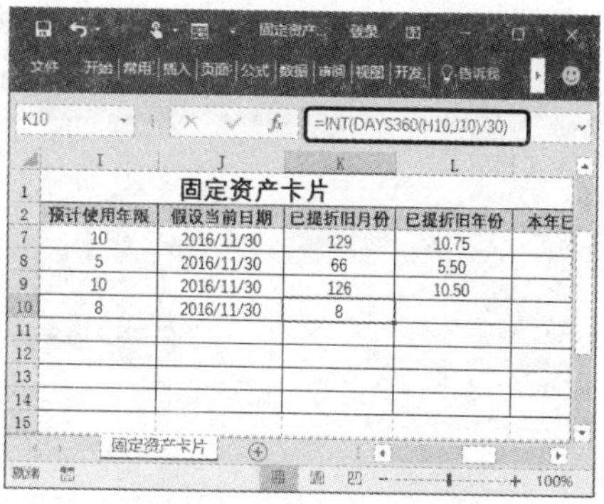

第 7 步：计算已提折旧年份

选中 L10 单元格，输入公式“=K10/12”，按“Enter”键确认输入，如下图所示。

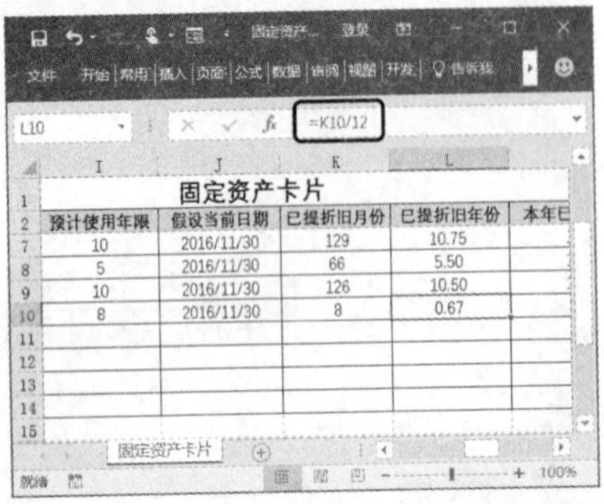

第 8 步：计算本年已提月份

根据规定当月增加的固定资产当月不计提折旧，从下月开始计提折旧。2016 年 3 月 20 日购入，当前时间为 2016 年 11 月 30 日，所以本年已提取了 8 个月的折旧，如下图所示。

第 9 步：录入原值和残值率

根据实例中的信息，录入原值和残值率，如下图所示。

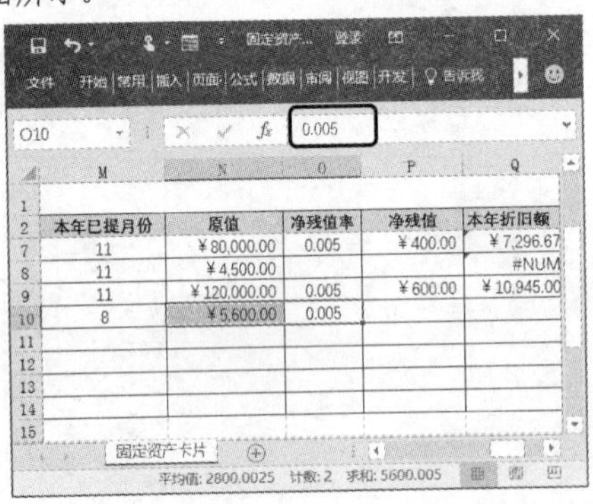

第 10 步：计算净残值

选中 P10 单元格，输入公式“=N10* O10”，按“Enter”键确认输入，如下图所示。

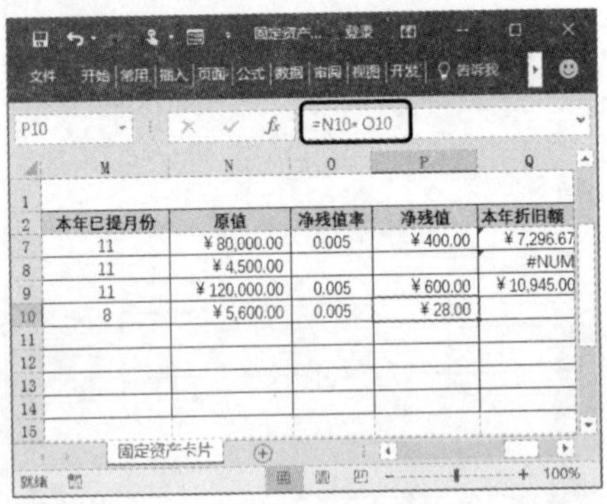

第 11 步：录入折旧方法

在“折旧方法”列中，使用数据验证功能设置了下拉菜单。单击 R10 单元格右侧的下拉按钮，在弹出的下拉列表中选择“直线法”选项，如下图所示。

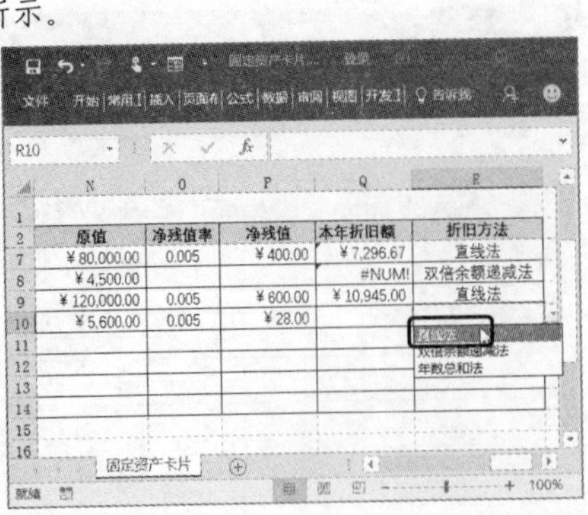

第 12 步：计算本年折旧额

选中 Q10 单元格，输入公式“=SLN (N10,P10,I10)/12*M10”，按“Enter”键确认输入，如下图所示。

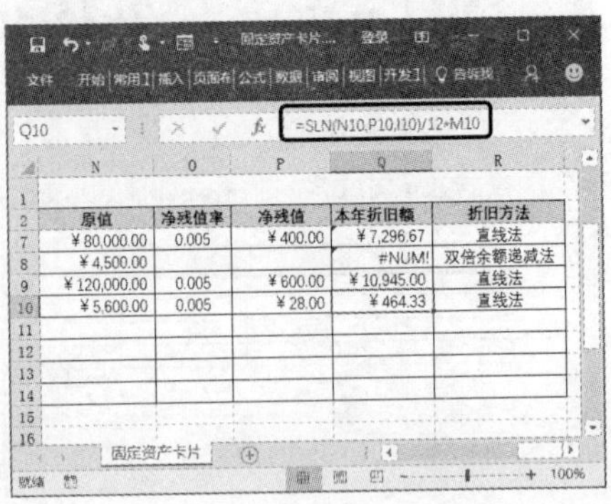

2. 减少固定资产

例如：2016 年 5 月 15 日，财务科使用的一台型号为 KT-15 的空调，使用寿命结束，做报废处理。该空调是 2006 年 5 月 15 日购入并投入使用的，购入价 8 000 元，预计使用年限 5 年，预计残值率为 5‰，使用直线法计提折旧。

结合上述实例，在固定资产卡片中登记报废的固定资产，具体操作方法如下。

第 1 步：录入基本信息

根据实例中的信息，录入编号、名称、规格、部门名称、使用情况，如下图所示。

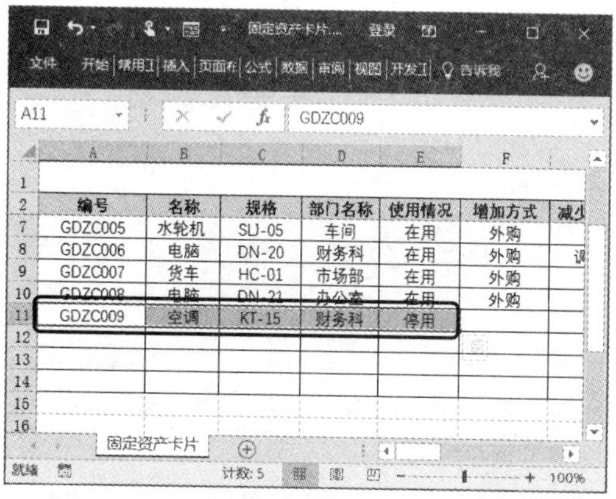

第 2 步：录入减少方式

在“减少方式”列中，使用数据验证功能设置了下拉菜单。单击 G11 单元格右侧的下拉按钮，在弹出的下拉列表中选择“报废”选项，如下图所示。

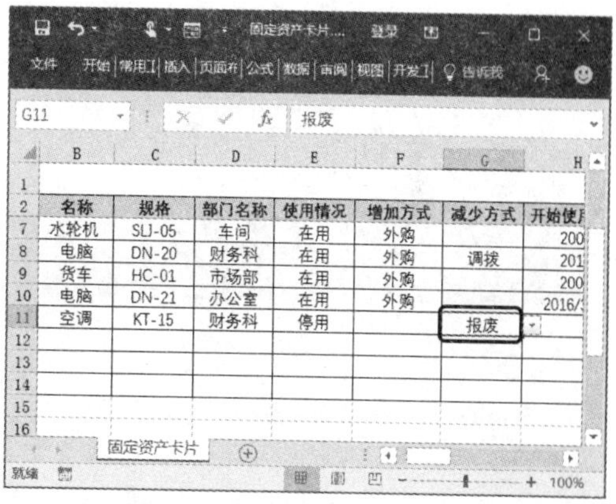

第 3 步：录入使用日期、使用年限和日期

根据实例中的信息，录入开始使用日期、预计使用年限和当前日期，如下图所示。

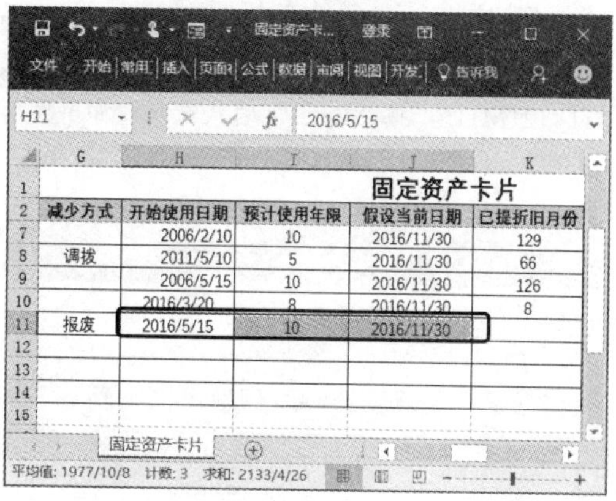

第 4 步：计算已提折旧月份

选中 K11 单元格，输入公式“=INT (DAYS360 (H11,J11)/30)”，按“Enter”键确认输入，如下图所示。

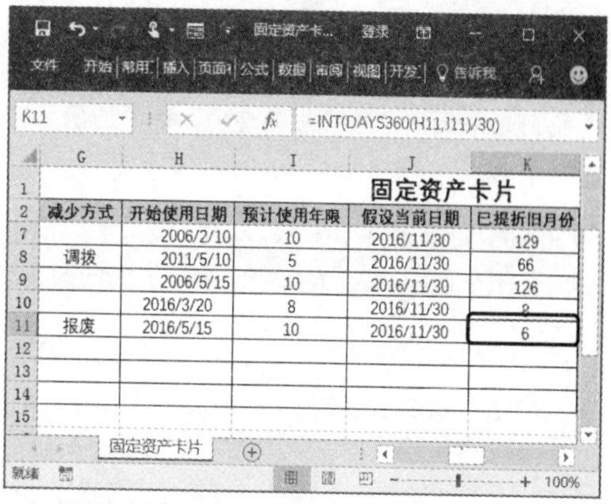

第 5 步：计算已提折旧年份

选中 L11 单元格，输入公式“=INT (DAYS360 (H11,J11)/30)”，按“Enter”键确认输入，如下图所示。

第 6 步：计算本年已提月份

根据规定当月减少的固定资产当月照常计提折旧，从下月起不再计提折旧；固定资产提足折旧后，无论能否继续使用，均不再计提折旧；2016 年 5 月 15 日到期报废，2016 年全年应提取了 5 个月的折旧，如下图所示。

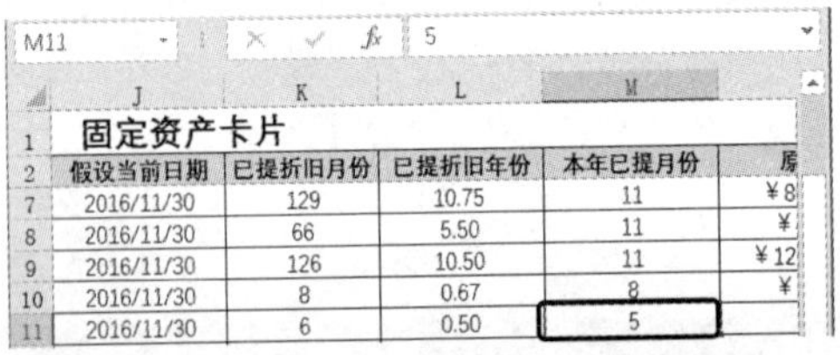

第 7 步：录入原值和残值率

根据实例中的信息，录入原值和残值率，如下图所示。

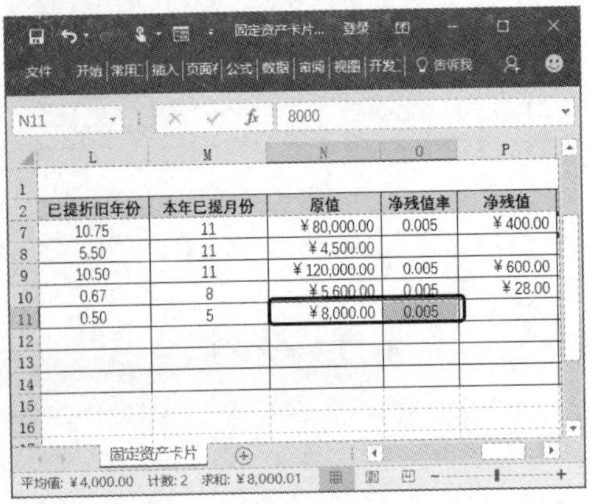

第 8 步：计算净残值

选中 P11 单元格，输入公式“=N11* O11”，按“Enter”确认输入，如下图所示

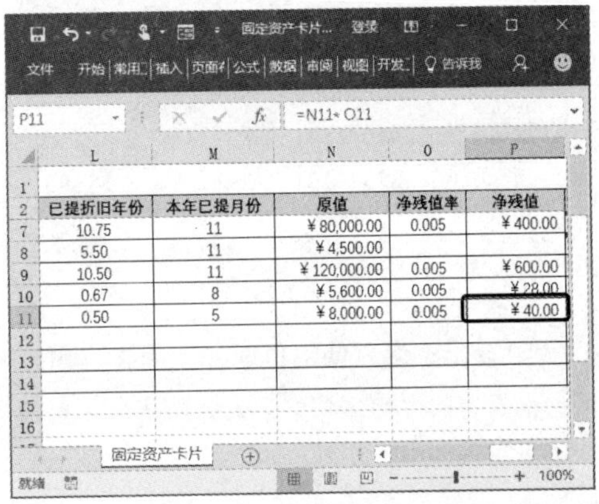

第 9 步：录入折旧方法

单击 R11 单元格右侧的下拉按钮，在弹出的下拉列表中选择“直线法”选项，如下图所示。

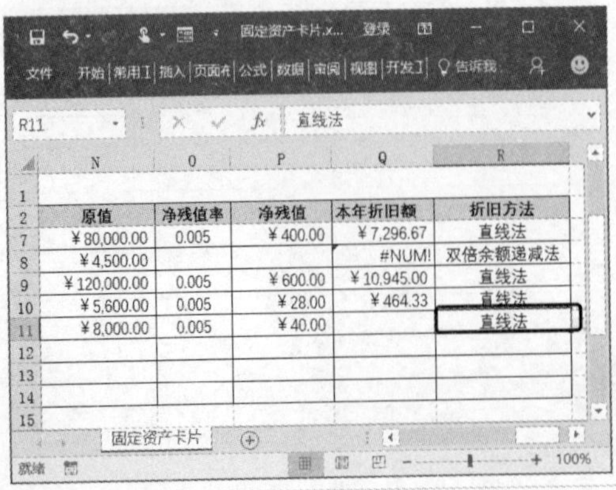

第 10 步：计算本年折旧额

选中 Q11 单元格，输入公式“=SLN (N11,P11, I11)/12*M11”，按“Enter”确认输入，如下图所示。

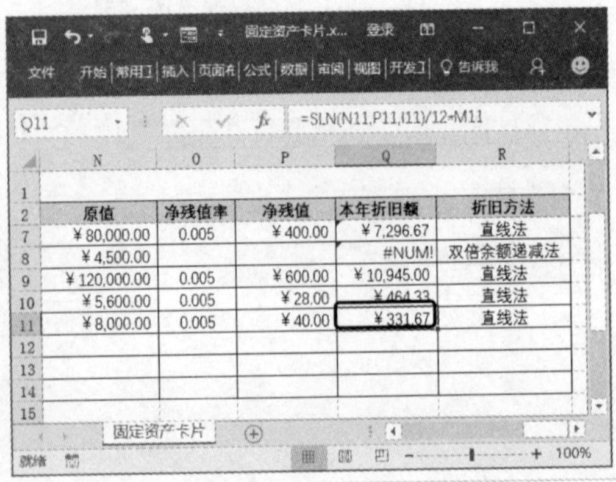

温馨小提示

我国现行税法规定：固定资产计算折旧的最低年限如下：

（一）房屋、建筑物，为 20 年；

（二）飞机、火车、轮船、机器、机械和其他生产设备，为 10 年；

（三）与生产经营活动有关的器具、工具、家具等，为 5 年；

（四）飞机、火车、轮船以外的运输工具，为 4 年；

（五）电子设备，为 3 年。

12.2 固定资产的查询

案例概述

除了使用 Excel 中的记录单功能进行固定资产卡片内容的查询外，还可以利用 Excel 中的筛选功能进行固定资产的查询。接下来主要介绍如何通过筛选功能，按照固定资产的“名称”和所在部门的“部门名称”查询固定资产卡信息。

案例效果

固定资产制作完成后，可以通过筛选功能查询固定资产信息，及时掌握固定资产的增减变化，加强固定资产管理。

按照固定资产的“名称”和“部门名称”查询固定资产，效果如下图所示。

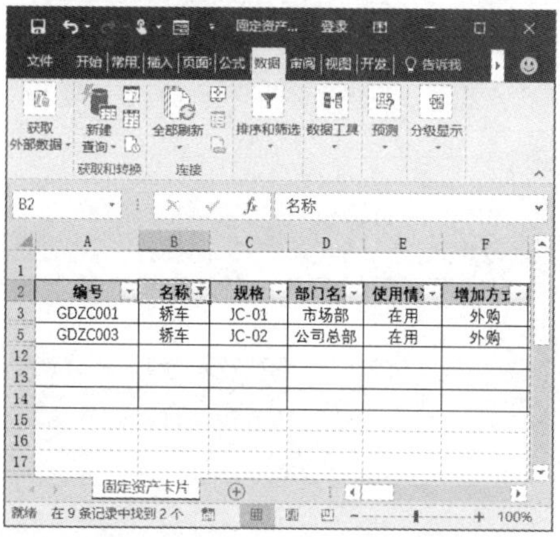

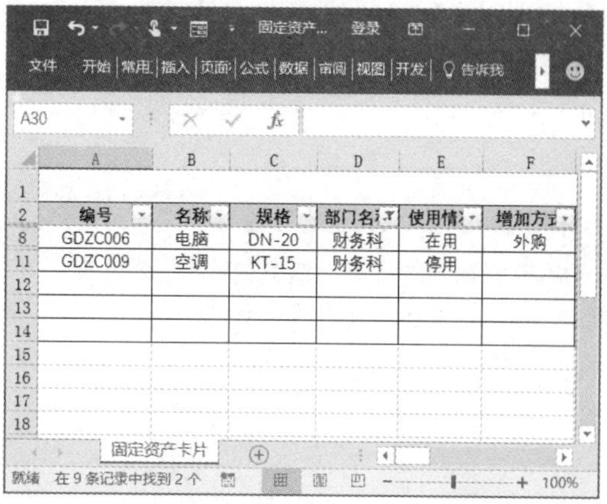

同步文件

原始文件： 素材文件\第 12 章\固定资产的查询.xlsx

结果文件： 结果文件\第 12 章\固定资产的查询.xlsx

同步视频文件： 同步教学文件\第 12 章\固定资产的查询\12.2.1.mp4~12.2.2.mp4

制作思路

查询固定资产信息的具体思路如下：

执行筛选命令 → 设置筛选条件 → 按照固定资产“名称”查询 → 按照“部门名称”查询

12.2.1 按固定资产“名称”查询

按照固定资产“名称”的不同，查询名称为“轿车”的固定资产的详细信息，具体的操作方法如下。

第 1 步：执行筛选命令

打开“素材文件\第 12 章\固定资产的查询.xlsx”文件，将鼠标定位在数据区域，❶单击“数据”选项卡；❷在“排序和筛选”功能组中单击“筛选”按钮，如下图所示。

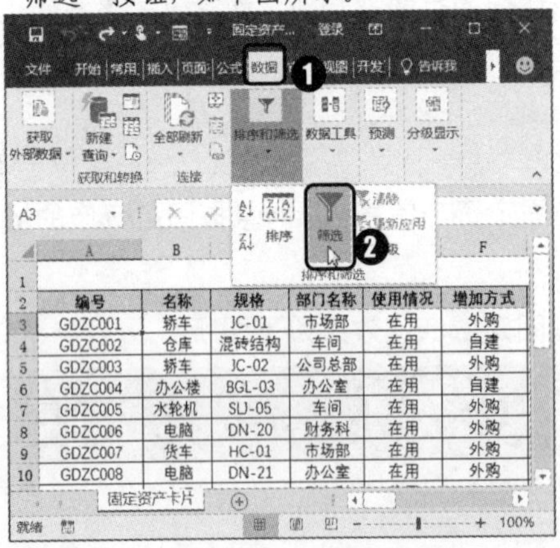

第 2 步：单击下拉按钮

此时，工作表进入筛选状态，并在各字段的右侧出现一个下拉按钮，单击字段“名称”右侧的下拉按钮，如下图所示。

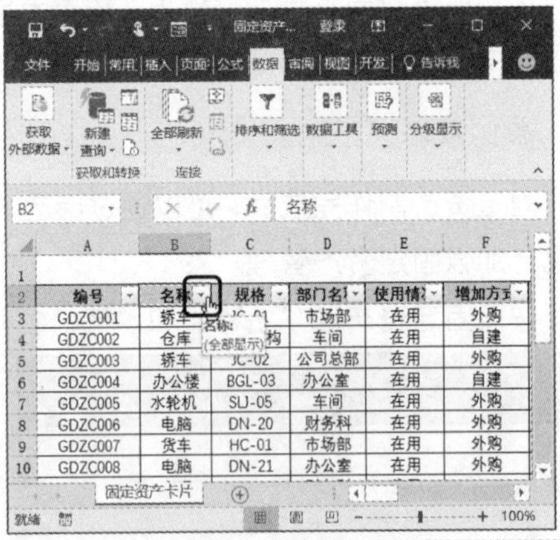

第 3 步：选择固定资产名称

❶在弹出的下拉列表中选中“轿车”复选框；❷单击“确定”按钮，如下图所示。

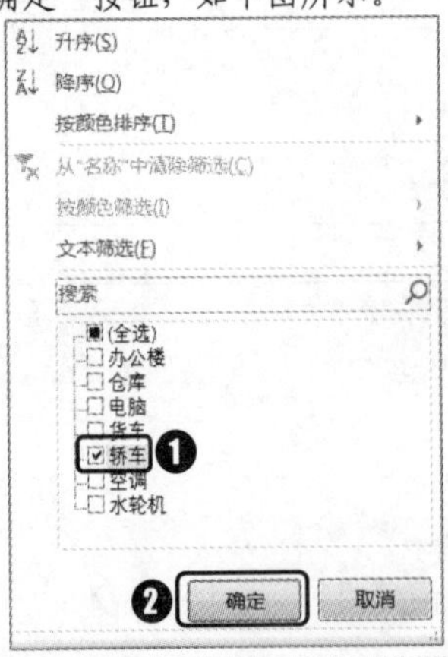

第 4 步：查看查询结果

此时，关于固定资产“轿车”的所有数据记录就查询出来了，如下图所示。

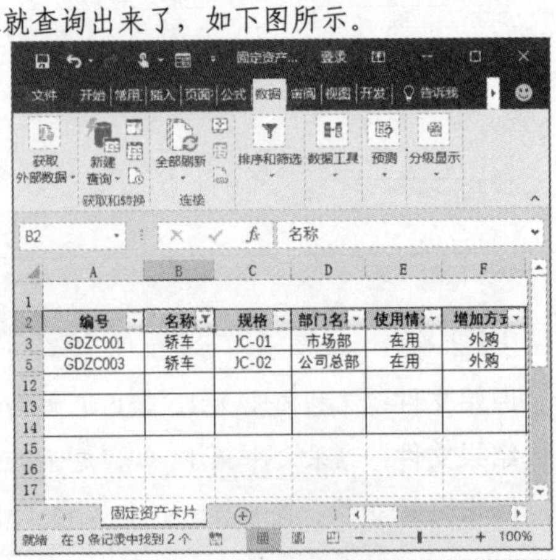

12.2.2 按“部门名称”查询

按照固定资产所在部门的不同，查询部门名称为“财务科”的固定资产的详细信息，具体的操作步骤如下。

第 1 步：撤选筛选命令

单击字段“名称”右侧的下拉按钮，❶在弹出的下拉列表中选中“全部”复选框；❷单击“确定”按钮，即可恢复到为筛选状态，如下图所示。

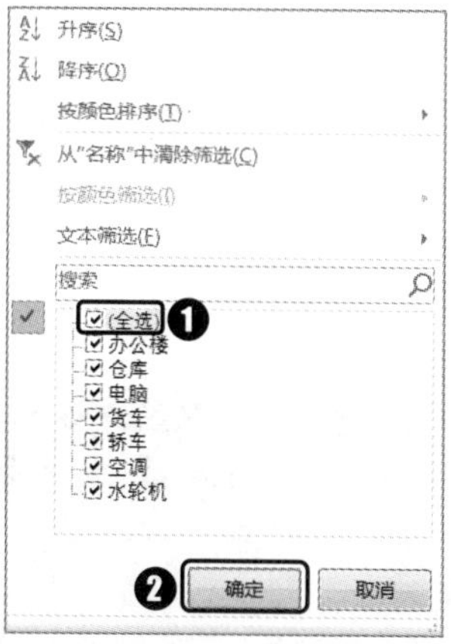

第 2 步：单击下拉按钮

单击字段“部门名称”右侧的下拉按钮，如下图所示。

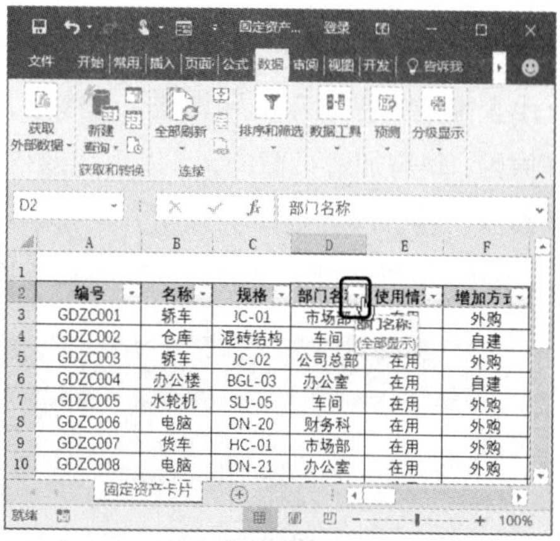

第 3 步：选择固定资产名称

❶在弹出的下拉列表中选中“财务科”复选框；❷单击“确定”按钮，如下图所示。

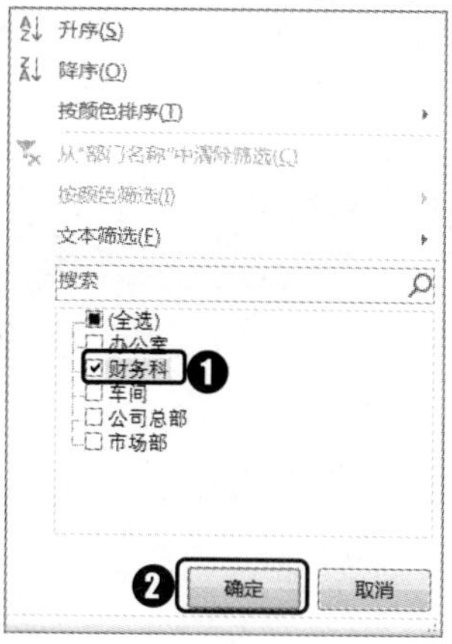

第 4 步：查看查询结果

此时，关于所在部门为“财务科”的所有固定资产的数据记录就查询出来了，如下图所示。

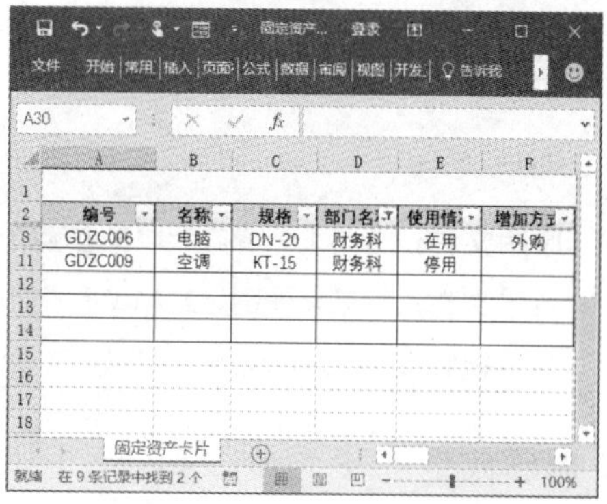

温馨小提示

在使用筛选过程中，还有一个使用技巧，就是筛选条件的消除问题。消除筛选的方法有两种：一种方法是在要进行消除的标题下拉列表中，选中所有选项来实现；另一种方法是在要进行消除的标题下拉列表中选择“从××中消除筛选项”来实现。

12.3 固定资产的折旧处理

案例概述

在会计实务中，计提固定资产折旧一般是按月计提折旧，当月增加的固定资产当月不计提折旧，从下月开始计提折旧；当月减少的固定资产当月照常计提折旧，从下月起不再计提折旧；固定资产提足折旧后，无论能否继续使用，均不再计提折旧；提前报废的固定资产也不需要计提折旧。接下来在 Excel 中分别采用直线法、双倍余额递减法和年数总和法计提固定资产折旧。

案例效果

小企业应当按照年限平均法（直线法，下同）计提折旧。小企业的固定资产由于技术进步等原因，确需加速折旧的，可以采用双倍余额递减法和年数总和法。固定资产的折旧方法、使用寿命、预计净残值一经确定，不得随意变更。

计提固定资产折旧完成后，效果如下图所示。

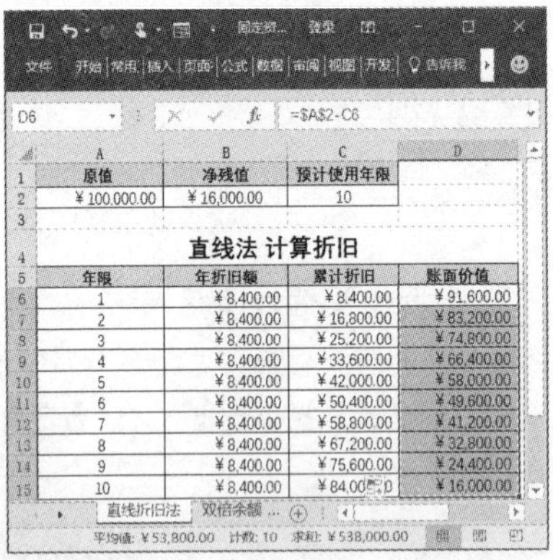

D6 =$A$2-C6

原值	净残值	预计使用年限	
¥100,000.00	¥16,000.00	10	

直线法 计算折旧

年限	年折旧额	累计折旧	账面价值
1	¥8,400.00	¥8,400.00	¥91,600.00
2	¥8,400.00	¥16,800.00	¥83,200.00
3	¥8,400.00	¥25,200.00	¥74,800.00
4	¥8,400.00	¥33,600.00	¥66,400.00
5	¥8,400.00	¥42,000.00	¥58,000.00
6	¥8,400.00	¥50,400.00	¥49,600.00
7	¥8,400.00	¥58,800.00	¥41,200.00
8	¥8,400.00	¥67,200.00	¥32,800.00
9	¥8,400.00	¥75,600.00	¥24,400.00
10	¥8,400.00	¥84,00[illegible]	¥16,000.00

直线折旧法 双倍余额 ...

平均值：¥53,800.00 计数：10 求和：¥538,000.00

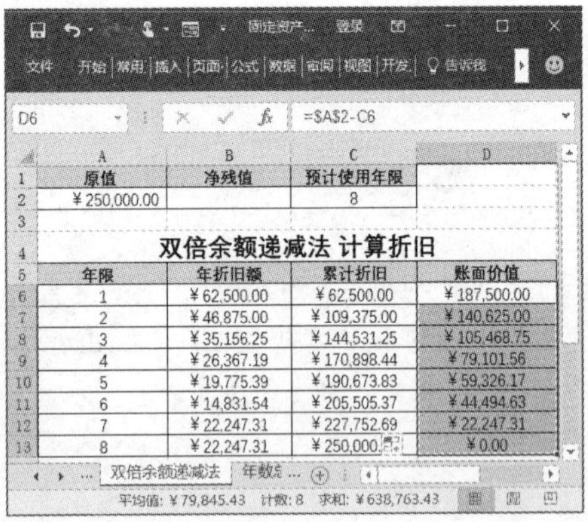

D6 =$A$2-C6

原值	净残值	预计使用年限	
¥250,000.00		8	

双倍余额递减法 计算折旧

年限	年折旧额	累计折旧	账面价值
1	¥62,500.00	¥62,500.00	¥187,500.00
2	¥46,875.00	¥109,375.00	¥140,625.00
3	¥35,156.25	¥144,531.25	¥105,468.75
4	¥26,367.19	¥170,898.44	¥79,101.56
5	¥19,775.39	¥190,673.83	¥59,326.17
6	¥14,831.54	¥205,505.37	¥44,494.63
7	¥22,247.31	¥227,752.69	¥22,247.31
8	¥22,247.31	¥250,000.[illegible]	¥0.00

双倍余额递减法 年数总 ...

平均值：¥79,845.43 计数：8 求和：¥638,763.43

同步文件

原始文件： 素材文件\第 12 章\固定资产的折旧.xlsx

结果文件： 结果文件\第 12 章\固定资产的折旧.xlsx

同步视频文件： 同步教学文件\第 12 章\固定资产的折旧\12.3.1.mp4 ~ 12.3.3.mp4

制作思路

“计提固定资产折旧”的制作思路如下：

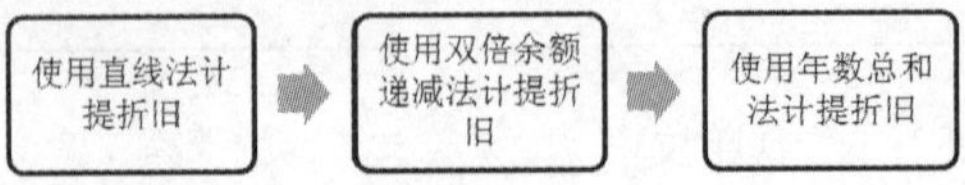

12.3.1 使用直线法计提折旧

平均年限法又称直线法，是根据固定资产的原值、预计净残值及预计使用年限来计算折旧额的一种方法。

年折旧额=（原值-净残值）÷使用年限

账面价值=原值-累计折旧

采用直线法计提固定资产折旧，用到了 SLN()函数，函数的语法结构和参数介绍如下。

SLN()函数的功能在 12.1.2 小结中有详细介绍，此处不再赘述！

例如，2016 年 11 月 2 日，某企业购入生产设备一台，原值 100 000 元，预计使用年限为 10 年，预计净残值为 16 000 元。要求：采用直线法计算各年份的折旧额、累计折旧和账面余额。

结合上述实例，使用 SLN()函数计提固定资产折旧，并计算出累计折旧和账面余额。具体操作方法如下。

第 1 步：打开素材文件

打开“素材文件\第 12 章\固定资产的折旧.xlsx”文件，在“直线折旧法”工作表中，直线法计提折旧的列表框架如下图所示。

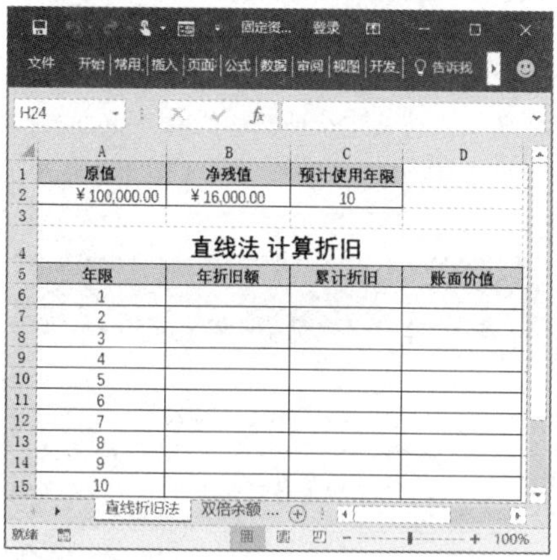

第 2 步：计算年折旧额

在 B6 单元格中输入公式“=SLN ($A$2,$B$2,$C$2)”，按“Enter”键确认输入，如下图所示。

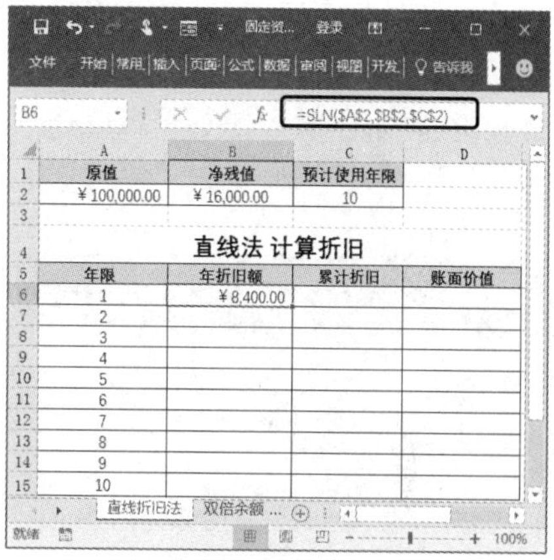

第 3 步：填充公式

将鼠标定位在 B6 单元格的右下角，此时鼠标指针变成十字形状，双击，即可计算各年份的折旧额，如下图所示。

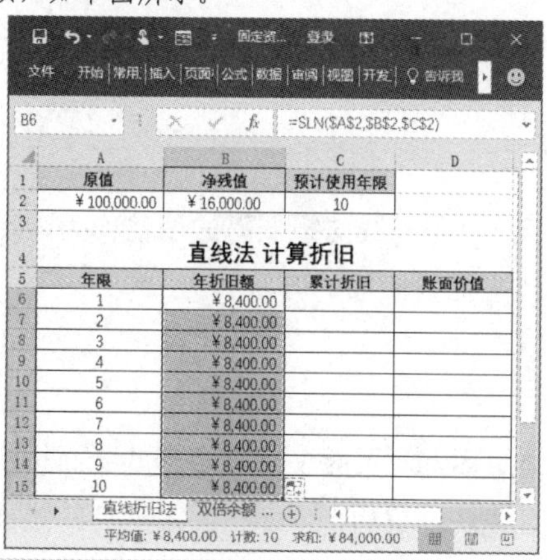

第 4 步：计算第 1 年累计折旧

在 C6 单元格中输入公式“=B6”，按“Enter”键确认输入，如下图所示。

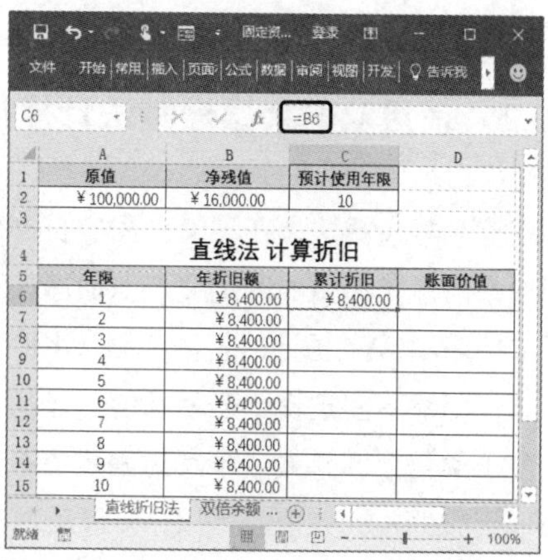

第 5 步：计算第 2 年累计折旧

在 C7 单元格中输入公式“=C6+B7”，按“Enter”键确认输入，如下图所示。

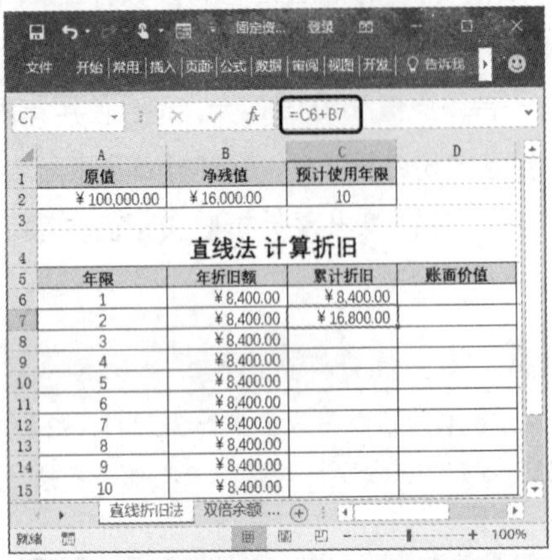

第 6 步：填充公式

将鼠标定位在 C7 单元格的右下角，此时鼠标指针变成十字形状，双击鼠标左键，即可计算各年份的累计折旧额，如下图所示。

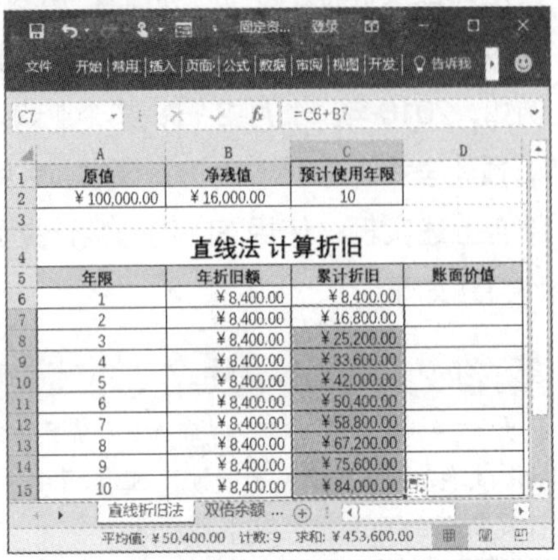

第 7 步：计算账面价值

选中 D6 单元格，输入公式“=$A$2-C6”，按“Enter”键确认输入，如下图所示。

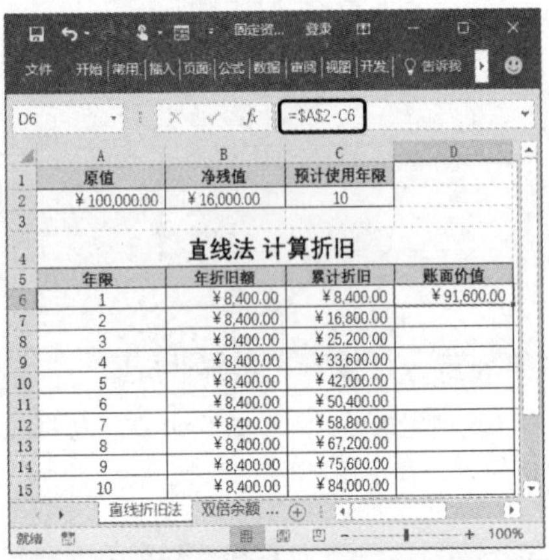

第 8 步：填充公式

将鼠标定位在 D6 单元格的右下角，此时鼠标指针变成十字形状，双击，即可计算各年份的账面价值，如下图所示。

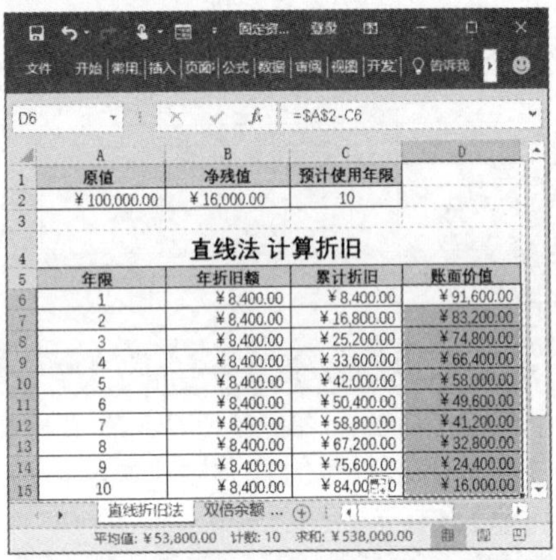

12.3.2 使用双倍余额递减法计提折旧

双倍余额递减法是在不考虑固定资产残值的情况下，用直线法折旧率的两倍作为固定的折旧率乘以逐年递减的固定资产账面净值，得出各年应提折旧额的方法。

年折旧率=2÷预计的折旧年限×100%

年折旧额=固定资产账面净值×年折旧率

由于双倍余额递减法不考虑固定资产的残值收入，因此，不能使固定资产的账面折余价值降低到它的预计残值收入以下。最后两年应改用直线法计提折旧。即将固定资产的账面余额减去净残值后的金额除以 2 作为最后两年的应计提的折旧。

采用双倍余额递减法计提固定资产折旧，用到了 DDB()函数，函数的语法结构和参数介绍如下。

DDB()函数的功能是使用双倍余额递减法计算一笔资产在给定期间内的折旧值。其语法结构为 DDB(cost,salvage,life,period,factor)，其中参数 cost 为必需参数，表示固定资产原值；参数 salvage 为必需参数，表示固定资产在折旧期末的价值，即固定净残值；参数 life 为必需参数，表示固定资产的使用年限；参数 factor 为必需参数，表示余额递减速率。在双倍余额递减法下，如果 factor 被省略，则默认为 2。

例如，2016 年 11 月 10 日，某企业购入办公家具一套，原值 250 000 元，预计使用年限为 8 年，不考虑净残值。要求：采用双倍余额递减法计算各年份的折旧额、累计折旧和账面余额。

结合上述实例，使用 DDB()函数计提固定资产折旧，并计算出累计折旧和账面余额。具体操作方法如下。

第 1 步：打开素材文件

切换到“双倍余额递减法”工作表中，双倍余额递减法计提折旧的列表框架如下图所示。

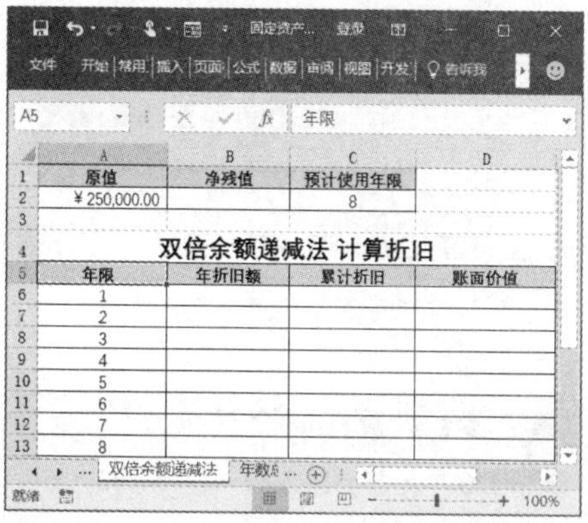

第 1 步：计算年折旧额

在 B6 单元格中输入公式“=DDB($A$2, $B$2, $C$2,$A6,2)”，按“Enter”键确认输入，如下图所示。

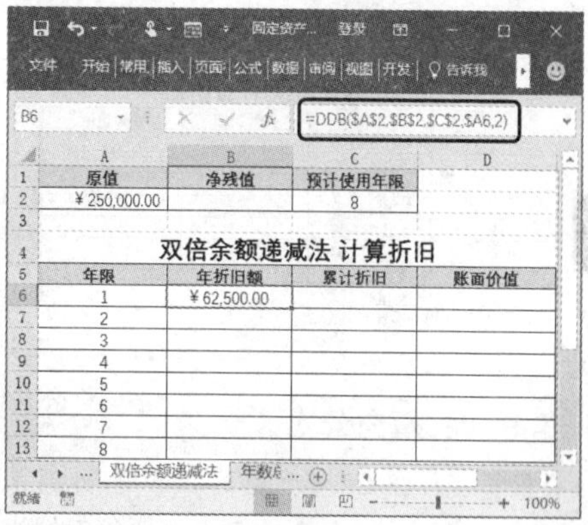

第 3 步：填充公式

将鼠标定位在 B6 单元格的右下角，此时鼠标指针变成十字形状，按住鼠标左键不放，向下拖动到 B11 单元格，此时托选的区域即可完成公式填充，办公家具前 6 年的折旧额就计算出来了，如右图所示。

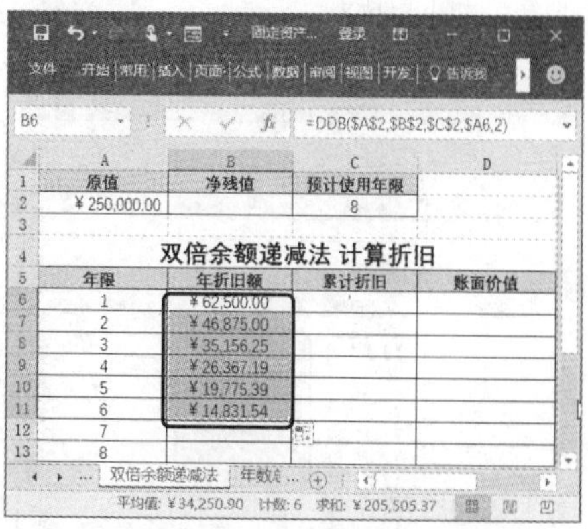

第 4 步：计算倒数第 2 年折旧额

在 B12 单元格中输入公式“=($A$2-SUM(B6:B11))/2”，按“Enter”键确认输入，如下图所示。

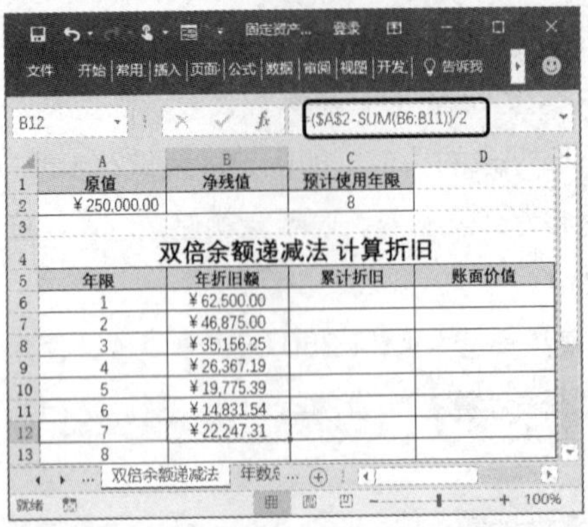

第 5 步：计算倒数第 1 年累计折旧额

在 B13 单元格中输入公式“=B12”，按“Enter”键确认输入，如下图所示。

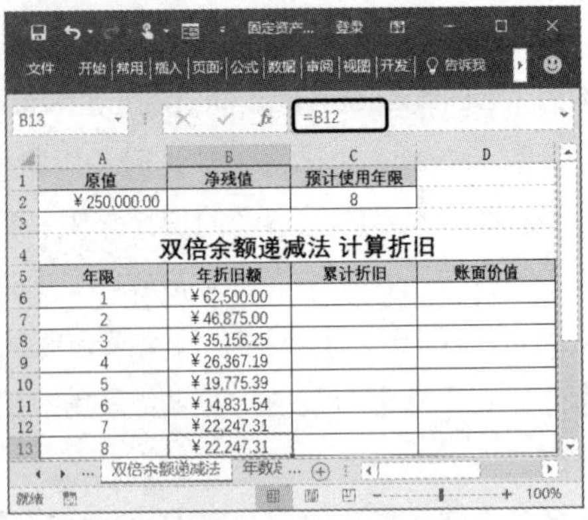

第 6 步：计算第 1 年累计折旧

在 C6 单元格中输入公式“=B6”，按“Enter”键确认输入，如下图所示。

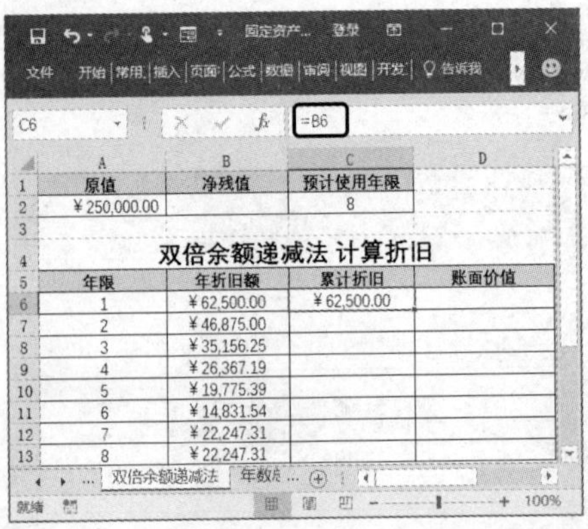

第 7 步：计算第 2 年累计折旧

在 C7 单元格中输入公式“=C6+B7”，按“Enter”键确认输入，如下图所示。

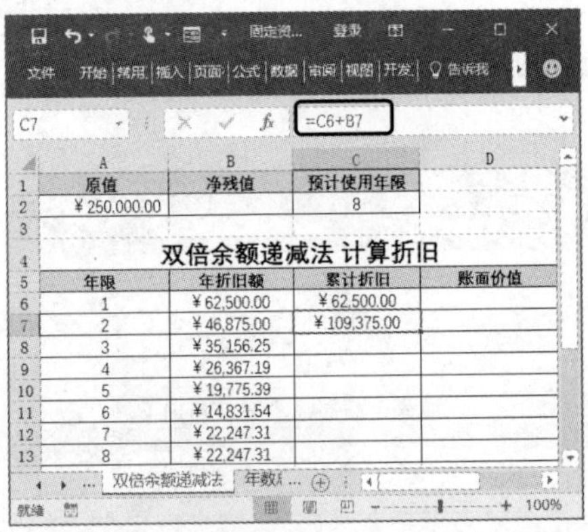

第 8 步：填充公式

将鼠标定位在 C7 单元格的右下角，此时鼠标指针变成十字形状，双击，即可计算各年份的累计折旧额，如下图所示。

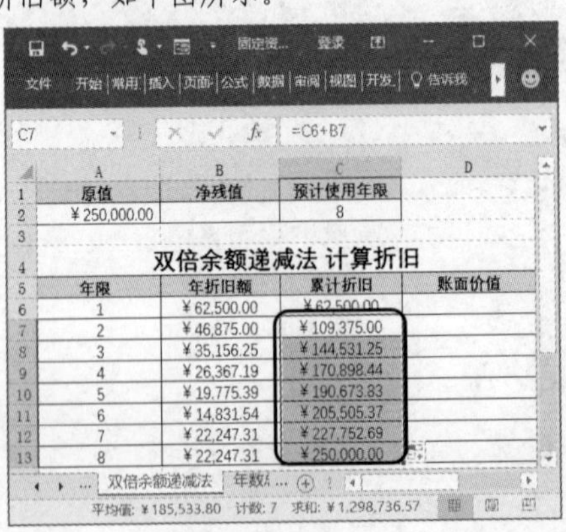

第 9 步：计算账面价值

选中 D6 单元格，输入公式“=$A$2-C6”，按“Enter”键确认输入，如下图所示。

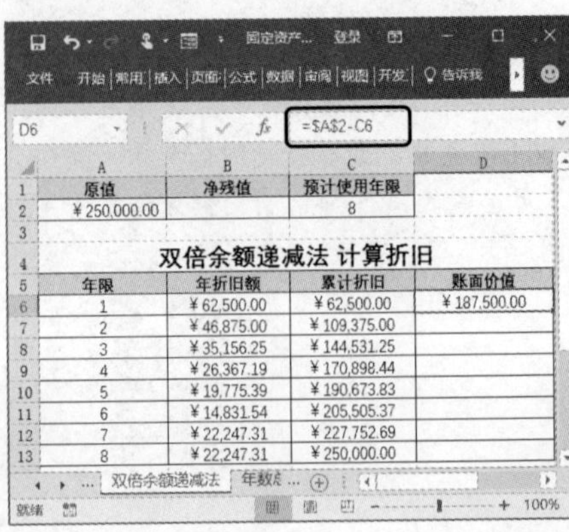

第 10 步：填充公式

将鼠标定位在 D6 单元格的右下角，此时鼠标指针变成十字形状，双击，即可计算各年份的账面价值，如右图所示。

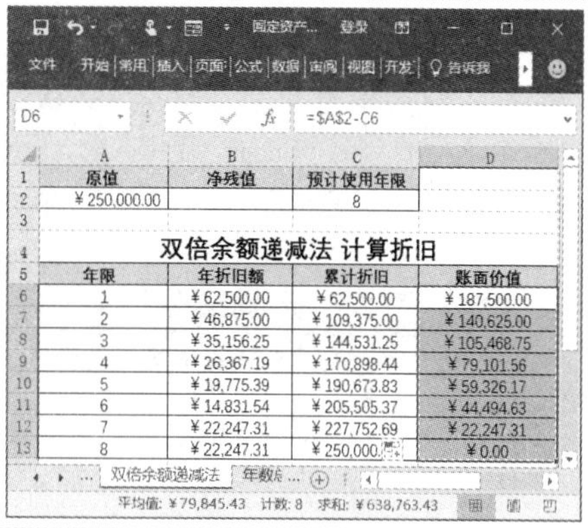

12.3.3 使用年数总和法计提折旧

年数总和法是固定资产加速折旧法的一种。它是将固定资产的原值减去残值后的净额乘以一个逐年递减的分数计算固定资产折旧额的一种方法。

年折旧率=（N-n）÷［N（N+1）÷2］×100%

年折旧额 = 固定资产账面净值 × 年折旧率

其中 N 表示预计使用年限，n 表示已经使用的年限。

采用年数总和法计提固定资产折旧，用到了 SYD()函数，该函数的语法结构和参数介绍如下。

SYD()函数的功能是返回某项资产按年限总和折旧法计算的指定期间的折旧额。其语法结构为 SYD(cost，salvage，life，per)，参数 cost 为必需参数，表示固定资产原值；参数 salvage 为必需参数，表示固定资产在折旧期末的价值，即固定净残值；参数 life 为必需参数，表示固定资产的使用年限。如果是计算月折旧额，在 Life 的值为“120”；参数 per 为必需参数，per 表示期间（单位与 life 相同）。

例如，2016 年 11 月 22 日，某企业购入汽车一辆，原值 168 000 元，预计使用年限为 10 年，预计净残值为 5 000 元。要求：采用年数总和法计算各年份的折旧额、累计折旧和账面余额。

结合上述实例，使用 SYD()函数计提固定资产折旧，并计算出累计折旧和账面余额。具体操作方法如下。

第 1 步：计算年折旧额

切换到“年数总和法”工作表中，年数总和法法计提折旧的列表框架，如右图所示。

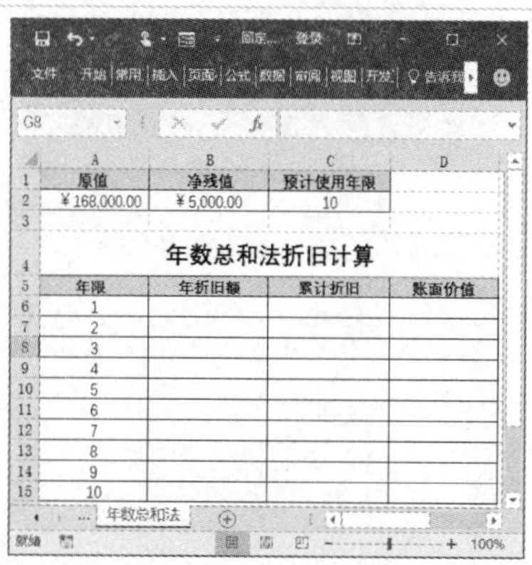

第 2 步：计算年折旧额

在 B6 单元格中输入公式“=SYD($A$2,$B$2,$C$2,$A6)”，按“Enter”键确认输入，如下图所示。

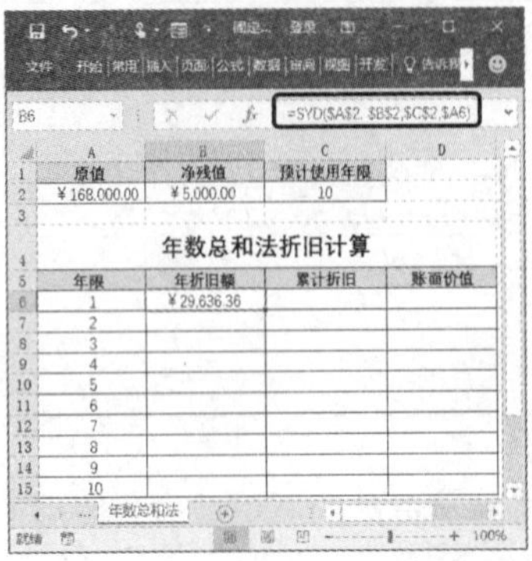

第 3 步：填充公式

将鼠标定位在 B6 单元格的右下角，此时鼠标指针变成十字形状，按住鼠标左键不放，双击，即可完成公式填充，办公家具前 6 年的折旧额就计算出来了，如下图所示。

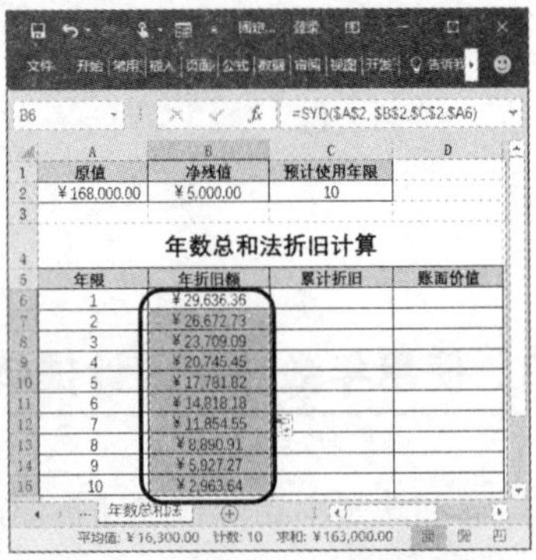

第 4 步：计算第 1 年累计折旧

在 C6 单元格中输入公式“=B6”，按“Enter”键确认输入，如下图所示。

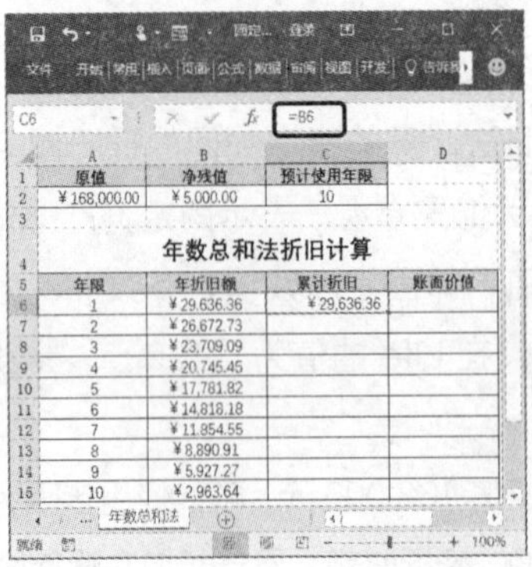

第 5 步：计算第 2 年累计折旧

在 C7 单元格中输入公式“=C6+B7”，按“Enter”键确认输入，如下图所示。

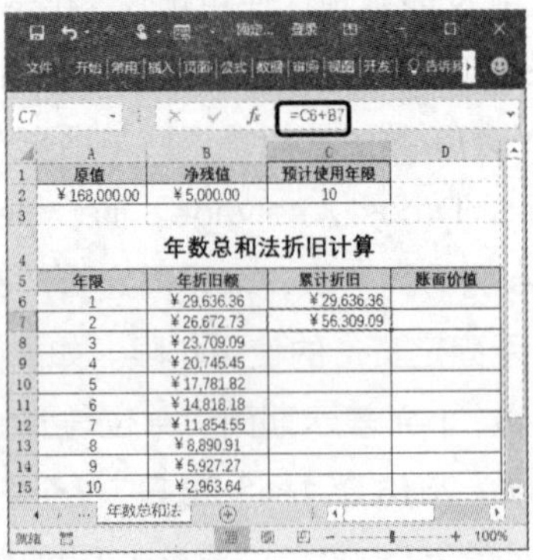

第 6 步：填充公式

将鼠标定位在 C7 单元格的右下角，此时鼠标指针变成十字形状，双击，即可计算各年份的累计折旧额，如下图所示。

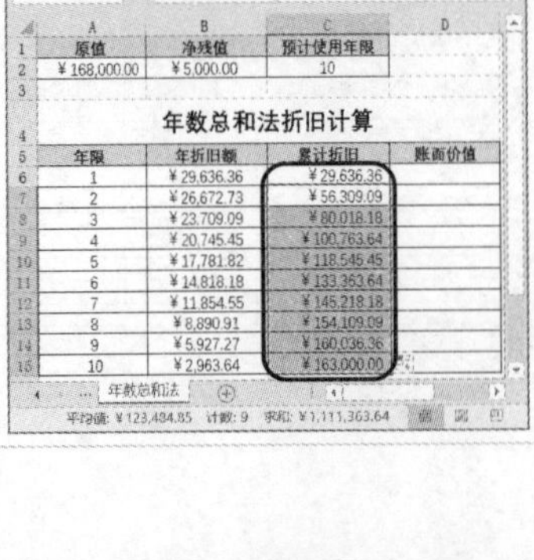

第 7 步：计算账面价值

选中 D6 单元格，输入公式“=$A$2-C6”，按“Enter”键确认输入，如下图所示。

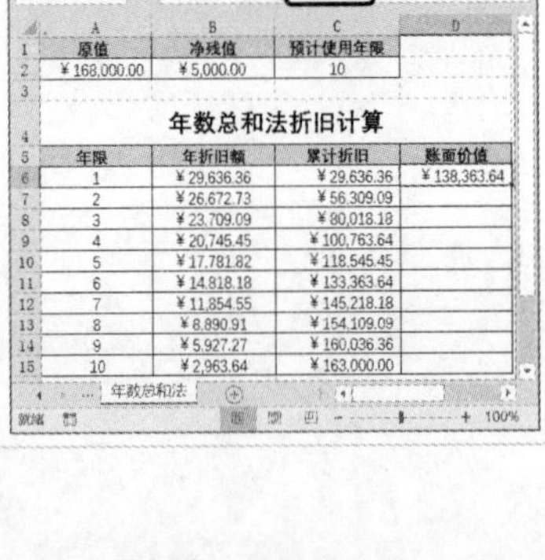

第 8 步：填充公式

将鼠标定位在 D6 单元格的右下角，此时鼠标指针变成十字形状，双击，即可计算各年份的账面价值，如右图所示。

12.4 固定资产业务的账务处理

12.4.1 固定资产的成本计量

固定资产，是指小企业为生产产品、提供劳务、出租或经营管理而持有的，使用寿命超过 1 年的有形资产。小企业的固定资产包括：房屋、建筑物、机器、机械、运输工具、设备、器具、工具等。

小企业购入（含以分期付款方式购入）不需要安装的固定资产，应当按照实际支付的购买价款、相关税费（不包括按照税法规定可抵扣的增值税进项税额）、运输费、装卸费、保险费等，借记“固定资产”科目，按照税法规定可抵扣的增值税进项税额，借记“应交税费——应交增值税（进项税额）”科目，贷记“银行存款”、“长期应付款”等科目。

购入需要安装的固定资产，先记入“在建工程”科目，安装完成后再转入“固定资产”科目。

自行建造固定资产完成竣工决算，按照竣工决算前发生相关支出，借记“固定资产”科目，贷记“在建工程”科目。

取得投资者投入的固定资产，应当按照评估价值和相关税费，借记“固定资产”科目或“在建工程”科目，贷记“实收资本”、“资本公积”科目。

融资租入的固定资产，在租赁期开始日，按照租赁合同约定的付款总额和在签订租赁合同过程中发生的相关税费等，借记“固定资产”科目或“在建工程”科目，贷记“长期应付款”等科目。

例如：某工业属于一般纳税人，从国内某企业采购机器设备一台供生产部门使用，增值税专用发票上注明价款 50 万元，增值税 8.5 万元，购进固定资产所支付的运输费用 0.5 万元，安装费 1 万元，取得合法发票，均用银行存款支付。

购入固定资产时的会计分录如下：

借：在建工程　　514 650（500 000+5 000×93%+10 000）

　　应交税费——应缴增值税（进项税额）　　85 350（5 000×7%＋500 000×17%）

　贷：银行存款　　600 000

按照税法规定，取得运输发票，需要计算抵扣进项税时，应将运输发票金额的 93%计入采购成本，将发票金额的 7%计入进项税额。

温馨小提示

关于运输费用的核算需要注意以下几点：

（1）取得运输发票，需要计算抵扣进项税时，直接用发票金额运费*7%计算进项税额；

（2）已抵扣进项税额转出时，如果给出的是运输发票或支付的金额，就直接用该金额*7%转出进项税额；

（3）运输费用作为价外费用，需要计算缴纳销项税时，视为含税收入，销项税额=运费/（1+17%）*17%；

（4）如果给出的是计入成本的运输费用，就需要用计入成本的运输费用/（1-7%）*7%转出进项税额。

判断运费是计算销项税还是抵扣进项税，主要是要看运费是收取的还是支付的，如果是收取的，那么是作为价外费用的，如果是自己支付的，那么属于自己的支出，就是可以抵扣进项税额的。

安装后，达到预计可使用状态时的会计分录如下：

借：固定资产　　514 650

　贷：在建工程　　514 650

12.4.2 计提固定资产折旧

小企业按月计提固定资产的折旧费，应当按照固定资产的受益对象，借记“制造费用”、“管理费用”等科目，贷记“累计折旧”。

小企业应当按月计提折旧，当月增加的固定资产，当月不计提折旧，从下月起计提折旧；当月减少的固定资产，当月仍计提折旧，从下月起不计提折旧。

例如，某企业采用直线法法对固定资产计提折旧。2013 年 11 月份根据“固定资产折旧计算表”，确定的各车间及厂部管理部门应分配的折旧额为：一车间 50 000 元，二车间 80 000 元，三车间 60 000 元，厂管理部门 10 000 元。该企业应做如下会计处理：

借：制造费用——一车间　　50 000

　　　　　——二车间　　80 000

　　　　　——三车间　　60 000

　　管理费用　　10 000

　贷：累计折旧　　200 000

12.4.3 固定资产的盘盈和盘亏

1．盘盈

小企业应定期或者至少每年年末对固定资产进行清查盘点，以保证固定资产核算的真实性，充分挖掘小企业现有固定资产的潜力。在固定资产清查过程中，如果发现盘盈、盘亏的固定资产，应填制固定资产盘盈盘亏报告表。清查固定资产的损溢，应及时查明原因，并按照规定程序报批处理。

《小企业会计准则》规定：盘盈的固定资产，按照同类或类似固定资产的市场价格或评估价值扣除按照新旧程度估计的折旧后的余额，借记“固定资产”，贷记“待处理财产损溢——待处理非流动资产损溢”科目。经批准处理后，借记“待处理财产损溢——待处理非流动资产损溢”，贷记“营业外收入”科目。

例如：某企业在固定资产清查中发现账外机器设备一台，估计重置成本为 120 000 元，六成新。（盘盈）

（1）盘盈固定资产时，会计分录如下：

借：固定资产　　120 000

　贷：待处理财产损溢——待处理非流动资产损溢　　120 000

（2）报经批准时，会计分录如下：

借：待处理财产损溢——待处理非流动资产损溢　　120 000

　贷：营业外收入　　120 000

如果执行最新《企业会计准则》，发生固定资产盘盈时，借记“固定资产”，贷记“以前年度损益调整”；并调整本期应缴的所得税，借记“以前年度损益调整”，贷记“应交税费——应交所得税”；年末调整留存收益时，借记“以前年度损益调整”，贷记“利润分配——未分配利润”。

例如，某企业于 2013 年 11 月 8 日对固定资产进行盘查，盘盈一台 7 成新的机器设备，该设备同类产品市场价格为 100 000 元，企业所得税税率为 25%。则该企业的会计处理为：

（1）盘盈时

借：固定资产　　70 000（100 000 × 0.7）

　贷：以前年度损益调整　　70 000

（2）调整本期应缴的所得税

借：以前年度损益调整　　17 500

　贷：应交税费——应交所得税　　17 500（70 000 × 25%）

（3）调整留存收益

借：以前年度损益调整　　52 500（70 000-17 500）

　贷：利润分配——未分配利润　　52 500

2. 盘亏

盘亏的固定资产，领导批准前，按照该项固定资产的账面价值，借记“待处理财产损溢——待处理非流动资产损溢”科目，按照已计提的折旧，借记“累计折旧”科目，按照其原价，贷记“固定资产”。领导批准后，盘亏固定资产发生的损失由企业承担的部分应当计入“营业外支出”科目，有责任人承担的应当计入“其他应收款”科目。

例如：某企业在固定资产清查中，发现短少机器设备一台，原值 500 000 元，已折旧 300 000 元，该设备适用的增值税税率为 17%。经核实，盘亏的原因是因管理不善而造成的被盗，领导批准：应由责任人赔偿损失金额的 40%，其余由单位承担 60%。（盘亏）

（1）批准前

借：待处理财产损溢——待处理非流动资产损溢　　234 000

　　累计折旧　　300 000

　贷：固定资产　　500 000

　　　应交税费——应交增值税（进项税额转出）　　34 000

转出的进项税额：固定资产净额*税率=（500 000-300 000）*17%=34 000

（2）批准后

借：其他应收款——××责任人　　93 600（234 000×40%）

　　营业外支出　　140 400（234 000×60%）

　贷：待处理财产损溢——待处理非流动资产损溢　　234 000

12.4.4 固定资产清理

小企业因出售、报废、毁损、对外投资等原因处置固定资产，应当按照该项固定资产的账面价值，借记“固定资产清理”科目，按照其已计提的累计折旧，借记“累计折旧”科目，按照其原价，贷记“固定资产”科目。

同时，按照税法规定不得从增值税销项税额中抵扣的进项税额，借记“固定资产清理”科目，贷记“应交税费——应交增值税（进项税额转出）”科目。

清理过程中应支付的相关税费及其他费用，借记“固定资产清理”科目，贷记“银行存款”、“应交税费”等科目。取得出售固定资产的价款、残料价值和变价收入等处置收入，借记“银行存款”、“原材料”等科目，贷记“固定资产清理”科目。应由保险公司或过失人赔偿的损失，借记“其他应收款”等科目，贷记“固定资产清理”科目。

固定资产清理完成后，如为借方余额，借记“营业外支出——非流动资产处置净损失”科目，贷记“固定资产清理”科目。如为贷方余额，借记“固定资产清理”科目，贷记“营业外收入——非流动资产处置净收益”科目。

“固定资产清理”科目期末借方余额，反映小企业尚未清理完毕的固定资产清理净损失；“固定资产清理”科目期末贷方余额，反映小企业尚未清理完毕的固定资产清理净收益。

例如，2013 年 9 月，某企业一座厂房由于遭台风袭击，不能继续使用，决定予以报废。该厂房账面原值为 400 000 元，已提折旧为 140 000 元；报废时的残值变价收入为 40 000 元，已存入银行；清理过程中发生的清理费用为 8 060 元，以银行存款支付；由于该厂房已投保，经保险公司核准，决定给予该企业 160 000 元的保险赔偿，款项尚未收到；改企业适用的营业税税率为 5%。

该企业应进行如下账务处理：

（1）固定资产转入清理：

借：固定资产清理　　260 000
　　累计折旧　　140 000
　贷：固定资产　　400 000

（2）发生清理费用：

借：固定资产清理　　8060
　贷：银行存款　　8060

（3）取得变价收入

借：银行存款　　40 000
　贷：固定资产清理　　40 000

（4）计算交纳的营业税

应交纳的营业税 = 40 000 × 5% = 2000 元

借：固定资产清理　　2000
　贷：应交税金——应交营业税　　2000

（5）计算应收取的保险赔偿

借：其他应收款　　160000
　贷：固定资产清理　　160000

（6）结转固定资产清理净损益

固定资产清理净损失 = 260 000 + 8 060 + 2 000 − 40 000 − 160 000 = 70 060 元

借：营业外支出——非常损失　　70 060
　贷：固定资产清理　　70 060

12.5 提升效率——实用操作技巧

通过前面知识的学习，相信读者朋友已经掌握了固定资产管理的相关知识。下面结合本章内容，给大家介绍一些实用技巧。

同步文件

原始文件： 素材文件\第 12 章\提升效率\

结果文件： 结果文件\第 12 章\提升效率\

同步视频文件： 同步教学文件\第 12 章\提升效率.mp4

1. 查看 Excel 中相距较远的两列数据

在 Excel 中，若要将距离较远的两列数据（如 A 列与 Z 列）进行对比，只能不停地移动表格窗内的水平滚动条来分别查看，这样的操作非常麻烦而且容易出错。使用 Excel 的“拆分窗口”功能可以将一个数据表“变”成四个数据表，让相距较远的数据能够同屏显示。接下来，通过拆分窗口功能，查看 Excel 中相距较远的 B 列和 Q 列中的数据，具体操作方法如下。

第 1 步：选中单元格

打开“素材文件\第 12 章\提升效率\固定资产卡片.xlsx”文件，选 C6 中单元格，如下图所示。

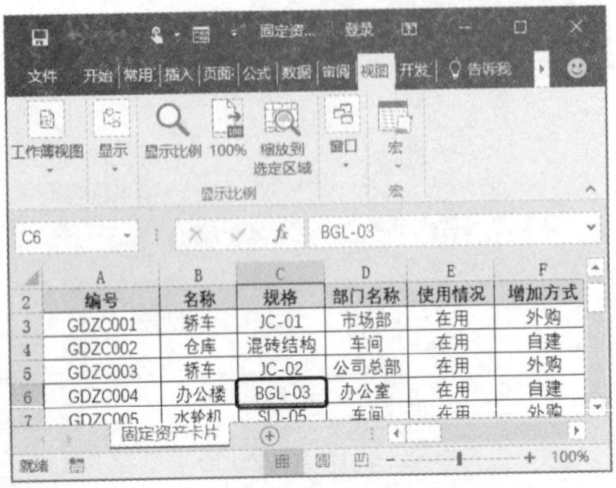

第 2 步：执行拆分命令

❶单击“视图”选项卡；❷在“窗口”组中单击“拆分”按钮，如下图所示。

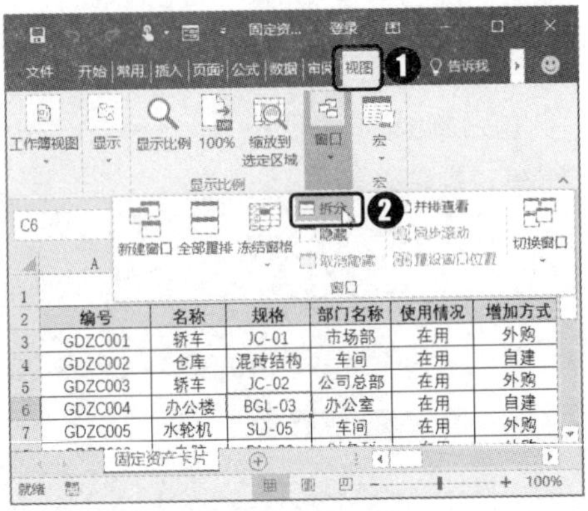

第 3 步：查看拆分后的窗口

此时即可以单元格 C6 为界，将当前窗口拆分为 4 个窗口，如下图所示。

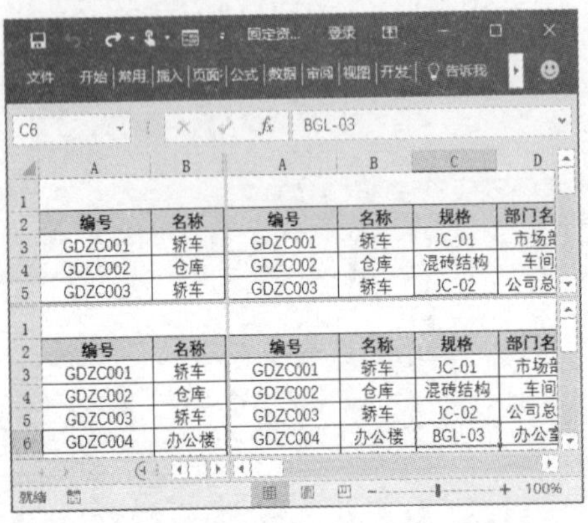

第 4 步：拖动水平滚动条

此时在右侧窗口中拖动水平滚动条，即可将相隔距离较远的 B 列和 Q 列同屏显示出来，如下图所示。

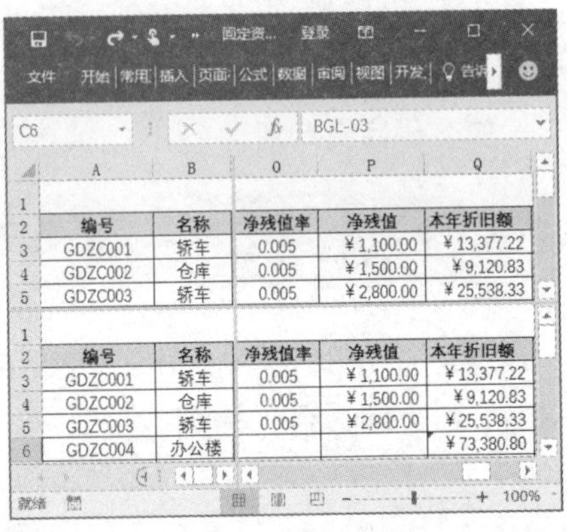

温馨小提示

拆分窗口后，拖动上方的垂直滚动条，可以同时改变上面两个窗口的显示数据；拖动左侧的水平滚动条，则可以同时改变左侧两个窗口显示的数据，此时，我们就可以通过四个窗口同屏查看不同位置的数据。

此外，使用鼠标拖动窗口的拆分线，把鼠标移动到这些分隔线上，按下鼠标左键，拖动鼠标就可以移动分隔线的位置。

2. 在绝对与相对引用之间进行切换

在 Excel 中创建公式时，该公式可以相对单元引用，也可以使用绝对单元引用。使用“F4”键可以实现绝对与相对单元引用之间切换。接下来使用“F4”键，在公式中切换相对引用和绝对引用，具体操作方法如下。

第 1 步：执行查看代码命令

打开“素材文件\第 12 章\提升效率\绝对与相对引用的切换.xlsx”文件，在 D6 单元格中输入公式“=A2-C6”，按“Enter”键确认输入，此处的“A2、C6”都是相对引用，如下图所示。

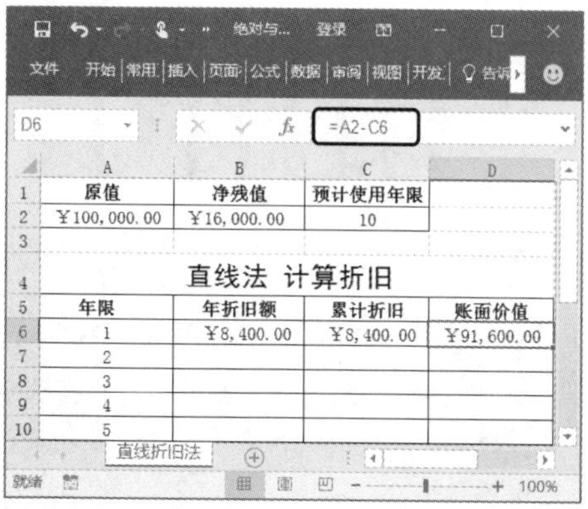

第 2 步：选中公式中相对引用的单元格

双击 D6 单元格，在显示的公式中选中“A2”，如下图所示。

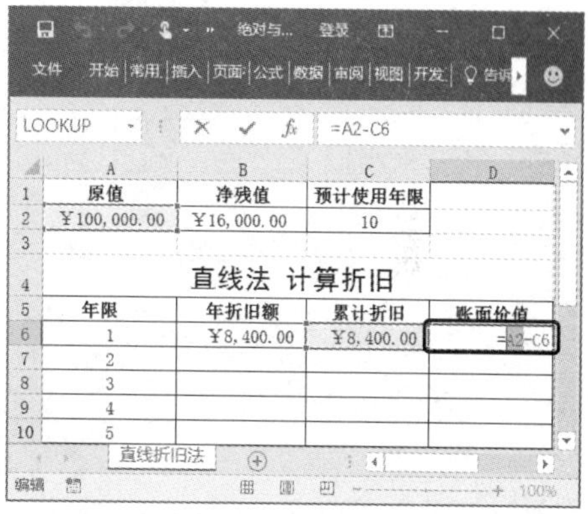

第 3 步：按“F4”键

按下“F4”键，此时公式中的相对引用“A2”就变成绝对引用“$A$2”，如下图所示。

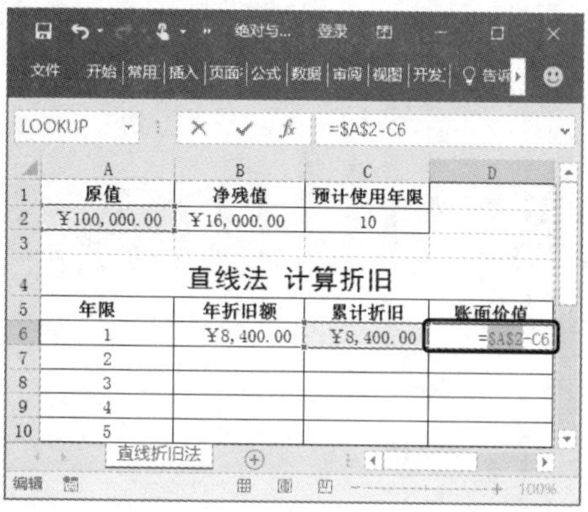

第 4 步：确认公式

修改完毕，按“Enter”键确认输入，如下图所示。

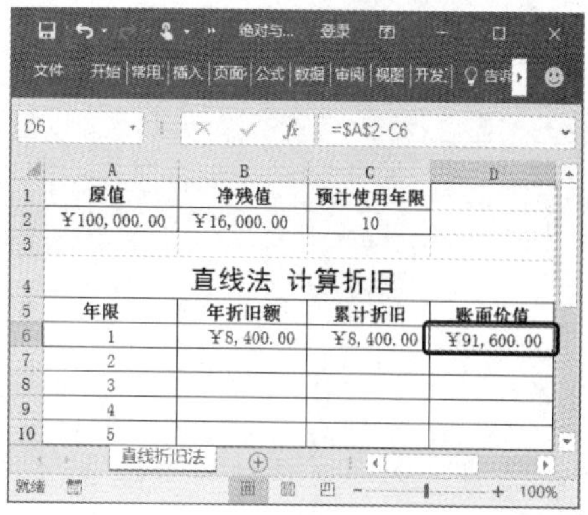

3. 一键创建 Excel 图表

要想使用键盘快速创建一个图表，选择要绘制的图表的数据区域，按“F11”键即可。另外，按“Alt+F1”组合键，也可以快速插入一个图表。接下来介绍两种一次按键创建一个 Excel 图表的方法，具体操作方法如下。

第 1 步：选中单元格区域

打开“素材文件\第 12 章\提升效率\一键创建 Excel 图表.xlsx”文件，选中单元格区域 C5:C15，如下图所示。

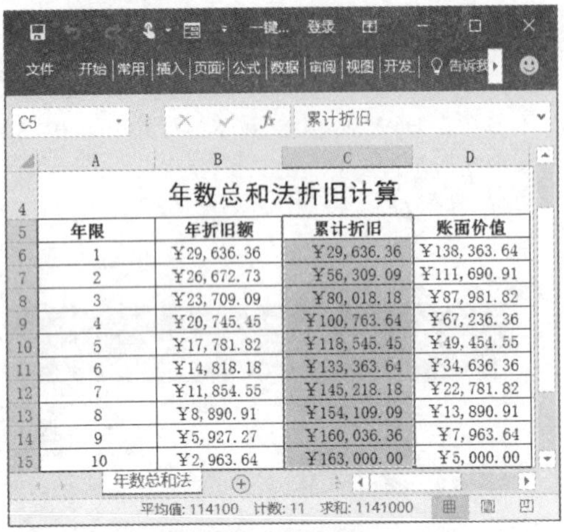

第 2 步：按“F11”键

按“F11”键，此时即可在工作簿中插入一个名为“Chart1”的图表工作表，如下图所示。

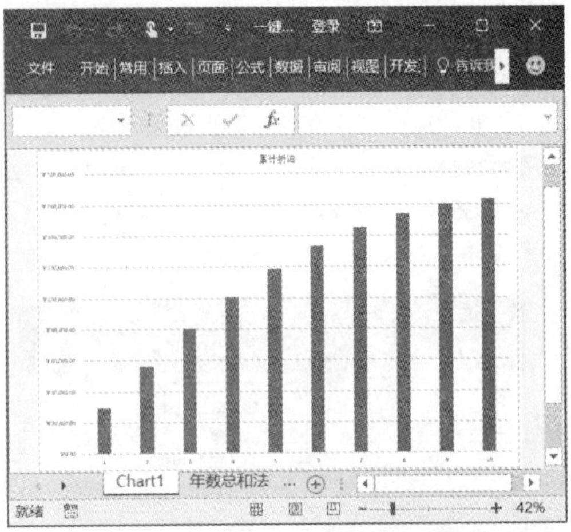

第 3 步：选中单元格区域

选中单元格区域 B5:B15，如下图所示。

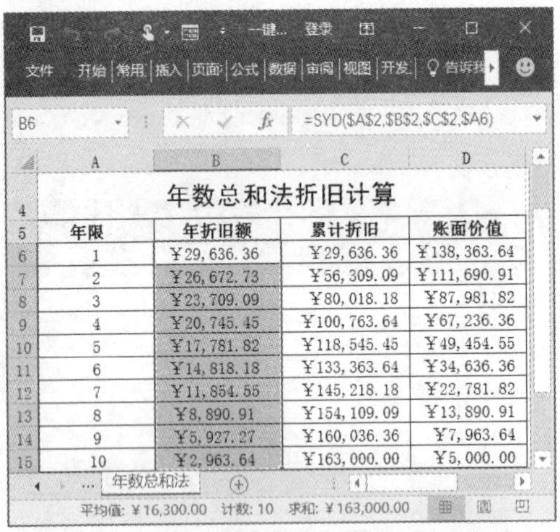

第 4 步：按下“Alt+F1”组合键

按“Alt+F1”组合键，此时即可根据选中的数据区域，在原来的工作表中创建一个图表，如下图所示。

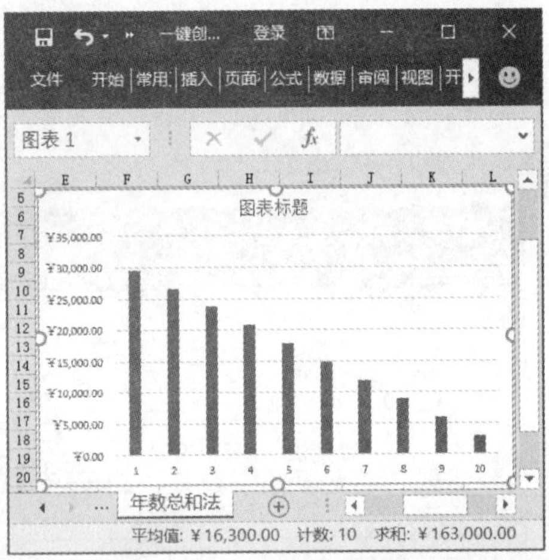

4. 在工作表之间移动图表

在实际工作中，有时候会遇到在一个工作表中查看另一个工作表中的图表的情况。此时，就用到了工作表中图表的移动功能。用户即可以将图表移动到一个新的工作表“Chart1”中，也可以移动到原有的工作表中。在工作表之间移动图表的具体操作方法如下。

第 1 步：选中图表

打开“素材文件\第 12 章\提升效率\工作表间移动图表.xlsx”文件，选中工作表“双倍余额递减法”中的图表，如下图所示。

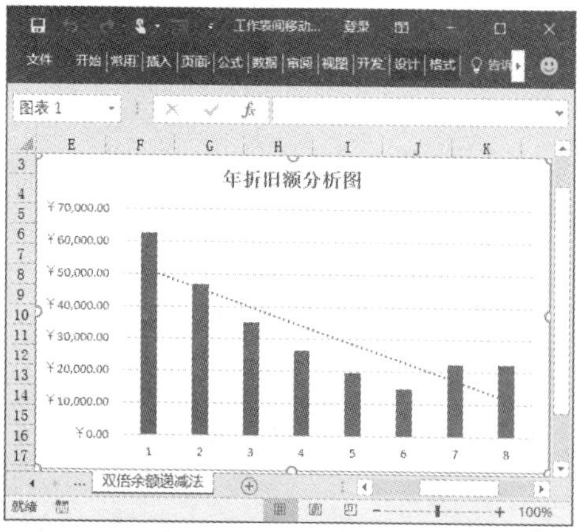

第 2 步：执行移动图表命令

右击，在弹出的快捷菜单中选择“移动图表”命令，如下图所示。

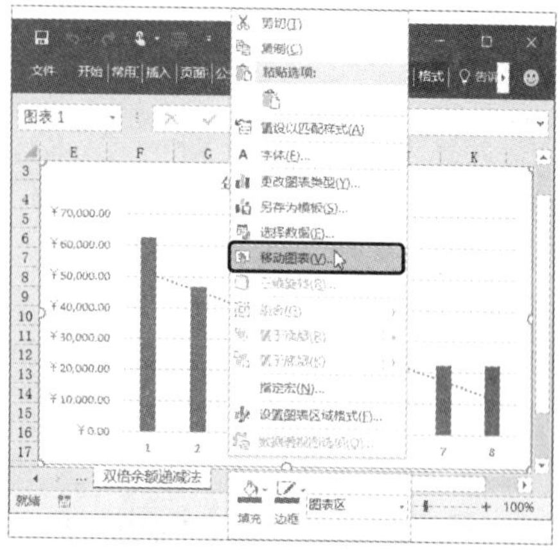

第 3 步：设置移动选项

弹出“移动图表”对话框，❶选中“新工作表”单选按钮，右侧文本框中自动显示“Chart1”；❷单击“确定”按钮，如下图所示。

第 4 步：查看移动效果

此时，即可将工作表“双倍余额递减法”中的图表，移动到一个新建工作表“Chart1”中，如下图所示。

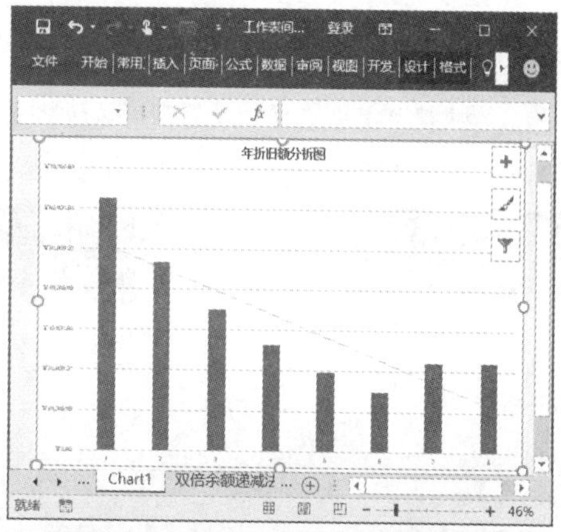

第 5 步：再次设置移动选项

在工作表“Chart1”中，再次打开“移动图表”对话框，❶选中“对象位于”单选按钮，在右侧的下拉列表中选择“固定资产卡片”选项；❷单击“确定”按钮，如右图所示。

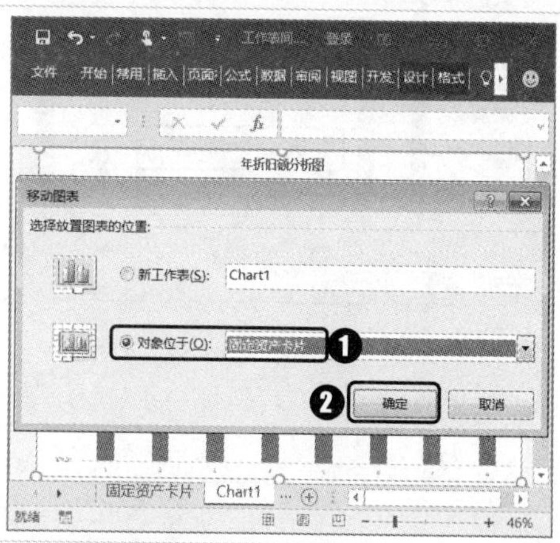

第 6 步：查看移动效果

此时，即可将工作表“Chart1”中的图表，移动工作表“固定资产卡片”中，如右图所示。

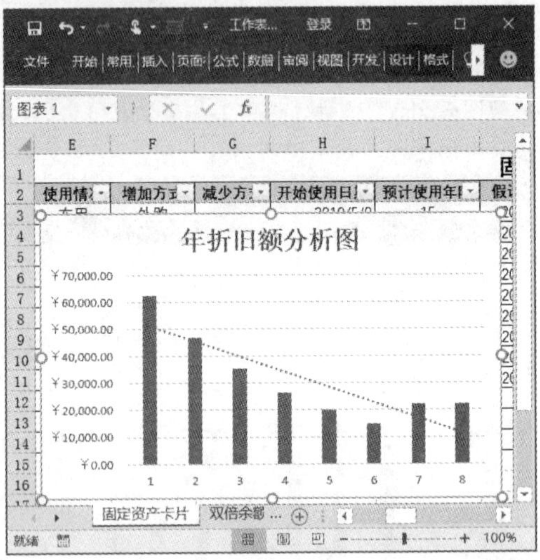

5．在 Excel 图表中嵌入图片

使用 Excel 制作图表时，可以将漂亮的图片填充到图表中作为底色，使图表变得更加美丽、生动，在 Excel 图表中嵌入图片具体操作方法如下。

第 1 步：执行设置图表区域格式命令

打开“素材文件\第 12 章\提升效率\在 Excel 图表中嵌入图片.xlsx”文件，选中图表，右击，在弹出的快捷菜单中选择“设置图表区域格式”命令，如下图所示。

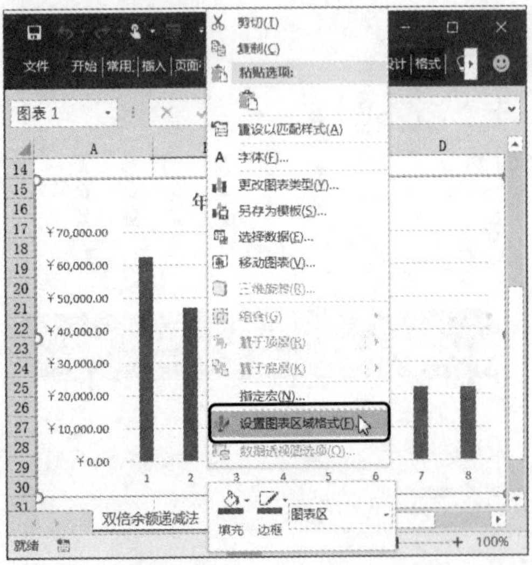

第 2 步：设置图片或纹理填充

此时在工作表的右侧弹出“设置图表区格式”窗格，❶选中“图片或纹理填充”单选按钮；❷单击“文件”按钮，如下图所示。

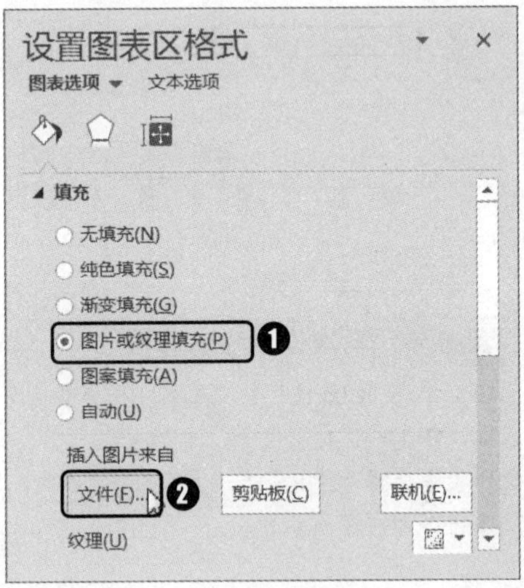

第 3 步：选择图片

弹出“插入图片”对话框，❶选中素材文件“图 1.jpg”；❷单击“插入”按钮，如下图所示。

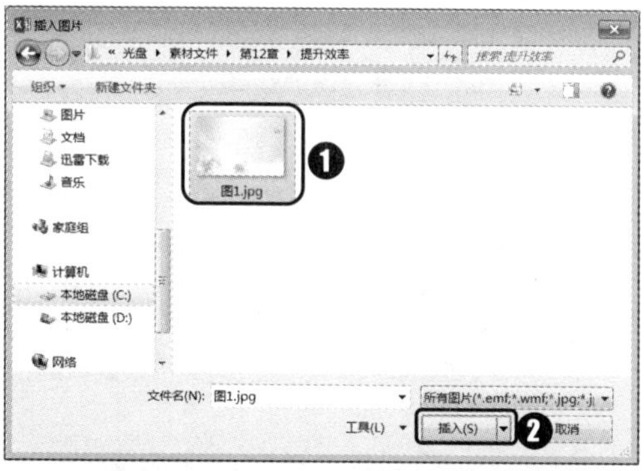

第 4 步：查看填充效果

此时即可将选中的图片 1 填充到图表中，如下图所示。

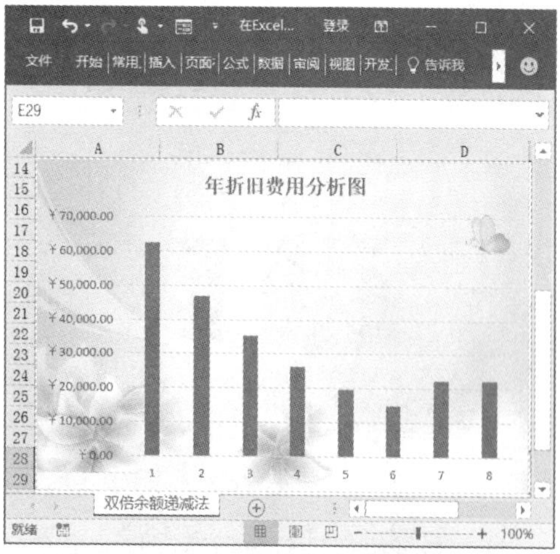

6. 使用复合条饼图分析固定资产结构

制作 Excel 饼图时，如果饼图中的一些数值具有较小的百分比，将其放到同一个饼图中难以看清这些数据，此时就用到复合条饼图，使用复合条饼图可以提高小百分比的可读性。接下来对比今年和上年的固定资产类型和金额，制作复合条饼图，分析固定资产结构，具体操作方法如下。

第 1 步：选中图表

打开“素材文件\第 12 章\提升效率\固定资产结构分析.xlsx”文件，今年和上年的固定资产类型和金额如下图所示。

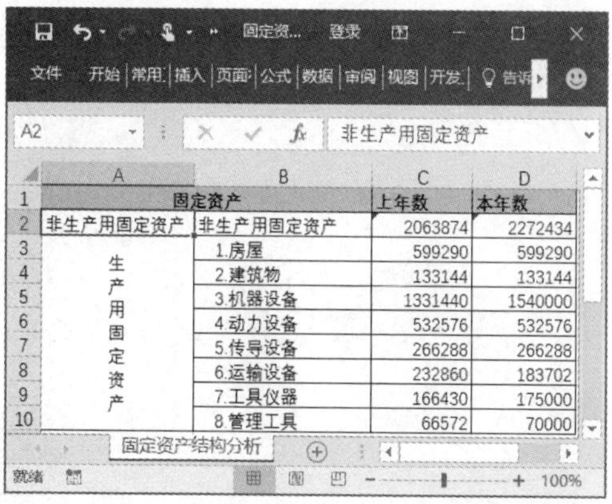

第 2 步：执行移动图表命令

选中单元格区域 B2:B10 和 C2:C10，❶单击“插入”选项卡；❷在“图表”功能组中单击“饼图”按钮；❸在弹出的下拉列表中选择“复合条饼图”选项，如下图所示。

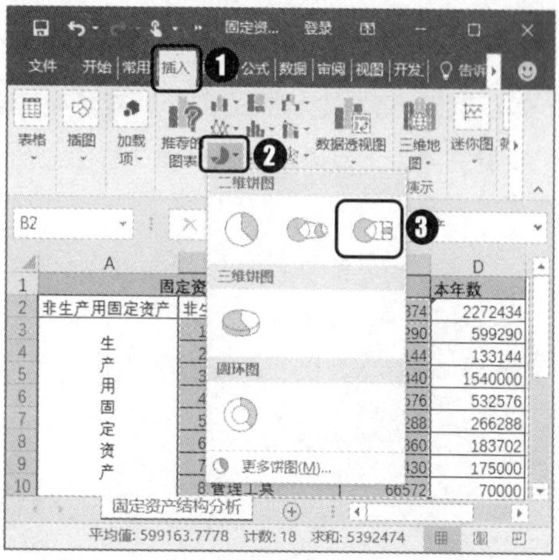

第3步：设置图表标题

此时，即可在工作表中插入一个复合条饼图，将图表标题设置为“上年固定资产结构分析”，如下图所示。

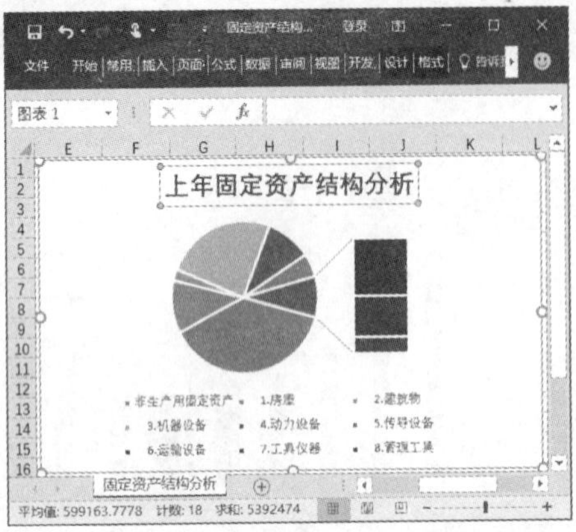

第4步：应用图表布局

❶单击“设计”选项卡；❷在“图表布局”功能组中单击“快速布局”下拉按钮；❸在弹出的下拉列表中选择“布局6”选项，如下图所示。

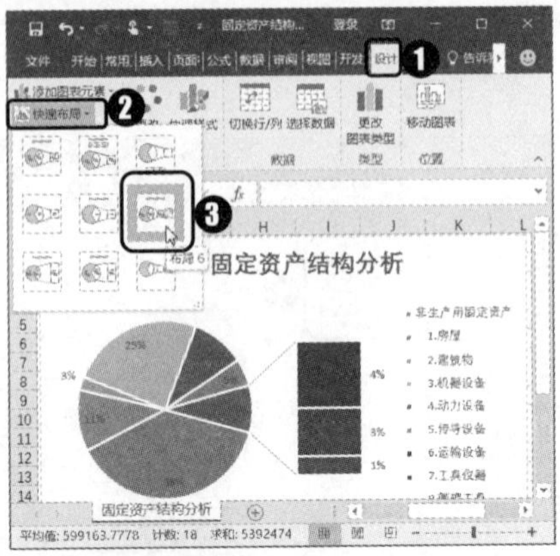

第5步：执行设置数据系列格式命令

在图表中选中数据系列，右击，在弹出的快捷菜单中选择“设置数据系列格式”命令，如下图所示。

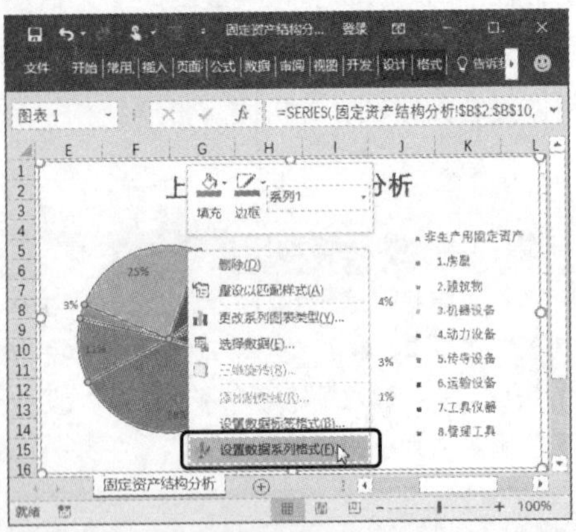

第6步：设置第二绘图区中的值

弹出“设置数据系列格式”窗格，将“第二绘图区中的值”设置为“8”，如下图所示。

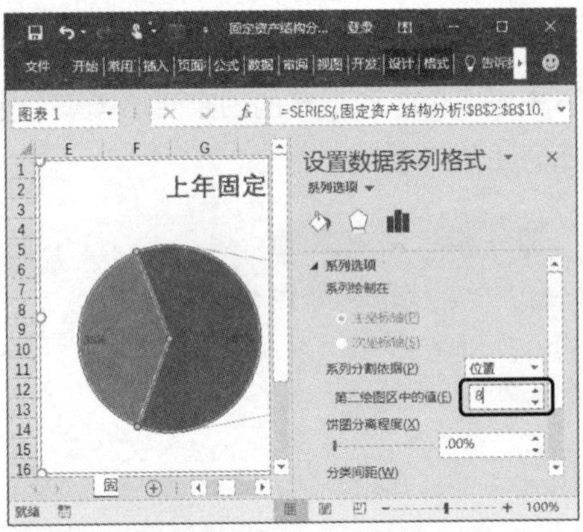

第7步：查看上年固定资产结构分析图表

设置完毕，上年固定资产结构分析图表的最终效果如右图所示。

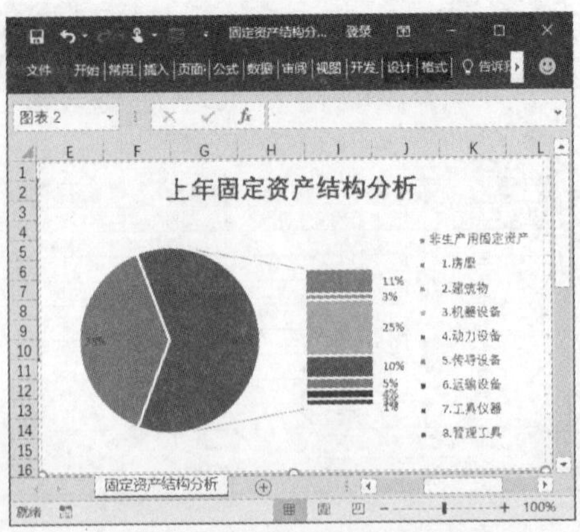

第 8 步：查看今年固定资产结构分析图表

设置完毕，今年固定资产结构分析图表的最终效果如右图所示。

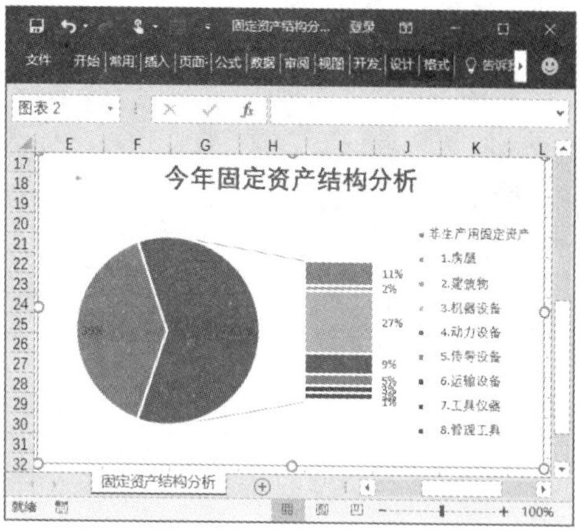

通过上年固定资产结构分析图表和今年固定资产结构分析图表的对比，可以直观地看出今年和上年的固定资产结构及比重的变化。

第 13 章 公司日常费用管理

本章导读

在企业的生产经营活动中不可避免地发生一些日常费用，如管理费用，交通费用，旅费、通讯费、交通费、培训费等。对日常费用进行统计和分析，有利于加强和规范企业日常费用管理，节约企业资源，避免不必要的浪费。本章主要以统计和分析差旅费明细表、日常费用明细表和收支汇总表为例，对各项费用进行分析和管理。

知识要点

- 制作差旅费明细表
- 对差旅费进行排序、筛选
- 对差旅费进行分类汇总
- 制作差旅费分析图
- 制作上半年日常费用统计表
- 按费用类型分析日常费用
- 1~6 月日常费用比较
- 企业日常费用预测
- 制作上半年收支数据汇总表
- 制作收支结构分析图

案例展示

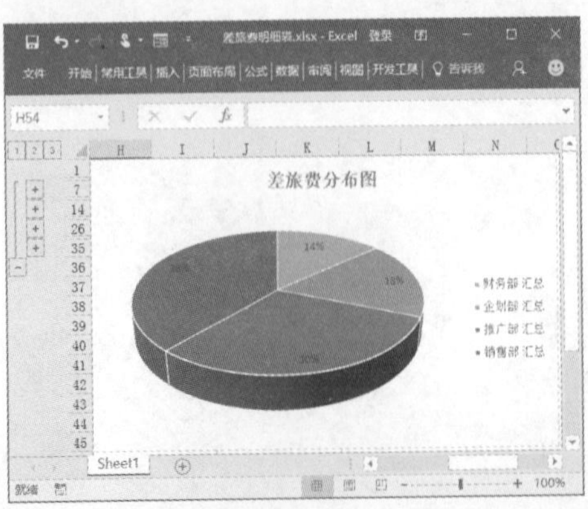

13.1 差旅费统计与分析

案例概述

差旅费是单位和企业的一项重要的经常性支出项目，主要包括因公出差期间所产生的交通费、住宿费、伙食费和公杂费等各项费用。本节主要介绍使用 Excel 的排序、筛选和分类汇总功能，对差旅费进行统计和分析。

案例效果

通过对差旅费明细表中的数据进行统计和分析，有利于对差旅费标准进行规范化、统一化管理，提升企业形象，提高外出办事工作效率。

差旅费统计与分析完成后，效果如下图所示。

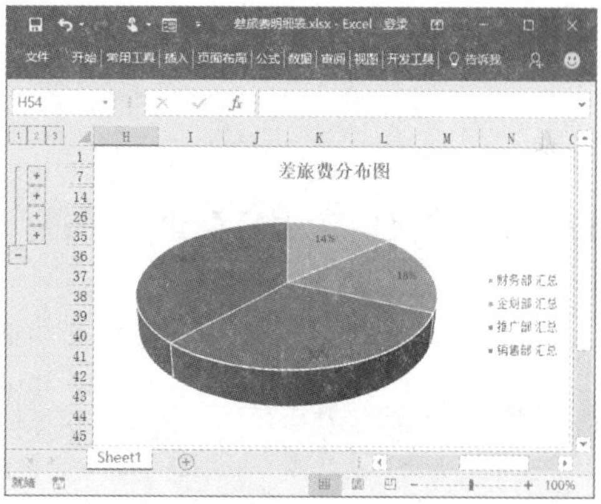

同步文件

原始文件：素材文件\第 13 章\差旅费明细表.xlsx

结果文件：结果文件\第 13 章\差旅费明细表.xlsx

同步视频文件：同步教学文件\第 13 章\差旅费明细表\13.1.1.mp4~13.1.5.mp4

制作思路

差旅费统计与分析的制作思路如下：

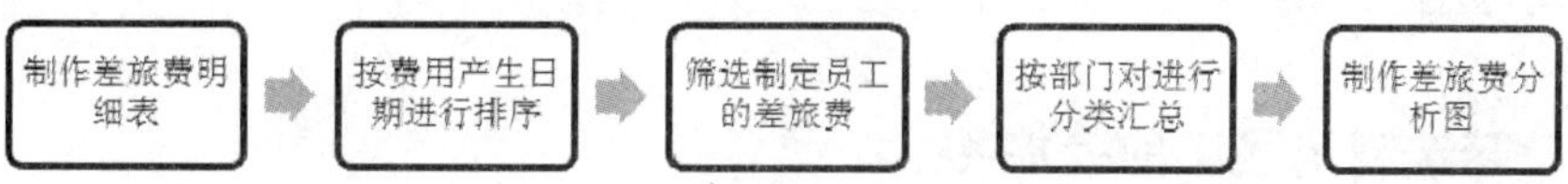

13.1.1 制作差旅费明细表

差旅费明细表是反映工作人员在出差期间产生的费用明细，通常包含员工姓名、所属部门、费用产生日期、交通费用、住宿费用、膳食费用、费用总额等内容。

打开“素材文件\第 13 章\差旅费明细表.xlsx”文件，在 Excel 中，制作差旅费明细表的基本框架，并输入内容，结出费用总额，如下图所示。

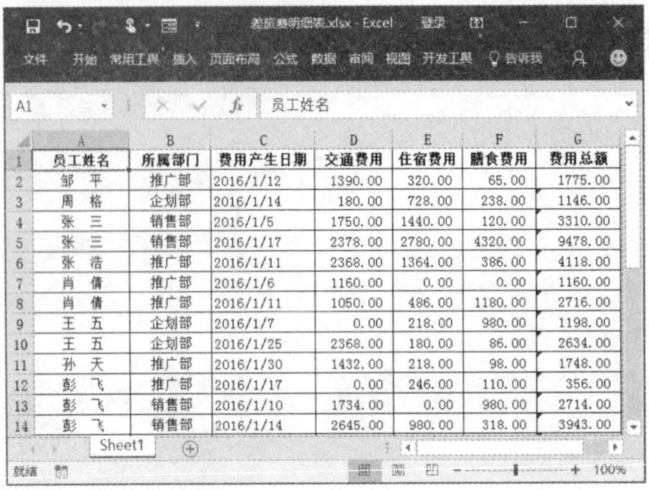

13.1.2 按费用产生日期进行排序

下面按“费用产生日期”对差旅费明细表进行排序，具体操作方法如下。

第 1 步：执行升序命令

选中“费用产生日期”列中的任意单元格，❶单击“数据”选项卡；❷在“数据和筛选”功能组中单击“升序”按钮，如下图所示。

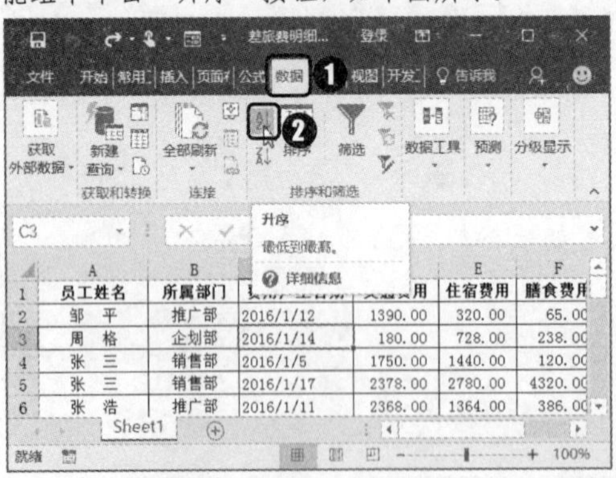

第 2 步：查看排序结果

此时，差旅费明细表就会按照“费用产生日期”进行升序排列，如下图所示。

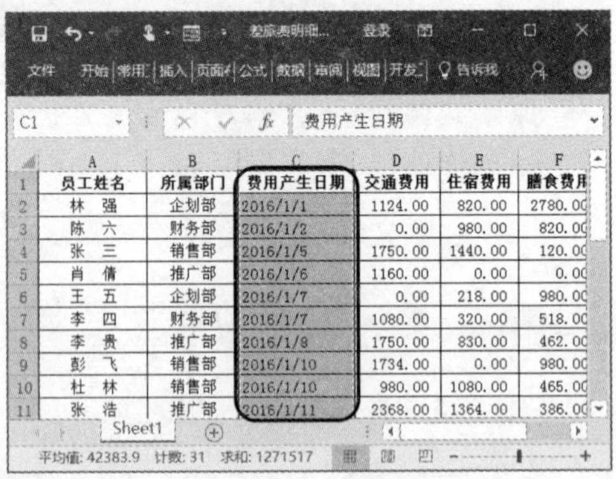

13.1.3 筛选制定员工的差旅费

通过筛选功能，可以快速查找某个员工的差旅费情况，接下来筛选员工“张　三”的差旅费明细，具体操作方法如下。

第 1 步：执行筛选命令

将光标定位在数据区域的任意单元格中，❶单击“数据”选项卡；❷单击“排序和筛选”功能组中的“筛选”按钮，如下图所示。

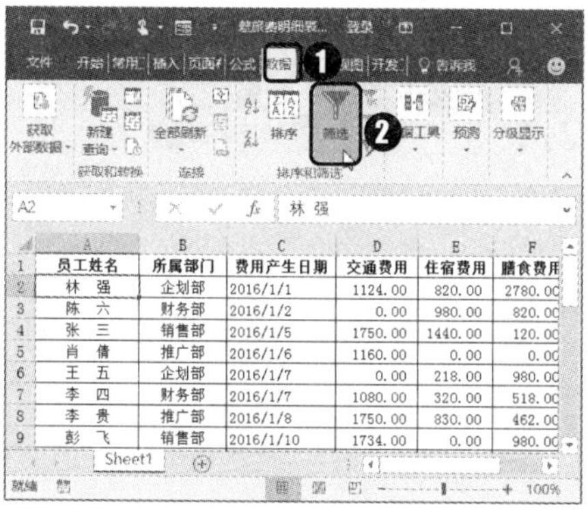

第 2 步：进入筛选状态

此时，工作表进入筛选状态，各标题字段的右侧出现一个下拉按钮，如下图所示。

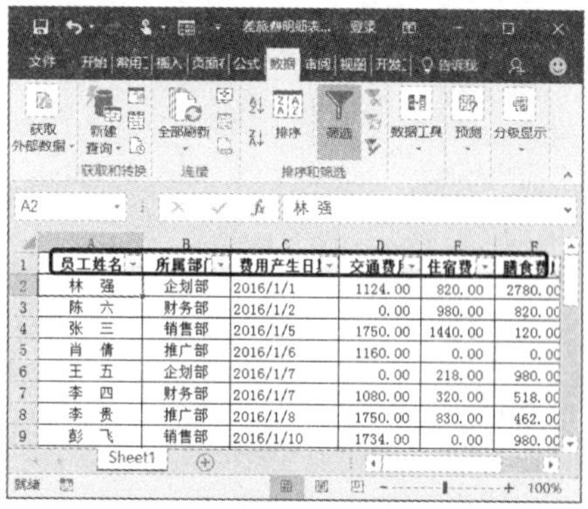

第 3 步：单击下拉按钮

单击“员工姓名”右侧的下拉按钮，如下图所示。

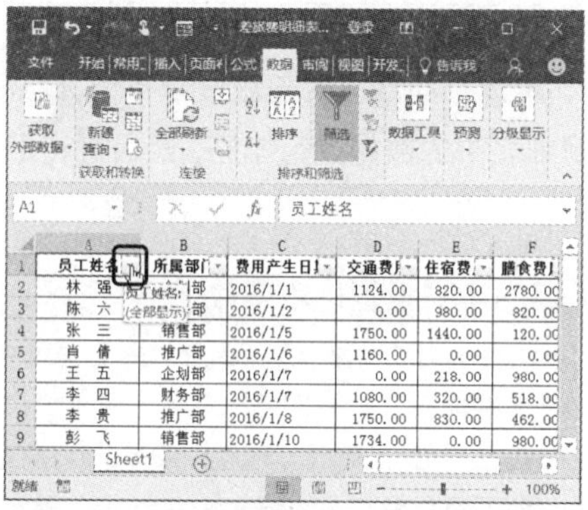

第 4 步：弹出筛选列表

弹出一个筛选列表，此时，所有的供应商名称都处于勾选状态，如下图所示。

第 5 步：取消全选

单击“全选”选项左侧的方框，取消勾选，此时就取消了所有供应商名称的复选框，如下图所示。

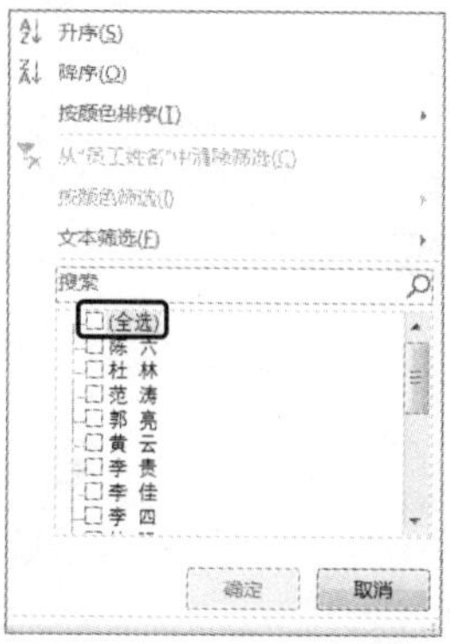

第 6 步：选择选项

❶选择“张三”选项，即可选中其左侧的复选框；❷单击“确定”按钮，如下图所示。

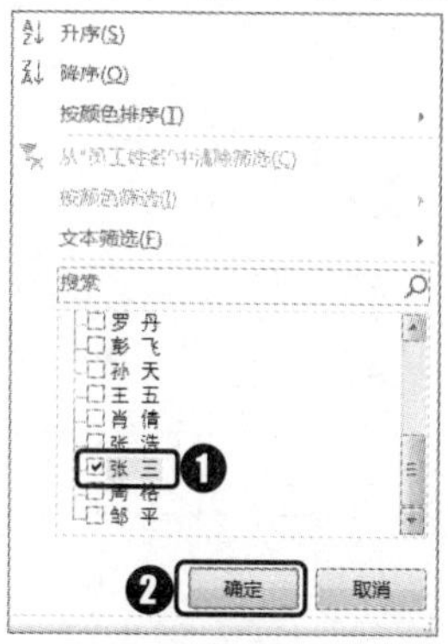

第7步：查看筛选结果

此时，员工姓名为“张　三”的差旅费明细数据就筛选出来了，并在筛选字段的右侧出现一个“筛选”按钮，如下图所示。

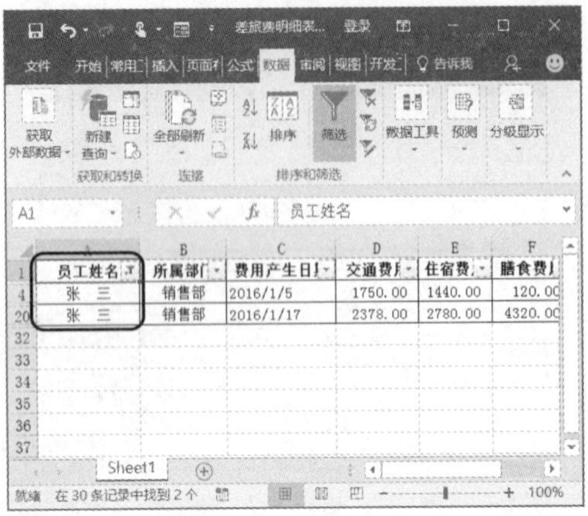

第8步：清除筛选

❶单击“数据”选项卡；❷单击“排序和筛选”功能组中的“清除”按钮，此时即可清除当前数据区域的筛选和排序状态，如下图所示。

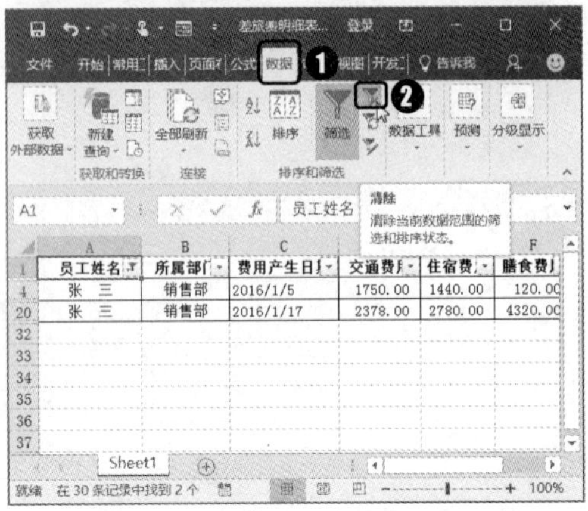

13.1.4 按部门对差旅费进行分类汇总

本节按照“所属部门”对差旅费进行分类汇总，统计不同部门的差旅费分布情况。创建分类汇总之前，首先要按照“所属部门”对差旅费明细表中的数据进行排序，然后进行汇总，具体操作方法如下。

第1步：执行排序命令

将鼠标定位在数据区域的任意单元格中，❶单击“数据”选项卡；❷单击“排序和筛选”功能组中的“排序”按钮，如下图所示。

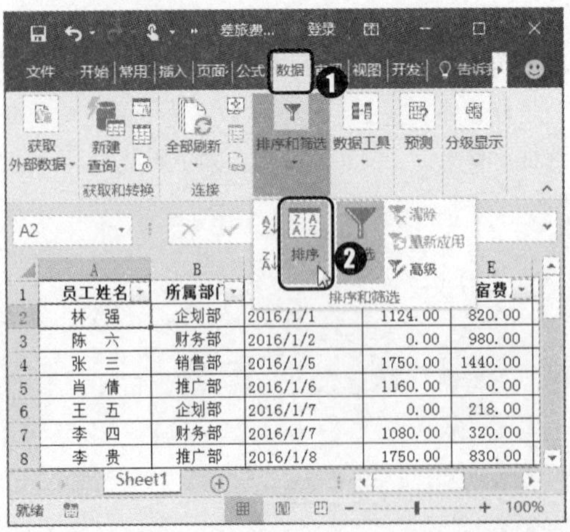

第2步：设置排序条件

弹出“排序”对话框，❶在“主要关键字”下拉列表中选择“所属部门”选项；❷在“次序”下拉列表中选择“升序”选项；❸单击“确定”按钮，如下图所示。

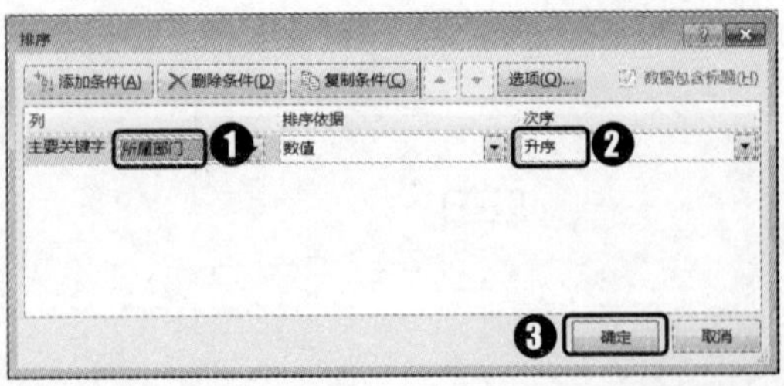

第 3 步：查看排序结果

此时，表格中的数据就会根据“所属部门”的拼音首字母进行升序排列，如下图所示。

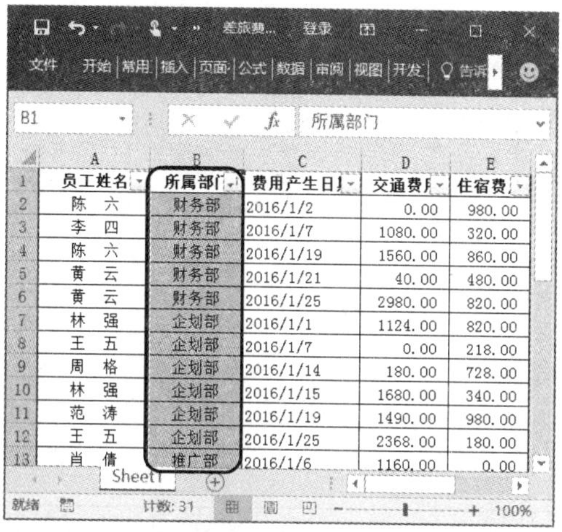

第 4 步：执行分类汇总命令

❶单击“数据”选项卡；❷单击“分类显示”功能工具组中的“分类汇总”按钮。

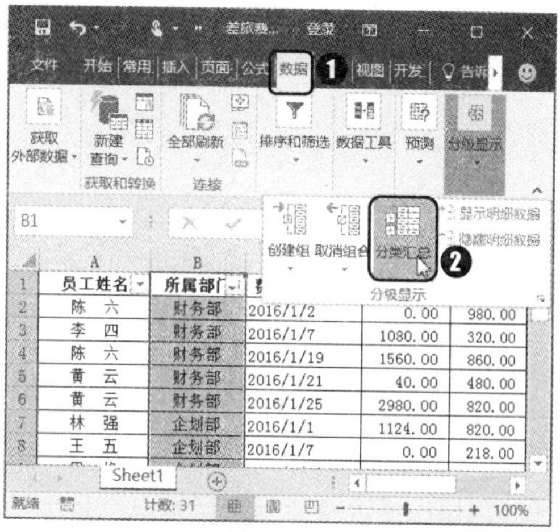

第 5 步：设置汇总选项

弹出“分类汇总”对话框，❶在“分类字段”下拉列表中选择“所属部门”选项，在“汇总方式”下拉列表中选择“求和”选项，❷在“选定汇总项”列表框中选中“交通费用”、“住宿费用”、“膳食费用”和“费用总额”复选框；❸选中“替换当前分类汇总”和“汇总结果显示在数据下方”复选框；❹单击“确定”按钮，如下图所示。

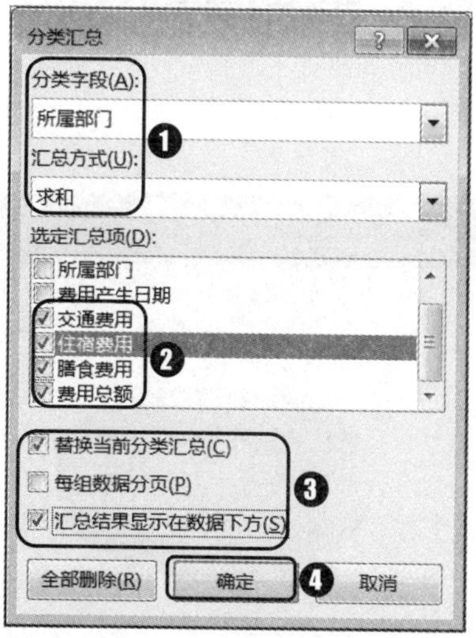

第 6 步：查看汇总结果

此时即可看到按照“所属部门”对应收账款清单进行汇总，并显示第 3 级汇总结果，如下图所示。

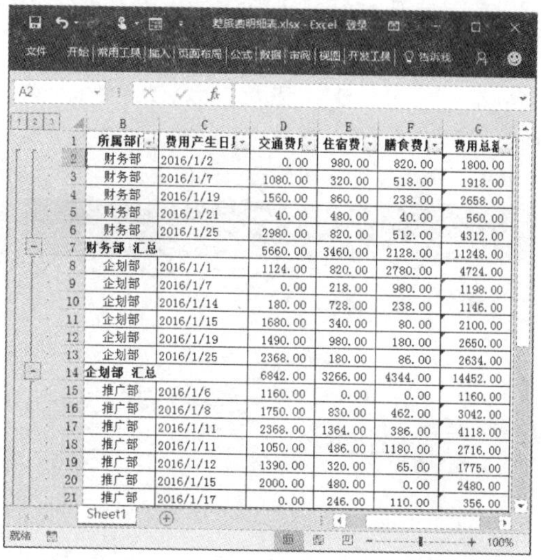

第 7 步：单击数字按钮 1

单击汇总区域左上角的数字按钮“1”，此时即可查看第 1 级汇总结果，如下图所示。

第 8 步：单击数字按钮 2

单击汇总区域左上角的数字按钮“2”，此时即可查看第 2 级汇总结果，如下图所示。

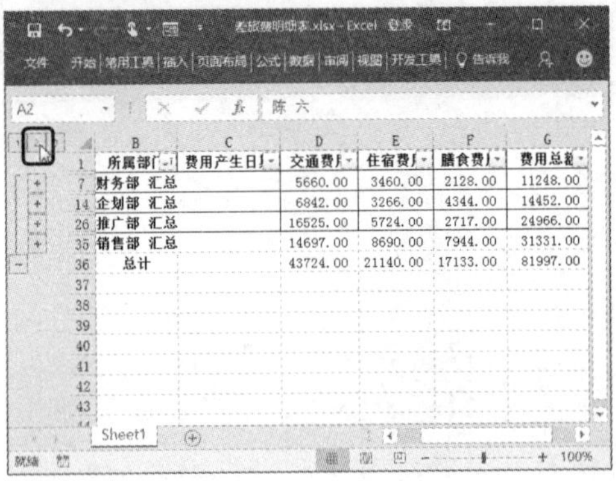

温馨小提示

创建分类汇总后，如果要删除分类汇总，只需再次执行“分类汇总”命令，打开“分类汇总”对话框，直接单击“全部删除”按钮即可。

13.1.5 制作差旅费分析图

按照“所属部门”对差旅费明细表中的数据进行汇总后，接下来各部门的“费用总额”制作差旅费分析图，具体操作方法如下。

第 1 步：执行插入三维饼图命令

选中单元格区域 B7:B35 和 G7:G35，❶单击“插入”选项卡；❷在“图表”功能组中单击“饼图”下拉按钮；❸在弹出的下拉列表中选择“三维饼图”选项，如下图所示。

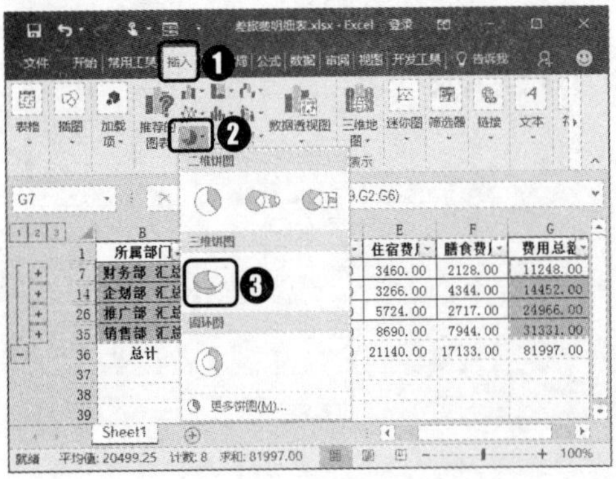

第 2 步：查看插入的饼图

此时即可根据选中的数据区域，创建一个三维饼形图，如下图所示。

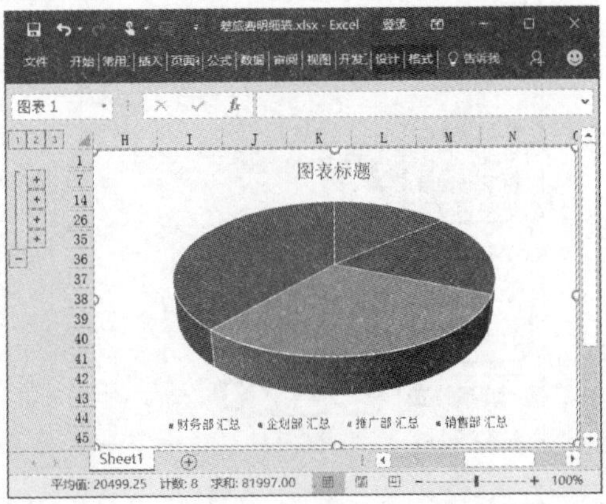

第 3 步：设置图表标题

将图表标题设置为“差旅费分布图”，如下图所示。

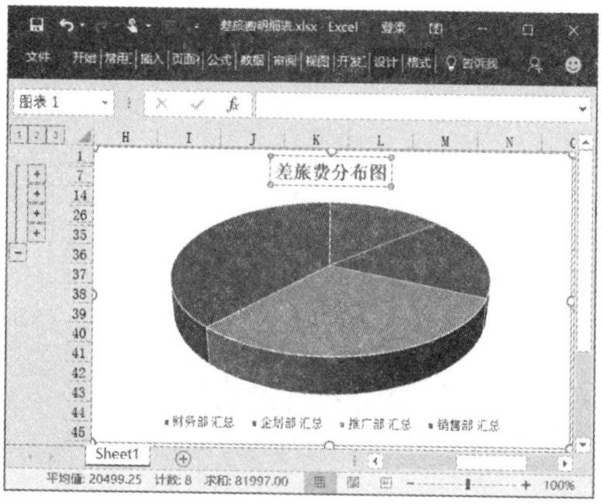

第 4 步：应用图表布局

❶单击“设计”选项卡；❷在“图表布局”功能组中单击“快速布局”下拉按钮；❸在弹出的下拉列表中选择“布局 6”选项，如下图所示。

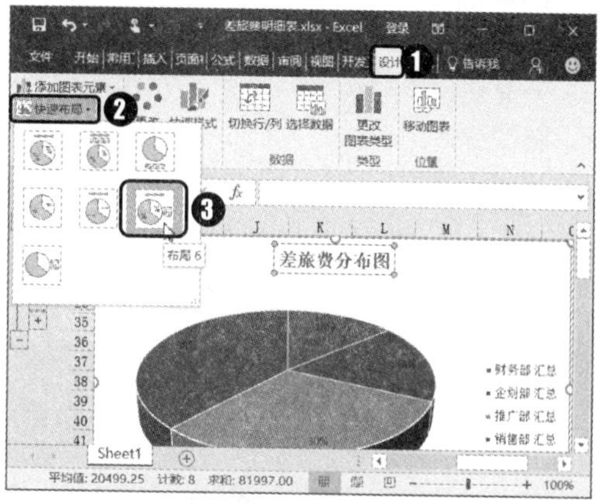

第 5 步：更改图表颜色

❶单击“设计”选项卡；❷在“图表样式”功能组中单击“更改颜色”下拉按钮；❸在弹出的下拉列表中选择“颜色 4”选项，如下图所示。

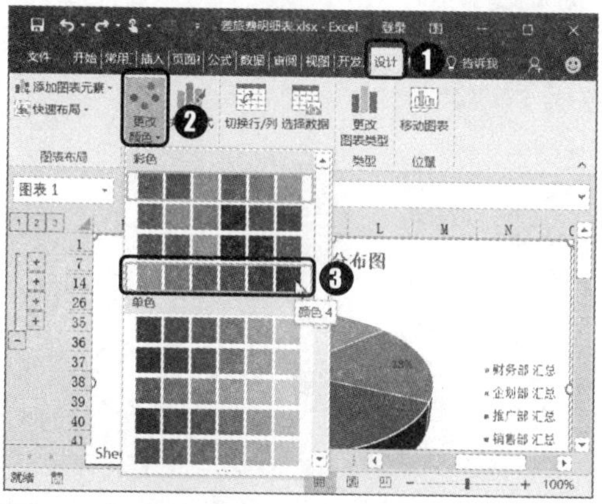

第 6 步：查看最终效果

设置完毕，差旅费分布图设置完成，在图中清晰地展示了各部门差旅费的比重，如下图所示。

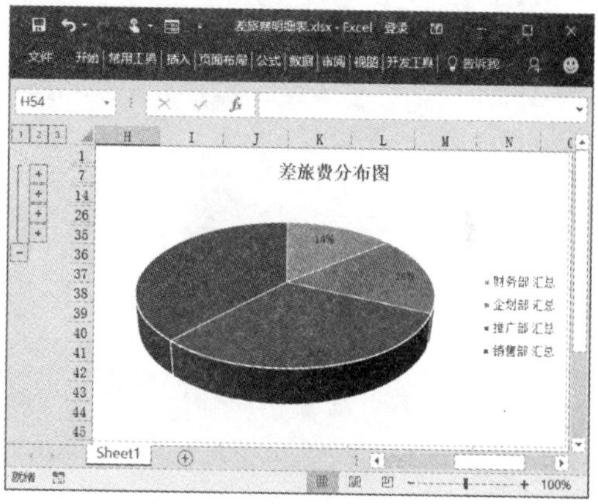

温馨小提示

饼图是最常用的统计图表之一，常用来表示部分与整体的关系，因此在实际工作中常用来表示结构占比关系，也就是，使用饼图可以清晰地显示数据系列的项目相对于项目总和的比例大小。

13.2 日常费用统计与分析

案例概述

在日常费用统计表中，记录着企业发生的日常费用记录。本节使用 Excel 的图表功能，按照费用类型分析日常费用，并制作各费用类型比例图，然后对 1～6 月日常费用比较分析，制作 1～6 月日常费用对比图，最后采用移动平均法和指数平滑法预测下半年企业日常费用，预测下半年日常费用。

案例效果

本节在日常费用统计表中，分别使用饼图和柱形图对日常费用统计表中数据进行对比分析，制作统计图表。

各费用类型比例图的制作效果如下图所示。

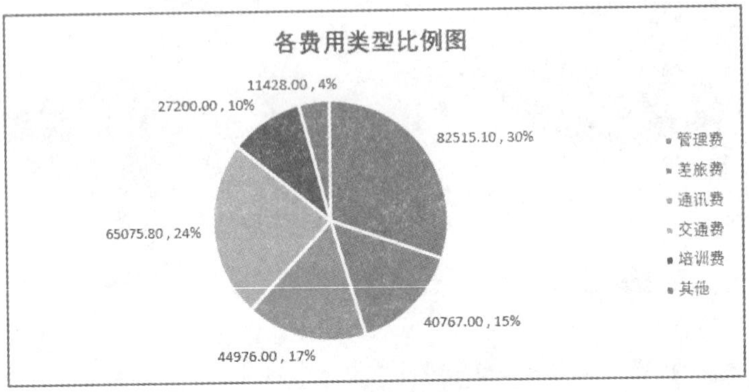

2016 年 1～6 月日常费用对比图的制作效果如下图所示。

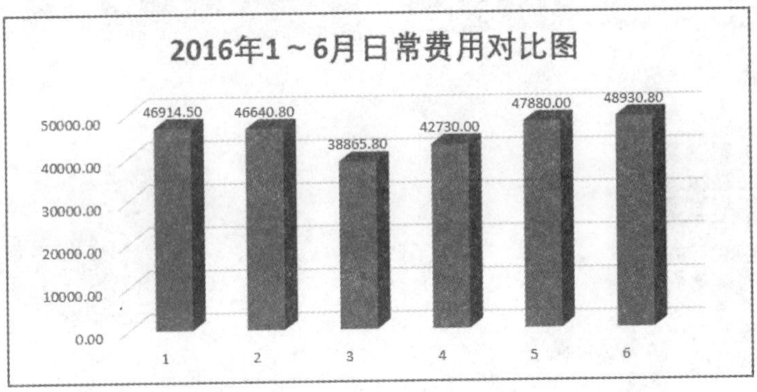

同步文件

原始文件： 素材文件\第 13 章\企业日常费用统计表.xlsx

结果文件： 结果文件\第 13 章\企业日常费用统计表.xlsx

同步视频文件： 同步教学文件\第 13 章\企业日常费用统计表\13.2.1.mp4~13.2.4.mp4

制作思路

对企业日常费用统计表进行统计和分析的具体思路如下：

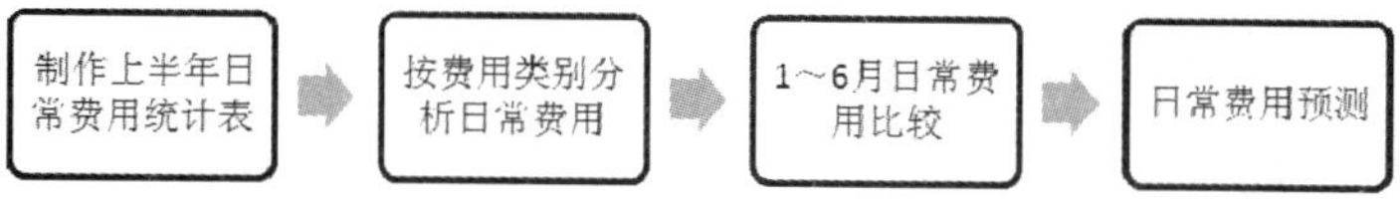

13.2.1 制作上半年日常费用统计表

日常费用统计表是记录企业日常费用的明细表单，通常包含月份、管理费、差旅费、通讯费、交通费、培训费、其他费用和费用合计等内容。

打开“素材文件\第 13 章\企业日常费用统计表.xlsx”文件，在“日常费用”工作表中，制作上半年日常费用统计表，并输入内容，结出费用合计，如下图所示。

13.2.2 按费用类别分析日常费用

日常工作中，经常用饼图来表示展示一组数据的比例。接下来通过插入饼图，创建月销售额比例图，统计并分析各月销售额占全年销售额的比重，具体操作方法如下。

第 1 步：选中单元格区域

选中单元格区域 B2:G2 和 B9:G9，如下图所示。

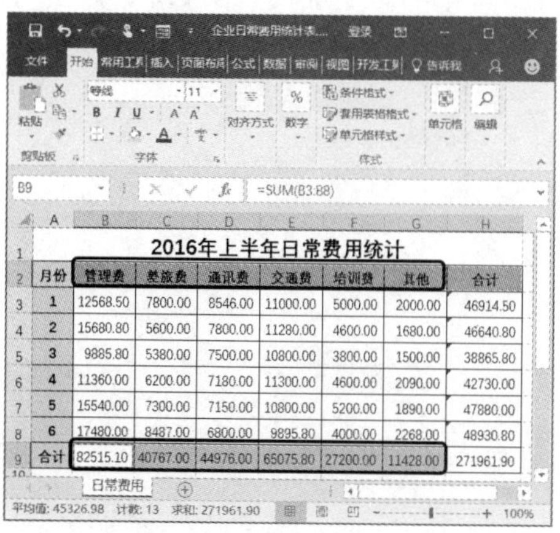

第 2 步：执行插入饼图命令

❶单击“插入”选项卡；❷在“图表”功能组中单击“饼图”下拉按钮；❸在弹出的下拉列表中选择“饼图”选项，如下图所示。

第 3 步：查看插入的图表

此时即可根据选中的数据区域插入一个饼图，如下图所示。

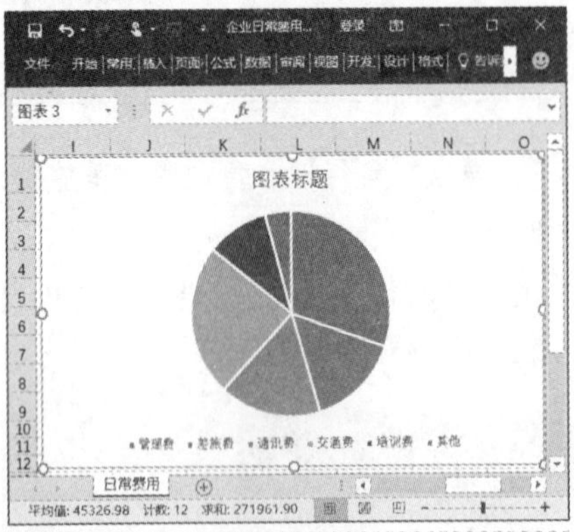

第 4 步：设置图表标题

将图表标题设置为“各费用类型比例图”，如下图所示。

第 5 步：添加数据标签

选中图表系列，右击，在弹出的快捷菜单中选择“添加数据标签→添加数据标签”命令，如下图所示。

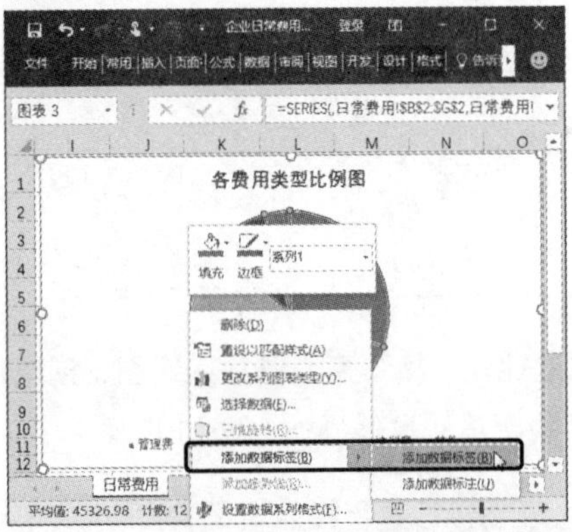

第 6 步：查看添加的标签果

此时即可为数据系列添加数据标签，如下图所示。

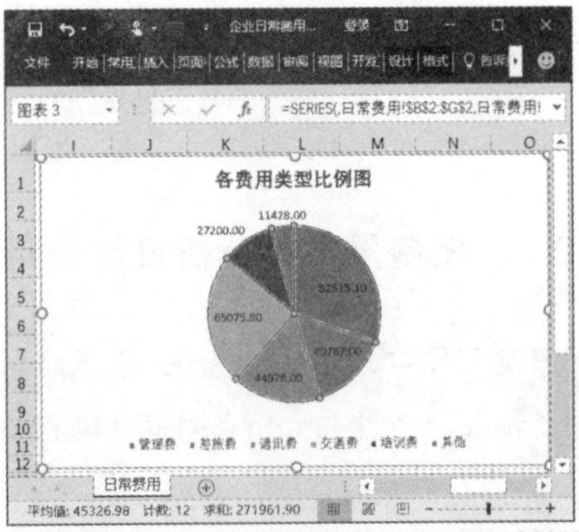

第 7 步：执行设置数据标签格式命令

选中数据标签，右击，在弹出的快捷菜单中选择“设置数据标签格式”命令，如下图所示。

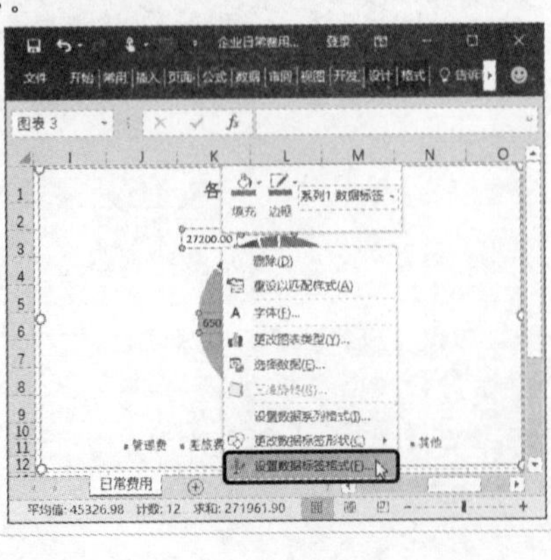

第 8 步：设置标签选项

弹出“设置数据标签格式”窗格，在“标签选项”列表中选中“值”、“百分比”和“显示引导线”复选框，如下图所示。

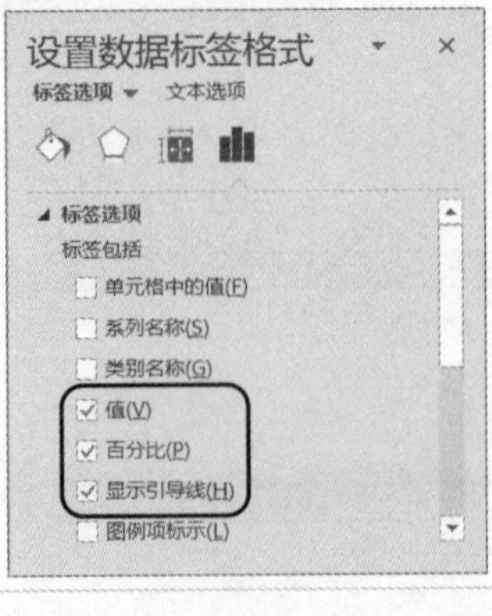

第 9 步：设置标签位置

向下滑动垂直滚动条，在“标签位置”列表中选中“数据标签外”单选按钮，如下图所示。

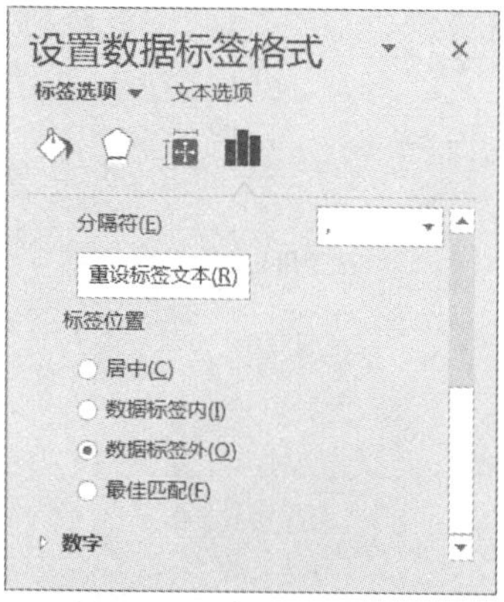

第 10 步：查看设置效果

数据标签设置完毕，效果如下图所示。

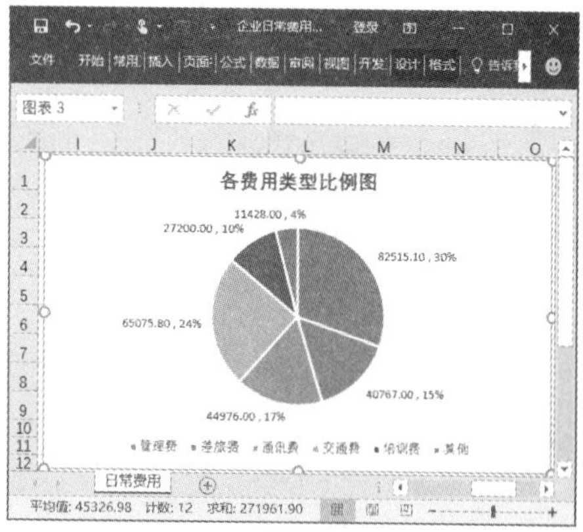

第 11 步：设置图例格式

选中图表，右击，在弹出的快捷菜单中选择“设置图例格式”命令，如下图所示。

第 12 步：设置图例格式

弹出“设置图例格式”窗格，在“图例选项”列表中选中“靠右”单选按钮，如下图所示。

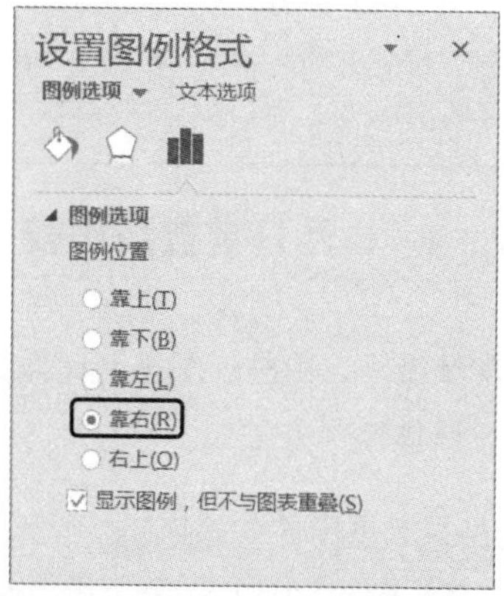

第 13 步：查看图例的设置效果

设置完毕，图例的设置效果如下图所示。

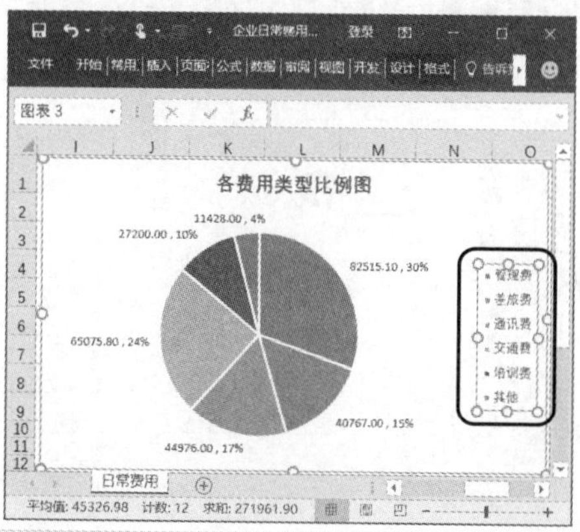

第 14 步：设置图表区域格式

选中图表，右击，在弹出的快捷菜单中选择“设置图表区域格式”命令，如下图所示。

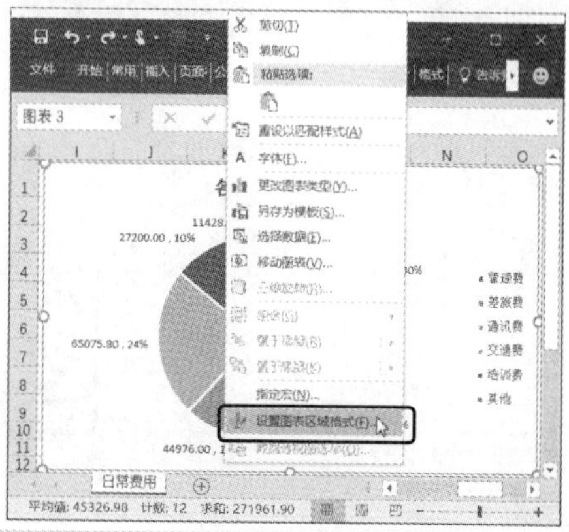

第 15 步：设置图表边框

弹出“设置图表区格式”窗格，❶在“边框”列表中选中“实线”单选按钮；❷单击“颜色”下拉按钮；❸在弹出的下拉列表中选择“黑色，文字 1，颜色，50%”选项，如下图所示。

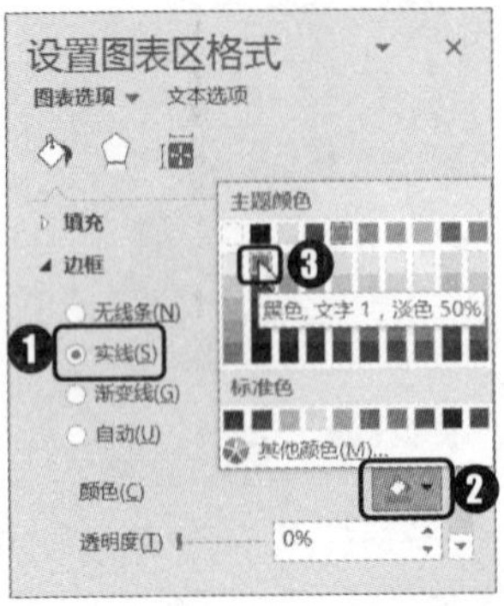

第 16 步：查看最终效果

操作到这里，图表就制作完成了，此时各费用类型的费用数额和比重就清晰地展现出来了，如下图所示。

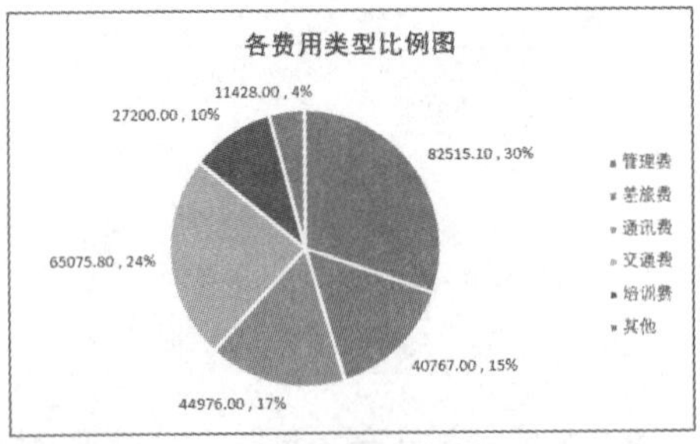

温馨小提示

数据标签显示了每个数据点的数值，用户可以根据需要打开“设置数据标签格式”窗格，根据需要选中“标签选项”即可，如选中“单元格中的值”、“系列名称”、“类别名称”复选框，其中“百分比”等选项只能用于饼图或圆环图。

13.2.3 1～6 月日常费用比较

通常情况下，用柱形图来对比数据间的数量变化。接下来通过插入柱形图，制作销售量对比图，具体操作方法如下。

第 1 步：选中单元格区域

选中单元格区域 H3:H8，如下图所示。

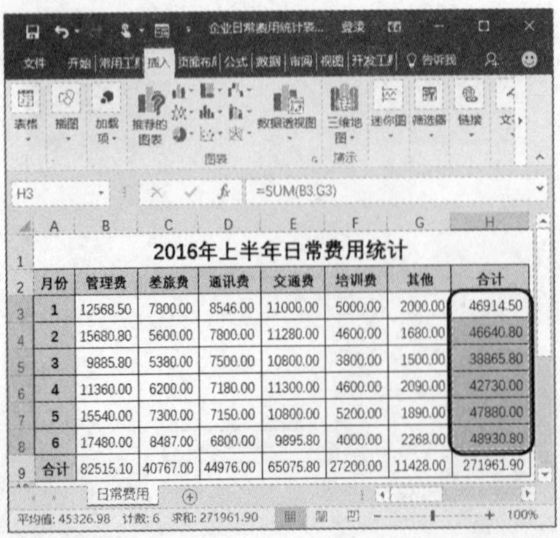

第 2 步：执行插入柱形图命令

❶单击“插入”选项卡；❷在“图表”功能组中单击“柱形图”下拉按钮；❸在弹出的下拉列表中选择“三维柱形图”，如下图所示。

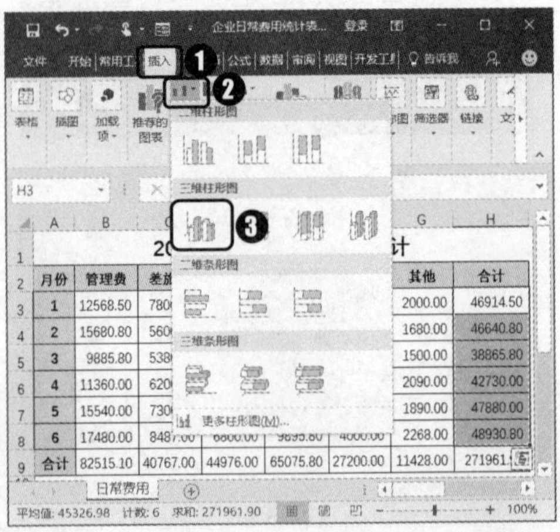

第 3 步：查看插入的柱形图

此时即可根据选中的数据区域插入一个三维柱形图，如下图所示。

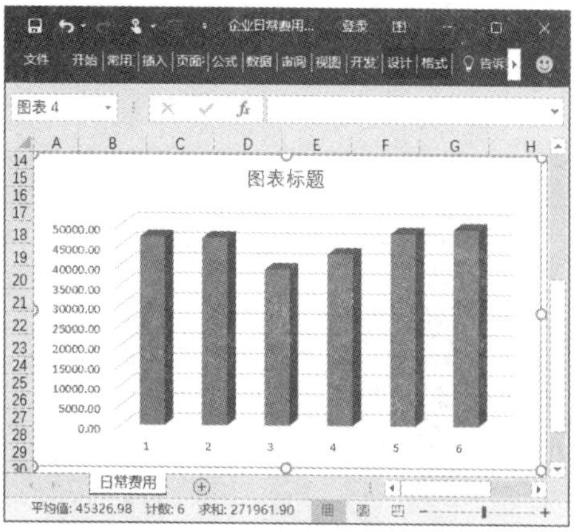

第 4 步：设置图表标题

将图表标题设置为“2016 年 1～6 月日常费用对比图”，如下图所示。

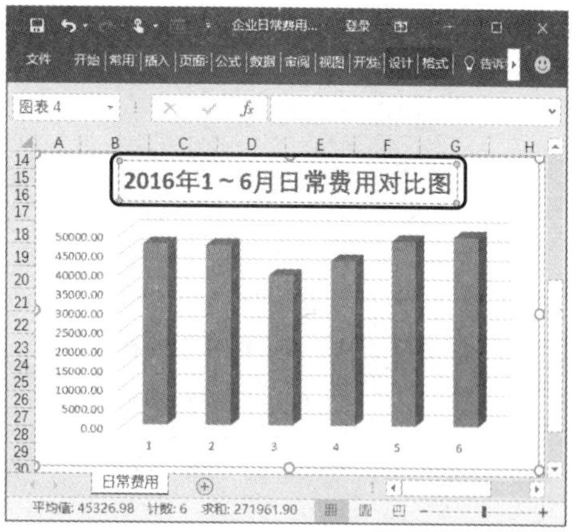

第 5 步：执行设置数据系列格式命令

选中图表系列，右击，在弹出的快捷菜单中选择“设置数据系列格式”命令，如下图所示。

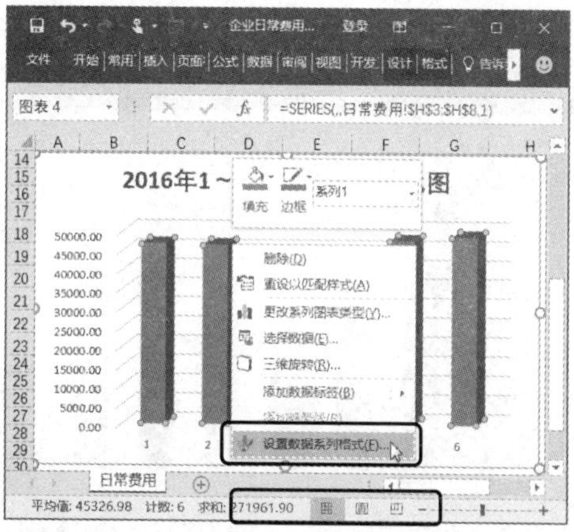

第 6 步：设置填充颜色

弹出“设置数据系列格式”窗格，❶在“填充”列表中选中“纯色填充”单选按钮；❷单击“颜色”下拉按钮；❸在弹出的下拉列表中选择“绿色”选项，如下图所示。

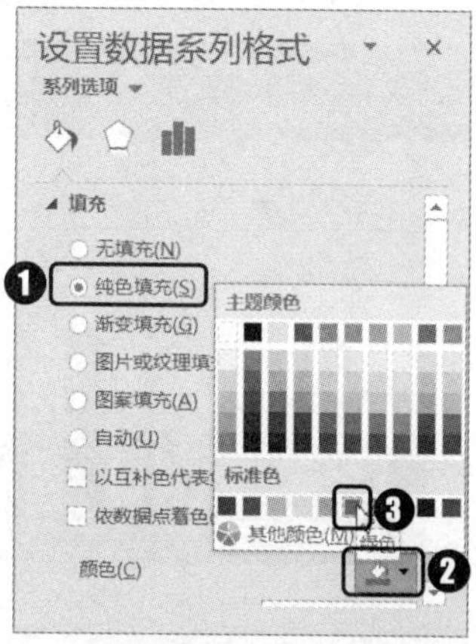

第 7 步：查看图表系列填充的设置效果

设置完毕，此时图表系列的填充颜色就变成了“绿色”，如右图所示。

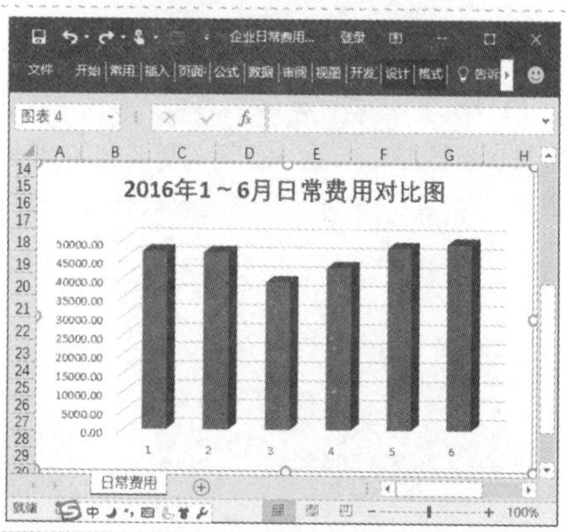

第 8 步：设置图表边框

选中图表区，弹出“设置图表区格式”窗格，❶在“边框”列表中选中“实线”单选按钮；❷单击“颜色”按钮；❸在弹出的下拉列表中选择“黑色，文字 1，颜色，50%”选项，如下图所示。

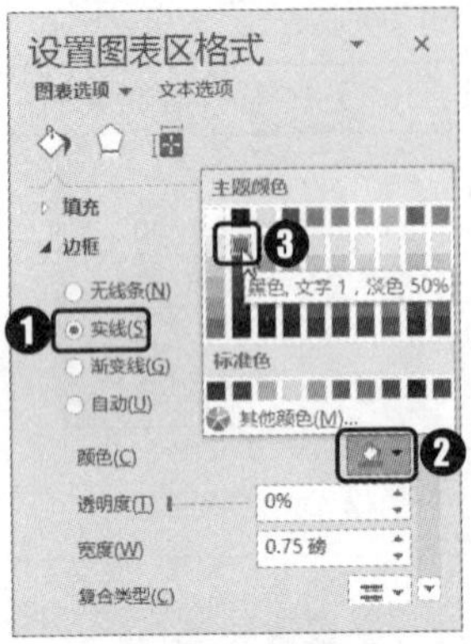

第 9 步：查看图表边框的设置效果

此时即可将图表的边框设置成了“黑色，文字 1，颜色，50%”，如下图所示。

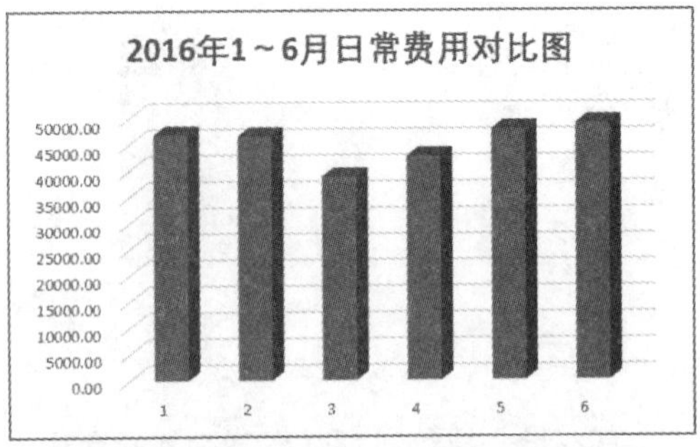

第 10 步：添加数据标签

选中图表系列，右击，在弹出的快捷菜单中选择“添加数据标签→添加数据标签”命令，如下图所示。

第 11 步：查看设置的数据标签

此时即可为数据系列添加数据标签，如下图所示。

第 12 步：查看最终效果

操作到这里，三维柱形图设置完成，图表中直观地展示了 1~6 月日常费用比较情况，如右图所示。

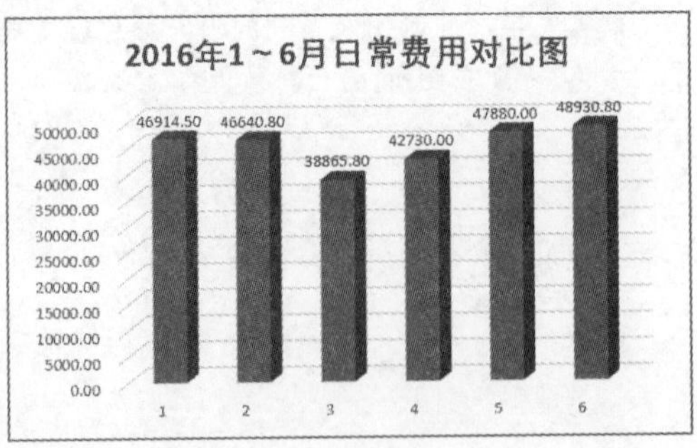

13.2.4 企业日常费用预测

日常工作中经常会遇到的一些财务预测问题，如资金需要量预测、企业日常费用预测、企业销售额预测等。本节主要使用移动平均法和指数平滑法预测企业日常费用。

1. 移动平均法预测日常费用

移动平均法是一种简单平滑预测技术，它的基本思想是根据时间序列资料、逐项推移，依次计算包含一定项数的序时平均值，以反映长期趋势的预测方法。接下来使用 AVERAGE() 函数进行移动平均，预测企业下半年日常费用，具体操作方法如下。

第 1 步：打开素材文件

切换到“日常费用预测”工作表中，2016 年 1~6 月日常费用的统计数据如下图所示。

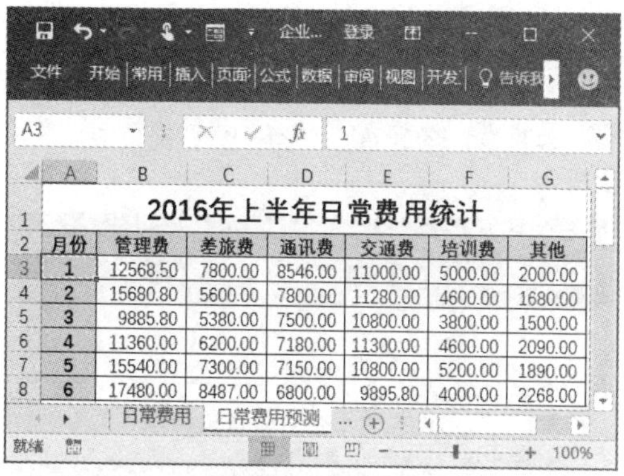

第 2 步：查看移动平均法的框架

在“日常费用预测”工作表中，采用移动平均法预测费用的基本数据如下图所示。

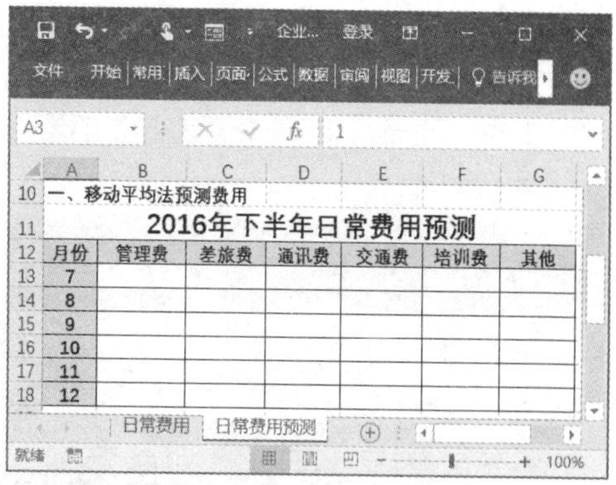

第 3 步：预测 7 月份的管理费

在 B13 单元格中输入“=AVERAGE(B3: B4)”，按“Enter”键确认输入，此时即可预测出 7 月份的管理费数额，如下图所示。

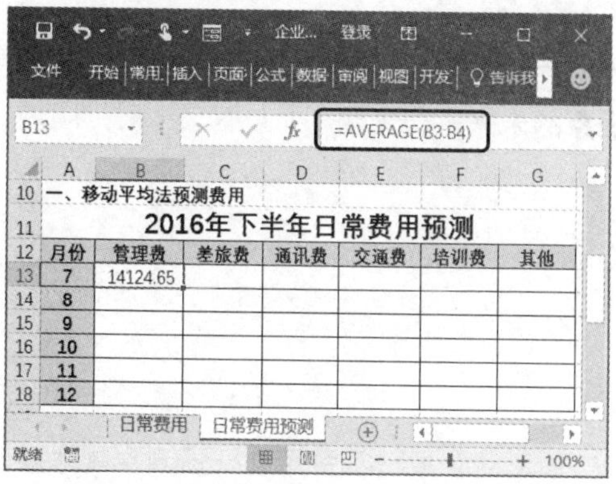

第 4 步：预测 8~12 月份的管理费

选中 B13 单元格，将鼠标移动到 B13 单元格的右下角，鼠标指针变成十字形状，双击，即可预测出 8 ~ 12 月份的管理费数额，如下图所示。

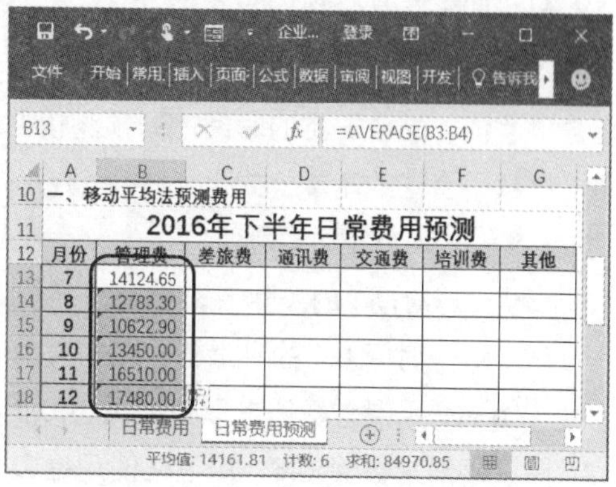

第 5 步：定位鼠标指针

选中 B13 单元格，将鼠标移动到 B13 单元格的右下角，鼠标指针变成十字形状，如下图所示。

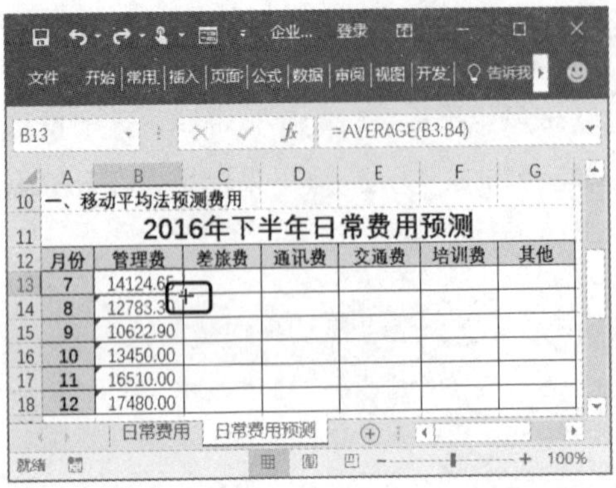

第 6 步：向右侧填充公式

向右拖动鼠标，将鼠标拖到单元格 G13，即可预测出 7 月份的差旅费、通讯费、交通费、培训费和其他费用，如下图所示。

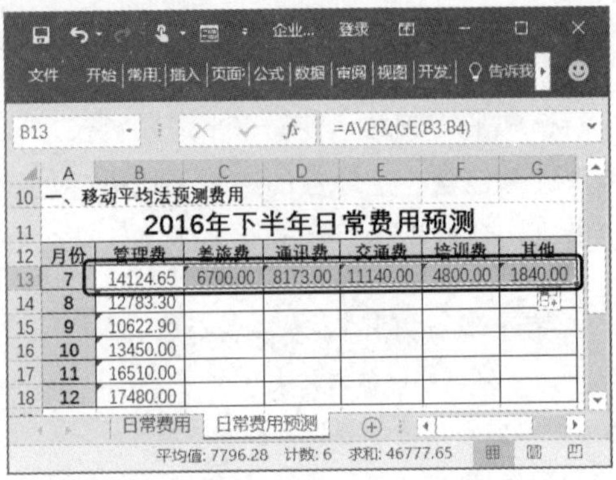

第 7 步：计算账面价值

选中单元格区域 C13:G13，将鼠标移动到单元格 G13 的右下角，鼠标指针变成十字形状，如下图所示。

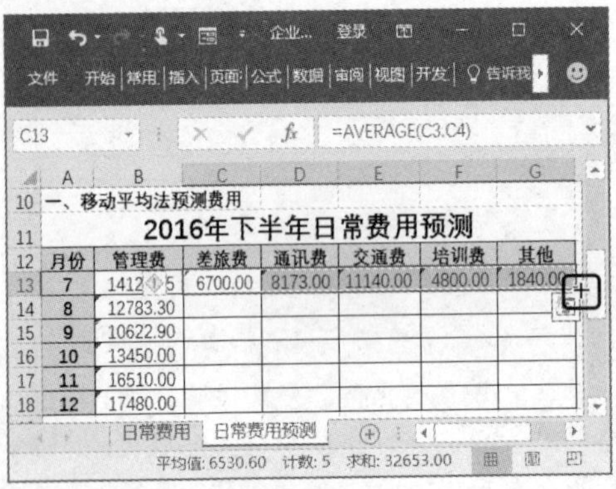

第 8 步：填充公式

向下拖动鼠标即可预测出 8~12 月份的差旅费、通讯费、交通费、培训费和其他费用，如下图所示

2．指数平滑法预测日常费用

指数平滑法是在移动平均法基础上发展起来的一种时间序列分析预测法，它是通过计算指数平滑值，配合一定的时间序列预测模型对现象的未来进行预测。

指数平滑法的基本公式是：$S_t=ay_t+(1-a)S_t-1$

式中，S_t——时间 t 的平滑值；

y_t——时间 t 的实际值；

S_t-1——时间 t-1 的平滑值；

a——平滑常数，其取值范围为[0,1]。

假设平滑常数 a=0.6，接下来使用指数平滑法预测对企业日常费用进行预测，具体操作方法如下。

第 1 步：打开素材文件

在“日常费用预测”工作表中，采用指数平滑法预测费用的基本数据，如下图所示。

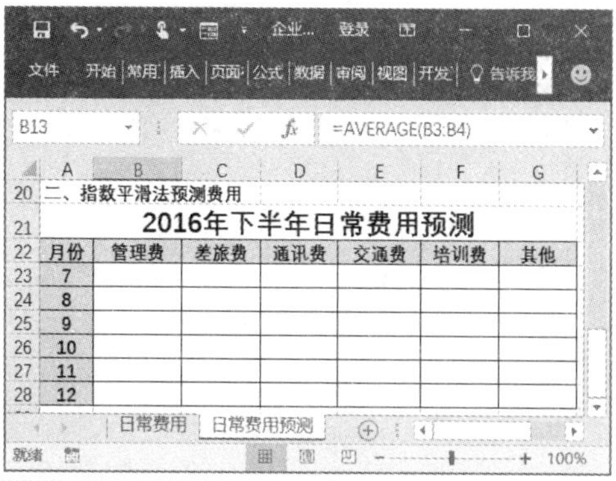

第 2 步：预测 7 月份的管理费

在 B23 单元格中输入“=B3”，按“Enter”键确认输入，此时即可预测出 7 月份的管理费数额，如下图所示。

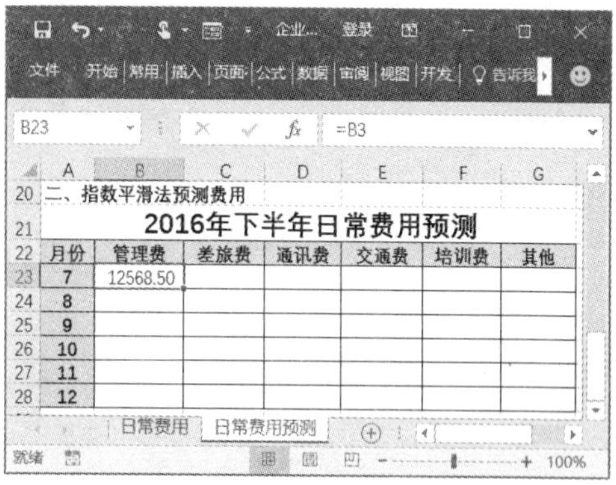

第 3 步：定位鼠标

选中 B23 单元格，将鼠标移动到单元格 B23 的右下角，鼠标指针变成十字形状，如下图所示。

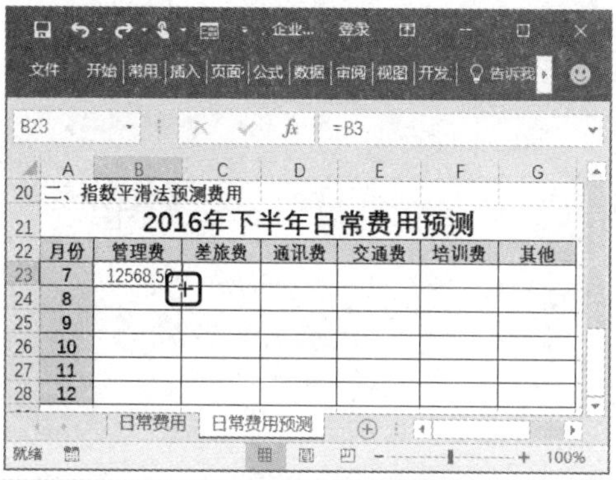

第 4 步：预测 7 月份的其他费用

向右拖动鼠标，将鼠标拖到单元格 G23，即可预测出 7 月份的差旅费、通讯费、交通费、培训费和其他费用，如下图所示。

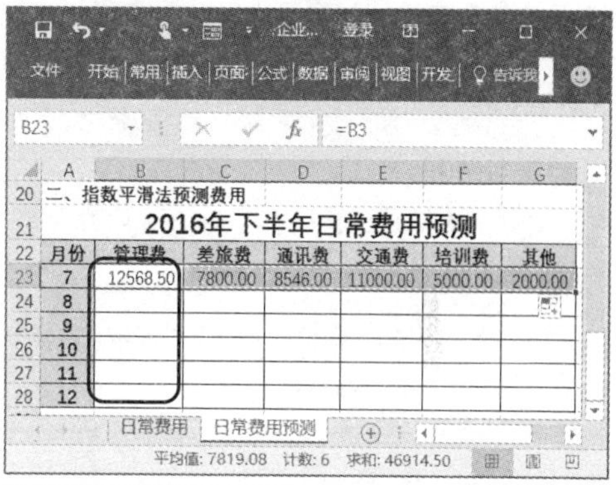

第 5 步：预测 8 月份的管理费

在 B24 单元格中输入“=0.6*B4+0.4* B23”，按“Enter”键确认输入，此时即可预测出 8 月份的管理费数额，如下图所示。

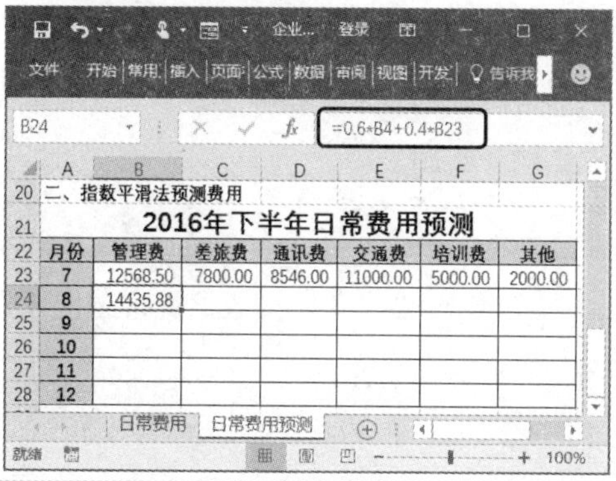

第 6 步：定位鼠标指针

选中 B24 单元格，将鼠标移动到单元格 B24 的右下角，鼠标指针变成十字形状，如下图所示。

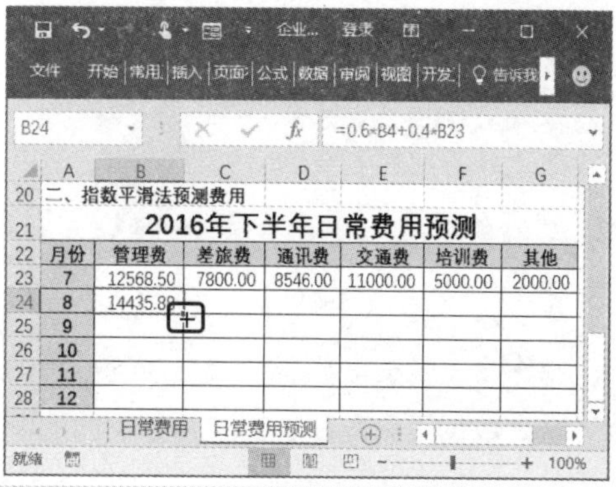

第 7 步：预测 8~12 月的管理费

双击鼠标左键，即可预测出 8~12 月的管理费，如下图所示。

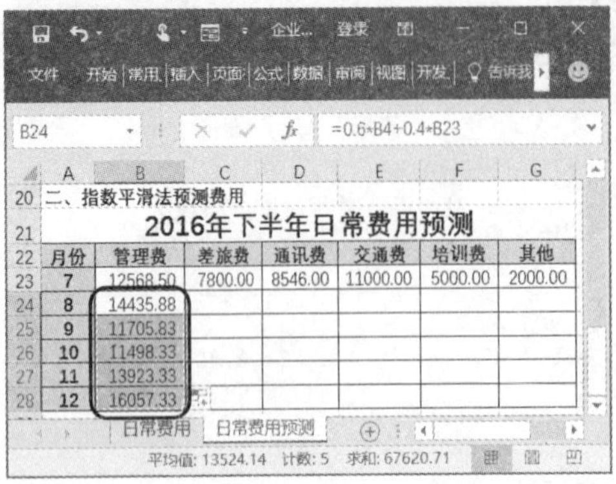

第 8 步：定位鼠标指针

选中单元格区域 B24:B28，将鼠标移动到 B28 单元格的右下角，鼠标指针变成十字形状，如下图所示。

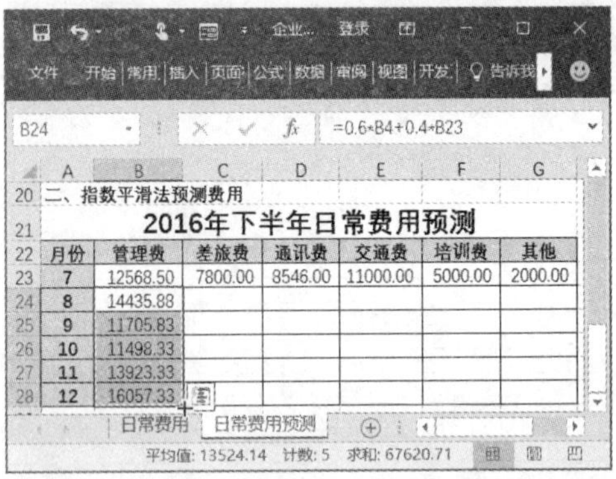

第 9 步：向右拖动鼠标

向右拖动鼠标，将鼠标拖到 G28 单元格，即可预测出 8~12 月份的差旅费、通讯费、交通费、培训费和其他费用，如右图所示。

> **温馨小提示**
>
> 指数平滑法解决了移动平均法需要 n 个观测值和不考虑 t-n 前时期数据的缺点，通过某种平均方式，消除历史统计序列中的随机波动，找出其中的主要发展趋势。

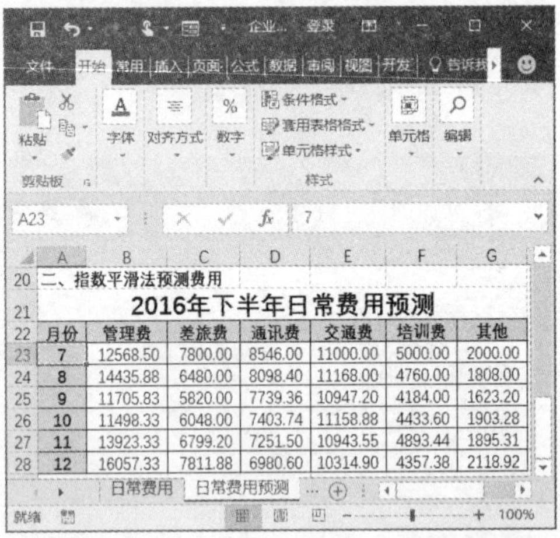

13.3 收支结构分析

案例概述

企业的收支结构主要表现在两个方面：一是企业的总利润是如何通过收支来形成的；二是企业的收入和支出是如何通过不同的收入和支出项目构成的。本节根据 2016 年上半年收支数据计算各项目收支合计和收支比，并制作收支结构分析图。

案例效果

本节以“2016 年上半年收支数据”为依据，对 2016 年上半年收支数据进行结构性分析，制作收支数据汇总表和收支结构分析图。

收支数据汇总表和收支结构分析图的制作如下图所示。

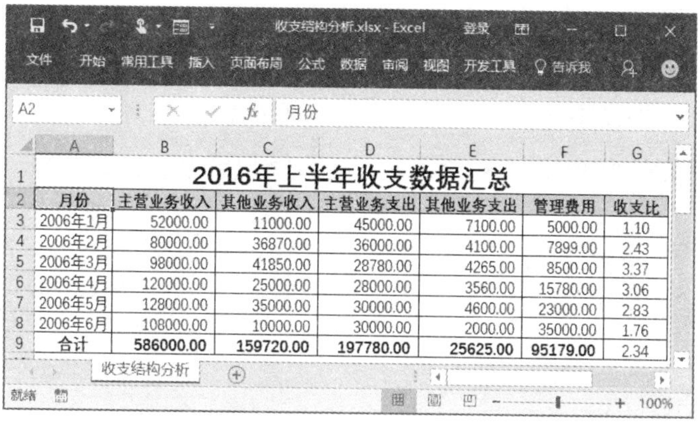

	A	B	C	D	E	F	G
1	2016年上半年收支数据汇总						
2	月份	主营业务收入	其他业务收入	主营业务支出	其他业务支出	管理费用	收支比
3	2006年1月	52000.00	11000.00	45000.00	7100.00	5000.00	1.10
4	2006年2月	80000.00	36870.00	36000.00	4100.00	7899.00	2.43
5	2006年3月	98000.00	41850.00	28780.00	4265.00	8500.00	3.37
6	2006年4月	120000.00	25000.00	28000.00	3560.00	15780.00	3.06
7	2006年5月	128000.00	35000.00	30000.00	4600.00	23000.00	2.83
8	2006年6月	108000.00	10000.00	30000.00	2000.00	35000.00	1.76
9	合计	586000.00	159720.00	197780.00	25625.00	95179.00	2.34

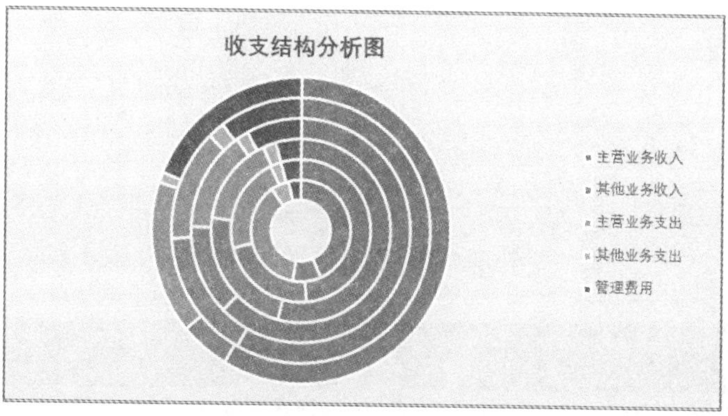

同步文件

原始文件： 素材文件\第 13 章\收支结构分析.xlsx

结果文件： 结果文件\第 13 章\收支结构分析.xlsx

同步视频文件： 同步教学文件\第 13 章\收支结构分析\13.3.1.mp4~13.3.2.mp4

制作思路

“收支结构分析”的制作思路如下：

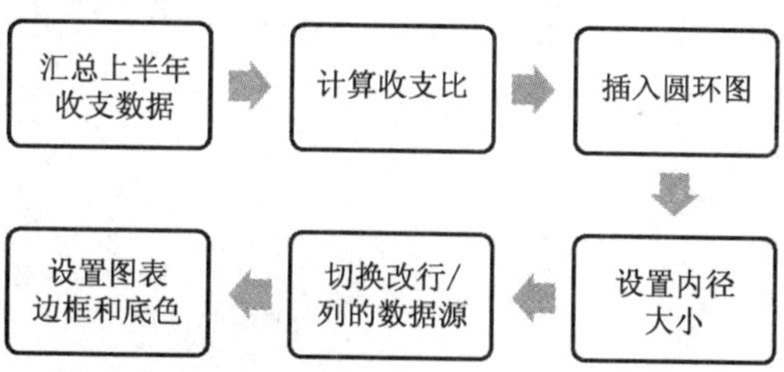

13.3.1 制作上半年收支数据汇总表

根据 2016 年上半年收支数据，制作上半年收支数据汇总表，具体操作方法如下。

第 1 步：打开素材文件

打开“素材文件\第 13 章\收支结构分析.xlsx”文件，2016 年上半年收支数据如下图所示。

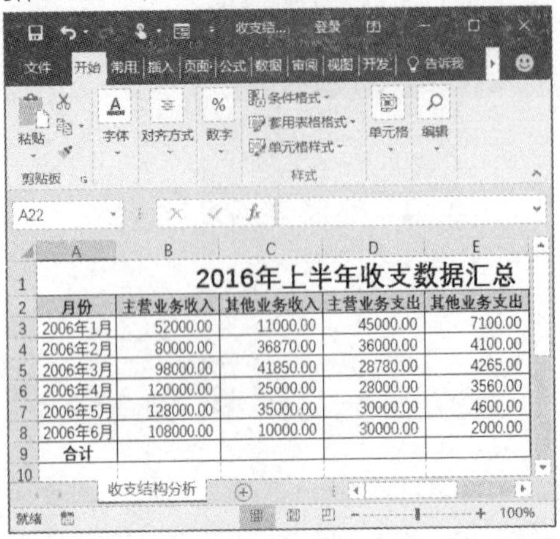

第 2 步：汇总上半年主营业务收入

在 B9 单元格中输入公式“=SUM(B3: B8)”，按“Enter”键确认输入，如下图所示。

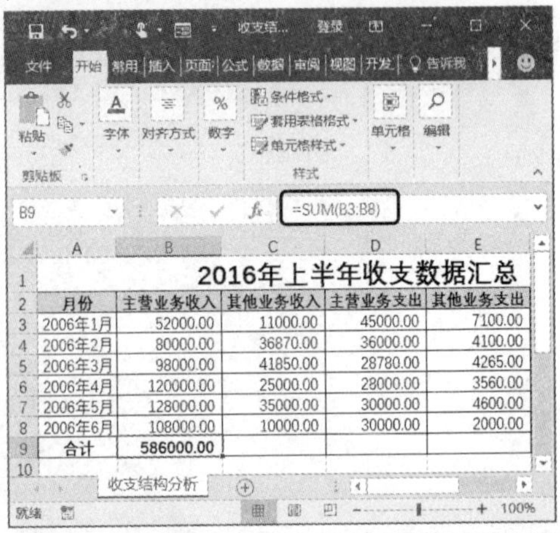

第 3 步：定位鼠标

将鼠标定位在 B9 单元格的右下角，此时鼠标指针变成十字形状，如下图所示。

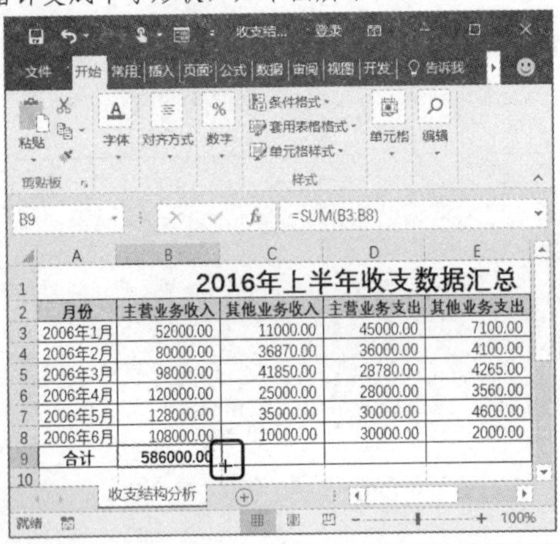

第 4 步：向右侧填充公式

向右拖动鼠标，拖动到 F6 单元格，即可计算出其他收支项目的上半年合计，如下图所示。

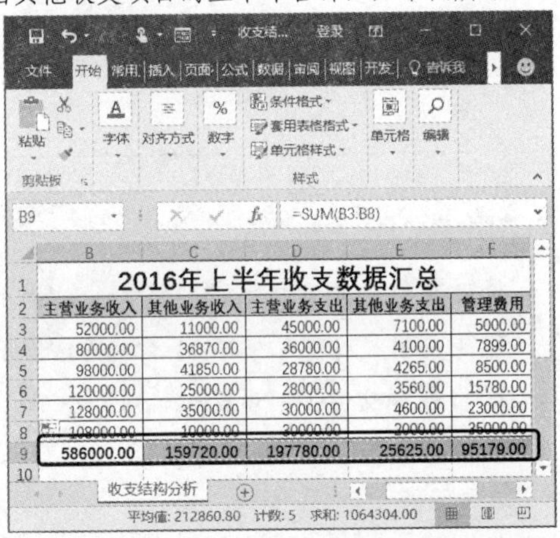

第 5 步：计算 1 月份收支比

在 G3 单元格中输入公式“=(B3+C3)/(D3+E3+F3)”，按“Enter”键确认输入，此时即可计算出 1 月份的收支比，如右图所示。

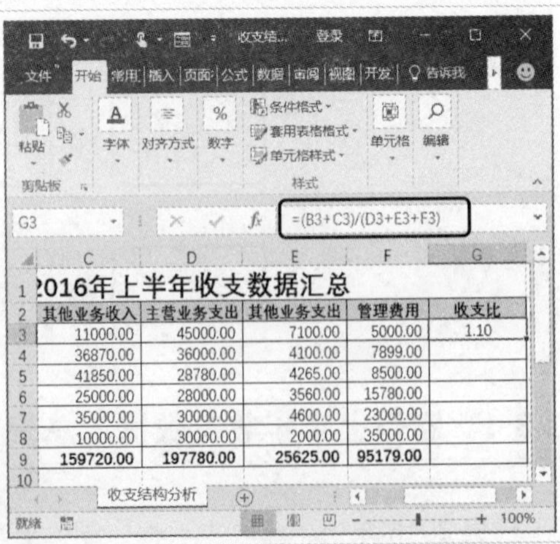

第 6 步：向下填充公式

选中 G3 单元格，将鼠标定位在 G3 单元格的右下角，此时鼠标指针变成十字形状，向下拖动鼠标，拖动到 G9 单元格，即可计算出 2~6 月份的收支比，如右图所示。

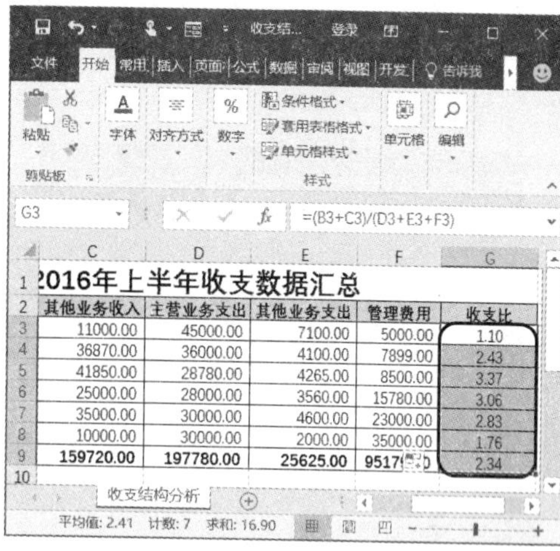

温馨小提示

收支比是一定时期的收入和支出的比例，收支比越高，相应的收入就越多，支出越少，反之亦然。通过对 1~6 月份的收支比数值，可以清晰地看出各个月份的收支水平。

13.3.2 制作收支结构分析图

上半年收支数据汇总表制作完成后，接下来根据各月收支项目的数值制作圆环图，具体操作方法如下。

第 1 步：选中单元格区域

选中单元格区域 A2:F8，如下图所示。

第 2 步：执行插入圆环图命令

❶单击“插入”选项卡；❷在“图表”功能组中单击“饼图”下拉按钮；❸在弹出的下拉列表中选择“圆环图”，如下图所示。

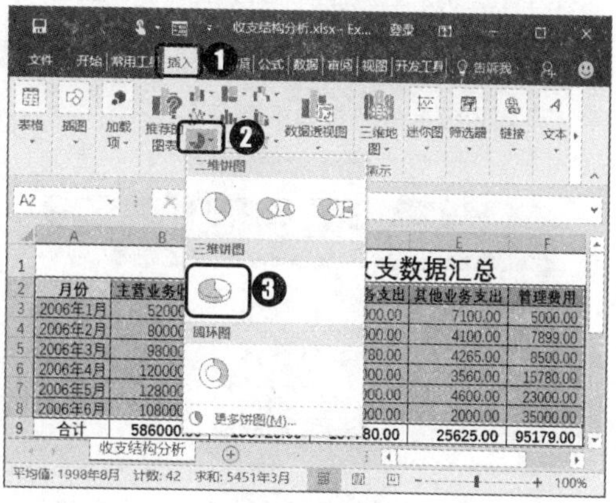

第 3 步：查看插入的圆环图

此时即可根据选中的数据区域插入一个圆环图，如下图所示。

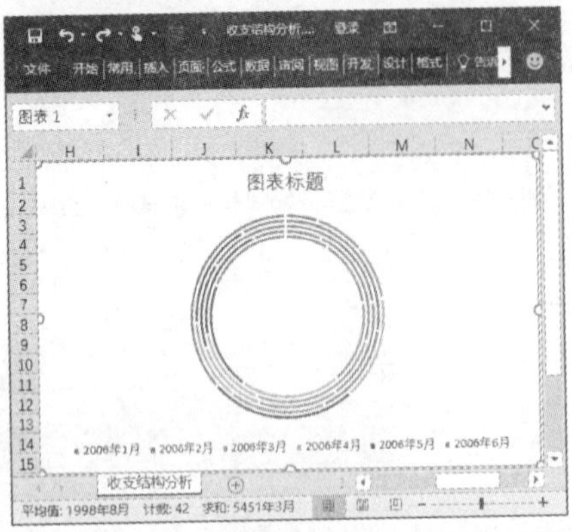

第 4 步：设置图表标题

将图表标题设置为“收支结构分析图”，如下图所示。

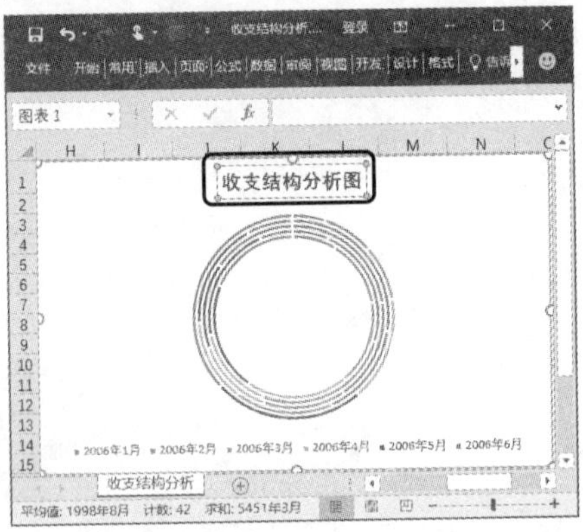

第 5 步：执行设置数据系列格式命令

选中图表系列，右击，在弹出的快捷菜单中选择“设置数据系列格式”命令，如下图所示。

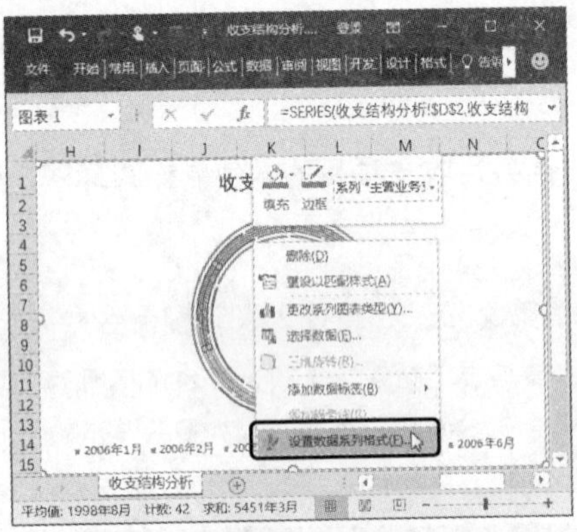

第 6 步：设置圆环的内径大小

弹出“设置数据系列格式”窗格，在“系列选项”列表中将“圆环图内径大小”的数值调整为“20%”，如下图所示。

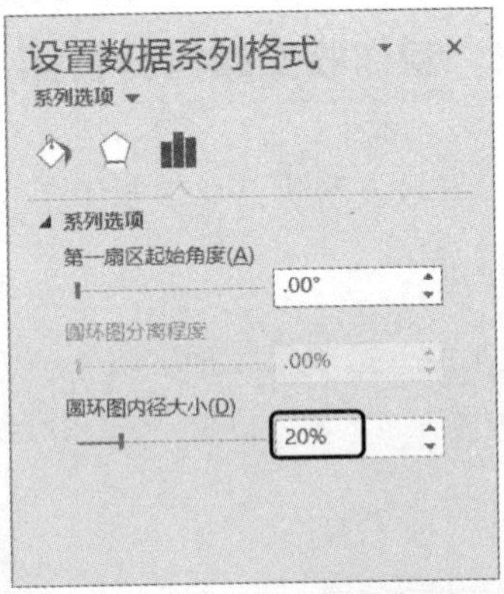

第 7 步：查看设置效果

设置内径后的效果如下图所示。

第 8 步：执行选择数据命令

选中图表系列，右击，在弹出的快捷菜单中选择“选择数据”命令，如下图所示。

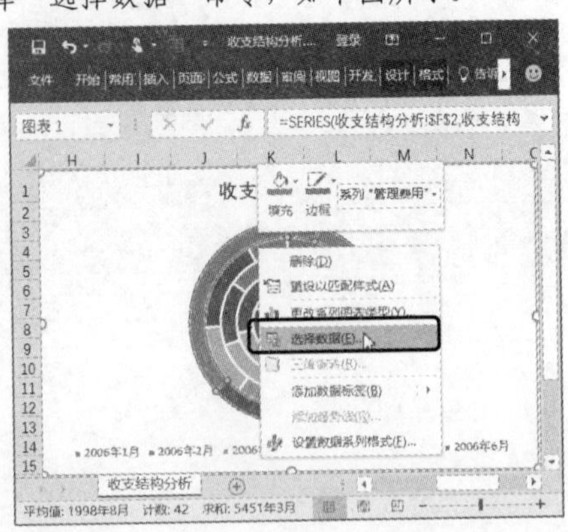

第 9 步：单击切换行/列按钮

弹出“选择数据源”窗口，直接单击“切换行/列”按钮，如下图所示。

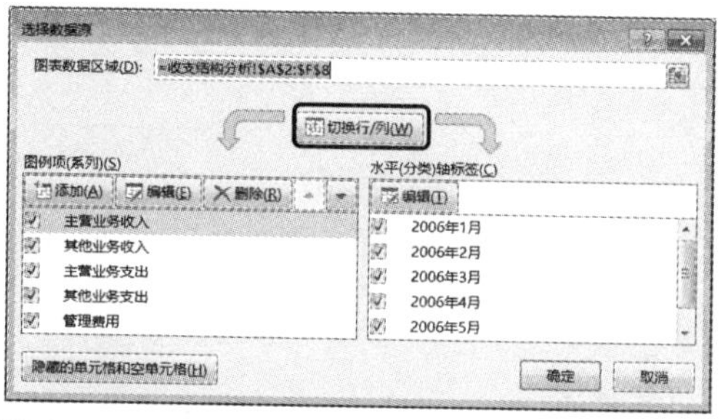

第 10 步：单击确定按钮

此时即可将“图例项（系列）”和“水平（分类轴）标签”上的数据就进行了调换，如下图所示。

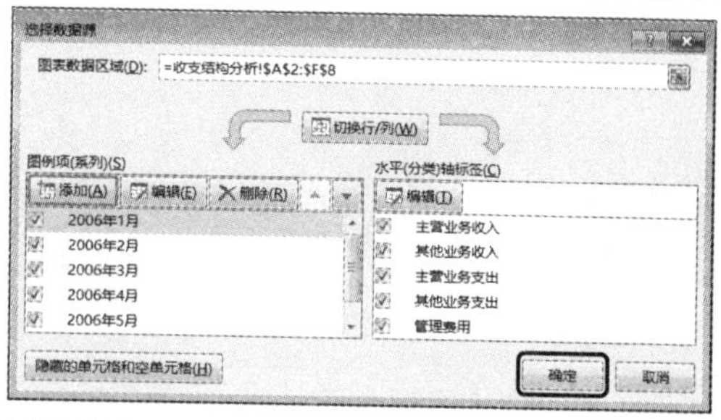

第 11 步：查看设置效果

切换行/列后的图表就发生了变化，如下图所示。

第 12 步：执行设置图例格式命令

选中图表，右击，在弹出的快捷菜单中选择“设置图例格式”命令，如下图所示。

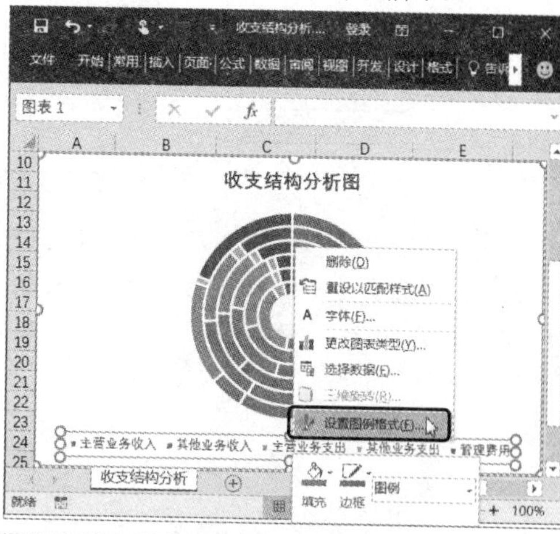

第 13 步：设置图例格式

弹出“设置图例格式”窗格，在“图例选项”列表中选中“靠右”单选按钮。

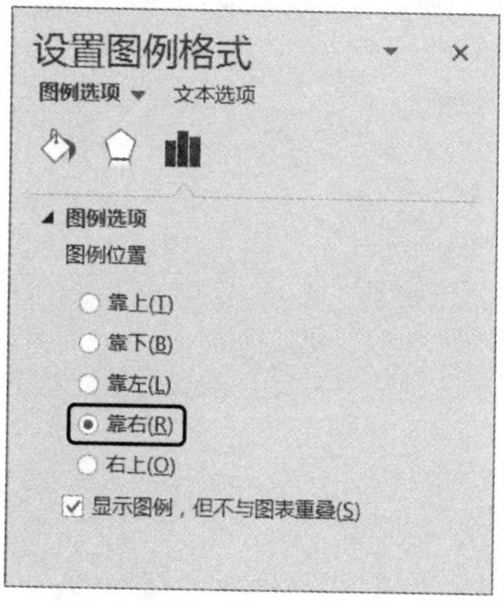

第 14 步：查看图例设置结果

设置完毕，图例的设置效果如下图所示。

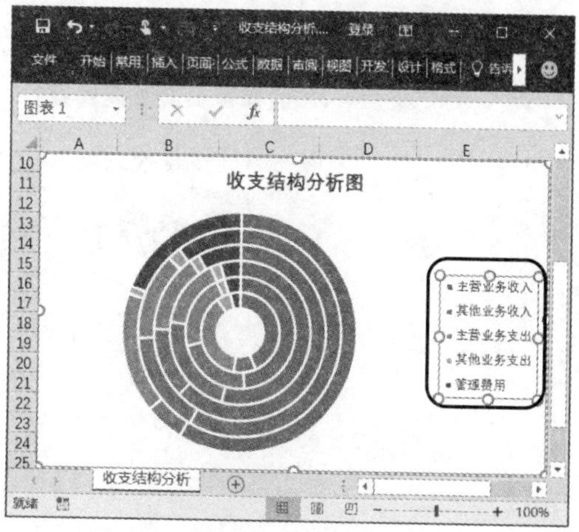

第 15 步：执行设置图表区域格式命令

选中图表系列，右击，在弹出的快捷菜单中选择“设置图表区域格式”命令，如下图所示。

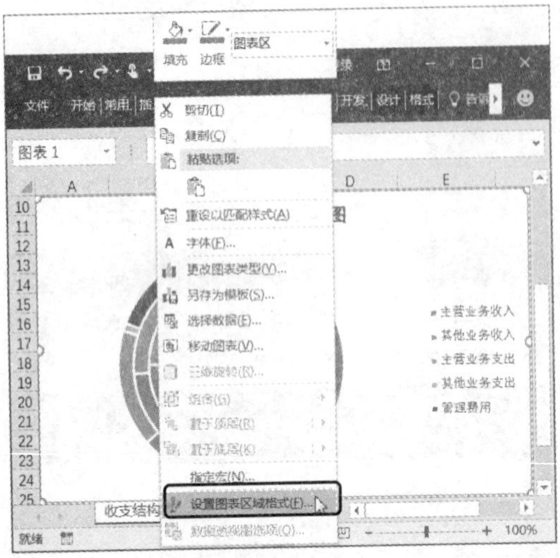

第 16 步：设置图表填充颜色

弹出“设置图表区格式”窗格，❶在“填充”列表中选中“纯色填充”单选按钮；❷单击“颜色”按钮；❸在弹出的下拉列表中选择“金色，个性色，淡色 80%”选项，如下图所示。

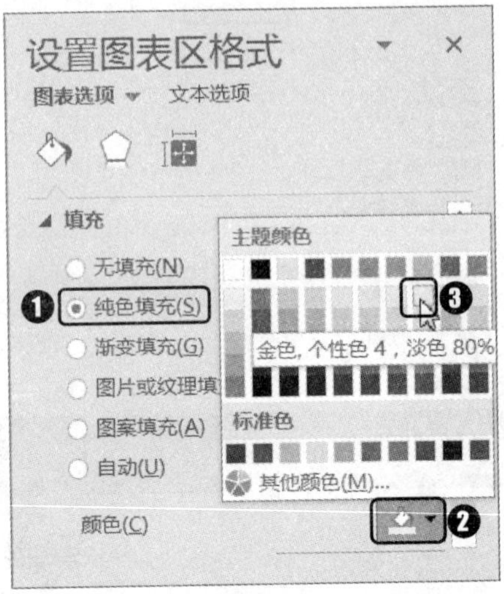

第 17 步：设置图表边框

❶在“边框”列表中选中“实线”单选按钮；❷单击“颜色”按钮；❸在弹出的下拉列表中选择“黑色，文字 1，颜色，50%”选项。

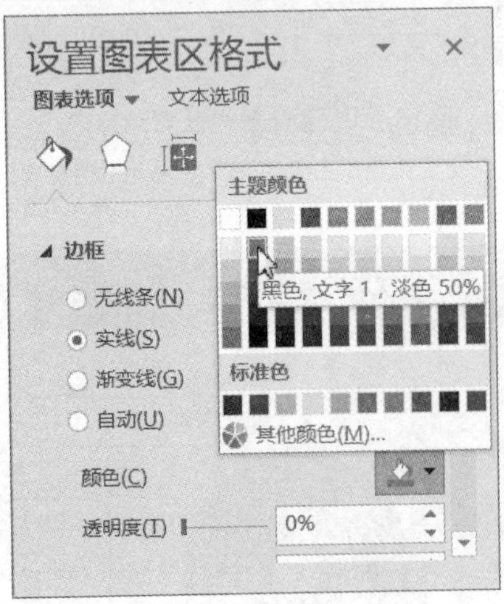

第 18 步：查看最终效果

操作到这里，收支结构分析图就设置完成了，如下图所示。

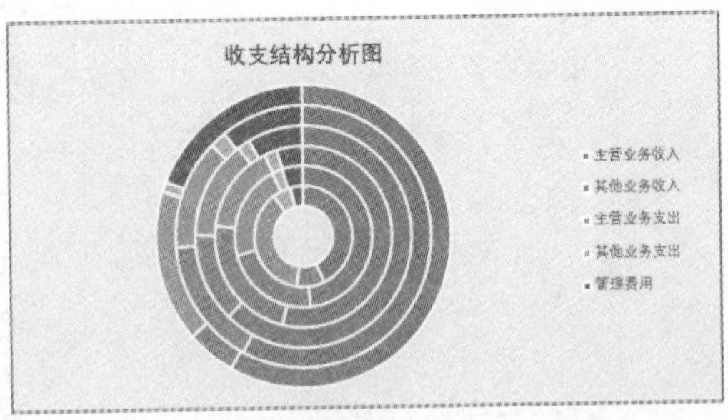

13.4 提升效率——实用操作技巧

通过前面知识的学习，相信读者朋友已经掌握了日常费用管理的相关知识。下面结合本章内容，给大家介绍一些实用技巧。

> **同步文件**
>
> **原始文件**：素材文件\第 13 章\提升效率\
>
> **结果文件**：结果文件\第 13 章\提升效率\
>
> **同步视频文件**：：同步教学文件\第 13 章\提升效率.mp4

1. 使用“Alt+=”组合键快速求和

通常情况下，大家直接使用 SUM()函数进行求和计算。除此之外，也可以通过“Alt+=”组合键快速进行求和计算，按回车键，即可显示计算结果。具体操作方法如下。

第 1 步：输入组合键

打开“素材文件\第 13 章\提升效率\快速求和.xlsx”文件，选中 B9 单元格，按“Alt+=”组合键，此时即可在 B9 单元格中显示求和公式，如下图所示。

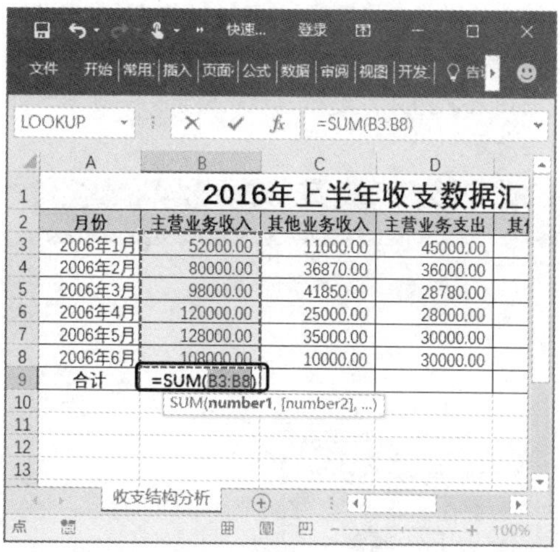

第 2 步：查看计算结果

按“Enter”键，即可得出计算结果，如下图所示。

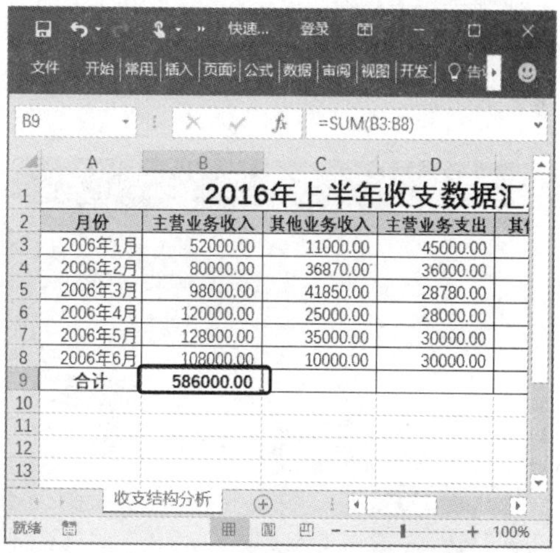

2. 快速分析图表

“快速分析”是 Excel 2013 推出的一款新功能，可以帮助用户快速地将数据进行统计和分析，并转化成各种图表。接下来对销售数据进行 “快速分析”，并创建统计图表，具体操作方法如下。

第 1 步：执行快速分析命令

打开“素材文件\第 13 章\提升效率\快速分析.xlsx”文件，选中单元格区域 B2:C13，此时在数据区域的右下角出现一个“快速分析”，然后单击该按钮，如下图所示。

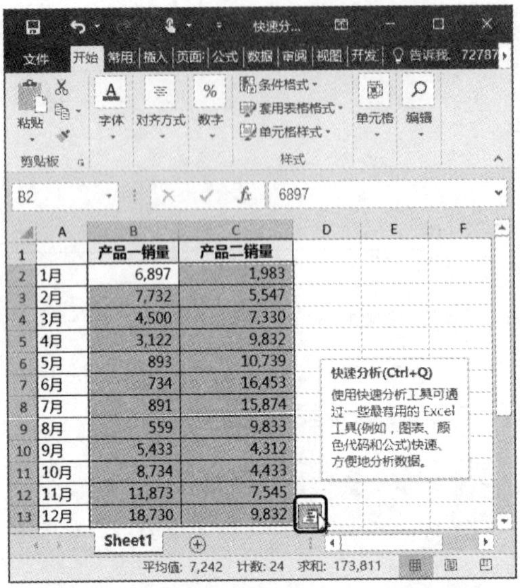

第 2 步：设置快速分析选项

弹出“快速分析”界面，❶单击“格式”选项卡；❷选择“色阶”选项，如下图所示。

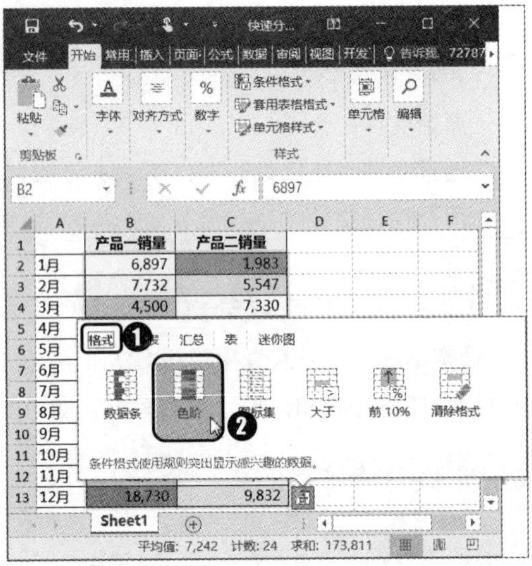

第 3 步：查看添加数据条后的效果

此时选中的数据区域就添加了数据条，如下图所示。

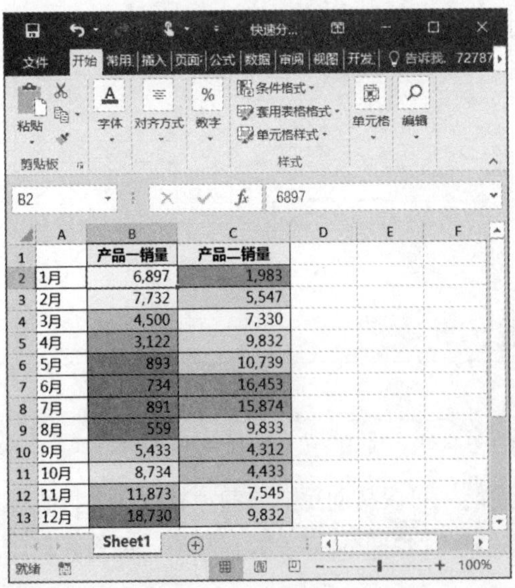

第 4 步：创建图表

选中要单元格区域 A1:C13，在“快速分析”界面中，❶单击“图表”选项卡；❷选择一种合适的图表，例如，选择“堆积面积图”选项，如下图所示。

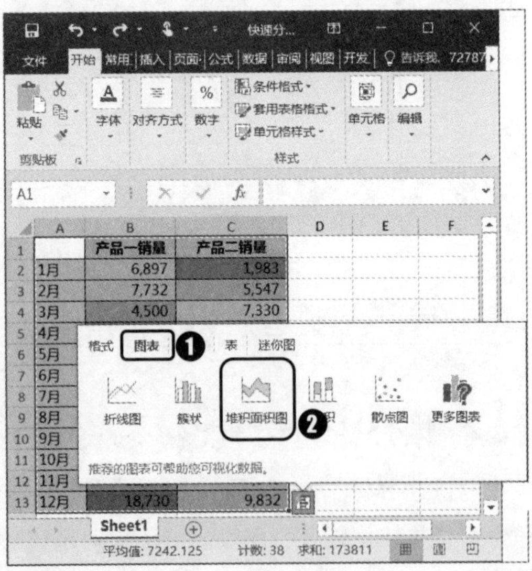

第 5 步：查看生成的图表

此时即可根据选中的数据区域生成一个簇状柱形图，效果如下图所示。

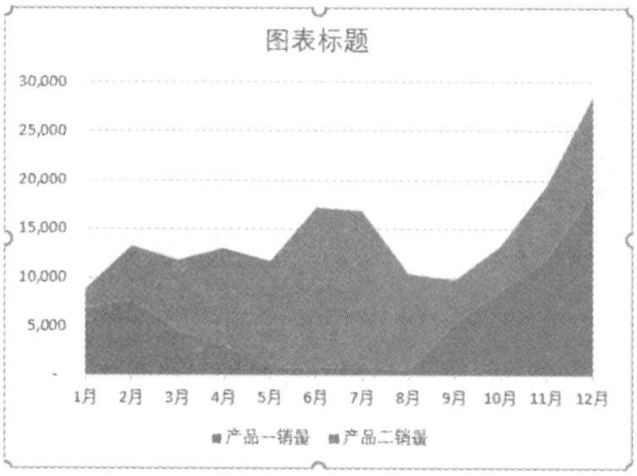

第 6 步：进行其他分项

除了进行“格式、图表”分析外，还可以进行“汇总、表、迷你图”分析，此处不再赘述，如下图所示。

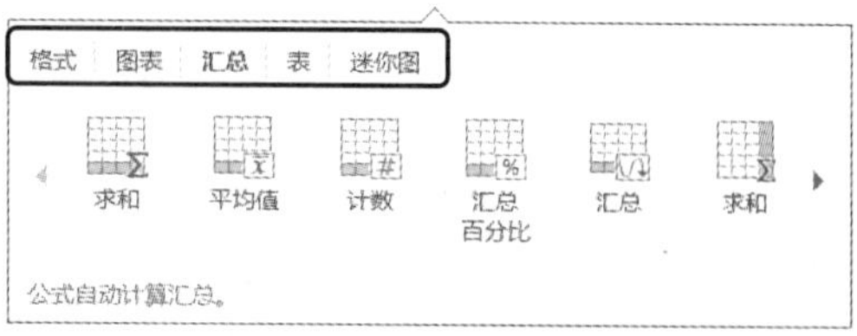

3. 设置双轴图表

有时需要在同一个 Excel 图表中反映多组数据变化趋势，例如，要同时反映 GDP 和 GDP 增长率，但 GDP 数值往往远大于 GDP 增长率数值，当这两个数据系列出现在同一个组合图表中时，增长率的变化趋势由于数值太小而无法在图表中展现出来。这时可用双轴图表来解决这个问题。设置双轴图表具体操作方法如下。

第 1 步：插入簇状柱形图

打开“素材文件\第 13 章\提升效率\设置双轴图表.xlsx”文件，选中单元格区域 A2:C13，❶单击“插入”选项卡；❷在“图表”功能组中单击“插入柱形图或条形图”按钮；❸在弹出的下拉列表中选择“簇状柱形图”选项，如下图所示。

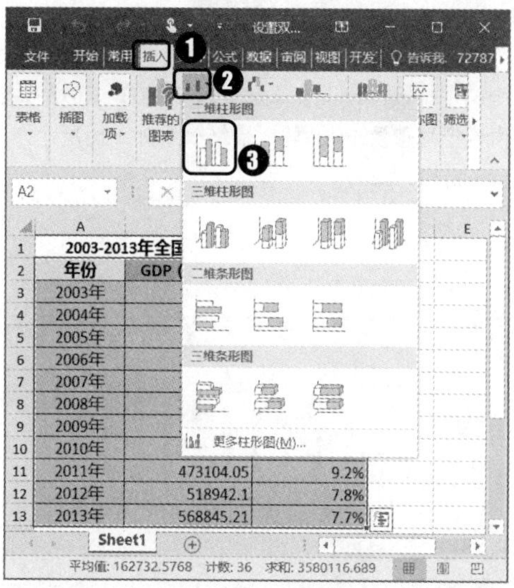

第 2 步：查看簇状柱形图

此时，此时即可根据源数据，创建一个簇状柱形图，如下图所示。

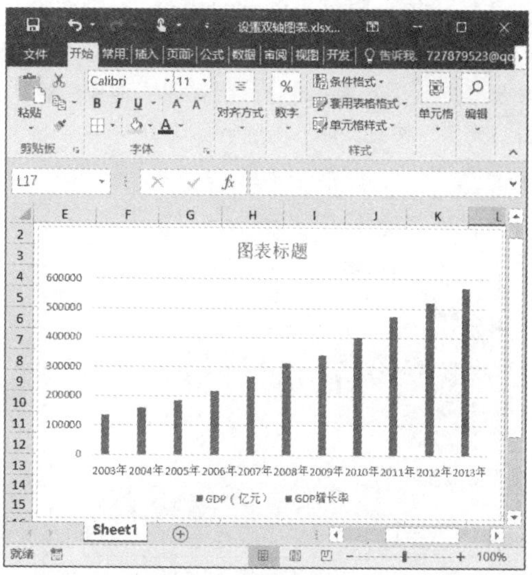

第 3 步：设置数据系列格式

在图例中，❶选中数据系列“GDP 增长率”，右击；❷在弹出的快捷菜单中选择“设置数据系列格式”菜单，如下图所示。

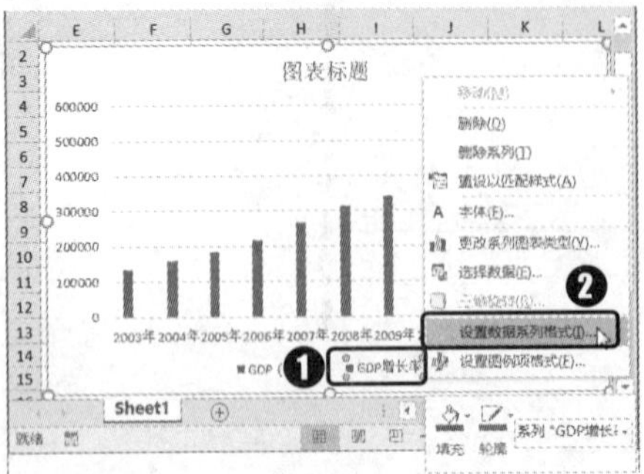

第 4 步：设置次坐标轴

弹出“设置数据系列格式”窗格，在“系列选项”组中选中“次坐标轴”单选按钮，如下图所示。

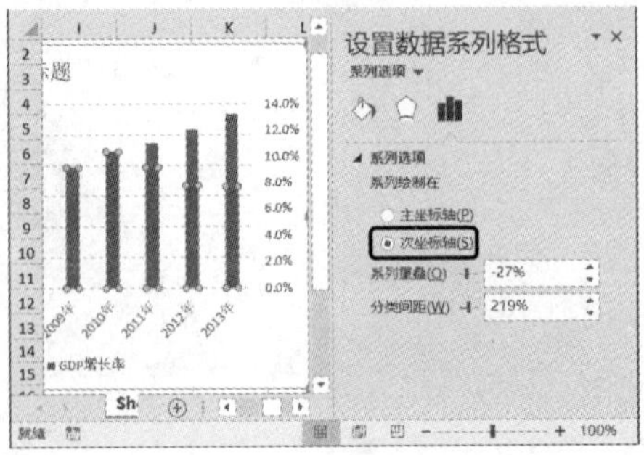

第 5 步：查看次坐标轴设置效果

此时即可为选中的数据系列添加次坐标轴，形成双轴复合图表，如下图所示。

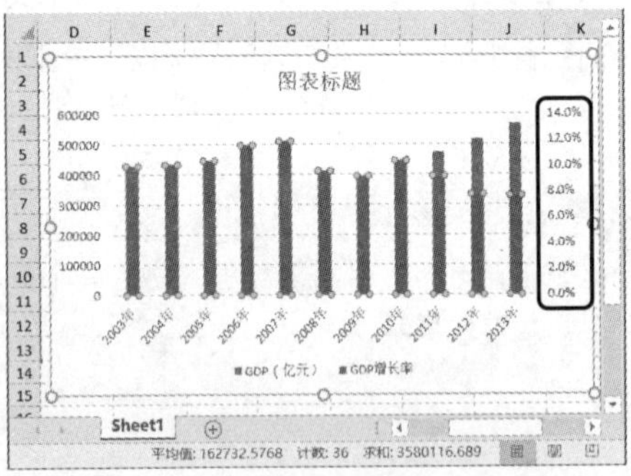

第 6 步：执行更改系列图表类型命令

选中数据系列“GDP 增长率”，右击，在弹出的下拉列表中选择“更改系列图表类型”选项，如下图所示。

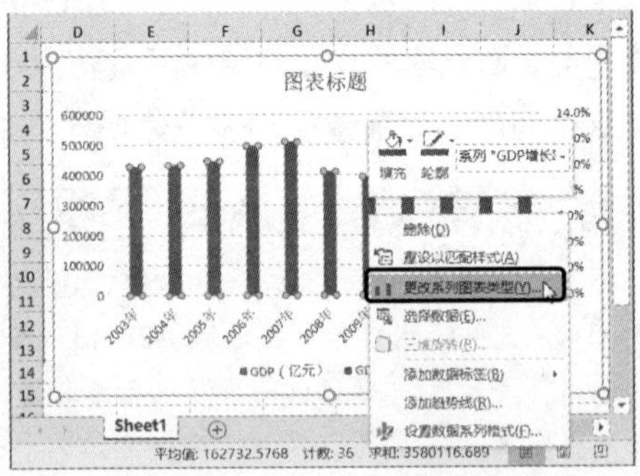

第 7 步：更改系列图表类型

弹出“更改图表类型”对话框，❶在“GDP 增长率”下拉列表中选择“折线图”选项；❷单击“确定”按钮，如下图所示。

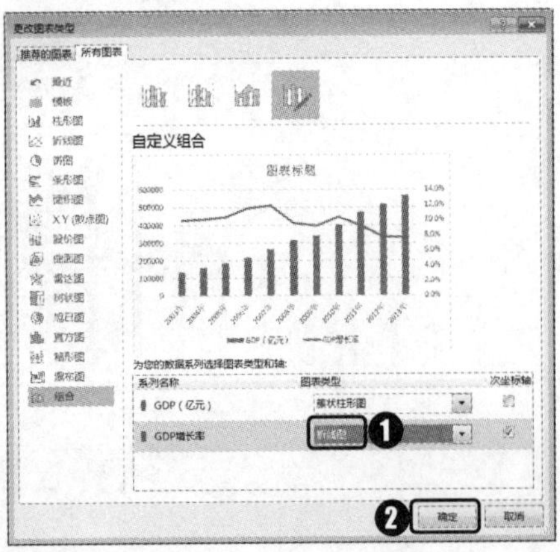

第 8 步：查看最终效果

此时选中数据系列“GDP 增长率”的图表类型就变成了折线，为图表添加标题“2003～2013 年全国内生产总值及增长率”，最终效果如下图所示。

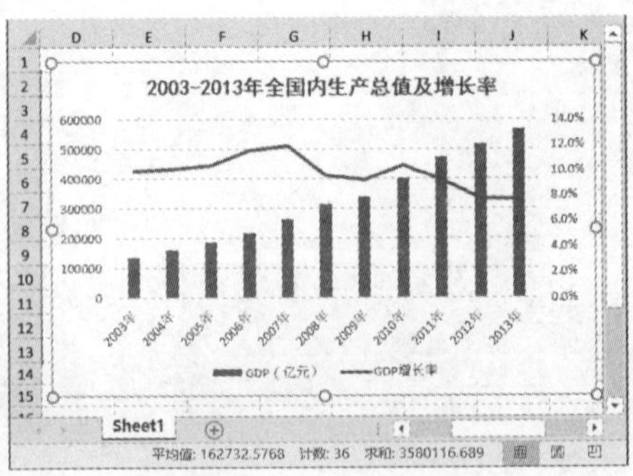

4. 教您制作半圆式饼图

在一些商业杂志上，我们有时候会看到造型奇特的半圆式的饼图，这种新颖的表格形式，更加容易引起读者的注意力。接下来使用旋转图表和隐藏图表系列的方法来制作半圆式饼图，具体操作步骤如下：

第 1 步：打开素材文件

打开“素材文件\第 13 章\提升效率\半圆式图表.xlsx”文件，根据 2011 ~ 2014 每年费用和 4 年的总费用插入三维饼图，如下图所示。

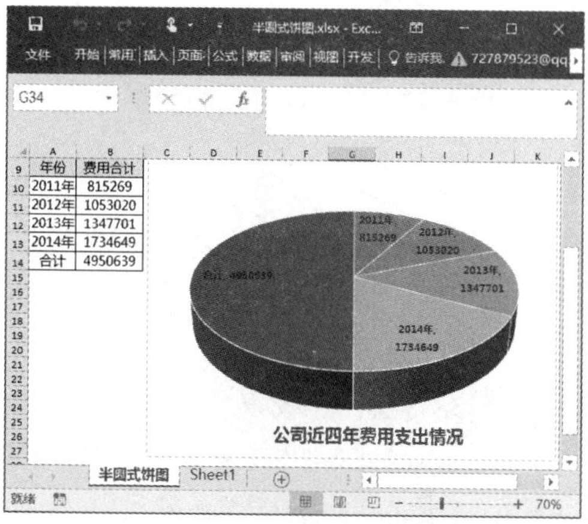

第 2 步：执行设置数据系列格式命令

选中数据系列，右击，在弹出的快捷菜单中选择“设置数据系列格式”菜单项，如下图所示。

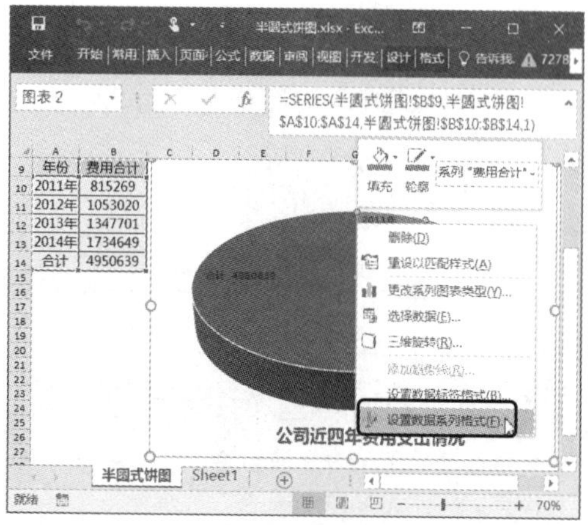

第 3 步：设置旋转角度

在工作表右侧，弹出“设置数据系列格式”对话框，在“系列选项”组中拖动滚动条调整第一扇区其角度的数值，将其数值调整为“270° ”，如下图所示。

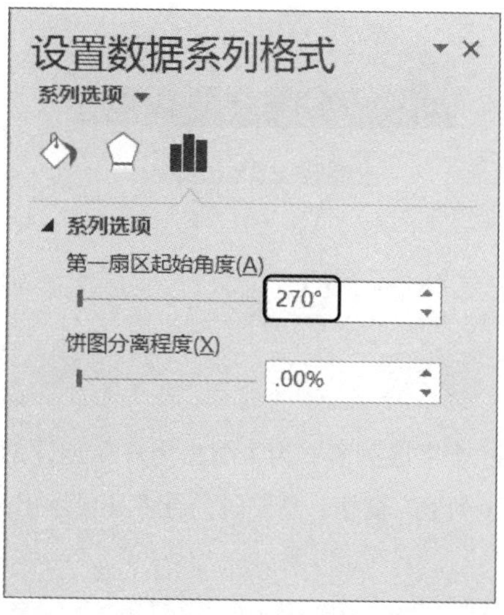

第 4 步：查看设置效果

此时将图表进行旋转，合计项图表的部分正好位于图表的正下方，如下图所示。

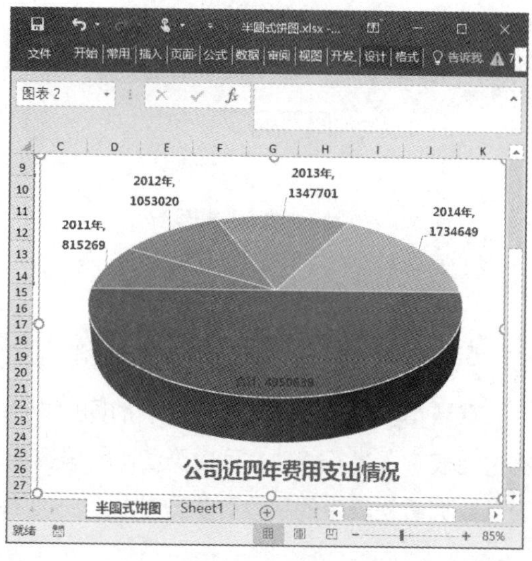

第 5 步：设置数据点格式

选中合计项的数据点，右击，在弹出的快捷菜单中选择“设置数据点格式”菜单项，如下图所示。

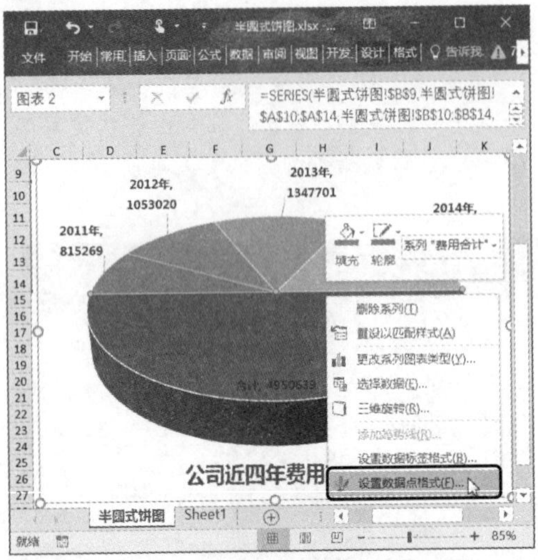

第 6 步：设置无填充颜色

弹出“设置数据点格式”窗格，在“填充”组中选中“无填充”单选按钮，此时即可形成半圆式图表，如下图所示。

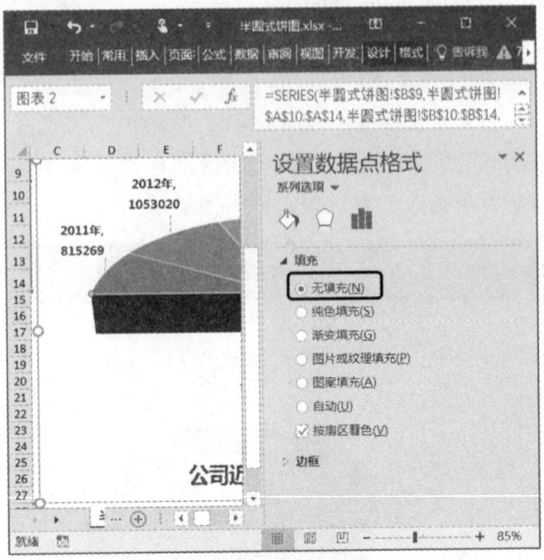

第 7 步：删除数据点的数据标签

选中合计项所在的数据标签，按“Delete”键即可将其删除，如下图所示。

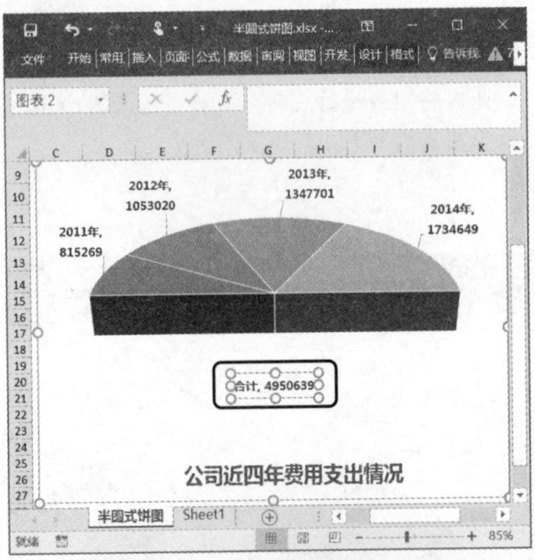

第 8 步：查看最终效果

拖动鼠标，适当调整图表标题和绘图区域的位置即可，半圆式图表的最终效果如下图所示。

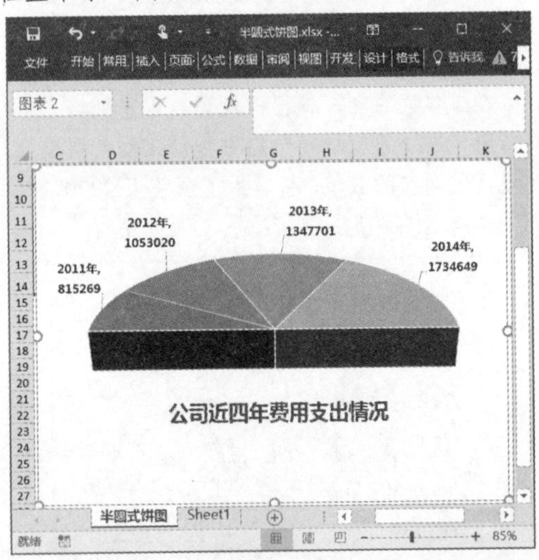

5. 隐藏数据透视表中的字段列表

默认情况下，生成数据透视表的同时，会生成一个字段列表，为了防止用户对创建的数据透视表字段进行修改，可以隐藏“数据透视表字段列表”窗格，需要时，再将其显示出来。隐藏数据透视表中的字段列表具体操作方法如下。

第 1 步：打开素材文件

打开“素材文件\第 13 章\提升效率\隐藏字段列表.xlsx”文件，在数据透视表中的“字段列表”窗格中单击“关闭”按钮，即可隐藏“字段列表”窗格，如下图所示。

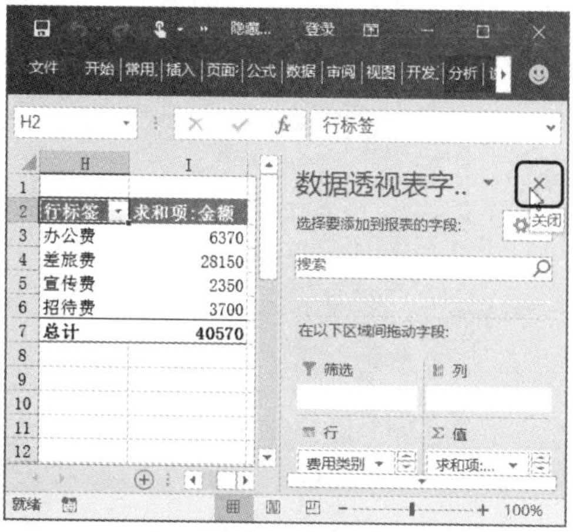

第 2 步：执行设置数据系列格式命令

如果要显示“字段列表”窗格，❶在“数据透视表工具”栏中单击“分析”选项卡；❷单击“显示”功能组中的“字段列表”按钮，即可显示“字段列表”窗格，如下图所示。

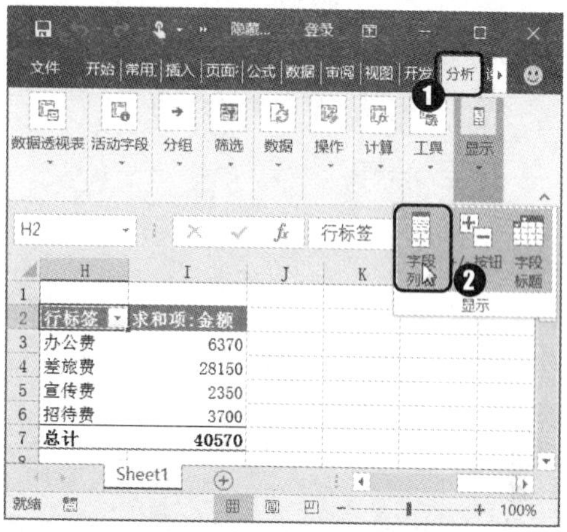

6. 刷新透视表中的结果数据

数据透视表是由基础表格“变”出来的，如果基础表格中的数据发生了变化，汇总表中的数据不会马上发生变化，需要我们执行“刷新”命令，通过刷新基础表格中的源数据，获取最新的汇总数据。具体操作方法有以下两种。

第 1 种：执行筛选命令

打开“素材文件\第 13 章\提升效率\刷新结果数据.xlsx”文件，打开素材文件，如在“数据透视表工具”栏中，❶单击“分析”选项卡；❷单击“数据”功能组中的单击“刷新”下拉按钮，在弹出的下拉列表中选择“刷新”和“全部刷新”选项，就可以完成数据更新，如下图所示。

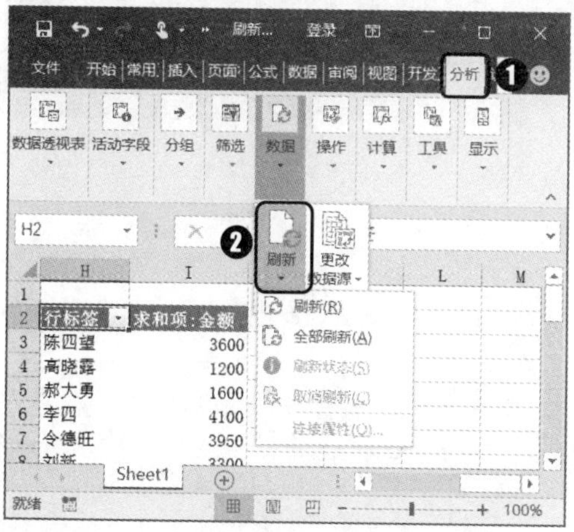

第 2 种：使用“Ctrl+F5”组合键

按“Ctrl+F5”组合键，也可以完成数据刷新，如下图所示。

温馨小提示

用户也可以通过 VBA 代码更新结果数据。用在数据透视表中右击，在弹出的快捷菜单中选择“查看代码”命令，输入以下代码：

```
Private Sub Worksheet_Activate()
ActiveSheet.PivotTables("Sheet
1").PivotCache.Refresh
End Sub
```

其中“Sheet1”是要刷新的数据透视表所在工作表的名称。

第 14 章　工资数据管理

本章导读

为了便于管理员工的补贴、奖金、个税及工资等情况，财务人员可以根据企业需要创建适合本单位的工资管理系统。本章使用 Excel 制作工资管理表单，月末统计员工工资，并制作工资系统登录窗口。

知识要点

- ❖ 制作基本工资表
- ❖ 制作奖金表
- ❖ 制作补贴表
- ❖ 制作社保缴纳一览表
- ❖ 制作员工工资统计表
- ❖ 查询员工工资数据
- ❖ 制作工资条
- ❖ 保存为启用宏的工作簿
- ❖ 设置个人信息选项
- ❖ 添加开发工具选项卡
- ❖ 设置宏的安全性
- ❖ 设置用户登录窗体
- ❖ 工资业务的账务处理

案例展示

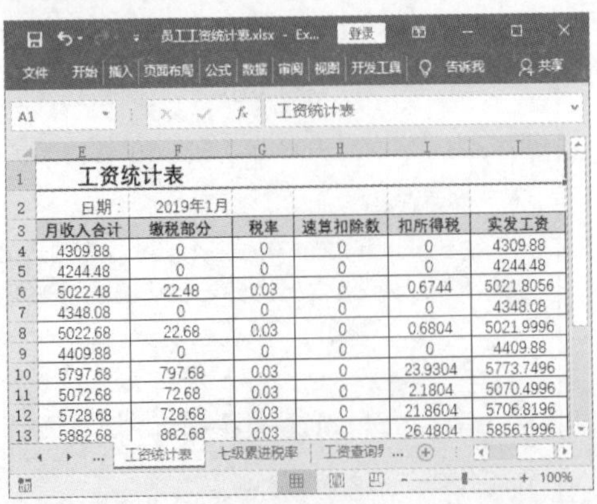

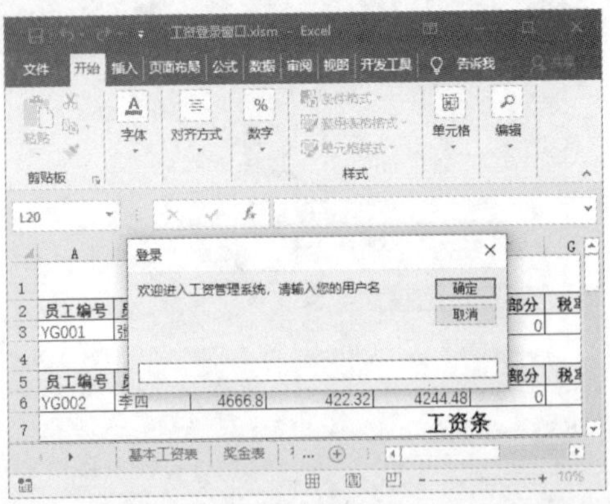

14.1 制作工资管理表单

案例概述

员工工资管理不仅是一个单位管理薪资的重要手段，也是财务人员的一项重要的工作内容，同时也是保障企业运转的基础。为此需要制作相关的工资管理表单，规范企业的管理。接下来，本节将在 Excel 中制作常用的工资管理表单，如基本工资表、奖金表、补贴表和社保缴纳一览表等。

案例效果

利用 Excel 2010 的制表功能和 IF()、SUM()等常用函数，可以快速制作基本工资表、奖金表、补贴表和社保缴纳一览表。

工资管理表单制作完成后，效果如下图所示。

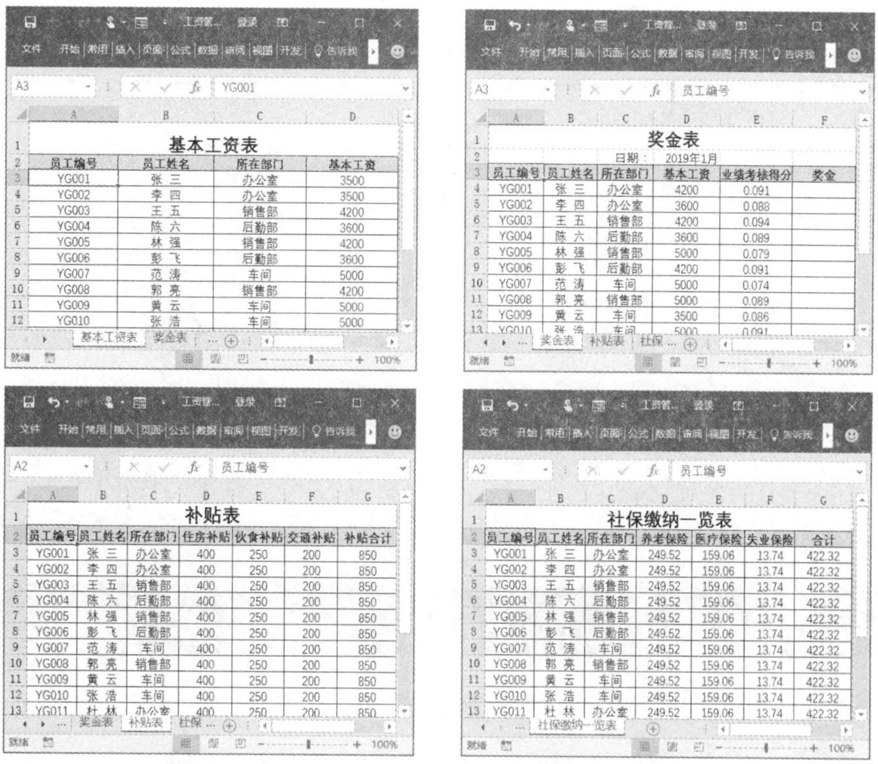

同步文件

原始文件： 素材文件\第 14 章\工资管理表单.xlsx

结果文件： 结果文件\第 14 章\工资管理表单.xlsx

同步视频文件： 同步教学文件\第 14 章\工资管理表单\14.1.1.mp4~14.1.4.mp4

制作思路

制作工资管理表单的制作思路如下：

制作基本工资表 → 制作奖金表 → 制作补贴表 → 制作保险缴纳一览表

14.1.1　制作基本工资表

基本工资是根据劳动合同约定或国家及企业规章制度规定的工资标准计算的工资。也称标准工资。在一般情况下，基本工资是职工劳动报酬的主要部分。基本工资表主要包括员工编号、员工姓名、所在部门、基本工资。

例如，假设某企业员工的基本工资按照部门进行分类，不同的部门的基本工资是不同的，如表 14-1 所示。

表 14-1　不同部门员工的基本工资

所在部门	基本工资（元）
办公室	3 500
销售部	4 200
车间部	5 000
后勤部	3 600

接下来根据表 14-1，在 Excel 中制作基本工资表，具体的操作方法如下。

第 1 步：打开素材文件

打开“素材文件\第 14 章\工资管理表单.xlsx”文件，基本工资表的基本框架如下图所示。

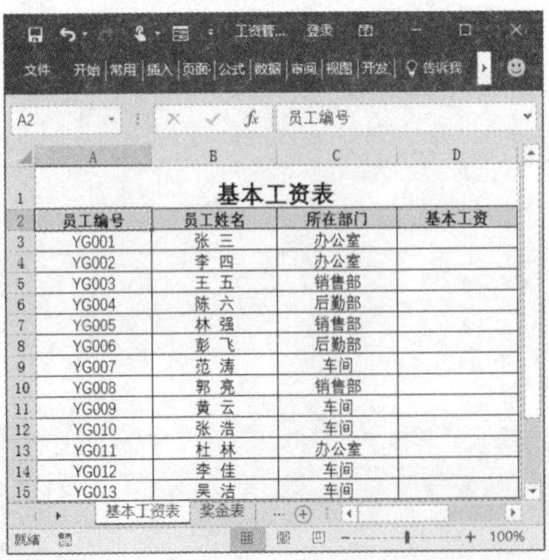

第 2 步：输入公式

选中 D3 单元格，输入公式“=IF(C3="办公室",3500,IF(C3="销售部",4200,IF(C3 ="车间",5000,3600)))”，按“Enter”键确认输入，如下图所示。

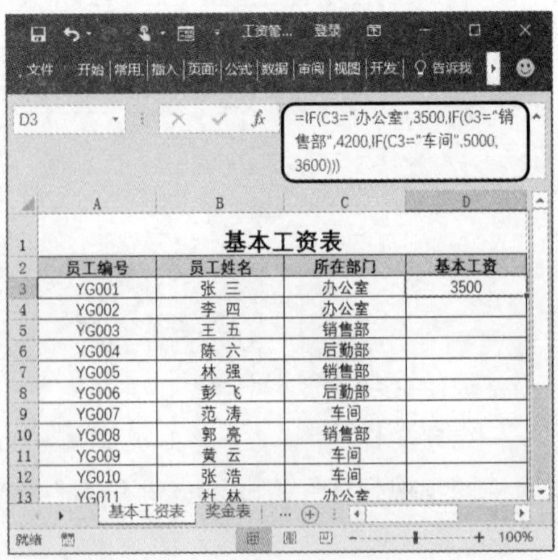

第 3 步：定位鼠标

将鼠标定位在 D3 单元格的右下角，此时鼠标指针变成十字形状，如下图所示。

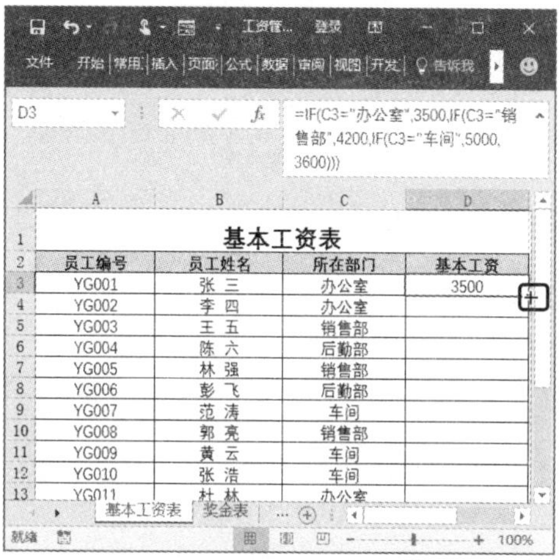

第 4 步：填充公式

双击鼠标左键，此时即可计算出所有员工的基本工资，如下图所示。

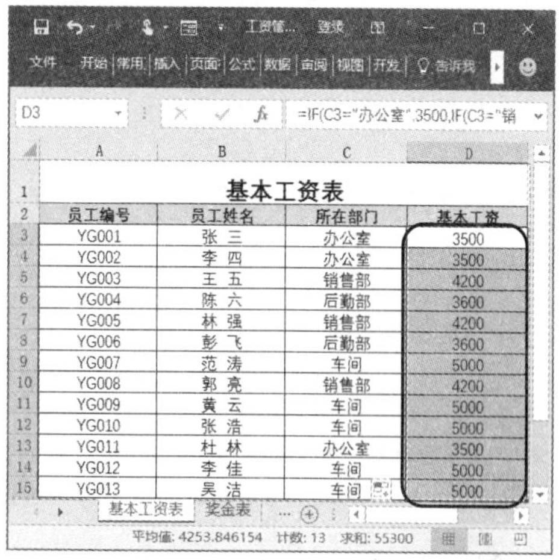

温馨小提示

员工基本工资是根据劳动合同约定或国家及企业规章制度规定的工资标准计算的工资。在一般情况下，基本工资是职工劳动报酬的主要部分。在同等的情况下，职工基本工资的多少，一般反映他们之间的工作能力、业务技术水平和担负职责的差异。基本工资在很大程度上决定了员工收入水平的高低。基本工资的最低数额，应当保证职工本人及其平均赡养人口的基本生活需要。

14.1.2 制作奖金表

奖金作为一种工资形式，其作用是对与生产或工作直接相关的超额劳动给予报酬。奖金是对劳动者在创造超过正常劳动定额以外的社会所需要的劳动成果时，所给予的物质补偿。

例如，假设某企业员工的奖金按照如下公式进行计算（见表 14-2）：

奖金=基本工资×业绩考核得分　（业绩考核得分在 0.06～0.1 之间）

表 14-2　2016 年 11 月员工业绩考核得分

员工姓名	业绩考核得分	员工姓名	业绩考核得分
张三	0.091	郭亮	0.089
李四	0.088	黄云	0.086
王五	0.094	张浩	0.091
陈六	0.089	杜林	0.078
林强	0.079	李佳	0.088
彭飞	0.091	吴洁	0.093
范涛	0.074		

接下来根据表 14-2，在 Excel 中制作奖金表，具体的操作方法如下。

第1步：打开素材文件

切换到工作表“奖金表”，奖金表的基本格式，如下图所示。

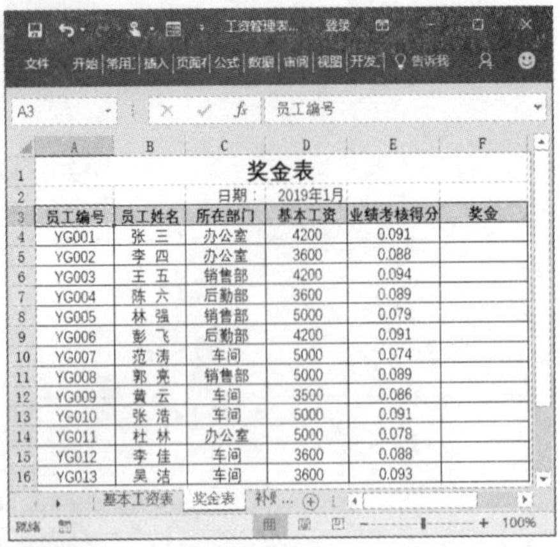

第2步：输入公式

选中 F4 单元格，输入公式“=D4*E4”，按“Enter”键确认输入，如下图所示。

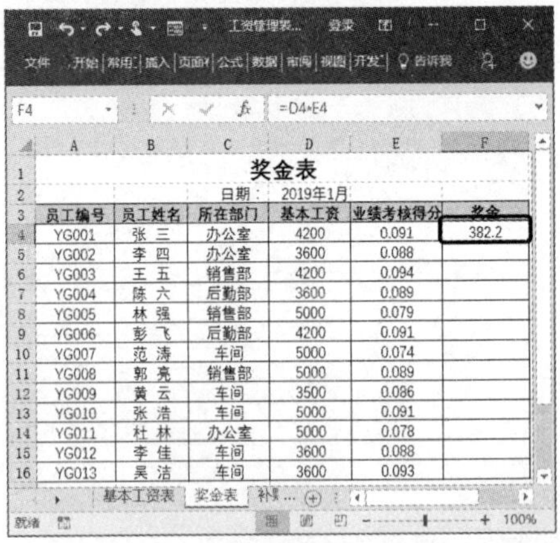

第3步：定位鼠标

将鼠标定位在 F4 单元格的右下角，此时鼠标指针变成十字形状，如下图所示。

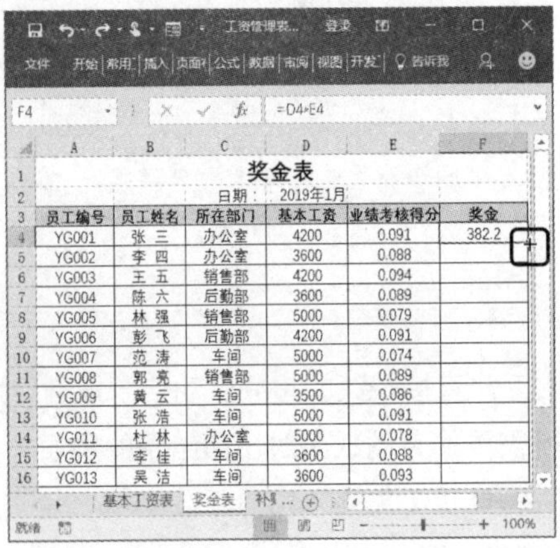

第4步：填充公式

双击鼠标左键，此时即可计算出所有员工的奖金，如下图所示。

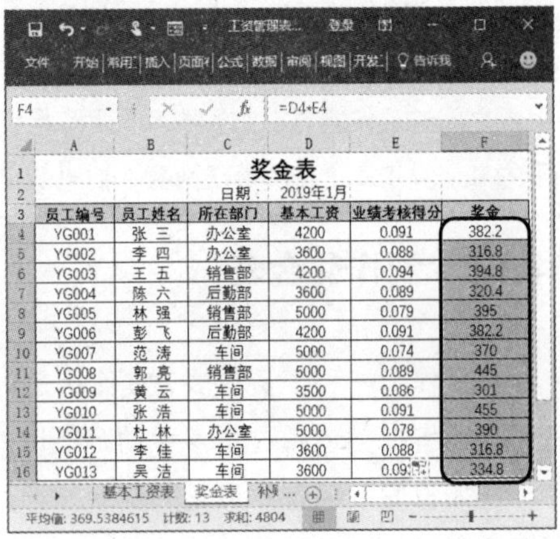

14.1.3 制作补贴表

补贴，是指补偿职工在特殊条件下的劳动消耗及生活费额外支出的工资补充形式。常见的包括矿高温津贴、住房补贴、伙食补贴、交通补贴、生活费补贴等。

例如，假设某企业现行的员工每月补贴项目及金额，如表 14-3 所示。

表 14-3 员工每月的补贴项目及金额

补贴项目	金额（元/人）
住房补贴	200
伙食补贴	150
交通补贴	60

接下来根据表 14-3，在 Excel 中制作奖金表，具体操作方法如下。

第 1 步：打开素材文件

切换到工作表“补贴表”，补贴表的基本格式，如下图所示。

第 2 步：输入公式

选中 G3 单元格，输入公式“=SUM (D3:F3)”，按“Enter”键确认输入，如下图所示。

第 3 步：定位鼠标

将鼠标定位在 G3 单元格的右下角，此时鼠标指针变成十字形状，如下图所示。

第 4 步：填充公式

双击鼠标左键，此时即可计算出所有员工的补贴合计，如下图所示。

温馨小提示

任职受雇的单位对职工发放与任职受雇有关的“奖金”，是个人工资薪金的组成部分，应按“工资薪金所得”应税项目计征个人所得税。按照政策规定，不同形式的奖金，其计税方法不一样，产生的税负也不一样。政策差异根据现行政策规定，个人取得的不同类型的“奖金”，个人所得税计算方法不一样。

14.1.4 制作社保缴纳一览表

基本养老保险费、基本医疗保险费、工伤保险费、失业保险费和生育保险费。《社会保险费申报缴纳管理规定（草案）》规定，国家要求征收的社保险种由养老、医疗和失业三项扩大为全部五项，新增工伤险和生育险。

例如，假设某企业按照当地社保部门规定为员工缴纳三险，其中单位和个人缴纳比例及金额如表 14-4 所示。

表 14-4　单位和个人缴纳比例及金额

险种	最低基数	单位比例	单位缴费	个人比例	个人缴费
养老保险	1869	20%	373.80	8%	149.52
医疗保险	2803	10%	280.30	2%+3	59.06
失业保险	1869	1%	18.69	0.20%	3.74

接下来根据表 14-4，在 Excel 中制作社保缴纳一览表，具体的操作步骤如下。

第 1 步：打开素材文件

切换到工作表“社保缴纳一览表”，社保缴纳一览表的基本格式，如下图所示。

第 2 步：输入公式

选中 G3 单元格，输入公式“=SUM (D3:F3)”，按“Enter”键确认输入，如下图所示。

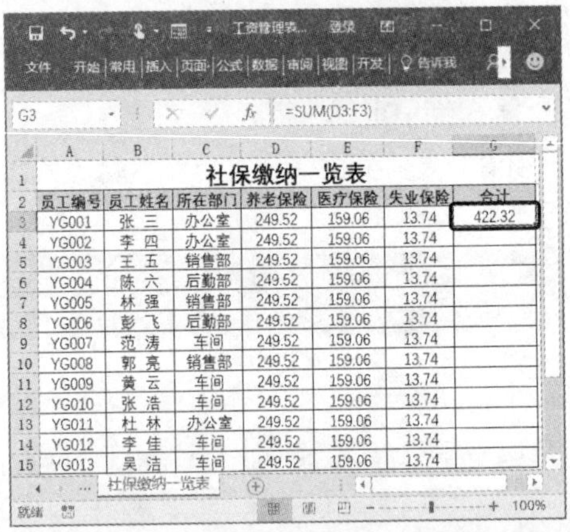

第 3 步：定位鼠标

将鼠标定位在 G3 单元格的右下角，此时鼠标指针变成十字形状，如下图所示。

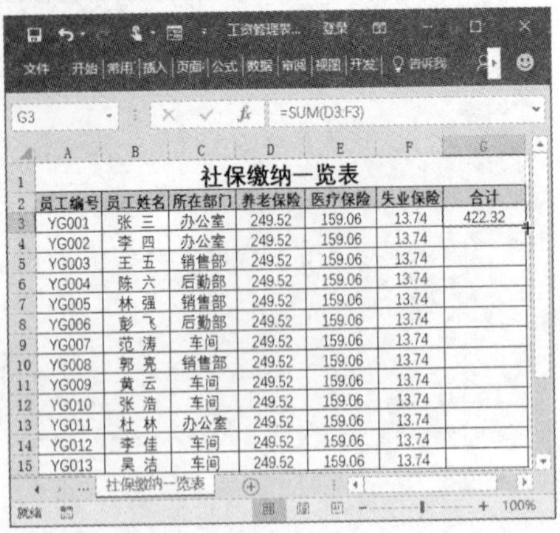

第 4 步：填充公式

双击鼠标左键，此时即可计算出所有员工的社保合计，如下图所示。

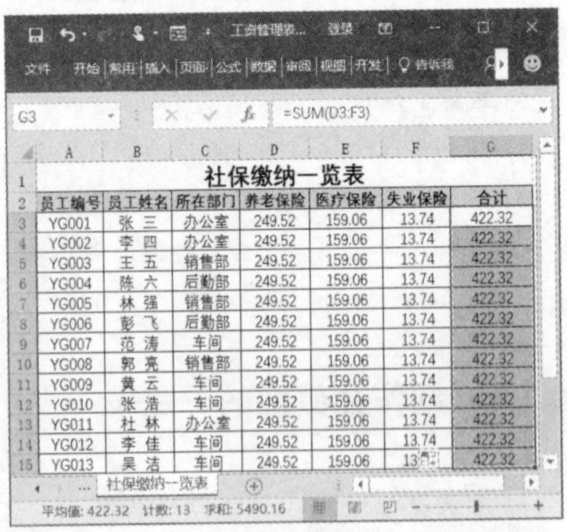

14.2 月末员工工资统计

案例概述

工资管理表单制作完成以后，每月月末，会计人员都要根据工资管理表单统计工资数据。接下来，在 Excel 中制作员工工资统计表，使用 IF()函数计算工资数据及个人所得税，然后使用 VLOOK()函数制作员工工资数据查询系统，最后介绍工资条的制作和打印。

案例效果

工资统计表是用于统计和分析每月员工工资信息的表单，主要包括员工编号、员工姓名、应发工资、缴纳社保费、月收入合计、缴税部分、税率、速算扣除数、扣所得税、实发工资等项目。

“工资统计表”制作完成后，效果如下图所示。

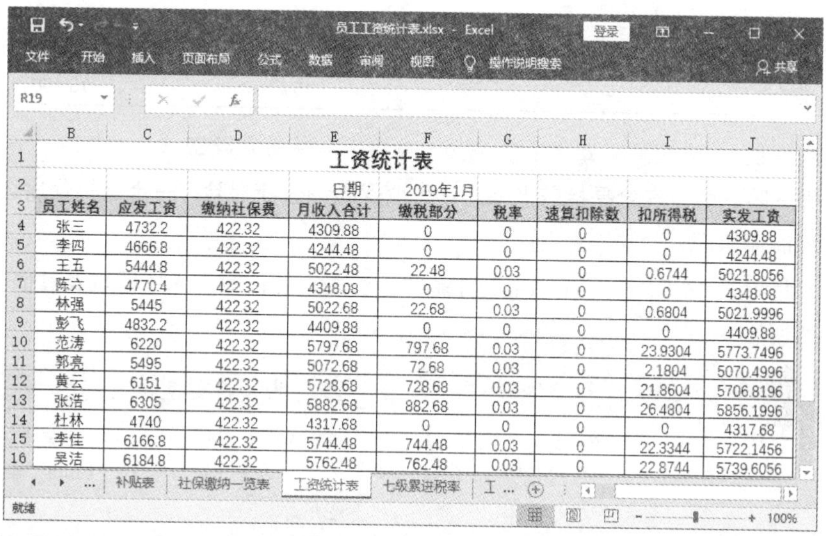

工资统计表

日期：2019年1月

员工姓名	应发工资	缴纳社保费	月收入合计	缴税部分	税率	速算扣除数	扣所得税	实发工资
张三	4732.2	422.32	4309.88	0	0	0	0	4309.88
李四	4666.8	422.32	4244.48	0	0	0	0	4244.48
王五	5444.8	422.32	5022.48	22.48	0.03	0	0.6744	5021.8056
陈六	4770.4	422.32	4348.08	0	0	0	0	4348.08
林强	5445	422.32	5022.68	22.68	0.03	0	0.6804	5021.9996
彭飞	4832.2	422.32	4409.88	0	0	0	0	4409.88
范涛	6220	422.32	5797.68	797.68	0.03	0	23.9304	5773.7496
郭亮	5495	422.32	5072.68	72.68	0.03	0	2.1804	5070.4996
黄云	6151	422.32	5728.68	728.68	0.03	0	21.8604	5706.8196
张浩	6305	422.32	5882.68	882.68	0.03	0	26.4804	5856.1996
杜林	4740	422.32	4317.68	0	0	0	0	4317.68
李佳	6166.8	422.32	5744.48	744.48	0.03	0	22.3344	5722.1456
吴洁	6184.8	422.32	5762.48	762.48	0.03	0	22.8744	5739.6056

同步文件

原始文件： 素材文件\第 14 章\员工工资统计表.xlsx

结果文件： 结果文件\第 14 章\员工工资统计表.xlsx

同步视频文件： 同步教学文件\第 14 章\员工工资统计表\14.2.1.mp4~14.2.3.mp4

制作思路

“月末员工工资统计”的制作思路如下：

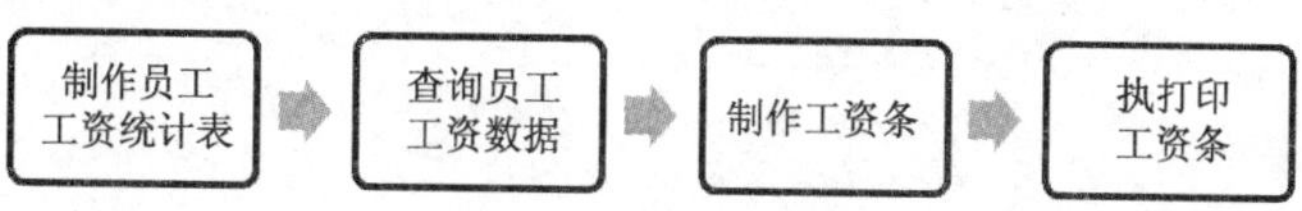

14.2.1 制作员工工资统计表

员工工资统计表是对制作工资管理表单的加工和整理。在计算员工工资数据时，不可避免地会遇到个人所得税的计算。接下来介绍个人所得税的相关知识。

个人所得税是国家税务机关对个人所得计征的一种税。自 2018 年 10 月 1 日起，个税起征点调整为 5 000 元，实行调整后的 7 级超额累进税率，如表 14-5 所示。

表 14-5 7 级超额累进税率

全月应纳税所得额	税率	速算扣除数(元)
全月应纳税额不超过 3 000 元	3%	0
全月应纳税额超过 3 000 元至 12 000 元	10%	210
全月应纳税额超过 12 000 元至 25 000 元	20%	1 410
全月应纳税额超过 25 000 元至 35 000 元	25%	2 660
全月应纳税额超过 35 000 元至 55 000 元	30%	4 410
全月应纳税额超过 55 000 元至 80 000 元	35%	7 160
全月应纳税额超过 80 000 元	45%	15 160

个人所得税=（总工资－四金－免征额）×税率－速算扣除数

四金即三险一金，三险是指养老保险、失业保险和医疗保险。一金是指住房公积金，通常购房按揭时使用。

接下来根据表 14-5，在 Excel 中制作基本工资表，并计算个人所得税及其他工资数据，具体操作方法如下。

第 1 步：打开素材文件

打开“素材文件\第 14 章\员工工资统计表.xlsx”文件，工资统计表的基本框架如下图所示。

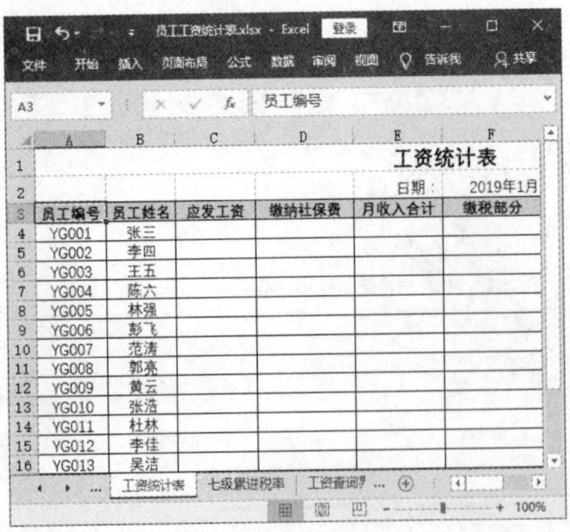

第 2 步：计算应发工资

选中 C4 单元格，输入公式“=基本工资表!D3+奖金表!F4+补贴表!G3”，按“Enter”键确认输入，如下图所示。

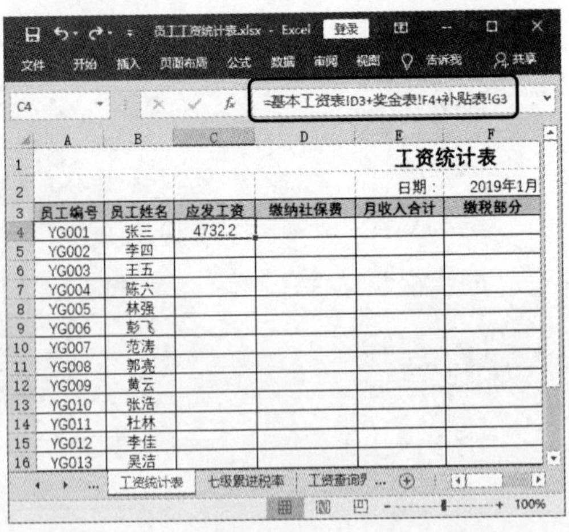

第 3 步：填充公式

将鼠标定位在 C4 单元格的右下角，此时鼠标指针变成十字形状，双击，此时即可计算出所有员工的应发工资，如下图所示。

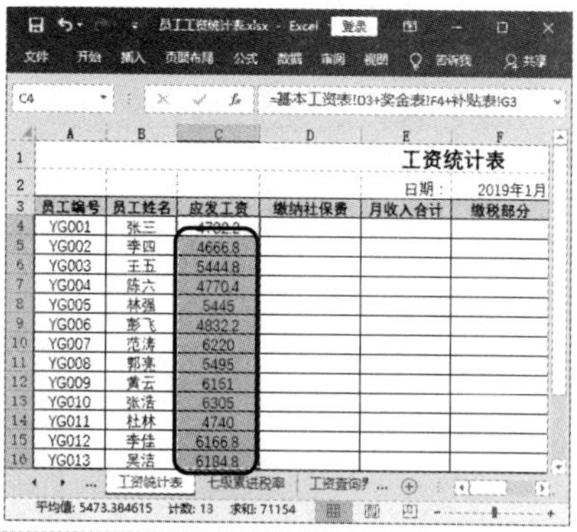

第 4 步：计算社保费

选中 D4 单元格，输入公式“=社保缴纳一览表!G3”，按“Enter”键确认输入，如下图所示。

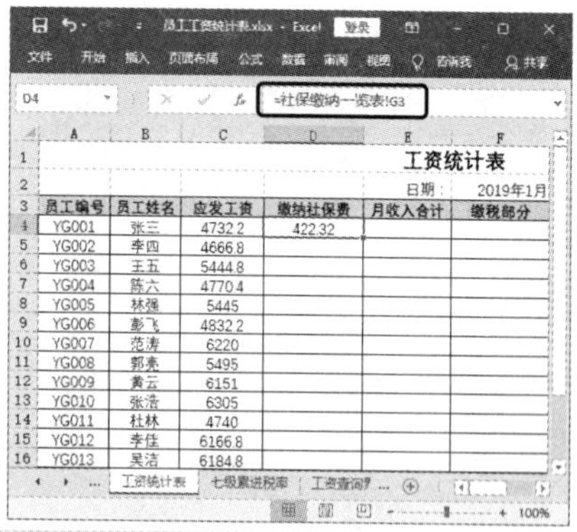

第 5 步：填充公式

将鼠标定位在 D4 单元格的右下角，鼠标指针变成十字形状，双击，此时即可计算出所有员工的社保费，如下图所示。

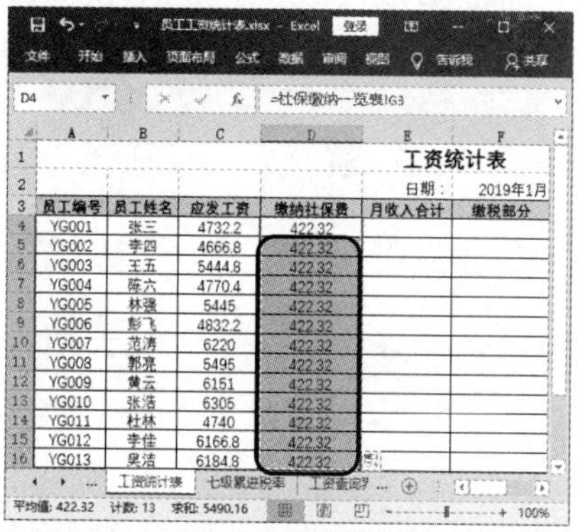

第 6 步：计算月收入合计

选中 E4 单元格，输入公式“=C4-D4”，按“Enter”键确认输入，如下图所示。

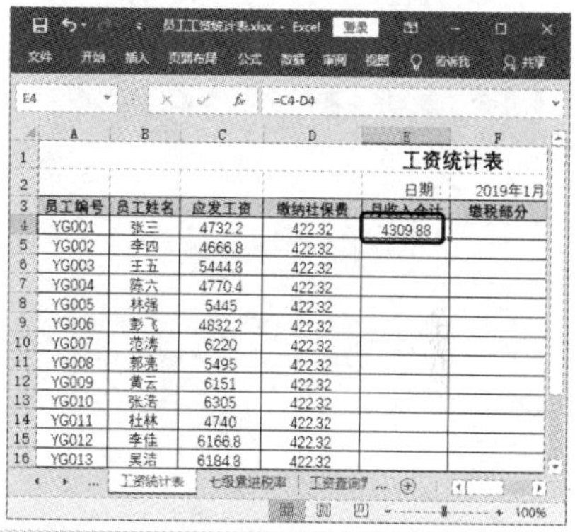

第 7 步：填充公式

将鼠标定位在 E4 单元格的右下角，此时鼠标指针变成十字形状，双击，此时即可计算出所有员工的月收入合计，如下图所示。

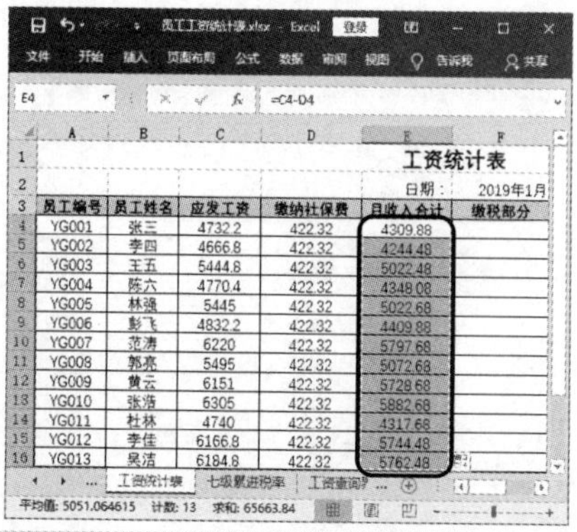

第 8 步：计算缴税部分

选中 F4 单元格，输入公式“=IF(E4 <=5000,0,E4-5000)”，按下“Enter”键确认输入，如下图所示。

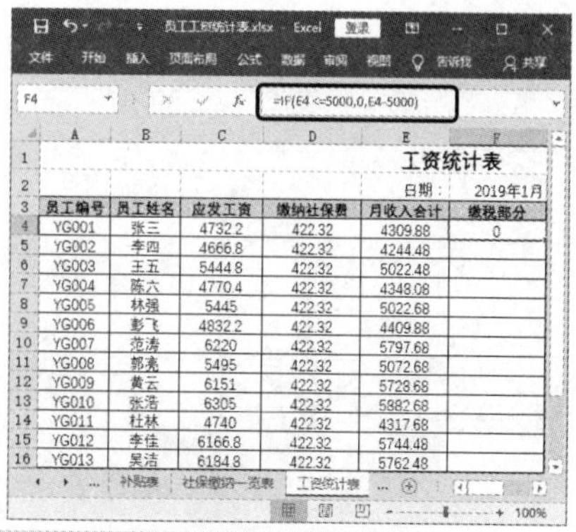

第 9 步：填充公式

将鼠标定位在 F4 单元格的右下角，此时鼠标指针变成十字形状，双击，此时即可计算出所有员工的缴税部分，如下图所示。

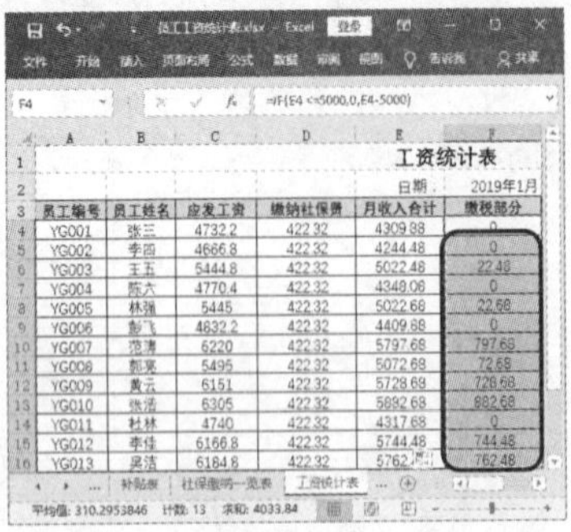

第 10 步：计算税率

选中 G4 单元格，输入公式“=IF(F4>80000,0.45,IF(F4>55000,0.35,IF(F4>35000,0.3,IF(F4>25000,0.25,IF(F4>12000,0.2,IF(F4>3000,0.1,IF(F4>0,0.03,0)))))))”，按“Enter”键确认输入，如下图所示。

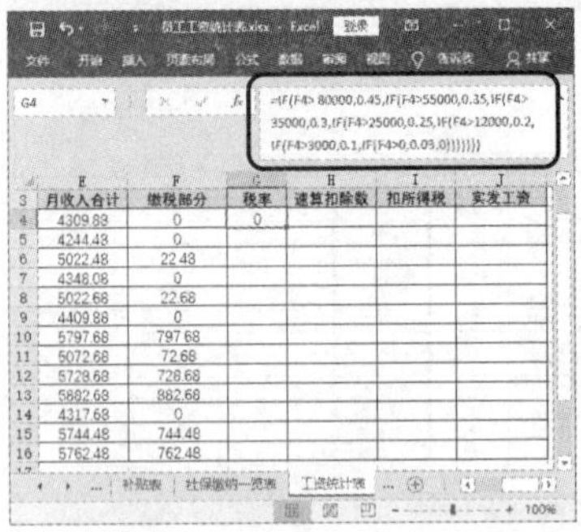

第 11 步：填充公式

将鼠标定位在 G4 单元格的右下角，此时鼠标指针变成十字形状，双击，此时即可计算出所有员工的个人所得税适用税率，如下图所示。

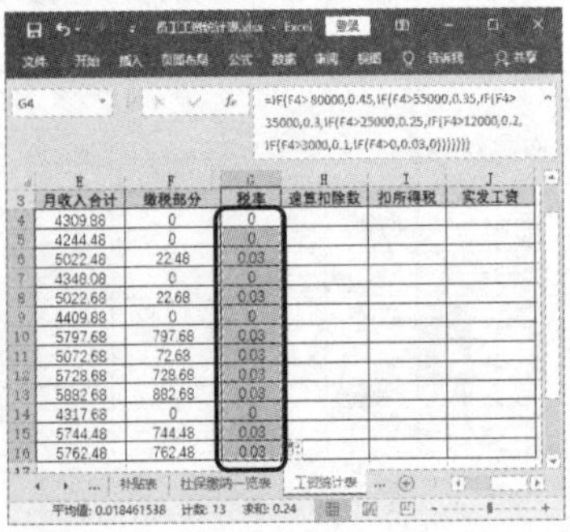

第 12 步：计算速算扣除数

选中 H4 单元格，输入公式“=IF(F4> 80000,15160,IF(F4>55000,7160,IF(F4>35000,4410,IF(F4>25000,2660,IF(F4>12000,1410,IF(F4>3000,210,0))))))”，按“Enter”键确认输入，如下图所示。

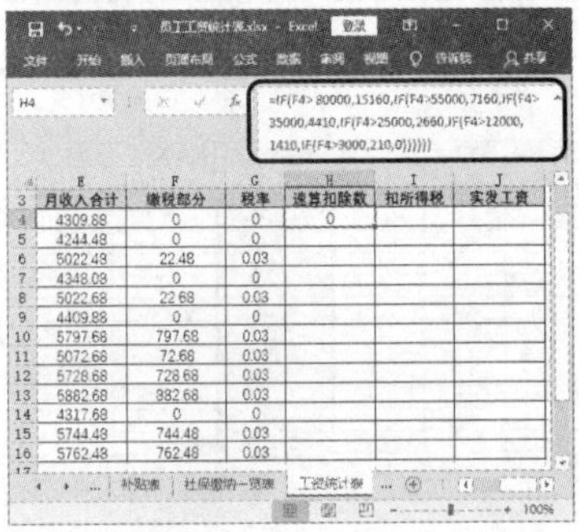

第 13 步：填充公式

将鼠标定位在 H4 单元格的右下角，此时鼠标指针变成十字形状，双击，此时即可计算出所有员工的速算扣除数，如下图所示。

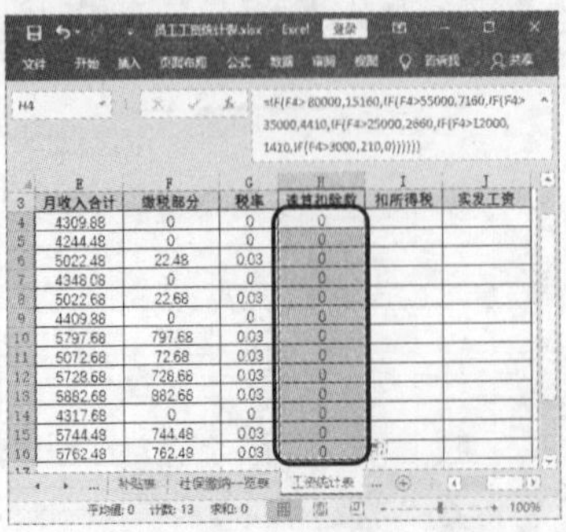

第 14 步：计算个人所得税

选中 I4 单元格，输入公式“=F4*G4-H4”，按“Enter”键确认输入，如下图所示。

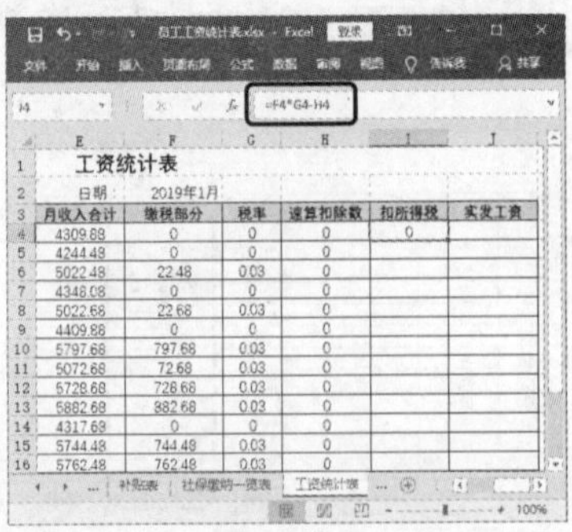

第 15 步：填充公式

将鼠标定位在 I4 单元格的右下角，此时鼠标指针变成十字形状，双击，此时即可计算出所有员工应缴纳的个人所得税，如下图所示。

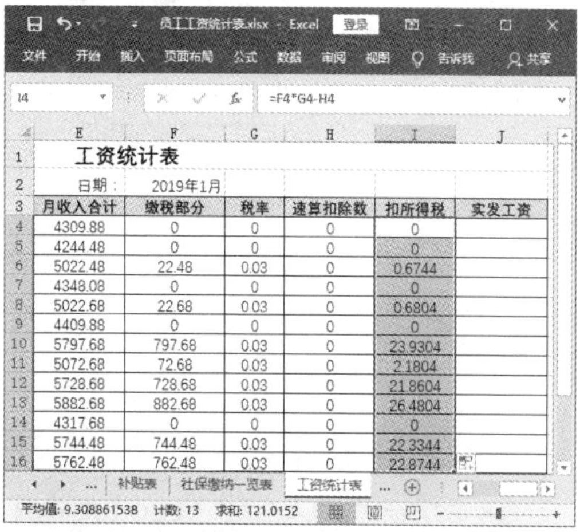

第 16 步：计算实发工资

选中 J4，单元格输入公式“=E4-I4”，按“Enter”键确认输入，如下图所示。

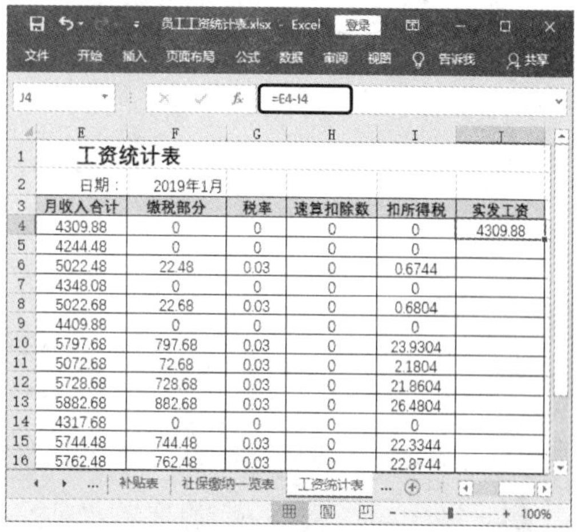

第 17 步：定位鼠标

将鼠标定位在 J4 单元格的右下角，此时鼠标指针变成十字形状，如下图所示。

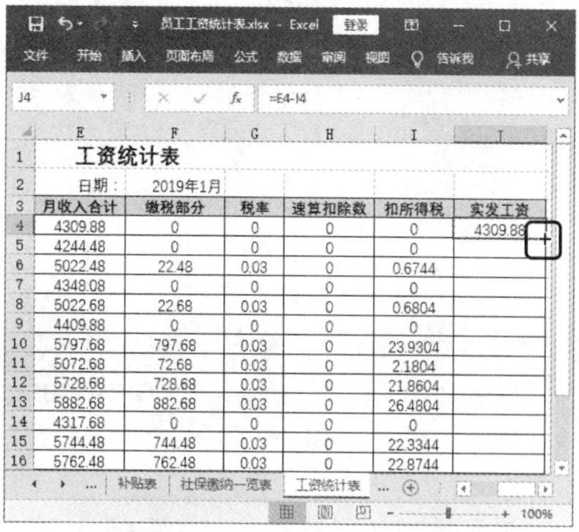

第 18 步：填充公式

双击，此时即可计算出所有员工的实发工资，操作到这里，工资统计表就制作完成了，如下图所示。

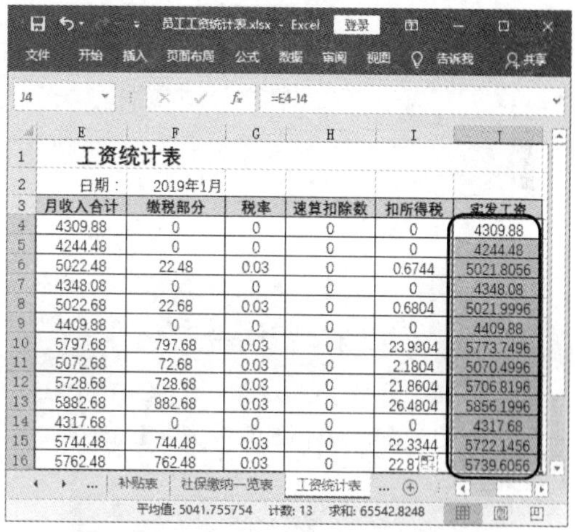

14.2.2 查询员工工资数据

员工工资统计表制作完成后，可以使用 VLOOKUP()函数制作员工工资查询系统。会计人员将“员工工资统计表”设置保护后，普通员工可以登录工资查询界面，凭借员工编号查询当月工资信息。

接下来制作员工工资查询系统，具体操作方法如下。

第 1 步：打开素材文件

切换到工作表“工资查询界面”，如下图所示。

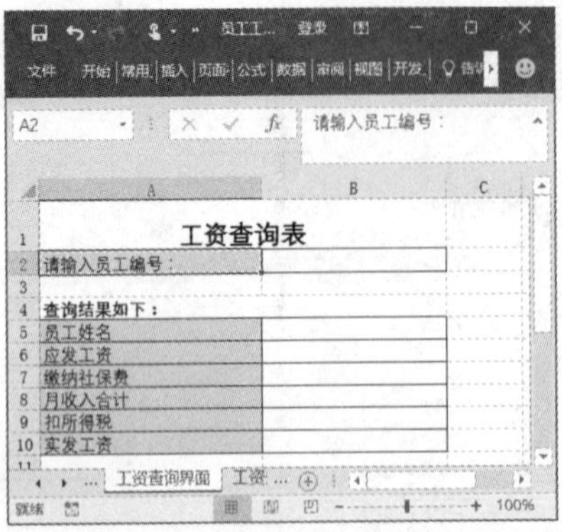

第 2 步：引用员工姓名

在 B5 单元格中输入公式“= VLOOKUP($B$2, 工资统计表!$A$4: $J$16,2,0)”，按“Enter”键确认输入，如下图所示。

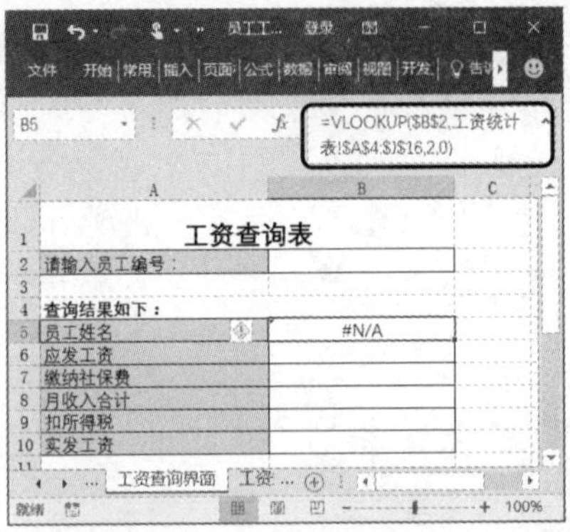

第 3 步：引用应发工资

选中 B6 单元格，输入公式“=VLOOKUP($B$2, 工资统计表!$A$4:$J$16,3,0)”，按“Enter”键确认输入，如下图所示。

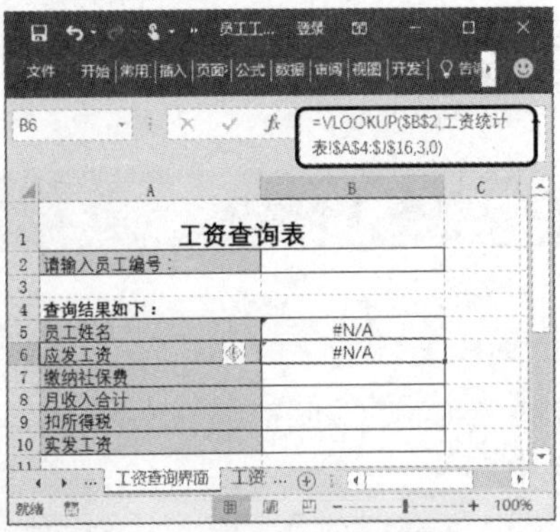

第 4 步：引用缴纳社保费

选中 B7 单元格，输入公式“= VLOOKUP($B$2, 工资统计表!$A$4: $J$16,4,0)”，按“Enter”键确认输入，如下图所示。

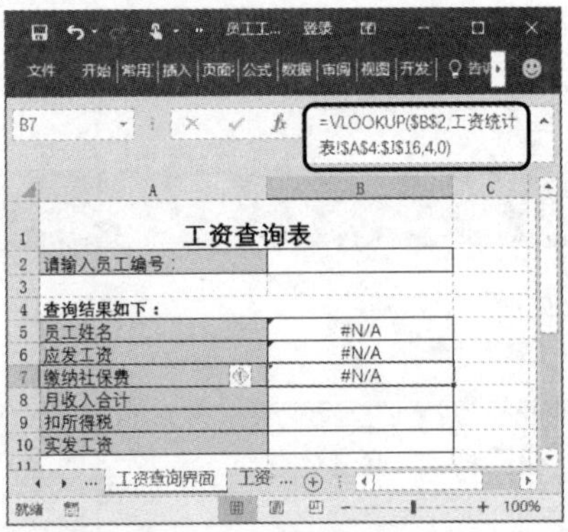

第 5 步：引用月收入合计

选中 B8 单元格，输入公式“=VLOOKUP($B$2, 工资统计表!$A$4: $J$16,5,0)”，按“Enter”键确认输入，如下图所示。

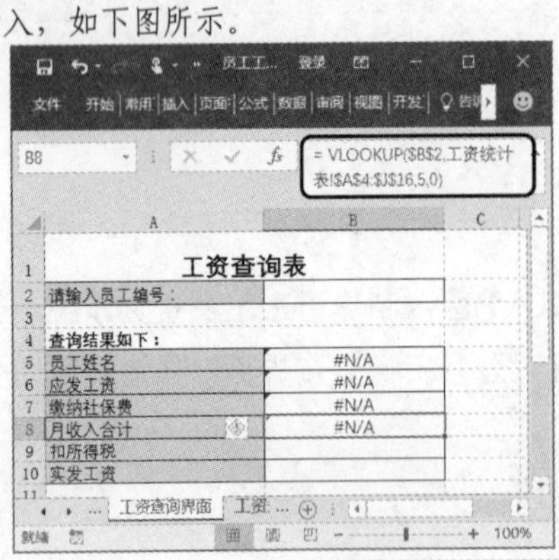

第 6 步：引用扣所得税

选中 B9 单元格，输入公式“=VLOOKUP($B$2, 工资统计表!$A$4: $J$16,9,0)”，按“Enter”键确认输入，如下图所示。

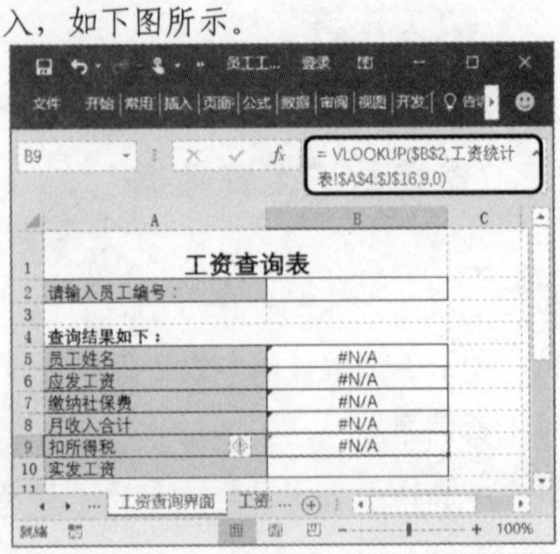

第 7 步：引用实发工资

选中 B10 单元格，输入如下公式“= VLOOKUP ($B$2,工资统计表!$A$4: $J$16,10,0)”，按“Enter”键确认输入，如下图所示。

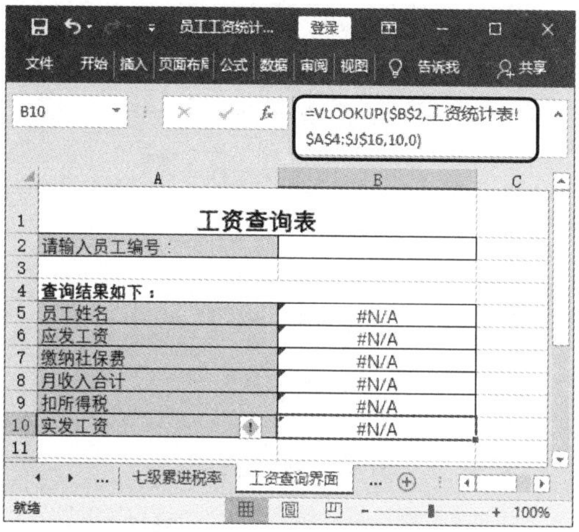

第 8 步：查询员工工资

在 B2 单元格中输入员工编号“YG001”，按“Enter”键，此时即可查询出编号的“YG001”员工的工资信息，如下图所示。

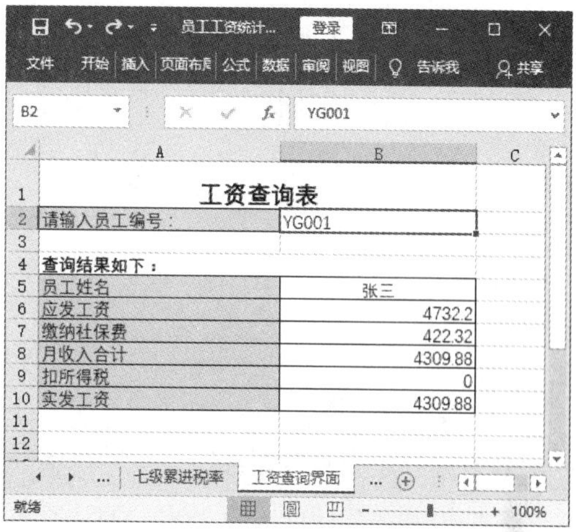

14.2.3 制作工资条

员工工资统计表制作完成后，可以使用 VLOOKUP()函数查找与引用工资数据，然后手动填充制作工资条。

制作工资条的具体操作方法如下。

第 1 步：打开素材文件

切换到工作表“工资条”，工资条的基本框架如下图所示。

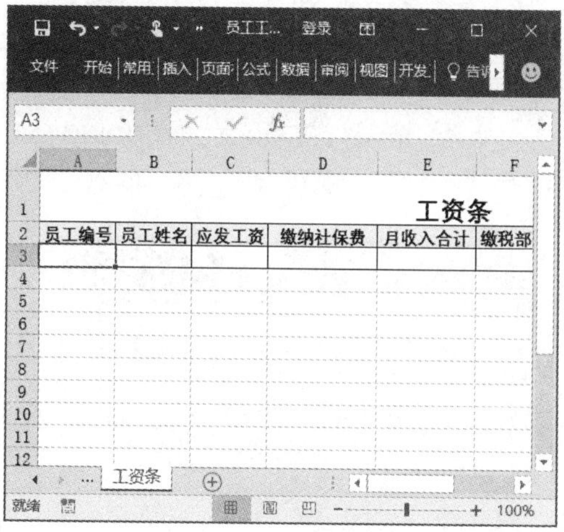

第 2 步：输入员工编号

在 A3 单元格中输入员工编号“YG001”，按“Enter”键确认输入，如下图所示。

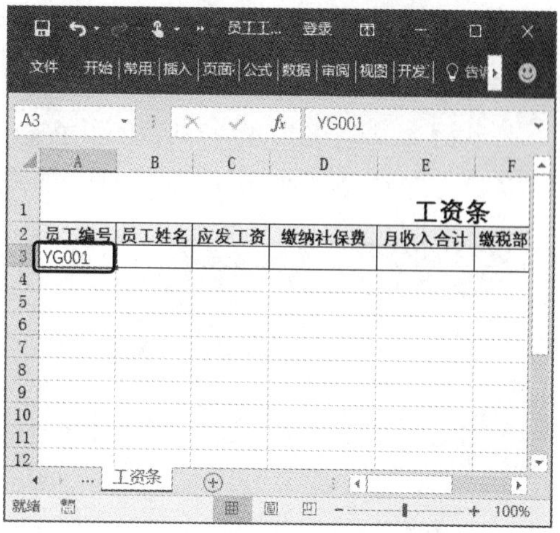

第 3 步：引用员工姓名

选中 B3 单元格，输入公式 “=VLOOKUP(A3,工资统计表!$A$4:$J$16,2,0)”，按 “Enter” 键确认输入，如下图所示。

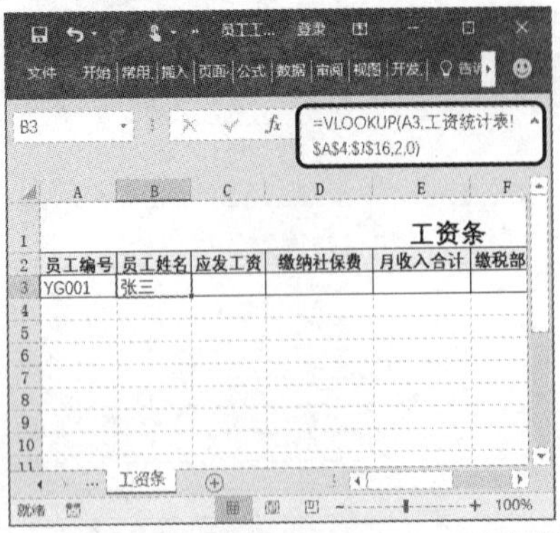

第 4 步：引用应发工资

选中 C3 单元格，输入公式 “=VLOOKUP(A3,工资统计表!$A$4: $J$16,3,0)”，按 “Enter” 键确认输入，如下图所示。

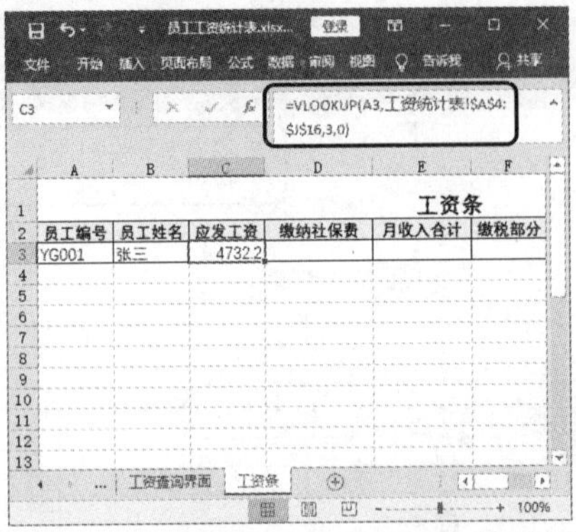

第 5 步：引用月收入合计

选中 D3 单元格，输入公式 “=VLOOKUP(A3,工资统计表!$A$4: $J$16,4,0)”，按 “Enter” 键确认输入，如下图所示。

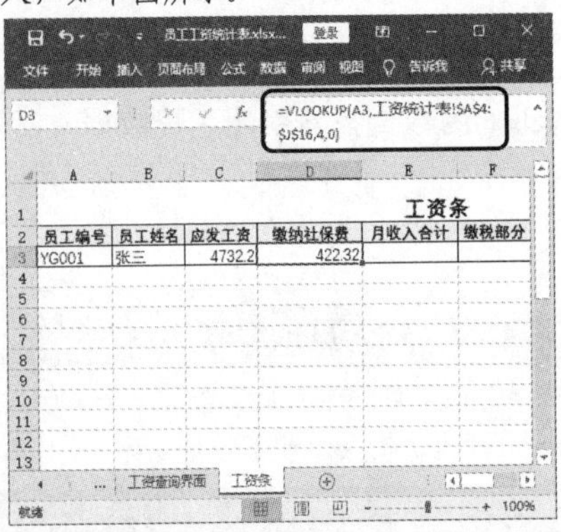

第 6 步：引用月收入合计

选中 E3 单元格，输入公式 “=VLOOKU(A3,工资统计表!$A$4: $J$16,5,0)”，按 “Enter” 键确认输入，如下图所示。

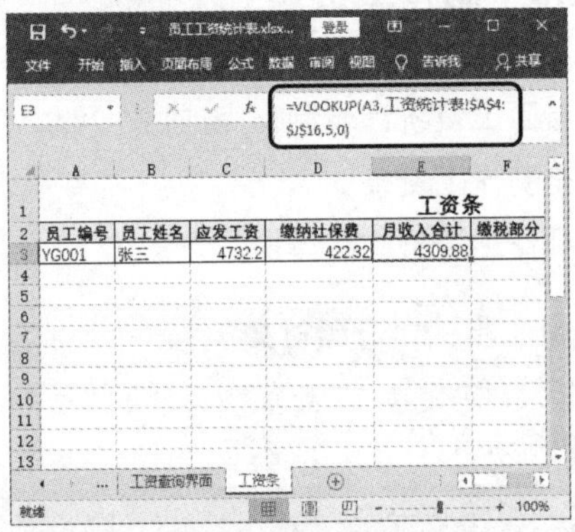

第 7 步：引用缴税部分

选中 F3 单元格，输入公式 “=VLOOKUP(A3,工资统计表!$A$4: $J$16,6,0)”，按 “Enter” 键确认输入，如下图所示。

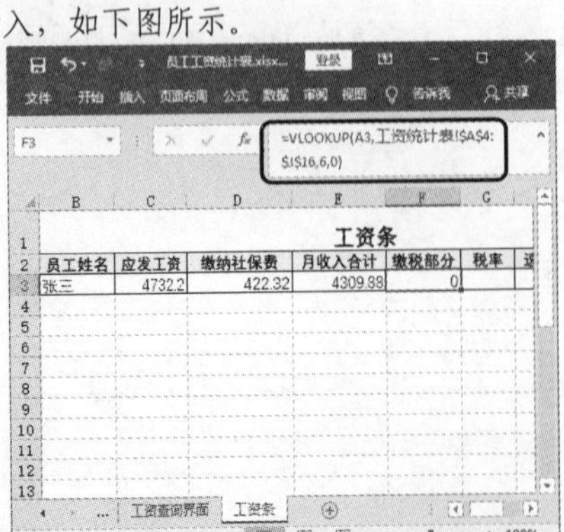

第 8 步：查询税率

选中 G3 单元格，输入公式 “=VLOOKUP(A3,工资统计表!$A$4: $J$16,7,0)”，按 “Enter” 键确认输入，如下图所示。

第 9 步：引用速算扣除数

选中 H3 单元格，输入公式“=VLOOKUP(A3,工资统计表!$A$4: $J$16,8,0)”，按“Enter”键确认输入，如下图所示。

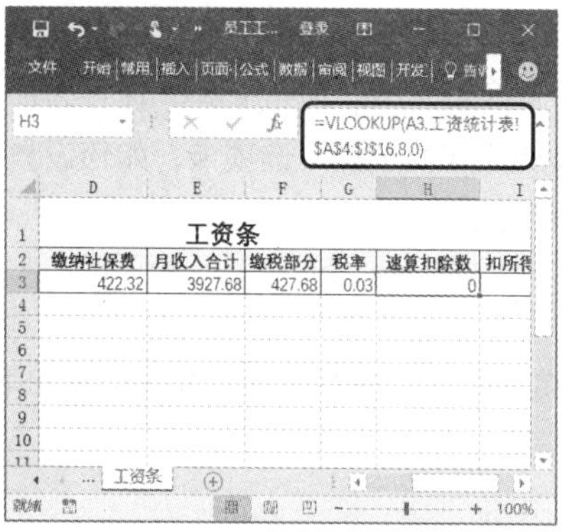

第 10 步：引用扣所得税

选中 I3 单元格，输入公式“=VLOOKUP(A3,工资统计表!$A$4: $J$16,9,0)”，按“Enter”键确认输入，如下图所示。

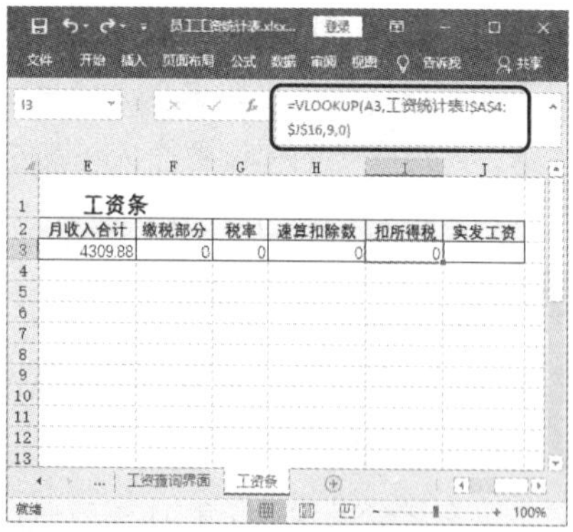

第 11 步：引用实发工资

选中 J3 单元格，输入公式“=VLOOKUP(A3,工资统计表!$A$4: $J$16,10,0)”，按“Enter”键确认输入，如下图所示。

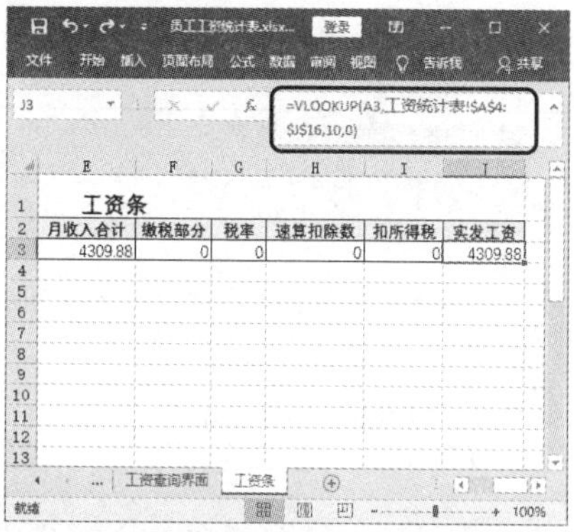

第 12 步：定位鼠标

选中单元格区域 A1:J3，将鼠标指针定位在该单元格区域的右下角，此时鼠标指针变成十字形状，如下图所示。

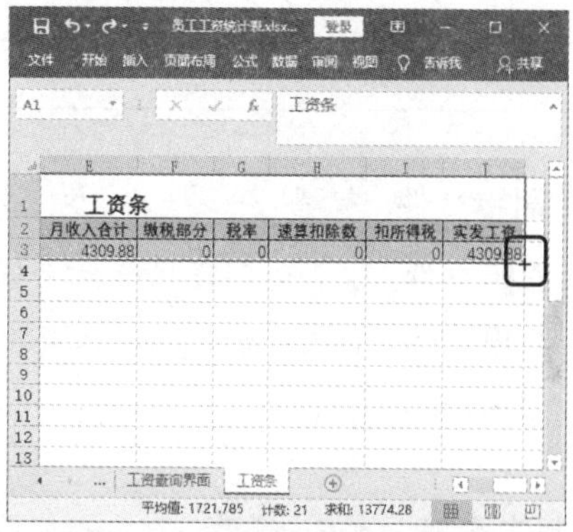

第 13 步：填充数据

按住鼠标左键不放，向下拖动到 J30 单元格，如下图所示。

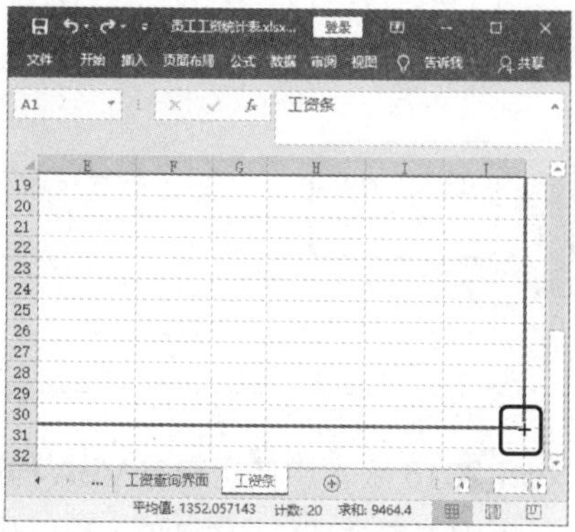

第 14 步：填充数据

此时即可完成所有完成公式填充，得到 10 名员工的工资条，如下图所示。

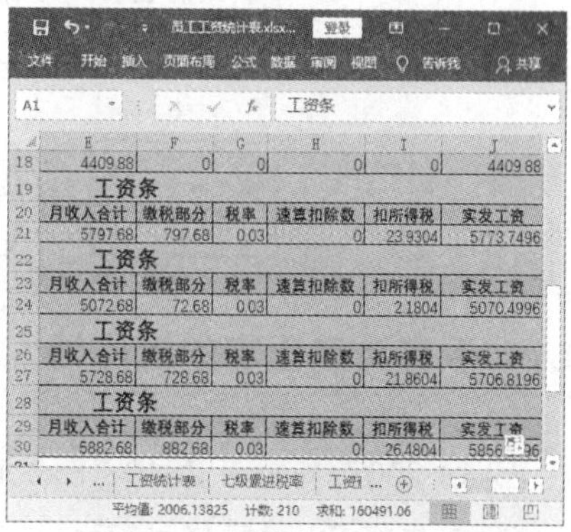

14.3 制作工资系统登录窗口

案例概述

为了防止他人查看或者更改工资系统信息，可以设置用户登录窗口，用户只有输入正确的用户名和密码之后才可以进入工资系统。接下来本节首先介绍如何将 Excel 保存为启用宏的工作簿，然后介绍如何设置个人信息选项，如何添加“开发工具”选项卡，如何设置宏的安全性等内容，最后通过 VBA 代码制作工资系统登录窗口。

案例效果

工资系统登录窗口的设置主要是通过 VBA 代码完成的，在 VBA 代码中要注明窗口名称、用户名、登录密码等信息。

“工资系统登录窗口”制作完成后，效果如下图所示。

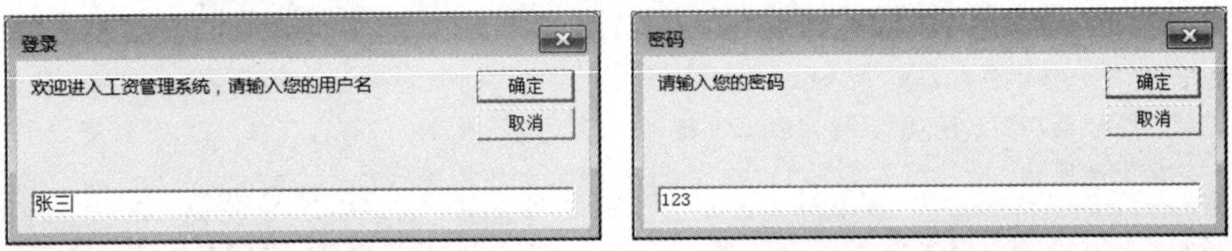

同步文件

原始文件：素材文件\第 14 章\工资登录窗口.xlsx

结果文件：结果文件\第 14 章\工资登录窗口.xlsx

同步视频文件：同步教学文件\第 14 章\工资登录窗口\14.3.1.mp4~14.3.5.mp4

制作思路

“工资登录窗口”的制作思路如下：

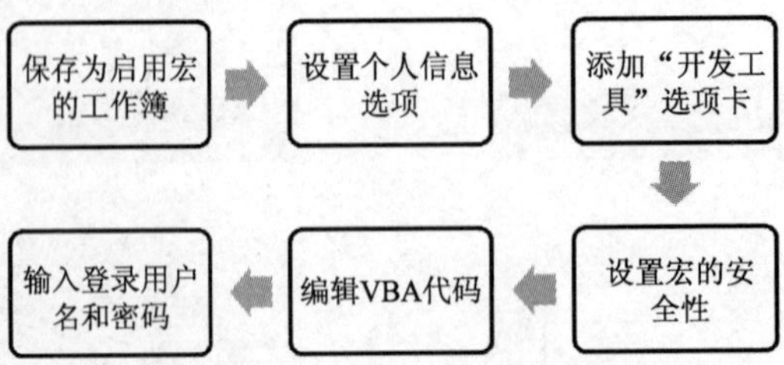

14.3.1 保存为启用宏的工作簿

在 Excel 2007、Excel 2010、Excel 2013 或 Excel 2016 版本中使用宏与 VBA 程序代码时，必须首先将 Excel 表格另存为启用宏的工作簿，否则将无法运行宏与 VBA 程序代码。

保存为启用宏的工作簿的具体操作方法如下。

第 1 步：单击文件按钮

打开“素材文件\第 14 章\工资登录窗口.xlsx”文件，单击“文件”选项卡，如下图所示。

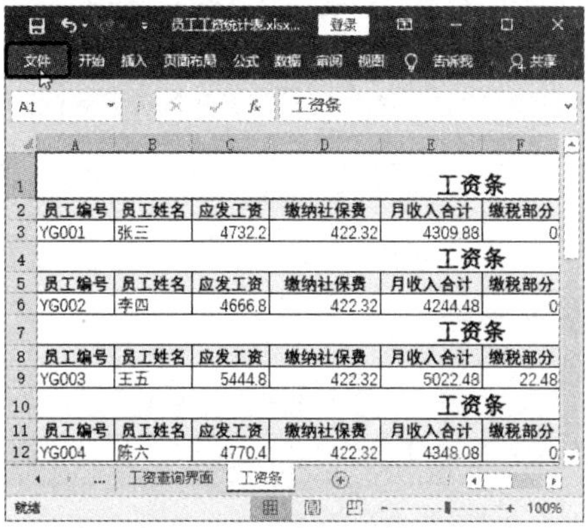

第 2 步：执行另存为命令

进入“文件”界面，选择“另存为”命令，如下图所示。

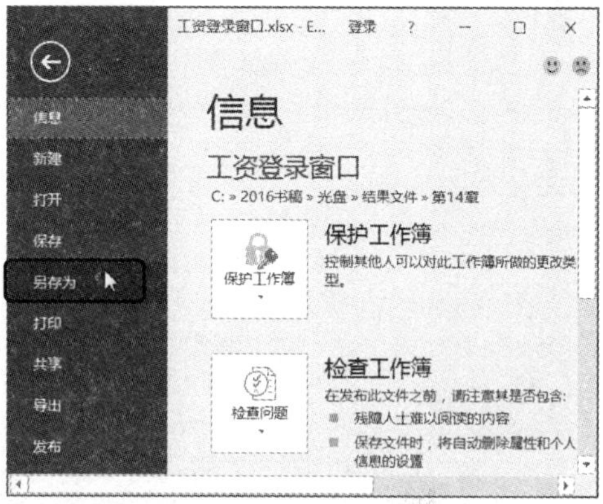

第 3 步：单击浏览按钮

进入“另存为”界面，单击“浏览”按钮，如下图所示。

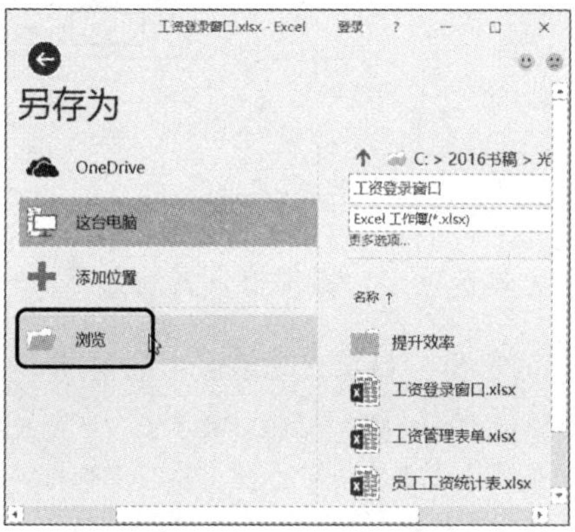

第 4 步：设置保存选项

弹出“另存为”对话框，选择合适保存位置，❶在“保存类型”下拉列表中选择“Excel 启用宏的工作簿(*.xlsm)”选项；❷单击“保存”按钮即可，如下图所示。

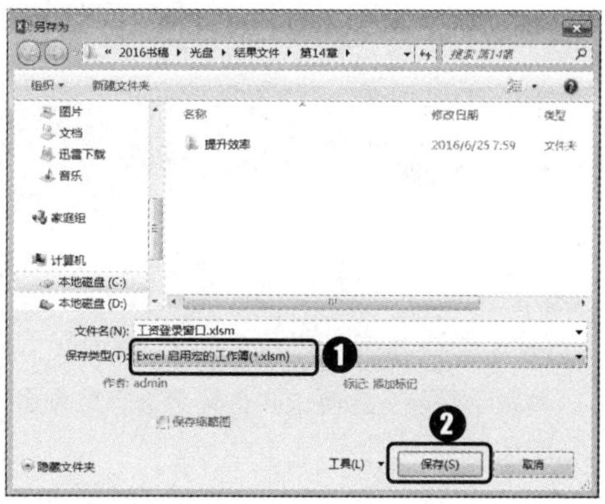

温馨小提示

在 Excel 工作簿中编辑宏代码后，系统与会出现“无法在未启用宏的工作簿中保存以下功能”的提示，此时必须将工作簿保存为启用宏的工作簿。

14.3.2 设置个人信息选项

使用宏与 VBA 程序代码之前，要设置个人信息选项，取消“保存时从文件属性中删除个人信息”选项，具体操作方法如下。

第 1 步：执行选项命令

打开保存为启用宏的工作簿“工资登录窗口.xlsm”，单击“文件”选项卡，单击“选项”命令，如下图所示。

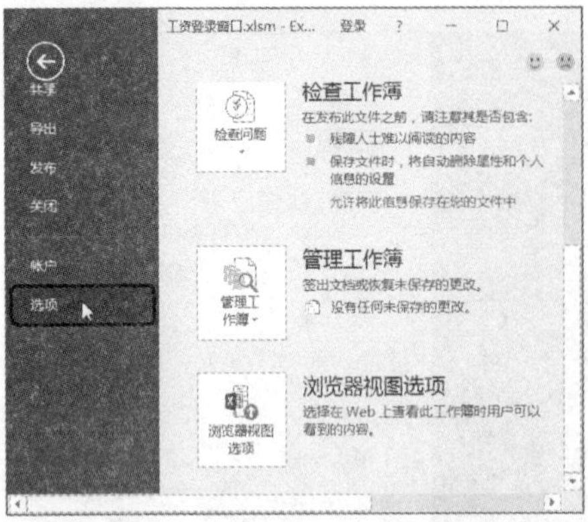

第 2 步：单击信任中心设置按钮

弹出“Excel”对话框，❶单击“信任中心”选项卡；❷单击“信任中心设置”按钮，如下图所示。

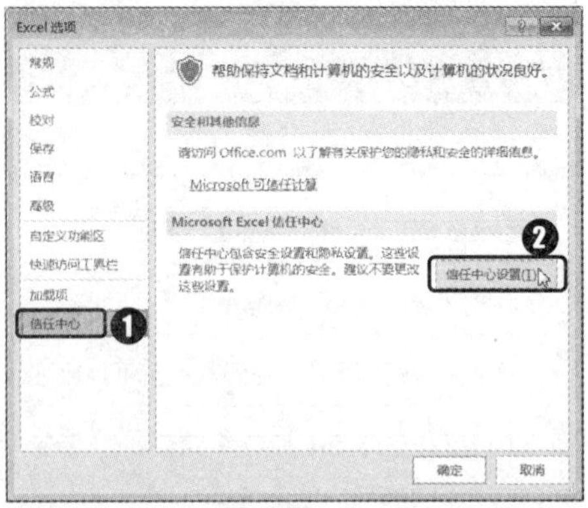

第 3 步：设置个人信息选项

弹出“信任中心”对话框，❶单击“隐私选项”命令；❷取消选中“保存时从文件属性中删除个人信息”复选框；❸单击“确定”按钮，如右图所示。

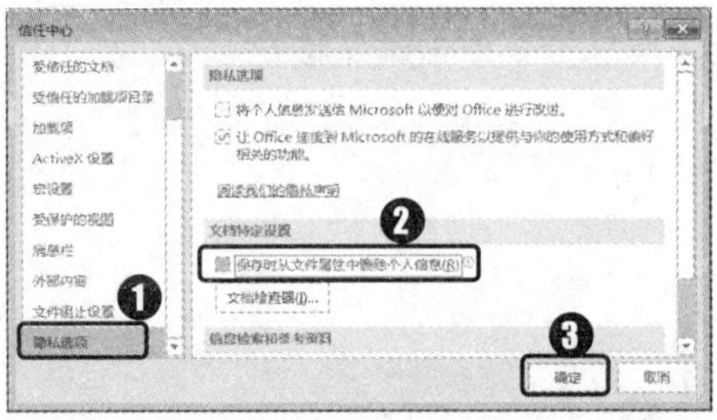

14.3.3　添加开发工具选项卡

首次使用 Visual Basic 编辑器，必须添加开发工具选项卡，具体操作方法如下。

第 1 步：执行选项命令

单击“文件”选项卡，选择“选项”命令，如下图所示。

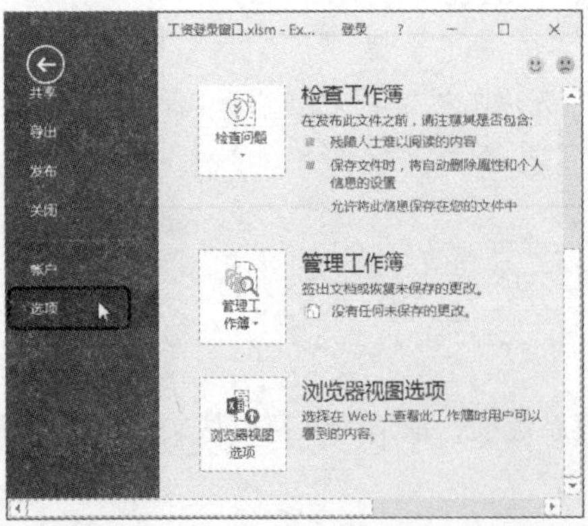

第 2 步：自定义功能区中的主选项

弹出“Excel”对话框，❶单击“自定义功能区”选项卡；❷选中“开发工具”复选框；❸单击“确定”按钮，如下图所示。

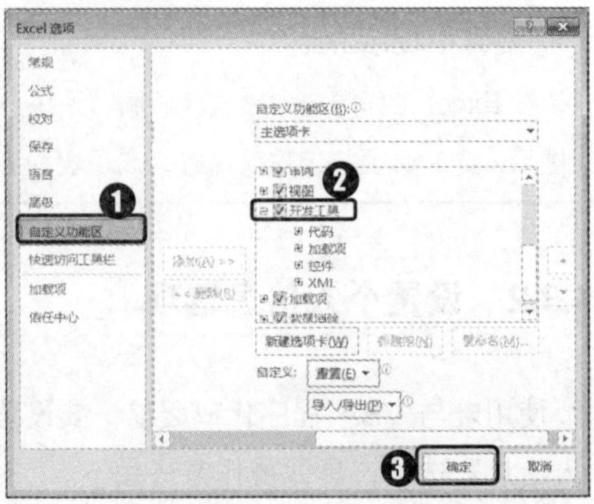

第 3 步：查看设置效果

此时，即可在功能区中出现“开发工具”选项卡，如右图所示。

14.3.4 设置宏的安全性

使用宏与 VBA 程序代码，除了设置个人信息选项外，还要设置宏的安全性，启用所有宏。设置宏的安全性的具体操作方法如下。

第 1 步：执行选项命令

❶单击“开发工具”选项卡；❷单击“代码”组中的“宏安全性”按钮。

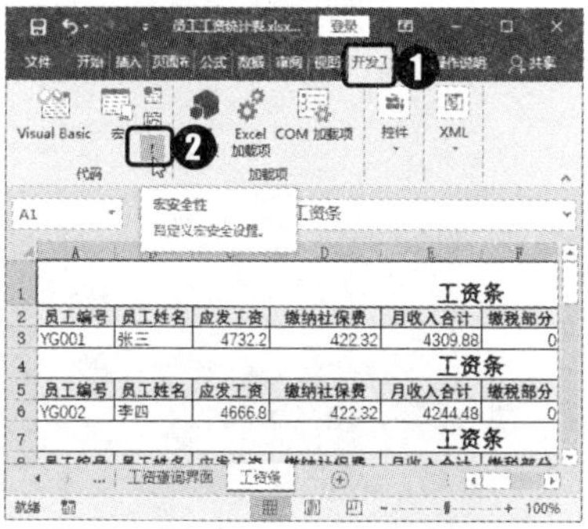

第 2 步：启用所有宏

弹出“信任中心”对话框，❶单击“宏设置”选项卡；❷选中“启用所有宏”单选按钮；❸单击“确定”按钮，如下图所示。

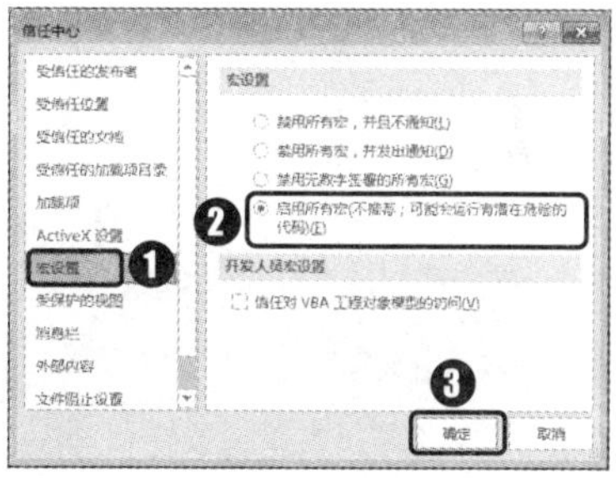

14.3.5 设置用户登录窗体

为了防止他人查看或者更改工资系统信息，可以设置用户登录窗口，用户只有输入正确的用户名和密码之后才可以进入该系统。接下来设置用户名为张三，密码 123 的工资登录系统，具体操作方法如下。

第 1 步：执行 Visual Basic 命令

❶单击“开发工具”选项卡；❷单击“代码”组中的“Visual Basic”按钮，如下图所示。

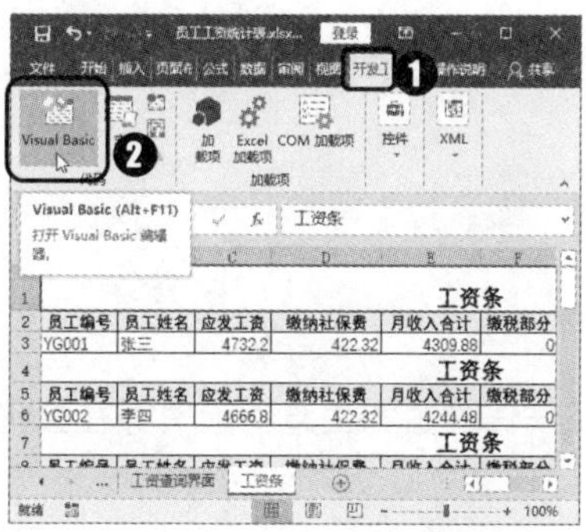

第 2 步：双击“This Workbook”选项

弹出“Microsoft Visual Basic for Applica tions – 工资登录窗口.xlsm”编辑器窗口，在“工程 – VBA Project”对话框中双击“This Workbook”选项，如下图所示。

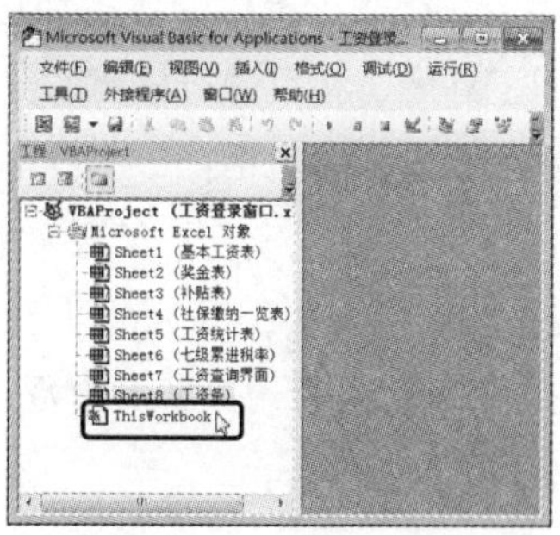

第 3 步：编辑 vba 代码

在弹出的代码编辑框中然后输入以下代码，输入完毕，单击工具栏中的“保存”按钮，如右图所示。

```
Private Sub Workbook_Open()
Dim m As String
Dim n As String
Do Until m = "张三"
    m = InputBox("欢迎进入工资管理系统，请输入您的用户名", "登录", "")
  If m = "张三" Then
    Do Until n = "123"
        n = InputBox("请输入您的密码", "密码", "")
        If n = "123" Then
          Sheets(" 工 资 查 询 界 面 ").Select
        Else
          MsgBox "密码错误！请重新输入！", vbOKOnly, "登录错误"
        End If
    Loop
  Else
    MsgBox "用户名错误！请重新输入！", vbOKOnly, "登录错误"
  End If
Loop
End Sub
```

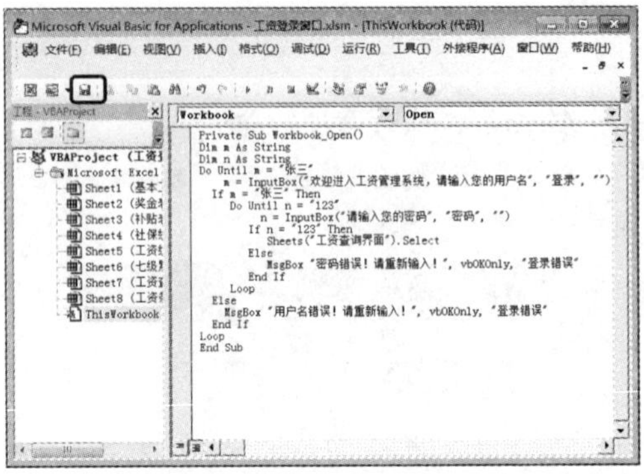

第 4 步：输入用户名

再次打开工作簿“工资登录窗口.xlsm”，此时将弹出“登录”窗口，❶输入设置好的用户名“工资”，❷单击“确定”按钮，如下图所示。

第 5 步：输入密码

弹出“密码”对话框，❶输入设置好的登录密码“123”，❷单击“确定”按钮，即可进入工资管理系统，如下图所示。

14.4 工资业务的账务处理

14.4.1 应付职工薪酬

企业为获得职工提供的服务而应付给职工的各种形式的报酬以及其他相关支出，专设“应付职工薪酬”科目进行核算。

企业的职工薪酬包括：

（1）职工工资、奖金、津贴和补贴；

（2）职工福利费；

（3）医疗保险费、养老保险费、失业保险费、工伤保险费和生育保险费等社会保险费；

（4）住房公积金；

（5）工会经费和职工教育经费；

（6）非货币性福利；

（7）因解除与职工的劳动关系给予的补偿；

（8）其他与获得职工提供的服务相关的支出等。

企业（外商投资）按照规定从净利润中提取的职工奖励及福利基金，也通过“应付职工薪酬”核算。

企业应当在职工为其提供服务的会计期间，将应付的职工薪酬确认为负债，并根据职工提供服务的受益对象，分别进行会计处理：

（一）月末，小企业应当将本月发生的职工薪酬区分以下情况进行分配：

1. 生产部门（提供劳务）人员的职工薪酬，借记“生产成本”、“制造费用”等科目，贷记“应付职工薪酬”。

2. 应由在建工程、无形资产开发项目负担的职工薪酬，借记“在建工程”、“研发支出”等科目，贷记“应付职工薪酬”。

3. 管理部门人员的职工薪酬和因解除与职工的劳动关系给予的补偿，借记“管理费用”科目，贷记“应付职工薪酬”。

4. 销售人员的职工薪酬，借记“销售费用”科目，贷记“应付职工薪酬”。

（二）企业发放职工薪酬应当区分以下情况进行处理：

1. 向职工支付工资、奖金、津贴、福利费等，从应付职工薪酬中扣还的各种款项（代垫的家属药费、个人所得税等）等，借记“应付职工薪酬”，贷记“库存现金”、“银行存款”、“其他应收款”、“应交税费——应交个人所得税”等科目。

2. 支付工会经费和职工教育经费用于工会活动和职工培训，借记“应付职工薪酬”，贷记“银行存款”等科目。

3. 按照国家有关规定缴纳的社会保险费和住房公积金，借记“应付职工薪酬”，贷记“银行存款”科目。

4. 以其自产产品发放给职工的，按照其销售价格，借记“应付职工薪酬”，贷记“主营业务收入”科目；同时，还应结转产成品的成本。涉及增值税销项税额的，还应进行相应的账务处理。

14.4.2 计提和发放工资

1. 计提工资

计提工资是因为企业会计核算采用权责发生制的原则。由于企业工资通常是下月发放上月工资，这就要将本月已经产生的工资费用先计提到本月的损益。

计提工资时，按照员工所在部门，将本月的工资费用分别计入管理费用、销售费用、生产成、制造费用。

例如，2016 年，某公司计提 10 月份员工工资，其中包括管理人员的工资 20 000 元，销售人员的工资 50 000 元，生产工人的工资 60 000 元，车间管理人员的工资 30 000 元。

计提工资时，会计分录如下：

借：管理费用——工资　　20 000
　　销售费用——工资　　50 000
　　生产成本——工资　　60 000
　　制造费用——工资　　30 000
　贷：应付职工薪酬——工资　　160 000

2. 发放工资

例如，2013 年 11 月 3 日，某公司用银行存款发放 10 月份员工工资，工资总额为 160 000 元，其中包括应缴纳的个人所得税为 5 000 元。企业全额承担个人所得税税款。

发放工资时，会计分录如下：

借：应付职工薪酬——工资　　160 000
　贷：应交税费——代扣代缴个人所得税　　5 000
　　　银行存款　　155 000

企业作为个人所得税的扣缴义务人，应按规定扣缴该职工应缴纳的个人所得税。代扣个人所得税时，借记“应付职工薪酬——工资”科目，贷记“应交税费——代扣代缴个人所得税”科目。

3. 缴纳个人所得税

2013 年 11 月 9 日，企业缴纳上月计提的员工个人所得税 5 000 元。

缴纳个人所得税时，会计分录如下：

借：应交税费——应交个人所得税　　5 000
　贷：银行存款　　5 000

14.5 提升效率——实用操作技巧

通过前面知识的学习，相信读者朋友已经掌握了工资数据管理的相关知识。下面结合本章内容，给大家介绍一些实用技巧。

同步文件

原始文件：素材文件\第 14 章\提升效率\

结果文件：结果文件\第 14 章\提升效率\

同步视频文件：同步教学文件\第 14 章\提升效率.mp4

1. 使用辅助列制作工资条

除了使用 VLOOKUP()函数和数据填充功能制作工资条外，还可以通过设置辅助列的方法，快速制作工资条。接下来，使用辅助列制作工资条，具体操作方法如下。

第 1 步：填充连续奇数

打开“素材文件\第 14 章\提升效率\工资条.xlsx”文件，在 K3 单元格中输入文字“辅助列”，然后在单元格区域 K4:K16 中填充 1 ~ 25 之间的连续奇数，如下图所示。

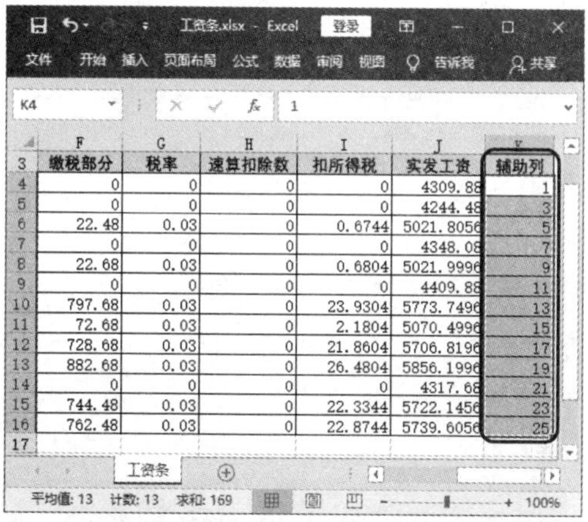

第 2 步：填充连续偶数

在单元格区域 K17:K28 中填充 2 ~ 24 之间的连续偶数，如下图所示。

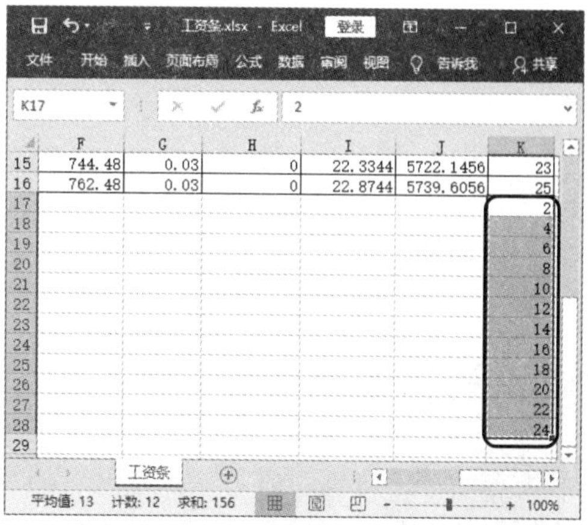

第 3 步：粘贴标题行

复制标题行，然后将其粘贴在 2 ~ 24 之间的连续偶数行中，如下图所示。

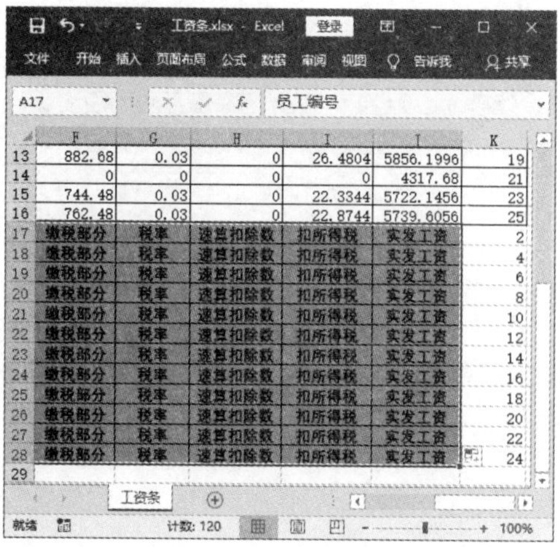

第 4 步：执行排序命令

选中单元格区域 A3:K28，❶单击“数据”选项卡；❷单击“排序和筛选”功能组中的“排序”按钮，如下图所示。

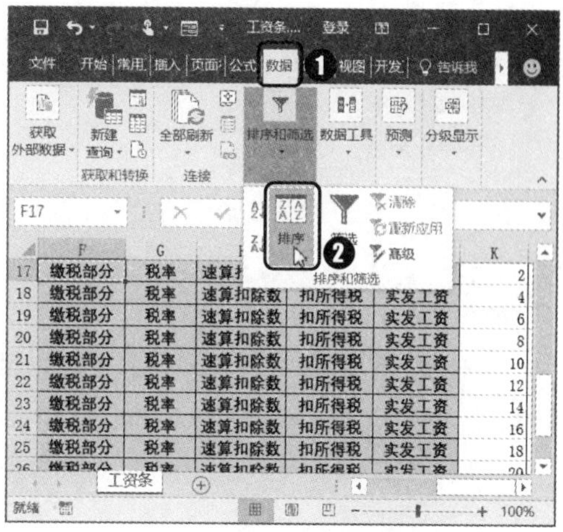

第 5 步：设置排序条件

弹出“排序”对话框，❶在“主要关键字”下拉列表中选择“辅助列”选项，在“排序依据”下拉列表中选择“数值”选项，在“次序”下拉列表中选择“升序”选项；❷单击“确定”按钮，如下图所示。

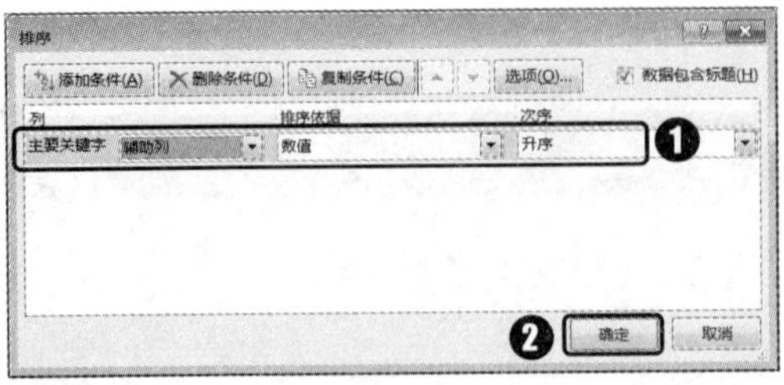

第 6 步：查看排序结果

此时，即可看到按辅助列的数值进行升序排序的结果，如下图所示。

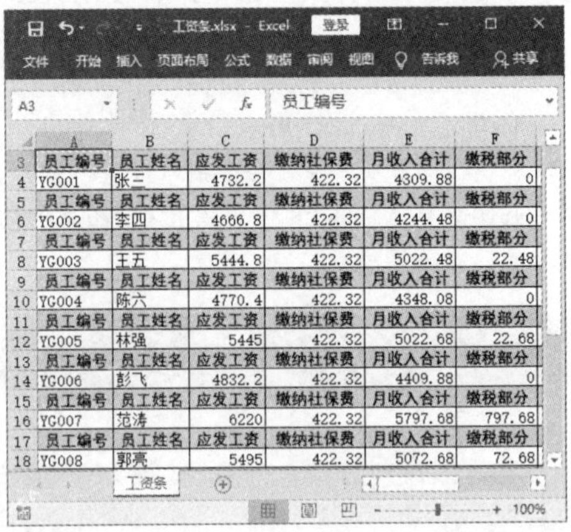

第 7 步：删除辅助列

排序完成后，选中 K 列，右击，在弹出的下拉列表中选择“删除”选项，即可删除辅助列，如下图所示。

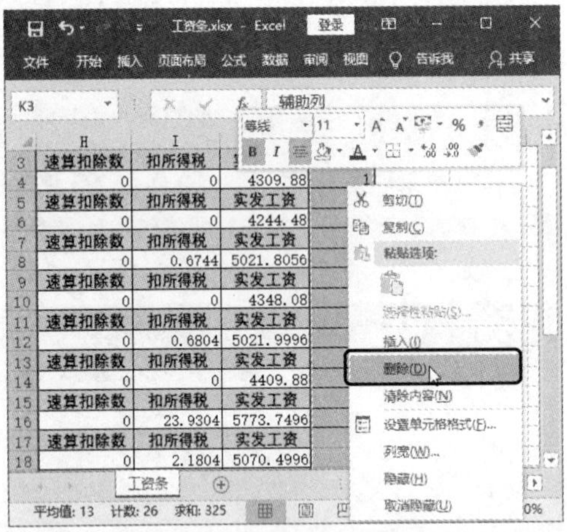

第 8 步：查看最终效果

操作到这里，使用辅助列制作的工资条就完成了，最终效果如下图所示。

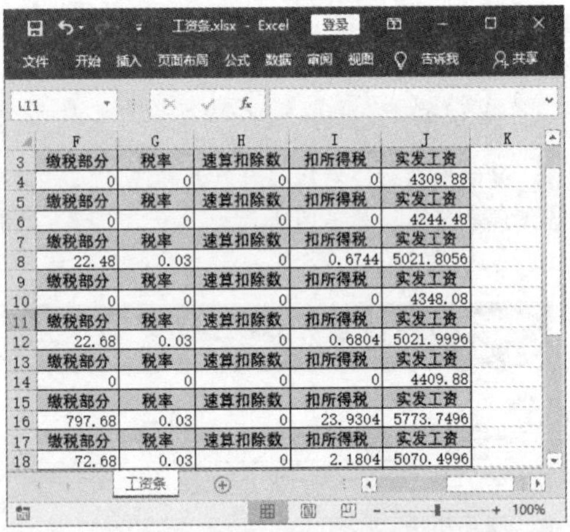

2. 使用 Mymsgbox 代码显示提示信息

在使用 Excel 的过程中，如果需要向用户显示简单的提示信息，可以使用【MsgBox】函数显示一个消息框。使用 Mymsgbox 代码显示提示信息的具体操作方法如下。

第 1 步：执行查看代码命令

打开“素材文件\第 14 章\提升效率\工资数据库.xlsm”文件，❶单击“开发工具”选项卡，❷单击“控件”功能组中的“查看代码”按钮，如下图所示。

第 2 步：编辑 Mymsgbox 代码

❶在弹出的 VBA 代码窗口输入以下代码，❷单击“保存”按钮，然后关闭 VBA 代码窗口，如下图所示。

```
Sub mymsgbox()
 MsgBox "欢迎使用工资数据库！"
End Sub
```

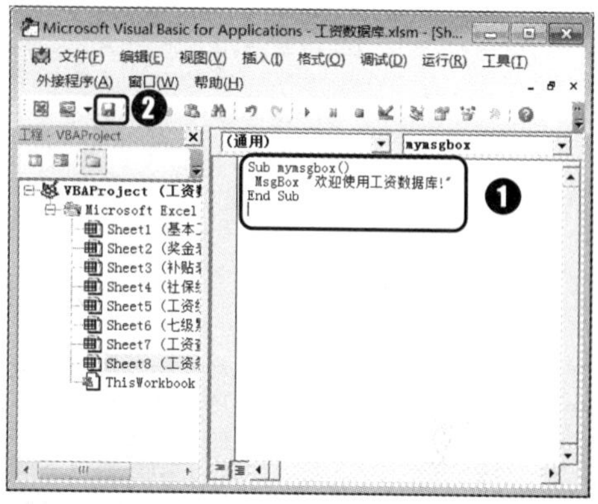

第 3 步：单击“宏”按钮

在启用宏的工作簿“工资数据库.xlsm”中，❶单击“开发工具”选项卡；❷单击“代码”组中的“宏”按钮，如下图所示。

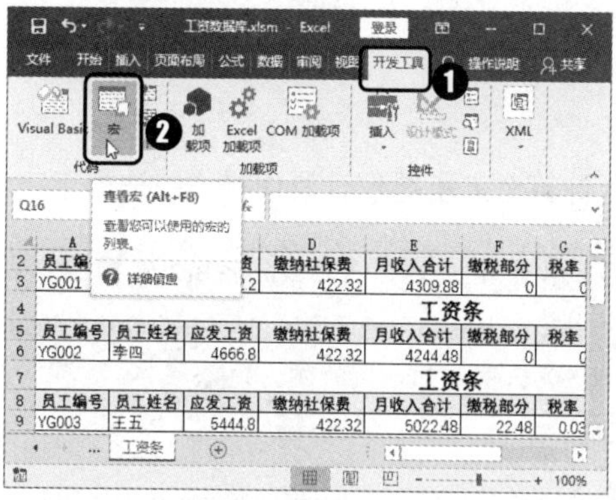

第 4 步：单击“执行”按钮

弹出“宏”对话框，❶在“宏名”列表框中选择“Sheet8. mymsgbox”选项，❷单击“执行”按钮，如下图所示。

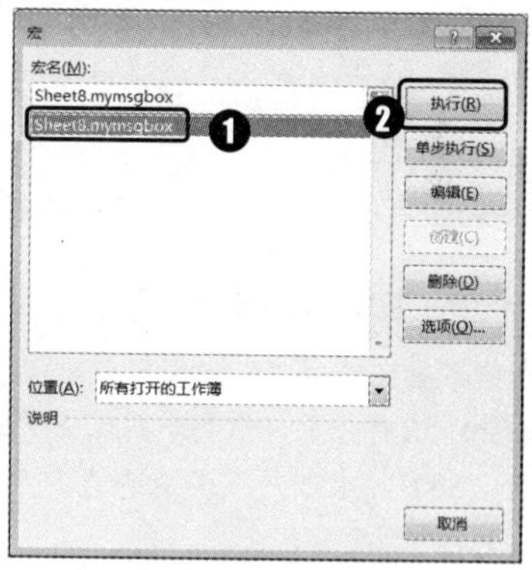

第 5 步：执行宏

此时，弹出“Micerosoft Excel”窗口，提示用户“欢迎使用工资数据库”，如右图所示。

3. 使用自定义函数计算个税

在实际工作中，财务人员经常遇到在计算工资时，代扣个人所得税的情况。除了使用 IF() 函数进行七级嵌套外，还可以 Excel 巧妙使用 Visual Basic 代码编辑器功能，自定义函数计算个人所得税。

在 Microsoft Visual Basic 编辑器中自定义个人所得税函数“sds”，Visual Basic 代码如下：

```
Option Explicit
Public Function sds(gz As Currency) As Currency
' 根据工资计算个税
    If gz > 80000 Then
       sds = gz * 0.45 - 15160
         Else
         If gz > 55000 And gz <= 80000 Then
            sds = gz * 0.35 - 7160
             Else
             If gz > 35000 And gz <= 55000 Then
              sds = gz * 0.3 - 4410
               Else
              If gz > 25000 And gz <= 35000 Then
                sds = gz * 0.25 - 2600
                Else
                If gz > 12000 And gz <= 25000 Then
                  sds = gz * 0.2 - 1410
                  Else
                  If gz > 3000 And gz <= 12000 Then
                     sds = gz * 0.1 - 210
                      Else
                      If gz > 0 And gz <= 3000 Then
                        sds = gz * 0.03
                        Else
                        sds = 0
                      End If
                  End If
                End If
              End If
             End If
         End If
     End If
End Function
```

接下来自定义函数个人所得税函数“sds()”，计算个人所得税，具体操作方法如下。

第1步：打开素材文件

打开“素材文件\第14章\提升效率\自定义计税函数.xlsm”文件，可以看到本月工资“6 000”，应扣保险“500”，求本月应该缴纳的个人所得税税额，如下图所示。

第2步：打开 Visual Basic 编辑器

按“Alt+F11”组合键，打开 Microsoft Visual Basic 编辑器，如下图所示。

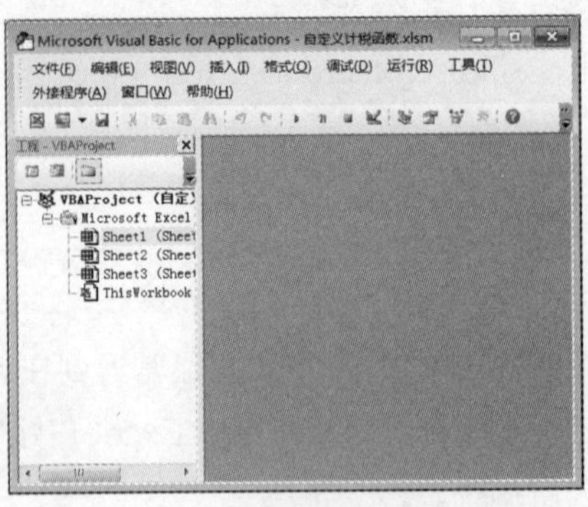

第 3 步：打开工程资源管理器

按“Ctrl+R”组合键打开工程资源管理器，如下图所示。

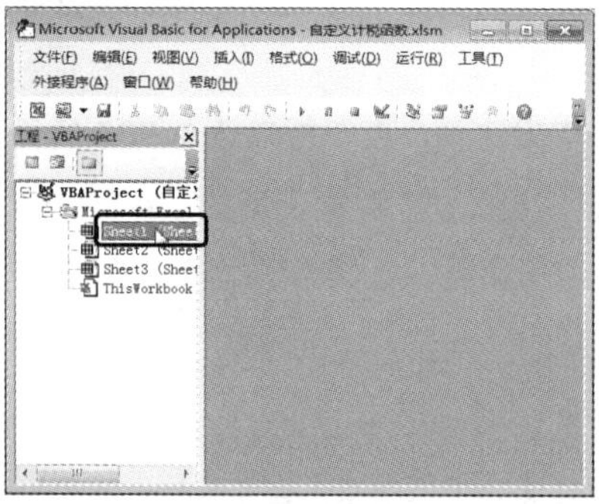

第 4 步：插入模块

❶单击“插入”选项卡，❷在弹出的下拉菜单中选择“模块”命令，如下图所示。

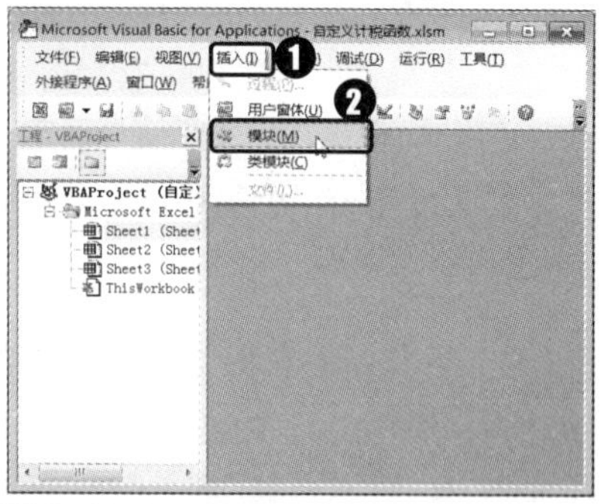

第 5 步：输入 Visual Basic 代码

此时，即可插入“模块 1”，在“模块 1”中输入如下代码，如下图所示。

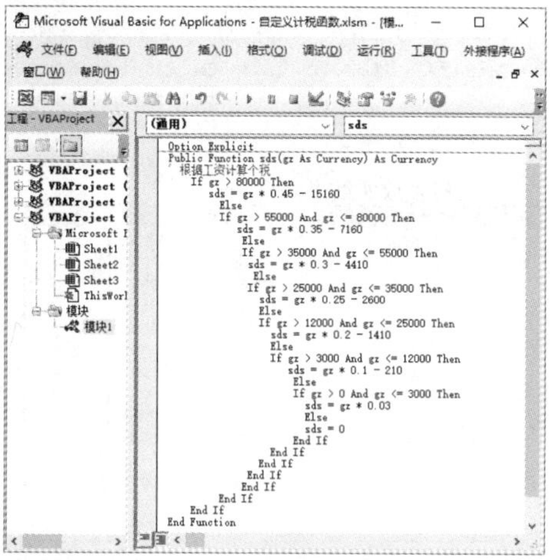

第 6 步：执行保存命令

此时，在 Microsoft Visual Basic 编辑器窗口中单击“保存”按钮，如下图所示。

第 7 步：输入公式

关闭 Microsoft Visual Basic 编辑器窗口，在单元格 C3 中输入公式“=sds(A3-B3-5000)”，如下图所示。

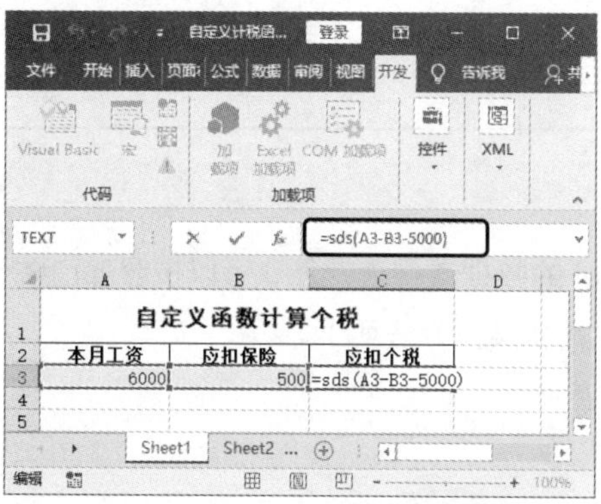

第 8 步：确认公式

按“Enter”键确认输入，此时应扣个人所得税就计算出来了，如下图所示。

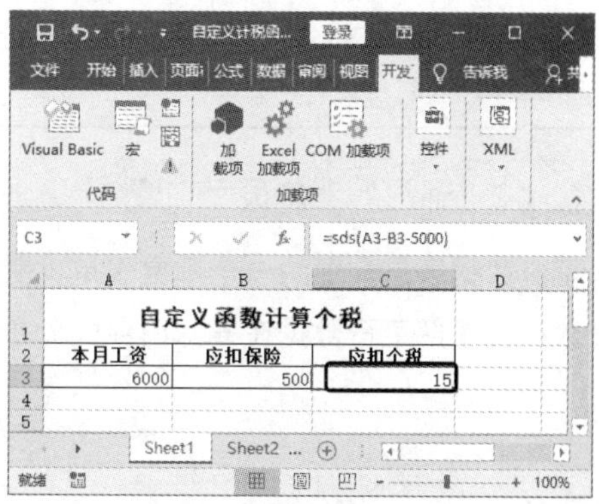

4. 使用 IF 嵌套函数确定工资等级

IF()是 Excel 中的一个逻辑函数，如果满足条件就返回一个指定的值，如果不满足条件，就会返回另一个值，该返回的值可以是字符串，也可以是逻辑值（false & true），也可以是数值等。

例如，某公司根据“实发工资”确定工资等级，“实发工资”大于或等于 4 500 的为“一级工资”；“实发工资”小于或等于 4 000 的为“三级工资”，“实发工资”在 4 000~4 500 之间的为“二级工资”。接下来使用 IF()嵌套函数确定工资等级，具体操作方法如下。

第 1 步：计算第一名员工的工资等级

打开“素材文件\第 14 章\提升效率\工资数据表.xlsx”文件，在“工资数据”工作表中，选中 I3 单元格，输入公式“=IF(H3>=4500,"一等",IF(H3 <= 4000,"三等","二等"))”，按“Enter”键，此时即可计算出第一名员工的工资等级，如下图所示。

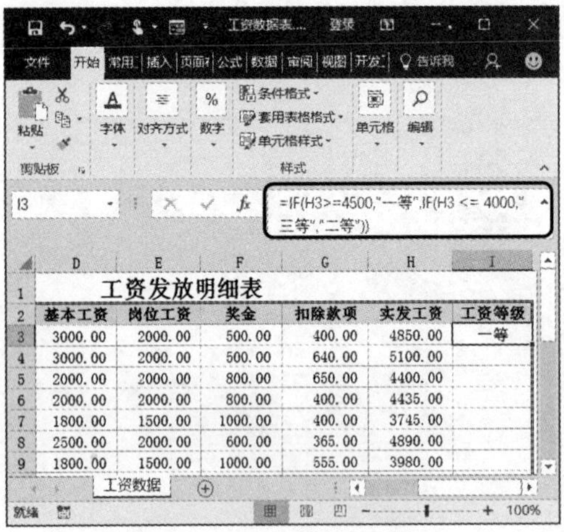

第 2 步：填充公式

选中 I3 单元格，将鼠标定位单元格的右下角，鼠标指针变成十字形状，拖动鼠标，将公式填充到本列的其他单元格，即可计算出其他员工的工资等级，如下图所示。

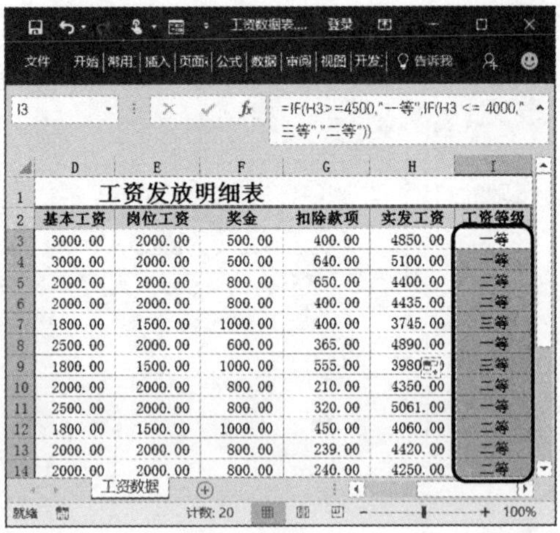

温馨小提示

IF()函数的语法结构为 IF(条件,结果 1,结果 2)。其函数功能是对满足条件的数据进行处理，条件满足则输出结果 1，不满足则输出结果 2。可以省略结果 1 或结果 2，但不能同时省略。

IF()函数中可能用到的关系运算符主要有“=，<>，>，<，>=，<=”6 个关系运算符，其中“<>”表示不等于。

5. 按“部门”汇总员工工资

工资数据表是企业的一个重要表单，使用 Excel 的数据透视表功能，可以按照部门统计工资数据，了解工资数据在各部门中的分布情况，具体操作方法如下。

第 1 步：执行插入数据透视表命令

打开“素材文件\第 14 章\提升效率\汇总部门工资.xlsx”文件，将光标定位在数据区域中的任意单元格中，❶单击“插入”选项卡；❷在“表格”组中单击“数据透视表”按钮，如下图所示。

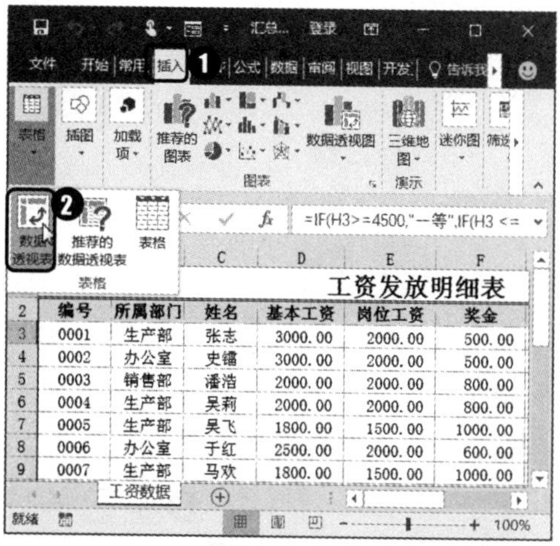

第 2 步：设置数据透视表位置

弹出“创建数据透视表”对话框，❶选中“现有工作表”单选按钮；❷将数据透视表的“位置”设置为单元格“K2”；❸单击“确定”按钮，如下图所示。

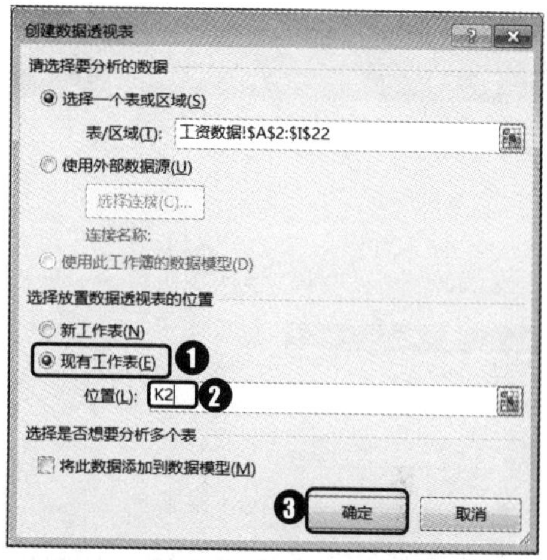

第 3 步：设置字段

此时即可在单元格“K3”中创建数据透视表，在“数据透视表字段”窗口中，❶将“所属部门”复选框拖动到“行”组合框中；❷将“实发工资”复选框拖动到“值”组合框中，如下图所示。

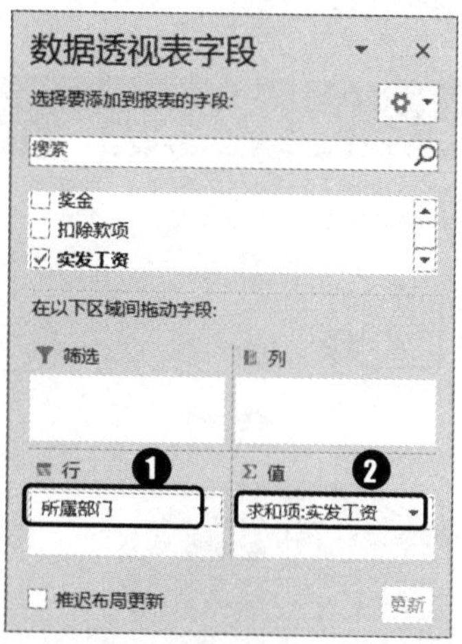

第 4 步：查看生成的数据透视表

此时即可根据选中的“所属部门”和“实发工资”字段生成数据透视表，汇总出各部门的工资数据，如下图所示。

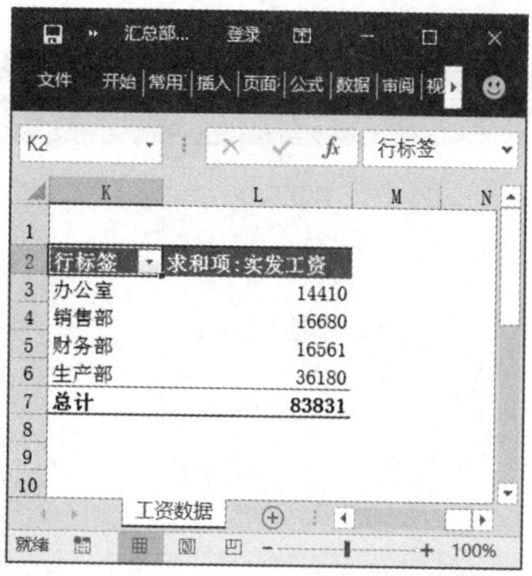

6. 制作工资数据透视图表

按照“所属部门”和“实发工资”字段制作数据透视表后，还可以插入数据透视图，制作工资分布图，分析各部门工资分布情况，具体操作方法如下。

第 1 步：插入数据透视图

打开“素材文件\第 14 章\提升效率\分析工资分布情况.xlsx”文件，将鼠标指针定位在数据透视表中，❶单击“分析”选项卡；❷单击“工具”功能组中的“数据透视图”按钮，如下图所示。

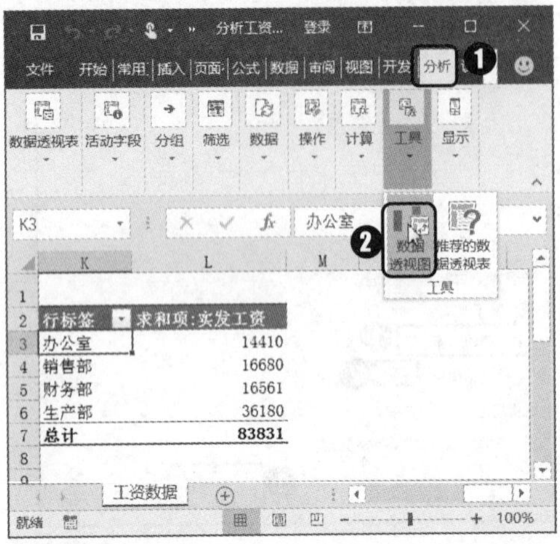

第 2 步：选择图表

弹出“插入图表”对话框，❶单击“饼图”选项卡；❷选择“三维饼图”选项；❸单击“确定”按钮，如下图所示。

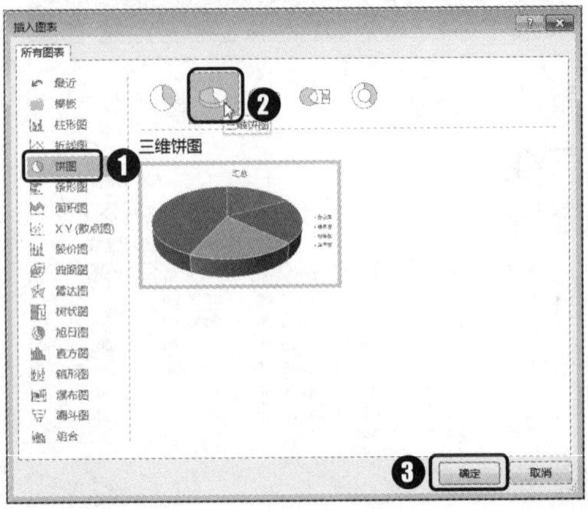

第 3 步：设置图表标题

此时即可插入一个数据透视图，将图表标题设置为“工资分布图”，如下图所示。

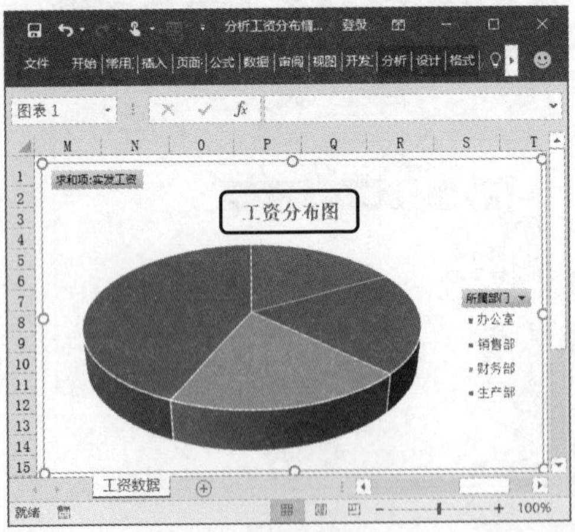

第 4 步：应用图表布局

❶单击“设计”选项卡；❷在“图表布局”功能组中单击“快速布局”下拉按钮；❸在弹出的下拉列表中选择“布局 6”选项，操作至此，工资分布图就设置完成了，图表中直观地显示了各部门工资分布比重，如下图所示。

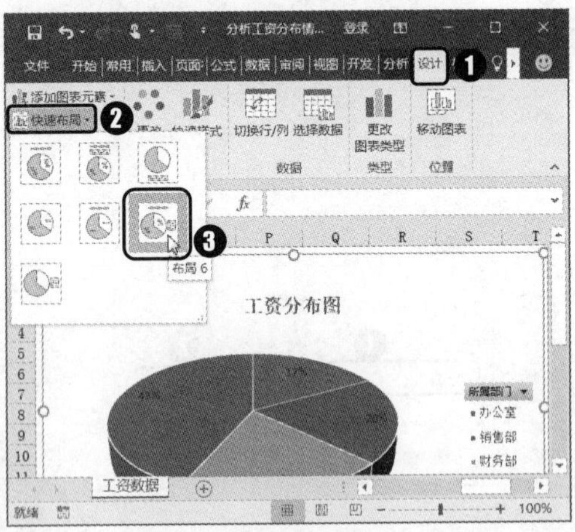

第 15 章 三大财务报表的管理与分析

本章导读

财务报表，是指对企业财务状况、经营成果和现金流量的结构性表述。企业的财务报表包括资产负债表、利润表、现金流量表和附注。编制会计报表的目的是为了向会计报表的使用者提供其在经济决策中的有用信息，包括企业的财务状况、经营业绩及现金流量的资料。在本章中，主要介绍如何在 Excel 编制资产负债表、利润表及现金流量表，进行财务分析。

知识要点

- ❖ 资产负债表编制准则
- ❖ 编制资产负债表
- ❖ 使用图表分析资产负债表
- ❖ 利润表项目简介
- ❖ 编制利润表
- ❖ 利润表结构和趋势分析
- ❖ 现金流量表项目简介
- ❖ 编制现金流量表
- ❖ 现金流量结构分析
- ❖ 现金流量趋势分析

案例展示

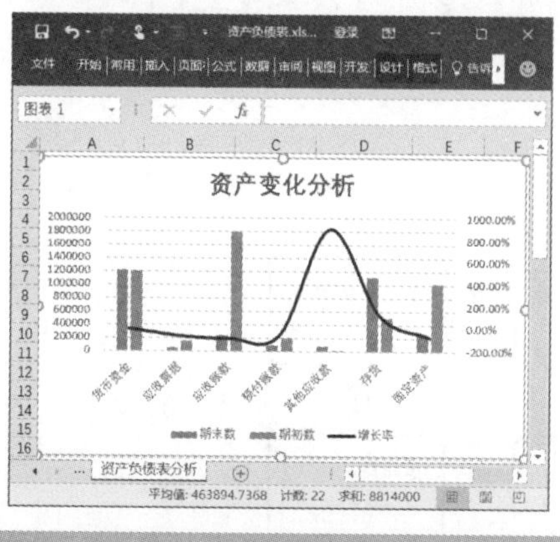

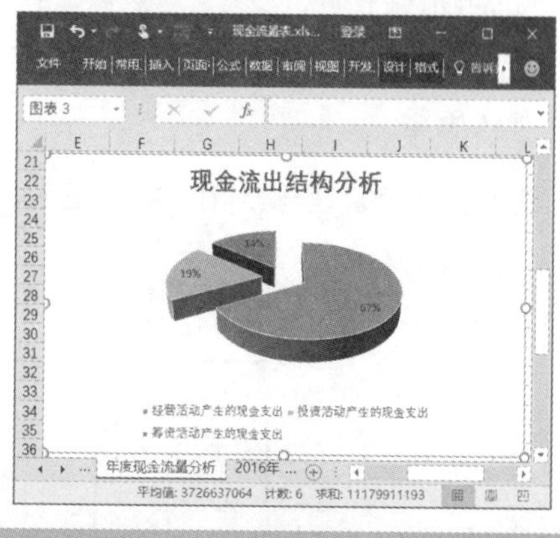

15.1 资产负债表管理与分析

案例概述

资产负债表，是指反映小企业在某一特定日期的财务状况的报表。它是根据“资产=负债+所有者权益”的会计恒等式，按照一定的分类标准和一定的顺序，对企业一定时期的资产、负债和所有者权益项目适当排列，并对日常工作中产生的大量数据按照一定的要求编制而成的。

案例效果

接下来在 Excel 表格中使用公式和函数编制资产负债表。

资产负债表制作完成后，效果如下图所示。

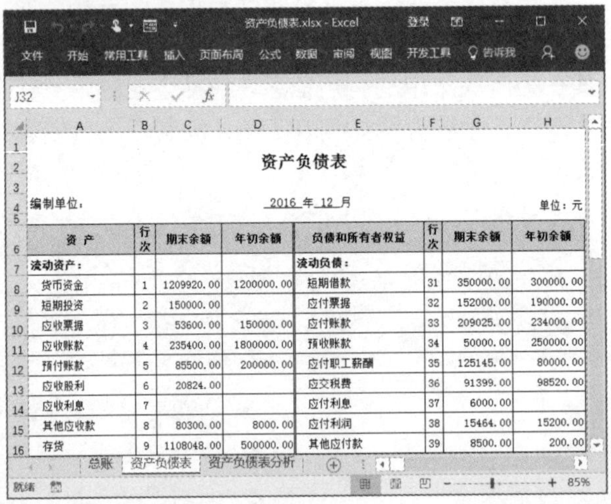

资产负债表

编制单位：　　2016 年 12 月　　单位：元

资 产	行次	期末余额	年初余额	负债和所有者权益	行次	期末余额	年初余额
流动资产：				流动负债：			
货币资金	1	1209920.00	1200000.00	短期借款	31	350000.00	300000.00
短期投资	2	150000.00		应付票据	32	152000.00	190000.00
应收票据	3	53600.00	150000.00	应付账款	33	209025.00	234000.00
应收账款	4	235400.00	1800000.00	预收账款	34	50000.00	250000.00
预付账款	5	85500.00	200000.00	应付职工薪酬	35	125145.00	80000.00
应收股利	6	20824.00		应交税费	36	91399.00	98520.00
应收利息	7			应付利息	37	6000.00	
其他应收款	8	80300.00	8000.00	应付利润	38	15464.00	15200.00
存货	9	1108048.00	500000.00	其他应付款	39	8500.00	200.00

同步文件

原始文件：素材文件\第 15 章\资产负债表.xlsx

结果文件：结果文件\第 15 章\资产负债表.xlsx

同步视频文件：同步教学文件\第 15 章\资产负债表\15.1.1.mp4~15.1.3.mp4

制作思路

资产负债表管理与分析的制作思路如下：

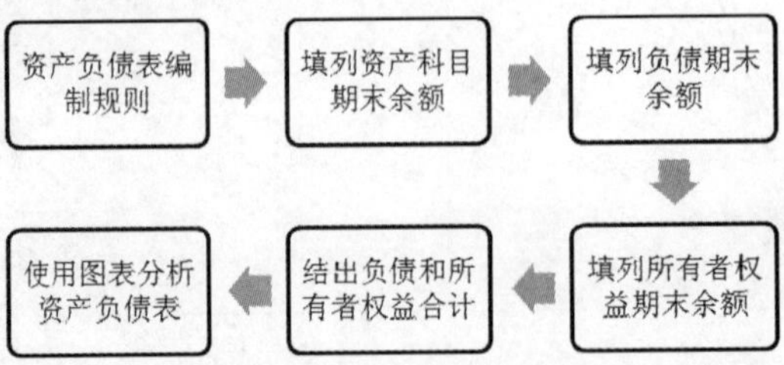

15.1.1 资产负债表编制准则

资产负债表的基本格式如表 15-1 所示。

表 15-1 资产负债表

编制单位： ______年______月 单位：元

资 产	行次	期末余额	年初余额	负债和所有者权益	行次	期末余额	年初余额
流动资产：				流动负债：			
货币资金	1			短期借款	31		
短期投资	2			应付票据	32		
应收票据	3			应付账款	33		
应收账款	4			预收账款	34		
预付账款	5			应付职工薪酬	35		
应收股利	6			应交税费	36		
应收利息	7			应付利息	37		
其他应收款	8			应付利润	38		
存货	9			其他应付款	39		
其中：原材料	10			其他流动负债	40		
在产品	11			流动负债合计	41		
库存商品	12			非流动负债：			
周转材料	13			长期借款	42		
其他流动资产	14			长期应付款	43		
流动资产合计	15			递延收益	44		
非流动资产：				其他非流动负债	45		
长期债券投资	16			非流动负债合计	46		
长期股权投资	17			负债合计	47		
固定资产原价	18						
减：累计折旧	19						
固定资产账面价值	20						
在建工程	21						
工程物资	22						
固定资产清理	23						
生产性生物资产	24			所有者权益：			
无形资产	25			实收资本	48		
开发支出	26			资本公积	49		
长期待摊费用	27			盈余公积	50		
其他非流动资产	28			未分配利润	51		
非流动资产合计	29			所有者权益合计	52		
资产总计	30			负债和所有者权益总计	53		

各企业的资产负债表的编制大致都是相同的，其各个项目的编制都应遵循以下计算准则：

1. 资产负债表反映企业某一特定日期全部资产、负债和所有者权益的情况。

2. 资产负债表“年初余额”栏内各项数字，应根据上年末资产负债表“期末余额”栏内所列数字填列。

3. 资产负债表“期末余额”各项目的内容和填列方法：

（1）“货币资金”项目，反映企业库存现金、银行存款、其他货币资金的合计数。本项目应根据“库存现金”、“银行存款”和“其他货币资金”科目的期末余额合计填列。

（2）“短期投资”项目，反映企业购入的能随时变现并且持有时间不准备超过 1 年的股票、债券和基金投资的余额。本项目应根据“短期投资”科目的期末余额填列。

（3）“应收票据”项目，反映企业收到的未到期收款也未向银行贴现的应收票据（银行承兑汇票和商业承兑汇票）。本项目应根据“应收票据”科目的期末余额填列。

（4）“应收账款”项目，反映企业因销售商品、提供劳务等日常生产经营活动应收取的款项。本项目应根据“应收账款”的期末余额分析填列。如“应收账款”科目期末为贷方余额，应当在“预收账款”项目列示。

（5）“预付账款”项目，反映企业按照合同规定预付的款项。包括：根据合同规定预付的购货款、租金、工程款等。本项目应根据“预付账款”科目的期末借方余额填列；如“预付账款”科目期末为贷方余额，应当在“应付账款”项目列示。

属于超过 1 年期以上的预付账款的借方余额应当在“其他非流动资产”项目列示。

（6）“应收股利”项目，反映企业应收取的现金股利或利润。本项目应根据“应收股利”科目的期末余额填列。

（7）“应收利息”项目，反映企业债券投资应收取的利息。企业购入一次还本付息债券应收的利息，不包括在本项目内。本项目应根据“应收利息”科目的期末余额填列。

（8）“其他应收款”项目，反映企业除应收票据、应收账款、预付账款、应收股利、应收利息等以外的其他各种应收及暂付款项。包括：各种应收的赔款、应向职工收取的各种垫付款项等。本项目应根据“其他应收款”科目的期末余额填列。

（9）“存货”项目，反映企业期末在库、在途和在加工中的各项存货的成本。包括：各种原材料、在产品、半成品、产成品、商品、周转材料（包装物、低值易耗品等）、消耗性生物资产等。本项目应根据“材料采购”、“在途物资”、“原材料”、“材料成本差异”、“生产成本”、“库存商品”、“商品进销差价”、“委托加工物资”、“周转材料”、“消耗性生物资产”等科目的期末余额分析填列。

（10）“其他流动资产”项目，反映企业除以上流动资产项目外的其他流动资产（含 1 年内到期的非流动资产）。本项目应根据有关科目的期末余额分析填列。

（11）“长期债券投资”项目，反映企业准备长期持有的债券投资的本息。本项目应根据“长期债券投资”科目的期末余额分析填列。

（12）“长期股权投资”项目，反映企业准备长期持有的权益性投资的成本。本项目应根据“长期股权投资”科目的期末余额填列。

（13）“固定资产原价”和“累计折旧”项目，反映企业固定资产的原价（成本）及累计折旧。这两个项目应根据“固定资产”科目和“累计折旧”科目的期末余额填列。

（14）“固定资产账面价值”项目，反映企业固定资产原价扣除累计折旧后的余额。本项目应根据“固定资产”科目的期末余额减去“累计折旧”科目的期末余额后的金额填列。

（15）“在建工程”项目，反映企业尚未完工或虽已完工，但尚未办理竣工决算的工程成本。本项目应根据“在建工程”科目的期末余额填列。

（16）“工程物资”项目，反映企业为在建工程准备的各种物资的成本。本项目应根据“工程物资”科目的期末余额填列。

（17）“固定资产清理”项目，反映企业因出售、报废、毁损、对外投资等原因处置固定资产所转出的固定资产账面价值以及在清理过程中发生的费用等。本项目应根据“固定资产清理”科目的期末借方余额填列；如“固定资产清理”科目期末为贷方余额，以“－”号填列。

（18）“生产性生物资产”项目，反映企业生产性生物资产的账面价值。本项目应根据“生产性生物资产”科目的期末余额减去“生产性生物资产累计折旧”科目的期末余额后的金额填列。

（19）“无形资产”项目，反映企业无形资产的账面价值。本项目应根据“无形资产”科目的期末余额减去“累计摊销”科目的期末余额后的金额填列。

（20）“开发支出”项目，反映企业正在进行的无形资产研究开发项目满足资本化条件的支出。本项目应根据“研发支出”科目的期末余额填列。

（21）“长期待摊费用”项目，反映企业尚未摊销完毕的已提足折旧的固定资产的改建支出、经营租入固定资产的改建支出、固定资产的大修理支出和其他长期待摊费用。本项目应根据“长期待摊费用”科目的期末余额分析填列。

（22）“其他非流动资产”项目，反映企业除以上非流动资产以外的其他非流动资产。本项目应根据有关科目的期末余额分析填列。

（23）“短期借款”项目，反映企业向银行或其他金融机构等借入的期限在 1 年内的、尚未偿还的各种借款本金。本项目应根据“短期借款”科目的期末余额填列。

（24）“应付票据”项目，反映企业因购买材料、商品和接受劳务等日常生产经营活动开出、承兑的商业汇票（银行承兑汇票和商业承兑汇票）尚未到期的票面金额。本项目应根据“应付票据”科目的期末余额填列。

（25）“应付账款”项目，反映企业因购买材料、商品和接受劳务等日常生产经营活动尚未支付的款项。本项目应根据“应付账款”科目的期末余额填列。如“应付账款”科目期末为借方余额，应当在“预付账款”项目列示。

（26）“预收账款”项目，反映企业根据合同规定预收的款项。包括：预收的购货款、工程款等。本项目应根据“预收账款”科目的期末贷方余额填列；如“预收账款”科目期末为借方余额，应当在“应收账款”项目列示。

属于超过 1 年期以上的预收账款的贷方余额应当在“其他非流动负债”项目列示。

（27）“应付职工薪酬”项目，反映企业应付未付的职工薪酬。本项目应根据“应付职工薪酬”科目期末余额填列。

（28）“应交税费”项目，反映企业期末未交、多交或尚未抵扣的各种税费。本项目应根据“应交税费”科目的期末贷方余额填列；如“应交税费”科目期末为借方余额，以“－”号填列。

（29）“应付利息”项目，反映企业尚未支付的利息费用。本项目应根据“应付利息”科目的期末余额填列。

（30）“应付利润”项目，反映企业尚未向投资者支付的利润。本项目应根据“应付利润”科目的期末余额填列。

（31）“其他应付款”项目，反映企业除应付账款、预收账款、应付职工薪酬、应交税费、应付利息、应付利润等以外的其他各项应付、暂收的款项。包括：应付租入固定资产和包装物的租金、存入保证金等。本项目应根据“其他应付款”科目的期末余额填列。

（32）“其他流动负债”项目，反映企业除以上流动负债以外的其他流动负债（含 1 年内到期的非流动负债）。本项目应根据有关科目的期末余额填列。

（33）“长期借款”项目，反映企业向银行或其他金融机构借入的期限在 1 年以上的、尚未偿还的各项借款本金。本项目应根据“长期借款”科目的期末余额分析填列。

（34）“长期应付款”项目，反映企业除长期借款以外的其他各种应付未付的长期应付款项。包括：应付融资租入固定资产的租赁费、以分期付款方式购入固定资产发生的应付款项等。本项目应根据“长期应付款”科目的期末余额分析填列。

（35）“递延收益”项目，反映企业收到的、应在以后期间计入损益的政府补助。本项目应根据“递延收益”科目的期末余额分析填列。

（36）“其他非流动负债”项目，反映企业除以上非流动负债项目以外的其他非流动负债。本项目应根据有关科目的期末余额分析填列。

（37）“实收资本（或股本）”项目，反映企业收到投资者按照合同协议约定或相关规定投入的、构成企业注册资本的部分。本项目应根据“实收资本（或股本）”科目的期末余额分析填列。

（38）“资本公积”项目，反映企业收到投资者投入资本超出其在注册资本中所占份额的部分。本项目应根据“资本公积”科目的期末余额填列。

（39）“盈余公积”项目，反映反映企业（公司制）的法定公积金和任意公积金，企业（外商投资）的储备基金和企业发展基金。本项目应根据“盈余公积”科目的期末余额填列。

（40）“未分配利润”项目，反映企业尚未分配的历年结存的利润。本项目应根据“利润分配”科目的期余额填列。未弥补的亏损，在本项目内以“－”号填列。

4. 资产负债表中各项目之间的钩稽关系为：

行 15=行 1+行 2+行 3+行 4+行 5+行 6+行 7+行 8+行 9+行 14；

行 9=行 10+行 11+ 行 12+行 13；

行 29=行 16+行 17+行 20+行 21+行 22+行 23+行 24+行 25+行 26+行 27+行 28

行 20=行 18-行 19；

行 30=行 15+行 29；

行 41=行 31+行 32+行 33+行 34+行 35+行 36+行 37+行 38+行 39+行 40；

行 46=行 42+行 43+行 44+行 45；

行 47=行 41+行 46；

行 52=行 48+行 49+行 50+行 51；

行 53=行 47+行 52=行 30。

15.1.2 编制资产负债表

资产负债表需要填列的项目包括年初余额和期末余额。年初余额直接根据上年度的期末余额进行填列即可；期末余额可以根据总账科目余额直接填列。资产负债表大部分项目的填列都是根据有关总账账户的余额直接填列，如“应收票据”项目，根据“应收票据”总账科目的期末余额直接填列。

接下来在 Excel 中编制资产负债表，由于“总账”工作表中的资产抵减科目、负债和损益类科目都是用负数表示的，因此，在编制资产负债表的过程中，用到了绝对值函数——ABS()函数，ABS()函数的语法及参数介绍如下。

ABS()函数的功能是返回数字的绝对值。绝对值没有符号。其语法结构为 ABS(number)，参数 number 为必需参数，表示需要计算其绝对值的实数。

1. 录入年初余额

打开“素材文件\第 15 章\资产负债表.xlsx”文件，资产负债表中根据上年度的期末余额录入了本年度年初余额，效果如下图所示。

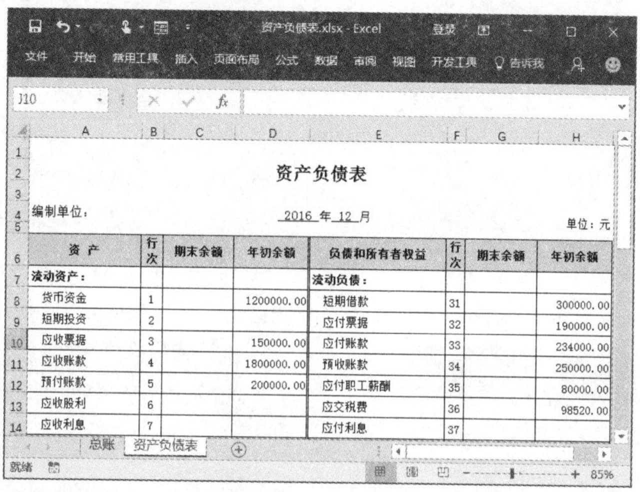

2. 统计期末余额

接下来根据“总账”工作表中的“月末余额”，依次填列资产负债表中的“期末余额”，具体操作方法如下。

第 1 步：查看总账科目余额

切换到“总账”工作表，各科目的期末余额，如下图所示。

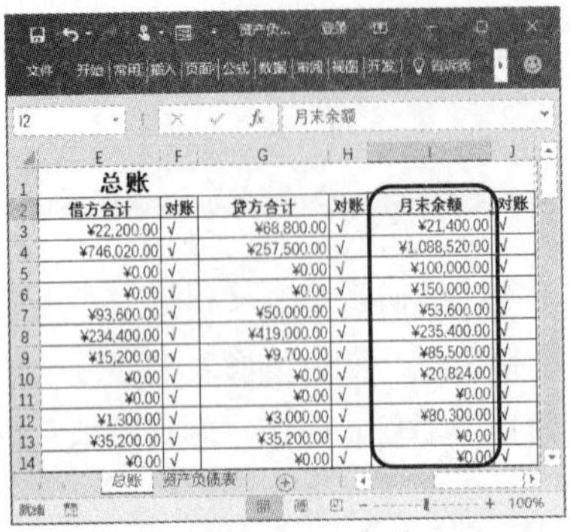

第 2 步：填列货币资金

切换到“资产负债表”中，在 C8 单元格中输入公式“=SUM(总账!I3:I5)”，按“Enter”键确认输入，如下图所示。

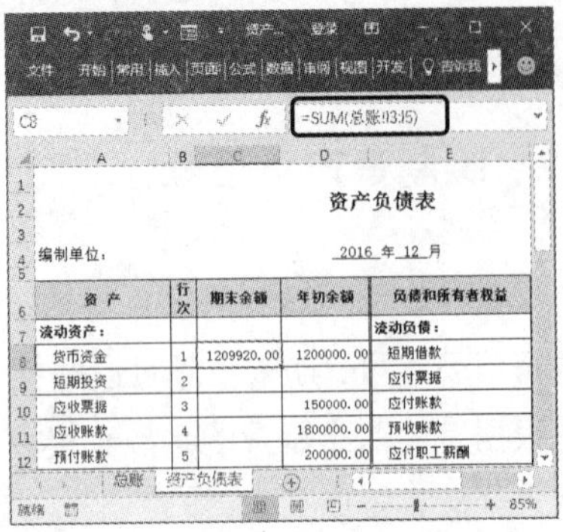

第 3 步：填列短期投资

在 C9 单元格中输入公式“=总账!I6”，按“Enter”键确认输入，如下图所示。

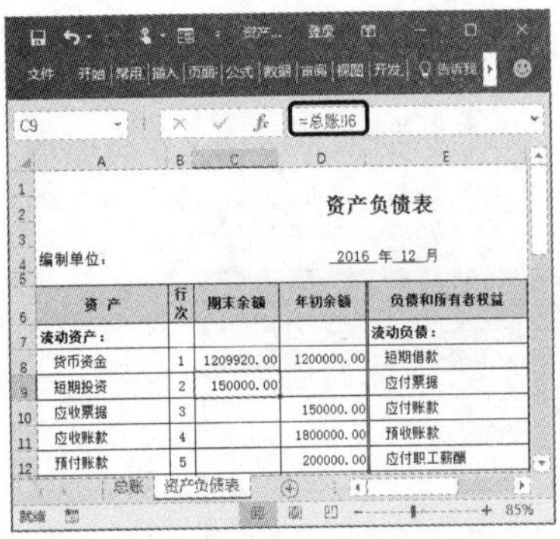

第 4 步：填列资产项目

将 C9 单元格中的公式向下填充到 C13 单元格，此时即可统计出“应收票据”、“应收账款”、“预付账款”，以及“应收股利”科目的年末余额，如下图所示。

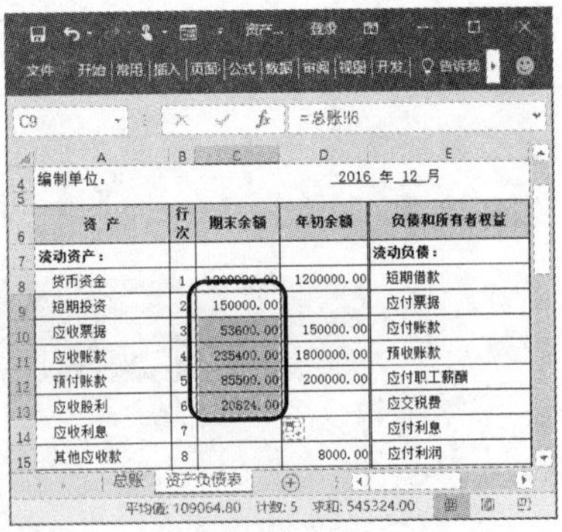

第 5 步：填列其他应收款

在 C15 单元格中输入公式“=总账!I12”，按“Enter”键确认输入，如下图所示。

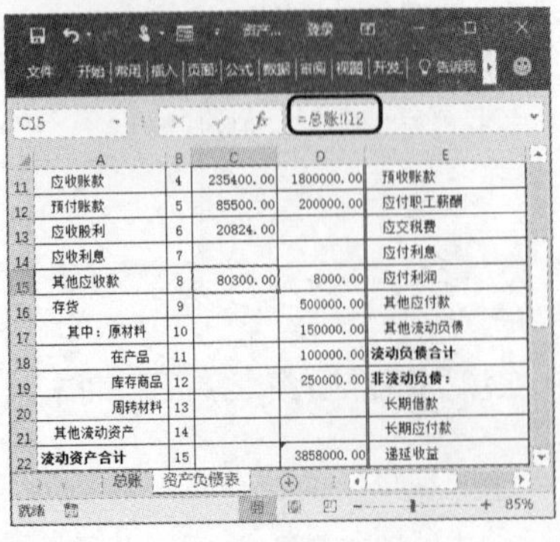

第 6 步：填列存货

在 C16 单元格中输入公式“=SUM(总账!I13:I21)”，按“Enter”键确认输入，如下图所示。

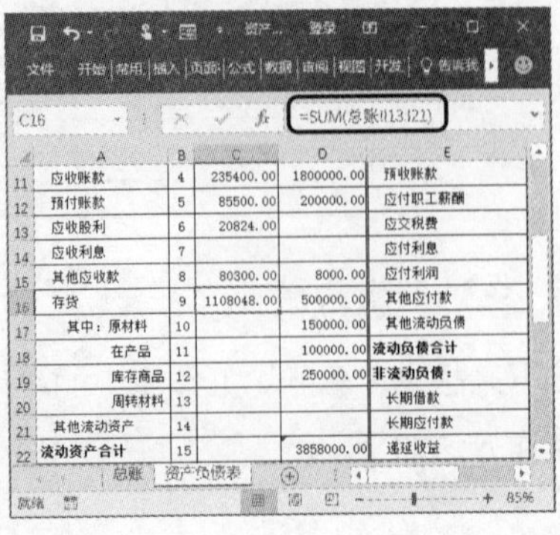

第 7 步：填列流动资产合计

在 C22 单元格中输入公式“=SUM (C8:C16)+C21”，按“Enter”键确认输入，如下图所示。

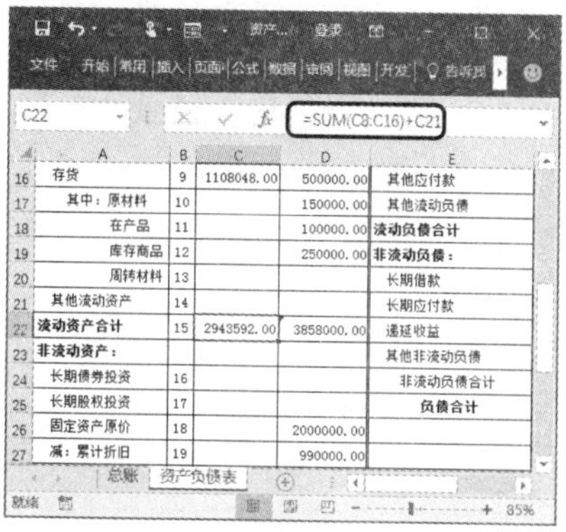

第 8 步：填列固定资产原价

在 C26 单元格中输入公式“=总账!I24”，按“Enter”键确认输入，如下图所示。

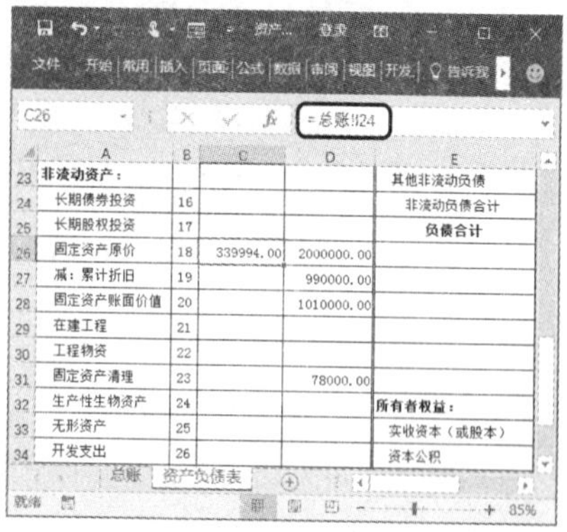

第 9 步：填列累计折旧

在 C27 单元格中输入公式“=ABS(总账!I25)”，按“Enter”键确认输入，如下图所示。

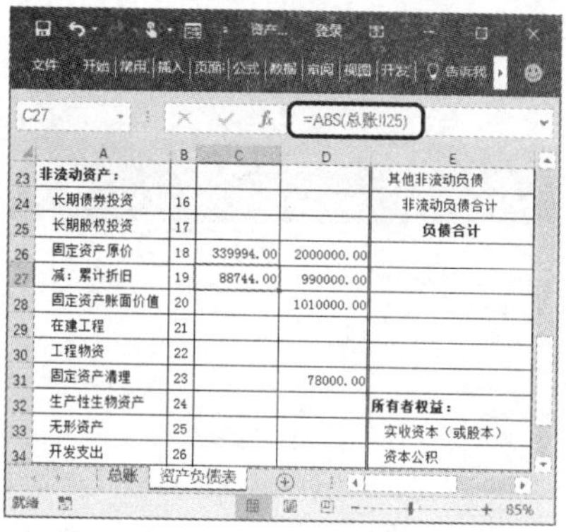

第 10 步：填列固定资产账面价值

选中 C28 单元格，输入公式“=C26-C27”，按“Enter”确认输入，如下图所示。

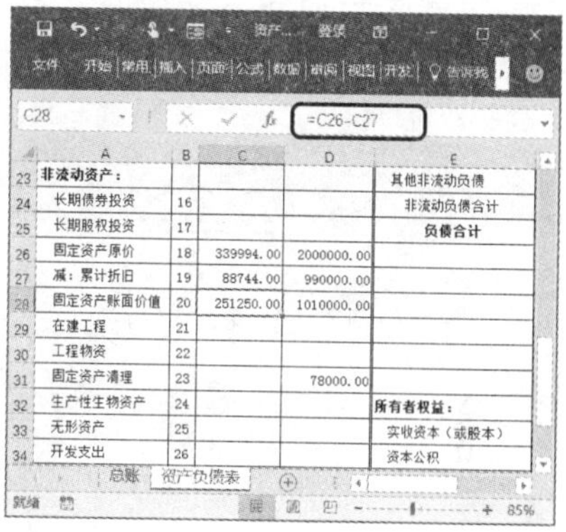

第 11 步：填列非流动资产合计

在C37中单元格输入公式“=SUM (C24:C25)+SUM(C28:C36)”，按“Enter”键确认输入，如下图所示。

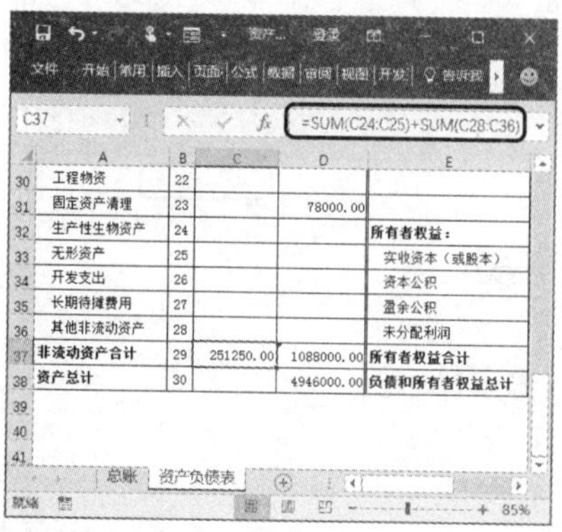

第 12 步：填列资产合计

在 C38 单元格中输入公式“=C22 +C37”，按“Enter”键确认输入，如下图所示。

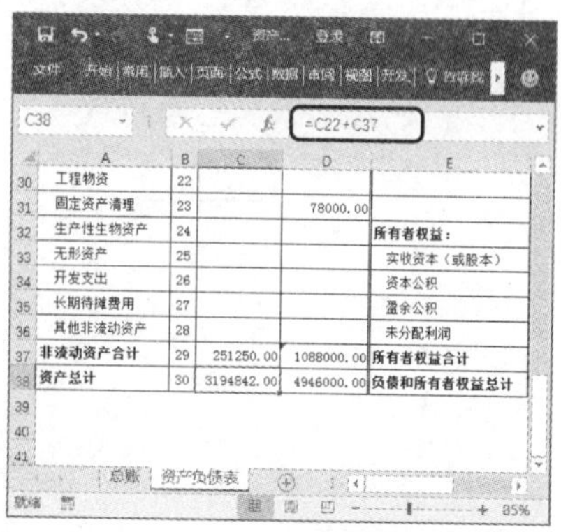

第 13 步：填列短期借款

在 G8 单元格中输入公式“=ABS(总账!I35)”，按“Enter”键确认输入，如下图所示。

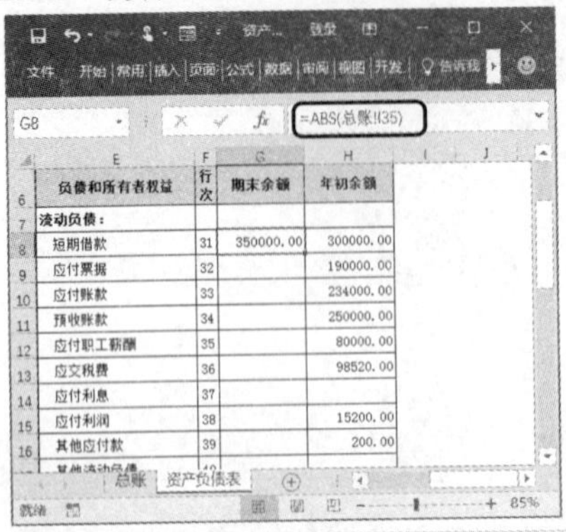

第 14 步：定位鼠标

将鼠标指针定位在 G8 单元格的右下角，此时鼠标指针变成十字形状，如下图所示。

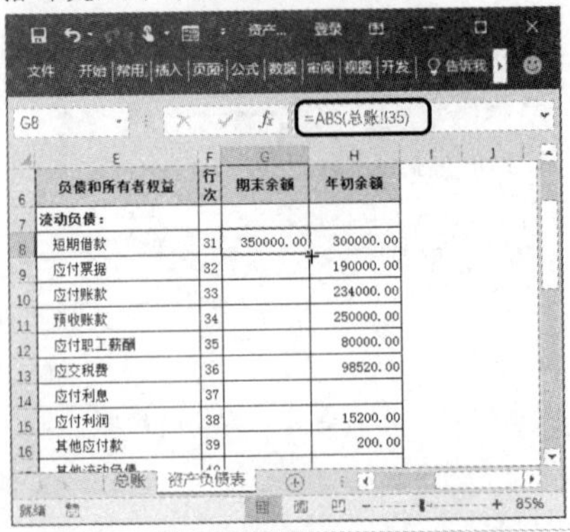

第 15 步：填充公式

将 G8 单元格中的公式向下填充到 G16 单元格，此时即可统计出“应付票据”、“应付账款”、“预收账款”、“应付职工薪酬”、“应交税费”、“应付利息”、“应付利润”以及“其他应付款”科目的年末余额、如下图所示。

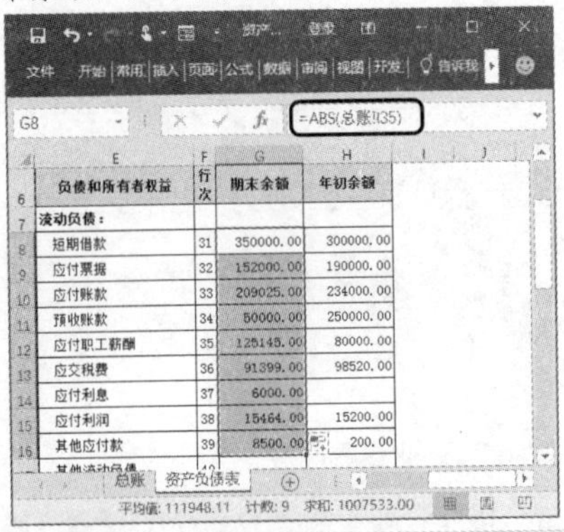

第 16 步：填列流动负债合计

在 G18 单元格中输入公式“=SUM(G8:G17)”，按“Enter”键确认输入，如下图所示。

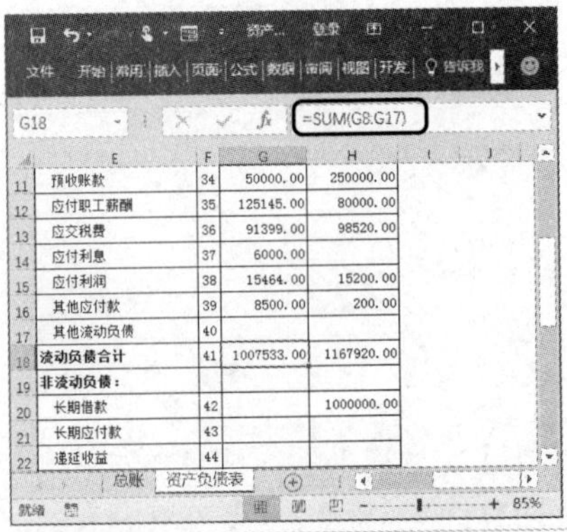

第 17 步：填列负债合计

在 G25 单元格中输入公式“=G18+G24”，按“Enter”键确认输入，如下图所示。

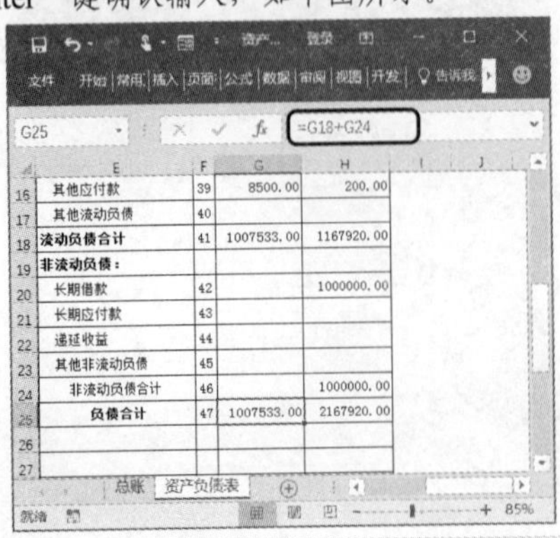

第 18 步：填列实收资本

在 G33 单元格中输入公式“=ABS(总账!I47)”，按“Enter”键确认输入，如下图所示。

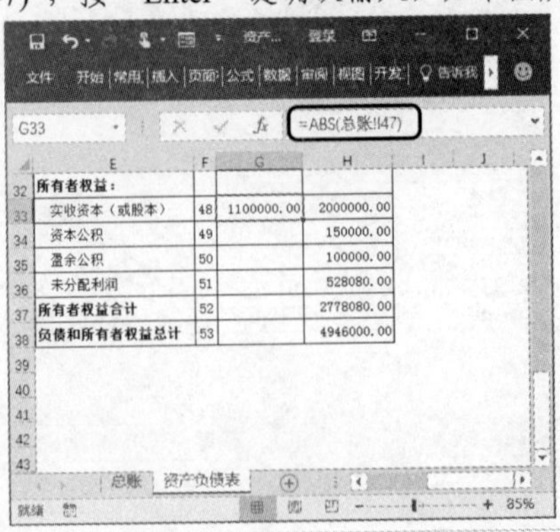

第 19 步：填列未分配利润

在 G36 单元格中输入公式 “=ABS(总账!I50)”，按 “Enter” 键确认输入，如下图所示。

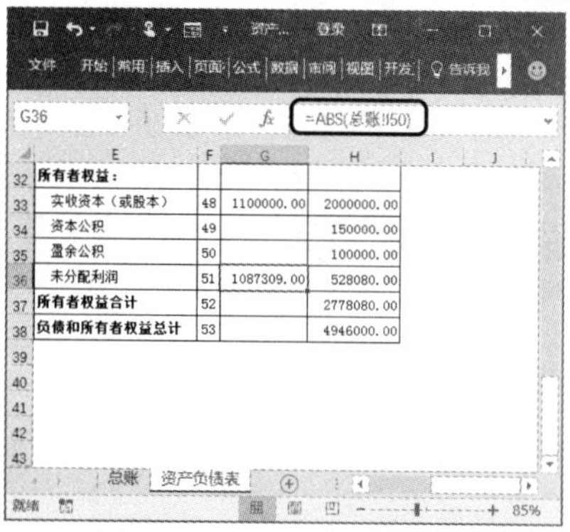

第 20 步：填列所有者权益合计

在 G37 单元格中输入公式 “=SUM(G33:G36)”，按 “Enter” 键确认输入，如下图所示。

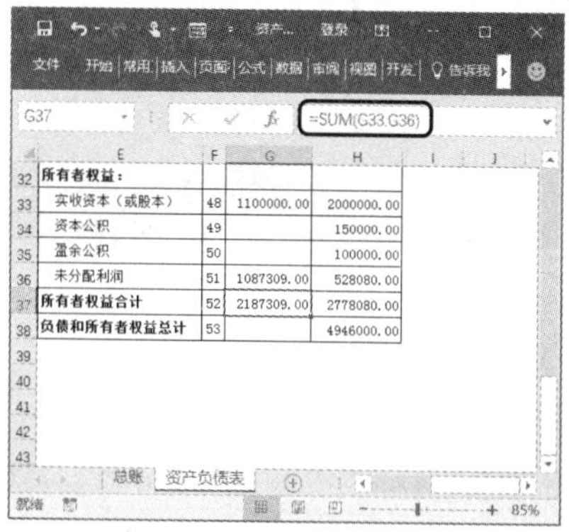

第 21 步：填列负债和所有者权益合计

在 G38 单元格中输入公式 “=G25 +G37”，按 “Enter” 键确认输入，如下图所示。

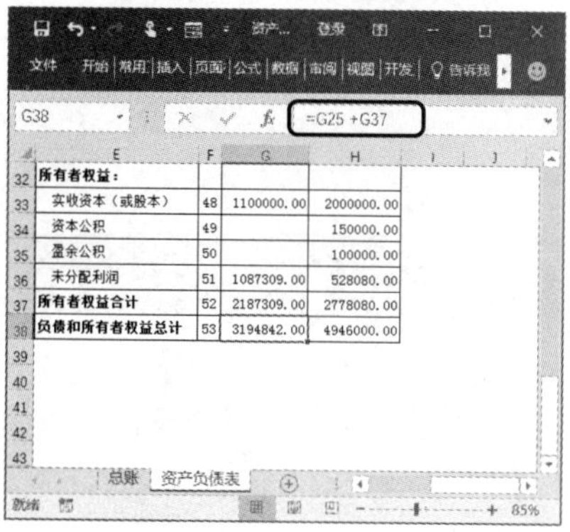

第 22 步：试算平衡

此时，即可资产合计=负债和所有者权益合计，符合会计恒等式的要求，如下图所示。

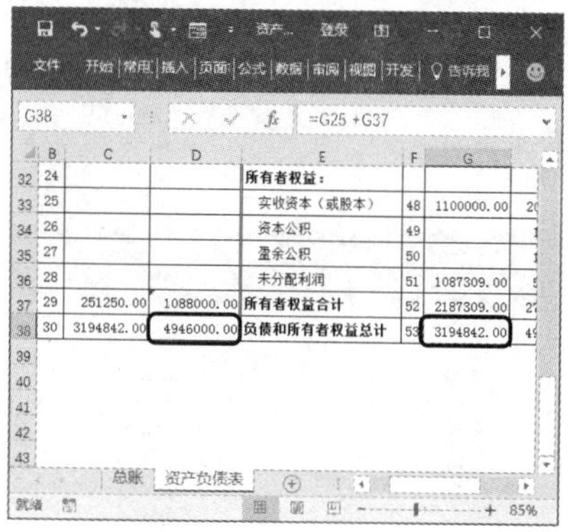

温馨小提示

资产负债表的编制原理是“资产=负债+所有者权益”会计恒等式。它既是一张平衡报表，反映资产总计（左方）与负债及所有者权益总计（右方）相等；又是一张静态报表，反映企业在某一时点的财务状况，如月末或年末。通过在资产负债表上设立“年初数”和“期末数”栏，也能反映出企业财务状况的变动情况。

15.1.3 使用图表分析资产负债表

资产负债表编制完成后，可以使用 Excel 的图表功能，从资产负债表中提取数据，并编制图表，分析资产、负债和所有者权益的变动情况。

1. 资产变化分析

货币资金、应收票据、应收账款、预付账款、其他应收款、存货等资产类会计项目的期末余额变动，必然会引起总资产的变动，接下来对资产负债表中的资产类会计项目的期初余额和期末余额进行对比，使用图表功能，制作资产变化分析图，分析各资产项目的变动情况和变化趋势，具体操作方法如下。

第 1 步：查看期初余额和期末余额

切换到“资产负债表分析”工作表，资产类会计项目的期初余额和期末余额，如下图所示。

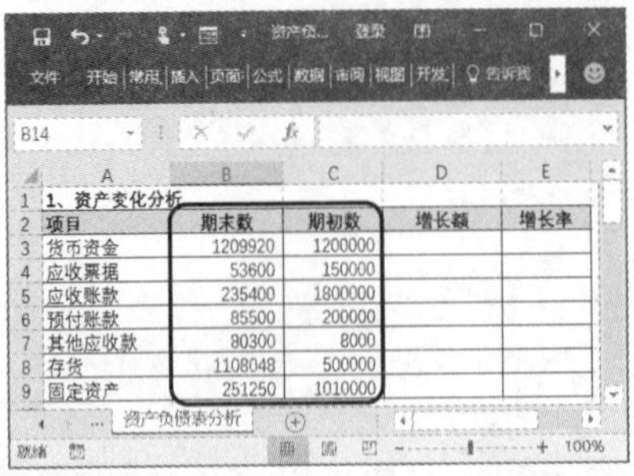

第 2 步：计算货币资金的增长额

在 D3 单元格中输入公式“=B3-C3”，按“Enter”键即可计算出货币资金项目的年度增长额，如下图所示。

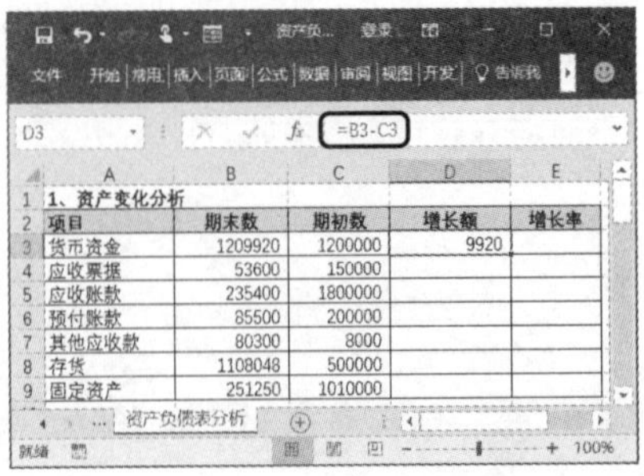

第 3 步：计算其他资产项目的增长额

选中 D3 单元格，将鼠标指针移动到 D3 单元格的右下角，鼠标指针变成十字形状，双击，即可将计算出其他资产项目的增长额，如下图所示。

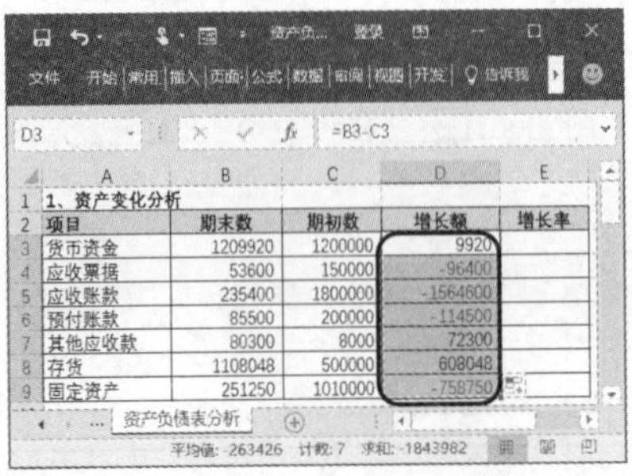

第 4 步：计算货币资金的增长率

在 E3 单元格中输入公式“=D3/C3”，按“Enter”键即可计算出货币资金的增长率，如下图所示。

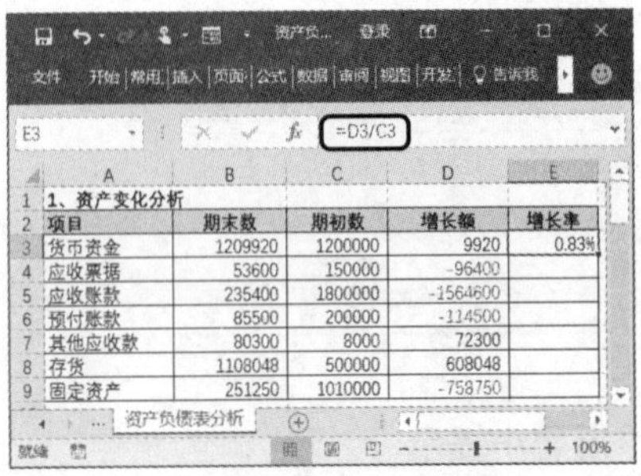

第 5 步：计算其他资产项目的增长率

选中 E3 单元格，将鼠标指针移动到 E3 单元格的右下角，鼠标指针变成十字形状，双击，即可将计算出其他资产项目的增长率，如下图所示。

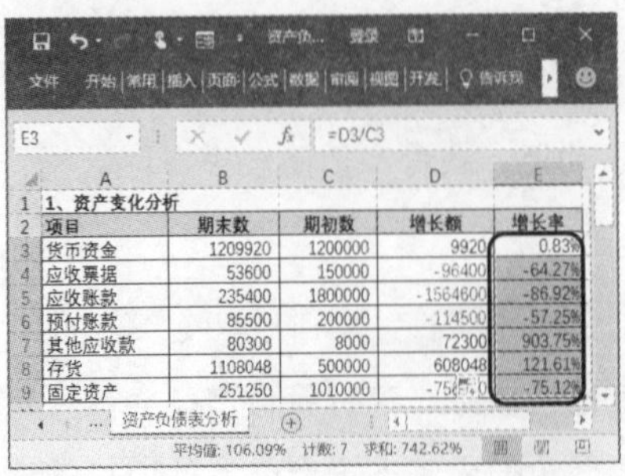

第 6 步：插入推荐的图表

❶单击“插入”选项卡；❷在“图表”功能组中单击“推荐的图表”按钮，如下图所示。

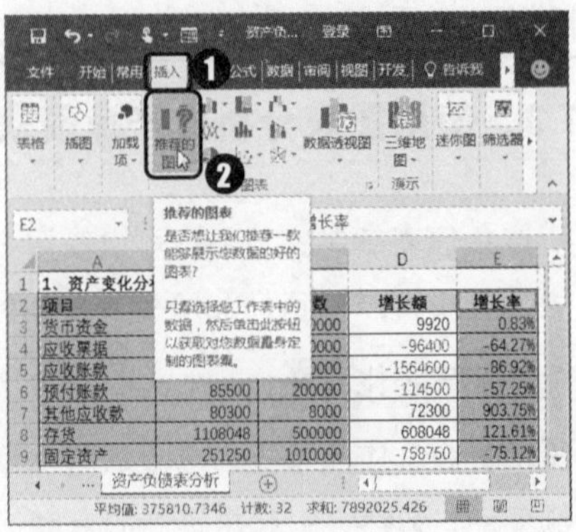

第 7 步：选择推荐的图表

弹出“插入图表”对话框，❶在“推荐的图表”列表中选择“簇状柱形图”选项；❷单击“确定”按钮，如下图所示。

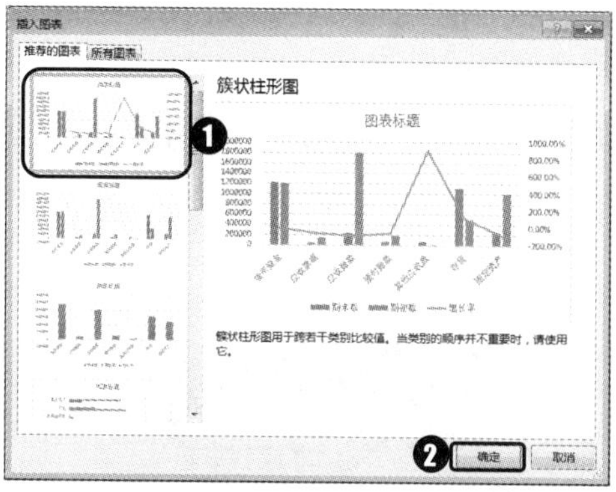

第 8 步：查看插入的图表

此时即可插入一个簇状柱形图，如下图所示。

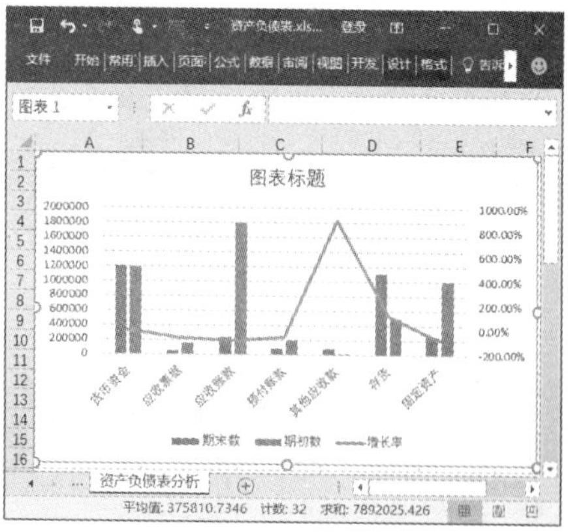

第 9 步：设置图表标题

将图表标题设置为“资产变化分析”，如下图所示。

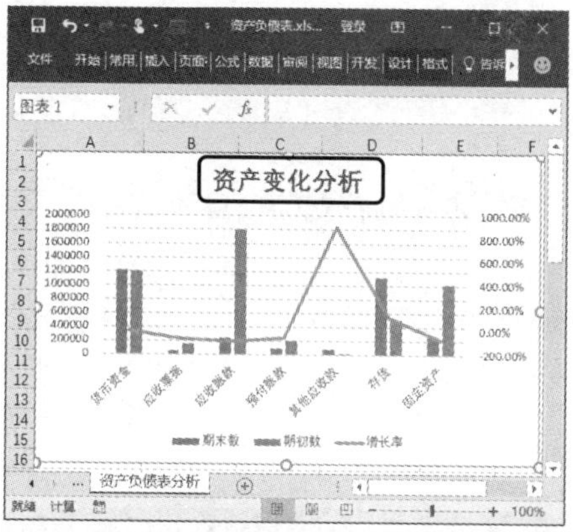

第 10 步：美化图表

对图表进行简单的修饰和美化，最终如下图所示。

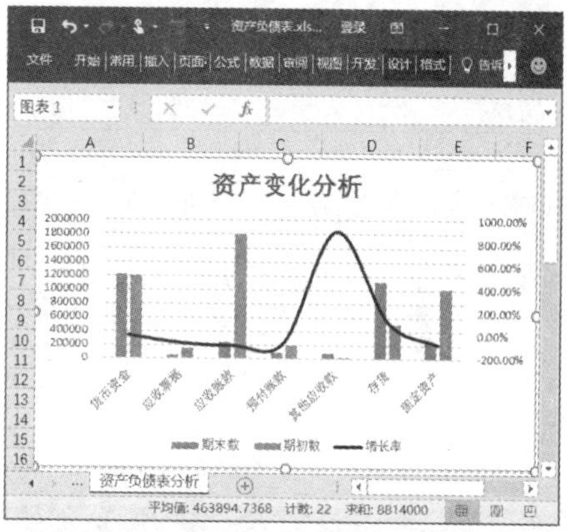

温馨小提示

从图表中不难看出，从应收账款，应收票据和预付账款的增长率为负数，说明了企业的应收账款，应收票据和预付账款在减少，现金流在增加，坏账损失的风险在降低。如果收入不降，应收账款，应收票据和预付账款的增长率仍为负数，那就说明企业产品销势良好，供不应求，企业利润也会大幅增长；但是，要是由于收入下降而引起的应收项目的增长率为负数，就不是有利因素了。可能存在市场萎缩或竞争力的下降的现象，说明企业前景不好。

此外，其他应收款的变动率为 903.75%，波动幅度最大，对总资产影响也最大。从审计的角度讲，该公司其他应收款项目骤增，可能是信用政策放宽所导致，但也有可能是企业通过该账户在调节利润。如果管理层不能做出合理解释，则应认定为存在重大错报风险，可能的原因是管理层贪污、挪用资金，股东抽逃资金，虚增收入，或是关联方相互串通通过关联交易虚增资产和利润等。

2. 负债变化分析

短期借款、应付票据、应付账款、预收账款、应付职工薪酬、应交税费、应付利润、其他应付款等负债类会计科目的期末余额变动，必然会引起总负债的变动，接下来对资产负债表中的负债类会计项目的期初余额和期末余额进行对比，使用图表功能，制作负债变化分析图，分析各负债项目的变动情况和变化趋势，具体操作方法如下。

第 1 步：查看期初余额和期末余额

负债类会计项目的期初余额和期末余额，如下图所示。

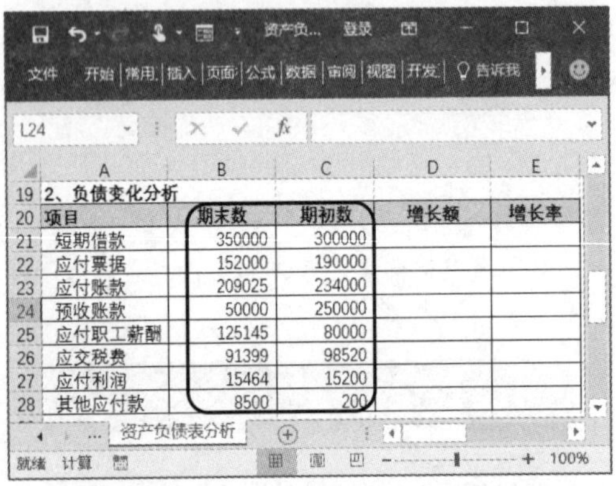

第 2 步：计算短期借款的增长额

在 D21 单元格中输入公式 “=B21-C21”，按 “Enter” 键即可计算出短期借款的增长额，如下图所示。

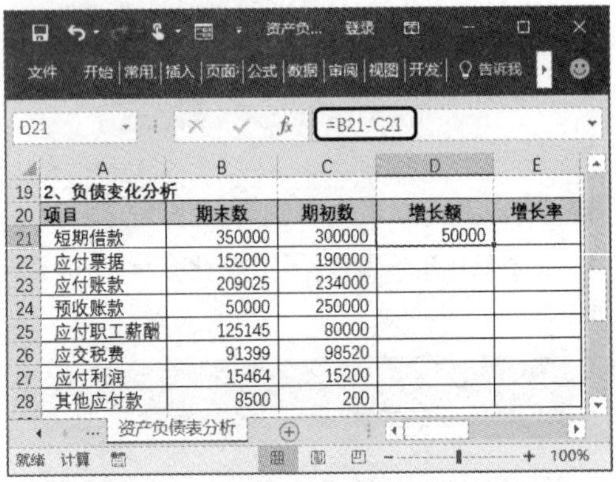

第 3 步：计算其他负债项目的增长额

选中 D21 单元格，将鼠标移动到 D21 单元格的右下角，鼠标指针变成十字形状，双击，即可计算出其他负债项目的增长额，如下图所示。

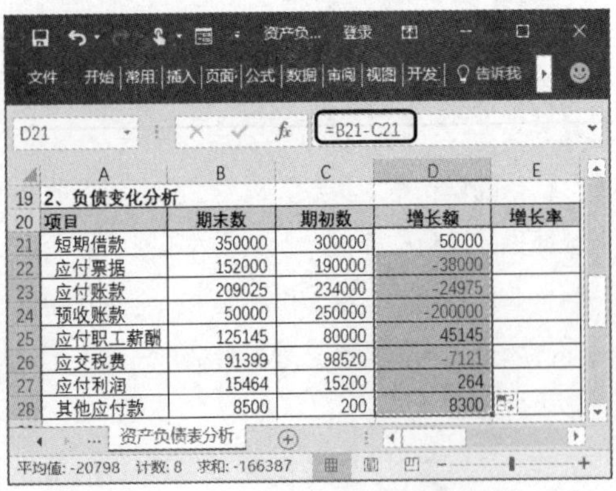

第 4 步：计算负债项目的增长率

在 E21 单元格中输入公式 “=D21/C21”，按 “Enter” 键，选中 E21 单元格，将鼠标指针移动到 E21 单元格的右下角，鼠标指针变成十字形状，双击，即可计算出负债项目的增长率，如下图所示。

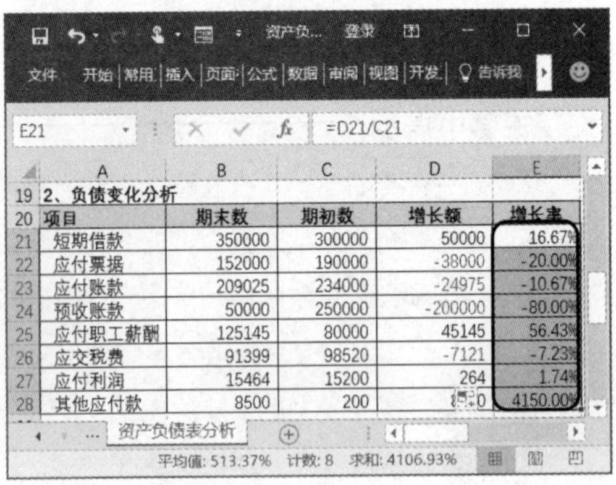

第 5 步：插入组合图

❶单击“插入”选项卡；❷在“图表”功能组中单击“组合图”按钮；❸在弹出的下拉列表中选择“簇状柱形图-次坐标轴上的折线图”选项，如下图所示。

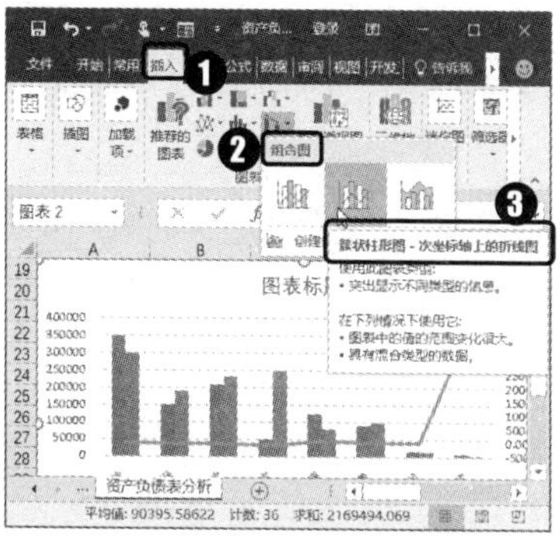

第 6 步：查看插入的组合图

此时即可插入一个组合图表，如下图所示。

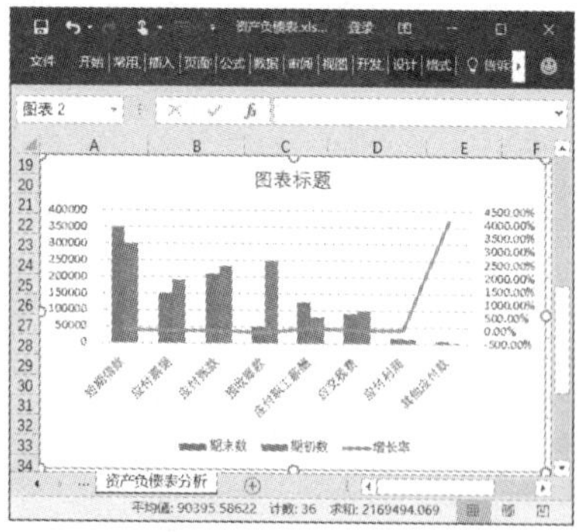

第 7 步：设置图表标题

将图表标题设置为“负债变化分析”，如下图所示。

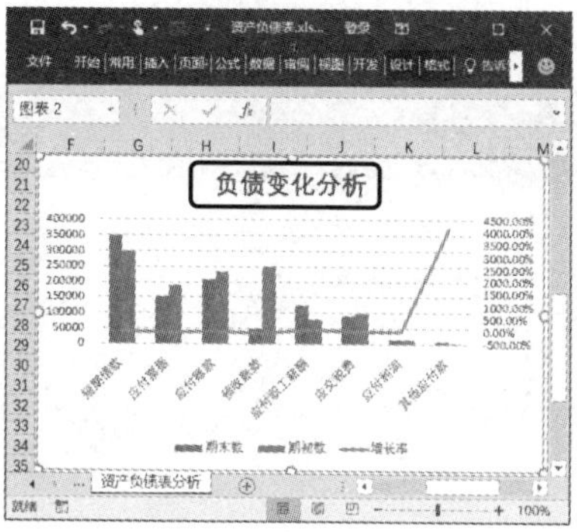

第 8 步：美化图表

对图表进行简单的修饰和美化，最终效果如下图所示。

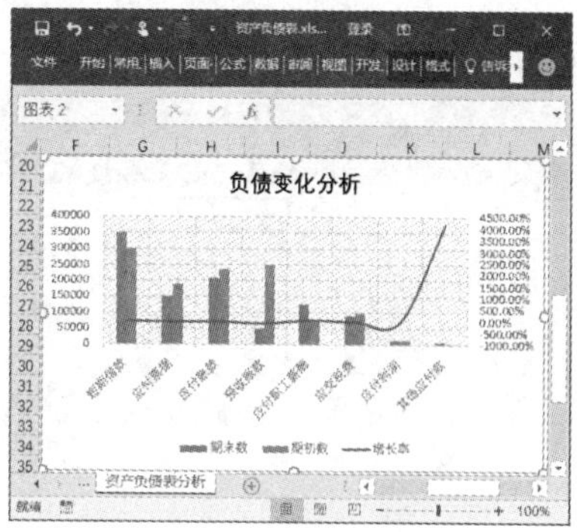

温馨小提示

从图表中不难看出，应付票据、应付账款和预收账款项目的增长率为负数，应付项目的减少，会带来企业资金的减少，从而影响经营活动，会间接地影响到企业利润。

此外，其他应付款的变动率为 4 150%，波动幅度最大，对总负债的影响也最大。其他应付款余额太大，可能存在企业有未结转入账的经营收入或其他收入，挂在了其他应付款科目内。对此，应一笔笔核实到底是什么款项，然后根据款项性质确定如何结转。不能贸然结转到长期借款科目。

3. 所有者权益增减变动比较

实收资本、资本公积、盈余公积和未分配利润等所有者权益类会计项目的期末余额变动，必然会引起所有者权益增减变动，接下来对资产负债表中的所有者权益增减变动类会计项目的期初余额和期末余额进行对比，使用图表功能，制作所有者权益增减变动比较图，分析各所有者权益增减变动项目的变动情况和变化趋势，具体操作方法如下。

第 1 步：查看期初余额和期末余额

所有者权益类会计项目的期初余额和期末余额，如下图所示。

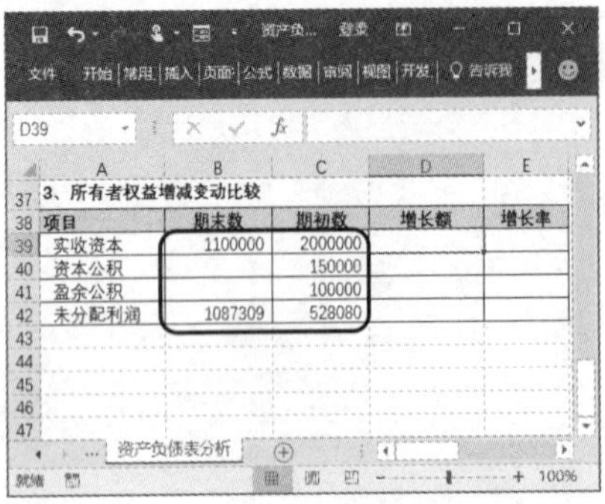

第 2 步：计算实收资本的增长额

在 D39 单元格中输入公式“=B39-C39”，按“Enter”键即可计算出实收资本的增长额，如下图所示。

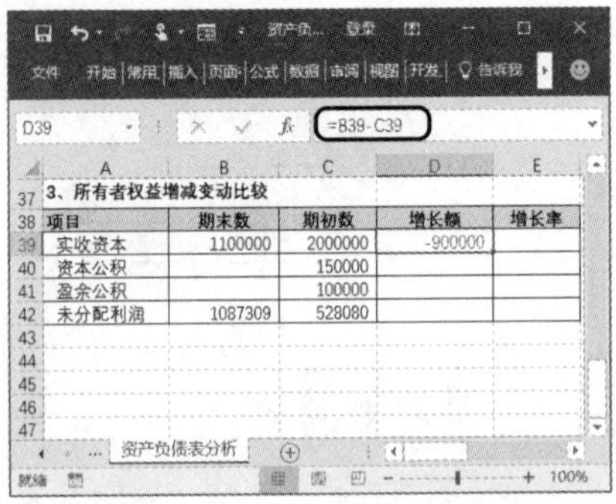

第 3 步：计算其他权益类增长额

选中 D39 单元格，将鼠标指针移动到 D39 单元格的右下角，鼠标指针变成十字形状，双击，即可将计算出其他权益项目的增长额，如下图所示。

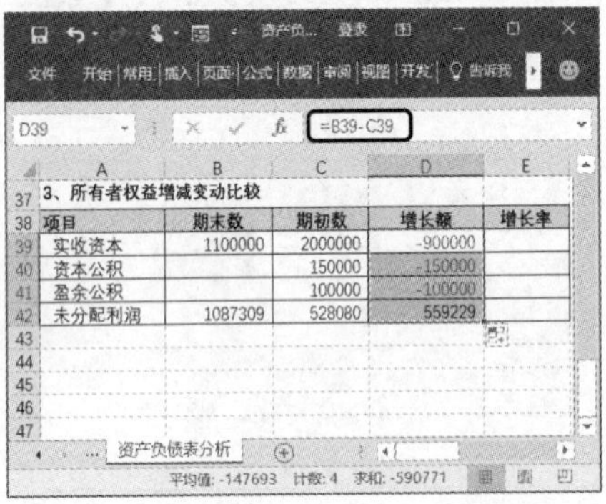

第 4 步：计算权益项目的增长率

在 E39 单元格中输入“=D39/C39”“=D21/C21”，按“Enter”键，选中 E39 单元格，将鼠标指针移动到 E39 单元格的右下角，鼠标指针变成十字形状，双击，即可将计算出权益项目的增长率，如下图所示。

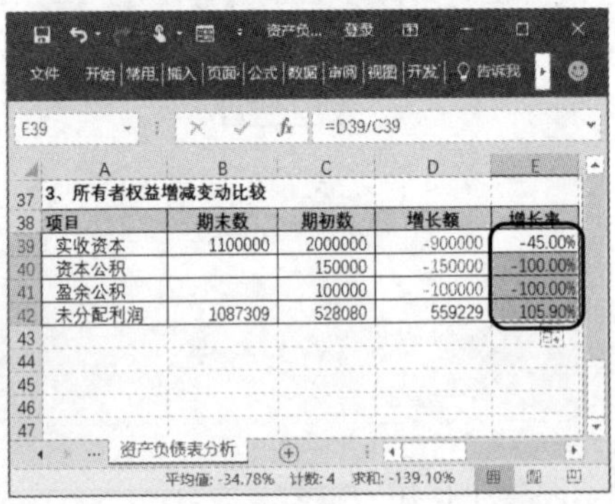

第 5 步：执行推荐的图表命令

❶单击“插入”选项卡；❷在“图表”功能组中单击“推荐的图表”按钮，如下图所示。

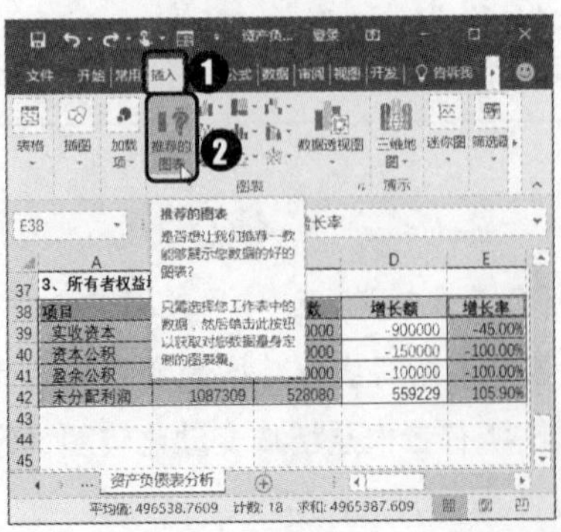

第 6 步：选中推荐的图表

弹出“插入图表”对话框，❶在“推荐的图表”列表中选择“簇状柱形图”选项；❷单击“确定”按钮，如下图所示。

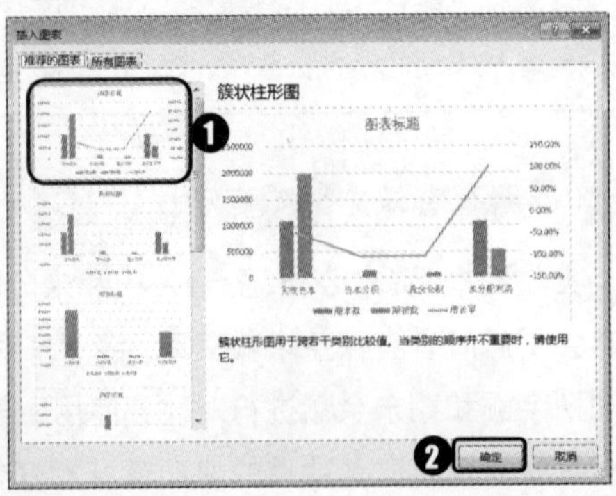

第 7 步：查看插入的图表

此时即可插入一个组合图表，如下图所示。

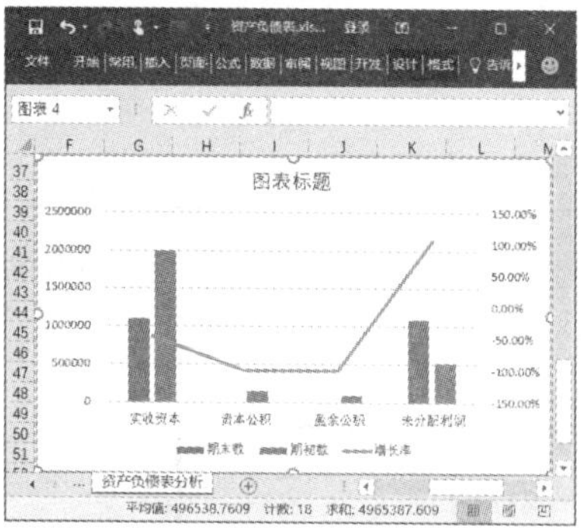

第 8 步：美化图表

将图表标题设置为“所有者权益增减变动比较”，然后对图表进行简单的修饰和美化，如下图所示。

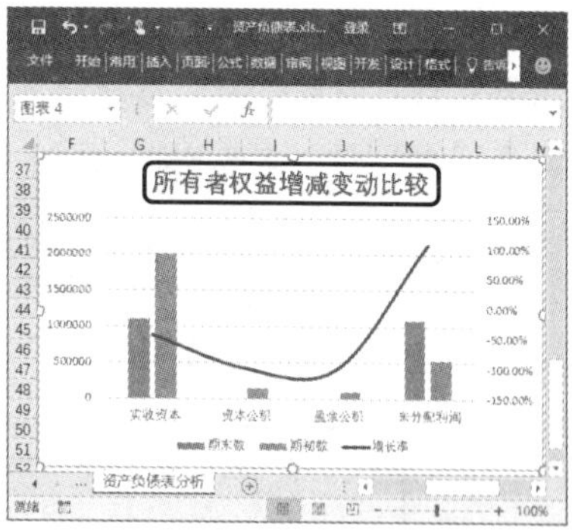

温馨小提示

从图表中不难看出，实收资本等权益类项目的增长率为负数。实收资本减少的原因大体有两种，一是资本过剩；二是企业发生重大亏损而需要减少实收资本。企业因资本过剩而减资，一般会发还股款，回购股票。此外，本年利润增加，引起了未分配利润的增加，说明企业经营状况很好。

15.2 利润表管理与分析

案例概述

利润表，是指反映小企业在一定会计期间的经营成果的报表。企业应当采用多步式列报利润表,将不同性质的收入和费用类别进行对比，从而可以得出一些中间性的利润数据，便于使用者理解企业经营成果的不同来源。利润表至少应当单独列示：营业收入、营业成本、营业税金及附加、销售费用、管理费用、财务费用、所得税费用和净利润。

案例效果

接下来在 Excel 表格中使用公式和函数编制利润表。

利润表编制完成后，效果如下图所示。

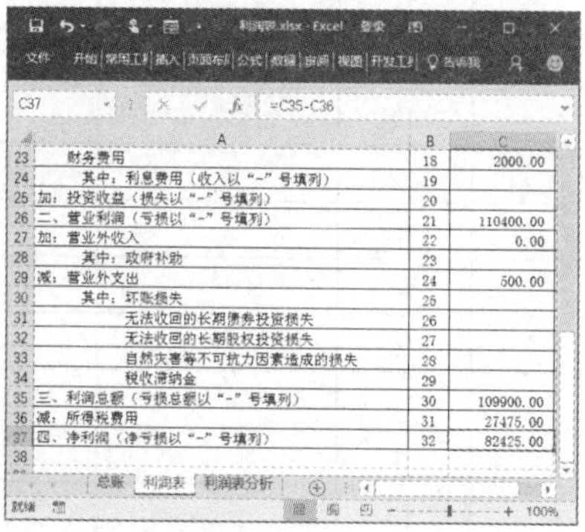

同步文件

原始文件：素材文件\第 15 章\利润表.xlsx

结果文件：结果文件\第 15 章\利润表.xlsx

同步视频文件：同步教学文件\第 15 章\利润表\15.2.1.mp4~15.2.3.mp4

制作思路

编制利润表的具体思路如下：

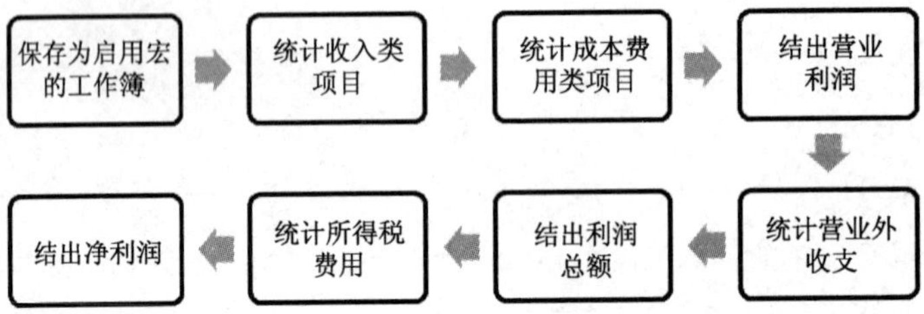

15.2.1　利润表项目简介

利润表的基本格式如表 15-2 所示。

表 15-2　利润表

编制单位：　　　　　　　　　　______年_____月　　　　　　　　　　单位：元

项　　目	行次	本月金额	本年累计金额
一、营业收入	1		
减：营业成本	2		
营业税金及附加	3		
其中：消费税	4		
营业税	5		
城市维护建设税	6		
资源税	7		
土地增值税	8		
城镇土地使用税、房产税、车船税、印花税	9		
教育费附加、矿产资源补偿费、排污费	10		
销售费用	11		
其中：商品维修费	12		
广告费和业务宣传费	13		
管理费用	14		
其中：开办费	15		
业务招待费	16		
研究费用	17		
财务费用	18		

续表

项　　目	行次	本月金额	本年累计金额
其中：利息费用（收入以“-”号填列）	19		
加：投资收益（损失以“-”号填列）	20		
二、营业利润（亏损以“-”号填列）	21		
加：营业外收入	22		
其中：政府补助	23		
减：营业外支出	24		
其中：坏账损失	25		
无法收回的长期债券投资损失	26		
无法收回的长期股权投资损失	27		
自然灾害等不可抗力因素造成的损失	28		
税收滞纳金	29		
三、利润总额（亏损总额以“-”号填列）	30		
减：所得税费用	31		
四、净利润（净亏损以“-”号填列）	32		

1. 利润表反映企业在一定会计期间内利润（亏损）的实现情况。

2. 利润表“本年累计金额”栏反映各项目自年初起至报告期末止的累计实际发生额。

本表“本月金额”栏反映各项目的本月实际发生额；在编报年度财务报表时，应将“本月金额”栏改为“上年金额”栏，填列上年全年实际发生额。

3. 利润表各项目的内容及其填列方法：

（1）“营业收入”项目，反映企业销售商品和提供劳务所实现的收入总额。本项目应根据“主营业务收入”科目和“其他业务收入”科目的发生额合计填列。

（2）“营业成本”项目，反映企业所销售商品的成本和所提供劳务的成本。本项目应根据“主营业务成本”科目和“其他业务成本”科目的发生额合计填列。

（3）“营业税金及附加”项目，反映企业开展日常生产活动应负担的消费税、营业税、城市维护建设税、资源税、土地增值税、城镇土地使用税、房产税、车船税、印花税和教育费附加、矿产资源补偿费、排污费等。本项目应根据“营业税金及附加”科目的发生额填列。

（4）“销售费用”项目，反映企业销售商品或提供劳务过程中发生的费用。本项目应根据“销售费用”科目的发生额填列。

（5）“管理费用”项目，反映企业为组织和管理生产经营发生的其他费用。本项目应根据“管理费用”科目的发生额填列。

（6）“财务费用”项目，反映企业为筹集生产经营所需资金发生的筹资费用。本项目应根据“财务费用”科目的发生额填列。

（7）“投资收益”项目，反映企业股权投资取得的现金股利（或利润）、债券投资取得的利息收入和处置股权投资和债券投资取得的处置价款扣除成本或账面余额、相关税费后的净额。本项目应根据“投资收益”科目的发生额填列；如为投资损失，以“－”号填列。

（8）“营业利润”项目，反映企业当期开展日常生产经营活动实现的利润。本项目应根据营业收入扣除营业成本、营业税金及附加、销售费用、管理费用和财务费用，加上投资收益后的金额填列。如为亏损，以“－”号填列。

（9）“营业外收入”项目，反映企业实现的各项营业外收入金额。包括：非流动资产处置净收益、政府补助、捐赠收益、盘盈收益、汇兑收益、出租包装物和商品的租金收入、逾期未退包装物押金收益、确实无法偿付的应付款项、已做坏账损失处理后又收回的应收款项、违约金收益等。本项目应根据“营业外收入”科目的发生额填列。

（10）“营业外支出”项目，反映企业发生的各项营业外支出金额。包括：存货的盘亏、毁损、报废损失，非流动资产处置净损失，坏账损失，无法收回的长期债券投资损失，无法收回的长期股权投资损失，自然灾害等不可抗力因素造成的损失，税收滞纳金，罚金，罚款，被没收财物的损失，捐赠支出，赞助支出等。本项目应根据“营业外支出”科目的发生额填列。

（11）“利润总额”项目，反映企业当期实现的利润总额。本项目应根据营业利润加上营业外收入减去营业外支出后的金额填列。如为亏损总额，以“－”号填列。

（12）“所得税费用”项目，反映企业根据企业所得税法确定的应从当期利润总额中扣除的所得税费用。本项目应根据“所得税费用”科目的发生额填列。

（13）“净利润”项目，反映企业当期实现的净利润。本项目应根据利润总额扣除所得税费用后的金额填列。如为净亏损，以“－”号填列。

4. 利润表中各项目之间的钩稽关系为：

行 21=行 1-行 2-行 3-行 11-行 14-行 18+行 20；

行 3=行 4+行 5+行 6+行 7+行 8+行 9+行 10；

行 11=行 12+行 13；

行 14=行 15+行 16+行 17；

行 18=行 19；

行 30=行 21+行 22-行 24；

行 22=行 23；

行 24=行 25+行 26+行 27+行 28+行 29；

行 32=行 30-行 31。

15.2.2 编制利润表

利润表要填列的项目包括“本月金额”和“本年累计金额”，“本月金额”根据“总账”工作表中各会计科目借贷方发生额合计进行填列；“本年累计金额”根据本年度各月利润表中的数据进行累计填列。

接下来在 Excel 中，根据“总账”工作表中的各会计科目的借、贷方发生额合计编制利润表，具体操作方法如下。

第 1 步：查看总账科目借贷方发生额合计

打开“素材文件\第 15 章\利润表.xlsx”文件，“总账”工作表中各科目的借贷方发生额合计如下图所示。

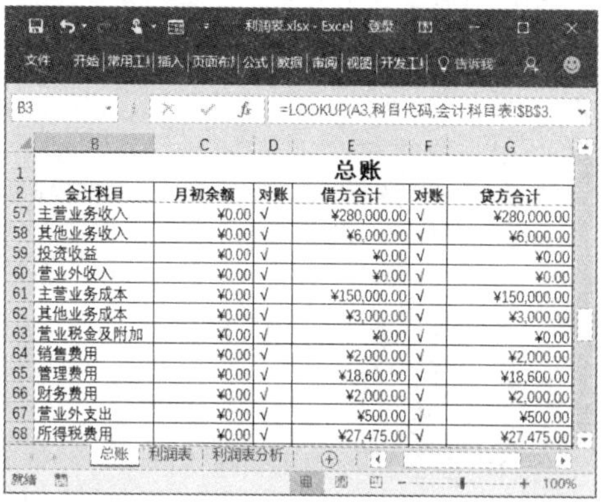

第 2 步：统计营业收入

切换到工作表“利润表”中，在 C6 单元格中输入公式“=SUM(总账!G57: G58)”，按“Enter”键确认输入，如下图所示。

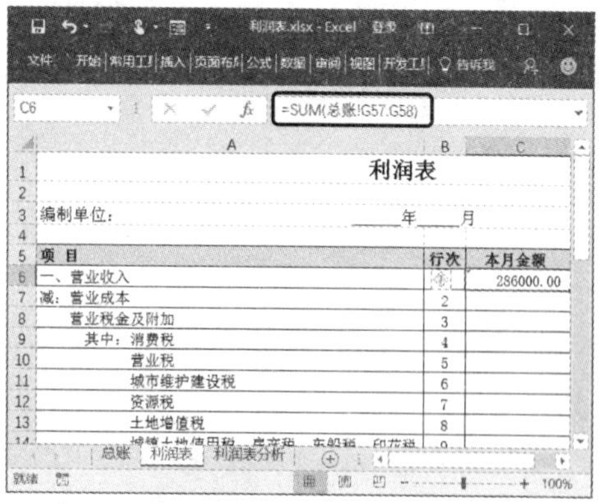

第 3 步：统计营业成本

在 C7 单元格中输入公式“=SUM(总账!E61:E62)”，按“Enter”键确认输入，如下图所示。

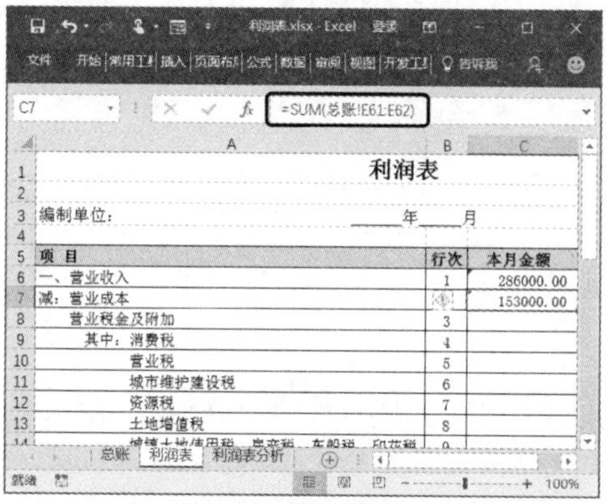

第 4 步：统计营业税金及附加

在 C8 单元格中输入公式“=总账! E63”，按“Enter”键确认输入，如下图所示。

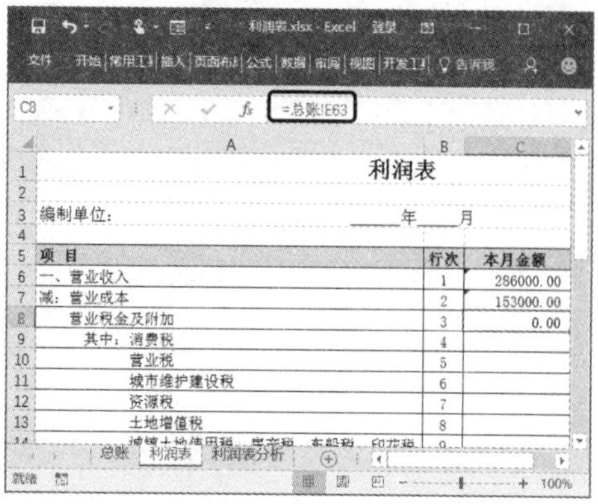

第 5 步：统计销售费用

在 C16 单元格中输入公式“=总账!E64”，按“Enter”键确认输入，如下图所示。

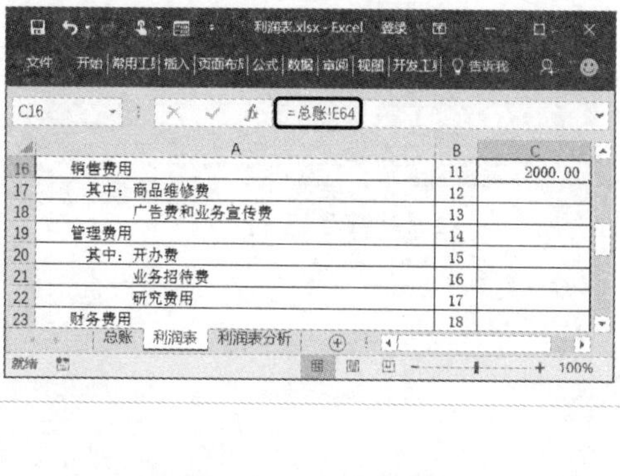

第 6 步：统计管理费用

在 C19 单元格中输入公式“=总账!E65”，按“Enter”键确认输入，如下图所示。

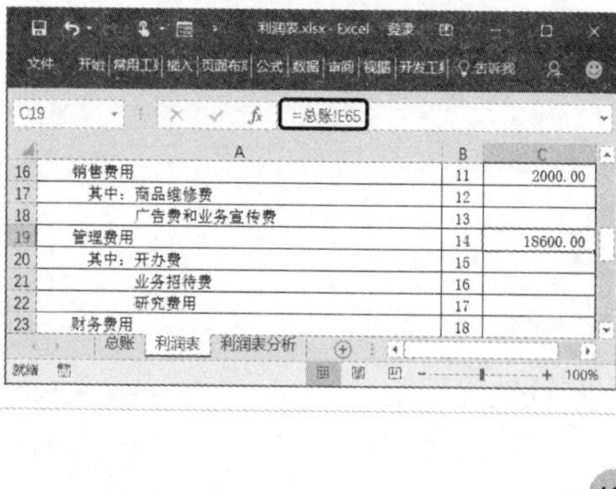

第 7 步：统计财务费用

在 C23 单元格中输入公式“=总账!E66”，按“Enter”键确认输入，如下图所示。

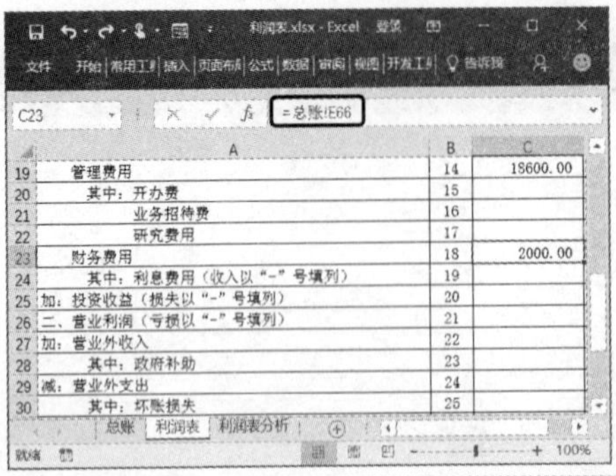

第 8 步：结出营业利润

在 C26 单元格中输入公式“=C6-C7-C8-C16-C19-C23+C25”，按“Enter”键确认输入，如下图所示。

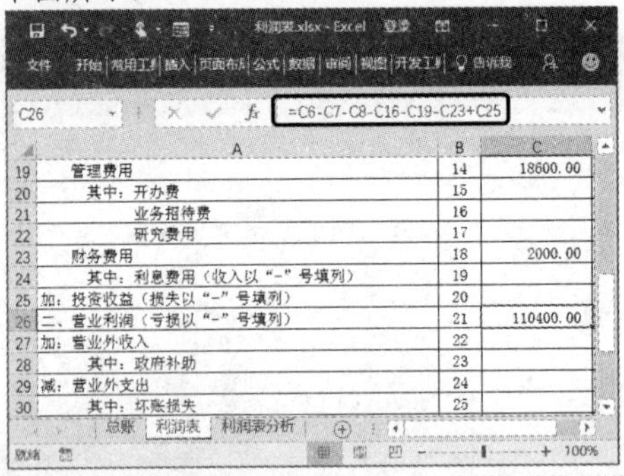

第 9 步：统计营业外收入

在 C27 单元格中输入公式“=总账!G60”，按“Enter”键确认输入，如下图所示。

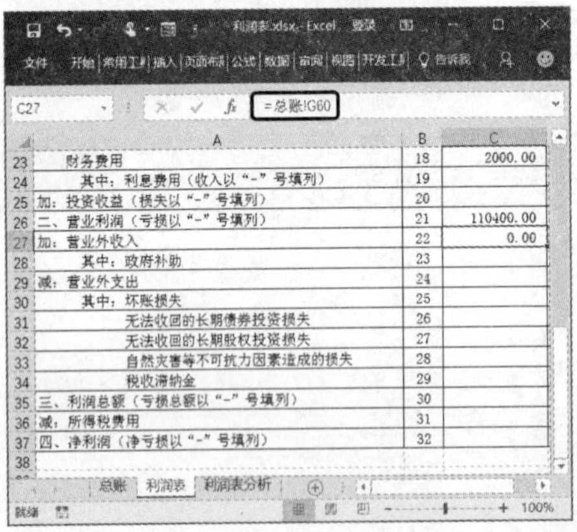

第 10 步：统计营业外支出

选中 C29 单元格，输入公式“=总账!E67”，按“Enter”确认输入，如下图所示。

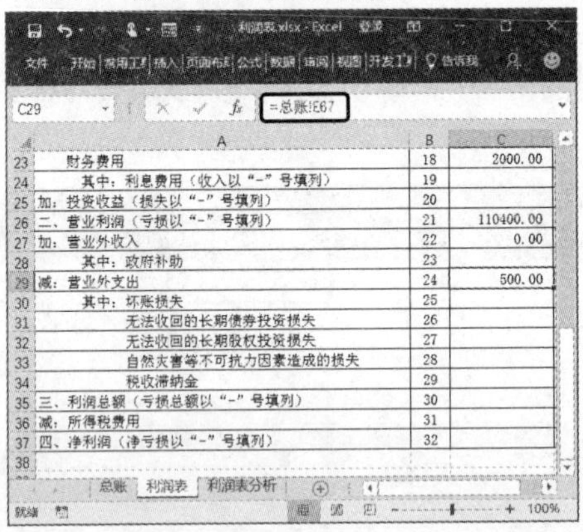

第 11 步：结出利润总额

在 C35 单元格中输入公式“=C26+C27-C29+C31+C32+C33+C34”，按“Enter”键确认输入，如下图所示。

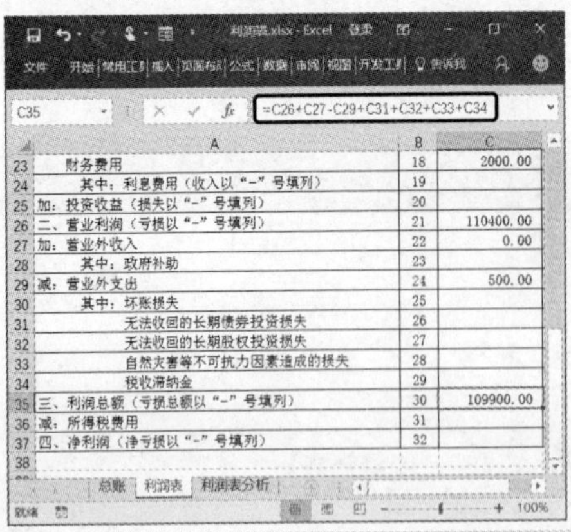

第 12 步：统计所得税费用

在 C36 单元格中输入公式“=总账!E68”，按“Enter”键确认输入，如下图所示。

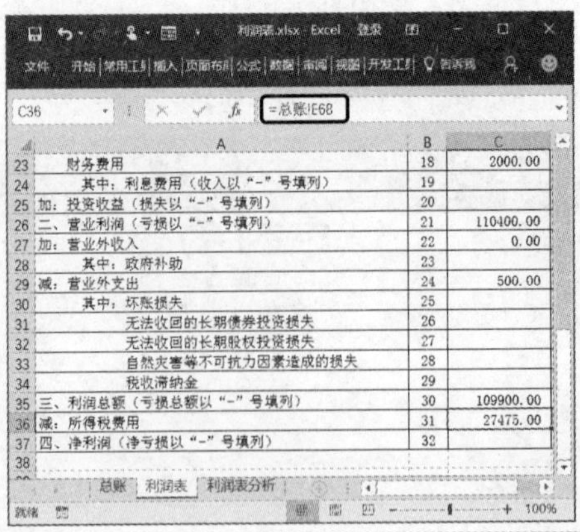

第 13 步：结出净利润

在 C37 单元格中输入公式“=C35-C36”，按“Enter”键确认输入，如下图所示。

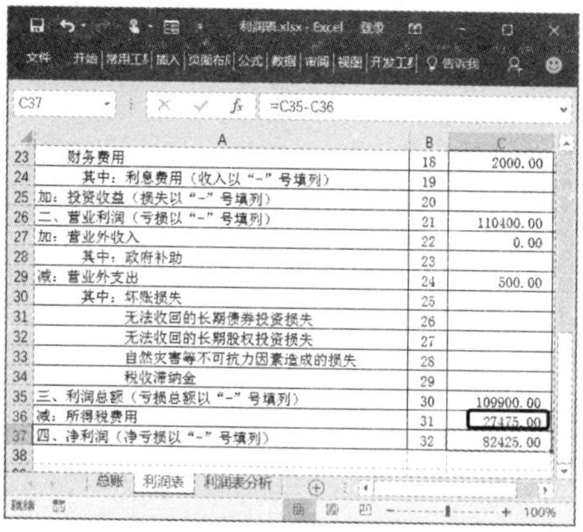

第 14 步：查看最终效果

“本月金额”填列完成后，接下来填列“本年累计金额”即可，此处不再赘述，如下图所示。

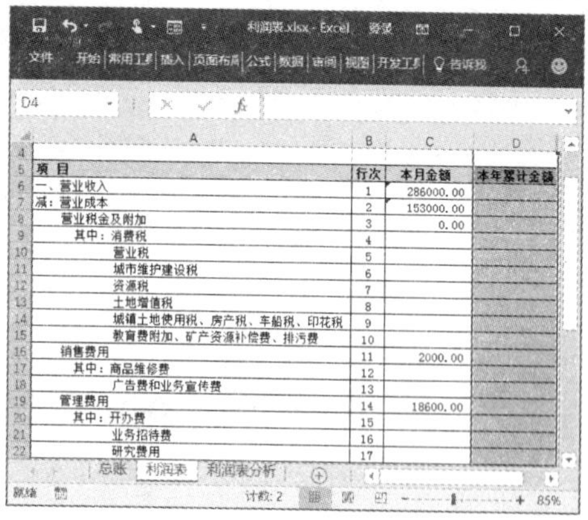

15.2.3 利润表结构和趋势分析

利润表编制完成后，可以使用 Excel 的图表功能，通过制作营业利润分析图，对比分析上年度和本年度的营业情况；也可以通过制作成本费用报表，对成本费用进行年度对比，并制作上年度和本年度的成本费用结构图。

1. 分析营业利润

使用 Excel 的图表功能，根据上年度和本年度的销售业务、维修业务和其他业务的营业利润进行分析，并制作营业利润分析图，分析上年度和本年度的营业利润，具体操作方法如下。

第 1 步：查看营业利润分析报表

切换到“利润表分析”工作表，上年度和本年度的营业利润报表如下图所示。

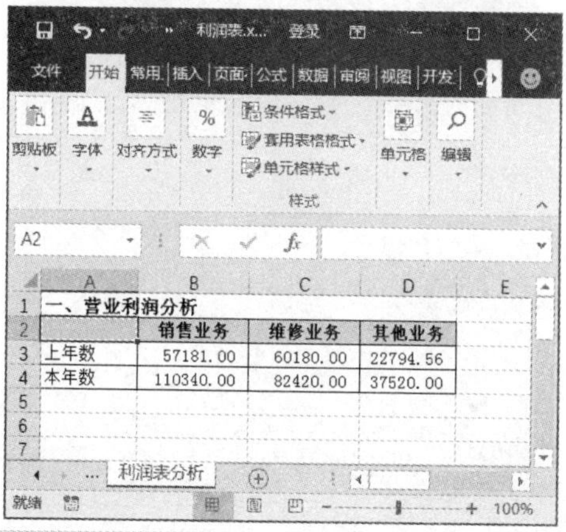

第 2 步：执行插入三维柱形图命令

选中单元格区域 A2:D4，❶单击“插入”选项卡；❷在“图表”功能组中单击“柱形图”下拉按钮；❸在弹出的下拉列表中选择“三维柱形图”选项，如下图所示。

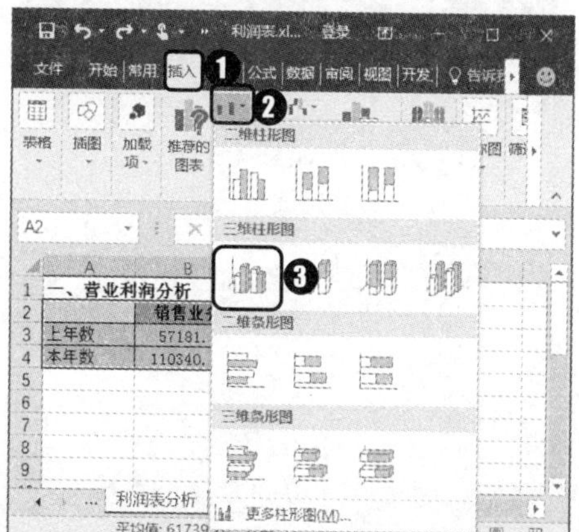

第 3 步：查看插入的图表

此时即可插入一个三维柱形图，如下图所示。

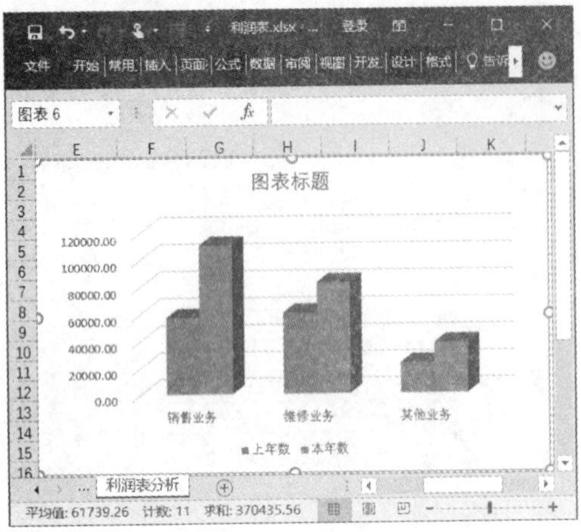

第 4 步：设置图表标题

将图表标题设置为“营业利润分析”，营业利润，就制作完成了，如下图所示。

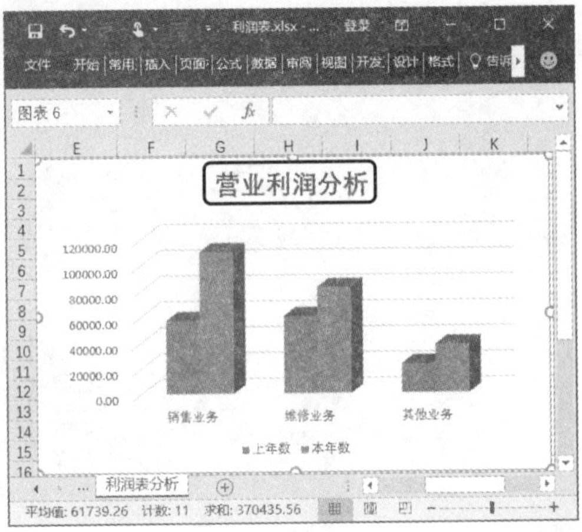

温馨小提示

从图表中不难看出，和去年相比，本年度的营业利润不断增加。其中，销售业务和维修业务营业利润占主要部分。

2. 成本费用报表及分析

使用 Excel 的图表功能，根据上年度和本年度的成本费用，制作成本费用年度对比分析图，分析和对比上年度和本年度的成本费用，并制作上年度和本年度的成本费用结构图，具体操作方法如下。

第 1 步：打开成本费用报表

负债类会计项目的期初余额和期末余额，如下图所示。

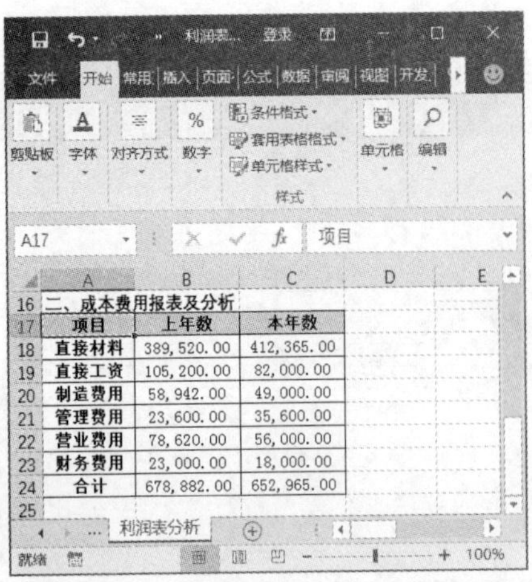

第 2 步：执行推荐的图表命令

选中单元格区域 A17:C23，❶单击“插入”选项卡；❷在“图表”功能组中单击“推荐的图表”按钮，如下图所示。

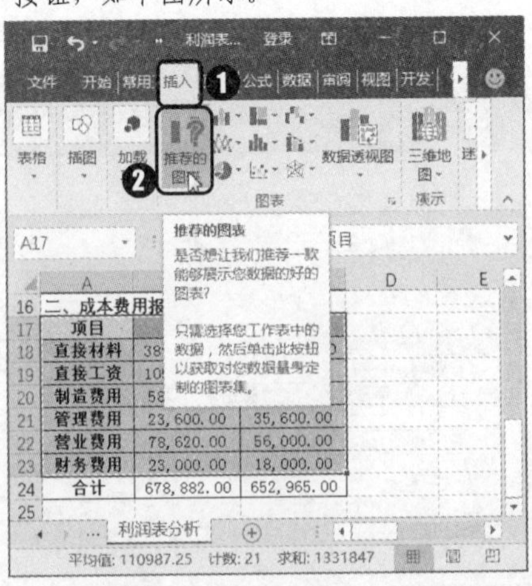

第 3 步：选中推荐的图表

弹出“插入图表”对话框，❶在“推荐的图表”列表中选择“簇状条形图”选项；❷单击“确定”按钮，如下图所示。

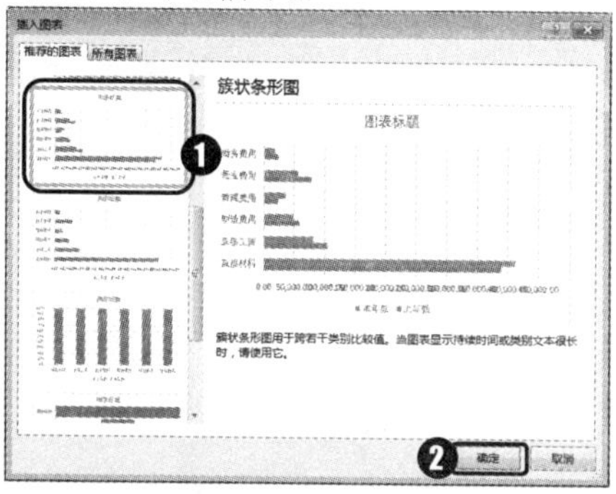

第 4 步：查看插入的簇状柱形图

此时即可插入一个组合图表，如下图所示。

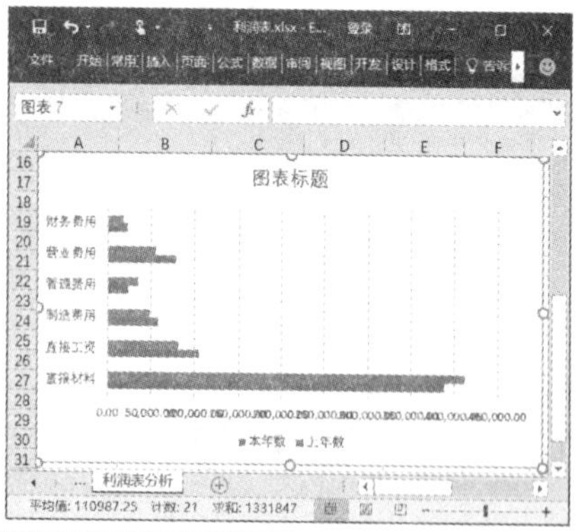

第 5 步：设置图表标题

将图表标题设置为“成本费用年度对比分析”，如下图所示。

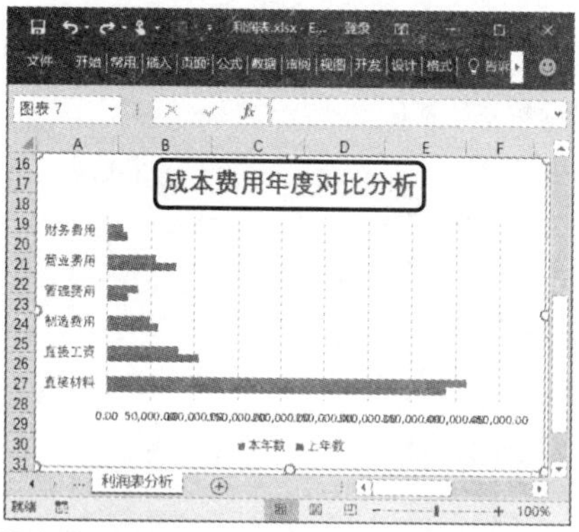

第 6 步：美化图表

对图表进行简单的美化设置，最终效果如下图所示。

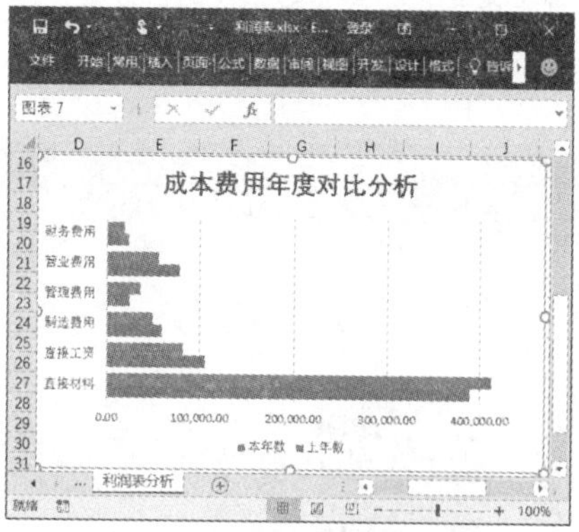

第 7 步：执行插入饼图命令

选中单元格区域 A17:B23，❶单击“插入”选项卡；❷在“图表”功能组中单击“饼图”下拉按钮；❸在弹出的下拉列表中选择“三维饼图”选项，如下图所示。

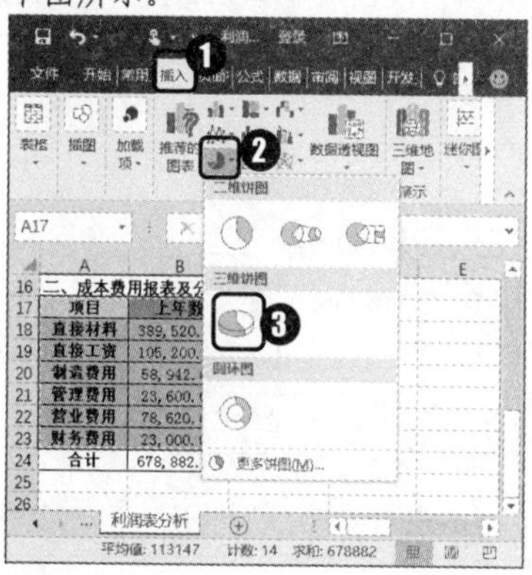

第 8 步：查看插入的饼图

此时即可插入一个三维饼图，如下图所示。

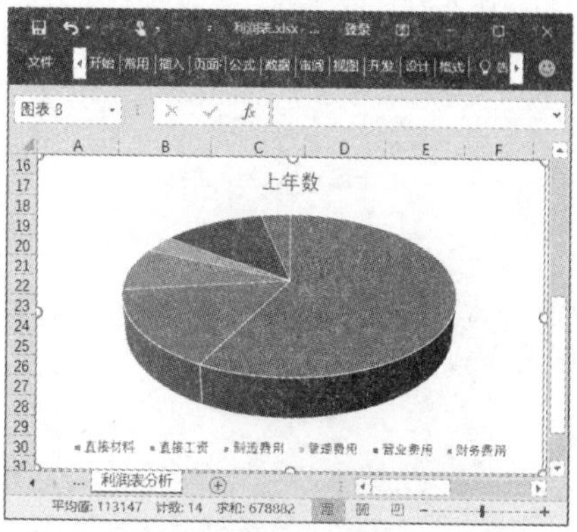

第 9 步：设置图表标题

将图表标题设置为“上年度成本费用结构”，如下图所示。

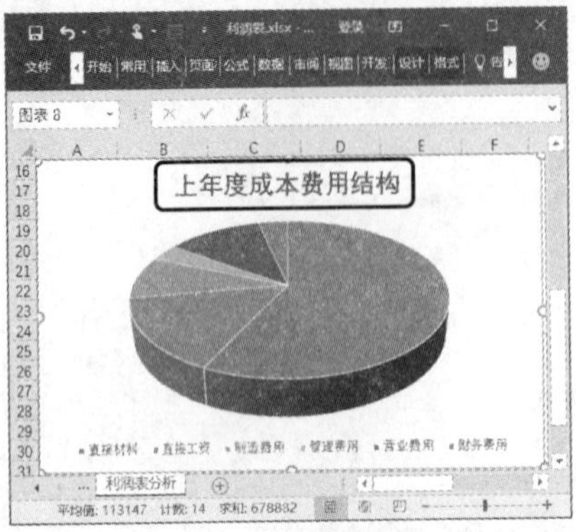

第 10 步：应用图表布局

❶单击“设计”选项卡；❷在“图表布局”功能组中单击“快速布局”按钮；❸在弹出的下拉列表中选择“布局 6”选项，如下图所示。

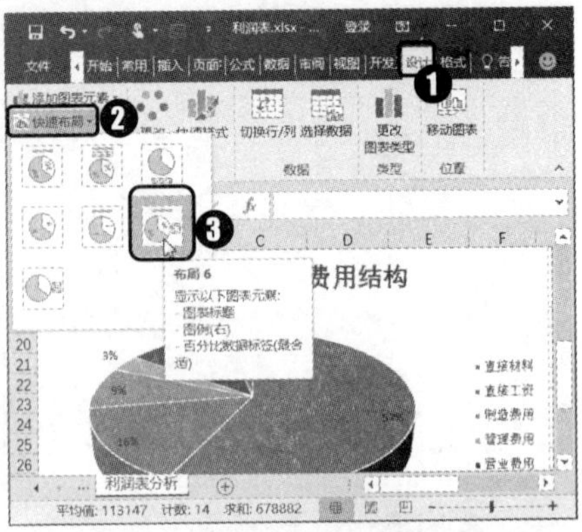

第 11 步：执行设置数据系列格式命令

选中图表，右击，在弹出的快捷菜单中选择“设置数据系列格式”命令，如下图所示。

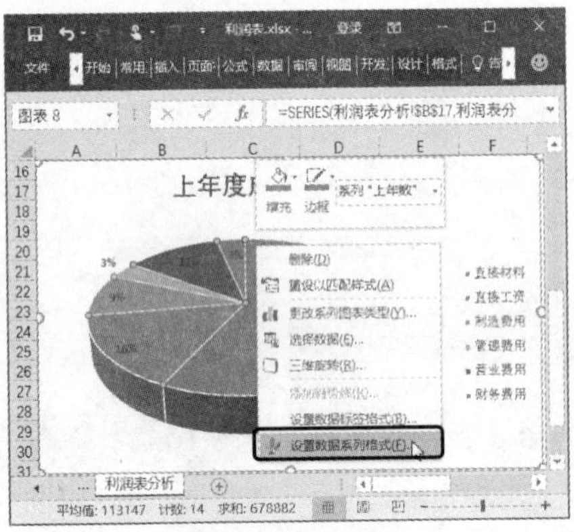

第 12 步：设置饼图分离程度

弹出“设置数据系列格式”窗格，在“系列选项”组合框中将“饼图分离程度”设置为“24%”，如下图所示。

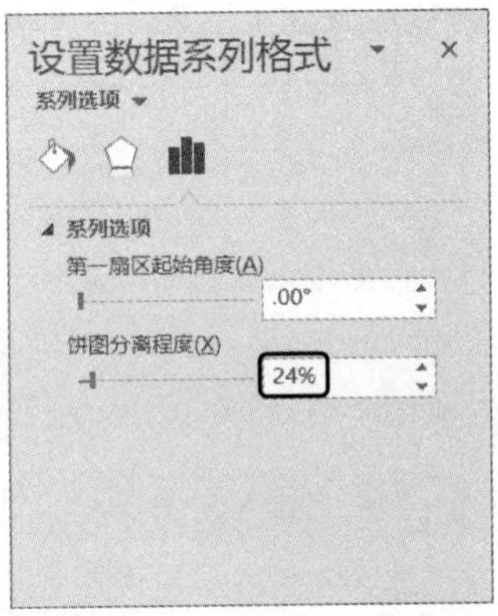

第 13 步：查看设置效果

此时原来的饼图各扇区之间就进行了分离，最终效果如下图所示。

第 14 步：选择单元格区域

选中单元格区域 A17:A23 和 C17:C23，如下图所示。

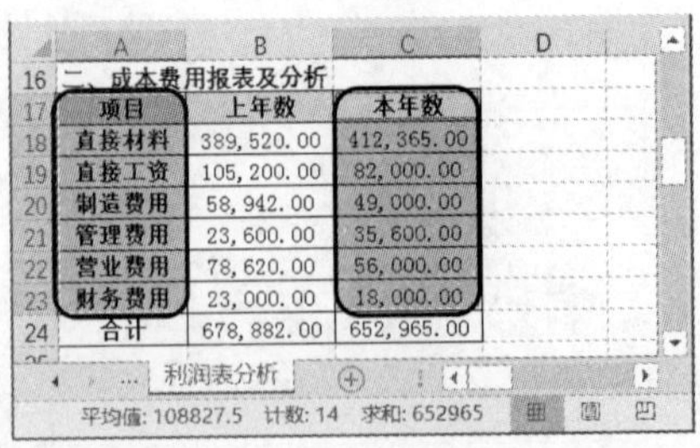

第 15 步：执行插入饼图命令

❶单击“插入”选项卡；❷在“图表”功能组中单击“饼图”按钮；❸在弹出的下拉列表中选择“三维饼图”选项，如下图所示。

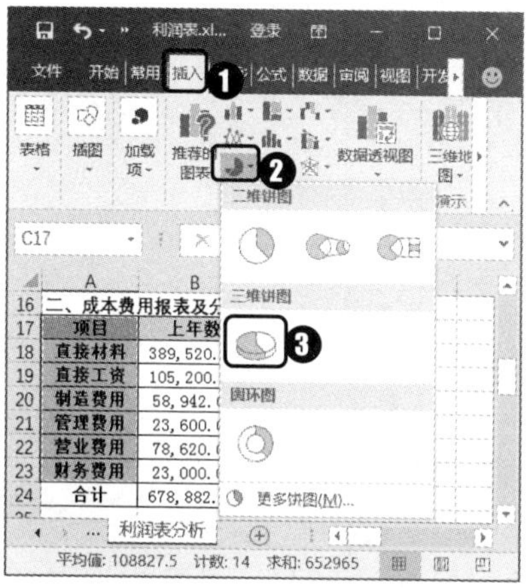

第 16 步：设置插入的三维饼图

此时即可插入一个三维饼图，将图表标题设置为“本年度成本费用结构”，然后对图表进行简单的美化，最终效果如下图所示。

温馨小提示

从“成本费用年度对比分析”图中不难看出，直接材料占成本费用总额的比重最大。和去年相比，财务费用、营业费用、制造费用和工资费用的比重有所增加，管理费用和直接裁量的费用有所减少。通过本年度和上年度成本费用结构图进行对比，可以看出，与去年相比，本年度的直接材料比重不断增大，财务费用的比重比较稳定，其他成本费用项目的比重不断减少。

15.3 编制现金流量表

案例概述

现金流量表，是指反映小企业在一定会计期间现金流入和流出情况的报表。现金流量表应当分别经营活动、投资活动和筹资活动列报现金流量。现金流量应当分别按照现金流入和现金流出总额列报。

案例效果

接下来在 Excel 表格中使用公式和函数编制现金流量表。

现金流量表编制完成后，效果如下图所示。

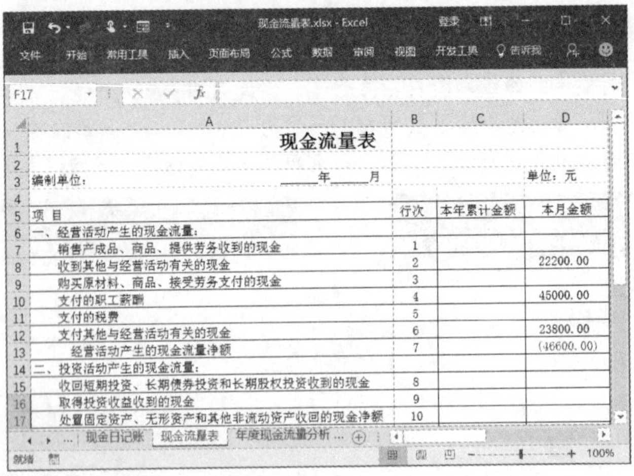

同步文件

原始文件： 素材文件\第 15 章\现金流量表.xlsx

结果文件： 结果文件\第 15 章\现金流量表.xlsx

同步视频文件： 同步教学文件\第 15 章\现金流量表\15.3.1.mp4~15.3.4.mp4

制作思路

“现金流量表”的编制思路如下：

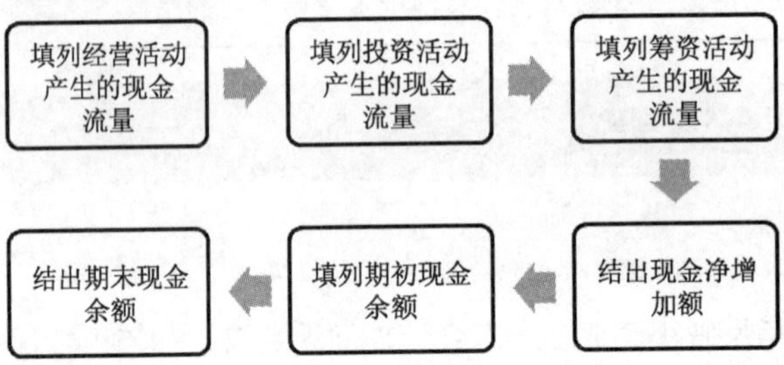

15.3.1 现金流量表项目简介（见表 15-3）

表 15-3 现金流量表

编制单位：　　　　　　　　______年______月　　　　　　　　单位：元

项 目	行次	本年累计金额	本月金额
一、经营活动产生的现金流量：			
销售产成品、商品、提供劳务收到的现金	1		
收到其他与经营活动有关的现金	2		
购买原材料、商品、接受劳务支付的现金	3		
支付的职工薪酬	4		
支付的税费	5		

续表

项　目	行次	本年累计金额	本月金额
支付其他与经营活动有关的现金	6		
经营活动产生的现金流量净额	7		
二、投资活动产生的现金流量：			
收回短期投资、长期债券投资和长期股权投资收到的现金	8		
取得投资收益收到的现金	9		
处置固定资产、无形资产和其他非流动资产收回的现金净额	10		
短期投资、长期债券投资和长期股权投资支付的现金	11		
购建固定资产、无形资产和其他非流动资产支付的现金	12		
投资活动产生的现金流量净额	13		
三、筹资活动产生的现金流量：			
取得借款收到的现金	14		
吸收投资者投资收到的现金	15		
偿还借款本金支付的现金	16		
偿还借款利息支付的现金	17		
分配利润支付的现金	18		
筹资活动产生的现金流量净额	19		
四、现金净增加额	20		
加：期初现金余额	21		
五、期末现金余额	22		

1. 现金流量表反映企业一定会计期间内有关现金流入和流出的信息。

2. 现金流量表“本年累计金额”栏反映各项目自年初起至报告期末止的累计实际发生额。

现金流量表“本月金额”栏反映各项目的本月实际发生额；在编报年度财务报表时，应将“本月金额”栏改为“上年金额”栏，填列上年全年实际发生额。

3. 现金流量表各项目的内容及填列方法如下：

（1）经营活动产生的现金流量

①“销售产成品、商品、提供劳务收到的现金”项目，反映企业本期销售产成品、商品、提供劳务收到的现金。本项目可以根据“库存现金”、“银行存款”和“主营业务收入”等科目的本期发生额分析填列。

②“收到其他与经营活动有关的现金”项目，反映企业本期收到的其他与经营活动有关的现金。本项目可以根据“库存现金”和“银行存款”等科目的本期发生额分析填列。

③“购买原材料、商品、接受劳务支付的现金”项目，反映企业本期购买原材料、商品、接受劳务支付的现金。本项目可以根据“库存现金”、“银行存款”、“其他货币资金”、“原材料”、“库存商品”等科目的本期发生额分析填列。

④“支付的职工薪酬”项目，反映企业本期向职工支付的薪酬。本项目可以根据“库存现金”、“银行存款”、“应付职工薪酬”科目的本期发生额填列。

⑤“支付的税费”项目，反映企业本期支付的税费。本项目可以根据“库存现金”、“银

行存款”、“应交税费”等科目的本期发生额填列。

⑥“支付其他与经营活动有关的现金”项目，反映企业本期支付的其他与经营活动有关的现金。本项目可以根据“库存现金”、“银行存款”等科目的本期发生额分析填列。

（2）投资活动产生的现金流量

①“收回短期投资、长期债券投资和长期股权投资收到的现金”项目，反映企业出售、转让或到期收回短期投资、长期股权投资而收到的现金，以及收回长期债券投资本金而收到的现金，不包括长期债券投资收回的利息。本项目可以根据“库存现金”、“银行存款”、“短期投资”、“长期股权投资”、“长期债券投资”等科目的本期发生额分析填列。

②“取得投资收益收到的现金”项目，反映企业因权益性投资和债权性投资取得的现金股利或利润和利息收入。本项目可以根据“库存现金”、“银行存款”、“投资收益”等科目的本期发生额分析填列。

③“处置固定资产、无形资产和其他非流动资产收回的现金净额”项目，反映企业处置固定资产、无形资产和其他非流动资产取得的现金，减去为处置这些资产而支付的有关税费等后的净额。本项目可以根据“库存现金”、“银行存款”、“固定资产清理”、“无形资产”、“生产性生物资产”等科目的本期发生额分析填列。

④“短期投资、长期债券投资和长期股权投资支付的现金”项目，反映企业进行权益性投资和债权性投资支付的现金。包括：企业取得短期股票投资、短期债券投资、短期基金投资、长期债券投资、长期股权投资支付的现金。本项目可以根据“库存现金”、“银行存款”、“短期投资”、“长期债券投资”、“长期股权投资”等科目的本期发生额分析填列。

⑤“购建固定资产、无形资产和其他非流动资产支付的现金”项目，反映企业购建固定资产、无形资产和其他非流动资产支付的现金。包括：购买机器设备、无形资产、生产性生物资产支付的现金、建造工程支付的现金等现金支出，不包括为购建固定资产、无形资产和其他非流动资产而发生的借款费用资本化部分和支付给在建工程和无形资产开发项目人员的薪酬。为购建固定资产、无形资产和其他非流动资产而发生借款费用资本化部分，在“偿还借款利息支付的现金”项目反映；支付给在建工程和无形资产开发项目人员的薪酬，在“支付的职工薪酬”项目反映。本项目可以根据“库存现金”、“银行存款”、“固定资产”、“在建工程”、“无形资产”、“研发支出”、“生产性生物资产”、“应付职工薪酬”等科目的本期发生额分析填列。

（3）筹资活动产生的现金流量

①“取得借款收到的现金”项目，反映企业举借各种短期、长期借款收到的现金。本项目可以根据“库存现金”、“银行存款”、“短期借款”、“长期借款”等科目的本期发生额分析填列。

②“吸收投资者投资收到的现金”项目，反映企业收到的投资者作为资本投入的现金。本项目可以根据“库存现金”、“银行存款”、“实收资本”、“资本公积”等科目的本期发生额分析填列。

③“偿还借款本金支付的现金”项目，反映企业以现金偿还各种短期、长期借款的本金。

本项目可以根据“库存现金”、“银行存款”、“短期借款”、“长期借款”等科目的本期发生额分析填列。

④“偿还借款利息支付的现金”项目，反映企业以现金偿还各种短期、长期借款的利息。本项目可以根据“库存现金”、“银行存款”、“应付利息”等科目的本期发生额分析填列。

⑤“分配利润支付的现金”项目，反映企业向投资者实际支付的利润。本项目可以根据“库存现金”、“银行存款”、“应付利润”等科目的本期发生额分析填列。

4. 现金流量表中各项目之间的钩稽关系为：

行 7=行 1+行 2-行 3-行 4-行 5-行 6；

行 13=行 8+行 9+行 10-行 11-行 12；

行 19=行 14+行 15-行 16-行 17-行 18；

行 20=行 7+行 13+行 19；

行 22=行 20+行 21。

15.3.2 编制现金流量表

现金流量表，主要反映资产负债表中各个项目对现金流量的影响，并根据其用途划分为经营、投资及融资三个活动分类。实际工作中，企业发生的现金流量以经营活动产生的现金流量为主。由于实例中没有出现投资和筹资活动产生的现金流量，因此，没有进行填列。

现金流量表要填列的项目包括“本月金额”和“本年累计金额”，“本月金额”可以根据“记账凭证录入表”工作表中关于“库存现金”科目的所以凭证记录进行合并填列。

接下来在 Excel 中，筛选“记账凭证录入表”工作表中的所以关于“库存现金”科目的凭证记录，然后据此填列现金流量表，具体操作方法如下。

第 1 步：执行筛选命令

打开“素材文件\第 15 章\现金流量表.xlsx”文件，在“会计凭证录入表”工作表中，将鼠标定位在数据区域，❶单击“数据”选项卡；❷在“排序和筛选”功能组中单击“筛选”按钮，如下图所示。

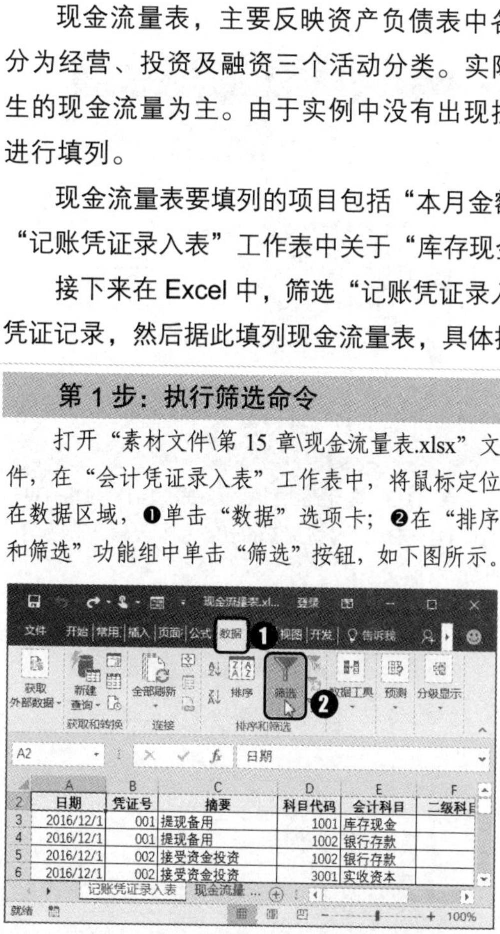

第 2 步：单击下拉按钮

此时，工作表处于筛选状态，并在各字段的右侧出现一个下拉按钮，然后单击字段“会计科目”右侧的下拉按钮，如下图所示。

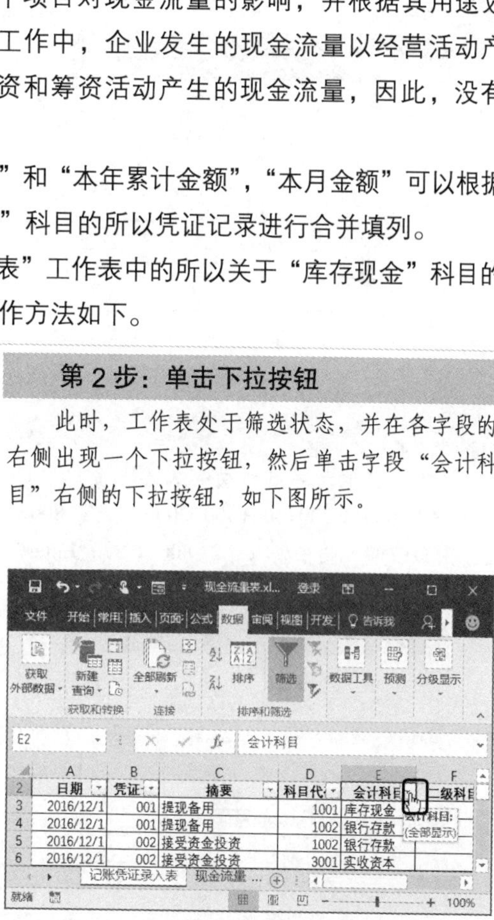

第 3 步：选择筛选选项

❶在弹出的下拉列表中选中“库存现金”复选框；❷单击“确定”按钮，如下图所示。

第 4 步：查看筛选结果

此时，即可筛选出关于“库存现金”的所有凭证记录，如下图所示。

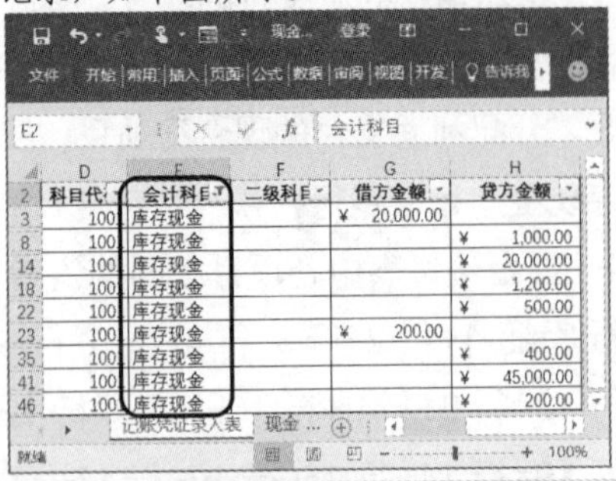

第 5 步：填列收到其他与经营活动有关的现金

接下来根据筛选结果填列经营活动产生的现金流量。其中“收到其他与经营活动有关的现金”项目金额=20 000+200+2 000=22 200 元。在 D8 单元格中输入“22 200”，按“Enter”键确认输入，如下图所示。

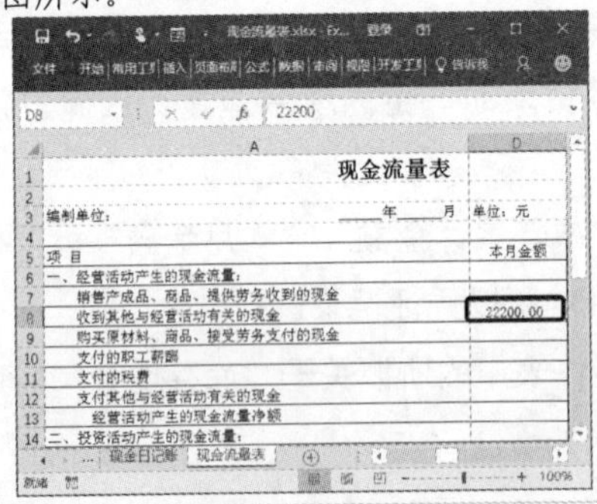

第 6 步：填列支付的职工薪酬

“支付的职工薪酬”项目金额=45 000 元。在 D10 单元格中输入“45 000”，按“Enter”键确认输入，如下图所示。

第 7 步：填列支付其他与经营活动有关的现金

“支付其他与经营活动有关的现金”项目=1 000+20 000+1 200+500+400+200+500=23 800 元。在 D12 单元格中输入“23 800”，按“Enter”键确认输入，如下图所示。

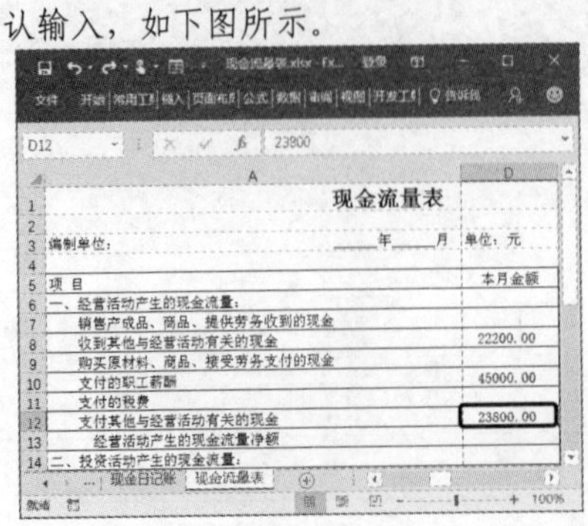

第 8 步：结出经营活动产生的现金流量净额

在 D13 单元格中输入公式“=D7+D8–D9–D10–D11–D12”，按“Enter”键确认输入，如下图所示。

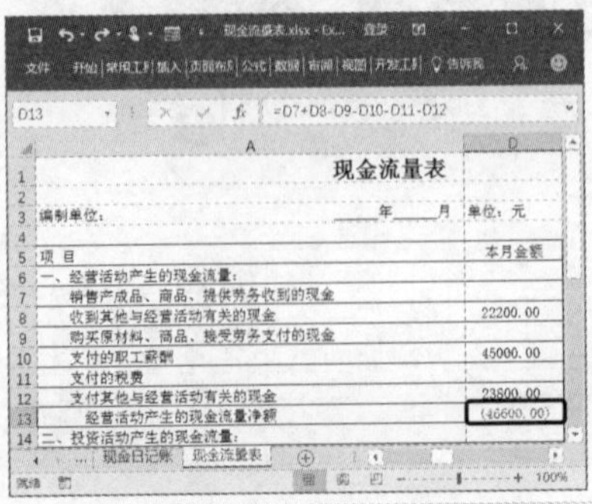

第 9 步：结出现金净增加额

在 D28 单元格中输入公式“=D13+D20+D27”，按“Enter”键确认，如下图所示。

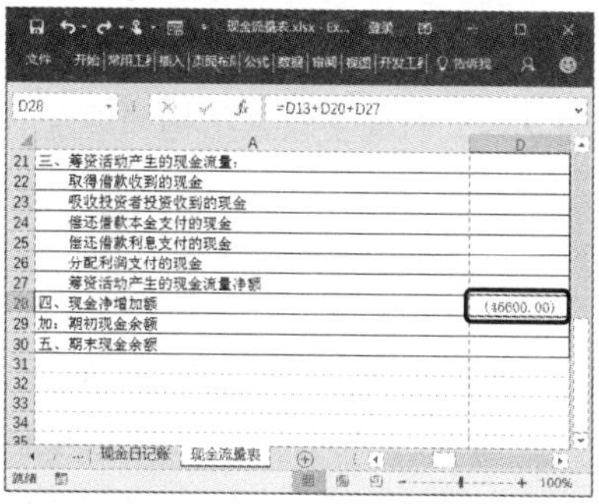

第 10 步：查看现金日记账

切换到工作表“现金日记账”，查看现金日记账中“库存现金”的本月期初余额，如下图所示。

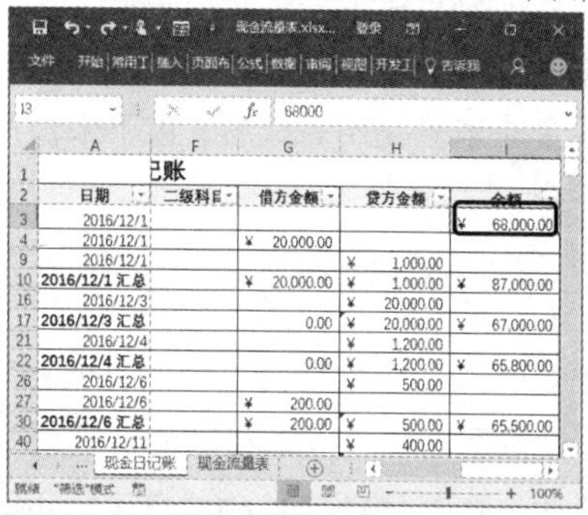

第 11 步：录入期初现金余额

在 D29 单元格中输入“68 000”，按“Enter”键确认输入，如下图所示。

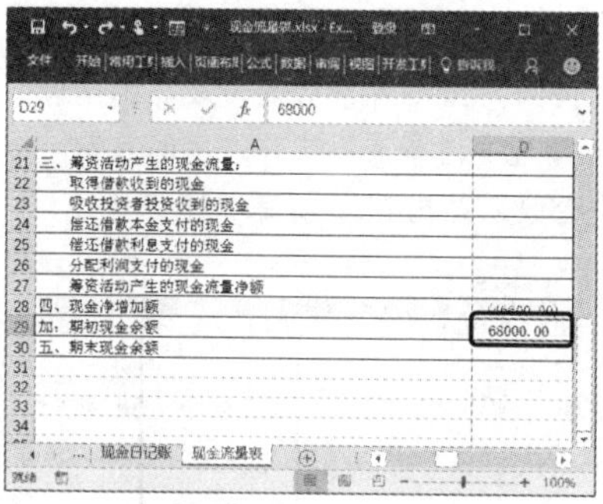

第 12 步：结出期末现金余额

在 D30 单元格中输入公式“=D28+D29”，按“Enter”键确认输入，如下图所示。

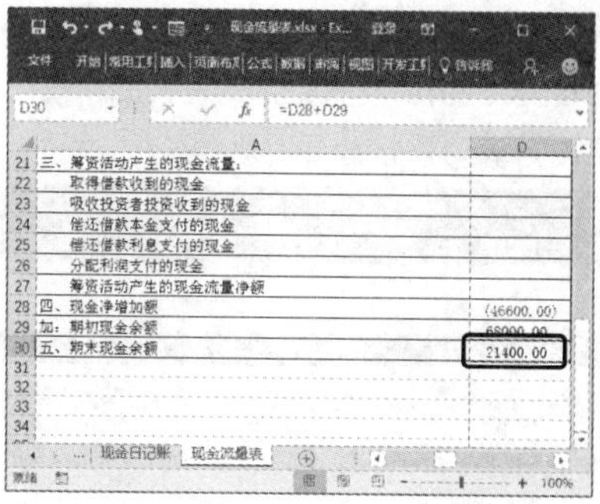

温馨小提示

现金及现金等价物的净增加额出现负数，是很正常的现象！当现金及现金等价物净增加额为负数时，可能存在如下情况：

① 经营正常、投资和筹资亦无大的起伏波动，企业仅靠期初现金余额维持财务活动，即出现经营活动、投资活动和筹资活动现金流量都为负数，这时需要详细分析被投资单位现金流入和现金流出的具体内容。

② 现金净流量总额出现负增长，现金流量内部结构呈现的升降规律与前述分析生命周期相同，可比照预测被投资单位的风险程度。

15.3.3 现金流量结构分析

现金流量结构分析是对同一时期现金流量表中不同项目间的比较与分析，分析企业现金流入的主要来源和现金流出的方向，并评价现金流入流出对净现金流量的影响。

其中，现金流量结构比率是单项活动的现金流量与各单项活动现金流量之和的比率，说明企业现金总流量的构成情况。

现金流量结构比率=各项活动现金流量/各项活动现金流量之和

该指标反映企业在三项活动中所产生的现金流量占三项活动现金流量总量的比率，即经营活动现金流量占全部现金流量的比率、投资活动现金流量占全部现金流量的比率和筹资活动现金流量占全部现金流量的比率。

现金流量表编制完成后，接下来使用 Excel 的图表功能，对现金收入结构和现金流出结构进行分析。

1. 现金收入结构分析

现金收入结构分析是对企业各项业务活动的现金收入构成进行分析，如经营活动的现金收入、投资活动现金收入和筹资活动现金收入等在全部现金收入中的比重，以及各项业务活动现金收入中具体项目的构成情况，明确现金究竟来自何方，要增加现金收入主要依靠什么。

接下来制作“现金收入结构表”，然后使用 Excel 的图表功能，制作现金收入结构分析图，分析现金收入结构，及各项目比重，具体操作方法如下。

第 1 步：查看 2016 年现金流量表

切换到“2016 年现金流量表”工作表，2016 年现金流量表的数据如下图所示。

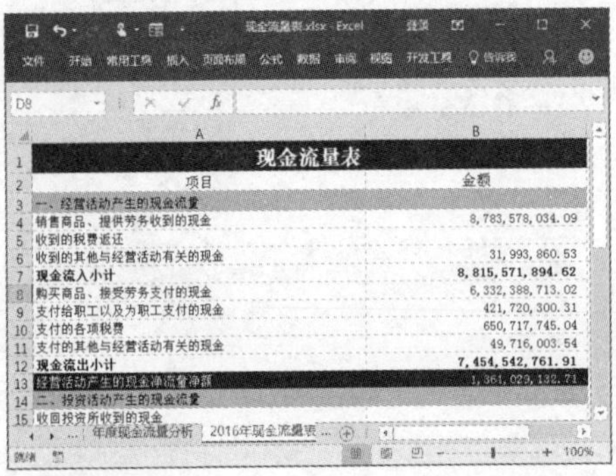

第 2 步：查看现金收入结构表

切换到“2016 年现金流量表”工作表，根据“2016 年现金流量表”工作表中的数据，依次填到“现金收入结构表”，结果如下图所示。

第 3 步：输入公式

在 C3 单元格中输入公式“=B3/ $B$16”，按“Enter”键确认输入，如下图所示。

第 4 步：填充公式

选中 C3 单元格，将鼠标指针移动到 C3 单元格的右下角，鼠标指针变成十字形状，双击，即可将公式向下填充，如下图所示。

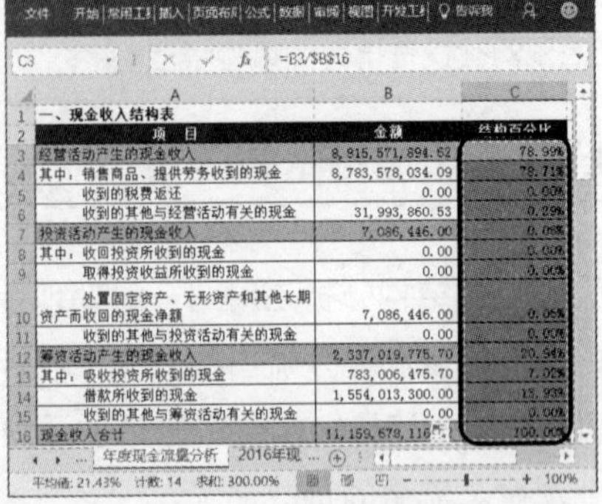

第 5 步：选择数据区域

选中单元格区域 A3:B3、A7:B7 和 A12:B12，如下图所示。

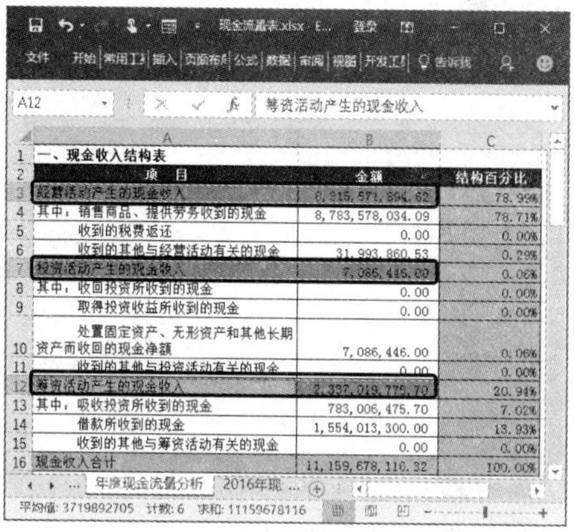

第 6 步：执行插入三维饼图命令

❶单击“插入”选项卡；❷在“图表”功能组中单击“饼图”按钮；❸在弹出的下拉列表中选择“三维饼图”选项，结果如下图所示。

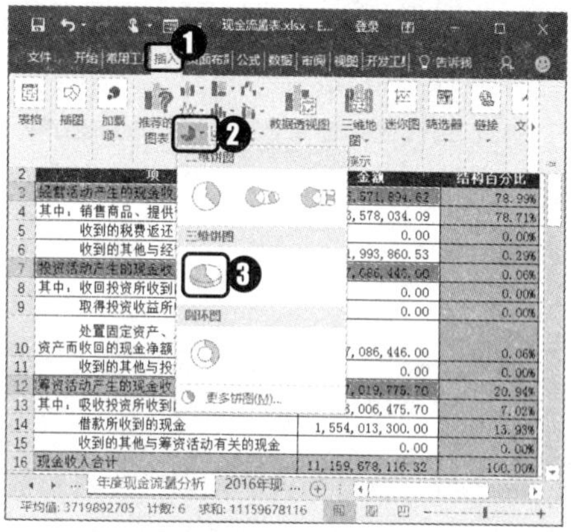

第 7 步：查看插入的图表

此时即可插入一个三维饼图，如下图所示。

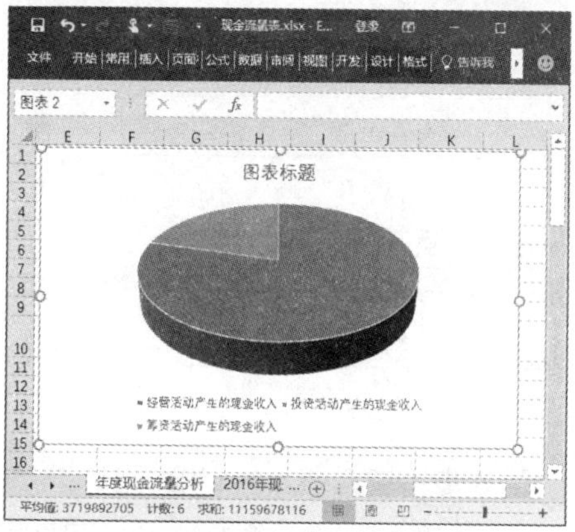

第 8 步：美化图表

将图表标题设置为“现金收入结构分析”，然后美化图表，最终效果如下图所示。

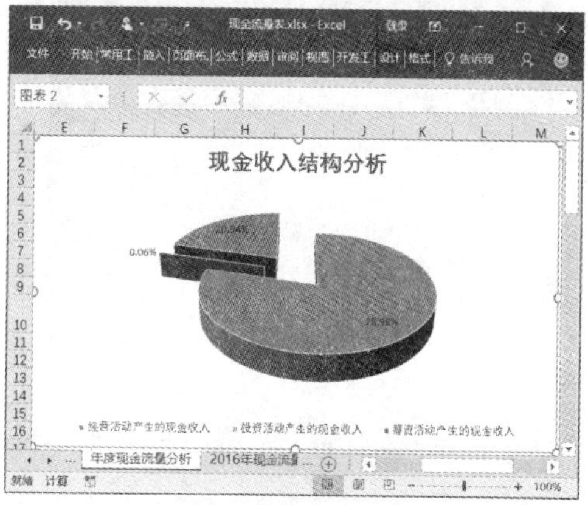

温馨小提示

从“现金收入结构分析”图中不难看出，企业现金流入的主要来源是经营活动产生的现金流入，占比 78.99%，如果要增加企业的现金流入，主要依靠企业的日常经营活动。

2．现金支出结构分析

现金支出结构分析是对企业的各项现金支出项目进行分析比较，计算各项现金支出项目占企业当期全部现金支出的百分比，重点反映企业的现金流出方向。

接下来制作“现金支出结构表”，然后使用 Excel 的图表功能，制作现金流出结构分析图，分析现金流出结构，及各项目比重，具体操作方法如下。

第 1 步：查看现金支出结构表

根据“2016 年现金流量表”工作表中的数据，依次填列现金支出结构表，结果如下图所示。

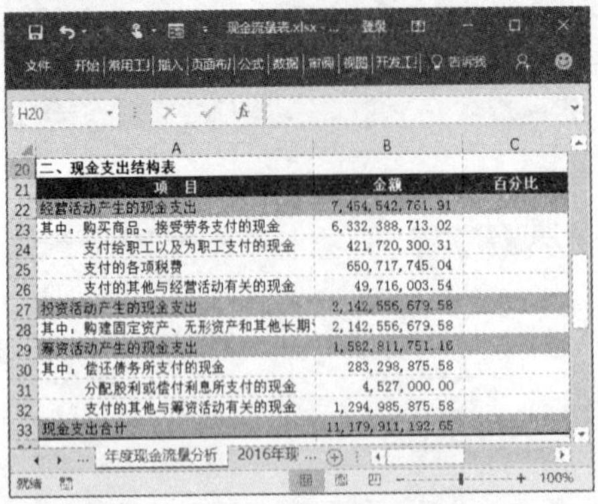

第 2 步：输入公式

在 C22 单元格中输入公式“=B22/ $B$33”，按“Enter”键确认输入，如下图所示。

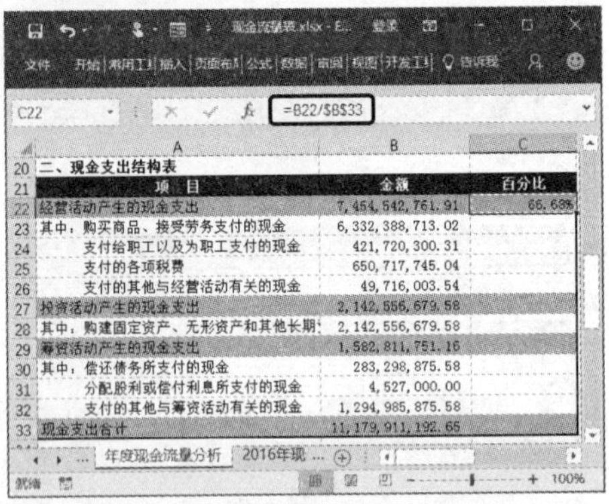

第 3 步：查看插入的图表

选中 C22 单元格，将鼠标指针移动到单元格 C22 的右下角，鼠标指针变成十字形状，双击，即可将公式向下填充，如下图所示。

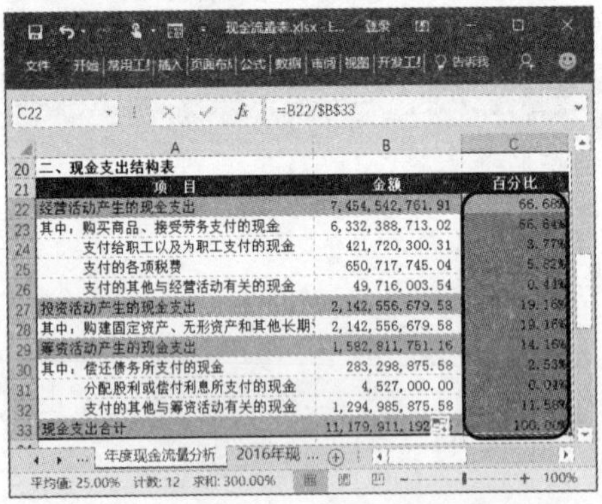

第 4 步：选择数据区域

选中单元格区域 A22:B22、A27:B27 和 A29:B29，如下图所示。

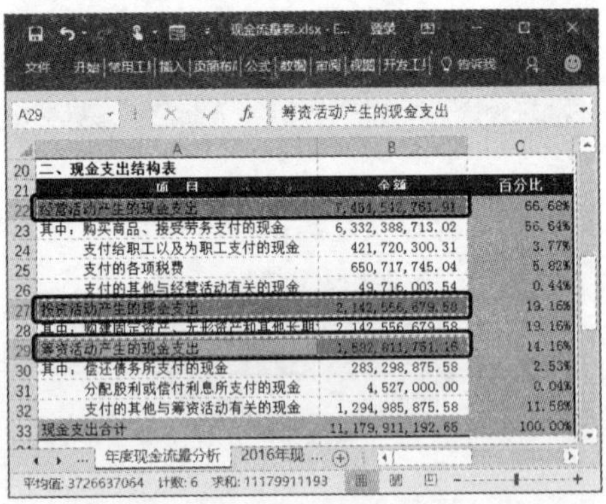

第 5 步：执行插入三维饼图命令

❶单击“插入”选项卡；❷在“图表”功能组中单击“饼图”下拉按钮；❸在弹出的下拉列表中选择“三维饼图”选项，结果如下图所示。

第 6 步：查看插入的三维饼图

此时即可插入一个三维饼图，如下图所示。

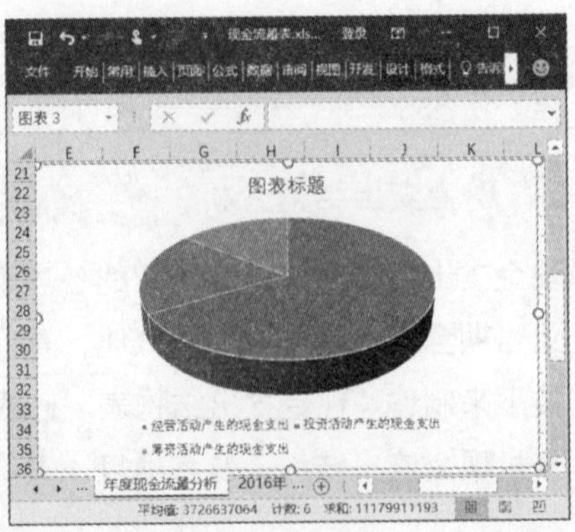

第 7 步：设置图表标题

将图表标题设置为“现金流出结构分析”，如下图所示。

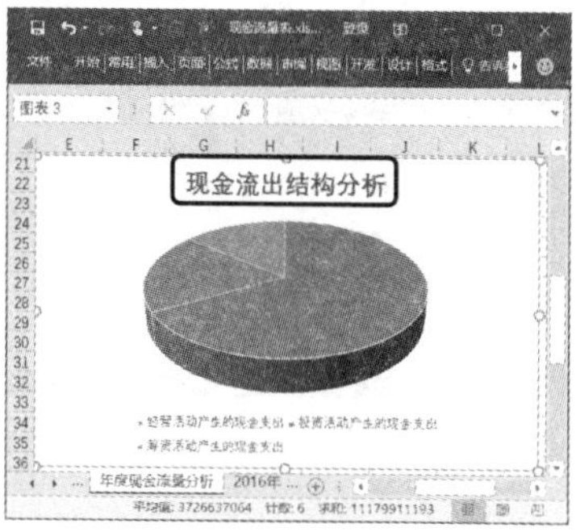

第 8 步：美化图表

对图表进行美化设置，最终效果如下图所示。

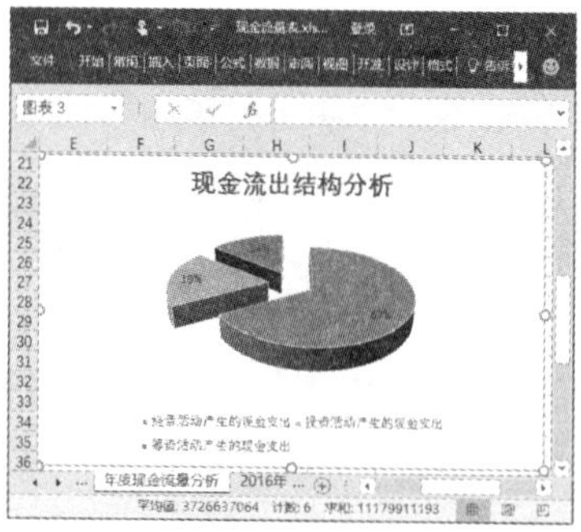

温馨小提示

从“现金支出结构分析”图中不难看出，企业现金支出的主要方向是经营活动产生的现金流出，占比 67%，说明企业现金支出首先应满足生产经营正常交易的需要，如支付货款、发放工资、缴纳税金等，然后才能用于支付借款利息、分配股息，最后才能考虑对外投资。

15.3.4 现金流量趋势分析

现金流量趋势分析主要是通过观察连续几个报告期的现金流量表，对报表中的现金收入、支出等重要项目进行对比，比较分析各期指标的增减变化，并在此基础上判断其发展趋势，进而对企业未来发展趋势做出预测的一种方法。对现金流量进行科学合理的趋势分析，可以帮助报表使用者了解企业财务状况的变动趋势，了解企业财务状况变动的原因，在此基础上预测企业未来财务状况，从而为决策提供依据。

1. 现金收入结构趋势分析

接下来使用 Excel 的图表功能，根据 2014~2016 年连续 3 年的经营活动、投资活动和筹资活动的现金收入比重，分析现金收入结构的发展趋势，具体操作方法如下。

第 1 步：查看现金收入结构趋势分析表

在“现金收入结构趋势分析”表中列示了 2014 和 2015 年的经营活动、投资活动和筹资活动的现金收入比重，如下图所示。

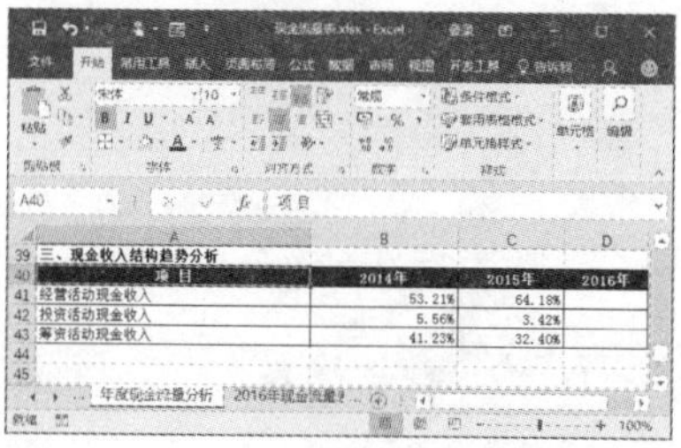

第 2 步：调用 2016 年经营活动现金收入

在 D41 单元格中输入公式“=C3”，按“Enter”键即可调用 2016 年“现金收入结构表”中的经营活动现金收入，如下图所示。

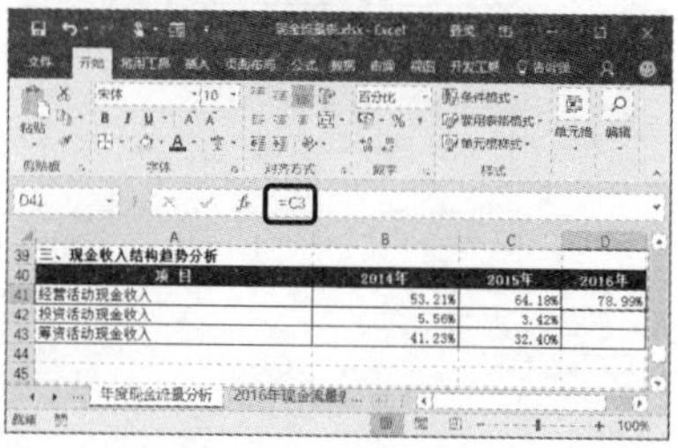

第 3 步：调用 2016 年投营活动现金收入

在 D42 单元格中输入公式“=C7”，按“Enter”键即可调用 2016 年“现金收入结构表”中的投资活动现金收入，如下图所示。

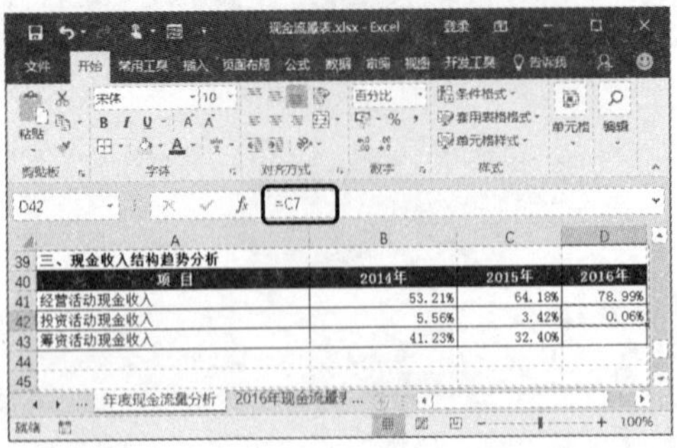

第 4 步：调用 2016 年筹资活动现金收入

在 D43 单元格中输入公式“=C12”，按“Enter”键即可调用 2016 年“现金收入结构表”中的筹资活动现金收入，如下图所示。

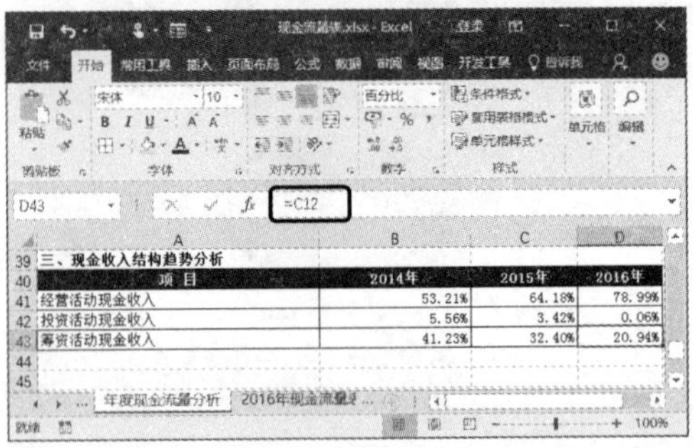

第 5 步：执行插入折线图命令

选中单元格区域 A40:D43，❶单击“插入”选项卡；❷在“折线图”功能组中单击“折线图”下拉按钮；❸在弹出的下拉列表中选择“带数据标记的折线图”选项，如下图所示。

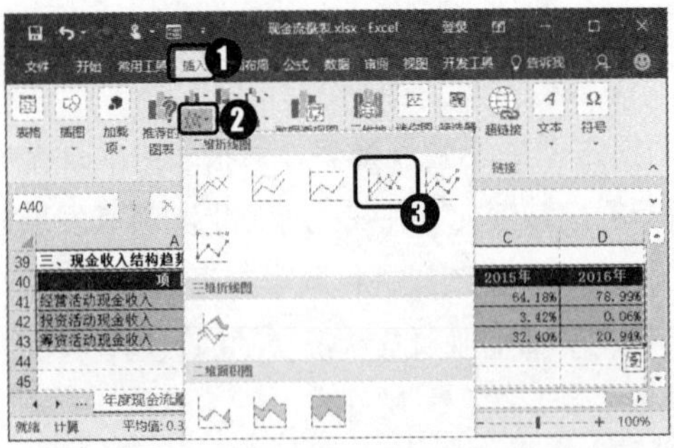

第 6 步：查看插入的折线图

此时即可插入一个带数据标记的折线图，如下图所示。

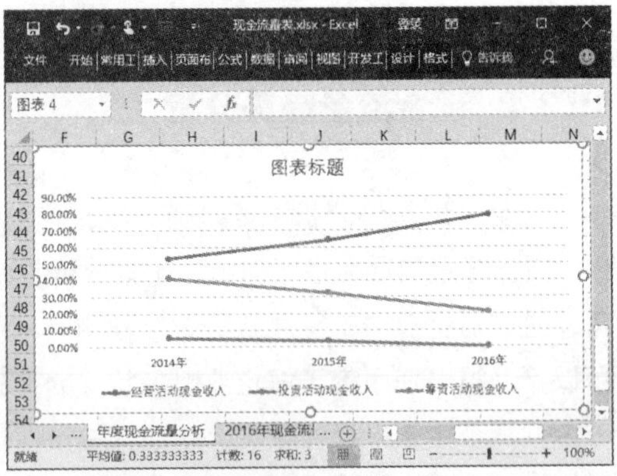

第 7 步：设置图表标题

将图表标题设置为“现金收入结构趋势分析”，如下图所示。

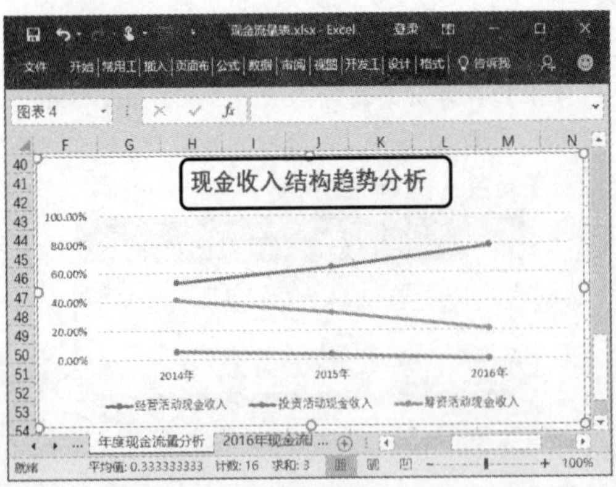

第 8 步：美化图表

对图表进行美化设置，现金收入结构趋势分析图的最终效果如下图所示。

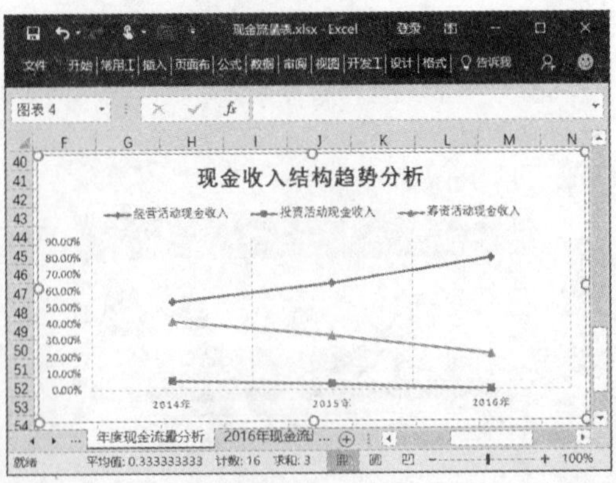

> **温馨小提示**
>
> 从“现金收入结构趋势分析”图中不难看出，2014~2016 年以来，企业的现金流入量不断增加，其中经营活动现金流入量逐年增加，显示了企业的成长性较好；投资活动和筹资活动的现金流入量都有所减少，尤其是投资活动的现金流入量明显不断减少，说明企业为保持自身稳定，缩小了投资力度。

2．现金支出结构趋势分析

使用 Excel 的图表功能，根据 2014~2016 年连续 3 年的经营活动、投资活动和筹资活动的现金支出比重，分析现金支出结构的发展趋势，具体操作方法如下。

第 1 步：查看现金支出结构趋势分析表

在“现金支出结构趋势分析”表中列示了 2014 和 2015 年的经营活动、投资活动和筹资活动的现金支出比重，如下图所示。

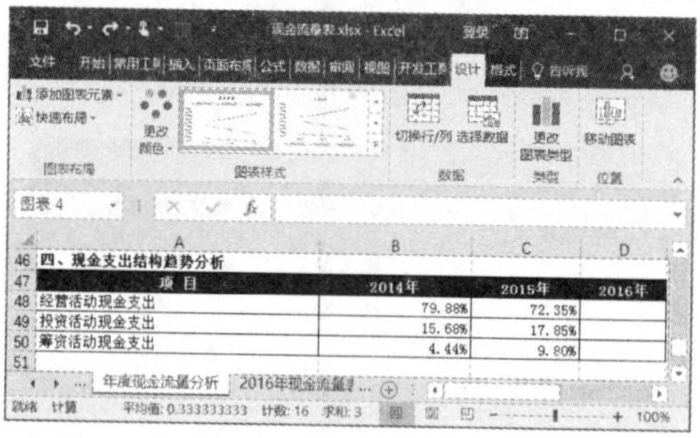

第 2 步：调用 2016 年经营活动现金流出

在 D48 单元格中输入公式“=C22”，按“Enter”键即可调用 2016 年“现金支出结构表”中的经营活动现金流出，如下图所示。

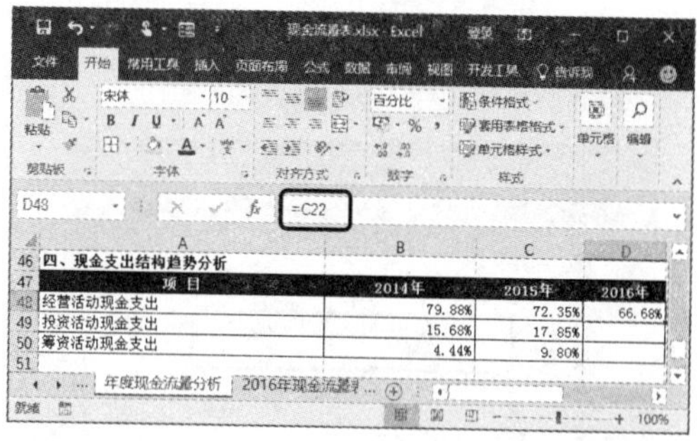

第 3 步：调用 2016 年投资活动现金流出

在 D49 单元格中输入公式“=C27”，按“Enter”键即可调用 2016 年“现金支出结构表”中的投资活动现金流出，如下图所示。

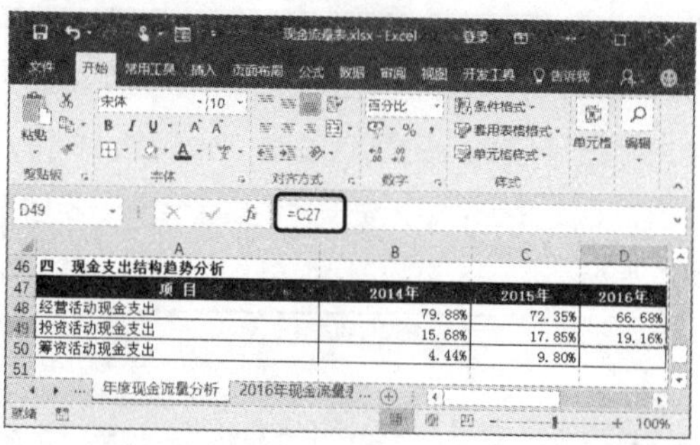

第 4 步：调用 2016 年筹资活动现金流出

在 D50 单元格中输入公式“=C29”，按“Enter”键即可调用 2016 年“现金支出结构表”中的筹资活动现金流出，如下图所示。

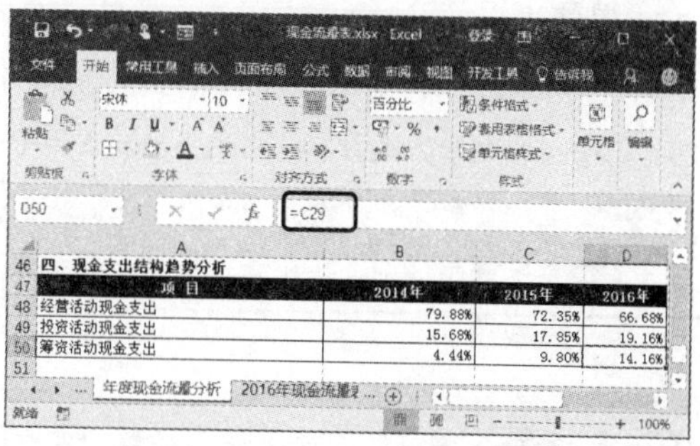

第 5 步：执行插入折线图命令

选中单元格区域，A47:D50，❶单击“插入”选项卡；❷在“折线图”功能组中单击“折线图”下拉按钮；❸在弹出的下拉列表中选择“带数据标记的折线图”选项，如下图所示。

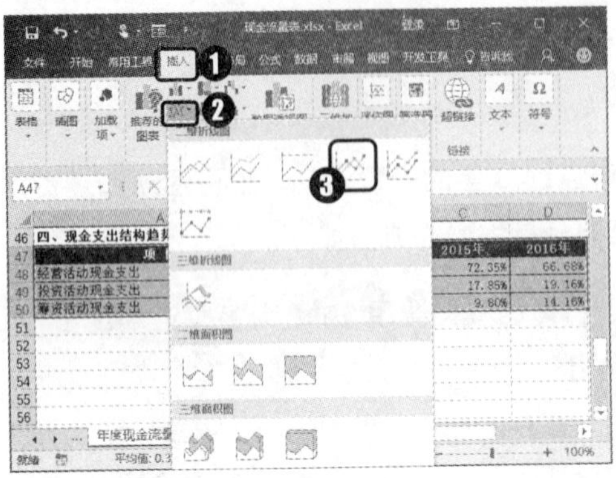

第 6 步：查看插入折线图

此时即可插入一个带数据标记的折线图，如下图所示。

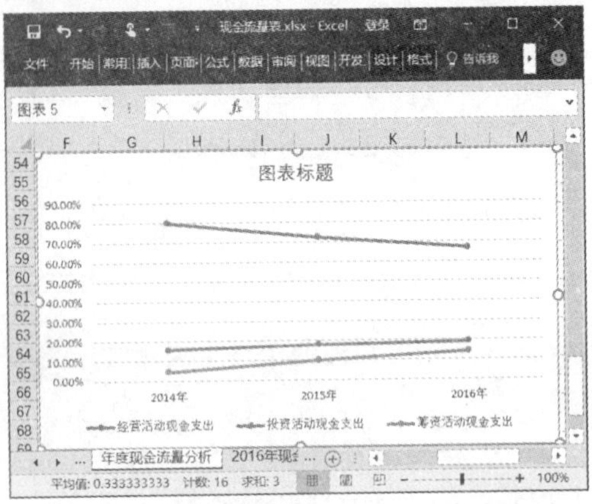

第 7 步：设置图表标题

将图表标题设置为“现金支出结构趋势分析”，如下图所示。

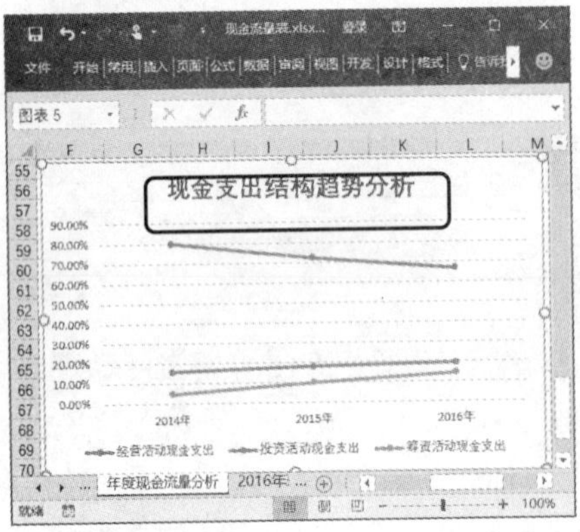

第 8 步：美化图表

对图表进行美化设置，现金支出结构趋势分析图的最终效果如下图所示。

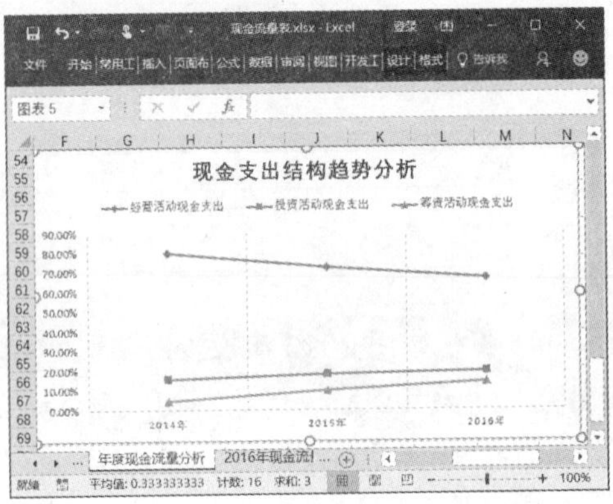

温馨小提示

从“现金支出结构趋势分析”图中不难看出，2014~2016 年以来，经营活动现金流出呈下降趋势，但所占比重依然最大，说明企业采购业务中现金支付比例下降，或是销售货款回收现金比例下降。投资活动和筹资活动现金流出的呈上升趋势，说明企业投资活动中投资支付的现金比重不断增大，而筹资活动中的现金流出主要用于偿还债务，从而导致公司现金流出增加。

15.4 提升效率——实用操作技巧

通过前面知识的学习，相信读者朋友已经掌握了财务报表管理和分析的相关知识。下面结合本章内容，给大家介绍一些实用技巧。

同步文件

原始文件： 素材文件\第 15 章\提升效率\

结果文件： 结果文件\第 15 章\提升效率\

同步视频文件： 同步教学文件\第 15 章\提升效率.mp4

1. 快速分离饼图中的某一扇区

设置饼图时，可以通过设置“饼图分离程度”可以将饼图的全部扇区进行分离。如果要快速分离饼图中的某一扇区，可以使用手动拖动的方法来实现，具体操作方法如下。

第 1 步：选中单独的扇区

打开“素材文件\第 15 章\提升效率\分离饼图中的某一扇区.xlsx”文件，单击图表中的数据系列，即可选中所有图表系列，然后单击要分离的某一扇区，即可选中该扇区，如下图所示。

第 2 步：向外拖动鼠标

向外拖动鼠标，出现扇形虚线，如下图所示。

第 3 步：查看设置效果

释放鼠标，此时就即可单独分离选中的扇区，如右图所示。

温馨小提示

将饼图中的某一扇区单独分离出来，可以突出分离部分，强调重点反映的图表内容，突出想要表达的观点。

2. 如何调整坐标轴的边界数值

在插入图表时，Excel 会根据表格数据自动生成的坐标轴的刻度，如果用户对默认生成坐标轴刻度不太满意，通过根据调整坐标轴的边界数值，具体操作方法如下。

第 1 步：打开素材文件

打开“素材文件\第 15 章\提升效率\调整坐标轴的边界数值.xlsx”文件，根据表格数据生成的“本年度成本费用报表”如下图所示。

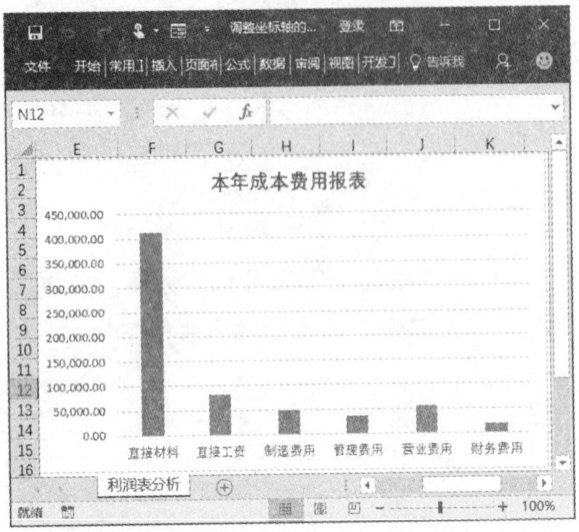

第 2 步：执行设置坐标轴格式命令

❶单击图表中的纵向坐标轴；❷右击，在弹出的快捷菜单中选择“设置坐标轴格式”命令，如下图所示。

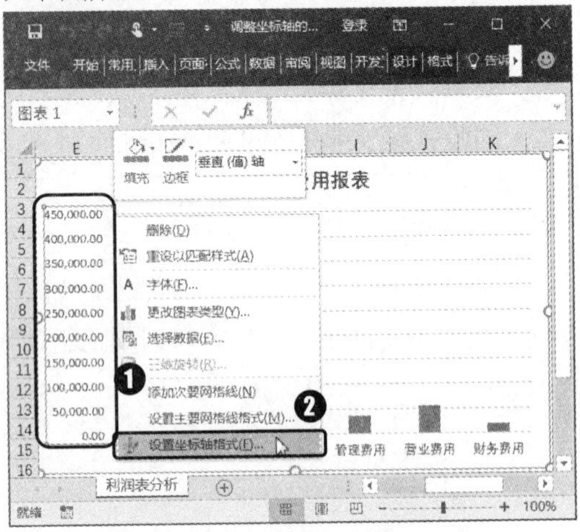

第 3 步：设置边界和主要单位数值

弹出“设置坐标轴格式”窗格，❶在“坐标轴选项”列表中将边界的“最小值”设置为“0.0”，将边界的“最大值”设置为“500 000.0”；❷将主要单位设置为“100 000.0”，如下图所示。

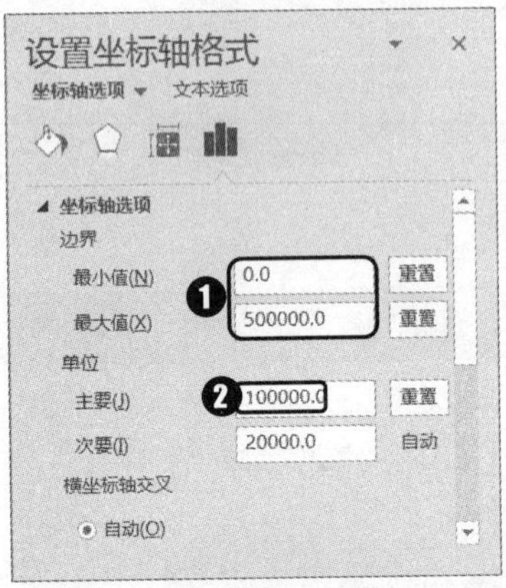

第 4 步：查看设置效果

设置完毕，效果如下图所示。

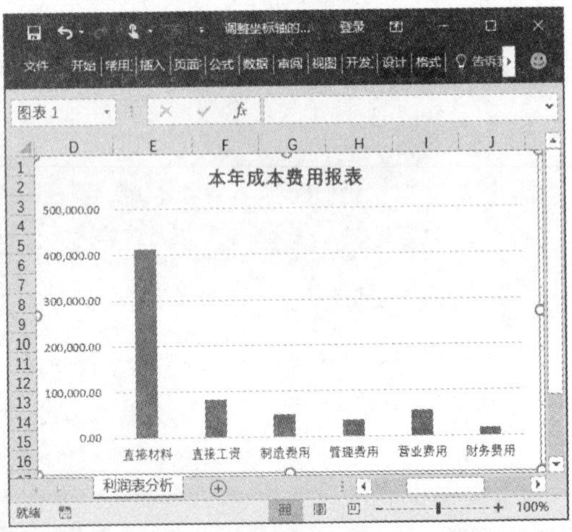

3. 如何设置纵向坐标轴的逆序类别

在 Excel 中创建条形图时，经常会出现坐标轴中分类字段的顺序颠倒的问题，此时可以设置纵向坐标轴的逆序类别，调整分类字段的顺序，具体操作方法如下。

第 1 步：打开素材文件

打开“素材文件\第 15 章\提升效率\设置逆序类别.xlsx”文件，可以看数据表格和图中的分类字段的顺序发生颠倒，如下图所示。

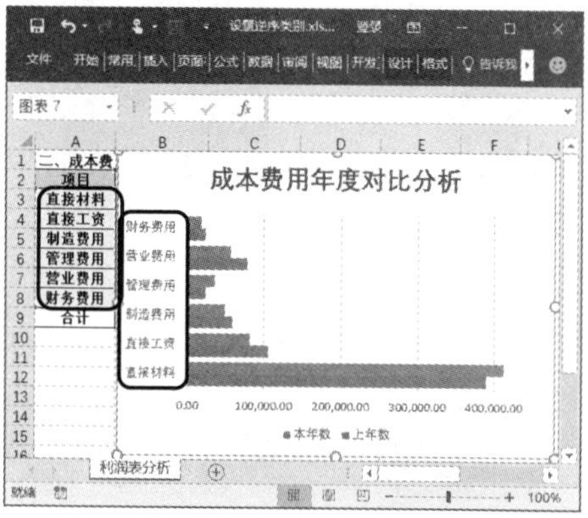

第 2 步：执行设置坐标轴格式命令

❶单击图表中的纵向坐标轴；❷右击，在弹出的快捷菜单中选择“设置坐标轴格式”命令，如下图所示。

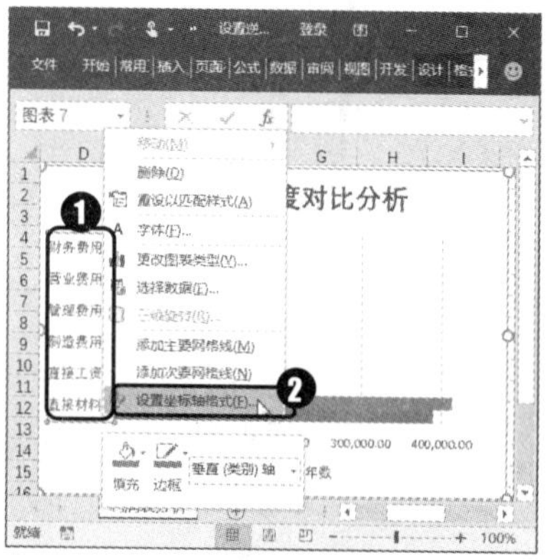

第 3 步：勾选逆序类别复选框

弹出“设置坐标轴格式”窗格，在“坐标轴位置”列表中选中“逆序类别”复选框，如下图所示。

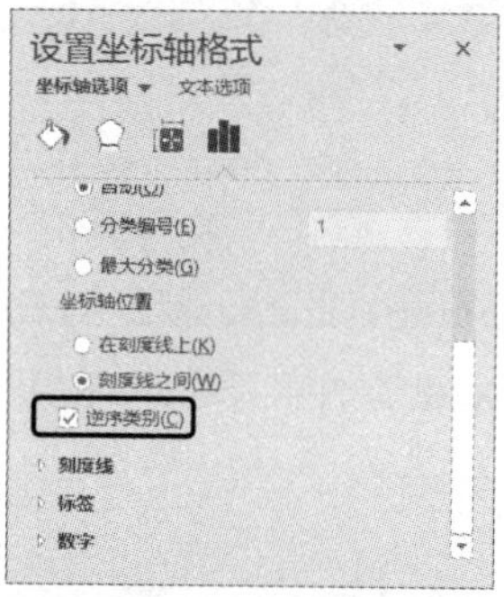

第 4 步：插入模块

此时图表中的字段类别都已调整过来，如下图所示。

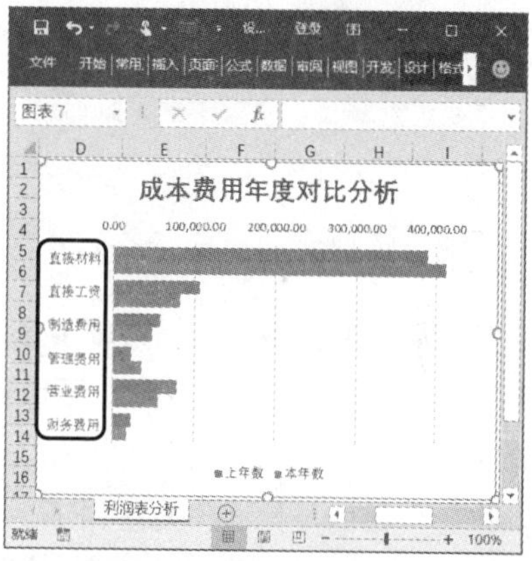

4. 如何设置坐标轴的数字格式

插入图表后，如果对图表的坐标轴中的数字格式不满意，可以进行自定义设置，具体操作方法如下。

第 1 步：打开素材文件

打开“素材文件\第 15 章\提升效率\设置坐标轴的数字格式.xlsx”文件，在纵向坐标轴中数字格式显示了两位小数，如右图所示。

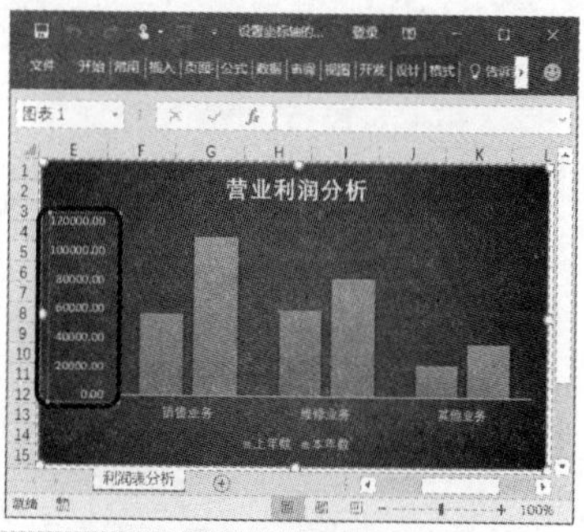

第 2 步：执行设置坐标轴格式命令

❶单击图表中的纵向坐标轴；❷右击，在弹出的快捷菜单中选择“设置坐标轴格式”命令，如右图所示。

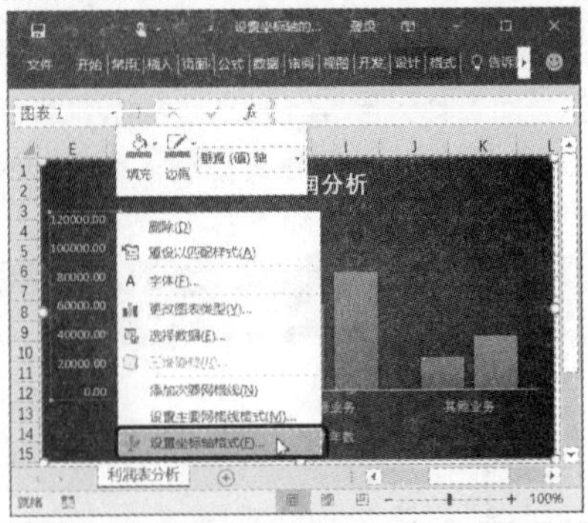

第 3 步：设置小数位数

弹出“设置坐标轴格式”窗格，在“数字”列表中将“小数位数”设置为“0”，如下图所示。

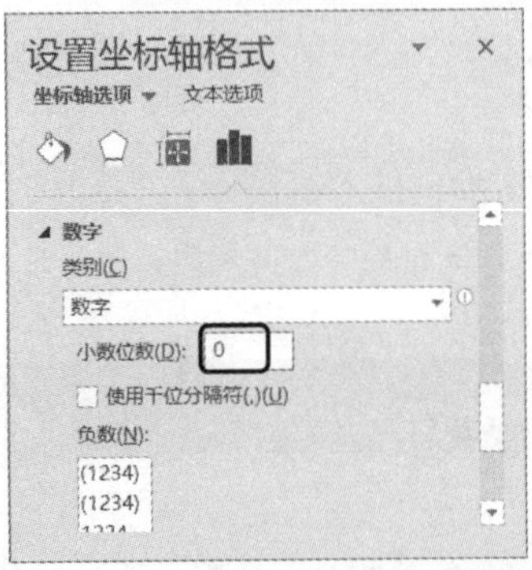

第 4 步：查看设置效果

此时坐标轴上数字就没有了小数位数，只保留了整数，如下图所示。

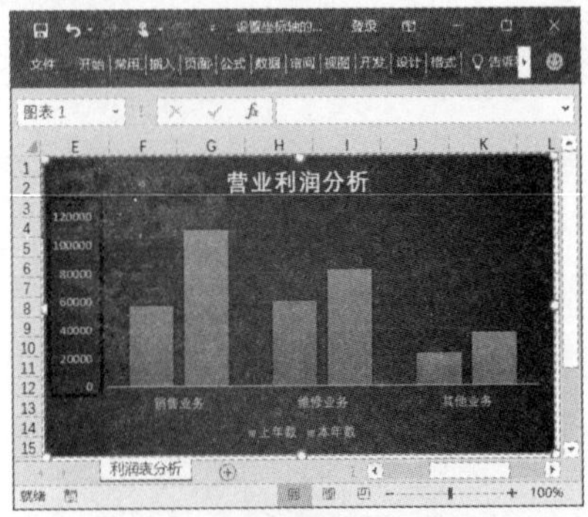

5. 如何共享财务报表

财务报表编制完成后，可能需要多人查看和分析这些报表，此时，就用到 Excel“共享工作簿”的功能。通过这个功能，可以通过网络将一个 Excel 文件共享的同时供多人同时编辑这个工作簿。

共享工作簿的具体操作方法如下。

第 1 步：执行共享工作簿命令

打开“素材文件\第 15 章\提升效率\财务报表.xlsx”文件，❶单击“审阅”选项卡；❷在“更改”功能组中单击“共享工作簿”按钮，如下图所示。

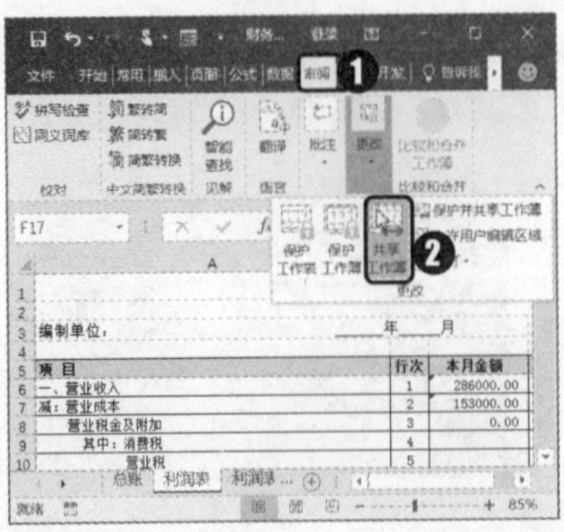

第 2 步：设置编辑选项

弹出“共享工作簿”，❶单击“编辑”选项卡；❷选中“允许多用户同时编辑，同时需要工作簿合并”复选框，如下图所示。

第 3 步：设置高级选项

❶单击“高级”选项卡；❷选中“自动更新间隔”单选按钮，将间隔时间设置为“20 分钟”；❸单击“确定”按钮，如下图所示。

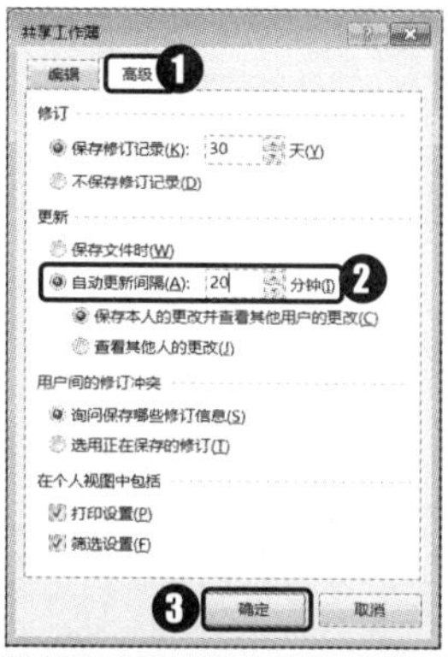

第 4 步：弹出 Microsoft Excel 对话框

弹出“Microsoft Excel”对话框，单击“确定”按钮即可，如下图所示。

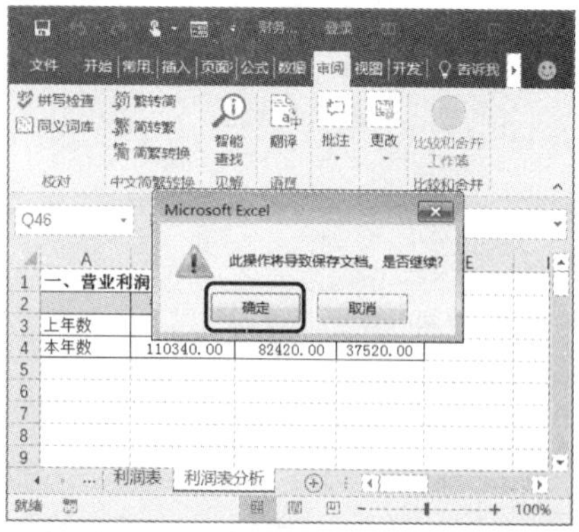

第 5 步：查看设置效果

此时，即可在工作簿的名称栏的右侧出现“[共享]”标志，如右图所示。

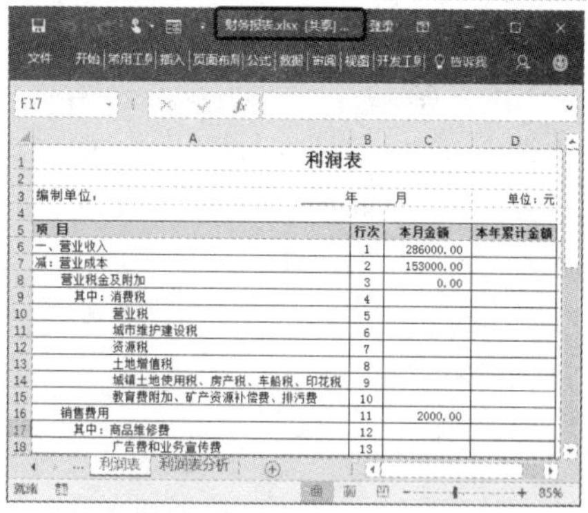

温馨小提示

共享工作簿时，必须对 Excel 进行“选项”设置，在“信任中心”的“隐私信息”选项卡中取消选中“保存时从文件属性中删除个人信息”复选框。

6. 如何设置平滑曲线

在 Excel 中插入的折线图后，可以使用“平滑线”功能将折线设置为平滑曲线，以增加图表的美感，具体操作方法如下。

第 1 步：打开素材文件

打开“素材文件\第 15 章\提升效率\设置平滑曲线.xlsx”文件，资产变化分析图中有一条折线，如下图所示。

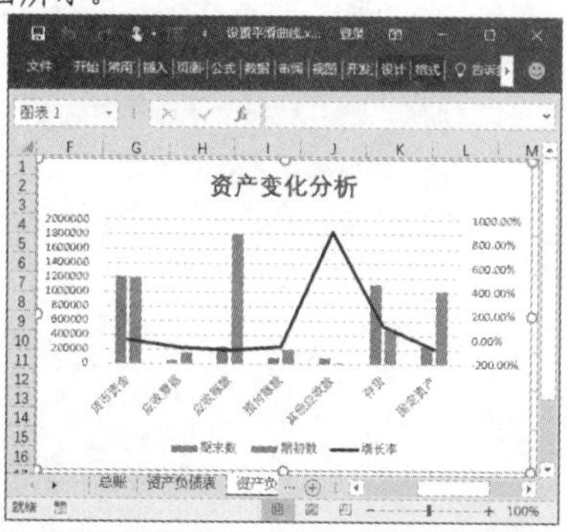

第 2 步：执行设置数据系列格式命令

选中折线，右击，在弹出的快捷菜单中选择“设置数据系列格式”命令，如下图所示。

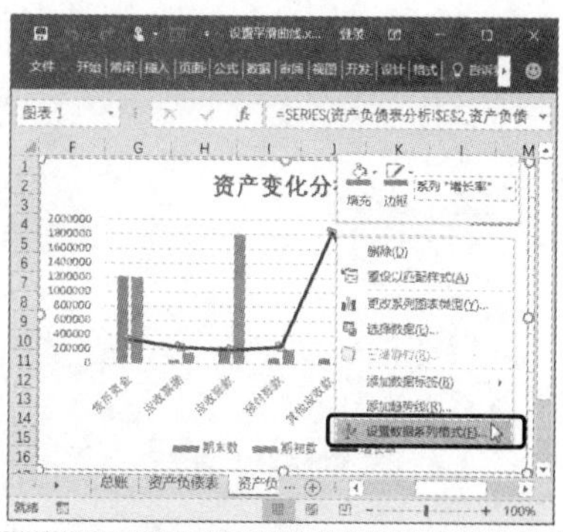

第 3 步：选中“平滑线”复选框

弹出“设置数据系列格式”窗格，在“线条”列表中选中“平滑线”复选框，如下图所示。

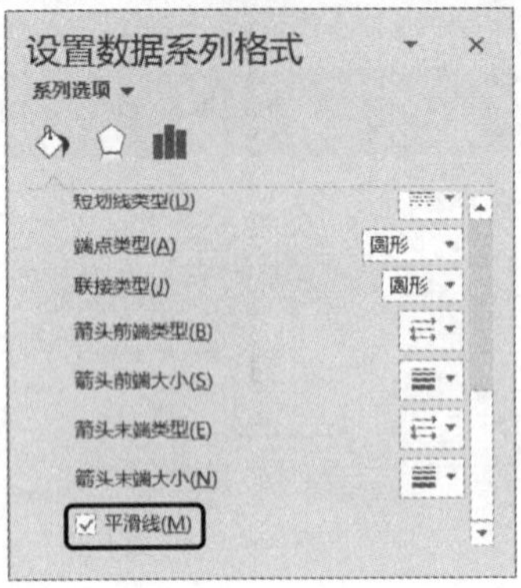

第 4 步：查看设置效果

此时，图表中的折现就变成了平滑曲线，如下图所示。

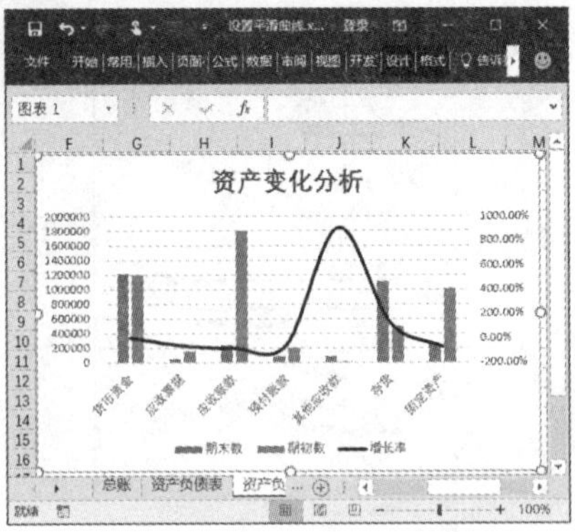

第 16 章 财务指标分析

本章导读

财务报表编制完成后，接下来可以根据资产负债表和利润表中的数据，计算和分析各种财务指标。企业现行财务分析指标包括四个方面的内容：偿债能力指标、营运能力指标、盈利能力指标和发展能力指标。

知识要点

- 短期偿债能力指标
- 长期偿债能力指标
- 流动资产周转情况分析
- 固定资产周转情况分析
- 总资产周转情况分析
- 获利能力分析
- 发展能力分析
- 综合指标分析的含义及特点

案例展示

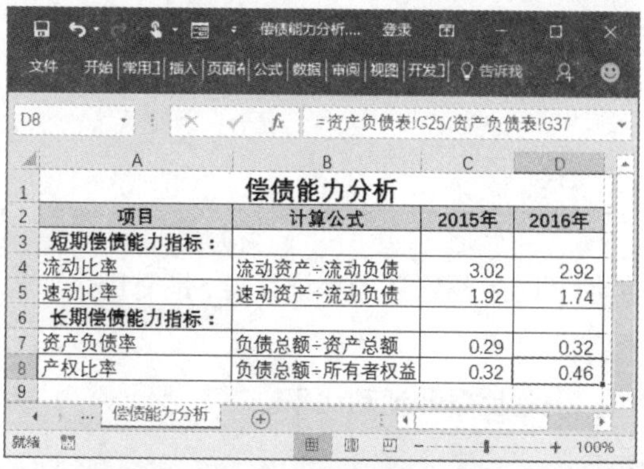

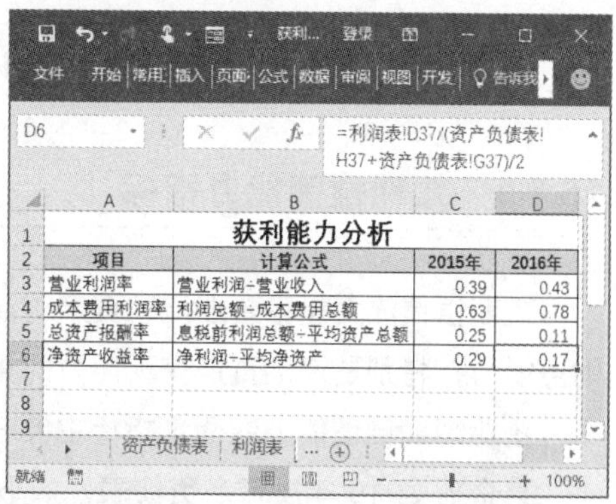

16.1 偿债能力分析

案例概述

偿债能力是指偿还到期债务的能力，包括短期和长期偿债能力。主要指标有：流动比率、速动比率、现金流动负债比率、资产负债率、产权比率等。

案例效果

企业的偿债能力是指企业用其资产偿还长期债务与短期债务的能力。企业有无支付现金的能力和偿还债务能力，是企业能否健康生存和发展的关键。接下来在 Excel 中，根据资产负债表，制作偿债能力分析表。

偿债能力分析表制作完成后，效果如下图所示。

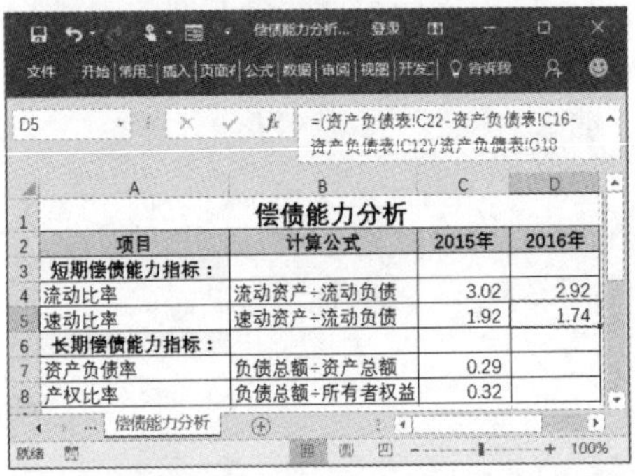

同步文件

原始文件： 素材文件\第16章\偿债能力分析.xlsx

结果文件： 结果文件\第16章\偿债能力分析.xlsx

同步视频文件： 同步教学文件\第16章\偿债能力分析\16.1.1.mp4~16.1.2.mp4

制作思路

偿债能力分析表的制作思路如下：

16.1.1 短期偿债能力指标

短期偿债能力是指企业流动资产对流动负债及时足额偿还的保证程度，是衡量企业当期财务能力，特别是流动资产变现能力的重要标志。

企业短期偿债能力的衡量指标主要有两项：流动比率和速动比率。

某企业 2016 年度资产负债表，如下图所示。

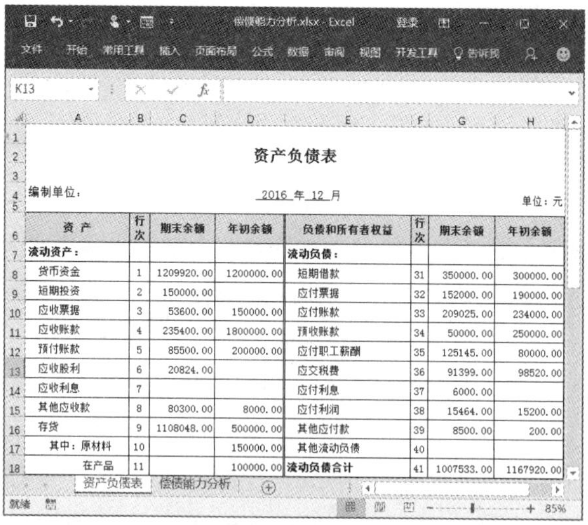

资产负债表

编制单位： 2016 年 12 月 单位：元

资 产	行次	期末余额	年初余额	负债和所有者权益	行次	期末余额	年初余额
流动资产：				流动负债：			
货币资金	1	1209920.00	1200000.00	短期借款	31	350000.00	300000.00
短期投资	2	150000.00		应付票据	32	152000.00	190000.00
应收票据	3	53600.00	150000.00	应付账款	33	209025.00	234000.00
应收账款	4	235400.00	1800000.00	预收账款	34	50000.00	250000.00
预付账款	5	85500.00	200000.00	应付职工薪酬	35	125145.00	80000.00
应收股利	6	20824.00		应交税费	36	91399.00	98520.00
应收利息	7			应付利息	37	6000.00	
其他应收款	8	80300.00	8000.00	应付利润	38	15464.00	15200.00
存货	9	1108048.00	500000.00	其他应付款	39	8500.00	200.00
其中：原材料	10		150000.00	其他流动负债	40		
在产品	11		100000.00	流动负债合计	41	1007533.00	1167920.00

1. 流动比率

计算公式：流动比率 =（流动资产 ÷ 流动负债）× 100%

分析：一般情况下，流动比率越高，说明企业短期偿债能力越强，债权人的权益越有保障。国际上通常认为，流动比率的下限为 100%；而流动比率等于 200%时较为适当。

应注意四个问题：

（1）虽然流动比率越高，企业偿还短期债务的流动资产保证程度越强，但这并不等于说企业已有足够的现金或存款用来偿债。

（2）从短期债权人的角度看，自然希望流动比率越高越好。但从企业经营角度看，过高的流动比率通常意味着企业闲置现金的持有量过多，必然造成企业机会成本的增加和获利能力的降低。

（3）流动比率是否合理，不同企业及同一企业不同时期的评价标准是不同的。

（4）应剔除一些虚假因素的影响。

接下来根据 2016 年的资产负债表计算流动比率，具体步骤如下。

第 1 步：打开素材文件

打开“素材文件\第 15 章\偿债能力分析.xlsx”文件，2015 年的流动比率、速动比率、资产负债率和产权比率的数值如下图所示。

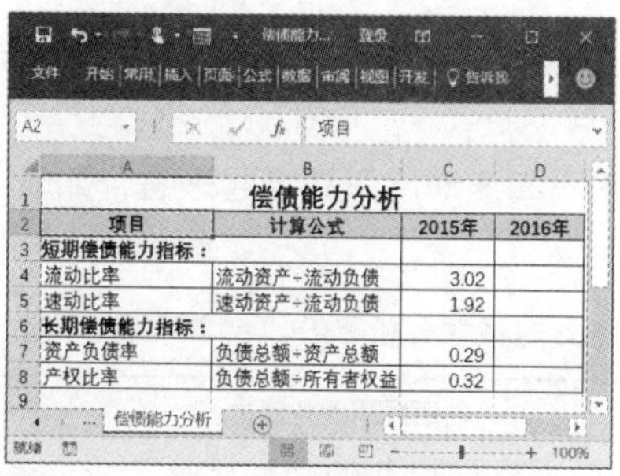

偿债能力分析

项目	计算公式	2015年	2016年
短期偿债能力指标：			
流动比率	流动资产÷流动负债	3.02	
速动比率	速动资产÷流动负债	1.92	
长期偿债能力指标：			
资产负债率	负债总额÷资产总额	0.29	
产权比率	负债总额÷所有者权益	0.32	

第 2 步：计算 2016 年的流动比率

根据计算公式，在 D4 单元格中输入公式“=资产负债表!C22/资产负债表! G18”，按“Enter”键确认输入，此时即可计算出 2016 年的流动比率，如下图所示。

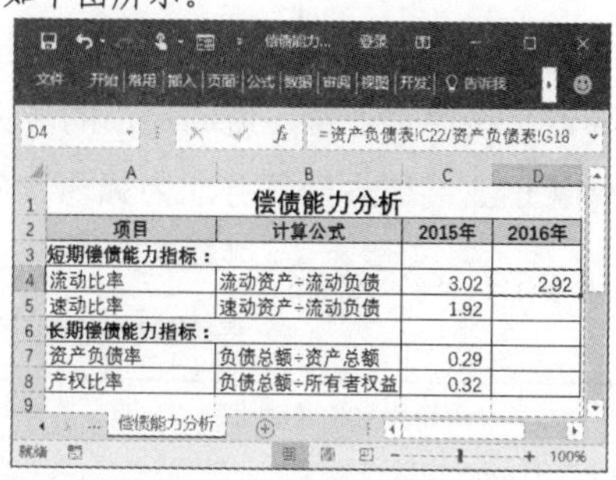

偿债能力分析

项目	计算公式	2015年	2016年
短期偿债能力指标：			
流动比率	流动资产÷流动负债	3.02	2.92
速动比率	速动资产÷流动负债	1.92	
长期偿债能力指标：			
资产负债率	负债总额÷资产总额	0.29	
产权比率	负债总额÷所有者权益	0.32	

从计算结果可以看出，2016 年的流动比率为“2.92”，比 2015 年的流动比率“3.02”有所降低，说明企业短期偿债能力稍有减弱。

2．速动比率

计算公式：速动比率＝（速动资产 ÷ 流动负债）× 100%

式中：所谓速动资产，是指流动资产减去变现能力较差且不稳定的存货、预付账款、一年内到期的非流动资产和其他流动资产等之后的余额。

速动资产=货币资金+交易性金融资产+应收账款+应收票据

=流动资产-存货-预付账款-一年内到期的非流动资产-其他流动资产

分析：一般情况下，速动比率越高，说明企业偿还流动负债的能力越强。国际上通常认为，速动比率等于 100%时较为适当。如果速动比率小于 100%，必使企业面临很大的偿债风险。但速动比率过高（大于 100%），表明企业会因现金及应收账款占用过多，而大大增加企业的机会成本，会影响企业的获利能力。

流动比率和速动比率的相同点是：一般情况下，比率越高，说明企业偿还流动负债的能力越强。

接下来根据 2016 年的资产负债表，计算速动比率，具体步骤如下。

根据计算公式，在单元格 D5 中输入公式“=(资产负债表!C22-资产负债表!C16-资产负债表!C12)/资产负债表!G18”，按“Enter”键确认输入，此时即可计算出 2016 年的速动比率，如下图所示。

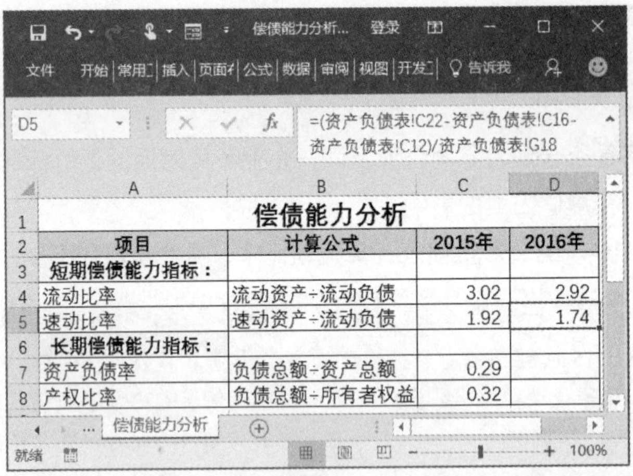

从计算结果可以看出，2016 年的速动比率为“1.74”，比 2015 年的流动比率“1.92”，有所降低，说明企业偿还流动负债的能力稍有减弱。

衡量企业偿还短期债务能力强弱，应该将流动比率和速动比率结合起来看，如表 16-1 所示。

表 16-1　企业偿还短期债务能力的强弱分析

流动比率和速动比率	偿还短期债务能力
流动比率<1 and QR<速动比率	资金流动性差，偿还短期债务能力低

续表

流动比率和速动比率	偿还短期债务能力
1.5<流动比率<2 and 0.75<速动比率<1	资金流动性一般，偿还短期债务能力一般
流动比率>2 and 速动比率>1	资金流动性好，偿还短期债务能力强

综合来看，2016 年的流动比率为“2.92”>2，且速动比率为“1.74”>1，说明企业资金流动性好，企业偿还短期债务能力强。

16.1.2 长期偿债能力指标

长期偿债能力，是指企业偿还长期负债的能力。企业长期偿债能力的衡量指标主要有两项：资产负债率和产权比率。

1. 资产负债率

计算公式：资产负债率（又称负债比率）=（负债总额÷资产总额）×100%

分析：一般情况下，资产负债率越小，说明企业长期偿债能力越强。但是，也并非说该指标对谁都是越小越好：对债权人来说：该指标越小越好，这样企业偿债越有保证。

对企业所有者来说：如果该指标较大，说明利用较少的自有资本投资形成较多的生产经营用资产，不仅扩大了生产经营规模，而且在经营状况良好的情况下，还可以利用财务杠杆的原理，得到较多的投资利润，如果该指标过小，则表明企业对财务杠杆利用不够。

但是，资产负债率过大，则表明企业的债务负担重，企业资金实力不强，不仅对债权人不利，而且企业有濒临倒闭的危险。

保守的观点认为资产负债率不应高于 50%，而国际上通常认为资产负债率等于 60%时较为适当。

接下来根据 2016 年的资产负债表，计算资产负债率。

根据计算公式，在 D7 单元格中输入公式“=资产负债表!G25/资产负债表!C38”，按“Enter”键确认输入，此时即可计算出 2016 年的资产负债率，如下图所示。

D7 =资产负债表!G25/资产负债表!C38

偿债能力分析			
项目	计算公式	2015年	2016年
短期偿债能力指标：			
流动比率	流动资产÷流动负债	3.02	2.92
速动比率	速动资产÷流动负债	1.92	1.74
长期偿债能力指标：			
资产负债率	负债总额÷资产总额	0.29	0.32
产权比率	负债总额÷所有者权益	0.32	

从计算结果可以看出，2016 年的资产负债率为“0.32”，比 2015 年的资产负债率“0.29”有所提高，说明企业长期偿债能力有所越强。

专家会诊台

Q：资产负债率的数值是多少合适？

A：资产负债率考核的是企业资金偿还能力。具体的资产负债率要根据行业水平确定，一般在 45%以下，特殊行业，例如房地产行业可能要超出这个水平。一般小企业的资产负债率在 30%左右，是比较合适的。

2. 产权比率

计算公式：产权比率 =（负债总额 ÷ 所有者权益）× 100%

分析：一般情况下，产权比率越低，说明企业长期偿债能力越强，债权人权益的保障程度越高，承担的风险越小。

接下来根据 2016 年度资产负债表，计算产权比率，具体步骤如下。

根据计算公式，在 D8 单元格中输入公式 "=资产负债表!G25/资产负债表!G37"，按 "Enter" 键确认输入，此时即可计算出 2016 年的产权比率，如下图所示。

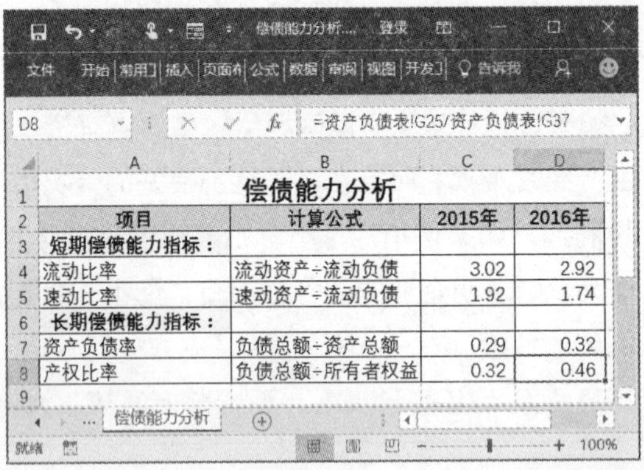

项目	计算公式	2015年	2016年
短期偿债能力指标：			
流动比率	流动资产÷流动负债	3.02	2.92
速动比率	速动资产÷流动负债	1.92	1.74
长期偿债能力指标：			
资产负债率	负债总额÷资产总额	0.29	0.32
产权比率	负债总额÷所有者权益	0.32	0.46

从计算结果可以看出，2016 年的产权比率为 "0.46"，比 2015 年的产权比率 "0.32" 有所降低，说明企业长期偿债能力越来越强。

16.2 营运能力分析

案例概述

营运能力是指企业基于外部市场环境的约束，通过内部人力资源和生产资料的优化配置组合而对财务目标所产生作用的大小。分为基本评价指标和具体评价指标，主要是应收账款、存货、流动资产、固定资产和总资产周转指标。

案例效果

企业营运能力分析就是要通过对反映企业资产营运效率与效益的指标进行计算与分析，评价企业的营运能力，为企业提高经济效益指明方向。接下来在 Excel 中，根据资产负债表和利润表，制作营运能力分析表。

营运能力分析表制作完成后，效果如下图所示。

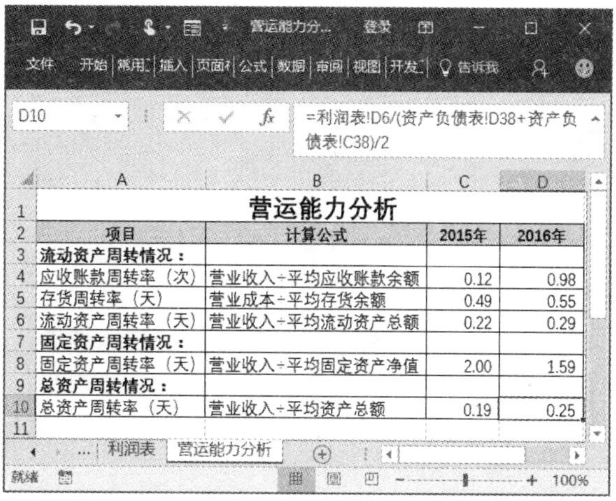

D10 =利润表!D6/(资产负债表!D38+资产负债表!C38)/2

营运能力分析			
项目	计算公式	2015年	2016年
流动资产周转情况：			
应收账款周转率（次）	营业收入÷平均应收账款余额	0.12	0.98
存货周转率（天）	营业成本÷平均存货余额	0.49	0.55
流动资产周转率（天）	营业收入÷平均流动资产总额	0.22	0.29
固定资产周转情况：			
固定资产周转率（天）	营业收入÷平均固定资产净值	2.00	1.59
总资产周转情况：			
总资产周转率（天）	营业收入÷平均资产总额	0.19	0.25

同步文件

原始文件：素材文件\第 16 章\营运能力分析.xlsx

结果文件：结果文件\第 16 章\营运能力分析.xlsx

同步视频文件：同步教学文件\第 16 章\营运能力分析\16.2.1.mp4~16.2.3.mp4

制作思路

营运能力分析表的制作思路如下：

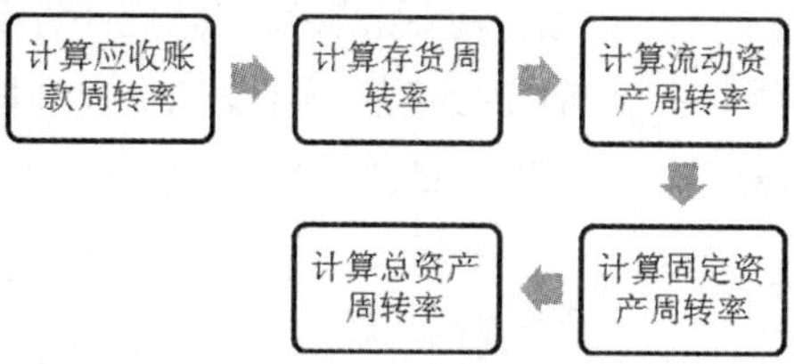

16.2.1 流动资产周转情况分析

资产运营能力的强弱取决于资产的周转速度、资产运行状况、资产管理水平等多种因素。比如说资产的周转速度，一般说来，周转速度越快，资产的使用效率越高，则资产运营能力越强；反之，运营能力就越差。

资产周转速度通常用周转率和周转期来表示。

计算公式：

周转率（周转次数）=周转额÷资产平均余额

周转期（周转天数）=计算期天数÷周转次数

=资产平均余额×计算期天数÷周转额

具体地说，生产资料运营能力分析可以从以下几个方面进行：流动资产周转情况分析、固定资产周转情况分析以及总资产周转情况分析等。

某企业 2016 年的利润表，如下图所示。

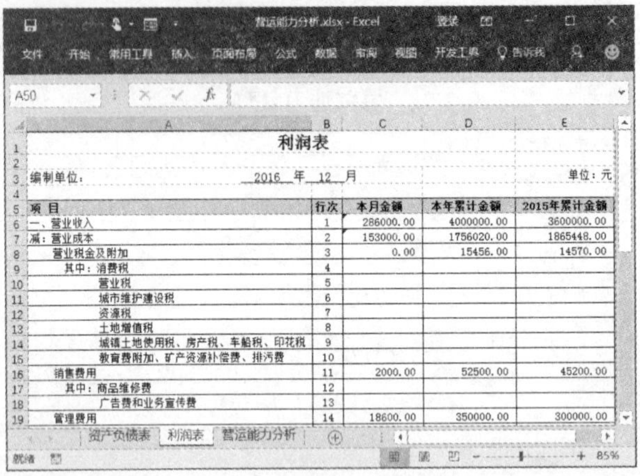

利润表

编制单位： 2016 年 12 月 单位：元

项 目	行次	本月金额	本年累计金额	2015年累计金额
一、营业收入	1	286000.00	4000000.00	3600000.00
减：营业成本	2	153000.00	1756020.00	1865448.00
营业税金及附加	3	0.00	15456.00	14570.00
其中：消费税	4			
营业税	5			
城市维护建设税	6			
资源税	7			
土地增值税	8			
城镇土地使用税、房产税、车船税、印花税	9			
教育费附加、矿产资源补偿费、排污费	10			
销售费用	11	2000.00	52500.00	45200.00
其中：商品维修费	12			
广告费和业务宣传费	13			
管理费用	14	18600.00	350000.00	300000.00

1. 应收账款周转率

计算公式：

应收账款周转率（周转次数）=营业收入 ÷ 平均应收账款余额

平均应收账款余额=（应收账款余额年初数+应收账款余额年末数）÷ 2

应收账款周转期（周转天数）=平均应收账款余额 × 360 ÷ 营业收入

或：=计算期天数（360 天）÷ 周转次数（下同）

分析：周转率高，表明：①收账迅速，账龄较短；②资产流动性强，短期偿债能力强；③可以减少收账费用和坏账损失，从而相对增加企业流动资产的投资收益。

接下来根据 2016 年的资产负债表和利润表，计算应收账款周转率，具体操作方法如下。

第 1 步：打开素材文件

打开“素材文件\第 15 章\营运能力分析.xlsx”文件，2015 年的应收账款周转率、存货周转率、流动资产周转率、固定资产周转率和总资产周转率的数值如下图所示。

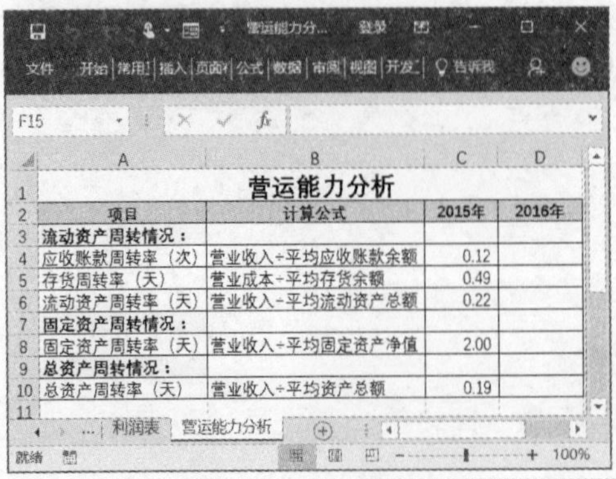

营运能力分析

项目	计算公式	2015年	2016年
流动资产周转情况：			
应收账款周转率（次）	营业收入÷平均应收账款余额	0.12	
存货周转率（天）	营业成本÷平均存货余额	0.49	
流动资产周转率（天）	营业收入÷平均流动资产总额	0.22	
固定资产周转情况：			
固定资产周转率（天）	营业收入÷平均固定资产净值	2.00	
总资产周转情况：			
总资产周转率（天）	营业收入÷平均资产总额	0.19	

第 2 步：计算 2016 年的应收账款周转率

根据计算公式，在 D4 单元格中输入公式“=利润表!D6/(资产负债表!D11 +资产负债表!C11)/2”，按“Enter”键确认输入，此时即可计算出 2016 年的应收账款周转率，如下图所示。

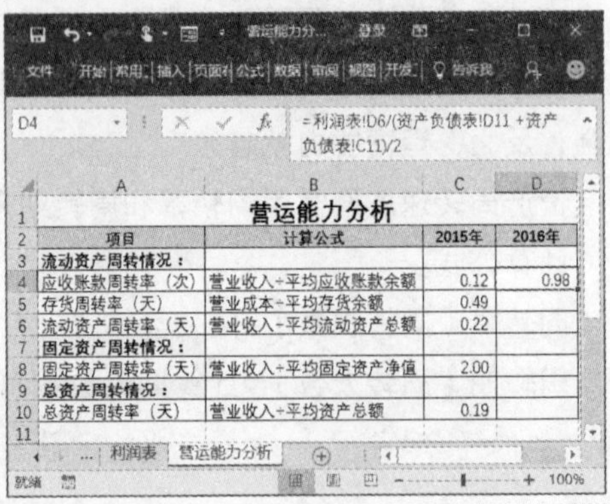

=利润表!D6/(资产负债表!D11 +资产负债表!C11)/2

营运能力分析

项目	计算公式	2015年	2016年
流动资产周转情况：			
应收账款周转率（次）	营业收入÷平均应收账款余额	0.12	0.98
存货周转率（天）	营业成本÷平均存货余额	0.49	
流动资产周转率（天）	营业收入÷平均流动资产总额	0.22	
固定资产周转情况：			
固定资产周转率（天）	营业收入÷平均固定资产净值	2.00	
总资产周转情况：			
总资产周转率（天）	营业收入÷平均资产总额	0.19	

从计算结果可以看出，2016 年的应收账款周转率为“0.98”，比 2015 年的应收账款周转率“0.12”高出许多，说明企业收账迅速，应收账款账龄较短；企业资产流动性强，营运能力强。

2. 存货周转率

计算公式：

存货周转率=营业成本÷平均存货余额

平均存货余额=（存货余额年初数+存货余额年末数）÷2

存货周转期（周转天数）=平均存货余额×360÷营业成本

分析：一般来讲，存货周转率越高越好，存货周转率越高，表明其变现的速度越快，周转额越大，资金占用水平越低。存货既不能储存过少，否则可能造成生产中断或销售紧张；又不能储存过多，而形成呆滞、积压。

接下来根据 2016 年的资产负债表和利润表，计算存货周转率，具体操作方法如下。

根据计算公式，在 D5 单元格中输入公式“=利润表!D7/(资产负债表!D16+资产负债表!C16)/2”，按“Enter”键确认输入，此时即可计算出 2016 年的存货周转率，如下图所示。

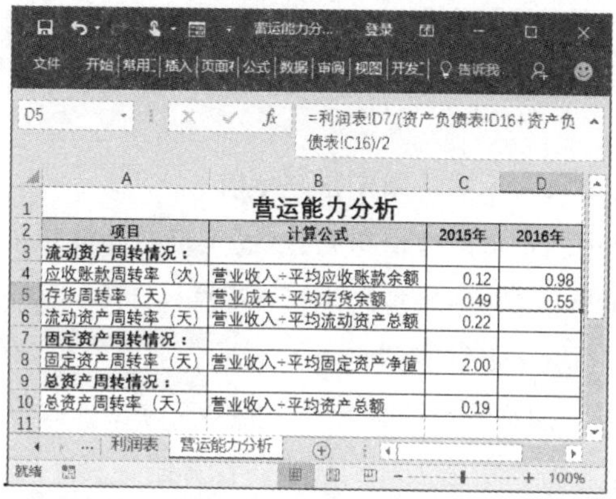

从计算结果可以看出，2016 年的存货周转率为“0.55”，比 2015 年的存货周转率“0.49”稍有提高，说明企业存货变现的速度越来越快，营运能力越来越强。

3. 流动资产周转率

计算公式：

流动资产周转率=营业收入÷平均流动资产总额

平均流动资产总额=（流动资产总额年初数+流动资产总额年末数）÷2

流动资产周转期（周转天数）=平均流动资产总额×360÷营业收入

分析：流动资产周转次数越多，表明以相同的流动资产完成的周转额越多，流动资产利用效果越好。

接下来根据 2016 年的资产负债表和利润表，计算流动资产周转率，具体步骤如下。

根据计算公式，在 D6 单元格中输入公式“=利润表!D6/(资产负债表!D22+资产负债表!C22)/2”，按“Enter”键确认输入，此时即可计算出 2016 年的流动资产周转率，如下图所示。

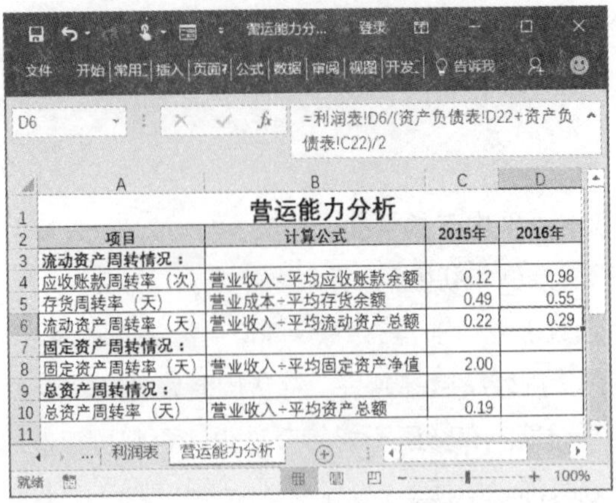

	营运能力分析		
项目	计算公式	2015年	2016年
流动资产周转情况：			
应收账款周转率（次）	营业收入÷平均应收账款余额	0.12	0.98
存货周转率（天）	营业成本÷平均存货余额	0.49	0.55
流动资产周转率（天）	营业收入÷平均流动资产总额	0.22	0.29
固定资产周转情况：			
固定资产周转率（天）	营业收入÷平均固定资产净值	2.00	
总资产周转情况：			
总资产周转率（天）	营业收入÷平均资产总额	0.19	

从计算结果可以看出，2016 年的流动资产周转率为“0.29”，比 2015 年的流动资产周转率“0.22”有所提升，主要是由应收账款周转率提升造成的。流动资产周转次数越多，表明以相同的流动资产完成的周转额越多，流动资产利用效果越好。

16.2.2 固定资产周转情况分析

计算公式：

固定资产周转率=营业收入÷平均固定资产净值

平均固定资产净值=（固定资产净值年初数+固定资产净值年末数）÷2

固定资产周转期（周转天数）=平均固定资产净值×360÷营业收入

分析：一般情况下，固定资产周转率越高，表明企业固定资产利用越充分，同时也能表明企业固定资产投资得当，固定资产结构合理，能够充分发挥效率。

接下来根据 2016 年度资产负债表和利润表，计算固定资产周转率。

根据计算公式，在 D8 单元格中输入公式“=利润表!D6/(资产负债表!D28+资产负债表!C28)/2”，按“Enter”键确认输入，此时即可计算出 2016 年的固定资产周转率，如下图所示。

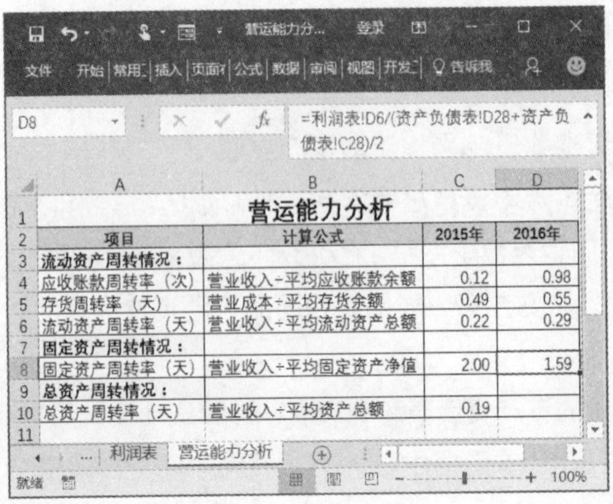

	营运能力分析		
项目	计算公式	2015年	2016年
流动资产周转情况：			
应收账款周转率（次）	营业收入÷平均应收账款余额	0.12	0.98
存货周转率（天）	营业成本÷平均存货余额	0.49	0.55
流动资产周转率（天）	营业收入÷平均流动资产总额	0.22	0.29
固定资产周转情况：			
固定资产周转率（天）	营业收入÷平均固定资产净值	2.00	1.59
总资产周转情况：			
总资产周转率（天）	营业收入÷平均资产总额	0.19	

从计算结果可以看出，2016 年的固定资产周转率为“1.59”，比 2015 年的固定资产周转率“2.00”有所下降，说明表明企业固定资产利用率降低，可能会影响企业的营运能力。

16.2.3 总资产周转情况分析

计算公式：

总资产周转率=营业收入÷平均资产总额

平均资产总额=（资产总额年初数+资产总额年末数）÷2

总资产周转期（周转天数）=平均资产总额×360÷营业收入

分析：总资产周转率越高，表明企业全部资产的使用效率越高。

反之，如果该指标较低，则说明企业利用全部资产进行经营的效率较差，最终会影响企业的获得能力。

接下来根据 2016 年的资产负债表和利润表，计算总资产周转率。

根据计算公式，在 D8 单元格中输入公式“=利润表!D6/(资产负债表!D38+资产负债表!C38)/2”，按“Enter”键确认输入，此时即可计算出 2016 年的总资产周转率，如下图所示。

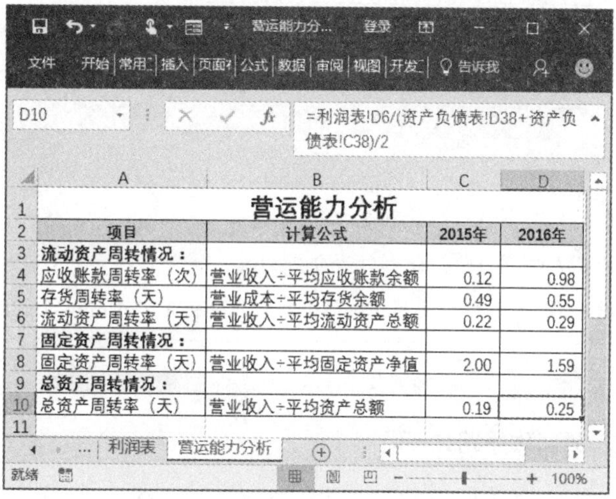

项目	计算公式	2015年	2016年
流动资产周转情况：			
应收账款周转率（次）	营业收入÷平均应收账款余额	0.12	0.98
存货周转率（天）	营业成本÷平均存货余额	0.49	0.55
流动资产周转率（天）	营业收入÷平均流动资产总额	0.22	0.29
固定资产周转情况：			
固定资产周转率（天）	营业收入÷平均固定资产净值	2.00	1.59
总资产周转情况：			
总资产周转率（天）	营业收入÷平均资产总额	0.19	0.25

从计算结果可以看出，2016 年的总资产周转率为“0.25”，比 2015 年的总资产周转率“0.19”有所提升，说明表明企业全部资产的使用效率不断提高，企业的营运能力越来越强。

结合流动资产周转情况、固定资产周转情况分析以及总资产周转情况来看，企业的营运能力越来越强，主要是流动资产中的应收账款收回率越来越高造成的。

16.3 获利能力分析

案例概述

获利能力，也称盈利能力，是企业赚取利润的能力，主要指标包括：主营业务利润率、成本费用利润率、总资产报酬率等，它通常体现为企业收益数额的大小与水平的高低。接下来在 Excel 中，根据资产负债表和利润表，制作获利能力分析表。

案例效果

获利能力指标包括：营业利润率、成本费用利润率、总资产报酬率和净资产收益率四项指标，据以评价企业各要素的获利能力及资本保值增值情况。

获利能力分析表制作完成后，效果如下图所示。

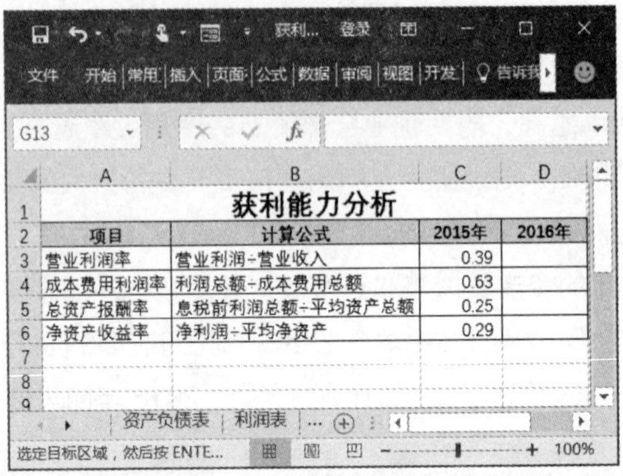

同步文件

原始文件：素材文件\第 16 章\获利能力分析.xlsx

结果文件：结果文件\第 16 章\获利能力分析.xlsx

同步视频文件：同步教学文件\第 16 章\获利能力分析\16.3.1.mp4~16.3.4.mp4

制作思路

获利能力分析表的制作思路如下：

16.3.1 营业利润率

计算公式：

营业利润率=（营业利润 ÷ 营业收入）× 100%

分析：营业利润率越高，表明企业市场竞争力越强，发展潜力越大，盈利能力越强。

接下来根据 2016 年度利润表，计算营业利润率，具体操作方法如下。

第 1 步：打开素材文件

打开“素材文件\第 15 章\获利能力分析.xlsx”文件，2015 年的营业利润率、成本费用利润率、总资产报酬率和净资产收益率的数值，如下图所示。

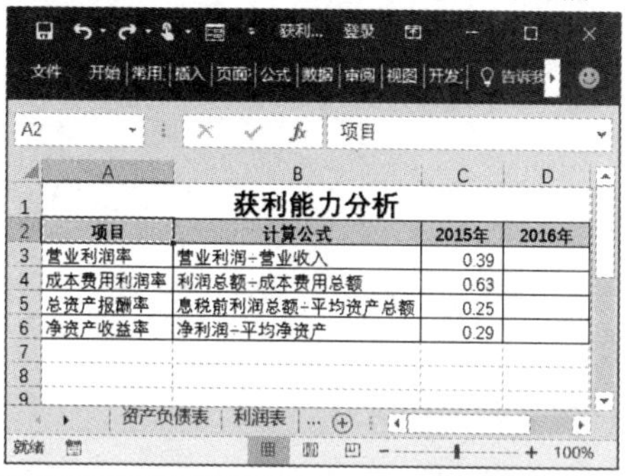

第 2 步：计算 2016 年的营业利润率

根据计算公式，在 D3 单元格中输入公式“=利润表!D26/利润表!D6”，按“Enter”键确认输入，此时即可计算出 2016 年的营业利润率，如下图所示。

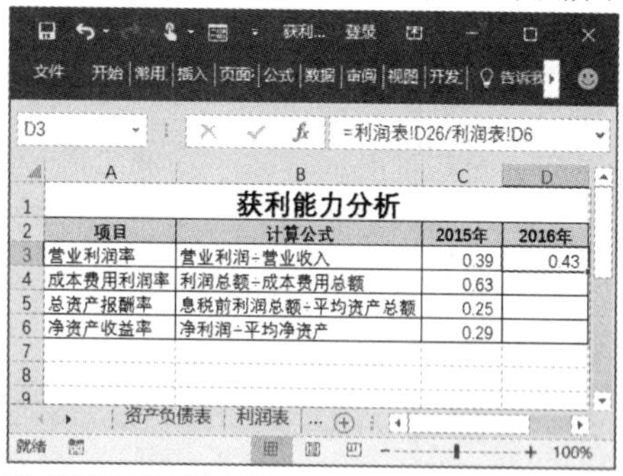

从计算结果可以看出，2016 年度的营业利润率为“0.43”，比 2015 年的营业利润率“0.39”有所提升，表明企业市场竞争力越来越强，盈利能力越来越强。

16.3.2 成本费用利润率

计算公式：

成本费用利润率=（利润总额÷成本费用总额）×100%

其中：成本费用总额=营业成本+营业税金及附加+销售费用+管理费用+财务费用

分析：该指标越高，表明企业为取得利润而付出的代价越小，成本费用控制得越好，获利能力越强。

接下来根据 2016 年的利润表，计算营业成本费用利润率。

根据计算公式，在 D4 单元格中输入公式“=利润表!D35/(利润表!D7+利润表!D16+利润表!D19+利润表!D23)”，按“Enter”键确认输入，此时即可计算出 2016 年的成本费用利润率，如下图所示。

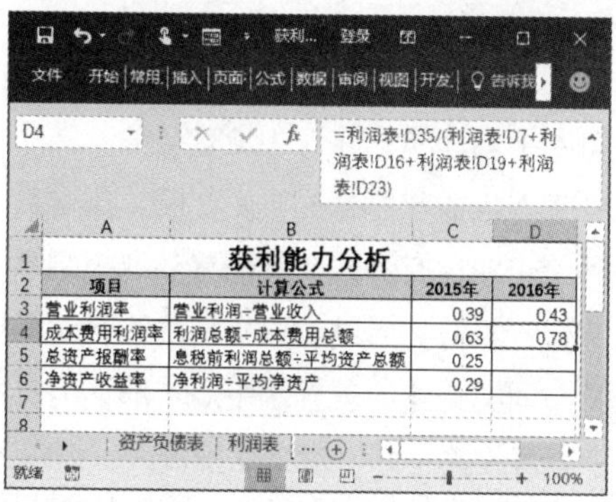

从计算结果可以看出，计算出 2016 年度的成本费用利润率为“0.78”，比 2015 年的成本费用利润率“0.63”有所提升，表明企业为取得利润而付出的成本增加，成本费用控制水

平降低，影响了企业的获利能力。

16.3.3 总资产报酬率

计算公式：

总资产报酬率=（息税前利润总额 ÷ 平均资产总额）× 100%

其中：息税前利润总额 =利润总额+利息支出

=净利润+所得税+利息支出

分析：一般情况下，该指标越高，表明企业的资产利用效益越好，整个企业获得能力越强，经营管理水平越高。

接下来根据 2016 年的资产负债表和利润表，计算总资产报酬率。

根据计算公式，在 D5 单元格中输入公式“=利润表!D35/(资产负债表!D38+资产负债表!C38)/2”，按“Enter”键确认输入，此时即可计算出 2016 年的总资产报酬率，如下图所示。

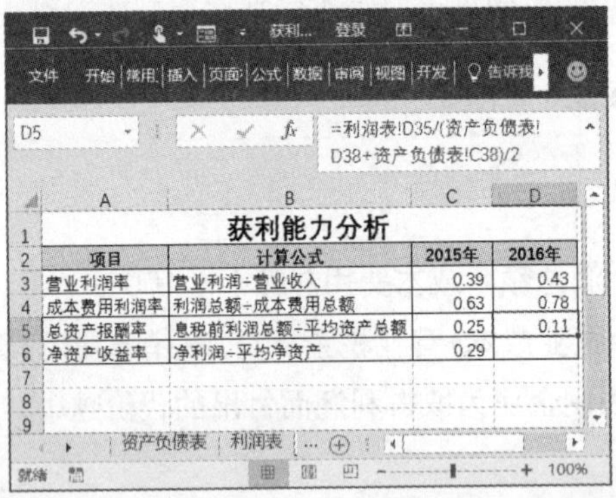

项目	计算公式	2015年	2016年
营业利润率	营业利润÷营业收入	0.39	0.43
成本费用利润率	利润总额÷成本费用总额	0.63	0.78
总资产报酬率	息税前利润总额÷平均资产总额	0.25	0.11
净资产收益率	净利润÷平均净资产	0.29	

从计算结果可以看出，2016 年度的总资产报酬率为“0.11”，比 2015 年的总资产报酬率“0.25”有所下降，表明企业的资产利用效益越来越低，影响了企业的获利能力。

16.3.4 净资产收益率

计算公式：

净资产收益率=（净利润 ÷ 平均净资产）× 100%

其中：平均净资产=（所有者权益年初数+所有者权益年末数）÷ 2

分析：净资产收益率是评价企业自有资本及其积累获取报酬水平的最具综合性与代表性的指标，反映企业资本运营的综合性收益。通过对该指标的综合对比分析，可以看出企业获利能力在同行业中所处地位，以及与同类企业的差异水平。一般认为，净资产收益率越高，企业自有资本获取收益的能力越强，运营效益越好，对企业投资人、债权人利益的保证程度越高。

接下来根据 2016 年的资产负债表和利润表，计算净资产收益率。

根据计算公式，在 D6 单元格中输入公式“=利润表!D37/(资产负债表!H37+资产负债表!G37)/2”，按“Enter”键确认输入，此时即可计算出 2016 年的净资产收益率，如下图所示。

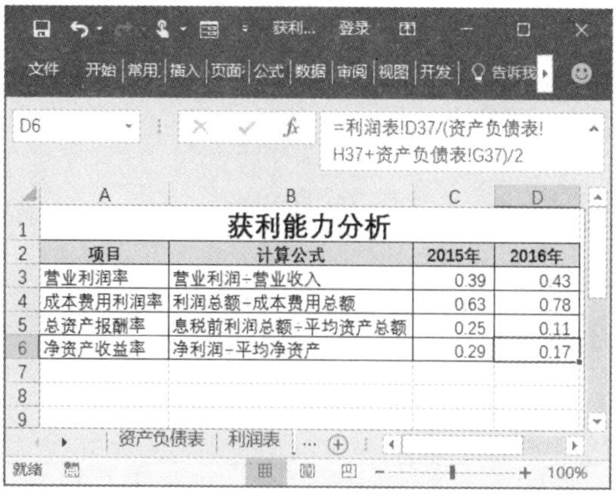

获利能力分析			
项目	计算公式	2015年	2016年
营业利润率	营业利润÷营业收入	0.39	0.43
成本费用利润率	利润总额÷成本费用总额	0.63	0.78
总资产报酬率	息税前利润总额÷平均资产总额	0.25	0.11
净资产收益率	净利润÷平均净资产	0.29	0.17

从计算结果可以看出，2016 年度的净资产收益率为“0.11”，比 2015 年的净资产收益率“0.29”有所下降，表明企业自有资本获取收益的能力越低，运营效益欠佳，对企业投资人、债权人利益的保证程度越来越低。

综合来看，由于企业成本控制能力的下降，和企业的资产利用效益越来越低，大大降低了企业的获利能力。企业应当及时加强产品的成本控制，提高资产的使用效率，从而提升获利能力。

16.4 发展能力分析

案例概述

企业的发展能力，也称企业的成长性，简单地讲就是企业往期财务数据对比，反映的是企业的成长潜力。它是企业通过自身的生产经营活动，不断扩大积累而形成的发展潜能。企业能否健康发展取决于多种因素，包括外部经营环境，企业内在素质及资源条件等。

案例效果

影响企业发展能力主要考察以下四项指标：营业收入增长率、资本保值增值率、总资产增长率和营业利润增长率。接下来在 Excel 中，根据资产负债表和利润表，制作发展能力分析表。

发展能力分析表制作完成后，效果如下图所示。

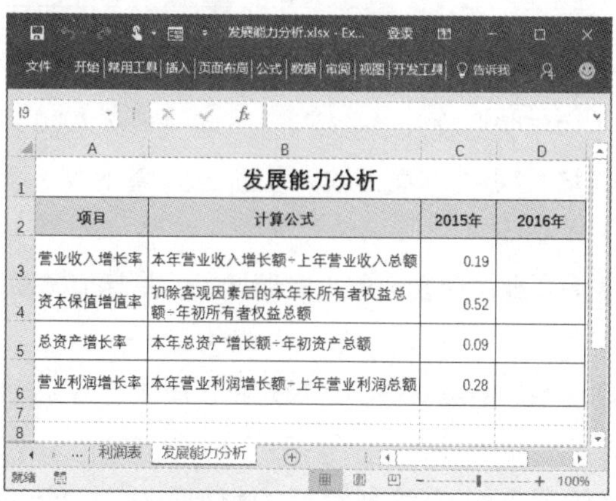

发展能力分析			
项目	计算公式	2015年	2016年
营业收入增长率	本年营业收入增长额÷上年营业收入总额	0.19	
资本保值增值率	扣除客观因素后的本年末所有者权益总额÷年初所有者权益总额	0.52	
总资产增长率	本年总资产增长额÷年初资产总额	0.09	
营业利润增长率	本年营业利润增长额÷上年营业利润总额	0.28	

同步文件

原始文件：素材文件\第 16 章\发展能力分析.xlsx

结果文件：结果文件\第 16 章\发展能力分析.xlsx

同步视频文件：同步教学文件\第 16 章\发展能力分析\16.3.1.mp4～16.3.4.mp4

制作思路

发展能力分析表的制作思路如下：

16.4.1 营业收入增长率

某企业 2015 年度和 2016 年度利润表，如下图所示。

利润表

编制单位：　2016 年 12 月　单位：元

项 目	行次	本月金额	本年累计金额	2015年累计金额
一、营业收入	1	286000.00	4000000.00	3600000.00
减：营业成本	2	153000.00	1756020.00	1865448.00
营业税金及附加	3	0.00	15456.00	14570.00
其中：消费税	4			
营业税	5			
城市维护建设税	6			
资源税	7			
土地增值税	8			
城镇土地使用税、房产税、车船税、印花税	9			
教育费附加、矿产资源补偿费、排污费	10			
销售费用	11	2000.00	52500.00	45200.00
其中：商品维修费	12			
广告费和业务宣传费	13			
管理费用	14	18600.00	350000.00	300000.00
其中：开办费	15			

营业收入增长率计算公式：

营业收入增长率 =（本年营业收入增长额 ÷ 上年营业收入总额）× 100%

其中：本年营业收入增长额=本年营业收入总额-上年营业收入总额

分析：

该指标若大于 0，表明企业本年营业收入有所增长，指标值越高，表明增长速度越快，企业市场前景越好。

若该指标小于 0，则说明产品或服务不适销对路、质次价高，或是在售后服务等方面存在问题，市场份额萎缩。

接下来根据 2015 年度和 2016 年度利润表，计算营业收入增长率。

第 1 步：打开素材文件

打开“素材文件\第 15 章\发展能力分析.xlsx”文件，2015 年的营业收入增长率、资产保值增值率、总资产增长率和营业利润增长率的数值，如下图所示。

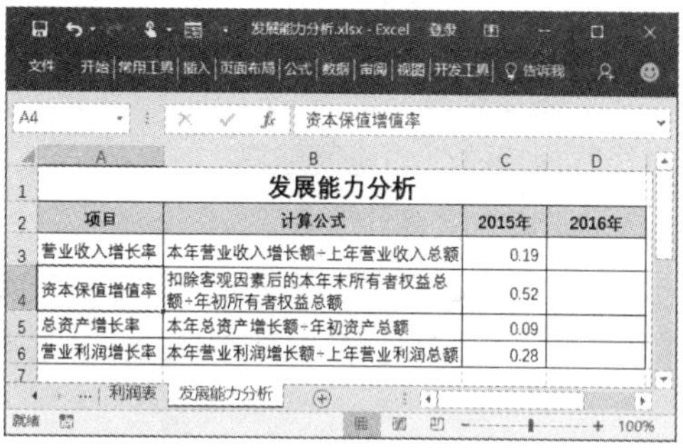

项目	计算公式	2015年	2016年
营业收入增长率	本年营业收入增长额÷上年营业收入总额	0.19	
资本保值增值率	扣除客观因素后的本年末所有者权益总额÷年初所有者权益总额	0.52	
总资产增长率	本年总资产增长额÷年初资产总额	0.09	
营业利润增长率	本年营业利润增长额÷上年营业利润总额	0.28	

第 2 步：计算 2016 年的营业收入增长率

根据计算公式，在 D3 单元格中输入公式“=(利润表!D6-利润表!E6)/利润表!E6”，按“Enter”键确认输入，此时即可计算出 2016 年的营业收入增长率，如下图所示。

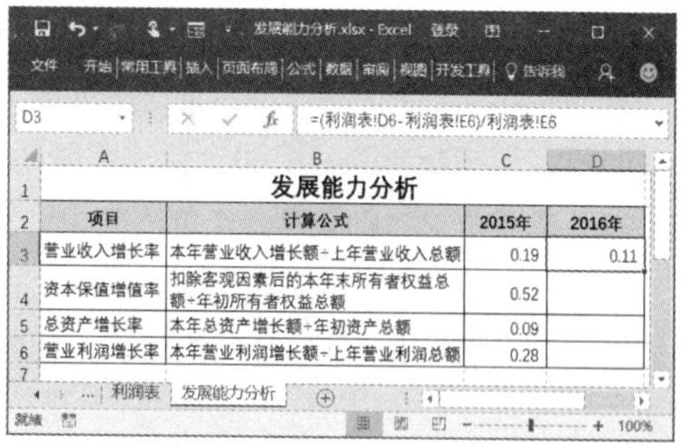

项目	计算公式	2015年	2016年
营业收入增长率	本年营业收入增长额÷上年营业收入总额	0.19	0.11
资本保值增值率	扣除客观因素后的本年末所有者权益总额÷年初所有者权益总额	0.52	
总资产增长率	本年总资产增长额÷年初资产总额	0.09	
营业利润增长率	本年营业利润增长额÷上年营业利润总额	0.28	

从计算结果可以看出，计算出 2016 年的营业收入增长率为“0.11”，比 2015 年的营业收入增长率“0.19”有所下降，表明企业本年营业收入有所增长，表明增长速度不如 2015 年。

16.4.2 资本保值增值率

计算公式：

资本保值增值率 =（扣除客观因素后的本年末所有者权益总额 ÷ 年初所有者权益总额）× 100%

分析：一般认为，资本保值增值率越高，表明企业的资本保全状况越好，所有者权益增长越快，债权人的债务越有保障。该指标通常应当大于 100%。

接下来根据 2016 年度资产负债表，计算资本保值增值率。

根据计算公式，在 D4 单元格中输入公式“=资产负债表!G37/资产负债表!H37”，按“Enter”键确认输入，此时即可计算出 2016 年的资本保值增值率，如下图所示。

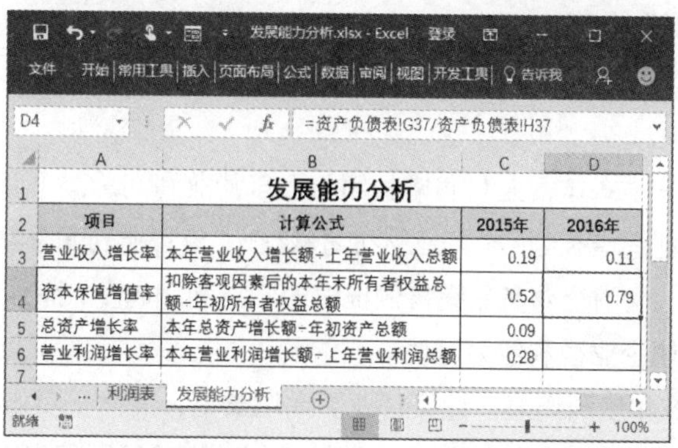

项目	计算公式	2015年	2016年
营业收入增长率	本年营业收入增长额÷上年营业收入总额	0.19	0.11
资本保值增值率	扣除客观因素后的本年末所有者权益总额÷年初所有者权益总额	0.52	0.79
总资产增长率	本年总资产增长额÷年初资产总额	0.09	
营业利润增长率	本年营业利润增长额÷上年营业利润总额	0.28	

从计算结果可以看出，2016 年度的资本保值增值率为“0.79”，比 2015 年的“0.52”有所上升，表明企业的资本保全状况越来越好。但是，该指标的数值仍低于一般水平。企业

应当继续加强经营管理，增加企业利润，确保企业资本保值增值。

16.4.3 总资产增长率

计算公式：

总资产增长率 =（本年总资产增长额 ÷ 年初资产总额）× 100%

其中：本年总资产增长额=资产总额年末数-资产总额年初数

分析：该指标越高，表明企业一定时期内资产经营规模扩张的速度越快。

接下来根据 2016 年度资产负债表，计算总资产增长率，具体步骤如下。

根据计算公式，在 D5 单元格中输入公式“=(资产负债表!C38-资产负债表!D38)/资产负债表!D38”，按“Enter”键确认输入，此时即可计算出 2016 年的总资产增长率，如下图所示。

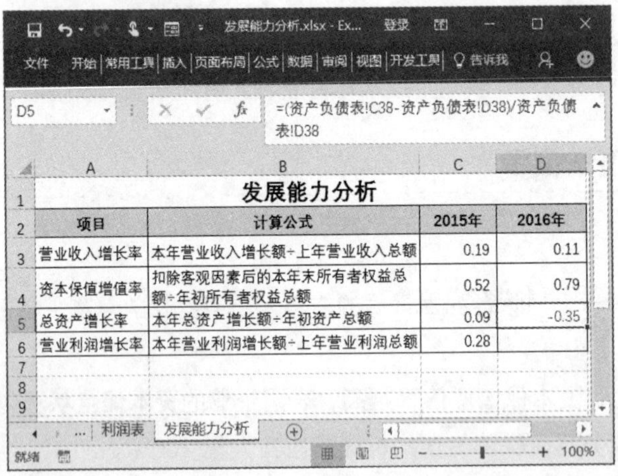

项目	计算公式	2015年	2016年
营业收入增长率	本年营业收入增长额÷上年营业收入总额	0.19	0.11
资本保值增值率	扣除客观因素后的本年末所有者权益总额÷年初所有者权益总额	0.52	0.79
总资产增长率	本年总资产增长额÷年初资产总额	0.09	-0.35
营业利润增长率	本年营业利润增长额÷上年营业利润总额	0.28	

从计算结果可以看出，2016 年的总资产增长率为负值“-0.35”，表明企业经营状况不佳。

16.4.4 营业利润增长率

计算公式：

营业利润增长率 =（本年营业利润增长额 ÷ 上年营业利润总额）× 100%

其中：本年营业利润增长额=本年营业利润总额-上年营业利润总额

营业利润率越高，说明企业商品销售额提供的营业利润越多，企业的发展能力越强；反之，此比率越低，说明企业盈利能力越弱。

接下来根据 2016 年度利润表，计算营业利润增长率，具体步骤如下。

根据计算公式，在 D6 单元格中输入公式“=(利润表!D26-利润表!E26)/利润表!E26”键确认输入，此时即可计算出 2016 年的营业利润增长率，如下图所示。

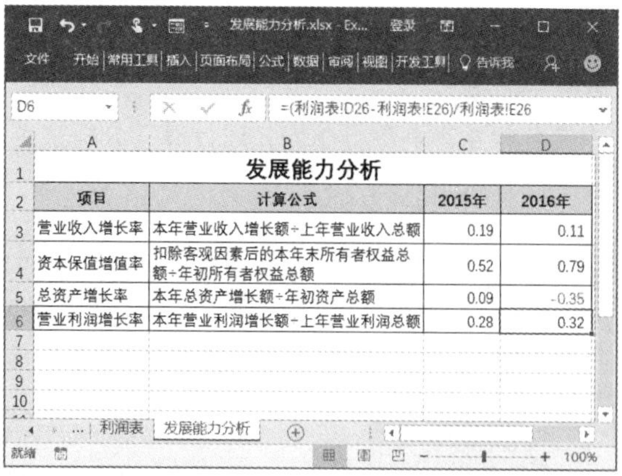

从计算结果可以看出，计算出 2016 年度的营业利润增长率为“0.32”，比 2015 年的“0.28”稍有上升，表明企业商品销售额提供的营业利润越多，企业的发展能力越强。但是，增长速度十分缓慢。

综合营业收入增长率、资本保值增值率、资本保值增值率和营业利润增长率来看，该企业的发展能力相对较低，尤其总资产增长率为负值，表明企业的成长状态不健康。企业应该及时调整内部结构，加强经营管理，降低经营成本，增加企业利润，实现企业的良性发展。

16.5 提升效率——实用操作技巧

通过前面知识的学习，相信读者朋友已经掌握了财务指标分析的相关知识。下面结合本章内容，给大家介绍一些实用技巧。

同步文件

原始文件： 素材文件\第 16 章\提升效率\

结果文件： 结果文件\第 16 章\提升效率\

同步视频文件： 同步教学文件\第 16 章\提升效率.mp4

1. 对比分析不同年度的权益净利率

权益净利率指标是衡量企业利用资产获取利润能力的指标。权益净利率充分考虑了筹资方式对企业获利能力的影响，因此它所反映的获利能力是企业经营能力、财务决策和筹资方式等多种因素综合作用的结果。

计算公式：

权益净利率 = 资产净利率 × 权益乘数

权益乘数 = 1 ÷（1 – 资产负债率）

资产净利率 = 销售净利率 × 总资产周转率

销售净利率 = 净利润 ÷ 销售收入

总资产周转率 = 销售收入 ÷ 总资产

资产负债率 = 负债总额 ÷ 总资产

接下来，在 Excel 中制作权益净利率分析表，对计算并分析某企业 2015 年度和 2016 年的权益净利率解，具体操作方法如下。

第 1 步：打开素材文件

打开“素材文件\第 16 章\提升效率\权益净利率分析表.xlsx”文件，某企业 2015 年度和 2016 年度财务数据和成本明细表如下图所示。

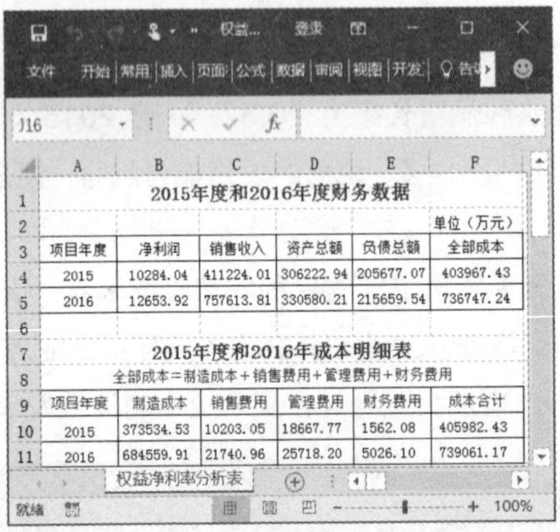

第 2 步：计算财务指标

根据公式，在“2015 年度和 2016 年度财务指标”表中分别计算权益净利率、权益乘数、资产净利率、销售净利率、总资产周转率和资产负债率等财务指标，如下图所示。

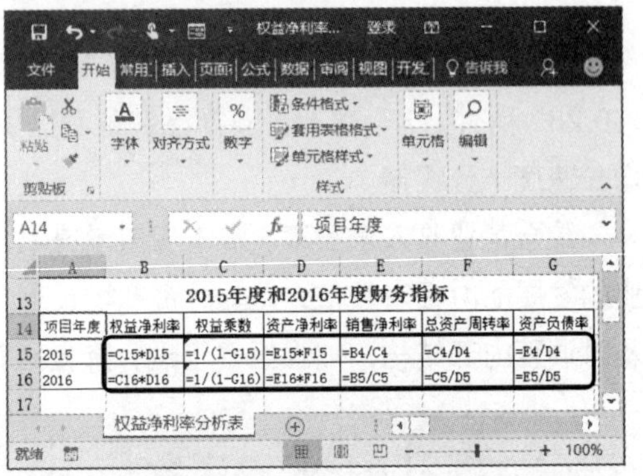

第 3 步：查看计算结果

计算完毕，某企业 2015 年度和 2016 年度权益净利率、权益乘数、资产净利率、销售净利率、总资产周转率和资产负债率等财务指标的计算结果如下图所示。

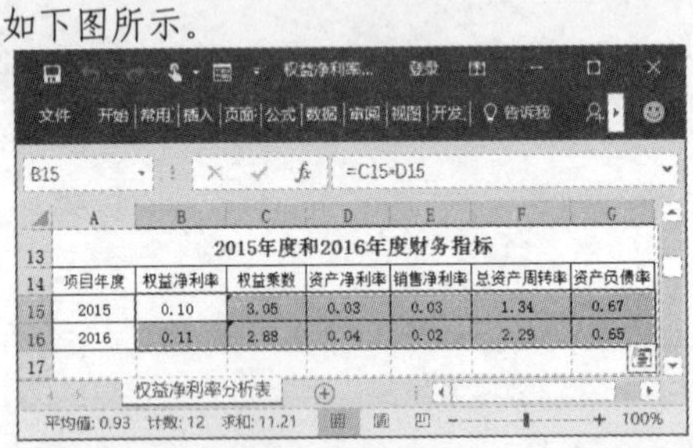

第 4 步：计算权益净利率

根据计算公式，在“权益净利率分析表”中分别引用权益乘数和资产净利率的数据，计算 2015 年度和 2016 年度权益净利率，如下图所示。

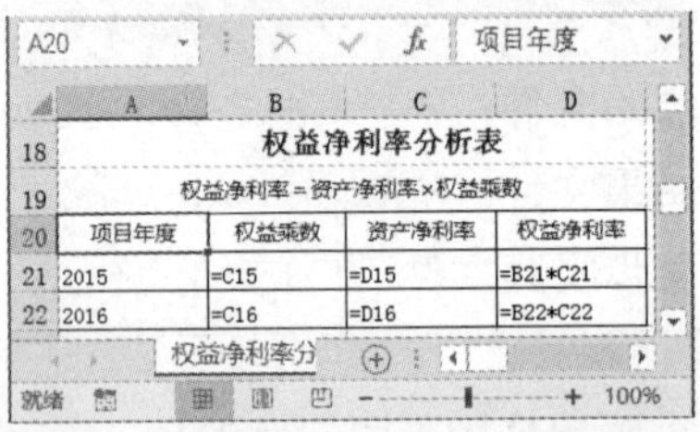

第 5 步：查看计算结果

计算完毕，某企业 2015 年度和 2016 年度的权益净利率的计算结果，如下图所示。

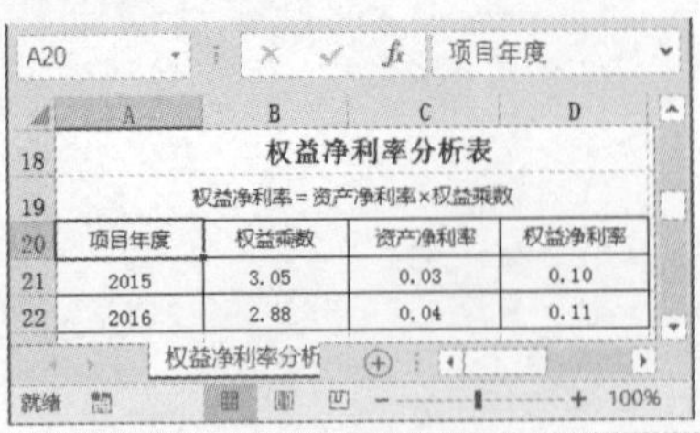

第 6 步：分析财务指标

分析：该公司的权益净利率在 2015 年至 2016 年间出现了一定程度的好转，分别从 2015 年的 0.10 增加至 2016 年的 0.11。企业的投资者在很大程度上依据这个指标来判断是否投资或是否转让股份，考察经营者业绩和决定股利分配政策。这些指标对公司的管理者也至关重要。

2. 分解权益净利率

公司经理们为改善财务决策而进行财务分析，他们可以将权益净利率分解为权益乘数和资产净利率，以找到问题产生的原因。

接下来，在 Excel 中对“技巧 1”中某企业 2015 年度和 2016 年的权益净利率进行分解，具体操作方法如下。

第 1 步：分解权益净利率

打开“素材文件\第 16 章\提升效率\分解权益净利率.xlsx”文件，根据公式“权益净利率 = 资产净利率 × 权益乘数”，“分解权益净利率”的表格，如下图所示。

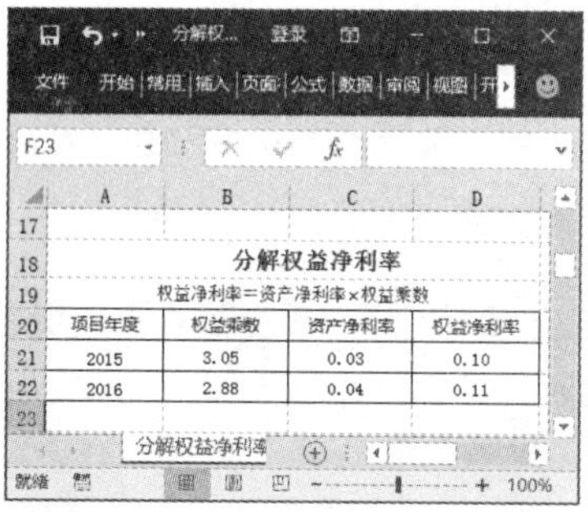

分解权益净利率

权益净利率=资产净利率×权益乘数

项目年度	权益乘数	资产净利率	权益净利率
2015	3.05	0.03	0.10
2016	2.88	0.04	0.11

经过分解表明，权益净利率的改变是由于资本结构的改变（权益乘数下降），同时资产利用和成本控制出现变动（资产净利率也有改变）。

第 2 步：分解资产净利率

根据公式“资产净利率 = 销售净利率 × 总资产周转率”，“分解资产净利率”的表格，如下图所示。

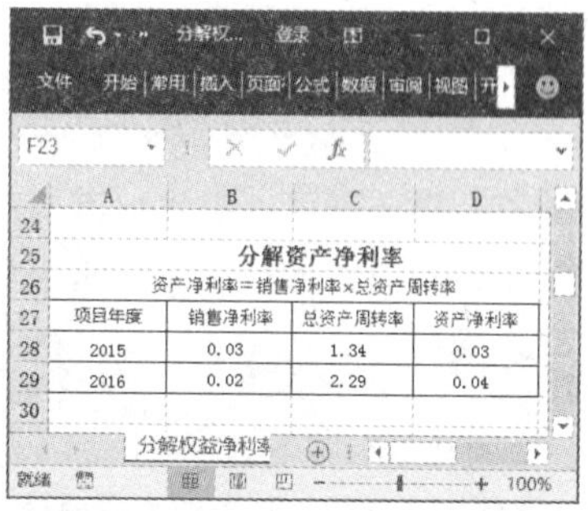

分解资产净利率

资产净利率=销售净利率×总资产周转率

项目年度	销售净利率	总资产周转率	资产净利率
2015	0.03	1.34	0.03
2016	0.02	2.29	0.04

通过分解可以看出，2016 年的总资产周转率有所提高，说明资产的利用得到了比较好的控制，显示出比前一年较好的效果，表明该公司利用其总资产产生销售收入的效率在增加。总资产周转率提高的同时销售净利率的减少阻碍了资产净利率的增加。

第 3 步：分解销售净利率

根据公式“销售净利率 = 净利润 ÷ 销售收入”，“分解销售净利率”的表格，如下图所示。

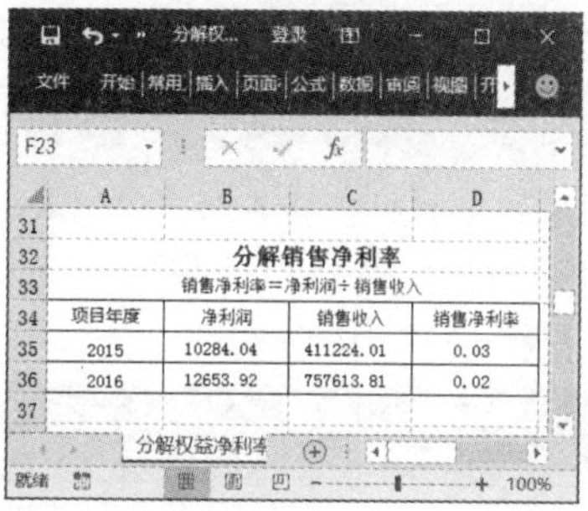

分解销售净利率

销售净利率=净利润÷销售收入

项目年度	净利润	销售收入	销售净利率
2015	10284.04	411224.01	0.03
2016	12653.92	757613.81	0.02

经过分解表明，该公司 2016 年大幅度提高了销售收入，但是净利润的提高幅度却很小，分析其原因是成本费用增多，从表中可知：全部成本从 2015 年 403 967.43 万元增加到 2016 年 736 747.24 万元，与销售收入的增加幅度大致相当。

第 4 步：分解成本

根据公式“全部成本 = 制造成本 + 销售费用 + 管理费用 + 财务费用”，“分解成本”的表格，如下图所示。

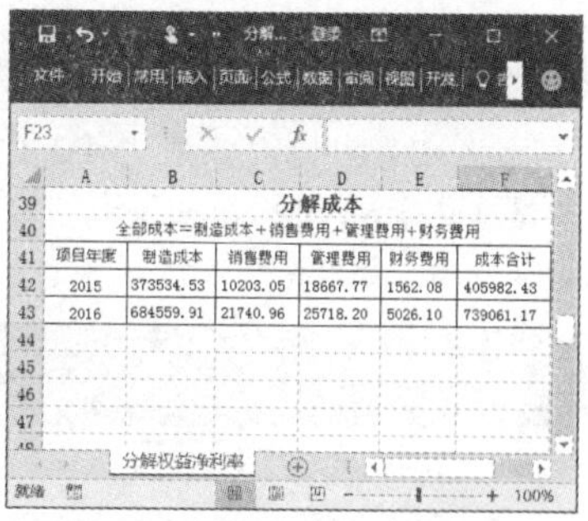

分解成本

全部成本=制造成本+销售费用+管理费用+财务费用

项目年度	制造成本	销售费用	管理费用	财务费用	成本合计
2015	373534.53	10203.05	18667.77	1562.08	405982.43
2016	684559.91	21740.96	25718.20	5026.10	739061.17

通过分解可以看出，导致权益利润率小的主原因是制造成本过大。

综合分析：通过分解可以看出，杜邦分析法有效地解释了指标变动的原因和趋势，为采取应对措施指明了方向。在本例中，导致权益利润率小的主要原因是全部成本过大。也正是因为全部成本的大幅度提高导致了净利润提高幅度不大，而销售收入大幅度增加，就引起了销售净利率的减少，显示出该公司销售盈利能力的降低。资产净利率的提高当归功于总资产周转率的提高，销售净利率的减少却起到了阻碍的作用。

合理化建议：通过分解可以明显地看出，该公司权益净利率的变动在于资本结构（权益乘数）变动和资产利用效果（资产净利率）变动两方面共同作用的结果。而该公司的资产净利率太低，显示出很差的资产利用效果。当前最为重要的就是要努力减少各项成本，在控制成本上下功夫。同时要保持自己高的总资产周转率。这样，可以使销售利润率得到提高，进而使资产净利率有大的提高。

3. 营业收入增长率分析

营业收入增长率是评价企业发展能力的重要指标。接下来结合某公司 10~12 月份的营业收入计算营业收入增长率，分析企业的发展能力，具体操作方法如下。

第 1 步：打开素材文件

打开“素材文件\第 16 章\提升效率\营业收入增长率分析.xlsx”文件，单击图表中的数据系列，某公司 10~12 月份的营业收入如下图所示。

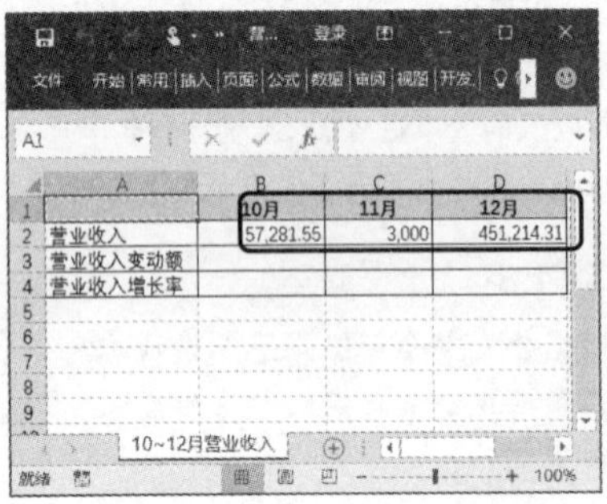

第 2 步：计算 11 月营业收入变动额

在 C3 单元格中输入公式“=C2-B2”，按“Enter”键确认输入，此时即可出 11 月份营业收入的变动额，如下图所示。

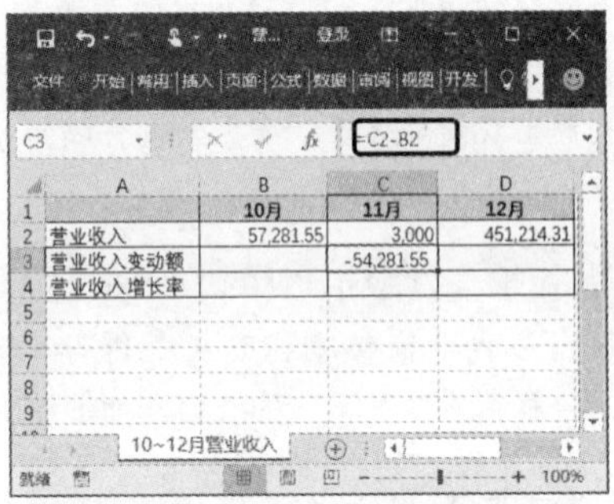

第 3 步：计算 12 月营业收入变动额

在单元格 D3 中输入公式“=D2-C2”，按“Enter”键确认输入，此时即可计算出 12 月份营业收入的变动额，如下图所示。

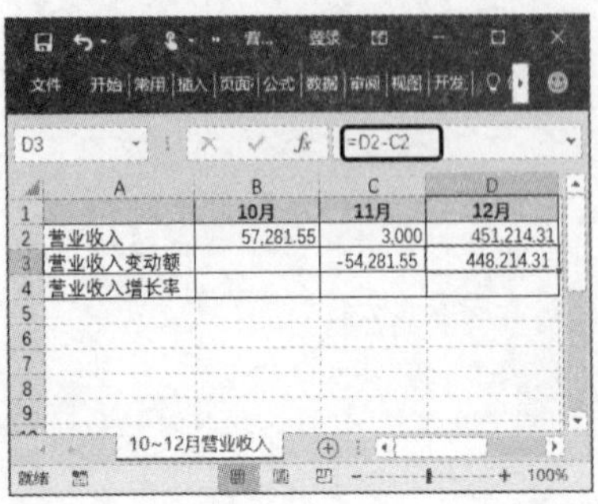

第 4 步：计算 11 月营业收入增长率

在 C4 单元格中输入公式“=C3/B2”，按“Enter”键确认输入，此时即可出 11 月份营业收入增长率，如下图所示。

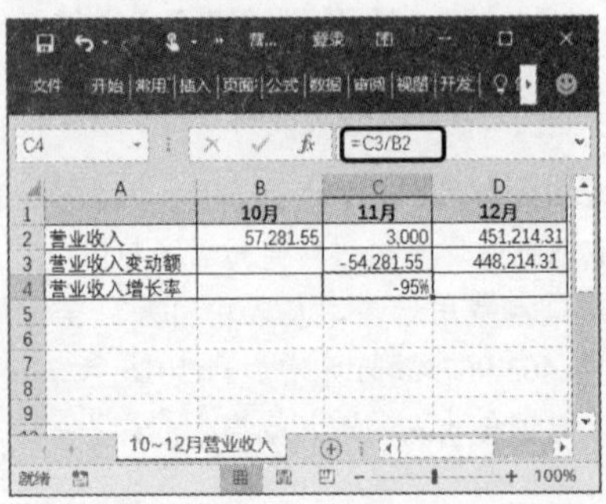

第 5 步：计算 12 月营业收入增长率

在 D4 单元格中输入公式“=D3/C2”，按“Enter”键确认输入，此时即可出 12 月份营业收入增长率，如下图所示。

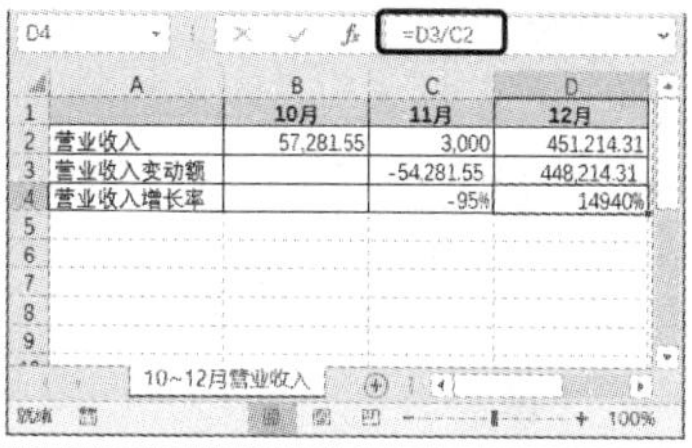

	A	B	C	D
1		10月	11月	12月
2	营业收入	57,281.55	3,000	451,214.31
3	营业收入变动额		-54,281.55	448,214.31
4	营业收入增长率		-95%	14940%

第 6 步：分析财务指标

分析：从计算结果可以看出，公司 11 月份营业收入很低，是因为该公司 11 月份成为一般纳税人，第一个月不能开具销售发票，所以 11 月没有销售收入，只有租金收入 3 000 元，而实际是有发生销售的。因此，该公司的营业收入其实是不断增加，营业收入增长速度快，企业市场前景好。

该公司 12 月营业收入增长率超过 10%，说明公司产品处于成长期，将继续保持较好的增长势头，尚未面临产品更新的风险，属于成长型公司。

4．流动资产周转率分析

流动资产周转率是评价企业营运能力的重要指标。接下来结合某汽车销售公司 2014~2016 年的流动资产周转率进行比较分析，分析企业的营运能力，具体操作方法如下。

第 1 步：打开素材文件

打开“素材文件\第 16 章\提升效率\流动资产周转率分析.xlsx”文件，某汽车销售公司 2014~2016 年的流动资产周转率的数据资料如下图所示。

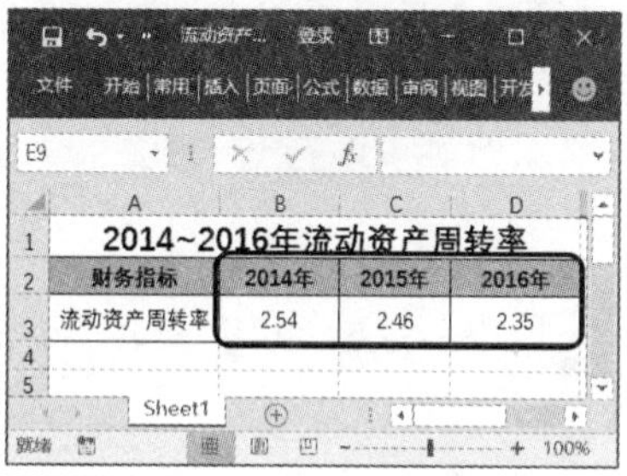

2014~2016年流动资产周转率

财务指标	2014年	2015年	2016年
流动资产周转率	2.54	2.46	2.35

第 2 步：分析财务指标

分析：从数据表中可以看出，该公司 2016 年末流动资产周转率实际值低于 2015 年末实际值 0.11，说明该企业在这个时期内利用流动资产进行经营活动的能力较差，效率较低，可能导致企业的偿债能力和盈利能力下降。但是，仅仅这一个指标不足以找出产生问题的原因，所以我们应对企业的应收账款、存货等主要流动资产项目的周转率作进一步分析。

5．应收账款周转率分析

应收账款周转率是评价企业营运能力的重要指标。接下来结合某汽车销售公司 2014~2016 年的应收账款周转率进行比较分析，分析企业的营运能力，具体操作方法如下。

第 1 步：打开素材文件

打开“素材文件\第 16 章\提升效率\流动资产周转率分析.xlsx”文件，某汽车销售公司 2014~2016 年的流动资产周转率的数据资料如下图所示。

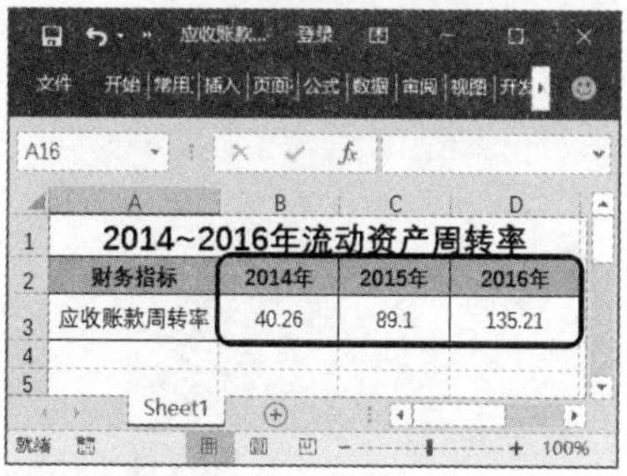

2014~2016年流动资产周转率

财务指标	2014年	2015年	2016年
应收账款周转率	40.26	89.1	135.21

第 2 步：分析财务指标

分析：从数据表中可以看出，该公司 2016 年末应收账款周转率实际值比 2015 年末实际值高了 46.11，说明应收账款的周转速度大幅加快，信用销售管理严格，应收账款流动性大大强，从而有利于增强企业的营运能力和短期偿债能力。

6. 资产负债率分析

资产负债率是衡量企业负债水平及风险程度的重要标志。接下来结合某公司 2014~2016 年的资产负债率进行比较分析，分析企业的偿债能力，具体操作方法如下。

第 1 步：打开素材文件

打开“素材文件\第 16 章\提升效率\流动资产周转率分析.xlsx”文件，某汽车销售公司 2014~2016 年的流动资产周转率的数据资料如下图所示。

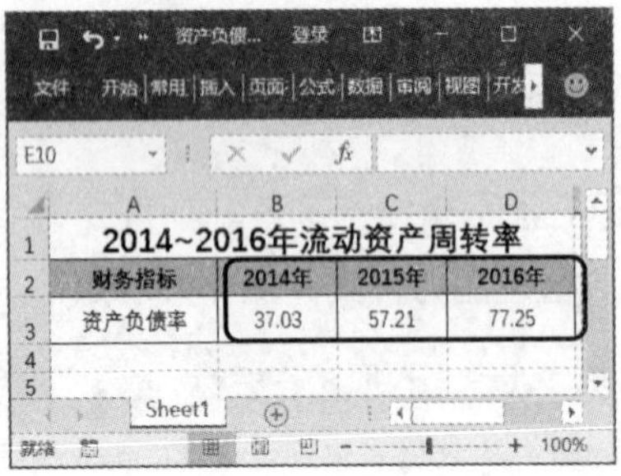

第 2 步：分析财务指标

分析：从数据表中可以看出，该公司 2014~2016 年的资产负债率逐年增加，其中 2014 年资产负债最低，2010 年的资产负债最高，达到 77.25%。一般认为，资产负债率的适宜水平为 40%~60%。2010 年的资产负债偏高，说明企业偿还债务的能力在降低，企业的发展能力在减弱。